Jürgen Große

Die Sprache der Einheit
Ein Fremdwörterbuch

Jürgen Große

Die Sprache der Einheit

Ein Fremdwörterbuch

Impressum

Bibliografische Informationen der Deutschen Nationalbibliothek
Die Deutsche Nationalbibliothek verzeichnet diese Publikation in der Deutschen Nationalbibliografie; detaillierte bibliografische Daten sind im Internet über http://dnb.d-nb.de abrufbar.

ISBN: 978-3-86408-255-9

Korrektorat: Tobias Keil

Grafisches Gesamtkonzept, Titelgestaltung, Satz und Layout:
Stefan Berndt – www.fototypo.de

© Copyright: Vergangenheitsverlag, Berlin 2019/2020
www.vergangenheitsverlag.de

Alle Rechte, auch die des Nachdrucks von Auszügen, der fotomechanischen und digitalen Wiedergabe und der Übersetzung, vorbehalten.

Inhalt

Vorwort 7
Fremdwörter A–Z 11
Danksagung 555
Personenregister 557
Biobibliographische Notiz 571

Vorwort

> „England und Amerika haben heute alles gemeinsam,
> die Sprache natürlich ausgenommen."
> Oscar Wilde, *Das Gespenst von Canterville*

30 Jahre sind sie nun wieder dabei, und noch immer finden sie nicht überall Verständnis. Dank vorzeitigem Abschied von der deutschen Geschichte mit ihren Reparationspflichten und Schuldlasten hatten die Deutschen im Westen jahrzehntelang eine nationale Phantomexistenz geführt. Das wurde mit der deutschen Vereinigung sichtbar, als sie, der Begegnung mit fremden Lebensformen – jenseits von Tourismus und Gastronomie – entwöhnt, auf eine zumeist hochdeutsch sprechende Bevölkerung trafen. Das Beharren auf der inzwischen entstandenen, vom hochdeutschen Standard abweichenden Ausdrucksweise war die erste und oft dauerhafte Reaktion. Offenkundig hatte 1949 mit dem staatlichen Sonderweg Westdeutschlands auch ein kultureller und vor allem sprachlicher begonnen, der am 3. Oktober 1990 keineswegs ausgeschritten war. Linguistische Analysen lassen zwar keinen Zweifel daran, daß das Westdeutsche zur indoeuropäischen Sprachfamilie gehört. Dennoch weist dieses Idiom zahlreiche Eigenarten auf, die kaum ein rasches Erlernen, sondern eher resigniertes Nachsprechen begünstigen. So zumindest haben es Hochdeutschsprachige in Dessau, Berlin oder der Uckermark seit dem → Anschluß vieltausendfach gehalten.

Seine schwierigen, teils schaurig klingenden Regionaldialekte erschweren das Verstehen des Westdeutschen zusätzlich. Während z. B. ein Sachse trotz heftiger Dialektrede fast immer die hochdeutsche Grammatik beherrscht, ist dies bei einem Bayern oder Schwaben weitaus seltener der Fall. Solche stammesgeschichtlich bedingten Defizite haben allerdings nur gelegentlich mit jenen Einbußen zu tun, die das Hochdeutsche durch das Vordringen des Westdeutschen im Anschlußgebiet seit 1990 erlitten hat. Was nicht wenige ausländische Besucher kurz nach der deutschen Vereinigung registrierten, gilt auch heute noch: Das allgemeine Bildungsniveau, soweit am Sprachvermögen ablesbar, liegt in Westdeutschland unter jenem der traditionell hochdeutschsprachigen Gebiete. Modernes Westdeutsch umfaßt weniger Wörter und somit geistige Artikulationsmöglichkeiten als das Hochdeutsche. Dafür weist es mehr Schrumpf- und Fehlformen auf sowie – durch die im Westen strenger gegeneinander abgeschlossenen Milieus – mehr Sozialdialekte.

Der Eindruck sprachlicher Sonderart vertieft sich beim Blick aufs geschriebene und gedruckte Westdeutsch. Es kommt der deutschen Hochsprache zwar näher als das gesprochene, doch zeigt sich die Anomalie auch hier: Was im Westen publiziert wird, ist grammatikalisch und orthographisch weitaus häufiger fehlerhaft als im Osten Deutschlands (man vergleiche die Produkte ostdeutscher Verlage vor und nach dem Aufkauf!). Daran konnten auch die westdeutschen Versuche nichts ändern, dieses Defizit durch sogenannte Rechtschreibreformen zu verschleiern.* Mit dem Anschluß der – linguistisch gesehen – bis dahin weithin unversehrten Gebiete war das Hochdeutsche zur Sprache einer Minderheit geworden.

---

* Das Wörterbuch zitiert Schriftzeugnisse westdeutscher Muttersprachler in ihrer eigenen und daher oft in der sog. reformierten Rechtschreibung.

Einen Beitrag wenn nicht zum Verstehen, so doch zur Verständigung der Sprachgruppen soll dieses Wörterbuch leisten. Es appelliert an die historisch Benachteiligten, nicht durch Trotz oder Verzweiflung ihren Rückstand weiter zu vergrößern, sondern Anschluß an kultivierte Rede zu suchen, wo immer es geht. Allein durch kritische Auseinandersetzung mit der eigenen sprachlichen Vergangenheit werden die notorischen OK- und Eben-halt- und Ich-denk-mal-Sager die Akzeptanz unter Europas Völkern finden, nach der sich ihr schwankendes Selbstbewußtsein seit je sehnt.

Das Wörtchen ‚Selbstbewußtsein' bietet sich an, um rechtzeitig einem Mißverständnis vorzubeugen. In diesem Wörterbuch geht es nicht um westdeutsches Sein oder Wesen. Das bliebe eitles Vermuten. Es geht um das, was sprachlich als westdeutsch *erscheint*, zumeist auch als westdeutsch erscheinen will. Beabsichtigt ist eine Bestandsaufnahme *des* Westdeutschen als Sprachideologie, keine Nationalpsychologie oder gar -pathologie *der* Westdeutschen. Wenn im folgenden also von ‚Westdeutschen' die Rede ist, dann im denkbar harmlosesten Sinne. Gemeint sind all jene Menschen, die – ob diesseits oder jenseits der Elbe geformt – diese Sprache ständig sprechen und die darin sedimentierten Vorurteile, Ängste und Hoffnungen so bedenken- wie gedankenlos (oder auf westdeutsch: selbstbewußt) *vertreten*. Denn das Westdeutsche ist wesentlich eine Sprache von Vertretern, von Darstellern. Was immer der Sprecher des Westdeutschen – ‚der Westdeutsche' – sein will, er kann es nicht sein ohne den Wunsch, auch anderen dieses Sein glaubhaft zu machen. Eine Merkwürdigkeit, die sich soziologisch aus der entschiedenen, früh als Kulturnorm propagierten Mittelklassigkeit des Landes erklärt. Der Mensch der Mittelklasse ist der Mensch von ungewissem Wert. Ihm fehlt das selbstsichere Sprachwesen des Aristokraten oder des Arbeiters, er ist „seinem Wesen nach Verkäufer", auch seiner selbst: „Die Mittelschicht läßt sich leichter an ihrer Verbissenheit und ihrer psychischen Labilität erkennen als an ihrem mittleren Einkommen", „so daß es von schrecklicher Wichtigkeit für sie ist, was andere von ihr denken, und sie unbedingt alles richtig machen will, um nur ja nicht unangenehm aufzufallen" (P. Fussell). Die seelisch-soziale Mittelklasse, mit einem Wort, besticht durch die Aufdringlichkeit ihres Konformismus. Sie hat pausenlos etwas über sich mitzuteilen; was sie *sein* will, das *spricht* sie sich selbst und anderen vor: streberhaft, beflissen, ängstlich.

Man muß hier nur hinhören und mitschreiben. Westdeutschlands Mittelklasse- und damit Mehrheitsgesellschaft hat nicht allein einen unverkennbaren Persönlichkeitstyp erzeugt, sondern ebenso dessen unvermeidliche Sprachschrullen. Westdeutsche Mittelklassigkeit ist längst von einem sozialökonomischen zu einem kollektivseelischen Phänomen mutiert, bedarf auch nicht mehr eigener Klassenbasis. Sie bekundet sich politik- und verwaltungssprachlich im Verniedlichen, Verhübschen, Verkitschen, intellektuell und moralisch dagegen im Gratisradikalismus, in der Leichtfertigkeit des Superlativs. Ein von Realgeschichte jahrzehntelang suspendiertes Land läßt nun einmal auch sprachliche Disneyländer des Lebensechten und Gewagten entstehen; es entwickelt eine Angstlust am Realen, die häufig ins semantisch Bizarre führt. Beinahe alle sprachlichen Auffälligkeiten im Westdeutschen – abgesehen von der verbreiteten Rechtschreibschwäche – gehen auf einen arglosen Glauben an sprachlich machbare Normalität zurück. Dieser Glaube an *Wortzeugung* zeigt ein Streben nach Selbstzeugung und Selbstnormierung, das zugleich typisch mittelklassig und typisch westdeutsch ist.

Das Wörterbuch wendet sich jedoch ebenso an normale, d. h. um derlei Selbstnormierung unbekümmerte Deutsche. Genauer: an hochdeutsch Sprechende, deren linguistisches Interesse nicht nur sogenannten Hochkulturen, sondern auch interessanten Fehlformen und Sonderentwicklungen gilt. Oder, um es abermals mit einem westdeutschen Wort zu sagen, einem Sonderweg. An Absonderlichem und Befremdlichem wird kein Mangel sein. Zu der

Herablassung, die nicht wenige linguistisch Bessergestellte gegenüber den Sondersprachlern mitunter zeigen, besteht kein Grund. Einzig durch Gnade der Geburt entgingen sie ja der verbalen Atrophie des Nachbarvolks.

Gerade darin glimmt ein Fünklein Hoffnung. Das Westdeutsche markiert einen historisch-kulturellen, nicht notwendig einen geistig-moralischen Rückstand, so daß es sachgerechter wäre, statt beispielsweise von Ost- und Westdeutschen einfach von hochdeutsch und westdeutsch Sprechenden zu reden. Verständnis und Geduld sind gefragt, denn jahrzehntealte Deformationen lassen sich nicht über Nacht und allein durch guten Willen überwinden. Allmähliches Einhören in das fehlerhafte Idiom und sanftmütiges, ständig wiederholtes korrektes Sprechen in die Ohren jener, die freilich am liebsten sich selbst hören und von sich selbst sprechen, werden der einzig gangbare Weg sein.

Für eine erste kritische Sprachbilanz taugt allerdings das rein lautlich Faßbare kaum. Wie auch sollte man das Verbalgebaren des *homo Germaniae occidentalis* – westlich des Rheins mitunter als ‚*aboiement*' (Bellen) empfunden – wiedergeben, ja nur annähernd beschreiben? So muß es bei Bestandsaufnahmen von Grammatik und Lexik des Westdeutschen bleiben.

Grammatikalisches Aufnahmekriterium: Ein vages, aber legitimes Unsicherheitsgefühl bewegt den westdeutschen Muttersprachler oftmals, sich in ein Kauderwelsch zu flüchten, das er für Englisch hält und das man in Bombay ebenso versteht wie in Freudenstadt. Eigentümlichkeiten dieses Idioms sind in Westdeutschland meist unverändert ins geschriebene und gedruckte Deutsch eingegangen. Offenkundig hat die Anpassung der Westdeutschen an ihre einstige Besatzungsmacht sprachlich → nachhaltiger gewirkt als jene der Ostdeutschen. Die Schwierigkeiten vieler Westdeutscher beim Satzbau, bedingt durch arglose Nachahmung des englischen oder eines pseudoenglischen Vorbilds, haben in den letzten Jahren diverse Sprachratgeber benannt. Grammatikalische Sonderbarkeiten verzeichnet dieses Wörterbuch deshalb nur dann, wenn sie die Ausbildung eines zugleich verbalen und mentalen Habitus begünstigt haben, wie etwa in → ANTRAGSDEUTSCH, → BETREULICHEM, → DÜNKELDEUTSCH, → HOCHSCHREIBE, → JOVIALSPRECH, → MEDIALDEMOKRATISCHEM, → NEONARZISSMUS, → SCHNÖSELSPRECH.

Lexikalisches Aufnahmekriterium: Die Ausbeute ist hier fast allzu reich. Für Westdeutschlands äußere wie innere → Modernisierungsanstrengung ist eine Angst vor kulturellem Außenseitertum typisch. Das begünstigt die frühe Milieubindung → der Menschen, die geistige Kollektivierung und die Folgsamkeit gegenüber Modedialekten. Oft überdauern letztere ihre Entstehungs- und Geltungsepochen, man denke an → ADORNITISCHES, → BETROFFENHEITLICHES, → GRÜNSPRECH, → HABERMASDEUTSCH, → SCHRÖDERDEUTSCH, → SPIEGELSPRACHE. Hinzu kommen zahlreiche → SCHLUCKAUFWÖRTER oder zu solchen umfunktionierte, ursprünglich hochdeutsche Wörter. Der kommunikative Übergang vom ‚ah', ‚ahm', ‚aham' und ‚OK' und ‚Ja genau, du' zum ‚eben(d)', ‚eben halt', ‚halt eben', ‚weil eben halt' ist fließend. Hier füllt lexische Wucherung manche → gesprächskulturelle Wüste.

Zeitgeschichtliche Eingrenzung: Eine Sprache sagt wenig ohne den *Geist*, der ihrer bedarf. Wesentlich für den *Geist* der westdeutschen Sprachgemeinschaft ist das, wodurch sie sich bewußt von den Hochdeutschsprachigen (→ ‚Ossiländer', → ‚Ostler', ‚DDRler', → ‚Zonis', → ‚Zonenmob' usw.) abgrenzt. Als Volk ohne Geschichte und daher ohne Eigenschaften konnten die Westdeutschen kein Bewußtsein ihrer selbst ausbilden. Sie waren hierfür auf den staatlichen Anschluß wie den kulturellen Ausschluß des Ostens angewiesen. Das Wörterbuch versammelt die kräftigsten Artikulationen dieses neuen, wenngleich fremdbestimmten westdeutschen Selbstbewußtseins. Es entstand zu einem Zeitpunkt, da seine reale Basis

– das machtgeschützte Dasein im Windschatten der Geschichte, in einer gruppenideologisch sortierten Öffentlichkeit – zu zerfallen begann. Der Westdeutsche stand erstmals vor der Zumutung, sich vom Milieuwesen zum Individuum zu wandeln. Regression in ein unbeschädigtes, wenngleich postum gefertigtes → Wir-Gefühl lag nahe. Dessen Mitteilungsdrang erleichtert die repräsentative Erfassung.

Zur Herkunft der Wortbeispiele: Finden, ohne zu suchen, lautete das Motto. Aufgenommen wurde deshalb nur, was entgegenquoll von allen Seiten. Im einzelnen waren das
- alltägliches Gerede, vernommen oder zugetragen;
- Werbesprache in Plakat- oder Inseratform;
- Geistesbetriebsdeutsch aus den Kultur- sowie Informations-, seltener aus den Unterhaltungskanälen von Radiosendern und nur ausnahmsweise von Fernsehsendern (es geht in diesem Buch eher um Sprachschrumpfung als um Sprachverlust);
- öffentliche Meinungs- und Bekenntnissprache, d. h. Gedrucktes und Gesprochenes vornehmlich aus → Qualitätszeitungen, das mit dem Anspruch von Kultur- und damit auch Sprachführerschaft vorgetragen wird, jedoch innerhalb der geistigen Sekundärproduktion verbleibt. Letzteres bedarf vielleicht der Rechtfertigung. Warum so viele Sprachbeispiele aus der *B*-Reihe der westdeutschen Intelligenz? Weil durch sekundärkreative Köpfe die kulturellen Vorurteile und sprachlichen Versatzstücke am flüssigsten ins Freie rauschen. Der Sprachdurchschnitt und nicht die sprachbewußte Ausnahme, die sich für ihr Volk schämt, repräsentiert es am besten.

Berlin, im Herbst 2019
J. G.

A

abartig → einzigartige Abartigkeit.

abbilden Was gewisse Bestseller auf dem Buchmarkt, waren bis vor kurzem die ‚Piraten' in → der Politik: die Avantgarde der sprachlichen Regression. „Piraten zeigen Gesichtinnen" hieß eine ihrer Initiativen: „In der Öffentlichkeit werden wir immer noch als die Partei internetaffiner junger Männer definiert. Das wollen wir aktiv und offensiv verändern, damit sich die öffentliche Wahrnehmung endlich der realen Situation in unserer Partei angleichen kann. Das Projekt ‚Piraten zeigen Gesichtinnen' soll die geschlechtsübergreifende Vielfalt der Weiblichkeit unter den MitgliedInnen abbilden und zu einem neuen Bild der Piraten in der Öffentlichkeit beitragen." Hilfreich der nachgeschobene Hinweis auf der Piraten-Internetseite: „Ursula führt bei ‚Piraten zeigen Gesichtinnen' Medientrainings/Fernsehen durch", damit vor allem Frauen ihre Fähigkeiten medienkommunikativ abzubilden lernen. Sollten die erfolgreich abgebildeten PiratInnen an Außenpolitik interessiert sein, könnte ihnen das „Verteidigungspolitische Konzept der Piraten" weiterhelfen: Es „soll die Position der Piratenpartei zum Thema Verteidigung und Bundeswehr abbilden." Zahlreiche Sympathisanten von Hamburg bis Augsburg fühlten sich durch die Sprachkraft dieser Partei, die ihre ‚reale Situation' (s. o.) so beeindruckend abzubilden versteht, politisch beflügelt: „Die Piratenpartei Wolfsburg will den Wählerwillen besser abbilden." Ein anderer Sympathisant kommentierte auf *fxneumann.de* eine Studie der Adenauerstiftung zu seiner Partei: „Während in anderen Parteien Mechanismen zur Interessenvertretung und Organisation (Geschäftsordnung, Struktur, Aufbau) seit längerem konstant sind und im Prinzip immer noch Organisationsformen des 19. Jahrhunderts abbilden, ist die Piratenpartei gerade durch ihre Durchlässigkeit und ihren Fokus auf transparente Beteiligung attraktiv." Wer bekäme da nicht Sehnsucht nach dem 19. Jahrhundert?
→ Netzwerk, → Realismus, → vitales Leben, → Zweigenderung.

Abgehängte bezeichnen ihre Lage, anders als die Referenzpersonen der Partizip-Aktiv-Variante (süddeutsche Sonderform: die, wo abhängen), mit dieser Vokabel niemals. Sie wird ihnen in teils herablassendem, teil mitleidigem Tonfall durch sozial → engagierte oder wenigstens interessierte → MEDIALDEMOKRATEN angehängt, die hierdurch alles zusammenfassen, was es nicht so (herrlich) weit gebracht hat wie sie selbst. Die Zwangsvorstellung aus → freiheitlichen Medienmilieus, das soziale Leben sei progressiver Menschheitstransport oder sollte ein solcher sein, blüht saisonal üppig bei der Interpretation → populistischer Wahlerfolge, wenn der alleinige → Verweis auf → soziale Schwäche nicht mehr → greift. Die semantisch raumbietende Rede von ‚sozial Abgehängten mit anhängenden → ‚Ressentiments' *(SZ, FR, ZEIT)* erlaubt es dann, selbst eine → zunehmend → prekäre → Mitte der Gesellschaft als weiterhin uneinholbare → Avantgarde aller Progressionen zu halluzinieren. Zur einschlägig einfältigen Analogie von Karriere- und Kulturfortschritt weiterhin: → Elite, → Freiheit und Wohlstand, → Subjektpositionen, → Verbitterungsmilieu.

abgewägt Im jüngeren Westdeutsch der → Qualitätsmedien, besonders des → Qualitätsradios (*Inforadio*, 1. März 2018: „die Gründe abgewägt"), das Partizip Aktiv von ‚abwägen', manchmal auch von ‚abwiegen'.
→ bescheidet, → geschwört; → PARTIZIPBILDUNGSDEFIZIT.

abgreifen (auch: abräumen, absahnen) → VULGÄR- bis JOVIALSPRACHLICH für das Erlangen von etwas Unverdientem. Das kann nach Überzeugung westdeutscher Fachleute ein Arbeitslosengeld, eine Kanzlerschaft oder auch eine schlichte Notarsstelle sein. So im Falle

von „Manuela Skubowsky, die in der DDR aufgewachsen, 1994 nach Bayern ausgewandert ist und sich dort eine Stelle als Notarsangestellte abgegriffen hat", wie es aus dem frontstädtischen → Verbitterungsmilieu noch Jahre später grollt (Klaus Bittermann, *It's a Zoni: Zehn Jahre Wiedervereinigung. Die Ossis als Belastung und Belästigung*, Berlin ²1999, S. 11). Neubürgerliche Ängste vor fremdländischen Abgreifern bekundet auch ein Ex-*tazler*, der Historiker Götz Aly. Er freilich behält das große Ganze im Blick: „Mit einzelnen Balkan-Staaten kann die Bundesrepublik Verträge abschließen über Zeitverträge für Arbeitskräfte. Das würde den fraglichen Ländern tatsächlich helfen, nicht jedoch das massenhafte Abgreifen von 130 Euro Taschengeld pro Mann und Monat in deutschen Auffanglagern."
(„Flüchtlinge in Deutschland", in: *Berliner Zeitung* vom 28. Juli 2015, S. 4)
→ BITTERMANNLINKE; → Dankbarkeit, → unser Geld, → westliches Geld; → Vertragsarbeiter.

Abgreifqualitäten Unregelmäßige substantivische Erweiterung des Verbums → ,abgreifen'; einer der frühesten Belege → mehrheitsdeutscher → Selbstverständigung über und gegen minoritätsdeutsche Wirtschaftskonkurrenz; vgl. die *SPIEGEL*-Beiträge „Einzelzimmer im Puff" (8. Januar 1990) und „Sie fühlen sich betupft" (15. Januar 1990).
→ SPIEGELSPRACHE, → Wir-Gefühl, → Zahlmoral.

Abgrenzung → Ausgrenzung.

Abgrenzungskultur Neuwort im → MEDIALDEMOKRATISCHEN; entstanden aus der dort → avisierten → Abgrenzung gegen die → Ausgrenzungskultur.
→ -kultur; → Abschottung, → Weltoffenheit.

abhanden Der übertrieben häufige und oftmals falsche attributive Gebrauch von Passivpartizipien, im weiteren von Adverbien überhaupt ist ein Stilmittel des → MOSEBACHDEUTSCHEN. Er grassiert aber dank sprachfamiliärer Zugehörigkeit zum → SCHNÖSELSPRECH auch in anderen Milieu- und Mediendialekten. Ein beredtes Exempel liefert eine Regisseurin, deren filmische Phantasie in *Bleierner Zeit* (1981) fliegen lernte. Margarethe von Trotta hatte – nach eigener Auskunft – bereits kurz nach Grenzöffnung 1989 italienischen Verehrern versprochen, sich auch einmal nicht-westdeutscher Themen anzunehmen. Der dabei erfahrenen Weltentgrenzung war *Das Versprechen* (1995) gewidmet, unvergeßlich daraus ein Satz, gesprochen im Novembernebel auf der Bornholmer Brücke (Berlin): „Wenn nach dreißig Jahren die Käfigtür aufgemacht wird, kann man nicht mehr fliegen." Unvergeßlich auch der → eindrückliche Ausdruck der Figur, die ihn aufzusagen hatte. *Die abhandene Welt* (2015) wiederholt kinematographisch dieses Staunen über zitterndes Ergriffenseinkönnen inmitten bleiernen Weltnabels.
→ real existiert; → insgeheim, → lauthals, → sozusagen, → Weltoffenheit.

abholen „Wir müssen → die Menschen dort abholen, wo sie stehen, und sie → mitnehmen." Bis sie dort → ankommen, wohin sie nicht wollten.
→ JOVIALSPRECH.

Abi-Streich → JOVIAL- und zugleich → SCHÖNSPRECH für eine saisonal hervorbrechende Bestialität aus der → Mitte der Gesellschaft, hier: der Schüler aus → besten Kreisen namentlich im Rheinland. Die → dunkeldeutsche Nacht des → rheinischen Katholizismus erhellen Kölner und Düsseldorfer Gymnasiasten nicht allein durch bengalische Fackeln, Brandsätze auf Menschen und Sachen u. ä. Illuminationen autochthoner → Bürgerlichkeit, sondern auch durch ihr → comedygeschultes → Humorverständnis: Während im Februar 2017 die rheinisch-westfälische → Unterklasse (Borussia Dortmund) die Leipziger Fußballfreunde (→ Juden) mit Steinen, Getränkekisten, Flaschen und weiteren Mitbringseln bewarf, zelebrierte die heimisch-westfälische Bildungselite in den → Metropolen der Alt-BRD ihren Klassenkrieg (→ Mottowoche). Kommt den Abi-Abgängern aus dem → Bildungsbürgertum werktätiges Volk in die Quere, fliegen → schon mal Fäuste in Gesichter, brechen Knochen („Hausmeister bei Abi-Streich verprügelt", *dpa* vom 7. Februar 2017). Der landestypische Brutalismus und Sentimentalismus („Es tut mir von Herzen leid, ich wollte das nicht!", zit. nach: *Berliner Zeitung* vom selben Tag, S. 26) → verweist ebenso auf einen westdeutschen → Sonderweg in der → Elitenbildung wie der egalitäre Stil jener Initiation in → die gute Gesellschaft. Während in französischen und britischen Eliteeinrichtungen ältere Zöglinge traditionell die jüngeren ins oberklassig-untenhaltende Daseinsgefühl einführen, ihnen hierzu allerlei Seelenqual und Leibesschmerz verordnen, stehen sich in → der alten Bundesrepublik eher lokal denn sozial geschiedene Reifezeugnis-Inhaber gegenüber. Auch dient die Initiation der Beendigung und Bezeugung, nicht der Eröffnung des Bildungsgangs. Der herzhaft körperverletzende Umgangsstil zeugt von dem souveränen → Selbstbewußtsein, künftig unter seinesgleichen zu sein. Die Prügelei ist ebenso wie die Sachbeschädigung der vorgezogene Feiertag junger → Bürger, die sich endlich in ihrer, der → bürgerlichen Gesellschaft → angekommen wissen und das auch → anfühlen wollen.

Abkapselung besagt im Idiom der → altachtundsechziger Globalisierungswestfalen und → ‚Wie-wir-Amerikaner-wurden'-Deutschen nahezu dasselbe wie → ‚Abschottung', gibt jedoch als → Projektionsausdruck dieses Milieus präzisere Auskunft über seine eigene → Lebens- und Denkwelt. Während der Abschotter und Grenzenzieher oftmals erst in höchster Not und letzter Stunde (13. August 1961) unerwünschtem Zu-, häufiger jedoch Abzug wehrte, verlangt es den Verkapselungsfreund seit je nach einem rundum geschlossenen, dadurch homogenen → Meinungs- und Gesinnungskosmos, → gleichsam einer Daseinskugel, einer Kapsel eben. So bedeutete beispielsweise der Berliner Mauerbau, auf den sich → die Alliierten zur Erhaltung der Nachkriegsruhe verständigt hatten, eine Notlösung für dessen sächsischen Architekten in Ostberlin, hingegen die Existenzbasis für die Westberliner → Alternativen und sonstigen Revolutionsversager. Sozialisiert zumeist in westdeutschen Kleinstädten, richteten sie sich mit Westberlin → eine Art postrevolutionärer Mega-Kleinstadt ein. Ihre Gewöhnung an sozialstaats- und frontstadtzulagengepolsterte Existenz im Kreise derer, „mit denen man klarkommt" (R. Langhans), sollte den Abriß des berühmten Nachkriegsbauwerks um Jahrzehnte überdauern; man denke an die nachwendisch fortlebenden → Kleinkunst- und → Projektkulturmilieus in → Kreuzberg.
Aus der Gewächshausenge des Alternativmiefs wucherte eine ungeheuer blütenreiche, meist tränenbewässerte → Heimatliteratur. Das Erleben von Mauerfall und Einbruch der Subventionskonkurrenz aus → dem Osten → generierte hier → eindrückliche Ausdrucksformen von → Fremden-, Flüchtlings- und Ausländerfeindlichkeit. Bereits Einkäufe in Westberlin, ob getätigt durch Ostler aus Westpolen oder aus Ostberlin, wurden von den Frontstadtalternativen als Verletzung → des Eigenen erlebt.
Für den späten, literarisch tendierenden Mauerzeitsentimentalismus sind saisonale Mauerzeitrückblicke typisch. Arno Widmann reifte im Umkreis jener → Qualitätsmedien, in denen man sich nach einer Zeit sehnt, als man noch ganz unter sich war, sich seiner → Weltoffenheit also unbegrenzt sicher sein durfte. Der Ex-*tazler*, vor 1989 schon berühmt durch → verschwörungstheoretische → Konstrukte („AIDS – man-made in USA"), nach 1989 durch → humanitäre Einsatzfreude (Bagdad 2003: Jetzt sollten „→ die Menschen auf den Straßen singen und tanzen!") sowie prekäres Deutsch („Wer hat Sie am meisten abgeraten?"), meditierte in der westwendischen *Berliner Zeitung* über Mauern und Menschenfluten wie folgt:

„Dass Kennedey [sic!] die Mauer für [sic!] eine vernünftige Lösung betrachtete, war für → die Deutschen eine → nachhaltige Enttäuschung." („Die Flut kann man stauen, aber nicht aufhalten", 3./4. Februar 2018, S. 27)
Ganz und gar ‚nachhaltig' kann die Enttäuschung über den gemauerten Flutstau nicht gewesen sein. Zumindest → ‚wir im Westen' nämlich waren auch nach und vor allem durch 1989 enttäuscht: „In den Jahrzehnten nach dem 9. November 1989 stellen → wir fest: Es gibt eher zu viele als zu wenige → Mauerspringer. Jedenfalls von Ost nach West. Manche Landstriche in der → ehemaligen DDR wurden entvölkert." Was sich hier noch wie ein Requiem auf geplättete → Landschaften liest, erweist sich rasch als retrogrades → Ressentiment: „Seit dem 9. November [sic!] wurden immer mehr Straßen und Innenstädte saniert für immer weniger Menschen." Auch mit diesen Daheimgebliebenen ist Widmann unzufrieden. Den Alten, Schwachen, Kranken und sonsterlei → Abgehängten im Osten nämlich bleibt → Dankbarkeit für → westliches Geld fremd. Anstatt sich zu bodenständigen Fremdenfreunden zu entwickeln und sehnsüchtig den abziehenden Polizisten, Apothekern, Steuerberatern, Ärzten hinterherzuseufzen, begannen sie, falsch zu wählen. Die sanierte und also → blühende Landschaft erscheint unversehens als → Brache, zumindest in Widmanns Ostlerhermeneutik. Gemeint sind offenbar nicht seine hessischen, schwäbischen oder bayerischen AfD-Landsleute, wenn Widmann schreibt: „Heute verteidigen die, die nicht imstande scheinen, ihr Territorium in ein Paradies oder wenigstens in eine → blühende Landschaft zu verwandeln, mit aller Gewalt die → Brache, in der sie leben, gegen jeden, der die Zuversicht mitbringt, aus seinem Leben etwas zu machen, statt" usw. usf. „Der → Fremdenhaß scheint mir weniger daher zu rühren, dass sie einem etwas wegnehmen könnten, als vielmehr in der Angst begründet zu sein, die Fremden könnten zustande bringen, wozu man selbst nicht in der Lage ist." Derlei „Angst vor → dem Fremden" kennt Widmann selbst nicht, jedenfalls nicht, solange es weder aus Ostdeutschland noch aus Osteuropa, sondern höchstens aus dem Nahen Osten kommt. Weiß doch „jeder, dass es eine Illusion ist, man könnte sich durch Abkapselung sicherer machen." Mauern hatten → eh und je nur „ein paar Jahre Erfolg. Dann aber brachen sie zusammen, die Invasoren kamen ins Land."
Als aggressiv-invasiv erlebt der Maueridyllsozialisierte freilich nicht etwa Industriespionage oder Kapitalströme (deren Ableitung ja das soziale Warmwasserbecken Westberlin erst erschuf und erhielt), sondern noch nachträglich → die Ehemalige. Hinter der Mauer lag deren „gehüteter Schutzraum". Widmann deckt einen → Zusammenhang zwischen Mauerbau- und Angriffskriegslust, populär: die Bedrohung aus → dem Osten auf. Man wisse nämlich, „wie schnell ein Schutzraum in einen Hinterhalt verwandelt werden kann, von dem man sich stürzt auf den Feind"! „Das ist immer zuerst der im Innern. Da muss erst ‚reiner Tisch' gemacht werden, bevor man zum Angriff nach außen übergeht. Dazu hatte auch die Berliner Mauer dienen sollen. Zu unser aller Glück kam es ganz anders."
→ Antiorientalismus, → das Eigene und das Fremde, → Fremdenfeinde; → Dünkeldeutsch.

ablaufen (Komparativ: abgehen) → Grünsprech und Alternativdeutsch für ‚vor sich gehen', ‚geschehen', ‚sich ereignen' („Du, ich hab mich erst mal schlau gemacht, was da abläuft, du!" – hier noch ersetzbar durch ‚läuft'; vgl. aber: „Du, das ist so was von unglaublich, was da abläuft!"). Das Terminatorische des Verbums scheint den Verwendern nicht bewußt oder schnuppe zu sein.
→ laufen.

Abscheu Hochdeutsch: der A., westdeutsch: die A. Letztere gilt Abscheulichkeiten, zu denen sich keine Worte, geschweige literarische Texte machen lassen, sondern nur Ekel-

bekundungen und Sonntagsreden: „Halbwesen", „zweifelhafte Geschöpfe" donnert Sibylle Lewitscharoff auf die menschgewordenen Folgen künstlicher Befruchtung herab, die nun mit der „zornbebenden Empörung" einer Standardgezeugten leben müssen. Die gönnerhaft einräumt: „Das ist gewiß ungerecht, weil sie den Kindern etwas anlastet, wofür sie rein gar nichts können. Aber meine Abscheu ist in solchen Fällen stärker als die Vernunft." (Staatsschauspiel Dresden, 2. März 2014)
→ Labsal, → nichts weniger als, → rein nichts.

Abschiebeknast Umgangssprachlich für Abschiebehaft; das westdeutsche Gegenstück zur Ausreisehaft der → Ehemaligen.

Abschiebekultur In deutschsprachigen → Qualitätszeitungen seit etwa 2009 gängiger, in → der Politik → definitiv im Juli 2016 → angekommener → SCHÖNSPRECH für den Rauswurf Reingekommener: „Wir haben eine Spaltung der Gesellschaft und brauchen eine neue Abschiebekultur", bekundete Thorsten Frei (CDU, Mitglied des Bundestages); bündig und zeitlos formulierte es sein Fraktionskollege Armin Schuster: „→ Wir brauchen eine Abschiebekultur."
→ -kultur.

(sich) abschotten Im westdeutschen → ANTIORIENTALISMUS sowie im Klage- und Anklage-→diskurs vielstrapaziertes Verbum bei der Charakterisierung der → Ehemaligen. Anders als in der Passivform, die zuweilen fast wertneutral den nationalen und mentalen Sonderstatus der BRD und Westberlins benennt (,die abgeschotteten linksalternativen Milieus', ,die abgeschottete Gesellschaft der Adenauerjahre'), ist der moralische Wertakzent unüberhörbar, wenn das Reflexivpronomen angefügt wird (,sich abschottende DDR-Gesellschaft' u. ä. m.).
Die Rede vom ,s. A.' findet sich in der westdeutschen Ostdeutschendeutung häufig, wenn es politisches Fehlverhalten (zumeist: Falschwählen) oder mangelnde Sympathie für Berlin-Neuköllner oder Duisburg-Marxloher Zustände zu erklären gilt. Regelmäßig erscheint die Formel innerhalb der sog. Kontakttheorie. Ihrer spezifisch westdeutschen Variante zufolge werden Fremde zu Freunden, wenn sie intensiveren Umgang miteinander pflegen. Ein Blick auf US-südstaatliche oder auch auf südindische Konfliktzonen dürfte rasch vom Gegenteil überzeugen, doch muß das skeptische Auge gar nicht so weit schweifen. Nach westdeutscher Kontakttheorie hätten die seit 1990 massenhaft eingeströmten → Buschzulagenempfänger, → Demokratiehelfer, → Förderkunstschaffenden und sonstigen → Vorteilsritter aus dem Westen, aufgrund ihres notorisch → zugewandt-weltoffenen Wesens, überaus freundschaftliche Gefühle bei den → Ostlern erwecken müssen, je mehr diese sie kennenlernen durften. Fachleute freilich deuten die seelische Abschottung Ostdeutschlands gegen die Invasoren als „natürlich gewachsene Menschenverachtung" (H. Witzel).
Zur mehrheitsdeutschen Fremdenliebe als Fremdenhaß zweiten Grades: → Westlinke, → Weinerlichkeit; zum psychopathologischen Gesamtzusammenhang: → das Andere, → Weltoffenheit.

Abschottung, abgeschottet Ein Terminus, dessen bedeutungsgeschichtliche Ursprünge im „abgeschotteten Westberlin der siebziger und achtziger Jahre" (G. Aly) liegen, wo man mit der Deutschen Mark, Sondertarifverträgen und der eigenen → Weltoffenheit noch ganz unter seinesgleichen war. In der → achtundsechziger Konvertitenliteratur bezeichnet ‚A.' folglich eine nicht → selbstbestimmte, sondern → aufoktroyierte Lebensform von muffiger Homogenität, wie sie vor allem die → Westberliner → HEIMATLITERATUR bis auf den heutigen

Tag bewahrt und besingt (→ Kreuzberg, → Kleinkunst, → BITTERMANNLINKE); ein Milieu, das dann seinerseits ‚A.' als Projektionsbegriff wie Negativfolie eigener → Weltoffenheit entdecken sollte.

Im Gegensatz zum schuldmoralisch verwendeten Reflexivverbum ‚sich abschotten' ist in ‚A.' gerade das Nicht-Souveräne der geschützten Weltoffenheitsgemütlichkeit betont. Ganz so, wie es mit → prolligem Stolz und prekärem Satzbau der Frontstadtfranke Klaus Bittermann formulierte: Westberlin, „ein echtes Biotop, eine Insel der Glückseligkeit, abgeschirmt von der sonstigen Unbill der Welt hielten → die Alliierten ihre schützende Hand über die Stadt, die durch eine → einzigartige historische Konstellation zustande gekommen war".

‚Abgeschottete Gesellschaft' konkurriert nicht nur semantisch mit → ‚(ab)geschlossener Gesellschaft'. Je dichter eine Gesellschaft nach außen geschlossen ist, desto weniger können auch die Eingeschlossen einander entgehen. Die intensivere und längere Erfahrung Ostdeutscher nicht allein miteinander, sondern auch mit → dem Fremden illustriert das. Während der Westdeutsche letzterem zumeist aus sozialhierarchisch höherer, also gegen Erfahrungen abgeschotteter Position begegnete, als Arbeitgeber, Vorgesetzter, Restaurantbesucher, Billigtourist usw., arbeiteten und lebten beispielsweise → Vertragsarbeiter in der DDR materiell gemäß einheimischen Verhältnissen (der Wohnheimstandard entsprach dem für Montagearbeiter). Eine soziale Schranke bestand hier nicht. Private Einladungen in Heim oder Haus waren nicht regulär, dürften jedoch häufiger gewesen sein als zwischen Inländern und → Gastarbeitern in Westdeutschland (→ Keine Italiener! → Türken raus!). So erweist sich ‚A.' als klassisch westdeutscher → Projektionsbegriff aus dem → Narrativ der → Weltoffenheit. Man hat zwar von Westdeutschen gehört, die süd- oder südosteuropäischen → Leiharbeitern gelegentlich doch noch ihren Lohn zahlten. Von Westdeutschen, die etwa die Erbauer der Berlin Mall nach Feierabend in ihren Wohnwagen und -ghettos besuchten, weiß hingegen nicht einmal *Bild* zu berichten.

→ Versorgungsmentalität.

Absolut! Im umgangssprachlichen, teils auch im → qualitätsmedialen Westdeutsch (→ Qualitätsradio) seit den 2010er Jahren beliebter Wortzweitschlag, der längere Anfragen schmissig gleichwie konziliant erledigt. Als aggressive und zugleich → unterwürfige Verbalgeste der Zustimmung ist ‚A.' auf gutem Wege, das weichlingskulturelle → ‚Ja, genau, du!' vollständig zu ersetzen. Selbst dem westdeutschen Universalverbaldietrich → ‚OK' scheint durch ‚A.!' eine Konkurrenz zu erwachsen. Obwohl wie jener als Anglizismus eingeführt, hat das ‚A.!'-Sagen ein beträchtliches semantisches Eigenleben entfaltet. Neben Trivialformen in der Alltagssprache („Haben Sie Lust auf einen Kaffee?" – „Absolut!") sei hier vor allem auf die Symbiose von Prägnanz und Abschottung → verwiesen, die der Ein-Wort-Gebrauch befördert. Die ‚A.!'-Sager erscheinen so einerseits als (garantiert → unbewußte) Erben klassischer philosophischer und politischer Totalitätsansprüche, andererseits aber auch als → emotionale Kleinunternehmer, die ihre Lust am Eindimensionalen in oftmals bellendem Vokaldreiklang artikulieren. → Gummihälse mithin, die durch die Absolutheit ihres Abnickens jedem Fragen danach zuvorkommen, wie es um ihre eigene → Kompetenz betreffs der abgenickten → Darstellung stehe. Die Absoluten an der Gedönsfront sowie auf unteren Ebenen der → Verantwortungsträgerschaft könnten deshalb die → Elite jener → selbstbewußten Selbstreduktion sein, welche der „fein ausgesponnen [!] seelischen Regungen der bürgerlichen Hochkultur" (M. Eberth) überdrüssig wurden.

→ die westliche Seele, → Flächenkompetenz, → Kernkompetenz.

ab und wann Hochdeutsch: ab und zu, ab und an, dann und wann. „Man versteht sich letztlich nicht, auch wenn man ab und wann auf Kongressen gemeinsame Adressen ver-

abschiedete." (Karl Heinz Bohrer, *Provinzialismus. Ein physiognomisches Panorama*, München 2000, S. 108)
→ Grosser Stil, → Katz und Igel.

Abwärtsspirale Kein simpler Absturz, nein, es sind noch raumgreifende Verzierungen möglich – vielleicht eine Analogiebildung zum nie vernommenen Wort ‚Aufwärtsspirale', das dann tatsächlich die Um- und Abwege des Parvenüwesens → abbilden würde.

Abwicklung Im juristischen Fachdeutsch ‚Regelung eines Sachverhalts', im ökonomischen ‚Durchführung eines Rechtsgeschäfts'; im → Schönsprech der → Politik ein verbales Düngemittel bei der Schaffung → blühender Landschaften.
→ Rückabwicklung.

achtsam wollen in der Regel Esomosen (Esoterik-Mimosen) behandelt werden (→ Frommsprech, → Psychosprech; als publizistische Spitze des Eisbergs: *Flow – Das Magazin für Achtsamkeit, Positive Psychologie und Selbstgemachtes* aus dem Verlag Gruner + Jahr). Das erfordert, daß man ihnen mit → auffangsamen Ohren naht.
Ähnlich selbstzugewandt, weniger weinerlichkeitsspezifisch ist die jüngere, adverbiale Achtsamkeitsrede im → Schönsprech (vgl. etwa „Achtsam feiern", in: *Berliner Zeitung* vom 8./9./10. Juni 2019, S. 9).
Zum paradigmatischen Status des Adjektivs hinsichtlich westelbischer Weh- und Leidsidiome: → Diskurs der Empfindsamkeit, → Verwundungen, Verletzungen, Empfindungen, → Zugewandtheit.

Achtsamkeit Anders als das zugehörige Adjektiv aufs nekrophile Fach anwendbar und zu erwerben in der Schule des Echtheitsempfindens.
Der Adelstitel des Gunther von Hagens ist so echt wie der Doktortitel des Herrn zu Guttenberg, lebensecht gewissermaßen. Gunther Gerhard Liebchen, nur echt als „Gunther von Hagens" und mit Hut, wurde von Spöttern ein Seelenplastinat von Joseph Beuys genannt; wie dieser versteht sich der Präparator als Künstler. Die Ausstellung plastinierter Leichen unterm Berliner Fernsehturm (→ Alex) sei ein „Lebenswunsch" des noch unplastinierten Herrn, berichtete die *Berliner Zeitung* vom 22./23. Februar 2014, um sodann v. Hagens' Ehefrau zu zitieren: „Unser Ziel ist es, dem Besucher die wunderbare Komplexität des menschlichen Körpers lebensnah → aufzuzeigen und somit seine Achtsamkeit für den eigenen Körper in allen Lebenslagen und -phasen zu sensibilisieren." („Leichen unterm Fernsehturm", S. 25)
Das sollten Tausende zur Achtsamkeit sensibilisierter Leichenbeschauer ebenso sehen. Und vielleicht auch Jon Kabat-Zinn, der das Programm Mindfulness-Based Stress Reduction (MBSR) entwickelte: „Achtsamkeit als Form der Aufmerksamkeit, die sich auf den gegenwärtigen Moment bezieht und nicht wertend ist."

Achtundsechziger → Schmäh- als auch → Schönwort für die mehrheitskulturell prägende Nachnazigeneration des Westens und ihre bereits an der Elterngeneration erprobte → Überzeugung, daß man seine Schuld/en nicht → durchwegs bezahlen müsse (→ die Alliierten, → Zahlmoral), woraus ein charakteristischer Medialdialekt von haftungsbefreitem → Gratis-Mut entsprang (→ Verantwortung); Synonym für eine → Generation, die ausgezogen war, den → Kapitalismus oder wenigstens → posthum den Nazismus zu besiegen und die schließlich bei der → Empörsamkeit darüber einkehrte, daß die → Zonis „eine schöne Idee wie den Kommunismus" ruiniert hätten (Klaus Bittermann).
→ Bittermannlinke, → Selbstgerechtigkeit, → Weinerlichkeit, → Westlinke.

Adornitisch Dialekt zumeist männlicher Blaustrümpfe mit Hochschulabschluß oder wenigstens Hochschulreife, verbreitet im Schriftwestdeutschen. Durch einfache Erlernbarkeit konnte es das A.e zum Rang einer Volkssprache bringen, zumindest eines Volkes mit professioneller Schmerzvermessungskompetenz (→ Betroffenheitliches, → darum/davon wissen). Es genügt bereits die lückenlose Verbindung von Reflexivpronomen und Vollverb sowie das Weglassen von Artikeln: „Adornitisches Sprechen will, daß man neuernd zur Sprache sich verhalte." → Mehrheitsdeutsche Schriftsteller, Journalisten, Professoren schreiben a. bis auf den heutigen Tag. Im besinnungspolitischen Feuilleton ist das A.e inzwischen verdrängt durch → Habermasdeutsch, im Literaturteil durch Dialekte der → Ichzeit wie → weiches Deutsch und → Neuschnöselsprech.

AfD-Land ist nach einem → spätestens seit 2016 geflügelten Wort von Jörg Meuthen das Ländle überhaupt; Näheres: → typisch ostdeutsch/typische Ostpartei, → Leserbriefe, → so isches.

affin Eine → Prenzlberger Edelbackstube bietet saisonal Kirsch- und Pflaumenkuchen für obstaffine Schwäbinnen.

ahm Linguistisch ein sogenanntes Hesitationsphänomen. Ausschließlich in der Lautsprache vorkommend; auf halbem Wege zum Lexem im Hals steckengebliebener Kehllaut (vgl. das sinnverwandte → eben → halt), Funktion: Stotterwort, das an jeder Stelle des Satzes eingefügt werden kann, entfernter Verwandter des hochdeutschen ‚äh'. Während dieses jedoch nur beiseite gesprochen oder beiläufig gedehnt wird (‚ähm'), dröhnt das Ahm kehlstimmgewaltig in etwaige Stille: vom fischäugigen Tennisspieler bis zum gezwirnten Finanzhai ist es zu vernehmen. Ins Westdeutsche fand das Ahm durch eine volkstypische Verwechslung des Amerikanischen mit dem Weltläufigen.
→ Denk ich an Deutschland, → Weltoffenheit, → Wie wir Amerikaner wurden.

Akku Hochdeutsch: der Akku, westdeutsch: das Akku.
→ Teil.

Akkusativ-Dativ-Liaison Eines von jährlich Hunderten Beispielen aus den → Qualitätsmedien: „[Walter Scheel] bewohnt die Villa Hammerschmidt, dem damaligen Präsidentensitz" („Querköpfe. Kabarett, Comedy & schräge Lieder", *Deutschlandfunk*, 8. Februar 2017). Zum sprachlichen → Strukturproblem näher- und weiterhin: → Genitiv-Dativ-Liaison, → Nominativ-Akkusativ-Inversion.

Akkusativ-Nominativ-Inversion Vom → Frankfurter Schriftsteller Martin Mosebach der westdeutschen Umgangssprache entnommene, in sein Romanwerk eingeführte und von dort in die westdeutsche Literatursprache zurückwirkende Besonderheit des → eleganten Deutsch. Als Beispiel unter vielen sei ein Satz aus der unveränderten Zweitauflage von Mosebachs Romanerstling zitiert: „Antonia langweilte das Schachspiel wie jedes andere Spiel, begrüßte es aber im Prinzip, wenn Ivanovich Albrecht nach Schachregeln bekämpfte." (*Ruppertshain*, München 2004, S. 41) Auch Mosebach nahestehende Autoren sprechen gern in A.-N.-I.en: „Dergleichen lag mir auf der Zunge und wollte ich näher ausführen …" (Botho Strauß, *Die Fabeln von der Begegnung*, München 2013, S. 230) Ein Familienübel offenkundig: „Das ist nicht falsch, kann man aber auch anders sehen." (Simon Strauß, *Sieben Nächte*, zit. nach: → *Deutschlandfunk*, „Lesezeit", 6. September 2017)
→ Nominativ-Akkusativ-Inversion.

Aktive Sportwestdeutsch für jene Nicht-Funktionäre, die bei manchen Sportveranstaltungen zu sichten sind.

Aktivisten Zuweilen barbrüstige, zumeist barrikadenbauende Verehrer der EU in Osteuropa.

Alex Von südwestdeutschen Zuwanderern gebrauchter Ausdruck nicht für den Berliner Alexanderplatz, sondern für den daneben stehenden Fernsehturm. Zur Topographie des Alexanderplatzes wiederum existieren unter → MEHRHEITSDEUTSCHEN, trotz → massiver Landnahme im Berliner Osten, bis heute nur unsichere Kenntnisse; manche ihrer → Qualitätsmedien sprechen vom „Alexanderplatz und Platz des früheren Schlosses" (Herbert Weber, „Warum stellen Sie die deutsche Einheit als Wippe dar, Herr Letz?", in: *Focus* vom 6. Mai 2017, S. 40–43, hier: S. 43).
Der verbreitete Benennungslapsus erlaubt einige Meditationen über die berlinwestdeutsche Kollektivpsyche. → WÄCHTERSPRECH, → GRÜNSPRECH, → FEMINISPRECH u. ä. Kunstdialekte zeigen eine Erfahrungssuspension durch Benennungsmanipulation und damit die dominante Version westelbischer Sprachpolitik. Mißliebige Realitäten werden hierbei in ihrer Mißliebigkeit ignoriert oder liquidiert (verflüchtigt, ‚irrealisiert'), weil sie keiner Aneignung zugänglich scheinen. Das umgekehrte, etwas seltenere Verfahren westelbischer Weltmanipulation ist Weltaneignung durch Wörter aus fremdem Sinnkontext. Die Taufe des Berliner Fernsehturms auf den bereits vergebenen Namen ‚Alex' mag ursprünglich westdeutschlandtypischer Unwissenheit → geschuldet gewesen sein, auch wohl einem latenten Unbehagen der Zugezogenen ob der schieren, heimische Größenbegriffe transzendierenden Turmhöhe: Stuttgarter Schwaben sind unverkennbar die → Avantgarde der Umbenenner. Möglicherweise auch „hat es damit zu tun, dass der Fernsehturm das Wahrzeichen der Hauptstadt der DDR war und nun das Wahrzeichen der bundesdeutschen Hauptstadt ist und deshalb anders heißen muss"; dies jedenfalls vermutet die Berliner Publizistin Lea Streisand („Alex in der Schneekugel", in: *Berliner Zeitung* vom 8./9. Dezember 2018, „Magazin", S. 6). Streisand zitiert eine Apologetin der sprachpolitischen Turmverhunzung: „Die Dame argumentierte mit der Veränderlichkeit von Sprache. Sie kenne viele zugezogene Schwaben und Franken, die das sagten." (ebd.) Westdeutschen → Besitzbürgern und Besitzkleinbürgern gehören mittlerweile große Teile von Ostberlins „menschenverkleinernder Architektur" (Maxim Biller). Auffällig ist in der Tat, daß der Umtaufeifer solche Bauten trifft, vor denen Westdeutsche sich klein fühlen. Billers Beschreibung des Effekts der Karl-Marx-Allee – von Westdeutschen → „Frankfurter Straße" genannt – auf die Zugezogenenpsyche belegt das → einmal mehr.

Alkoholkrankheit Gehört wie → ‚Förderunterricht' zur schier unüberschaubaren Familie der Verhübschungsvokabeln, hier mit der Besonderheit, daß die in unzuträglichem Maße eingenommene Substanz dadurch ihrerseits an Reputation verliert: Statt schlichter Versoffenheit des Konsumenten ist Schadhaftigkeit des Gesöffs nahegelegt.
→ SCHÖNSPRECH.

alle (sagen, meinen, haben gesagt usw.) „Paris kam nicht in Frage, weil ich kein Französisch sprach", berichtete die Hamburger Fotografin Sigrid Rothe aus ihrem Fotografinnenleben, „also New York". Von dort freilich war sie nach Deutschland zurückgekehrt, genauer: nach Ostdeutschland. „Alle haben gesagt, die Leute aus dem Osten die können nicht arbeiten", sagte Rothe auf die Frage, warum sie Berlins Mitte mit ihrer Anwesenheit beschenken wollte. Doch „als ich vor ein paar Jahren eine Ausstellung im Gropiusbau hatte, haben zwei junge Frauen aus Ostberlin für mich gearbeitet. ... Die beiden waren super." („Nach dem Sturm",

Interview: Anja Reich, in: *Berliner Zeitung* vom 18./19. November 2017, „Magazin", S. 6; Originalinterpunktion)

Der standardisierte Einschub des Indefinitpronomens, zumeist mit nachgestelltem Verbum ‚sagen', charakterisiert nicht nur → qualitätsmedialen Textfüllsprech, er begegnet auch häufig als Gesprächseröffnungsformel. In → Qualitätsradio und -TV vernahmen gewiß schon Tausende sogenannter Prominenter namens XY Fragen vom Typ: „Alle sagen, von XY kommt nichts mehr. Was sagen Sie dazu?"

Die vorstehenden Fiktiv- und Faktenproben sollen weniger die → gesprächskulturelle → Verwahrlosung der → alt(west)deutschen Gesellschaft als vielmehr deren enormes Selbstkollektivierungsbedürfnis illustrieren. Wer im Kollektivgeiste eines Milieus, → Netzwerks, → Wir-Gefühls seine ersten Schritte in die Welt (meist: die Nachbar- und Komplementärmilieus) wagt, der denkt sich auch diese Welt als einen Versammlungsort kollektiver → Identitäten. Das Alle-Sagen ist seit jeher ein Indiz intellektueller Unselbständigkeit; seinen Charakter als → Projektionsmedium westdeutscher Erfahrungsenge hat der Osten nicht allein Deutschlands seit den 1990er Jahren verstärkt erfahren. Die notorische Wahrnehmungsschwäche → des Westens, dank derer a. → Ostler von Dessau bis Wladiwostok (→ der Osten) → irgendwie gleich aussehen, verdichtete sich in der westdeutschen Erwartung, alle Nicht-Westdeutschen müßten ein dem westdeutschen ähnliches Kollektivbewußtsein ausgebildet haben. Erfahrungen aus sporadischem Weltkontakt veranlaßten allenfalls Erkenntnisse wie: „Mit dem hoch gelobten ostdeutschen Wir-Gefühl ist es nicht weit her!" (Heinz Bude, → Deuter deutscher Befindlichkeiten, gegenüber der *Märkischen Oderzeitung*, 25. März 2013)

→ Dankbarkeit, → Doch so einfach ist es nicht, → Wir im Westen.

allein schon Im Hochdeutschen schlicht: ‚schon', manchmal auch ‚allein'; im westdeutschen → WICHTIGSPRECH → unverzichtbar, wenn → Bedeutsamkeit durch gesteigerte → Einzigartigkeit markiert werden soll.

allemal 1. Im Hochdeutschen mit äußerster Sparsamkeit, im Westdeutschen geradezu verschwenderisch gebrauchtes → SCHÖNWORT für alles, was nur einmal, oder → SUPERLATIVISSIMUS für alles, was mehr als einmal stattfand. 2. → WICHTIGSPRECH für ‚auf jeden Fall', ‚unbedingt'.
→ zumal.

allerwichtigst Ein eher bescheiden, weil wissenschaftlich tuender Komparativ von → wichtigst.
→ Gestaltungskoordinierungsaufwand, → SUPERLATIVISSIMUS.

Alles Banane! → Banane.

Alles klar! Im Dienstleistungs→segment, insbesondere im Gaststättenwesen, verbreitete Formel der Folgsamkeit, die in einem charakteristisch bellenden oder anderweitig aggressiven Ton ausgestoßen wird.

Die bundesrepublikanische → Unterwürfigkeit, ob gegenüber militärischen Auslands- oder ökonomischem Inlandsmächten, ist europaweit berühmt. Zu den → scheinbaren Paradoxien westelbischer, mithin → MEHRHEITSDEUTSCHER Mentalität gehört es, daß ein Volk von dienstbaren Geistern so schlecht zu dienen weiß. Zittert doch in Dienstbarkeitsbekundungen wie ‚A. k.!' unüberhörbar ein Unterton von Gekränktheit desjenigen, der sich zu Höherem berufen glaubt! Zum einen sind es tatsächlich oft Kinder

des westelbischen → Bürgertums, die in → Praktika und → Wasserträgereien aller Art geradezu verzweifelt Realitätsfühlung suchen. Zum anderen und wesentlichen freilich ist die Abwesenheit von Grazie, durch welche → zumal in Nationalitätenrestaurants ein westdeutsches Bedienpersonal sogleich auffällt, dem landestypischen Strebertum, sprich: einer penetranten → Performanz → geschuldet. Wie auf so vielen → Feldern also auch hier: der Schüler, der seine Lektion gelernt hat und sogleich nach der Rolle des Lehrers strebt! Kurt Tucholsky hatte bereits in der Zwischenkriegszeit angemerkt, daß der deutsche Kellner nicht Schnitzel, sondern Gnaden serviere; der westdeutsche Klarsager der Gegenwart macht dem Gast → deutlich, daß ihm zwar nicht dessen Wunsch, wohl aber der erniedrigende Zwang zu dessen Erfüllung ‚klar' sei. So verwandelt sich selbst der westdeutsche Kleinstbedienstete in einen Kommentator von Weltverhältnissen, über die er kaum Kenntnis, jedoch eine feste → Meinung hat.
→ Kein Problem! → Sconto!

alles und alle(m) Nicht ganz klarer Sammelbegriff sowie Beispiel für einen → zumal → qualitätsmedial typischen Flexionsverzicht im jüngeren Westdeutsch. „Ein Mann der Superlative" betitelte der Ex-Herausgeber der *Berliner Zeitung* Dieter Schröder seinen Nachruf auf den Ex-Chefredakteur von *SPIEGEL* und *WELT* Claus Jacobi. „Unter seiner Ägide, kritisch gegenüber alles und allem, begann die Auflage des Enthüllungsblattes *[DER SPIEGEL]* zu stagnieren." Ein → SUPERLATIVISSIMUS, wie man ihn sonst nur von *Bild* kennt. Aber da spricht man bestes Westdeutsch, anders als beim *SPIEGEL* und erst recht bei der *Frankfurter Rundschau*, wo man → mit der deutschen Sprache schon schwer → entfremdet ist: „Als Chefredakteur des Herausgebers hatte Jacobi nur geliehene Macht, aber die hat er genossen und damit auch zu seiner Entfremdung mit der Spiegel-Redaktion beigetragen." (*Frankfurter Rundschau/Berliner Zeitung* vom 19. August 2013, S. 25)
→ FALLPAUSCHALE, → SUBJEKTWECHSEL.

Altachtundsechziger Genaue Bedeutung nicht mehr ermittelbar. Einer, der immer noch? nicht mehr? → achtundsechziger→affin ist? Jedenfalls seit ca. 1978 Inbegriff des überholten gleichwie übermächtigen Alten; auch 1988, 1998 und 2008 noch mit unverminderter Kühnheitsgeste für obsolet erklärt.

altdeutsch Im Hochdeutschen meist zur Einordnung von Kunst- und Kulturzeugnissen vorreformatorischer Zeit (‚altdeutsche Malerei' u. ä.), mitunter auch für einen Kleidungs- und Einrichtungsstil des 19. Jahrhunderts üblich, seltener sinnbildlich für gewisse Denk- und Verhaltensweisen (‚altmodisch', ‚altfränkisch'). Im Westdeutschen ist der Prädikationsbereich unbestimmt, wovon eine Wortmeldung von Barbara Vinken zur → Flüchtlingskrise zeugen mag. Die Hannoveraner Professorin u. a. für Allgemeine Literaturwissenschaft hatte Sprachprominenz bereits durch → dekonstruktive → Entlarvungstaten (*Die deutsche Mutter*, ²2007; *Flaubert*, 2009; *Bestien*, 2011; *Angezogen*, 2013) und eigenwilligen Präpositionsgebrauch (‚stolz über', ‚Lust nach', ‚zur Frage stellen') erlangt. Aus dem *Philosophie Magazin* 2016/2 war zu erfahren, daß Vinken zudem erotisch-eugenischen Ehrgeiz und einschlägige Hoffnungen auf frisches Männermaterial hege: → „Männermangel" litten anspruchsvolle, weil „zu hoch diplomierte" a.e Frauen seit den frühen 1980er Jahren (ebd., S. 56). Der einheimischen Männer Unlust an insbesondere kulturwissenschaftlich qualifizierten Frauen „ab 50" sei selbst 2015 noch nicht überwunden. Einwanderer aus Nahost und Nordafrika könnten hier Abhilfe schaffen: „Eine Öffentlichkeit, in der orientalisches Flair den Verkehr der Geschlechter beflügelte, wäre ein vergessenes Zitat aus verflossenen Zeiten. Sollten wir nicht hoffen, dass die neuen Männer, seien es → Syrer oder Araber, wie die Italiener, die ins

Land kamen, ihren Frauenkult mitbringen und altdeutsche Ängste beschämen, bezwingen?" (ebd.)
→ Keine Italiener! → Sconto.

Alternative → Hausbesetzer/Hausbesitzer.

alternativlos Wer sein Christentum von Berufs wegen ernster nehmen muß als einst → das Merkel, drückt es so aus: „Zu Gott gibt es keine Alternative." (Joachim Kardinal Meisner in seiner Predigt vom 15. August 2008)

Altparteien Affektaffines → SCHMÄHWORT für nicht mehr ganz frische → Mitkonkurrenten in → der Politik. Das Wort ist inzwischen gängiges Alternativdeutsch für alles, was schon vor der AfD im Bundestag saß. Deswegen tadelte Sitzungsleiterin Claudia Roth hin und wieder → Vertreter besagter Partei für einen allzu unbefangenen Wortgebrauch, beispielsweise in der Bundestagsaussprache vom 17. Mai 2019: „Aus der allerdunkelsten Geschichte ist dieses Wort zitiert worden immer wieder von Joseph Goebbels" – allerdings auch in lichterer Geschichte und durch Claudia Roth selbst, etwa 2013 im *WDR*: „Ich möchte immer noch darauf bestehen, daß wir uns unterscheiden von den Altparteien!" Weitere Recherchen ergaben, daß ‚Altparteien', durch Roth und andere fortschrittliche Kräfte offensichtlich verwechselt mit dem NS-deutschen ‚Systemparteien', originärer → GRÜNSPRECH ist. Im Bundeswahlprogramm von 1987 stellte sich die Partei mit der Sonnenblume als „wirkliche Oppositionspartei" vor, „die grundlegende Alternativen zum zerstörerischen Kurs der Altparteien zu bieten hat".

alttestamentarisch Im Mund- und Maultaschen- wie im Schriftwestdeutschen häufig statt ‚alttestamentlich' (→ angepreist). In ihrer Laudatio auf die Büchnerpreisträgerin Sibylle Lewitscharoff will deren Freundin, die Literaturkritikerin Ursula März, auf das Adjektiv ‚a.' ebensowenig verzichten wie auf das Adjektiv → ‚unverzichtbar'. Kurz: Wer ein wenig theologische Bildung oder gar religiöse Bindung durchblicken lassen will, für den ist a. einfach → hochmögend.

Ambivalenz, ambivalent → SPREIZSPRACHLICH für Personen und Sachverhalte, die mehr als eine Eigenschaft aufweisen und somit dem gemeinen → Publizistenkopf erhöhte Komplexität signalisieren, erst recht der gemeinen → HEIMATLITERATIN. Juli Zeh bei der Erklärung ihrer → durchaus komplexen Figuren: „Aber diese Ambivalenz, in der wir alle gefangen sind, daß wir diese Liebesfähigkeit in uns haben, trotzdem aber immer wieder vom Leben zurechtgestutzt werden auf Alltagstiere, die dann auch schrecklich dumme Sachen machen, ja, also dis find ich, ist etwas, was uns alle, durch die Bank, ganz stark prägt, und das zeichnet alle diese Figuren auch durch die Bank ganz stark aus, und daraus ergibt sich etwas, was man Ambivalenz nennen kann und was ich, wie gesagt, tragisch nennen würde, was in mir aber keine Ablehnung erzeugt gegenüber diesen Figuren." Hubert Winkels: „Hm." („Aus dem Literarischen Colloquium Berlin", *Deutschlandfunk*, 26. März 2016)
→ geprägt, → LEHRAMTSSPRECH.

am coolsten „Warum, Papa, sind wir nicht 1968 nach Einmarsch der Russen in Prag nach Amerika emigriert. Weil die Bonner Republik damals das so ziemlich coolste, freieste Land der Welt war, Sohn", seimt Maxim „Rostnagel" Biller in der *FAS* das politisch-mediale → MEHRHEITSDEUTSCHtum an („Die Ossifizierung des Westens. Deutsche deprimierte Republik", 22. März 2009); ein Wortbeitrag zum westdeutschen → Wir-Gefühl, der als enorm subversiv sogleich mit dem *Goldenen Maulwurf* vergütet ward.

Freilich sind → ‚wir im Westen' dort nicht mehr allein. Die Ängste des → anpassungseifrigen Zuwanderers vor weiteren und weniger fügsamen Zuwanderern (M. R. B.: „sie wollten unser Geld, unsere Freiheit, unsere Bücher") erzeugen eine Prosa, von der Joachim Kaiser in der *Süddeutschen Zeitung* schrieb: „Sie verbindet überraschende mit einleuchtenden zu großartigen Passagen" (13. Oktober 2009). Großartig M. R. B.s Einsicht: Mit besagter Coolness sei es vorbei, denn der „Ossivampir" habe die Reinheit westdeutschen Blutes verdorben. Gebissen wurden alle Milieus jenseits von Frankfurt/M. – „gebissen wurden die eleganten Alleswisser von Berlin Mitte, die sich in ihren kühl renovierten Wohnungen an der Karl-Marx-Allee der menschenverkleinernden Ästhetik des Architekturstalinismus hingeben." Großzügig geschnittene Wohnungen haben schon oft kleinformatig gebaute Geister verstört; hier weht offenbar die falsche Kühle oder coolness! Nämlich eine, durch die das eisige Volk ohne Gott und mit dem falschen Geburtsort die warmen, blutvollen Seelen in der → Bundesrepublik Adenauer gefrieren läßt. Wer bringt M. R. B. die heimelige Heimat zurück? Die Politiker, die „uns mit gangstermäßiger → Lässigkeit seit 1989" nie „gesagt haben, daß der Osten Osten bleiben und unsere einst so libertäre, offene, unnationalistische Gesellschaft mit seiner Osthaftigkeit vergiften würde"? Eher schon das *FAS*-Feuilleton und sein → weiches Deutsch: Es werde „Zeit, die → Kommunikation so zu bestimmen, daß aus den verosteten Wessis die vernünftigen, unnationalistischen Leute werden, die sie mal waren. Wenn wir dann wieder okay sind, machen wir die Ossis bestimmt zu besseren Menschen. Allein schaffen sie es nicht." Kritiker Kaiser: „Billers Prosa hat Suchtpotential."
→ Alex, → Anbiederungsdeutsch, → Brache, → Diskurs der Empfindsamkeit, → Purismus, → uncool.

am Ende des Tages Im jüngeren Westdeutsch → der Politik und der ihnen nachsprechenden → Qualitätsmedien häufige → Ansage → definitiver → Entschiedenheit; jovial gemeint und gesprochen im → Maulheldischen. Der Tagesendausrufer reklamiert → eine Art von → kaltblütiger → Entschlossenheit, den – zumeist: ökonomischen – Tatsachen ins starre Auge zu sehen. Die → Anpassung an derlei Tatsachen verkauft der einschlägige Anpasser, sofern man ihn nicht → Geld in die Hand nehmen läßt, als mannhafte Weltklugheit, wenn nicht gar als Weltgewandtheit.
→ entschieden, → schlußendlich, → Weltläufigkeit.

Amerikafeinde allerorten argwöhnte Michael Rutschky in → *Wie wir Amerikaner wurden. Eine deutsche Entwicklungsgeschichte* (Berlin 2004). Die übliche → Selbstfindungsschmonzette vom Studentenbewegten zum Kapitalismusbeflissenen endete in San Francisco. Dort ward der → Autor, der durch zahlreiche ‚Selfies' illustrierte, wie man auch unter Verkleidungen der ewige → Mehrheitsdeutsche bleibt, von seiner aus der → ‚ehemaligen DDR' stammenden Freundin verlassen. Sie war übrigens der einzige ‚Amerikafeind', den die → Gesinnungsspürnase M. R. (→ riechen) in Person → entlarven konnte. Der Rest: Vermutungen und → Leserbriefe.

amerikanisch („Aus dem Amerikanischen ...") In verlegerischen und anderen → intellektuellen Kreisen übliches Synonym für das in den USA (‚Amerika') gesprochene Englisch. Zwar hörte man noch keinen US-Amerikaner „I speak/know American" sagen, doch weiß es der westdeutsche → Weltläufigkeitsstreber auch hier wieder besser.

Amerikanisierung, Amerikanismus Die Verwendung beider Ausdrücke seit der Jahrtausendwende erhellt einige Strukturmerkmale westdeutschen Daseins und Bewußtseins überhaupt: → Anspruchsdenken, Veränderungsfurcht, Chefkultus und Milieukonformismus,

Überangepaßtheit an vermeintlich stabile Umweltbedingungen sowie schließlich die Suche nach → Minderheiten, die deren Zerstörung verschuldeten.

Von A. reden Westelbier → zunehmend angesichts von Veränderungen im gesamtdeutschen Produktions- und Distributionssektor. Nahezu geräuschlos war zu Beginn der Nullerjahre der ökonomisch verwöhnte und sozial entmündigte → ‚Jammerossi' aus dem → MEHRHEITSDEUTSCHEN → Diskurs verschwunden, um dort dem ‚flexiblen Ostdeutschen' Platz zu machen. Der deutsche Osten und seine verbliebenen Bewohner galten den → Eliten westdeutscher Wirtschaftsführer und Meinungsbildner nunmehr zugleich als Entwicklungsland *und* als Avantgarde der Selbstausbeutung (geringerer Krankenstand, längere Arbeitszeiten, niedrigere Löhne und Renten, Verzicht auf Kündigungsschutz usw.). Der wirtschaftsfreundliche, weil ‚flexible Ostdeutsche' wurde dem veränderungs- und verantwortungsscheuen, weil sozialstaatsorientierten Westdeutschen geradezu als positives Feindbild entgegengehalten (etwa durch den um Klaus von Dohnanyi gebildeten „Gesprächskreis Ost" 2004). Der einem ostdeutschen → Antiamerikanismus in den 1990er Jahren gern zugeschriebene Affekt gegen ökonomisch-kulturelle Amerikanisierung war nun → kein Thema mehr. Statt dessen erschallte der Warnruf vor den Ostdeutschen als ‚Avantgarde der Amerikanisierung' selbst, welche den westdeutschen Freiheits- und Wohlfahrtsstaat gefährdeten. Auch der → Ostdeutschenbeobachter und Deuter → deutscher Befindlichkeiten Heinz Bude wagte es nicht, eigene Ängste und Ressentiments als solche zu artikulieren. Er schrieb die Verzweiflungstaten der Selbstausbeutung einer → *Idee* der Ostdeutschen von sich selbst als ‚Speerspitze des neuen Amerikanismus' zu (→ inklusiver Populismus). Ähnlich → ideologisch denken die → Meinungseliten westdeutscher Wirtschaft und Politik. Jene allerdings deuteten die Bereitschaft zu Überarbeitung und Lohnverzicht als souveräne Einsicht in ökonomische Notwendigkeiten. So kam es gegen Ende der Nullerjahre zu einem bizarr anmutenden Gerede von einer sozioökonomischen ‚Amerikanisierung', die auf → selbstbestimmte Weise von Lidl-Verkäuferinnen und ABM-‚Kunden' im Osten vorangetrieben werde. Frage der *Süddeutschen Zeitung* an Klaus v. Dohnanyi „Sie plädieren aber für eine Amerikanisierung des Ostens?" Antwort: „Nein. Mir sind unsere sozialen Strukturen dem Grund nach sehr wichtig. Aber Leute, die ihren Arbeitsplatz verlieren oder keinen bekommen, die würden sich freuen, bei vorübergehenden Einschränkungen, aber gesichertem Einkommen, Arbeit zu bekommen. Das ist nicht Amerikanisierung, sondern das flexible deutsche Modell, wie wir es in den fünfziger und sechziger Jahren noch angewandt haben in der alten Republik." (*Kurskorrektur des Aufbau Ost*, Bericht des Gesprächskreises Ost vom 26. Juli 2004, S. 8) Georg Milbradt hingegen fand, das „westdeutsche Rechts- und Sozialsystem" hemme „die Entwicklung in den neuen Ländern". Der stupende Leistungswille der Ostdeutschen benötige nachkriegsähnliche → Freiräume (ebd., S. 1).

Allenfalls aus dem spätwestdeutschen → FEMINISPRECH schimmert die Einsicht, daß die wahren ökonomischen → Herausforderungen Deutschlands in der immer noch zu geringen Zahl von Managerinnen bestehen: „Trotz hervorragender Qualifikationen einer stetig wachsenden Zahl junger Frauen stagniert der Anteil weiblicher Führungskräfte hartnäckig auf niedrigem Niveau. Was sind die Ursachen? Können ostdeutsche Lebens- und Unternehmenskulturen ein Vorbild für den Westen sein? Immerhin haben ostdeutsche Frauen bislang ihre größere Teilhabe in der Berufswelt auf allen Hierarchieebenen beibehalten und verteidigt." („Frauen machen Neue Länder", auf dem gleichnamigen Kongreß in Leipzig am 4. November 2010 vorgestellte Studie)

→ Antiamerikanismus, → antiwestliche Ressentiments, → gläserne Decke, → Heimatschachtel, → können, → machen, → starke Frauen; → Luxus.

Analphabetismus gehört wie Nichtschwimmertum und Rechenschwäche zu den Primärschocks, die → breite Kreise Westdeutschlands den überraschten Bewohnern der nunmehr → Ehemaligen bereiteten. Ein offensichtlich → mittel- oder langfristig nicht lösbares Problem, wie bereits ein Frühwerk der bundesdeutschen → Heimatliteratur bestätigt: „→ Zunehmend dringt ins öffentliche Bewusstsein, dass in der Bundesrepublik zahlreiche Bürger leben, die nicht richtig lesen und schreiben können und sich anhaltend mit der Verschleierung ihrer Inkompetenz beschäftigen müssen." (Notiz vom August 1982, es folgen Beispiele aus den breiten Kreisen, in: Michael Rutschky, *Mitgeschrieben. Die Sensationen des Gewöhnlichen*, Berlin 2015, S. 183) Inzwischen sind Teile Ostdeutschlands, vor allem nördlich von Sachsen und Thüringen, im westdeutschen → Bildungsnotstand nahezu → angekommen.

Analyst Durch Rückübertragung aus dem Angelsächsischen ins Westdeutsche entstandener → Wichtigsprech, hinter dem sich trefflich die Ahnungslosigkeit darüber verbergen läßt, was ein Analytiker eigentlich den ganzen Tag lang treibe.

Anbiederei In der westdeutschen Schrift- und Umgangssprache mitunter verwendete Substantivbildung, die leicht mit den unregelmäßig gebildeten femininen Silbensparwörtern zu verwechseln ist (‚Wanderin', ‚Zauberin' usw.); im österreichischen Deutsch häufiger. Von einer bereits präzonalen und vorstaatlichen → Unterwürfigkeit der Westdeutschen, die der US-amerikanischen Besatzungsmacht 1945 beispielsweise in München zuteil wurde, berichtete der 95jährige Georg Stefan Troller im → *Deutschlandfunk*: „Diese Kriecherei, diese Lügnerei, diese Anbiederei – und zu glauben, der Aufbau jeder Würstchenbude sei ein Ausdruck demokratischer Gesinnung" (→ „Denk ich an Deutschland ...", 4. Dezember 2016). Der im Besatzertroß heimgekehrte Emigrant äußerte sich mit diesen bayerischen Erfahrungen komplementär zum Urteil seines Kameraden Saul Padover, dem die Fügsamkeit der soeben noch führerfrommen Rheinlande aufgefallen war: Die Amerikaner wurden von den → selbsternannten „Mussnazis" in Westdeutschland als Befreier von der Diktatur und als neue Verbündete im Kampf gegen den Kommunismus gefeiert: „Haß auf die Russen, Schmeicheleien für die Amerikaner". Der mehrheitlich katholischen Kriegsverlierer ‚'Hartherzigkeit' und daß sie ‚ständig klagten und jammerten'" war eine Wahrnehmung Padovers (*Lügendetektor*, Berlin ²2016, S. 87, S. 25), die auch Troller machen konnte.
→ die Alliierten, → die Staaten, → flüchtlingsfeindlich, → Wie wir Amerikaner wurden.

Anbiederungsdeutsch (vulgo: Schleimsprech, Ranwanz) Dialekt des → Jovialsprechs, entstanden aus geistig-moralischem → Lässigkeitskrampf und → Anpassungswunsch. Lexisch beispielhaft: → am coolsten, → die Alliierten, → jüdisches Leben, → Papa Heuss, → Schlapphüte; systematisch vertiefend: → Babytalk, → Grünsprech, → Unterwürfigkeit.

Anbieter/in können alle werden, denen die eigene Person dank innerem → Anduzen zur → Disposition steht.

Andenken → Spreizsprech der → Extraklasse. Weder → zielführend → Problemlösungsorientierte noch Heideggerschüler können sich seinen Gebrauch verkneifen; vgl. Dieter Henrich, *Der Gang des Andenkens. Beobachtungen und Gedanken zu Hölderlins Gedicht*, Stuttgart 1986.

Anderland Der Ausdruck geht auf eine in den 1980ern populäre Serie im → altwestdeutschen Kinder-TV zurück, hat sich jedoch vom → Qualitätsfernsehen in die Weiten und

Niederungen des populärpolitischen, insbesondere → fremdenfeindlich-jammerwestlichen → Diskurses ausbreiten können. In diesem hat ‚A.' inzwischen zahlreiche → FÄKALSPRACHLICHE Synonyme gefunden (‚Mistland', ‚Drecksland', → ‚Scheißland'). Jahrelang wurde ‚A.' insbesondere mit der → Herkunftsheimat → des Merkels assoziiert, also mit → der ehemaligen DDR. Wie kam das?

Im Haß gegen die → ‚Frau aus dem Osten' waren jahrelang sämtliche Politikmilieus → der guten alten Bundesrepublik einig, wenn auch nicht vereint. Er galt vor allem Merkels Talent, gründlicher als indigene → Wasserträger das Wesen → *der Partei* begriffen zu haben, nämlich auch politisch oder kognitiv unauffälligen Existenzen eine Aufstiegschance zu bieten. Diese Fähigkeit, Personen- oder Gruppeninteressen ohne ideologische Überbauung oder utopische Flausen wahrzunehmen, löste → Empörsamkeit bei den → Abgehängten von → links bis → rechts aus. Merkel sprach in Tun und Lassen das → banale Geheimnis bundesdeutschen Daseins derart unverblümt aus, daß das Spektrum der Merkelhasser bald von Antje Vollmer bis Alexander Gauland reichte. Besonders von rechts wurde Merkels parteiideologische Unbefangenheit → mehr und mehr als politikmoralisches Defizit denunziert. Nicht also eine besonders BRD-kundige BRD-Kanzlerin, sondern nur → einmal mehr → die Ostfrau erstand somit vor dem haßverschleierten Auge der politisch Zurückgelassenen.

Etwa vor dem Gertrud Höhlers. Die CDU-Parteifreundin war durch pfiffigere → Mitkonkurrenten jahrzehntelang von politischen Ämtern ferngehalten worden, mußte sich auf eine Literaturprofessur zurückziehen, bezeichnete sich jedoch unverdrossen als Politikberaterin. → Dem Vernehmen nach hat sich nie ein Politiker dazu bekannt, von Höhler beraten worden zu sein. Beste Voraussetzungen also dafür, → ‚wertkonservativ' zu fühlen und Erfolgreiche als ‚Karrieristen' zu schmähen. Höhler beklagte den Zerfall des traditionell → wertorientierten Klientelwesens allgemein, sie beklagte speziell den Aufstieg der CDU zur Staatspartei jenseits parteilicher Ideologiebindung. Schuld an allem: die „Fremde aus Anderland". Als solche ward die Kanzlerin durch Höhler immer wieder angepöbelt, einen Medicnsommer lang etwa in allerlei Werbesendungen rings um *Die Patin: Wie Angela Merkel Deutschland umbaut* (Zürich 2012).

Der Titel führt ein wenig in die Irre. Nicht der Umbau Deutschlands war gemeint, sondern der Abbau einer Amigo-, Honoratioren- und Stammtischpartei zu einem Kanzlerinnenwahlverein mit transparentem Lohn-für-Loyalität-System. Hierbei sah Höhler die von ihr unberatene Merkel in anderländisch befeuerter Eskalationslust vorgehen: als „Tochter aus Anderland", „Frau aus Anderland, „Mädchen aus Anderland", „Kind aus Anderland", schließlich „Karrieristin aus Anderland" (S. 28, S. 39, S. 51, S. 71, S. 230). Merkel im Westen: eine Agentin aus der → ehemaligen DDR, welche die BRD heimlich → ‚autoritär' umzubauen trachte – zu Nutz und Frommen der Linken, letztlich jedoch → des Russen. Höhlerwörtlich-deutungslyrisch: „das Mädchen Angela, herübergeweht aus dem deutschen Beiboot des Supertankers UdSSR". Doch läge dem BRD-Umbau letztlich Familienzoff zugrunde, wie Höhler mit dem → Deutschendeuter Hans-Joachim Maaz psychoanalysiert: Die „Karrieristin aus Anderland", ursprünglich aus Hamburg, sei ja dereinst vom Vater zum „Umzug in den autoritären Unrechtsstaat" (d. h. in keinen demokratischen Unrechtsstaat!) *gezwungen* worden, trachtete daher jahrelang nach einem Vatermord, den sie mit dem Sturz Kohls endlich ins Werk setzen konnte (S. 231f.).

Höhlers Bildnis der ‚Bunzrepublik' (M. Walser) als beschmutzer Unschuld ist heute im neuwestdeutschen → PURISMUS milieuübergreifend mehrheitsfähig. Daher der Registerwechsel auch im → konservativen Sprachstil. Mit Höhler, Herles, Kraus u. a. CDU-Indigenen ist dieser vom ostentativen Pragmatismus zum greinenden Moralismus mutiert.

→ die alte Bundesrepublik, → Jammerwessi, → Pöbeln; → ANTIORIENTALISMUS.

Andersartigkeit → das Andere, → Einige meiner besten Freunde ..., → Ostdeutsche, die weltoffen sind ..., → soziale Andersartigkeit.

andiskutieren Von zartfühlenden Diskussionsteilnehmern ausgeübte Tätigkeit zwischen dem → Andenken und dem Aussprechen.

anduzen Wo Individualismus zugleich Ideologie und Institution ist, dort ängstigt Individuen am meisten die Zumutung seelischer Souveränität – die Zumutung, Distanz zu ertragen, um allmähliche Annäherung zuzulassen oder auch ihre Unmöglichkeit einzusehen. Die Angst vor den Ansprüchen und Freiheiten der Selbstachtung ist in → freiheitlichen Gesellschaften überlebensgroß. Eine Angst vor dem Sie-Sagen zur eigenen Seele wie zur Seele des Nächsten: Nicht nur Therapiegruppen, ganze Betriebsgruppen kriechen unter der Decke des Du zusammen. Mitunter jedoch fühlen sich sogar Westdeutsche von der jovialen → Ansprache durch Vereins- und Verkäuferseelen unangenehm berührt, durch jenen Kommunikationsersatz, dessen Tonspur mit einem Duzlaut beginnt. Die Initialpöbelei nennen manche der also Angepöbelten neuerdings Anduzen, wie etwa der Westfale Malte Welding in seiner Anklage der Callcenter: „→ Hallo Malte, wenn du bei Vodafone einen DSL-/Festnetzanschluß bestellen möchtest, so ist dies nur über unsere Kundenbetreuung oder → vor Ort in einem Shop möglich." („Was kann ich nicht für Sie tun?", in: *Berliner Zeitung* vom 16./17. Februar 2013, „Magazin", S. 1)
Ein eigenes Kapitel würde das A. in → der Politik bilden, genauer gesagt: das A. von oben nach unten, das A. von Politikern gegenüber Journalisten oder von Oberjournalistinnen gegenüber ihrem → Gesinde. Berüchtigte Anduzer der westdeutschen → politischen Klasse waren Klaus Töpfer und Helmut Schmidt. Besonders letzterer – politisch-militärischer Vollstrecker erst des Führers, dann diverser US-Präsidenten, berühmt geworden durch künstlich eingefügte Redepausen und die bis 1982 größte Staatsverschuldung der BRD – verdient es, der kulturhistorischen Vergessenheit entrissen zu werden. Schmidt nämlich erbrachte durch seine offene Verachtung der → Qualitätsmedienmenschen den unwiderleglichen Beweis, daß die Kanaille niemanden so sehr verehrt wie ihre Verächter (vgl. die Nachrufe auf Schmidt im November 2015).
→ A_NBIEDERUNGSDEUTSCH_, → D_UZTERROR_, → Extremindividualismus, → Ich und meine Identität.

anerkennen In der Alltagssprache der → Qualitätsmedien sowie → der Politik soviel wie ‚zur Kenntnis nehmen', ‚akzeptieren'; seltener ‚schätzen', ‚ehren'. Die Bedeutungssubstitution ist dem Einfluß des → H_ABERMASDEUTSCHEN_ → geschuldet.

anfällig In Verbindung mit ‚rechtes Gedankengut', ‚rassistische Stereotype', ‚totalitäre Ideen' usw. ein beliebtes Adjektiv in → W_ÄCHTERSPRECH_ und ethischem → P_URISMUS_. Dort kündet es von der → M_EHRHEITSDEUTSCHEN_ Überzeugung, die → bürgerliche Mitte und moralische Unschuld der Gesellschaft werde von → Fremden-, Frauen-, Flüchtlings- und anderer Feindlichkeit prinzipiell von außen bedroht, mithin *angefallen*.
Im jüngeren → Selbstdarstellungs-, d. h. Reinheits-, Unschulds- und Einfalts→diskurs → der alten Bundesrepublik bezeichnet ‚a.', namentlich das davon abgeleitete Substantiv, ein kurz vor dem Ausbruch stehendes Geschwür, vornehmer gesagt: ein bedenkliches ‚Potential'. Hierin stimmt der westdeutsch-puristische semantisch mit dem hochdeutschen Sprachgebrauch überein: *Angefallen* von etwas kann nur werden, wer noch nicht (ganz) davon *befallen* ist. Die → strukturelle Fremdenfurcht der west- und also mehrheitsdeutschen → Nischengesellschaft selbst taugte daher nie als mehrheitsmediales → Thema. Die akute und lokale

Verwandlung von → Bürgern in → Fremdenfeinde scheint spektakulärer als die jahrzehntelange Existenz einer fremdenfeindlichen → Bürgerlichkeit. Der temperamentvolle Südländer des deutschen Ostens (→ Sachsen) wirkt leichter → wutbürgerlich infizierbar als der träge Türkenverächter in Schwaben, Bayern oder anderen Südzonen des Westens, für den ohnehin das → Ausland gleich in der Vorstadt beginnt.

Wissenschaftliche, wissenschaftsnahe oder wissenschaftssimulative Institute, die sich der Anfälligkeitsforschung widmen, haben zumeist einen ausgesprochen → westlinken → Hintergrund. Für den Fremdenhaß dieses Milieus ist die → verdruckste und verklemmte, nämlich indirekte Artikulationsform typisch: Man haßt nicht schlichtweg eine fremde → Minderheit, sondern erforscht liebevoll den → Haß einer größeren gegenüber einer kleineren Minderheit. Fremdenfeindlichkeitsforschung aus Göttingen, Hannover und anderen Zentren → weltoffenen → Umgangs mit → dem Fremden hilft → Verletzungen zu ertragen, die der westdeutschen Linken durch die ostzonale Absage an die → realhistorische → Utopie, aber auch durch eigene, nunmehr frustrierte Feindbildbedürfnisse (→ Haß und Verachtung) entstanden waren.

→ Denunziantendeutsch; → Pluralismusfeindlichkeit, → das Sächsische.

anfühlen Meist reflexiv gebraucht; ein Amerikanismus, der erhöhtes Feingefühl verheißt. Am frühesten hatte das wohl jener TV-Gastgeber der *ARD* begriffen, der sich wie üblich halb über den Tisch legte, seinem Gesprächspartner ins Gesicht atmete und den KZ-Überlebenden fragte: „Was war das für ein Gefühl, ich meine, wie fühlte sich das an, im geschlossenen Viehwaggon nach Auschwitz?" (Ältere wie der Herausgeber dieses Wörterbuches erinnern sich vage an den Originaltext, präzise an ihr Grauen.) Feinfühlig hingegen die Schlagersängerin Julia Neigel in *Kulturradio des RBB*, „Das Gespräch", 28. Oktober 2012: „Ich habe den Menschen gefunden, der sich für mich richtig anfühlt." Das kann auch der Künstlerkollege nachfühlen, denn „es sticht und fühlt sich echt an." (Simon Strauß, *Römische Tage*, Stuttgart 2019, S. 10)

→ Wie fühlt sich das für dich/mich an? → Psychosprech, → Diskurs der Empfindsamkeit, → Neonarzissmus.

angeblich, selbsternannt, vermeintlich usw. Attributive Indizien sowohl der westdeutschen → Konjunktivstörung als auch des zugehörigen → Entlarvungseifers, der zum Übereifer neigt; klassischer Vormundschaftssprech. Darin werden ohnedies indirekt gehaltene Sätze adjektivpädagogisch garniert: „Je komplexer die Welt und ihre Probleme uns erscheinen, umso stärker ist der Wunsch nach vermeintlich einfachen Lösungen." (Liane Bednarz/Christoph Giesa, *Gefährliche Bürger. Die Neue Rechte greift nach der Mitte*, München 2015, S. 10) Möglicherweise geschieht dies vor allem zu dem Zweck, einen meist kolportierten (inkriminierten) Sachverhalt nicht durchgehend im Konjunktiv halten zu müssen und sich dabei zu blamieren. Was zunächst wie ein Strukturmerkmal vor allem → aufklärerischer, → medialdemokratischer Sprachattitüden anmutet, ist offenkundig eine → Strukturschwäche westdeutscher Muttersprachler überhaupt. Bereits 1984 stellte Ronald M. Schernikau in damals noch kleiner Schreibung einen Ost-West-Unterschied fest: „allein die korrekte verwendung des konjunktivs in indirekter rede macht die bundesbürger lachen." („Ein Phänomen", in: *Königin im Dreck. Texte zur Zeit*, hrsg. von Thomas Keck, Berlin 2009, S. 157)

Angebot → Werbewirtschaft, → Tutzing und → Grünsprech lassen grüßen, wo Weltanschauung als A. → rüberkommt. Ein von der Ideologiefreiheit des deutschen Ostens (→ inklusiver Populismus) verstörter *FR*-Ostbeauftragter aus Münster fragte den Ex-Bremer

Linken Bodo Ramelow: „Haben Sie das Gefühl, dass mehr Spiritualität dem Osten gut tun würde?" Antwort: „Dort, wo es spirituelle Angebote gibt, werden Menschen neugierig." Frage: „Tut sich denn da etwas?" Antwort: „Ich sehe, dass sich Gemeinschaften neu aufbauen." (Markus Decker, „Wer die Hoffnung verliert, ist dem Irrsinn preisgegeben. Der thüringische Ministerpräsident Bodo Ramelow (Linke) über Gottesdienste und christliche → Werte in → der Politik", in: *Frankfurter Rundschau/Berliner Zeitung* vom 26./27./28. März 2016, S. 5)

Längst hat der Ausdruck aus konfessionellen → Zusammenhängen ins → MEHRHEITS-DEUTSCHE Diktionär verblichener oder verbleichender Autoritäten gefunden. Er dokumentiert einen Wesenszug → ideologischer → Händlergesinnung: Wo man einst *Anweisungen* geben konnte, muß man nunmehr *Angebote* machen, die ‚anzunehmen' seien. Die Nähe zum → PSYCHOSPRECH ist nicht zufällig. Politische ist hier → nachhaltig in geistliche, geistliche in geistige, geistige zuletzt in seelische Machthalluzination transformiert, die sich in → JOVIAL-SPRACHLICHEN Verzichtsgesten übt. Die Volkskirchen und → Volksparteien ‚machen A.e', was → reaktionäre und → autoritäre Geister vom → rechten Rand regelmäßig als Herumbieten, Ausverkauf und → Anbiederei geißeln.

Tatsächlich dürfte es bei solchem An(er)bieten eher um ein Phänomen mehrheitsgesellschaftlicher → Zahlmoral handeln, da geistig-geistliche Substanz nicht ausverkauft, sondern aufgekauft oder vorgetäuscht wird; eine Substanz, die ohnehin nur auf den Kredit ihrer Gläubiger und Gläubigen hin existiert. So zeugt das A.sidiom gleichermaßen vom schlichten Glauben in die eigene Glaubenssubstanz wie vom dreisten Vertrauen in die Gläubigkeit → der Menschen; eine fürs → falsche Bewußtsein der weltanschaulichen → Mitte keineswegs untypische Dialektik.

angekommen Partizip ausschließlich in Fragesätzen, das zwar nicht unter alphabetischem, jedoch unter kollektivpsychologischem Aspekt in einem Wörterbuch des Westdeutschen den Anfangsplatz verdient hätte. „Sind Sie inzwischen angekommen?" Wenn der Westen fragt, fragt er immer nur nach sich selbst. Der Verzicht aufs Satzobjekt kann einerseits verwirren, andererseits aufklären: Hier spricht eine unüberhörbar provinzielle Mentalität, die mit ‚ankommen' keinen anderen Sinn verbindet als ‚bei uns ankommen'.

Zum Ankommen aus Sicht der seit je Unbeweglichen: → Angekommenste.

Angekommenste Superlativ der Vergangenheitsentsorgung; hierfür eigens erfunden vom Gesinnungsschmecker und Naturliebhaber Volker Weidermann: „Sarah Kirsch ist von all den Dichtern, die mit den Jahren die DDR verließen, vielleicht die Angekommenste im Westen. Weil sie in der Natur lebt …" (*Lichtjahre. Eine kurze Geschichte der deutschen Literatur von 1945 bis heute*, Köln 2006, S. 134) Vergleichbare → SUPERLATIVISSIMA scheinen bereits jenseits der westdeutschen Sprachgrenzen geläufig zu sein, wie diese Wortmeldung eines österreichischen Jungautors nahelegt: ‚,Faserland' ist ein unvergängliches Buch, vielleicht das deutschsprachigste Buch der Neunzigerjahre." (Clemens Setz, *FAS* vom 26. April 2015) Vielleicht auch das unvergänglichste der Nachneunzigerjahre.

angenommen fühlen möchten sich mittlerweile nicht nur das Psycho-, Eso- und Therapieszenenvolk („Du, ich hab mich endlich angenommen. Wie fühlt sich das für dich an?"), sondern auch ganz normaldebile Politiker, Journalisten, Gelehrte.

→ ungleich größer, → PSYCHOSPRECH, → sich annehmen.

Angepaßtheit Der aus Diskussionen der sog. Philosophischen Anthropologie bekannte, durch Kritiker der Evolutionstheorie heftig attackierte Terminus bezeichnet – schon grammatikalisch erkennbar – auf stark *wertende* Weise die aktive Einfügung eines → Individuums in seine passive Sozialrolle. In der westdeutschen → Ostdeutschendeutung ist daher ‚A.' → ungleich beliebter als → ‚Anpassung'. Vor allem die dem westdeutschen Mehrheitsintellektuellen unbegreifliche Dialektik zwischen Systemzwang und Subjektbildung – genaues Gegenteil der freiheitlich-demokratischen → Selbstverwirklichung durch Ergreifung gut → sortierter Möglichkeiten aus strikt begrenzter → Pluralität – erklärt die hermeneutische Attraktivität von ‚A.' Der Ausdruck findet sich daher fast inflationär in den Idiomen des sozialpsychologisierend und sozialmoralisierend → Besorglichen, aber auch des → qualitätsmedialen → Wächtersprechs: A. → aufzuarbeiten wird in all diesen Dialekten → angemahnt. Die ästhetisch-moralische → Empörsamkeit gilt häufig der Tatsache, daß viele Ostdeutsche sich noch immer nicht bei ‚uns im Westen' (Bude, Biller, Bohrer, Bittermann) dafür entschuldigt haben, daß sie jahrzehntelang lang kein politisch frei gewähltes, menschenwürdiges, also bundesrepublikanisches Leben führten.

Die durch Ostdeutsche oftmals nur spärlich bekundete Gekränktheit ob ihres totalitären Geburtsorts reizt wiederum politpublizistisch sensible Milieus des Westens zu kompensatorischer → verletzend-verletzlicher → Verletztheit, Verwundung, Empfindung. Was den Fremdling bloß wie internes Gezänk zwischen → Westlinken um ihre gegenseitig hoch- und einander vor die geröteten Nasen gehaltenen Unangepaßtheitspappen anmutet, das ist → in Wahrheit ein Streit um die richtige A. in Anpassung erzwingenden Verhältnissen. Auch in politisch → progressiven Milieus hat sich hierbei ein → anthropologischer → Ansatz durchgesetzt: „Daß sie sich mit den Verhältnissen arrangierten, ist ein → menschlicher Zug und ihnen nicht vorzuwerfen." Der soeben zitierte führende → Vertreter der → Bittermannlinken fährt fort: „Warum wohl fallen mir die Ossis ein, wenn ich folgende Stelle aus *Elemente und Ursprünge totaler Herrschaft* von Hannah Arendt lese, in der sie den Prozeß der Barbarisierung bei den Buren beschreibt" usw.; es folgt ein tendenziös gekürztes Zitat (in: Klaus Bittermann, „Über Geisterfahrer und Duckmäuser", in: ds., (Hrsg.), *Unter Zonis*, Berlin 2009, S. 58, S. 71).

Das antianpasserische Milieu, durch Flucht vor Wehrpflicht und Berufskonkurrenz bereits in den 1980ern entstanden, in Berlin-Kreuzberg zugewachsen und wohl für immer mumifiziert, argumentiert hierbei auf → paradigmatische Weise inkohärent: Zum einen wird den (zumeist nur aus *taz*- und *TAGESSPIEGEL*lektüren bekannten) → Zonis vorgehalten, daß eine Revolte gegen die Militär- und Besatzungsmacht wegen deren Brutalität moralisch jederzeit notwendig gewesen sei, zum anderen, daß eine solche Revolte wegen → spätestens 1989 zweifelsfrei erwiesenen „Pappkameraden"tums der SED-Macht jederzeit möglich gewesen wäre (vgl. Klaus Bittermann, *Geisterfahrer der Einheit*, Berlin 1995, S. 21; noch einmal und öfter: *Unter Zonis*, S. 58).

→ banal, → Banalität (des Bösen), → Faulheit, → Publikationsliste.

angepreist Selten endet es gut, wenn Literaturwissenschaftler selbst einmal Literatur machen wollen. Der niedersächsische Germanist und promovierte Aphorismenforscher Friedemann Spicker (*Der Aphorismus in Westfalen*, 2013) eröffnet eine achtseitige Aphorismenfolge mit dieser kulturkritischen Kostbarkeit: „Redefreiheit? Wird dir in der spätkapitalistischen Demokratie mit einer Flatrate angepreist." (*Zeno. Jahrheft für Literatur und Kritik*, Nr. 33 (2013), S. 153) Das war in der frühkapitalistischen Vordemokratie gewiß anders, als zwölfstündige Manufakturarbeit einem nicht erst angepriesen werden mußte. Das im Westen häufige → Partizipbildungsdefizit ist nicht das einzige, was den gewiß verdienstreichen Sprachfachmann umtreibt. Ihn treibt es zu Höher-, ja geradezu Herrenmenschlichem: „Wie sie mich ankotzen, diese Nena-Nachrichten, breit bis in meine schmale, elitäre Medienauswahl hinein." (S. 157) Nicht jede → Elite oder Auswahl ist eben eine → elitäre Auswahl!

Und elitäres Fernsehen und *Focus*-Lesen waren seit je ein schwierig Ding, zumal, wenn sie schmalgehalten werden sollten. Da möchte man am liebsten sein Testament aufsetzen, auch wenn man nicht weiß, ob man sein Geistesgelege der Nachwelt alttestamentlich oder → alttestamentarisch vermachen soll: „Im Supermarkt, ein Ei ist angeschlagen, die Verkäuferin wirft die ganze 6er-Schachtel weg: ‚Was soll ich denn damit machen?' Der alttestamentarische Fundamentalist in mir: ‚Deshalb sind wir gerichtet.' Wir haben nur vorher noch kurz unsern Jux." (S. 156)
→ Aphorismen, → abgewägt, → beschwört, → erlöscht.

angstfrei Wo man sich nach Angstfreiheit sehnt, ist es nicht eine Regierung, die einen mit ihrer Aufmerksamkeit erdrückt, sondern tausend Chefs, die allzu vieles oder gar nichts von einem wissen wollen. Zwecklos, sich darüber bei → den Medien zu beklagen! Angstfreiheit bildet zusammen mit ‚Name geändert', ‚Stimme verfremdet' und ‚Identität der Redaktion bekannt' das verbale Urelement der sogenannten Angst→kultur oder des ‚Angstklimas' im rheinisch-westfälischen Kapitalismus. Letzterer züchtet bekanntermaßen eher Verlustängste denn Hoffnungslosigkeit. Haben dürfen und sein können, was man bislang hatte oder schien: Der gedrückte Zustand → der Menschen hier müffelt jedem Besucher, → zumal aus dem Süden oder Osten Europas, sogleich mit seiner Beize aus Herzensangst und Seelenschweiß entgegen. → Die Utopie einer ‚angstfreien Gesellschaft' wendet diese hohe Not zur Errettungsphantasie, wie alle westzonalen Utopien mit abermals ängstlicher Beflissenheit als Grund- und Menschenrechtsanspruch vorgetragen. Als solcher ist ‚Angstfreiheit' zu einer festen Größe im popularisierten → HABERMAS- wie auch → PSYCHOSPRECH geworden. Der lange Marsch der Angstfreiheitsdurstigen hat in den angsteinflößenden Apparaten Schule, Universität, Konferenzraum usw. angstbearbeitende und angstverarbeitende Organisationen (Psychologische Mitarbeiterbetreuung, Psychologische Prüfungsberatung) hinterlassen, in die sich der mehrheitsdeutsche Mensch so flink wie fügsam begibt. Links und rechts bei psychologischen → Betreuern eingehakt, wankt der Angstbesetzte durch seine → Erwerbsbiographie.

ANIMISMUS, sprachlicher Ein Fall des vom Klassiker beschriebenen Dingfetischismus in der kapitalistischen Warenwelt: Je lebloser die Seele, desto heftiger ihr Verlangen nach Animation des Leblosen. Tote Dinge und abstrakte Sachen gewinnen ein Eigenleben, so wimmelt es z. B. von ‚realistischen' oder ‚unrealistischen' Zeitplänen, Eröffnungsterminen, Zinsentwicklungen. Auch die grammatikalische Behandlung von Sachverhalten als Personen wirkt animistisch und ist gewiß nicht allein anglizistischer Nachäfferei → geschuldet (Beispiel: ‚glücklich → mit dieser Lösung'). Notorisch sind Verdinglichungsungeheuer im → MEHRHEITSDEUTSCHEN Politsprech wie → die Demokratie, → die Moderne, → die Politik, → der Westen.
Wie intensiv der A. gleichermaßen als Denkweise und Kunstmittel wirkt, bezeugt insbesondere Westelbiens → HEIMATLITERATUR: Wo die Seele leer von Leben ist, gewinnen die Dinge ein Eigenleben. Nicht nur die oft polemischen Nostalgietexte des publizistischen → Jammerwessitums, auch die durchschnittliche, marktflutend-massenkompatible Erinnerungsliteratur vom Typus „Wie ich es aus der westdeutschen Provinz in die bundesdeutsche Hauptstadt schaffte" beeindruckt durch Üppigkeit dinglicher Requisiten – Aufzählungen dessen, was der Aufstreber und Aufsteiger dereinst alles besessen, benutzt, befahren habe. Im sog. → *Deutschlandfunk*, etwa in den heimatkulturellen Sendungen „Klassik-Pop-et cetera" oder „Zeitzeugen im Gespräch", stellen die Befragten ihre → Identität oft durch konsumbiographische → Erzählung aus; sentimentale Liebe der Gefühlsängstlichen zu allem, was nicht durch Veränderlichkeit, Kontingenz, Realität irritieren kann. Das

repräsentativ-repräsentierte Westdeutschtum erscheint hierin → gleichsam geschützt durch erwerbliche → Individualität aus materiellem Erinnerungsgut, das eine anonyme Serialität zu → Eigengut verwandelte; der erste VW als Chitinpanzer einer käferstarren Innerlichkeit. Ein kollektivkultureller A. aus pflanzlicher Seinsregion ist der neuwestdeutsche Stolz auf frühgenossene Freiheit des → Bananenverzehrs (→ Bittermannlinke).

Ankerpunkte In der Seefahrt, nicht aber im Soziologendeutsch unbekannt, sind A.e auch auf dem Trockenen zu finden und müssen vor allem verläßlich sein.
→ Gestaltungskoordinierungsaufwand.

ankommen (tun) In einer → eher besinnlichen Variante von → Jovialsprech signalisiert ‚a.' einen allmählichen, zumeist mentalen Ortswechsel; die beschwerliche Lebensreise scheint daher oft eine verbale → Gehhilfe, etwa ein Hilfsverb zu erfordern. Lebensbesinnlich hierzu die → Ausnahmeschauspielerin Iris Berben: „Ankommen tun wir doch nie in diesem wunderbaren Beruf, es ist eine lebenslange Reise." (zit. nach: „Ehrenpreis für I. B. beim Max-Ophüls-Festival", in: *Berliner Zeitung* vom 16. Januar 2019, S. 25)
Vor allem aber ist das Verbum → unverzichtbarer Wortbestandteil des → Mehrheitsdeutschen Schildkrötenparadoxons, wonach der Achilles BRD einen ewigen, jedoch kontinuierlich geringer werdenden zivilisatorischen Vorsprung oder vielleicht auch nur einen ‚Vorsprung an Verblödung' (Heiner Müller) vor den erdnah nachrückenden → ehemaligen Bürgern der → damaligen DDR behauptete. Als Musterbeispiel einschlägiger Denke, aufgespießt auf halber Einheitsstrecke, sei ein Kollektiv → besorglicher Journalisten zitiert: „Nach 15 Jahren ist ein großer Teil der Ostdeutschen noch nicht in der Bundesrepublik angekommen." (Stefan Berg, Dirk Kubjuweit u. a., „Trübsal in der Zwischenwelt", in: *DER SPIEGEL* vom 20. September 2004) Wie Westdeutsche ankommen, verkündet einer ihrer Heimatsender: „In Hannover geboren, in Stuttgart aufgewachsen, in München verliebt-verlobt-verheiratet und nun endlich angekommen in Berlin." („Klassik-Pop-et cetera", *Deutschlandfunk*, 1. Juni 2019)
→ Großstadt.

Anlaufschwierigkeiten Kein Fachwort für Edelmetallverfärbung, sondern ein → Blähwort und zugleich → Schönsprech für ‚Pech haben' oder ‚sich zu blöd anstellen bei ...'.
→ sich schwierig gestalten.

anmahnen Bedeutungsgeschichtlich mit → ‚einlösen' und → ‚einfordern' verwandtes Verb aus dem → betroffenheitlichen → Anspruchsdenken; im Osten populär geworden durchs → Wendedeutsch. Das A. entstammt – kulturhistorisch gesehen – einer dezent grünlilafarbenen Sprachmentalität. Mittlerweile wird das A. professionell betrieben; auch ist es in allen politischen Milieus verbreitet.
→ Stabilitätskultur.

annehmen Im Unterschied zur rein → psychosprachlichen Variante mit Reflexivpronomen verlangt das A. im medialen Gedenkdiskurs den Dativ: Man gedenkt dem Ereignis (*ZDF* „heute" vom 26. März 2016 zum Jubiläum des irländischen Blutsonntags) und nimmt sich dem Thema an (→ zeitgleichen Hörfunksendungen). Im gehobenen Besprechungssprech nimmt man sich auch einem → Themenbereich, einem → Aufgabenfeld usw. an. Dito Aufgabenbereiche und Themenfelder! In Politik- wie Medial→diskurs bezeugt das A. ein unaufhaltsames Vordringen der → Genitiv-Dativ-Liaison.
→ Neuschnöselsprech, → Wider dem Vergessen.

annerven Gehobener → JOVIALSPRECH, nachfolgend zitiert aus dem Interview mit einer → HEIMATLITERATIN. Diese fragt sich, ob ein schlecht geschriebenes Buch wirklich ein schlecht geschriebenes Buch sei, wenn die Autorin bereits beim Schreiben wußte, daß es ein schlecht geschriebenes Buch werden würde: „Da steckt tatsächlich 'n Kraftakt drin. Weil für mich personales Erzählen eigentlich immer ein no-go war. Ich fand personales Erzählen über lange Strecken auch meiner eigenen Lesebiographie so was wie ne Art Betrug am Leser, weil personales Erzählen ja quasi die Abwesenheit eines Erzählers suggeriert. Also sowohl auktorial als auch wenn ein Ich erzählt, ist irgendwie die Geschichte → verortet. Dann gibt's ne Erzählerposition und jemand sagt: vor zwanzig Jahren geschah das, oder ein Ich sagt: was geht's mir heute schlecht. Wir wissen, wer spricht. Personal wird über eine Figur erzählt, aber die Distanz wird so eng rangeführt, daß man eigentlich von einem Erzähler – ein Erzähler soll eigentlich nicht mehr fühlbar sein. Das hat mich immer angenervt. Also diese Behauptung, erzählerfreie Literatur produzieren zu können, fand ich irgendwie affig. Ich hab's auch nicht gern gelesen. Mich haben dann einige sehr gute Autoren vom Gegenteil belehrt ..." (Juli Zeh im *Deutschlandfunk*, „Aus dem Literarischen Colloquium Berlin", 26. März 2016)
→ n/ne.

Anpassung Begriff der älteren Evolutionstheorie, der dort ein Nachjustieren des Charakters gemäß veränderter Umwelt bezeichnet. In der Soziologie Westdeutschlands ein wertneutral gebrauchter Ausdruck, in der soziologischen Erfassung → des Ostdeutschen eine Bezeichnung entweder charakterlosen (bei gelungener A.) oder charakterstarren Verhaltens (bei verweigerter A.).
→ Kenntlichmachung.

Anpassungsleistung Eine solche verdient höchstes Lob, wenn sie der richtigen, aber nun auch wirklich richtigen Sache gilt. Einer der „1989 endgültig ermittelten Sieger der Geschichte" (Panajotis Kondylis) formulierte es am 3. Oktober 2012 so: bitte weiterlesen unter → Anpassungsprozesse.

Anpassungsprozesse sind wie → Anpassungsleistungen semantische Doppelmoppel, ersparen uns aber die unschöne Bindestrich-Koppelung. Zum Tag der deutschen Einheit 2012 erklärte der damalige Bundesratsvorsitzende Horst Seehofer: „Viele Menschen haben nach dem Fall der Mauer die Chance ergriffen und dabei große Brüche erleben müssen. Für diese Anpassungsprozesse sollten wir den Menschen in Ostdeutschland großen Respekt zollen." Prozesse sind freilich nichts, wofür man jemanden loben müßte, so auch nicht → die Menschen in ihnen. Leistungen – Anpassungsleistungen – wären schon eher lobenswert, besonders, wenn sie ‚uns' gelten. Dann entstehen → ostdeutsche Biographien → mehrheitsdeutschen Typs; Näheres und Weiteres: → Wir (Deutschen) im Westen, → Christbaum.

Anpassung und Widerstand → Unverzichtbarer Verbalziegel der westdeutschen → Gedenkbaukunst.

anpeilen → Subjektpositionen.

Ansage ist klar, vor allem aber laut. Die Beliebtheit von ‚A.' im → JOVIALSPRECH ist vielleicht eine Reminiszenz an die einst Schirmmütze, Breeches, Nagelsohle tragende → gestaltende Klasse.

Ansatz → ‚Im Ansatz' scheitert heute so manches, was doch kraftvoll → angedacht ward. Deshalb tut man gut daran, es erst einmal ‚ansatzweise' zu versuchen. ‚Ansatzhaft' gelingt mancher Ansatz, der zum papierwestdeutschen Synonym für → Projekt oder Vorhaben geworden ist. Mit Possessivpronomen ist das Wort mittlerweile selbst im possessiven Gewerbe populär. Pia Poppenreiter, so berichtet die *Berliner Zeitung* vom 21./22. Februar 2015, „hat mit ihrem Geschäftspartner Florian Hackenberger vor knapp einem Jahr ein Unternehmen gegründet, dass [!] zwei Dinge zusammenbrachte, die eigentlich nicht zusammenpassen: sexuelle Dienstleistung und Seriosität – eine App, mit der man anonym und unkompliziert Escort-Dienste buchen kann, kurz: Peppr." Poppenreiter: „Unser Ansatz war, die App mit den → Sexarbeitern zu → gestalten, und nicht über ihre Köpfe hinweg. Es haben sich auch → Freundschaften entwickelt, weil wir viele lange Gespräche in einem vertraulichen → Umfeld geführt haben. Von jeder Geschichte habe ich ein bisschen was mitgenommen, was mir geholfen hat, → die Menschen in dieser Branche zu verstehen." (Patrick Schirmer Sastre, „Sexarbeiter sind keine Opfer", S. 24)

Ein Griff in den Freiexemplarstapel, und sofort zeigt sich: Ohne einen A. traut sich auch keine westdeutsche Nachwuchswissenschaftlerin mehr aus dem Haus, geschweige vor akademisches Publikum. Die Habilitationsschrift von Christiane Voss *Narrative Emotionen. Eine Untersuchung über Möglichkeiten und Grenzen philosophischer Emotionstheorien*, Berlin-New York 2004 („Meinem Lehrer Ernst Tugendhat danke ich dafür, daß ich bei ihm das Philosophieren lernen durfte", S. VII) weist mit 15 Treffern eine besonders hohe A.dichte auf. Merkwürdig ist die Benennung auch des eigenen Arguments als A. Ist das bei einem Buch, das ca. zwei Dutzend fremder Ansätze referiert, nun – mal rein → anspruchsmäßig gefragt – Bescheidenheit oder Anmaßung?

Anschluß Der Ausdruck steht für → Wiedervereinigung und zugleich unterm Verdikt mangelnder → Political Correctness, zumindest in → WÄCHTERSPRACHLICHEN Politik- und Medienmilieus. Für seine Angemessenheit sei als politisch unverdächtige Autorität hingegen Wolfgang Schäuble genannt, der DDR-Unterhändlern 1990 die Flause ‚Beitritt' oder ‚Vereinigung' mit der ihm eigenen → Personalführungskompetenz ausgetrieben haben soll.

Das realhistorische Faktum ist in seinem sprach- und bewußtseinsformenden Effekt kaum zu überschätzen. Durch ihn wurde der Wunsch des deutschen Westens, mit sich selbst allein zu sein, endlich deutschlandweit erfüllbar. Ebenso wie das Kapital an Grund und Boden und Industrieanlagen, ist durch den A. auch die Meinungsbildung und -verbreitung, ob quantitäts- oder qualitätsspezifisch → aufgestellt, beinahe vollständig in westdeutsche Gewalt geraten. Was Westdeutschland von sich denkt, wofür es sich und andere hält, können Hörer und Leser westdeutscher Heimatmedien nun auch in Berichten über ihre eigene → Herkunftsheimat erfahren. Wie wohl fast jede ökonomisch-politisch siegreiche Expansion, beschleunigte auch die 1990 begonnene eine geistig-moralische Provinzialisierung der Besatzungsmacht, genauer gesagt: eine Selbstprovinzialisierung. Je totaler nämlich die Besatzer den → Diskurs bestimmen, desto heftiger fühlen sie sich von fremdvölkischen, zumeist pauschal als → östlich empfundenen Mächten bedroht und umschlossen. Eine heftig bekundete Liebe zu ethnischen und religiösen → Minderheiten, denen das ewige Westdeutschland Schutz vor Übergriffen verheißt, → rundet komplementär dazu die Zonenränder der → Weltläufigkeit ab.

→ ANTIORIENTALISMUS, → östliche Unwerte, → Zonenmob.

Anschubfinanzierung ist zumeist → jetzt gerade aktuell dringend nötig.

Ansprache Ausdruck aus der politischen und kulturellen → Werbewirtschaft; zumeist statt eines substantivierten Verbs verwendet, hochdeutsch: Ansprechen, Erbitten/Erzwingen von Gehör. Verwendungs- und bedeutungsverwandt mit → ‚Ansage', jedoch weniger in der Verlaufsform und häufiger als Oberbegriff üblich für einen bestimmten, zuweilen sogar persönlichen Stil des Ansagens. In diesem Sinne billigen → Autoren von → Qualitätsmedien beispielsweise zu Wahlkampfzeiten → Vertretern → der Politik zu, gegenüber dem Wahlvolk und sonstiger → Mischpoke die richtige A. gefunden zu haben.

Ansprechpartner Aus dem Vokabular des → falschen Bewußtseins der universell Abhängigen und Machtlosen; → JOVIALSPRACHLICH für ‚Sachbearbeiter', ‚Vernehmer', ‚das Verhör leitender Beamter'.

Anspruchsdenken Ursprünglich → besitzbürgerliches → SCHMÄHWORT für nach oben dringende Forderungen aus der → Unterschicht, dann → mehr und mehr für den Gemütszustand der abstiegsgefährdeten oder zur Unterschicht abgestiegenen → Bürgerlichkeit selbst. Schichtenübergreifend besteht in der BRD Einigkeit über den systemischen, d. h. aller Formen ästhetisch-moralischer Schicklichkeit enthobenen Charakter einer solchen → Erwartungshaltung, die zugleich eine Haltung gegenüber der Gesellschaft und dem Leben → meint. Aufgrund der → alt(bundes)deutsch nur gering ausgeprägten Fähigkeit zu Selbstreflexion sowie -relativierung steht ausschließlich die moralisch-juridische Zweifelhaftigkeit der zu Ansprüchen ernannten *Bedürfnisse* zur Debatte, nicht die Lächerlichkeit einer *Selbstdarstellung* als Bedürfniswesen mit Rechtsanspruch überhaupt.
Von einem Fall extremen, darin für die westdeutsche → Anspruchsgesellschaft freilich typischen A.s berichteten der *Kölner Expreß* und weitere → Qualitätsmedien am 22. Dezember 2016. Eine Gruppe → alt(bundes)deutscher → Arbeitnehmer und Ex-Arbeitnehmer hatte vor dem Arbeitsgericht Köln ihren Anspruch u. a. auf die jährliche Überreichung einer Marzipantorte im Wert von fünf Euro durch den (ehemaligen) → Arbeitgeber einklagen wollen. Die Präsentation des Gratisesserwunsches als Naturrecht und die Selbstverdinglichung zum marzipanbedürftigen Naturwesen dürften die → verkrusteten Strukturen westdeutscher Selbsterniedrigung im Zeichen der → Selbstverwirklichung → einmal mehr grell illustriert haben. Die Unersättlichen hatten nämlich argumentiert, daß durch vorjährige Tortenüberreichung „eine betriebliche Übung entstanden sei, die einen Anspruch auch für die Zukunft begründe". Diese nichts als gewohnheitsrechtliche Voraussetzung wurde, um es mit einem Wort des Moralmonitors Klaus Bittermann (→ BITTERMANNLINKE) zu sagen, dem leichtfertigen Schenker zugleich „greinend und gebieterisch" entgegengehalten. Letzterer hatte den im BGB gegen allzu Anspruchsfreudige vorgesehenen sog. Freiwilligkeitsvorbehalt nicht geltend gemacht.
Aus Bittermanns → Herkunftsheimat Franken ist ein ähnlich → paradigmatauglicher, da auf ein weiteres Grundbedürfnis verweisender Fall westdeutschen A.s überliefert: „Auch bei mittellosen einsamen Ehemännern muss das Sozialamt nicht für Bordellbesuche und Pornohefte aufkommen. Mit diesem Urteil hat das Verwaltungsgericht Ansbach den Antrag eines Sozialhilfeempfängers abgelehnt. Die Kosten für Bordellbesuche seien mit dem Regelsatz der Sozialhilfe in Höhe von mindestens 287 Euro im Monat abgegolten, betonte das Gericht in seiner Urteilsbegründung. Die 4. Kammer sah im Fall des 35 Jahre alten Mannes auch keinen ‚Sonderbedarf' oder ein ärztlich anerkanntes Gesundheitsproblem. Der mit einer Thailänderin verheiratete Arbeitslose kündigte Berufung gegen das Urteil an. Der 35 Jahre alte Franke verwies vor Gericht auf seine ‚erheblichen sexuellen Bedürfnisse'. Da seine Frau seit der Geburt des gemeinsamen Sohnes im Jahr 2002 in Thailand lebe, könne er diese Bedürfnisse nur bei Freudenhaus-Besuchen befriedigen. ‚Ich brauche die Bordellbesuche zur Wiederherstellung meines psychischen und physischen Gleichgewichts', hieß es in seinem Antrag. Für die Trennung von seiner Frau machte er die Behörden verantwortlich, die ihr die Kostenübernahme für ein Flugticket nach Deutschland verweigert hätten. Um seinen

starken Sexualtrieb befriedigen zu können, verlangte er vom Sozialamt, die Kosten von monatlich vier Bordellbesuchen samt Fahrt nach Nürnberg in Höhe von jeweils 125 Euro zu übernehmen. Außerdem sollte ihm die Behörde monatlich acht Pornofilme, zwei monatlich erscheinende Kontaktmagazine sowie Hilfsmittel zur Selbstbefriedigung erstatten. Mit seinen umstrittenen Sozialhilfeansprüchen beschäftigt der 35-Jährige seit Jahren die Justiz. Derzeit sind bis zu 35 Klagen des Franken anhängig." (zit. nach: *dpa* vom 5. März 2004) Man beachte die qualitätsmedial typische Alterszahlenvielzahl!
→ Psychosprech; → Zahlmoral, → Wenn's umsonst ist ...

Anspruchsgesellschaft Auf eine als Analyse kaschierte Anklage des → Anspruchsdenkens → verweist die Rede von der A., die möglicherweise erstmals bei Kurt Biedenkopf ertönte, der, wen wundert's, soziale Bescheidenheit und weniger Königsgebaren → anmahnte („Die Anspruchsgesellschaft bedroht ‚seine' soziale Marktwirtschaft. Eine Würdigung Ludwig Erhards", in: *DIE ZEIT* vom 11. Februar 1977). Zwei Jahre später mahnte auch Gertrud Höhler zur Bescheidenheit *(Die Anspruchsgesellschaft: Von den zwiespältigen Träumen unserer Zeit)*, woraufhin die Demutsparole immer wieder einmal in Buchtexten oder -titeln erschien (zuletzt wohl bei Alfred Preußner, *Die Selbsttäuschung unserer Anspruchsgesellschaft. „Wird unser Sozialstaat überfordert?" Eine kritische Betrachtung* usw., 2012). So daß ein generell gleichgesinnter, in dieser Sache aber verspäteter → Deuter deutscher Befindlichkeiten schließlich von einem „törichten Wort aus dem Arsenal des Neokonservatismus" sprechen mußte (Peter Sloterdijk, *Mein Frankreich*, Berlin 2013, S. 175).

anspruchsmäßig Einsteinforum (Potsdam), 4. Februar 2010. Menschen mit tränennassen Gesichtern, manche immer noch schluchzend, strömen in den Saal. Kein Hauch von Traurigkeit hingegen auf dem Podium: Expertentreffen „→ Trauerkultur. Forsaken and Forlorn". Die Vorträge: Expertenhinweise zum rechten Umgang mit der Trauer. Die Diskussion: Expertengespräch. Wir haben unter Tränen mitgeschrieben und pietätvoll anonymisiert: „Die Frage, was Trauer ist, ist ja gar nicht so einfach zu beantworten. Das klingt zwar wie ein Begriff, der sich so ahistorisch → irgendwie durchsetzt und wir wissen intuitiv → angeblich, was das → meint, aber genau hingeguckt ist das ja sehr schwer, das → Narrativ zu finden, das dem entspricht." (Dr. V.) „Man muß sagen, daß die Trauerkulturen im Großenganzen zerfallen sind. Die Religionen haben Trauermöglichkeiten, Abschiedsrituale, Sterbe- und Bewältigungsrituale entwickelt, die über ganz bestimmte Zeiten den Menschen Halt gaben in der Trauer. Heute haben wir auf der einen Seite eine → Aufdeckungskultur, was die Verbrechen der Vergangenheit betraf und betrifft, wir haben eine → Erinnerungskultur, und wir haben merkwürdigerweise zugleich, was unser privates Leben betrifft, eine → Verdrängungskultur." (Prof. E.) „Ich glaube, das Bestattungswesen ist deswegen so professionalisiert und ausdifferenziert, weil dort auch die Kreativität gewissermaßen geparkt wird, die vielleicht der Bedürfnislage nach eigentlich so anspruchsmäßig besteht zwischen den Hinterbliebenen und den Verstorbenen. Aber → irgendwie gibt es keine Handlungsidee oder Phantasie oder auch keine kulturelle Praxis, um genau diese Art von Kontakt umzusetzen." (Dr. V.) „Trauer ist erzählbar. Man kann eine Trauergeschichte → erzählen." (Prof. E.) „→ Ich denke, das ist wiederum eine Chance, vielleicht auch in dieser Krise, daß man tatsächlich auch Narrative im Sinne der humorvolleren Varianten wieder neu entwickeln müßte. Das Beispiel von den schwulen, lustigen Varianten der Beerdigung, die dann plötzlich als vorbildlich dastehen, weil sie mit Phantasie und Witz und Humor und schräg und in dieser Weise individuell plötzlich neue Formen entwickeln. Daß wir vielleicht da → hingucken und uns überlegen, ob Trauer nicht vielleicht auch so was sein kann." (Dr. V.)
→ -kultur, → Ich denke (mal), → Konstrukte, → Samma mal.

Anspruchsunverschämtheit Botho Straußscher Singulärbegriff aus dem Arsenal der → Anspruchsgesellschaftskritik; strukturell zugehörig dem → MEHRHEITSDEUTSCHEN Selbstaufwertungs→diskurs, wo sich häufig der Habwas mit dem Habenichts gegen den Habenwoller, der Besserbürger mit dem Nichtbürger gegen den Mitbürger, der Erstweltler mit dem Drittweltler gegen den Zweitweltler, das Täterkind → posthum mit den → Opfereltern gegen die → Tätereltern verbündet usw. usf. „Die Würde der bettelnden Zigeunerin erkenne ich auf den ersten Blick. ... Nach der Würde meines Landsmanns in der Gesamtheit ... seiner Anspruchsunverschämtheit muss ich lange, wenn nicht vergeblich suchen." (*Anschwellender Bocksgesang*, 1993)
→ Anspruchsdenken, → das Fremde, → OPFERDISKURS, → VITALISMUS.

anstandslos Hochdeutsch: beanstandungslos, doch finden sich in der neueren → HEIMATLITERATUR Westdeutschlands semantische → Schnittmengen: „Ich wunderte mich," berichtet eine bayrische Jungautorin von ihrer Frauwerdung, „über die schnurgeraden schwarzen Körperhaare, die auch an seinem Hals nicht haltmachten, ich wunderte mich ernsthaft und hätte wohl die Hand ausgestreckt, um sie zu befühlen – wie kleine, schwarze Tiere, die zugleich ekeln und reizen –, doch er war schneller, sein Körper funktionierte, alle Teile arbeiteten anstandslos zusammen." (Stephanie Gleißner, *Einen solchen Himmel im Kopf. Roman*, Berlin 2012, S. 95) Kurz: „Anstandslos, wie man so sagt." (Hans-Ulrich Treichel, *Frühe Störung. Roman*, Berlin 2014, S. 7) Sagt man so?

Anthropozän Zeitalter des Menschen, der diese Erde retten kann. Hierzu ist Demut notwendig oder eine gebieterische These: „Die Anthropozän-These gebietet den Beginn eines neuen Zeitalters. Sie entspringt einer Ära, in der wir uns selbst dazu aufrufen, eine Welt zu befehligen", sprach Wissenschaftsjournalist Christian Schwägerl, Kurator des A.-Projekts für das Westberliner „Haus der Kulturen der Welt", im Ausstellungskatalog (Januar 2013). Wer den gelesen hat, wird endlich zwecks Errichtung einer „bioadaptiven Gesellschaft" seine „Forschungen, Untersuchungen und Recherchen als Konstellationen von weltbildendem Wissen entfalten". Klingt ganz schön nach Weltwissen oder → Projekt(e)kultur.

antiamerikanisch heißt auf westdeutsch das, was auf → amerikanisch zu Amerikas besten Zeiten ‚unamerikanisch' hieß. Seit der Präsidentschaft Donald Trumps ist das Schmähadjektiv nahezu vollständig aus dem → DENUNZIANTENDEUTSCHEN verschwunden. Zu beobachten waren dort ein eher polemischer und ein eher deskriptiver Wortgebrauch. 1. Mit der Fahndung nach a.en Gefühlen, Gedanken, Worten und Taten (Dokumentarfilmen über Atombombenopfer, Pressemeldungen über Foltergefängnisse, Untersuchungen über Genfood-Risiken, Veröffentlichung geheimer Zusatzprotokolle von Freihandelsverträgen usw.) folgen → MEHRHEITSDEUTSCHE → Intellektuelle einem der edelsten menschlichen Impulse, nämlich sich schützend vor Schwächere zu stellen mit ganzer Persönlichkeit oder Pressemacht. Die hohe Erregung und die verhärtete Gesichtsmuskulatur beim Aussprechen von ‚a.' und beim Ausforschen a.er Meinungen weisen den Terminus klar als → BEKENNERSPRECH aus. Generell erschließt sich die Semantik hier aus der Pragmatik, der Attitüde dessen, der den Ausdruck benutzt: Man erkennt in ihm den Wiedergänger des → Nationalen, der allzeit wachsam nach ‚undeutschen' Gesinnungen späht. 2. Daneben beginnt sich in westdeutschen → Qualitätsmedien ein neutraler Wortgebrauch durchzusetzen. Als ‚a.' wird hier jeder bezeichnet, der die moralische und kulturelle Überlegenheit der Vereinigten Staaten von Amerika bezweifelt. Unsicher bleibt in beiden Fällen die korrekte Ableitung des Substantivs: Antiamerikaner? Antiamerikanist? Auch der Vertreter der Gegenposition gibt sich nicht nominal zu erkennen: Amerikaner? Amerikanist? Antiantiamerikaner? Antiantiamerikanist?

Antiamerikanismus ist semantisch noch schwerer faßbar als das Prädikat ‚antiamerikanisch' und deswegen ein bewährtes Hauptwort im → DENUNZIANTENDEUTSCHEN.
A. ist beispielsweise für Volker Gerhardt, einen Klassiker westdeutscher Einheitssprache (→ die Moderne, → die Politik, → in der Nachbarschaft ...), das hauptsächliche Hindernis für Weltfrieden und Menschheitsglück. Das hatte der Nationale Ethikberater Gerhard Schröders (→ mit dem Leben produktiv umgehen) in seiner Aufsatzsammlung *Exemplarisches Denken* auch nach dem Irakdesaster 2003ff. bekräftigt. Exemplarisch für derlei Denken oder Meinen war Gerhardts Forderung nach einem Vetorecht im UN-Sicherheitsrat einzig für die USA: „Man stelle sich aber das Geschrei vor, das weltweit aufbranden würde, wenn jemand ernsthaft diesen Vorschlag machte. Also sei zur Besänftigung hinzugefügt, daß man dem Vetorecht einen kontinentalen Unterbau und damit zugleich eine Perspektive auf eine künftige Weltordnung geben kann." (*Aufsätze aus dem Merkur*, München 2009, S. 166) Sobald dank dem Besänftiger die Welt kontinental unterbaut sei, könne auch ihre Geschichte neu geordnet werden. Man sollte allerdings „nicht vergessen, daß sich gegen die Nation, der Europa die Befreiung vom Feudalismus und Kommunismus verdankt und die, trotz allem, das bislang beste Beispiel für die Möglichkeit der Demokratie gegeben hat, weltpolitisch gar nichts erreichen läßt." (S. 173) Die Amerikaner haben (→ ‚spätestens' seit 1944?) „Europa von Hitler befreit und am Ende auch vor dem Kommunismus bewahrt" (S. 240). Die spendabel von oben verstreuten amerikanischen Segnungen (→ Flugkörper) sollten auch andere Völker zu schätzen wissen: „Die Großzügigkeit, mit der die Amerikaner schon von 1945 an ihrem soeben besiegten Kriegsgegner zur Selbständigkeit verholfen, ab 1975 das wiedervereinigte Vietnam unterstützt und nach dem 11. September ihre islamischen Bürger in die nationale Trauer einbezogen haben, spricht für sich." (S. 145)
Seit die → Westlinke von einst ihre Liebe für die → westlichen Werte, billiges Erdöl, humanitär versandte Flugkörper, Kampfeinsätze, Bodentruppen, Flugzeugträger, kurz: für den globalen Kapitalismus von heute als Zivilisationsmonument entdeckte, gehört der A.verdacht gegenüber Ostdeutschen zum intellektuellen Standard der Gewendeten (→ antiwestliche Ressentiments). Tatsächlich ist ‚A.' jedoch eine fast ausschließlich auf → linke und → rechte Paranoiker → des Westens beschränkte Erscheinung. Der gemeine Ostdeutsche hatte kein negatives Verhältnis zu Amerika, weil er gar kein Verhältnis zu dieser Besatzungsmacht haben konnte. Ihn beschäftigte hinreichend die eigene. Die ostdeutsche Beziehung zur Sowjetunion war von der Erfahrung bestimmt, daß man seine Schulden zu bezahlen habe; eine Amerikafreunden wie → Schloßerbauern noch unbekannte Erfahrung.
→ autoritärer Staat, → PURISMUS.

ANTIANTIAMERIKANISMUS Dialekt des → WÄCHTERSPRECHS und zugleich des → Entlarvungsdeutschen. Als Schwundstufe der → IDEOLOGIEKRITIK ist A. ein probates Mittel moralischer Weltvereinfachung: Es gibt Antiamerikanisten, und es gibt sie entlarvende Antiamerikanisten. Erstere nennt der → Antiamerikanismus-Entlarver schlicht → Amerikafeinde; mit der Kritik an Raubtierkapitalismus und Staatenzerrüttung gehören zu diesen allein in den USA ca. 40–60 % der Bevölkerung.

ANTIANTISEMITISMUS Dialekt des → WÄCHTERSPRECHS und zugleich des → Entlarvungsidioms. Da antisemitische Äußerungen in → der alten Bundesrepublik ebensowenig bestraft wurden wie antibolschewistische Neigungen, scheinen sich Anti- und Philosemitismus jeweils auf das älteste und das jüngste Bevölkerungsdrittel Westdeutschlands zu verteilen; das jedenfalls legen mehrere, nicht in → Göttingen gefertigte Vergleichsstudien nahe. → „Doch so einfach ist es nicht." (M. Decker/M. Zydeck) Eine unbefangene, d. h. auch subkutan → ganzheitliche Medien- und Submedienschau bestätigt rasch den Verdacht, daß es

sich bei der BRD um ein Land zuweilen eifernder Antisemiten und → durchwegs übereifriger Antiantisemiten handle. Als sprachtypisch für ersteres seien der volkstypische Umgang mit dem Wort → ‚Jude/n', für → zweiteres die → meinungselitäre Rede von → ‚jüdischem Leben' genannt. In beiden Fällen, erst recht jedoch beim → rassistisch → verdrucksten und → verklemmten Philosemitismus Westdeutschlands → verweisen die verbalen Auffälligkeiten auf eine → emotionale und erfahrungsweltliche → Abkapselung. Daher der Hang, die kommunikative Nahwelt durch abstrakte Großbegriffe und -ideologien zu → erschließen, in die → Kommunikation über die große, weite, vor allem aber weit entfernte Welt hingegen die nahweltlich aufgesparten Affektreserven zu investieren.
Zur → MEHRHEITSDEUTSCHEN Behandlung der → Ostler entweder als Ersatzjuden oder als Ersatzantisemiten näherhin: → Ostdeutsche/Ostjuden, → antiwestliche Ressentiments, → DENUNZIANTENDEUTSCH.

antiautoritär → JOVIALSPRACHLICHE Blähung: Leute, die nie Autorität hatten, tun so, als hätten sie darauf verzichtet. Seit Jahren ist zwischen links- und rechtsbürgerlichen Feuilletonisten umstritten, ob die Autoritären oder die Antiautoritären größere Nähe zum → Pack aufwiesen. Erstere messen die Packnähe an der Verkommenheit der Gesinnung, → zweitere an der Verkommenheit des Geschmacks. Auch im Sozialverhalten zeigen autoritäres und antiautoritäres oder → rechtes und → linkes → Pack komplementäre Verhaltensstile: Der Autoritäre → pöbelt gegen die anderen, der Antiautoritäre gegen seinesgleichen.

antidiskriminierende Sprachhandlungen Im Leitfaden *Was tun? Sprachhandeln – aber wie? W_ortungen statt Tatenlosigkeit! Anregungen zum [...] antidiskriminierenden Sprachhandeln* (2014), erarbeitet von der AG Feministisch Sprachhandeln der Humboldt-Universität zu Berlin, werden folgende „Formen a.r S." empfohlen: „Bildung von Substantiven: Wenn möglich, wird im Singular ‚x', im Plural ‚xs' an den Wortstamm der dazugehörigen Verbform angehängt, z. B. Studierx, Studierxs und Lehrx, Lehrxs. Bei anderen Formen ist Kreativität gefragt, z. B. durch das Ersetzen der konventionalisiert → gegenderten Endungen: Angestelltx, Angestelltxs und Doktox, Doktoxs. (Die Form wird jeweils ‚iks' ausgesprochen, im Plural ‚ikses'.) Bildung von Pronomen: Im Singular wird ‚x', im Plural ‚xs' als Personal- und Possessivpronomen verwendet. Als bestimmtes Pronomen fungiert die Form ‚dix', als unbestimmtes die Form ‚einx'." (S. 17)
→ diskriminieren, → dynamischer Unterstrich, → Professix, → soziale Konstrukte, → Widerstand, → Zweigenderung.

Antikapitalistische Walpurgisnacht Vom Anzugträger mit oder ohne Portefeuille trennt den Jungbürger oft nur ein Steinwurf. Gegen Abend verläßt er das von seinesgleichen besetzte und vom Schwabenvater finanzierte → Hausbesetzerhaus und → feiert den 1. Mai.
→ Freiheitsversprechen, → Bei Bolle hat's gebrannt.

Antikriegsfilm Glibberwort der Filmindustrie, von der Filmkritik dankbar aufgeschleckt: ein Kriegsfilm, in dem sich die Krieger, zuweilen auch ihre Witwen, mal so richtig selbst bemitleiden dürfen.

ANTIORIENTALISMUS „Ich glaube, daß Gott dem deutschen Volk in diesen stürmischen Zeitläufen eine besondere Aufgabe gegeben hat: Hüter zu sein für den Westen gegen jene mächtigen Einflüsse, die von Osten her auf uns einwirken." (Konrad Adenauer gegenüber Papst Johannes XXIII., zit. nach: *DIE WELT* vom 25. Januar 1960) „Die sich nach Westen wälzenden Asiaten und Osteuropäer verstopfen alle Straßen und Schienen." (Henning Venske, *Satire ist nur ein Affe im Hirn*, Frankfurt/M. 2015, S. 91)

Auch nachdem der Westen Deutschlands an der Seite → der Alliierten Europa vom → Totalitarismus in seiner NS-Variante endgültig befreit hatte (→ Intellektuelle, → jazzen; → das Böse), blieb der A. der wichtigste geistig-moralische Mörtel des nunmehr → gesamtheitlich westlich gesinnten deutschen → Wir-Gefühls. Lange Zeit in Form des Antibolschewismus oder Antikommunismus – hatten die NS-deutschen → Eliten doch den heimischen Besatzern einschlägige Vorkämpferschaft für → das Abendland → durchaus glaubhaft machen können! Hierbei war, mit Rücksicht auf das → Projekt der → Wiedervereinigung und der Restitution Deutschlands in den Grenzen von 1937, ‚der Osten' zunächst Synonym für alles Gebiet jenseits von Oder und Neiße. Mit einem per Europa-Idee und Abendlandsideologie erweiterten Begriff des Orientalischen als Inbegriff des antiwestlichen, antichristlichen, antidemokratischen und überhaupt antizivilisatorischen Asiatismus fanden Adenauers Erben seit den 1990er Jahren auch in der → gesamtheitlich liberalen Mitte der Gesellschaft Zuspruch, → zumal nach dem 11. September 2001. Der westdeutsche A. der → Islamkritiker vereinte alle → freiheitlich-antiöstlich gesinnten Kräfte, ob → Freidenker, ob → HABERMASDEUTSCHE. Eine Heilige Allianz → unhintergehbarer → Säkularisation!

In einem engeren Sinne ist vom ‚Osten', ‚östlichen → Unwerten' und Verwandtem in eher linksbürgerlichen, meist linksliberal genannten Milieus die Rede, doch zeigt sich auch hier ein Zufluß vom breiten Strom des westdeutschen A.: Seit den 2010er Jahren war der A. ein Hauptmedium → gutbürgerlicher Ängste vor → dem Fremden, vor einem diesmal nicht in ‚Gastarbeiter'ghettos wohlverwahrten, vielmehr unberechenbar konkurrenztüchtigen → ‚Anderen' aus dem → Anschlußgebiet. Die Dialekte des A. erlaubten der westdeutschen Mehrheitsgesellschaft ein Doppeltes: kleinasiatische Migranten stillschweigend zu fürchten und ostelbische Orientalen → meinungsstark zu hassen als aufgrund mangelnder → Weltoffenheit allzu brüchiges Bollwerk gegen jene. Im rauschenden Strom des mehrheitsdeutschen A. vermischen sich fast vollständig die Vokabulare großdeutscher Xenophobie, transatlantischer Kommunistenangst und neuwestdeutschen Klassenkampfes von oben. Gegen Ende der 2010er Jahre hat der A. den Antikommunismus als rhetorisches Gleit- und intellektuelles Gefriermittel wohl endgültig abgelöst. Orientängste und Orienthaß treiben → breiteste Kreise der westdeutschen Gesellschaft um. Der A. namentlich der → intellektuellen Kreise ist die imaginäre Verbrüderung mit einem zuzüglichen Mittleren Osten gegenüber einem kulturell unbeweglichen Nahen Osten rechts der Elbe. Seine → Haßkommentare erweisen sich bei näherem Hinsehen als → durchaus → PC-konforme Vorurteile und → Ressentiments. → der ostdeutsche Untermensch, → Russenfreunde, → Sowjets, → Syrer oder Araber; → Minderheiten; → meinungsstark.

Antisemitismus, antisemitisch In Idiomen der → Entlarvung häufig im semantischen Dreischritt ‚Antikapitalismus' = ‚Antiamerikanismus' = ‚Antisemitismus'.
Davon zu unterscheiden ist A. als bundesrepublikanische Realität von Fühlen, Denken und Meinen. Bis 1990 existierte er in zwei Hauptformen: 1. in der tatkräftigen Demütigung jüdischer NS-Überlebender durch adenauerdeutsche Justiz- und Verwaltungsorgane, d. h. durch Kontinuität hierin bewährten Personals; 2. seit dessen biologischem Verbleichen als → verklemmter und verdruckster Philosemitismus, oftmals einem schlechten Gewissen der NS-Gründerkindergeneration → geschuldet, jedoch in seinem Vokabular unverkennbar rassistisch-biomorph (→ ‚jüdisches Leben'). In beiden Fällen ist der A. → strukturell wie sprachlich eng dem → ANTIORIENTALISMUS → der alten Bundesrepublik verbunden, der sich nach 1990 auf das → Beitrittsgebiet ausdehnte und dessen Bevölkerung zu den Ersatzorientalen des deutschen Westens bestimmte (→ Juden, → Ostjuden/Ostdeutsche, → östliche

Unwerte). In der westdeutschen → HEIMATLITERATUR, etwa im → Jammerwessigenre oder in den Pamphleten der → BITTERMANNLINKEN, fanden sich frühzeitig Artikulationen eines offen a.en → Haßdiskurses, wenngleich semantisch verdreht, d. h. im Modus der → Projektion (→ das Abendland).

Was Besuchern schon nach ersten Begehungen des deutschen Westens auffallen konnte, war neben dem ungezwungenen A. → der bürgerlichen Mitte ein medien-, politik- und wissenschaftssprachlich artikulierter → ANTIANTISEMITISMUS. So gutbürgerlich-gemütvoll der Antisemitismus Westdeutschlands, so bekenntnistüchtig-beredsam sein Philosemitismus. Letzterer war bis zur deutschen → Wiedervereinigung die einzig legitime Weise, → tiefsitzende → Ressentiments mittels simpler Verkehrung moralischer und kultureller Wertvorzeichen auszuleben. Dies alles in einer zumeist anmaßend-anbiedernden Sprache von beeindruckender Geschmacksfreiheit: man denke des → JOVIALSPRECHS bei der Opferhierarchisierung (→ Opferkonkurrenz), speziell in der Unterscheidung → einzigartigen und nicht einzigartigen Leides oder in der Ermahnung, „auf keinen Fall *zu harmlos* zu denken von dieser fabrikmäßigen Vernichtung des Menschen" (Volker Gerhardt). Der Fasel- und Mediencharakter des westdeutschen Philosemitismus entspricht der mentalen Realpräsenz seines A., dem noch die juristischen → Aufarbeitung der NS-Verbrechen zuarbeitete. Ein Volk ohne Geschichte wie das westdeutsche entscheidet → selbstbestimmt, wofür es zu büßen gedenkt: Mit seiner Erwählung der Juden zur politik- und medienoffiziellen Lieblingsopfergruppe folgte der juristischen Demütigung die kulturelle Umarmung. So übernimmt der westdeutsche A. mit bestem Gewissen die Täterperspektive auf dasjenige, was ‚jüdisch' und also → Opfer (gemäß postchristlicher → Verklemmtheit: moralisch überlegen) sei, denn er bleibt strikt retrospektiv. Die Rede von → jüdischem Leben in den → Qualitätsmedien ist die von Denkmalpflegern. Die staatspolitische Opportunität dieses Anti- qua Philosemitismus gibt seinem Pendant bei den Kultur- und Medien→kreativen die typisch → verdruckste Gestalt. Doch drängt er die einschlägigen Meinungs- und Gesinnungswalter zugleich, nach psychoenergetischer Erleichterung, mithin einer Ersatzminderheit Ausschau zu halten, die sich „unriskant schmähen" (P. Richter) und hassen läßt. Die semantischen wie sprachpragmatischen Befunde sind hier eindeutig: → Ostlerschmähung ist die medienöffentlich akzeptierte Metamorphose des A., nicht nur in der von → westlinken Milieus dominierten Medienöffentlichkeit. Als ein deutscher Schriftsteller diese Ersatz- und Ventilfunktion am Fall Schönbohm aufwies, war es um seine Büchnerpreis-Chance geschehen (Christoph Hein, „Vom unglücklichen Bewusstsein", in: *Der Freitag* vom 19. August 2005). Die virologischen Metaphern (→ PURISMUS), das sanktionsfreie Anpöbeln einer Volksgruppe (→ Kommunikationskultur), die ethnische Mythenbildung (→ Verwahrlosung und Gewaltbereitschaft, → Proletarisierung, → Gottverlassenheit, → Unwerte), vor allem aber die allgegenwärtige Abfrage der → Herkunft sprechen eine eindeutige Sprache.

→ Auschwitz ist nun mal passiert, → Gattungsbruch, → Jude/n, → nachverfolgen, → Ostdeutsche/Ostjuden, → Projektion, → unwillkürlich/unbewußt.

antiwestliche Ressentiments Gern hält sich Westdeutsches oder Westberlinisches für → den Westen überhaupt. Nimmt man ästhetische Piefigkeit oder moralische Miefigkeit derart parzellierter Seelen und Landschaften wahr und gibt das gar noch zu Protokoll, wie einige ostdeutsche Künstler und Intellektuelle nach der Maueröffnung, so werden aus *taz*- und *tip*-Redakteuren Retter → des Abendlands. Einer von ihnen, Volker Gunske, spannt gern den großen historischen Bogen. Dann steht westfälische Hochzivilisation gegen ostdeutsche Scholle: „Schon Ende des letzten Jahrhunderts begannen kulturkonservative Zivilisationskritiker wie Paul de Lagarde, Julius Langbehn, Ferdinand Tönnies oder Moeller von den Bruck einen Amoklauf gegen die westliche Moderne. Der Westen, das war das Dekadente,

das Verfälschte, das Entfremdete, das Städtische, in der heimatlichen deutschen Kultur fand sich hingegen das wahre, unverfälschte einfache Leben." („Heimat (Ost)", in: *Das Wörterbuch des Gutmenschen II*, Berlin 1995, S. 95) Wohl zu unterscheiden vom verfälschten einfachen Leben! Aber ob B. Papenfuß, H. Königsdorf, K. Hensel, die es gewagt hatten, auf Fragen nach ihren Eindrücken von Westberlin wahrheitsgemäß zu antworten, auch „Moeller von den Bruck" (wahrscheinlich gemeint: „Moeller van den Bruck") gelesen haben? Jedenfalls toll, was der Gunskevolker alles so gelesen oder wenigstens gehört hat!
→ Anbiederungsdeutsch, → Bildungsbekennersprech, → Denunziantendeutsch, → Gesinnungsschnüffelei; → Ressentiment.

Antragsdeutsch Universitär verbreiteter Dialekt des → Anspruchsdenkens oder Anspruchsdeutschen, zu dessen Grundwortschatz die Vokabeln ‚Desiderate der Forschung', ‚immer noch nicht erforscht', ‚Forschungsdefizite' einerseits, ‚Finanzierungsbedarf', ‚Finanzierungslücken', ‚Förderbedarf' andererseits gehören. In Zeiten knapper Fördergelder vermehrt um ‚Forschungsoffensive', mitunter auch ‚Bildungsoffensive', → ‚Bildungskatastrophe', ‚Bildungsnotstand'. Die Ansprüche und Anklagen aufgrund schwer erfüllbarer Anträge erheben hierfür qualifizierte Antragsteller.

anvisieren → avisieren.

an Weihnachten Hochdeutsch: *zu* Weihnachten. Der einst regionalsprachliche Verwechsler ist heute im gesamten westdeutschen Kulturraum verbreitet, vielleicht durch seine Eignung für beiläufig auszudrückendes → Anspruchsdenken. Dieses begünstigt Verräumlichung der Zeit gleichwie Stillstellung von Geschichte: Die Zukunft ist eine von keiner Erfahrung → beschädigte Verlängerung der Gegenwart; man hat Erwartungen und Ansprüche, die man ‚an etwas festmachen' kann, kurz: das Menschenrecht auf die Weihnachtsprämie.
→ Christbaum, → Zeitdauer.

Aphorismen entstanden in der deutschen Literaturgeschichte oft so überraschend wie beiläufig. Ebenso beiläufig verzichteten deren Schöpfer darauf, ihre Schöpfungen als A. zu betiteln. Genau dieser Betitelungseifer wiederum weist ‚A.' als typisches Genre westelbischer → Kleinkunst und → Heimatliteratur aus. Eine Schutzbehauptung zur Publikation von allerlei Meinungsprosa, eine Ermäßigung des intellektuellen Anspruchs; ein leicht durchschaubarer Versuch, auch bei schlappem kreativen Wind unter der Flagge ‚Literatur' zu segeln.
→ angepreist, → Bildungsbürgertum, → Geholfene, → Publikationsliste.

Apostrophismus Das englische Genitivapostroph-S an ostdeutschen Imbißbuden („St. Paul's Grill") kündete vom Einmarsch des Westdeutschen schon in den frühen neunziger Jahren. Das Imbißbuden-S wurde so zum Symbol sprachlicher Unterwerfung – eine besetzte Nation beugte sich einer gekauften (Tri'zone, Aden'auer, Marshall'plan). Doch nicht nur im Dunste des Frittenfetts verkümmert die Deklinationssicherheit und glänzt der Apostrophenüberfluß. In Fritz J. Raddatz' *Tagebüchern 1982–2001* ist kaum ein Konsonant vorm fehlerhaft angeleimten Apostroph sicher. Eingedenk Raddatzens DDR-Vergangenheit mag ständiges ‚Marx'sches' Apostrophieren als läßlicher Lapsus erscheinen. Doch selbst harmlose „Tucholsky-Text'chen" (S. 837) künden von einem überdurchschnittlichen Eifer der Verniedlichung. „Das fürsorgliche Hausväter'chen" (S. 831) selbst schrieb seine Abschiebung aus dem „Volk und Welt"-Lektorat nicht sprachlicher, sondern politischer Renitenz zu. Im rasch publizierten Nachfolgeband der *Tagebücher* zeigte „der widersprüchlichste deutsche Intellektuelle seiner Generation: eigensinnig,

geistreich, gebildet, streitbar und umstritten" (FJR über FJR im Klappentext), wieviel Großes sich kleinmachen läßt von einem, der „nicht auf der Welt, um aller Menschen Lieb'chen zu sein" (*Tagebücher 2002–2012*, S. 234); eine Auswahl: Guillotinemesser'chen (S. 102), Ent'chen (S. 148), Fünk'chen (Verstand, S. 150), Quent'chen (eitler Selbstüberschätzung, S. 154), Häpp'chen (S. 206), Kritzelkärt'chen (S. 215), Kist'chen (S. 227), Bier'chen (S. 234), Fünk'chen (S. 244), Päck'chen (S. 261), Rühm'chen (S. 267), Hörn'chen (S. 268), Bett'chen (S. 269), Gärt'chen (S. 282), Verwerfungsvers'chen (S. 284), Hünd'chen (S. 286), Münd'chen (S. 498), biß'chen (S. 554, S. 610 u. ö.), Gläs'chen (S. 561), Auto'chen (S. 564), Dumm'chen (S. 595, S. 601), Pillendös'chen (S. 600), Geschicht'chen (S. 604), Denunziations-Rüch'lein (S. 613), Greisenärm'chen (S. 615), Pünkt'chen (S. 627), von Hölz'chen aufs Stöck'chen (S. 643), Tört'chen (S. 644), Grußzettl'chen (S. 647), Blüm'chen (S. 651), Tröpf'chen (S. 656), Markt-Schnäpp'chen (S. 659), Ruth'chen (S. 666 u. ö.), Kärt'chen (S. 669), Tüt'chen (S. 677), Bröt'chen (S. 678), Bänd'chen (S. 682), Süpp'chen (S. 579, S. 682), Hausväter'chen (S. 687), Marzipan-Schwein'chen (S. 689).
„Ach, Fritz'chen"! (S. 653)

-arbeit Ein → unverzichtbarer Wortteil in den → Diskursen der Inkompetenzkompensationskompetenz (O. Marquard); Grundfigur und Urbeweis → MEHRHEITSDEUTSCHEN → Minderwertempfindens: Dem eigenen Trauern, Lernen, Schreiben, Lesen, Sprechen, Überzeugen, Aufklären, Aufarbeiten usw. gilt ein – gewiß berechtigtes – Mißtrauen, das sich doppelmoppelnd verlarven will und also verrät.
Näherhin verschafft der Arbeitsanhang seinem Benutzer das gute Gefühl, die eigene Zeit nicht nutzlos zu vertun. Anzuhängen ist er allem Möglichen: Trauerarbeit, Verstehensarbeit, Gefühlsarbeit, Verständigungsarbeit, Schmerzarbeit, Verarbeitungsarbeit sind prominent. Fast immer tritt er im Verbund mit anderen → BLÄHWÖRTERN auf: „Im relationalen Geschlechterverhältnis dagegen wurden hocheffiziente Selbstkontrolle und komplementäre Emotionsarbeit von Frauen erwartet. ... Die als öffentlich konnotierte und durch Beziehungen zwischen Männern geprägte Geselligkeit blieb dagegen deutlich präsent. ... Doch das Ganzheitsideal blieb gleichzeitig präsent." (Martina Kessel, *Langeweile. Zum Umgang mit Zeit und Gefühlen in Deutschland vom späten 18. bis zum frühen 20. Jahrhundert*, Göttingen 2001, S. 333f.)
→ die westliche Seele, → Präsenz, → PSYCHOSPRECH, → umgehen.

arbeiten „tun immer nur die anderen" (Arno Widmann, „Wer lässt sich das gefallen?", in: *Berliner Zeitung* vom 9./10. September 2017, „Magazin", S. 9).
→ tun, → machen.

Arbeiter heißen in → qualitätsmedial ausgesuchten Fällen nicht → Prolls, und zwar genau dann, wenn sie Beteiligte an einem → Arbeiteraufstand waren. So fragte beispielsweise am 7. August 2016 die → exorbitant → kritische *taz* den nicht minder kritischen TV-Unternehmer Friedrich Küppersbusch: „Frau von der Leyen will die Bundeswehr im Inneren einsetzen. Warum war das noch mal so grundfalsch?" Dem pseudointerrogativen → Ranwanz der *taz* beegnete „Deutschlands unverkrampftester Moderator" *(DER SPIEGEL)* mit einer Kostprobe westdeutscher Geschichtsbildung: „Der letzte Einsatz einer deutschen Armee im Inneren wurde hinterher Nationalfeiertag und ein jährliches Ritual der [sic!] Abscheu: der 17. Juni, als die NVA streikende Arbeiter angriff. Da die NVA in die Bundeswehr einging, kann man künftig bei Inlandseinsätzen ein herzliches ‚Da seid ihr ja wieder' ausbringen." 1953 allerdings gab es eine NVA noch gar nicht. Bei der Auflösung der NVA 1990ff. wiederum hatten nicht einmal ein Drittel des Offizierskorps um Übernahme in die Bundeswehr ersucht und kaum ein Zehntel damit Erfolg gehabt. Lediglich NVA-Militärtechnik war vollständig übernommen und friedliebenden Mächten in Nahost zugestellt worden. Aufmerksamkeit verdient auch Küppersbuschs geschlechtergerechtes Einschwenken in den gesamtwestdeutschen Ekel→diskurs, denn tatsächlich ist → ‚Abscheu' → spätestens seit Etablierung des → NEUSCHNÖSELSPRECHS (→ MOSEBACHDEUTSCH, Lewitscharoffschreibe) in → frauisierter Form üblich. Dies könnte → einmal mehr von der Etablierung eines gesamtwestdeutschen → Selbst- und Sprachbewußtseins künden.

Arbeiteraufstand Den Aufständen in Arbeiterdiktaturen reserviertes Wort des Wohlwollens.
→ Arbeiter, → Prolls, → Verproletarisierung und Verwahrlosung.

Arbeitgeber Gibt dem → Arbeitnehmer nicht nur Arbeit, sondern auch den Lohn dafür, was diesem oftmals noch nicht zuviel des Guten zu sein scheint. Gibt der Arbeitnehmer hingegen auf Befehl des A.s sein Leben, dann dürfte es sich um die Bundeswehr oder um eine ihr gewidmete „konzeptionelle Dokumentenlandschaft" handeln, die Ursula von der Leyen erarbeiten ließ. Die ungediente Ministerin bezeichnete mit diesen → exorbitant → eindrücklichen Vokabeln eine schlichte Broschüre, worin am 1. Dezember bundeswehrintern die Armee als „einer der attraktivsten Arbeitgeber Deutschlands" vorgestellt wurde, als ein „→ sinnstiftender und qualifizierender Arbeitgeber" obendrein, ja, als mittlerweile „einzigartige Arbeitgebermarke" (zit. nach: *Berliner Zeitung* vom 2. Dezember 2016, S. 4). In einer künftigen, → freiheitlich-demokratischen Fremdenlegion sollen auch – mit einer anderen Ursula namens Glas gesprochen – „wirklich nicht gut qualifizierte" Menschen ihre Chance bekommen. Von der Leyen läßt wissen: „Das individuelle Potenzial → der Menschen mit Freude am Dienst für die Gesellschaft steht dabei im Mittelpunkt, nicht ihre Herkunft, ihr Lebensalter oder ihr Bildungsstand." Ein pädagogischer Gedanke, den Jahre zuvor bereits „der große alte Mann der Christdemokratie" (*DER TAGESSPIEGEL* vom 13. September 2018) formuliert hatte, als er über die militärischen „Aufgaben, Chancen und Gestaltungsmöglichkeiten" sagte: „Gerade junge Menschen stecken noch immer überall in Europa voller Ideale." (Wolfgang Schäuble, *Scheitert der Westen? Deutschland und die neue Weltordnung,* München 2003, S. 140) Über den Mangel an A.n und die Masse an Überqualifizierten in Ostdeutschland als Doppelgrund dortiger Massenarbeitslosigkeit, weniger nett gesagt: zum andauernden Rückstand des deutschen Westens hinsichtlich abgeschlossener Berufs- und Hochschulausbildung, informierte die Statistik „Schlauer Osten" (*ZEIT online* vom 6. Oktober 2014).
→ der große alte Mann, → verhunzt und verzwergt, → sich erschließen.

Arbeitgebermarke → Arbeitgeber.

Arbeitnehmer Der Genitivus objectivus führt hier in die Irre. Gemeint ist die Endstufe der → Verproletarisierung: der Arbeiter, dem auch noch die Arbeit genommen werden kann.

Arbeitnehmer, landwirtschaftlicher Soziologischer → KLEMMSPRECH für ‚Bauer', insbesondere für Bauern aus der → Ehemaligen. Während der Kollektivierung der DDR-Landwirtschaft entstand, so schrieb ein in seinem sozialdemokratischen Gleichheitsempfinden verletzter Sozialhistoriker, „der neue Sozialtypus des landwirtschaftlichen Arbeitnehmers, dessen große Mehrheit aus Landarbeitern bestand, die ihrer ehemals selbständigen bäuerlichen Existenz nachtrauerten. In der Hierarchie der Kombinate und LPG standen die Agrarmanager, die Repräsentanten der sogenannten ‚landwirtschaftlichen Intelligenz', und die Agrartechniker, die technisch versierten Facharbeiter, über ihnen." Deren agrargenossenschaftliche Nachfolger freilich „ihre Leistungsfähigkeit als bedrohliche Konkurrenten für die subventionsverwöhnten westdeutschen Landwirte ausspielen" konnten (Hans-Ulrich Wehler, *Deutsche Gesellschaftsgeschichte. Bd. 5: Bundesrepublik und DDR 1949–1990*, München 2008, S. 103).

Arbeitsbereich, -feld Blähsprachlich für Arbeit, Ort, Arbeitsort.

Arbeitsbiographie Das Wort will weismachen, daß deren Inhaber und Vorzeiger außerdem noch eine Biographie, vulgo: ein Leben habe.

arbeitsintensiv Mühsam, vor allem in der Spracharbeitswelt.

Arbeitswelt Blähwort für ‚Betrieb', ‚Unternehmen'.

Armheit Ein → qualitätsmedial eingeführtes Synonym für ‚Armut' (vgl. etwa „Deutsche Armheit", in: *Berliner Zeitung* vom 4. Oktober 2017, S. 4).

Armutsrisiko Nicht etwa das Risiko in oder aus der Armut, sondern das Risiko der Verarmung, das alle Milieus einer wohlstandsfetten Gesellschaft schon im fernsten Anhauch spüren. So hat die → Kreuzberger → Kleinkünstlerclique um Klaus Bittermann etwa in ihrer Angst- und Haßbibel *It's a Zoni* (1999) dem Osten hauptsächlich eines vorzuwerfen: 40 Jahre Konsumrückstand.
→ Banane, → BITTERMANNLINKE, → minderwertig, → ostig.

artgerechte Schlachtung Fleischindustrieller gleichwie ethikgerechter, mithin → verdruckster und verklemmter → SCHÖNSPRECH; → geschuldet dem urwestdeutschen → Begehren, materielles Wohlleben und moralisches Wohlgefühl zu verbinden.
Was die a. S. der eigenen Art betrifft, so ist ein ernsthafter Versuch bislang nur von Armin Meiwes bekannt, Oberfeldwebel der Bundeswehr und als „Kannibale von Rotenburg" einige Monate lang Medienheld, schließlich sogar Held eines → Rammstein-Liedes („Mein Teil"). Was die Schlachtung anderer Arten angeht, verdient das ökologisch-progressive Vorgehen von „Neuland – die neue Fleischqualität" Erwähnung. Aus den Schlachtregeln (Mai 2011): „5. Wartebereich. Bei längerem Aufenthalt ... sollten Beschäftigungsmöglichkeiten zur Verfügung stehen." „6. Treiben: Das selbständige Vorwärtsgehen sollte gefördert werden." „II.4 Die Zeit zwischen Einhängen in den Schlachtbügel und Eintauchen ins Wasserbad darf nicht mehr als 12 Sekunden, bei Puten 25 Sekunden betragen." Bis zum finalen Wasserbad bleibt es beim artgerechten Einsperren, dem familiengerechten Kükenwegnehmen, dem tierschutzkompatiblen Zwangsbesamen, dem artgerechten Hodenabschneiden, dem sozialverträglichen Schnabelkürzen und dem herdenfreundlichen Hörnerabsägen.
→ soziale Andersartigkeit.

ARTIKELLOSIGKEIT Ein Kniff des → SCHNÖSELSPRACHLICHEN, der schon in kürzesten Sätzen enorm bedeutungsblähend wirkt: „Sie wissen nichts von Einfalt, die längst verlorenging ..." (Botho Strauß, *Die Fehler des Kopisten*, München 1997, S. 110)
→ ADORNITISCH, → darum/davon wissen, → Eroskiller, → Gottverlassenheit, → menschenverächtlich.

ARTIKELZWANG ist typisch für → PSYCHOSPRECH und das ihm eigene mentale und verbale → Anduzen der Welt sowie für die Infantilisierung und Selbstinfantilisierung im → BABY-

TALK. Er hat inzwischen auch Politikerinnen hochdeutscher → Herkunftsheimat erfaßt. „Guten Tag, ich bin die Manuela, und ich bin eure Kinderministerin." (zit. nach Holger Schmale, „Die Kinderministerin. Manuela Schwesig ist wieder schwanger", in: *Berliner Zeitung* vom 9. September 2015, S. 1)

Was in → BETREULICHEN, d. h. auf Entmündigung und Vormundschaft gründenden Sprechsituationen gerechtfertigt sein mag, kann im → gesamtgesellschaftlichen → Zusammenhang seine persönlichkeitsschrumpfende Kraft entfalten. Dies zum einen deshalb, weil in westlichen Spätkulturen jeder Progreß der → Strukturen unvermeidlich mit Regression der Individuen einhergeht (das östliche Gegenprogramm einer „Entfaltung der entwickelten sozialistischen Persönlichkeit" wiederum entsprach einer egalitär gewollten Einfachheit der Verhältnisse). Zum anderen, weil erst durch Versprachlichung die westliche Seelensimplizität *dingfest* gemacht wird. Ironischerweise wirkt hier eine aus (,links')emanzipatorischen Dialekten stammende Tendenz zur Selbstverdinglichung. Wer sich mit „Ich bin der Peter!" vorstellt, der will auch der Peter sein und bleiben, d. h. jemand, über den der Peter selbst nicht mehr wissen und sagen kann als jeder andere; ein allseitig zugängliches Ding, das wort- und dingfest gewordene Peterding eben, über das man gelegentlich „'ne tolle Diskussion haben" oder dank dem man mitunter „'ne wichtige Erfahrung machen" kann. Der A. emanzipiert den Menschen davon, er selbst *sein* zu müssen, auf daß er sich selbst *zeigen* könne, und zwar im ganzen: Wer ,der Peter' heißt oder ,die Lisa', der bietet sich gleichermaßen privat und professionell beliebiger Verwendung an; ein → griffiger Artikel. Der soeben eingestellte Kollege („→ Hallo, ich bin der Gerhard") bestätigt dies durch seine Begrüßungsformel ebenso wie der in Kürze zu verabschiedende Liebhaber: „Gerhard lag bequem auf einem Sofa in der Wohnstube und reichte C. aus liegender Haltung die Hand", kurz bevor „er C. übergangslos duzte" (Wolfgang Hilbig, *Das Provisorium. Roman*, Frankfurt/M. 2013, S. 183).

Die seelenformende Macht der → Werbewirtschaft erweist sich darin, daß die artikelzwanghaften Selbstverdinglicher gar keinen Unterschied mehr zwischen Intim- und Medialsphäre kennen wollen. Sie stehen → gleichsam bereit, sich von jedermann → anduzen, anheuern und abschieben zu lassen. Auch wenn der Artikelzwanghafte des deutschen Westens weiterhin nach oben ,Sie' sagen muß, fühlt er sich doch unten oder unter seinesgleichen frei wie jeder, der die Zwangsjacke der Selbstachtung abwarf. Das Universal-Du des A.s symbolisiert die Selbsteinweisung in jene geschlossene Anstalt der → Selbstbestimmung, wo jedermann sich als Rechteinhaber (weil Mensch, Christ, Bürger, Käufer) fühlen und vor dem Nächsten alle seelischen Hüllen fallen lassen darf. Der A. beherrscht in Mehrheitsdeutschland inzwischen Beraterstäbe ebenso wie Therapiegruppen. Wer sich ihm unterworfen hat, der hofft mit einigem Recht auf eine joviale Behandlung durch jene Macht, die gesiezt werden will.

Assessuar (nur mündlich) Von der kulturkleinbürgerlichen Schicht aufwärts gebräuchlich als Name für Dinge und Gesten, in die sich ein seelisch oder sozial frierendes Ich hüllt; häufig vernehmbar im Kulturfunk, aus Kulturkaufhäusern, Kulturbildungsakademien, Kulturfördergruppen usw. Qualitative Analysen erbrachten, daß der → Kölner → Qualitätskultursender → *Deutschlandfunk* im bundesdeutschen Äther mit der höchsten A.dichte → präsent ist.
→ Bildungsbürgertum, → Graffiti, → Kultur, → Kulturbürgertum.

Astronaut Ersatzwort und Etikettenschwindel. Einst ausgelöst durch → sowjetrussische Raumfahrterfolge, dauert diese nordamerikanisch-westelbische Verbalverkrampfung in Sachen Schwerelosigkeit bis auf den heutigen Tag. *Kosmo*nauten bereisen das All, *Astro*nauten wollen Sternenfahrer sein. Doch ward bislang auf keinem Stern ein Astronaut gesichtet.
→ KLEMMWÖRTER.

Asylanten(zu)strom Heute AfD-Sprech, vor kurzem noch CDU-Deutsch als auch → Schönsprech für das CSU-bayrische ‚Asylantenflut' und das NPD-deutsche ‚Asylantenschwemme'. Einen ganzen Sommer lang hatte es Angela Merkel (→ das Merkel) vermocht, besagtes Substantiv in der semantischen Mitte zwischen ‚politische Schwierigkeiten vermeiden' und ‚kulturelle Bereicherung erfahren' zu halten. Indem die Kanzlerin zeitweilig die Bedürftigen aus Randeuropa und Kleinasien willkommen hieß, therapierte sie zugleich den Gefühlsstau der westdeutschen Mittelklasse und somit der – immer noch – geistig-materiellen Mehrheitsgesellschaft: Konsumenten mit schlechtem Gewissen, Weltausbeuter, die vorm Elend der Welt salutieren, wenn es nur dankbar zu ihnen aufschaut. Beispielsweise, wenn man ihm ausgemusterte Pullover überreichte.

Anders als ihre westdeutschen Kabinettskollegen irrte sich Merkel nur selten in ihrem Urteil darüber, bei wem gerade die Macht/die Mehrheit sei. So mußte sie auch nicht, wie im Hochsommer 2015 angedroht, Land oder Volk wechseln, falls dieses sich der → Herausforderung durch den A. als unwürdig erweise. Merkel avancierte zur Heldin des moralischen Dünkeldeutschlands, welches → das Fremde so innig liebt, weil es nie in die eigene Lebensrealität vorzudringen droht: Der → Dünkeldeutsche der Merkelrepublik hat beizeiten sein Kind aus einer Klasse mit 90 % Migrantenanteil genommen und wohnt selbstverständlich nicht im grenznahen Gebiet des Ostens und schon gar nicht unter → prolligen → Migrantischstämmigen in Berlin, Leipzig-Ost oder Duisburg-Marxloh. Tatsächlich hatte die westdeutsche Mehrheitsgesellschaft – jene berühmte Zweidrittelgesellschaft der Soziologen – Fremde, Ausländer, Zugereiste immer nur als → gastarbeiterliche Ghettobewohner (→ Keine Italiener!), bestenfalls als Gaststättenbetreiber erlebt (→ Sconto). Es mußte sich durch diese nicht bedroht fühlen, im Unterschied zu dem noch ungefestigten Bürgertum in → Dunkeldeutschland. Desto dankbarer nahm es dessen Existenz zur Kenntnis, um neben seiner wohlfeilen Liebe für → das Fremde auch risikolos seinen Haß gegen das → Pack auszuleben.

asymmetrisch Spreizwörtlich für → ‚ungleich'; neben → ‚mittelfristig' wichtigster Begriffshebel im politologischen Werkzeugkasten von Kanzlerberater Herfried Münkler (im Zitatendurchschnitt: „asymmetrische Kriege, deren Basiskonflikten wir mittelfristig keine Lösungsansätze zu → implementieren → vermöchten"). Von dort ins Vokabular der → politischen Klasse sowie ins Feuilleton diverser → Qualitätszeitungen eingedrungen.

Atheismus Nach Meinung westdeutscher Glaubenswarte dominiert der A. seit langem im Osten Deutschlands, von wo er sich nach Westen oder unter Westdeutschen ausbreiten konnte. So wettert ein altersfrommer Heimatdichter mit Zweitwohnsitz in der Uckermark und Hauptwohnsitz in Berlin (West): „Nicht nur hier, in diesem vom Atheismus verheerten Osten klingt kein gottzugewandter Ton mehr aus menschlichen oder kindlichen Stimmen." (Botho Strauß, *Die Fehler des Kopisten*, München 1997, S. 44f.) „Von Mythos und ursprünglicher Religion weiß" zum Beispiel ein Schäfer (B. S.: ‚Hirte') nichts mehr, der unserm Eigenheimbesitzer so atheistisch wie ahnungslos über den Weg tappt; er, „einst Held großer Dichtung und der früheste Bote schlechthin". Davon weiß hier niemand etwas. „Und wüßte es auch dann nicht mehr, wenn der → Sozialismus nicht die letzten Reste von übersinnlichem Wissen, von ländlichen Mysterien vertrieben, Acker und Weiden dem alles zugrunde planenden Ingenieurswesen geopfert hätte (Rationalität der Zerstörung, Rache wohl der vertriebenen Mittagsgeister). Man weiß hier überhaupt nur eine arme Handvoll nützlicher Dinge ..." (S. 19) Aber war, wo jetzt „der Hirte abgetrennt von seiner überzeitlichen Gestalt, außerhalb seiner Literaturgeschichte, ohne Frühe und Überlieferung durch die Senke" stolperte – war hier nicht der Kapitalismus noch früher und kälter zu Werke gegangen, gottesaustreibend ohne Versprechen von sozialer Über-

vernunft und seelischem Gottesersatz? Ein Wort wie ‚Kapitalismus' würde Strauß – die „eisenharte Mimose" (Fritz J. Raddatz) – freilich nie ins sinnlich-übersinnlich gespitzte Mündchen nehmen. Doch räumt er ein: „Nicht nur hier klingt jede Redeweise heute ungerührt atheistisch." (S. 45)
→ darum/davon wissen.

Atheisten Unter → Denunziantendeutschen ein Ausdruck für Menschen, die jene als Bekenner des → Atheismus halluzinieren.
Bis 1989 waren die ostdeutschen Kirchen wohlgefüllt, danach leerten sie sich. Liegt das an der Kirchensteuer oder am → Massenzuzug von atheistisch praktizierenden Ex-Katholiken aus westdeutschen Kleinstädten? Eine Frage, die Lucas Wiegelmann nicht stellen mußte, um von Martin Mosebach die Antwort zu erhalten: „Im Osten ... leben immer mehr Atheisten." („Der Unglaube im Osten ist ein Erbe Preußens", *DIE WELT online* vom 20. April 2012; zur logisch-grammatischen → Problematik dessen: → immer mehr, zur Semantik: → Menschen ohne Ostern)
Die mangelnde Bereitschaft von Deutschen im Osten, über die Existenz des Allerhöchsten eine Aussage zu treffen oder den → eingereisten Aussagetüchtigen schroff entgegenzutreten, ist bei unverneheltem Blick freilich kaum mit dem organisierten → Freidenkertum des Westens zu verwechseln. Ihr fehlen die für westdeutsche Milieuformatiertheit so typischen Züge des bekenntniswütigen Eifers sowie der Eifersucht aufs Glück Andersgläubiger. Selbst die Getauften des Ostens lassen oft jenen Aberglauben vermissen, demzufolge sich → Spiritualität durch Konfessionalität ausweise. Die weltanschauliche Toleranz der → vermeintlichen A. etwa in Sachsen ging im Mai 2016 soweit, daß sie einer skurrilen Minderheit wie den römischen Katholiken mit mehr als vier Millionen Euro einen „Reichsparteitag des Glaubens" (M. Mosebach), sprich: einen Kirchentag spendierten. Die publizistischen Begleiter des Festes wußten das mehrheitlich nicht zu schätzen. Die urbane Gleichgültigkeit der Leipziger interpretierten Meinungsmacher wie Christian Bommarius (*Frankfurter Rundschau* vom 30. Mai 2016) als latente Feindschaft, weshalb die Minoritätschristen besonders gefährdet gewesen seien: „Es war mutig, den 100. Katholikentag ausgerechnet in Leipzig zu feiern – in Sachsen gehören nur vier Prozent der Bevölkerung der katholischen Kirche an." Radioumfragen bei den angereisten Glaubensfremdlingen ergaben, daß diese sich mit Gebeten und Gesängen besonderen Mut machen mußten, als sie zu Missionsversuchen in die → Plattenbaugebiete aufbrachen. Deren Bewohner wurden synonym als A. und als Heiden denunziert. *Norddeutscher Rundfunk* wie *Bayerischer Rundfunk* machten sich Sorgen um die moralische Verfassung der Bekenntnisunlustigen. „Die Auszehrung kommt von innen, von der wachsenden Zahl glaubens- und kirchenferner Bundesbürger", die mehr als „gläubige Muslime" → „das Abendland" bedrohten, „das von christlichen Werten, christlicher Kultur und christlichen Werten [sic!] geprägt" sei (zit. nach: *Berliner Zeitung* vom 30. Mai 2016). Der für Ostdeutsches besonders kompetente *WELT*-Kommentator Lucas Wiegelmann (*1983) hatte in seinem Blatt am 28. Mai 2016 gar geschrieben: „Die katholische Kirche soll endlich missionieren": „Es spricht für sich, dass AfD und Pegida den größten Zulauf im religionsfernen Osten haben."
Springers Juniorjournaille überschätzt hier → einmal mehr die Anziehungskraft → rheinisch-katholischer Prächtigkeit, Prüderie und Pädophilie auf → breite Kreise Ostdeutschlands. In diesen Gegenden fehlen auch schlicht die Mittel für Verschwendungsorgien limburgisch-bischöflichen Typs. Wie viele andere theologische Laien setzt der Nachwuchseiferer Wiegelmann zudem konfessionell nicht zerpflügte Seelenart mit wuchernder Gottlosigkeit gleich; ein über Jahrhunderte verfestigtes Schema klerikalen Denunziantentums.
→ Verproletarisierung, → Verwahrlosung und Gewaltbereitschaft, → Wehrlose.

atheistisch Zumeist → SCHMÄHSPRACHLICH gebrauchtes Adjektiv für die amtskirchlich nicht registrierten Deutschen im Osten, im weiteren – und ebenso irreführend – für Skeptiker, Freigeister, Polytheisten, Gottsucher u. v. a. m. Umgekehrt möchten atheistische, aber getaufte Geisteskleinbürger aus Deutschlands Westen gern als freie Geister gelten und lassen sich daher – um die Verwirrung auf die Spitze zu treiben – in sog. → Freidenkerverbänden eintragen. Wo sie ihr Lebtag am Rockzipfel jenes Gottes hängenbleiben, dem sie die Existenz bestreiten.

Aufarbeitung der Vergangenheit (Vergangenheitsbewältigung, Vergangenheitsverarbeitung, Auseinandersetzung mit der Vergangenheit u. ä. m.) Geistig-kulturelle Nachbearbeitung des Lebens in → Unrechtsstaaten, die eine moralverwaltende Mehrheitsgesellschaft entweder einer älteren → Generation oder einem anderen Volk ansinnt. ‚A.' ist ein Hauptbegriff des → DÜNKELDEUTSCHEN und rhetorische Standardtechnik westdeutscher Geschichtssimulation. Da Geschichte im Westen normalerweise nur als künstliche Produktalterung, mithin so gut wie gar nicht stattfindet, muß sich das historische Denken auf die → Überzeugung beschränken, daß die Vergangenheit im Vergleich zur Gegenwart moralisch sowie materiell minderen Wertes sei, andernfalls sie ja selbst Gegenwart wäre. „Historisch ist das, was man selbst nicht tun würde ..." (Robert Musil, *Vom Hundertsten ins Tausendste*, 1922) Erschaffung einer Vergangenheit durch Abstoßung überzähliger, meist älterer Stelleninhaber und sonstiger → Mitkonkurrenten bildet die elementare Handlungs→struktur der A. Seit einigen Jahren sehen Dünkeldeutsche eine Analogie zwischen ihrer moralischen Verurteilung jener Vätergeneration, in deren Wirtschafts- und Rechtssystem sie aufwuchsen und fortleben, und der den Ostdeutschen abzuverlangenden Selbstkritik für Geburt oder zumindest Leben im Sowjetsystem. ‚A.' → meint hier also das genaue Gegenteil einer ‚Auseinandersetzung', die ja nur in zeitgenössischer Konfrontation mit den notorisch dunklen Mächten stattfinden kann: Wer in einem → totalitären Staat lebt, kommt nicht umhin, sich mit ihm ‚auseinanderzusetzen'. Was westdeutsche → MEDIALDEMOKRATEN und → LESERBRIEFschreiber von den Deutschen im Osten erhoffen, scheint eher ein Akt des Erbarmens mit der westdeutschen Gegenwart, die ohne symbolische Vernichtung einer fortbestehenden inferioren Vergangenheit um ihre historische Überlegenheit fürchten müßte. „Könnte es vielleicht sein", fragt ein mehrheitsdeutscher Leserbriefschreiber zum Tag der Einheit 2016, daß „der Anschein einer gewissen Überlegenheit der [W]estdeutschen [...] einfach dadurch gegeben war, dass die in dem System, das nun praktiziert wurde, aufgewachsen waren und sich besser damit auskannten? Könnte es sein, dass die Ostdeutschen ohne fremde Hilfe gar nicht hinein gefunden hätten in dieses System? Könnte es ferner sein, dass auf dem Gebiet der ehemaligen DDR die Bevölkerung zwei deutsche Diktaturen erlebt hat und dass die Aufarbeitung der ersten deutschen Diktatur im Westteil erst verspätet einsetzte, dann aber bis in die Familien hinein geführt wurde und bis heute nicht abgeschlossen ist? Im Ostteil sucht man fast ganz vergeblich nach der Aufarbeitung der zwei deutschen Diktaturen, die schon aufgrund ihrer längeren Dauer in weit höherem Maße mit ihren Wertsetzungen in die Sozialisation zigtausender Menschen eingedrungen sind." (Michael Freiwald, „Die zwei Diktaturen nicht ausreichend verarbeitet", in: *Berliner Zeitung* vom 1./15./3. Oktober [sic!] 2016, S. 19)

Das kulturelle Selbstbewußtsein jenes Westdeutschlands, das sich zum Verzehr der Wiederaufbaufrüchte 1968ff. eine moralische Serviette umgebunden hatte, ist schwach. Wie schwach es noch fast ein halbes Jahrhundert nach besagtem, unter lautem moralischen Schmatzen eingenommenen Festmahl ist, belegt der Leitartikel zum selben Datum in derselben Zeitung. Er fordert selbst von der *nach* 1990 geborenen, mithin kapitalistisch und parteienpluralistisch sozialisierten Generation im deutschen Osten „harte Auseinander-

setzungen" mit jenen Verhältnissen, „die sich von westdeutschen Verhältnissen signifikant unterscheiden." (Markus Decker, „Zwei Länder in einem", S. 3) Ohne → Aufarbeitungsarbeit kein Rückgang von Armut und Arbeitslosigkeit!
In immer noch derselben Ausgabe berichtet Bodo Hechelhammer, Leiter der Arbeitsgemeinschaft Geschichte des BND, von der rasant fortschreitenden A. der braunen Ursprünge der → legendären Spitzeltruppe. „Der sichtbarste Ausdruck dafür ist die Existenz meiner Arbeitsgruppe, die sich ja auch nach dem Ende der Kommission im März 2017 weiter mit der Aufarbeitung der Vergangenheit des Dienstes befassen wird." Ein aufklärerisches Museum solle den → zunehmend weniger braunen → Schlapphüten gewidmet werden, ein Erinnerungshaus, in dem „die Maschinenpistole und der Morgenrock des ersten BND-Chefs Gehlen" der → kritischen Öffentlichkeit zugänglich sein würden (zit. nach: Andreas Förster, „Der Schleier lüftet sich – wenigstens ein bisschen", S. 4).
Doch auch am anderen Ende der politischen Vielfaltswelt bleibt der A.sbegriff prekär. „Was die echten und die späten 68er ihren Eltern vorwarfen, haben sie nie selbst praktiziert: ihre Ideologien aufzuarbeiten, vor allem ihre ‚pädagogischen'." Den möglichen Wahrheitswert dieses Satzes zersetzt die logisch-grammatische Unsicherheit des Autors, der gewiß den jugendlichen Vorwurf der *Nicht*-A. und nicht, wie hier zu lesen, der A. seitens der Eltern gemeint hatte. Dergleichen Kunststück bringt, man ahnt es, nur ein professioneller Sprachwahrer wie der Ex-Präsident des (West)Deutschen Lehrerverbandes fertig (Josef Kraus, *50 Jahre Umerziehung. Die 68er und ihre Hinterlassenschaften*, Lüdinghausen-Berlin 2018, Klappentext).
→ bis tief in die Familien.

Aufarbeitungsarbeit → SUPERLATIVISSIMUS von ‚Aufarbeitung', eines aus der Sprache des Polstererhandwerks über das → BETROFFENHEITLICHE ins allgemeine Westdeutsch gelangten Fachausdrucks. A. wird häufig zusammen mit anderen Arbeiten verrichtet, etwa mit ‚Aufklärungsarbeit' – so zu hören bei der Informationsarbeit zur Bewältigungsarbeit der Körperarbeit an Schutzbefohlenen im Westberliner Canisiuskolleg (*Inforadio*, 26. Januar 2015).
Im öffentlich-rechtlich sortierten Meinungsuniversum hingegen ist A. als solche erkennbar, benennbar und daher zuweilen auch dotierbar: „Der Publizist und ehemalige Leiter der Ost-West-Abteilung beim Deutschlandfunk, Karl Wilhelm Fricke (87), wurde am 15. Juni für sein Lebenswerk mit dem Aufarbeitungspreis der Bundesstiftung zur Aufarbeitung der SED-Diktatur ausgezeichnet." (*Deutschlandfunk Programm* 8/2017, S. 91)
→ -arbeit, → -kultur; → Aufklärung.

auf Augenhöhe (sein, kommen, gelangen) Die → zwischenzeitlich in der → guten Gesellschaft beliebte Formel scheint ursprünglich zum Dialekt unterdrückter Klassen (→ sozial Schwache) und politisch erwachter Massen gehört zu haben. Dazu würde passen, daß sie um 1989/90 mitunter im → WENDEDEUTSCH zu vernehmen war, zusammen mit der Forderung an die Herrschaft, sie möge doch ihr Gesicht nach unten oder eben ‚dem Volke' zuwenden. Die Aura aus Kleinmut und Größenwahn blieb der Phrase erhalten. In Deutschlands Westen ist sie oftmals um ein Mixtum aus seminar- und wissenschaftsförmigem → SPREIZSPRECH und affektgetöntem → JOVIALDEUTSCH bereichert. Hierfür ein jüngeres Beispiel. Im Schlußteil ihrer Bedrohungsabwehrbroschüre *Gefährliche Bürger* fordern zwei besorgte → Bürger: „Die Auseinandersetzung suchen – wie wir auf Augenhöhe bleiben" (Liane Bednarz/Christoph Giesa, *Die Neue Rechte greift nach der Mitte*, München 2015, S. 191ff.). Gemeint ist die Augenhöhe mit „→ selbsternannten Helden der Meinungsfreiheit", die nicht nur „die deutsche Rechtschreibung und Zeichensetzung" hassen, sondern auch die „immer gleichen

→ Begrifflichkeiten [lieben], die höchstens in ihrer Radikalität einem Wandel unterliegen" (S. 198f.).

Doch was, wenn angesichts derartiger → Wutbürgerlichkeit der → „rationale Ansatz" (S. 205) nicht verfängt, ja, nicht einmal → „in Ansätzen" zum Ansatz kommt (S. 173)? Das Autorenpärchen gerät hier vor die klassische Alternative jeglicher → Aufklärung, angesichts ihrer eigenen Ohnmacht taktisch, selbstironisch oder moralisch totalitär werden zu müssen. Es entscheidet sich für ersteres, auch wenn dies sich im Detail „kontraintuitiv anfühlen" mag (S. 212): „Lassen Sie uns dieselben Methoden nutzen, die die neurechten Strategen entwickelt haben, und wenden wir sie gegen sie selbst. Lassen Sie uns gemeinsam die → Diskurshoheit zurückgewinnen, kommen wir heraus aus der Defensive. Wir brauchen Magazine und Online-Medien, Salons und Bürgerinitiativen, die sich bekennen. Lassen Sie uns gemeinsam unsere kleinen → Netzwerke zu einem großen verweben. Und lassen Sie uns das mit Überzeugung, mit feurigem Herzen und kühlem Verstand tun. Dann sind wir unbesiegbar." (S. 221) Denn wie für alle Amerikafrommen (S. 176) und Rußlandkritiker (S. 178ff.) gilt: *Wir sind die Guten* (Mathias Broeckers und Paul Schreyer, 2014). Tatsächlich gleichen Denken und Sprache der Mitteschützer denen ihrer Gegner aufs Haar; beide sprechen den Dialekt der bedrohten Reinheit (→ PURISMUS), der feindliche und stets von außen gesteuerte ‚Infiltration', ‚Einsickerung', ‚Subversion', ‚Manipulation', ‚Verführung' (S. 8ff., S. 39ff.) drohten. Die Aufklärung der von links und rechts (S. 94) verführten → bürgerlichen Masse über sich selbst vollendet sich in der Einsicht, daß jene Mittebürger zwar nicht immer die Vernunft repräsentieren, doch stets Masse sein können: „Wenn eine wachsende Zahl von Bürgern aufsteht, um die Basis des Gemeinwesens auch im Internet zu verteidigen, ergibt sich im besten Falle eine ganz eigene Dynamik, die dafür sorgt, dass man dabei sein will, auf der Seite derjenigen stehen möchte, die für das Gute und gegen den Hass kämpfen." Freilich → braucht es dafür „mehr → Engagement und auch ein bisschen Mut. Keinen Todesmut allerdings, eher so etwas wie Zivilcourage. ... Diese Courage braucht es nicht nur im virtuellen Raum, sondern gerade in der Realität, wenn das Gespräch auf → die Politik kommt." (S. 213) Zur Zivilcourage im Detail „Statt einer Danksagung": „Bei einem Buch wie diesem verbietet sich das, weil man nie weiss, wie die Reaktionen derjenigen, die Gegenstand des Werks sind, ausfallen werden." (S. 221)

Aufbauleistung Formal betrachtet – Doppelmoppel! – klassisches Wichtigtuerwestdeutsch in Analogie zu ‚Erklärungsmuster', → ‚Erwartungshaltung', ‚Hilfestellung' usw., inhaltlich jedoch ein Terminus technicus aus dem NATO-Deutsch. A. setzt Zerstörungsleistung voraus; eine Variante der → Gesundschrumpfung. Bei Beginn der Invasion in Afghanistan war ‚A.' ein häufig aus den PR-Abteilungen der bombenwerfenden Mächte abgesonderter Verbalqualm („Nach Abschluß der militärischen Eingreifaktionen können Aufbauleistungen beginnen."); durch *FAZ*, *WELT*, *General-Anzeiger* und die üblichen Unverdächtigen beflissen unters Lesevolk gestreut.
→ chirurgisch, → Flugkörper, → Kollateralschaden, → humanitärer Einsatz.

aufbegehren Insbesondere in bürgerfrauen-, seltener in sozialemanzipatorischen → Zusammenhängen verbreitetes Hochwertverbum für den → Widerstand gegen → verkrustete → Strukturen. Das können eine unsanierte Altbauwohnung oder eine unscheinbare Berufslaufbahn, aber auch eine wenig aufregende Ehe sein. Fontanes Effi Briest, belehrt eine weibliche Stimme des → Kölner → Qualitätssenders, habe „aufbegehrt", und zwar gegen „die Normen der Gesellschaft". Ganz → „unaufgeregt" habe der frauen- und fortschrittsfreundliche → Autor dies Aufbegehren darzustellen gewußt (*Deutschlandfunk*, „Hörspiel", 25. Juni 2019)! Gemeint war offensichtlich Effis kurzzeitige Schwäche für den Major Crampas (den sie laut Selbstbekenntnis ja „nicht einmal liebte"); eine außereheliche Affäre, die zwar zur Ehescheidung, nicht aber zur Anerkennung von → Arbeitswelt und → Leistungsprinzip führen sollte.

Das Odeur heroischer → Weinerlichkeit umdünstet ‚a.' auch auf anderen → Themenfeldern des → FEMINISPRECHS. Über Ehebruch als möglichen Widerstandsakt westelbischer Ehefraulichkeit informieren die einschlägigen Qualitätsfrauenzeitschriften.

→ Emanzipation, → Frauenfreund, → gläserne Decke, → starke Frauen, → Verwundungen, Verletzungen, Empfindungen.

aufbrechen Kampfkitschpreziose aus der Frühzeit des → BETROFFENHEITLICHEN, als die ‚Große Weigerung' (H. Marcuse) langweilig wurde, weil niemand mehr sie den Weigerern verweigerte. In den ersten Einheitsjahren war ‚a.' verbales Handwerkszeug der → damaligen → Volksparteien (SPD, CDU) als auch der Bürgerparteien (FDP, Grüne). Das Verbum zeigt meist eine besonders gefühlige Form von politischem → FROMMSPRECH sowie des → MAULHELDISCHEN in seiner linksemanzipatorischen Variante an. Aufbrechen sollen → die Menschen oder die → Aktivisten oder → die Politik hauptsächlich → verkrustete Strukturen. Zum milieusprachlichen → Hintergrund: → soziale Konstrukte, → Position beziehen, → Widerstand leisten.

Aufdeckungskultur Teil der → anspruchsmäßig vorausgesetzten → -kultur oder Kulturkultur.

auffangsam „Warum schreibe ich? Weil es ein Vergnügen ist, in den auffangsamen Augen und Ohren eines Publikums durch einen Roman zu existieren." (*Vom Guten, Wahren und Schönen*, Frankfurt/M. 2012, S. 115) Wenn Sibylle Lewitscharoff aus Stuttgart-Degerloch sich nicht gerade über ihre → Herkunftsheimat Bulgarien (verarmt, verschmutzt) empört wie in *Apostoloff* (2009), dann hält sie Vorträge über → Spirituelles, genauer: über ‚die Wahrheit der Offenbarung'. Gemeint ist die christliche Offenbarung oder was davon im → SCHNÖSELSPRECH übrig blieb, eine Offenbarung, die sich entweder um sich selbst oder um den Menschen dreht oder um den Menschen, der sich stilistisch um sich selber dreht: „Auch bei der enthüllenden Selbstoffenbarung [!] Gottes im brennenden Dornbusch kann man sich das Von-obenher-Niederfahren Gottes in den Busch gut vorstellen, außerdem spielt sich das Geschehen ohnehin in der Höhe ab [?] ... Beim Botschaftsverkehr in der abschüssigen Richtung geht es um Wahrheit, die sich enthüllt und – je nach Qualität des Empfängers – auf taube oder auffangsame Ohren, scharfe oder getrübte Augen stößt." (*Vom Guten, Wahren und Schönen*, S. 136) ‚Auffangsam' gehört ebenso wie das bei L. häufige ‚gleichsam', ‚wiewohl', ‚wohl wahr', ‚wahrlich' zum neuerdings erhobenen vornehmen Ton in Boulevardfrömmigkeit und Besinnlichkeitsfeuilleton; nach Meinung der L.-Laudatorin Ursula März sogar schon zum allgemeinen Sprachschatz (Rede zum Büchnerpreis 2013).

→ BLÄHWÖRTER, → enden, → HOCHSCHREIBE, → hochmögend, → vermögen.

Aufgabenbereiche Synonym für → Themenfelder.

aufgehoben (sein, sich fühlen) Die → qualitätsmediale Variante des → BETREULICHEN hat keinen begriffshistorischen Bezug zu Hegel (*Phänomenologie des Geistes*) und dem Hegelmarxismus (*Geschichte und Klassenbewußtsein*). Eher ist die Aufgehobenheitsrede als verbale Einwindelung zu deuten, die einer realen Entmündigung präludiert. Eine solche wird durch → MEHRHEITSDEUTSCHE → Qualitätsjournalisten einem Publikum angetragen, welches es seit je nach der kollektiven Wärme eines medialen → Wir-Gefühls verlangt und das den Strahl des wärmenden Wortes aus einer gewissen Höhe erhofft. „Man könnte sagen", sagte Holger

Schmale *(Frankfurter Rundschau)*: „Dieses sind Präsidentenzeiten, dieses sind Gauck-Zeiten. Viele Menschen finden sich jetzt gut bei ihm aufgehoben. Allerdings muß man auch sagen: Es gibt andere, zumeist aus dem Osten, die ihm eine schwer erträgliche Selbstgerechtigkeit vorwerfen." („Ein Seelsorger in Schloss Bellevue", in: *Berliner Zeitung* vom 6. Juni 2016, S. 4)
→ Dünkeldeutsch, → Dunkeldeutschland.

aufgestellt sein Verbales Fertigteil aus der politischen und ökonomischen → Selbstverständigung und -darstellung, im weiteren der → Werbewirtschaft überhaupt. Doch selbst in werbewirtschaftsfreien → Zusammenhängen ward die Formel inzwischen gesichtet. Als seltenes, aber sprechendes Beispiel sei aus einem → Diskurs der Entschuldigung zitiert, den Helmuth Penz vortrug: Er sei „human und demokratisch aufgestellt und organisiert", gab der Chef der Flüchtlingsheimkette PEWOBE in → gleichsam majestätischem Plural dem *Inforadio* am 16. August 2016 zu Protokoll. Anlaß der Nachfrage waren → fremdenfeindliche Bemerkungen im Emailverkehr seiner Mitarbeiter, die u. a. die Aufstellung einer Guillotine und Einrichtung eines Krematoriums zwecks Reduzierung und → Entsorgung → des Fremden erwogen. Penz: Hier seien „Rechtschreibfehler des Programms" verantwortlich, das u. a. die geplante „Minigolfanlage" zu „Kinderguillotine" korrigiert habe.

Aufklärer/Aufklärung, aufklärerisch/aufgeklärt Die vielleicht am häufigsten, gewiß am leichtfertigsten bemühten Vokabeln westdeutscher Demokratieerziehung und Kulturbetriebswirtschaft; zugleich Urworte des Emanzipationsjargons.
In einer engeren Bedeutung sind es Lieblingsausdrücke jenes → atheistischen Kulturkleinbürgertums, das längstverstorbene Götter großredet, um sich durch deren Niederreißen erhöht zu fühlen (→ Freidenker, → Leitkultur). Daher bezeichnet heute das Wort Aufklärung in mehrheitsdeutschen Mündern, anders als in Enzyklopädien und Journalen ferngerückter Jahrhunderte, den Gipfel der intellektuellen Harmlosigkeit. So konnte in Westdeutschland der Kampf gegen das Kirchenchristentum zum Analogon der sogenannten → Vergangenheitsbewältigung am NS werden, der man sich ja gleichfalls erst aus sicherer historischer Entfernung widmete. Der Eifer von atheistischen Aufklärern, anderen Leuten ihren vermeintlich noch vorhandenen Glauben auszureden, ist typisch für Emanzipationsbiographien westelbischer → Provinz: Kirchen sind dort oft die höchsten Bauwerke innerhalb des räumlichen wie des geistigen Horizontes. Die zur Aufklärung bestimmten Seelen glauben deshalb, daß sich in einer Gesellschaft alles zum Guten wenden werde, sobald die Unbewohntheit besagter Bauwerke verkündet sei. Kollektive Ernüchterung für seine persönlich vollbrachte Leistung zu halten, ist die zeitgenössische Arglosigkeit des *Aufgeklärten*. Den *Aufklärer* charakterisiert seit eh und je, daß er den Nebenmenschen als unmündig behandeln muß, um ihn durch Aufklärung mündig machen zu können.

Aufklärungskompetenz Nicht an → Kompetenzzentren gebundene Fähigkeit, die laut *ZEIT* vom 18. Februar 2009 der Aufsichtsrat der Deutschen Bahn Herrn Mehdorn ‚entrissen' hat.

auflegen Wenn intransitiv gebraucht, dann aus dem Wortschatz → feiernder Westprovinz. Mit andächtigem Ton raunen die Feierlaunigen einander den Namen von Plattenaufleger XY zu, der ‚heute abend auflegt', mit festtäglichen Gesichtern tragen sie in deutschen Großstädten geöffnete Bierflaschen vor sich her.
→ Bäder-Antisemitismus, → Ballermann, → Großstadt.

aufoktroyieren Wenn man sich zwischen ‚auferlegen' und ‚oktroyieren' nicht entscheiden kann, legt man sicherheitshalber noch eins drauf oder ‚auf'.

aufpassen Selbstermächtigungs- und Machthalluzinationsausdruck, dessen performativ-pragmatische Ursprünge in der Blockwartsprache liegen dürften; heute vielgeliebt und -benutzt im → MEDIALDEMOKRATISCHEN Rundfunk- und Fernsehsprech.
→ Progressive, → ganzheitlich liberale, → freiheitlich-demokratische und sonsterlei → gutbürgerliche Aufpaßbeauftragte in den → Qualitätsmedien verwenden ‚a.' meist als strengere Variante des → SCHRÖDERDEUTSCHEN „Da muß man mal gucken!" (→ GRÜNSPRACHLICH: „Da müssen wir jetzt unheimlich gut hingucken!"). Mit dieser etwas vernachlässigten Floskel teilt ‚a.' die leidenschaftliche Unverbindlichkeit oder unverbindliche Leidenschaftlichkeit. „Wir müssen aufpassen, wie wir miteinander umgehen und was mit unserer Sprache passiert": Diese Formel war in acht Varianten in „Gelebtes Deutsch. Wohin entwickelt sich unsere Sprache?" (*Deutschlandfunk*, „Lebenszeit", 11. November 2016) zu vernehmen. Die Frage eines Linguisten an die aufsichtführende → Qualitätsjournalistin, wer denn zum Aufpassen und zum etwaigen Verhängen von Strafen ermächtigt sei, blieb unbeantwortet. Der offenkundig postume Charakter des Aufpassens weist diesem nicht → umsonst einen festen Platz in der bundesdeutschen → Empörsamkeitskultur zu, welche ja generell die faktische Akzeptanz und moralische Nachbearbeitung des → Unerträglichen mittels leidenschaftlicher → Positionsnahme pflegt.
→ Aufarbeitung/Vergangenheitsbewältigung.

aufsteigen können Sozialstreber ebensogut wie Luftballons. Die Verlierertruppe „Verein Deutsche Sprache" – „50 Jahre nach Kriegsende kapituliert Deutschland zum zweiten Mal, diesmal kulturell" (8. Mai 2003) – hat beide Aufstiegsarten im Auge. „Wir fördern die deutsche Sprache!" plakatiert und inseriert der Verein. Zum visuellen Beweis ist das Foto einer wohl ausländisch aussehen sollenden → Mitbürgerin beigefügt, die Zähne zeigt und einen Luftballon hält. Darauf zu lesen: „Aufsteigen mit klarem Deutsch." Oder ist gemeint: „dank klarem Deutsch"? Jedenfalls dürfte so wenig Furcht vor heißer Luft klarmachen, wie die da oben keinesfalls sprechen: englisch.
→ Girl's Day, → (s)orge(n).

aufstellen Im Unterschied zur aktiven und reflexivpronominal bereicherten (→ sich aufstellen) sowie zur neutral-partizipialen Variante (→ aufgestellt sein) die seltenere, auf formidable Machtphantasien → verweisende Transitivform des beliebten Verbums. Sie wird insbesondere in den → Qualitätsmedien verwendet. Man → erinnere hierfür z. B. die → paradigmatische Forderung der → Qualitätspresse an → die Politik, „die deutsche Wirtschaft noch → präsenter aufzustellen" (*Mannheimer Morgen* vom 26. Januar 2017).

auf Verschleiß fahren „Wir können es uns in Deutschland nicht leisten, auf Dauer in der Fläche Substanz auf Verschleiß zu fahren." (Peter Ramsauer) Woanders oder in Bayern aber schon.
→ Strahlkraft.

aufzeigen Spreizwörtlich für ‚zeigen' oder ‚aufweisen'; einer der westdeutschen Wortwechselbälger à la → ab und wann, → Katz und Igel.

Augenmaß Ursprünglich Handwerkerdeutsch für ein Messen ohne Meßgerät, dann durch den oberpfälzischen Europapolitiker Helmut Kohl aufgegriffene und so endgültig in ihrem Sinn verdrehte Vokabel: nicht des Meisters Peilen über den Daumen verheißend, sondern großherzig-täppisches Zartgefühl des Mächtigen. Vgl. *Lexikon der sperrigen Wörter*, hrsg. von Florian Höllerer und Jean-Baptiste Joly, Stuttgart 2010, S. 31–33.

Auschwitz ist nun mal passiert. Das Selbstverständliche selbstverständlicher zu machen, ist der → Markenkern gebührenfinanzierter → Aufarbeitungskultur. Diese tendiert seit längerem zum → JOVIALSPRECH. Das hier zitierte, → zwischenzeitlich geflügelte Wort wurde zum passenden Datum vorgetragen von der *ARD*-Journalistin Anja Reschke. Sie versäumte nicht, ihr „Tagesthemen"-Publikum sogleich über „die → abartige → Einzigartigkeit" des Sachverhalts ins Bild zu setzen (27. Januar 2015). Bereits zehn Jahre zuvor hatte ein Professor der Moralphilosophie im *Deutschlandfunk* gemahnt: „Wir dürfen auf keinen Fall zu harmlos denken von dieser fabrikmäßigen Vernichtung des Menschen."
→ Gattungsbruch, → Qualitätsmedien, → Zeichen setzen.

ausdiskutieren verheißt als Ankündigungsfloskel die allerhöchste → Diskussionskultur und findet in → der Politik meist erst in den Morgenstunden ein natürliches Ende.
→ Gestaltungskoordinierungsaufwand.

ausdrücklich Im Idiom → MEHRHEITSDEUTSCHER Kulturschaffender häufig vernehmbare Analogiebildung zu → ‚eindrücklich', hochdeutsche Bedeutung: ausdrucksvoll, ausdrucksstark.
→ sichtlich.

ausgepowert Wörtlich übersetzt: ‚ausgekräftigt', eigentlich gemeint: ‚erschöpft'; durch Konsonantenverdoppelung und Bildungslücke entstanden aus dem älteren ‚ausgepovert'. Während dieses jedoch zumeist eine Ausbeutung fremder Länder und Völker anzeigte, dient das westdeutsche Mischwort dem Eigenlob entkräfteter Selbstverwerter und → Selbstverwirklicher.

ausgepreist → Qualitätsmediales Synonym von → ‚angepreist'/‚angepriesen'; eine Hybridbildung aus antikommerzieller → Empörsamkeit und → aufklärungsprofessioneller → Entlarvungsgeste. Als Exempel sei aus der Neujahrsvorschau eines → Qualitätszeitungschefs zitiert: „‚30 Jahre Mauerfall – Die große Feier live in der Mercedes-Benz-Arena.' Wird bei den Berliner Tourismuswerbern übrigens als Topveranstaltung für Besucher aus aller Welt ausgepreist." (Jochen Arntz, „Drei kurze Momente", in: *Berliner Zeitung* vom 2. Januar 2019, S. 8)
→ PARTIZIPBILDUNGSDEFIZIT.

Ausgrenzung → Empörsamkeitsformel im → Opferdiskurs von → BETROFFENHEITLICHEM, → BETREULICHEM, → FEMINISPRECH, → GRÜNSPRECH sowie anderen Dialekten der → verletzten Verletzlichkeit. A. ist nicht gleichbedeutend mit → Diskriminierung, die eine bereits justiziable und hierfür mit Fakten zu belegende Form der A. bezeichnet.

Ausgrenzungskultur Eine solche ist, wie → Qualitätsjournalisten herausfanden, regelmäßig im Bunde mit der „Angstkultur" und weiteren → menschenfeindlichen → Kulturen anzutreffen. Daselbst sind die „verfolgungstheoretischen → Konzepte ausgesprochen → wirkmächtig beim Schüren von Angst und → Haß" („titel thesen temperamente", *ARD*, 8. April 2018).
→ GRÜNSPRECH, → SPREIZSPRECH, → WÄCHTERSPRECH, → WICHTIGSPRECH.

aus gutem Hause/aus besten Kreisen Mittels dieser Alarmwörter berichten nicht allein Springer & Co. über ‚Unfaßbares', meist Kindsmorde oder -mißhandlungen. Während im → Anschlußgebiet für solche Vorfälle die einschlägigen Erklärungen → greifen (→ Atheismus, Berufstätigkeit der Frau, Besuch des Kindergartens, kollektiver Töpfchengang daselbst),

unterstehen → gutbürgerliche Mörder und Schläger nicht der journalistischen Deutungspflicht. „Philipp S. kam aus gutem Hause, sein Vater ist Schuldirektor, er besuchte das Gymnasium, fuhr ein eigenes Auto und ist Mitglied eines Tennisclubs." („Das mißhandelte Baby ist tot" – Susanne Lenz/Andreas Kopietz, in: *Berliner Zeitung* vom 14. September 2012, S. 15) Eine adjektivisch seltenere Variante gab der Anwalt von Ingo W. zu Protokoll, welcher des Vatermordes (zehnschüssig) „im feinen Westend" angeklagt wurde (Katrin Bischoff, „Keine Tatwaffe, kein Geständnis", in: *Berliner Zeitung* vom 8. April 2014, S. 15): „Es ist nicht lebensnah zu glauben, daß ein zur Tatzeit 16jähriger Schüler aus besten Kreisen so einfach an eine Waffe kommt und damit seinen Vater erschießt."
→ bürgerlich-, → gefühlte Kriminalitätstemperatur, → breite Kreise, → Proletarisierung, → Töpfchenthese.

aushandeln Verbale Spätfrucht aus dem Begriffsgarten der ‚neuen Händlergesinnung' (K. H. Bohrer); Beispiele im Kontext: → Narration, → präsent, → Subjektpositionen.

auskostbare Gefahrlosigkeit Vom gern gefährlich lebenden Germanisten Karl Heinz Bohrer verwendete Singulärprägung für bundesdeutsches Konfekt.
→ mon chérie.

Ausland (regional: Oasland, Usland) Begrifflich wie bildhaft ein → Ort, an dem die mühsam getragene Kulturfessel fällt und → Strukturmerkmale → MEHRHEITSDEUTSCHER → Mentalität konzentriert zutagetreten. Der fremde Ort ist somit der wahre, weil → konkret gewordene Ort → gutbürgerlichen Seins und Sprechens. Er ist → gleichsam das → Feld eines rückhaltlosen → Anduzens der Welt, wo man die heimisch erlernte → Anspruchshaltung ungekünstelt zum Ausdruck bringt. Die Erfahrungen, die Arme, Arbeitslose und Ausländer üblicherweise je für sich im altbundesdeutschen Inland machen, können so im Ausland zu kollektivem Erinnerungsgut werden. Zuvörderst betrifft dies die Erwartung westdeutscher Südländer, im Süden oder Osten Europas würde ihr Sprachgeräusch sogleich verstanden und verarbeitet werden („Woas wuist?", „Sprichst koa Daitsch?"), im weiteren die Eigenarten mehrheitsdeutscher → Zahlmoral und → Versorgungsmentalität.
→ Anderland, → Ballermann, → feiern, → Kotzhügel, → Touris.

Ausländerfeind In den 1990er Jahren noch überwiegend sensationsmedial und adjektivisch in Gebrauch; inzwischen Arbeitsbegriff der vergleichenden Völkerkunde des Inlands.
Das mediensprachliche ‚ausländerfeindlich' mutierte über die wissenschaftssprachliche ‚Ausländerfeindlichkeit' zum publizistischen, insbesondere von → Medialdemokraten und → Weltoffenen typologisch entfalteten ‚Ausländerfeind'. Ein solcher haßt, ob bedingt durch falschen Geburtsort, falsche Klassenherkunft (→ soziale Schwäche), schwachen Charakter oder einfach falsche Gesinnung, alle Ausländer, selbst wenn er, wie nicht wenige → gutbürgerliche A.e vom → rechten Rand, mit einer Ausländerin verheiratet sein mag. Holländische Touristen, kalifornische Professoren, japanische Studenten oder orientalische Immigranten unklarer Staatszugehörigkeit wären also definitionsgemäß dem A. gleichermaßen zuwider. Freilich hat man ein solches Wesen auf der bewohnten Erde bislang nicht erblickt, im Unterschied zum Weltoffenen. Dieser bedarf, um ein solcher zu sein und zu scheinen, gar keines Affekts (→ Emotionalität, → Ressentiment), sondern lediglich eines Bekenntnisses, mithin eines Sprech- und Willensaktes: daß er oder sein Land aller Welt, mithin auch allen Ausländern offenstehe. Semantische Untertypen des A.s – ebenfalls im MEDIALDEMOKRATISCHEN Wächtersprech begrifflich entfaltet – sind der → Fremdenfeind sowie der → Flüchtlingsfeind; jener als semantische → Weiterung, dieser als semantische Verengung des Urtypus.

Ausländerfeindlichkeit wurzelt in Spießerstaaten und erblüht nach deren Untergang, wie ein bayerischer Heimatautor recherchiert hat: → Die DDR (I); vgl. auch ethnologische Forschungsergebnisse aus dem Rheinland: → Dumpfbacke.

Ausländerhaß Der zweideutige Genitiv hat es in sich. Aufgrund einer christlichen Schul-, wenngleich kaum mehr Seelen- oder gar Sittenbildung billigt der westliche → Mehrheitsdeutsche → Opfern eine prinzipiell höhere moralische Würde zu: Wer unten liegt, hat recht, auch wenn er selbst angefangen haben sollte. Andererseits haßt ein Mehrheitsdeutscher alle Ausländer, die nicht in dieses Bild passen, also vor allem ,die von drüben', für Biller, Bittermann & Co. identisch mit der Bizepsrechten aus Rostock & Hoyerswerda, der Rechten ohne gute, d. h. bürgerliche Manieren ... wie der Fackelschwinger aus Stuttgart, Saarlouis, Solingen & Mölln. → Flüchtlingsfeind, → Leserbriefe, → Ostdeutsche, die weltoffen sind ..., → Unwerte; → Opferdiskurs.

aus meiner Sicht Von Heuchelei triefende Bescheidenheitsfloskel am Satzanfang, da entweder eine Präambel des Tiefsinns oder ein Freibrief für unverschämtes Geschwätz; erkenntnistheoretisch ohnehin entweder ein Unsinn oder eine Banalität.
→ enden.

Ausnahmeathlet Laut diversen → Frankfurter Zeitungen Oscar Pistorius.

Ausnahmekünstler Während die Mehrzahl der als Künstler bekanntgewordenen → Menschen Kunst macht, macht der Ausnahmekünstler Ausnahmen – oder Ausnahmekunst? Wie dem auch sei, einfach macht er es sich selten mit der Kunst; zumeist → beschäftigt er sich mit ihr.

Ausnahmepolitiker Bedeutung nur von Fall zu Fall ermittelbar: Berufspolitiker, der nicht selbst Steuern hinterzieht und im Entdeckungsfall → ,ich stelle mich' sagt, sondern der das beispielsweise seiner Ehefrau überläßt.

Ausnahmeregisseur Schöpfer besonders von großem oder von besonders großem → Erzählkino, der in der Regel auch gut mit Gefühlen → umzugehen weiß.
→ Gefühlskino.

Ausnahmetalent Jovialwort aus dem Flachfeuilleton; bedenkenlos in den Mund genommen von so mancher schreibenden Maul- und Plaudertasche, die mal Kafka, mal andere Dichter begönnert. Exemplarisch: „Aber Brentano war ein Jahrhundertdichter, ein Ausnahmetalent von hohen Gnaden ... → massiv anders als bei den modernen Schlüssellochromanen ..." (Sibylle Lewitscharoff, *Vom Guten, Wahren und Schönen*, Frankfurt/M. 2012, S. 42) Dazu Elias Canetti: „Die Lobesworte, die das Lauterste besudeln." (*Das Geheimherz der Uhr*, Frankfurt/M. 1982, S. 160)
→ Bildungsbekennersprech, → enden, → Hochschreibe, → samma mal.

außen vor Partizipialkonstruktionen mit nachfolgendem Genitiv fallen vielen Westelbiern schwer. Für ,ungeachtet', ,nicht berücksichtigt', ,darin nicht eingeschlossen' usw. suchte die kollektive Sprachschwäche nach einer flexionsfreien Form und hatte sie hiermit gefunden (→ Partizipbildungsdefizit). „Die Außenpolitik blieb außen vor." (Karl Heinz Bohrer, *Jetzt. Geschichte meines Abenteuers mit der Phantasie*, Berlin 2017, S. 73) Gegenwärtig figuriert ,a. v.' vor allem → jovial- und kumpelsprachlich für eine nicht gelungene → Inklusion. „Und das Salz in der Suppe, wo bleibt das? Sehen Sie! Das bleibt wieder außen vor."

außer → schader und schader.

austesten Ausprobieren, bis nichts mehr zu testen ist. Der Duden, seit einem Jahrzehnt der buchgewordene Büttel westdeutschen Sprachabbaus, adelte den Verbwechselbalg aus ‚testen' und ‚ausprobieren' 1. durch Aufnahme und 2. durch definitorische Biegung ins Sinnvolle: „ganz und gar durch Tests erforschen". Doch dürfte der Bedeutungsgehalt von ‚a.' sich sprachpraktisch vollständig im ‚erproben', ‚erforschen', ‚erkunden' erschöpfen, das Verbum mithin schlichter Labersprech sein, wie etwa nachfolgend beim „Kraftmeier der Bildungspolitik" (*Stuttgarter Zeitung* 2017) Josef Kraus: „Einerseits testet [der Mensch] gerne Risiken und Grenzen aus, zum Beispiel im Extremsport, an der Börse, mittels Drogen und im grenzenlosen Konsumismus. Andererseits ist ihm Grenzenlosigkeit ein Alb[!]traum." (*50 Jahre Umerziehung. Die 68er und ihre Hinterlassenschaften*, Lüdinghausen-Berlin 2018, S. 82)
→ Testversuch.

Auszeit → Erholungsbedarf innerhalb der → Arbeitswelt. Zu den kleinkünstlerischen Folgen näherhin: → Comédienne.

autonom Ein im → ANTRAGSstellerwestDEUTSCH gebräuchliches Eigenschaftswort für → vollfinanziertes → Projekt.
→ Hausbesetzer/Hausbesitzer, → Wohnprojekt, väterlich vollfinanziertes.

Autor Früher pseudosachlich für einen, den man liest, heute aufschneiderisch jeder, der schreibt. Es gehört zu den Eigenarten westdeutscher → Publizisten, Texte mit der Berufsangabe ‚A.' zu unterzeichnen, was wahrscheinlich meist → vor dem Hintergrund beruflichen Scheiterns zu sehen ist: Man sieht ja, daß der Schreiber als Autor auftritt, vielleicht gar der Autor des Geschriebenen ist. Was man nicht sieht und zugleich erfährt, ist, daß er nichts außerdem ist.

autoritär Einst Dumm- und Dutzendwort der → Antiautoritären, → zwischenzeitlich vernachlässigt, jüngst wieder häufiger bei der Interpretation ostdeutscher Staats- und Familienverhältnisse herangezogen. Hier dient der Begriff zur Selbstverständigung der → unnationalistischen Gesellschaft gegenüber jenen Gegenden, in denen Ausländer → massiv erst seit 1990 um ihr Leben fürchten müssen. Wenn sich im Osten jene Fremdenfurcht, die in der Mittelklasse des Westens vorbildlich integriert ist, an sog. sozialen → Rändern offen zu bekunden wagt, wird von Ostdeutschenerforschern gern auf eine Tradition autoritären Verhaltens verwiesen: Wo eine antiautoritäre Kulturrevolution nicht stattfand, konnten auch kein individuelles Pöblertum und nicht mehr gruppengebundene Feindseligkeit freigesetzt werden. Dann stehen nicht mehr versammelte Individuen einer feindlichen Masse, sondern Individuen anderen Individuen gegenüber; der zivilisierende Geist der Horde (des Milieus, speziell → der Mitte und ihrer Klasse) fehlt. Kurz, die Pöbler und Meckerer seien eine durch Wegfall des → autoritären Staates herrenlose Horde, die durch → Pöbeln und Meckern ihre schwer erträgliche, im Westen heroisch getragene Individualität loszuwerden strebe. Ostdeutschenerforscher wie Heinz Bude hingegen warnen vor zu geringer Hordentreue und Parteihörigkeit und vor übergroßem Individualismus → der Menschen im Osten (→ Wir-Gefühl, → inklusiver Populismus).

autoritärer Staat Der Baugrund wie Überbau → autoritärer → Gesinnung; modrige Wurzel wie giftigste Blüte aller Ablehnung → des Anderen.

Seitdem nicht mehr nur in Westdeutschland Asylbewerberheime brennen, ist → ‚Haß' ein Lieblingsthema des → MEHRHEITSDEUTSCHEN → BESORGLICHKEITS→diskurses. Ostdeutschenbeobachter und Werteverteidiger → der offenen Gesellschaft bieten hierbei meist eine merkwürdige Erklärung an: Nicht der neue, sondern der vor über einem Vierteljahrhundert verschwundene Staat sei schuld an der ostzonalen Gewalttätigkeit. Nun neigen → Zonis tatsächlich eher dazu, ihren Groll persönlich auf die Straße zu tragen (→ Ressentiment), als dessen → menschenverächtliche Verwaltung an Parteien zu delegieren (→ Rechtspopulismus). Inwiefern ist aber das → Zonenmobverhalten der Ausdruck einer → autoritären Gesinnung? Wird Gewalt gegen Andersdenkende, -aussehende, -lebende in sog. autoritären Staaten nicht gerade von oben organisiert, mithin diszipliniert und → fokussiert? Und hat ein autoritärer Staat wie die → Ehemalige nicht mit Zuchthaus und Werkhof gegen Ausländerhasser und Andenkenschänder gewütet, etwa gegen Beschmierer jüdischer Grabsteine? Ein Argument, das im moralischen → DÜNKELDEUTSCHLAND nicht verfängt: „Erinnern wir uns noch einmal an Hoyerswerda 1991", schreiben Liane Bednarz und Christoph Giesa in *Gefährliche Bürger* (München 2015). „Keine zwei Jahre davor waren → die Menschen in Ostdeutschland auf die Straße gegangen, weil der Traum von einem anderen Leben, von einem Leben in einer → Demokratie wie der Bundesrepublik Deutschland sich doch so viel besser → anfühlte als das Leben in einem autoritären Staat wie der DDR. Nun schien all das vergessen." (S. 35f.)
Vergessen hat das Aufklärerpärchen seinerseits die 1980er Jahre in der BRD (→ Türken raus!) sowie die Tatsache, daß in Rostock kein Mensch ums Leben kam – vielleicht dank den *ARD*-Teams, die wiederum in Mölln und Solingen fehlten: „'Das Boot ist voll' […] hallte es schon Anfang der 1990er-Jahre durch deutsche Städte – die Pogrome kosteten zahlreiche Menschenleben, in Rostock-Lichtenhagen, Mölln und Solingen." (S. 99) Mit einem Wort: „Je komplexer die Welt und ihre Probleme uns scheinen, umso stärker ist der Wunsch nach → vermeintlich einfachen Lösungen." (S. 10)

avisieren In der westdeutschen Verhandlungs-, Vermarktungs- und Verkündigungssprache häufig für das hochdeutsche ‚anzielen' (‚anvisieren') verwendet; seltener ist die entgegengesetzte Verwendungsrichtung. Die Beliebtheit von ‚a.' gegenüber ‚anvisieren' und von ‚anzeigen' gegenüber ‚anzielen' ist augenscheinlich → SPREIZSPRACHLICHEN Ursprungs. Zudem zeugt sie von einem Blick auf den Kunden, dem man gar nicht erst ‚anzielen' muß, daß man ihn als → Opfer zu behandeln gedenkt.
→ Ansage, → Kein Problem!

B

Babytalk Begriffs- und Bedeutungskreationen einer Selbstinfantilisierung; von manchen Wachstumsforschern als Versuch der Adoleszenzverzögerung gedeutet.
→ Flieger, → Papa Heuss, → die Russen; → Infantilstil.

Bäckerbrötchen Brötchen, die gebacken werden, sind im Zeitalter der → Identitätskonstruktion keine Selbstverständlichkeit mehr. Bäckerin Filiz Akduzyun vom „Kollwitzer Back" hat freilich für ihre Wortprägung handfeste kommerzielle Gründe, denn bei ihr kaufen sowohl Schwaben als auch Deutschsprachige ein. Zum Teigkonstrukt gehört das jedermann bekömmliche Wortkonstrukt. „Bei uns heißen die Schrippen sowieso Bäckerbrötchen, und die bekommen alle, egal, ob sie Schrippen oder Weckle bestellen." (Jonas Rest, „Spätzle-Gemetzle", in: *Berliner Zeitung* vom 16. Januar 2013, S. 17)

Bäder-Antisemitismus Seit sie mit offener Bierflasche ihre → Weltoffenheit an Usedoms Badestränden spazierenführen, regt sich auch dort Unmut gegen → Touris jenseits von Rosenheim und nahegelegener → Kotzhügel. Erklärt der halbinsulare Abscheu vor → dem Fremden die 2016er Wahlerfolge der AfD bei den Usedomern? Von *FAZ* bis *taz* war man darüber, wie fast immer, gleicher Meinung; viele *taz*-Abonnenten versicherten per → Leserbrief, daß sie bei denen in Deutsch-Nordost nie wieder Urlaub machen wollten. Auch mit Blick auf die inzwischen fast westdeutschlandhohen, → fremdenfeindlichen Übernachtungspreise (→ Schnäppchen)! Immerhin ist der Zutritt zum Meer, anders als im besitzbesessenen Sylt, im Osten meistens noch frei. Um so hemmungsloser tobt in dieser schlecht ertragenen Freiheit, was im Ostseesand durch einen Xenophobologen von der *Süddeutschen Zeitung* → entlarvt wurde: der den Halbinsulanern selbst bis dato gewiß noch unbekannte B.-A. Am Dienstag nach der Wahl stellte Lothar Müller eine Frage, der er seine Antwort sogleich beifügte: „Wie der Antisemitismus an die Ostsee kam. Nach der Wahl in Mecklenburg-Vorpommern stellt sich in einigen beliebten Ostseebädern die Frage, wer zuerst da war: der Fremdenverkehr oder der Fremdenhaß?" → Fremden- und → Flüchtlingsfeinde hatten den Wahlkampf geführt und die Wahl gewonnen. Müllers Landsmann Ralph Weber, von weiteren → Landsleuten Müllers einst an die Universität Greifswald auf den Lehrstuhl für Zivilrecht berufen und dort Doktorvater eines weiteren Müller-Landsmanns, der sich als sog. Rechtsrocker betätigt, behauptete nun sogar ein Direktmandat für die AfD im Wahlkreis Vorpommern-Greifswald III!
Weil die Vorpommeraner heimatverwurzelte Antisemiten sind? Sie sind es, und das kam so: Der Antisemitismus auf Usedom, ergab die *SZ*-Recherche, reicht bis ins 19. Jahrhundert zurück. „Da war noch das ältere deutsche Wort für Tourismus im Schwange: Fremdenverkehr. In diesem Wort sind Fremde willkommen. Der ‚Bäder-Antisemitismus' verwandelte Gäste in unwillkommene Fremde." Da die Usedomer längst nicht mehr von Fremdenverkehr sprechen und sich per Wahlverhalten als Fremdenfeinde ausgewiesen haben, sind sie zweifelsfrei Bäder-Antisemiten, zumindest die bädernahen Fremdenfeinde. Im Gegensatz zu vielen anderen Kollegen von der → Qualitätspresse glaubt Müller allerdings nicht, daß die Baltik-Ostler ihren Mangel an Fremdenfreundlichkeit durch geändertes Wahlverhalten überwinden könnten, denn da gäbe es noch eine andere → faschistoide Tradition – die V2-Produktion: „Den historischen Raum, der die Insel umgibt, kann die Insel nicht abwählen."
→ Aufarbeitung, → Ausländerfeind, → multikulturell, → sich aufregen.

baldmöglichst Aus dem Wörterbuch des Superlativisten in den Duden emporgestiegenes Papierdeutsch; an semantischer Schiefwüchsigkeit übertroffen durch ‚baldestmöglichst'.
→ raschmöglichst, → schnellmöglichst.

Ballermann Synonym für ein → Selbstverwirklichungsgebiet westelbischer → Weltläufigkeit an südlichem Ort. Fernab aller „groben Sinnlichkeit" bezeugen hier → Landsleute von Botho Strauß, wie stark sie – anders als z. B. die Uckermärker – von der „nachbürgerlichen Entwicklung erotischer Verfänglichkeit → geprägt" sind; Näheres hierzu: → Eroskiller. Als Bezeichnung für den westdeutschen, westeuropäischen, ja westweltweiten Lärm-, Sauf-, Brech- und Pinkeltourismus in Altberliner Stadtbezirken hat sich → zwischenzeitlich der Ausdruck ‚Ballermannisierung' durchgesetzt.
→ auflegen, → Großstadt, → Touris.

Bamberg Neben → Köln und → Detmold eines der → MEHRHEITSDEUTSCHEN Synonyme für exzessive Weltläufigkeit zumeist anglizistisch-anbiedernden Typs. Der Kölner Heimatsender → *Deutschlandfunk* ließ sich von der B.er Poetin Nora Gomringer dialoglyrisch wie folgt feiern: „Welche Medien nutzen Sie? An welchem Ort?" – „Das Internet via Smartphone immer und überall. Ich instagramme und facebooke und whatsappe und tindere." – „Was mögen Sie an Deutschlandfunk/Deutschlandfunk Kultur/Deutschlandfunk Nova? Was gibt es zu kritisieren?" – „U r on air. U give me hope. Stay. Sag ich da nur." What I'd say … (Programm 8/2017, S. 91)
→ Provinz, → Provinzialität, → Qualitätssender, → Weltoffenheit.

banal (das Banale) Im Unterschied zum zugehörigen Substantiv kein moralisch-ästhetischer, sondern ein hauptsächlich ästhetisch-kognitiv angewandter Wertbegriff und als solcher ein klassisches → Projektionsadjektiv aus dem Diktionär der Phantasiearmut. Unfähig, seine Umwelt aus eigener Kraft mit Interessantem zu bevölkern, verlangt der Phantasiearme nach ‚eminenten', ‚exorbitanten', ‚fulminanten' u. ä. Geschenken der Zeit, die ihn aus der schlechten Ewigkeit der Ereignislosigkeit herausreißen. Man geht geistesgeschichtlich wohl nicht fehl, wenn man im Verlangen nach Nicht-Banalität des Daseins die strenge Außenorientiertheit → rheinisch-katholisch → geprägten → Anspruchsdenkens, im weiteren des Mehrheitsdeutschtums überhaupt erblickt. Sein → emotionaler Humus ist eine westelbisch verbreitete → Erwartungshaltung gegenüber Dingen und Menschen. Die auf ewig vorgeschobene Unterlippe, eine → permanente Bereitschaft zum Nörgeln, Greinen, Anklagen geben von ihr zuverlässige Kunde. Der Phanatasielose nämlich wagt seine selbstverschuldete Armut nie direkt zu artikulieren. Er verfremdet sie zur → Schuld einer an Phantasmen armen Epoche oder Nation. Nicht selten fordert er, daß ihn eine kriegerisch, katastrophisch oder anderweitig farbenfroh aufgewühlte Erscheinungswelt unterhalten → möge.
Als Extremist mentalen Durchschnittsdeutschtums und seiner selbstverschuldeten → Banalität darf → Ernstfall-Ersehner Karl Heinz Bohrer gelten. ‚Banales', ‚Gewöhnliches', ‚Langweiliges', ‚Harmloses' sind ihm seit Jahrzehnten die Attribute jener politisch-kulturellen → Landschaft, deren Zumutungen das anspruchsvolle Subjekt einzig durch eine Synthese von Extremismus und Innerlichkeit, sprich: literarisch-philosophisches → MAULHELDENTUM im Stile etwa der Jenenser Romantik oder des Pariser Surrealismus entrinnen könnte. Der Rückzug aus realpolitischer Haftpflicht in die *Abenteuer mit der Phantasie*, die auf einem Universitätslehrstuhl zu erleben sind, insbesondere die Abenteuer des Aufsatzschreibens, hat Bohrer → überaus → eindrücklich in Teil II seiner Autobiographie → präsentiert. Dem banalen Charakter des ‚gewöhnlichen' Daseins, erfährt man dort, sei er durch seine Emigration in die Daseinsbeschreibungswelt der Universität und ihre Sensationen entgangen. Häufig verwendete Substantive in der → Darstellung jenes ungewöhnlichen Lebens sind ‚Aufsatz', ‚Manuskript', ‚Professor'. An Zahl konkurrieren sie mit den Leidensadjektiven ‚langweilig', ‚gewöhnlich' und natürlich ‚banal'. „Wenn ich banale Handlungen ausführte, wenn ich die Treppe hinunterging oder mit dem Aufzug hochfuhr, wenn ich auf den Verkehr schaute,

dann hatte all das nur Sinn, wenn ich von einem wirklichen Gedanken angezündet wurde. Ohne ihn gab es keinen Sinn, nur Leere. Ja, ohne die Phantasien über die Phantasie blieb die Realität vollkommen leer." (Karl Heinz Bohrer, *Jetzt. Geschichte meines Abenteuers mit der Phantasie*, Berlin 2017, S. 63) Banalitätsfallen lauern im Alltag mannigfach, vor allem in seiner Sprache. „Das Banale jedes Augenblicks war nicht mehr zu unterdrücken, vor allem wenn Menschen so sprachen, wie sie gemeinhin sprechen." (S. 135; Originaldeklination und -zeichensetzung)

Der systematisierte, ja kanonisierte Ausdruck einer nach außen projizierten → Banalität ist freilich nur *ein* Idiom westelbischer Erfahrungs-, Reflexions-, Selbstreflexions- und mithin Selbstironiedefizite. Der Anrufungs- und Benennungsstil etwa im sog. → GROSSEN STIL und in der → HOCHSCHREIBE transzendiert seine universitätsweltlichen Ursprünge. → BILDUNGSBEKENNERSPRECH, → NEUSCHNÖSELSPRECH, insbesondere aber das sog. → elegante Deutsch (→ MOSEBACHDEUTSCH) führen unmittelbar in die Flachländer → entschlossenen → Fasziniertseins.

Banalität Bei häufiger Verwendung ein Indiz unvollständiger oder arg vernachlässigter Lektüre Hannah Arendts, von deren Werk *Elemente und Ursprünge totaler Herrschaft* (engl. 1951; dtsch. 1955) die meisten Nie-wieder-, Nicht-gewesen- und sonstigen Nicht-mehr-Linken meist nur Teil III → erinnern. In → SPREIZSPRACHLICHEN → Zusammenhängen sind die Ausdrücke ein gängiges Mittel rhetorischer Selbsterhöhung und moralischer → Menschenverkleinerung, insbesondere bei → Publizisten, die der Sprache des älteren *ZEIT*-Feuilletons nacheifern, jedoch seit Jahrzehnten vergebens Eingang in selbiges begehren. Tiefenanalytisch etwa der freiberufliche → Mob-, → Pack- und → Zoni-Erforscher Klaus Bittermann: „Was jedoch am Nationalsozialismus so schrecklich war, war seine Banalität" usw., die den Schreiber wiederum am zu wenig schreckenerregenden DDR-Stalinismus anekelte. Diktatur ohne Größe, Schrecken ohne Erhabenheit: „Vergeblich wird man ... nach den sechs Millionen Ermordeten fahnden, die man dem SED-Regime gerne unterschieben würde. Nicht mal ein paar richtige stalinistische Schauprozesse hatte es gegeben." (*Geisterfahrer der Einheit* [1993, 2009], zit. nach der Ausgabe Berlin 1995, S. 11, S. 132)

Ein klassischer Stellvertreterkonflikt, den brotlose und -essende → Westlinke führen; eine Polemik zwischen Bewältigungsfraktionen! Selbst wenn Teil II der *Elemente und Ursprünge* im mehrheitsdeutschen Gedächtnis noch → präsent wäre, würde dessen Subjekt vor der darin gegebenen Genealogie des eigenen Rassismus gewiß die Augen zukneifen. Doch nicht nur für die → BITTERMANNLINKE gilt: → Alt(bundes)deutsche → Spasss→publizisten, die einiges von Arendt, schon weniger von Eichmann und fast gar nichts von Adenauer und dessen → Umgang mit dem → zweiteren gehört haben, schlagen mit der Arendt-Keule geradezu duracelläffcheneifrig um sich. Am liebsten auf die Unterworfenen von Diktatoren, die sie im gleichen Atemzug als ‚Pappkameraden' → entlarven. Worüber das Stichwort → Angepaßtheit ausführlicher Auskunft gibt.
→ blaß, → grau.

Banane Das Substantiv hat vor allem im kultur- und politikfeuilletonistischen Westdeutsch eine Bedeutung, die über ihren semantischen Nominalwert hinausgeht. Ein weitverzweigtes Geflecht gesinnungsgewürzter Überzeugungen umrankt die im Realverzehr, → zumal bei gesteigerter Quantität, eher fade schmeckende Importfrucht. Auf einen Vorsprung im Quantitativen von Besitz und Konsum jedoch gründet der → MEHRHEITSDEUTSCHE, zumal angesichts tiefempfundener kulturkreativer Schwäche, seinen Anspruch zivilisatorischer Überlegenheit. Bereits Jahrzehnte vor dem mehrheitsdeutschen Renommieren mit purem Geld- oder Glaubensbesitz (→ Atheismus, → Entchristlichung, → unser Geld, → westliches

Geld) war die B. das Symbol mehrheitsdeutschen Konsumstolzes. In ihr verdichteten, genauer: verdickten sich die → ANTIORIENTALISMEN der sog. linksliberalen und linksalternativen Milieus. Von der nunmehr links-, also gutbürgerlichen Schwierigkeit besagter Milieus, in einem Deutschland dahinschwindender Konsumüberlegenheit mental → anzukommen, kündeten 1989 der berühmte *Titanic*-Titel mit einer ersatzbananenschälenden → Zonen-Gaby aus Worms und nach den Wahlen 1990 Otto Schilys Bananennummer im TV. Die selbst erst kürzlich zum Kapitalismus Bekehrten, vom ostdeutschen Konsumverlangen tief enttäuschten rotgrünen → Kulturbürger provozierten, gemäß der simplen Binärlogik des westdeutschen → Pluralismus, einige tiefschwarze Verteidiger → des Abendlands zu harschen Einsprüchen (vgl. *Die selbstbewußte Nation*, hrsg. von Heimo Schwilk, 1994). Freilich erregte der Bananenkomplex westdeutscher → Intellektueller, Politiker und → Publizisten auch frühzeitig die Aufmerksamkeit des europäischen Auslands (z. B. der um Südfrüchte und anderes westdeutsches Kulturgut kreisende Briefwechsel von Zvetan Todorov im Juniheft von *Lettre International* 1990). Die Spätberufenen des Konsumentenkapitalismus in der sog. → BITTERMANNLINKEN und anderen → Kleinkunst-, -welt- und -geistmilieus sollten bald danach sogar ihre Kulturführerschaft aufgrund der ostdeutschen → Dankbarkeit für zweitverwertete Fernseher u. a. Kellermüll geltend machen (vgl. mehrere Beiträge in: Klaus Bittermann (Hrsg.), *It's a Zoni: Zehn Jahre Wiedervereinigung. Die Ossis als Belastung und Belästigung*, Berlin ²1999; nochmaliger Abdruck in: *Unter Zonis. Zwanzig Jahre reichen jetzt so langsam mal wieder. Ein Rückblick*, Berlin 2009; zuerst: *Der rasende Mob*, Berlin 1993). Für Bittermann selbst ist die B. seit Jahrzehnten der so weiche wie krumme Fels → westlinken → Selbstbewußtseins. Noch 1995, 1999 und 2015 griff der Kleinverleger traumatische Erlebnisse nach der Grenzöffnung auf. Bekanntlich hatten in den „grenznahen Bezirken" Westberlins osteuropäische Einkaufsbrigaden die Supermärkte heimgesucht; eine Großkette plakatierte zweisprachig: „Wir sind ein Betrieb zur Versorgung der Berliner Bevölkerung. Masseneinkäufe wie zuletzt durch polnische Touristen sind durch uns nicht zu bewältigen." (→ Keine Italiener!) Der ebenfalls – wie schon Führer und Regierungen vor ihm – vom Volk enttäuschte Intellektuelle Bittermann zog bereits 1993 publizistisch nach und geißelte die Sucht nach „Bananen, Aldi, Lidl", kurz, „blanke Habsucht auf [sic!] westlichen Ramsch" (*Geisterfahrer der Einheit*, Berlin 1995, S. 8; Neu- und Teilabdruck in *Unter Zonis*, 2009, und in der *Neuen Rundschau* 8/2015).

Bittermann formuliert hier, wie üblich in wackligem Deutsch, eine handfeste Kulturdifferenz. Sie konnte durch empirische Vergleichsstudien immer wieder eindrucksvoll verifiziert werden, etwa per Wahlexperiment: Ostsozialisierte Studenten würden demnach noch heute lieber mehr als wenig besitzen, selbst wenn der eigene Mehrbesitz mit der Bedingung verknüpft wäre, daß andere *noch mehr* besitzen würden. Westdeutsche Studenten hingegen gäben sich mit einem nominal geringeren Einkommen als ostdeutsche zufrieden, wenn man ihnen zugleich garantierte, daß ihre Kommilitonen überhaupt kein Einkommen haben würden. Westdeutsche Habsucht ist mithin abstrakt, folgt dem bösen Blick aufs Glück der anderen. Der frühzeitig eingeübte Futterneid erstreckt sich konsequenterweise auch auf das, was man selbst gar nicht mehr essen kann. Folgerichtig neiden → MEHRHEITSDEUTSCHE → Verbitterungsmilieus den → Ostlern die Bananen, die sie selbst bereits verdaut haben und die ihnen daher nicht mehr schmecken können. Ja, selbst unspektakuläre Einkäufe zu alltäglicher Selbstversorgung klagen Bittermann (*Geisterfahrer der Einheit*, S. 12, S. 19ff., S. 35), Biller („Die Ossifizierung des Westens", *FAS* vom 22. März 2009) und andere nicht not-, sondern prinzipgetriebene → Schnäppchenjäger als Zeugnisse unerlaubten Konsumwillens an.

Ein ostdeutscher → Bedarf lediglich an Südfrüchten war zunächst westdeutsche Mehrheitshoffnung, später ressentimentgetränkter Mehrheitsglaube. Recherchen der *Bild*-Zeitung haben all dies → spätestens am 30. Oktober 2014 widerlegen können (Christian Fischer, „Ossis wollten gar keine Bananen"): ein Verlangen nach Bananen wurde von 43 %, ein Verlangen nach Baustoffen hingegen von 70 % der → ehemaligen DDR-Bewohner → erinnert. Der begriffliche Stolz westdeutscher Bananenesser auf ihren Konsumvorsprung wirkt strukturell – bei typischer Verkehrung als → falsches Bewußtsein – bis in die deutsche Gegenwart nach. Man denke des erwähnten → Zonihassers Klaus Bittermann jahrzehntelang bekräftigte Überzeugung, daß nur dem → Altbundesdeutschen die B., der Kapitalismus und → rasendes Selbstmitleid zustünden; man denke weiterhin des → Ostdeutschenbeobachters Heinz Bude These eines ostdeutschen → Beitrittsphantasmas, wonach in Deutschland das Sagen derjenige habe, der die B. als erster vertilgte und verdaute. Endlich zeugt auch das westelbischerseits gewünschte und entworfene Einheitsdenkmal durch seine B.nform von der B.nobsession der Gedenkwütigen.

Das zumindest im Norden und in der Mitte Ostdeutschlands nach 1990 inflationäre Parierwort ‚Alles Banane!' gehört zu den vielen Neusklavensprachformeln, gegen deren Verständnis Deutschlands Westen durch seine notorische Ironieresistenz geschützt ist.

Bandbreite Terminus technicus, für Spezialisten Eingrenzung bezeichnend, für Amateure Vielfalt verheißend; gern verwendet durch Kulturradioredakteure, die hörbar nichts weiter sind als *Kultur*radioredakteure.

Barth Singulärprägung aus dem neufrommen Empfindensaufruhr; neben den Namen diverser Uckermarkdörfer eines der Synonyme für ostdeutschen → Atheismus. „Barth – Inbild der östlichen Gottverlassenheit, Armseligkeit, Unwirtlichkeit." (Botho Strauß, *Die Fabeln von der Begegnung*, München 2013, S. 234)
→ das Abendland, → die westliche Seele, → die Sprache der Seele.

bauchfrei ist Befehls- und Befolgungswort in einem: Bauch frei? Bauch frei! Davon abgeleitet das von → türkisch-stämmigen → Mitbürgerinnen verwendete ‚Bauchfreitussi' für allseits offenstehende Gören. Christenschweinisch!

Bauchgefühl Hybrid aus → JOVIAL- und → PSYCHOSPRECH; im älteren Hochdeutsch: → Intuition, Vorgefühl, Ahnimus. Das B. ist in den Dialekten der → Aufklärung und → Entlarvung ein prekäres Wissen, das dessen Inhaber keineswegs ohne kundige Anleitung durch Aufklärer und Entlarver aktivieren sollten. Solchen gilt das B. traditionell als Domäne von Volksweisheit, geistigem Minderwuchs und → Rechtspopulismus. Mit erschütternder Offenheit geben die → Liberal-Konservative Liane Bednarz und der → Gesamtheitlich-Liberale Christoph Giesa ihrem Lesepublikum aus → der Mitte der Gesellschaft vorab bekannt, wie sie dessen Herz und Bauch zu erziehen trachten (*Gefährliche Bürger*, München 2015, S. 9). Dennoch sei die Mobilisierung des B.s → unverzichtbar, wollen die → Vertreter der → offenen Gesellschaft → auf Augenhöhe mit den rechten → Primitivbürgern gelangen. Ausführlich: → Diskurshoheit.

be- (befüllen, bespaßen, bespielen, bestreiken usw.) Die Neubildung von Verben durch dieses Präfix folgt einerseits der notorischen Amerikanismenfrommheit (BAP plays Bielefeld – BAP bespielt Bielefeld), andererseits einer → MEHRHEITSDEUTSCHEN Tendenz zum Passivismus in Produktions- wie Konsumtionssphäre. → Spasssss beispielsweise ist nicht mehr nur etwas, das man ‚hat' oder zu haben vorgibt, sondern das einem per ‚Bespaßung' angetan wird.
→ Witzischkeit.

be Berlin (be Kollwitzplatz, be → Metrobus, be bescheuert!) Der Eifer westelbisch zugezogener → Provinz, in → Großstädten → gelassene Urbanität zu simulieren, müffelt mental wie verbal in charakteristischer Verschwitztheit. Selbstredend ist er auch für obige Mißbildung verantwortlich. Man halluziniert Weite und verfällt ins Englische. Die Verwechslung von Weltläufigkeit mit → Weltoffenheit, verstanden als Duldung fragwürdiger → Touris und finanzkräftiger → Bevölkerungsaustauscher, steht → im Hintergrund.

Bedarf besteht bei sprachlich Bedürftigen an fast allem. Als Grundbedürfnisse wurden gesichtet: Aufarbeitungsbedarf, Aufklärungsbedarf, Ausgleichzahlungsbedarf, Auszeitbedarf, Befriedigungsbedarf, Behandlungsbedarf, Diskussionsbedarf, Entwicklungsbedarf, Erholungsbedarf, Erkennungsbedarf, Erneuerungsbedarf, Erregungsbedarf, Expansionsbedarf, Förderbedarf, Freiheitsbedarf, Gerechtigkeitsbedarf, Gestaltungsbedarf, Gleichstellungsbedarf, Handlungsbedarf, Informationsbedarf, Investitionsbedarf, Klärungsbedarf, Rückzugsbedarf, Verarbeitungsbedarf, Verkaufsbedarf, Wahrheitsbedarf, Zeitbedarf, Zukunftsbedarf.

Bedarfslücken zeugen häufig von sprachlicher Unbedarftheit (→ Handlungsbedarf) und sollen keinesfalls mit weiterem → Bedarf gefüllt werden, sondern – ja, womit eigentlich?

bedauern Im → DISKURS DER ENTSCHULDIGUNG das von Schuldgefühl befreiende Substitutwort für ‚bereuen'.

bedeutend Bedeutung benötigt zweierlei: etwas Bedeutendes und jemanden, dem es etwas bedeutet. Die Zweistelligkeit des davon abgeleiteten Prädikats ist Alltagswissen → breiter Bevölkerungskreise gleichwie Lehrstoff für Philosophiestudenten. Politik- und kulturbetrieblichen, vor allem aber → universitätsphilosophischen und → drittmittelerflehenden → WICHTIGSPRECH hingegen signalisiert eine Verwendung des Ausdrucks als einstelliges Prädikat. Als solches steht es dem → SUPERLATIVISSIMUS unbegrenzt → offen. Beispielhaft hierfür der Rücktiteltext, mit dem ein westfälischer Professor von der Bedeutung eines griechischen Denkers zu sprechen und zu zehren sucht: „Diese Sammlung fasst wesentliche Arbeiten des bedeutenden Philosophen Panajotis Kondylis (1943–1998) zu den → Themenfeldern Politik, Gesellschaft, Macht und Gewalt zusammen. ... Ein Vorwort des bekannten Berliner Philosophen Volker Gerhardt führt in das Werk von Kondylis ein. ... ‚Mit dem griechischen Philosophen Panajotis Kondylis verliert Deutschland einen der bedeutendsten Erben und Vollstrecker seiner geistigen Tradition.' ... Panjotis Kondylis (1943–1998) lebte als Privatgelehrter in Heidelberg und Athen. Er gilt schon jetzt als einer der bedeutendsten Nachkriegsphilosophen." (*Machtfragen. Ausgewählte Beiträge zu Politik und Gesellschaft*, Darmstadt 2006)

Bedienmentalität Salopp und falsch für ‚Selbstbedienungsmentalität', gleichwohl grollend aus den Mündern jener, die sich ihrerseits schlecht bedient fühlen. Somit ist ‚B.' ein garantiert nie selbstkritisch gemeintes → SCHMÄHWORT von Mehrheitsdeutschen aus intellektuell → einfachen Verhältnissen für die Mehrheitsdeutschen → aus gutem Hause oder der → politischen Klasse.
→ Mißwirtschaft.

Bedingungsfeld → WICHTIGSPRECH aus dem → Themenfeld oder → Problemgebiet der Menschenführung: „Ich habe in diesem Buch versucht → aufzuzeigen, in welchem Bedingungsfeld ein Lehrer heute arbeitet und wirkt." (Ursula Sarrazin, *Hexenjagd. Mein*

Schuldienst in Berlin, München ²2012, S. 287) Die in einem B. Beschäftigten können nicht nur wirkungslos arbeiten, sondern auch erleben, wie sich „Unrat über ihren Köpfen zusammenbraut" (S. 7). Wer damit jedoch → umgehen kann, hat bereits einen eigenen → Aufgabenbereich bewältigt.

Bedürfnisindex Oder Bedürftigkeitsindex?
→ Zielgruppe.

Befindlichkeiten → SCHNÖSELSPRACHLICH für ‚Stimmungen', ‚Launen'. Semantisch ohne Mehrwert, denn auch wenn sie wechselt, bleibt es pro Seele bei *einer* Befindlichkeit.
→ Begrifflichkeiten, → PLURALISIERUNG.

Begabtenförderung Oxymoron oder noch nicht entdeckte Wahrheit über die Begabten: es sind die Menschen, die sich nicht zu helfen wissen und daher der → Förderung bedürfen.

Begegnungsqualität Psycho- als auch politiksprachliches → SPREIZwort für gehobene → Kommunikationskultur.

Begehren Lehnwort aus dem französischen Poststrukturalismus; Edelsprech für ‚wollen', ‚wünschen', ‚scharf sein'; vorwiegend als substantiviertes Verb in Gebrauch, seit den 1990er Jahren aus dem westdeutschen Seminarwesen herausgewachsen und ins → Themenfeld „Ich und meine Persönlichkeit/meine Leiblichkeit/meine Weiblichkeit/meine Geschlechtlichkeit/meine Rolle/meine Rechte/meine Rente" usw. herübergewuchert. Sprachpragmatisch eng verwandt mit dem → Verletzend-Verletzlichen, ist das B. zum → Arbeitsbereich all jener Begehrenden geworden, denen zwar → die Politik wenig zu sagen läßt, ihr Körper, Leib, Bauch usw. aber um so mehr. Bundesdeutsche Bibliotheken halten ca. 1000 Titel bereit, die das B. anzuleiten oder aufzupäppeln versprechen. Auffällig ist die Neigung von Autorinnen des B.s zum tiefsinnig-zweideutig angehängten Genitiv nach dem Muster *Das Begehren des Anderen*. Als hierfür beispielhaft genannt seien *Das Begehren der Unschuld* (1999), *Das Begehren des Motorrads* (2007), *Das Begehren des Gesetzes* (2009), *Das Begehren der Augen* (2013); all diese Titel werden ausgiebig durch Untertitel er- oder verklärt. Das sieht dann z. B. so aus: *Ich und das Begehren in den Fluchten der Signifikanten. Eine Vernähung der Lacan'schen Psychoanalyse mit dem Zen-Buddhismus* (2006). Im Detail weniger zweideutig vernäht, aber immer noch eindeutig dem akademischen Edelsprech zuzuordnen: *Das Begehren nach der Wunde* (2008), *Das Begehren als Ursprung der Gewalt* (2008), *Das Begehren, anders zu sein* (2012). Die Sorge um die Verwirklichung des (zumeist weiblichen) B.s tendiert zu einer → im Ansatz memoirenhaften Ratgeberliteratur (*Was wäre wenn? Über das Begehren und die Bedingungen weiblicher Freiheit*, 2009) oder direkt zu B.smemoiren (*Wie wir begehren*, 2012), zuweilen mit literarischem Anspruch (*Ungebändigt – Über das Begehren, für das es keine Worte gibt*, 2013). Hier sind Bastei-Lübbe und der Wühltisch nicht mehr weit (*Dunkles Begehren, Unschuldiges Begehren*, beide 2012).

Begrifflichkeiten Universitärer und vor allem feuilletonistischer → SPREIZSPRECH für ‚Begriffe'; gemeint ist fast immer ‚Ausdrücke'. Zum Kontext: → PLURALISIERUNG, → Sprachkritik.

Begriffshütten Edelsprachliche Einzelprägung; Adjektivbildung unregelmäßig: ‚begriffshäuslich'.
Leicht läßt sich manche Spreizfüßigkeit im Sprachstil Walter Benjamins imitieren, schwer die Leichtfüßigkeit seiner Gedankengänge. Als Benjamin in den 1920er Jahren auf eine

akademische Karriere verzichtet hatte, war die künftige seiner akademischen Interpreten gesichert. Der tüchtigsten einer ist Heinz Kopp (geb. 1948, weitere Pseudonyme sowie wahrer Name dem Herausgeber bekannt). Der seit kurzem pensionierte Gymnasiallehrer teilt per Internetseite mit, daß er → Aphorismenschreiber und → Essayist sei sowie einmal den dritten Preis im Literaturwettbewerb von Bad Dürkheim gewonnen habe. In seinen Aufsätzen eifert Kopp – wie so viele seiner westdeutschen Generationsgenossen – stilistisch Benjamin und dessen Preziosen des Unbehagens nach. Kopp hat Benjamin zudem zahlreiche selbstfinanzierte Bücher gewidmet. Eines davon, *Elite und Erlösung* (1997), ist mit dem raffiniert zweideutigen Genitiv *Zu antidemokratischen Lektüren Walter Benjamins* untertitelt. Darin finden sich → IDEOLOGIEKRITISCH donnernde Sätze wie dieser: „Zwar nennt Benjamin Hermann Cohen und erwähnt die Bibel – ihr → alttestamentarisches Bild vom Zorn Gottes durchschimmert die Lehre von der göttlichen Gewalt –, zwar übernimmt er die jüdische Rechtfertigung des Tötens in Notwehr, doch schreibt er im Tonfall dessen, der ein politisch-philosophisches Thema analysiert. Die metaphysischen Gewißheiten, deren Boden die Begriffshütten seines Textes trägt, beanspruchen eine Festigkeit, die den Schritt derer aushält, die weder religiös noch ethnisch zum Judentum …" (S. 90, wir brechen vorzeitig ab) Auch sonst „durchschimmert" manches Undemokratische das Denken Benjamins, der „keine Schwierigkeiten gehabt" hätte, Ernst Tollers apokalyptischen Versen „zuzufühlen" (S. 92). Ähnlich verhält es sich mit Benjamins Wertschätzung Georges Sorels. „Sie verwundert um so weniger, je konzentrierter das Augenmerk gemeinsame Überzeugungen beider Autoren erfaßt, deren Denken sich in der Geste der Allumfassendheit erfaßt" (S. 87). Hier streift uns Gewißheit, daß dieser Kraft allumfassend erfassenden Augenmerks einzugedenken auf → ADORNITISCH kaum besser gelungen wäre.
→ DATIVSCHWÄCHE; → Geholfene, → Herr werden, → Leistungsprinzip, → SPREIZSPRECH.

beharren (auf) Den Gebrauch mit nachfolgendem Akkusativ findet man inzwischen selbst bei den sprachlich Allerempfindlichsten und nicht mehr nur in jener „Lebensform, deren Repräsentanten sich durch ein trotziges, zum Teil aggressives Beharren auf die eigene Beschränktheit auszeichneten" (Max Goldt, *Die Chefin verzichtet. Texte 2009–2012*, Berlin 2012, S. 54).
→ bestehen (auf), → insistieren (auf), → DATIV-AKKUSATIV-INVERSION.

Bei Bolle hat's gebrannt. Geflügeltes Wort aus jener Zeit, da die Hausbesitzer noch → Hausbesetzer waren und → Widerstand gegen das → Schweinesystem leisteten, welches durch den Brand eines → Kreuzberger Bolle-Supermarktes in eine schwere Krise geriet. Die → MEHRHEITSDEUTSCHE → Erinnerungskultur sorgt dafür, daß sich Bolle als Synonym für den Kampf gegen → verkrustete Supermarktstrukturen gegenüber Bilka, kleineren Geschäften wie auch → Kinderläden durchsetzte. All diese Gebäude waren am 1. Mai 1987 durch → Autonome angezündet worden, die so ein → gesamtgesellschaftliches → Wir-Gefühl noch vor jedweder → ANTIORIENTALISCH erneuerten → Selbstbestimmung → des Westens erweckten. Selbst Jahrzehnte nach der Brandstiftung bei Bolle ist in *Morgenpost, TAGESSPIEGEL, taz* und weiteren Frontstadtpostillen die Erinnerung an den → identitätsstiftenden Effekt der anschließenden Diebstähle lebendig. Vereinigten sich am Abend der Tat doch „spontan Plünderer und Plünderinnen [sic!], Deutsche und Türken, Bürgerliche (in Stöckelschuhen!) und Autonome beim sportiven Regalausräumen. Auch Mitglieder des evangelischen Seniorenkreises machten mit. Halbe Schweine, Schnaps und Unterwäsche wechselten die Besitzer. Als das Bolle-Dach einstürzte, klatschte das zufriedene Publikum." (zit. nach: Maritta Tkalec, „Bei Bolle hat's gebrannt", in: *Berliner Zeitung* vom 26. April 2017, S. 10)

Beitritt → Anschluß.

Beitrittsphantasma West-, also Mehrheitsdeutschen gehören zu ca. 90 Prozent die bundesrepublikanischen Zeitungs- und Buchverlage, Industrievermögen, Ländereien, sie besetzten die maßgeblichen Stellen und Pfründen in Wissenschaft, Politik, Kunstwirtschaft, zu schweigen von Verwaltung und Justiz. Gelder zur Grundlagenforschung erhalten in ähnlicher Höhe die sog. alten Bundesländer; für die in Ostdeutschland gemachten Profite zahlen westdeutsche Unternehmen ihre Steuern in der eigenen → Herkunftsheimat. Um sich als Deutschlandkenner zu disqualifizieren, genügt es daher, die westdeutsche Dominanz zur → Mauer in den Köpfen, zur Phantasie oder schlicht zum unüberwundenen Beitrittsphantasma zu erklären.
Entdeckt, entlarvt und als „ostdeutschen Glauben" begriffsfest gemacht hat das B. der westdeutsche Soziologe Heinz Bude. Was besagt dieser Glaube oder Irrglaube? Bude: „Das Sagen haben im heutigen Deutschland die, die zuerst da waren, die Westdeutschen." Hiergegen wußte Budes westdeutsches Gegenüber von der ZEIT nichts zu sagen. („Vom ostdeutschen Glauben, mehr zu wissen. Die alte Heimat ist weg, der Komplex bleibt, meint der Soziologe Heinz Bude" usw., *DIE ZEIT online* vom 4. August 2011) Zum sagenhaften Meinungsreichtum Budes weiterhin: → Gruppen des Ostens, → das Ostdeutsche, → Wir-Gefühl.

BEKENNERSPRECH → Alt(bundes)deutscher Sprach-, Denk- und Daseinsmodus; gefühlige Form des → WICHTIGSPRECHS. Milieuübergreifend ist die Verbindung von mitteilsamer Subjektivität und verheißener → Situationstranszendenz des Mitgeteilten.
Beispielszene: Nach einer wissenschaftlichen Konferenz diniert eine aus hoch-, west- und schweizerdeutsch sprechenden Kollegen zusammengesetzte Gesellschaft in einem italienischen Nobelrestaurant. Während die Hochdeutschen bald munter plaudern, sind die Westdeutschen, obwohl wie üblich Masse und Mehrzahl, in geradezu bedrückendes Schweigen gehüllt, offenkundig wegen der noch ungeklärten Hierarchie bei den anstehenden Wortmeldungen (wer ist der Ranghöchste, wer darf das Schweigen brechen?). Daran kann auch der ehrgeizige Versuch einer Westdeutschen nichts ändern, ihre Bestellung in italienischer Sprache herzusagen (→ Wenn's umsonst ist ..., → Sconto). Als endlich der erste Gang aufgetragen wird, stößt ein fränkischer Professor mit hartem Auslaut und starrem Blick ins Sekundenschweigen hervor: „Ich finde den Antiamerikanismus in Deutschland schlimm!" Betretene Blicke. Zwar kommt nun in die unteren Dienstgrade der Westdeutschen einige Bewegung (→ Gummihals), da sie faktisch Sprecherlaubnis erhielten, doch herrscht Verunsicherung: Niemand hatte → ‚Antiamerikanisches' oder auch nur Amerikabezügliches verlauten lassen, ja nicht einmal Deutschlandbezügliches (die Szene spielt in der neutralen Schweiz)! Betroffene Selbstbefragung namentlich der Ostelbier und Hochdeutschen: Sind sie gemeint? Der Mehrheitsdeutsche fährt fort: „Man sagt immer: Flugzeugträger! Foltergefängnisse! Rassenjustiz! Fehlurteile! Elektrostuhldefekte! Vietnamkriegsopfer! Vietnam? Da frage ich nur: Und Afghanistan 1978?" Weitere Restmunition aus kalten Kriegen krepiert. Während die Minoritätsdeutschen dezent über die Bekenntnistirade hinweghören und -essen, wendet ein Schweizer ein: „Aber in Afghanistan haben doch → die Russen → das Abendland verteidigt, gegen die bärtigen Fanatiker und ihre glattrasierten Spießgesellen, die gewiß nicht wollten, daß Ihre Kölner Kollegin studieren und unverschleiert mit uns Männern dinieren darf ..."
Wir brechen hier ab. Unerfragte Bekenntnisse, in anderen Gefühls- und Verhaltenskulturen als eine Form mentalen Grunzens verachtet, sind unter Mehrheitsdeutschen eine soziale Elementargeste. Sie erlaubt der → Persönlichkeit eine Selbstdarbietung im vollen Flor ihrer → Werte. Deren landestypische Erfahrungsfreiheit garantiert zugleich ihren Meinungs-

reichtum. So erklärt sich der zugleich rüpelnde und monologisch-diskursive Charakter der Werteverkündung, sprich: des B.s. Während in rhetorisch subtiler gestimmten Kulturen eine Direktverkündigung von ‚Werten' äußerst ungewöhnlich ist, weil sich in ihnen die seelische oder historische Individualität von Erfahrungen zum sperrigen Faktum eines „So bin ich nun mal!" verdichtete, scheinen die → westlichen Werte, als erfahrungsfreie Meinungen, leicht erwerb- und auswechselbar. Dadurch sind sie, andernorts ein tongue-in-cheek und wohlvorbereitetes Sprechen, in Mehrheitsdeutschland zur Gesprächseröffnung wie -gestaltung tauglich. Die Leichtigkeit des B.s mag ungehobelt wirken, sollte aber nicht überraschen. Es genügt dem Bekenntnissprecher die Nennung eines Feindbildes, eines nicht-akkumulierbaren Ärgernisses an Empirie, kurz: → ‚des Fremden'. Aus dessen verbaler Zurückweisung gewinnt er unter seinesgleichen soziale Nähe. Die anderen Sprachkulturen unbekannte Verbindung von Gesprächseröffnung und -bestimmung zeigt sich auch in der anspruchslosen Grammatik des B.s. Der Bekenner seiner Werte kann sich in konjunktionsfreien Hauptsatzreihungen vollständig ausdrücken oder selbst darstellen: „Ich finde das wichtig: …" „Ich finde folgendes ganz schlimm: …" „Ich habe eines immer wieder erklärt: …" „Ich habe für eines kein Verständnis: …" „Ich wiederhole: …"

Zwar reicht die Vorgeschichte des B.s weit hinter das Jahr 1990 und sogar 1949 zurück. Wenn aber der Rückblick nicht täuscht, hat der B. nachwendisch im → SCHRÖDERDEUTSCHEN seine erste Blüte erlebt. Zum Jahrtausendbeginn waren → JOVIAL- und → PSYCHOSPRECH in Sprachformen der parteipolitischen → Werbewirtschaft aufgegangen. Seitdem konnten die oben genannten Ankündigungsformeln als expressive Schnörkel nachträglich ganzen Meinungs- und Wertungszusammenhängen (Parteiprogrammen, Fortschrittsoffensiven, Zukunftsstrategien, Regierungserklärungen usw.) angestückt werden. Die unbeholfen, oft auch unverschämt wirkende Heftigkeit des postumen Subjekt-Bezugs beweist die Bezuglosigkeit zwischen Meinungsbekenner und bekannter Meinung: Nur wo ein Subjekt nicht Teil der Welt ist, von der es spricht, meint es, verbal → sich einbringen zu müssen. Ein Wettrüsten der affektiven Stärke, in dem → GRÜNSPRECH lange Zeit führend schien.

→ klare Ansage machen, → Flagge zeigen, → Zeichen setzen.

Bekenntnis Das Kern-, Schlag- und Hauptwort des polit- sowie kulturpublizistischen → BEKENNERSPRECHS ist als Neutrum und als Maskulinum anzutreffen, darin vergleichbar → dem Verdienst. Aus flüchtigem → Empörsamkeitszusammenhang stammt dieser Beleg: „Aber muss das in einen fast zwanghaften kollektiven Bekenntnis zur Toleranz im Allgemeinen und zur Wertschätzung der deutschen Fussball-Nationalmannschaft im Besonderen münden?" (Malte Lehming, „Schlag nach bei Konrad Lorenz. Erst Kinderschokolade, jetzt Boateng: Was erklärt den deutschen Empörungsdrang?", in: *DER TAGESSPIEGEL* vom 31. Mai 2016, S. 8)

beleben → SCHÖNSPRECH von Stadtplanern und Architekturkommentatoren: das Zubauen, -klotzen, -betonieren einer → Brache, sprich: von Grünflächen, Liegewiesen, Spielplätzen, mit der → Zielstellung → wertiger Wohnarchitektur (‚das Quartier wieder beleben' usw.).

benachteiligte Gebiete heißen nach zuverlässiger Mitteilung von Alexander Osang („Schneeflöckchens Landung", in: *Berliner Zeitung* vom 22./23. Dezember 2012, „Magazin", S. 1f.) im internen Sprach- und Schriftverkehr der „Mercedes Bank" die → kaufschwachen Kernlandschaften östlich der Elbe.

Bertold (Berthold) Im gemeinen Schriftwestdeutsch verbreitete Schreibung von Brechts Vornamen; als Standardschreibung kodifiziert dank milieuerforschender (Fil, *Höllenglocken*,

Berlin 1999, S. 7) wie welterklärender → HEIMATLITERATUR (Bazon Brock, *Theoreme*, Köln 2017, S. 535).

beschädigt Edelschmerzpartizip aus dem → ADORNITISCHEN, gehört → zwischenzeitlich zum Grundwortschatz des → Jammerwessis. Diesem ist → Dankbarkeit gegenüber den Kriegskostenzahlern im Osten so fremd wie Furcht vor moralisch-materieller Wiedergutmachung vertraut: „Die Westdeutschen leben heute, gemessen an dem, was sie hatten, in einer beschädigten Republik", barmt Wolfgang Traumschiff Herles ein ums andere Mal. Dessen Sorgen im Zitatdetail: → Ostalgie, → Wir-Gefühl; zum soziopsychologischen Ganzen: → DISKURS DER EMPFINDSAMKEIT.

Beschäftigte, beschäftigt In → der Wirtschaft und → der Politik, die jener anhängt, sind geschlechtergerechte Partizipialbildungen (→ Studierendenvertretende) bislang keineswegs die Norm. Nicht von ‚Arbeitenden' also, sondern von B.en ist die Rede; eine sprachliche → Arbeitgeber-, Sinnbeschaffer- und Herrenreiterperspektive, die sich in → der alten Bundesrepublik längst auch die Gewerkschaften zu eigen gemacht haben. Die darin verbalisierte → Unterwürfigkeit gegenüber Sinngebern und → Machthabern ist alles andere als → latent: Beschäftigung setzt → die Menschen in den Stand, etwas mit sich zu → machen. Wer sich nicht selbst beschäftigen kann, muß beschäftigt werden, ob durch Smartphones, ob durch Lohnarbeit. Diese Sicht oder auch Sachlage ist durch westdeutschen → FEMINISPRECH gut eingeführt, denn dort laufen → Sinnstiftungsprogramme auch 70 Jahre nach Gründung der → Bundesrepublik Adenauer auf die Empfehlung hinaus: „Tu was, dann wird dir besser." (Zitatkontext: → Selbstbewußtsein, → starke Frauen)
Ist es kulturhermeneutisch gewagt, von hier auf eine Weibchen-, ja Eheweibchenförmigkeit der westdeutschen Volksseele insgesamt zu schließen? Als starke Gegenevidenz wäre das ungebrochene Mackerbewußtsein ökonomisch-politischer → Eliten und → Entscheidungsträger aus der frühen → Anschlußzeit geläufig, einer Zeit, da Östliches mit Weiblichem, Kapitalabsenz mit brachliegend-befruchtungsbedürftiger Erde gleichgesetzt wurde (→ blühende Landschaften). Doch dürfte die schichtenübergreifende Ubiquität des → Anspruchsdenkens und der ihm zugehörigen Dialekte eindrucksvoll belegen, welche Landeshälfte die vielleicht nicht weibliche, gewiß aber weibchen- bis kindchenhafte Denk-, Gefühls- und Sprachattitüde kultiviert hat. Zurücksetzungsphantasien befördern hier Vordrängleridiome. Eine sorgsam gepflegte Zweitrangigkeit überschreitet jegliche Symptomatik eines platt biologisch definierten ‚zweiten Geschlechts', folgt vielmehr dem 1968ff. verfertigten Ausdrucksmuster erstrangiger Entschädigungsansprüche, die stets auf nicht wiedergutzumachenden Schaden abzielen. Das Quengelnde, Greinende, Trotzige, die so schmollmündige wie schamlose Exhibition erlittenen Nachteils, angeborener oder zugewachsener → Unterprivilegiertheit usw. usf., all das sind die traditionell bürgerweiblichen, zur nationalen Verhaltenssignatur Westdeutschlands geronnenen Ausweise tiefempfundener Nachrangigkeit (→ Minderwertigkeitsgefühl). Sie haben die Sprache von Medien und Politik nicht weniger → geprägt als die der neueren Heimatkunst Westdeutschlands, worin der Entzug des Unverdienten, sprich: historisch zugewehter, historisch fortgeblasener Daseinswattierung, ein Dauerthema bildet (→ Weinerlichkeit, → Selbstgerechtigkeit, → Selbstmitleid, → Selbstverständigung).

bescheiden Als verbale → Pathosformel sind für ‚b.' im Hochdeutschen sowohl eine Dativvariante (‚uns waren keine Kinder beschieden') als auch eine Akkusativvariante (‚man beschied meinen Antrag negativ') möglich, wenn auch nicht mehr allzu stark verbreitet. Im Westdeutschen ist ‚b.' → zunehmend ein Exempel für die landestypische → DATIVSCHWÄCHE. → Avantgarde der grammatischen Transformation sind, wie fast immer in

solchen Fällen, diverse → Frankfurter → Qualitätszeitungen sowie der sog. → *Deutschlandfunk*, aus dem bereits seit längerem Formulierungen wie ‚man beschied ihr', ja, ‚man bescheidete ihm' verlauten. Eine Genese dieser grammatischen Spätform aus dem amtsdeutschen ‚verbescheiden' ist wenig wahrscheinlich. Eher dürfte es sich um eine autochthone Neubildung der → Alt(west)deutschen handeln; vgl. zu verwandten, älteren Phänomen, jedoch im Dominion des Akkusativs: → ‚besorgte mich' (für: weckte bei mir Sorgen), ‚betraf mich' (für: machte mich betroffen), ‚erschrak mich' (für: ließ mich erschrecken, auch: erschreckte mich). „Das ist nicht deine Epoche, bescheidet der Verleger zum Abschied seinem Autor." (Gerhard Midding, „Die Lebensfälscher", in: *Berliner Zeitung* vom 6. Juni 2019, S. 3) In der alltäglichen Berichts- und Kommentarsprache vieler → Qualitätszeitungen *erzwingt* das Verbum heute den nachfolgenden Dativ, wofür wohl eine flapsig → JOVIALSPRACHLICHE Reminiszenz der → Ansage verantwortlich ist (jemandem bescheidgeben = bescheidsagen = bescheidstoßen). Auch im literarischen → Segment zwischen Qualitätsmassenmedien und Zielgruppenpublizistik taucht dergleichen → DATIV-AKKUSATIV-INVERSION immer häufiger auf; ein grammatisches Stilelement vor allem des → MOSEBACHDEUTSCHEN. → Exemplarisch hierfür die Tagebuchnotiz eines bekennenden Mosebachianers und Weinliebhabers, die vielleicht unterm ungewohnten Einfluß burschenherrlichen Biergenusses entstand: „Doch die Serviererin beschied mir, es dürfe kein Bier mehr im Keferloher ausgeschenkt werden; das habe die EU so verfügt. ... Nichts Genaues weiß man nicht. Bestehen Sie also auf den Tonkrug." (Michael Klonovsky, „acta diurna", Internetseite am 3. Juni 2018)
→ bestehen (auf), → insistieren (auf).

beschwört „In Indien hat ein Mann in einem Bus wegen seiner übelriechenden Socken Chaos heraufbeschwört." (*Berliner Zeitung* vom 4. Dezember 2017, S. 28)
→ entspann, → gelang, → geschwört, → PARTIZIPBILDUNGSDEFIZIT.

beseitigen Besatzer- und bebauersprachlicher Euphemismus für ‚auslöschen', ‚abreißen', ‚zerstören'; Näheres: → Rückbau.

besetzen 1. Im Zusammenhang mit Immobilien: etwas mietfrei oder elternfinanziert bewohnen. 2. Im Zusammenhang mit → Tabuthemen: ergreifen, aufblasen und anstechen, bis es knallt.

Besitzbürgertum → Bildungsbürgertum, → Bürgerlichkeit, → Entbürgerlichung, → Kulturbürgertum, → Primitivbürger, → Werte.

besitzen Im → SCHNÖSELSPRACHLICHEN immer für ‚haben'. Mithin ‚besitzt' man in einem Martin-Mosebach-Roman Bildung, ein Bankkonto oder auch fettiges Haar. Der Possessivismus erweist sich → einmal mehr als der → Markenkern eines spezifisch westdeutschen Kulturkleinbürgertums, dessen Distinktionseifer gegenüber anderen Besitzern groß und dringlich ist. Ein Kleinbürgertum, das die habgierige Hand vornehmlich nach immateriellen Gütern ausstreckt: Beim oben erwähnten Heimatautor ‚besitzt' man beispielsweise den katholischen Glauben und andere Attribute eines guten Besitzergeschmacks. Sollte es ein Zufall sein, daß Mosebach-Imitatorin Sibylle Lewitscharoff das stets attributiv gebrauchte → ‚habhaft' als Beweisstück für → Hochmögendheit → präsentiert?
→ BILDUNGSBEKENNERSPRECH, → HOCHSCHREIBE, → Kulturbürgertum.

besorgen wurde – wie das im → BETROFFENHEITLICHEN berühmtgewordene ‚betreffen' – zunächst in edel- und spreizsprachlichen Kontexten umstands- und präpositionslos transitiv

verwendet, vielleicht zwecks Unmittelbarkeitsanmutung. Inzwischen durchpflügt derlei Neogrammatik → anstandslos alle → Themenfelder: „Das besorgt Portugiesen und Afrikaner gleichermaßen." („Europa und die Welt", *Deutschlandfunk*, 21. März 2019) Auch Joachim Rukwied, Präsident des Deutschen Bauernverbandes, hat das große Ganze im Auge: „Die globale Lage besorgt uns sehr." („Der russische Markt ist weg", Gespräch mit Marina Kormbaki, in: *Berliner Zeitung* vom 25. Juni 2019, S. 7)
→ erschrak, → gelang.

Besorglich Überwiegend mündlich verbreiteter Dialekt des → Medialdemokratischen, von moralisch mittlerer Erregungstemperatur – etwa zwischen dem → Betroffenheitlichen und dem → Betreulichen. Die gedankliche Zähflüssigkeit des einen und die rhetorische Zudringlichkeit des anderen verschmelzen typischerweise in Formeln wie „Ich find' das unheimlich relevant …", → „Ich hab' da ganz große Probleme mit …", „Ich mach' mir da unheimlich große Sorgen wegen …" und ihren schriftsprachlichen Äquivalenten. Letztere sind in → Qualitätszeitungen etwa Polarisierungen wie „→ Die Menschen … Die → Machthaber" oder „Die Menschen … → Die Politiker" oder einfach nur „Die Menschen … → Die Politik". Während der Betroffenheitliche das jeweils erste Oppositionsglied schlicht als Opfer des jeweils zweiten sieht und der Betreuliche oft unbekümmert dessen Position einnimmt („Die Politik hat den Menschen endlich zu erklären …"), ist für das B.e ein konstatierender Sprachgestus typisch. Die → Empörsamkeit des B.en wirkt stets intellektuell gedämpft. Dazu tragen auch Einsprengsel aus wissenschaftlicher und halbwissenschaftlicher Sprache bei, beispielsweise in der besorglichen Rede von ‚jüdischen Menschen' oder → ‚jüdischem Leben' (die B.en sprechen niemals von ‚katholischen Menschen', von ‚evangelischem Leben'). Der Übergang zwischen Anmaßung und Anbiederungssprech ist fließend, die joviale Großspurigkeit der selbsternannten → Schutzmächtigen unübersehbar. Gegenwärtig scheint die linksbürgerliche Empörungskultur die Heimat des B.en, doch hat es eine gesamtwestdeutsche Vorgeschichte. Man denke an das noch Jahrzehnte nach dem → Anschluß Ostdeutschlands vernehmbare Greinen sich bedroht wähnender Milieus wie der → Extremindividualisten und der → Bittermannlinken: „Die Politiker haben uns seit 1989 nie gesagt, daß der Osten Osten" bleiben werde (M. Biller) oder daß man „vor den Ossis sogar den Kapitalismus schützen" müsse (K. Bittermann). Das → Selbstwert- und Sicherheitsgefühl der → unnationalistischen Gesellschaft schien bedroht, → zumal der Schichten, die beim Anschluß des Ostens nicht Beute fassen konnten oder sogar die Bedeutung professionellen Schimpfens aufs → Schweinesystem durch neue Schweinesystempriester, Schimpfkonkurrenten, Besorgtheitskollegen usw. bedroht sahen. Erst allmählich lernten die Xenophoben aus der linksbürgerlichen → Mitte der westdeutschen Gesellschaft die Besorgniserregenden im (Süd)-Osten Deutschlands schätzen. Sie wurden zu jenen Ersatzausländern, dank denen sich gleichermaßen Zugehörigkeit zur → guten Gesellschaft (→ Dünkeldeutschland) und freiheitlich-demokratisches → Ressentiment gegenüber dem → Pack zeigen lassen.
→ Haß und Verachtung, → Haßwitze, → Humor.

bestehen (auf) Ein → qualitätsmediales Beispiel unter Tausenden: „Ebenso wie Italien besteht Griechenland auf die Solidarität der anderen EU-Staaten, wenn es um die Verteilung von Flüchtlingen geht." (Damir Fras, „Allianzen und Abhängigkeiten", in: *Berliner Zeitung* vom 28. Juni 2018, S. 5) Auch im literaturfähigen Westdeutsch folgt auf ‚b.' der Akkusativ, wofür die ansonsten sprachsichere Kristine Bilkau mit ihrem Romanerstling zeugen mag: „Als Inhaberin eines Elektroladens bestand sie auf die, wie sie sagte, *moderne* Technik." (*Die Glücklichen*, München 2015, S. 70)
→ beharren (auf), → insistieren (auf); → Naturkindereien.

bestellen Politikprofessioneller → Jovialsprech mit leicht infantilistisch-wunschweltlicher Tendenz (→ Infantilstil); zieht textlogisch ,liefern' nach sich, bis sich die Besteller rundum betreut fühlen.
→ Betreuung, → Krippengipfel.

Betreuer/Betreuung In Diktaturen wird die Bevölkerung politisch, sozial und zumindest während der Arbeitszeit auch ideologisch betreut, in freien Gesellschaften rufen → die Menschen nach Betreuern und Betreuung rundum, besonders nach psychologischer.
→ angstfrei, → Betreuliches, → Psychosprech.

Betreuungssprech (Betreuerisches, Betreuliches) Ein Dialekt des → Psychosprechs mit → betroffenheitlichen und → jovialsprachlichen Anklängen. Das Betreuliche, wie frivole Linguisten sagen, konnte semantisch und pragmatisch die Grenzen des → Psychosprechs überschreiten, seit es zur Lingua franca des → Anspruchsdenkens geworden war. Die sprachliche Komplikation des Daseins – „Ich benötige jetzt psychologische Hilfe" statt „Ich bin traurig" oder statt Tränen – ist offenkundig, wird von den aktiven und passiven Nutzern des Betreulichen indes als Bereicherung empfunden und also angenommen (→ sich annehmen). Temporal ist das Betreuliche durch die Vermeidung von Gegenwart charakterisiert: Geber wie Empfänger der Betreuung sehen in → den Menschen und ihren → Problemen etwas, womit → umzugehen sei, was zumeist eine zeitliche Umgehung → meint. Sprich: Im Betreulichen bevorzugt man → Vorerwartungen und → Rückerinnerungen psychischen Handelns. Der oben zitierten Erwartung psychologischer Hilfe etwa entspräche die dankbare Erinnerung „Das war eine ganz wichtige Erfahrung für mich."
Im sozialen Ganzen ist B. ein Ausdruck der Tatsache, daß → die Werte → des Westens keine Lebenswerte, sondern reine Gewinn- und Verlusterfahrungsgrößen sind. Unmittelbarer Genuß ist hier unmöglich, der Eingriff von zuteilenden → Autoritäten unabdingbar. Das untertanenhafte Verlangen nach Betreuungsinstanzen wird daraus verständlich. Es äußert sich im Bedürfnis nach Interpretation des Unveränderlichen, oder, wie argwöhnische → Ideologiekritiker sagen würden, nach Weltinterpretation als Ersatz für Welterfahrung. Der betreute Mensch des Westens hat → gelernt, von → der Politik zu verlangen, daß sie ihm das Dasein erklärt, wie umgekehrt → die Politik sich selbst dazu aufruft, → den Menschen ihr Dasein zu erklären. Somit spricht der erfolgreich betreute Mensch keine andere Sprache als seine Betreuer, was ihm wiederum die ungenierte Artikulation seines Betreuungsverlangens erlaubt.
Der universelle Betreuungszusammenhang Westdeutschlands galt lange als dessen ,gesellschaftlicher → Konsens' oder → ,Grundkonsens'. Wenn ein westdeutscher Heimatautor (→ Heimatliteratur) klagt: „Niemand hat uns gesagt, daß der Osten Osten bleiben und unsere einst so libertäre, offene, unnationalistische Gesellschaft mit seiner Osthaftigkeit vergiften würde" (Zitat im Kontext: → am coolsten), dann zeigt sich das Betreuliche → einmal mehr als → Gehhilfe westlichen → Wir-Gefühls.

Betroffenheitliches Vulgärform des → Adornitischen mit starkem Einschlag von → Psychosprech; Sprache der evangelischen Akademien (→ Tutzing), des gebührenfinanzierten Kulturfunks und der ihm zuarbeitenden Personen und Verbände. Der dort tätige Westdeutsche kennt keinen innigeren Ausdruck für seine Betroffenheit als Unvergleichlichkeitsfloskeln; Verbrechen beispielsweise müssen →,singulär', →,einzigartig' und vor allem grausamer als alles →,in der Geschichte' Dagewesene heißen, damit sein kaltes Blut in Wallung kommt (→ Gattungsbruch). Der Betroffenheitler gebietet damit über seine Gefühle so souverän, wie der → HALBTROCKENE sie sich verbietet. Anders als dieser jedoch hat er mit seinem Dialekt → zwischenzeitlich alle → gut- oder wenigstens bildungsbürgerlichen Milieus erreichen können, ja, sogar → die Menschen im Lande und anderswo.

Bevölkerung Während sog. → populistische Politiker aus den → Volksparteien nur hin und wieder auf ‚Stimmen aus der Bevölkerung' verweisen, wenn sie sich selbst etwas nicht zu sagen getrauen, ist der eigentlich gemeinte Ausdruck ‚Volk' bereits zum unaussprechlichen Synonym geworden, worauf uns Edward James Gay VI, ein → durchaus volkstümlich gesinnter Südstaatler, aufmerksam machte. Besagtem White-Pride-Guy nämlich stieß im → ehemaligen Reichstag die innenhöfisch korrigierte Widmung „Dem deutschen Volke" auf. Sie lautet nur mehr: „Der Bevölkerung".
→ Bevölkerungsaustausch.

Bevölkerungsaustausch Zunächst → SCHÖNSPRECH für Gentrifizierung und andere Formen der Vertreibung Indigener aus den besetzten Gebieten: „Sind viele Alteingesessene weggezogen aus Pankow?" „Es hat ein Bevölkerungsaustausch stattgefunden, aber in Maßen." (Jürgen Trittin im Gespräch mit Ralph Kotsch, „Das ist ein sehr lebenswerter Stadtbezirk", in: *Berliner Zeitung* vom 11. September 2015, S. 19) Seit dem → Massenzuzug 2015 aber auch gebräuchlich im politischen Komplementärmilieu, namentlich im Alternativdeutsch von → AfD-Land: → Das Merkel wolle einen Bevölkerungsaustausch, erweise sich so als → Volksverräterin u. ä. m.; gemeint ist offensichtlich eine Verdrängung oder Beengung der einheimischen → Bevölkerung.

bewegende Geschichten wußte einst Frank-Jürgen Weise, Leiter der Bundesanstalt für Arbeit und des Bundesamtes für Migration und Flüchtlinge, auf Anfrage zu erzählen, im Detail: → die Liebe zu den Menschen.

Bewußtseinsbildung Wo der Marxismus nicht durch staatsparteiliche Zwangspädagogik, sondern dank wohlfahrtsstaatlicher Verwöhntheit in die Köpfe kam, verläßt er oftmals so unerkannt wie unaufhörlich die daran befindlichen Münder. Merke: Bewußtsein läßt sich nicht bilden, sondern nur haben, von diesem und jenem.
→ falsches Bewußtsein, → Ideologie.

bewußtseinsverengt → echt (2).

Bezahlsender Gebührenfunkdeutsch für Rundfunkunternehmen, die ausschließlich ihre → wirklichen Kunden bezahlen lassen.
→ Qualitätssender, › SCHÖNSPRECH.

Beziehung Im älteren Hochdeutsch ‚Verhältnis', im alltäglichen wie im wissenschaftssprachlichen und → MEDIALDEMOKRATISCHEN Westdeutsch ein Ausdruck für die Geschäftsform der Liebe. ‚B.' ist eine der zuhöchst staunenswerten Wortschöpfungen neuerer Empfindungsarmut und Gefühlsvermeidungsphantasie, die folgerichtig den Gefühlsaustausch als strikt reziprokes Verhältnis zwischen *Zweien* (vgl. Iris Hanika, *Treffen sich zwei*, 2008) entwirft. Im Gegensatz zu einer Leidenschaft, die jemanden *ergreift*, oder zu einer Beziehung traditionellen und unspezifischen Schlages, die jemand *unterhält*, ist die westdeutsche ‚B.' etwas, das man schlichtweg *hat*. Wie wenig das mit Liebe zu tun hat, macht eine Stichprobe aus → MEHRHEITSDEUTSCHEN B.sunterhaltungs- und B.serörterungsmilieus → deutlich: „Ich fragte mich, wie sie so gedankenlos sein konnte; ich begriff nicht, warum sie nicht auf die

Idee kam, daß ich mir – Trennung hin oder her – um sie Sorgen machte. Wahrscheinlich, dachte ich, war das → eine Art → Projektion, denn sie würde sich in einem solchen Fall niemals um mich Sorgen machen. Aber das war natürlich Unsinn. Esra hatte mich aus einem viel idiotischeren Grund nicht zurückgerufen. ‚Ich wollte nicht wieder diese quälenden Beziehungsgespräche führen'" (Maxim R. Biller, *Esra. Roman*, Köln ²2003, S. 82), usw. usf., kurz: „Ich war also sehr → anfällig für solche Themen" (S. 34).
→ Emotion, emotional, Emotionalität, → Klemmsprech, → weiches Deutsch.

Beziehungsbaum → Komplimente-Generator, → Kommunikationshilfe.

Beziehungskalender → Komplimente-Generator, → Kommunikationshilfe.

Beziehungsstatus → Komplimente-Generator, → Kommunikationshilfe.

Bielefeld Nach soziologischen Erhebungen, namentlich der sog. Glücksforschung, in den 1980ern der zugleich als am langweiligsten und am behaglichsten empfundene Lebensort Westdeutschlands; Synonym für ein Maximum an existentieller Sicherheit und intellektueller Starre, daher nicht zufällig universitärer Kampfort Karl Heinz Bohrers (→ Maulheldisch, → Grosser stil).

Bildungsangebot → Blähwort für Kindergarten, Schule, Lehre, Studium usw., besonders häufig zu hören im Zusammenhang mit → türkisch-stämmigen → Mitbürgern, die → die gute Gesellschaft durch ihre → Unterklassigkeit verstören.
→ Problem(schüler), → Schulvermeider.

Bildungsbekennersprech Soziolekt des → Bekennersprechs, verbreitet in der akademisch gravitierenden → Mitte der Gesellschaft; ein extremer Fall zugleich musterschüler- und oberlehrerhafter → Performanz. Die in Westdeutschland kaum → beschädigte Nationaltradition belehrenden, bevormundenden, bescheidwissenden, bescheidsagenden Sprechens ist vom hochdeutschen Volksmund während der ersten → Anschlußjahre unter dem Sammelbegriff ‚Besserwessi' erfaßt worden. Mit dessen Sprachpraxis teilt der B. jedoch nur eine geringe → Schnittmenge. Die Sprache des Besserwissens ist ein Begleitjargon realer Machtausübung, der B. hingegen ein Idiom symbolischer Besitzanzeige. Er erfüllt eine hauptsächlich expressive Funktion und ist deswegen eher an einem Inventar typischer Sprachgesten denn an einem → definitiven Wortschatz erkennbar. Den hochdeutschen Hörer oder Leser überrascht immer wieder, wie arglos der B.er an die → Singularität seines Wissensbesitzes glaubt und wie ahnungslos er eine Reihe altertümelnder → Spreizsprachformeln benutzt („Wie bereits X. wußte ...", „Sie müssen wissen, daß ...", „Das haben Sie sehr schön gesagt ...", „Man hat nicht oft genug betont ...", „Wie ich schon frühzeitig erkannte ..."). Sie begegnen nicht allein in der → neonarzisstischen und → neuschnöselsprachlichen → Heimatliteratur, sondern sind zumindest → strukturell ein → unverzichtbarer Bestandteil der → mehrheitsdeutschen → Gesprächskultur insgesamt. Eine undurchschaute Dialektik von Leere und Fülle, weniger freundlich gesagt: von Ausgehöhltheit und Verstopfung charakterisiert diese → Kommunikation von → Bildung. Über die hier wie andernorts auffallende Immunität der B.er gegen jedes Gefühl von Lächerlichkeit, im weiteren: gegen Selbstgefühl, -reflexion, gar -relativierung, ist nur eine Spekulation möglich. Sie führt auf den fachmännisch früh registrierten → Bildungsnotstand Westelbiens. Er führte zur Abneigung gegen einen → Pluralismus von → Meinungen im eigenen Kopf. Der Eifer, sich mit gleichartigen Meinungen aus vorsortierter Pluralität zu verproviantieren, umgibt diese

leicht mit dem Anschein absolvierter Bildung. Wo überhaupt nur wenige Meinungen (Lektüren, Gedanken) in einen Kopf fanden, darf dieser sie für geistiges → Eigengut, wenn nicht für höchsteigene → Ideen zu halten. Eine einsame Idee jedoch, nicht durch ihresgleichen oder gar andersartige bedrängt, wird rasch depressiv, ja, sie wird von Daseinsüberdruß heimgesucht. Nicht wenige Ideen endeten in allzu spärlich möblierten Köpfen schon durch Selbstmord. Umgekehrt ist die Artverwandtheit des stolzen Ideenbesitzers mit seinem Besitztum evident. Ein einsam Wissender führt sein einsames Wissen vor. Die penetrante → Präsentation von Wissen, Meinungen, Ideen huldigt deren Ausländerstatus im eigenen Kopf. Mit anderen Worten: Was sich in einem Kopf derart fremd fühlen muß, das will möglichst rasch hinaus, will → bedeutungsweisende, das eigene Wissen → eindrücklich → aufzeigende Rede werden. Intellektuelle → Strukturdefizite des Westens kommen diesem Bildungsexpressionsbedürfnis entgegen. Die unterdurchschnittliche Allgemeinbildung erlaubt schon bei geringem bis mittlerem Bildungsbesitz ein aristokratisches Höhengefühl; man denke des Bohrerstils, der Lewitscharoffschreibe, des → Mosebachdeutschen. Diese und andere Dialekte geistigen Besitzdünkels sind nicht zufällig majoritätsdeutsche Kulturvorbilder geworden. Illustrieren sie doch nachdrücklich den Triumph der Habe über das Sein, des Zeigens über das Denken, der Verwertung über die Wertschöpfung. Eng ist daher die Verwandtschaft von B. und → Hochschreibe. In beiden Exhibitionsgenres bestätigt sich der adoptierte Charakter des Bildungsguts. Es kann als persönliches Besitztum herumgezeigt werden, weil es aus einem kulturellen Verkehrsmedium zu einem fixierbaren ‚Kulturgut' schrumpfte. So teilt es semantisch wie pragmatisch das Schicksal der → ‚Werte', die ‚man wieder braucht', weil man sie nicht hat.
→ Besitzbürgertum, → Bildungsbürgertum, → elegantes Deutsch, → erklären, → Grosser Stil, → Lehramtssprech, → hochmögend, → raffiniert, → Wichtigsprech.

Bildungsbürgertum Pure → Ideologie (→ falsches Bewußtsein) bezeugt die oft komplementär gebrauchte Phrase ‚Besitzbürgertum' – als ob das Wesen des Bürgers in etwas anderem bestehen könnte als im → Besitzen, daher also auch im Besitzen von Bildung. Welche bizarren Blüten die Sorge ums schwindende Wahlvolk der bürgerlichen Parteien oder um die Bürgerlichkeit der → Volksparteien treibt, wird in der sog. Lügenpresse (eine sächsische Verballhornung von ‚Lückenpresse') regelmäßig vor Wahlen sichtbar: „Bedrohlich für die Volksparteien ist es, dass die AfD ans Bildungsbürgertum andockt, wie ihre Erfolge in Universitätsstädten zeigen, und für Pegida-Aktivisten attraktiv bleibt." (Daniela Vates, „Merkels langer Atem", in: *Berliner Zeitung* vom 8. März 2016, S. 8)
Unter den verbalen Ausdrucksmedien des westdeutschen B.s ist die sog. → Kommunikationskultur das wichtigste und zugleich am meisten berüchtigte: Die bildungskleinbürgerliche Eigenart, ein Gespräch mit dem stets unerbetenen, oft unbeholfenen Hersagen von Vorlieben und Abneigungen zu eröffnen, hat sich mittlerweile in allen Bildungsschichten verbreitet. Die wichtigste *non-verbale* Ausdrucksform westdeutscher Bildungsbürgerlichkeit, ob in Hanau, Blankenese oder Rosenheim, ist unverändert das Entrollen, Einführen und Zerkauen von Kräuterbonbons während Klaviervorträgen, und zwar → exakt während der ersten zwölf Takte.
→ die (bürgerliche) Mitte der Gesellschaft, → die gute Gesellschaft, → gutbürgerlich, → Kulturbürgertum.

bildungsfern Verwaltungswestdeutscher als auch → medialdemokratischer → Schönsprech für ‚dumm', ‚einfältig', ‚stumpfsinnig', ‚lernfaul', der häufig → vor dem Hintergrund → puristischer Mittelklasse→diskurse ertönt: Demzufolge verlassen Bildungsferne → die Mitte der Gesellschaft oder gelangen gar nicht erst dorthin, radikalisieren sich zu verhängnis-

vollem Glaubenseifer oder fallen im Gegenteil äußerster Schlaffheit bei erhöhtem Bierkonsum und haltlosem → Anspruchsdenken anheim. Insbesondere der Ausdruck ‚bildungsferne Schichten' zeigt die – wohl wesenstypische – Vagheit im → MEHRHEITSDEUTSCHEN Reden von Bildungsferne, die gleichermaßen eine Schuld und ein Schicksal → meint. In all dem → wabert ein → Selbstverständnis der wortführenden oder zumindest redeschwingenden Bildungsnahen, demzufolge ihr eigener → Elitestatus einer glücklichen Verbindung von sozialer und seelischer → Gutbürgerlichkeit, genauer: von finanziellem und intellektuellem → Verdienst → geschuldet sei.
Im weiteren Umkreis solcher Gewagtheiten west die *idée fixe* einer ‚Integration durch Bildung'. Auch sie huldigt schlichter → Aufklärer→ideologie von leeren, durch Bildung zu füllenden und ob solcher Schwere zu friedlicher Ruhe sinkenden Köpfen.
→ Faulheit, → Unterschicht, → unterprivilegiert; → ob.

Bildungskatastrophe (Bildungsnotstand) Eine der älteren, immer wieder einmal dringlich → drängenden Vokabeln aus dem → Anspruchsdenken des → ANTRAGSDEUTSCHEN. Als Urheber darf wohl der Philosophieprofessor Georg Picht gelten (*Die deutsche Bildungskatastrophe*, 1964). Selbstverständlich ist nicht die → Strukturschwäche des westdeutschen Bildungssystems überhaupt gemeint (→ Finnland), sondern die begrenzten Kapazitäten seiner Lern-, Lehr- und Lebensräume. Die Welt ist nicht schlecht, sondern voll.

Bildungsoffensive → BLÄHWÖRTLICHER Euphemismus für → Fördermaßnahmen. Einer solchen bedürfte dringend ein hier aus Zartgefühl anonymisierter Geschichtsredakteur, → dem Vernehmen nach mehrjähriger Preisträger der Goldenen Zitrone/Sparte Feuilleton der *Berliner Zeitung/Frankfurter Rundschau*. Wie → verhunzt und verzwergt es im dortigen Geisteswissenschaftsressort seit längerem zugeht, enthüllt sein Rezensionsaufsatz zu Karl dem Großen; eine Grammatikschlachteplatte und Phrasensalatanrichte aus dem Universitäts- und dem Populärwissenschaftsjargon, wie sie wohl nur nach jahrelanger *taz*-Mitarbeit gelingt: „… sodass in der Wiege nicht nur ein Kind lag, sondern → definitiv ein Thronfolger, Karl. Nach alter Lesart gefiel es nämlich Gott … Diese Vorstellung, dieser Überschwang, dieses Bild, stets eine → Konstruktion, ist bis heute nicht abgerissen. → Nachhaltige Politik, das darf man wohl sagen. … Der Mittelalterhistoriker Johannes Fried, wahrhaftig eine Macht, meint dagegen … Einhart, Karls erster Biograf und Mann an seiner Seite, bezeichnete Karls erstrangige Anstrengung als ‚Beseitigung jeder Unbestimmtheit'. Das ist nicht ohne Ironie, denn zu der gewaltigen Bildungs- und Wissensoffensive gehörte eine ‚regelrechte Schreib-Euphorie' … Pippin führte zur Bekräftigung seiner Macht und seiner Herrschaftsansprüche zahlreiche zeremonielle, symbolgesättigte Handlungen ein. … Der Glaubenskrieger Karl war der Urheber eines Dreißigjährigen Kriegs, der Provokation folgte eine Eskalation der Gewalt, die Gründungen von Bischofsburgen oder Karlsburgen wurden zu Brückenköpfen der Mission, um die kultische Verehrung heidnischer Gottheiten und Dämonen zurückzudrängen. … Diese Idee der Eindeutigkeit verfolgte ‚die Verchristlichung des Staatswesens um 800' (Weinfurter), und hatte zwangsläufig wenig Verständnis für eine vieldeutige Welt, gelebt durch die Wissens→kulturen in Byzanz oder Bagdad. … Besessen war Karl von der Mission der Muslime. … verklärende → Fiktionen, die das Karlsbild beeinflussten, im Hochmittelalter, im Spätmittelalter. Nicht nur vor 700, 800 Jahren. … Zu erzählen weiß, warum das Karolinger Reich, Fried skizziert es auf wenigen Seiten, alles andere als eine ‚egalisierende Einheit' war. … Hinzu kam, trotz der Wiederentdeckung der Neugierde und der durch Kriegszüge vorgenommenen Horizontverschiebungen … Das nicht etwa bewusst, aber, im Schatten der gewaltigen Wissensoffensive Karls, unwissentlich. … überhaupt ist Karls Urheberschaft auf eine enorme

Bildungsoffensive unumstritten." („Großer Kerl im Gegenlicht. Zwischen den Legenden gelesen: Zur Aktualität Karls des Großen, der vor 1200 Jahren starb. Mit 65, nicht wie seine Zeit es wollte, mit 70", in: *Berliner Zeitung* vom 28. Januar 2014, S. 24)
→ Impulsregion, → Nationenbildung.

Bildungspolitik → SCHÖNSPRECH für Versuche aus den → MEHRHEITSDEUTSCHEN, somit → bildungsfernen Bundesländern (→ Grundschrift), die Festlegung einheitlicher Bildungs- und Wissensmaßstäbe zu hintertreiben. Weshalb der Nachwuchs der oberbayerischen oder niedersächsischen oder rheinpfälzischen → Bildungsschicht oftmals weder ein Diktat zu schreiben noch ein Gedicht zu rezitieren gelernt hat. Von der Beherrschung der Grundrechenarten wie dem → Zusammenaddieren oder → Auseinanderdividieren vor Vollendung des zwölften Lebensjahres ganz zu schweigen.
→ Kulturbürgertum, → Zulassungsbedingungen.

Bildungsschicht Komplementärbegriff zu → breiten Kreisen; logisch gleichrangig mit → politischer Klasse.

Billiarden werden von habituellen Steuergeldempfängern gern einmal mit Billionen verwechselt. „Mehr als eine Billiarde Euro" habe die deutsche Einheit gekostet, greinen durch → Versorgungsmentalität und → Anspruchsdenken verkümmerte Seelen wie Wolfgang ‚Traumschiff' Herles (*Wir sind kein Volk. Eine Polemik*, München ³2004, S. 79); offenkundig einer von vielen, die nie selbst etwas bezahlen mußten.
→ Scheißland, → Traumschiff, → proletenhaft, → in den Kulissen.

Biomasse 1. Kompost. 2. → Humankapital; vgl. auch → mit dem Leben produktiv umgehen.

bis tief in die Familien Ursprünglich Wort- und Sinnpaket aus dem Diktionär der → achtundsechziger Vergangenheitsbeschau zur → Abgrenzung gegen → reaktionäre Milicus der → alten Bundesrepublik („bis tief in die Familien wurde gestritten/die Vergangenheit aufgearbeitet/die Kriegsgeneration zur Rede gestellt/die persönliche Schuld erfragt" usw.), nach 1990 → zunehmend gesamtwestdeutsch gebräuchlicher Moralhochmuts-, → Selbstverständigungs- und → Ausgrenzungsterminus, nunmehr mit Blick auf die → Ehemalige. Als solcher ist er fester Verbalbestandteil der westdeutschen → Aufarbeitungskultur geworden. „Bis tief in die Familien", so die zugehörige und nur unwesentlich variierte → Erzählung, habe man sich „mit der ersten deutschen Diktatur auseinandergesetzt".
Es war in keinem Fall zu ermitteln, wie das Ergebnis einer solchen ‚Auseinandersetzung' aussah oder hätte aussehen können/sollen, → zumal nach überwältigendem → Konsens der westdeutschen Mehrheitsgesellschaft niemand so tüchtig eine Demokratie aufzubauen vermöchte wie → umerzogene Nazis. Doch mutet der Glaube namentlich der sog. → Altachtundsechziger → durchaus echt und ehrlich an, daß sie durch → kommunikative Ersatzhandlungen (Naziopafrage) die landestypischen Moraldefizite abgebaut hätten.
Aufgrund der geringen Nuanciertheit → der westlichen Seele, das → meint: einer Verwischung der Grenzen von Öffentlichem und Privatem, hat die Formel längst den Rang persönlicher oder halbpersönlicher Bekenntnissprache erreichen können. Hier wird sie oft durch ein ‚bis tief in die Gegenwart' ergänzt. Im ganzen Satz, als Extrakt aus zahlreichen → LESERBRIEFEN und Verlautbarungslauten: „Bis tief in die Familien wurde die Auseinandersetzung geführt, haben wir unsere Eltern und Großeltern befragt, bis tief in die Gegenwart sind Familien zerstritten, wurden Tischtücher zerschnitten; eine Aufarbeitung, die im Osten weder für zweite, noch für die erste deutsche Diktatur geleistet wurde." Die zweite deutsche Diktatur

begreifen die Aufarbeiter und Nachfrager somit nicht als Buße für die erste, sondern als Verdoppelung des Bußpensums der → Ostler.

Tatsächlich macht sich aufgrund des Fehlens von Reparationszahlung und Umerziehungsdiktatur im westdeutschen Teilstaat ‚bis tief in die Gegenwart' die westdeutsche Vorliebe für Bekenntnis- und Symbolpolitisches bemerkbar: Ihre allertiefste Tiefe erreicht sie folgerichtig dort, wo der kleinbürgerliche Mehrheitstypus sein Eigenstes (→ Eigengut) vermutet, nämlich daheim, in der Familie. Doch hörte man noch von keinem → Hausbesetzer, der bei seiner Metamorphose zum Hausbesitzer ausgerechnet Naziopas Erspartes verschmähte.

→ Bekennersprech, → Maulheldisches, → Aufarbeitung(sarbeit), → Krieg in den Familien, → Unerlöstheit.

Bittermannlinke Kultur- und sprachsoziologischer Arbeitsbegriff; in der Fachliteratur bislang nicht allgemein akzeptiert. Gemeint ist die → Westberliner → Westlinke, die aufgrund verzögerter politischer Adoleszenz erst in den 1980er Jahren dem → Kapitalismus auf den Geschmack kam und hierfür seitdem Alleinvertretungsansprüche erhebt. Sie ist unter allen → mehrheitsdeutschen Milieus am heftigsten von Verängstigung und Verbitterung gegenüber dem hochdeutschsprachigen → Zoni erfüllt. Durch ihre Publikationen wurde die B. rasch das am Kopfende verengte Sprachrohr jener → Alt(bundes)deutschen, die beim → Anschluß der → Ehemaligen nur wenig → abgreifen konnten und sich daher in ihrem → Anspruchsdenken gekränkt sehen. Soziolinguistisch unbestritten ist die → einzigartige Verbindung von Rechthaberei und Rechtschreibschwäche in den b.en Druckerzeugnissen. Bis zur → Wiedervereinigung medial kaum wahrnehmbar, ist die B. seit etwa 1993 durch zahlreiche → postfaktische Texte auffällig geworden, die einerseits dem → Bananenneid gegen „die da drüben" (M. O. R. Kröher), andererseits der Pflege westberlinischen → Heimatgefühls gewidmet sind.

Namensgeber ist der → Autor, → Publizist und Herausgeber Klaus Bittermann (*1951), aus Oberfranken nach → Kreuzberg eingewandert, dem letzteres fortan die Welt bedeutete, wenn auch mit Einschränkungen: Ostdeutsche und ähnliche Ausländer müssen draußenbleiben. Das westdeutsche → Wir-Gefühl, dies macht Bittermanns verlegerisches Schaffen → einmal mehr deutlich, bedarf fester Außengrenzen. Wie dünn die zivilisatorische Schicht ist, unter der Gier, Neid, Haß, kurz: der ewige Kleinstbürger haust, belegen die von Bittermann herausgegebenen Anthologien, allesamt von brüchiger Realitäts- und Rechtschreibtreue: *Der rasende Mob: die Ossis zwischen Selbstmitleid und Barbarei* (1993); *It's a Zoni: Zehn Jahre Wiedervereinigung. Die Ossis als Belastung und Belästigung* (1999); *Unter Zonis: Zwanzig Jahre reichen jetzt so langsam mal wieder: ein Rückblick* (2009). Ähnlich sprachschwach, aber in seinen → Ressentiments und Sentimentalismen weniger → verdruckst das editorische Frühwerk B.s: *Die alte Straßenverkehrsordnung: Dokumente der RAF* (1987), ein Nostalgicum über Zeiten, da man noch von Realgeschichte unbehelligt → Widerstand leisten durfte.

→ Deutscher Herbst, → Haßwitze, → Publikationsliste, → RAF, → Unterwürfigkeit, → Verbitterungsmilieu; → immer mal wieder.

Blähwörter, Blähsprech Obgleich an Wörtern ärmer als das Hochdeutsche, erweckt das Westdeutsche oft den Eindruck semantischer Vielfalt. Dies bewirkt vor allem sein Überreichtum an B.n. Hierzu gehören an sich harmlose Substantive, die leicht anderen anzukleben sind. Dank B.n kann der westdeutsch Sprechende seinen Wortschatz mühelos verdoppeln. Geläufige Beispiele sind → -arbeit, → -kultur, → -prozesse, → -stellung.

Unter dem Einfluß von → Spreizsprech und → Superlativissimus hat sich in den → Qualitätsmedien ein besonderer Dialekt entwickelt: das Blähwörtliche, schlichter: Blähsprech. Typisch sind der → massive Adjektivgebrauch und die schier grenzenlos mögliche Substantivreihung bei gedanklichem Kreisgang. Als Beispiel sei die folgende Sinnkomplexitätsblüte unter dem schönen Titel „Einfach kann jeder" überreicht: „Die romantische Vorstellung von Politik als einer von visionären Staatslenkern designeten Wirklichkeit kommt an ein wenig heroisches Ende: Die Verhältnisse lassen sich nicht mehr zum Tanzen bringen, sondern diese rütteln die Politiker durch, auch intelligente, erfahrene und → tendenziell unerschrockene Regierungschefs wie Merkel. Die anstehenden Landtagswahlen werden den → Ressentimentcliquen der AfD einen Erfolg bescheren, den haben kann, wer vor allem → Bauchgefühle bemüht. In Krisenzeiten haben → Demagogen Konjunktur. Umso wichtiger ist es, dass sich die → Verantwortungseliten in Politik, Wirtschaft und Medien den → Differenzierungsansprüchen der → Flüchtlingsproblematik stellen." Überraschend die blähwörtliche Konklusion: „Noch hat Merkel ihren → Problemlösungshedonismus nicht verloren. Sie findet, dass die → Herausforderung jenes Format besitzt, das sie sich → bewusst zumuten will. Das macht sie auf luxuriöse Weise → alternativlos." (Ulf Poschardt in der *WELT* vom 16. Januar 2016)

blaß (blaß und farblos, grau und blaß u. ä. m.) Im alten Europa und im nicht-konsumkleinbürgerlichen Teil der modernen Welt gilt Blässe (die matte Farbe, ein Hauch von Dezenz) als Signatur der Vornehmheit. So nimmt es nicht wunder, daß der westdeutsche Konsumkleinbürger und seine Sprachrohre (E. Schmitter, M. Biller, K. Bittermann) ‚blaß' oder ‚grau' konsequent als → SCHMÄHWÖRTER gebrauchen. Kompendien geistig-kulturellen Rückzugs aufs Eingemachte oder Eingetrocknete wie z. B. Bittermanns Anthologien *Der rasende Mob* (1993), *Geisterfahrer der Einheit* (1995), *It's a Zoni* (1999), *Unter Zonis* (2009) versammeln seit Anfang der 1980er Jahre publizierte, mitunter in Umfang oder Anordnung, nie in der Orthographie veränderte Beschreibungsversuche an einer nicht-westdeutschen Realität. Diesen Texten sichern die variantenreichen Farbattributionen ‚blaß und farblos', ‚grau und farblos', ‚fade und blaß', ‚fade und grau', ‚blaß und grau', ‚grau und tot' ihre unverwechselbar ostvölkerkundliche Monotonie.
Woher derlei intellektuell und sprachlich befestigte Vorliebe fürs Bunte, Grelle, Vulgäre? Sie bestimmt das Erscheinungsbild des → MEHRHEITSDEUTSCHEN auch reisekulturell, in seiner Diktion: → ‚interkulturell'. Wer in Südeuropa oder Nordafrika Urlaub macht, erkennt sie sofort: Reinhard Mey und Claudia Roth als Cluburlauberpaar (→ Versorgungsmentalität), das ältliche Alternativspießerpärchen als Massentypus. Dessen Gesichts- wie Kleiderordnung verlangt charakteristische Accessoires (in westdeutscher Mundart: → ‚Assessuars'): der revoluzzerhafte Verwegenheit bekundende Ring an *seinem* mürben Ohr so unvermeidlich wie *ihr* roth-grün-gefärbtes Haupthaar, gelegentlich variiert durch den → Extremindividualität verbürgenden, gezwirbelten → Seitenzopf (Modell Angelika Beer) und den provozierend grellfarbigen Plastikramsch (westdeutsch: ‚Modeschmuck'). Necker-, wenn nicht gar weltmännische → Subversivitäts- und → Individualitätsverheißung!
Die strenge Leibesuniformität des planetarisch kreisenden Westelbiertypus (gerötete Schultern, feiste Schenkel, selbst in Kirchen- und Klösterdunkel erglänzend) indiziert ein inneres Mausgrau, das noch vor seiner sprachlichen Entbergung zur Gewißheit wird: Man huldigt der Idee der *Buntheit*. ‚Bunt' kann aber ebensowenig eine Farbe wie ‚pluralistisch' das Programm einer Partei sein; dem politischen Selbstbetrug steht der ästhetische gleichrangig zur Seite. Schon vor aller sozial- und geschichtsmetaphysischen Deutung des deutschen Westens – Buntheitsverlangen als Ausdruck einer Weltangst, die Vielfalt nicht als Praxis tragen, sondern als Produkt kaufen will – ist die psychische → Disposition sichtbar: Die ‚bunte Republik Deutschland' ist, zumindest im sie tragenden → Humankapital, die gelebte Halluzination des westdeutschen Kulturkleinbürgers, in älterem Dialekt: der → ‚nivellierten Mittelklassegesellschaft'. Deren uniformer Glaube an → Freiheit als Institution und → Plurali-

tät als → Angebot entspricht ihrem Geschmack am Vielfarbeintopf. Dessen Originalzutaten sie, in → durchaus kohärenter → Haßmentalität, „denen da drüben" gleichermaßen neidet und ankreidet (vgl. Michael O. R. Kröher, „Nichts gegen die da drüben", in: *Unter Zonis*, S. 12 ff.; dort und andernorts auch Klaus Bittermanns Klage, daß seit dem → Anschluß „in den Neckermann-Urlaubsländern" die Westdeutschen nicht mehr allein das Deutschtum in der Welt verträten: ds., *Geisterfahrer der Einheit*, Berlin 1995, S. 8 und öfter).

blockiert Vulgärpsychosprech. Blockiert ist z. B., wer sich der im Westen verbreiteten Duzpflicht (→ DUZTERROR) entziehen will oder schon als Vierjähriger nicht mehr ins Bett machen wollte. Zu schweigen von den Kindergartentrockenen, die individuell-selbstbestimmtem Einnässen entzogen wurden.
→ PSYCHOSPRECH; → gefühlte Kriminalitätstemperatur, → sich öffnen, → Minderwertigkeitskomplex, → Töpfchenthese, → verdruckst und verklemmt.

blühende Landschaften Industrielandschaften, über die Gras gewachsen ist; eine Wortprägung des oft verkannten Ökologen Helmut Kohl.

Bonn in den Seelen (auch: inneres Bonn) Von Jürgen Fuchs („Auschwitz in den Seelen") leider nicht mehr vollbrachte Verbalschöpfung für den Zustand in den linguistisch seit 1949 und politisch seit 1990 → benachteiligten Gebieten. „In Bonn war es ruhiger." („Unterschätzen Sie nicht die Mädchen aus dem Bayerischen Wald!", Gerda Hasselfeldt im Gespräch mit Kordula Dörfler und Damir Fras, in: *Berliner Zeitung* vom 19./20. August 2017, „Magazin", S. 2) B. i. d. S. trugen wohl bereits die kurörtlichen Domestiken in *Effi Briest* (Afra: „Ems sei das Schönste, außer Bonn."), und dort trägt es bis heute gewiß der Emser Uckermarkdeutsche Botho Strauß (→ Herkunft, → Kuren). B. i. d. S. tragen weiterhin → mindestens die Macher und Glotzer von *ARD, DLF, ZDF* und anhängenden Gebührenraubgeflimmers.
→ das große, kalte Jahr 1989, → Jammerwessi, → Traumschiff.

Brache 1. → SCHMÄHSPRECH aus dem politisch-publizistischen Überbau der sog. Immobilienwirtschaft und anderer Stadtzerstörungsmächte. Seit den 1990er Jahren werden in Ostdeutschlands → Großstädten breite Gehwege mit Baumspalieren, kleinere Parks, ja selbst Promenier- und Erholungsareale durch – offensichtlich in auch baulicher Enge aufgewachsene – Westelbier als B.n bezeichnet. Zumindest dann, wenn sie, wie die Grünanlagen und Wasserkaskaden unterhalb des → Alex, nicht in Westberlin zu finden sind (Harald Jähner, „Die vergessene Mitte – Wo andere Städte einen Kern haben, hat Berlin eine aufgehübschte Riesenbrache", in: *Berliner Zeitung* vom 9./10. April 2016, S. 3). Als B.en gelten bereits die nur meterbreiten Freiflächen um denkmalgeschützte Gebäude. Das zeigte der Fall, genauer: der drohende Einsturz der Friedrichwerderschen Kirche in Berlin-Mitte. Die durch Westberliner Politiker und westdeutsche Investoren inaugurierte Umbauung zerstörte das Innere des Gotteshauses → nachhaltig.
Die provinzpathologischen → Hintergründe stadtplanerischen Herostratentums entblößt der oben bereits zitierte Qualitätsfeuilletonist wie folgt: „Seit den frühen Neunzigerjahren suchen → die Menschen ... verstärkt wieder Nähe. ... Die breiten Schneisen zwischen den Häusern, die man in den Sechzigerjahren ließ, um die Menschen durchatmen zu lassen und ihnen Luft, Licht und Sonne zu geben, wirken jetzt öde und bedrückend; umgekehrt erscheint die Enge, die man früher als bedrohlich und ungesund empfand, nun anheimelnd, angenehm und entspannend. Schon aus ästhetischen Gründen setzen die Städte seitdem auf Verdichtung aller Art." Schnöder Verwertungsdrang erscheint dem zugereisten Kleinstädter

mithin als ästhetische Inszenierung, „um die urbane Dichte im Stadtevent noch zu intensivieren". Höchstens übertrieben kapitalistische „Habgier und Egoismus drosseln die Freude am neuen Wachstum". In jedem Fall bleibt dem Westelbier die zugebaute und zugemüllte Stadt „eine bewährte Schule der Integration" (Harald Jähner, „Moloch Berlin", in: *Berliner Zeitung* vom 17./18. November 2018, S. 12).

Die Metapher ‚B.' erweist sich in solcherart Schwadronieren als so → unverzichtbare wie unvermeidliche → ideologische Flause, als typisch westprovinzielle → Weltoffenheitsphantasie. Die ‚drangvolle Enge' lebensweltlicher und intellektueller Räume nämlich, in welcher der Weltoffenheitswähnler aufwuchs, trägt er innerlich weiter mit sich und in die große Stadt. Wenn er deren großzügig geplante Lebensräume durch entgrenzte Bauwut zerstört sehen will, dann nicht allein aus Sehnsucht nach Umgrenztheit, Kollektivwärme, → Wir-Gefühl. Er erträgt auch die Leere des Raumes nicht, die ihm die Leere seiner Seele spiegelt und die er nicht durch schöpferische Phantasie, sondern allein durch ‚städtische Dichte' zu füllen vermag.

2. Hohnwort der → Qualitätsjournalistik für → blühende Landschaften, hier synonym mit ‚Industriebrache'; im weiteren für alle Kerngebiete von Entvölkerung und Strukturschwäche. → unser demokratisches Deutschland, → Abkapselung.

brauchen Die verbalen Verwertungszwänge des → entfesselten Kapitalismus korrumpieren die ehrwürdigsten Bestandteile einer Sprache. So konnte ‚brauchen' zum Signalwort enthemmten Marktlärms und Dringlichkeitsgeredes werden, zumeist in der Satzkonstruktion: → „Was wir brauchen, ist … [bitte Wichtigwort einsetzen]". Eine Ausnahme bildet hier der → Extremindividualist Maxim Biller, welcher weiland entdeckte: „Die Literatur braucht wieder ein starkes, glaubhaftes, mitreißendes, suggestives Erzähler-Ich, das stärkste, das es je gab – sonst hört ihr uns, die tief empfindenden Dichter und Denker, im immer lauter werdenden Medienlärm nicht mehr." („Ichzeit", in: *FAS* vom 1. Oktober 2011) Und → ‚wir' dachten immer, die tiefempfindenden Extremindividualisten selbst würden diesen Lärm produzieren.
→ Anspruchshaltung, → WICHTIGSPRECH.

breite Kreise Vom – so der in Bielefeld und London Lebende about himself – „Dokumentator" westdeutscher Mentalität Karl Heinz Bohrer gefundenes Bild für den abgefüllten Zustand seines Volkes (*Provinzialismus. Ein physiognomisches Panorama*, München-Wien 2000, S. 35, S. 147). Wenn das mal nicht in weiten Schichten um sich greift! Näheres: → GROSSER STIL, → HALBTROCKEN.

breite Öffentlichkeit Ergebnis von Love- und anderen Drugs- und Schnapsparaden, häufig auch im Komparativ: eine ‚breitere Öffentlichkeit'.

breites Bündnis Bei nicht näher spezifizierter → Breite seiner Kreise meist gebildet aus ‚gesellschaftlichen Kräften'; darin eine gern verwendete Beschwörungsformel des → BESORGLICHEN, insbesondere des → MEDIALDEMOKRATISCHEN.
→ die Mitte der Gesellschaft.

brilliant Ein Attribut muß funkeln wie ein Edelstein, d. h. zumindest von zwei Seiten, daher wohl das im Schriftwestdeutschen häufige zweifache ‚i'.

Bringschuld (mündlich oft: Bringeschuld) Im Bürgerlichen Gesetzbuch definiert der Ausdruck eine bestimmte *Form* der Schulderfüllung, nämlich ihre Erbringung am Wohn-

oder Geschäftssitz des Gläubigers (§§ 269, 432, 447). Im → MEHRHEITSDEUTSCHEN → Anspruchsdenken bezeichnet ‚B.' hingegen einen inhaltlich, genauer: ethnisch bestimmten Schuldtypus, und zwar bis in die Niederungen der Medienalltagssprache herab (zumeist: im Abfordern ostdeutscher → Aufarbeitungsarbeit, → Dankbarkeitsgesten, → Grundschrift- und anderer → Kultur→kompetenzresignation). Der hier bizarr anmutende Pleonasmus rechtfertigt sich daraus, daß bundesrepublikanisch die nationale wie private → Zahlmoral nicht generell eine Schuldrückzahlung vorsieht; ein wirtschaftsethisches Urphänomen, das sogleich am Beginn des westdeutschen → Sonderwegs im → Umgang mit der Reparationsfrage grell aufschien, zudem noch kurz vor dem → Anschluß durch die hohe Pro-Kopf-Verschuldung der Westdeutschen illustriert ward. Als ‚B.' bezeichnet der West- und also Mehrheitsdeutsche mithin eine Schuld (ein Defizit, Debet), für die tatsächlich zu zahlen sei, in der Regel an ihn selbst. Nicht zufällig vernimmt man den Ausdruck oft in → Zusammenhängen der Aufarbeitungs→arbeit. Da im Westdeutschen → ‚Aufarbeitung' nicht etwa, wie im Herkunftsbereich des Ausdrucks, eine ‚Aufpolsterung', ‚Aufwertung', ‚Instandsetzung' → meint, sondern eine Bewältigung oder Bewirtschaftung, in der Regel: der Vergangenheit, ist eine ‚aufgearbeitete Vergangenheit' im moralökonomischen Kontext der ‚B.' eine Art Gabe, die der Aufarbeiter dem Gläubiger zu bringen hat. Nach dem → Anschluß also: die Ostdeutschen den Westdeutschen. Namentlich westdeutsche → Demokratieberater, → Qualitätsjournalisten und → Leserbriefschreiber bekunden häufig eine diesbezügliche → Erwartungshaltung gegenüber der deutschen Minderheit: daß diese 1. sich dafür rechtfertige (entschuldige), von der falschen Militärmacht erobert, besetzt und regiert worden zu sein und 2. sich dafür bedanke, daß westdeutsche Politiker und Journalisten sie von dieser Besatzung und der durch oft lebenslänglichen Aufenthalt dort angehäuften Schuld erlösten (→ Dankbarkeit). „Könnte es sein, dass die Ostdeutschen ohne fremde Hilfe gar nicht hinein gefunden hätten in dieses System? Könnte es ferner sein, dass auf dem Gebiet der ehemaligen DDR die Bevölkerung zwei deutsche Diktaturen erlebt hat und dass die Aufarbeitung der ersten deutschen Diktatur im Westteil erst verspätet einsetzte, dann aber bis in die Familien hinein geführt wurde und bis heute nicht abgeschlossen ist? Im Ostteil sucht man fast ganz vergeblich nach der Aufarbeitung der zwei deutschen Diktaturen" usw. usf. (Michael Freiwald, „Die zwei Diktaturen nicht ausreichend verarbeitet", in: *Berliner Zeitung* vom 1./15./3. Oktober [sic!] 2016, S. 19) In den 1990er Jahren liegen die Anfänge wie die hohe Zeit der mehrheitsdeutschen Bringschuldpublizistik (im Titelquerschnitt der Bücher und Zeitschriften: *Ende der Schonfrist, Langsam reicht es, Wieviel denn noch?*). Sie hat im mehrheitsdeutschen Selbst- sowie Unterbewußtsein einen bis heute nicht aufgelösten → Zusammenhang zwischen den Erwartungen moralischen Abbüßens und materiellen Aufschwungs → stiften können. → bis tief in die Familien, → Freiheit und Wohlstand, → Wenn's umsonst ist ..., → Zahlmoral.

Broiler Falsches ist schwerer nachzuahmen als Richtiges, Westdeutsch schwerer als Hochdeutsch. Das mußte Sabine Knoll erfahren, eine → zwischenzeitlich vergessene Fernsehansagerin, die im Berliner Raum ob ihrer sächsischen Aussprache oft gehänselt wurde und dem durch Totalanpassung an die Fremdsprachigen zu entkommen hoffte. Als westdeutsch schreibende → Autorin erfand sich Knoll neu, ohne ganz von hochdeutschen Grammatikgewohnheiten lassen zu können. Mit lexischen Neubildungen suchte Knoll das zu kompensieren. Ihrem → Erfolgsroman verdanken wir den Hinweis auf og. xenophobes Kunstwort für → Zonis und damit auf einen → Antiamerikanismus, der sich nicht so recht traut (Else Buschheuer, *Ruf! Mich! An!,* München 2000).
Semantisch stärker verbreitet ist ‚B.' als zonengastronomisches Spezifikum; auch dies → durchwegs in Unkenntnis der nordamerikanischen Begriffsursprungs. „Wie kommt eine Punk-Band aus Düsseldorf denn bloß darauf, sich den Namen eines ostdeutschen Brathähn-

chen zu geben, dem Broiler?" (Stefan Strauß, „Vom Brathähnchen haben sie nichts gewußt", in: *Berliner Zeitung* vom 15. Juli 2017, „Kulturkalender", S. 1; Originaldeklination) „Dem Erfolg der Band hat diese Ostalgie-Note zum DDR-Grillhähnchen jedenfalls nicht geschadet ..." (ebd.; Originalpräposition)
→ Bildungskatastrophe, → Dativschwäche, → Genitiv-Dativ-Liaison.

brutaldeutsch Anzeiger- und Aufkläreradjektiv aus dem → medialdemokratischen → Wächtersprech; eventuell Singulärprägung des Popmusikkritikers Jens Balzer. Dieser verfolgt seit Jahrzehnten das → emanzipationsdefizitäre wie auch sexualethisch fragwürdige Treiben der deutschen Volksmusikgruppe → Rammstein, namentlich das ihres so zartgliedrigen wie spätberufenen Mitglieds Christian Lorenz. Weniger wachsame Kritiker würden dem schmalen Tastenmann wohl kaum zutrauen, was dieser mit seinen oft sphärenmusikalisch anmutenden Schöpfungen an → menschenverachtend-nationalistischer Infiltration leistete: „Mit [Rammstein] schuf der heitere Typ von der Magdalene Keibel Combo in den 90ern den brutaldeutschen Klang der Neuen Zeit, Soundtrack für No-Go-Areas und brennende Flüchtlingsheime." Darüber, so Balzer, hätten viele Kritikerkollegen bislang weder gesprochen noch nachgedacht. Der Begleitton zur Ausländerhatz wurde in DDR-Hobbykellern entwickelt, wo die Vorgeschichte des → fremdenfeindlichen Gesamtdeutschlands begann. „Ist es eine andere Geschichte?" („Frigitte Hodenhorst kehrt zurück. Ein neues Buch erinnert an die Cassettenszene der DDR, in der Volksbühne trafen sich Veteranen", in: *Berliner Zeitung* vom 25. September 2006)
Wer gar wie Rammstein-Sänger Till Lindemann mit einem kräftigen Körper und einer tiefen Stimme geschlagen ist, nicht aus Westdeutschland kommt und nicht → ironiefrei → Position zugunsten einer → emanzipatorischen Sexualität bezieht, steht unter schwerstem Naziverdacht, zumindest unterm Verdacht nur unzureichend → herrschaftsfreien Gesangs. Näheres und Weiteres aus der Balzerwelt: → Identitäre, identitär.

brutalstmöglich Zuerst und zumeist in Verbindung mit → Aufklärung gebräuchliches Adjektiv, 2001 prominent geworden durch den hessischen Ministerpräsidenten Roland Koch. Letzterer ließ keinen Zweifel daran, was im Zuge des CDU-Spendendebakels sowie weiterer → Fehler ‚brutalstmögliche Aufklärung' zu bedeuten habe, nämlich eine Vorwärtsverteidigung nach Regeln der rituellen Selbstreinigung. Die Pastorentochter Angela Merkel fand noch Jahre später so viel Gefallen an der protestantisch-moralisierenden Emphase dieser herzlich-groben Floskel, daß sie bald mit ihrem eigenen Verhalten in diversen Plagiatsaffären von Regierungsmitgliedern (→ inklusiver Populismus) assoziiert wurde.
→ Diskurs der Entschuldigung, → Schönsprech, → Verwundungen, Verletzungen, Empfindungen.

Bübchenbelletristik Sprach-, Schreib- und Spreizstil jüngeren Entstehungsdatums; im engeren Sinne literarisches Genre der → Neonarzissten, → Neuschnöselsprachler und überhaupt aller Leidtragenden an der eigenen Harmlosigkeit. Besonders letzteres rechtfertigt es, die B. als → definitiven Bestandteil bundesdeutscher Nationalkunst zu deuten. Die exklusiv männlichen → Vertreter der B. widmen sich exklusiv sich selbst, das → meint: ihrer → Selbstbestimmung als → Generation. Der jedesmalige ‚Roman einer Generation' wechselt circa im Siebenjahresrhythmus seinen Generationsindex, ist gleichermaßen erfahrungsfrei und meinungsreich entworfen und zumeist in so → entschlossenem Ton wie unsicherem Deutsch gehalten. Einflüsse des → Maulheldischen wie des → Mosebachdeutschen sind in der jüngsten B. (Simon Strauß, Malte Oppermann, Robert Eberhardt)

unverkennbar: Faible für ‚gefährliches Sprechen' (S. Strauß), ‚Revolutionen im Kopf' (M. Oppermann), kurz, ein Anstrampeln gegen die eigene, landestypische Unschuld, dazu ein Überfluß des Adjektivs, des Elativs, der → Genitiv-Dativ-Mesalliance sowie allgemeine → Dativschwäche. Die Selbstauskunfts-, Selbstdarstellungs-, Selbsterkundungs- und Selbstverklärungs*romane* der B. (meist Erzähl- oder Essayprosa von max. 170 Druckseiten) mischen herrchenhaften Schnodderton mit Vornehmsprech, was die → durchwegs kleinbürgerlich-mittelklassigen Autoren gewiß für Aristokratenstil halten. Freilich bestehen hierin auch → Schnittmengen mit der universitären Qualifikationsprosa (→ Publikationsliste) und der akademisch geprägten *écriture féminine*.
→ Akkusativ-Nominativ-Inversion, → elegantes Deutsch, → Ich-Wichtigkeit, → Jovialsprech, → Konzepte, → Realismus, → weibliches Schreiben, → Wider dem Vergessen.

Bücherverbrennung Im Spätwestdeutschen der Qualitätsfeuilletons und Polizeiberichte ein weitgehend geschichts- und wertneutral gebrauchter Terminus für regionale Abiturientenfeste. So ist es offensichtlich unter adoleszenten → Projektkindern mit → bildungsbürgerlichem → Hintergrund in → bildungsferneren Gegenden üblich oder akzeptiert, „ihrer Freude über die abgeschlossenen Abiturprüfungen in Form einer rituellen Bücherverbrennung besonderen Ausdruck [zu] verleihen" (vgl. *Süddeutsche Zeitung* sowie weitere Südmedien vom 5. Juli 2018). Ein womöglich → paradigmatisches Lehrstück über den → Stellenwert von Bildung und im weiteren von Büchern als → entsorgungstauglicher Mittel nach erreichtem Sozialzweck?
→ aufsteigen, → Mottowoche, → Rituale.

Bundesbeauftragter für die Unterlagen des ehemaligen Ministeriums für Staatssicherheit der DDR kann nur jemand sein, der aus der → ehemaligen DDR stammt und im nicht mehr ehemaligen, somit heutigen Ministerium für Staatssicherheit dessen Geschäfte mit → freiheitlich-demokratisch geläuterten → damaligen Mitarbeitern fortführt.

Bundesrepublik Adenauer Bislang nur nachgewiesen als Singulärprägung des → Qualitätsjournalisten Stephan Detjen (*Deutschlandfunk*, „Zeitzeugen im Gespräch", 27. Oktober 2016). Hier Synonym für die noch nicht → beschädigte BRD, deren „Gründer, den Deutsche im Osten wie im Westen verehren wie kaum einen anderen Politiker des 20. Jahrhunderts", noch sagen durfte: „Der Bürger ist entsetzlich dumm." (zit. nach: Felix Bohr, *DER SPIEGEL* (15/2017) vom 8. April 2017, S. 10–17, hier: S. 11).
Zum jammerwestlich-nostalgischen Gefühlskontext: → rheinischer Katholizismus, → Verwundungen, Verletzungen, Empfindungen.

Bündnispartner Zumeist gegen Dritte gerichtete → Freundschaft; kampfeslustige Form der Innerlichkeit.
→ der Westen, → die Alliierten.

bunt ist als Kontrastadjektiv → das Andere des → blaßgrauen → Grauens, ist die Farbe des → Mehrheitsdeutschen und seiner farbenfreudig eingekleideten Konfessionen, ist die Farbe beispielsweise von *SZ*-Religionsredakteur Matthias Drobinski. Der stellt sich und seine Kirchenapologie *Kirche, Macht und Geld* wie folgt vor: „Er hat als Journalist gelernt: Selten ist etwas einfach gut oder böse, schwarz oder weiß. Manchmal sind die Dinge grau – noch öfter aber sind sie zum Glück bunt – bunt wie das Leben." (Random House, 2013). Ausgenommen natürlich das Leben in → der DDR (I).
→ irgendwie; → Betroffenheitliches, → Frommsprech.

Buntheit (seltener: das Bunte) Substantivisch stellvertretend für Lebensort und -stil westdeutscher → Weltoffenheit; das Farbadjektiv ist hiervon abgeleitet. Von der B. der Bundesrepublik wissen → mindestens wöchentlich ihre → Qualitätsmedien, etwa der → *Deutschlandfunk*, zu berichten. „Die Themen unserer ‚Wochenendjournale' sind bunt wie der Alltag": „Die regionalen Besonderheiten der Bundesländer spielen eine große Rolle: sogenannte No-go-Areas in Duisburg-Marxloh, die Auftritte einer Kölner Karnevalsband oder die ‚Kohltourhauptstadt' Oldenburg." Strikte Westorientierung gehört „zu den Alleinstellungsmerkmalen des Deutschlandfunks". Derlei Heimatverbundenheit kann nicht unbelohnt bleiben. „Viele Journalistenpreise habe uns unsere → Einzigartigkeit, Originalität und Qualität bestätigt." („Bunt wie der Alltag und immer nah dran", Programm 9/2017, S. 84)
→ ankommen (tun), → Bamberg, → Detmold, → Köln; → das Eigene und das Fremde, → die alte Bundesrepublik.

Bürger Der Ausdruck hat im Westdeutschen der → MEDIALDEMOKRATEN, ja der → Qualitätsmedien insgesamt einen merkwürdigen Wandel durchgemacht. Nachfolgend Zitate aus einem dafür symptomatischen Werk: „Die Mitte der Gesellschaft sollte eigentlich die Mehrheit der Bürger umfassen." (Liane Bednarz/Christoph Giesa, *Gefährliche Bürger. Die Neue Rechte greift nach der Mitte*, München 2015, S. 25) Die Autoren unterscheiden nicht nur „Eltern und Kinderlose", sondern auch „Bürger, Arbeiter und Angestellte" (S. 182). „Seit einiger Zeit schon scheint eine gewisse Verwirrung im klassischen Bürgertum, der viel beschworenen Mitte zu herrschen." (S. 23) „Täglich regen sich [im Internet] radikalisierte Bürger über ihre Lieblingsfeindbilder auf." (S. 75) „Es hat sich ein vielschichtiges Milieu gebildet, das in all seinen Unterschieden eine Gemeinsamkeit hat: Ganz offen wird denjenigen die Hand gereicht, die das Bürgertum über Jahrzehnte gemieden hat wie der Teufel das Weihwasser." (S. 74)
‚B.', soviel kann man dem wohl entnehmen, ist ein Ausdruck, der durch Verwendungsbeispiele kaum an Kontur gewinnt. Die Bedeutung schillert längst nicht mehr nur zwischen ‚bourgeois' und ‚citoyen', sondern auch zwischen ‚Klasse', ‚Milieu' und ‚Bevölkerung'. Das mag mit dem Versprechen der → ‚offenen Gesellschaft' zusammenhängen, ein ganzes Volk auf den Sozialstatus des – dann unvermeidlich nivellierten – Mittelklassemilieus zu bringen. Im medialen → WÄCHTERSPRACHspiel ist ‚B.' eine Spielmarke, die für → ‚die Mitte der Gesellschaft' einzusetzen ist, eine Mitte, die bekanntlich ohne autochthone Wertsubstanz ist. Diese gewinnt sie erst in Verteidigung gegen ihre → Ränder, genauer: in deren → Entlarvung als linker oder rechter Extreme der → Bürgerlichkeit.
Der B. aber, das ist die Überzeugung seiner Verteidiger, wohnt in der Mitte und ist liberal – wenn man ihn läßt. Kommunistische und → reaktionäre Bürgerfeinde immerhin wissen, daß „der verängstigte Liberale ein reißendes Tier" ist (N. G. Dávila). Der besorgte, verängstigte, bei Bednarz/Giesa: ‚verunsicherte' B. ist der aus ‚aus der Mitte der Gesellschaft' vertriebene B., der B., der seine → ‚vermeintlichen' Interessen artikuliert. Doch selbst wo der B. seine Interessen mißverstand, steht eine → entlarvungstüchtige → Aufklärung bereit, um ihn wieder in besagte Mitte zu rücken. Hat doch die „nach rechts driftende, sich radikalisierende Mitte" ihr Driften an den Rand „noch nicht einmal immer bemerkt" (Bednarz/Giesa, S. 11).
Freilich kann es keine Mitte ohne Ränder geben. Die Rede vom B. als dem Ureinwohner der Mitte ist daher entweder zweideutig oder einfältig-verlogen. Einerseits sollen B. nur gefährlich werden, wenn die Extreme sie verführen, andererseits gelten ‚Bürger' und ‚Mitte' als Synonyme. Eine ‚bürgerliche Mitte', die man vor sich selbst schützen und über sich selbst aufkären muß, ist ein Paradox; sie ist auch nicht politisch autochthon. Zweifellos gibt es den ‚organisierten Haß', den Bürgerschützer wie Bednarz/Giesa zitieren. Doch kommt er eben aus jener Mitte der Gesellschaft, die meint, es nicht länger sein zu dürfen.

Sollte der Erfolg der ‚Haßprediger' bei den Bürgerlichen nicht mit einer verkorksten Verbürgerlichung der Gesellschaft insgesamt zu tun haben? Von der langen BRD-Geschichte wutbürgerlicher Parteigründungen aus geängstigter Mitte findet sich bei Bednarz/Giesa kein Wort. „Gründe für den Hass zu suchen" sei „müßig" (S. 215). So kann man sich als Inhaber einer schönen Seele fühlen und den Haß als eigentlich unbürgerliche Gefühlsbekundung auch geographisch aussiedeln: „Ähnlich wie während der Pogrome in Rostock-Lichtenhagen oder Hoyerswerda Anfang der 1990er-Jahre schämt man sich seines Hasses nicht." (S. 7)
→ Purismus; → Haß und Verachtung.

Bürgergesellschaft „Heinz Bude ist ein Meister der Beschreibung sozialer Mentalitäten", versichert → Qualitätsjournalist Michael Hesse („Du bist nicht allein", in: *Berliner Zeitung* vom 17. Februar 2015, S. 19). Den oft erfragten Klassenunterschied zwischen Bürger- und → Zivilgesellschaft erläutert Bude wie folgt: „Was die Bürgergesellschaft langer Dauer angeht, stellt Westdeutschland allerdings eine andere Zivilgesellschaft dar als Ostdeutschland." Zu den → mittelfristigen Perspektiven westdeutschen → Wir-Gefühls Näheres unter: → Beitrittsphantasma, → Ostdeutschsein.

bürgerlich- (gepflegt, geborgen, gediegen, freiheitlich, liberal, mittelständisch, nobel usw.) Adjektivkoppelungen dieser Art finden sich häufig in der Sprache der → Gutbürgerlichkeit, wenn sie einen ‚Na so was!'-Ton anschlägt; der pleonastische Charakter bleibt dabei gewahrt. Langfristig → gewachsene Parallelweltbürgerschaft → generierte westelbisch einen Dialekt von → tiefsitzenden Überzeugungen und akzidentell aufflackernder → Empörsamkeit, wie ihn insbesondere der → Qualitätsjournalismus von → *Deutschlandfunk, ZEIT, Frankfurter Rundschau* oder *Berliner Zeitung* pflegt. Aus letzterer eine besonders gut gewürzte Kostprobe. „Haben die antisemitischen Vorfälle im südlichen Schöneberg etwas mit den sozialen Veränderungen im Stadtteil zu tun?" fragt Harry Nutt nach einschlägigen → Pöbeleien in einer überaus → multikulturellen Gemeinschaftsschule. Die Antwort wird zum Credo einer → Bürgerlichkeit als → Antisemitismus-Antidotum: „Es ist eine bürgerlich-gediegene Wohngegend ... dass so etwas am hellen Tag ausgerechnet im biederen Friedenau passiert ... das kurze Stück Stadtautobahn, die das bürgerlich-noble Friedenau auf brutale Weise von ‚dirty' Friedenau trennt." Freilich: „Gleich mehrfach wurden selbst im bürgerlichen Friedenau jenseits der S-Bahn die sogenannten Stolpersteine ... von anonymen Marodeuren herausgerissen." Doch bleibt es dabei: „Ende der 90er-Jahre zogen viele Angehörige eines bürgerlichen Mittelstandes mit ihren Familien fort." („Am hellen Tag in ‚dirty' Friedenau", 4. April 2017, S. 11)
→ Bürgertum, → Dunkeldeutschland, → Jude/n, → Weltoffenheit.

Bürgerliche/r Im → Medialdemokratischen sowie in → der medialdemokratisch zubereiteten Politik nicht länger klassenspezifischer Ausdruck für mögliche Mesalliancen („Prinz W. entschied sich für eine Bürgerliche"), sondern ein Synonym für die politische → Elite der moralischen → Mitte, Mehrheit, Masse: „Bürgerliche sollten immer bürgerlich argumentieren." (Cem Özdemir, *Inforadio*, 30. Oktober 2017)

bürgerliche Mitte Synonym für → gesellschaftliche Mitte; vgl. auch → die Mitte der Gesellschaft.

Bürgerlichkeit Im neueren Westdeutsch ein pathetisch gehobenes Substitut für → ‚Bürgertum'; traditionell das → Spreizwort für einen soziokulturellen Phänotypus → der alten Bundesrepublik, im weiteren → des Westens überhaupt.

Zu den sprach- wie geisteshistorischen Auffälligkeiten westdeutscher Spätzeit gehört der → westlinke Eifer, sich selbst B. zu attestieren. Unverkennbar wollen ehemalige Antifaschisten, seit ihrer rasanten Selbstverwandlung in Antitotalitaristen nach 1989, in der bundesdeutschen → Bürgergesellschaft vor allem eines: → angekommen sein. Diese Gesellschaft wurde im innerwestdeutschen Wasserglasgestürm von Freund und Feind stets als mittelklassig bis kleinbürgerlich klassifiziert, die längste Zeit der BRD-Geschichte in eindeutig pejorativem Sinne. ‚B.' ist hierbei ein Terminus möchtegernaristokratischer Verächtlichkeit gewesen, ein Versuch verbalen Ausbruchs → sozusagen aus der Gesellschaft von Möchtegerns und Muß-doch-alles-Mitmachern.

An der realhistorischen B. in ihrer westdeutschen Sonderbarkeit hat sich derweil nichts geändert. → ‚Bürgerlich' war und ist Westdeutschland zunächst im mehr-als-soziologischen, von Jean-Paul Sartre strapazierten phänomenologischen Sinne. Der Phänotypus der B. zeigt den Menschen, für den der Besitz die primäre Weltbeziehung ist, ein Sein, das sich durch Habe definiert. Sein Selbstbewußtsein ist naturgemäß schwach, es findet Halt an zahlreichen Selbstverdinglichungen, die auch → das Ich selbst als Inbegriff aller Habseligkeiten einschließen. → Das Ego ist die einzige und eigentliche Schöpfung des bürgerlichen Selbstbewußtseins, seine vollendete Ding- und Besitzform. Der zum Ich gewordene, d. h. verbürgerlichte Mensch kann jederzeit seine Meinungen, Vorlieben, Affekte usw. wie aus einem Katalog vorweisen. Seine Auskunftsfähigkeit über sich selbst ist schier grenzenlos; er hat die Konsistenz einer kunstgewirkten zweiten Natur. Onomatopoetische Phänomene wie die berühmt-berüchtigte → Knäkentenstimme bekräftigen in ihrer Tierähnlichkeit oder Automatenhaftigkeit, daß die → Verletzlichkeit des Humanoiden überwunden sei. Die zweite oder künstliche Natur macht nicht nur Worte um sich, sich macht sich auch selbst aus Worten, muß sich fast → permanent selbst beglaubigen. Dies erklärt → scheinbare Merkwürdigkeiten im westdeutschen Sprach- und Sozialverhalten, musterhaft etwa die Melange aus Selbstvertieftheit und Selbstentfremdung, aus Verklemmtheit und Penetranz in der Ich-Präsentation.

Doch lassen sich auch handfeste sozioökonomische, ja nationalhistorische Gründe angeben, warum die B. in Westdeutschland, insbesondere seine Mittelklassigkeit, (in) anderen europäischen Ländern auffallen muß. Die Mischung von Wesensvagheit und Erscheinungsroheit wurde als Typus früh und nachhaltig konserviert durch den gleichermaßen nationalen und sozialen → Sonderweg Westdeutschlands. Westdeutsche B. bezeugt die Supension von nationaler Schuld(en)bewältigung wie sozialem Klassen(kampf)-bewußtsein, ersteres durch besatzungsmächtige Befreiung aus realer Geschichte, letzteres durch das Einwurzeln und Gedeihen in sozialstaatlichen ‚Verwöhnungen' (B. Strauß), die einst der → Herausforderung des → Realsozialismus begegnen sollten. Ein so unschuldig wie unverwundbar wirkendes, in jedem Fall aber unsicheres → Selbstbewußtsein entstand, in dem sich Klassenposition und Nationalzugehörigkeit gegenseitig stützten. Nicht realgeschichtliche Erschütterungen, sondern bereits die bloße Kunde von solchen wie 1990ff. verleitete jenes schwache Kollektivbewußtsein, zur letzten und zugleich natürlichen Aushilfe jeder B. zu greifen, zur Berufung auf einen Besitz- und Konsumvorsprung. Somit ist es → strukturell unerheblich, ob der → BITTERMANNLINKE mit seinem → Bananenkonsum prunkt → oder ob sich der → MOSEBACHDEUTSCHE in seinem → Glaubensbesitz vor den → Zonis spreizt. → Spätestens im spätwestdeutschen → ANTIORIENTALISMUS verschmolzen die traditionell als Rechts- und Linksbürgerlichkeit apostrophierten Sprachmilieus.

→ Besitzbürgertum, → Bildungsbürgertum, → Bürgertum, → bürgerliche Mitte (→ die Mitte der Gesellschaft), → Ich-Stärke, → Kulturbürgertum, → Minderwertigkeitskomplex, → Primitivbürger, → Selbstbewußtsein, → spätbürgerlich.

Bürgertum, bürgerlich Im → SCHNÖSELSPRECH nie vulgär-soziologisch, sondern stets metaphorisch oder gar metapolitisch verwendet. ‚B.' und ‚b.' sind Chiffren einer geistig-kulturellen Selbsterhöhung, die den eigenen Sozialleib nur entweder prüde verleugnen oder frivol bejahen kann. Die Rede des Schnöselsprachlers von Bürgerlichkeit klingt demnach feierlich-segnend, wenn er dazugehört, und geradezu leidenschaftlich-erregt, wenn er das Gegenteil befürchten muß.

„Warum wir so rein sind: Erinnerung an eine zauberhafte Dürftigkeit, beinahe Unschuld, von heute aus empfunden, die jede Frühe besitzt, auch die eines Staatswesens, die Bundesrepublik der ersten Jahre. Nicht die Zeit des Vergessens und Ummäntelns war das, sondern die der Wiederanknüpfung an die Moderne in Kunst und Wissenschaft, die der großen Entscheidungen in Politik, Rechts- und Wirtschaftsordnung. Gleichzeitig das Kontinuum einer kaum beschädigten bürgerlichen Lebensform, die sich gegenüber der völkischen Revolution als resistenter erwies als gegenüber der emanzipatorischen, die sie in den folgenden Jahrzehnten für immer erledigte." (Botho Strauß, *Vom Aufenthalt*, München 2009, S. 151) Und *wir* dachten, völkische Exaltation und emanzipatorische Verlotterung wären aus demselben Schoß einer mal verängstigten, mal verhätschelten Bürgerlichkeit gekrochen, die sich dadurch selbst erledigte! Strauß' Prosa seit *Die Fehler des Kopisten* (1997) könnte das Gegenteil bezeugen: Die ewige Kleinbürgerlichkeit des *roturier*, der den Edelmann spielt, west zumindest in ländlichen Gegenden fort, in die Einzelne sich retteten. Schwerer haben es jene, die weiterhin Bürger in Metropolen wie Paris, London oder Bielefeld sein wollen. Karl Heinz Bohrer, „Herrenreiter in der Fußgängerzone" (H. Müller), hätte den modernen Kapitalismus ästhetisch gern ein wenig aristokratischer, steuerrechtlich aber strikt mittelklassig: Die Bundesrepublik und damit KHB selbst verliere stetig „an geistiger und politischer Attraktivität" durch die „Zerstörung bürgerlicher Denk- und Verhaltensformen", namentlich im Zeichen des Gleichheitsgedankens. In einem unter Germanisten rasch berühmtgewordenen, äußerst adjektivreichen Aufsatz geißelte Bohrer „plebsfreundliche Entrüstung", „erpresserische Rhetorik", „verblendete Wirklichkeit" (!) sowie Fanatismus, Hysterie, Verlogenheit bei den Befürwortern eines gerechten Zensus. Mit unverschämter Steuerpolitik bedrohe der „verkommene Sozialstaat" bereits jetzt KHBs und seinesgleichen „Pfründe wohlverdienten Zugewinns" („Lobhudeleien der Gleichheit", in: *Frankfurter Allgemeine Zeitung* vom 21. Oktober 2009). In seinen *Englischen Ansichten* hatte der Bedrohte für derlei Rhetorik die kürzere Formel gefunden: „Aggressivität einer unsicher gewordenen Mittelschicht" (*Ein bißchen Lust am Untergang*, Frankfurt/M. 1982, S. 7).

→ Entbürgerlichung und Entchristlichung, → HALBTROCKEN.

Bürger zweiter Klasse Während der westdeutsche → Qualitätsjournalist bei → Menschen zweiter Klasse selten anfragt, ob sie sich auch als solche fühlten, hält er es bei B.n z. K. genau umgekehrt. „Viele Ostdeutsche fühlen sich weiterhin als Bürger zweiter Klasse. Das ist zumindest unser Eindruck" – mit diesem wahrhaft majestätisch-mehrheitsdeutschen Plural eröffnete Andreas Beckmann am 7. März 2018 im → *Deutschlandfunk* eine Diskussion mit → Ostlern, die sich so zu tapferem Widerspruch (S. Rennefanz) oder „ganz nüchterner" Bestätigung (W. Thierse) eingeladen fanden.

Eine nach dem → Anschluß tausendfach applizierte → Kommunikationsstrategie der → Qualitätsmedien! Deren Klassenfrage ignoriert freilich den „westlichen Volksmund", demzufolge Ostdeutsche als Bürger bestenfalls *dritter*, „hinter den Türken kommender" Klasse gelten dürften (Wolfgang Pohrt, „Haß gegen den Rest der Welt", in: Klaus Bittermann (Hrsg.), *Unter Zonis*, Berlin 2009, S. 32–42, hier: S. 42).

→ Beitrittsphantasma, → Mauer in den Köpfen, → TÜRKENWITZE, → Untermensch, ostdeutscher, → „Fühlen Sie sich als Bürger zweiter Klasse?"

BürokratInnen Im geschlechterpolitisch korrekten Westdeutsch gelegentlich verwendete Analogie zu → BeamtInnen.

Buschzulage In den frühen neunziger Jahren häufig vernehmbar an → MEHRHEITS-DEUTSCHEN → Stammtischen; unter → Vorteilsrittern ein Synonym für staatsfinanzierten Gehaltszuschuß, implizit ein Hänselwort gegen die weniger raschen → Landsleute im Westen und Hämewort für die überrannten Gebiete im Osten.
→ der wilde Osten.

C

Charakterdarstellung (wahrscheinlich abgeleitet von ‚Charakterdarsteller')
Soziolinguistischer, in der Westdeutschenforschung lebhaft diskutierter Sammelbegriff für politische wie private → Kommunikationsstrategien. Was so verschiedene Sprechweisen wie beispielsweise → Betroffenheitliches, → Mauldheldisches, → Medialdemokratisches, → Mosebachdeutsch und → Purismus verbindet, ist die Außenseiterstellung des Sprechers gegenüber dem Gesprochenen/Ausgedrückten: Seine allzu genaue Vorstellung von dem, was der Sprecher sein will, schließt aus, daß er es sein kann. Als Charakterdarsteller kann er es nur ausdrücken, sprich: darstellen. Nicht zufällig wirken die expressiven Anwandlungen → mehrheitsdeutscher Muttersprachler wie → posthum erfunden, d. h. ausgedacht. Doch ist es kein kulturelles Paradox, daß eine eher fischblütige Rasse unter heftigem Affektblubbern konversiert. Sozialisierung in der mehrheitsdeutschen Gefühlskultur (→ Emotionalität) besagt ja, daß Meinen und Wollen stets primär, Affekt und Ausdruck sekundär, somit nachgeschoben sein müssen. Durch eine kulturtypische Illusion der späten Bundesrepublik ist das Affektive (Naive, Spontane, Unmittelbare) mit dem Individuell-Charakteristischen, dieses wiederum mit dem Wahren gleichgesetzt. Wenn der Westelbier also Wahrhaftigkeit bekunden will, wird er zum Charakterdarsteller. „Die Ministerin ließ mitteilen, daß sie getobt habe" (Pressekonferenz): Derlei Deklarationen aus dem Innenraumleben der → politischen Klasse, von → Qualitätsjournalisten folgsam nachgeschrieben und nachgesprochen, charakterisieren mittlerweile längst nicht mehr nur die sogenannte → Mitte der Gesellschaft. Auch am → linken und → rechten Rand Mehrheitsdeutschlands weiß man, was sich darstellungskulturell gehört. Untrügliches Sprachzeugnis hierfür ist der Überreichtum von Adjektiv und Adverb, ob im persönlichen oder im offiziellen → Bekennersprech. Durch ihn sucht eine erzkollektivistisch → geprägte Mehrheitsgesellschaft sich als Heer von Individualisten zu → präsentieren; eine Armee ausdrucksbewehrter Subjekte, worin per Eigenschaftswort „jeder Soldat seinen eigenen Kammerdiener bei sich führt" (Quintilian).

chirurgisch → Unverzichtbares Adjektiv im kriegsherrlichen, mehr noch im → Maulheldischen → Schönsprech. Auch → mehrheitsdeutsche → Medialdemokraten bevorzugen Wortverbindungen mit ‚c.' → zunehmend, wenn es diverse → humanitäre Einsätze auszuloben oder anzukündigen gilt.
Das Schönwort ‚c.' erschien medienöffentlich erstmals zu Beginn der 1990er Jahre, als die US-Regierung für den sog. Zweiten Golfkrieg „surgical warfare" ankündigte. Bill Clinton hielt die Rede von „chirurgischer Kriegsführung" während des Streits um die Massenvernichtungsmittel des Irak lebendig (vgl. Dieter Buhl, „Der Nervenkrieg geht weiter", in: *DIE ZEIT* vom 28. November 1997). Bombenwürfe aus sicherer Höhe wurden in den mehrheitsdeutschen Medien häufig als „chirurgische Luftoperationen" (*DIE WELT* vom 1. September 2002), „chirurgische Schläge" (*Handelsblatt* vom 16. September 2002) oder schlicht als „chirurgische Angriffe" (*Deutschlandfunk*, 27. März 2003) umschrieben.
In der mitunter kritischen, häufiger aber affirmativen Verwendung von ‚c.' drückt sich die Hoffnung aus, daß beim Versand → westlicher Werte durch die einschlägigen → Flugkörper keine größeren → Kollateralschäden auftreten mögen. Ein tiefes Vertrauen in die minimalinvasive Operationstechnik hatte bereits das Strategic Air Command bei seiner Luftschlagsplanung im Jahre 1956 offenbart („Kalter Krieg – US-Plan sah 91 Atombomben auf Ostberlin vor", in: *Süddeutsche Zeitung* vom 23. Dezember 2015). Die c.en Bombenwürfe sollten mit einem nur minimalen operativen Blutverlust Westberlins verbunden sein. Deutlich großzügigere Operationen waren für Moskau, Leningrad und Peking geplant.

Christbaum Aus der gottgrüßenden Wortgeräuschzone Bayern ins allgemeine Westdeutsch eingedrungen und dort als Ersatzwort für ‚Weihnachtsbaum' ergrünt. Mit → geflügelter Jahresendfigur ausstaffierter Höhepunkt der Bigotterie, womit sich der ewige Spießer über den durch und durch heidnischen Charakter des Weihnachtsfestes hinwegzulügen pflegt.

christlicher Bezug ist auf der Bezügemitteilung unter ‚Kirchensteuer' auffindbar und fehlt dem christlichen Angestellten am ‚verkaufsoffenen Sonntag'.

christusorientiert, Christusorientiertheit/Christusorientierung Neueres → DÜNKELDEUTSCH, das auf eine konfessionelle → Wertorientiertheit → verweist.
Mangelnde Selbstreflexion und daher mangelnder Sinn für das Lächerlichkeitspotential von Selbstpräsentationen charakterisiert die westdeutsche Selbstdarstellungs→kultur generell, insbesondere aber auf dem → Themenfeld des Weltanschaulichen. Das zeigt sich im höchsten Maße dort, wo man es mit dem Allerhöchsten zu tun hat, nämlich im konfessionellen → BEKENNERSPRECH. Pastor Henning Großmann beispielsweise von der Freikirchlichen Gemeinde in Hannover verordnete dieser einen Sonntagsgottesdienst mit Beatgruppenbegleitung und stellte sich und die Seinen wie folgt vor: „Christusorientiert – menschenfreundlich – weltoffen! → Die Menschen wollen hier einen → mündigen Glauben an Christus finden. Im Gemeindezentrum bieten wir Traumaarbeit und das → Projekt Geistgemeinschaft. Mit viel Offenheit gehen wir aufeinander zu." Mit Öffnung zum Radiopublikum: „Die Gemeinde hier → vor Ort bitte ich aufzustehen. Wir singen" usw. (*Deutschlandfunk*, 25. September 2016)
→ FROMMSPRECH, → sich öffnen, → PSYCHOSPRECH.

Chuzpe Hebräischen Ursprungs: Dreistigkeit, Unverschämtheit. Im modernen Westdeutsch zumeist gönnerhaft-anerkennend (→ JOVIALSPRECH) verwendet, wenn von unten nach oben gelobt wird; Ausnahmefall: Angela Merkel. Im Haß auf sie, der man immer wieder C. im rechten Moment nach jahrelangem Zuwarten attestierte, sind sich alle → gut- und wutbürgerlichen Milieus des Westens einig; ein dumpfes Grollen, in das sich nicht selten Quietschtöne der → Empörsamkeit mischen. Hatte → das Merkel doch den Glauben des Westzonenvolks erschüttert, es besäße ein Exklusivrecht auf Konformismus.
→ Anpassung, → ostdeutsche Biographien, → Kenntlichmachung, → Zonenwachtel.

City Toilette Malimo hatte Weltniveau. West- und dann leider Gesamtberlin hat Citytoiletten oder City-Toiletten oder City Toiletten (Orthographie betreiberabhängig). Dieses Panoptikum mit integriertem Zufallsfaktor prüft elementare Schamreflexe wie das Hosenhochziehen bei vorzeitiger Türöffnung oder das Abdecken einer Injektionsstelle nach selbstverabreichter Heroingabe; den Namen verliehen ihm wahrscheinlich Westfalen mit heftigem Begehr, als Westeuropäer oder gar Weltbürger zu erscheinen. Wenn der Besucher von Welt das englisch-französische Kauderwelsch verstanden haben sollte, dürften ihn vor allem die → exorbitanten Schnupperpreise (Schnupper-Preise? Schnupper Preise?) beeindrucken.

Comedian Komiker, der sich mit gutem Grund nicht so zu nennen wagt; leibhaftig gewordener westdeutscher Humorversuch, in allen Facetten des Stumpfsinns schillernd, am liebsten aber bonbonfarben.
→ Humor, → Satire, → Witzischkeit.

Comédienne (schriftwestdeutsch meist ohne *accent aigu*) In Kleinkunstszene und Feuilletondeutsch → zunehmend beliebtes, nach den Regeln der → Zweigenderung gebildetes

Pendant zu → Comedian. Zum Kerngeschäft von C. wie C. gehören → Anduzen des Publikums und Erzählen von Ausländerwitzen: "Koammt ähm ein Asiate, eine Ostdeutsche, ein Rollstuhlfahrer und ein Schwuler in 'ne Kneipe, soagt der Wirt, woas seid's ihr denn füan Haufn, doa soagn die, ja mir sind's die Buandesregierung. Den finde ich sehr schön. Zurück zum Thema Kinder. Ich bin jetzt sehr froh, daß ich nicht → zeitgleich in die Menopause rausche" usw. usf. (Sissi Perlinger, „Gönn' dir ne → Auszeit", Sony Music 2012)
→ ahm, → Pöbeln.

Comedy Im engeren Sinne → Aufgabenbereich eines → Comedians, im weiteren Sinne die Verfaßtheit westdeutschen Humors überhaupt. Als Artikulationsmittel einer → freiheitlichen Gesellschaft muß er sich Grenzen und Widerstände künstlich → schaffen, so daß er ob des ewigen Zweiparteiensystems der → Bürgergesellschaft entweder als → ‚linke' Satire auf vermeintliche Autoritäten oder als → ‚rechtes' Heruntermachen tatsächlich schon → Unterklassiger (Arme, Alte, Auswärtige) agiert. Die zweite Form verwechseln Humorprofessionelle manchmal mit Ironie, die aber im Westen nahezu unbekannt, weil seelisch nicht begünstigt ist: Man ist hier zu vollständiger Darstellung seiner selbst verurteilt, also kaum fähig zu jener Verstellung (griech.: eironeia) und kunstvollen Selbstverkleinerung, weil partiellen Selbstdistanzierung, wie sie die geistbegabte Machtlosigkeit seit je der geistlosen Macht entgegensetzte. Der im westdeutschen → Wir-Gefühl wiehernde Selbstdarsteller darf daher, gleich dem Holz- oder Zementkopf, innerlich undifferenziert, massiv, kurz: aus einem Stück sein.
Die Humorlosigkeit der westlichen C. – vorlachender Comedian, nachtretendes Publikum – bildet somit das individuelle Gegenstück zur systemischen Humorlosigkeit östlicher Diktaturen. Während sich die Staatssozialismen ernst und beim Wort nehmen lassen mußten bei Strafe ihrer Lächerlichkeit und gerade dadurch ein ironisches Massenbewußtsein erzeugten, ist es in der freien Welt umgekehrt: Die Institutionen, ob nun Handlanger ökonomischen Machtinteresses oder sozialen Mehrheitswillens, sind in ihrer jahreszeitlich bekundeten Autonomie (Wahltage, Gedenkstunden) unfreiwillig ironisch. Die Individuen hingegen sind vom Ich-Ernst bis zum Rand erfüllt – eine zu 100 % unironische Masse. Man lese, um das zu verstehen, etwa Heinz Bude (*Die ironische Nation. Soziologie als Zeitdiagnose*, 1999), der das selbst nie verstanden und deshalb das klassische → Ressentiment des durch Geburtsort hermeneutisch Benachteiligten entwickelt hat. Oder schlage nach bei Klaus Bittermann, dem Frontstadtschreiber und Spätberufenen der puren Westlichkeit (*Unter Zonis. Ein Rückblick*, 2009).
→ System, → Witzischkeit.

cool sind Maxim „Rostnagel" Biller zufolge Globke, Filbinger und die 1968er Wahlerfolge der NPD; alles weitere: → am coolsten.

Couch Im Westdeutschen nicht selten für ‚Coach' und damit wohl eine Form sprachlicher Verschämtheit oder des → SCHÖNSPRECHS, vielleicht aber auch Ausdruck westzonalen Polsterungsbedarfs und → Anspruchsdenkens. Im Jahre 2010 erschien in der *Schwäbischen Zeitung* → immer mal wieder diese Anzeige: „Suche Couch für Mathe, Physik und Bio Klasse 12".
→ Förderunterricht, → Kinderwunsch-Coach, → Schulvermeider.

D

da Füllwort im → JOVIALSPRECH („Ich wäre da jetzt ganz vorsichtig, aber der Diskurs hat da jetzt so eine Wertigkeit da, und da wäre für mich total spannend zu wissen, was da läuft" usw.); zur Funktion ausgesuchter Adverbien und Konjunktionen in → Qualitätsmedien: → so.

dabei Hochdeutsch: ‚allerdings', ‚jedoch', ‚ungeachtet dessen'.
Das Wörterbuch der Sprachschwierigkeiten, im hochdeutschen Bereich während der 1980er Jahre in mehreren Auflagen erschienen, kennt das Pronominaladverb in mehreren Funktionen. Die heute → qualitätsmedial vorherrschende ist nicht darunter. Im sprachpragmatischen Übergangsfeld von → JOVIAL- und → LEHRAMTSSPRECH leiten Westelbiens Qualitätskommentatoren ihre → Ansagen gern wie folgt ein: „Dabei hätte es der Partei nicht geschadet ..." „Dabei hatte die Regierung alles getan ..." „Dabei braucht es gar nicht viel ..." Das betuliche → Verweisen gerät so zu einem energischen → Anmahnen, die Mitteilung zur Meinungsäußerung, d. h. zur Mitteilung darüber, wie dem Kommentator politisch oder intellektuell zumute sei. In den → meinungsstarken → Schnittmengen von Presse und Wissenschaft, also vor allem in den sog. Humanwissenschaften, ward das Dabeisagen endemisch.

dadrin Immer wieder beeindruckt das westdeutsche → Begehren, die natürliche Tendenz zur Silbenersparnis, wie sie das gesprochene Deutsch charakterisiert, rückgängig zu machen. Aus ‚darin' und ‚drinnen' wird im Deutschen ‚drin', aus ‚drin' wird im Westdeutschen ‚dadrin'.

dadrum Hybrid aus ‚darum' und ‚drum', Synonym für beides; häufig in → JOVIALSPRACHLICHER Absicht gebraucht, am häufigsten im → *Deutschlandfunk*deutsch: „Der größte Streit ging dadrum, ob wir uns duzen oder siezen ..." (anläßlich der → Anvisierung eines → Meinungsbekundungsjournals durch → Qualitätsjournalisten, 25. September 2017).
→ anduzen.

daherkommen → JOVIALSPRACHLICH für: auftreten, erscheinen, sich geben.

dahingehend Signalwort für dahingegangenen Sprachverstand; beliebter Satzfüller in unteren Beamten- und sonstigen Anwärterkreisen. „Wir waren dahingehend übereingekommen, daß wir von ein bis drei Uhr Mittagspause machen." (Hörfund)

damalige DDR Im Unterschied zur jetzigen DDR ein Staat, an den sich dessen Einwohnerschaft in → BETROFFENHEITLICHER Weise → zurückerinnern sollte. Ganz so, wie es Anetta „Victoria" (1974–1982) Kahane → vordemonstriert. Die damalige FDJ-SED-IM-Engagierte und nachmalige DDR-Entlarverin („Ich war nicht gemacht für die DDR", in: *taz* vom 30. August 2004) empfing bereits 1991 stellvertretend für „die friedlichen Demonstranten des Herbstes 1989 in der damaligen DDR" die Theodor-Heuss-Medaille und ist somit endgültig → angekommen bei denen, die zu Ermächtigungen neigen.
→ Papa Heuss.

da nicht für (seltener: dafür nicht) ist als Dankeserwiderungsformel im gesprochenen Westdeutsch → zunehmend → unterwegs, dem debildeutschen → ‚gerne' Konkurrenz zu machen. Möglicherweise entstand der stottersprachlich anmutende Dreiwortklang aus dem „Nicht doch, wofür denn?" wie dieses wiederum als verbaler → Weltoffenheitsversuch aus dem Russischen („Не, за что?!") oder auch aus dem Französischen („Non, pour quoi?!").

Dankbarkeit findet man, anders als Devotheit, in Deutschlands Westen selten. Sie wird deshalb gern woanders gesucht, etwa im → Anschlußgebiet. Wo sie, je nach politischer → Herkunftsheimat der Dankbarkeitssucher, entweder überreichlich gefunden (Fritz Tietz: „Danke, danke stammelten sie …") oder vergeblich gefordert wird. Der Deuter → des Ostdeutschen, Heinz Bude, hat mal gesagt: „Ein CSU-Politiker hat mal gesagt: Warum sind die Ostdeutschen immer so furchtbar aufgeregt und weisen das völlig von sich, wenn man sagt: Ihr könntet eigentlich auch mal dankbar sein?" („Vom ostdeutschen Glauben, mehr zu wissen. Die alte Heimat ist weg, der Komplex bleibt" usw., in: *DIE ZEIT online* vom 4. August 2011)

Der westdeutsche D.serwartungskomplex findet sich in allen Sprach- und Meinungswinkeln, von der → BITTERMANNLINKEN in Berlin-Kreuzberg bis zu den → SCHNÖSELSPRACHLERN um Botho Strauß. Er wurzelt tief in psychohistorischen → Verwerfungen → der alten Bundesrepublik. Wenn → Vertreter der westdeutschen Besatzungsmacht die Ostdeutschen zu D. mahnen, → meinen sie offenkundig dieselbe → Unterwürfigkeit, die sie ihrerseits einst der amerikanischen Besatzungsmacht entgegengebracht hatten – ehe diese ihnen unter D. Trump entlief.

→ antiamerikanisch, → Gratis-Mut, → Soli, → Wir, → Wir (Deutschen) im Westen; → Wie wir Amerikaner wurden.

darstellen → BLÄHWORT für ‚sein': „Der Verkauf stellt sich als schwierig dar." „Der Landeshaushalt stellt sich als verschuldet dar." „Die Doktorarbeit stellt sich als eine eigenständige Leistung dar." Eine gelungene Darstellung: im Land der → Promotionshelfer, des → Förderunterrichts und der → Schreibschulen das Ziel aller Mühen am Dasein.

darum/davon wissen Jenseits von → BLÄH- und → SPREIZSPRECH weiß man, was Sache ist oder auch nicht. Diese harte Alternative ist nichts für → Menschen, die von erlesenem Wissensschmerz betroffen sind (→ BETROFFENHEITLICHES): Sie wissen zwar wenig über etwas, jedoch um so mehr *darum* oder *davon*. Anders als von Dolf Sternberger einst im *Wörterbuch des Unmenschen* vermutet, ist das *Darumwissen* keineswegs → Eigengut der Braunrauner, im Gegenteil. Die linke Melancholie der Benjamin-Imitatoren (→ Begriffshütten) bedient sich hier besonders eifrig. Benjamin selbst hatte diese Floskel selten verwendet, leider jedoch in seinem der Edelschmerzfraktion einzig bekannten Text Über den Begriff der Geschichte: „Der historische Materialist weiß darum." Eher rechts- denn linksintellektuell hingegen das *Davonwissen*, archaische Ableitungsautorität aus Ursprüngen verströmend: Man denke des bereits erwähnten Ex-LPG-Schäfers (→ Atheismus), der dem schreibenden Eigenheimbesitzer Botho Strauß durchs Blickfeld tappt und der „von übersinnlichem Wissen, von ländlichen Mysterien" nichts und „überhaupt nur eine arme Handvoll nützlicher Dinge" weiß. „Sie haben hier nicht den Schatten einer Ahnung, daß er der Held großer Dichtung, daß er der früheste Bote schlechthin ist. Keinen anderen umgibt soviel Mythos und ursprüngliche Religion. Keiner ist und bleibt so nahe dem Dichter verwandt und gibt obendrein wahrscheinlich die meistbenutzte Metapher der Welt. Davon weiß hier niemand etwas." (*Die Fehler des Kopisten*, München 1997, S. 18f.) Strauß jedoch, der „Mann vor seinen Feldern", dem „die Rufe des Felds und der Weide rufender sind als das läutende Telefon" (S. 69f.), ist im Alter wieder dialektisch geworden. Während es ostdeutschen Landarbeitern an den Kenntnissen gebricht, die „aber immer der LPG-Vorsitzende oder die Partei für einen besaß" (S. 19), sind westdeutsche Katholiken von unten, die „den Papst vermahnen", auf andere Weise unwissend: „Diese Leute ahnen offenbar nicht, wie nötig die Entfaltung des Pluralen der einen Instanz bedarf, die es ausschließt. Sie wissen nichts von Einfalt, die längst verlorenging …" (S. 110)

Wer aber davon weiß, der geht nicht verloren. Denn, wie ein vom Straußschen Weistumswehen angehauchter Kultursachse zu künden wußte, „er ringt, er sucht: ‚Vieles fällt mir schwer zu sagen.' Und er weiß um die Gefahren seiner eigenen Positionen ..." (Dirk Pilz, „Sei gegrüßt, Vergessenes! Das neue Buch von Botho Strauß [...]", in: *Berliner Zeitung* vom 27. März 2018, S. 19)
→ Arbeitnehmer, landwirtschaftlicher, → Gefahr, → Position.

das Abendland ist, wie Roger-Pol Droit in einer skrupulösen Studie nachgewiesen hat, nur unter intellektuellen Schmerzen zu verstehen (*L'occident expliqué à tout le monde*, Paris 2008), dafür aber, wie man von Springerswelt über die *ZEIT* bis zur *FAZ*, von Rotgrün über Gelbbraun bis Schwarzblau hört, unbedingt zu verteidigen, gegen alle Arten von Orient. Zuvörderst gegen jenen Osten, der gleich hinter der Elbe beginnt. Gerade durch sein gründliches Erleiden und Erfahren einer abendländischen Geschichte, die von den christlichen Totalitarismen der → Mission bis zum totalen Totrüsten der Transatlantiker reicht, scheint nun aber besagter Osten kaum befähigt, d. A. zu verstehen. Die Orientalen Deutschlands, verlautbart ein → meinungsstarker und festangestellter Springer-Anonymus, „sind selbstgerecht, weinerlich, ressentimentgeladen, verstehen nichts von Demokratie und Pluralismus, sind allein schon wegen der Entchristlichung unkultiviert, weil man das Abendland ohne Christentum nicht versteht, haben nie die eigene Diktatur aufgearbeitet, geschweige denn die davor und sind habituelle Heuchler. Sie hassen uns Wessis, sagen uns das aber nicht, weil sie → unser Geld wollen." (zit. nach: Regine Sylvester, „So, das fürs Erste", in: *Berliner Zeitung* vom 27. Oktober 2016, S. 8)
Heuchelei kann in einer bürgerlichen, Geldgier in einer kapitalistischen Ordnung niemandem zur Schande gereichen. Wie steht es jedoch mit der Kirchenferne des deutschen Ostens, von Westdeutschen oftmals mit Irreligiosität gleichgesetzt? Wenn das Christentum zum Abendland gehört, dann erst recht der Abschied von ihm. Der systematisch durchgeführte → Atheismus wäre somit die vollständige abendländische Erfahrung, der → verlogene und verdruckste Atheismus westdeutscher Weihnachtsfrommer eine unvollständige, verkrüppelte Form des Okzidentalismus. Einsam steht der Gottlose des Ostens vor einer Welt, die Gott und Kirche verlassen haben. Den seelischen Reichtum aus metaphysischer Vereinsamung hatten einst Existentialisten beschworen; das auf sich selbst gestellte Individuum ist freilich in den Landschaften des verkündeten und verordneten → Individualismus nahezu unbekannt. Näheres: → ANTIORIENTALISMUS; → Gottverlassenheit, östliche.

das alte Westberlin Synonym für ummauerte Idyllen und erfahrungsdichte → Identitäten; seit mindestens zwei Jahrzehnten eine fixe Formel der → Westberliner Sentimental- und Heimatkunst, im weiteren frontstädtischer → Selbstmitleids- und → Selbstverständigungsliteraturen.
Zahlreiche Bücher, Filme und Ausstellungen unter diesem oder geringfügig variiertem Titel zeugen von der Artverwandtschaft mit der → kulturellen → Herkunftsheimatseligkeit → der alten Bundesrepublik, deren arttypische → Provinzialität hier freilich gesteigert auftreten muß: Westdeutschland lebte auf Kosten Ostdeutschlands, Westberlin auf Kosten Westdeutschlands. Die Halbstadt war → spätestens in den 1960er Jahren zum Sehnsuchtsort und Konzentrat → alt(west)deutscher → Verantwortungsscheu und Lebensangst geworden; der „Parasitenstolz" (G. Aly) der rumpfstaatlichen Existenzform, bereits trizonal entwickelt an der Kriegsverliererhälfte Deutschlands, war im „pseudorevolutionären Wohlleben" (abermals G. Aly) der Westberliner → Altachtundsechziger und Ex-Revoluzzer → gleichsam auf ein historisch abstrakteres, moralisch zugleich tieferes Niveau versetzt. Im Frontstadtparadies erfreuten sich Wehrdienstflüchtlinge wie Botho Strauß und RAF-Nostalgiker wie Klaus

Bittermann jahrzehntelanger Alimentierung durch ‚Bonz' (→ alternativdeutsch für ‚Bonn') und das von dort strömende Geld. Unmittelbar vor der Maueröffnung und Stadtdurchlüftung hingen etwa 30 Prozent der Westberliner Existenzen am Subventionstropf. Fast doppelt so hoch war die Zahl in der Subventionsszene der alternativen → Projektekulturmacher; eine Verwöhntheit, die als charakteristisch quengelnde → Anspruchshaltung auch die drei Jahrzehnte nach Mauerfall und (folgenloser) Milieudurchlüftung unbeschadet überstehen sollte. Zu → Extrem- und Durchschnittsformen westberlinischer Lebens-, Realitäts- und Wahrheitsscheu näherhin: → BITTERMANNLINKE, → Kreuzberg, → Unterwürfigkeit.

das Andere/die Anderen/Anderssein/Andersheit Begriffsstummel aus Hegelschem Denken, die im → dekonstruktivistischen Dialekt dank logischer → Lässigkeit zu Universaldeutungsmitteln aufschwollen und beispielsweise Barbara Vinken beim → Denken der Flüchtlingskrise treue Dienste leisteten; zum neukolonialen Detail: → altdeutsche Ängste, → Männermangel, → Syrer oder Araber.
Doch auch in der → populistischen, genauer und mit einem Wort Heinz Budes: der → inklusiv-populistischen Hälfte des Unwörteruniversums schwadroniert's von Alterität, wie etwa beim Bestatter seiner eigenen Doktorwürde: „[S]ein bizarres, Ikarus-gleiches politisches Leben, das vom achtlosen Mantra des Andersseins beflügelt war, getragen von den Winden unerfüllbarer Erwartungen und der eigenen Hybris", dies sei „ein deutsches Schicksal", erklärte Karl Theodor zu Guttenberg im Spätsommer 2016. Er tat dies auf dem Kongreß „Denk ich an Deutschland" der Alfred-Herrhausen-Gesellschaft, wo es, wen wundert's bei diesem Gast, um erwünschte und weniger erwünschte Zuwanderung ging. Der Doktor i. R., der sich in → breiten Kreisen immer noch ersterer zurechnen darf, erklärte zu letzterer: „Ein dissonanter Dreiklang entsteht: Die Populisten greifen das Unbehagen und die Ängste auf. Die Etablierten greifen die Populisten an. Und die Bürger greifen sich fassungslos an den Kopf." (zit. nach: Tobias Peter, „Guttenbergs hochtrabende Bekenntnisse", in: *Berliner Zeitung* vom 24./25. September 2016, S. 4)
→ greifen.

das Böse Während in der mittelalterlichen Theologie das – stets teuflisch-konkrete – Böse nur als Abspaltung vom – göttlich-unermeßlichen – Guten zugelassen war, soll es laut Karl Heinz Bohrer das Wesen der → Säkularisation sein, daß auch Gutes leibhaftig-konkret auftreten könne, so wie z. B. die Anglo-Amerikaner 1944 → „jazzend aus dem Meer" erschienen „vor diesen tapferen, aber tumben und vollkommen anachronistischen deutschen Soldaten. Das war der Triumph der → Säkularisation. Ohne Götter human sein." („Das ist das letzte Gefecht", in: *DIE ZEIT*, 7. März 1997) Das Gute hätte demnach in der freidenkenden Neuzeit seinen → Ort gefunden, der gleich bei den Klippen von Dover zu besichtigen sei (vgl. ds., *Ein bißchen Lust am Untergang. Englische Ansichten*, Frankfurt/M. 1982, S. 172). Möglicherweise irrt der → HALBTROCKENE hier doppelt. Erstens haben ja tiefgläubige, handaufsherzlegende Angloamerikaner den heidnischen Faschismus besiegt, und zweitens war gerade durch diesen Sieg gottbegünstigter Völker das Böse so konkret geworden wie nie zuvor. Es bildete nämlich, wie eine politische Phantasie von geringer Abstraktionskraft (G. W. Bush, H. Broder) es will, eigene Reiche oder Achsen. Diese Konzentriertheit des Bösen wurde erst durch die Selbstauflösung seines Reiches ruiniert. Gorbatschow beraubte → den Westen, der nichts von sich weiß, wenn er nicht weiß, was er nicht sein will, offenkundig seines Bösen. Der Phantomschmerz darob verlautet nach wie vor im westdeutschen → BEKENNERSPRECH und im → MAULHELDISCHEN angesichts des → Russenhitlers Putin und anderer Ersatzkandidaten für die roten Zaren.
→ der Russe, → Russenfreunde, → Sowjets.

das Eigene Fachbegriff aus dem konfessionellen wie auch aus dem nicht-konfessionellen → Frommsprech; offensichtlich als Analogie zu → ‚das Andere' gebildet, gegenüber diesem jedoch semantisch → asymmetrisch. Dies ist zunächst einer → provinzkulturellen Verliebtheit in → ‚Andersheit', ‚Anderssein' und artverwandte Idole verbaler → Weltoffenheit, im weiteren dem historischen Erfahrungs- und kulturellen Vergleichsdefizit der Wortbildner → geschuldet. Der Wille, sich des Eigenen zu versichern, ohne sich → dem Fremden auszusetzen, war und ist → paradigmatisch für Westelbiens Wir-Gefühl wie für seine sprachschöpferischen Möglichkeiten.

Eine erfahrungsweltlich geschlossene und seelisch sich verschließende Ökumene wie die westdeutsche empfindet Fremdes ambivalent. Es fasziniert und ängstigt sie gleichermaßen. Die Ökonomie dieser Angstlust ist jedoch stets eine kapitalistische. Es gilt, mit einem Minimum von Erfahrungen ein Maximum von Meinungen zu produzieren. Deshalb darf das Verfahren der medialen → Meinungselite als prototypisch für das westdeutsche Verhältnis zum Osten überhaupt gelten. Da weder der gemeine noch der → meinungselitäre Westdeutsche die volle, d. h. zweistaatliche Erfahrung deutscher Geschichte absolviert hat, vermag er den Osten nicht zu interpretieren, sondern d. E. nur als das Fremde zu imaginieren. Das geschieht auf ebenso tautologische wie denunziatorische Weise. Soziale und politische Phänomene in Ostdeutschland erklärt der Ostdeutschendeuter schlicht durch ihre → Osthaftigkeit; bedenkliche Entwicklungen der westlichen → Herkunftsheimat durch östliche Infiltration (→ Gefahr). Die Denunziation bedeutet deshalb mehr als die elementare → Kommunikationsweise einer in Weltanschauungswinkel und ihre Versorgungssysteme aufgeteilten Gesellschaft. Sie ist für Kulturprovinzler die einzige Möglichkeit, von sich selbst zu sprechen, ohne an sich selbst denken zu müssen.

→ Denunziantendeutsch, → Medialdemokratisches, → Purismus, → Wächtersprech; → diskriminieren, → das Eigene und das Fremde, → der Osten, → das Ostdeutsche → geschlossene Gesellschaft, → Sind Sie aus dem Osten oder aus dem Westen?

das Eigene und das Fremde (zuvor: das Selbst und das Andere, wir und die anderen, Deutschland und die Welt) In den zweitausendzehner Jahren prominent gewordene Universalformel → Dünkeldeutscher → Ostlerhermeneutik: Hiernach ist → das Eigene der Ostler durch strikte Entgegensetzung zum Fremden charakterisiert, während explizite Aufgeschlossenheit für Fremdes eine Eigenheit bayerischer, hessischer, westfälischer und schwäbischer → Weltoffenheit → darstellen würde.

Die schlichte Binarität der Formel und die Ungehemmtheit bei ihrer Verwendung sollten nicht darüber hinwegtäuschen, daß ‚d. E. u. d. F.' als → betroffenheitlicher Hybrid ursprünglich aus der akademischen Hochsprache, namentlich aus dem → Dekonstruktivistischen, in die Vulgärethnologensprache und erst von dort in die westdeutschen → Qualitätsmedien fand. In verräterisch → besitzbürgerlicher Ausdrucksweise schuf der → Mehrheitsdeutsche hierdurch das ursprünglich dekonstruktive ‚Le Moi et l'Autre' zur dünkeldeutschen Formel um. Tatsächlich drückt diese adäquat seinen Glauben aus, Eigenheiten durch Eigentum ersetzen zu können – auch durch Eigentum an den richtigen → Meinungen, → Gesinnungen, → Emotionen. Ihre → Ansage charakterisiert die westdeutsche Fremdenfreundlichkeit, die hauptsächlich Freundschaft mit gerade angesagten → Minderheiten sein will. Da dem West-, mithin Mehrheitsdeutschen aufgrund historischer Erfahrungsenge nahezu alles → ‚das Fremde' bleiben mußte, hatte seine Liebe zu diesem seit je freie Wahl.

→ Antiorientalismus, → Ausländerfeind, → das Ostdeutsche, → das Sächsische, → fremdenfeindlich, → Pack, → östliche Unwerte; → mehrheitsdeutsch, → mein Ego.

das Fremde wird in Oberseminaren und Theaterprojekten feierlich angestaunt, wenn es nicht gerade aus Ostdeutschland kommt. Dann kann man es nicht → riechen.
→ das Andere, → das Ostdeutsche, → Leiharbeiter.

Das geht (ja nun) gar nicht. Zunächst vermutlich reiner Sozialpädagogen-, Sexualtherapeuten- und → Spätgebärendensprech für das, was nicht sein soll, aber durchaus gehen würde; auch der semantische Einfluß von → GRÜNSPRECH liegt nahe.
In der Alltagssprache ist diese durch → das Merkel rasch berühmtgewordene Floskel inzwischen seltener als in den Dialekten → der Politik und der ihr zuarbeitenden → Qualitätsmedien. Ungeachtet des → PUERILSTILlistischen Einschlags bleibt ‚D. g. g. n.' unverkennbar → JOVIALSPRECH: Eine → Autorität begibt sich ostentativ ihres (hoch)sprachlichen, nicht aber ihres sozialelitären Ranges; eine Aspiration freilich eher denn eine Repräsentation realer Verhältnisse. Die Floskel verlautet nämlich stets → posthum. Was nicht gehen soll, ist bereits gegangen. Dem Lippenkräusler und Schnutenzieher bleibt somit allein das → Kommunikations→segment moralischer → Empörsamkeit. „In deutschen Städten prallen ein öffentlich zur Schau gestellter Reichtum und ein Heer von Obdachlosen aufeinander. Das geht gar nicht." (Reiner Hoffmann, Vorsitzender des DGB, zit. nach: *Berliner Zeitung* vom 2. Januar 2019, S. 8)

Das haben Sie sehr gut gesagt./Das haben Sie sehr schön gesagt./Das ist eine wichtige Frage. Im weithin ironieresistenten Westdeutschland nie eine Selbstparodie didaktisch deformierter Seelen, sondern stets ein aufrichtig gespendetes Lob. Ein Volk von Oberlehrern und Musterschülern kann sich nun einmal schwer verleugnen: Es findet immer jemanden, zu dem es heraufblicken oder sich herablassen kann. Ein britischer Premier kannte seine *zonies*, als er von ihnen sagte: Dieses Volk hat man entweder zu Füßen oder an der Kehle.
→ BILDUNGSBEKENNERSPRECH, → JOVIALSPRECH, → LEHRAMTSSPRECH.

Das hat ganz viel damit zu tun, wie/daß ... Rhetorische Kompetenzgeste, die universelles → Kontextwissen prätendiert und noch in verspätet linksbürgerlichen, -liberalen, -emanzipatorischen Dialekten, exzessiv etwa im Claudiarothwelsch, ihre Abkunft von → ADORNITISCHEN ‚Verblendungszusammenhängen' und → altachtundsechziger ‚Das Politische ist mein Bauch und gehört mir' bezeugt. Für dergleichen Schrumpf- und Banalversionen → emanzipatorischen Sprechens gilt: Je weniger dem Einzelnen zu tun bleibt, desto mehr weiß er, womit das alles zu tun hat.
→ BILDUNGSBEKENNERSPRECH, → GRÜNSPRECH, → Diskurshoheit.

das Heterogene Im kulturpublizistischen Edelsprech zuweilen häufiger als → ‚das Andere', als Beispiel: → Kommunikationskultur.

Das ist Berlin! Eine ausnahmslos von westelbischen Zuzüglern und → durchwegs in didaktischer Tonart aufgesagte Formel, insbesondere in der südwestdeutschen Variante („Du, desch isch Berlin!"). Die → Situationen ähneln einander: eine überhöhte Geldforderung, ein plumper und rasch aufgedeckter Betrugsversuch, ein bereits am frühen Nachmittag auf die Hose des U-Bahn-Nachbarn verschüttetes Bier, das Anfahren von Fußgängern durch zugezogene Rennradler, häufiger noch durch ihre → neinfrei erzogenen Kinder. Die „D. i. B.!"-Phrase springt hier semantisch wie pragmatisch an → exakt jener Stelle ein, die im Sprachverkehr von Kulturvölkern für eine Bitte um Entschuldigung vorgesehen ist. Nun gilt zwar in der → MEHRHEITSDEUTSCHEN, d. h. in der deutschen Mehrheitsgesellschaft generell Höflichkeit als Schwäche, sind → PÖBELN und → NACHTRETEN bis in → gutbürgerliche

Kreise akzeptierte und praktizierte Umgangsformen. Doch beschränkt sich das zitierte, westelbisch eingeführte Sprachgebaren tatsächlich auf Berlin. Es beleuchtet → einmal mehr den zivilisatorischen → Sonderweg der westdeutschen → Provinz. Während nämlich in allen europäischen Kulturnationen der Zuzug aus der Provinz in die Metropole mit einer Verfeinerung der Sitten einherzugehen pflegt, verhält es sich beim westdeutschen → Massenzuzug und dem damit einhergehenden → Bevölkerungsaustausch genau umgekehrt. Eine der ältesten, in den Westzonen nie überwundenen Traditionen deutschen Barbarentums, die Verwechslung des Ungehobelten mit dem Aufrichtigen, ist in erster Linie hierfür verantwortlich.

→ Im Hintergrund steht der enorme → Anpassungsdruck, welchem sich der westdeutsche Provinziale in seiner → Herkunftsheimat nicht etwa bloß ausgesetzt sieht, sondern dem er sich in landestypisch vorauseilender → Unterwürfigkeit aussetzt. Dieses in der gesamten westdeutschen Gesellschaft, im Verhalten gegenüber der Besatzungsmacht wie gegenüber dem Betriebschef von klein auf eingeübte Verhalten setzt auf Distinktion durch gesteigerte Konformität, neutral gesagt: Normalität. Das erklärt nicht nur, warum es gerade die Extremisten normalwestdeutscher Spießigkeit ‚nach Berlin schafften', sondern auch, warum sie so leicht die → Struktur des heimisch erlernten Sozialverhaltens bewahren konnten: als *Schulmeister* des ungehemmten Rüpeltums nämlich. Wer einmal Opfer der zahlreichen Pöbeleien an Straßenkreuzungen, in Schalterräumen oder Warteschlangen wurde, wird sich gewiß der feixenden Siegermiene erinnern, mit welcher ihn der Verbal- oder Verhaltensrüpel über großstädtische Gepflogenheiten aufklärte – nicht selten in breitem Provinzialdialekt. Kein Zufall auch, daß z. B. gerade → Publizisten aus westdeutschen Metropolen der → Verdrückstheit den allergrößten Belehrungseifer hinsichtlich → westlicher Werte (→ unsere Werte), hinsichtlich der → Ideen, Normen, → Narrative usw. → des Westens überhaupt an den Tag legen; man denke der oft aus westdeutschen Kleinstädten nach → Kreuzberg eingewanderten → Kleinkünstler, -verleger, -autoren der → Bittermannlinken, der → Qualitätsjournalisten von *taz, Tagesspiegel* und artverwandter Heimatmedien.

→ Großstadt; → Bekennersprech, → Denunziantendeutsch, → Lehramtssprech, → Medialdemokratisch, → Wächtersprech.

Das ist so deutsch! Selbstentblößungsformel des linksliberalen Kulturkleinbürgers und zugleich Schmähformel für sein als rechtskonservativ → entlarvtes Pendant in Behörden, Ämtern, Institutionen usw.
→ „deutscher Selbsthaß", → Mehrheitsdeutsch.

das Kanzlerin „Das Kanzlerin blickt mindestens misstrauisch." (Daniela Vates, „'Ich höre zu und lerne'", in: *Frankfurter Rundschau/Berliner Zeitung* vom 26. April 2017, S. 12) Wahrscheinlich eine Singulärprägung aus der → Qualitätspresse; zum möglichen Kontext: → das Merkel, → (zu)mindestens.

das meint → meinen.

das Merkel → Ressentimentwort westdeutscher Zukurzgekommener, das den Erfolg der Kohl- und sonstigen Schwarzschimmel-Beseitigerin dem unlauteren Mittel des Weiblichkeitsverzichts zuschreibt (beispielhaft: die Schröder-Anschwärmerin Katharina Rutschky, die vor der 2005er Bundestagswahl → qualitätsmedial Merkel als ‚Neutrum' apostrophierte). Wodurch umgekehrt klar wird, daß das gegnerische Lager über ein Merkel an der Staatsspitze aus denselben Gründen jubiliert wie über eine Golda Meir, Margaret Thatcher, Isabella von Kastilien usw.
→ Denunziantendeutsch, → ostdeutsche Biographien, → Zonenwachtel.

Das Neue Leben Die gleichnamige Zeitschrift wurde 2012 vom Chef des „Jungen Salons" Malte Oppermann (→ NEONARZISSMUS, → Segment, → Wider dem Vergessen) als Leitorgan der → BÜBCHENBELLETRISTIK gegründet; die Namensähnlichkeit mit dem Jugendmagazin aus DDR-Zeiten dürfte zufällig, weil unwissenheitsbedingt sein. Das literarische Vorbild von Botho Strauß und das gestische von Martin Mosebach hingegen, letzterer in der Erstausgabe umraunt als ‚Meister', ist unverkennbar. Von der Fruchtbarkeit des → eleganten Deutsch bereits in einer Söhne- und Neffengeneration mögen statt unserer eigenen Worte jene des Herausgebers im Impressum zeugen: „Das Neue Leben erscheint zwei Mal im Jahr und wird durch Beiträge ihrer [!] Leser finanziert – Alle Freunde bitten wir um Teilnahme und danken für die Unterstützung" … es folgt kein weiteres Grammatikkunststück im Mosebachstil, sondern eine Kontoverbindung. Wie weit mottengeschützter Dreiteiler und täglicher Gebrauch der Nagelfeile zu tragen → vermögen, verdeutlicht das „Geleitwort": „Wir eröffnen den ersten Teil unserer Zeitschrift mit Dank und Ehrerbietung an alle Freunde, die sich unserem Kreise im Laufe des letztvergangenen Jahres hinzugesellt haben. Wir danken auch für den Zuspruch, der uns von überallher entgegengebracht worden ist. Nun, da balde der Vorfrühling wieder durch die Alleen wandelt und sich die Natur zu neuem Leben emporträgt, fühlen wir uns gleich wiedergestärkt in unseren Plänen, die folgenden Teile in unveränderter Besetzung und Ausstattung fortzuführen.
Obgleich auch weites Publikum unsere Vorspielausgaben in Augenschein genommen, so wollen wir doch mit diesem ersten Teil daran erinnern, dass unsere hinlänglich geäußerten Gedanken weiterhin Gültigkeit besitzen, im Laufe der Zeit noch mehr gereift und wir alle künftigen Taten daran auszurichten noch mehr gewillt sind. Unsere Absicht liegt nicht in der Gestaltung einer gewöhnlichen literarischen Zeitung, derer es in unserm Lande ja einige gibt und deren Anzahl mit einer weiteren Publikation nur unnötig vergrößert würde, sondern weitmehr in der Schöpfung einer schönen Sache, welche darüber hinausgehend keine Absichten verfolgt.
Wir möchten im Weiteren auch auf einen Umstand die Rede bringen, um dessen Äußerung man uns von vielerlei Seiten gebeten und der unsere Beziehung zur alten Kunst und Poesie betrifft und namentlich zu den alten Meistern, deren Spuren man an mancherlei Stellen unserer Werke deutlich zu vernehmen glaubte.
Ziel und Lösung aller Kunstbetätigung ist es, in jene alles umspannenden Gefilde vorzudringen, darin Absolutes und Vereinzeltes, Unbedingtes und Endliches sich in der einzigen harmonischen Geste vereinigen. Allein, was auf die Höhe und Weihe zutrifft, kann nicht gleichermaßen Bestandteil der Pfade dahinan sein. Hierselbst glauben wir, dass es dem jungen Dichter unabdingbar und seinem Ziele förderlich, wenn er zuvor sich an den Fesseln erprobt, an deren Wahrung der höchsten Form und Zucht, an der künstlerischen Übung und Disziplin und dass er sich hernach so fortan zur Freiheit dichterischer Äußerung den Weg bahne. Die Pfade aber, das sind die Meister und die unumgängliche Fessel, das ist die unumwundene Verwurzelung des Künstlers in der Tradition.
In diesem Sinne glauben wir nicht an den relativen Kunstbegriff und noch weniger an Bezüge und Verstrickungen der künstlerischen Äußerung in gesellschaftliche oder gar zeitliche Gefüge, wohl aber an die Wiederkehr der immergleichen und in ihrem Wesen unveränderbaren Schönheit.
Über den höheren Rest sich zu bekümmern, tut keine Not, darüber verfügt weder der Künstler noch auch der so oft heraufbeschworene Zeitgeist. Daselbst walte das Schweigen. In diesem Sinne wünschen wir allen Lesern unserer Verse ein erhabenes Schweigen."
→ MOSEBACHDEUTSCH, → NEUSCHNÖSELSPRECH.

(der, die) das Ostdeutsche ist einem Ostdeutschen nicht zugänglich, es sei denn, zwei Westdeutsche reden darüber. Zuverlässige Auskunft über d. O. erteilt das Gespräch „Vom

ostdeutschen Glauben, mehr zu wissen. Die alte Heimat ist weg, der Komplex bleibt[, meint der westdeutsche Soziologe] Heinz Bude [zum westdeutschen Journalisten Christian Bargel. Er] beobachtet Ostdeutsche, ihre Anpassung und ihren Willen, Deutschland zu ändern", in: *DIE ZEIT online* vom 4. August 2011. An → Deutern deutscher Befindlichkeiten wie Bude imponiert seit je, wie sie Realitäten zu → Ideologien erklären, um Ideologien jenseits von Realitäten → aufklären zu können. Eröffnungsfrage und -antwort: „Herr Bude, erkennen Sie Ostdeutsche, bevor sie Ihnen verraten, wo sie herkommen?" – „Nur noch die Intellektuellen. Die glauben häufig, es gebe ... Einflussstrukturen, in die man hinein muss wenn man etwas erreichen will. Ostdeutsche meinen das zu durchschauen."
→ Beitrittsphantasma, → Netzwerk, → Ostdeutschsein.

das Sächsische sei besonders eigen, mithin → identitär und also für allerlei → anfällig, wie durch Befragung von drei Dutzend Sachsen kürzlich ein niedersächsisches „Institut für Demokratieforschung" ermittelte: Aufgrund → „historisch gewachsener Neigungen" und → „Dispositionen" neige man zwischen Heidenau, Freital und Dresden zu „einer Überhöhung des Eigenen, Sächsischen, Ostdeutschen, Deutschen" (*Rechtsextremismus und Fremdenfeindlichkeit in Ostdeutschland*, Göttingen 2017, S. 193, S. 195, S. 206). Zur westdeutschen Völkerkunde weiterhin: → das Ostdeutsche, → das Eigene, → Denk ich an Deutschland ..., → gewachsene Strukturen.

das Schloß Aus der → MEHRHEITSDEUTSCHEN → Werbewirtschaft allmählich in die gesamtdeutsche Alltagssprache eingesickerter Ausdruck für ‚Schloßattrappe', ‚Schloßnachbau' und ähnliche → Konstrukte. Gemeint ist → nichtsdestotrotz das in Berlin-Mitte entstehende, feudalste Symbol für → unser demokratisches Deutschland. Der → Ort hierfür entstand durch den → Rückbau des Palastes der Republik, eines Gebäudes, das seinerseits einen politisch-militärischen Aufmarschplatz der 1950er/60er Jahre eliminiert hatte. Der Hamburger Kaufmann Wilhelm von Boddien interpretiert den Gebäudeaustausch als Leerraumbewirtschaftung: „Von der Einöde des Aufmarschplatzes zurück zur Schönheit der Stadt: Blick vom Alten Museum zum Schloss im Jahr 2019" (ds., „Eine Herkulesarbeit. Denn Herkules schaffte es!", in: *Berliner Extrablatt. Neueste und gründliche Informationen zum Bau des Humboldt-Forums in der Gestalt des Berliner Schlosses*, Nr. 83 (April 2015), S. 13). In seinem Spendenaufruf verzichtet v. Boddien gänzlich auf das verbaldemokratische Feigenblatt → „Humboldt-Forum": „Lassen auch Sie sich schon in den nächsten Monaten begeistern von der aufwachsenden Schönheit des Bauwerks! Helfen Sie bitte mit, das große Werk zu vollenden, mit 400 Euro sind Sie dabei. Steuerlich absetzbar! Aber Sie müssen wissen: wir sind für jeden Betrag herzlich dankbar, ob er nun kleiner oder größer ist! Mit Ihrer Spende machen Sie das Berliner Schloss zu Ihrem Schloss – und gehen in die Geschichte seines Wiederaufbaus ein. ... Nehmen wir uns doch einfach Herkules zum Vorbild!!"

das sich selbst hassende Deutschland „verhöhnt Gott, Eros, Soldaten", ist „spätexpressionistisch", wird von „Ja-Sagern zu Zerstörung und Entropie" bevölkert und zugleich seit fast 40 Jahren von einem Ungedienten, nämlich Botho Strauß, als solches → entlarvt. Im Kontext: → menschenverächtlich.

das Unerlöste Ein Ausdruck aus → der Sprache der Seele. Der andächtige, ja frömmelnde Unterton dieses Seelenlauts deutet auf seine Herkunft aus kleinkosmischem → Landschaftserleben (Peter Rosegger); in der westdeutschen → Selbstverständigungsliteratur begegnet er gelegentlich als Synonym für → ‚Probleme'. An die Stelle des landschaftsfrommen ist hier ein besinnungsfeiner Beiklang getreten, wie ihn Sprecher des → ADORNITISCHEN schwerlich sich → verwehren können; vom „Unerlösten der deutschen Geschichte" etwa raunen Adornoadepten und Bothostraußianer und überhaupt seelische Mittelklasse mit Höhenehrgeiz.

das/der Verdienst Im Westdeutschen gern gleichgesetzt, daher trotz → lauthalser Forderungen oft unverdiente Enttäuschungen.
→ Diskurshoheit, → Leistungselite.

das Wesen Während der universitäre → Diskurs Westdeutschlands, folgsam-verspätet gegenüber der französischen und amerikanischen → Dekonstruktion, bereits vor Jahrzehnten jegliche Rede von Wesen, Natur usw. als naiv und ‚essentialistisch', ja ‚fundamentalistisch' verworfen hat, ist am medialen → MEHRHEITSDEUTSCH eine → zunehmende Lust an Wesensbestimmungen wahrnehmbar. Sie hat offenbar selbst in den → aufgeklärt-emanzipatorischen Milieus überwintert, die inzwischen → Weltoffenheit und Heimatverlust zu Konstanten, also Wesenseigenschaften der menschlichen Existenz ausrufen (→ permanent). So konnte die unbefangene Rede vom Wesen auch in den enger theoretischen Schulgebrauch zurückfinden, wie an einer → paradigmatischen Diskussion zwischen Hubert Winkels („Was sind das für Bedeutungen, die dieser Roman beinhaltet?") und Juli Zeh („... das ist dem Wesen des menschlichen Erzählens zu eigen ...") im Literarischen Colloquium Berlin → deutlich wurde; Näheres: → n/ne.

DATIV-AKKUSATIV-INVERSION Eines der kulturfunkenden als auch literatursprachlichen Hervorhebungsmittel im → eleganten Deutsch moralprogressiver wie geschmackskonservativer Niveaulifter, insbesondere aber des → MOSEBACHDEUTSCHEN: In → diesen Kreisen umschnörkelt man adjektivreich jedes Substantiv, liebt es grammatikalisch jedoch eher verkürzt oder geschrumpft – ein Fall für alle (→ AKKUSATIV-NOMINATIV-INVERSION). Kurz, der Mosebachdeutsche und die Seinen wie Eckhard Henscheid, Malte Oppermann usw. beharren auf das gute Alte und bestehen auf die Exklusivität ihres Beharrens. Kostproben: → beharren (auf), → insistieren (auf), zum kulturhistorischen Kontext: → NEUSCHNÖSELSPRECH.

DATIVSCHWÄCHE Eine Schwäche für den Dativ, wo der Genitiv gefordert wäre. Der grammatische Defekt ist nicht angeboren, sondern wird offenkundig im reiferen Jugendalter anerzogen, → zumindestens auf → Eliteanstalten. „Uwe Sudmann ist Schulleiter unserer Schule, dem Gymnasium Links der Weser." (Lena Sterzing/Emilia Schlopath, „Meinungen", in: *heimatlos. Stadtteilzeitung des Gymnasiums Links der Weser* vom September 2016, S. 3) Die zitierte Gymnasiastenzeitung → verweist auf Auszeichnungen wie „Bremer Schülerzeitungwettbewerb, Bundespreis der Länder, Einladung in den Bundesrat, Preisträger des Wettbewerbs ‚demokratisch handeln', Fahrt nach → Tutzing" (S. 1) und damit auf den kanonischen Charakter zitierter Sprechpraxis.
Pfiffige Westdeutsche höheren Lebensalters haben die D. ihrer Volksgruppe zum Buchtitel und zu Geld gemacht. Am häufigsten begegnet man dem Defekt in edel-, schnösel- und spreizsprachlichen → Kontexten: → GROSSER STIL, → Herr werden, → Leistungsprinzip.

davon ausgehen Wer weiß oder glaubt, daß etwas Tatsache sei, der sagt das einfach. Wer nicht, der geht davon aus.
→ Ich gehe davon aus, → Ich denke mal.

DDR-Identität → Verbotskultur.

Debatten sind in der → pluralistischen Gesellschaft → unverzichtbarer Bestandteil der Debatten→kultur, finden vornehmlich in den → gesamtheitlich liberalen → Qualitätsmedien statt und „kommen jetzt", fand die Debattenkulturjournalistin Liane Bednarz (Feuilletonpreisträgerin „Goldener Maulwurf" 2014) im Spätsommer 2016, endlich „zu einer → Selbstverständigung", nämlich angesichts des → „zunehmend haßerfüllten Denkens" wie des einschlägigen Vokabulars. Frage einer komparativkundigen → *Deutschlandfunk*frau: „→ Was macht so etwas mit → den Menschen, wenn solche Dinge sagbarer werden?" Antwort von Bednarz: „→ Ahm, der Diskurs hat sich verändert. Man muß dagegen angehen." *Deutschlandfunk*: „Das heißt, jeder ist gefragt, seine → Kommunikation zu überprüfen?" Bednarz: „Ahm, → definitiv." *Deutschlandfunk*: „Was meinen Sie, wo werden wir in fünf Jahren stehen?" Bednarz: „Ahm, ich hoffe in einer Gesellschaft, in der die → Menschenwürde sehr hoch geschrieben ist." *Deutschlandfunk*: „Zusammenfassend kann man sagen, daß man mehr darüber diskutieren muß, was uns wichtig ist?" Bednarz: „Ja, → genau." („Interview", 21. September 2016)
→ Medialdemokratisch, → Psychosprech, → Wächtersprech, → Wichtigsprech.

Debatten angucken Eine der Hauptbeschäftigungen grüner PolitikerInnen. Wenn die erst → mal gucken, können sie → exakt ihren → Handlungsbedarf feststellen.
→ Grünsprech, → Jovialsprech; → Ich würde mir wünschen.

Debattenkultur Medial populäre → Bläh- und → Spreizwörter sind inzwischen selbst dort angekommen, wo man anderes im Sinn hatte, etwa im → AfD-Land und in der umliegenden Zeitungs→landschaft. Auch hier werden diverse → Kulturkulturen angerufen, wenn es → Drittmittel → einzuwerben gilt, beispielsweise für die parteinahe Erasmus-Stiftung: „Deutschland leidet seit Jahrzehnten unter einer intellektuell armseligen, weil inhaltlich einseitigen Debattenkultur. Armselig, da es dem linksliberalen Mainstream gelungen war, → konservative → Positionen nicht nur → auszugrenzen, sondern sogar als → ‚rechts' zu stigmatisieren. Der AfD bietet sich mit der Stiftung die Chance, ihr → Netzwerk zu verbreitern und die Debattenkultur zu erweitern", äußerte Jörg Kürschner am 21. März 2018 in der *Jungen Freiheit* (zit. nach: *Berliner Zeitung* vom 1. Juni 2018, S. 5). Außer der Neigung zu Prosareimen (verbreitern/erweitern) und einer Vorliebe für das Plusquamperfekt (‚gelungen war' statt ‚gelungen ist') fällt an dieser nur winzigen Probe von Alternativdeutsch die offenkundig als → alternativlos empfundene Submission unter mehrheitsfähiges → Antragsdeutsch und → Wächtersprech auf; vgl. näherhin: → diskriminieren, → links/rechts.

deckeln Wo der Deckel zum Haupt-, Kopf- oder Hirnsubstitut geworden ist, muß das zugehörige Zeitwort ‚d.' heißen. Das ‚d.' ist inflationierender → Jovialsprech der → politischen Klasse für das Abschneiden unerwünschten Wachstums, etwa bei den Mietpreisen: „Wir arbeiten in der Regierung gemeinsam mit Hochdruck an einer Mietpreisbremse, die in den Großstädten gelten soll. Dort explodieren die Mieten ja gerade förmlich. Ich wünsche mir, dass das Gesetz bis Mitte des Jahres in Kraft treten kann. Die Länder werden dadurch ermächtigt, Städte und Regionen zu → definieren, in denen die Mietsteigerungen gedeckelt werden können." („Wir dürfen die Kohle nicht verteufeln", Bundesumweltministerin Barbara Hendricks im Gespräch mit Thorsten Knuf und Joachim Wille, in: *Berliner Zeitung* vom 17. Januar 2014, S. 9)
→ Ich würde mir wünschen.

deckungsgleich mit Keine Obszönität aus der Massentierhaltung, sondern eine grammatische Trivialität aus politischem und politpublizistischem → Wichtigsprech.

definieren Blähsprachlich für ‚bestimmen', ‚aussuchen'; verbreitet im jüngeren → Diskurs der → Selbstverständigung: „Wenn der Jochen jetzt sich halt so definiert sehen will, dann ist es auch für uns OK, ne?" (→ Kölner → Qualitätssender im Juni 2019)
→ deckeln.

definitiv Dialog aus dem Geschäft eines → Metzgers: „Noch 200 Gramm Jagdwurst?" – „Ja, definitiv!"

Dekonstruktion, dekonstruieren Zwar nicht zur Allgemeinverständlichkeit herabgestiegene, jedoch zur Allgemeinverwendbarkeit heruntergekommene Lehnwörter aus dem französischen Dekonstruktivismus. Sie stehen im modernen Westdeutsch oftmals schlicht für ‚destruieren' oder auch für ‚konstruieren', je nach Solidität der → Konstruktion. Gewisse → Probleme mit den Grundregeln kausalen Denkens sind dabei nicht zu übersehen: „Denn bevor die Menschen in westlichen Gesellschaften nach autoritären Lösungen zu schielen oder gar zu rufen beginnen, braucht es eine komplette Dekonstruktion, einen kompletten Zusammenbruch des bestehenden Systems, um dieses vollends zu diskreditieren und eine Offenheit für neurechte Gedanken zu schaffen." (Liane Bednarz/Christoph Giesa, *Gefährliche Bürger. Die neue Rechte greift nach der Mitte*, München 2015, S. 214)
Die → Weltläufigkeit einer Theorie beweist sich nicht zuletzt dadurch, daß sie eine Anzahl von → eher mittleren Begabungen auf die akademische Umlaufbahn zu bringen → vermag. Die originäre Dekonstruktion Derridas und verwandter Geister stand auf der Höhe hermeneutischer Einsicht, vor allem in die Grenzen philosophischer und geistesgeschichtlicher Autonomie: keine Konstruktion ohne Destruktion, kein Begriff ohne Geschichte, kein Wort ohne Sünde, keine Schöpfung aus dem Nichts. Von dieser Demut ist in der akademischen und bald auch feuilletonistischen Massenbewegung des westdeutschen Dekonstruktivismus wenig geblieben. Vernehmbar ist ein durchweg triumphierender, nicht selten hämischer, fast immer altkluger Ton. Nachdem das D. mit den Dialekten → ideologiekritischer → Entlarvung verschmolzen war, konnte es zum begrifflichen Universalschlüssel zurechtgefeilt werden. Daher die → Permanenz geistiger Zugluft, wie nach dem Einrennen offenstehender oder leicht zu öffnender Türen. Daher auch die monotone Geläufigkeit dekonstruktiver Blutbäder, angerichtet von sprachlich meist blutarmen Geistern. Dialekte und Subdialekte des Dekonstruktiven erlauben den Ihren, aus kunstwörtlichem und gesinnungsbegrifflichem Sicherheitsabstand die Welt mit ‚Konstrukten' zu bevölkern und diese alsdann zuverlässig aufzubrechen, einzureißen, zu fragmentieren, zu hinterfragen, zu entlarven, zu dekontextualisieren, kurz: zu dekonstruieren. (West)-Deutsche Dekonstruktion borgt einerseits vom hohen Ton verflossener Entlarvungsidiome, vor allem des → ADORNITISCHEN, andererseits vom Ehrgeiz der Sprachreform und seiner verbalen Verkniffenheiten (→ Frauisierung, → FEMINISPRECH, → Zweigenderung), dies alles in → emanzipatorischem Ornat. Durch den Kultus des Minoritären und den Konformismus des Andersseins fügt sich die westdeutsche Dekonstruktion, wie ihre plumpere nordamerikanische Schwester, dem Schubladen→individualismus → der offenen Gesellschaft: Auf jedes Fragment wartet ein Kästchen, dessen Differenz quietschend in die große Indifferenz einfährt.

DEKONSTRUKTIVISTISCH → Dekonstruktion, dekonstruieren.

Demagoge Im → MEDIALDEMOKRATISCHEN → WÄCHTERSPRECH: ehemaliger Demokrat, der neuerdings beim Demos Erfolg hat.
→ BETREULICHES; → populistisch.

Demokratie Im Gegensatz zur → MEDIALDEMOKRATISCH oft beiläufig verwendeten Formel → ‚die Demokratie' indiziert das Fortlassen des bestimmten Artikels ein gehobenes Sprechen. Auf → ADORNITISCHE Bedeutungsherkunft („Demokratie will, daß man stets neuernd zu ihr sich verhalte …") deutet die Beobachtung, daß alle Mitte-Milieus, von staatsstramm bis läppisch-libertär, die artikellose D.-Rede pflegen. Man erinnere sich an Otto Schilys Machtwort „Ostdeutsche müssen Demokratie lernen!" (1999) oder aus jüngerer Zeit diverser Mahnworte, seit → die Sachsen/die Ostler durch → massives Wählen einer → Volkspartei die Volksherrschaft zu gefährden drohen. Zwar zeigt besagte Volkspartei beim Mitgliederproporz im Vergleich zum Bevölkerungsproporz ein klares Übergewicht West (Stand: 4/2018); zwar hat sie allein in Kerngebieten westdeutscher → Weltoffenheit wie NRW oder Schwaben fast so viele Mitglieder wie in Ostdeutschland insgesamt. Doch wählt man sie im Westen bislang nur im zwei-, noch nicht im dreistelligen Prozentbereich. „Die AfD ist in Teilen Ostdeutschlands sehr stark, und es gibt die These, dass nun die Fehler des Vereinigungsprozesses zum Vorschein kommen. Halten Sie das für richtig?" souffliert Qualitätsjournalistin Kordula Doerfler dem → Publizisten Paul Nolte. Der weist nicht etwa darauf hin, daß ein ‚Prozeß' keine Fehler machen kann, sondern antwortet so folgsam wie wahrheitsgemäß: „Darauf gibt es keine einfache Antwort. → Natürlich hat es etwas mit der DDR-Geschichte und der → Wiedervereinigung zu tun, mit beidem. Erst mal wirken → Kontinuitäten der Diktatur nach. Demokratie ist noch nicht richtig gelernt worden." Außerdem fehlten „liberale Mittelschichten" im Osten (zit. nach: „Weder ausgrenzen noch ignorieren", in: *Berliner Zeitung* vom 20. Oktober 2017, S. 4). Die freilich, was zumindest Historiker wissen können, nur so lange liberal denken, wie sie mittelschichtig sein dürfen.
→ Anpassungsprozesse, → PLURALISIERUNG, → SCHWANSPRECH; → die Mitte (der Gesellschaft).

Demokratieberater werden vom Bundesinnenministerium in → strukturschwache Gegenden zumeist Ostdeutschlands entsandt, weshalb sie mittlerweile in westdeutschen Dörfern fehlen. Wo es schon seit Generationen völkische Sippen gibt, die soziale Kontakte, ökologische Landwirtschaft sowie die Reinheit ihres Blutes pflegen. Weshalb die westdeutschen Urarier → zunehmend die deutschen Ostgebiete besiedeln, was die dortigen Ureinwohner oft sprachlos macht. Was wiederum Ute Seckendorf, Projektleiterin des Bundesprogramms „Zusammenhalt durch Teilhabe" (sechs Mio. Euro jährlich), zur Förderung sogenannter → Wortergreifungsstrategien veranlaßt: „→ Die Menschen müssen lernen, wie man rassistischen, sexistischen und homophoben Sprüchen begegnen kann und eben auch der → Ideologie, die mal mehr, mal weniger offen von ‚völkischen Siedlern' transportiert wird." (zit. nach: Andreas Förster, „Notizen aus der Provinz", in: *Berliner Zeitung* vom 29. Dezember 2014, S. 3)

Demokratiebindung Analog zu → ‚Milieubindung' gebildeter Terminus aus der → qualitätsmedial verstärkten Ostdeutschendeutung. → Deuter deutscher Befindlichkeiten wie H. Bude, P. Nolte, C. Giesa deuten massenhaftes Wählen der falschen → Volkspartei, sofern auch ostelbisch → massiv, als Resultat mangelnder D. Diese führe zur Gefährdung der in der → Bevölkerung weithin beliebten Volksherrschaft (→ Demokratie). Zuweilen sprechen Ostdeutschendeuter auch von ‚Demokratiegefährdung' und drohender → Verostung → des Westens. Der → durchwegs positive Wertakzent von ‚Demokratie-' und ‚Milieubindung' bezeugt unüberhörbar die → MEHRHEITSDEUTSCHE Sehnsucht nach Kollektivierung, Eingemeindung, Lebensanleitung (→ Leitbild, → Leitkultur), wie denn umgekehrt die ausgeprägte ‚Bindungsunfähigkeit' (im Westen: → ‚Individualisierung') → der Ostler sich harmonisch zum westdeutschen Ostdeutschland→narrativ von einer sozial und moralisch verwahrlosten → Landschaft fügt.
→ Osthaftigkeit, → PURISMUS.

Demokratiedefizit Doppelgenitivisch schillernder → Projektionsausdruck vornehmlich der → Qualitätsmedien; Näheres: → Demokratieerfahrung, → Demokratiefeindlichkeit.

Demokratieerfahrung Seitdem von Westdeutschen gegründete Parteien des → rechten → Randes nicht mehr nur von Westdeutschen gewählt werden können, dient der Ausdruck → MEDIALDEMOKRATEN als Komplementärbegriff zu → ‚Demokratiedefizit'. Letzteres bekundet sich nach medialdemokratischer → Meinung zuvörderst im Nicht- oder Falschwählen → des Ostens, „weil hier die ersten 40 Jahre Demokratieerfahrung nach dem Krieg fehlen" (Holger Schmale, „Die Oben-unten-Debatte", in: *Berliner Zeitung* vom 20. November 2017, S. 8). Ein 1986 geborener Hamburger hätte demnach 40 – oder doch nur vier? – Jahre Demokratieerfahrungsvorsprung vor einem 1990 geborenen Rostocker.
‚D.', ‚Demokratiedefizit', → ‚Demokratiefeindlichkeit' und weitere → Projektionsausdrücke aus dem Diktionär geschichtsloser Gesellen künden von den → zunehmend verzweifelten Versuchen Besserdeutscher, ihre sozialhistorischen Erfahrungsdefizite per Wohnortverweis in politkulturelle Überlegenheitsausweise umzudeuten. Zu den chronischen Schwierigkeiten nicht allein der westdeutschen → Meinungselite, in der eigenen → Parteiendemokratie → anzukommen, vgl. weiterhin: → Andersartigkeit, → BETREULICHES, → Demokratieberater, → WÄCHTERSPRECH.

Demokratiefeindlichkeit Nirgendwo lebt ein Kampfesgeist wie von SED-Politideologen derart unbeschädigt fort wie im Forschungsverbund SED-Staat. Das hat seinen Preis, nämlich die Änderung des weltanschaulichen Vorzeichens. Da aus Stalinisten nur Antistalinisten, aus Antifaschisten bis 1989 nur Antitotalitaristen nach 1989 werden können, blieb die Kontinuität des Agitpropstils gewahrt. Mit Wendehälsen, reuigen SED- und nunmehrigen SPD- oder CDU-Funktionären hatten die → westlinken → MEDIALDEMOKRATEN des Forschungsverbunds, anders als mit der → verproletarisierten Bevölkerung des Ostens, noch niemals Schwierigkeiten. Den kleinsten gemeinsamen Nenner fand und findet man im jeweils → Angesagten, derzeit also in → der Demokratie. Der geräumige Begriff ist im Handumdrehen semantisch gefüllt, sobald sein Gegenbegriff ausfindig gemacht ist, sprich: die Feinde der Demokratie. Bis vor kurzem standen sie weit → links: Die Autoren der Studie über „die Einstellung links→affiner Jugendlicher haben eine Linksextremismusskala erstellt", die „Demokratiefeindlichkeit und ein Kommunismus nahes Geschichtsbild/Ideologie" anhand „einer Reihe von Items abfragte": „Die Aussage: ‚Unsere Demokratie ist keine echte Demokratie, da die Wirtschaft und nicht die Wähler das Sagen haben', teilen 61 %" der Befragten. „Mit zunehmendem Bildungsgrad sinke der linksextremistische Anteil." (Klaus Schroeder/Monika Deutz-Schroeder, *Gegen Staat und Kapital – für die Revolution! Linksextremismus in Deutschland – eine empirische Studie*, Frankfurt/M. 2015, zit. nach: *Das Historisch-Politische Buch* 2/2016, S. 122)
Zur logischen und mathematisch-naturwissenschaftlichen Bildungsferne Westdeutschlands näherhin: → NATURKINDEREIEN, → Zulassungsbedingungen.

demokratisch Ein Adjektiv, das der gemeine Westelbier heute mit noch größerer Unbefangenheit prädiziert als einst das Adjektiv ‚freiheitlich'. Im Alltags- wie im → Qualitätsmedialsprech wird diese Exklusionsvokabel ähnlich eingesetzt wie im frühen SED-Deutsch (‚demokratisches Berlin', ‚demokratischer Sektor'). Gerade deshalb wäre das Wort eines Liberaldemokraten zu erwägen, daß ohne ‚Demos' eigentlich auch keine Regimes möglich seien, in denen jener klein beigeben muß; vgl. Benedetto Croce, *Geschichte Italiens 1871–1915*. Nach der vierten Ausgabe ins Deutsche übertragen von Ernst Wilmersdoerffer, Berlin 1928, S. 13. Über den Unterschied westlich-demokratischer → Werte und östlich-undemokratischer → Unwerte belehrt erschöpfend Jakob Augstein (→ westliches Geld), über den Unterschied zwischen modern-diktatorischer und mittelalterlich-demokratischer Baukunst dieser und jener → LESERBRIEF (→ unser demokratisches Deutschland).

demokratische Kultur wird von → MEDIALDEMOKRATEN der → MEHRHEITSDEUTSCHEN Presse und von anderen → demokratisch Engagierten an → Ostlern häufig vermißt, → eingefordert oder → angemahnt. Getadelt werden solcherart Wahlergebnisse, welche → die Ränder zugunsten → der Mitte stärken, in jüngerer Zeit zumeist: → rechte Ränder. Die Wählbarkeit und – man staune! – Wahl solcher Randparteien, seit 1990 auch im nunmehr parteipolitisch → pluralisierten Osten Deutschlands möglich, stellt die → gesellschaftliche Mitte vor eine harte hermeneutische → Herausforderung. Die Mitte nimmt sie an, indem sie gelegentliche AfD- oder NPD-Wahlerfolge entweder der seit 1990 verblichenen DDR-Diktatur zuschreibt, die nicht für demokratische Nachfolgestrukturen gesorgt habe, oder schlicht den → Zonis und ihrem kollektiven → Ostdeutschsein überhaupt. Rechte, rechtsradikale oder → rechtspopulistische Randparteien, die nicht von Westdeutschen gegründet wurden, sind bislang freilich unauffindbar.
→ Bürgergesellschaft, → Zivilgesellschaft; → Parteiendemokratie.

demokratisches Engagement CDU-, SPD-, FDP- und → GRÜNSPRECH für Parteipolitik, Parteimitgliedschaft, Parteikarriere und parteilichen → Umgang mit anderen Parteien.

dem Vernehmen nach Die auf diesem Wege gewonnenen Nachrichten lassen zwangsläufig an eine → verschärfte Befragung denken. Doch ist ‚d. V. n.' durch sogenannte Evidentialadverbien wie → ‚scheinbar' mittlerweile in ernsthafte Bedrängnis geraten.

Denkanstöße Das Wort gehört entgegen dem semantischen Anschein ins Wörterbuch westelbischer Gefühlskultur (→ Emotion, emotional, Emotionalität), unterliegt es doch der einschlägigen Verkehrung von Idee und Impuls: Der Denkanstoßbedürftige fühlt kein Denkbedürfnis, wünscht sich also einen Stoß – von außen – gegen sein regloses Inneres, auf daß sein Denken in Bewegung gerate und so ein munteres, moralisch bewegtes Affektleben erzeuge. Auch der im Anstoßanruferdiskurs dominierende Plural ist typisch für das konsumtiv-devote, kollektivgenormte Wünschen: Selbst die Pluralität der Gedanken soll außenverursacht, soll dem monolithischen → Geistkopf injiziert werden!
Im Niveaudarstellersprech von → Qualitätszeitungen und → Qualitätssendern ist ‚D.' ein Gönnwort für Bücher, die nicht Neues, dafür aber Wichtiges sagen. Insbesondere der → Kölner Heimatsender → *Deutschlandfunk* würdigt allwöchentlich als ‚D.' die allmonatlichen Buchwerdungen von → Haltungsjournalismus („Andruck – Das Magazin für politische Literatur"). Der einfältig-feierliche, zugleich souverän-abgeklärt tuende Ton dieser Journalistik spricht für sich – und wahrscheinlich für nichts sonst.

denken (+ Akk.) 1. Substantivisch und dann harmlos für eine Tätigkeit, dagegen 2. als transitiv gebrauchtes Verb eine der schlimmsten Sprachseuchen, durch Nachäffer und Nichtversteher aus dem Poststrukturalistenjargon ins allgemeine Westdeutsch eingeschleppt. Während einer Martin-Walser-Lesung im Herbst 1998 war im „Berliner Ensemble" zu lesen: „Deutschland denken heißt Auschwitz denken! Auschwitz denken heißt Martin Walser denken!" (Spruchband, autonom entrollt vom 1. Rang) Offensichtlich hatten die Sicherheitsleute des Theaters hier nicht an alles gedacht. Beim Bedenkenträgeraustausch über Geheimdienstpannen ließ Christian Ströbele wissen: „Wir müssen neue Sicherheitsleute denken." (*Deutschlandradio*, 21. September 2012) Nicht nur Deutschland und Deutsches, auch die

Welt und „Europa neu zu denken", das wünscht, genauer: dafür → wirbt eine → Medialdemokratin im *Deutschlandfunk* (7. August 2016). Eine Zeitung aus → Frankfurt berichtete am 26. Oktober 2014 von einer Konferenz „Ökonomie neu denken" in → Frankfurt. Schon wenige Stunden später zeigte die neu gedachte Ökonomie im *Deutschlandfunk*, was sie → vermöchte: „Schrott neu denken – Elektrogeräte nachhaltig nutzen" („Umwelt und Verbraucher", 27. Oktober 2014).

Denk ich an Deutschland Eine vom sog. → *Deutschlandfunk* einem deutschen Dichter entwendete Formel, mit welcher west-, somit → MEHRHEITSDEUTSCHES Lebensgefühl minutenlang artikuliert und einredefrei verbreitet wird. Ihre Gedanken über Deutschland äußern vornehmlich Intellektuelle, Kabarettisten und Politiker aus → Köln und Umgebung, wobei der *Deutschlandfunk* unüberhörbar → Vertreter der westdeutschen → HEIMATLITERATUR bevorzugt. Joachim Lottmann („lebte in Berlin und Köln", „lebt jetzt in Köln und Wien") artikuliert das heimatorientierte Weltgefühl und Daseinserleben wie folgt: „Wien ist ein bißchen so wie Köln. Wiener sind ungeheuer lebenslustig, haben sehr hohe Lebensqualität, alle Schichten, sind die tagsüber in Caféhäusern und lesen wahnsinnig viele Zeitungen. In Berlin, da fällt mir natürlich auf: dieses Elend, diese Obdachlosen, diese Arbeitslosen und die Hiphoper und Neonazis und und Skins und Ossis ähm und die Graffitis überall, und daß der Müll nicht weggetragen wird und alles so verschmutzt ist ... und das Vergangene wird nicht wertgeschätzt. Alles Vergangene ist in Deutschland ja schlecht." Lottmann übergeht die Defizite Berlins bei der Kulturmülltrennung, äußert sich aber noch zum eigenen Kulturkonsum, einer seit Kindertagen gehörten Sprechplatte mit Konrad-Adenauer-Ansprachen. „Das ist für mich Musik." (*Deutschlandfunk*, 7. Februar 2016)
→ ahm (ähm, ahem), → ehemalige Ossis, → Graffiti.

DENUNZIANTENDEUTSCH „Wäre die DDR von Westdeutschen bevölkert gewesen, bestünde die Diktatur bis auf den heutigen Tag." In diesem Bonmot, aufgeschnappt am Rande einer kultursoziologischen Tagung, ist offenkundig unterm Druck der → MEHRHEITSDEUTSCHEN → Meinungsmacht eine → banale Wahrheit zur Pointe verniedlicht: Denk- und Verhaltensweisen, welche eine Parteidiktatur systematisch begünstigt und öffentlich fördert, sind in einer → Parteiendemokratie private Bedürfnisse. Der heftige Eifer der → Entlarvung, des → Aufzeigens, Anzeigens, Anschwärzens (-bräunens, -rötens) scheint zunächst nur von der west- und also mehrheitsdeutschen Unfähigkeit zu zeugen, *Diversität* auszuhalten. Die sprichwörtliche Enge nicht allein westdeutscher Seelen-, sondern auch Denkart → verdankt sich der Auslagerung von Ambivalenzen und Konflikten in eine → pluralistisch formatierte Öffentlichkeit. Vielfaltssimulation im sozialen Außenraum erlaubt jene Gefühlseinfalt und Geistesstarre, die das jeweils angesagte So-und-nicht-anders-Sein mit einer akkurat passenden Komplementärposition versehen. Selbstannunziation und Fremddenunziation sind hierin untrennbar, D. das allwestdeutsch verständliche und applizierbare Idiom. Aus der Vorstrukturiertheit des Öffentlichen in → Positionen und Gegenpositionen, gegen welche man → Zeichen setzt, Flagge zeigt, Signale gibt, Gesichter aufsetzt usw., erklärt sich die Unbeweglichkeit → der westlichen Seele, ihr undifferenzierter, → gleichsam → massiver Charakter. Als opakes Ding bewegt sie sich durch einen hochstrukturierten Raum, der ihr ‚Inneres' unberührt läßt. Ihre Fortschritte vollziehen sich daher ohne Zeichen von Entwicklung. → Parteienpluralität und → Ideologieplunder, zusammen mit der → exorbitanten → Unterwürfigkeit gegenüber den vermeintlich solideren → Demokratietraditionen → des Westens, haben den Mehrheitsdeutschen jede Chance hierzu frühzeitig abgeschnitten. Im geschlossenen Erfahrungs- und → Gemütsraum des → Pluralismus kann das in spätbundesdeutschen Oberseminaren und Kulturfunkereien beschworene → ‚Andere' unmöglich begegnen.

Entlarvungsidiom als auch → Diskurs der Entschuldigung sind sozial und situativ begrenzte Redeweisen. Ersteres dominiert in Kunst und Wissenschaft, letzterer in Politik und Wirtschaft. Die → übergreifende Denk- und Gefühlskondition ist die Herrschaft des Deiktischen, des schamlos aus- und vom Vorzeiger weggestreckten Zeigefingers. Man stellt aus und zeigt an. Die denunziative Grundhaltung und -stimmung des deutschen Westens, hyperventilierend bereits beim fernsten Schimmern von Fremdartigem, die Vorherrschaft des Benennens gegenüber dem Durchdenken, des Urteils gegenüber der Erfahrung, all dies ist zuallererst dem Fehlen einer gemeinsamen, objektiv existierenden ‚Sache' → geschuldet. Der scharfe Blick und das harte Wort gelten nicht einer schief eingerichteten Welt, sondern jenem ihrer Bewohner, der einem gerade gegenübersteht. Im hierfür → paradigmatischen → Habermasdeutsch ist die Herrschaft des Performativen übers Semantische auf den philosophischen Begriff gebracht, ja, geradezu eine Metatheorie der westdeutschen Denunziationsdialekte geschaffen. → ‚Die Demokratie', welche dort als Norm gleichwie als Faktum schillert, ist Name einer Form, nicht Idee einer Substanz. Die Unsachlichkeit im Verhältnis der Demokraten gegeneinander ist, auf westdeutsch gesagt, ‚vorprogrammiert'. Sie stehen keiner objektiven Frage, sondern ihresgleichen gegenüber. Aus intimer, aber unartikulierter Selbstkenntnis einander verhaßt, müssen sie früh zu Denunzianten werden.

Als Gefühlsbedürfnis wie als politisch eingeübte Verhaltensform ist im deutschen Westen die Denunziation allgegenwärtig, somit auch als Sprachpraxis. Sie erhebt die Tautologie in den Rang der Erkenntnis, umgibt schlichte → ‚Positionierung' mit der Aura kultureller Leistung: „X ist nichts als Y", der Rechte, Linke, Mittemann redet so, wie ein Rechter, Linker, Mittemann reden muß. Allerdings ist der Universaldialekt der Denunziation eine Leidenschaft vornehmlich der intellektuellen → Mitte der Gesellschaft und also der Leere des Gedankens, worin ein Baring, Biller, Bohrer, Bittermann stets ihren Platz fanden. Letzterer gar, als Führer des Denunziantenkollektivs der → Bittermannlinken, ist des Anzeigereifers als mehrheitsdeutscher Obsession sogar innegeworden. Dies freilich in nationaltypisch → verklemmt-verlogener, sprich: → ideologisch-verkehrender → Projektion als eines puren → Zonenphänomens (Näheres: → Weinerlichkeit).

Die Allgegenwart des Denunziationsdrangs gründet wie so viele Geistesauffälligkeit in der bundesrepublikanischen Frühzeit, im historischen → Sonderweg in eine → einzigartige Dispensation von Erfahrungsdruck und Denkzwang. Das Sondergebilde entstand und erhielt sich durch → Abgrenzung von einer → Andersheit, die hierdurch erst entstand; man denke nur der postumen Entstehung der DDR durch nachwendische Empörung über ihre schieres Da- und Gewesensein. Eine mehrheitsdeutsche Initialdeformation, die sich noch in den Dialekten bekundet, worin man die → Empörsamkeit über Ab- und Ausgrenzung pflegt (→ Diskriminierung). Letztere formulieren die Gleichsetzung von Ausdruck und Aussage, von Affekt und Argument lediglich seitenverkehrt, ähnlich wie der politische Opportunismus des westdeutschen Privatmenschen sich 1968ff. als Politisierung des Privaten kostümierte. Der Simplizismus des D.en, der immer nur erheischt, sich gegen jemanden eins zu fühlen, nicht aber, sich über etwas einig zu werden, ist somit weit mehr als ein politisches Oberflächenphänomen. Er offenbart logische wie rhetorische Sonderart, ist Geistesform und Gesellschaftston in einem. Nicht nur in der verdrucksten Dauergehässigkeit als dem kulturspezifischen Normalnull westelbischen Gemütes, auch in dessen Bedürfnis nach nichts als sich selbst, also nach autochthoner Gemütlichkeit (→ Wir-Gefühl), vibriert unüberhörbar Denunziationslust. Die mehrheitsdeutsche Heimatkunst (→ Heimatliteratur) ist gleichermaßen → extrem → selbstmitleidig und feindselig, ein Einwickeln ins Eigene und Anzeigen bedrohlicher Fremdheit in einem. Die trotzende, schmollende Gepreßtheit, die sich um schwammige Erinnerungs- und sodurch Innenwelt → ründet: Anklage und Anzeige einer Außenwelt, deren kalter Anhauch dem

molligwarmen Mief → Kreuzbergs, → Bambergs, Nürnbergs usw. fortblies. Sie verdient uneingeschränkt das Prädikat → ‚identitär'.
→ Ideologiekritik, → Gesinnungsschnüffelei, → Haß und Verachtung, → Nachtreten, → östliche Unwerte, → Wächtersprech.

der Ali In → Proll- und → Unterklassenkreisen Westdeutschlands wie Westberlins ein nicht immer bösgemeintes → Schmähwort, zumeist für Türken und → Türkisch-Stämmige, im weiteren für nahe → Ostler mohammedanischen Bekenntnisses. Das Wort hat es zwar aus der sog. Kiezsprache auf Plakate der NPD und weiterer Parteien aus → der guten alten Bundesrepublik gebracht, ist aber auch hin und wieder im → Jovialsprech ghettonah wohnender Westberliner, Westfalen oder Schwaben zu vernehmen („Mal sehen, ob der Ali noch auf hat …"). Während bei den sozial → Abgehängten des Westens Türkenangst, -haß und -verachtung einen schier undurchdringlichen → Ressentimentbrei bilden, sind die → antiorientalischen Regungen im westdeutschen → Bürgertum differenzierter: Ostelbier und Osteuropäer verabscheut man, Kleinasiaten verachtet man; jene empfindet man als → Mitbewerber (→ ‚Avantgarde der → Amerikanisierung'), diese als sicher im Ghettoschließfach Verwahrte. Der Abstand zu leibhaftiger Erfahrung → des Anderen ist bürgerweltlich gleichwohl begrenzt, die Feind- und Fremdbilder bleiben abstrakt. Zu den offenen Fragen angesichts der westdeutschen Ausländerfurcht gehört daher, weshalb nur die unterklassige, nicht-bürgerliche Schicht diese Furcht zu handfesten Fremd- oder Feindtypen konkretisieren konnte: → der Russe, → Türken raus! → Keine Italiener! (Wir sehen von südlichen Gegenden ab, in denen man traditionell → das Fremde zum Typus eindickt, ein Vorgehen, das die aus der westdeutschen in die westberlinische → Provinz gedrungene → Bittermannlinke mit ihrer Rede vom → Zoni popularisiert hat.) Ebenso mysteriös bleibt, weshalb einzig die Rede von → ‚Fidschis' (westdeutsch für ‚Vietschis') ins Normalbürger-, d. h. Mittelklasseidiom des Westens gefunden hat, in meist begönnernd-bemitleidendem Duktus und → Kontext. Doch sollten derlei Feinheiten verbaler Ausländermißhandlung nicht den Blick fürs Prinzipielle trüben. Das westdeutsche Verhältnis zu Fremden neigt grundsätzlich zum Extrem, findet schwer das aus Erfahrung und Reflexion, kurz: eigener Geschichte erwachsende Maß. Die frühe Aussetzung realer Geschichte, die daraus folgende Anästhesie des politisch-kulturellen Wahrnehmungsorgans haben hierzu das Ihre geleistet. Ob der West- und also Mehrheitsdeutsche nun meint, sich Toleranz gegenüber ‚dem Fremden' leisten zu können oder verbieten zu müssen, in jedem Fall regelt er sein Verhältnis zu ihm kollektiv, sprich: in der Regel als linksbürgerlich oder rechtsnational gestriegelte Meinungshorde. Interferenz, gar Interaktion zwischen → dem Eigenen und dem Fremden ist ausgeschlossen; daher ihre beinahe religiös-andächtige Beschwörung in den kunst- und wissenschaftsbetrieblichen Spezialdialekten (→ Dekonstruktivistisch, → Andersheit). Ob die bürgerliche Linke also aus abstrakten Erwägungen heraus sich gewisse Gefühle gegenüber → ‚dem Anderen' befiehlt (→ P. C.) oder rechtsrändige → Primitivbürger ihre Affekte zu Argumenten stilisieren – sie bleiben strikt einander zu- und ‚dem Anderen' abgewandt wie jede mental → geschlossene Gesellschaft.

Dieser prinzipielle → Provinzialismus der westdeutschen → Selbstverständigung überträgt sich auf fremde Länder. Seit dem → Anschluß bevölkern ‚linke' und ‚rechte' Mehrheitsdeutsche das fremde Land mit den Gespenstern ihrer heimischen Feindschaften, die bei den einen auf → Entchristlichung, bei den anderen auf → Modernisierungsrückstand lauten können. Im → antiorientalischen → Haßdiskurs der linksliberalen und rechtsnationalen → Provinz, deren Hauch seit bald 30 Jahren Ostelbien anweht, ist ‚d. A.' der westdeutschen Unterschicht, dieser älteste aller → Ostler des Westens, ein liebenswert lebendiger Popanz.

der anständige Osten Wortschöpfung aus dem Subventionskunstbereich, die von den → MEHRHEITSDEUTSCHEN → Qualitätsmedien bislang nur spärlich rezipiert wurde. Der aus Baden-Württemberg (AfD 2017: 12,2 %) sowie einer SS/NS-Familie stammende Chef des Friedrichstadtpalastes gab zwei Nächte nach der Bundestagswahl an seine Mitarbeiter*_Innen folgenden Tagesbefehl aus: Der Palast repräsentiere „den anständigen Osten": „Wir werden uns künftig noch deutlicher als bisher von 20 oder 25 Prozent unserer potentiellen Kunden im Osten abgrenzen ... Ich will all deren Geld nicht." (zit. nach: *Berliner Zeitung* vom 5. Oktober 2017, S. 21) Mit englischen Einsprengseln („no fucking excuse!', ‚unsere Kids') zeigte Bernd Schmidt gleichermaßen seine → Emotionalität, seine → Weltoffenheit und seine → westliche Wertorientiertheit bei der überfamiliären → Vergangenheitsbewältigung. Mit seinem kurz darauf bekundeten dezidierten Verzicht auf Parteibuchkontrollen bewies er zudem eine Grundvertrautheit mit → dem freien Markt.
→ deutlich machen, → Position beziehen, → Zeichen setzen; → in der Nachbarschaft.

der/das große alte/kalte Mann/Jahr ... der deutschen Politik/Kultur/Geschichte ... Ursprünglich vor allem *SPIEGEL-, Focus-* und *ZDF*-typischer Versuch im Edelsprech; inzwischen auch in → Qualitätszeitungen belegbares Weihefaseln, das schnell ins Saloppe und vom Saloppen ins Larmoyante kippt: „Das große, kalte Jahr 1989" brachte eisig-frischen Wind ins westdeutsche Wärmestübchen, klagte beispielsweise jubiläumspünktlich Maxim „Rostnagel" Biller (→ Identität), worüber schon der große alte Intellektuelle der Bundesrepublik, Jürgen Habermas, einen großen traurigen Aufsatz geschrieben hätte („Die Ossifizierung des Westens. Deutsche deprimierte Republik", in: *FAS* vom 22. März 2009). „Nie werden wir wissen, wie das Deutschland der Westdeutschen ohne das große, kalte Jahr 1989 geworden wäre." Namentlich mit der Wahl → des Merkels „hat sich bei uns seit dem großen, kalten Jahr 1989 etwas geändert". Aufgrund des wiederholungsfreudigen Wortwimmerns werden die Namen Biller und → Jammerwessi mitunter als Synonyme verwendet: „Der Kern des Jammer-Wessitums ist nun einmal das Ausweichen vor dem Neuen, vor der Gegenwart, die 1989 begonnen hat", schreibt in eigenwilliger Worttrennung Lothar Müller („Maxim Biller versus Ossis. Ein Schlappschwanz klagt an", in: *Süddeutsche Zeitung* vom 15. Mai 2010).
→ Intellektuelle, → Versorgungsmentalität, → Weinerlichkeit, → Zukunften.

der große Wenderoman (der große Roman der Wende, der große Text über das wiedervereinigte Deutschland usw.) Das Adjektiv ‚groß' signalisiert im Feuilletonsprech stets erhöhte → Provinzialismustemperatur (→ Gefühlskino, ganz großes). Die Vorstellung, ein für BRD-Geschichtsverhältnisse großes Ereignis wie der → Anschluß der → ehemaligen DDR müßte eine Entsprechung in großer Romanliteratur finden, zeugt aber auch → einmal mehr von der Zähigkeit eines naiven literaturtheoretischen Realismus. Dieser ist westdeutschen Intellektuellen und → Publizisten wie so vieles, was andernorts politisches Diktat und ideologisches Ritual war, seit je moralischer Hilfspolizeidienst und geistige Herzenssache. Hans Christoph Buch, ein westdeutscher Stipendienreisender, erklärte wiederholt, daß die Frage nach einem deutsch-deutschen ‚großen Roman' sogleich im November 1989 von US-amerikanischen Kollegen an ihn herangetragen worden sei. Um die Mitte der 1990er Jahre erschien eine Reihe von Romanen und Erzählungen, die um das Ende oder mit dem Ende der → Ehemaligen spielten. Die westdeutsche Literaturkritik *(FAZ, SPIEGEL, ZEIT, ZDF)* nahm diese Werke ungnädig auf. Sie vermißte nicht nur → Dankbarkeit der Angeschlossenen, sondern auch adäquate → Darstellung des bis dahin in sich selbst, d. h. in seinen → westlichen Werten eingeschlossenen Gebiets. Vor allem aber vermißten die Mehrheitsdeutschen den ‚großen Wenderoman', der weiterhin eine → ‚Herausforderung' bleibe.

Wie unverwüstlich die so gemütsschlichte wie sachfremde Obsession einer Roman-, ja Dramentauglichkeit des Anschlusses in der mehrheitsdeutschen Geistes→lebenswelt ist, bezeugt ein Spätgeborener. In „Müllers Block" (*Zeitschrift für Ideengeschichte* 3/2015, S. 122–127) bestreitet Simon Strauß (*1988), Verfasser einer Doktorarbeit über den Historiker Theodor Mommsen, dem Dramatiker Heiner Müller die Dichterschaft, zunächst einmal, weil dieser in seinem Mommsenbild sich dichterische Freiheiten nahm. Schwerer wiegt für Strauß jun., daß „Heiner Müller, der berühmteste Dramatiker der DDR, ... mehr als dreißig Theaterstücke und zweihundert Gedichte verfaßt hat, aber nicht das eine Stück, den einen großen Text über das wiedervereinigte Deutschland." Statt dessen „verzweifelte → Pathosformeln eines Chronisten, der sein Tagewerk verbittert aufgegeben hat, unfähig, die Ereignisse und den Wandel seiner Zeit in Worte zu fassen" (S. 122)! Gemeint ist hier nicht das dramatische Schweigen von Strauß senior zur „neuen Gegenwart, dem wiedervereinigten Deutschland", für welche ja – im Reich des Quantifizierbaren herangereift – das vergrößerte Westdeutschland etwas Neues sein mag, wie das gegenwärtig jeweils Größte stets. Der Straußsohn heftet seinen Großdramenwunsch statt dessen an jenen Dichter, dem die westdeutsche Gegenwart nicht ganz so wichtig ist, wie sie selbst sich nimmt: „Die neue Bundesrepublik hingegen mit ihren breiten Ausfallstraßen gen Westen, durchweht vom globalen → Freiheitsversprechen, ist sehr viel komplizierter in den dramaturgischen Griff zu bekommen." Für den bundesdeutschen Doktoranden ist der deutsche Dichter daher ein Dissident, welcher der „ungeheuren Größe des westlichenFreiheitsversprechens" nicht gewachsen war und lieber dem Überschaubaren nachhing: Müllers Dramen thematisierten „Stellung der Arbeitermacht, Funktionärshaltung, Bodenreform". Die DDR, „das kleine Teufelchen", doppelmoppelt Strauß junior diminutivisch, sei „das Idealbild des Protestdramatikers" (S. 126f.).
→ Blähsprech, → Bübchenbelletristik, → menschenverächtlich, → Neonarzissmus, → Pathosformel, → Realismus, → Wider dem Vergessen.

der lange/weite Weg nach Westen Politideologischer → Frommsprech; vernehmbar bei jahrestäglichen Rückblicken einer durch Marshallplan, Grundgesetz und Schuld(en)erlaß glücklich eingekauften Nation, die endgültig auf der richtigen Seite der Geschichte → angekommen ist.
→ der Westen, → Wir im Westen, → Wir-Gefühl.

der Marxismus Im Westdeutschen bedeutungsgleich mit → ,Sozialismus', → ,Kommunismus' und überhaupt allem, womit man außerhalb von Universitäten keine Karriere machen kann. Eben in letzteren aber hat ein halbes Jahrhundert lang → Ernstfalldenker und *MERKUR*-Herausgeber Karl Heinz Bohrer (→ Grosser Stil) ihn → entlarven können. Zu seinem 80. Geburtstag („Der Eigensinn des Nonkonformisten. K. H. Bohrer im Gespräch", *Deutschlandfunk*, 8. Januar 2012) teilte der Nonkonformist das Ergebnis seiner Forschungen mit: Die Wege des Marxismus führen nicht nur nach Moskau, sondern auch in die westeuropäische Nachkriegsphilosophie. „Der Kern des Existentialismus ist der Marxismus." Was den Hörern des → *Deutschlandfunks* ebenso die Augen geöffnet haben dürfte wie die Mitteilung von Bohrers katholischem Glaubensbruder Mosebach, daß alle im „arabischen Frühling" gestürzten Potentaten, „ich wiederhole: ausnahmslos alle" – also auch Gaddafi und Ben Ali – „von den USA gestützt wurden" („Die Zeit des Zorns", *Deutschlandfunk*, 18. März 2012).

der ostdeutsche Untermensch Die Pathogenese des westdeutschen → Antiorientalismus begann nicht erst 1989, als → dem Westen mit der → Abwicklung des Ostblocks sein Feind-

bild abhanden zu kommen drohte. Seine autochthone → Fremdenfeindlichkeit (bis dahin meistens → latent; vgl. → Gastarbeiter) begann sich politideologisch zu vereinfachen und pauschal auf alles Östliche auszuweiten, das nun kaum mehr geographisch einzugrenzen war (→ der Osten). Doch wirkte hierbei lediglich die Tradition antibolschewistischen → Abendlandseifers und Abwehrkampfes nach. In ihrem → Fokus steht d. o. U. Der Terminus wagt sich zwar nur in westdeutschlandtypisch → verdruckster und verklemmter Weise ans Licht, etwa unterm Schutzmantel der → Witzischkeit (→ Humor, → Satire); als einschlägiger Fund aus der Mitte der 2010er Jahre sei der Eintrag in *uncyclopedia* (Stichwort → ‚Ossie', sic!) genannt. Doch west darin unverkennbar der ‚jüdisch-bolschewistische Untermensch' fort. Diese Feindbildformel, aus begrifflichen Vorstufen im frühen 19. Jahrhundert durch NS-Ideologen ausgearbeitet (‚jüdischer Bolschewismus') und dem deutschen Sprachkollektivgedächtnis eingebrannt, ist in ihrer *antiöstlichen* Bedeutungskomponente in allen Idiomen des westdeutschen → Haß→ diskurses leicht erkennbar. Antirussizismus, Antiorientalismus, Antikommunismus, Slawenhaß verschmelzen darin; ein herrenvölkischer, ob von → rechts oder von → links, ob politisch oder moralisch herausgepreßter Groll verbindet bundesrepublikanisches Früh- und Spätzeitempfinden. Der → BITTERMANNLINKE in seinem Rasen gegen den → Zonenmob erweist sich hierbei als → Zombie des Adenauerdeutschen.
Das wird vollends deutlich, wenn man nach der → *antisemitischen* Semantik des westdeutschen Antibolschewismus fragt. Im → verklemmten und verdrucksten Antisemitismus der späten BRD ersetzt ‚d. o. U.' den ‚ewigen Juden', wofür die meisten Belege naturgemäß die → Westlinke liefert. Wagt sie doch ihren Antisemitismus nur entweder indirekt durch einen → SELBSTVERORDNETEN PHILOSEMITISMUS oder direkt als Haß gegen den Ostdeutschen auszuleben. Dieser steht unterhalb der menschlichen Norm. Er ist *heimtückisch*, aber auch *gebieterisch*, *feige*, aber auch *frech*, *faul*, aber auch *streberhaft*, *demütig*, aber auch *anmaßend*, *hinterhältig*, aber auch *gebieterisch*, *verdruckst*, aber auch *aggressiv*, *heuchlerisch*, aber auch *unverschämt*, *primitiv*, aber auch *listig*, *anspruchslos*, aber auch *fordernd*, *hochmütig*, aber auch *weinerlich*, *verwahrlost*, aber auch *verschlagen*, *dumpf*, aber auch *zersetzend*, *träge*, aber auch *giftig* usw. usf. (Adjektivquerschnitt aus: M. Biller, K. Bittermann, F. J. Raddatz, Springer-Anonymus, zit. nach: R. Sylvester in: → das Abendland).
Die oft widersprüchlichen Vermutungen westdeutscher Heimatautoren über den o.n U.en bezeugen ihre Abkunft von der begrifflichen Hauptdifferenz: sichtbar/unsichtbar. Der Mehrheitsdeutsche des Westens, wie jeder Bewohner einer historisch → geschlossenen und sozialempirisch → abgeschotteten Gesellschaft, hat früh gelernt, → das Fremde zu fürchten; aus dem gleichen Grund hat er jedoch kein Spürorgan, geschweige eine Reflexionsfähigkeit hinsichtlich des Fremden ausbilden können. Der reine (leere, hohle) Geist sehnt sich nach dem Schmutz der Materie und fürchtet sich doch davor; Realdialektik des → PURISMUS! Letzterer bleibt aufgrund seiner Wahrnehmungsschwäche und → Meinungsdeterminiertheit entweder tautologisch oder selbstwidersprüchlich oder auf die geographische Abfrage angewiesen (→ Sind Sie aus dem Osten oder aus dem Westen?).
→ meinungsstark, → östliche Unwerte; → Mob, → Pack, → Zoni.

der Osten reicht, wie Yoko Tawada beobachten konnte, in der → MEHRHEITSDEUTSCHEN Weltwahrnehmung „von der Ex-DDR bis nach Japan, das heißt, es kann auch Osteuropa, ein islamisches Land, Sibirien, Mongolei, China, Nordkorea oder Südkorea sein." („Ein Brief an Olympia", in: „Scham" (= *Konkursbuch* 32), hrsg. von Klaus Berndl u. a., Tübingen 2005, S. 259–268, hier: S. 259)

der Partei dienen Semantischer Querschnitt aus ‚dem Amt nützen' und ‚dem Land frommen', wie ihn in der CDU-Spendenaffäre von 1999 vor allem Kanzler Kohl präsentierte:

„Eine von den üblichen Konten der Bundesschatzmeisterei praktizierte getrennte Kontoführung erschien mir deshalb vertretbar ... Ich → bedaure, wenn die Folge dieses Vorgehens mangelnde Transparenz und Kontrolle sowie möglicherweise Verstöße gegen Bestimmungen des Parteiengesetzes sein sollten. Dies habe ich nicht gewollt, und ich wollte vor allem meiner Partei dienen. Ich weise ausdrücklich jeden Vorwurf, in welcher Form auch immer er vorgetragen wird, zurück, von mir getroffene politische Entscheidungen seien käuflich gewesen. Jeder, der mich kennt, weiß, daß ich mich ausschließlich der Verantwortung für das Wohl unseres Landes verpflichtet sah und auch weiterhin sehe." (Erklärung vom 30. November 1999, zit. nach: *SPIEGEL online* vom 9. März 2000) Kohls Parteifreund Manfred Kanther nannte das Spendengebaren „eine besondere Form des Staatsdienstes, weil ich die CDU programmatisch für unentbehrlich halte und ihr alle wesentlichen positiven Entscheidungen der letzten 50 Jahre zuschreibe" (zit. nach: *DIE ZEIT* vom 20. Januar 2000).
Die Formel ‚d. P. d.' gehört fast ausschließlich dem → DISKURS DER ENTSCHULDIGUNG zu, einer besonderen Form des → SCHÖNSPRECHS. Der Sprecher läßt dabei ‚die Partei' als politisch-moralisches Scharnier zwischen persönlicher Verfehlung und übergeordnetem Interesse figurieren. Da das Land der Partei über alles geht, kann deren → Vertreter sich auch nicht bei jenem entschuldigen, sondern muß → eine Art von anonymisiertem → BEKENNERSPRECH anbieten. Prototypisch dafür war in der oben erwähnten Spendenaffäre das Sprachverhalten Wolfgang Schäubles: „Ich habe mich für die Verstöße, die in der Verantwortung der CDU begangen worden sind, entschuldigt und zugesagt, dass wir alles tun werden, dass sich so etwas nicht wiederholen wird." (Deutscher Bundestag Akte 14/7429)

der real existierte Sozialismus Passivpartizipiale Nachgeburt des real existierenden Sozialismus; zum semantischen Detail: → zunehmend enttäuscht; zum grammatischen Kontext: → PARTIZIPBILDUNGSDEFIZIT.

der Westen Semantisches Zirkular: Was d. W. ist, wissen nur d. W. selbst und seine publizistischen Stellvertreter. Bereits im März 1991 schrieb K. H. Bohrer anläßlich einer → mal wieder verbreiteten Kriegsunlust: „Nicht von ungefähr zeigen eben jene westeuropäischen Länder den Willen zur Entmachtung des → weltgefährlich gewordenen irakischen Führers, die eine lange, eindrucksvolle demokratische Tradition besitzen: die angelsächsischen Seemächte, die immer noch selbstbewußten Niederlande, die französische Republik Mitterrands und das dem Westen seit Jahrhunderten tief integrierte Italien. Es sind die gleichen Mächte, die Nazideutschland vor fünfzig Jahren ohne Skrupel in die Niederlage bombten" usw. (*Provinzialismus. Ein physiognomisches Panorama*, München 2000, S. 34) Zwar wirken die Geschichtskenntnisse des Literaturprofessors hier etwas verblaßt und seine Aufzählung demokratisch skrupelbefreiter Bombenkriege unvollständig. Doch bleibt beeindruckend, wie jemand Weltläufigkeit durch Folgsamkeit gegenüber der gerade amtierenden Weltmacht erhofft: „Verkappte Abkehr vom Westen (sprich: den Vereinigten Staaten) als Konsequenz einer provinziellen Mentalität." (S. 45)
‚Der Westen' hat innerhalb des → MEHRHEITSDEUTSCHEN → Weltoffenheits→narrativs → ‚das Abendland' fast völlig ersetzen können. Einsprüche gegen die Gleichsetzung von → westlicher Werte- und abendländischer Kulturgemeinschaft ertönen allenfalls vom → rechten Rand. Aus der → Mitte der Gesellschaft hat einen geosemantisch konträren Begriff des Okzidents kürzlich Ex-Außenminister Fischer vorgestellt, der sich jovial Joschka nennt: „'Abendland' (Orient) und ‚Morgenland' (Okzident) bilden das ältere Begriffspaar, das sich nicht nur an Himmelsrichtungen orientiert, sondern am täglichen Lauf der Sonne." (ds., *Der Abstieg des Westens. Europa in der neuen Weltordnung des 21. Jahrhunderts*, Köln ²2018, S. 29)

→ Halbtrocken, → die Alliierten, → die Politik, → Provinz, → Provinzialismus, → Russenfreund, → Weltoffenheit.

der wilde Osten 1. Vertreter-, Verkäufer- und Verscherbelerwestdeutsch für das ostelbische Jagdgebiet in der Phase vom Anschlußbeschluß bis zum Anschlußvollzug 1990. 2. Romantizismus der ersten Kolonisierungsphase (1990–1995), lyrische Anwandlung sowohl der treuhandassistierten Beutemacher als auch der pensionsberechtigten Aufbauhelfer, die es nicht lassen konnten, ein im Westen und seinen Einhegungen noch nicht gelebtes Leben anderswo zu suchen, zu finden und nachzuholen, in aller durch Steuernachlässe und → Buschzulagen abgesicherten Wildheit. 3. Seit ca. 2005 gebräuchliches Synonym für einen kaum mit Infrastruktur und staatlicher Autorität gesegneten Landstrich, typischerweise nach Schließung von Arztpraxen, Lehranstalten, Verkehrslinien, Polizeidienststellen. Während vor allem letzteres im versorgungs- und sozialstaatlich geprägten Westen Deutschlands rasch zum Ruf nach starken Männern und zur Bildung von → Ressentimentparteien führt, behilft man sich in weniger obrigkeitsverwöhnten Gegenden mit Nachbarschaftshilfe, abwechselnden Kontrollgängen, ja → Angeboten hilfspolizeilicher Dienste. Ein → Kölner Sender, ähnlich wie diverse westfälische Zeitungen, konnte in derlei freiwilligem Engagement nichts anderes als die Sehnsucht nach dem ABV (→ KOB) entdecken, wie sie im nunmehr herrenlosen und daher w.n O. verbreitet sei (*Deutschlandfunk*, „Magazin", 10. September 2015). Seit die → Medialdemokraten dieses wie auch weiterer → Qualitätsmedien → zunehmend eine Sensibilität für spezifisch östliche → Unwerte entwickelten (Jakob Augstein: „Sie nehmen zwar gerne westliches Geld, wollen aber bitte von den westlichen Werten verschont bleiben."), ist auch von Osteuropa als vom wilden Osten zu lesen und zu hören.

Desiderat Geistesbetrieblicher, vor allem forschungstaktischer → Spreizsprech, inflationär geworden durch das → mehrheitsdeutsche → Anspruchsdenken und das darauf gegründete → Antragsdeutsch. Ein D. ist im Normalfall bereits ausgeräumt, wenn man ,Mittel' für seine Bearbeitung → anmahnt, einfordert, einklagt usw.
→ Drittmittel, → Weltphilosophie.

dethematisieren Über etwas schweigen, dies jedoch mit Betonung. Aus einem heftig nach → Diskursanalyse duftenden Stilblütenstrauch leuchtete uns dieser Satz entgegen: „In ihren Selbstzeugnissen dethematisierten Männer der Oberschicht im späten 19. und frühen 20. Jahrhundert die relationale Dimension der Geschlechteridentitäten oder präsentierten sie in einer formalisierten Weise, die Frauen entindividualisierte, indem sie nicht mehr mit ihrem Namen, sondern nur noch in ihrer Familienfunktion genannt wurden." Die Namensnennung sei nachgeholt: Martina Kessel, *Langeweile. Zum Umgang mit Zeit und Gefühlen in Deutschland vom späten 18. bis zum frühen 20. Jahrhundert*, Göttingen 2001, S. 334.

Detmold „Das → unaufgeregte Land rund um den Teutoburger Wald und Städtchen wie Detmold" wird im *GEO*-Heft 6/2016 für „Wagemut und Bodenständigkeit", aber auch für ein reiches, oftmals noch unbekanntes Kulturleben gelobt. Manches freilich ist in und um D. so lebhaft, daß es an die heimatmediale Oberfläche dringt: „Bundesweit gilt Ostwestfalen-Lippe als Reiseziel für Rechtsextremisten", ist in der *Neuen Westfälischen* vom 29. Januar 2016 zu lesen. D. hat sich einen Ruf als braune Kulturhauptstadt der lippischen → Provinz erarbeitet. Das politisch eher eintönige, personell dafür vielgestaltige Heimatkulturleben umfaßt „Freie Kameradschaften" und das „Kehrusker Netz", eine „national und sozialistisch" agierende Netzpresse ebenso wie kraftvoll straßenkehrende und kneipenbesetzende „Autonome Nationalisten".

Diese nuancenreiche Braunkultur hatte bereits bei der überregionalen → Qualitätspresse Aufsehen erregt. Constanze von Bullion suchte einen gesamtdeutschen Zusammenhang und fand ihn per Ost-West-Vergleich. In der *Süddeutschen Zeitung* vom 23. November 2011 erteilte die → Meinungselitäre zu den NSU-Morden folgende Auskunft: „Gift der Diktatur. Ursachensuche nach Neonazi-Morden. Es ist kein Zufall, dass die braune Mörderbande aus dem Osten kommt". Der verstellte Dativ in dieser Überschrift, ein aus → Kleinkunst und Kleinpublizistik (→ Bittermannlinke) bekanntes Stilmittel, signalisierte bereits sprachlich aufregende Enthüllungen. Etwa diese: „Es ist kein Zufall, dass die braune Mörderbande aus Jena stammt und nicht aus Detmold." Durch publizistische → Familienaufstellung kann man „das braune Gewimmel im Osten" schlüssig erklären. „Wieso ... führen ausgerechnet die Kinder ehemaliger Antifaschisten die braunen Truppen an? Nimmt da eine Generation Rache an den sozialistischen Eltern?" Diese „müssen sich fragen lassen, ob sie bei der Vermittlung → menschlicher → Werte, von Mitgefühl, auch [!] → Emotion, nicht versagt haben, mit verheerenden Folgen."
Jahrzehntelang hatte v. Bullion – offensichtlich von ihrem Münchner Schreibtisch aus – das ostdeutsche Familienleben beobachtet. Die Familie in der DDR war, nach Befund der Qualitätsjournalistin, oftmals Rückzugsort vor den Zumutungen der Ideologie gewesen, öfter jedoch „Hort ideologischer Schulung". Ob Rückzugsort oder Schulungshort, die familiär angelegten → Dispositionen zu Totalitarismus und Gewalttätigkeit mußten irgendwann Effekte zeigen. „Zugegeben, genau weiß man es nicht", räumt v. Bullion mit Blick auf die → konkreten Familienfälle Mundlos und Böhnhardt ein. Um so genauer kann sie für das ostdeutsche Familienleben generell konstatieren: „Wer diese Welt im Rückblick betrachtet, stößt bisweilen auf eine erstaunlich niedrige Betriebstemperatur bei der Aufzucht des Nachwuchses." Hoch und heiß her ging es hingegen jahrelang auf einem Campingplatz bei D., auf dem einige Nordrhein-Westfalen Dutzende Kinder zu kleinen Pornostars machten (vgl. die überregionale Presse vom 1. Februar 2019 zu den Ermittlungen der Staatsanwaltschaft D.). Als Gegenbegriff zu ‚Jena' und als Synonym für eine wenngleich tiefbraune, so doch familienkulturell intakte → Provinz konnte sich ‚D.' massenmedial nicht durchsetzen. Ihre Enthüllungs-, Deutungs- und Bewertungstaten brachten v. Bullion jedoch eine mehrfache Nominierung für den Egon-Erwin-Kisch-Preis ein. Der *Stern*-Journalist Holger Witzel hatte die Familienforscherin zudem für den Preis „Die Braune Banane" vorgeschlagen. Es ist nicht bekannt, ob v. Bullion den Preis erhalten und gegebenenfalls angenommen hat.
→ der Osten, → Gratis-Mut, → Krieg in den Familien.

Deuter deutscher Befindlichkeiten Ein Ausdruck der → Qualitätspresse für Heinz Bude und andere → Publizisten mit der Kernkompetenz → befindlichkeitsbezogener → Deutschlanddeutung, inklusive → Deutung deutscher Geschichtsphänomene.

deutlich machen Aktivform des → Schröderdeutschen ‚deutlich werden'; in der Aussprache mit leichter Tonvertiefung, Klangverstärkung, Nasenhebung und Blickerstarrung verbunden.

deutlich werden → Schröderdeutsch: „Ich denke, es ist deutlich geworden ..."; Verwendung gemäß der Redundanztheorie der Bedeutung (F. Ramsey).

Deutsch Als Gewolltes das direkte Gegenteil des Gesprochenen: „Deutsch wollen und Deutsch können ist wie kommunizierende Pfeifen: Je mehr wollen desto weniger können." Interpunktion, Singularverb- und Großkleinschreibung original belassen, weil tatsächlich so gefunden. Und zwar in der „wahrhaft linken Gazette" (M. Walser) *konkret* bei Hermann

L. Gremliza, der wie so viele seiner Landsleute und Landeskritiker gern als Sprachkritiker agieren → tut („gremlizas express", ebd., 9/2018, S. 66).
→ links, → Kulturkritik, → Sprachkritik, → Vornamensinitial.

deutsch Im gehobenen wie im gewöhnlichen Westdeutsch gelegentlich vorkommendes Eigenschaftswort, dessen Bedeutung bis Redaktionsschluß nicht sicher aufzuklären war. Wenn Wörter wie ‚d.' und ‚Deutschsein' überhaupt eine Bedeutung haben sollten, so wäre es jedenfalls eine, die sich das damit bezeichnete Subjekt nicht selbst zulegen kann. So nimmt es nicht wunder, daß die Rede vom Deutschen, Deutschsein, Deutschtypischen usw. in geistiger Westzone vornehmlich aus den Mündern → linker und → rechter Selbstverständigungsbetreiber zu vernehmen ist. (Man darf hier absehen von der → kulturbürgerlichen Mehrheitsminderheit Westdeutschlands, der seit je die Michelmütze unterm mediterranen Strohhut hervorlugt. → Das ist so deutsch!)
Im Osten Deutschlands war das Verhältnis zum Nationalen → kein Thema, da das eigene Deutschsein keinen Augenblick lang zur → Disposition stand. Deutsche Politik, deutsche Geschichte – all dies wurde dort nach 1945 mit Zinseszins abbezahlt. Im Westen Deutschlands hingegen schien durch den Freikauf aus groß- und gesamtdeutscher Geschichte das Nationale disponibel, auch dispensabel geworden. Daher die Possierlichkeiten innerwestdeutscher → Diskurse übers Deutschsein. Maßstab für dessen Annahme oder Ablehnung ist bis heute die Furcht oder die Hoffnung, daß es dem transatlantischen Großbruder miß- oder behage. Besonders bizarr geriert sich auch hier wieder jene politische → Mitte, für die deutsches Selbstbewußtsein zeigen bedeutet, aus eigenem Antrieb die wechselnden Geschäfte → der Alliierten (Balkan, Afghanistan, Irak, Syrien usw.) zu betreiben: In seiner außenpolitischen Gefallsucht erwies sich das Bohrer-Milieu (→ Grosser Stil, → Maulheldisches, → Halbtrockenes) → einmal mehr als → Elite der vorauseilenden → Unterwürfigkeit. Sie hat den medialen Stil auch der traditionell als → links bezeichneten oder sich fühlenden Milieus → nachhaltig beeinflußt. „Was kann Deutschland/Was können wir Deutschen ... von Ihnen lernen", ist eine → qualitätsmedial gängige Formel so selbstgefälliger wie unterwürfiger Anfragen bei Auslandsvertretern, kurz: eine Form von → Anbiederungsdeutsch.

Deutscher Herbst Politik- wie medienoffizieller Populärausdruck für westdeutsche Hoffnungen, durch den Terror der sog. Rote Armee Fraktion (echt nur ohne Koppelungsstriche) eine andere Geschichte als jene von Kapitalbewegung und Güterverschleiß erleben zu dürfen. Tatsächlich ist der im Spätjahr 1977 von einigen Bürgersöhnen und Pastorentöchtern entfachte Kampf gegen das → Schweinesystem bislang der einzige Versuch gewesen, der Anästhesie eines Daseins außerhalb der (gesamt)deutschen Geschichte zu entkommen: Der Terrorismus war ein Schrei nach Wirklichkeit. Die Wirklichkeit setzten die westdeutschen Bakuninisten mit der Wahrheit der bürgerlichen Gesellschaft, d. h. der rohen Gewalt gleich. Durch deren ideologische Überbauung als Volksbefreiung und Revolutionsstiftung erwiesen sie sich ihrerseits als – punktuell ätzende – Konzentrate der Bürgerlichkeit. Das zweifellos ernstgemeinte Unternehmen, in der BRD so etwas wie Bewegung, Geschichte, Realität zu simulieren, zeitigte zwar keine Revolution, sondern bestenfalls eine blutige Posse. Ihre Leidenspartikel (Entführungen, Morde, Gefängnisstrafen, Selbstmorde) wurden freilich noch jahrzehntelang in den Erinnerungssuppen der → Bittermannlinken und anderer revoltenostalgischer Milieus aufgekocht. So hart nämlich auch die westliche Seele in ihrer linksliberalistischen Normalgestalt, so weich doch das Herz, so feucht das Auge, sobald der → RAF gedacht wird; ein → Gedenken rings ums störrische Bürgerkind, worin unverkennbar der politästhetische → Infantilismus des ausgewachsenen Bürgers rumort.
→ Bürgerlichkeit, → Faschismus.

(")deutscher Selbsthaß(") Von → nationalen Männern Westdeutschlands ohne, von → aufgeklärten → Menschen Westdeutschlands mit Anführungszeichen geschriebenes Spiegelwort für einen Narzißmus, der eigenes Leiden oder Tun oder Bereuen für ganz besonders → einzigartig hält.

deutsche Zeitungen In der „Presseschau" des → *Deutschlandfunks* seit Jahrzehnten ein Sammelbegriff für folgende westdeutschen, beispielsweise während einer Winterwoche 2016/17 zusammen mit der Weltpresse zitierten Blätter: *Ludwigsburger Kreiszeitung, Lübecker Nachrichten, Landeszeitung für die Lüneburger Heide, Mindener Tageblatt, Neue Osnabrücker Zeitung, Nürnberger Nachrichten, Nordwest-Zeitung, Pforzheimer Zeitung, Reutlinger General-Anzeiger, Südwest Presse Ulm, Weserkurier, Westfälische Nachrichten.*

Deutschland Unter Westdeutschen übliches Synonym für ihren Teilstaat, wie er vom 7. September 1949 bis zum 2. Oktober 1990 bestand. So müssen „die echteren Deutschen" (Gerd Bergfleth) im Osten seit dem Wiedereintritt der BRD in die deutsche Geschichte häufig hören, daß Frauen ‚in Deutschland' seit 1957 ein eigenes Bankkonto eröffnen und seit 1977 auch ohne Einwilligung des Gatten einer Berufstätigkeit nachgehen durften, daß die Prügelstrafe für Schüler ‚in Deutschland' seit 1973 abgeschafft sei, daß erwachsene Homosexuelle ‚in Deutschland' seit 1973 nicht mehr staatliche Verfolgung zu befürchten hätten und was der bereinigten → Modernisierungsdefizite noch mehr sein mögen.

Deutschlandfunk Selbstbezeichnung eines in → Köln beheimateten, größtenteils von Kölner Redakteuren betriebenen und hauptsächlich der Bekanntmachung von → Menschen und → Projekten in Köln verpflichteten Senders; von Außenstehenden oder Draußengehaltenen mitunter ‚Westdeutschlandfunk' genannt. Die kulturelle → Identitätsbildungspotenz des D.s ist → legendär, wie bereits ein flüchtiger Blick auf die Literaturseiten 82/83 seines *Programmkalenders*, sagen wir einmal: vom Juli 2015 bestätigt: „Sommernovelle heißt das neue Buch von Christiane Neudecker" (geb. in Erlangen). „36,9° heißt der neue Roman von Nora Bossong" (geb. in Bremen). „Jahrzehntelang hat er den Hanser Verlag in München geleitet. Und er hat Literatur geschrieben ..." „Freiheiten im Schatten der Mauer. Literatur über das Lebensgefühl in Westberlin." „Studio LCB. Der Schriftsteller Frank Witzel lässt in seinem über 800-seitigen Roman die 70er-Jahre der BRD wieder auferstehen." Doch nicht nur der Popularisierung westdeutscher Hoch-, auch der Hebung von Kölner Regionalkultur ins gesamtdeutsche Bewußtsein widmet sich der Sender; → gerne etwa in Rezensionen von Romanen, die Kölner Polizisten über Kölner Kriminelle in Kölner Milieus vorlegten oder Gedenksendungen für Kölner Popgruppen, die Kölsch für Kölner Hausbesetzer und nachmalige Hausbesitzer sangen oder → Comedy, die Kölner Kabarettisten für → nahe von Köln wohnende → Menschen aufführen.
Mitunter weitet sich der kulturelle Horizont des D.s bis nach Düsseldorf und somit in Kernzonen der westdeutschen → Witzischkeit, wie abermals eine Stichprobe belegen mag: Der *Programmkalender August 2015* verzeichnet vier Sendungen zu „Kabarett, Comedy & schrägen Liedern", davon vier „aus dem Düsseldorfer Kom(m)ödchen". Deutschlandweiter, weil durch deutschlandweite Ausstrahlung verbürgter Anteilnahme erfreuen sich die Verkehrsmeldungen des D., die intensivst und → massivst über Staus auf Straßen nach und von Köln informieren.
Publizistisch tendierende → Intellektuelle sowie literarisch tendierende → Publizisten aus Köln wie Karl Heinz Bohrer (→ Grosser Stil) oder Joachim Lottmann (→ Heimatliteratur) informieren im D. darüber, was sie von Köln halten. Nicht allein funk-

öffentlich: „Die Urbs Köln ist vielleicht das einzige Zentrum Deutschlands, dessen vulgärer Witz so etwas wie Sensibilität hervorbringt, weil sie etwas weiß von der melancholischen Relativität der Werte." (Karl Heinz Bohrer, *Provinzialismus*, München 2000, S. 95; vgl. → davon wissen, → wert(e)orientierte Welt)
Den Unterhalt des D.s garantiert u. a. eine rechtlich umstrittene und in ganz Deutschland erhobene Zwangsabgabe, weshalb Gutgläubige ihn als nationale Kulturanstalt betrachten.

deutsch-stämmig → türkisch-stämmig.

Deutungshoheit Und ewig möchte der Bürger ein Edelmann sein, ein Urteilssprecher und Wertgeber und → Sinnstifter ... zumindest aber möchte er was zu deuten haben. Hat er das nicht oder haben es andere, so sieht er die Hoheit in Bierpfützen gestürzt oder über → Stammtischen schweben.
→ Diskurshoheit.

die Alliierten → ANBIEDERUNGSDEUTSCH unverbesserlicher Frontstädter: Mit dem Schleimwort ‚d. A.' tut man so, als wären's die eigenen und Westberlin habe Hitlerdeutschland besiegt. Westberlin teilt damit eine → tiefsitzende Überzeugung Westdeutschlands: Wir haben den Krieg gewonnen, der Osten hat ihn zu bezahlen. Doch während die Westdeutschen sich erst ab 1989 → definitiv auf der richtigen Seite der Geschichte wissen konnten, waren es die Westberliner (dank Währungsabspaltung) bereits seit 1948. ‚*Die* Alliierten' sind also ‚unsere Alliierten'. → Definitiv nicht gemeint: der → damalige Alliierte der Alliierten, die → ehemalige Sowjetunion (→ Sowjets, → die Russen).

die alte Bundesrepublik Schlagwort und Kernbegriff aus dem Diktionär des → Jammerwessis, quer durch sämtliche → MEHRHEITSDEUTSCHEN Dialekte anzutreffen; mentaler Flucht- und Fixpunkt der westdeutschen → HEIMATLITERATUR. Synonyme: → Bundesrepublik Adenauer, unbeschädigte Republik, die rheinisch-katholische Republik, die guten Jahre der Bundesrepublik, die gute alte Zeit, unser gutes altes Deutschland.
→ beschädigt, → Verwundungen, Verletzungen, Empfindungen.

die Begegnung Durch den Fortfall erklärenden Zusatzes → generierte, → massiv → SCHNÖSELSPRACHLICHE Bedeutungsblähung (‚Stätten der Begegnung', ‚die Begegnung suchen'); seit den 1950er Jahren im westdeutschen → FROMMSPRECH verbreitet und heute kaum fortzudenken aus der Sprache evangelischer Akademien (→ TUTZING).
→ bewegende Geschichten, → die Liebe zu den Menschen, → PSYCHOSPRECH.

die Breite der Gesellschaft Bislang gelegentlich vernehmbar im jüngeren → GRÜNSPRECH; hier möglicherweise ein semantischer Hybrid aus → ‚breiten Kreisen' und → ‚gesellschaftlicher Mitte'. Exemplarisch das grüne Sprachverhalten auf der Potsdamer Pressekonferenz vom 29. Mai 2019: „Wir sind eine Partei für die Breite der Gesellschaft." (Annalena Baerbock) → Weil: „Wir sind ins Zentrum der politischen Debatte eingerückt." (Robert Habeck)
→ die Mitte der Gesellschaft.

die bürgerliche Mitte → die Mitte der Gesellschaft.

Die DDR (I) ist nach zuverlässiger Information aus München „ein ausländerfeindlicher Spießerstaat" gewesen (Matthias Drobinski, „Abgründe gibt es nur bei den anderen", in: *Süddeutsche Zeitung* vom 16. August 2017; vgl. auch ds., „→ Das Abendland wird christlich bleiben", ebd., 18. August 2016), → zumal im Vergleich zum gottgrüßend-weltoffenen, freigeistig-ausländerfreundlichen Bayern der Seehofer, Stoiber, Strauß.

die DDR (II) Das gleichnamige Gebilde der → Ehemaligen entstand, wie ein deutscher Dichter bald nach dem → Anschluß feststellte, erst 1990ff. Im Osten Alltagsrealität, im Westen Allzweckformel, wurde d. D. rasch zum → posthumen Legitimationsgrund westelbischen Seins und Besserseins. Sie existiert – gemäß der politisch beidseitigen Lähmung bundesdeutschen Bewußtseins – in zweifacher Gestalt.

In der *rechten* (rechtskonservativen, rechtsradikalen, → rechtspopulistischen) Variante → meint d. D. die → Avantgarde linksemanzipatorischer Verlotterung, die zum Staatswesen wurde, von → Verwahrlosung und Gewaltbereitschaft, → Entchristlichung und Moralverfall, evident angesichts berufstätiger, alleinerziehender, unverheirateter und anderweitig unchristlicher Frauen sowie einer sozialpolitischen „Schule der Verwöhnungen" (B. Strauß). Als rhetorische Letzt- und Wunderwaffe gegen sogenannte → Achtundsechziger (→ „Dann geh doch nach drüben!") hat sie noch nicht ausgedient, als negative → Utopie einer → atheistischen Gesellschaft bereichert sie die → NEUSCHNÖSELSPRACHLICHEN Dialekte: → MOSEBACHDEUTSCH, → NEONARZISSMUS, → elegantes Deutsch.

In der *linken* (linksbürgerlichen, 'linksliberalen') Variante steht d. D. für alles, womit ihre Verächter daheim auch nach einem halben Jahrhundert nicht fertig geworden waren. D. D. erscheint der → Westlinken somit nicht als Gebärmutter unbotmäßiger → Individuen, sondern im Gegenteil als transformationsresistente, auf ewig → verkrustete → Struktur, in der nur fern- und fremdbestimmte Kollektivwesen gedeihen konnten, als der → autoritäre Kernbestand Alteuropas, ja, heterosexuell-patriarchalischen Weißmännertums überhaupt. Sie wird im westlinken → DENUNZIANTENDEUTSCH zur wahren → Herkunftsheimat all jener Altnazis und → Ausländerfeinde, die man daheim in Schwaben, Hessen oder Franken nicht mehr anzuklagen wagte, seit ihre Erben die redaktionellen und akademischen Chefpositionen übernahmen. Nicht die kalte Zweckrationalität einer Industriearbeiterdiktatur also, sondern völkische Affekte und brodelnde → Ressentiments sind hiernach das charakteristische Erbe d. D., welches namentlich → BETROFFENHEITLER und → MEDIALDEMOKRATEN der → gutmenschlichen → Abscheu und → Empörsamkeit überantworten.

Beide Bewußtseinswinkel – von komplementärer Weltfremdheit und Geschichtsferne – müssen bei ihrer DDR-Denunziation zwangsläufig auf SED-Phrasengut zurückgreifen: der rechte nimmt dieses zum linken Nennwert, der linke als Camouflage totalitären, mithin rechten Erbes. Eine tote Sprache wie die → ‚der Partei' aber ist unsterblich. Ihre Phrasen sind die unzerbrechlichen Wurfgeschosse im weltanschaulichen Stellvertreterkrieg: Westlinke und Westrechte entlarven aneinander DDR-Affinität, oft in bestem Funktionärsdeutsch. Dadurch konnten die → MEHRHEITSDEUTSCHEN Milieus nach 1990 einander → näherkommen, zunächst im polemischen → Pöblerton, bald jedoch auch in einer spätwestdeutschen → Weinerlichkeit: von → den Alliierten verlassen, von den → Zonis heimgesucht! Im → weltoffenheitssimulativen → DÜNKELDEUTSCH ist d. D. der Generator jener → Rändererscheinungen, welche → die Mitte der Gesellschaft gewaltsam umschließen. Besagte Mitte begreift sich nunmehr → definitiv als → bürgerliche, namentlich → gutbürgerliche Gesellschaft, deren Norm und Nabel das gesamtwestdeutsche → Wir-Gefühl ist (→ Wir im Westen). Seine sprachliche → Schnittmenge repräsentieren die vormaligen Amtsblätter des → Schweinesystems: Inzwischen haben sich die Erben Rudi Dutschkes sogar straßennamentlich mit den Erben Axel Cäsar Springers versöhnt, und es hat auch der letzte → Antiautoritäre sich seiner rheinisch-westfälischen Ministrantenkindheit zu erinnern begonnen. Im → freiheitlich-demokratischen Haß der vormals sogenannten Springerpresse auf d. D. also haben → rechte und → linke → Totalitarismuskritiker zueinander gefunden in einem gesamtwest-

deutschen ‚Nie wieder!' zum Nieerlebten. Es formt eine neualtwestdeutsche → Identität, die Weltoffenheitsanspruch mit ausgeprägter Heimatsehnsucht verbindet und der schon → von daher d. D. direkt entgegenzusetzen wäre. Diese war ja gleichermaßen ohne Drang nach draußen und drinnen ungemütlich. Doch bildet die publizistische Mehrheitsgesellschaft ihren eigenen Expansionismus, gemäß den ehernen Gesetzen der → Projektion, auch hier auf → die Ehemalige ab: „Wir haben euch nicht gerufen", ruft Medialdemokrat und Medienunternehmer Friedrich Küppersbusch angesichts östlicher → Massenein- und -unterwanderung aus, → weil: „Hier gelten unserer Werte!" (*taz* vom 21. Februar 2016).
→ Gesinnungsschnüffelei, → Gemütlichkeitskollektiv, → Sind Sie aus dem Osten oder aus dem Westen?

die Demokratie In → LEHRAMTSSPRECH von → Qualitätszeitungen keineswegs nur für eine faktisch bestehende Herrschaftsform, sondern vor allem für eine → Zielstellung, welche „→ wir → den Menschen erklären" müssen. Was dann regelmäßig zu Forderungen an → die Politik führt: „Wir haben uns in den Jahrzehnten → der alten Bundesrepublik eingerichtet in unserem Glauben, unsere Demokratie sei unserem Land genetisch eigen und damit selbstverständlich. Wir haben womöglich die Erschütterungen unterschätzt, die die → Wiedervereinigung im Osten und mit → Zeitverzögerung auch im Westen unseres Landes ausgelöst hat. Wir sind erst am Anfang dabei zu verstehen, welche Verunsicherung die Globalisierung, die Durchlässigkeit der Grenzen, die erweiterte Europäische Union auf das allgemeine Sicherheitsgefühl der Bürger hat. Das muss → die Politik ernst nehmen", so die ansonsten eher nüchtern und ‚mit → Augenmaß' urteilende Berlinschwäbin Brigitte Fehrle. Wenn es freilich um d. D. geht, werden auch hellere Köpfe des Westens zu gewöhnlichen → MEHRHEITSDEUTSCHEN, deren intellektuelles → Wir-Gefühl zum sprachlichen → ANIMISMUS drängt. Dessen liebstes rhetorisches → Themenfeld ist → *die* Politik: „Es gibt in der Demokratie keine andere Form des Streits und der Auseinandersetzung, die zu Ergebnissen führt [als das Reden]. Aber Reden ist keine Einbahnstraße. Reden heißt zuhören, aufnehmen, abwägen. Offensichtlich gibt es in Dresden einige kluge Leute in der Politik, die dies verstanden haben. ... Der Politik kann es nicht schaden, wenn sie darüber nachdenkt." („Reden!", in: *Berliner Zeitung* vom 23. Januar 2015, S. 4) Vor wem das Reden → der Politik → die Demokratie schützen muß, sollte mit Jakob Augstein bald darauf ein anderer → Qualitätsjournalist → aufzeigen: „Parlamente schützen die Demokratie vor dem Volk und das Volk vor sich selbst. Denn beim Volk, das ist eine paradoxe Wahrheit, ist die Demokratie nicht gut aufgehoben." (*SPIEGEL online* vom 16. April 2016)
→ Demokratieberater, → Elite(n)dialoge, → (Geschichten) erzählen.

die Deutung deutscher Geschichtsphänomene (humordialektal zuweilen: Diedeudeuph) verlangt nach einem Spezialisten. *DER SPIEGEL* fand ihn in Heinz Bude („Die verbaute Zukunft", Ausgabe vom 5. März 2016, S. 122) und traf beim Gefundenen auf keinen Widerspruch. Auch nach dem Neubau der Zukunft durch inklusiv-charismatische Populisten ist Bude als Analyst gefragt, bleibt er doch „einer der wichtigsten Deuter deutscher Gegenwart" (*Berliner Zeitung* vom 10. September 2018, S. 24).
Zum Sprachschöpfertum des Kasseler Professors: → Ostdeutschenbeobachter, → inklusiver Populismus, → Smartness-Bedarf, → Wir-Gefühl.

die Frau aus dem Osten → die Ostfrau, → das Merkel.

die Freiheit ist den Politikbetriebswestdeutschen zuweilen das, was den Kulturbetriebswestdeutschen → die Utopie. In beiden Fällen ohne erklärenden Zusatz oder Genitiv verwendet,

geht die Vokabel ihren Verwendern so leicht von den Lippen wie einem anderen das Wort Donnerstag.
→ Tutzing.

die gute alte Bundesrepublik Superlativ von → ‚die alte Bundesrepublik', nach der Jahrtausendwende → zunehmend nachweisbar im → Diskurs insbesondere des medienbetrieblichen → Jammerwessis, dem allmählich dämmerte, daß Deutschland kein vergrößertes → Köln oder Mainz sei. Der Ausdruck hat inzwischen einen Stammplatz im Diktionär des → Antiorientalismus sowie des → Purismus erobert.
Das jammerwestliche Greinen galt jahrelang → dem Merkel. → Die Ostfrau hatte, durch keinerlei ideologische Flausen behindert, die politikulturelle → Banalität der Alt-BRD auf den machtpolitischen Begriff und zur regierungsamtlichen Praxis gebracht. Sie hatte freilich gerade so das Nostalgicum ‚d. g. a. B.' verewigen wollen – wie viele BRD-Autochthone erst zum Ende ihrer Kanzlerschaft begriffen. Nie begriffen hatte es Wolfgang Herles, ein → Qualitätsjournalist mit ZDF-Anstellung, der – im Chor mit der BRD-Nostalgikerin Gertrud Höhler – in einem anderen Gebührensender greinte: „Merkel hat von der guten alten Bundesrepublik keine Ahnung", komme sie doch „aus einem Scheißland mit einer lausigen politischen Klasse." („Günther Jauch", ARD, 26. August 2012)
→ Anderland, → Billiarden, → Fäkalsprech, → in den Kulissen, → Weinerlichkeit.

die gute Gesellschaft Das Gegenteil von → einfachen Verhältnissen.

die Liebe zu den Menschen Muß man als regierungsamtlicher Verwalter fremdverursacher Arbeitslosigkeit selbst ein guter → Arbeitgeber sein? Eine Frage, die Frank-Jürgen Weise mit einem klaren Ja beantwortet. Was aber, so eine weitere wohlwollende Anfrage, macht einen guten Chef aus? „Erstens die Liebe zu den Menschen." Denn „es geht um → die Begegnung mit den Mitarbeitern." Seit 2015 leitet Weise auch das Bundesamt für Migration und Flüchtlinge. „Würden Sie denn Ihren eigenen Kindern raten, den Beruf des Entscheiders über Asylanträge zu ergreifen?" Weise: „Das ist eine belastende Aufgabe – nicht nur im Bereich Asyl. Auch wer Langzeitarbeitslose im Jobcenter betreut, hört bewegende Geschichten." (Tobias Peter, ‚Ein guter Chef ist auch demütig'", in: Berliner Zeitung vom 13. Juni 2016, S. 4)
→ Betreuliches, → die Menschen; → Diskurs der Empfindsamkeit.

die Medien Komplementärbegriff zu → ‚die Politik'; in gebührenpolitischen Diskussionen zwischen Medienschaffenden ein beliebter Selbsternennungs- und Selbstermächtigungsausdruck. Freilich können d. M. einem auch nicht immer helfen.

die Menschen Plagiatsversuch am SED-Deutsch der Ulbricht-Ära. ‚Unsere Menschen' waren Objekte einer erziehungswütigen Partei, ‚die Menschen' sind herrenloses Volk und daher – zum Beispiel auf Partei- und Kirchentagen – allerlei sprachlichen Übergriffen ausgeliefert; in den letzten fünfzehn Jahren speziell einer Melange aus → Kässmanndeutsch, Gaucksprech und Claudiarothwelsch. ‚Die Menschen' haben dabei Schlimmeres zu befürchten als ‚unsere Menschen', denn deren Besitzer beanspruchten zumindest keinen mehr-als-menschlichen Status. Wie anscheinend der Soziologe Heinz Bude, der zweieinhalb Jahre d. M. von Wittenberg erforschte: „Wir haben uns oft überlegt, wie viel Wahrheit, wie viel brutale Wahrheit werden die Menschen hier wohl vertragen? Die Antwort ist: Sie vertragen diese Wahrheit nicht nur, sie wollen sie haben. Und: Sie gehen mit der Wahrheit um, ohne sie auszusprechen." Müssen d. M. auch nicht mehr. Heinz Bude tat es für d. M. („Sie wollen die brutale Wahrheit", Stephan Lebert und Nina Pauer im Gespräch mit Heinz Bude, DIE ZEIT, 5. März 2010)

Semantische Differenzierungen findet man in der → Qualitätspresse eher beiläufig, wie etwa in der *Südwestpresse* angesichts einer Bundespräsidentenwahl: die Wahl des Kandidaten „hätte dem Amt, dem Land und den Menschen genützt" (13. Februar 2017). Schließlich gilt nach wie vor: „Die Menschen sind ja nicht dumm." (Thomas de Maizière, „Andruck", *Deutschlandfunk*, 25. März 2019)
→ Enthomogenisierung, → erklären, → umgehen mit.

die Menschen dieser DDR Ein sprachperformativ abgespreizter kleiner Finger, der → Weltläufigkeit anzeigt; semantisch ein Hybrid aus → ‚die Menschen' und → ‚die Menschen in der DDR'. Umgangssprachlich ist ‚d. M. d. DDR' inzwischen fast ausgestorben. In die Literatur- oder Literatursimulationssprache war ‚d. M. d. DDR' vermutlich durch Gabriela Mendling eingeführt worden. Die Wuppertaler Chefarztgattin veröffentlichte 1999 – unter dem Pseudonym Luise Endlich – einen autobiographischen Roman, worin sie berichtete, was ihr an der Seite eines Wuppertaler Chefarztes in Frankfurt/Oder („Oststadt") widerfuhr. Auf das Leben im Osten, gar in einer vormaligen DDR-Bezirkshauptstadt, hatte sie sich längere Zeit vorbereiten können: „Meine sechsundzwanzig Jahre in Berlin, die damit verbundenen Fahrten über die Transitstrecken der DDR, Erziehung und Erlebnisse, schließlich aber die beeindruckende Zeit der Auflehnung ‚im Osten', die Bilder aus den Botschaften und der Fall der Mauer hatten Bewunderung für die Menschen dieser DDR in mir hervorgerufen. Ich gönnte ihnen von Herzen all das, was wir schon lange selbstverständlich und angenehm fanden." (*NeuLand. Ganz einfache Geschichten*, Frankfurt/M. 2000, S. 10) Der Resttext besteht aus Dialogen, in denen die Frankfurter entweder berlinern oder sächseln.
→ Heimatliteratur, → der Osten, → Frankfurt.

die Menschen in der DDR Ausdruck im gehobenen Westdeutsch für die Hochdeutschsprachigen vor dem → Anschluß. West-, also Mehrheitsdeutsche sprechen von d. M. i. d. DDR normalerweise mit feuchtem Betroffenheitsglänzen im Mundwinkel und mit glasigem Berührtheitsschimmer im Augenwinkel, kurz, mit jener Feierlichkeit, wie sie bei ihnen erstmals das unvergeßliche Lichtspiel *Das Leben der Anderen* erzeugte („Ich wußte ja gar nicht, wie d. M. i. d. DDR gelebt haben ...").
→ Diskurs der Empfindsamkeit.

die Mitte der Gesellschaft (die Mitte, die bürgerliche Mitte) Dieser Ausdruck führt zwar mitten ins west- und damit mehrheitsdeutsche → Selbstverständnis, ist gerade deswegen jedoch schwer zu explizieren. Die M. d. G. wird in der Regel dann beschworen, wenn ihr – so die Mittebeschwörer – Gefahr droht, und zwar von den → Rändern, wogegen sie wiederum ein wehrhaftes → Selbstbewußtsein zu entwickeln habe. Mithin scheint der Mitte→diskurs ein Dialekt der → Totalitarismuskritik zu sein. Was aber ist die Mitte an sich selbst, ohne Ränder und die Rede davon? Beinahe ein Dutzend Mittebeschwörungsbücher erschienen allein im letzten Jahrzehnt und können darüber doch kaum Auskunft geben. ‚Mitte' gilt hier offensichtlich wie → ‚Freiheit(lichkeit)' oder → ‚Demokratie' als etwas, das sich von selbst versteht. So könnte bereits die Frage nach der M. d. G. anzeigen, daß man nicht zur M. d. G. gehört. Das aber *sollte* man: „Die Mitte der Gesellschaft sollte eigentlich die Mehrheit der Bürger umfassen. Unabhängig davon, bei welcher Partei die Angehörigen dieser schwer definierbaren Gruppe am Ende ihr Kreuzchen machen, sollte jeder und jede, der oder die sich dazuzählt, den → Grundkonsens mittragen, der diese Gesellschaft zusammenhält: Demokratie und Menschenrechte, soziale Marktwirtschaft und internationale Einbindung" usw. Das „am Ende" der Kreuzchenmacherei könnte freilich der Teufelsfuß einer solchen Demokratie sein. „Ein Teil der Mitte hat sich von diesem Grundkonsens verabschiedet."

Radikale, diesmal ‚rechte' (→ ‚rechtspopulistische') „Vorurteile, Pauschalisierungen und → Verschwörungstheorien gewinnen wieder Raum, und zwar in der Mitte der Gesellschaft." Eine „regelrechte Gehirnwäsche", für die mitteferne Kreise verantwortlich zeichnen, die aus besagter Mitte „ständig neue Jünger heranzüchten". Die Mitte allein scheint zeugungs- und züchtungsunfähig. Sie denkt und fühlt und merkt – nichts. „Die AfD ist nur das sichtbarste Symptom einer nach rechts driftenden, sich radikalisierenden Mitte – die das noch nicht einmal bemerkt."

Für die anhaltende Misere der Mittebeschwörung ist der soeben zitierte Traktat *Gefährliche Bürger* (München 2015, S. 25f., S. 94, S. 11) → paradigmatisch. Das Denken und Schreiben des Autorengespanns Bednarz/Giesa bewegt sich in einem Zirkel: ‚Mitte' soll 1. die Mehrheit (Masse) der Gesellschaft, 2. die materiell Gutgestellten und 3. die moralisch Gutgesinnten bezeichnen. Durch Zugehörigkeit zu 3. erwirbt man sich Ansprüche auf 1. und 2., durch Erwerb der Bedingung 2. die Voraussetzungen für 3. und 1., durch Vorfindbarkeit der Bedingung 1. die Grundlagen für 2. und 3. Kurz: Die bundesdeutsche Mehrheitsgesellschaft (einst verächtlich ‚nivellierte Mittelklassegesellschaft' genannt) eröffnet gleichermaßen Möglichkeit und Verpflichtung zu moralisch-materieller Mittstellung.

Die Mitte selbst bleibt dabei strikt substanzfrei. Zunächst scheint das ihrer aktuellen Verstörtheit → geschuldet zu sein. Wo Mitte sein sollte, ist die Bewegung zum Rand am heftigsten. „Die Indizien – Spaziergänge durch die Mitte der Gesellschaft" (S. 17ff.) zeigen nämlich eben dort, wo d. M. d. G. zu vermuten ist, nur Angstreflexe und Fluchtbewegungen. Was also war die Mitte, bevor man aus ihr floh? Das läßt sich nur ex negativo ermitteln, anhand der Mitte-Abweichler. Tatsächlich ist es der ‚Ansatz' und ‚zentrale Aspekt' des Traktats, die mittehäretischen ‚Intellektuellen' zu ‚entlarven' als – Mittehäretiker (S. 39ff., S. 60ff.). Ein → ideologiekritisches, exemplifikatorisches Unternehmen, bei dem der Aufgeklärte unaufhörlich → ‚einmal mehr' (S. 61, S. 65, S. 93, S. 173) diesen und jenen → Gutbürgerlichen dort antrifft, wo er eigentlich nicht hingehört, nämlich am → Rand, hier am → rechten. Mit deutlicher Tendenz zur Links-Rechts-Querfront, denn ‚Mitte' ist seit je, was sich totalitärer Umrandung, ja Umklammerung zu erwehren hat (S. 108ff.). Die soziale Mitte tendiert zum politischen Extrem, die politischen Extreme dringen in die soziale Mitte ein: Im virologischen Gesellschaftsbild der Mittebeschwörer erfordert diese „explosive → Gemengelage" (S. 11), sich „noch bewußter" (S. 114) zu machen, was hier vorgeht: „Denn bevor → die Menschen in westlichen Gesellschaften nach autoritären Lösungen zu schielen oder gar zu rufen beginnen, braucht es eine komplette → Dekonstruktion [!], einen kompletten Zusammenbruch des bestehenden → Systems, um dieses vollends zu diskreditieren und eine Offenheit für neurechte Gedanken zu schaffen." (S. 214)

Die Radikalen verbreiten die falschen Meinungen, die Mitte läuft davon, das System bricht zusammen. Das von den Mitterettern beschriebene System ist schließlich mittezentriert oder sollte das zumindest sein, was es freilich nicht aus eigener Kraft vermag: fortwährend bedrohen → ideologische Viren die Mitte, „spielen [?] die Neurechten virtuos mit den Methoden der Subversion, lassen ihr Gedankengut langsam in die Mitte der Gesellschaft einsickern, ohne dass dies dort zunächst auch nur bemerkt wird." (S. 15f.)

Was nicht in die Mitte gehört, zeige etwa die Publizistik eines Mannes, der sogar mit früheren KGB-Agenten verhandeln würde, bloß um ein paar Menschenleben zu retten: „Mit seiner Mischung aus Welterklärung, Amerika-, Nato- und Israelkritik und Russlandsympathie gelingt es Todenhöfer, die breite Mitte zu erreichen. Selbst für Terroristen bringt er Verständnis auf." (S. 113) Wer jedoch die Mitte ‚glaubhaft' bewegen oder bestimmen wolle, der müsse seinerseits schon ‚irgendwie' (das bei Mittebestimmern häufigste Adverb) dazugehören, also Mitte sein. Das nun sei auch Alexander Kissler, Kulturchef des *Cicero*, nicht: „Er könnte in seiner Position durchaus eine abwägende Haltung einnehmen und Debatten anstoßen; die dafür nötige Mitte hat er allerdings offensichtlich" „nicht gefunden" (S. 126). Dem Aufklärerpärchen fällt es nicht ein, nach sozialen oder politischen Interessen (im Original: der ‚Gemengelage') zu fragen, die den propagierten Ideologien entsprechen könnten. Vielmehr bedarf das eigene Bild der Mitte der „Angriffspunkte für ... Agitation". Wenn diese von „westlicher Gesellschaft" oder „Liberalismus" spricht, darf die Mitte sich gemeint fühlen, denn die Agitation „→ meint immer jene Mischung aus Marktwirtschaft und weitgehenden persönlichen Freiheiten, die → wir schätzen und die viele andere Menschen aus der ganzen Welt magisch anzieht" (S. 176). Wer wüßte um solche Anziehungskraft besser Bescheid als die ‚Haßprediger'?! Doch kann alle Welt in dieser – ja auch durch weltweite Randzonen ermöglichten und erhaltenen – Mitte leben? Die Frage stellen Bednarz/Giesa sich nicht. Ihr Medium sind ausschließlich „Presse und Aktivisten, online wie offline", welche die Mitte ideologisch rein zu halten → vermögen, mit Erfolg: „Es tut sich etwas in der Mitte, das Bürgertum fängt an, wieder Verantwortung zu übernehmen ... Teilen des Bürgertums ist klar geworden, dass hier eine ernsthafte Bedrohung von rechts im Entstehen begriffen ist. Und so kam es zu einem breiten Bündnis gesellschaftlicher Gruppen. ... So sah man etwa bei der ersten Münchner Gegendemonstration kurz vor Weihnachten 2014 direkt vor der ehrwürdigen Bayerischen Staatsoper auch viele elegant gekleidete Menschen aus dem klassischen Bürgertum ..." (S. 204)

Das bewährte Programm medialer Mittigkeit lautet: → ‚Zeichen setzen', → ‚Positionen beziehen', → ‚Flagge zeigen', → ‚Deutungshoheit' gewinnen. Aber auch ein wenig ‚Emotion' und ‚Symbolik' → ‚brauche es' (S. 216), um wieder → „mit den Menschen ins Gespräch" zu kommen (S. 218). Damit nicht länger nur „rote Fahnen unterschiedlich linker Provenienz" „das Bild prägen": „Die bürgerliche Mitte blieb" lange „selbst bei → wirklich wichtigen Themen → tendenziell zu Haus." (S. 204)

→ auf Augenhöhe, → Aufklärung, → Diskurshoheit, → PURISMUS; → die Breite der Gesellschaft.

die Moderne Metaphysische Verdinglichung und sprachlicher → ANIMISMUS. Das Wort habe → einmal mehr der ordinierte Traumdeuter Volker Gerhardt: „Die Antike, um nur ein Beispiel zu geben, ist der Neuzeit viel näher, als die Moderne bis heute glaubt, und sie reicht viel tiefer in die Geschichte der altorientalischen und der ostasiatischen Reiche hinein, als sich die Europäer träumen lassen." (*Exemplarisches Denken*, München 2009, S. 85) Traumhaft, diese Aufklärung!

→ mit dem Leben produktiv umgehen, → mindestens, → spätestens, → unverzichtbar, → zunehmend enttäuscht.

die offene Gesellschaft Die vom Kant-Verehrer Karl R. Popper popularisierte Formel ist zum Synonym des Leerbegriffs → ‚die bürgerliche Mitte' geworden; beides Dutzendwörter im Bürgerbeschwörungsbuch von Bednarz/Giesa *Gefährliche Bürger. Die Neue Rechte greift nach der Mitte* (München 2015). Gefüllt wird die moralisch entleerte Mitte durch Kants kategorischen Imperativ, den das offenkundig westmaturierte Autorenpaar mit dem Talionsprinzip gleichsetzt; → einmal mehr ein Zeugnis westdeutschen → Bildungsnotstands: „‚Was du nicht willst, was man Dir tu', das füg auch keinem andern zu', dieser Ausspruch, der in einem Satz die wesentliche Erkenntnis von Kants kategorischem Imperativ zusammenfasst, kennt in Deutschland jedes Kind. Und der gilt natürlich auch dann, wenn der andere sich nicht daran halten will. Oder besser: Er sollte gelten. Denn seien wir ehrlich: Auch wenn wir im Verlauf [!] dieses Buches reichlich Beispiele → aufgezeigt haben, wo die Gegner der offenen Gesellschaft mit Lügen, Halbwahrheiten und Verkürzungen arbeiten, wo sie pauschalisieren und → diskriminieren, mit dem Ziel, nicht nur das Individuum, sondern ganze gesellschaftliche Gruppen herabzuwürdigen, liefern auch die Verteidiger der offenen Gesellschaft nicht immer Glanzstunden der sauberen Argumentation ab." (S. 205f.) Deshalb sollten diese wissen, „an welchen Schrauben man drehen kann" (S. 173); ein Zusammenhang von Aufklärung und Terror, der schon den alten Kant nicht irremachen konnte.

die Ostfrau/die Ostkanzlerin (auch: die Ostdeutsche, die Frau aus dem Osten) → Qualitätsmediale Synonyme für → das Merkel (*DER SPIEGEL, Süddeutsche Zeitung, Frankfurter Rundschau* u. a. m.); Artikulationsmittel → MEHRHEITSDEUTSCHER Fremdenfurcht auch in → der Politik und → der Wirtschaft. Die → gefühlt wie gezählt höchste Ostfrauendichte findet sich in den Texten von Markus Decker, Ostbeauftragter der *Berliner Zeitung*.

die Partei ist dem Westdeutschen jene geistig-moralische Heimat, die der ostdeutsche Wähler allzu rasch wechselt, wenn sie ihm nicht zu Diensten ist. Der westdeutsche Ostdeutschenbeobachter und → Deuter deutscher Befindlichkeiten Heinz Bude findet das ‚unangenehm': bitte weiterlesen unter → inklusiver Populismus. Für den Rest des Landes und die westdeutsche Politik hingegen gilt das Wort Gerda Hasselfeldts: „Mir hat die Partei immer Chancen gegeben." („Unterschätzen Sie nicht die Mädchen aus dem Bayerischen Wald!", Gespräch mit Kordula Dörfler und Damir Fras, in: *Berliner Zeitung* vom 19./20. August 2017, „Magazin", S. 2)

die Parteien Mehrheits- und qualitätspolitisches Synonym für → die Mitte der Gesellschaft; Näheres: → Menschen, → die Menschen, → Parteiendemokratie.

die Politik Gemeint: die Politiker, also die anderen. „Die Politik muß endlich reagieren." „Die Politik hat in diesem Herbst beschlossen, die Sozialleistungen" usw.
D. P. fand vor einigen Jahren in Professor Volker Gerhardt ihren Entschlüsseler (*Das Prinzip der Politik*, 2007). Wie die meisten westdeutschen Philosophen hatte Gerhardt seine Karriere als Historiker begonnen. Die Philosophiegeschichtsschreibung verdankt ihm die Einsichten, daß Platon „brillante Dialoge geschrieben" habe, daß Immanuel Kant „aus der europäischen Philosophiegeschichte nicht mehr wegzudenken" sei, daß Friedrich Nietzsche „sich überschätzt" habe und daß „mit Heidegger kein Weg in die Zukunft" führe (Zitatquerschnitt aus: *Vorlesungsverzeichnis der Humboldt-Universität, Akten zum Berliner Kant-Kongreß, MERKUR*). → Breiteren Kreisen wurde Gerhardt um 2000 als Verfasser von → LESERBRIEFEN an die *Berliner Zeitung* bekannt („Wie ich in meinen Reden und Schriften immer wieder betont habe ..."). Gegen Ende seines Universitätsdaseins ward der Machtnäheaffine zum Kanzlerberater und zugleich zum Spezialisten für Politik-, Rechts-, Sozial-, Moral- und Biophilosophie promoviert. Das zeitigte u. a. folgende Mitteilung an die *MERKUR*-Leserschaft: „Auch die Politik ist eine Form des Lebens. Und seit → mindestens zwölftausend Jahren ist sie so eng mit der kulturellen Existenz des Menschen verbunden, daß es bereits den Griechen selbstverständlich war, den Menschen als ein durch die Politik definiertes Lebewesen zu verstehen." (*Exemplarisches Denken*, München 2009, S. 108) Jedenfalls „→ spätestens von jener Epoche an, in der [die Politik] sich → strukturell für den Vorgang allgemeiner Begründung → öffnet" (S. 129). Spätestens und mindestens kommt hinzu: „Ja, wir haben → starke Hinweise darauf, daß der Puls des Lebens eben den Takt vorgibt, den die sittlichen Normen ausdrücklich zu machen versuchen." (S. 111) Dem ausdrücklich gemachten Puls des Lebens und seinen starken Hinweisen läßt sich folgendes abhören: „Die Politik ist stets nur der von vielen gemeinsam betriebene Versuch, mit den Risiken des Daseins in wechselseitiger Vorsicht → umzugehen. Also wird sie auch selber unsicher und gefährdet sein und bleiben. Sie erzeugt sich, wie wir schon aus der ältesten politischen Überlieferung wissen,

ihre eigenen Gefahren, die den selbstgeschaffenen Problemen der Wissenschaft und der Technik um nichts nachstehen. Aber das war offenbar noch nie ein Grund, die Politik als solche aufzugeben. Zwar können Einzelne jeweils gute Gründe haben, die Politik zu meiden. Das Tier jedoch, das sein Überleben auf die Herrschaft über andere Tiere gründet, kann schlechterdings nicht darauf verzichten, auch über sich selber Herr zu sein. Zur Politik gibt es somit keine Alternative." (S. 87) *Das Prinzip der Politik* kennt Einzeltier V. G. → spätestens oder → mindestens seit seiner gleichnamigen Buchveröffentlichung. Seine Erinnerung reicht weiter: Tugend ist „spätestens seit Platon" nicht mehr allein auf das kriegerische Handeln gerichtet, so daß es allerspätestens „den Griechen selbstverständlich war, den Menschen als ein durch die Politik definiertes Lebewesen zu verstehen" (*Der Mensch wird geboren. Kleine Apologie der Humanität*, München 2001, S. 130f.). Wer könnte das mißverstehen? Doch weiter im Text: „In diesen Grenzen vollzieht sich die Politik als der Versuch, den ganzen → Lebenszusammenhang einer menschlichen Gemeinschaft durch die jetzt tätige Generation zu sichern. Die Paradoxie dieser Aufgabe ist bis heute nicht hinreichend bewusst; sie kann nur durch eine → nachhaltige Reflexion auf den Lebenskontext, in dem sie sich stellt, ermessen werden." (S. 131) Beruhigend zu wissen, daß → mindestens einer die Paradoxie dieser Aufgabe ermißt.

Die vorstehenden Zitate hatten weniger den Zweck, eine im Durchschnittsphilosophieren gängige *petitio principii* (‚die Politik' als Erklärendes gleichwie Erklärtes) zu bebildern oder gar die → menschenverächtliche Darstellung eines Philosophendarstellers zu liefern. Es galt vielmehr, einen im westdeutschen Kulturbetrieb gängigen Beschwörungston → aufzuzeigen, in dem Semantik und Pragmatik scharf kontrastieren: In monotoner Insistenz von fast sakral und oft orientalisch, etwa sufistisch anmutender Gesangslage ertönt klassisch okzidentales Vernunftvokabular.

die Politiker Ein vornehmlich in Quengeltönen verlautender Terminus. Als solcher gesamtwestdeutschem → Puerilstil folgend, sollte ‚d. P.'-Gerede deshalb eigentlich kaum der Aufnahme in dieses Wörterbuch würdig scheinen. Doch ist der Ausdruck in einigen Medialdialekten spezifisch geworden. Wenn ein → Mehrheitsdeutscher wie M. „Rostnagel" Biller klagt, d. P. hätten ihm seit 1989 nicht gesagt, was der offenen, libertären, → unnationalistischen Gesellschaft Westdeutschlands drohe, dann wirft das ein grelles Licht auf Traditionen wortgewordener Untertanenmentalität: Der Bürger mit dem devoten Wunsch, daß man ihm → die Politik erkläre. Populär wurde der Ausdruck im → Besorglichen sowie im → Betreulichen. In diesen Dialekten artikuliert der mündige Frosch seine Ansprüche gegenüber jenen Störchen, denen er eine Totalvision des Teiches zutraut; daher die → einzigartige Melange aus wimmernder → Verletzlichkeit und schrillem → Anspruchsdenken. Die Anspruchlichen mit dem gekränkten Antlitz bekunden ihre Wünsche weiterhin gegenüber → der Politik. Doch tauchen d. P. und Äquivalente (die Regierenden, die → Machthaber) → zunehmend wertneutral im Westdeutschen der → Qualitätszeitungen auf. Als Beispiel, wie die anspruchsdeutsche Frosch- zur publizistischen Vogelperspektive mutieren kann, sei dieser Titel aus einer → Frankfurter Zeitung zitiert: „Großes Gasfeld vor Ägypten entdeckt. Die Menschen hoffen auf eine stabile Stromversorgung, die Machthaber auf einen Geldregen" (Martin Gehlen in: *Frankfurter Rundschau*, auch: *Berliner Zeitung* vom 1. September 2015, S. 10).

die Russen (1940–1970 überwiegend: der Russe) Zuverlässiger Indikator der Imbezillität eines Menschen oder Milieus ist sein Bedarf an Pluralbildungen. So sind ‚d. R.' ebenso wie ‚die Deutschen', ‚die Frauen', ‚die Juden', ‚die 68er', ‚die Rechten', ‚die Männer', ‚die Amerikaner', ‚die Ostdeutschen' politpublizistischer → Babytalk reinsten Wassers wie

→ Denunziantendeutsch trübsten Speichels. „Ist man denn so geschichtsvergessen, zu meinen, die Russen sind unsere Freunde?!" fragte und antwortete DDR-Forscher Klaus Schroeder im *Deutschlandfunk* („Kontrovers", 17. Juni 2019), wobei er speziell → die Sachsen scharf anschaute.

In der westdeutschen Umgangssprache auch und vor allem der → guten Gesellschaft bezeichnen ,d. R.' allerdings nicht nur die Putin-Russen oder das Reich → des Bösen, sondern weiterhin diverse Kleinvölker und Volksgruppen ohne Namen. Hierin treten d. R. der GUS, später nur mehr → Rußlands, die Nachfolge der Sowjetunion an, die dem so gesinnungskräftigen wie ahnungsschwachen Westen jahrzehntelang als rein russisches Reich galt. Kurz: „die Russen, die Sowjets" (Klaus Schroeder).

→ Sowjets (Zoffjets).

diese Kreise Metapher für → die bürgerliche Mitte, je unterm Aspekt der Verführtheit und der Führerschaft: In politischem Wortgebrauch sind d. K. eine Zone, worin „sich das Denken und Vokabular ursprünglich moderater Leute plötzlich verändert, sobald sie" da „hineingeraten sind" (Liane Bednarz/Christop Giesa, *Gefährliche Bürger*, München 2015, S. 94), im kulturbetrieblichen Westdeutsch liegen d. K. außerhalb der → Schnittmenge von → breiten Kreisen. Näheres: → (sich) erwählen, → elegantes Deutsch. Weiteres: → Purismus.

die sogenannte Freikörperkultur Eine DDR-interpretatorisch fixe Formel der Mehrheitsmedien, worin sich Trockenheit des Ressentiments und feuchte Phantastik merkwürdig mischen.

Das in alten und nicht-christlichen Kulturen übliche Nacktbaden, in der → Ehemaligen nebenbei und ohne Ideenüberbau praktiziert, ist Erregungsthema sowohl in essayistischer als auch in belletristischer → Heimatliteratur der Westdeutschen. Viele von ihnen bleiben durch die → verdruckste Sexualerziehung in der Alt-BRD → nachhaltig verstört, hatten entblößte Menschen allenfalls in konfessionellen oder reformpädagogischen Internaten gesehen, als Zöglinge, bei den einschlägigen Handreichungen und Munddiensten an ihren Betreuern. Forcierte → Unterwürfigkeit gegenüber Kulturtraditionen überseeischen Ursprungs, namentlich gegenüber dem angloamerikanischen Puritanismus, tat in → der alten Bundesrepublik ein übriges. Das Herzklopfen und Speichellaufen westdeutscher *SPIEGEL*-Leser oder → Bittermannlinker vor der ersten Fahrt an die Ostsee oder an einen brandenburgischen Badeteich ist daher verständlich. Der nackte Mensch ist ihnen nicht der nackte Körper ohne Sozialhülle, sondern ein interpretationsbedürftiges, wenn nicht gar → ideologiekritisch anzugehendes Sozialphänomen, in welchem die interpretationsflinken Besserbürger zuweilen → Widerstand gegen die Diktatur, zuweilen proletarische → Verwahrlosung erblicken; zu den einschlägigen Verklemmungen näherhin: → Eroskiller, → Emotion, emotional, Emotionalität.

die Sprache der Seele Hochwestdeutsches Synonym für alteuropäische Prägungen wie ,die Eitelkeit des Leids' (La Rochefoucauld), ,die Pose des Kummers', ,die Schau des Schmerzes' u. ä. m.; im Umkreis der Botho-Strauß-Dramatik mitunter → spreizsprachlich für die → theatrale Form des → ganz großen Gefühlskinos.

Die S. d. S. versuchte Michael Eberth, aus Lindau stammender Dramaturg und Strauß jovial ,Botho' nennender Diarist, über fünf Jahre auch die stummstolzen Leidensbeherrscher des Deutschen Theaters zu lehren. Vergebens. Das lag laut Eberth zunächst am → ,Sozialismus' und seiner → ,Ideologie' (*Berliner Theatertagebücher*, Berlin 2015, S. 57, S. 135, S. 167, S. 250), vor allem aber an der ostdeutschen → Ironie. Mit letzterem Ausdruck bezeichnet Eberth die Verweigerung didaktischen Vorzeiger-Theaters, eines Herausstülpens von Seelenschmerz, mit dem man sich zuvor per *method acting* eindeckte, kurz: künstlerische Selbstachtung. Letztere ist Eberth unbekannt (S. 152: „Hätte zum Ende der Spielzeit den Schnitt machen müssen. Ging aus ökonomischen Gründen nicht."). Unter Prahlhänsen des Schmerzes und Rekordkämpfern des Leidens sozialisiert, notiert er: „Bin immer noch nicht dahintergekommen, was es mit dieser Ost-Ironie auf sich hat. ... Funken kann die Ironie nur noch versprühen, wenn sie zur Maske des Schmerzes wird. Ans Schmerzliche hat sich der Osten aber nie rangewagt." (S. 107) Formale Schwäche als innere Wahrheit: Wie wohl fast alle seine Landsleute kann Eberth nur an eine Seele glauben, die mit dem Zeigefinger auf sich weist, an einen Schmerz, der als Gekränktheit durch ‚das Dasein' (sein häufiges Wort) paradiert, kurz: der imponieren kann „durch das Abbilden einer inneren Wirklichkeit, die nicht von den Projektionen der Ideologie verzerrt ist" (S. 112). Ostschauspieler wie Ostmensch denkt sich der zunächst → ADORNITISCH, später boulevarddramaturgisch geschulte Theatermann wie seinesgleichen, d. h. wie Leute, die sich von einer ‚äußeren Wirklichkeit' jedesmal mitteilen lassen, was ‚innen' angesagt und nach außen vorzeigbar sei.

Eberths publikumskonformer Begriff von der S. d. S. ist an Westberliner Gattinnendramatik (B. Strauß, *Das Gleichgewicht*, 1993ff.) orientiert, an der schlichten Innen-Außen-Polarität → der westlichen Seele, die er für ‚fein', ‚labyrinthisch', kurz: unendlich subtil hält (S. 110, S. 183, S. 194). Eberth folgt hierbei einer auch ästhetischen → Entlarvungslogik: Ebenso wie der westliche (lies: westdeutsche) Geist mit → Meinungen/Überzeugungen/Gesinnungen, ist die westliche Seele mit → Empfindungen ausgestopft. Sie ist überhaupt ein Innenleben und Innenraum, ein → ‚Gemütsraum' (S. 255, S. 265), dessen Inhalt zur Darstellung drängt. Dieser Inhalt ist Schmerz, von dem nach Meinung des West-Dramaturgen die → Ostler verstockt (oder verängstigt) schweigen. Anderseits entsteht der Gesprächsstoff der westlichen Seele gerade dadurch, daß sie nicht → *permanent* von sich selbst (Eberth: vom ‚Schmerz des Daseins') sprechen darf. Durch Verklemmtheit zur Innerlichkeit, durch Verstopftheit zur Erleichterung: Für den Dramaturgen des Befindlichkeitsboulevards im Stile ‚Bothos' ist das Kaschierte das Wahrhaftige (S. 112), weil Unvorzeigbare von Kränkung, Niederlage, ‚Verletzung'. Das Offensichtliche sozialen Rollenverhaltens hingegen ist bloß abzuwerfende Hülle und Konvention. So können nicht nur Schauspieler und Zuschauer, sondern auch der Dramatiker sich selbst für stets reicher halten, als sie dem blöden Auge des Kulturbeobachters scheinen (Strauß: „innerlich war ich ein Alexander der Große"). Namentlich als *Schmerz* ist das Verborgene das Kostbare, das zur Konkurrenz der → Präsentation einlädt (S. 265). Wenn der Großschauspieler solche verborgene Kostbarkeit ausstellt oder sich zwecks Ausstellung verschafft, hat seine Seele gesprochen: Das mehrheitsdeutsche Bedürfnis der → Unterwürfigkeit verbindet sich direkt mit der Anbetung des eigenen Schmerzes im ‚Star' (Eberth), der sich selbst, genauer, sein Selbst darstellt (S. 99). Das Deutsche Theater, wenn es denn endlich ein westdeutsches werden wolle, könne hier von Hollywood lernen, findet Eberth (S. 272). Der seelenverkäuferische Naturalismus als Überwindung des sozialistischen Realismus hätte freilich immer noch mit dem Problem zu ringen, ob der gerade vorrätige Schmerz überhaupt an der Zeit, ob er von Format und Schauwert sei, auf daß Exhibitionismus und Voyeurismus zueinander fänden. Dramatiker wie Dramaturg sind angewiesen auf kassentauglich-ansehnlichen Schmerz; sie finden ihn nicht immer in ‚inneren Vorgängen' (S. 288). Der westdeutsche Theatermann, auf der Suche nach dem ‚Drama des Daseins', ging folgerichtig auf Dienstreise in den europäischen Osten, zur russischen ‚Sehnsucht nach dem Unfaßbaren' (S. 216), oder in die deutsche Vergangenheit, zum ‚Leiden am Unerlösten der deutschen Geschichte' (S. 183).

die Staaten → ANBIEDERUNGSDEUTSCH und zugleich → JOVIALSPRECH der westdeutschen für die nordamerikanische → Provinz.
→ die USA.

die Straße Zwischen 1970 und 1990 moralischer Referenzausdruck des linkssozialistischen, linksalternativen und zu guter Letzt linksliberalen Milieus („Alle auf die Straße!", „den Protest auf die Straße tragen"), der rudimentär in der kiezkleinbürgerlichen Fest→kultur fortwest („Straßenfeste gegen rechts"); seit der → Wiedervereinigung → zunehmend Ekel- und Empörungsausdruck für → rechtspopulistisch motivierten Aufenthalt im Freien (Müngida, → Nügida, Pegida usw.). Besonders in → Qualitätsmedien weiß man: → Die Politik wird woanders gemacht.

die USA Hochdeutsch im Plural, westdeutsch nicht selten im Singular üblich für → die Alliierten: „Die USA hat uns geholfen ..." usw. (Hörbeispiele: *ZDF, Deutschlandfunk*, Bundestag). → Graffiti.

die Utopie erscheint → zwischenzeitlich meist in der Frage, wo sie denn bleibe oder was aus ihr geworden sei. Ohne erläuternden Genitiv ist d. U. autochthoner → SPREIZSPRECH der → Westlinken, sofern diese nicht in → Totalitarismusforschungen ihre Endstufe und ihr Auskommen gefunden hat, sondern froh sein muß über jede Einladung zu Podiumsdiskussionen über Zeiten, als das Hoffen noch geholfen hatte.
→ Projekt(e)kultur.

die Verhältnisse am Boden Aus dem Diktionär der → flugkörperlichen Stärke. Die V. a. B. neu ordnen, nachdem sie „in der Luft" nicht mehr zu entscheiden seien, gelüstete u. a. jenen massiven → Geistkopf aus einem *think tank*, den angesichts des eskalierten Syrienkonflikts das *Inforadio* ans Mikrofon rief (28. November 2015, 7.30 Uhr).

die wert(e)orientierte Welt Im → Qualitätsradio seit ca. 2010 → massiv belegbares Riesenblähwort für → das Abendland, dessen → Werte, wie schon anno 1978 in Afghanistan, → zunehmend vom orthodoxen → Rußland und seinem pfiffigen Herrscher verteidigt werden müssen. Dies oft aufgrund der → Kollateralschäden transatlantischer → Missionen im Nahen Osten: Das von der → westlichen Welt strategisch ersehnte, jedoch medial bekrittelte Eingreifen Putins im westweltlich zerrütteten Syrien verlieh der Wortblähung → MEDIALDEMOKRATISCHEN Auftrieb. „Der werteorientierten Welt stehen schwere Zeiten bevor", barmte ein Kommentator des *Deutschlandfunks* (27. September 2015).

die westliche Seele Im Kulturteil von Wochenzeitschriften, in zeitanalytischer → HEIMATLITERATUR sowie in Theaterpoetiken → der alten Bundesrepublik mitunter verwendetes Synonym für all dasjenige, wovon sich viel reden und doch kaum etwas zeigen läßt.
Im Verhältnis zwischen Westlern ist d. w. S. nicht zu entdecken. Kenner versichern, daß sie in deren Innerem hause, in sog. Seelen- oder → Gemütsräumen. Zuweilen scheint ‚d. w. S.' ein Ausdruck für den Gehäusecharakter der westlichen Existenz selbst, zuweilen für die Füllung des ansonsten hohlen Gehäuses. Einigkeit besteht in westlichen → Diskurskünsten und Kunstdiskursen darüber, daß dieser Innenstoff, wie massenhaft oder massiv auch immer, seelenvoller sei als das Formenarsenal, worunter er sich verberge. Ein → ideologiekritischer Verdacht gegen Formbeherrscher als Seelenkrüppel oder Schmerzverbeißer beherrscht die → MEHRHEITSDEUTSCHE → Meinungs→kultur insgesamt. So konnten im bundesrepublikanischen Kunstleben leicht → Ressentiments gegenüber der handwerklich überlegenen Künstlerschaft im Osten gedeihen, der man Inkompetenz in Sachen ‚d. w. S.', mitunter schlichtweg Seelenlosigkeit zuschrieb.
Einen geradezu brachialen Versuch, deutschen Schauspielern d. w. S. einzupflanzen und ihnen somit endlich zur → ‚Sprache der Seele' zu verhelfen, hatte in den frühen 1990er Jahren

der Lindauer Dramaturg Michael Eberth unternommen. In seinen *Berliner Theatertagebüchern* und in aller völkerpsychologischen Unschuld spricht er noch 2015 von den „Labyrinthen der westlichen Seele", in die „ein Regisseur aus dem Osten" wie Thomas Langhoff vergeblich einzudringen suchte (S. 110). Die schauspielernden „Virtuosen des Deutschen Theaters" hätten nicht minder versagt. Wovor eigentlich? „Sind es die fein ausgesponnen [sic!] seelischen Regungen der bürgerlichen Hochkultur, die in der kleinbürgerlichen DDR verfemt wurden? ... Ewiges Rätsel." (S. 194) Und doch wieder nicht: „Die aufs Kollektiv ausgerichtete sozialistische Kunstdoktrin hat die Sprache der Seele tabuisiert." (S. 99) Seelenlos freilich ging es in den frühen 1990er Jahren nicht allein am hochkulturellen Ost-Theater, sondern auch in des Westens massenkultureller Breite zu, in der neuen deutschen Komödie der Riemann, Schweiger und Konsorten. Hatte hier gar eine → Ossifizierung stattgefunden? Eberth: Auch „die neuen Schauspieler suchen nicht mehr den Ausdruck der Seele, sondern bieten sich mit unbewegter Miene als Leinwand für → Projektion an. Das Leiden am Unerlösten der deutschen Geschichte, das sich unserer Generation eingebrannt hat, weicht einer → Ironie, die fröhlich in Trümmer schlägt, was für uns Mauern von Gefängnissen waren." (S. 183)

Seele ist etwas, soviel konnte Eberth bereits in diesen Passagen → deutlich machen, das man haben und hüten muß, ebenso wie Schmerz. Der Dramaturg aus dem Westen hatte sich den Ost-Spielern als Schmerzlöser angeboten, hierfür aber von ihnen verlangt, „→ sich dem Schmerz zu öffnen": „Sie müßten die Masken ablegen, zu denen das Abgelegte erstarrt ist" (S. 47). Doch fehlte es den → Ostlern an einem „Selbst, wie es der Spieler im Westen ausprägt" (S. 99). Eberths seelenmetaphysische Gleichung lautet auf Seele = Ich = Selbst = Dasein, die dramaturgische Anweisung mithin, „Leiden am Dasein" (S. 95f., S. 85) zu → präsentieren. Die ‚Ost-Spieler' freilich hätten bekundet, daß Seelisches kein Füllstoff hohler Äußerlichkeit, keine Tariermasse für ein bloß inneres *Gleichgewicht* (Botho Strauß, 1993ff.) sei, sondern eher im Gegenüber zwischen Selbst- und Fremdperson zu suchen wäre: „Das wahre Gleichgewicht ergebe sich aber aus dem Miteinander mit anderen Menschen ..." (Christian Grashof, zit. nach: ebd., S. 109)

Für den Mann vom Bodensee, der sich hierbei mit Recht als → Vertreter der westdeutschen Heimatkunst insgesamt fühlen darf, bleibt das inakzeptabel. Ihm bedeutet ‚Seele' das, was durch Einfühlung ergründbar und durch Ausstellung herzeigbar ist; ein Realismus, wie Hollywood abgeschaut oder Lukács abgelernt. Die meisterliche Verwandlung von Schmerz in Schönheit, die Selbstwerdung des Menschen durch kunstvolle Seele-Form-Synthesis blieb dem Dauerkündiger und Immer-wieder-Verlängerer am DT unaussprechlich. Als Notnamen für jene fremdartige Kunst, die nicht bloß ‚Inneres' nach außen wendet, ‚Seele' in Kasse verwandelt, fand Eberth einzig das Wort → Ironie. Gegen ihr seelenzersetzendes Gift empfahl er den US-Film oder sogar das neubritische Sozialdrama mit seinem „Abbild gesellschaftlicher Verhältnisse, in das sich weder Deutung noch Ironie einmischen" (S. 177).

Die mehrheitsdeutsche Diktatur von → Entlarvung, → Aufklärung, → Denunziation ist auch im dramaturgischen Subsystem allgegenwärtig. Eberth spricht als Sohn seines Volkes und seiner Klasse: Realität ist das, was der → Bürger werktags verborgen hält und sich sonntags auf der Bühne zeigen läßt. Das Scheitern des Versuchs, aus dem Deutschen Theater eine westdeutsche Heimatbühne zu machen, war bei solcher → Meinungskondition → vorprogrammiert. Ein Amalgam von Innerlichkeits- und → Aufarbeitungsdramatik hatte Eberth vorgeschwebt, anzurühren durch eine Seelenreinigung, wie in K-Sekten gelernt und im Existentialistenjargon noch 1996 formuliert: Die Ost-Spieler müßten „ihr Erschrecken über das falsch Gelebte der eigenen Existenz in die Figuren → einbringen können" (S. 273). Durch unmißverständliches → Präsentieren von ‚Schmerz' und ‚Trauer' sollte das noch theaterbesuchende (Ost)Volk über die Kosten ‚des Sozialismus' informiert werden (ebd.). Doch registrierte Eberth rasch, daß dem Könnerkollektiv des DT das hierfür notwendige → Selbstmitleid, die Botho-Straußsche Seelchenhaftigkeit, kurz: ‚das westliche Selbst' (S. 99) fehlte. Hatten die Ostschauspieler überhaupt eine verborgen-vorzeigbare Seele im vollen, also westlichen Sinne des Wortes? Eberth schwankt diesbezüglich noch in seiner 20 Jahre später veröffentlichten Bearbeitung der *Theatertagebücher*. Zwar findet er auch bei den DT-Schauspielern so etwas wie Innenraum, ein Seelengehäuse mithin, das sich mit Daseins- oder wenigstens Wohlseinsschmerz, kurz: mit Sentiment füllen ließe. Doch „für den → Gemütsraum des Ostens ist die Schauspielerei des Westens mit ihren sentimentalen Allüren die Pest." (S. 265) Sentiment als Gefühlsersatz, → Identität als Substitut für Persönlichkeit: Das neuwestdeutsche Theater, nach dem Scheitern → der Utopien endlich → ‚dem Menschen' (S. 265) zugewandt, hält beides bereit. Im Idiom innerlichkeitsintensiver Wahrhaftigkeit: „Das Theater ist in diesem Moment der allgemeinen Verunsicherung als → Ort der → Identitätsstiftung gefordert." (S. 83) Der Diarist hierzu → ganz konkret: „Das Stiften von → Identität wird wieder lebenswichtig." (ebd.)

die Wirtschaft Kollektivsingular für Unternehmen wie für Unternehmer, insofern ein Halb→ANIMISMUS; reale Basis und verbales Muster für zahlreiche Hypostasierungen (→ die Medien, → die Politik).

Differenzierungsansprüche → BLÄHWÖRTER, BLÄHSPRECH, → Flüchtlingsproblematik.

Diozöse Ausschließlich gesprochenes Westdeutsch für das hochdeutsche ‚Diözese'; adventszeitlich häufig vernehmbar im gebührenfinanzierten Kulturfunk (Stichprobe zum Nachhören: *Deutschlandfunk*, 24. Dezember 2015 ab acht Uhr in der Frühe) sowie von Kirchenvolk, wofern um eine Kirche von unten bittend (abermals: *Deutschlandfunk*, 15. Dezember 2018).

Diskrepanzen Nicht zufällig war Joachim Gauck einst zum Liebling der → MEHRHEITSDEUTSCHEN Politprovinz geworden. Er spricht so einfach und denkt so schlicht, daß er dem Bedürfnis → breiter Kreise Westelbiens nach nuancenfreiem Für- oder Wider-etwas-sein-Dürfen vollauf genügte. Das Scheitern von Gesine Schwan als Präsidentschaftsanwärterin einige Jahre zuvor erwies sich hingegen als sprachkulturell ambivalenter Fall. Schwan warnt und weissagt so gern wie Gauck, bedient sich dafür jedoch akademisch → geprägter → Bedeutsamkeitsrede, mit vielen Einschüben aus dem → ANTRAGSDEUTSCHEN und dem → MEDIALDEMOKRATISCHEN. Sie darf als → prototypische → Vertreterin des älteren, → totalitarismuskritisch geübten → Weltoffenheits→diskurses via → Ränderbeobachtung gelten.
Mit welchen sprachlichen Mitteln die → gutbürgerliche Gesellschaft der sog. → Flüchtlingskrise begegnen würde, kann ein vorzeitiger, mithin noch recht → unaufgeregter Traktat illustrieren. Wir lesen in Schwans Wachrütteltext „Pegida ist überall", der sich mit den Ängsten ihrer Herkunfts-, also der Mittelklasse beschäftigt. Rasch wird die „Politologin und Expertin für die Geschichte des sozialen Vorurteils" *(DIE ZEIT)* → konkret: „→ Ausländerfeindlichkeit ... blüht besonders dort, wo man mit → konkreten Muslimen – als Kollegen am Arbeitsplatz oder im Sportverein – wenig oder nichts zu tun hat, keine → menschlichen → Beziehungen mit ihnen eingegangen ist." Von ‚konkreten Muslimen' sei es bis zu → Ressentiments nicht weit: „So können sich Ressentiment und Vorurteil eingebettet fühlen im ‚breiten' Volk. Deshalb verwendet Pegida erfolgreich den ursprünglich gegen die kommunistische Diktatur gewendeten [!] Ruf ‚Wir sind das Volk'. Pegida fühlt sich mit → breiten Kreisen der Deutschen einig in der Feindlichkeit gegenüber dem Islam, nicht ganz zu Unrecht, wie Umfragen zeigen." Bei aller Einbettung in → breiten Kreisen → der Politik: Eine Professorin für dies und

das sollte zumindest sprachlich zwischen Fakten- und Aussagenebene – etwa wunderlichen Menschen und Verwunderlichkeit ihres massenhaften Auftretens – unterscheiden können, doch weit gefehlt: „Deshalb sind auch die Teilnehmer aus der ‚Mitte der Gesellschaft' nicht verwunderlich. Historisch waren Anhänger und Wähler der Nationalsozialisten nicht die sozial Armen – die waren bei Sozialdemokraten, Gewerkschaften und Kommunisten organisiert und sahen in diesem Kontext ihre → positive Zukunft noch vor sich." Während die Nazis ja ihre Zukunft durch Limitierung auf 1000 Jahre bereits hinter sich, ohne → Kontext und insofern auch nicht positiv sahen! Doch sehen wir auf den Kontext von Schwans Text: Es ist die Sorge um den Bestand einer Mittelschicht, die Schwans politische Freunde gern ‚gesund' nennen und die sich doch in → der Politik stets kränklich als auch hochreizbar zeigt. „Zwar sind Gesellschaften mit einer breiten Mittelschicht und ohne große soziale Diskrepanzen eine begünstigende soziale Voraussetzung für freiheitliche gemäßigte Politik und Demokratie – wie die Geschichte der politischen Ideen seit zweitausend Jahren lehrt. Wenn aber die Diskrepanzen zwischen Arm und Reich immer größer werden und die Mittelschicht Angst bekommt, zwischen Reich und Arm zerrieben zu werden, ... dann sucht sich diese mit Ohnmacht gepaarte Angst eben als Blitzableiter jene Menschen, an denen sie ohne Gefahr ihre Wut abreagieren kann." Wenigstens reagiert die Angst ihre Wut ab und nicht die Mittelschicht, auf die „freiheitliche gemäßigte Politik und Demokratie" bereits „seit zweitausend Jahren" ihre Hoffnungen setzen dürfen. ‚Wir' müssen es hierfür nur schaffen, eine → angstfreie Mittelschicht zu schaffen, d. h. eine freiheitlich-demokratisch gesinnte, weil nicht von Armut und Ohnmacht bedrohte. „Europa hat – im Kontext immer größerer globaler Diskrepanzen nicht nur zwischen, sondern auch innerhalb von Nord und Süd – eine gefährliche Entwicklung genommen, die sich gerade viele Deutsche nicht vergegenwärtigen, weil sie auf einer Insel der ‚Wirtschaftsseligen' zu leben meinen. ... Wenn wir nicht bald aufrichtig sagen, was uns erwartet, umsteuern und → vor Ort wie global Solidarität praktizieren, werden Ängste und Feindseligkeit bei uns wie anderswo so zunehmen, dass wir sie vielleicht nicht mehr steuern können." Nichts gegen Ängste und Feindseligkeit! Aber um sie steuern zu können, müssen wir – uns? den anderen? den Deutschen? wem? – nur sagen, was doch wohl mal gesagt werden muß. Und zwar nicht allein ‚vor Ort': „Wir müssen auf allen Ebenen politisch und → zivilgesellschaftlich handeln: vor Ort gegen soziale Isolierung und aggressive Vorurteilsbereitschaft, im Staat gegen die schamlose Durchsetzung von Partikularinteressen gerade derer, die gar nicht mehr wissen, wohin mit ihrem Geld, in Europa gegen ein verachtendes Desinteresse an den ärmeren Staaten, in denen ebenfalls viele Reiche leben, und zugleich global, weil die gegenseitige → Interdependenz einen → ganzheitlichen → Ansatz der Umkehr erfordert." Zu einem achtungsvollen Desinteresse oder einer einseitigen Interdependenz? („Abstiegsangst ist die Ursache allen Fremdenhasses – so war es in der Weimarer Republik, als die Nazis ihre Anhänger fanden, und so ist es heute in Dresden", in: *DIE ZEIT* vom 30. Dezember 2014, S. 44)
→ Bürger, → die bürgerliche Mitte, → gesellschaftliche Mitte, → Wir (im Westen).

diskriminieren Der semantische Aktivgebrauch ist im Westdeutschen nahezu verschwunden, während der Passivgebrauch eines der wichtigsten Instrumente sprachlicher → Weiterveränderung oder → Widerstandsleistung ist. Mithin gibt es in Westdeutschland stets weitaus mehr → Menschen, die sich diskriminiert fühlen, als Menschen, die jene diskriminiert haben und sich dessen bewußt sind. → Professix Antje „Lann" Hornscheidt berichtete diversen Zeitungen von „ganz vielen [zwölf] Studentix", die je für „Herrn und Frau Sowieso" gehalten, auch so angeredet wurden und sich dadurch schwerstens diskriminiert fühlten. Gegen derlei Diskriminierung durch → Zweigenderung empfiehlt Hornscheidts AG Feministisch Sprachhandeln an der Berliner Humboldt-Universität verschiedene „Formen

antidiskriminierender Sprachhandlungen", so z. B. die „x-Form und *-Form". Die nicht-diskriminierende sprachliche Abbildung einer Diskriminierungstatsache lautet dann beispielsweise so: „Dix Studierx hat in xs Vortrag darauf aufmerksam gemacht, daß es unglaublich ist, wie die Universität strukturiert ist, daß es nur so wenige Schwarze/PoC Professxs gibt." (*Was tun? Sprachhandeln – aber wie? W_ortungen statt Tatenlosigkeit! Anregungen zum [...] antidiskriminierenden Sprachhandeln,* Berlin 2014, S. 17) Das Beispiel läßt freilich mehr Diskriminierungspotential erkennen, als dex Antidiskriminix Hornscheidt bewußt sein dürfte: Immerhin geht dex Blick der Sprechix nicht, wie immer wieder von ix gefordert, auf Personen (→ soziale Konstrukte, → Widerstand), sondern auf physische Tatsachen wie ihre Eigenschaft als ‚Schwarze', hier also: auf ihre Hautfarbe, der wiederum eine wie immer bemessene soziale Repräsentation (populär: ‚Farbquote') zuerkannt werden soll. Man fühlt sich an US-amerikanischix Diskriminierungsbekämpfix erinnert, dix nicht etwa dix Todesstrafe, sondern dix zu hohe Quote dex ‚schwarzex' Hinrichtungskandidatex (also die zu geringe der weißen) beklagen. Diskriminieren heißt unterscheiden, mithin genau hinsehen, heißt hingegen im Idiom der Wahrnehmungszensur: das Gesehene (männlich/weiblich, schwarz/weiß) gleich wieder vergessen; → Paradigma: Behinderten aus → verkrusteten Strukturen helfen, ohne sie ihre Behinderung spüren zu lassen. „Ich selbst lerne gerade von der critical-disability-Bewegung, was an Begriffen problematisch ist, weil sie Behinderung immer wieder herstellen, ohne es [!] kritisch zu → hinterfragen. Ich lerne andere Perspektiven kennen, das finde ich → spannend. Gerade auch was Gender angeht: Manche Leute, die behindert sind, wären froh, erstmal als Frau oder Mann wahrgenommen zu werden. Darüber mehr zu lernen, bedroht mich nicht. Sondern es öffnet meine Welt." („Es gibt mehr als Frauen und Männer. Anna Damm und Lann Hornscheidt über die Häme der Medien" usw., Gespräch mit Malte Göbel, in: *taz* vom 17. Mai 2014)
→ Feminisprech, → verkrustete Strukturen, → sich öffnen, → Weltoffenheit.

Diskurs Akademisches sowie publizistisches Nebelwort zwischen ‚Gespräch' und ‚Abhandlung'. „Das Forschungsprojekt zielt darauf ab, den US-amerikanischen Diskurs über Philosophy of Race mit dem Diskurs über Anerkennungsphilosophie in Deutschland in Verbindung zu setzen, um daraus für beide Diskurse neue Potenziale zu entwickeln." (Forschungsinstitut für Philosophie Hannover: *fiph-Journal* Nr. 21 (April 2013) S. 9) Mit einem Wort: „Es hat Federn wie eine Ente, es hat einen Schnabel wie eine Ente, es schnattert wie eine Ente, aber der Diskursanalytiker sagt, es sei ein Diskurs."

Diskurs der Empfindsamkeit Eine kulturhistorisch in der Mitte zwischen spätaristokratischer Preziosität und kleinbürgerlichem Pietismus nachweisbare → Selbstverständigung per Gefühlskult; zumeist auch intellektuell → intensivst → gelebtes → Selbstmitleid. Der D. d. E. ist die dominierende Gefühls→kultur in Radiofeuilleton (→ Qualitätsradio), → Aufarbeitungsarbeit, → Tutzing und gehobenem → Psychosprech. Eine Fünf-Minuten-Hörprobe aus dem Westdeutschlandfunk: „Was wird da emotional empfunden?" – „Wir müssen Trennungskompetenz entwickeln!" – „Ich mach jetzt Achtsamkeit!" – „Wie fröhlich ist das denn?" (*Deutschlandfunk*, „Lebenszeit: Das letzte Mal. Wenn Menschen Abschied nehmen", 15. Dezember 2017)
In Westelbiens Seelenkunde gilt der D. d. E. als Tribut des → Individualismus. Dieser sei gleichermaßen als okzidentales Schicksal zu erleiden und als klemmdeutsche Selbstbestimmtheit zu bejahen. In Originaldiktion: „Wir haben es im westlichen Kulturkreis uns angewöhnt, ... Emotionen einzeln für uns zu verhandeln." (Jessica C. E. Gienow-Hecht, Professorin für Geschichte am John-F.-Kennedy-Institut der Freien Universität Berlin, im *Inforadio*, 6. Juni 2019)

→ auffangsam, → Emotionen, emotional, Emotionalität, → Jammerwessi, → verletzlich, → Verwundungen, Verletzungen, Empfindungen, → zerbrechlich, → Was macht das mit mir?

Diskurs der Entschuldigung Ein früh aufweisbares Strukturmerkmal der westdeutschen Sozialpsyche in all ihren Einzelzellen, Nebenkammern und Subsystemen (Kultur, Wirtschaft, Politik) ist der Ausschluß von Haftbarkeit gewesen. Die westdeutsche Mehrheitsgesellschaft, ihrerseits ja bereits entstanden durch Herauskauf aus der deutschen Geschichte und gewährte Absolution dank antibolschewistischer Kontinuität, lebt in der festen Gewißheit ankaufbarer und abwählbarer Repräsentanz. Dies gilt auch für politische und andere Verantwortlichkeiten, die – oftmals als ‚moralische' umschrieben – zu einem Sonderbereich des sozialen Lebens erklärt sind. Der West- und also Mehrheitsdeutsche steht nicht einfach (einzeln, einsam) in der sozialen Landschaft, sondern er steht für etwas ein und dieses für ihn: er läßt sich vertreten oder er ist → Vertreter. Diese westdeutsche → Überzeugung, nie vollständig (persönlich) haften zu müssen, mag insbesondere geschichtlich stärker belastete und in Haftung genommene Völker naiv anmuten; sie ist jedoch begründet. Man schaue z. B. auf die Leichtfertigkeit in den → MAULHELDISCHEN Forderungen nach Mobilmachung, Bodentruppen, → humanitären Einsätzen und anderen → Ernstfällen, die in solcher Fülle nur dort wuchern können, wo ihre Verkünder sich von jeglicher Haftungsfurcht frei fühlen dürfen. Besagte Überzeugung erklärt auch den → singulären Habit aus Unschuld und Unverfrorenheit, den auf Verfehlungen ertappte → Verantwortungsträger Mehrheitsdeutschlands in Politik und Wirtschaft → präsentieren. Die Delegierung des Gewissens an ein selbstgewähltes Größeres als die Person, in der Regel an Parteien, Konfessionen, politische und intellektuelle → Meinungsmilieus, verbindet die ideologische Resignation sog. → traditionaler Gesellschaften gegenüber Herrschern (Fürst, Kirche, Staat) mit dem → modern-rechtsstaatlichen Vertrauen darauf, über die eigene Person vollständig verfügen zu können, d. h. moralisch unbelangbar zu sein. Der sprachliche Ausdruck dessen ist ein doppelter: zum einen die Auslagerung des Moralischen in eine Sphäre anonymer und unverbindlicher Verantwortung, musterhaft im → BEKENNERSPRECH, zum anderen die vollständige Übersetzbarkeit von moralischen in Erfolgs- und Nützlichkeitskategorien (→ „Wir sind auch nur Menschen", „Ich habe einen → Fehler gemacht" usw.). Bedauern ersetzt somit Reue, Entschuldigung verhindert Haftung. Der D. D. E. läßt weder Schuldbegriff noch Schuldempfindung zu (→ Schulden, Schuld). Die in alteuropäischen wie in nichtbürgerlich-modernen Gesellschaften entwickelte Kultur der Selbstkritik, Selbstrelativierung, Selbstironie fehlt; das → MEHRHEITSDEUTSCHE Individuum kann daher zwar politisch, sozial, familiär usw. scheitern, jedoch keinesfalls seine geistige Unschuld verlieren oder moralisch verantwortlich werden. Es hat sich → je schon Institutionen unterworfen, die sich zuweilen als erfolgsuntauglich erweisen, zumindest zum Zeitpunkt der bekanntgewordenen Verfehlung. Im D. D. E. figurieren namentlich → die Partei (CDU-Spendenaffäre 1999) und ihr System (→ Parteiendemokratie) als Ausdrucksmedien von Entschuldigung vor der Gesellschaft insgesamt wie vor der → guten Gesellschaft insbesondere. Man denke etwa an die westdeutsche Eigenart, ‚rechte' Parteien zu erlauben, zu gründen oder zu wählen, die persönliche (leibhaftige) Artikulation ‚rechter → Ressentiments' aber → der Straße oder → dem Osten zu überlassen oder zuzuschreiben.
Komplementär zum politischen Unschuldsbekundungsdiskurs steht das bei Kulturbetriebswestdeutschen beliebte, von Jacques Derrida bei seinem Gastvortrag in der Berliner Staatsbibliothek vom 9. Juli 1996 → dekonstruktiv gestreifte Sich-Entschuldigen für garantiert nicht selber Verschuldetes. Dessen gefühlsgestische Frühform ist die verantwortungsbefreit-wohlstandsfeiste Väteranklage der Nazikinder, sprich: der ersten BRD-Generation, der ihre historische Anästhesie im Spalterstaat fühlbar geworden war. Der juristischen Verschleppung in den westdeutschen 1950ern folgte der symbolpolitische Übereifer der

Spätzeit: Geschichtssimulation per Selbstbezichtigung hat seit den 1990er Jahren → massiv in → die Politik sowie ihre Gliederungen und Niederungen gefunden, zuvörderst in die → Aufarbeitungs- und Erinnerungs→kultur. Unabgefordertes, daher um so penetranteres Prahlen mit der eigenen Schuldbewußtheit gewährt moralischen Selbstgenuß von beträchtlicher Intensität. Ihre höchste Steigerung erfährt sie im → JOVIALSPRACHLICHEN Leidvermessen und Zubilligen von → Einzigartigkeit (→ Gattungsbruch, → Opferkonkurrenz). Das namentlich von Johannes Rau um die Jahrtausendwende inaugurierte Sich-Entschuldigen gegenüber allen Opfern → unrechtsstaatlicher Regimes, seitens derer der BRD nun wirklich keine Regreßansprüche mehr drohen, ward rasch und begierig von einer → qualitätsmedial schon bereitstehenden Schuld- und Schamkultur (→ „Was wir brauchen, ist eine neue" usw.) aufgesogen.

Die spektakulärsten Entschuldigungs→diskurse des letzten Jahrzehnts fanden sich freilich in der → Grauzone zwischen Wissenschaft und Politik. Westdeutsche Wissenschaftssimulanten wie A. Schavan, K.-T. zu Guttenberg oder auch N. Lammert beeindruckten ihre Umwelt durch die hochentwickelte Fähigkeit, angesichts aufgedeckten Betrugs *aufrichtig* gekränkt zu sein (→ Gewissen, Gewissenhaftigkeit; → Verwundungen, Verletzungen, Empfindungen). Besagte Fähigkeit zum grell ausgestellten Selbstmitleid gehört zu den markantesten, aber auch rätselhaftesten moralpsychologischen Phänomenen Mehrheitsdeutschlands; ein Rätsel, das vor über 100 Jahren Otto Weininger durch die Formel ‚organische Verlogenheit' aufzulösen versucht hatte.

Diskurshoheit Die Rede von ‚Diskurs' im Sinne von ‚Abhandlung', ‚Erörterung' ist aus Westelbiens Alltags- wie Wissenschaftssprache fast völlig verschwunden. Es dominieren die aus → HABERMASSPRECH und Poststrukturalismus eingesickerten seminardeutschen Bedeutungen ‚Gespräch', ‚argumentative Auseinandersetzung', ‚verbalisiertes Machtspiel'. Foucault selbst verwendete – im Unterschied zu Habermas – den Ausdruck ‚Diskurs' oder ‚diskursive Formation' eher deskriptiv für einen Sinnzusammenhang, der das Sagbare einer Epoche umreiße (*Les mots et les choses*, 1966). Das war gewiß subtiler als der oft brachial moralisierende → Ansatz → des großen alten Mannes aus Westdeutschland. Die überlegene Position des Diskurs*analytikers* nämlich schloß die unauffällige Verwertung etwaiger → Ressentiments gegen die ‚Diskursmächtigen' ein. Man beschreibt, ohne sich aus dem Beschriebenen (,Diskurs') zu entfernen, man gewinnt Überlegenheit allein durch Beschreibung. Eine D. wäre im streng diskursanalytischen Verstande eine Selbsttäuschung des Analytikers, denn gänzlich außerhalb des Diskurses gibt es nichts, was sich über ihn sagen ließe. Der Ausdruck ‚D.' bezeugt demnach eine Moralisierung des Diskursdialekts mittels Habermasscher Semantik. So war die Rede von D. bald das Vehikel eines eigenen, nämlich des → Opferdiskurses. Wenn Stichproben aus den → Qualitätszeitungen nicht täuschen, beklagten (neo)liberale Milieus seit der Jahrtausendwende die kommunitaristische ‚D.'. Bald übernahmen sämtliche Politmilieus der Alt-BRD den Ausdruck für ihre Klagen und Anklagen der jeweiligen Gegen→positionen.

Im Unterschied zur an runden, eckigen oder → Stammtischen erzwingbaren → *Deutungs*hoheit verheißt D. nicht nur argumentatives, sondern auch sprachliches Übergewicht. Wer die D. hat, der ‚setzt Themen', besetzt → Themenfelder', ja, er macht bald ‚klare → Ansagen' hinsichtlich dessen, was → läuft. Mithin kann der erklärte Vorsatz, die D. zu erringen, in den Diskurs der Selbstermächtigung führen, z. B. der → MEDIALDEMOKRATISCHEN → Mitte der Gesellschaft. Diese legitimiert und bekräftigt sich nicht zuletzt durch die Sprachform ihres Diskurses, der stilistisch gepflegt und argumentativ eingängig sein soll. Der Diskurshoheitliche erzeugt sein → Selbstverständnis als → Entlarver des Verlarvten, des finster Wühlenden (z. B. des → Dunkeldeutschen, des → Haßmailversenders, des → randständigen Vordenkers und Angreifers). Ja, der Diskurshoheitsucher bedarf dieses Gegenbilds geradezu: einer Primitivität, die sich schon sprachlich kundgebe. Symptomatisch für diesen → Ansatz ist das soeben zitierte Werk *Gefährliche Bürger* (München 2015). Das Autorenpaar Bednarz/Giesa sucht die bürgerverführende und volksverhetzende Rechte immer wieder sprachlicher und damit intellektueller Minderwüchsigkeit zu überführen. Nun ist der gewählte Verlagsort seinerseits nicht gerade als Tummelplatz von Stilsicherheit und Denkschärfe bekannt (→ elegantes Deutsch, → Grosser Stil). Doch will das Autorenpärchen gegen eben diese ‚Rechten' aus → der Mitte der Gesellschaft anrennen, die sich ihrerseits im politischen Furor auch sprachlich verrennen. (Die Hanser-Autoren Mosebach und Bohrer, die ihrerseits durchaus *Gefährliche Bürger* sein wollen und die im Buch beschriebenen → Positionen → vertreten, erwähnt das Duo Bednarz/Giesa an keiner Stelle.)

Die Überfremdung der bürgerlichen Mitte durch einen dank Ex- und Altlinken verstärken → rechten Rand ist für Bednarz/Giesa ein rein diskursives Geschehen. → Positionen werden vertreten, → Haß bricht sich Bahn. Circa 90 % der Befunde stammen aus der Diskurswelt Internet „Wer sehen will, wie erfolgreich die neue Rechte auf dem Weg zur → Diskurshoheit schon ist, der wird schnell bei Facebook fündig. Dort gibt es inzwischen eine schier unüberschaubare Zahl von Seiten und Gruppen, auf und in denen hinter verschiedensten Anliegen versteckt neurechter Menschenhass kultiviert wird." (S. 75) Soziale oder gar historische Bedingungen für den diskursiv kultivierten Menschenhaß existieren nicht, im Gegenteil: Wer nach ihnen fragt, macht sich mitschuldig. „Deswegen ist es auch müßig, nein, sogar falsch, Gründe für den Hass zu suchen und ihm damit eine Legitimität zu geben, die er niemals besessen hat und niemals besitzen wird." (S. 215) Als → Medialdemokraten leben Bednarz/Giesa in einer diskursiven → Wohlfühloase, die ausschließlich mit → Meinungen (Gesinnungen, Bekenntnissen) bepflanzt ist: „Wer einmal im eigenen Bekanntenkreis erlebt hat, wie sich das Denken und das Vokabular ursprünglich moderater Leute plötzlich verändert, sobald sie in diese Kreise hineingeraten sind und angefangen haben, die einschlägigen Medien zu lesen, erschaudert." (S. 94) Folgerichtig „→ werben [Bednarz/Giesa] auch ihrerseits für mehr Mut zur → Meinung, auch wenn sie vielleicht nicht immer bei allen auf Gegenliebe stößt. Daran mangelt es den Gegnern unserer → offenen Gesellschaft ja auch nicht. Das gilt übrigens auch und im Besonderen für die Politik und die Medien: Gebt die Pseudoneutralität auf und bekennt Euch! Denn nur wer klare Positionen bezieht, begeistert die, die seine Meinung teilen ... Packen wir es an. Im Namen der → Aufklärung." (S. 219)

Nicht der Sachgehalt, sondern die politische Herkunft der Meinung, z. B. ob „aus dem Kreml" oder nicht (S. 97), zählt für Positionsbeobachter, die zugleich stets Positionsbesetzer sind (→ Positionsnahme). Im solcherart fest verriegelten Meinungsraum erringt derjenige die D., der sowohl besseres Deutsch schreibt als auch „die Herzen zurückgewinnen" kann. Die gefährlichen Bürger nämlich äußern sich „in erschreckendem Deutsch" (S. 148), sie wüten per „Primitivsprech" „in mieser Orthographie" (S. 196), scheinen „die deutsche Rechtschreibung und Zeichensetzung zu hassen" (S. 199); ihre Artikel „strotzen vor [!] Sätzen mit Fragezeichen [?] und Konjunktiven". In der ihnen eigenen Sprache hingegen loben Bednarz/Giesa ein → Qualitätsmedium: „→ Der [!] große Verdienst der *Zeit* liegt darin, mit der persönlichen Kontaktaufnahme eines → deutlich gemacht zu haben: Im Milieu der Hassbriefschreiber findet keine Reflektion [!] mehr statt. Das → Ressentiment bestimmt das Denken. ... In der ständigen Suche nach Bestätigung der eigenen negativen Emotionen haben sich die Rasenden längst in ihrer eigenen Welt verkapselt und klopfen sich gegenseitig auf die Schulter [!]. Das zeigt sich nicht zuletzt in den immer gleichen Feindbildern und den immer gleichen → Begrifflichkeiten, die höchstens in ihrer Radikalität einem Wandel unterliegen." (S. 198)

Kein einmaliger Sprachschwächeanfall. Auf den 220 Seiten von *Gefährliche Bürger* finden sich über hundert Rechtschreibfehler, die meisten in Genuswahl und Kommasetzung. Doch war das Lektorat vielleicht der Meinung, daß D. eher durch originellen Stil errungen werde: „Einer der wichtigsten Ansätze in der Demokratie ist und bleibt die Überzeugungsarbeit mit der Macht des Wortes." (S. 173) → ‚Ansätze' gibt es ca. zwei Dutzend in dem Buch, das zuletzt doch der Macht des Arguments mißtraut. Eines der Schlußkapitel ist überschrieben: „Die Herzen zurückzugewinnen – wie der Neuanfang gelingen kann". Die Empfehlungen sind so rührend, daß sie ausführliche Wiedergabe verdienen: „Nun haben wir uns Gedanken darüber gemacht, wie man mit denjenigen umgeht, die mit Argumenten überzeugt werden wollen, und wie mit denjenigen, die an ihrem geschlossenen Weltbild sowieso nicht rütteln lassen. Was aber machen wir mit den vielen Wackelkandidaten, mit den Wankelmütigen, die ihrem → Bauchgefühl folgen, die vielleicht auch einfach die Nähe derjenigen suchen, die gerade oben schwimmen und Erfolge feiern? Keine Frage: Der Verstand alleine hilft uns bei dieser Klientel nicht weiter. Man kann aufklären, man kann gegenhalten – aber begeistern, das ist etwas, was man nicht nur über einen rationalen Ansatz schafft." (S. 205) „Nur weil jemand sich dumm ausdrückt, heißt das noch lange nicht, dass das Problem nicht existiert. Das im Einzelfall zu prüfen, ist eine wichtige → Herausforderung. Kommt man dann zu dem Ergebnis, dass an der Sache etwas dran ist, sollte ein Gespräch folgen." (S. 207) „Wichtig ist insbesondere die Frage, wie man es mit → der offenen Gesellschaft hält und – in Verbindung damit – wie mit dem autoritären, von Wladimir Putin → geprägten russischen Gesellschaftsmodell. Der Euro und die Europäische Union müssen als Themen natürlich angerissen werden." (S. 175) Da die Hetzer die „Grenzen des Machbaren jeden Tag aufs Neue → austesten", sollte man ungeachtet etwaiger Schmähungen als „Blockwart" und „Denunziant" auch die Justiz einschalten, damit sie „sich in Zukunft sehr genau überlegen, ob sie ihren → menschenfeindlichen Impulsen wirklich freien Lauf lassen" (S. 211). Auf jeden Fall muß man „mit → den Menschen ins Gespräch kommen" (S. 218).

Interessant ist nicht so sehr die JOVIALSPRACHLICHE Attitüde der Aufklärer in ihrer Ankündigung, daß sie von der Höhe ihrer Einsicht herabzusteigen und den populistisch „verunsicherten Bürger" in der Bauchgegend aufzuklären gedenken. Ganz offensichtlich stehen → IDEOLOGIEKRITIKER über → den Menschen, die ihre politisch-ideologische → Mitte verloren haben. Die Diskurshohen stehen bauchemotional jedoch auch neben sich selbst. Sie geben den ‚verunsicherten Bürgern' bekannt, wie sie deren als auch das eigene ‚Bauchgefühl' zu lenken gedenken (S. 9, S. 27 und öfter). Aus vernünftigen Gründen verordnen die Aufklärer sich selbst und anderen → Emotionen. „Denn", wie Bednarz/Giesa in virtuoser Verknüpfung von griechischer (Hydra) und germanischer (Drache) Mythologie schreiben, „Siegfrieds [!] sind wir alle nicht, den vielköpfigen Drachen erlegt keiner von uns alleine. Wir Demokraten sollten uns unserer Stärken besinnen." (S. 173) Ja, „selbst Akademiker sind heute nicht mehr → flächendeckend in der Lage, einigermaßen fundiert zusammenzufassen, was etwa die parlamentarische Demokratie ausmacht", zitieren Bednarz/Giesa einen Aufklärungs‚workshop'leiter (S. 218). Die bereits Aufgeklärten müssen nicht nur den noch unmündigen Köpfen Vernunft, sondern auch den trägen Herzen wie den leeren Bäuchen ‚Gefühle' einflößen. Gewiß: „Die Emotion gilt in aufgeklärten, liberalen Demokratien als häßliches Entlein an der Seite des schönen Schwans der vollendeten Argumentation. Wenn sie nicht gleich ganz als unfein gilt, hat sie doch – wenn sie etwa als Hass daherkommt – die Fähigkeit, die Ratio zu übertrumpfen." Doch ist es ganz, → ganz „wichtig, sich auch mit dieser, der emotionalen Ebene zu → beschäftigen. Virtuos wäre eine verantwortungsvolle Verknüpfung der beiden Ebenen. Und vielleicht → braucht es dazu auch mehr Symbolik, ein Thema, das vielen europäischen, laizistisch → geprägten Staaten → zunehmend fremd ist. Auf jeden Fall muss die Frage, wie man es schafft, über eine → Emotionalisierung sowohl das Interesse der Bürger an als auch ihr Zugehörigkeitsgefühl zu einer offenen, toleranten, positiv gestimmten → Wertegemeinschaft zu stärken, wieder in den Mittelpunkt der Debatte

rücken." (S. 216) In der dann → ausdiskutiert, nein: ausdebattiert wird, was man sich an virtuos verknüpften Emotionen zuführen darf. Garantiert ernst meinen Bednarz/Giesa auch dies: „Ein weiterer sehr wirkungsvoller Ansatz ist Humor." (S. 200) Für ein herzliches Lachen oder wenigstens Niesen bei der wutbürgerlich-verschnupften Gegenseite dürften die Aufklärer mit der Entdeckung gesorgt haben, dort verabreiche man „harte[n], brutal-neurechte[n] Tobak" (S. 100).
→ ab und wann, → Humor, → Katz und Igel, → Purismus.

Diskussionskultur Vielleicht eine Anspielung auf das, was man in Diskussionen nicht erwarten sollte; ansonsten Bläh-, Füll- und Wichtigtuerwort, → dem Vernehmen nach in den frühen 1980er Jahren erfunden vom → Ernstfalldenker Karl Heinz Bohrer.
→ der Westen.

(zur) Disposition (stellen) „Unsere Werte stehen nicht zur Disposition." („Die Rede des Bundespräsidenten Joachim Gauck zum 25. Jahrestag der deutschen Einheit in gekürzter Form", in: *FAZ* vom 5. Oktober 2015, S. 4) Wer zwischen Disposition und Diskussion nicht unterscheiden kann, macht letztere überflüssig; zumindest sprachlich scheint er außerhalb jeder Diskussion zu stehen. Wie hat aber überhaupt in derart indisponierten Köpfen das Wort ‚Disposition' die Stelle des Wortes ‚Diskussion' einnehmen können? Wahrscheinlich läßt ein Leben auf geborgte Sicherheiten, dank Dispo- und anderen Krediten, das Denken schlapp und die Sprache matt werden: Nicht Fragen werden diskutiert, sondern über Mittel wird disponiert – oder auch nicht. Sie sagen ‚diskutieren' und meinen ‚verfügen'.
→ Verortung.

D-Mark-Nationalismus → Projektionsausdruck aus dem Diktionär des westelbischen → Nationalbewußtseins; Näheres: → Unsere wunderbaren Jahre.

Doch so einfach ist es nicht. „Der Wahlerfolg der → rechten Parteien → im Osten liegt darin begründet, dass sich → die Menschen dort als → Bürger zweiter Klasse fühlen. So wird seit der Wahl argumentiert. Doch so einfach ist es nicht, sagt der Psychotherapeut Jörg Frommer" auf S. 1 (*Berliner Zeitung* vom 14./15. Oktober 2017), der es freilich auf S. 2 genauso einfach und noch einfacher sagt: „Im Grunde hätte man im Osten nach 1989 ein Reeducation-Programm auflegen sollen, wie das die Amerikaner nach dem Krieg im Westen gemacht haben."
Die Verleugnungsformel für eigenen Vereinfachungs→bedarf hat seit den 2000er Jahren ihren festen Platz im volkstümlichen wie im populärwissenschaftlichen Überfremdungs→diskurs Westdeutschlands (→ Leserbriefe). Sie ist hier → gleichsam ein rhetorisches Atemholen vor dem diskursiven Affektsturm; eine *reservatio mentalis* und Selbstexkulpation im Gefolge jener → Verklemmt- und Verdrucksheit, die ihre kollektivkonformen Vorurteile, Ängste, Obsessionen usw. gern als diejenigen anderer Leute ausgibt (→ alle sagen). Mit der → Ansage, daß er es sich nicht zu einfach machen wolle, demonstriert der → mehrheitsdeutsche Schlichtgeist → unbewußt die landestypische → Projektionstechnik. Nicht seine einfache Wahrheit über eine komplexe Wirklichkeit glaubt er zu aufzusagen, sondern eine → vermeintlich einfache, weil von → emotionalen Simpeln bewohnte Welt in die Komplexität seines Wissens zu überführen.
→ Bürger zweiter Klasse, → Sind Sie aus dem Osten oder aus dem Westen?

Doktor Die Neigung, dieses Wort abgekürzt auch in wissenschaftlich unbegründeten Fällen vor den eigenen Namen zu setzen, trifft man häufig bei Mitgliedern → selbsternannt → bürgerlicher Parteien (FDP, CDU, CSU) an. Die Rede ist natürlich von den notorischen

Wissenschaftssimulanten und Promotionsbetrügerinnen → der alten Bundesrepublik. Zahlreiche „bürgerliche Existenzen", so die fachkundige Auskunft einer Kulturstaatsministerin, fielen hierdurch böswilligen Existenzvernichtern zum Opfer (Monika Grütters gegenüber Elmar Schütze, „Plagiatsvorwurf. Rückendeckung für Steffel", in: *Berliner Zeitung* vom 1. Juni 2018, S. 2). Warum sich in Westdeutschlands → gesellschaftlicher Mitte, auch im westeuropäischen Durchschnitt betrachtet, nicht nur so merkwürdig viele → Antisemiten, Nichtschwimmer, Rechtschreibschwache, Kinderschänder und Steuerbetrüger, sondern auch → entlarvungsgefährdete Doktordarsteller finden, wird eine künftige Mentalitätsgeschichte → der guten alten Bundesrepublik → aufzeigen müssen.
→ Existenz, bürgerliche, → Verwundungen, Verletzungen, Empfindungen.

Dokumentenlandschaft → Arbeitgeber.

dominieren „Unter den Asylbewerbern aus Bürgerkriegsländern dominieren auch in diesem Jahr wieder ..." Nein, man möchte das gar nicht zu Ende lesen! Oder höchstens rufen: Herrschaft für alle!

DOPPELTER DIMINUTIV Besonders leidenschaftlich ausgedrücktes Verkleinerungsverlangen, ähnlich wie die → GENITIV-DATIV-LIAISON ein Urphänomen des mehrheitsdeutschen Edelfeuilletons und seiner Edelfedern. → Paradigmatisch etwa das rastlose Hin und Her von Ex-*ZEIT*-Feuilletonchef Fritz J. Raddatz zwischen „kleinen Schlößchen" und „kleinen Theaterchen" und zwischendurch immer wieder verfaßten „kleinen Büchlein" (*Tagebücher 2002–2012*, Hamburg 2014, S. 103, S. 428, S. 462 und öfter).
→ APOSTROPHISMUS.

drängeln (drängen) Die ohne Bedeutungsverlust mögliche, daher sprachpraktisch harmlose Gleichstellung der Insistenzverben ‚dringen auf' und ‚drängen auf' hat viele westdeutsche Muttersprachler zu laxem Wortgebrauch auch in der semantischen → Nachbarschaft verleitet. Unversehens offenbart sich hierbei Nationalkulturelles: Insistenz, wenn nicht von ihm selbst ausgehend, erlebt das → MEHRHEITSDEUTSCHE → Individuum als feindliche → Übergriffigkeit, vor allem aber als Effekt einer so unberechenbaren wie unberechtigten Bewegung. Wo man sich von klein auf vordrängen muß, um überhaupt das Dringliche seines Dranges zu diesem und jenem → rüberzubringen, ist dies nicht verwunderlich. Der → mitkonkurrierende Dränger erscheint als Drängler, das gesellschaftliche Ganze als Dringlichkeits→zusammenhang, worin man drängelt, wohin es einen drängt und was das Zeug hält.
Die starke Erweiterung des Begriffsumfangs von ‚drängeln' konnte nicht ohne Rückwirkung auf den Begriffsinhalt bleiben. Vom Universalkontext der Drängelei geht unverkennbar ein Drang aus, das Drängeln selbst dort zu entdecken, wo der hochdeutsch Sprechende bestenfalls ein Drängen entdecken würde. Intransitive Dringlichkeitsformeln wie „Von der Leyen drängelt bei Sicherheitsausgaben" (*faz.net* vom 17. Februar 2017), „Die Union drängelt" (*taz* vom 5. Juli 2011), „Wo sich die Welt drängelt" (*taz* vom 15. Dezember 2009), „Norden drängelt" (*taz* vom 2. Mai 2005) sind inzwischen in → Qualitätsmedien gängiger → WICHTIGSPRECH; regional überwiegen → JOVIALSPRACHLICHE Varianten. Als beispielhaft seien Kleinstadtblätter wie die *Augsburger Allgemeine* (22. Juni 2011: es „drängelt auch Brüssel") oder Halbstadtpostillen wie der Westberliner *TAGESSPIEGEL* angeführt (10. Mai 2016: „zwischen Hostels, Bars und der Tramstation drängelt sich Tag und Nacht das Leben"). Hörbefunde vom Typ „Minister X. drängelt auf ..." blieben bislang Einzelerlebnisse mit dem → Qualitätsradio.

Doch selbst im nonverbalen Untergrund von Populärmusik ist das Drängen vom Drängeln abgelöst; hierfür wiederum nur stichprobenhaft Konzertrezensionen: „Ihre → durchaus abwechslungsreiche Musik zwischen → drängelndem Rock ’n’ Roll und gedimmten Balladen hat sie sich diesmal mit Teitur ausgedacht", die Sängerin mit der „blauseidig glänzenden Jacke". Letztere wiederum gefiel Markus Schneider nicht so gut wie die „einnehmend kompetente Band" mit ihrem „gradlinig drängelnden Einstieg" („Noch ein Wunsch? Ja, Punsch", in: *Berliner Zeitung* vom 23. März 2017, S. 23). „Massiv, drängelnd und bejubelt" → titelte derselbe Qualitätsjournalist zu einem Kollektivkonzert diverser Hiphoper (*Berliner Zeitung* vom 20. Mai 2019, S. 21).

drängen/dringen auf Bedeutungsgleiche Verwendung ist im Hochdeutschen zulässig, im Westdeutschen üblich.
→ beharren (auf), → bestehen (auf), → insistieren (auf).

Drittmittel In der Wissenschaft übliche Form der → Fremdfinanzierung durch eine ‚dritte Gewalt', d. h. eine weder öffentliche noch private, sondern eine öffentliche Gelder privat verwertende Hand.
→ Antragsdeutsch.

Du Allgegenwärtiges Füll- und Stotterwort, dessen von Rhein und Ruhr herüberwehender Zwangsintimitätsdunst dem Bessererzogenen schwer auf die Nase schlägt: „Du, ich denk mal, wir sagen halt einfach du, weil, das ist einfacher, du."
→ Anduzen, → Duzterror, → ich denk mal/denk ich, → halt eben/eben halt.

duales Abitur → Spreiz- und zugleich → klemmsprachliches Synonym für die DDR-deutsche ‚Berufsausbildung mit Abitur', als deren Surrogat es einer → zunehmend → bildungsfernen Bundesrepublik entgegenarbeiten soll mit landestypischer Langsamkeit: Die seit 2018 verstärkt → angedachte Doppelausbildung, angesichts Tausender so sprachschwacher wie kulturferner → Bildungskatastrophenopfer besonders von → der Wirtschaft gewünscht, soll ein Jahr länger dauern als ihr Original.
→ Finnland.

Dumpfbacke Semantischer Universalschlüssel subtiler Geister für alles, was nicht ihresgleichen ist; als Funktion des → Anbiederungsdeutschen und → Jovialsprechs beliebt bei Moral- und Machtpopulisten.
Beispiel 1: Volker Gerhardt, in den 1980ern bekannt geworden als Verfasser von Nietzscheaufsätzen und um die Jahrtausendwende in den Nationalen Ethikrat berufen, sollte dort vor allem eines sein: philosophischer Ermächtiger der politischen Macht. Damals hieß das vor allem: der sog. Biomacht, praktisch also des Biotechnologisch-Industriellen Komplexes. Katholische Kirche und US-Evangelikale hießen die Feindbilder, den forschungsfeindlich frömmelnden US-Präsidenten Bush jun. nannte Gerhardt vor Ratskollegen sowie Kanzler Schröders Ohren eine texanische D. (vgl. *Berliner Morgenpost* vom 24. Mai 2003). Nicht zum ersten Mal hatte da ein → Intellektueller → die Politik und ihre Bedürfnisse mißverstanden: Die Mächtigen goutierten das → Pöbeln nicht, Professor Gerhardt wandelte sich zum USA-Versteher per Carl-Schmitt-Denke und Martin-Luther-Stil („Der Freund als Feind. Wider die Bush-Phobie des Jürgen Habermas", in: *Focus* 2003, Heft 24). Als D.n galten ihm nunmehr alle → Amerikafeinde, die Gerhardt praktischerweise hinter jedem Kapitalismuskritiker fand (gebündelt: *Exemplarisches Denken. Aufsätze aus dem Merkur*, München 2009).
Beispiel 2: Hessens Ministerpräsident Volker Bouffier (CDU) war bekannt geworden als Roland Kochs Ausländerabschiebungsmann bis 2010, ehe er zum Völkerkundler aufstieg.

Als 2014 nicht mehr nur im Westen, sondern auch im Osten Deutschlands eine → gutbürgerliche → Islamkritik auf → die Straße fand und sich in Marsch setzte, entschied Bouffier: „Für Dumpfbackenparolen, Intoleranz und Gewalttätigkeit kann es keinen Rabatt geben und auch kein Verständnis. Da ziehen wir einen Strich, einen sehr dicken Strich." Besonders dick zog ihn Bouffier zwischen NPD-Wählern (seit 1964) im Westen und NPD-Wählern (seit den 1990ern) im Osten: „In Mecklenburg sitzt die NPD im Landtag. Also liegen die Wurzeln tiefer. Das kann nicht nur Zufall sein; das kann auch mit der Geschichte der DDR eine Menge zu tun haben." Den Unterschied zu Herzländern der Fremdenliebe wie Baden-Württemberg, Bayern, Schleswig-Holstein und Hessen erläuterte Bouffier wie folgt: „→ Die Menschen in der DDR hatten kaum Kontakt zu Ausländern. Die Vietnamesen waren wenig zu sehen, die Soldaten aus der damaligen Sowjetunion hatten ihre eigene Welt. Ausländer kannte man bestenfalls aus dem Westfernsehen." („Für Dumpfbackenparolen gibt es kein Verständnis", Gespräch mit Daniela Vates, in: *Berliner Zeitung* vom 19. Dezember 2014, S. 7)
→ Ausländerfeind, → Fidschis, → Keine Italiener! → Türken raus!

DÜNKELDEUTSCH Aggressivste Form der → Empörsamkeit, durch semantische und gestisch-performative Anleihen aus dem → BETROFFENHEITLICHEN, dem → BESORGLICHEN, dem → GRÜNSPRECH und dem → TUTZING bereits in den 1990er Jahren entstanden, jedoch erst seit ca. 2015 als westdeutscher Dialekt namhaft geworden (*Eulenspiegel* 10/2015). Wichtigste rhetorische Figur des D.EN ist die Beschwörung, Benennung und Beschimpfung (→ Pack) eines Gebildes namens → Dunkeldeutschland, wodurch sich der Dünkeldeutsche seinerseits als Vollmitglied der moralisch → guten Gesellschaft zu erkennen gibt, d. h. als → MEHRHEITSDEUTSCHER. Der rhetorische wie topographische → Markenkern dünkeldeutscher Denunziation ist Dresden, das seit Ende 2014 von *BILD* über *WELT* bis *ZEIT* als Synonym für Ostdeutschland oder die → ehemalige DDR fungiert. Zwar dürfte Dresden einem Schweriner nicht näher liegen als einem Hessen. Jedoch läßt das → tiefverwurzelte Bedürfnis nach Sippenhaftbarmachung, besonders in → der Politik und in den → Qualitätsmedien Westdeutschlands, über solche Feinheiten hinwegsehen. Vollends vergeblich wäre der Hinweis, daß die Ehemalige hier für etwas haftbar gemacht wird, das es in diesem Umfang vor 1989 dort nicht gab, jedoch vor und nach 1989 in der Alt-BRD.
Der Dünkeldeutsche, durchweg ein geistig-moralisches Mittelklassewesen (→ die Mitte), empört sich am liebsten über die volkstümliche Artikulationsweise völkischen Unbehagens in → Sachsen. Tatsächlich liebt man es dort laut und grob und deutlich. Dem westlichen Neuzugang zur gesamtdeutschen Geschichte sei daher mitgeteilt, daß die Sachsen nicht nur das Staatsvolk der DDR waren, sondern auch die Südländer des Ostens sind. Kaum etwas liegt diesen Temperamentsmenschen ferner als die → Verdruckstheit und Verklemmtheit westdeutscher Mittelklasse, die nicht eher gegen → die Politik zu mucken wagt, als sie → Vertreter dafür gefunden hat. Wenn der Mehrheitsdeutsche des Westens seine → Ressentiments herauslassen will, muß er hoffen, daß dies eine Partei für ihn erledige: Man denke solch origineller westdeutscher und -berlinischer Schöpfungen wie SRP, NPD, DVU, Republikaner, PRO NRW, Partei Rechtsstaatliche Offensive, Die Freiheit, AfD usw. usf. Man muß schon ein Langzeitinsasse der dünkeldeutschen → Parallelgesellschaft wie etwa der Soziologe Heinz Bude sein, um das demokratische Heil von → parteipolitischem Engagement und von → inklusivem Populismus à la Guttenberg zu erwarten.

Dunkeldeutschland Prominent wurde der Ausdruck im Sommer 2015 dank seiner Reaktivierung durch Joachim Gauck. Bei Unruhen im Bayrischen angesichts vermehrter Asylgesuche und während der Brandstiftungen an Heimen in der Alt-BRD hatte Gauck noch

Stillschweigen bewahrt. Nach Demonstrationen gegen Flüchtlingskontingente in → Sachsen aber ergriff er die Gelegenheit, sich → einmal mehr als Präsident des besseren Deutschlands und somit aller Westdeutschen zu empfehlen: durch Stellungnahme gegen ‚D.'. Die Semantik von D. war, da im Munde eines kalten Kriegers, mithin eines politischen Manichäers geformt, einfach zu erschließen: Helles und Dunkel, Willkommen und Abwehr, Zivilisation und Barbarei, der Westen und der Nicht-Westen, Gauck und Nicht-Gauck. Kurz, das Dunkel ist stets da, wo das → MEHRHEITSDEUTSCHE → Wir nicht ist.

Die Ursprünge des Begriffs liegen in der zwanzig Jahre zuvor vollendeten industriellen Verdunkelung Ostdeutschlands, als der letzte volkseigene Betrieb das Licht ausmachen mußte, um es bestenfalls als Zulieferer für Westkonzerne wieder anknipsen zu können. Der pensionierte Germanistikprofessor Horst Dieter Schlosser berichtet von D.-Nachweisen aus den 1990er Jahren („Schweigen die Wähler in Ost und West unterschiedlich?", in: Kersten Sven Roth/Markus Wienen (Hrsg.), *Diskursmauern. Aktuelle Aspekte der sprachlichen Verhältnisse zwischen Ost und West*, Bremen 2008, S. 217–231, hier: S. 221). ‚D.' manifestierte, als später Nachkomme der Asien-, Russen- und Kommunistenangst in → der Bundesrepublik Adenauer, bei den Kolonisatoren ein dunkles Gefühl der Unsicherheit angesichts der kolonisierten Gebiete, → ganz konkret: vor den darin noch übriggebliebenen Menschen. Man denke etwa der geringen Ausleuchtung ihrer Antlitze mangels nächtlicher Leuchtreklamen (zu jüngeren Dunkelheitsängsten: → ostdeutsche Männerpisse)! Obwohl als Ausdruck für den Osten insgesamt gebräuchlich, bot ‚D.' (Unwort des Jahres 1994) zu jener Zeit mehr Interpretationsspielraum als im Jahr der Masseneinwanderung 2015:

1. Als Metapher für die allesgebärende Weltnacht, die auch das Licht (die Schöpfung, die Menschheit, die Zivilisation, die Bundesrepublik) aus sich entließ und wieder zu verschlingen droht, könnte es sich um ein → unbewußtes Eingeständnis Mehrheitsdeutschlands handeln, im Westen oder als Westen eine historisch künstliche Existenz geführt zu haben. Eine solche gleicht dem künstlichen Licht, dessen Helligkeit sich von unsichtbaren, womöglich begrenzten Energiereserven nährt. Da im Osten Deutschlands die deutsche Geschichte und insbesondere die Nachkriegsgeschichte niemals aufgehört hatten, stand ‚D.' für die westdeutsche Angst vor einer Heimholung in deren Reich, ins Reich des realen, nicht beliebig → neu definierbaren Daseins. Die westliche Utopie von ewigem Schuldenaufschub (für verlorene Kriege bezahlen die Brüder, für gerettete Banken bezahlen die Nachbarn, für erhöhte Renten bezahlen die Enkel) schien in Gefahr, ein Absturz aufs soziale Niveau der ‚echteren Deutschen' nicht mehr ausgeschlossen (vgl. zu deren Beanspruchung durch die Neunationalen: → antiwestliche Ressentiments).

2. Als Selbstdefinition des Westdeutschen wäre ‚D.' hingegen eine Symmetrie zum ‚hellen Deutschland' durch semantische Inversion sicher. Das helle, lichte, → gelassene, → aufgeklärte, → weltoffene Deutschland stünde dann im konträren Verhältnis zu ‚D.', fände sich aber gerade *nicht* in Westdeutschland, einem Traditionsland von → Bildungsferne, Chefkultus, Entlassungsängsten, Prügelstraftradition, Homosexuellenverfolgung, Kontoführungs- und Arbeitsverbot für Gattinnen usw. usf. Somit hätte die geschichtsfreie Unschuld des westlich-helleren Deutschlands mit dem Wort von ‚D.' arglos das zivilisatorische Selbstbewußtsein des deutschen Ostens artikuliert, das dieser – durch sein historisches Vergleichsprivileg – unvermeidlich entwickeln mußte. Die von den Besatzungsmächten importierte westliche Zivilisation hätte in Westdeutschland nie die Chance gehabt, individuelle Leistung – Aufklärung, Emanzipation, gelassene Humanität – zu werden, sie wäre massenkulturelle Imitation, oft bloße Anpassung und Anschmiegsamkeit gegenüber den → Herren der Geschichte oder treuherzig-westelbisch: → ‚den Alliierten'.

3. Tief in die 1990er Jahre reicht jene bedeutungsgeschichtliche Linie zurück, die sich als roter Faden linksbürgerlichen → Selbstverständnisses von der deutschen Vereinigung bis

zur mehrheitsdeutschen Gegenwart zieht. Die Dunkeldeutschen sind hiernach sowohl ‚die anderen' im Westen (die Rechtsbürgerlichen, Nationalkonservativen, Bürovorsteher, Kassenwarte, kurz: ‚die Deutschen', wie sie immer waren) als auch ihre → prollige fünfte Kolonne aus dem angeschlossenen Ostdeutschland. Dieses gleichermaßen national → asymmetrische und politisch symmetrische Verständnis von ‚D.' entspricht dem der → MEDIALDEMOKRATISCHEN, oft linksliberal genannten → Meinungselite. In ihm drückt sich das zärtliche Gefühl der → Westlinken (→ BITTERMANNLINKE) gegenüber dem → Kapitalismus aus, aber auch die Angst, dessen Beute mit anderen teilen zu müssen. Der Westlinke und namentlich der westlinke Kulturkleinbürger, aus der historischen Windstille geliebt-gehaßten → Schweinesystems in den Eiseswind nationaler Konkurrenz mit den flinkeren Ostdeutschen versetzt, verbündet sich gegen diese Stagnationsgefährder rhetorisch mit ‚den Fremden', ‚den anderen', kurz, der ganzen Welt, in der er sich dank harten Währungen und weichen Manieren ohnehin seit je zuhause fühlt. Die Umarmung ihm völlig unbekannter Völker fällt dem Westlinken um so leichter, als er den Kapitalismus als Medizin gegen den Nationalismus schätzen lernte. In einer per Kapitalbesitz hierarchisierten Klassengesellschaft kann dem Links- und Lichtbürger der national-chauvinistisch, religiös-fanatisch oder anderweitig verschmutzte Fremde ohnehin nicht begegnen. Als sogenannter → Gastarbeiter (→ Keine Italiener!) ist er per definitionem der im Dunkel. Gast- und Drecksarbeiter sowie deren sozialsystemisch alimentierte Sprößlinge dürfen darum auf die joviale Verachtung und wohlwollende Indolenz des linksliberalen Mittelkläßlers rechnen. Die Fremdheit des → Migrantisch-Stämmigen ist am unteren Ende der Sozialpyramide, im Gastarbeiterghetto, sicher verwahrt. Dort kann sie gelegentlich als aufregende Vitalität, naturgewachsene Herzlichkeit, Natürlichkeit, Offenheit, Menschlichkeit usw. bequem angestaunt werden. Zweifellos eine Form gefährdeten, vielleicht → falschen Bewußtseins, → das Fremde als homogene, per Exotismus fremdbleibende Masse dauerhaft in Distanz zu wähnen (zur linksbürgerlichen Rassenmythologie ausführlich: → MEHRHEITSDEUTSCHE).
→ ANTIORIENTALISMUS, → asymmetrischer → Diskurs, → das Eigene, → Pluralismusfeindlichkeit, → VITALISMUS.

durch- → Unverzichtbares → BLÄHWORT-Präfix: durchplanen, durchrationalisieren, durchglobalisieren (→ permanent).

durchaus Altertümelnde Solidaritätsverheißung in windiger Zeit. Der Vorsitzende des Verbandes deutscher Geschichtslehrer, dessen Name bislang in kein Geschichtsbuch Eingang fand, pflegt ‚d.' in Fünfminuteninterviews fünfzehnmal zu verwenden (so erlitten per *Deutschlandfunk*, 28. September um 8.05 Uhr). In der Lewitscharoffschreibe (→ hochmögend) und anderen Dialekten des → eleganten Deutsch überwuchert das Adverb zuweilen → ‚indes' und → ‚freilich'; führender Durchaussager ist selbstredend der → Frankfurter → Autor Martin Mosebach. Auch anscheinend nur spielerisch sprachschnöselnde Schriftsteller streuen das Adverb üppig in ihre *Denkwürdigkeiten*, beispielsweise der durch Mosebach häufig gebauchpinselte Ex-Satiriker Eckhard Henscheid: „Beckett bis Dürrenmatt; beides immerhin durchaus auch komische und die aktuelle Komik mitprägende Schriftsteller. Daß Beckett komisch sein kann, erahnte ich, über den herrschenden Bedeutungshuberzeitgeist hinaus, aber schon durchaus." (*Aus meinem Leben*, Frankfurt/M. 2013, S. 141) Und durchaus vergleichbar → massiv auch auf den folgenden 270 Seiten.

durchregieren → SCHRÖDERDEUTSCH: von vorlauten Nachfragen ungestörtes → Gestalten → der Politik.

Duzterror Zwei nur → scheinbar gegenläufige Tendenzen sind im gesprochenen Westdeutsch zu beobachten: Silbenverringerung (Guten Tag → Hallo → Na?) und Wörteranhäufung („Du, meinst du, ich weiß nicht, was da → läuft, du?!"). „Ohne Dialektik denken wir auf Anhieb dümmer." (Botho Strauß) Mit Dialektik hingegen sehen wir, wie beide Verbalkretinismen einander kräftig fördern. Die plumpe Anmache durch unerwünschtes ‚Du' haben Hochdeutschsprechende seit den 1990er Jahren von → Händlern und Verkäufern en masse erleben müssen, kurz, vom → *Vertreter*, dem Archetypus des Westdeutschen. Naßforsche Zudringlichkeit oder näselndes Distanzgetue: Die → MEHRHEITSDEUTSCHE Unfähigkeit, Achtung mit Abstand und Herzensbildung mit Formsicherheit zu verbinden, drängt auch ‚privat' sogleich auf die Brutalintimität DU.

Ein Drang zum → Anduzen reguliert die ökonomischen und sozialen Beziehungen von → Alt(bundes)deutschen insgesamt. Darin verschmelzen Ausdrucksformen schwankenden → Selbstbewußtseins zu einem oberschichtig tuenden Vertraulichkeitston. Zum einen deutet das ‚Du' gegenüber – vor allem → migrantisch-stämmigen – Bediensteten (Kellnern, Gepäckträgern, Taxifahrern) auf herrenklassig-herrenrassiges → Selbstverständnis. In manchen Gegenden Westdeutschlands ähnelt es rauhbeinig-herzinnig grunzendem Kumpeltum, man denke etwa des in Hotelfluren, an Imbißbuden, auf Bahnhöfen usw. vernehmbaren ‚Du' im bayerischen Sprachgeräusch. Zum anderen erkennt man im ‚Du' der → Altachtundsechziger den Wunsch geängstigter Seelen, sich von den Unwägbarkeiten individueller Annäherung zu befreien, kurz: die in → freiheitlichen Gesellschaften typische Freiheitsfurcht. Das unerarbeitete ‚Du' solcher Gleichmacher tut genossenschaftlich-geschwisterlich und fügt sich doch bestens ins → Wir-Gefühl anstellig-abhängiger Biographien.

Im Gegensatz zum friedvoll-beiläufigen → Anduzen in der → *Werbewirtschaft* hat sich der D. → definitiv als Mittel des sozialen – vielleicht auch des nationalen? – Distinktionskampfes etabliert. Das mußte ausgerechnet jemand erfahren, der sich seit längerem der ostdeutschen → Unterschicht (Maurer, Sportplatzwart, Gabelstaplerfahrer) entronnen und in die westdeutsche Mittelklasse und damit in → die gute Gesellschaft erhoben glaubte: „‚Ach, Pianistin sind Sie?', sagt der Münchner Jura-Professor auf einer Party zur Gattin, ‚ich habe ein Lieblingsstück: *Für Elise*. Kennen Sie das?' Ein Anwalt wiederum eröffnet die Konversation mit einer ihm immerhin vollkommen unbekannten Frau mit den Worten: ‚Unterrichtest du Klavier, oder was?' ... Deutsche Eliten anno 2014." (Michael Klonovsky, *Bitte nach Ihnen. Reaktionäres vom Tage. Acta diurna 2012–2014*, Waltrop-Leipzig 2015, S. 389)
→ Elite, → Kulturbürgertum, → Pöbeln.

dynamischer Unterstrich → FEMINISPRECH, Form der sprachlichen → Frauisierung. → Professix Antje „Lann" Hornscheidt von der AG Feministisch Sprachhandeln der Humboldt-Universität zu Berlin empfiehlt dazu ihr Werk *feministische w_orte: ein lern-, denk- und handlungsbuch zu sprache und diskriminierung, gender studies und feministischer linguistik* (Frankfurt/M. 2012) und gibt für die → breite (akademische) Öffentlichkeit folgendes lebensnahe Beispiel: „We_lche Mita_rbeiterin will denn i_hre nächste Fortbildung zu antidiskriminierender Lehre machen? Sie_r soll sich melden. Der Kurs ist bald voll." Erläuterung: „Diese Form wird benutzt, um insbesondere in der schriftsprachlichen Verwendung kritisch auf → zweigegenderte Formen, also die Vorstellung, es gäbe nur Frauen und Männer, zu verweisen und diese Vorstellung in Bewegung zu bringen." (*Was tun? Sprachhandeln – aber wie? W_ortungen statt Tatenlosigkeit! Anregungen zum [...] antidiskriminierenden Sprachhandeln,* Berlin 2014, S. 18) Eine noch bewegtere Vorstellung von antidiskriminierender Orthographie verwirklichte Hornscheidt durch x-Schreibung. Dix Professix betrachtet die x-Endung als vorläufige Endlösung des fortdauernden Diskriminierungsproblems, „da in diesen ganzen Unterstrich-Formen immer auch → Zweigenderung aufgerufen" werde und somit die „populäre Vision, daß es Frauen und Männer gibt" (zit. nach: Arno Frank, „Pfeilkröte Feminismus. ‚Studentx' und ‚Studier*': Über die Elimination jeder denkbaren Form der Ausgrenzung durch sprachmolekulare Teilchenbeschleunigung", in: *taz* vom 28. November 2013).

E

(sprich:) **ebend** (lies: eben) Einzig bekannter Fall einer sprachlichen Überlegenheit des Westdeutschen über andere deutsche Dialekte, in denen die Aussprache oftmals ‚ebendt' lautet. Häufig wird diese Überlegenheit dadurch zunichte, daß der westdeutsch Sprechende, im Griff des → Superlativissimus, das ‚ebend' tautologisch aufschwellen läßt zu ‚gerade eben' oder ‚eben gerade' oder ‚eben halt'.
→ Stotterwörter, → halt eben.

eben gerade Gleichbedeutend mit ‚jetzt gerade eben'; Näheres: → gerade jetzt.

eben halt → halt eben.

echt 1. Aus der gesamtdeutschen Jugendsprache (‚Echt?', ‚Echt mal!') in den → Jovialsprech der → Qualitätsmedien, auch → der Politik (→ Grünsprech) gewandertes Verstärkungswort, das hierbei eine Nuance von Betteln und Flehen gewann. So versuchte beispielsweise der sog. → *Deutschlandfunk* → zwischenzeitlich, dem zwangsgebührbedingten Groll (→ Ressentiment) → breiter Kreise der → Bevölkerung durch Selbstbewerbung mittels forciert spontanen Verbalgetues entgegenzusteuern. Hierfür mußten die Mitarbeiter des → Kölner Senders nach und nach „1 : 30" ganz spontan, ja atemlos aus ihrem jeweiligen → Qualitätsradioressort plaudern. Lauter Begeisterte von kindlich-selbstvergessener Hingabe an die Sache und den Auftrag! Darunter auch der Intendant der Anstalt: So → n Sender zu leiten, „ist für n Journalisten schon → ne echte → Herausforderung. Und ich glaub ich bin für den Sender auch ne Herausforderung." Und „s → tut → wirklich gute Dienste", das zu wissen (12. März 2018, 8.59 Uhr); vgl. weiterhin: → extrem, → total.
2. Wertwort aus dem Diktionär des → Vitalismus sowie westdeutscher → Weltoffenheitsphantasien, denen zufolge die Welt jenseits → der alten Bundesrepublik bereitsteht, selbige erlebniskulturell zu erfrischen; ein oft → menschenverächtliches → Begehren nach menschenförmigem Echtheitsstoff. Bei Begründungen dieses → Begehrens treten typische Kategorienfehler auf. Nachfolgend ein → mehrheitsdeutscher, auch medial mehrheitsfähiger Metaphysiker zur sog. Flüchtlingsfrage. „Geld", läßt Richard David Precht wissen, „kennt keine Vaterländer und keine Muttersprache", und Einwanderungsgesetze seien unserer kaum mehr → wirklichen, zusehends virtuellen, „bildschirmflachen Welt" ebensowenig angemessen. Einer Welt, in der allerlei Realitätswünsche brodeln und Echtheitsträume brüten. „Wir brauchen die Mehrheit der Flüchtlinge nicht als Arbeitskräfte! Und trotzdem werden wir Milliarden für sie ausgeben müssen. Wir werden sie in unser Bildungssystem stecken müssen, in Betreuung, Coaching und Integration. Und wir werden dafür anwachsende Kriminalität bekommen, syrische Restaurants, arabische und skipetarische Musik auf den Straßen und mehr Machos. All das werden wir überleben, auch wenn es nicht unmittelbar nutzt. Denn das Großartige ist doch: Das Jahr 2015 wird in die Geschichte eingehen – als das Jahr, in dem sich ein kleines Fenster in unserer bewusstseinsverengten Lebensmatrix geöffnet hat. Ein Fenster, durch das von ganz fern und doch so nah ein kleines Stückchen blanker Realität zu uns hereinschien: bunte Gesellen, vom Sturmwind verweht, Glückssucher mit Plastiktüten, Kopftüchern und Kunstlederjacken. Echtes Leben! Echte Sorgen! Echte Nöte! Echte Träume! Echte Hoffnungen! Schließt nicht das Fenster, es ist zu wahr!" („Echte Träume, echte Not", in: *ZEIT online* vom 14. Januar 2016) Und echten Tod, möchte da wohl der → rechte Rand angesichts so manchen Mädchenopfers bunter Gesellen ausrufen; zu den Eigenheiten → linksbürgerlichen Kulturphilisteriums näherhin: → Medialdemokratisches, → Betreuliches, → identitär; zu → Kollateralschäden aus echter Fremdheit: → Umfeld.

Eckbaustein Er wurde zunächst fast ausschließlich für das → europäische Haus, später speziell für dessen ‚Sicherheitsarchitektur' verwendet; inzwischen stolpert man alle nasenlang über ihn.

Eckdaten Gern von den Eckermännern professioneller Redner diesen ins Manuskript geklotzt, was → nichtsdestotrotz Goethes Sprache stolpern läßt.

editieren Die westdeutsche Verbenbildung aus lateinischen Stämmen erliegt willig → SCHNÖSELSPRACHLICHEN Versuchungen. So scheint ‚edieren' vornehmer als ‚herausgeben', ‚editieren' vornehmer als ‚edieren' (Hörproben: *Deutschlandfunk*, „Andruck", 7. Oktober 2013 und öfter). Dasselbe Schicksal ereilte ‚selegieren' (→ selektionieren), ‚protegieren' (→ protektionieren), ‚intervenieren' (→ interventionieren) und ‚zensieren' (→ zensurieren).

Egalheit, totale Bis zum Arbeitsantritt von Ex-*taz*ler Volker Weidermann bei der *FAZ* durfte man hoffen, deren Herausgeber sei der einzige sprachauffällige Schreiber dort (→ perfektionieren). Falsch gehofft, weil: In seiner Rezension zu „Fack ju Göhte" („einer der erfolgreichsten deutschen Filme der letzten Jahre", 1. Dezember 2013, S. 51) versucht Weidermann so zu schreiben, wie seiner Meinung nach → Problemschüler sprechen. Weil, was bei denen herrscht, ist neben „festgelegten Eskalationsstufen, Verzweiflung, Haß, Strafen, Ausschluß, Aufgeben" nur noch die „totale Egalheit". Warum dann „hat man, wenn man den Film gesehen hat, total Lust, Lehrer zu werden"? Weil, „es ist so ein toller Hoffnungsfilm." Denn, das fragt der Volker total konkret: „Warum also ist dieser Film so großartig, und warum finden das beinahe alle, die ihn gesehen haben so? Zum Beispiel, klar: Elyas M'Barek, der den Lehrer Zeki spielt, ist phantastisch. Erstens, weil er super aussieht, zweitens hat er eines der beweglichsten Gesichter der Welt und setzt die Gesichtsmuskulatur trotzdem eher behutsam ein." Drittens, klar, weil „man echt 120 Minuten lang lachen muß und sich einfach nur freut, im Kino zu sein" und dann, klar, voll mitgekriegt hat: Einmal *taz*, immer *taz*!

eh Entgegen dem akustischen Eindruck keine Interjektion, sondern ein bedeutungspralles Füllwort, welches die entschieden zu silbenreichen ‚ohnehin' und ‚sowieso' ersetzen muß. Verbindet auf einmalige Weise Resignation und Sprachdemenz: „Ist eh schon alles zu spät." Vom durchschnittlichen Benutzer des Westdeutschen fast so häufig benutzt wie das Füllsel ‚halt' (→ eben halt, → halt eben), nähert sich ‚eh' dem rein Lautlichen und ist daher für hochdeutsch Sprechende und andere Minderheiten nicht immer sogleich als semantisches Partikular erkennbar. Sprachbeispiel, aufgeschnappt auf dem Essener Hauptbahnhof am 15. Oktober 2000: „Weil, wenn ich jetzt eh den Zug benutzen muß, komm ich halt eben doppelt zu spät, was mir dann halt eh egal sein kann." Aber auch ausgewiesene → SPREIZSPRACHlerinnen wie Sibylle Lewitscharoff kämpfen vergebens gegen ihren Hang zum Eh-Sagen oder halten ihn vielleicht für besonders gefälligen → JOVIALSPRECH: „... haben sich eh einen Teufel geschert" (*Vom Guten, Wahren und Schönen*, Frankfurt/M. 2012, S. 91), „Liefen diese nicht eh immerzu Gefahr ..." (S. 147), „der uns eh noch nicht so entrückt ist ..." (S. 194) → SCHLUCKAUFWÖRTER.

ehemalige DDR Dem Fotografen Thomas Billhardt war im März 2019 eine kleine Ausstellung am Berliner Alexanderplatz gewidmet. Den Text hatte offenkundig ein Mehrheitsdeutscher beigesteuert: „T. B. wurde 1937 in Chemnitz, in der ehemaligen DDR geboren ..." Ein bizarres, jedoch nicht untypisches Sprachbeispiel. Die mehrfachgenähte Ehemaligkeit verweist weniger auf Schwierigkeiten mit → dem Fremden als auf einen dauernden Bedarf daran; hierzu näherhin: → damalige DDR; → Bundesbeauftragter.

ehemalige „DDR" Ekelexpressionssynthese von *ehemaliger DDR* und *„DDR"*; entstanden als Singulärprägung aus Adenauerdeutsch und Bildzeitungssprech, häufig im → Zusammenhang mit der harmlosesten Polittruppe in Einheitsdeutschland benutzt – jawohl, genau jener sogenannten Linkspartei, die unaufhörlich ihre → Gutbürgerlichkeit zu beweisen sucht, hierfür auf Spendenskandale verzichtet sowie sich besonders eifrig abgestandener Espede-Rhetorik und angeschimmelten → GRÜNSPRECHS befleißigt! Den nachfolgenden Beleg verdanken wir Hans-Erich Kollberger aus Stuttgart, Hauptstadt der → LESERBRIEF-schreiber. Seiner Empörung über das Ergebnis einer demokratischen Wahl gab Anti-Ete-Ete dieserart Ausdruck: „Nun sind sie also wieder [?] hervorgekrochen aus der Kanalisation und haben sich in Thüringen wieder [?] an die Macht geschlichen: die SED-Kommunisten der ehemaligen ‚DDR', die jetzt als ‚Die Linke' auftreten. Diese Partei ist keine (etwa geläuterte) Nachfolgepartei der SED, sondern im Kern identisch mit ihr. Sie hat zur Tarnung lediglich ihren Namen geändert. Zur Verbesserung ihrer [also schon vorhandenen?] Glaubwürdigkeit hat sie gleichzeitig [mit ihrer Namensänderung?] mit Herrn Ramelow einen Ministerpräsidenten westdeutscher Herkunft vorgeschoben" usw. usf. (in: *Berliner Zeitung* vom 13./14. Dezember 2014, S. 16)
→ Anderland, → Entlarvung, → Herkunftsheimat, → Scheißland.

ehemalige Ossis Superlativ der Einstmaligkeit (→ damalige, → ehemalige, → vormalige DDR); → MEHRHEITSDEUTSCHE Einzelprägung. Bedeutung nicht sicher: 1. Hochdeutschsprachige, die auf dem Territorium der → ehemaligen DDR leben? 2. Ehemals Hochdeutschsprachige? Der → MEHRHEITSDEUTSCHE Maxim „Rostnagel" Biller klagte wieder einmal an oder beklagte sich, über ein Leben, das „in einem Dorf in der Uckermark, unter ehemaligen Ossis" nicht etwa → endete, sondern auch noch zum Stoff eines Romans wurde. Den nicht er schrieb und der dann leider auch noch den Leipziger Buchpreis erhielt („Letzte Ausfahrt Uckermark", in: *DIE ZEIT* vom 20. Februar 2014, S. 45).

eher Ein → Coolness verheißendes Adverb mit starkem Redundanz- gleichwie Paradoxiepotential: ‚eher wenig', ‚eher mehr', ‚eher weniger', ‚eher gar nicht'; heute hochbeliebt in der Verstärkung des Komparativs und hierin dem → ‚zunehmend' funktionsverwandter → BLÄHSPRECH.
→ linker.

Eigengut Von westelbischen Kleinbürgern mit literarischem Größenehrgeiz für ‚Eigentum' verwendet; → paradigmatisch Martin Mosebachs Hirtenbrief zum Umgang mit Blasphemikern (*Frankfurter Rundschau* vom 18. Juni 2012).

einbringen In den ersten Monaten nach dem → Anschluß vernehmbares Evaluationsverbum im → Wiedervereinigungs→diskurs, das semantisch in verwickelten Beziehungen zur ursprünglich → PSYCHOSPRACHLICHEN Reflexivform steht (→ sich einbringen; vgl. → sich öffnen, → sich einlassen)
Aufschlußreicher als die Unterscheidung materieller und kultureller Mitbringsel ist eine nach populär- und hochkulturellen Neuerungen. Die populärkulturellen Importe der westdeutschen Mehrheitsgesellschaft – Steißtätowierungen, Nasenmetallurgie, Lippenmetallurgie, Wangenmetallurgie, Schreib- und Leseschwächen, Nichtschwimmertum, Impfverweigerung, Allergienkultus, Versorgungsmentalität, Anduzen – werden kaum mehr als spezifisch westlich wahrgenommen. Inzwischen sind sie unverkennbar → Eigengut der deutschlanddominierenden Mehrheitsgesellschaft. → Vor diesem Hintergrund erst erklärt sich das → bildungskleinbürgerliche Bemühen, hochkulturelle Spezifika zum

klassen- und volkstypischen Signum → der alten Bundesrepublik zu erheben. → Neuschnöselsprech, → Salonkatholisches, → Mosebachdeutsch, aber auch
→ medialdemokratisches und ähnlich aufdringliches Fuchteln mit → vermeintlich → Elitestatus verbürgendem Wort- und Meinungsmaterial sind Zeugnisse dessen.
Typischerweise begründen sie keine zivilisatorische Hierarchie, d. h. eine → Struktur von
Vorbild und Nachahmungen, von Hauptstadt und Provinz, sondern zementieren den originären → Provinzialismus der westdeutschen → Nischen-, Winkel- und Milieugesellschaft
insgesamt und damit ein → ideologisch verdrehtes → Selbstbewußtsein. Dessen ausschließ-
liche → Selbstbestimmung durch dasjenige, was es selbst *nicht* ist oder kennt, bedingt nicht
allein den Massencharakter des → mehrheitsdeutschen → Individualismus, sondern
auch das massenhafte Bewußtsein → Alt(bundes)deutscher, sie wären an sich selbst bereits
Einbringsel der → Einheit.

eindrücklich Als Prädikat vornehmtuerisch für ‚eindrucksvoll', ‚beeindruckend' (→ theatral). Literarisch ging es zuletzt in Karl Heinz Bohrers → Selbstverständigungstext *Granatsplitter* (S. 196: „Er war er!") → extrem e. zu: „Es klang so, wie die Fahne aussah, eindrücklich."
(S. 14 und öfter) In Konzertrezensionen diverser → Frankfurter Zeitungen wurden schon
„eindrückliche Abende" gesichtet; in der → Mainmetropole selbst soll → dem Vernehmen
nach ein „White Power Shop" jahrelang so ein- wie ausdrücklich seine Weißhemden mit
aufdrücklichen Kukluxerkreuzen vertrieben haben. Die West-*Berliner Bank* bringt es wie
immer auf den springend-klingenden Punkt: „Der erste Euro, der in der Ladenkasse klingelt
oder – nicht ganz so eindrücklich – auf das neu eröffnete Firmenkonto fließt, ist nicht zuletzt
auch die Bestätigung dafür, daß eine Geschäftsidee wirkt." (Anzeige, *Berliner Zeitung* vom
23. Oktober 2012)

eine Art von → in einer Art.

eineindeutig In der Logik ein Abbildungsverhältnis zwischen Elementen zweier Mengen,
im → qualitätsmedialen Westdeutsch seit ca. 2010 → zunehmend gebräuchlich als → Superlativissimus von ‚eindeutig', was wiederum unzweideutiger → Wichtigsprech ist. Hörprobe: Man hoffe auf ein „schnelles, zügiges und faires rechtsstaatliches Verfahren", denn
dann sei „eineindeutig, daß man Denis Yücel ganz schnell auf freien Fuß setzen" müsse (Ulf
Poschardt, Chefredakteur von *WELT online*, zit. nach: *Inforadio*, 4. April 2017).

eine Reihe von Menschen Soziologendeutsch und Vornehmsprech für → ‚Mob', → ‚Pack',
Masse; zum Detail: → kosmopolitisch.

einfache Antworten gibt es nur auf komplexe Fragen, insbesondere angesichts komplizierter
→ Gemengelagen.
→ Medialdemokratisches, → Wächtersprech.

einfache Verhältnisse Verhältnisse, in denen man es nicht einfach hat. Ein Bedingungs-
zirkel, den das volksnahe Befragungsinstitut aus Allensbach elegant umgeht durch die
Verbalschöpfung ‚Statusfatalismus'. Dieser führe dazu, daß man es sich in einfachen Ver-
hältnissen allzu einfach macht: Mehr als die Hälfte der jungen Deutschen, die aus einfachen
Verhältnissen kommen, glauben nicht mehr daran, daß jeder seines Glückes Schmied sei
(„Studie zur Chancengleichheit von Jugendlichen", veröffentlicht am 26. November 2012).
Zudem wünsche man sich in „sozial einfachen" Wohnvierteln politisch → einfache Antwor-
ten (*Inforadio*, 16. Juli 2019).

einfordern → WENDEDEUTSCH; seinerzeit rasch säkularisiertes und inflationiertes, ursprünglich aber evangelisch-akademisches sowie gründeutsches Lehnwort aus dem Diktionär des → Anspruchsdenkens.

eingedenk Vom → altbundesdeutschen Autor Wolfgang Hildesheimer berichtete der → *Deutschlandfunk*, daß jener „Schopenhauer und Freud eingedenk" gedacht und geschrieben habe („Kalenderblatt", 9. Dezember 2016). Der Kasus ist kein Ausnahmefall, denn ‚e.' gehört mit → ‚Wider dem Vergessen' und schließlich → ‚Gedenken' selbst zu den → eindrücklichsten Zeugnissen der westdeutschen → DATIVSCHWÄCHE in der Vergangenheitsbewirtschaftung.

eingewohnt Nur als Passivpartizip gebräulich; Anglizismus und Wortwechselbalg aus ‚eingeübt' und ‚gewöhnt'. Ein Beispiel aus der jüngeren → Qualitätsradiovergangenheit ist die essayistische Neuverwertung von Marx' *Kapital*: David Harvey und sein westdeutscher Lektor wenden sich ausdrücklich an den „nicht im dialektischen Denken eingewohnten Leser" („Essay und Diskurs", *Deutschlandfunk*, 26. März 2017).

Einheit → Anschluß, → Wiedervereinigung.

Einige meiner besten Freunde ... Eine → Weltoffenheitsbekundungsformel aus dem innersten Kulturkreis Westdeutschlands; in der Regel veranlaßt durch korrekt → gefühlte Umkreistheitsenge. Neben der Anmutung, ein sprachlicher Spreizfuß wie der Formelhersager könne überhaupt Freunde haben, ist die → exorbitante → Vielfalt der Formelformen bemerkenswert. Gesichtet wurden: „Some of my best friends are German." (Eike Geisel) „Einige meiner besten Freunde sind Juden." (XYZ aus Arnsberg, Nürnberg, Kreuzberg) „Einige meiner besten Freunde sind Türken." (Maxim R. Biller) „Einige meiner besten Freunde sind Ostdeutsche." Eine False-friend- oder B-Version letztgenannten Bekenntnisses → generierte der durch „→ Probleme mit → Andersartigkeit" bekanntgewordene → Publizist Jan Fleischhauer (*SPIEGEL online* vom 15. Dezember 2015): „Einige meiner besten Freunde kommen von dort" – gemeint ist Ostelbien; die Bekenntnisvariante berücksichtigt das → permanent schwindende Vorkommen von → Ostlern im Osten.
→ das Andere, → das Fremde, → Freundschaft, → meine (russischen ...) Freunde, → Ostdeutsche, die weltoffen sind ..., → soziale Andersartigkeit.

Einkommensschwäche führt zuverlässig zu → Kaufschwäche.

einlösen → einfordern.

einmal mehr Verbales Weltläufigkeitsgetue; Amerikanismus für ‚wieder einmal', der die Frage aufwirft: Wirklich nur einmal?

ein neues System der menschlichen Welterfahrung ist nicht nur als Rücktiteltext → unverzichtbar und, wen wundert's, im → Angebot bei *Volker Gerhardt* (→ die Politik, → Gattungsbruch, → mindestens, → Nachbarschaft, → präsent, → spätestens, → zunehmend enttäuscht).

ein offenes Auge Hochdeutsch: ein wachsames Auge; zusammen mit ‚ein offenes Ohr' ein Fachbegriff aus dem Diktionär spätwestdeutscher → Gesinnungsschnüffelei, mithin aus dem → DENUNZIANTENDEUTSCHEN. Zur logisch-semantischen → Problematik: → ab und wann, → Katz und Igel.

einschreiben „Kammermusik, in die sich persönliches Reflektieren einschreibt" (*Deutschlandfunk*, 5. August 2012). Eine vornehmlich reflexivverbal genäselte Vokabel aus dem kulturbetrieblichen Edelsprech, der auf keiner besseren Podiumsdiskussion oder Vernissage zu entkommen ist; mit Anklängen des → ADORNITISCHEN beliebt auch in den sogenannten Genderstudien: „Subjektivität, die in den Leib sich einschreibt ..." (Leyla-Frauke Stiller-Meierhofer, *Autopoiesis und Autoerotik. Zum erweiterten Immanenzbezug weiblichen Begehrens*, passim) Von wo das Verb seinen Erfolgsweg in die körperbewußte Literatur antrat: „Ihre soziale Herkunft schien sich in jede ihrer Poren eingeschrieben zu haben." (Olga Grjasnowa, „Die juristische Unschärfe einer Ehe", in: *Deutschlandfunk*, „Lesezeit", 22. Oktober 2014) In seltenen Fällen, die den → Sachzwängen des → Nachverfolgertums → geschuldet sein → mögen, ist eine Abweichung von der Dativregel zu konstatieren: „Die → Ressentiments, die in Walsers Werke von ‚Halbzeit' (1960) bis zu ‚Tod eines Kritikers' (2002) eingeschrieben sind, weichen konsequent Täter- und → Opferzuschreibungen auf ..." (Matthias N. Lorenz, *„Auschwitz drängt uns auf einen Fleck". Judendarstellung und Auschwitzdiskurs bei Martin Walser*, Stuttgart-Weimar 2005, S. 492)

ein Stück weit Hochdeutsch: ein Rad ab; ein jedoch nicht aus Wagenmacher-, sondern aus Couturiermündern in Publizistenhirne geratener Wortfetzen. „Gurlitt aber lebte ein Stück weit in der Vergangenheit." (Kia Vahland/Catrin Lorch/Hans Leyendecker/Jörg Häntzschel, „Tod eines deutschen Schatzmeisters", in: *Süddeutsche Zeitung* vom 6. Mai 2014) Und der journalistische Nachwuchs beim → Qualitätsradio? Der findet es wichtig, → „ein Stück weit wieder Präsenz zu präsentieren", wie jener unvergeßliche Journalistikstudent aus Hamburg im → *Deutschlandfunk* („Unter Generalverdacht: Wie reagieren die Medien auf die Vertrauenskrise", 18. Mai 2016).

einwerben → SCHÖNWORT für → abgreifen, absahnen, abstauben. Das Einwerben ist der harte Kern des → Werbens, auf den vor allem Leute aus eher weichen Wissenschaften häufig zu beißen haben. Im „Philosophischen Interview" mit Dr. Eike Bohlken, seinerzeit Redakteur des Forschungsinstituts für Philosophie Hannover, antwortete Nikolaus Knoepffler, Professor für angewandte Ethik an der Universität Hannover und Leiter des Ethikzentrums daselbst, auf die Frage nach den „wichtigsten und erkenntnisreichsten Projekten": „Zu den wertvollsten Projekten gehören die durch die Universität → verstetigte BMBF-Nachwuchsgruppe zur Würde in der Gentechnologie, das DFG-Graduiertenkolleg zu Menschenwürde und Menschenrechten, das Hans Joas und ich leiteten, sowie das mit diesem verbundene Projekt der VW-Stiftung ‚Würde ist nicht dignitas', das mein Kollege Peter Kunzmann eingeworben hatte." Es blieb nicht beim Würdewisseneinwerben: „Mein theologischer Vorstandskollege im Ethikzentrum, Martin Leiner, hat gerade mit Hilfe meines amerikanischen Mitarbeiters Martin O'Malley ein DFG-Projekt eingeworben, in dem es um den Konflikt zwischen Israel und Palästina und um Wege der Versöhnung geht." (*fiph-Journal* Nr. 21 (April 2013), S. 5) Auf die eingeworbenen Lösungen darf in Flüchtlingslagern gehofft werden.

einzigartig Seit dem sogenannten Historikerstreit 1986 ein Kern- und Lieblingswort der Denkfaulheit wie der Moralverfettung, worin redliches Nachdenken durch bibbernde → Empörsamkeit ersetzt ist. Inzwischen ist ‚e.' ein Kernbegriff des → DÜNKELDEUTSCHEN, dessen Prädikation bei einem Minimum von intellektueller Investition ein Maximum an moralischer Reputation verheißt.
E. ist für den neunationalen Narzißmus nicht trivialerweise jedes historische Ereignis, sondern einzig und allein der → ‚Zivilisationsbruch' 1933–45. Mit welcher Vokabel derselbe

glücklich aus der deutschen und europäischen Zivilisationsgeschichte eskamotiert und als unbegreifliches Monstrum angestaunt werden kann.
→ einzigartige Abartigkeit, → singulär.

einzigartige Abartigkeit/abartige Einzigartigkeit Dampfwörter und zugleich Nebelbegriffe im → Bekennersprech all jener, die – im Zeichen des publizistischen → Gratis-Mutes – gern ‚Gesicht zeigen' oder ‚Flagge hissen'. Dabei darf es, ja sollte es → inhaltlich → durchaus locker zugehen, denn Bekennertum überzeugt durch Affektanzeige, nicht als Argumentationseffekt. Zum 70. Jahrestag der Befreiung des KZ Auschwitz durch die → Rote Armee bekannte Anja Reschke, Journalistin des Jahres 2015: „Klar, lieber erinnern wir uns an Karl den Großen, Bismarck oder die → Wiedervereinigung – aber Auschwitz ist nun mal passiert. Wieso sollten wir ausgerechnet das Kapitel der Judenverfolgung hinter uns lassen? Dieser Teil unserer Geschichte in seiner Abartigkeit ist so einzigartig, dass er gar nicht vergessen werden kann." (*ARD*-„Tagesthemen" vom 27. Januar 2015) Die Verwechslung von Normativem und Faktischem („vergessen werden kann") oder von Tatsachen und Aussagen über Tatsachen („hinter uns lassen") – logische Lapsi, die im → Medialdemokratischen Legion sind. Doch → spätestens mit dem siebenten Wort ihrer Einlassung hatte Reschke → deutlich gemacht, daß sie auch ihre historische Bildung an einer westdeutschen Schule erworben haben muß. Der Völkermörder Karl, der Sozialistenfresser Bismarck, der → Zonenmob-GAU ‚Wiedervereinigung' – dies alles liebstes deutsches Erinnerungsgut?

einzigste Dieser keineswegs → singuläre → Superlativissimus soll aus dem Ruhrgebiet stammen (so Bastian Sick, *Der Dativ ist dem Genitiv sein Tod, Folge 2*, Köln 2005, S. 37), von wo er sich den westdeutschen Sprachraum unterworfen haben könnte.

elegantes Deutsch Wie → weiches Deutsch eine Spielart des Schriftwestdeutschen; von Jens Jessen, Thomas Steinfeld, Hubert Spiegel und anderen → mehrheitsdeutschen Literaturkritikern vornehmlich dem Mosebachstil zugeschrieben. Die in Varianten auftretende Formel ‚e. D.' ist nicht etwa ironisch oder gar sarkastisch, sondern andächtig-aufrichtig gemeint. Insbesondere Hubert Spiegel *(FAZ)* hat mehrfach versichert, Mosebachs Sprache gehöre „zum Elegantesten, was die deutschsprachige Gegenwartsliteratur zur Zeit zu bieten" habe. Wichtige Charakteristika des e. D. sind die → Akkusativ-Nominativ-Inversion, die Neigung zu Genitivreihungen (→ Kontinuität der Entfaltung ihrer Traditionen), die Vertauschung starker und schwacher Konjugation bei Verben, die es in transitiver und intransitiver Form gibt, sowie die → eindrücklich-eigenwillige Verwendung von Verben wie → besitzen, → schaffen und → vermögen.
→ Mosebachdeutsch, → Hochschreibe, → Bildungsbekennersprech.

Elite heißt eigentlich Auswahl (Passivum), ist aber den → Meinungs- und Im-Munde-Führern dieses Wortes zufolge etwas, das sich → durchaus selbst auswählen kann, „→ weil, wir brauchen wieder Eliten." Noch bis in die 2000er Jahre behauptete der E.begriff seinen festen, nämlich → rechten Platz in der rechts-links-parzellierten Meinungslandschaft. Heute begegnet er → zunehmend als Selbstzuschreibung der gesamten, von den Grünen bis zur CDU reichenden → Mitte der Gesellschaft, die sich durch elitefeindliche → Populisten und andere → Ränder bedroht sieht.
→ angepriest, → Meinungselite, → ob, → Verantwortungselite.

Elitenbildung wird in der Regel von Leuten gefordert, die sich selbst für Elite halten, aber nicht gebildet genug sind, um genug von sich zu haben. „Sobald mir jemand etwas über *Eliten* erzählt, weiß ich, daß ich mich in der Gegenwart eines Kretins befinde." (E. M. Cioran, *Notizen 1957–1972*, Wien-Leipzig 2011, S. 168)

Elitendialoge (auch: Elite-Dialoge) Begriffliches Zugeständnis von Angehörigen einer → Elite an die Angehörigen einer anderen, mithin ein Zeugnis von Elitenpluralismus. Privatmann, Kurpatient und SPD-Elitär Sigmar Gabriel nach einer Diskussionsrunde mit ausgesprochen nichtelitären Monologisten: „Ich würde → der Politik raten, nicht zu glauben, dass die Eliten-Dialoge, die wir so in → der Politik und in → der Wirtschaft führen, dass die identisch sind mit dem Alltag von → Menschen. Es ist nicht nur der → Stammtisch, der da [?] redet, sondern ganz oft auch der Frühstückstisch." (zit. nach: „In Sachen ‚Pegida' keine klare Linie", *tagesschau.de*, 24. Januar 2015) Kultursoziologisch anspruchsvoller und konjunktivisch eleganter das am selben Tage erschienene Referat der *ZEIT online*, wonach „Gabriel bemängelte, in → der Politik würden zu viele ‚Elite-Dialoge' geführt, die den Alltag der Bürger gar nicht oder zu wenig → abbildeten."
→ Meinungselite(n), → Verantwortungselite(n).

Emanzipation, emanzipiert In der westdeutschen Wissenschaftssprache bezeichnen ‚E.' und ‚e.' mehrheitlich, in der westdeutschen Alltagssprache → der Politik und → der Medien ausschließlich Fragen der Frauenemanzipation. Dieser Wortgebrauch unterscheidet sich nicht nur von der Alltags- und Wissenschaftssprachpraxis der sog. Zweiten Welt, sondern auch von Sprachgeschichtstraditionen des alten Europas.
→ Struktur- und Entwicklungsschwächen individual- wie nationalgeschichtlicher Art deuten sich an, wo soziale, intellektuelle, ästhetische und moralische E. auf geschlechtliche → Selbstbestimmung reduziert ist. Die einschlägigen, längst nicht mehr als → Humorismen verbrämten Verbalaggressionen gegen Männliches sind heute alltagssprachlich etabliert. Zweifellos hat die relativ lange historische Adoleszenz der westdeutschen Frau dazu beigetragen, daß ihre Vormünderinnen im Wohlgefühl beschränkter Haftung die notorisch → pöbelnde Ausdrucksweise pflegen und hegen konnten; unverkennbar eine Analogie jenes Haftpflichtbefreitheitsgefühls, das sich geschlechtskomplementär z. B. im → Maulheldischen Karl Heinz Bohrers u. a. ungedienter → Ernstfallautoren artikuliert.
Vieles deutet darauf hin, daß der westdeutsche Feminismus mit seinen Biologismen, seinen Selbstimmunisierungstechniken, seiner Kunst- und Geschmacksfeindlichkeit, seinen → Entlarvungsidiomen (→ Denunziantendeutsch) die erfolgreichste → totalitäre Bewegung der letzten hundert Jahre ist. Unabweisbar sind die semantisch-pragmatischen Belege für eine Totalverbürgerlichung, wenn nicht gar Totalverspießerung der Frau in Westdeutschland. Hier haben die → frauenfeindlichen → Unrechtsparagraphen des BGB über Jahrzehnte eine „Erziehung zur Unselbstständigkeit" (Jörg Frommer) befördert. Nicht zufällig wagt die → emanzipatorisch instruierte Westdeutsche daher nicht mehr den → Bürger, sondern nur noch den Mann anzuklagen. Der sexualisierte → Opferdiskurs des → Feminisprechs ist das sprachliche Mittel, die in der → bürgerlichen Gesellschaft eingeübte Passivrolle unter Bedingungen der sog. Konkurrenzgesellschaft und des Individualismusgebots aufrechtzuerhalten. Nicht mehr (nur) der Vater der Familie, sondern Vater Staat als allmächtiger Ausgleichsgarant angesichts → asymmetrischer Machtverhältnisse ist gefragt; → paradigmatisch hierfür das Vokabular der → Unterprivilegiertheit. Nicht mehr nur individuell, sondern landestypisch kollektiv wird geklagt. Die Paradoxien einer Subjektbildung durch Selbstverdinglichung zum → förderwürdigen Bedürfnis-, Anrechts- und Vorrechtsobjekt hat frühzeitig Sigmund Freud beschrieben: „Es mag ein großes Stück Aktivität notwendig sein, um ein passives Ziel durchzusetzen." (*Neue Vorlesung zur Einführung in die Psychoanalyse*, Frankfurt/M. 1990, S. 123)

Der larmoyante und zugleich gebieterische, anklagende und zugleich aburteilende Stil der e.en Dialekte wäre als traditionelles Ausdrucksrepertoire der bürgerlichen Gattin nationalkulturell noch nicht von Belang. Doch gibt es → starke Hinweise, daß sich in den Frauen→konstrukten → der alten Bundesrepublik → gesellschaftliche Modernisierungsrückstände geradezu konzentrieren. Somit wäre das Klassikerwort vom Frauenstatus als Zivilisiertheitsmaßstab verifiziert, vielleicht aber auch das Wort eines welschen Moralisten, daß „in Natur wie Zivilisation die Dekadenz immer beim Weibchen anfängt" (Chamfort). Weibchen-, zumindest eheweibchenhafte Züge der westdeutschen Spätbürgerlichkeit insgesamt gehörten zu den unbestreitbaren Merkwürdigkeiten der Alt-BRD als eines ‚safe space' deutscher Realgeschichte. Das → Selbstbewußtsein der westdeutschen Frau kann nicht souveräner sein als das der westdeutschen Gesellschaft. Für die charakteristische Mischung aus Unsicherheit und Anmaßung, Universalargwohn und Vormundschaftsbegehr ist die Gattin eine → gesamtgesellschaftliche → Ikone geworden. Das hat finstere Geister aus der Mitte der altwestdeutschen Gesellschaft dazu inspiriert, diese Gesellschaft – in gleichfalls weibchenhaft-klagendem Ton – ‚feminisiert' zu nennen. Tatsächlich bleibt als national- und sexualpathologischer Gesamteindruck ein Mixtum aus Verhärtung und Verheultheit, worin sich Männchen wie Weibchen als ewig beleidigt-gekränkt-vorwurfsvoll-nachtragenden Gattinnentypus → darstellen.
→ Anspruchsdenken, → (anti)diskriminierende Sprachhandlungen, → starke Frauen, → Frauencafés, → Frauenfeinde, → Frauisierung, → Selbstmitleid, → Weinerlichkeit, → Wir im Westen, → Zweigenderung.

emanzipatorisch ist ein Attribut, das besonders komisch klingt, wenn man es sich selbst anheftet. Es gehört zu den Kernwörtern aus dem Diktionär selbstverordneter Zwänge, ist zuverlässiges Indiz intellektueller Freiheitsangst und daher in allen Bereichen der → MEHRHEITSDEUTSCHEN Bewußtseinsindustrie anzutreffen, etwa der popmusikkritischen. Nach noch unbestätigten Hochrechnungen hält Jens Balzer, radikal→aufklärerischer → Qualitätsjournalist aus Westfalen, den Rekord im Emanzipatorisch-Sagen gleichwie im Suchen nach Nichtemanzipatorischem. Seit den späten 1990er Jahren hatte sich Balzer als → Entlarver der unemanzipatorischen Ästhetik Frank Castorfs exponiert (auf westdeutsch: → ‚profiliert'). Mit der Premiere eines → Rammstein-Films in Castorfs Volksbühne – sie hatte einst dem Dramaturgieassistenten J. B. gekündigt – fand der nunmehrige → Qualitätsjournalist den antiemanzipatorischen Super-GAU eingetreten: „Rammstein an der Volksbühne: Das ist der komplette Konkurs einer einstmals emanzipatorischen Institution, die sich zu ihrem Ende aus falsch verstandenem Trotz gegen den als ‚neoliberal' diskreditierten Internationalismus des ungeliebten Castorf-Nachfolgers Chris Dercon nun willenlos in die Arme des deutschnationalen Mainstreams wirft." (*SPIEGEL online* vom 16. März 2017) Besonders ärgert den adjektivaffinen Qualitätskritiker, daß die „sechs ruß- und ölverschmierten Herrenmenschen" nicht etwa in sog. Clubs, sprich: im heimatlichen Szenemief von → Detmold, Hamm oder Münster, sondern als, na klar, „maskulin-teutonische *Stadion*rockgruppe" auftreten dürfen (ebd.).
Seine Schwierigkeiten mit dem internationalen Erfolg → neodeutscher Theatermacher oder Volksmusikanten hüllt das ewige Neiddeutschland in → SPREIZSPRACHformeln wie diese: Till Lindemann und Helene Fischer zeigen „dieselbe popkulturelle Erscheinung", „in unterschiedlichen Formen der geschlechtlichen Ausdifferenzierung. Beide garnieren ihren Mainstream-Pop mit sexuell-transgressiven Motiven. Beide rauben diesen Motiven ihren emanzipatorischen Gehalt; beide behandeln die sexuellen Maskeraden so, wie sie auch die zitierten Pop-Stile behandeln: als beliebig einsetzbares Material." Wie auch der unaufgeklärte Pophörer weiß, widmet sich echte Popmusik der Traditionspflege, vor allem der Pflege fort-

schrittlich-emanzipatorischer Errungenschaften. Sie verwendet Kulturzitate keineswegs außerhalb ihres traditionellen Zusammenhangs. Dadurch kann sie ihren Emanzipationsauftrag wahrnehmen, speziell aber durch eine eindeutig emanzipatorische Bühnensexualität von moralisch zweifelsfreier Ambivalenz. Die Mitglieder von → Rammstein nehmen diesen popmusikalischen Aufklärungsauftrag nicht wahr oder überhaupt an. Eine kritische Stellungnahme zu dem sie einkleidenden → reaktionären Muskelfleisch hat bislang nicht stattgefunden, von einer entschiedenen Distanzierung zu schweigen. Statt dessen singen sie ein „Lob sexueller Gewalt", provozieren „durch politisch-totalitäre Ästhetik", ziehen sich jedoch „in der öffentlichen Debatte über ihre Musik verläßlich auf die Position des passiven Opfers" zurück, das Geschlechtskontakt jenseits von Emanzipationsanstrengungen erleide; eine „selbstbetriebene Viktimisierung", die sie mit Neonazicombos verbinde. „Ihre Perspektive auf das Deutschsein" soll das, „was zunächst bloß als → reaktionäre Provokation erscheint, → in Wahrheit als emanzipatorische Geste erweisen." Was sie (oder nur einer von ihnen?) in Interviews zu ihrer Zugehörigkeit zur ostdeutschen Minderheit äußern, entlarve ihre Bühnenshows vollends als „visuelle Selbstinszenierung" der antiemanzipativen → Identitären vor einem „strikt uniformierten Publikum" (Jens Balzer, *Pop. Ein Panorama der Gegenwart*, Berlin 2016, zit. nach: ds., „Sadomaso-Sex und goldene Gänse", in: *Berliner Zeitung* vom 16./17. Juli 2016, „Magazin", S. 2).
Zur westelbisch → paradigmatischen Mixtur aus → Ressentiment, Banausentum und Oberseminar weiterhin: → das Wesen, → DENUNZIANTENDEUTSCH, → Ichzeit, → Identität, → Opferdiskurs, → WÄCHTERSPRECH.

eminent Aus dem Lateinischen: hervorragend, außerordentlich, bedeutend; im → SPREIZ- und SCHNÖSELSPRACHLICHEN Westdeutsch → zunehmend für einen bloßen Willen zum Hoch- und Herausragen frei von Bedeutungslast. Wegbereiter und Vorreiter solchen Ragewillens war → einmal mehr Karl Heinz Bohrer (→ HALBTROCKEN). Er überraschte seine Leserschaft mit deutschen Dekadenzbefunden wie diesem: „Das Prinzip von Eminenz, die per definitionem konkurriert, die agonal sein will, die prinzipiell nicht ohne Aggression auskommt, genügt völlig, um auf die Schwarze Liste der sozialen Tabus gesetzt zu werden." Schon unter Intellektuellen und in der Mittelschicht zeige sich dieser Mangel an Willen, „etwas zu wollen, etwas zu vertreten, etwas darzustellen". Erst recht fehle dieser „Wille zur Selbstdarstellung" unterhalb der geistig-sozialen Mittelklasse, für die Bohrer schreibt („Kein Wille zur Macht", in: *MERKUR* 700 (Heft 8/9 2007), S. 659–667, hier: S. 663f.). Anders der Befund des Ostdeutschenbeobachters Heinz Bude. Der Kasseler Soziologieprofessor war zwar ebenfalls zuerst im *MERKUR*-Milieu meinungsauffällig geworden, möchte aber anders als der → HALBTROCKENE aus Bielefeld eine Geläufigkeit des → inklusiven Populismus (zu Guttenberg) beobachtet haben, mithin gerade eines Willens zur → Darstellung und zu nichts als der Darstellung.
→ Smartness-Bedarf, → Wir im Westen.

Emotion, emotional, Emotionalität Der Gebrauch der vorstehenden Vokabeln, wo schlicht von ‚Gefühl' die Rede sein könnte oder dessen Ausdruck möglich wäre, zeugt zunächst von nationaltypischem → KLEMMSPRECH. Doch ist der westdeutsche → Selbstdarstellungs→diskurs vom Typ ‚ich und meine Emotionen' nicht einfach nur rauschender Redefluß über Herzenskieseln und Seelengestein, nicht bloß sperriges Synonym für ein Fühlen, zu welchem die Sprache anderer Menschen und Völker unmittelbar fände. ‚E.' ist unter → MEHRHEITSDEUTSCHEN vor allem etwas, das man *hat*; sie gehört somit ins Genre und Wörterbuch des mentalen → Besitzbürgertums. Ein solches ist gewohnt, die seelischen und sozialen Verhältnisse zu verkehren, sprich: sie auf den Kopf und ins

Kalkül zu stellen. Das Phänomen leiblicher Verschämtheit bei seelischer Schamlosigkeit ist BRD-notorisch (→ verdruckst und verklemmt). Seelenkundlich erschließt es den oft unmotiviert wirkenden Haß Westdeutschlands auf das nationale Reziprokum von Freikörperkultur (= leiblicher Unbefangenheit) und moralischem Zartsinn (= Seelenscham), überhaupt der ostdeutschen Verweigerung von → Psychosprech, sprich: von seelischem Exhibitionismus dank vorgängiger Selbstverdinglichung. Der Emotionsdialekt → verweist auf die präzise Pervertiertheit in westdeutscher Mentalarchitektur, sprich: die Inbrunst im Rationalen bei gleichzeitiger Rationalisierung des Empfindens. Ein hermeneutischer Schlüssel zu westdeutschem → Sonderwegswesen, wie es sich im repräsentativen Gefühlsleben etwa von → Politik und → Qualitätsmedien kundtut!

Man hätte von der geistig-seelischen Sonderart Westdeutschlands nichts oder nur die Hälfte verstanden, wenn man sie als *Deformation* des → Selbstbewußtseins abtäte, als Flucht einer lebensscheuen Nation in die Idee, den Besitz, das Milieu, kurz: versuchten Freikauf von der Zumutung, reale Person zu sein und für sich selbst zu stehen. Die Seelensonderart Westdeutschlands ist vor allem *Inversion* des Gemüthaften und des Geistigen. Kapitalismusfromme Atrophie der Seele verbindet sich – auf historisch wohl → einzigartige Weise – mit Sentimentalismus des Geistes, einem Gemütlichkeitsdrang in unbeheizbaren, weil genuin ratioiden Regionen. Das Kleinlich-Schlaue, Ängstlich-Schielende, Verkniffen-Berechnende in allen Herzensfragen und Seelendingen des Alltags entspricht beträchtlichem Gefühls- und Gesinnungsschwulst in Bereichen, die der Rationalität ohne weiteres zugänglich sind, beispielhaft: im sonn- und feiertäglichen Redeductus diverser Medialdialekte.

Daher der unverkennbare Doppelklang von Brutalität und Sentimentalität, der aus den geistigen Provinzen Mehrheitsdeutschlands vernehmbar ist. Hier tönt die Gewißheit, durch eine → *Idee* (→ Position, → Werte) zu einem tiefen und schweren, dabei aber nicht lastenden *Gefühl* gefunden zu haben und damit unter seinesgleichen zu sein. Es ist also kein Zufall, daß sich zuletzt die Dialekte der → Emanzipation und jene der Konservierung gegen die Zumutung zusammenschließen, von der Empfindung zum Denken, von der Erfahrung zur Reflexion zu gelangen. Gegen die Welt und ihre Synonyme (→ der Osten, → östliche Unwerte usw.) hat sich → die westliche Seele → je schon → positioniert.

Impressionistisch erfaßten europäische wie amerikanische (insbesondere südamerikanische) Schriftsteller immer wieder einmal diese Melange aus Hartherzigkeit und Gedankenschwamm. Eine Mischung aus → Verdrukstheit und Unverschämtheit, deren Konsolidierung der sog. → rheinische Katholizismus als westdeutsche Mehrheitskultur förderlich gewesen sein mag, mehr noch die neuzeithistorisch → einzigartige → Unterwürfigkeit gegenüber der Besatzungsmacht.

→ das Abendland, → die Sprache der Seele, → Selbstgerechtigkeit, → Wächtersprech, → Wie wir Amerikaner wurden …

empathisch Im gehobenen oder hebesüchtigen Westdeutsch mitunter für ‚emphatisch' – und umgekehrt; pars pro toto sei als Lesefrüchtchen zitiert: „Unmenschlichkeit im empathischen Sinn", aufgelesen beim Kapitalismusversteher, Moralmonitor und Herausgeber seiner eigenen *Ausgewählten Reden und Schriften 1979–1994* Wolfgang Pohrt (gest. 2018).
→ Bittermannlinke, → Minderwertigkeit, → Unruhestifter.

Empörsamkeit Als Großmeister der Platitüde verfügt er über einen Ton von gekränkter Würde, der sogar vielen Westdeutschen die Sprache verschlagen hatte, ehe sie darin ihr Idol → verletzend-verletzlichen Besserwissens erkannten und verehrten. Affekte, die immer zur rechten Zeit kommen, Empörungen aus schier angeborener Empörungsvirtuosität, mit einem Wort: in → Permanenz gleichwie → Präsenz gestellte *Empörsamkeit*. „Es ist diese

Empörsamkeit, das unbeirrte Bestehen auf vernünftigen Proportionen der öffentlichen Wahrnehmung, das den künftigen Politpensionär immer von den meisten seiner Kollegen unterschied", schreibt Gastronomiekritiker Bernd Matthies unter dem Titel „Klare Kante" anläßlich von Wolfgang Thierses Parlamentsausscheid (im Original: ‚Ausschied', in: *DER TAGESSPIEGEL* vom 13. Juli 2013, S. 3). Matthies versichert weiterhin: „Er hat durchaus Humor ... Aufgeregtheit war ihm immer fremd, und das Thema ist ihm ernst ... So wirkt sein überraschtes Staunen echt ..." Durchaus und in der Tat eine → unaufgeregte Mentalität, die sonst ja eher zu unüberraschtem Staunen befähigt! Durch Matthies' Redundanzkompetenz wird Thiersetum unversehens zu *TAGESSPIEGEL*deutsch: „Doch als einer, der den Gipfel seiner Karriere schon früh eindeutig erreicht hatte, entzog er sich → zunehmend den Niederungen der Parteienpolitik und pflegte den Ruf eines weitgehend unabhängigen Kopfs." Aber gewiß nur zunehmend und weitgehend, keinesfalls langfristig unabhängig bekopft – Thierse wußte seit je um seine frühe Eindeutigkeit! Wäre da nicht seine Autoritätsanmaßung mit dem Vizepräsidentenbriefpapierchen gewesen, wodurch er doppeldiminutivisch „ein kleines Affärchen lostrat". Doch selbst hiernach fand W. T. zu einem „→ gelassenen Dialog mit → den Menschen". Immerhin hat Thierse sein Deutsch nicht an einer Westberliner Schule gelernt. So dürfte der gelobte Gelassene im Unterschied zu Matthies und ‚den Menschen' beim *TAGESSPIEGEL* wissen, daß ‚entheben' den Genitiv verlangt: „Ämter im Parlamentspräsidium verpflichten zu demonstrativer Neutralität, entheben ihre Inhaber dem üblichen Intrigantenstadl der Politik." Matthies bedauert, daß Thierses Abschiedsrede – „eine Rede über den Schutz der deutschen Sprache" – nur im Protokoll zu lesen ist. „Er hätte gesagt, es sei doch ganz richtig und dringend, die deutsche Sprache zu stärken, ihren Stellenwert in der internationalen Wissenschaft zu sichern und auf Anglizismen in der Öffentlichkeit zu verzichten. Es blieb Papier." Anglizismen bitte nur daheim! Wenn das W. T. mal nicht einen ewigen → Stellenwert gesichert hätte ...

Empörung, erstaunliche → Gratis-Mut.

Empörungskultur → Empörsamkeit; → Debattenkultur, → -kultur, → Schuldenkultur, → Situation, → vergleichen.

enden Im → SCHNÖSELSPRECH transitiv mißbrauchtes Verb. Wir zitieren aus den Vorlesungen der Degerlocher Schriftstellerin Sibylle Lewitscharoff *Vom Guten, Wahren und Schönen* (erschienen 2012), die von einem erlesenen, am Stil der Bestsellerliste („Wer ist der Größte?") geschulten Urteilsvermögen zeugen. Die Lewitscharoffreden beginnen in Frankfurt/M. ortsgeistbeflissen → ADORNITISCH (Inflation des nachgestellten Reflexivpronomens ‚sich'!), künden dem Publikum vom → elitären TV-Geschmack der Rednerin („Tatort") und enden mit → hochmögenden Urteilen über Kollegen oder über jene Toten, die Lewitscharoff als ihre Kollegen betrachtet. „Ich selbst lehne viele Werke ab, die einen tadellosen Ruf genießen, zum Beispiel das meiste von Theodor Fontane, → und ja, auch den *Ulysses* von James Joyce." (S. 182) Und ja, einer wenigstens ward durch „die originellste Schriftstellerin, die Deutschland gegenwärtig hat" *(DIE WELT)*, davon ausgenommen. „Enden will ich die kleine Vorlesungsreihe aber nicht, ohne auf Franz Kafka zu sprechen zu kommen, der → natürlich der literarischen Moderne angehört und uns → eh noch nicht so entrückt ist, daß wir zum Verständnis seiner Texte dickleibige Kommentare zu Rate ziehen müßten. ... Seine Werke haben es → vermocht, Johann Wolfgang von Goethe ... → definitiv ins neunzehnte Jahrhundert zu schicken. Thomas Mann, der wahrlich ein herrlicher Schriftsteller war und → ungleich dickere Bücher als Franz Kafka verfaßt hat, ist dies nicht gelungen ... → Aus meiner Sicht ist bisher noch kein Dichter aufgetreten, der es geschafft hätte, Franz Kafka

→ definitiv ins zwanzigste Jahrhundert zu schicken ..." (S. 194f.) Wie sagt Lewitscharoff an anderer Stelle so schön und gut und wahr: „Denn meine Schutzengel sind Bücher, die mich zuverlässig vor Kleingeisterei und Verwilderung bewahren." (S. 126)
→ Bildungsbekennersprech, → Hochschreibe.

Engagement → demokratisches Engagement, → parteipolitisches Engagement.

Entblödung, entblöden Im Hochdeutschen ausschließlich in Verbindung mit der Negation und dem Reflexivpronomen statthaft (‚sich nicht entblöden' – ‚sich nicht scheuen, etwas zu tun, obwohl es dumm ist', ursprünglich urteilsneutral: nicht die ‚Blödigkeit', d. h. Scheu ablegen können), im jüngeren Westdeutsch der → Qualitätsmedien häufig ohne Reflexivpronomen und mit entgegengesetzter Bedeutung. Von ‚Trumps Entblödung' beispielsweise sprachen 2017/18 → Frankfurter Zeitungen im Sinne von ‚Trumps Verblödung'.
Mehr Urteilsscheu und weniger Sprachblödheit sind in diesem kulturellen → Segment kaum zu erhoffen. Deuten doch solche wie ähnlich verquere Wortgebräuche (→ Disposition!) auf eine archaische Schicht verbalen Westdeutschtums, gemäß der strukturalistischen Hypothese, wonach Prädikate anfänglich eine Eigenschaft und zugleich deren Gegenteil bezeichnet hätten.

Entbürgerlichung ist das Komplementärstück zur → Verproletarisierung und dauert, wie der amtierende Ethnosoziologe der *ZEIT* herausgefunden hat, im Osten Deutschlands bereits seit der NS-Zeit an. Ein nordrhein-westfälischer → Proll, der in seiner Not die → bürgerliche AfD wählt, steht deshalb moralisch höher als ein sächsischer → Wutbürger mit höherem Bildungsabschluß, der mit erhobener Stimme → das Abendland retten will. Während man nämlich „den wütenden Einwohnern von sozialen Brennpunkten in westdeutschen Städten wie Duisburg" keinesfalls – wie etwa Carolin Emcke – mit dem poststrukturalistischen Hinweis auf den → Konstruktcharakter ihrer deutschen → Identität kommen dürfe, gereiche dem paraprolligen Wutbürger des Ostens gerade sein fragwürdiger Klassenstatus zum kulturellen Nachteil: „Wer sich die Dumpf- und Dummheit einiger mental verwahrloster → ostdeutscher Milieus näher beschaut, kommt vielleicht doch eher auf den Gedanken, dass die über acht Jahrzehnte betriebene Entbürgerlichung durch Nazis, Kommunisten und Trash-TV mehr Unheil angerichtet hat als die nach akademischen Maßstäben unfeinen Vorstellungen von Körper, Geschlecht und Sprachgebrauch" bei den Urwestdeutschen (Adam Soboczynski, „Das Leiden der anderen", *DIE ZEIT online* vom 23. Oktober 2016).
→ Bürgerlichkeit, → Proletarisierung, → Verwahrlosung; → der ostdeutsche Untermensch.

Entbürgerlichung und → **Entchristlichung** Zusammenschreibung immer in dieser Reihenfolge. E. und E. führen zu → Verwahrlosung und Gewaltbereitschaft, wie Generalleutnant a. D. Jörg Schönbohm dereinst dargetan hatte.

Entchristlichung entstammt wie → ‚Entbürgerlichung' sowie → ‚Verproletarisierung und Verwahrlosung' dem Diktionär des voll entfalteten → Mehrheitsdeutschtums, das seinem fragilen → Selbstbewußtsein durch Aufzählung diverser Besitztümer, darunter → zunehmend auch Geld- und Glaubensgüter, aufzuhelfen sucht.
Der Terminus belegt → einmal mehr die ausgeprägte Furcht des → Alt(bundes)deutschen vor freier Konkurrenz, überhaupt vor der Begegnung zwischen → Individualität und Individualität außerhalb von Meinungs-, Partei- und Cliquengeschütztheit, kurz: auf freiem Feld. Anthropologisch wurde dies u. a. durch Arnold Gehlen definiert als verlängertes Nesthockertum durch vorzeitige Milieubindung. Der Bewahrung fragiler → Ich-Stärke gegen die Zumutungen des Lebens, der Welt oder auch nur → des Fremden dienen die zahlreichen *Milieumythen*, zu denen die

Autarkie einer soziokulturellen → Mitte der Gesellschaft, einer angeborenen → Bürgerlichkeit, einer landestypischen → Weltoffenheit u. v. a. m. gehören; jüngst ist die geistige Gemeinschaftsschulung im Phantasma christlich-bürgerlich-abendländischer Weltläufigkeit hinzugestoßen. Der einst in K-Gruppen eingeübte Vernichtungseifer vermählt sich bei Spätberufenen des → Kapitalismus auf zwanglos-zwanghafte Weise mit der → Bürgerlichkeit, denn beide erfahren von sich selbst nur durch das, was sie nicht kennen wollen. Wie etwa → Totalitarismuserforscher Klaus Schroeder von der DDR („eine entbürgerlichte, kollektivistische und verproletarisierte Gesellschaft"). Obwohl z. B. mit dem modernen Augustinismus eine intellektuell ambitionierte, theologisch noch immer einflußreiche Denkströmung die Gleichsetzung von Christentum und Bürgerlichkeit → massiv bekämpft, hat sich im geistigen Mehrheitsdeutschland die Doppelbesitzkonfession Geld/Glaube durchgesetzt. Wir → verweisen auf einen hier noch mehrmals zu zitierenden Anonymus: Die Ostdeutschen „sind → allein schon wegen der Entchristlichung unkultiviert, weil man das Abendland ohne Christentum nicht versteht, haben nie die eigene Diktatur aufgearbeitet, geschweige denn die davor und sind habituelle Heuchler. Sie hassen uns Wessis, sagen uns das aber nicht, weil sie → unser Geld wollen." (zit. nach: Regine Sylvester, „So, das fürs Erste", in: *Berliner Zeitung* vom 27. Oktober 2016, S. 8) Wie wenig angesichts dieses Blubberns aus Springersümpfen (soviel Dekonspiration sei erlaubt) von angewandter Christlichkeit die Rede sein kann, bedarf keines Kommentars. Doch ist der Glaube an die eigene Gläubigkeit in der westdeutschen → Meinungselite ungewöhnlich stark verbreitet. Die Gegenpropaganda wackerer → Freidenker scheint dieses → Bedeutsamkeitsgefühl vieler Geld- und Glaubensbesitzer zu stützen. Klassische Beispiele → ideologischer Verdrehung, ja → falschen Bewußtseins! Denn wer von der staatsatheistischen Phrase her die ihm unbekannte Denk- und Daseinswirklichkeit eines fremden Volkes beurteilen will, der verbleibt im Bereich der verbalen Hab- und somit geistigen Armseligkeit, da im Osten aufdringlicher → Bekennersprech bestenfalls beim postumen Dissidententum vorkommt. Ein Glauben, ein Haben, ein Sein jedoch, von dem man keine Worte macht, ist für den geistigen Durchschnittstypus Westdeutschlands unzugänglich, ja schlicht undenkbar. Hegte er seinerseits Verlangen nach Kirchenmacht und Glaubenseifer, Gesinnungsnot und Kreuzgängen, dann müßte er sich an die Kirchengeschichte des Weltkommunismus halten, der letzten religiösen Schöpfung → des Abendlands. Keine E. ohne Christentum, kein Zweifel ohne einen Glauben, der sich blamierte! Diese reichere, weil vollständige abendländische Erfahrung verweigern mittlerweile nicht nur die dank → Tutzing oder → Salonkatholizismus gedanken- und erfahrungsimmunen Milieus, sondern die weihnachtsgläubige und kirchensteuerfromme → Mitte der Gesellschaft.

entfesselter Kapitalismus Begriffsschluchzer von ZEIT-, FAZ-, taz- und sonstigen → Qualitätszeitungsredakteuren darüber, daß nach der Rückkehr der BRD in die deutsche Geschichte auch der → Kapitalismus nicht mehr so nett ist, wie er angeblich mal war.
→ freier Markt, → neoliberal, → Schweinesystem.

entfremdet mit Salon- wie seminarmarxistischer, namentlich → Adornitischer → Amerikanismus mit zahlreichen Analogien; vgl. das westdeutsche ‚glücklich mit etwas' statt des hochdeutschen ‚glücklich über etwas'.
→ alles und alle(m), → mit.

entgegen Die Präposition verlangt im Normdeutsch etwa der → *Frankfurter Rundschau* oder des → *Deutschlandfunks* den Genitiv; eines der etwas selteneren Beispiele für eine Genitiv-Dativ-Verdrehung in umgekehrter Richtung.
→ Dativschwäche, → Genitiv-Dativ-Liaison, → Genitiv-Dativ-Mesalliance.

Enthomogenisierung Wortgebräu aus der popsoziologischen Sprachpanscherei. Gefragt, ob ein „Auseinandergehen der sozialen Schere" in der Marktwirtschaft naturgesetzlich sei, sagte der Soziologe Heinz Bude: „Nein, das kann man nicht sagen. Diese auseinander klaffende Schere ist ein Indikator für die Enthomogenisierung unserer Gesellschaft, wie der Soziologe sagt." („Die Mitte beginnt prekär zu werden", Bernd Oswald im Gespräch mit Heinz Bude, in: *Süddeutsche Zeitung* vom 17. Mai 2010)
→ die Menschen, → wir, → Wir-Gefühl.

Entlarvung, entlarven Ursprünglich → HABERMAS-, → GRÜN- und → FEMINISPRECH für das Mittelstadium eines Prozesses, der mit dem → Aufzeigen beginnt, sich über das → Hinterfragen zur Höhe des → Aufbrechens → verkrusteter Strukturen steigert und mitunter auf dem Hochplateau des → Dekonstruierens → endet. Mit den Jahren ist das Entlarven zum politisch milieuübergreifenden Gestus des → MEHRHEITSDEUTSCHtums geworden, das seit je Klassifikation mit Erkenntnis verwechselt und es demzufolge für eine intellektuelle Leistung hält, das jeweilige Gegenüber roter oder rechter → Gesinnung zu überführen. „Herunter mit der Maske!": Der hämisch-herabschreibende Stil beherrscht die Edelfeuilletons westdeutscher → Qualitätsmedien ebenso wie die Gratismagazine der Kunstkritik: Kaum eine Deskription, die nicht jederzeit in Denunziation umschlagen könnte (vgl. für die Musikkritik: → identitär, → emanzipatorisch).
Solche profanen und durchweg professionalisierten Formen der Entlarvung → verweisen einerseits auf ehrwürdige abendländische Traditionen (→ Aufklärung, → Freidenkertum), andererseits auf alltägliche, wahrscheinlich sogar elementare Kulturtechniken des deutschen Westens. Dem fremden Beobachter fällt immer wieder auf, wie leicht dem Durchschnittswestler die Bloßstellung seines Nächsten fällt, mit welchem Eifer sozial oder politisch Untenliegenden nachgetreten wird. Woher diese universelle Entlarvungsbereitschaft, worin Entblößung des Nebenmannes und Entblößung der eigenen Bloßstellerperson als Gemütskümmerling konvergieren? Unverkennbar west darin ein → tiefsitzendes zivilisatorisches Defizit. Objektiv ist es begründet in der Abwesenheit von Traditionen der Selbstkritik, überhaupt einer kulturell eingeübten Selbstreflexion und Selbstironie, wie sie sowohl in den → ‚vormodernen' alteuropäischen Gesellschaften als auch in der nicht-bürgerlichen → Moderne des Ostens blühten. Mit einem Wort: Man leugnet ‚bis zuletzt' (→ Fehler, → Ich stehe dazu). Eine → latente Selbstverachtung des Westelbiers, seit den 1950ern gewachsen aus der Doppelgewißheit, Wirtschaftsriese und Kulturzwerg in einem zu sein, dürfte die Routine des Niederreißens, Entblößens, Denunzierens begünstigt haben: → Im Hintergrund steht ein pessimistisches Menschenbild, wonach das Ganze → spirituell nicht mehr zu retten sei und der Einzelne sich also nach Kräften materiell zu salvieren habe. Es bezeugt sich im leichtfertigen Gebrauch des Pluralpronomens. „→ Wir sind doch alle ...", eröffnen → Vertreter der puren Westlichkeit wie Baring, Biller, Bohrer, Bude usw. ihre publizistischen Bekenntnisse. Das → Wir-Gefühl seelischer → Minderwertigkeit ist mehrheitsfähig; ein Herunterreißen von Masken und Mänteln kann sodurch als Heroismus im Sozialverhalten reüssieren. Besagtes Wir-Gefühl entspricht zudem der gewiß zutreffenden Überzeugung des → MEHRHEITSDEUTSCHEN, daß in → den Medien, → der Politik, Wirtschaft, Kirche usw. ‚wir' ohnehin stets auf unsresgleichen träfen. Die allgemeine Überzeugung, daß → Individualität nur Staffage sei und deshalb leicht dem Jedermannsgesicht abzureißen, gehört ebenso in diesen → Kontext wie die westdeutschlandtypische Gleichsetzung von Humor und Häme (→ Comedy).
→ DENUNZIANTENDEUTSCH, → DISKURS DER ENTSCHULDIGUNG, → NACHTRETEN; → satte Mehrheiten.

entscheidend sind im → Wichtigsprech wie in literarisch-philosophischer → Werbewirtschaft zumeist die Unterschiede.
→ permanent, → soziale Andersartigkeit.

Entscheidungsträger kann man auch werden, ohne → Leistungsträger zu sein.

entschlossen Mit → ‚kaltblütig' (entschlossen-kaltblütig, entschieden-kaltblütig) einer der verbalen Eckbausteine des → Mauheldischen, in dessen Bohrer-Version ausschließlich als Selbstprädikation üblich.
→ nichtapokalyptischer Krieg, → kaltblütig.

entsorgen Sorgfältig wegwerfen.

entspann Im gehobenen Westdeutsch häufiges Präteritum Singular von ‚entspannen'. Hierfür zunächst Beispiele aus der Magisterarbeit einer Bielefelder Soziologie → Studierenden: „Während Max Weber in diesen Tagen die Zahl seiner täglichen Mahlzeiten drastisch reduzieren mußte, entspann sich so mancher seiner Schüler in den mondänen Kurorten der zerfallenden Monarchie ..." „Die Lage entspann sich zunehmend ..." Beachtung verdienen angesichts dessen Sprachschwankungen in einem → qualitätsmedial gutsituierten Heimatsender, dem → *Deutschlandfunk*. Hoch- wie westdeutsche Sprachformen bestehen dort vielfach nebeneinander; nachfolgend Stichproben aus dem Programmheft 8/2017: „Als ich nach dem Zivildienst das Studium aufnahm, zunächst der Sozialpädagogik, dann der Politikwissenschaft, Geschichte sowie Arabistik und Islamwissenschaft, ging es los.": „‚Ja, was um alles in der Welt willst du damit beruflich machen?' So entsponnen sich viele Gespräche, was zugleich offenbart, selbige liegen einige Zeit zurück: Wir reden von prä-9/11." (Thorsten Gerald Schneiders, ebd., S. 85) Über den Roman eines Landsmanns von Schneiders, des Dichters Michael Wildenhain, heißt es hingegen im selben Heft: „Es entspannt sich eine leidenschaftliche Liebesgeschichte, wie sie beide in der Intensität zuvor nicht erlebt haben." (S. 9) → Intensivst ist hier der entspannende Effekt → emotionaler → Erlebniswelten ausgedrückt.
→ gelang, → schwang; → Partizipbildungsdefizit.

entspannte Kontexte → Kommunikationshilfe, Kommunikationskurs, Kommunikationsregeln, Kommunikationstraining.

(der) Erbteil Eine Unterleibstradition aus dem BGB? Klarheit verschafft → einmal mehr Karl Heinz Bohrer, die Stimme aus → der Mitte der → Provinz(flüchtigkeit): „Es darf vermutet werden, daß sich diese provinzielle Idylle dem Nachkriegsdeutschen als der erlaubte Erbteil des Nazismus um so mehr als gesellschaftliches Modell anbot, als der unerlaubte heroische Erbteil endgültig disqualifiziert war – dazu bedurfte es jetzt nicht mehr → der Alliierten." (*Provinzialismus. Ein physiognomisches Panorama*, München-Wien 2000, S. 59)
→ Grosser Stil, → Halbtrocken, → Maulheldisch.

erfahrbar (machen) „Soziale Gerechtigkeit wieder erfahrbar machen" wollte 1994 der SPD-Regionalpolitiker Rudolf Scharping, falls man ihn Kanzler aller Deutschen werden ließe. Die Phrase wurde mit Recht als arg verspätete Reminiszenz aus → Tutzing und → Psychosprech empfunden; bis heute fristet sie ein auskömmliches Dasein im → Diskurs der Empfindsamkeit sowie im wissenschaftssimulativen → Spreizsprech (als extensives Exempel: → Verortung). → In Wahrheit aber sind Formeln aus dem Diktionär

der → Emotionalität, eingesetzt als Proben politischer Intelligenz, → Klemmsprech in Reinkultur: Der Gefühlsdarsteller und -aufrufer weiß jederzeit, was nicht allein er, sondern jedermann zu fühlen habe.
→ erlebbar, → Lebenswelt.

Erfolgsgeschichte Stanzwort und Propagandaformel aus dem → Medialdemokratischen, eigentlich dreister → Schönsprech; in jüngerer Zeit häufig in den → Narrativen über → Integration. Der Wille, eine Geschichte zu erzählen, ist hier überdeutlich, ebenso aber auch, daß ihr Subjekt eindeutiger → Identität ermangelt. Was hat der demütige → Gastarbeiter aus westdeutschen Barackensiedlungen oder Westberliner Ghettos um 1970 mit dem selbstbewußten Clanmitglied ‚in schlechtem Wohnumfeld' (Qualitätspresse, Sozialpolitik, Nachteilsforschung) zu schaffen?

Erfolgsmodell macht → Erfolgsgeschichte machbar.

Erfolgsroman Literaturdarstellung, bei der es stets hoch her-, aber selten hochdeutsch zugeht.
→ Broiler.

Erfolgs(schriftsteller, -schauspieler, -unternehmen usw.) Höhenphänomene, die sich am sichersten aus der Bauchlage beurteilen lassen.

ergebnisoffen sind Einsätze mit → robustem Mandat ebenso wie → Arbeitgeberverhandlungen; die Ergebnisse solcher Einsätze und Verhandlungen haben dann ihrerseits dieses und jenes offen, sprich: → Bedarfslücken.

Erholungsbedarf → Bedarf.

erinnern (+ Akk.) Anglizismus, verbale Weltläufigkeitspose aus London oder Bielefeld: „Iphigenie erinnert das Furchtbare des Tantalus-Mythos ..." (Karl Heinz Bohrer, *Großer Stil. Form und Formlosigkeit in der Moderne*, München 2007, S. 126) Auch in Bohrers *Provinzialismus. Ein physiognomisches Panorama* (München-Wien 2000) ist jede Menge zu erinnern, wobei → einmal mehr zweierlei deutlich wird: daß Westdeutschlands meistverehrter Publizist kaum *eine* sprachlich makellose Seite schreiben kann und daß ‚e.' ebenso wie ‚wissen' mittlerweile das Sprachschicksal von → ‚denken' teilt: „Aus jenen Jahren erinnere ich die Szene ... Souveränität, die ihre Beschränktheit nicht weiß" (ebd., S. 19); vgl. → Grosser Stil. Häufiger noch und gleichfalls grammatikalisch gewissenlos erinnerte sich einst der wahrhaft weltläufige, da außerhalb Bielefelds wohnende Fritz Raddatz. Fritz, mit → identitätssicherndem → Vornamensinitial auch als Fritz J. Raddatz bekannt und zu einer eher unkritischen Lesestunde ins Literarische Colloquium Berlin geladen, kritisierte dort den sprachlichen Niedergang des ZEIT-Feuilletons: Heutige ZEIT-Redakteure wüßten nicht einmal mehr zwischen ‚scheinbar' und ‚anscheinend' zu unterscheiden. ZEIT-Redakteur Mangold wagte nicht zu widersprechen, auch nicht, als Ex-ZEIT-Redakteur Raddatz aufzählte, was aus vergangenen ZEIT-Zeiten er alles ‚erinnere' („Studio LCB", *Deutschlandfunk*, 23. August 2012). Nicht anders ging es beim schreibenden FJR zu („überall wird wieder kommen, was ich noch so gut erinnere"; „ich erinnere jeden Moment"; „Erinnere den englischen Lakonie-Satz ...", *Tagebücher 1982–2001*, Reinbek ⁴2010, S. 90, S. 261, S. 432), woraus klar wird, daß der umstands- und hemmungslos transitive Gebrauch von ‚e.' mehr sein muß als ein schlichter Anglizismus. Wer ‚etwas erinnert' und nicht etwa ‚sich an etwas erinnert', den hört man → gleichsam in die Hände klatschen: Hepp, und die Vorzeit spuckt aus, wonach man gerufen. Doch „wichtiger ist ja, wie man von der Zukunft erinnert wird." (Simon Strauß, *Römische Tage*, Stuttgart 2019, S. 17)

Erinnerungskultur bedeutet dem Westelbier, wie → ‚Kultur' überhaupt und ohne Zusatz, meist dasjenige, was von einer Kultur übrigbleibt. So markiert das Doppelwort eine doppelte Distanz: gegenüber der Kultur, zu welcher man sich durch Erinnerung verhelfen will, und gegenüber der Erinnerung, die man durch eine kulturelle Technik wie das → Gedenken (→ Wider dem Vergessen) ersetzt hat. Die Versuche, entgegen diesem ‚gemachten' Charakter der E. ihre nationale Naturform zu behaupten, fielen und fallen schwach aus. Paradigmatisch die → verklemmte und verdruckste Diskussion um das Berliner → Schloß, eine aus herostratischem Impuls errichtete Hohlform aus Beton, die postum und legitimativ mit gesammelten – Kulturkritiker sagen: geraubten – Kulturinhalten gefüllt werden sollte. Als sich eine Mäzenin für ihren verstorbenen Gatten 2017 per Millionenspende ein Erinnerungskreuz auf der Schloßkuppel kaufte, traf sie nur auf vereinzelten, → qualitätsmedialen Widerstand. Das Offensichtliche wurde als „Verdacht" benannt, „man könne sich in die Erinnerungskultur der Bundesrepublik einkaufen." Immerhin gehörten zu „dieser Erinnerungskultur" ja auch „die nachgebauten Schloßfassaden" (Nikolaus Bernau, „Warum nicht die Fahnenstange?", in: *Berliner Zeitung* vom 23. Mai 2017, S. 19).
Wie die Gedenk-, Gesprächs-, Diskussions-, Befreiungs-, Beschäftigungs-, Geschäfts-, Vereins-, Streit-, Schreib-, Trauer-, Fehler-, Sammel-, Geschichts-, Fernseh- und Parlamentskultur hat auch die E. ihre Feste und Festredner. Der wackersten einer ist Klaus Staeck, dessen Stil als typisch für die festtägliche E.literatur gelten kann. In der *Kunstzeitung* vom Mai 2013 schrieb der ansonsten geist- und verdienstreiche Graphiker: „In der deutschen Erinnerungskultur ist der 10. Mai für alle Demokraten ein festes Datum. An jenem Tag im Mai 1933 fand die wohl symbolträchtigste Bücherverbrennung auf dem Berliner Bebelplatz statt." Mit Blick auf die vielen anderen symbolträchtigen Bücherverbrennungen auf dem Bebelplatz, dessen Name den Nazis seltsamerweise nicht anstößig war, muß man Staeck wohl recht geben. Haben „alle Demokraten" aber deswegen besagten Tag im Mai zum „festen Datum" ernannt? Und wie erinnern sie sich angemessen an das „Berliner Menetekel", wenn ganze Wasserbrüche von Feuerzeichen Deutschland heimsuchten? „Eine Welle von Scheiterhaufen überzog das Land. Besonders eifrig ging es in den Universitätsstädten zu. Die demokratische Gesellschaft schuldet [wem?] die Antwort, wie man [wer?] angemessen an diese Akte der Barbarei erinnern soll. Welche Kunst ist in der Lage, [wem?] eine überzeugende Antwort zu geben?" Nicht leicht zu sagen, wenn bereits unklar ist, *wem* „die demokratische Gesellschaft" die Antwort → ‚schuldet' und *wen* sie an das Bekannte → erinnern will. „Der Bildhauer Micha Ullman liefert den Beweis, wie es gehen kann, Kunst als etwas Selbstverständliches öffentlich zu verankern. Eines der schlüssigsten Beispiele bleibt als Erinnerung seine ‚Bibliothek' auf dem Berliner Bebelplatz: die richtige Antwort am historischen Ort." („Steter Störfaktor: Micha Ullmann", in: *Kunstzeitung* 5/2013, S. 3) Kurz: → das schlüssigste Beispiel für die richtige Antwort auf die überzeugende Frage nach dem gelieferten Beweis für die angemessene Erinnerung am historischen Ort zum festen Datum. Zu den rhetorischen Freiheiten eines Räsonnements, das sich von seinem Gegenstand emanzipiert hat, vgl. auch: → Aufdeckungskultur, → Bücherverbrennung, → Verdrängungskultur, → -kultur, → Schulden, Schuld.

erklären Wenigstens eine kulturnationale Tradition hat sich die westdeutsche Sprachgemeinschaft mit ihrer didaktischen Freigiebigkeit bewahrt; offenkundig eine Parallele zur Gesinnungskonfessionalität (→ Bekennersprech): Der Deutsche von gestern, heute und morgen, so sagt man unter den Völkern, belehrt und erklärt gern. So nimmt es nicht wunder, daß → Bescheidwisser aus → der Politik und → den Medien (→ Qualitätsmedien) allezeit allerhand zu e. haben. Das Verb verlangt in diesen Sprachkreisen zunächst den nachfolgenden Dativ, Lieblingsdativobjekt mehrheitsdeutscher Erklärprofessioneller wiederum sind jene Minoritäten, die unterm Sammelbegriff → ‚die Menschen' erfaßt werden. Besonders an der → Schnittstelle von Politik und Medien gilt es den Menschen zu erklären, daß z. B. Zeitungen keine Realität → abbilden, sondern → konstruieren. Höchstens der gesunde Menscheninstinkt rebelliert gegen diesen Wechsel vom Professionellen ins Philosophische, wie ihn Andreas Tyrock als Remedium gegen den Kreditverlust der → Qualitätsmedien anbot („Lesart: Das politische Buch", 9. April 2016, *Deutschlandradio Kultur*). In weniger als einer Minute hatte Tyrock, Chefredakteur der *Westdeutschen Allgemeinen Zeitung*, erklärt: „Wir wollen natürlich keine Volkspädagogik betreiben ... Aber wir müssen doch den Menschen erklären ... müssen wir den Menschen aber erklären ... wenn wir das den Menschen erklärt haben ... daß in einer offenen Gesellschaft den Menschen nicht alles erklärt wird ... werden wir das den Menschen erklärt haben." („Medien als Meinungsmacher? Die ungewisse Zukunft der Presse", Hörprotokoll)

erlebbar Westberliner, die die Verstopfung der Berliner Innenstadt mit ästhetisch fragwürdiger Büro- und Geschäftsarchitektur kein bißchen stört, werden munter, wenn die Weite und Leere des ehemaligen Flughafenfeldes Tempelhof und des darüber wehenden → Freiheitsversprechens gefährdet scheinen. In der verbalen Abwehr von → Flüchtlingsströmen wie -heimen fiel ein Wort, das aufgrund seiner offenkundigen Herkunft aus → TUTZING und evangelischem → GRÜNSPRECH, im weiteren: aus dem → PSYCHOSPRECH in der → Erlebniswelt-Variante, um 2015 schon fast vergessen schien: Zuletzt hatte der pfälzische Regionalpolitiker Rudolf Scharping durch eine Kanzlerschaft „soziale Gerechtigkeit wieder erlebbar machen" wollen (1993ff.). Die Freiheit, Breite, Weite und Leere Berlin-Tempelhofs solle „erlebbar bleiben", forderten mehrheitlich grünwählende Gutbürger seit 2016 auf Flugblättern und in Funksendungen: Schautafeln über Freiheitsgeschichte statt Asylantenheime mit Massencharakter aufs Feld (*Inforadio*, 13. April 2016).

Erlebnisraum Westdeutsche Postum- und Passivform des großdeutschen ‚Lebensraums'; → werbewirtschaftlich meist überlaufendes Hauptwort der Wellnässer, im weiteren aller → Wohlfühloasenbewerber.
→ Gefühlsraum.

Erlebniswelt → Lebenswelt.

erlöscht Was passiert, wenn man einen Roman aus einer Kultursprache ins Westdeutsche zu übersetzen versucht, illustrieren die in → Westberlin und → Köln erschienenen Houellebecq-Ausgaben. „Die Zeit ist ein banales Rätsel, und alles war in Ordnung, versuchte er sich zu sagen; der Blick erlöscht, Freude und Zuversicht verschwinden." (*Elementarteilchen*, Köln 1999, S. 24) ,'Weinen Sie! Sie müssen weinen! ...' beschwörte ihn der Ältere der beiden mit drängender Stimme." (S. 282) Gegen das notorische → PARTIZIPBILDUNGSDEFIZIT hülfe wahrscheinlich auch philosophische Lektüre wenig – „Das Teil und das Ganze, Werner Heisenbergs wissenschaftliche Autobiographie" (S. 22). Soll nämlich → Teilhabe frei von → Kompetenzverpflichtung sein, breitet „sich → zunehmend spürbares Unbehagen aus" (S. 13).
→ angepreist, → beschwört, → entspann, → erlöscht, → gelang, → geronn; → das Teil.

Ernstfall Krieg, wie er sich am äußersten Schreibtischrand des politischen Feuilletons abzeichnet; seit den frühen 1990ern ein Lieblingswort des ungedienten Ernstfalldenkers

und weltläufigen Konfektkritikers Karl Heinz Bohrer, der sich im Spaßfall BRD furchtbar langweilte und der diesem immer wieder bescheinigte, „im Ernstfall nicht als westliche Macht mit entsprechender politischer Mentalität" agieren zu können, wozu nun einmal auch Tote gehörten („Provinzialismus" (II). Ein Psychogramm, in: *MERKUR* 504 (1991), S. 254–262, hier: S. 256). Das zeige sich bereits an der bundesdeutschen Vorliebe für gefahrlos konsumierbares Konfekt wie → ‚Mon chérie' (sic!).
→ banal, → HALBTROCKEN, → Inaussichtstellen auskostbarer Gefahrlosigkeit, → MAULHELDISCH, → nichtapokalyptischer Krieg.

Eroskiller Um eine Popularisierung dieses griechisch-amerikanischen Wortwechselbalgs bemühte sich Botho Strauß. Der Westberliner Ex-Dramatiker hatte sich in Deutschlands Osten ein Anwesen gekauft und so ein Thema für sein Prosaschaffen gesichert: „Auf einem Hügel in der Uckermark baute ich ein weißes Haus, und eigentlich sind es zwei ..." (*Die Fehler des Kopisten*, München-Wien 1997, S. 7) Das Leben in der Fremde fällt weder grammatikalisch noch alltagspraktisch leicht, denn immer noch gibt es dort andere Menschen, vom Thora-Kenner B. S. ‚Lehmklöße' genannt. Lästig ist deren Angewohnheit, sich im Gesichtskreis des Zugezogenen unaufgefordert zu entblößen. B. S. zweifelt keinen Augenblick daran, daß er es mit erotisch Ungelernten zu tun hat; gute Gelegenheit für eine kulturdiagnostische → Narration: „An meiner Badestelle lag die Schwarzkraushaarige nackt auf dem Bauch, und ich betrachtete ihren → möndlichen Hintern, kühl und ungeniert. Sie zeigte mir, wer ich war: ein Mann, den sie keiner Schamreaktion für würdig hielt. Vielleicht erinnert man sich dunkel, daß eine bestimmte Nuance gnädiger Verächtlichkeit, ein schwaches Lächeln für den, der nicht in Frage kommt, einst zum Repertoire weiblicher Koketterie gehörten." (*Vom Aufenthalt*, München 2009, S. 208f.) Die vom ZK der SED verordnete Totalentblößung der DDR-Insassen und ihre verhängnisvolle Wirkung auf das → Begehren westdeutscher Augenzeugen ist vielfach beschrieben worden. B. S. jedoch deckt den Zusammenhang zwischen totalitaristischem FKK an uckermärkischen Gewässern und massenhafter Brechtlektüre auf: Denn „da gab es ja den Eroskiller, vernichtender noch als ihre brutalen Unkrautvertilger in der Landwirtschaft, nämlich die ‚Freikörperkultur' der DDR. Im wesentlichen ein Land mit grobem Sinnengeschmack, der leider den staatlichen Ruin unbeschadet [offensichtlich gemeint: unbeschädigt] überstand. Es fehlt hier jene Jugendzeit, die von der nachbürgerlichen Entwicklung erotischer Verfänglichkeit → geprägt wurde. Stimmungen aus Filmen und Erzählungen, Rohmer, Kawabata, Antonioni haben uns im Westen ganz anders erzogen als jene, die unter dem Einfluß des erotischen Zynismus aufwuchsen, der letztlich arschbackenkneifenden Sinnenfreude der Brecht und Konsorten." (S. 209)
→ Ballermann, → Kotzhügel, → verdruckst und verklemmt, → Wir im Westen.

Ersatzheilige Von ‚kommunistischen E.n' war vielfach in den frühen 1990er Jahren die Rede; möglicherweise eine → ‚orthodox katholische' (Sabine Vogel) Verbalausgeburt der Eifersucht auf die letzte realpraktizierte Religion und weltmissionierende Kirche → des Abendlands. Zugleich war der Terminus nach dem → Anschluß eines der ersten Zeugnisse westdeutscher → Weltoffenheit, denn er begleitete wertepublizistisch-gesinnungsmusikalisch die Demontagen von Denkmälern und die Umbenennungen von Straßen im Osten. Hier konnte es jedes → Quartier treffen, in dem nicht die einschlägigen Kaiser, Generäle oder Gauleiter geehrt wurden (→ Unrechtsstaat, → Wohlfühloase).
Das westliche Wiedertäufertum war keineswegs in die engen Grenzen des → Ideologischen gebannt. Beispielsweise wurde 1991 die Berliner U-Bahnstation Frankfurter Tor mit der Begründung umbenannt, daß → MEHRHEITSDEUTSCHE Zuzügler sie mit der einige Haltestellen entfernten Station Frankfurter Allee verwechseln könnten. „Rathaus Friedrichshain"

hieß die Station aber nur bis 1996, als die Rathausbesatzung in die nahegelegene Samariterstraße umziehen sollte. Einige Wochen galt wieder der alte Name „Frankfurter Tor", der dann aus notorischen Verwechslungsgründen der Bezeichnung „Petersburger Straße" weichen mußte. Der nahegelegene Petersburger Platz hatte einige Jahrzehnte nach dem ersten Berliner Stadtkommandanten Nikolai Erastowitsch Bersarin (1904–1945) geheißen – bis Uwe Lehmann-Brauns, CDU-Fraktionschef, den Generalsrussen „im Dienste des → Totalitarismus tätig gewesen" glaubte. Trotz Widerlegung und Rehabilitierung blieb es bei der nur noch → latent → russenfreundlichen Umbenennung der Bahnstation in „Petersburger Straße", was freilich topographisch irreführte. Daher 1998 die Rückbenennung in „Frankfurter Tor".

Die dort endende Karl-Marx-Allee (Berlin-Mitte) wiederum sollte nach westdeutschem Willen mindestens zur Hälfte, wenn nicht gänzlich in Hegelallee umbenannt werden, wegen Verwechselbarkeit mit der weltberühmten Karl-Marx-Straße in Berlin-Neukölln. Selbst dieser droht von weltläufigen Wirtschaftsleuten, die prinzipiell andere für Umbenennungen zahlen lassen (→ Schuldenkultur), neuerdings Ungemach. Liegt doch die Westberliner Karl-Marx-Straße – zumindest von Hessen aus gesehen – in östlicher, also neubundesländischer Richtung. Wolfgang Steiger, Generalsekretär [!] des CDU-Wirtschaftsrates und geboren 1964 in der Rödermark, verlautbarte am 25. August 2016 gegenüber *Bild*: „Mehr als ein Vierteljahrhundert nach dem politischen und wirtschaftlichen Bankrott der DDR wird es Zeit, sich von den Ersatzheiligen des → Kommunismus im Straßenbild in den neuen Ländern zu trennen." Nachdem „mit der Deutschen Einheit neben → der Freiheit auch das deutsche → Erfolgsmodell Soziale Marktwirtschaft für → blühende Landschaften gesorgt" habe, müßten diese Straßen „reihenweise nach Ludwig Erhard" benannt werden, vielleicht auch nach Willy Brandt. Offenkundig denkt der Rödermärker hierbei an die sprachblütenduftige Umbenennung des → Frankfurter Theaterplatzes in „Willi Brandt Platz", die durch den seinerzeitigen OB Andreas von Schoeler 1993 ins Werk gesetzt und von der *Frankfurter Rundschau* bereits am 19. Juni 2009 als lächerlich gegeißelt ward. Im deutschen Osten ist nach Willy Brandt zumindest ein Flughafen benannt worden. Auf seinen Hangars und Rollbahnen haben Steigers Landsleute einige → blühende Landschaften des Unkrauts erschaffen.
→ Bundesrepublik Adenauer, → die Russen, → Frankfurter Straße, → Säkularisation.

(sich) erschließen Das an sich harmlose Verb hatte bereits eine schaudererregende Karriere im → PSYCHOSPRECH hinter sich („Du, da wird sich dir eine ganz neue Dimension erschließen, du ..."), als es endlich auch von Wolfgang Schäuble entdeckt wurde. Der vergeßliche Kassenwart aus Kohls Zeiten machte sich Gedanken über eine geistig-moralisch verwahrloste Jugend und zugleich über eine Bundeswehr, die nicht „aktuellen → Herausforderungen" entspräche. Sein Plädoyer für eine gesamteuropäische und weltgestaltende Fremdenlegion lautete: „Gerade junge Menschen stecken noch immer überall in Europa voller Ideale. Wir sollten sie nicht zu sehr mit den ermüdenden und fehlenden Perspektiven erschöpfen, sondern die unendlich vielen Aufgaben überall in der Welt besser für sie erschließen, damit sie den Reichtum an Aufgaben, Chancen und Gestaltungsmöglichkeiten erfahren." (*Scheitert der Westen? Deutschland und die neue Weltordnung,* München 2003, S. 140)

erschrak/en In → Qualitätsradio und → Qualitätszeitungen gelegentlich benutzte transitive Formen des Präteritums von ‚erschrecken'. Die sprachhistorischen Ursprünge sind, wie so häufig, im *taz*-Deutsch zu suchen: „Die jüngste Entwicklung erschrak alle BeobachterInnen."
→ besorgen, → gelang, → schwang.

erste Priorität Alle klagen über Geldmangel, das wisse er ja, sprach der Präsident des Bundesarchivs, Dr. Michael Hollmann, dennoch, es müsse einmal heraus: „Archive sind nicht immer die erste Priorität im öffentlichen Bauen" (*Deutschlandfunk*, „Kultur heute", 10. September 2013). Wurden hier → Prioritäten falsch gesetzt? Besteht → Handlungsbedarf? Sowohl als auch, meinte M. H. Vor allem aber: „Da gibt es → Investitionsbedarfe, die wir lange, lange gescheut haben …"

erst mal → schon mal.

Erwachsenenbildung Nicht eindeutig aufzuklären; möglicherweise sowohl die Herstellung von Erwachsenen als auch anschließende Ausbildung derselben.

(sich) erwählen → Blähwörtlicher → Schnöselsprech für ‚wählen', ‚auswählen', ‚aussuchen'. „Die Deutsche Akademie für Sprache und Dichtung hat sich in diesem Jahr einen Büchner-Preisträger erwählt, von dem eine dauerhafte Beeinflussung, vielleicht sogar eine Wandlung der deutschsprachigen Literatur ausgehen kann: Lebendiger jedenfalls hat man Tradition in diesen Kreisen noch nicht erlebt." (Thomas Steinfeld, *Süddeutsche Zeitung* vom 8. Juni 2007) Die Frage wäre nun, was man ‚in diesen Kreisen' überhaupt erlebt hat. Der Erwählte ist natürlich Pontopreisträger Martin Mosebach.
→ besitzen, → Bildungsbekennersprech, → diese Kreise, → elegantes Deutsch, → Salonkatholizismus, → vermögen.

Erwartungshaltung Wie → Hilfestellung → und Fragestellung und → Anpassungsprozesse und → -leistung und → -kultur doppelmoppelndes Wichtigtuerwestdeutsch, → unverzichtbar einst auch für Ex-Lektor und Kollegenkritiker Fritz J. Raddatz, der deshalb nur wenige Freunde und längst keinen Lektor mehr, aber immer noch Ansprüche hatte: „Ich wünschte mir nur einen ruhigen, gemessenen Geschmack – weil ich, vielleicht unlogisch, Stil mit Moral in Verbindung bringe. Ich weiß, ich weiß, wie viele Gegenbeispiele es gibt, von Sartre bis Böll, die diese Erwartungshaltung widerlegen. Es ist dennoch meine." (*Tagebücher 2002–2012*, Reinbek 2014, S. 258) Zu Raddatz' Westdeutsch als grammatikalischem Avantgardismus näherhin: → Apostrophismus, → doppelter Diminutiv, → Genitiv-Dativ-Liaison, → Labsal, → ründen, → sozusagen.

Erwerbsbiographie Freie Menschen haben ein Leben und manchmal Arbeit, → betreute Menschen haben eine E.

erwirken In → spreizsprachlichen Zusammenhängen für das hochdeutsche ‚bewirken'. → Verortung.

Erzählcafé Eine Einrichtung, die zur Befriedigung des tiefsitzenden Autoritätsverlangens westdeutscher Bürgerstöchter geschaffen scheint: Eine spricht, die anderen hören zu.
→ Emanzipation, → Frauenfeinde/Frauencafé, → Frauisierung, → Zweigenderung.

Erzählkino Kulturfunk- und Festivalwestdeutsch. ‚Großes E.' ist fast so groß wie ‚großes → Gefühlskino' *(FAZ, ZEIT, WELT, Brigitte)* und in der Regel ein Werk von → Ausnahmeregisseuren.

Erzählstränge „Wer in diesen Wochen den französischen Wahlkampf beobachtete, mußte gleich mehrere Erzählstränge im Blick behalten, um den Überblick nicht zu verlieren." (*Deutschlandfunk*, „Europa heute", 27. Januar 2017)
→ Erzählung, erzählen, → Narration.

Erzählung, erzählen Immer wieder verblüfft die → sinnstiftende Kraft des Westdeutschen, bis dato unauffällige Substantive und Verben in bedeutungshubernde → BLÄHWÖRTER zu verwandeln. Der Aufstieg des *Erzählens*, aus dem angloamerikanischen Sprachraum mit fast 20jähriger Verspätung in die westdeutsche Theorieszene gedrungen, fügte sich zunächst unauffällig in die sog. Tendenzwende der frühen 1980er: Geschichten erzählen statt Strukturen analysieren, das Faktische würdigen statt das Unmögliche erhoffen, neuer Wagen statt erneuerter Welt. Heute ist das Erzählen längst kein → Eigengut eines → kulturbürgerlichen → FROMMSPRECHS mehr. Sprecher und Sprecherinnen des → BETROFFENHEITLICHEN sowie eines leicht näselnden → JOVIALSPRECHS hatten bereits in den 1990er Jahren die tonische Kraft des Erzählens für sich entdeckt („Wir müssen einander unsere Geschichten erzählen ..." u. ä. m.). Danach dominierte die → MEHRHEITSDEUTSCHE Klage über „eine Geschichte, die man so nicht mehr weitererzählen kann. 1989 ist die glückliche Zeit der ironischen Nation der Bundesrepublik mit einem Mal zu Ende gegange." (Heinz Bude, *Die ironische Nation*, Hamburg 1999, S. 22) Später war das „Erfinden neuer Erzählungen für die Bundesrepublik" (mehrmals vernehmbar auf Antiantiislamistendemonstrationen Ende 2014) ins Diktionär des → Bedarfsbedarfs und seines unschuldig-anmaßenden → „Was wir brauchen, ist ..." eingegangen. In einer intellektuellen Großinitiative von Europäischer Zentralbank, → dekonstruktivistischer Literaturwissenschaft und Politik→gestaltung aus dem Geiste der → Qualitätsmedien erscholl endlich der Ruf nach „neuen Erzählungen für Europa". Das solcherart „neu erzählte Europa" wäre „die Überschrift", die man den „reaktionären Erzählungen Europas" entgegensetzen könnte (u. a. Sigmar Gabriel, *Inforadio*, 24. März 2017).

Welche → nachhaltigen Verwüstungen der Begriff ‚E.' selbst in einem stabil gebauten Geist anrichten kann, zeigt das Beispiel von Nikolaus Bernau, Architekturkritiker mit Neigung zum Besinnungsaufsatz. „Das Ende der Charmeoffensive" → titelte der Bonner → Qualitätsjournalist („Zu Jahresbeginn traten die USA aus der Unesco aus. Eine Fehlentscheidung mit langer → Ansage", in: *Berliner Zeitung* vom 20./21. Januar 2018, S. 23). Bernau fragt nach den Gründen des moralisch-kulturellen Kreditverlusts → der Staaten. Er findet ihn im Mangel an einer E., denn „um dauerhaft mächtig zu sein, muß man → den Menschen eine Erzählung anbieten, einen Mythos, dem sie sich zuordnen können. Dieser kann, wie im römischen Weltreich, durch das Versprechen von Schutz und Toleranz" – wer dächte hier nicht an die Tempelzerstörung 70 n. Chr.? – „oder, wie im spanisch-katholischen Imperium, religiös motiviert sein. Die Habsburger, Romanows, Ming oder Ching stützen sich auf die Dauerhaftigkeit ihrer Dynastien ..."

Freilich kann man „die Menschen" des spanischen Weltreiches nicht mehr fragen, was „die Erzählung" etwa der katholischen Inquisition gewesen sei oder was man sich bei Habsburgers daheim von „Dauerhaftigkeit" erzählte (→ permanent). Erzählschwache, jedoch jahrhundertelang stabile Imperien wie das Britische Empire oder das Osmanische Reich kommen bei B. nicht vor. Statt nennt er die ideologisch erzählfreudigen → Diktaturen des Ostblocks als Beispiele für das Scheitern erzählungsfreier „blanker Macht": „Das mußte die Sowjetunion erleben." Dagegen trägt heute „fast jeder, der gegen Machtwillkür und Ausbeutung in den arabischen Staaten, in China, Burma, in Afrika oder Südamerika protestiert", „ein englischsprachig beschriftetes T-Shirt über den Jeans." „Und war es nicht – CIA hin oder her – das fortschrittliche liberale Gesellschaftsmodell, für das die USA standen, die menschenfreundliche Alternative" zu diversen → Unrechtsstaaten?

Aus der historisch verspielten Etüde Bernaus läßt sich eines entnehmen: ‚E.' hat im modernen Westdeutsch den Platz von → ‚Idee' oder → ‚Ideologie' eingenommen. Das typische Bedürfnis nach → ideologischer Einwindelung, vom Pressemann stellvertretend für ‚die Menschen' und als anthropologische Konstante formuliert, ist geblieben. Im Terminus ‚E.' hat dieses

Bedürfnis, → diskursanalytisch gesalbt, sein gutes Gewissen bekommen. Bernaus Nostalgie gilt einer Konsum- und Glücksverheißung (Jeans, T-Shirt, Popkultur), die nichts Nationalspezifisches aufweist, wenngleich er den Ekel an ihr immer wieder nationalspezifisch kodiert als → ‚antiamerikanisch'. Tatsächlich galt das ‚Amerikanische' → spätestens nach dem letzten Weltkrieg als Verheißung ideologiefreien Aufschwungs – zumindest westdeutschlandweit. Die regressive Sehnsucht nach dem → Narrativ der Ideenlosigkeit → verweist auf nationalspezifische → Strukturen der westdeutschen → HEIMATLITERATUR insgesamt.
→ Bonn in den Seelen, → Wir (im Westen), → Wir-Gefühl; → der Westen, → Freundschaft.

es brauchen Ein mit der sowohl → ANTRAGSDEUTSCHEN als auch → anspruchsgesellschaftlichen Satzeinleitungsformel → „Was wir brauchen, ist ..." weitläufig verwandter Anglizismus, der dem grammatischen Egoismus ernsthafte Konkurrenz macht. „Es regnet schon wieder. Was es jetzt braucht, ist ein Regenschirm. Hätten Sie einen für mich?" (Foyer des Hotels Adlon in Berlin, Mai 2013)

Essayist nennen sich vornehmlich jene von → intellektuellen Heimatblättern rekrutierten Germanisten (M. A.), die vielleicht → Autoren sind und sich gewiß für Schriftsteller halten, aber wie → Studierende wirken, denn bei beiden fragt man sich: Was ist ein Versuchender/Studierender, wenn er gerade frühstückt?

Euch sollte man ins Lager ... Eine → Pathosformel → gutbürgerlichen → Wir-Gefühls. Während → realsozialistische Diktaturen sogenannte Gammler, zumindest, wenn sie sich in städtischen Zentren zu exponieren suchten, stracks aus denselben entfernten, stand solches Instrumentarium → offenen Gesellschaften nur eingeschränkt zur Verfügung; daher das charakteristische Nebeneinander von → freiheitlich-demokratisch gestrichener Daseinsfassade und → emotional → verwahrlostem Innenhof. Selbst brüllt der Mann: Die eingangs zitierte Phrase, deren Fortsetzung jeder aus seinem eigenen Erinnerungsschatz ergänzen möge, ist aus den westdeutsch-westberlinischen 1960er und 1970er Jahren überliefert; sie darf sprachpragmatisch als der große Bruder von → ‚Dann geh doch nach drüben!' gelten. Gern zitieren sog. → Altachtundsechziger in ihren → Selbstdarstellungs→narrativen diese und andere Verwünschungen, wenn es die Gefährlichkeit des → Widerstandes gegen → verkrustete Strukturen zu beglaubigen gilt. Freilich: „Professoren ins KZ!" lautete eine → haßdiskursive Variante aus den eigenen Reihen (Veteranenberichten zufolge vernehmbar am 31. Januar 1968 auf der studentischen Vollversammlung der FU Berlin). Die Melange aus (Verbal-)Radikalismus und Leichtfertigkeit verbindet nun einmal alle Teilnehmer → alt(west)deutscher → Debattenkultur.
Dieser nationaltypische → Umgang mit → Andersartigkeit hat semantisch inzwischen neue Formen gefunden. Als hartnäckig erweist sich der zumindest verbale → Ausgrenzungs- und Vernichtungswille, der sämtliche politisch-sozialen Milieus → der alten Bundesrepublik beherrscht und inzwischen allenfalls in angriffsträger Teilzivilisiertheit auftritt (F. Küppersbusch: „Wir haben euch nicht gerufen!", vgl. auch → TÜRKENWITZE, → Wir im Westen, → (Dann) geh doch nach drüben!).

Europa Propagandasprachlich und → qualitätsmedial ein Synonym für ‚Europäische Union'; in der politischen Oppositionssemantik häufig disjunktiv verbunden mit → ‚Rußland'.

Europafeind Im jüngeren → WÄCHTERSPRECH ein Synonym für ‚EU-Feind', ‚EU-Skeptiker' und ähnlich zweifelhafte Gestalten; vermutlich in Analogie zu ‚Staatsfeind' entstanden. → Frauenfeind, → Fremdenfeind, → Flüchtlingsfeind.

europäisches Haus Das Wort dürfte aus frühen → Abendlandsphantasien oder der späten Entspannungspolitik stammen; massenmedial in Umlauf freilich → gelang es erst durch den gar nicht schwäbischen, sondern pfälzischen Häuslebauer aus Oggersheim.

Evolution (entwickelte, sich entwickelnde) Die dem → MEHRHEITSDEUTSCHEN, also → falschen Bewußtsein eigentümliche Verdinglichungstendenz erzeugt mitunter Pleonasmen oder semantische Leerformeln, die sich mit → religiösen Gefühlen füllen lassen. Nachfolgendes Zitat entstammt einem → qualitätsmedialen, mithin intellektuell oder spirituell → elitären Charakters unverdächtigen Blatt. Es zeigt beispielhaft, daß der westelbische Positivismus (,Evolutionismus') der Katholizismus des kleinen Mannes ist: „Mein Glaube wurzelt in der Überzeugung, dass wir in etwas Größerem aufgehoben sind, dass dieses Größere unsere Möglichkeiten übersteigt und darum unser Handeln auch gegenüber dem Nächsten bindet. Wenn ich morgens zum Frühstück einen frisch gepressten Orangensaft trinke, dann habe ich das bestimmte Gefühl, dass sich dieses köstliche Getränk nach Farbe, Geschmack und gesundheitlich positiver Wirkung nicht bloß aus der Evolution entwickelt haben kann, sondern irgendjemand noch seine Finger im Spiel gehabt haben muss. ... Ohne Kirchen, in die ich → immer mal wieder gehe, um mir das Chaos der Welt vom Leib zu halten, und in denen ich für ein Vaterunser verweilen kann, könnte ich nicht leben. Sie bewegen etwas in mir, das unvergleichlich ist." (Markus Decker, „Vor dir neigt die Erde sich", in: *Berliner Zeitung* vom 24./25. Mai 2017, S. 3) Der gönnerhaft-gelegenheitsfromme → Autor ließ zudem wissen, daß ihn „das eher gottesferne Sachsen-Anhalt dem gottesfürchtigen Münsterland wieder näher gebracht" habe (ebd.).
→ ANIMISMUS, → Freidenker, → FROMMSPRECH, → Kommunikationshilfe, → Leitbild, → Publikationsliste, → Wehrlose.

evolutionär Semantische Quellsubstanz, die es aus dem → WICHTIGSPRECH der ,evolutionären Humanisten' (→ Leitbild) und anderer → Freidenker in die gedankenleeren Weiten des Politik- und Kulturfeuilletons geschafft hat. Dort paradiert ,e.' häufig als Doppelmoppel (,evolutionäre Entwicklung'), was wiederum → Werbewirtschaft und → ANTRAGSDEUTSCH dankbar aufnahmen und ,weiterentwickelten' oder → ,fortschrieben'.

exakt Sinnidentisch mit ,genau so' (→ genau) verwendet; ein Elementarteilchen → des SCHNÖSELSPRECHS.

Existenz(en), bürgerlich(e) Kulturstaatsministerin Monika Grütters, nach ihrem argumentativen Habitus zu urteilen selbst eine b. E., verortet b.e E.en hauptsächlich im → Kontext scheiternder → Selbstdarstellung b.er E.en. Ein solcher manifestiere sich beispielsweise bei der → Entlarvung wissenschaftlichen Fehlverhaltens im Milieu → bürgerlicher Parteien. Gemeint sind Doktoren ohne wissenschaftliche Leistung und Neigung. Nicht die Titelneigung, -führung oder gar -fälschung erscheinen bei Grütters als anrüchig, sondern die Untersuchung des Titelerwerbs.
Die auffällige Neigung promovierter Parteifreunde und Gesinnungsgenossen zu Zitatfälschung und Ideendiebstahl kommentierte Grütters mit Blick auf den – nahezu überführten – Doktordarsteller Frank Steffel so: „'Es ist auffällig, dass es bei Vroniplag regelmäßig Politiker und Persönlichkeiten des bürgerlichen Lagers trifft.'" (zit. nach: Elmar Schütze, „Plagiatsvorwurf. Rückendeckung für Steffel", in: *Berliner Zeitung* vom 1. Juni 2018, S. 2) Die → Opfertauglichkeit der Bürgerlichen aus → der Mitte zieht womöglich Neider von den → Rändern magisch-teuflisch an. Das legt die ministerliche Klage nahe, bei den Plagiatsvorwürfen gehe es „um die Beschädigung oder sogar gesellschaftliche Vernichtung bürgerlicher

Existenzen" (zit. nach: ebd.). Nuancen des Fehlverhaltens, ja eine Betrugs- und Bußhierachie sinnt die → Alt(west)deutsche nicht nur → den Medien, sondern offenkundig auch der → Zivilgesellschaft als moralische Arbeitsgrundlage an. Schavan etwa sei „zu Unrecht" zurückgetreten, zu Guttenberg hingegen mit Recht: ‚'Das war ja viel offensichtlicher als bei Frau Schavan'" (zit. nach: ebd.).
→ Verwundungen, Verletzungen, Empfindungen.

exorbitant ist meist die Unwissenheit über die Bedeutung von ‚e'.

exorzistische Austreibung, empathisches Mitgefühl, singuläre Einzigartigkeit, vitale Lebendigkeit … Gerd Koenen ist einer unter Tausenden sogenannter Ex- oder → Altachtundsechziger, die den → Kommunismus → aufzuarbeiten suchen. Bei derlei → posthumer → Aufklärung wird manches Unvermutete zutagegefördert. Ein Vierteljahrhundert nach Zerfall des Ostblocks überraschte Koenen die Fachwelt mit der Behauptung, daß es in den roten Diktaturen weder Gewerkschaften noch Bauernvereinigungen (*Was war der Kommunismus*, Göttingen 2010, S. 109) gegeben habe; auch „das Fehlen von Telefonbüchern und Straßenkarten" sei für „kommunistische Machtformationen" typisch gewesen (S. 71). Dazu „Jahrzehnte niemals erworbener und gelesener Literatur in fremden Sprachen (während die geistige Produktion der kommunistischen Länder im Westen sehr genau verfolgt, übersetzt und archiviert wurde)" (S. 64)! Über den Status des Hochdeutschen als Fremdsprache in Westdeutschland schweigt sich der Autor keineswegs aus: Beredt sind seine etwa 100 Rechtschreib-, Grammatik- und Stilschnitzer auf wenig mehr als 100 Seiten.
In seinem gerechten, wenngleich spätkritischen Furor gegen kommunistische Führer wie Nicolae Ceaușescu (bei Koenen auch: Ceauscescu, Ceaucescu) oder „Erwin Krenz" (S. 121) bevorzugt Koenen ein klassisches Stilmittel → totalitarismuskritischer → Empörsamkeit, nämlich den prädikativen Doppelmoppel. Von der „exorzistischen Austreibung" der „Wissensfortschritte des Jahrhunderts" im Ostblock sieht Koenen nicht nur die Psychoanalyse, sondern auch die Relativitätstheorie [!] erfaßt (S. 64). Angesichts dieser „Abschottung des gesamten sozialistischen Lagers von den globalen Wissenskulturen" fällt es schon grammatisch leicht, „posthum empathisch mitzufühlen" (S. 125); zum westdeutschen Empathieproblem weiterhin: → sympathetisch, aber auch: → Selbstmitleid, zum Doppelmoppeln generell: → Erwartungshaltung, → Herrschaftsregime, → Hilfestellung → Testversuch, → Zielsetzung.

Expertise Im Hochdeutschen ‚Untersuchung', ‚Begutachtung durch Sachverständige'; im Westdeutschen, namentlich im → *Deutschlandfunk*-Deutsch, häufig für ‚Expertenwissen', ‚Spezialkenntnisse'. Dutzendbeispiel: „Nur die Kanzlerin hat die Expertise hierfür …" („Kommentar", 20. Januar 2016) Spezifischer und beinahe schon → SCHMÄHSPRECH ist die Verwendung in den Dialekten moralischer → Empörsamkeit. ‚E.' bezeichnet hier den intellektuellen Überbau herzenskalter Ungerührtheit, auf deren → Entlarvung sich zahlreiche → Publizisten von urdemokratischer Warmherzigkeit, mithin aus → der alten Bundesrepublik → rheinisch-katholischen Angedenkens, spezialisiert haben. Stolz und Stil wirken auf dergleichen Bodenständige verständlicherweise → provokatorisch fremdartig, ein Ausscheren aus bodennahem Denken wie Dasein. Giftzwergiges → Ressentiment → landschaftlich → geprägter → Publizisten trifft folglich oft Sahra Wagenknecht „mit ihrem iranischen Vater und dem dunklen Teint", kurz: aus → dem Osten, also der Welt und weit weg z. B. von Münster: „Zwar ist der Eindruck verbreitet, dass es in der Linken ohne S. W. nicht geht. Das hat mit ihrer unbestreitbaren Expertise in wirtschaftlichen Fragen zu tun sowie mit ihrer Fähigkeit, Aussagen so zuzuspitzen, dass darüber die ganze Republik debattiert." (Markus Decker,

„Beinhart. Solidarität propagiert die Linke. Untereinander aber kämpft die Parteispitze oft heftig. Im Mittelpunkt: Sahra Wagenknecht, Fraktionsvorsitzende, Spitzenkandidatin und Ehefrau von Oskar Lafontaine", in: *Berliner Zeitung* vom 15. Februar 2017, S. 3) Decker findet die „Mainstream-Medien" durch S. W. geringgeschätzt, sich selbst gar verachtet durch die unerreichbare Schöne. ,'Wenn ein Land sich von einer Minderheit – den Eignern und Dirigenten des großen Kapitals – vorschreiben lässt, welche Prioritäten es setzt, dann hat das mit Demokratie nichts zu tun'", zitiert er S. W. und kommentiert: „→ Dabei sind Medien- und Eliten-Verachtung Versatzstücke aus dem Baukasten des Rechtspopulismus." Letzterer bewegt auch andere Medienelitäre aus dem → Qualitätsradio zu der bangen Frage: „Woher kommt die Abneigung gegen Expertise und Fakten?" (*Inforadio*, 10. März 2017)
→ die Mitte der Gesellschaft, → Elite, → Populismus, → Ränder; → Purismus.

Exstase Halbanglizismus, wie ihn die Kulturkämpferphantasie des „Vereins Deutsche Sprache" nicht besser hätte erfinden können und wie er etwa in Texten von Vereinsmitglied Heinz Kopp besonders → massiv zuckt (vgl. *Elite und Erlösung. Zu antidemokratischen Lektüren Walter Benjamins*, Cuxhaven/Dartford 1997).
→ Begriffshütten, → Geholfene, → Leistungsprinzip.

Extraklasse Adel der vom Fließband Gefallenen in einer ansonsten klasse(n)losen Gesellschaft.

extrem Ein geradezu → unverzichtbares Attribut, selbst im gehobenen oder auf Gehobenheit verpflichteten Westdeutsch: „die extrem blutigen Schilderungen", „mit extremer Anstrengung", „die extremen Bilder" dröhnte es zuletzt in Karl Heinz Bohrers *Granatsplitter* (2012). E. kann unter Westdeutschen beinahe alles sein, von den Tageshöchsttemperaturen bis zu den jungen Jahren, in denen man heute der neue Luther werden kann: → ostdeutsche Biographien.

extremer persönlicher Einsatz → Extremindividualist.

Extremindividualist Individualismus heißt im Kulturbetriebswestdeutschen (wie in der geistigen → Werbewirtschaft generell) das → selbstbewußte Blöken der fremdbestimmten Masse. Extremindividualist ist der → Identitätsfachmann M. Biller; Näheres: → wichtigste Bücher.

Extremismus ist in der → Mitte der Gesellschaft vor allem eines: geschlechtergerecht. Der Sprachfeminismus (→ Konstrukte, → Zweigenderung) bleibt die originäre Schöpfung der westlichen Frau, die nach ihrer Verbürgerlichung nur mehr den Mann, nicht mehr den Bürger anzuklagen wagt. Der → Antisemitismus hingegen scheint der schöpferische Uraffekt des bürgerlichen Mannes. Dieser sieht sich seit seiner eigenen Erschaffung sozial von oben und von unten, politisch von links und von rechts bedrängt und bündelt seine einschlägigen Ängste gern in einem handfesten → Haß. Für den Herausgeber dieses Wörterbuchs gehörte, während seiner Wanderungen durch Westdeutschland, der Antisemitismus der westdeutschen Mittelklasse von → ,Frankfurt' bis Stuttgart zu den → eindrücklichsten Eindrücken. Während sich jedoch bei der bürgerlichen Rechten (etwa sog. Nationalkonservativen) noch intakte Restbestände antisemitischer *Semantik* finden, welche nunmehr einem islamischen Osten zugedacht werden, hat sich die bürgerliche Linke (die sog. Linksliberalen bis zur → ,Mitte') vor allem die *Syntax* antisemitischen Denkens bewahrt, wie heftiges → Ressentiment gegen den deutschen Orient jenseits der Elbe fast sendestündlich beweist. Der seelische Druck bei letzterer Bürgerfraktion war zweifellos härter, hatte sie ihrem E. doch jahrzehntelang nur in → verdruckster und verklemmter Form, beispielsweise in → SELBSTVERORDNETEM PHILOSEMITISMUS, zu huldigen gewagt, ehe sie in ihrer Anfeindung der ostdeutschen Minderheit zum mehrheitsmoralischen → Wir-Gefühl fand; Näheres und Weiteres: → ANTIORIENTALISMUS, → BITTERMANNLINKE, → PUERILSTIL; → Banane, → Minderwertigkeit, → Pack, → Unwerte, → Zonenmob.

Extremschauspielerin Zunächst Superlativ von, später Synonym für ‚Ausnahmeschauspielerin'; beispielsweise nach Susanne Lothars Tod → massivst verwendet durch *WELT, FAZ, NOZ*.
→ Ausnahmekünstler, → Ausnahmeregisseur.

extremst → Extremer → SUPERLATIVISSIMUS und Ausdruck höchster Denkleidenschaft, extrem häufig zu lesen und zu hören beispielsweise bei der → Menschenkarikaturistin Mely Kiyak.

Exzellenz Bildungspolitischer und hochschulischer → WICHTIGSPRECH, häufig als Teilwort in Verbindung mit ‚Antrag', ‚Förderung', ‚Initiative', selten in adjektivischer Form.
Der semantische Anklang, der eine Anrede adliger oder zumindest funktionselitärer Kreise assoziiert, kommt nicht von ungefähr. Im E.→diskurs konzentrieren sich typische Ambitionen und Aspirationen der geistig-kulturellen Mittelklasse. Dieser gelten, sofern im bundesdeutschen → Bildungsnotstand herangewachsen, bereits elementare Kulturtechniken und Wissensbestände als auszeichnend, zumindest als auszeichnungswürdig. Der Drang zum Höheren bei bleiern lastender Herkunftsschwere ist unverkennbar: Wer in solcher → Mitte der Gesellschaft geistig heranreifte, der hält z. B. literarische oder philosophische Allgemeinkenntnisse auf ostdeutschem Zehn-Klassen-Standard, sofern mit viel Aplomb herausgepumpt, für einen Ausweis extraordinärer Bildung. Literarhistorisch erklärt dies das Renommee von → MOSEBACHDEUTSCH, → BÜBCHENBELLETRISTIK und ähnlichen Idiomen des → NEUSCHNÖSELSPRECHS, bildungshistorisch die sogenannten E.initiativen ansonsten unauffälliger Hochschulen. Das Verhältnis zur Bildung ist durchweg instrumentell, äußerlich, besitzsüchtig, zeigetüchtig; kein Denken und Wissen, sondern ein → ‚Wissen darum/davon'.
→ Elite, → kritisches Wissen, → LEHRAMTSSPRECH, → Zulassungsbedingungen.

F

Fahrplan Wo nichts mehr geht, helfen Fahrpläne – zur Anschubfinanzierung, zur Devalidisierung, zur Restrukturierung, zur Modernisierung, zur Beseitigung von Steuerschlupflöchern, zum Abbau der Arbeitslosigkeit usw. usf. Die solcherart bewegte Sprache erschuf neue Bildwelten: „Bekanntgabe des Fahrplans für Übergang in Ägypten in Kürze" (*DIE ZEIT* vom 3. Juli 2013).

FÄKALSPRECH Die einschlägigen Ausdrücke sind bekannt. Charakteristisch für westdeutschen F. ist ohnehin weniger dessen semantische → Bandbreite denn vielmehr seine sprachpragmatische Streuung. Bereits in den frühen 1970er Jahren beobachtete der BRD-Soziologe, Ex-Sturmabteilungsmann und Bundesverdienstkreuzträger Helmut Schelsky die Verbreitung von F. gerade in → intellektuellen Kreisen sowie universitären Milieus (*Die Arbeit tun die anderen. Klassenkampf und Priesterherrschaft der Intellektuellen*, Opladen 1975, S. 247). Eine Beobachtung, die sich Esther Vilar speziell an den Milieus → emanzipatorischer → Publizisten und anderer → MEDIALDEMOKRATEN bestätigen sollte (*Das polygame Geschlecht*, München ⁴1991, S. 201f.). Nicht nur substantivisch als Füllwörter, auch adjektivisch und adverbial dominieren F.wörter heute so stark die Umgangssprache der „sinnproduzierenden Klassen" (Schelsky), daß Beobachter aus Kulturlandschaften mitunter an ihrem eigenen Sprachverstand zweifeln. Dies vor allem mit Blick auf die Alltagssprache der → sozial Schwachen, die weitaus seltener in F. entgleiten.
Rein semantische Erklärungsversuche helfen hier nicht weiter. F. ist eine besondere Form des mündlichen → JOVIALSPRECHS, deren Ursprünge in den späten 1960er Jahren liegen. Zu jener Zeit war die bundesdeutsche Gesellschaft auf dem wahrscheinlich unumkehrbaren Weg zur kulturellen und sozialen Mittelklassigkeit, die Arbeiterklasse eine → zunehmend weniger bekannte Spezies, welcher die sozial entfremdeten Mittelschichtkinder nun aber kulturbefreiende Kraft zuschrieben. Der F. ist mithin → eine Art mittelklassekindlichen → Ranwanzens an eine unbekannte Sozialrealität, wozu selbstverständlich auch „die proletarisch-ärmliche Vernachlässigung in Kleidung, Haartracht und Umgangsformen" (Schelsky, S. 248) gehört; eine Imitation wohl eher des Lumpenproletariats. Ihm wurde jahrzehntelang ein → lässig-verlottertes → Aufbegehren (→ Widerstand) gegen die bürgerlich → verkrusteten Strukturen zugetraut, nachdem die revoltierenden oder anderweitig unzufriedenen Bürgerkinder sich von der hoffnungslosen Kleinbürgerlichkeit aller echt proletarischen Hoffnungen überzeugt hatten und ihrerseits in den Alternativspießermilieus endgültig verbürgerlichten. In nicht nur gesprochener, sondern auch gedruckter Variante ist F. ein Subdialekt des → Gratis-Muts, überhaupt des → MAULHELDISCHEN, wovon die Buchtitel enorm mutiger Journalisten, Fernsehansager, Schauspieler und sonstigen Medienvolks zeugen (als Krümel vom Ganzen: Hannes Jaenicke, *Die große Volksverarsche: Wie Industrie und Medien uns zum Narren halten*, 2015).
→ Pöbeln, → Primitivbürger.

FALLPAUSCHALE Im offiziellen und halboffiziellen → Diskurs des Gesundheitswesens (→ Mißtrauenskultur) etablierter Fachausdruck für Patientenhandel, von dem das Phänomen einer grammatischen Vereinfachung zu unterscheiden ist. Unsicherheiten über die Wesensdifferenz transitiver und intransitiver Verbformen sowie die jeweils erforderten Präpositionen haben in Westdeutschland, insbesondere in der Sprache seiner → Qualitätsmedien, allerlei Pauschalwörter wie → ‚unverzichtbar', ‚erwartbar' oder ‚gewöhnungsbedürftig' → generiert.

falsches Bewußtsein → PSYCHOSPRECH, → IDEOLOGIEKRITIK, → Mauer in den Köpfen.

familial Spreizsprachlich für ‚familiär'.
→ Familien-, → theatral.

Familien- Wortbaustein aus dem universellen Versimpelungs-→zusammenhang. Nicht ermittelbar, ob Genitivus objectivus oder subjectivus. Familienurlaub – ein Urlaub von der Familie? Familienfilm – ein Film für die ganze Familie? Gesichert bleibt dies: Die Familie ist nicht immer die kleinste, häufig aber die bösartigste Zelle der → Anspruchsgesellschaft.

Familienaufstellung Ein → Angebot zur „Emotionalen Prozeßarbeit" (Plakate in süddeutschen Arztpraxen), das von den → Gesundheitskassen nicht bezahlt wird; offenkundig ein Teilvorgang des → sich Aufstellens.

Faschismus, faschistisch Mitunter gleichbedeutend mit Nationalsozialismus und damit für die deutsche Form jenes ‚europäischen Phänomens' (E. Nolte) gebraucht; Ausgangspunkt geschichtsmetaphysischer Sonder-→diskurse (→ Sonderweg, → Singularität, → Einzigartigkeit, → Gattungsbruch) und Kennwort postumer → Empörsamkeit.
In westdeutschen Podiumsdiskussionen der 1980er und 1990er waren Temperamentsausbrüche über den NS-verharmlosenden und Mussolini-verbösernden Wortgebrauch keine Seltenheit. Bemerkenswert ist die jahrzehntelang inflationäre Verwendung des *Adjektivs* bei der sog. → Altachtundsechzigergeneration, bei der → autonomen Hausbesetzer- und Hausbesitzerszene wie bei der Feuilletonlinken; offensichtlich ein Fall jener realhistorischen Anästhesie, in welcher Westdeutschland bis 1989 dahindämmern durfte und die nach → MAULHELDISCHER Kompensation verlangte. Sie bekundete sich im Übereifer, F. wahrzunehmen oder aufzudecken. Als Stichprobe hierzu ein Spätwerk der → HEIMATLITERATUR, worin vom Spaziergang eines progressiven Ehepaares in den 1980ern berichtet wird: „Das Gebäude beherbergt das Postministerium. ... Der Eingang ist überdacht, und das Dach tragen viel zu hohe und zu dünne viereckige Säulen. ‚Faschistisch!'" (Michael Rutschky, *Mitgeschrieben. Die Sensationen des Gewöhnlichen*, Berlin 2015, S. 265) „Sie lasen *Die Welt*. ‚Faschisten!'" (ebd., S. 297) Der 2004 verstorbene Anglist Dietrich Schwanitz, Heimatliterat der guten alten westdeutschen Universität, hatte mit einem „Echt irgendwie faschistisch!" der dauermurmelnden oder -mümmelnden → Studierenden einen Mehrheitstypus noch der 1990er Jahre erfaßt (*Der Campus. Roman*, 1995).

faschistoid Jahrzehntelang das führende Adjektiv aus dem Diktionär der NS-Vergleiche. Deren Beliebtheit im Stimmungs- und Meinungswesen mag einerseits mit dem Mangel an realen Bußleistungen im Teilstaat West und dem kompensatorischen Übereifer via Symbol- und Bekenntnispolitik zusammenhängen. Andererseits → verweist sie auf den beschränkten historischen Bildungshorizont dank schulsystemischer → Strukturschwäche.
→ BEKENNERSPRECH, → Bildungskatastrophe, → DENUNZIANTENDEUTSCH, → Faschismus, faschistisch.

Faszination ward jahrelang nur in → SPREIZ- und SCHNÖSELSPRACHLICHEN → Zusammenhängen bekundet, ehe sie auf die → MEHRHEITSDEUTSCHE Umgangssprache übergriff. Doch unterlag der Wortgebrauch hierbei zumeist noch der hochdeutschen Grammatik. Im zeitgenössischen Westdeutsch der → Qualitätsmedien verlangt ‚F.' → durchwegs die nachfolgende Präposition ‚für'. Der Anglizismus spricht unmißverständlich vom aktiven, → bedeutungsverleihenden Anspruch qualitätsmedialen Fasziniertseins.

faszinierend Im gesprochenen Westdeutsch mit Dehnung der dritten Silbe, bis sie die → Zeitdauer der drei übrigen Silben überschritten hat. Das ‚f.'-Wort ist → unverzichtbarer Theaterfoyer-, Konzertpausen-, Hotellobby- und Kurhaussprech, zu dem überschminkte Lippen, überföntes Haar und übercremte Haut ebenso gehören wie ein schulterfreier Verstand. „Sie schreiben ein Buch über uns Westdeutsche? Ich finde schreibende Menschen fasziniiiiierend!"

Faulheit „Lernt erst einmal unsere Sprache", soll bereits kurz nach dem → Anschluß eine hochdeutsch sprechende Schülerin gegenüber einer westdeutschen geäußert haben (zit. nach: „Asphalt des Ostens", in: *DER SPIEGEL* vom 8. Juli 1991). Zweifellos ist hiermit das auffälligste Kulturdefizit des deutschen Westens benannt, doch wo liegen die mentalen → Dispositionen? Knapp zwei Jahrzehnte später zeichnete sich eine Antwort ab: „Patricia, sechzehn Jahre alt, stammt aus Sachsen. Sie zog 2006 nach Calw in Baden-Württemberg und schrieb ein Jahr später zum Thema ‚Wessis sind Faulenzer': ‚Angekommen bin ich ohne Vorurteile, mittlerweile habe ich welche. Die Westdeutschen sind faul. Mir fehlt einfach die Einsatzbereitschaft, die ich aus Ostdeutschland kenne. Schulausflüge organisieren hier fast nur Lehrer, die Jugendlichen haben darauf keine Lust. Auch der Unterricht ist längst nicht so gut wie in Ostdeutschland. In Baden-Württemberg haben es die Schüler viel zu leicht: In manchen Fächern schreiben wir keine oder viel zu wenige Tests. Ein bisschen Mitarbeit, ein bisschen Zuhören – schon bekommt man gute Noten." (zit. nach: Beatrice von Weizsäcker, *Die Unvollendete. Deutschland zwischen Einheit und Zweiheit,* München 2010, S. 144) Was hätte Patricia erst in Bayern empfunden, wo die Noten in Mathematik und Naturwissenschaften durchweg besser sind als in Sachsen oder Thüringen, da sich die zwei Neufünfländer weiterhin westdeutschem Niveaudrückertum verweigern?
Die Enttäuschung der sächsischen Schülerin haben inzwischen Tausende osteuropäischer (vor allem: russischer und polnischer) Austauschakademiker teilen dürfen, darunter viele Studentinnen der Germanistik. Man hatte sich unter Deutschland etwas anderes vorgestellt als diese → ‚hallo'sagende Schlaffheit, die Formlosigkeit von Geist und Seele. Anders als in den deutschsprachigen Regionen Belgiens und der Schweiz verbürgt mentale Behäbigkeit in Westdeutschland nicht ohne weiteres intellektuelle Solidität. Zugleich hat ein → vermeintlicher oder tatsächlicher ostdeutscher Fleiß, erst verhöhnt (vgl. Klaus Bittermann, *Geisterfahrer der Einheit,* 1995; *It's a Zoni,*1999; *Unter Zonis,* 2009), dann gefürchtet (vgl. Heinz Bude, „Vom ostdeutschen Glauben, mehr zu wissen", in: *DIE ZEIT* vom 4. August 2011), zu – enormen → Verwerfungen in der Faulheitssemantik geführt. Sie schwankt zwischen den → Werten → unaufgeregter → Lässigkeit und überlegener Arbeitsgesinnung (oder Überarbeitungsethik) des Westens; dies nicht selten beim selben Autor. Inkonsistenz des Denkens als ostentative Konkurrenzverweigerung? Offenkundig huldigen auch die westdeutschen → Meinungseliten selten dem logischen Elementargebot der Kohärenz. Das zeigt sich gerade beim Thema F. Die Koketterie mit lässigem Schlendrian ist in → westlinken, ‚alternativen' Milieus ein fernes Echo der ‚großen Weigerung' und ähnlichen Schmollens gegen Freiheit, die man aus fremden Händen, gegen Wohlstand, den man aus braunen Händen empfing. Ein politästhetischer → PUERILSTIL, wie er sich luftdicht erhielt und gegen alle geschichtliche Erfahrung etwa mumifizierte in der → Westberliner → BITTERMANNLINKEN. Letztere publiziert seit den frühen 1990ern immer wieder dieselben, orthographisch unberichtigten Aufsätze über ostdeutsche Faulheit, ostdeutsches → Anspruchsdenken u. ä. m., geißelt aber zugleich die Gewissenhaftigkeit und Gründlichkeit der ostdeutschen Facharbeiterschaft als revolteverweigernde und deutsch-streberhafte → Angepaßtheit. „Vierzig Jahre lang waren die Ossis die Vorzeigekommunisten im östlichen Staatenbündnis. Anders als bei den Tschechen [?] und Polen waren Klagen über ihre sozialistische Arbeitsmoral nicht zu vernehmen, und

selbst den Luxus des vom Westen spöttisch belächelten Schlendrians leisteten sie sich nicht. Streiks wie in Polen wären undenkbar gewesen und riefen bei den Ossis heftige Ressentiments hervor"; eine Weigerung also, „Solidarität mit den Danziger Werftarbeitern zu üben" (*Unter Zonis*, Berlin 2009, S. 43; vgl. hingegen ebd., S. 61, zum beitrittsbedingten Wirtschaftskollaps durch „16 Millionen trübe Tassen").

Offensichtlich ist der arbeiterliebende Autor intellektuell arbeitsscheu. Er läßt den eben zitierten Aufsatz unter leicht variierten Titeln seit einem Vierteljahrhundert im eigenen Verlag zirkulieren, womit er ein deutliches → Zeichen gegen das → leistungselitäre → Schweinesystem setzt, ja wahrscheinlich sogar → bürgergesellschaftlichen → Widerstand leistet: Bürger ist, wer arbeiten läßt. Widerstand leistet der als → Publizist agierende Verleger auch gegen die deutsche Rechtschreibung („Gerade wir als Deutsche", in: *Geisterfahrer der Einheit*, S. 139ff.; ca. einhundert Fehler) und andere Repressionsinstrumente des „analen Charakters", dem Bittermann einmal habituelle „Verwahrlosung", andermal übertriebene und natürlich → faschistoide Reinlichkeit unterstellt (*Unter Zonis*, S. 68ff.).

Irgendwelche Stringenz wird man in derlei → Ansätzen zu einem spezifisch → westlinken → Humor auf dem Faulheitsfeld vergeblich suchen. Wie tief die Ansprüche gegenüber sich selbst auch in benachbarten → intellektuellen Kreisen liegen, illustrieren im Detail: → Banane, → Publikationsliste, → Krieg in den Familien. Zum gesamtkulturellen Kontext: → Anspruchsdenken, → Erwartungshaltung, → Versorgungsmentalität.

Fehler „Ich habe zwischen 1993 und 1998 Spenden entgegengenommen in einem Umfang zwischen 1,5 bis zwei Millionen Mark. ... Das ist der Fehler, zu dem ich mich bekenne und den ich auch sehr bedaure." (Helmut Kohl im *ZDF* am 16. Dezember 1999) „Ich habe Fehler gemacht. ... Ich habe das öffentlich bekannt, habe mich auch öffentlich dafür entschuldigt." (Helmut Kohl, zit. nach: *SPIEGEL online* vom 9. März 2000) „... und dann hat das Präsidium der CDU Deutschlands gesagt: ... Du hast einen Fehler gemacht – das habe ich, ich habe mich auch *entschuldigt* –, aber du hast nicht gegen Gesetze verstoßen, du hast unser Vertrauen, du wirst gebraucht." (Deutscher Bundestag, Protokoll Nr. 14/7427)

Eine der politisch-moralischen Eigenheiten der Mehrheitsgesellschaft Westdeutschland ist ihre konstitutive Unschuld, d. h. das sogenannte gute Gewissen aus Mangel an historischem Erfahrungsdruck („ich fühle mich überall zu Hause, nur nicht in Deutschland", „die deutsche Geschichte, das ist nicht meine Geschichte" u. ä. m.). Die verbale Gewohnheit, Vergehen als F. zu entschuldigen, kann diese Struktureigentümlichkeit des deutschen Westens zugleich enthüllen und verbergen. Was Helmut Kohl, auch hierin → einmal mehr der vollplastische Westdeutsche, als Entschuldigung in der Parteispendenaffäre im *ZDF* am 16. Dezember 1999 anbot, nämlich daß er einen F. gemacht habe, den er sehr bedaure, folgt lediglich seiner → parteiendemokratischen Binnenmoral (→ der Partei dienen). Interessanter ist Kohls und der Seinen systemtypisches Unschuldsbewußtsein. In einer nicht auf Semantik, sondern auf Performanz, d. h. sittliche Substanzfreiheit gegründeten politischen → Kultur wie der bundesdeutschen mußten Fähigkeiten zu Selbstrelativierung, -reflexion, -kritik verkümmern: Man ist Teil eines Spiels, dessen demokratische Regeln als moralisch sakrosankt gelten, so daß weder system- noch persönlichkeitsstrukturelle Veränderung → zur Disposition stehen. Eine radikale Entwicklungsunfähigkeit von Mensch und Gesellschaft folgt hieraus – wie überall, wo man Fehler machen und bedauern darf, ohne sogleich bereuen und bezahlen zu müssen. Der West- und also Mehrheitsdeutsche bleibt daher der ewige Kohl, d. h. geistig-moralisch nuancenlos, mithin nur zu wenden, nicht zu bessern. Über Moralisches wird milieukonform entschieden; es hängt – wie diverse Wenden bezeugen – im ethisch leeren Raum der → Parteiendemokratie. Kohls Verhalten vor Tribunalen, die er als durchsetzt von → Volks- und Vaterlandsverrätern empfand, konnte dies → eindrücklich bestätigen.

Die Schuldunfähigkeit des ewigen Westdeutschen bei zugleich hochentwickelter → Bekenntnis- und → Erinnerungskultur gründet allerdings anders, als es sein Selbstbild will, weniger in einer westlich-demokratisch erlernten versus östlich-diktaturbedingten Verhaltenstradition als vielmehr im westdeutschen → Sonderweg überhaupt. Dieser führte Westdeutschland, wie Ältere wissen, aus der deutschen Geschichte heraus, welche vier Jahrzehnte nur als feiertagsrhetorisches Phantom einer → Wiedervereinigung in → Frieden und Freiheit spukte. Schuld als auch Rechtfertigung waren durch Westdeutschlands souveräne Unterwerfung unter → die Alliierten von Anbeginn nicht an tätige Buße gebunden. Der Schuldkultur der unschuldig Geborenen zeugt von dieser historischen Ur-Unschuld des deutschen Westens ebenso wie die Entschuldigungsunfähigkeit in → der Politik.
→ Diskurs der Entschuldigung, → Schulden, Schuld.

Fehlerkultur Vom → tiefsitzenden westdeutschen Glauben an die Kultivierbarkeit von Destruktivem zeugen Begriffsbildungen wie ‚Zersetzungskultur', ‚Mißtrauenskultur', ‚Kriegskultur', ‚Gewaltkultur' usw. (→ nichtapokalyptischer Krieg). Auch der Ausdruck → ‚F.' gehört in diesen → Kontext. Mangelnde Sprach- und Sozialkompetenzen, Unterwanderung durch kriminelle Clans, Zwangsversetzungen interner Kritiker waren einige der Mißstände in der Berliner Polizei, angesichts derer Innensenator Andreas Geisel (SPD) einräumte, „dass die Fehlerkultur besser werden müsse" (zit. nach: Andreas Kopietz, „Dein Feind und Helfer?", in: *Berliner Zeitung* vom 11./12. 2017, S. 3). Rainer Wendt, CDU-Mitglied und Vorsitzender der Deutschen Polizeigewerkschaft, hatte sich jahrelang vom Land Nordrhein-Westfalen als Hauptkommissar bezahlen lassen, ohne als solcher zu arbeiten; darüber hatte er medienöffentlich die Unwahrheit gesagt. Zugleich hatte Wendt fünfstellige, nicht genehmigte und zunächst nicht offengelegte Beträge als Aufsichtsrat einer Versicherung bezogen. Trotz alledem war Wendt durch die CDU im Frühjahr 2017 als Sachverständiger für die Schaffung eines unabhängigen Polizeibeauftragten nominiert worden. Die innenpolitische Sprecherin der Grünen, Irene Mihalic, hatte dies kritisiert: „Als Sachverständiger zu einem Thema, bei dem es um nicht weniger geht als die Etablierung einer institutionellen Fehlerkultur, hat sich Herr Wendt durch seine Affären gleich mehrfach diskreditiert." Die stellvertretende Vorsitzende der SPD-Bundestagsfraktion, Eva Högl, schloß sich der Kritik an: „Es ist unsensibel und mutet seltsam an, dass die Union ausgerechnet Wendt als Sachverständigen vorschlägt. Bei diesem Thema reden wir ja über Fehlerkultur, Beschwerdemanagement und Führungsverantwortung." (zit. nach: *Berliner Zeitung* vom 13./14. Mai 2017, S. 4) Die eigentümliche Wortwahl wäre leicht als → parteiendemokratisches Gezänk, das Gebaren des Polizisten selbst als typischer Fall → alt(bundes)deutschen → Anspruchsdenkens abzutun. Sprachpragmatisch bedeutsam ist die überparteiliche Entscheidung, den → rheinisch-katholischen → Abgreifer aus dem → Zusammenhang einer ‚F.' zu verstehen. Ein → Diskurs der Entschuldigung mit systemrelevanten Zügen zeichnete sich ab, ging es doch nicht um eine Fehler→entlarvungs→kultur.

feiern Aus dem Grundwortschatz der Spasssss-Spezialisten, im Hochwestdeutschen ausschließlich intransitiv: f. gehen, soviel wie: trinken gehen, taumeln gehen, brechen gehen usw. → Ballermann, → Kotzhügel, → nachbürgerliche Entwicklung erotischer Verfänglichkeit.

Feld Als Buchstabenhäufungs- und Bedeutungsblähwort beliebt in allen Arten von → Spreizsprech (→ Aufgabenfeld/Themenfeld/Problemfeld usw.); daneben als Arbeitsbegriff der westdeutschen Kultur- und vor allem Literaturwissenschaft zu unverdienter, weil metaphorisch überhöhter Stellung gekommen.
Wie man über Hunderte von Seiten hinweg nicht nur Hunderte von Rechtschreib- und

Grammatikschnitzern produziert, sondern sich dabei auch größtenteils mit selbstgezeugten Begriffsungetümen herumschlagen kann, zeigt Heribert Tommeks *Der lange Weg in die Gegenwartsliteratur* (Berlin 2015). Nicht eine Literaturgeschichte will Professor Tommek bieten, sondern, so der Untertitel, *Studien zur Geschichte des literarischen Feldes in Deutschland von 1960 bis 2000*. Das Werk ist mit seiner Zusammenschau von „literarischer Moderne, Post- und Ostmoderne" gewiß nicht das schlechteste seines Genres. Weshalb aber die westdeutsche Germanistik nimmermehr die westdeutsche Literaturkritik der → Qualitätsmedien aus ihrer → Abwärtsspirale herauszureißen → vermag, offenbaren bereits Stichproben. Tommek beginnt historisch mit einem „→ Ansatz zur Beschreibung der Internationalisierung des literarischen Feldes auf Seiten des autonomen Pols, der, wenn man so möchte, ‚Weltliteratur' im klassischen Sinn" (S. 65). Man hätte gern → mögen, doch es folgen erst einmal hundert Seiten zu deutschsprachiger Regionalliteratur: „Sowohl Enzensberger als auch Weiss traten Anfang der sechziger Jahre für eine Modernisierung des westdeutschen literarischen Feldes in Form seiner Internationalisierung ein." (S. 107) „Der in Tunis aufgewachsene, vielgereiste österreichische Literaturwissenschaftler, Lyriker, Übersetzer und Herausgeber von Lyrik-Anthologien Raoul Schrott wurde ebenfalls in den neunziger Jahren durch seine poeta doctus-Position im deutschsprachigen literarischen Feld sichtbar. Die Anerkennung als Dichter äußerte sich in zahlreichen Auszeichnungen und Förderungen, die er im österreichischen literarischen Feld insbesondere von staatlicher Seite erhielt." (S. 364) „Zutritt zum gesamtdeutschen literarischen Feld fand Jirgl ... über das literarische Kapital einer nachgeholten ‚Ostmoderne', die moderne existentielle Erfahrungen einer totalitären, mythisch-gewaltsamen Gesellschaftsform mit avantgardistischen (Sprach-)Formen synthetisiert." (S. 524) „Von einer klassischen Musik-Ausbildung kommend, begann auch Elfriede Jelineks literarische Laufbahn am Avantgardepol, hier im spezifisch österreichischen literarischen Feld." (S. 526) „Der Stift des Dichters [Thomas Kling] dient → gleichsam als Spaten zum Abstecken des Feldes." (S. 464) Unzweifelhaft ist hier nicht nur „gleichsam", daß der „Stift des Dichters" in der Zweidimensionalität des Feldes verbleibt. In welche – wortwörtliche oder sinnbildliche – Tiefe aber würde er angesichts der dreistelligen Zahl von ‚Subfeldern' geraten, von denen bei Tommek die Rede ist?

Von der zweiten in die dritte Fragedimension sieht man sich geführt, wenn Tommek die „Trennung des ostdeutschen literarischen Raumes vom westdeutschen literarischen Feld in den fünfziger und Anfang der sechziger Jahre [sic!]" konstatiert (S. 153).

Tommek erzählt von einem halben Jahrhundert deutscher Literaturgeschichte. Eine Erzählung, die mit Begriffen wie: Autoren, Stile, Verlage, Kritik, Markt, Publikum, Erfolg, Mißerfolg bestens ausgekommen wäre. Der Germanist will Höheres. Er → nähert sich seiner Leserschaft „mit dem sich im Werk immer deutlicher abzeichnenden → Projekt der → Narration einer ‚Chronik der Deutschen' als Schicksals- oder Naturgeschichte" (S. 525).

-feld Blähsprachlich vielgenutztes Teilwort, vor allem im Kultur- und Politikfeuilleton, aber auch in der sog. Pop-Philosophie beliebt; neben dem ‚Sinnfeld' (Markus Gabriel) seien als Beispiele angeführt: Arbeitsfeld, Aufgabenfeld, → Bedingungsfeld, Deutungsfeld, Diskussionsfeld, Durchdringungsfeld, Erörterungsfeld, Meinungsfeld, Rezeptionsfeld, Verantwortungsfeld.

FEMINISPRECH → Diskriminierung, → Frauisierung, → Zweigenderung.

Ferienflieger Leicht angebräunter → BABYTALK, mit dem die Lufthansa, gesteuert von freiheitlich-demokratischem Instinkt fürs geschichtskulturell Schickliche, abermals im Zeichen des Condors ganze Legionen von → Fliegern gen Spanien sendet.

festmachen Verbale Bodenständigkeitsgeste aus Engagiertheitsfeuilleton und Meinungsmache; soll wohl ‚ablesen' oder ‚nachprüfen' ersetzen.

Fidschis Im Schriftwestdeutschen durch Verballhornung aus dem liebevollen DDR-Diminutiv ‚Vietschis' entstandenes, dank ethnologischen Bildungslücken verfestigtes → Schmähwort. Westdeutsche bezeichnen damit nicht allein Vietnamesen, sondern – nach vertrauenswürdiger Auskunft von Vera Lengsfeld – auch Thai und überhaupt alles, was man → im Westen fremdartig finden kann. In der engeren und zugleich häufigeren Bedeutung ist ‚F.' westliches → Paralleldeutsch für vietnamesische → Vertragsarbeiter.
Fremdenliebende Milieus der westdeutschen Mehrheitsgesellschaft entdecken immer wieder einmal ihr → posthumes Mitgefühl für letztere (vgl. dagegen: → Keine Italiener! → Türken raus!), die unter den → Prolls in der → Ehemaligen ‚isoliert' und ‚kaserniert' leben und sich dazu als ‚F.' schmähen lassen mußten. Schriftliche Quellen hierzu existieren nicht. Zudem halten Westelbiens → Qualitätsjournalisten, -publizisten und sonstige → Deutschlanddeuter all jene Studenten und Lehrlinge, die in der DDR gratis ihre Abschlüsse machen durften, häufig für vertragsarbeitergleiche ‚F.' Die forschen Urteile über das Leben von → Fremden in der DDR zeugen → einmal mehr von Verunsicherung des deutschen Westens – Resultat seiner dürftigen Erfahrung im → Umgang mit sog. Zuwanderern. Hatten die → Alt(bundes)deutschen jene doch bestenfalls als Mietknechte (→ Gastarbeiter) kennengelernt, wobei sie sich dank Kasernierung und Ghettoisierung der fremdvölkischen Unter-Unterklasse vor dieser sicher fühlen durften. Ein krasser Gegensatz zu den sog. Vertragsarbeitern im Osten, deren Wohnstandard oft über dem des Bevölkerungsdurchschnitts lag und von denen manche sogar in westliches Ausland reisen durften! Mitten unter ihren deutschen Kollegen konnten sie Gesellen- und Meisterbriefe, ja Ingenieursdiplome erwerben. Welcher westdeutsche Facharbeiter war schon, wie nicht wenige seiner Kollegen aus der DDR (z. B. der Herausgeber dieses Wörterbuchs), bei seinen ausländischen Kollegen privat, gar zu einer religiösen Zeremonie eingeladen? Während Haß und Mißgunst in der unmittelbaren Nachwendezeit im deutschen Osten zumeist auf gleicher sozialer Ebene wüteten, hatte es die mehrheitsdeutsche, sich als → weltoffen, → pluralistisch, → freiheitlich-demokratisch, → ganzheitlich-freiheitlich usw. begreifende westdeutsche *petite bourgeoisie* → ungleich schwerer. Wohin mit einem Haß, den sie sich gegenüber allen ethnischen → Minderheiten verboten hatte und der doch bald nach dem Fall gewisser Grenzen in ihr zu rumoren begann? Der psychohistorische → Sonderweg des deutschen Westens war eine → einzigartige Verbindung von Rassenhaß und Klassenverachtung; hierzu nähere Auskunft: → Haßwitze, → Haß und Verachtung, → Humor, → Ironie, → Minderwertigkeit; → das Fremde.

Fiktion Aus klassisch metaphysischen → Kontexten entnommenes, dann in → aufklärerischen → Zusammenhängen eingeführtes, zuletzt im satten Resignationston der sog. Postmoderne paradierendes Begriffsding. Seit den 1980er Jahren hat es → zunehmend aus westeuropäischen auch in westdeutsche sowie österreichische (s. u.) Philosophie- und Literaturseminare gefunden, von wo es wiederum in → die Mitte der Gesellschaft und ihre Medialdialekte vordrang. Obwohl eher zu skeptischen, wenn nicht gar fatalistischen Erkenntnistheorien passend, geht ‚F.' im gesprochenen → Essayistenwestdeutsch mit einer geradezu triumphierenden Fröhlichkeit einher: Man weiß sich von aller Pflicht entbunden, der als ‚F.' → entlarvten Idee oder Sache das Faktum nachzuschieben. ‚F.' fungiert inzwischen als semantischer Universalschlüssel, der alle Schlösser im Nu aufspringen läßt. Freilich tönt sein altkluges Quietschen vornehmlich aus seit je weit offen stehenen Türen.
Manchmal jedoch wird den F.sentlarvern bange vor Faktizität des Fiktionalen, mit der kaum mehr ‚postmodern' zu kokettieren ist. Ein gewisses Zähneklappern vernimmt man selbst

im Laberfluß beispielsweise nachfolgend angezapften Mitglieds der Deutschen Akademie für Sprache und Dichtung: „Wir werden darin jedenfalls → permanent eingeübt, diese Fiktionen für bare Münze zu nehmen, auch wenn wir gleichzeitig den Erzählvorgang spüren, die → Intentionalität, die in der → Narration liegt, allzu klar erkennen. Insofern ist es mit dem Geschichtenerzählen doch nicht so einfach, zumindest, es rauszukriegen aus dem, was man öffentliche Narration nennt. ... → Ja, letztendlich realisieren sich Fiktionen immer auf irgendwelchen Märkten. ... Vielleicht gehört → ja auch selbst die Rede von der → postfaktischen Gesellschaft dazu, mit der man sich heute andauernd beschäftigen muss. Wie soll man sich die vorstellen? Als riesigen Verschiebebahnhof der Wahrheit? Als Markthalle der alternativen Fakten, ein neues böses, ganz und gar unfröhliches Anything Goes, weil es von den Mächtigen ... diktiert wird? ... Ja vielleicht, weil sich das so schön nach postmodernem Realitätsbegriff anhört und den dazugehörigen Geruch nach Harmlosigkeit verbreitet. Aber es ist eben nicht die Postmoderne, in der wir uns bewegen, zu gezielt und interessengeleitet erscheinen diese neuen Fiktionen." (Kathrin Röggla, „Zwischengeschichten. Im Zeitalter von Populismus, Postfaktischem und Politikberatung", *Deutschlandfunk*, 5. März 2017) → Entlarvung, → Ideologiekritik, → Überschriften von Erzählungen.

Final Wo kein Fanal gesetzt wird, schafft man es selten bis zum Finale. Jedenfalls war dies die Meinung von Fußballkommentatoren, die lange Zeit wußten, warum die bundesdeutsche Mannschaft in der WM-Rangliste nicht → erste Priorität haben konnte: Sie beherrschte die vaterländische Hymne nicht, setzte kein nationales Fanal. Gern erträgt der Hochdeutschsprachige oder Hochdeutsche *(homo Germaniae superioris)* alle vier Jahre die stumm bewegten Lippen, muß er doch auch nur alle vier Jahre vom ‚Final' hören.

Finnland → KLEMMWORT für DDR im → Diskurs der → Bildungspolitik, wenn ein funktionierendes Schulsystem benannt, nicht aber die → Ehemalige erwähnt werden soll.

flächendeckend Gerhard Schröder, *Entscheidungen. Mein Leben in der Politik*, Hamburg 2006, S. 512: „So bedurfte es zum Beispiel des Impulses des Bundes, damit flächendeckend in Deutschland verläßliche Ganztagsschulen entstehen." Und es bedurfte keineswegs des Vorbildes → Finnland. Aber wie sieht eine von Ganztagsschulen bedeckte Fläche aus? Die Antwort wäre wahrscheinlich nur in → SCHRÖDERDEUTSCH angemessen zu formulieren: „Ich denke mal, es ist deutlich geworden, daß wir da noch ganz genau → hingucken müssen, → weil: es gibt noch viel zu tun."

Flächenkompetenz kann nicht in einem → Kompetenzzentrum erworben werden, sondern nur durch EDI (EDV-System zur stufenübergreifenden Zusammenarbeit). Dies versichert jedenfalls das Magazin *Textilwirtschaft*, das sich unter dem Titel F. den Schwierigkeiten des Jeansverkaufs widmet und zum Schluß kommt: „Jeanshändler ohne EDI überleben nicht." (12. Mai 2005, S. 90)

Flagge zeigen (selten: hissen) Insbesondere im → MEDIALDEMOKRATISCHEN → BEKENNERSPRECH beliebte Schwenkformel; sie konkurriert → zwischenzeitlich mit → ‚Position beziehen' und → ‚Zeichen setzen'. Die Formel verheißt Poesienähe; die Prosavariante lautet → ‚Gesicht zeigen'.

Flaniermeile Ingrid Wagemann, Chefin der grünen Ratsfraktion in Hannover, setzte laut Berichten von *Süddeutscher Zeitung*, *SPIEGEL* und lokalen Medien im Frühjahr 2013 die Umbenennung von ‚Fußgängerzone' in ‚F.' durch: Der Wortteil ‚Fußgänger' sei eine ein-

deutig → frauenfeindliche → Diskriminierung. Das mag → Feminisprech sein, ist als solcher aber sogleich verständlich. Doch auch der zweite Wortteil erregte bei Frau Wagemann begründeten Anstoß, denn → ‚Zone' sei ja wohl ‚militaristisch'. Was ebenfalls, wenngleich nach einigem semantischen Grübeln, angesichts erogener, klimatischer und Sonderbewirtschaftungszonen einleuchtet.
→ starke Frauen, → Redepult.

Flexionsverzicht Eine → qualitätsmedial → generierte, in den literatursprachlichen Formen des Westdeutschen (→ Mosebachdeutsch, → Bübchenbelletristik, → elegantes Deutsch) inzwischen kodifizierte Abweichung von der hochdeutschen Grammatik. „Er sieht sich als knallharter Krisenmanager." (*Deutschlandfunk*, 11. April 2018)
→ Akkusativ-Nominativ-Inversion, → Konjunktionsschwäche.

Flieger Das klaustrophobische Lebensgefühl der Kohl-Ära zeigte der Film „Abwärts" (1984). Gefangen in einem Fahrstuhl, der nicht mehr nach oben fährt, gibt es für den jüngsten der Insassen nur diesen Ausweg: Ein Konto abräumen „und dann rein in den Flieger". Nicht anders die Lufthansa 2012: „Erst: in den Flieger. Dann: aus dem Häuschen." Was weder homophil noch homophob gemeint, sondern einfach westdeutscher → Babytalk für ‚Flugzeug' ist. „Aber vielleicht haben Sie dazu auch noch Fragen: Wann genau geht der Flieger?" *(TUI – Ihr ganz persönliches Service-Portal)* Nach Rom? „Am ersten Juli. Zweihunderteinunddreißig Jahre und acht Monate nach Goethe. Im verspäteten Flieger ..." (Simon Strauß, *Römische Tage*, Stuttgart 2019, S. 9)
→ Ferienflieger.

Flüchtlingsfeind Die substantivische Entsprechung zu → ‚flüchtlingsfeindlich' wird, ähnlich wie im Falle von → ‚fremdenfeindlich', im → medialdemokratischen → Wächtersprech seltener verwendet, vermutlich, weil dabei rasch ihr → Projektionscharakter sichtbar würde.
Die tiefverwurzelten → Ressentiments der westdeutschen Volksgemeinschaft gegenüber → dem Fremden erlebten vor der sog. → Flüchtlingskrise hauptsächlich Vertriebene und Übersiedler. Wie nicht wenige Zeitgenossen aus eigener Erfahrung oder aus → Qualitätsmedien wissen, verschwiegen Zugewanderte in der → Bundesrepublik Adenauer als auch im → Achtundsechzigerland, ja selbst noch in der Merkelrepublik oft ihre östliche Herkunft. Als deskriptiver oder zumindest deskriptiv verlarvter Terminus erscheint der ‚F.' im *Spiegel* vom 21. Oktober 1989. Die Hauptgruppe bundesdeutscher F.e rekrutierte sich laut → Qualitätsmedium aus „heimischen Zukurzgekommenen", deren Ängste vor Wohnungs- und Arbeitsmarktkonkurrenz zu artikulieren sich nun die → Westlinke anschickte: „Die Front der Flüchtlingsfeinde reicht von kommunistischen Sektierern über alternative Abgeordnete bis hin zu strammen SPD-Linken." Das Blatt zitiert namentlich den „Kommunistischen Bund" mit seinem Massenmedium *Arbeiterkampf*, das die eingereisten → „Zonen-Zombies" wissen ließ: „Euch hätten wir gleich auf dem Bahnsteig gern die Fresse poliert." Der → Antiorientalismus in seiner arbeiterschaftlichen Variante zeigte bereits zu diesem Zeitpunkt charakteristische Spaltsinnigkeiten. Einerseits wurden die Fremden als „Lohndrücker", andererseits als verwöhnungsaffine → Abgreifer von Jobs beschimpft, welche man ihnen „auf dem goldenen Tablett serviert" hätte (→ Faulheit).
Als weltanschaulich → nachhaltiger erwies sich die F.lichkeit der „Alternativen Liste", deren Berliner Filiale sich schließlich zum → postfaktischen Dementi des Eindrucks genötigt sah, ihr „Einsatz gegen die weitverbreitete → Fremdenfeindlichkeit sei ausgerechnet bei Aus- und Übersiedlern geringer". Das grüne Mauersprüh- und Parteiwahlvolk strafte derlei Ver-

sicherungen allerdings Lügen. Lediglich → anpassungsverweigernde und arbeitsscheue sowie zertifiziert → kritische Mitkämpfer gegen das → Schweinesystem waren willkommen (im Original: „kritische Mitbürger", zit. nach: „Fettleibig mit Dauerwelle", in: DER SPIEGEL, ebd.).
→ Amerikanisierung, → Haß und Verachtung, → Weinerlichkeit; → BITTERMANNLINKE.

flüchtlingsfeindlich Offenkundig in Analogie zu → ‚frauenfeindlich' gebildeter, seit dem Herbst 2015 → MEDIALDEMOKRATISCH → massiv gebrauchter → Entlarvungsbegriff. Warum sind die → Sachsen so f.? Eine Frage, die Westdeutschlands → Qualitätsmedien unter sorgfältigem Ausschluß sächsischer Gesprächspartner immer wieder erörterten. Die Generalthese zu Flüchtlingsfeindlichkeit und Weltoffenheitsferne Ostelbiens lautet auf staatsparteilich bewirkte → Verproletarisierung sowie damit einhergehende → Verwahrlosung. Während die → Bürger im Westen Deutschlands lediglich Parteien gründen und führen oder wählen, die sich der → Asylantenflut entgegenstellen, schlagen Ostdeutschlands → Prolls in personis zu.
Doch gilt nicht auch → Mitte- und Mehrheitsdeutschen gerade Dresden als → bürgerlich? Die Lösung des Rätsels fand ein → Ostdeutschenbeobachter vom Westberliner Heimatblatt DER TAGESSPIEGEL: Die USA, bekannt für das harmonische Zusammenleben und herzliche Willkommenheißen verschiedener, auf verschiedensten Wegen ins Land gekommener Einwanderergruppen, insbesondere in den Südstaaten und an der Grenze zu Mexiko, seien das erklärte Feindbild der sächsischen → Wutbürger: „Jahrzehntelang diente das Datum [13. Februar 1945] der SED-Propaganda, um eine antiwestliche Stimmung am Leben zu erhalten." So konnte es leicht zu einem → tiefsitzenden → Ressentiment gegen jeden → Zustrom, ob zu Lande, ob aus der Luft, kommen: „Ein → latenter → Antiamerikanismus, der sich einst wegen der Bomben aufbaute, richtet sich heute gegen die gesellschaftliche Wirklichkeit eines Einwanderungslandes." (Albert Funk, „Das Tal der → Anfälligen. Rechtsextremismus in der Region um Dresden", 26. August 2015) Auch ein → landschaftlich reizvoll → verortetes „Institut für Demokratieforschung" erblickt den Grund für das anhaltend flüchtlingsfeindliche → Gedenken im Antiamerikanismus: Dresden nehme es den Amerikanern nach wie vor übel, daß mit ihnen eine Nation von Einwanderern und Kosmopoliten das Elbflorenz zerbombt habe. „So wurde in der Nachkriegszeit die Bombardierung Dresdens von der SED-Führung als Beweis für die Brutalität des ‚westlichen Imperialismus' ausgelegt. Im Lehrplan für das Fach Geschichte von 1951 war zum Beispiel vorgesehen, die ‚*Terrorangriffe der angloamerikanischen Bomber auf die Zivilbevölkerung*' zu behandeln." (*Rechtsextremismus und Fremdenfeindlichkeit in Ostdeutschland*, Göttingen 2017, S. 37) Angesichts dieser direkten Linie vom DDR-„ethnozentrischen" (S. 194) SED-Antiamerikanismus des Jahres 1951 zur nachwendischen Flüchtlingsfeindlichkeit im Raum Dresden erscheinen die 1945er Angriffe auf die Freiheits-, Fremden- und Flüchtlingsfeinde am Boden nachträglich beinahe gerechtfertigt. Die SED-Führung freilich hatte ihrem Volk per Schulbuch und Gedenktafel eingeschärft, daß der Bombenkrieg eine Folge jenes Krieges sei, den „der deutsche Imperialismus vom Zaune brach" (immer noch nicht beseitigte Inschrift in der Berliner U-Bahn-Station Märkisches Museum!). Bei den kalten Kriegern aus Göttingen wird daraus: „Dabei scheute sich die SED nicht, den Luftkrieg mit den Greueltaten des NS-Regimes zu vergleichen ..." (*Rechtsextremismus und Fremdenfeindlichkeit*, S. 37)

Flüchtlingskrise Seit dem Spätsommer 2015 zunächst halboffizieller, dann → MEDIALDEMOKRATISCH etablierter Ausdruck für die → Herausforderung der → Willkommenskultur durch → Massenzuzug.

Flüchtlingsproblematik Sie stellt, wie Ulf Poschardt *(DIE WELT, N 24)* versichert hat, erhöhte → Differenzierungsansprüche, denen voll und ganz nur die → „Verantwortungseliten in Politik, Wirtschaft und Medien" genügen könnten.
→ Elite; → BLÄHWÖRTER, → WICHTIGSPRECH.

Flüchtlingsstrom, Flüchtlingsströme → Asylantenstrom, → Massenzuzug, → Menschen ohne Ostern.

Flugkörper Name für Bomben, wenn von freiheitlich-demokratischen → Fliegern geworfen.
→ der Westen, → Herren der Geschichte.

Föderalismus Besonders im → Themenbereich des → Bildungsnotstands ein gängiges → SCHÖNWORT für → Provinzialismus; direkte Vorstufe für → Förderbedarf, → Förderwürdigkeit und → Förderunterricht. Dem F. des Schulwesens etwa im Fach Mathematik ist es → geschuldet, daß eine Vier für einen sächsischen Schüler ungefähr einer Zwei für einen bayerischen Schüler entspricht.

Fokus Er wird im Westdeutschen gelegt, gestellt, gesehen und geworfen, weshalb es im Kasus leicht danebengehen kann – ebenso wie im Genus: „→ Der Verdienst des Buches liegt darin, daß er den Fokus auf" usw. (→ *Deutschlandfunk*, „Andruck – Das Magazin für politische Literatur", 3. November 2014). Die Fokussierung zweiten Grades ist seltener: „Die Reise richtet sich auf einen regionalen Fokus", verkündete die Sprecherin von Außenminister Heiko Maas, der gerade in den Iran aufgebrochen war, um dort „für Ruhe" „zu → werben" (*Inforadio*, 7. Juni 2019).

fokussieren Wohl das von verbal Halbstarken meistgeliebte Vollverb gegenwärtigen → WICHTIGSPRECHS; Fachorgan: *Focus*; vgl. aber auch andere → Nachrichtenmagazine. Wenn diese gerade nicht irgendwen oder irgendwas *fokussieren*, dann *fokussieren* sie *sich* darauf, sprich: sie sind *ihrem* → Fokus → zugewandt.

Folgewirkungen → Qualitätsmediales Nachdrücklichkeitsnomen, insbesondere → *Deutschlandfunk*-Deutsch, für ‚Folgen', ‚Wirkungen', ‚Effekte', ‚Spätwirkungen', ‚Langzeitwirkungen'.
→ mittelfristig.

Förderbedarf → Fördermittel, → Bedarf.

Fördermittel erhält grundsätzlich, wer → förderwürdig erscheint, d. h. → Förderbedarf anzumelden verstand.

fördern 1. vor dem Absturz in → einfache Verhältnisse retten. 2. bevorzugen. Fördergruppe 1: Bürgerskinder. Fördergruppe 2: Bürgerstöchter.

Förderunterricht Euphemismus mit vielköpfiger Verwandtschaft, der mitunter auch seine Verwender irreführt: Gemeint ist → zunehmend Nachhilfe für begabungsfreie → Projektkinder strebsamer Eltern als auch für → latent begabte → Unterklassenkinder. Förderunterricht hat zahllose Analogien im sozialen Leben der Bundesrepublik, wo Mängel und Rückstände als → förderwürdig zu → Zukunftsperspektiven befördert werden.

förderwürdig Hilfsbedürftig, weil überdurchschnittlich begabt im → Anspruchsdenken.
→ Zonenrandgebiet.

Format Unspezifischer, jedoch Spezialkompetenz vortäuschender → WICHTIGSPRECH für ‚Genre', ‚Rahmen', auch ‚Übliches'.

Formschinken Keine Anspielung auf eine adipöse → Unterschichtphysis, sondern auf notwendig gewordenes → Lebensmitteldesign an jenen Fleischstücken und -resten, an denen man beim besten Willen keine Form einstigen Lebens mehr entdecken kann.

fortschreiben Schnöselsprachlich beliebtes Verbum, das aus Germanistik-Oberseminaren in den allgemeinen Sprachgebrauch → gelang und dort das schlichte ‚fortführen' oder ‚weiterführen' verdrängte.

Fragestellung Wer keine Fragen mehr hat, hält sich an Fragestellungen. Und wer Fragestellungen beantworten kann, gewinnt sich damit eventuell eine lebenslängliche Antwortstellung.

Frankfurt (auch: Frankfurt am Main, Frankfurt am Mond u. ä. m.) 1. Mittlerweile Synonym für eine von Verlagen entleerte Provinzstadt. Als Eigenname für die gleichnamige → Mainmetropole ausschließlich durch Mainprovinzler im Gebrauch, die sich wie alle Provinzler für einzigartig halten. „In ‚Das Blutbuchenfest' begegnet uns die Putzfrau Ivana und ein Mikrokosmos ihrer Frankfurter Kundschaft aus dem Frankfurter Bürgertum und der Kreativwirtschaft – und eine für Mosebach-Leser ganz ungewohnte Erzählweise, die sich auch der Härte des Krieges stellt." (Programmkalender *Deutschlandradio* 1/2014, S. 82) … wenngleich nicht der Härte des Pluralgebrauchs.
2. Das von F. abgeleitete Eigenschaftswort dient in anderen kulturbetrieblichen → Zusammenhängen mitunter als Ersatzwort nicht nur für ‚westdeutsch', sondern für ‚deutsch'. Einem westdeutschen Heimatsender gilt beispielsweise der deutsche Dichter Goethe als „der große Frankfurter Dichter" (*Deutschlandfunk*, 5. Juli 2017). Dort auch die Zurechtweisung einer Redakteurin, die „eine Anruferin aus Frankfurt" angekündigt hatte: „Aus Frankfurt *am Main*, darauf lege ich Wert. Also *wir* leben hier mit sehr vielen braunhäutigen Menschen, schwarzen Menschen sehr weltoffen" usw. usf. (*Deutschlandfunk*, 27. August 2018).
→ DÜNKELDEUTSCHLAND, → elegantes Deutsch, → MOSEBACHDEUTSCH.

Frankfurter Straße Von westdeutschen Stadtplanern nach dem → Anschluß verwendeter Name für die Berliner Karl-Marx-Allee, wahrscheinlich durch Verwechslung mit der sie verlängernden Frankfurter Allee oder durch schlichte Unwissenheit jener entstanden, denen die Welt ein einziges → Frankfurt ist (vgl. *Das Neue Berlin. Baugeschichte und Stadtplanung der deutschen Hauptstadt*, hrsg. von Michael Mönninger, Frankfurt/M.-Leipzig 1991, S. 219; eventuell als Übersetzungsfehler auch in: Fritz Stern, *Fünf Deutschland und ein Leben. Erinnerungen*, München 2007, S. 399).
→ Alex, → Ersatzheilige.

Frau aus dem Osten → die Ostfrau.

Frauenbeauftragte Westdeutscher Frauenberuf; zu den historisch-semantischen → Schnittmengen: → diskriminieren, → repräsentieren, → starke Frauen, → Vertreter, → Zweigenderung.

Frauenfeind Im → FEMINISPRECH: Frauenliebhaber, der seine Tätigkeit eingestellt hat.

Frauenfeinde (nur Plural) sind fehl am Platze an, bei, auf, unter oder in: Frauenabenden, Frauencafés, Frauenkinos, Frauentaxis, Frauenhäusern, Frauenfesten, Frauenarbeitsgruppen, Frauenfeierstunden, Frauenferienanlagen, Frauengesundheitszentren, Frauenlyrikabenden, Frauenwohnparks, Frauenparketagen, Frauenparkplätzen, Frauenfreizeithäusern, Fraueneinkaufshäusern, Frauenfrühstücksgruppen, Frauenfördervereinen, Frauenforschungszentren, Frauenkirchenkreisen, Frauenfeuerwehrabenden, Frauenbewegungsräumen, Frauenwehrsportgruppen, Frauenfilmgruppen, Frauenfilmfördergruppen, Frauenfilmfestivals, Frauengesprächsgruppen, Frauenkampfsportgruppen, Frauenliteraturstudiengruppen, Frauenzeitschriften, Frauenverlagen, Frauenbuchläden, Frauensprachförderkursen, Frauenseminaren, Frauenferienseminaren, Frauenuniversitäten, Frauennetzwerken, Frauenfördervereinen, Frauenfördernetzwerken, Frauennetzwerkabenden, Frauenunternehmungsberatungsgruppen, Frauenwarteräumen, Frauenpausenräumen, Frauenraucherecken, Frauengemeindezentren, Frauenschachgruppen, Frauentherapiezentren.

Frauenfreund Ein solcher ist nicht das Gegenteil eines → Frauenfeindes, sondern Martin Luther, der da zur Frau sprach: „Gib das Kind her und trage dazu mit aller Macht bei; stirbst du darüber, so fahre hin ..." (*Kritische Gesamtausgabe*, Weimar 1883ff., Bd. X/2, S. 296) Ein Zitat, das in Lutherbotschafterin Margot Käßmanns Sermon „Frauenfreund" (*DIE ZEIT* vom 18. Februar 2016, S. 52) fehlte.
→ Kässmanndeutsch, → Frommsprech, → Tutzing.

Frauenkult Singulärprägung der Romanistin und → Dekonstruktivistin Barbara Vinken im *Philosophie Magazin* 2016/2; hier als ein → Konstrukt der Hoffnung, die unbemannte Teutonin, wenn „zu hoch diplomiert" und „über 50", möge durch erotisch dienstbare → „Syrer oder Araber" erlöst werden, die aus der Heimat „ihren Frauenkult mitbringen und → altdeutsche Ängste beschämen" (S. 56).
→ Männermangel.

Frauisierung Sie wird im Leitfaden *Was tun? Sprachhandeln – aber wie? W_ortungen statt Tatenlosigkeit! Anregungen zum [...] antidiskriminierenden Sprachhandeln,* Berlin 2014, S. 21, als eine der „Formen antidiskriminierender Sprachhandlungen" empfohlen. „Generisches Femininum bzw. umfassende F.", Beispiel: „Alle Professorinnen der Universität Leipzig freuen sich, daß sie endlich in ihren Texten ausschließlich weibliche Formen benutzen dürfen", Lektürehinweis: Luise F. Pusch, *Deutsch auf Vorderfrau. Sprachkritische Glossen*, Göttingen 2011.
→ Diskriminierung, → Feminisprech, → Zweigenderung.

Freidenker → Mehrheitsdeutsche → Atheisten, die sich für freie Geister und deswegen für derart gefährdet halten, daß sie allein im Rudel aufzutreten wagen. In ihren Verbänden, Verbünden und Vereinen schlagen F. auf den Kadaver jenes Gottes ein, den andere noch anzubeten vorgeben. Somit bilden F. und → Salonkatholiken die beiden Flügelfiguren der postreligiösen Komödie. Zum kollektivpsychologischen Aspekt: → Leitkultur, → Wehrlose, → Wir, → Wir-Gefühl, → Wir im Westen.

freier Markt Eine der ersten Erfahrungen des → angeschlossenen Deutschlands war es, daß kein f. M. existiert, schon gar kein f. M.zugang für ostelbische Produkte; ein wenig wirtschaftshistorische Recherche könnte das zur bleibenden Einsicht vertiefen. Eine Einsicht, worin ein Großteil → der Politik und → der Medien Mehrheitsdeutschlands immer noch nicht → angekommen ist. Die Möglichkeit eines f.en M.es ist nicht nur eine der öko-

metaphysischen Elementarillusionen → der alten Bundesrepublik, sondern auch ihre volkspädagogische → Leitidee: Ostvölker, insbesondere Ostdeutsche müßten lernen, sich auf dem f.en M., genauer, „im westlichen Verdrängungswettbewerb zu behaupten". Charakteristisch für den soeben zitierten, führenden → Vertreter der → BITTERMANNLINKEN wie anderer → alt(bundes)deutscher, stark von geistig-moralischer → Versorgungsmentalität → geprägter Milieus ist die eigene Freiheits-, mithin Marktangst. Keiner von den politideologischen → Publizisten → der guten alten Bundesrepublik würde es nämlich wagen, sich einzeln und frei, also außerhalb seiner Milieuvertreterschaft auf dem medialen Markt zu zeigen. Dasselbe Bild bieten die sog. Marktliberalen selbst. Ihr → Diskurs → bildet weder eine ökonomische Realität noch eine politische Option ab. Neukapitalistische Altlinke und bundesdeutsche Thatcheristen – wie auch alle anderen schwarzrotbraungrüngelbblauen Player der → Pluralität – bedienen ausschließlich ihre geistig-moralische → Herkunftsheimat, neuerdings so forsch wie falsch als → ‚Segment' bezeichnet. Die Sehnsucht nach den Zeiten, als der Markt noch frei war, hat sich derweil zweifelsfrei als Dialekt des westdeutschen Sentimentalismus und damit als Sparte politökonomischer → HEIMATLITERATUR erwiesen.
→ DISKURS DER EMPFINDSAMKEIT, → Selbstmitleid, → Weinerlichkeit.

freiheitlich verhält sich zu ‚frei' wie → ‚ganzheitlich' zu ‚ganz'.

freiheitliches Leben ist eine → Erzählung, die der richtigen Überschrift bedarf; Näheres: → Überschriften von Erzählungen.

Freiheitsversprechen Immer wieder überrascht den Westdeutschenerforscher die positive Verwendung von Vokabeln, die er selbst unbefangen dem Schwarzbuch der → Aufklärer oder Entlarver (→ Emotion, → falsches Bewußtsein) zugeordnet hätte. → Paradigmatisch hierfür ist die Rede von → ‚Glaubwürdigkeit', deren Beschädigung oder Gefährdung im innerwestdeutschen → Diskurs namentlich → der Politik oft stärker thematisiert wird als ihr Referenzobjekt. Auch ‚F.' kann als Fall der westdeutschen, im weiteren der westlichen Selbstverdinglichung nicht nur des Fühlens (→ Authentizität), sondern auch des Denkens gelten. Zynismus wird so zum Substitut von → Ideologiekritik. Während jene alles schnöde ideologisiert, um es hernach triumphal kritisieren (→ entlarven, aufdecken) zu können (klassischer Fall: linkes oder rechtes Protestwählen in deutschen Südländern, gedeutet als ideologischer Verbohrtheitseffekt), bekennt dieser sich trotzig zur eigenen Denk- wie Daseinsbeschränktheit. Für die Naivität dieses Zynismus (Nietzsche: ‚unschuldig-verlogen', ‚treuherzig-verlogen', ‚blauäugig-verlogen') ist das → MEDIALDEMOKRATISCHE Milieu und hier wiederum wie kaum eine andere Juli Zeh beispielhaft. Welches F. für den westdeutschen (Kultur)Kleinbürger von einer ostdeutschen → Großstadt ausgeht und wie es enttäuscht werden kann, erklärte die umtriebige → Publizistin gegenüber dem *ZEIT Magazin* 33/2015 nach ihrem Weggang aus Leipzig. ZM: „Womit hat Leipzig Sie denn enttäuscht?" JZ: „Am Anfang lockte mich die Stadt mit einem Freiheitsversprechen, denn man konnte im Osten ganz viel ausprobieren auch ohne großes Geld. Aber am Ende fühlte ich mich eingesperrt. Plötzlich breiteten sich Regelwut und Sicherheitswahn aus: Du darfst hier nicht parken, du sollst auf dem Bürgersteig nicht Fahrrad fahren, dein Hund muss an die Leine, mach nicht solchen Lärm … Einzeln klingen die Beispiele lächerlich, aber ich hatte irgendwann das Gefühl, in einem Polizeistaat zu leben." ZM: „Sie hatten Probleme mit den Ostdeutschen?" JZ: „Nein, überhaupt nicht. Freiheit war damals im Osten ja noch ein Versprechen." (*DIE ZEIT* vom 30. Mai 2015)
Die wahre Natur des → Bürgers, ob groß, ob klein, ob → was mit Kultur, ob → was mit Menschen machend, ist es nun einmal, → Individuum und Wildtier zu sein; das Soziale kommt

von außen (Staat, Vorschriften) hinzu und droht diese Wahrheit zu verdecken: Dergleichen klassisch manchesterliberales Meinen wird bei der Medialdemokratin Zeh („Ich wurde als Demokratin erzogen!"; vgl. → wahnsinnig) nur verwundern, wer nicht in ihr die Avantgarde der Verrohung (→ Party) erkennt, deren überaus preiswertem Unterkommen als → Kreativkleinbürger zuverlässig der → besitzbürgerliche Troß mit Wohneigentumsbedarf folgt. In Berlin, wo die Verdrängung der ersten durch die zweite Besatzergeneration West inzwischen Massenphänomen ist (→ Bevölkerungsaustausch), fand Zeh keine billige Bleibe mehr, wie sie im Interview weiter erklärte; heute ist die → Heimatliteratin eine Land- und Hauseigentümerin in Brandenburg (→ annerven, → real, → uncool). Dort wohnen saisonal auch → Vertreter des weltanschaulichen Komplementärmilieus, etwa die Straußfamilie (Botho: „auf einem Hügel baute ich ein Haus, und eigentlich sind es zwei"). Der Filius (→ Bübchenbelletristik) des prominenten Heimatautors spricht so unbefangen vom F. wie Zeh. Etwa, wenn er dem staunenden Publikum → erklärt, worin ein → deutscher Dichter aus dem Osten versagt habe: nämlich sich der Weite des westdeutsch-"globalen Freiheitsversprechens" zu stellen und endlich „das eine Stück, den einen großen Text über das wiedervereinigte Deutschland" zu schreiben (Simon Strauß, „Müllers Block", in: *Zeitschrift für Ideengeschichte* 3/2015, S. 122–127).

Freiheit und Wohlstand Die auch → medialdemokratisch → zunehmend wieder beliebte Zwillingsformel erinnert zunächst an semantische Asymmetrien der westdeutschen Alltagssprache (→ Katz und Igel, → ab und wann). Doch verspricht der Vergleich mit einem anderen → Werte-Doppel aus dem gleichen Sprachmilieu ideenpolitisch tieferen Einblick. Während nämlich ‚Freiheit und Demokratie' eindeutig welt- und völkerbeglückendes Exportgut, mithin einsatz- und einmarschbegleitender Außenamtssprech (→ ‚humanitäre Einsätze') sind, bleiben ‚F. und W.' rhetorisch der heimischen Bürgerschaft und ihrer → Wert(e)-orientierung zugewandt. Vielleicht ein ferner Nachhall von Auguste Comtes *ordre et progrès*, drückt ‚F. und W.' heute das → liberal-konservative Vertrauen darauf aus, daß der gefüllte Bauch verdienter Lohn der freiheitshungrigen Seele sei. Namentlich Massen→aufklärer und → Demokratieberater belehren die ärmeren, oft arbeitslosen Deutschen → des Ostens gern darüber, daß → Aufschwung, → Wachstum, → Innovation und also Wohlergehen direkte Resultate → freiheitlicher Gesinnung seien. Welche wiederum, mangels unfreiheitlicher staatlicher Gegenwartsgewalt, die klare → Positionsnahme gegenüber jüngeren → Unrechtsregimes erheische. Zum → übergreifenden Zusammenhang von Aufarbeitung und Aufschwung: → Aufarbeitungs→arbeit.

freilich Im → Mosebachdeutschen, in der Lewitscharoffschreibe (→ hochmögend) sowie in allen Arten und Unterarten des → eleganten Deutsch → massiv gebrauchtes Adverb, das mittlerweile auch im → Neuschnöselsprech seine Synonyme ‚jedoch' und ‚allerdings' weitestgehend verdrängt hat.

Freiraum (Freiräume) Das Substantiv erschien, in Singular- wie Pluralversion, zunächst im Jargon revoltierender Bürgerkinder um 1970: Innerhalb ‚der Gesellschaft', bald nur noch innerhalb von Universitäten, wurden F.e gefordert, um ungestört von Staatsmacht und Arbeiterschaft → ‚die Utopie' und ähnliche Unverbindlichkeiten aushecken zu können. Bald hatten es die ‚F.e' in einer → qualitätsmedial popularisierten Variante des → Psychosprechs zu Ansehen gebracht, insbesondere innerhalb der dem → Projektkind gewidmeten Pädagogik der → Selbstverwirklichung. Seit den 1990er Jahren ist ‚F.', nun hauptsächlich in der Pluralform, ein Grundstein in babylonischen Turmbauprojekten des → Anspruchsdenkens. Er bezeugt in seiner Häufigkeit → einmal mehr die performative Paradoxie der westlichen

→ Selbstbestimmung, die dem Einzelnen abverlangt, sich als bedürftiges Objekt zu geben, um sich als souveränes Subjekt fühlen zu können. Wer F.e fordert, will nicht eher frei sein, als er dafür einen Raum gestellt bekam; er meint mit der Darbietung seiner Unfreiheit das Recht auf Freiheit erworben zu haben (→ unterprivilegiert). Sklavenseelen nannte man so etwas früher.

F.e taugen nicht allein zum bürgerkindlichen Daseinsgefühl, sondern längst auch zum subventionssubversiven Parteiprogramm. „Wir kämpfen für freie Medien und vielfältige Kultur", verkünden programmatisch die Grünen, und weiterhin: „Ohne die freie Entfaltung von Kultur, Kunst und Medien kann eine → offene und demokratische Gesellschaft nicht wachsen und gedeihen. Kunst, Kultur und freie Medien sind für uns nicht bloß Unterhaltung oder Konsum. Sie dürfen keinen staatlichen Vorgaben unterliegen. Kunst und Kultur leben von Freiräumen, damit sie abseits eingefahrener Routinen Neues denken, Experimente wagen und die gesellschaftliche Wirklichkeit kritisieren können." (Man beachte den zwischen Konjunktiv, Indikativ und Imperativ schillernden Satzverbund, den die Konjunktion ‚damit' ermöglicht!) „Sie dürfen weder politisch instrumentalisiert noch ökonomisch vereinnahmt werden." Sondern sie dürfen nur, darf man hier wohl ergänzen, staatlich finanziert werden im Rahmen der → Projektkultur-Förderung.

→ Nischengesellschaft, gesellschaftliche Nische, → Kunst und Kultur; → GRÜNSPRECH.

Freizeitkultur Wie → Diskussionskultur eines der Kulturkomposita, bei denen man den Revolver entsichern möchte, falls einem nicht schon das Messer in der Tasche aufgegangen ist.

Fremdarbeiter Völkisch-volkstümliches Synonym für das → qualitätsmedial und → willkommenskulturell bevorzugte, jedoch → SCHÖNSPRACHLICH erkünstelte Wort → ‚Gastarbeiter'; verbales Indiz einer realen Kontinuität speziell in der Unterbringung importierter Arbeitskräfte. Während sich die ärmere deutsche Republik bis 1989 bemühte, afrikanische und asiatische → Vertragsarbeiter kollektiv über dem Wohnstandard der städtischen Mehrheitsbevölkerung unterzubringen, beruhigten die bundesdeutschen → Verantwortungseliten das einheimische Volksempfinden durch völkisch tradierte Behausungsformen. Die sog. Gastarbeiter in Nordrhein-Westfalen, Bayern oder Schwaben lebten nämlich nicht selten in Holzbaracken → ehemaliger Zwangsarbeitslager, in denen zuvor → ‚der Russe' oder ‚der Pole' gehaust hatten; zum Alltag westdeutscher → Weltoffenheit der 1960er bis 1980er Jahre weiterhin: → Fidschis, → Keine Italiener! → Türken raus! Zum → zahlungsmoralisch allerneuesten Westdeutschtum: → Leiharbeiter.

Fremdenfeind Jemand, den es „im Osten viel öfter gibt als im Westen", wie die *Nürnberger Nachrichten* vom 10. März 2015 aus sicherer, aber ungenannter Quelle wissen wollten.
→ Flüchtlingsfeind, → Nügida.

fremdenfeindlich sind vor allem ‚xenophobe Hintergründe', die ‚entschlossen aufzuklären' und ‚entschieden zu bekämpfen' sind, wobei man auch → eindrücklich ‚Gesicht zeigen' kann.
→ Haltung zeigen; → BEKENNERSPRECH.

Fremdenfeindlichkeit ist überall ‚entschieden zu bekämpfen' – außer wenn sie jener Gruppe von Deutschen gilt, die nicht mit westdeutschem Akzent spricht.
→ am coolsten, → flüchtlingsfeindlich.

Fremdfinanziertheit Irreversibles Ergebnis von → Fremdfinanzierung; eine Verschuldung, die nicht nur in Südeuropa mitunter zu → Fremdenfeindlichkeit führt.

Fremdfinanzierung, fremdfinanziert Die Analogie zum → ADORNITISCH inaugurierten und → PSYCHOSPRACHLICH inflationierten ‚fremdbestimmt' sollte nicht über die konträre Bedeutung des Ausdrucks täuschen. F. ist seit den Tagen → der alten Bundesrepublik, ja seit der Westzonenzeit ein Synonym für Selbstbestimmung. → Das Fremde, welches der West- und somit Mehrheitsdeutsche zur Finanzierung heranzieht, kann der Nachbar, eine zweite oder dritte Welt, sogar eine extraterrestrische Erde sein. Seit der Herausbildung seines völkischen → Selbstbewußtseins (→ Wir-Gefühl) bevorzugt der → MEHRHEITSDEUTSCHE als Garanten seines Lebensstils und der damit verbundenen Kosten nationale und soziale Minderheiten. Obwohl sein Glaube, daß etwa mit dem sog. → Soli andere, also Fremde für ihn zahlen würden, bestens begründet ist, gehört doch der Ausdruck ‚f.' letztlich ins Wörterbuch → falschen Bewußtseins. Die → ideologische Verkehrtheit liegt im mehrheitsdeutschen Glauben, daß es in den Bewässerungssystemen des Kapitals → nichtsdestotrotz seelisches oder soziales → Eigengut, überhaupt Eigentümlichkeit geben könne, für deren Erhalt und Gedeih dann listig ‚fremdes' Geld abzuzweigen sei; ein besonders im universitären → Kontext beliebter verbaler Selbstbetrug (→ Drittmittel). Er bildet das gedankliche Negativ der mehrheitsdeutschen Flause, es müsse eine nationaleigentümliche Währung (→ ‚unser Geld', → ‚westliches Geld') geben.

Fremdheitsgefühl → Im jüngeren → PSYCHOSPRECH: politisch voll korrekte, weil ausschließlich westdeutsche Form des Befremdetseins; Verbalzeugnis → weltoffener → Weinerlichkeit und somit westdeutscher → HEIMATLITERATUR.
Die Schwierigkeiten Westdeutscher mit → dem Fremden resultieren aus ihrer eigenen, erdrückenden politischen und wirtschaftlichen Übermacht. Dies zeigte und zeigt sich sowohl im Verhältnis zu Ostelbien wie zum Osten der Welt überhaupt. Dank der ungleichen Teilung Deutschland sowie ihrer Selbstübergabe an die Siegermacht waren die → MEHRHEITSDEUTSCHEN für Jahrzehnte in einer weltdichten Zone → abgekapselt. Sie hatten von hier aus kaum Erfahrungen mit Fremden sammeln können, jedenfalls nicht auf gleicher sozialer Ebene. Fremde begegneten ihnen als Kellner in Nationalitätenrestaurants, als touristische Dienstleister, als sog. Gastarbeiter, die die Westdeutschen in Ghettos sicher verwahrt wußten und gern → anduzten. In entscheidender Hinsicht blieben Westdeutsche also stets unter sich. Ja, selbst wenn sie ein ganzes Land, seinen Grund und Boden, seine Forschung und Industrie, seine Zeitungen und die darin verbreiteten Meinungen zu mehr als neunzig Prozent besitzen und beherrschen, klagen sie noch über „Fremdheitsgefühle". Wie etwa Jörg Frommer, in Esslingen am Neckar zur → Weltläufigkeit gereift und in einer ostdeutschen → Großstadt zum Professor für Psychotherapie erblüht. Professor Frommer diagnostiziert an Ostdeutschen einen diktaturbedingten Seelendefekt aufgrund fehlenden „Re-education-Programms, wie das die Amerikaner nach dem Krieg im Westen gemacht haben" („Die Deutschen und die Demokratie", in: *Berliner Zeitung* vom 14./15. Oktober 2017, S. 2). Von seiner eigenen → Weltoffenheit und der Schwierigkeit, sie außerhalb Schwabens auszuleben, erzählte Professor Frommer dem Ostbeauftragten der *Berliner Zeitung*, Markus Decker. Der vermerkte es in seinem Gesprächsbuch *Zweite Heimat. Westdeutsche im Osten* (2016). „In Ostdeutschland hatte Jörg Frommer Mitte der 90er-Jahre zunächst starke Fremdheitserlebnisse." Als beispielhaft nennt Frommer die Tatsache, daß er in Magdeburg zunächst nur „einen Italiener" zur Auswahl hatte, sowie das Aufsehen, das er – seiner unverspiegelten Wahrnehmung zufolge – mit einer besonders mondänen Sonnenbrille erregte.
→ Keine Italiener! → Sconto! → Türken raus!

Freundschaft Im populärpublizistischen Propagandasprech bezeichnet der Ausdruck ein wechselseitiges, unter stillschweigendem Gleichwertigkeitsanspruch stehendes Unterwerfungsverhältnis (→ Unterwürfigkeit), das namentlich in → der Politik zu verbalem → ANIMISMUS und entgrenzter Metaphorik tendiert („Deutsch-amerikanische Freundschaft" u. ä.). Nationalkulturelle Züge des → Ranwanzens, der streber-, genauer: schülerhaften Beflissenheit waren dabei von Anbeginn unverkennbar. Gerade in den Fällen, da z. B. ein Angloamerikaner bestenfalls ‚relationship' sagen würde, spricht der Westdeutsche mit Eifer von F. Sie gehört daher ins Wörterbuch des → falschen Bewußtseins und → ideologischer Verdrehung, denn der West- und also Mehrheitsdeutsche hat von klein auf gelernt, Interessen in der Sprache von Ideen (sog. → Werten) zu formulieren und ihnen den passenden Affekt beizugeben. F. als Interessen- und Ideenpakt ist damit die genaue Verkehrung einer aus gemeinsamen Erfahrungen und Empfindungen, aus deren Relativierung und also Kultivierung gewachsenen Gemeinschaft. Die westdeutsche Furcht davor, → Individuum zu sein, sich einzeln und nicht verhüllt von Ideenplunder im schäbigen Naturkostüm der Bedürfnisse oder Interessen zu zeigen, kurz: der genuin westdeutsche Kollektivismus der Milieu-, Ideen-, Wertebedürftigkeit, erklärt die merkwürdige Verzögerung politischer Reife. Das gilt für ihr Denken, Handeln und Fühlen gleichermaßen. Die entwicklungspsychologische Überlegenheit der sog. → Zonis basiert nicht zuletzt auf deren Einsicht, daß es Freundschaften niemals zwischen Völkern, sondern nur zwischen Individuen geben könne. Wie weit die Mehrheitsdeutschen von derlei allein historisch reifenden, die Seele stärkenden Einsichten entfernt sind, zeigt → einmal mehr ihr seit 2016 anschwellendes Quengeln angesichts der Aussicht, aus der Rolle des bespitzelten und bevormundeten → Bündnispartners → der Staaten entlassen zu werden. Von Anbeginn auf einem historischen → Sonderweg ins nationalgeschichtliche Vakuum, findet sich der Mehrheitsdeutsche endlich von aller Welt, was für ihn heißt: von → den Alliierten, verraten und verlassen. Eine Erfahrung, auf die jeder Alteuropäer, aber auch jeder Nicht-Westdeutsche mit Feindseligkeit, ein Westdeutscher hingegen mit Klage-, Tränen- und Erinnerungsseligkeit reagiert. Zur Gekränktheitsbegabung → der alten Bundesrepublik im Detail: → Dankbarkeit; zur rührseligen Erinnerung an die guten alten Zeiten des Kalten Krieges: → ANTIORIENTALISMUS, → Sowjetisierung, → östliche Unwerte, → Wie wir Amerikaner wurden.

Frieden und Freiheit sind Versicherungen von → MEDIALDEMOKRATEN zufolge der → Markenkern der → westlichen, d. h. andernorts unbekannten, unerwünschten oder unverstandenen → Werte. F. und F. stehen in krassem Gegensatz zu den östlichen → Unwerten. Holger Schmale, Kommentator der → Qualitätszeitung *Frankfurter Rundschau*, bekräftigte dies zum Jahreswechsel 2015/16 wie folgt: „Das Verhalten vieler osteuropäischer EU-Länder in der → Flüchtlingskrise zeigt …, dass die Mehrheit ihrer Wähler und Politiker eine ganz andere Vorstellung vom Wesen dieser Union haben als deren frühe westeuropäischen Mitglieder. Die haben die EU einst als Projekt für Frieden und Freiheit gegründet; Ziele und Werte, die → die Menschen der Kriegs- und Nachkriegsgeneration begeistert haben. Für viele Osteuropäer ist die EU dagegen vor allem ein marktliberales Wachstumsprojekt, häufig wiederum auf Kosten der → sozial Schwachen." („Einsames Deutschland", hier zit. nach: *Berliner Zeitung* vom 30. Dezember 2015, S. 8) Eine deutliche Abweichung vom wertig-westeuropäisch-nordamerikanischen Marktliberalismus! Der moralisch zurückgebliebene, dem Soziologen Heinz Bude zufolge einem rohen → Amerikanismus holde Charakter der Ostvölker ist mittlerweile eine sattsam bekannte Größe, anders als jene sagenhafte EU, die nicht als Wirtschafts-, sondern als Friedens- und Freiheitsverbund gegründet wurde. (Waren F. und F. nicht eher das Gründungsmotiv für die NATO?)
Die „→ Wiedervereinigung in F. und F." galt lange Zeit als → Eigengut des westdeutschen CDU-Patriotismus („Die Hälfte ganz, nicht das Ganze halb!", „Wir sind, wo die bessere Hälfte ist!" usw.), da dieser eine Wiedervereinigung noch → nicht wirklich zu fürchten

hatte. Inzwischen bezeugt mit der Rede von F. und F. der linksbürgerliche, sog. linksliberale Qualitätsjournalismus einen Konservatismus, den ein südamerikanischer Aphoristiker wie folgt definierte: „Der Konservative ist ein Liberaler, der verdauen will." Der Wettkampf, zu dem der Liberale von gestern aufrief, erscheint ihm heute als existentielle Bedrohung. ‚F. und F.' werden so zur Nostalgieparole des → Jammerwessis, der ‚Einheit in Freiheit' und ‚Freiheit statt Sozialismus' so lange beschwören durfte, wie er weder Einheit noch Freiheit befürchten mußte.
→ die Mitte der Gesellschaft, → die offene Gesellschaft, → Freiheitsversprechen, → Sozialismus.

Frischemarkt Möglicherweise durch Laut- oder Sinnanalogie zu Fischmarkt, Fischemarkt o. ä. gezogene Wortblüte, die nach der Verkäuflichkeit nicht nur aller Dinge, sondern auch ihrer Eigenschaften riecht.

FROMMSPRECH Dialekt des → SCHNÖSELSPRECHS; bedient das Bedürfnis nach geistig-moralischer Distinktion. Wo die Mittelklasse materiell zum Mehrheitstypus geworden ist, wächst das Verlangen nach immateriell verbürgter Oberklassigkeit. So kraxelt Westdeutschlands Kulturkleinbürgertum mit Hilfe des → ADORNITISCHEN seit den 1960er Jahren, mit Hilfe des → HOCHMÖGENDEN seit den 1990er Jahren hinauf in → die gute Gesellschaft. Geschmack haben heißt heute Glauben → besitzen. F. hat wie alle kulturellen Mehrheitsphänomene Westdeutschlands eine linke und eine rechte, hier: eine protestantische und eine katholische Backe. Was den einen das → BETROFFENHEITLICHE, ist den anderen das → Auffangsame. → Massiven Attributgebrauch und verstellte Syntax (‚sich' kurz vorm Satzende) findet man in beiden.
→ MOSEBACHDEUTSCH, → TUTZING.

Frontalunterricht Verbaliter zwischen → SCHMÄH- und → JOVIALSPRECH schillernde → Position von sog. → altachtundsechziger Pädagogen gegenüber einem Unterricht, bei dem der Lehrer eine gewisse Rolle spielt und bei dem Schüler etwas vom Lehrer lernen; realiter oftmals das letzte Mittel, das → MEHRHEITSDEUTSCHEN Schulleitern gegenüber → antiautoritär → verwahrlosten → Problemschulklassen einzusetzen bleibt. Dies dann unter eifrigem Rückgriff auf Lehrer aus der → Ehemaligen.
→ Finnland, → Grundschrift, → pilotieren.

frustriert Ausgangs- und Endpunkt des → Anspruchsdenkens.

fuck Obgleich dieses Wörterbuch kein Dictionary ersetzen soll, verdient das Universalfluchwort eine Aufnahme als wichtiges Ausdrucksmittel westdeutscher Weltläufigkeit. Es verlautet beispielsweise, wenn jemand inmitten der Westberliner Universitätsprovinz seine Jahre an einer US-Provinzuniversität → erinnert und am → Provinzialismus der neuen Heimat leidet: Die höchste f.-Dichte in der Westberliner Qualitätsliteratur zeigten bislang die Romane der Konstanzer Journalistin Iris Hanika (in der Mitte des dritten einheitsdeutschen Jahrzehnts am → massivsten: *Wie der Müll geordnet wird*, 2015). Die deutsche Entsprechung dient im → Diskurs ostentativ verminderter Ansprüche zur Herablassung von Sprecherhöhe auf Hörertiefe und ist → insofern → JOVIALSPRECH.
→ Provinz, → Provinzialität; → FÄKALSPRECH, → PUERILSTIL.

Fühlen Sie sich als Bürger zweiter Klasse? Wem man eine solche Frage zu stellen wagt, der muß sich nicht mehr um eine Antwort bemühen. Für die westdeutsche Mehrheitsgesellschaft ist der soziale und politische Komparativ essentiell, genauer gesagt: existentiell. Das

Wesen der komparativen Existenz bleibt es, sich nicht durch ein ‚so oder anders', sondern einzig durch ein ‚mehr oder minder' zu bestimmen. → Selbstbestimmung aber ist das Wesen einer → Selbstverständigung, die aus begreiflichen Gründen nicht allzu viel von sich selbst verstehen will.

Die seit den frühen 1990er Jahren von → MEHRHEITSDEUTSCHEN Soziologen und → Publizisten gestellte, von mehrheitsdeutschen → Qualitätsmedien und → Ostdeutschendeutern bald eifrig repetierte Frage weicht auffallend vom ansonsten gepflegten → Minderheiten→diskurs der jüngeren BRD ab: zu groß für eine religiös oder ethnisch definierte Gruppe, zu klein für eigene → Diskurshoheit, sind die → Zonis zum wichtigsten → Projektionsobjekt des westdeutschen → Wir-Gefühls geworden. Indem dieses die Ostelbischen nicht als fremde Wesensart (Qualität), sondern als minoritäre Quantität → des Eigenen auf dem → Sonderweg nach Westen deutet, entgeht es den Komplikationen und Hypokrisien einer → P. C.-konformen Liebe zum → Anderen (→ das Fremde). Die Verkehrtheit des mehrheitsdeutschen → falschen Bewußtseins ist in der Klassenfrage aufrichtige, weil vollständige (direkte, einfache) Verkehrtheit. Dank ihr erscheint die → Osthaftigkeit des Ostens als dessen ureigenes → ideologisches → Konstrukt (als → Mauer in den Köpfen, als → Beitrittsphantasma).

Wie die unverstellte, aber unübersetzbare Antwort auf die Frage lauten würde? „Ich fühle mich nicht als Bürger zweiter Klasse, doch ich bin es."

Führerschein Kfz-Gröfaz-Westdeutsch für Fahrerlaubnis.

Führungskräfte Wahrer des politischen und vor allem ökonomischen Führerprinzips.

Führungsqualitäten Immer im Plural!
→ Prioritäten.

fundamentales Bauen Im Westen, namentlich in Westdeutschland verbreiteter Baustil, bei dem demokratische, freiheitliche u. ä. Fundamente gelegt sein müssen, ehe es konto- und karrierebezogen in die Höhe gehen darf. Das dürfte dem einen oder anderen Literatur-, Tanz- oder Musikrussen → zunehmend klar geworden sein, → spätestens beim Lesen des Traktats von Richard J. Brembeck „Star-Dirigent Valery Gergiev. Putins Held am Notenpult" (*Süddeutsche Zeitung* vom 10. November 2013): „Valery Gergiev ist erklärter Anhänger von Russlands Präsident Wladimir Putin und verteidigt dessen repressive Politik gegen Homosexuelle." Beunruhigend das beredte Schweigen der Mehrheitsrussen: „Eine Distanz zu Putins Umtrieben (Pussy Riots, Chodorkowsky, Greenpeace, Meinungsfreiheit, Ossetien) ließen [Gergiev und Netrebko] nicht erkennen." Was, mit Verlaub, auch schwierig gewesen sein dürfte angesichts eines derart umtriebigen Präsidenten, der sogar Greenpeace in Bewegung zu setzen und Riots anzustiften → vermag. Doch Gergiev, der Komponist, schweigt vorm politischen Gesamtkunstwerker Putin. „Damit hat er das angeblich so unpolitische Reich der Musik verlassen und den Anstoß zu politischen Diskussionen gegeben, die im Westen nun mal → zentral zur Demokratie gehören." Nun mal → zentral zur Zukunft des Anstoßgebers selbst: „Damit wird Gergiev → leben müssen. Aber was könnte er tun? Sich doch noch distanzieren von Putin? Das wäre allzu schön, ist aber unwahrscheinlich. Sich voll und ganz zu Putin bekennen, den ja so manche für einen lupenreinen Demokraten halten? Auch das ist unwahrscheinlich, da Gergievs Karriere fundamental auf den Westen gebaut ist, und ihm wohl inzwischen klar geworden sein dürfte, dass seine Männerfreundschaft mit Putin hier → zunehmend auf Unverständnis stößt. Also wird er alles wie bisher unangenehm in der Schwebe halten. Was einem die Bewunderung → zunehmend schwerer

macht für diesen → faszinierenden Dirigenten der russischen Musik, allem [sic!] voran des schwulen Tschaikowsky."
→ alles und allem, → zunehmend mehr (oder weniger).

funktionsorientiert Liberales (?), libertäres (?) oder libertinistisches (?) Laberwort für ‚repressiv', vielleicht aber auch nur für ‚funktionierend' (Beispiel: „die funktionsorientierte mazedonische Gesellschaft", *Deutschlandfunk*, 14. Februar 2019).
→ wert(e)orientiert.

fußläufig steht nicht für eine orthopädische Obszönität, sondern für eine Entbehrlichkeit von Nahverkehrsmitteln, die es schon in die neueste Auflage des Dudens geschafft hat. Im jüngeren Westdeutsch hat das Beiwort eine Konnotation von sozialer oder beruflicher Herabsetzung, etwa als Versetzung in → kauf- oder → strukturschwache Gebiete. „Wer unbequem ist, müsse Konsequenzen fürchten, heißt es. Erst kürzlich sei ein Polizist aus dem Innenstadt-Abschnitt 25, der sich kritisch geäußert hatte, versetzt worden. Er hatte einen fußläufigen Arbeitsweg. Jetzt soll er seinen Dienst im äußersten Osten Berlins versehen." (Andreas Kopietz, „Dein Feind und Helfer?", in: *Berliner Zeitung* vom 11./12. November 2017, S. 3)

G

Gallionsfigur Semantischer Hybrid, hochdeutsch: Galionsfigur. In einem publizistischen Bübchenstück zu Heiner Müllers 20. Todestag ist auf gut → DENUNZIANTENDEUTSCH das „zeitweilige Mitglied des linientreuen DDR-Schriftstellerverbandes" dem nationalbewußten Althistoriker Theodor Mommsen gegenübergestellt: dort der „Protestdramatiker", hier „der aufrechte Liberale als Gallionsfigur der Bundesrepublik". Letzterer habe dem Dichter von *Mommsens Block* für seine politische Verzweiflung am DDR-Untergang literarisch herhalten müssen (Simon Strauß, „Müllers Block", in: *Zeitschrift für Ideengeschichte* 3/2015, S. 122–127, hier: S. 124). Möglicherweise ein Freudscher Verschreiber, denn wer – wie Heiner Müller – um Gallonen kreisendes Weltgeschehen (Ölbedarf, Ölpreis, Ölkrise, Ölkriege usw.) für denkwürdig und kunsttauglich hält, der muß damit das → MEHRHEITSDEUTSCHE Feuilleton, befangen im → falschen Bewußtsein ,postmaterialistischer' Sinnautonomie, irritieren. Zum → provinzialismusspezifischen Aspekt der Mülleranpöbelung: → der große Wenderoman, zum familiären Kontext Straußschen Müllerhasses: → menschenverächtlich; zum ästhetisch-moralischen Generationskomplex: → BÜBCHENBELLETRISTIK.
Von G.en ist in neuerer Qualitätsmeinungspublizistik durchweg schmähsprachlich, ja schadenfreudig die Rede; exemplarisch ein notorischer Hasser S. Wagenknechts: „Die Reste von ,Aufstehen' werden ohne sie als Gallionsfigur implodieren." (Markus Decker, „Die Lust am ,Aufstehen' verloren", in: *Berliner Zeitung* vom 8. März 2019, S. 8)

Gänsefleisch Der unter Hochdeutschsprachigen unübliche Ausdruck ist bislang nur im → PARALLELDEUTSCHEN nachgewiesen; er entstand möglicherweise als onomatopoetischer Hybrid aus ,Gänsefett' und ,Hühnerfleisch'.
Klagen der Gefängnisbesucher über die Gefängniswächter der → Ehemaligen, mit beleidigter Miene und gepreßter Stimme den Gefängnisinsassen vorgetragen, antizipierten frühzeitig die → jammerwestliche → Erinnerungskultur; ins postume Quengeln 1990ff. mischen sich Töne moralischer → Empörsamkeit. Geradezu mythisch verfestigt ist in solchen → Narrativen des Gefängnisbesuchs *eine* Szene: „Gänsefleisch mol dn Gofferraum offmachn?" Die grenzpolizeiliche Pkw-Kontrolle gilt dem schwachen, konsumdinglich gestützten → Selbstbewußtsein von → MEHRHEITSDEUTSCHEN als → Paradigma eines Übergriffs auf seelische Intimzone; eine Frage nach der Füllung mobilgemachter Leere. Die → nachhaltige Gleichsetzung Ostelbiens mit → Sachsen, der Glaube an → das Sächsische als stabilen Sprach- und Handlungstypus mag einerseits aus jener grenznahen Verängstigung, andererseits aus ethnologischer → Bildungsferne zu erklären sein.
Die G.szene findet sich auch Jahrzehnte nach dem Ende der Ehemaligen in zahlreichen Werken der (älteren oder von Älteren verfaßten) westdeutschen → HEIMATLITERATUR, beispielsweise in den nachwendischen Publikationen der → BITTERMANNLINKEN. Während sie dort freilich in einem → emotional und intellektuell streng limitierten → Opferdiskurs figuriert, überwiegt bei jüngeren Heimatautoren der Wonneschauder überstandener Gefahr und das gewiß nicht falsche Gefühl minutenkurzen Urlaubs von westdeutscher Erfahrungsenge.

ganz ganz wichtig (nur mündlich) → WICHTIGSPRECH von öffentlich geförderten oder wenigstens → förderwürdigen Dies-und-das-MacherInnen; sollte auf keinen Fall mit dem schlichten → ,ganz wichtig' verwechselt werden.

ganzheitlich → meint soviel wie ,ganz und gar', aber schon → im Ansatz.

Ganzheitsmedizin wirft die Frage auf, was hier noch zu retten sei.

ganz konkret Westdeutsch der Oberseminare. Verlautet gewöhnlich aus Theoretiker- und Abstraktionistenmündern als letzter Schrei vorm Absturz in die Materie und gehört zum Lieblingswörterschatz des → Publizisten Karl Heinz Bohrer (→ GROSSER STIL). Eine schulalltagsnahe Bedeutungsvariante findet sich bei Ursula Sarrazin (→ konkret).

ganz persönlich sind Bühnen-, Film- und Buchprodukte, deren Schöpfer der Welt mitteilen, was ihre bisherigen Filme, Bücher usw. offenkundig nicht waren. Deshalb gehört ‚g. p.' gleichermaßen zum Sprachschatz des → Extrem- und des → Gratis-Individualisten.
→ Ichzeit.

ganz wichtig „Ich denke, es ist ganz wichtig ..." ist klassischer → WICHTIGSPRECH. Weitere Splitter aus dessen sprachlichem → Markenkern: → ich denke, → wichtigst.

gar Im → eleganten Deutsch ein geradezu → unverzichtbares Adverb. Die höchste Gardichte, dicht gefolgt von → ‚freilich', weisen Martin-Mosebach-Romane wie *Ruppertshain* oder *Der Mond und das Mädchen* auf, dicht gefolgt von Lewitscharofftexten. Was gar niemanden verwundern wird, der sich von der luftigen Leere der romanesken → Lebenswelten dort je anwehen ließ.
→ MOSEBACHDEUTSCH, → hochmögend.

Gastarbeiter, Gastgeber, Gäste „Gäste machen immer Freude, wenn nicht beim Kommen, dann beim Gehen." Was die Volksweisheit der Portugiesen – als Gastarbeiter in → der alten Bundesrepublik lange verurteilt zu freudlosem Baracken- und Kasernendasein – hier ausdrückt, ist die Überzeugung des gesamten → Abendlandes, zumindest des alten Europas gewesen: Gäste kommen und gehen. Einen davon deutlich abweichenden Begriff des Gastes artikuliert das spätgutbürgerliche Westdeutschland, sofern es nicht gerade gewisse Obergrenzen fordert: Gast ist, wer auch über seinen Arbeitsauftrag oder Studienaufenthalt hinaus bleibt. Wenngleich letzterer in der → ehemaligen DDR kostenlos war, so habe dieses Staatswesen doch ein gastgeberisches Defizit gezeigt, „weil die Migrationspolitik der DDR auf" „ethnozentrischen Prinzipien basierte: Völkerfreundschaft ja, aber alle MigrantInnen sind als Gäste ... zu betrachten." (Institut für Demokratieforschung, *Rechtsextremismus und Fremdenfeindlichkeit in Ostdeutschland*, Göttingen 2017, S. 194f.)
Aus derlei → posthumem Ansinnen an die Ehemalige versteht sich das merkwürdige Verhalten westelbischer → Buschzulagenabgreifer, → Demokratieberater, → Heimatschachteln und artverwandter → Vorteilsritter, die weder Rückkehrverlangen noch -gewilltheit zeigen.
→ ausländerfeindlich, → fremdenfeindlich, → Leiharbeiter, → Vertragsarbeiter.

gastfreudig → Nationalbewußtsein.

gastfreudigst → Gastarbeiter, → Unsere wunderbaren Jahre.

Gattungsbruch Wo das Denken beginnen müßte, läßt der Linksradikale von einst und Radikaldemokrat von heute, ob nunmehr verbeamtet oder nur angestellt, in seinen → Qualitätsmedien gern die → Empörsamkeit einspringen. G. ist eines ihrer beliebtesten Dampf- und Nebelwörter, die das ‚Dritte Reich' im Handumdrehen aus der deutschen Geschichte herausnehmen und ins → singuläre oder ‚unvorstellbare' Abseits stellen, wo es, der → Erinnerungskultur überlassen, bequem verabscheut oder angestaunt werden kann. Aus dem Gespräch dreier Fachleute über „Philosophieren nach Auschwitz" im *Deutschlandfunk*, 25. Oktober 2005. Teilnehmer 1: „Aus meiner Sicht ist bisher zu wenig die

moralische Bedeutung von Auschwitz in den Vordergrund gestellt worden. Wir müssen uns klarmachen, daß mit Auschwitz moralisch gesprochen das einhergeht, was ich mit Gattungsbruch bezeichne." Teilnehmer 2: „Wenn wir das, was uns die Geschichte bis zum Jahre 1939 bietet, versuchen Revue passieren zu lassen, und dem gegenüber Auschwitz zu denken versuchen, dann muß man als erstes sagen, es ist vollkommen unvergleichlich. Ich bin der Ansicht, daß Auschwitz tatsächlich einen Bruch im Selbstverständnis des Menschen erzeugt hat, und daß wir versuchen müssen ihn zu denken. Aber wir dürfen auf keinen Fall zu harmlos denken von dieser fabrikmäßigen Vernichtung des Menschen!" Teilnehmer 3: „Was hier passiert mit dem radikal Bösen, ist etwas völlig anderes. Da wird etwas außer Kraft gesetzt oder soll außer Kraft gesetzt werden, und zwar das gesamte Wertesystem durch ein neues ersetzt werden. Der Verbrecher verletzt nur das Rechtssystem, der normale Mensch verletzt nur das moralische Regelsystem, aber ein moralisches Regelsystem gänzlich außer Kraft zu setzen, würde ich als das radikal Böse ansehen. Das radikal Böse besteht meines Erachtens darin, daß wir dieses Wertesystem gänzlich umkehren." Teilnehmer 1: „Mein Begriff lautet hier Gattungsbruch, um die Schwere auszudrücken. Deshalb title ich auch, daß es nicht um die Frage nach dem guten Leben geht, in unserer Zeit, sondern daß die Moral wesentlich die Aufgabe hat, in den Vordergrund das zu rücken, was wir auf gar keinen Fall wollen, was auf gar keinen Fall akzeptabel ist, so wie man auf gar keinen Fall mit Menschen umgehen darf oder soll, um dann in Verbindung mit historischen Erfahrungen, von Auschwitz zu der positiven inhaltlichen Füllung unserer Moral zu kommen: Achte jeden Menschen als gleichberechtigt an! Achte seine Grundrechte! – Aber wie gesagt, durch die Erfahrung des Gattungsbruchs immer mit dem Gesichtspunkt zu versehen: Wir können nicht sicher sein, ob uns bei dieser Art, an die Dinge heranzugehen, alle Menschen folgen, deshalb ist der Universalismus im Sinne einer realen Weltverbreitung ein offenes Problem, es gibt keine Garantie, daß er sich auf allen Teilen der Welt so verbreitet, wie wir das gerne hätten."
Nicht überall in der Welt sind → die Menschen reif für → unsere Werte; zur sprachlichen Bewältigung solcher Unreife: → Unwerte.

geboren in Ostberlin Charakter(isierungs)formel aus dem Diktionär westdeutscher Überfremdungsängste; überwiegend schriftsprachlich gebrauchtes Pendant der mündlichen Anfrage: → Sind Sie aus dem Osten oder aus dem Westen? Der Halbsatz ‚g. i. O.' wird zumeist erkennungsdienstlichen Erfassungen nicht-westdeutscher Künstler- und Intellektuellenbiographien vorangestellt.
Ethnologisch bemerkenswert ist weniger die mit solchen Anfragen und → Ansagen bekundete Heimatverbundenheit der Westelbier, die dank frühverschlossener Geschichtszelle ja um nationale Selbsterfahrung, sprich: um die Möglichkeit einer Relativierung oder gar Reflexion → des Eigenen betrogen wurden. Viel stärker verblüfft die perzeptive Minderwüchsigkeit der → MEHRHEITSDEUTSCHEN Fremdheitsschnüffler. So groß nämlich auch ihr Bedürfnis, → das Fremde rechtzeitig zu erschnuppern und diskursiv dingfest zu machen, so geringfügig entwickelt ist doch ihr Sensorium hierfür. Sie halten die Nase in den Wind und riechen nichts. Mehrheitsdeutsche selbst hingegen sind immer als solche zu erkennen, → spätestens durch Fragen wie: Geboren in Ost- oder Westberlin? Aus jahrzehntelangen Erfahrungen mit ihnen ist inzwischen gut belegbar, daß und wie gerade das unterentwickelte Wahrnehmungsvermögen, Hauptgrund jedes abstrakt bleibenden Weltverhältnisses, die Mehrheitsdeutschen zu blubohaften Denk- und Sprechweisen zurücktreiben mußte. Wo man, verschlossen und verklebt im Eigenen, → das Andere nie zu erkennen lernte, hilft man sich zuletzt mit der Frage nach dessen → Herkunftsheimat.
→ Ostdeutsche/Ostjuden, → Fremdheitsgefühle, → Weltoffenheit.

Gedenkdiskurs 1. Zumeist: Ein Sprechen über angemessene Formen des → Gedenkens. 2. Seltener: Das beim Gedenken Gesprochene. 3. Fast nie: Eine Abhandlung (= ein Diskurs) zum Gedenken. Näheres: → einzigartig, → singulär.

Gedenken Mit nachfolgendem Dativ eine der saisonalen Kulturtaten des → MEHRHEITSDEUTSCHEN. Längst hat sie auch hochdeutsch Sozialisierte erfaßt, etwa den für sprachmächtige → Empörsamkeit berühmten Stadtteilbewohner Wolfgang Thierse: „Wir sollten in Berlin nicht nur der dunklen Seite unserer Geschichte gedenken, sondern auch den glücklicheren Momenten." (zit. nach: Martin Klesmann, „Plädoyer für das Einheitsdenkmal", in: *Berliner Zeitung* vom 24. August 2018, S. 13) Ein Genosse Thierses, angetan mit → lässig geöffnetem Hemd, wehendem Mantel und Freizeitstiefeln, schlenderte → gelassen zum G. für getötete Deutsche. Seine Netzbotschaft: „In Masar-e Scharif gedenkt Außenminister Heiko Maas gefallenen Soldatinnen und Soldaten." (11. März 2019; tatsächlich hatte es bei dem tödlichen ‚Einsatz' nur junge weiße Männer erwischt)
Eine Besonderheit des → GROSSEN STILS ist die dem substantivierten Verb angefügte Präposition („Gedenken an", ja sogar „Gedächtnis an"), wofür Karl Heinz Bohrers klassischer Aufsatz „Schuldkultur oder Schamkultur" denkwürdige Beispiele gibt (*Provinzialismus*, München 2000, S. 159, S. 161 und öfter).
→ Wider dem Vergessen, → Herr werden; → DATIVSCHWÄCHE.

gedrungen Im jüngeren Westdeutsch der → Qualitätsmedien, insbesondere des → Qualitätsradios (→ *Deutschlandfunk*, 1. März 2018: „hat darauf gedrungen"), ein Partizip von → ‚drängen/dängeln'.
→ PARTIZIPBILDUNGSDEFIZIT.

Gefahr droht der Geschichtsunschuld Bundesrepublik Deutschland, wie schon ihrem Vorgängerstaat, vornehmlich aus → dem Osten, und zwar durch populistische Defloration. Das machen → Vertreter → des Westens, etwa der Ostbeauftragte der *Berliner Zeitung* und der → *Frankfurter Rundschau*, regelmäßig zu Infiltrationsjubiläen → deutlich: Markus Decker zufolge verführte insbesondere das Vorbild der → Sachsen, die „in totalitären Mustern hängengeblieben sind", bis dahin → kosmopolitische, → pluralistische, → multikulturalistische, → weltoffene, → demokratisch-liberal-individualistisch gesinnte Bayern, Schwaben, Hessen oder Pfälzer, die „typische Ostpartei" AfD zu wählen, und zwar in zweistelliger Prozenthöhe. Die Neudeutschen drohten der → Altwestdeutschen freiheitlich-demokratische Unschuld zu beflecken. „Ja, längst besteht die Gefahr, dass der Osten Gesamtdeutschland politisch einfärbt." (→ „Wir müssen reden", in: *Frankfurter Rundschau* vom 2./3. Oktober 2017, S. 11)
Zum mentalen und verbalen → PURISMUS der Qualitätspublizistik weiterhin: → das große kalte Jahr, → Osthaftigkeit, → östliche Unwerte; → ANTIORIENTALISMUS.

gefrustet → frustriert.

Gefühl der Verantwortung → intensiv.

Gefühle, religiöse → religiöse Gefühle.

gefühlsintensiv ‚Intensität' ist in seelischer Westzone stets Sehnsuchtsfloskel und → SCHÖNSPRECH zugleich. Im Land der schwammweichen Seelen und rechenharten Herzen versteht sich kein Gefühl von selbst. Sentimentalismus ersetzt Sentiment, Ausdruckswille klebt an

Gefühlsgrimasse und tut so, als wäre er Gefühlsausdruck. Daher die hollywoodesken Verklemmungen: ‚ausdrucksintensiv', ‚gefühlsintensiv', ‚sprechintensiv', ‚denkintensiv', ‚erfahrungsintensiv'. Aber auch die Verschämt- und Verlogenheit der Kalkülsgefühligen in ihrem Innersten und Eigensten: ‚arbeitsintensiv', ‚kostenintensiv', ‚preisintensiv', ‚umsatzintensiv'.
→ die Sprache der Seele, → die westliche Seele; → KLEMMSPRECH.

Gefühlskino ist grundsätzlich ganz groß.
→ Ausnahmeregisseur, → Ausnahmeschauspieler.

gefühlt Die Herkunft dieses Universalfüllworts konnte nicht geklärt werden. Das gefühlt zwangzigfache Auftreten pro Medientag belehrt jedoch darüber, daß ‚g.' niemals anderweitig flektiert wird und häufig als Zeugnis intellektueller Distanz zum überreichlich entwickelten Gefühlsleben des Sprechers dient.

gefühlt alle Fixierformel einer anästhetischen Kultur und daher oft Initialwort gefühlt endloser Relativsatzreihen. „Heute sitzen wir gefühlt alle in einer Geheimdienstarchitektur, die → mindestens so groß wie der Weltraum scheint, in dem die Überwachungssatelliten ihre Bahnen ziehen, die die Aufenthaltsorte und Bewegungsprofile von Terroristenhandys orten" usw. usf. (Marc Reichwein, „Was die Schriftsteller von Überwachung wissen", in: *DIE WELT* vom 10. Dezember 2013)

gefühlte Bedrohung „Die Bevölkerung fühlt eine gefühlte Bedrohung", berichtete eine Fremdenfreundin im *Inforadio* über das → Bamberger „Camp", ein lokales Flüchtigenasyl (8. Mai 2018). Die → ideologisch einfühlsamen Nachfragen des Radioredakteurs → verwiesen auf die → Problematik der Gefühltheit von Kriminalitätstemperatur und -klima.
→ gefühlte Kriminalitätstemperatur.

gefühlte Kriminalitätstemperatur Sie steigt ständig, jedoch unbegründet, versichert → einmal mehr Töpfchengucker Christian „Sebnitz" Pfeiffer vom Kriminologischen Forschungsinstitut Niedersachsen („Das Gespräch", *Inforadio*, 16. Oktober 2012 und öfter).
→ Töpfchenthese.

gegendert → FEMINISPRECH; Betonung auf der zweiten Silbe. Eine der → diskriminierenden Sprachhandlungen (vulgo: Anrede mit ‚Herr' oder ‚Frau'), welche die AG Feministisch Sprachhandeln der Humboldt-Universität zu Berlin → entlarven konnte. G.es Sprechen ist vermeidbar durch bewußt → antidiskriminierende Sprachhandlungen. Namentlich „das ‚x' signalisiert ein Durchkreuzen herkömmlicher → gegenderter Personenvorstellungen." (*Was tun? Sprachhandeln – aber wie? W_ortungen statt Tatenlosigkeit! Anregungen zum [...] antidiskriminierenden Sprachhandeln,* Berlin 2014, S. 17) Wie spricht man eine führende Vertretix feministischen Sprachhandelns korrekt an? Antje „Lann" Hornscheidt gibt Antwort: ,'Hallo Lann Hornscheidt', wäre eine Möglichkeit gewesen." In universitären → Zusammenhängen jedoch „→ Professix Hornscheidt" („Gerechte Sprache an der Uni: Professix im Geschlechterkampf. Ein Interview mit Oliver Treukamp", in: *SPIEGEL online* vom 24. April 2014).
→ Hallo! → Na?

Gegenreaktion ist Verbalaktion und Reaktionsreaktion in einem.

gegen rechts/Rechts Im → MEDIALDEMOKRATISCHEN → BEKENNERSPRECH stets verbunden mit einem Verbum demonstrativum (Marschieren gegen rechts, Wandern gegen

rechts, Schwimmen gegen rechts, Singen gegen rechts, Rocken gegen rechts u. a. m.); in jüngerer Zeit ist ein Trend zur Großschreibung zu beobachten: „Gesundes Essen gegen Rechts: Die Berliner Gastronomin Sarah Wiener will ins Europaparlament." („Es ist unsere Zukunft, es sind unsere Kinder", in: *Berliner Zeitung* vom 18./19. Mai 2019, „Magazin", S. 1) Die g. R. Kochende ist argumentative → Avantgarde auch, wenn es Naturphänomene geistig-moralisch zu erschließen gilt: „Die Biene ist so spannend und so vielfältig und auch so berührend, weil sie schon auf einer viel weiteren evolutionären Stufe ist als wir. Ich bin fasziniert von ihrer Zusammenarbeit, ihrer Sozialisation, ihrer Kommunikation. ... Das berührt mich, weil es auch demokratische Diskussionen unter den Bienen gibt. Da ist nicht einer, der sagt, wo es langgeht." (Wiener, ebd., S. 3)
→ Gesicht zeigen, → Position beziehen; → links (sein), → rechts (sein); → Kommunikationskultur.

Gegenständlichkeiten Nachdem *DER SPIEGEL* 2016 einen bislang unveröffentlichen Text Ulrike Meinhofs publiziert hatte, erreichten das → Qualitätsmedium viele zustimmende → Leserbriefe, u. a. dieser von Bernd Wöll aus Scheid (Rheinland-Pfalz): „Die beste journalistische Arbeit seit Langem. Erstaunlicher- oder erschreckenderweise treffen die meisten Gegenständlichkeiten nach über 50 Jahren leider noch zu." (Heft 35/2016, S. 129) Daraufhin unternommene Recherchen des Herausgebers ergaben, daß ‚G.' – zweifellos ein Extremfall von → Pluralisierung – seit jüngerem im pressenahen oder pressenachahmenden → Wichtigsprech figuriert; offenbar ein weiterer Fall von sprachlichem → Animismus. Wie in → ‚realistisch' sind hier Tatsachen und Aussagen über Tatsachen gleichrangig behandelt, wodurch gleichermaßen die sog. Realität durchweg aussagefähig und das eigene Bewußtsein von Aussagekraft zu strotzen scheint.
→ Begrifflichkeiten, → Befindlichkeiten, → Körperlichkeiten, → Räumlichkeiten.

gegensteuern soll → die Politik, wenn eine → Kostenschwemme aufgrund erhöhter → Mehrkosten nicht mehr → trockenzulegen ist.

(Dann) Geh doch nach drüben! Von den 1960er Jahren bis in die frühen 1980er Jahre diversen Abweichlern vom → Grundkonsens der Mehrheitsgesellschaft West erteilter Ratschlag; populärster → Bekennersprech → freiheitlich-demokratischer Gesinnungsstrammheit. Die Befehlsform ist inzwischen weitgehend durch die Möglichkeits- oder die Frageform substituiert. → „Sind Sie aus dem Osten oder aus dem Westen?" und ähnliche Anfragen seitens der westdeutschen → Weltoffenheit zeugen jedoch weiterhin von der politisch-intellektuellen Unschuld einer Gesellschaft, die → Freiheit, → Individualismus, → Pluralismus usw. für institutionstauglich und heimatbildend hält. Das hat Tradition, denn jahrzehntelang war die westdeutsche Weltoffenheit vom Sicherheitsgefühl nachbarschaftlicher Ghettoexistenz → geprägt: Solange → das Fremde in gewissen Distrikten der Stadt und Schichten der Gesellschaft verwahrt ist, wird ihm die volle Toleranz → der bürgerlichen Mitte zuteil. Gern dürfen die Fremdvölkischen auch in Kasernen hausen (wie seit einiger Zeit die osteuropäischen Erbauer westdeutscher Einkaufsmeilen) oder in kasernenähnlichen, jedenfalls umzäunten Staatsgebilden.
Seiner Schwierigkeiten mit real begegnender Divergenz im Geistig-Kulturellen entledigt sich der Durchschnittswestelbier einerseits durch Auflösung der Realität in → Segmente, worin einschlägige → Deutungshoheiten die Milieuhomogenität garantieren, andererseits durch → Entlarvung des Realen als Veranstaltung einer feindlichen → Ideologie (→ Mauer in den Köpfen). Mit anderen Worten: Die → offene Gesellschaft ist parzelliert in geschlossene Ideengemeinschaften, die einander nach Kräften als geschlossene Interessengemeinschaften

→ dekonstruieren, → aufklären, → aufzeigen und anderweitig → entlarven. Elementare Entlarvungstechnik ist der Aufweis von etwas Kontingent-Faktischem (→ Herkunftsheimat, Südfruchtkonsum), das sich ideell und diskursiv zu maskieren suchte.
→ Banane, → Gesprächskultur (auch: Kommunikationskultur), → Limonade, → Zonengaby.

Gehhilfe → SCHÖNSPRECH für Krücke.

geholfen/Geholfene Das im Westen mit Recht berühmtgewordene → Angebot einer (nur dort) mit gleichem Recht berühmtgewordenen → Anbieterin „Hier werden Sie geholfen!" gilt weithin als purer → Prollsprech. Doch ein gestörtes Verhältnis zu transitiven Verben und daraus abzuleitenden Substantiven zeigen auch andere Sprachmilieus. Im → MOSEBACHDEUTSCHEN sowie in → SPREIZSPRACHLICHEN Dialekten, die sich aus dem → ADORNITISCHEN und dem Benjaminstil entwickelt haben, frönt man einer Akkusativobsession. Wir zitieren aus den „Erwägungen über die Dankbarkeit" jenes schreibenden Studienrates, dem wir bereits die Singulärprägung → ‚Begriffshütten' verdanken: „Das Verhältnis Geber – Nehmer, Helfer – Geholfener, Begünstigter – Begünstiger vollzieht sich im Licht der Öffentlichkeit …" (Karl Stirner, „Der Fürst Ligne als Moralist", in: *Zeno. Jahrheft für Literatur und Kritik*, Nr. 34 (2014), S. 167)
→ PARTIZIPBILDUNGSDEFIZIT, → real existierter Sozialismus.

Geisel Hochdeutsch: Geißel; beliebt bei *taz*-Geprägten, denen jede Reportage zum Kommentar gerät und umgekehrt. Hierfür sei → einmal mehr Sabine Vogel (→ Herr werden) zitiert: „Der Zeitgeist ist out. … Dagegen gilt es einzuhalten und die Geisel unserer Gegenwart abzuschalten." („Instagram und das Wahre, Edle, Gute. Das neue monatliche Kunstmagazin Blau der Springer-Zeitung *Die Welt*", in: *Berliner Zeitung* vom 6. Mai 2015, S. 25)

Geistkopf nannte ein geistreicher Literaturhauschef aus dem südlichen Westdeutschland den Schriftsteller Adolf Muschg (*Deutschlandfunk*, 26. Januar 2013). Was uns über die Standardfüllung von Literaturhauschefköpfen grübeln läßt …
→ intellektuelle Kreise.

gelang Westdeutsches Präteritum Singular von ‚gelangen'. Aus der Doktorarbeit einer Stuttgarter Philosophierenden: „Die These gelang in Umlauf …"
→ entspann; → PARTIZIPBILDUNGSDEFIZIT.

Gelassenheit, gelassen Das semantische → Feld, auf dem die Ausdrücke → ‚unaufgeregt', ‚lässig', ‚lax' und ‚g.' gedeihen, ist nicht scharf umrissen; ein Blick auf die Sprachpragmatik hilft hier weiter.
Zweifellos wirkt in ‚g.' eine religiös-ästhetische oder zumindest möchtegernspirituelle Komponente. Im *ZEIT*- oder *DLF*-Feuilletonsprech über die ‚gelassene Art' eines oberhalb der eigenen Bodenperspektive vermuteten Politik- oder Kulturakteurs ist → qualitätsmediale → Unterwürfigkeit in angemaßte Intimkennerschaft gehüllt. Dennoch mag es mit der Gelassenheit des lax oder lässig Agierenden seine Richtigkeit haben. So einer braucht kein Urteil einer Qualitätsinstanz, um seiner Qualität versichert zu sein, vermuten die Qualitätsmedialen; er behauptet eine Souveränität, die Bewunderung oder Unterwerfung (der → Gummihals des Interviewers!) als reines Surplus einstreicht.
Weiterhin findet sich ‚g.' im → Kontext kleinweltlich praktizierter → Weltläufigkeit. → Spätestens bei der ersten politischen oder intellektuellen → Autorität, die ihre Beine auf dem Schreibtisch lagert, vor dem ein Bittsteller kniet, wird der kultursimulative → Zusammen-

hang → deutlich: Hier versucht jemand, von → den Alliierten lässige Suspension von der eigenen Machtwürde abzuschauen. Sich selbst vergessen darf jedoch nur, wer seiner selbst sicher ist, und mit der Selbstsicherheit hapert es in → DÜNKELDEUTSCHLAND bekanntlich. Der Übereifer, mit welchem der Dünkeldeutsche gewisse Kultur- oder Kulturverzichtsgesten kopiert, die er für US-amerikanisch hält, wirkt bis in possenhafte Details von Prosodie und Intonation (→ ahm, → Knäkentenstimme). *Gestische* Formlosigkeit verlockt am meisten zur Nachahmung. Doch man schaue sich das Reden, Schreiben, Meinen eines lässig-gelassenen Westdeutschen an: Seine → Lässigkeit wirkt, als hätte er einen Kurs in Lässigkeit belegt. Dazu paßt der Eifer, mit der er von seiner Lässigkeit (gleichwie von seiner → Unaufgeregtheit, → Weltoffenheit, Nichtmehrspießigkeit usw. usf.) Auskunft gibt.

Die wunderliche Synthese von Verspannung und Spannungslosigkeit offenbart → einmal mehr den westdeutschen Glauben, daß die Wirklichkeit einer westlichen Seele ihre Roheit, daß die Wahrheit dieser Seele ihre rücksichtslose Selbstenthüllung in aller Formlosigkeit sei. ‚Gelassenheit' taugte daher als Formel höheren Rüpeltums auch in → der Politik, wie man es besonders mit der Ära Gerhard Schröder assoziiert. Französische oder britische Politiker versteht kein Westdeutscher zu imitieren; die lockende Schlichtheit des amerikanischen Selbstinszenierungsstils freilich ist ihrerseits → ein Stück weit → provinzielle Halluzination. Die westdeutschen Imitatoren amerikanischer Gelassenheit, vornehmlich gelassener Grobschlächtigkeit, abstrahieren von der begründeten Arroganz der Weltmacht als auch von der inneren Unterwerfung, die der Puritanismus über alle regionalen Kulturgrenzen hinweg garantiert. So bleibt der ‚g.e' Westdeutsche in Politik, Medien, Wissenschaft, Kunst immer bloß der Sauer- oder Emsländer, der ‚es sich gemütlich macht'. Oder der Schwabe, der die Erinnerung an eigene Knechtsdienste von sich warf, um seinerseits einen Knecht zu drücken: Das beifällige Gelächter der Bundespressemeute angesichts der Erniedrigung „von dem Offer" durch einen → gut gelaunten W. Schäuble (→ Personalführungskompetenz) galt dem unmittelbaren, ohne großen Affektaufwand vollbrachten, also ‚g.en' Ausdruck eines → verwahrlosten Innern.

Geld in die Hand nehmen Drohformel aus der jüngeren → Schuldenkultur, die rasch aus → der Politik in die Alltagssprache → breiter Kreise eingedrungen ist. Einen Tonfall der Entschlossenheit, welcher herzhaftes Zupacken verheißt, vernimmt man dabei → durchwegs. Er begleitet bei den → unteren Schichten oft Erwägungen einer außergewöhnlichen, aber zumutbaren Investition, anders als bei den → Eliten, die mit derselben Formel diverse → Zukunftsinvestitionen (Flughäfen ohne Flugverkehr, Umbenennung → totalitärer Straßennamen, Vor- und Nachsorge→projekte u. ä. m.) ankündigen. Der → JOVIALSPRACHLICHE Stil, in welchem hier nach Geld gegriffen wird, macht unmißverständlich klar, daß es nicht das eigene sei.
→ Billiarden, → Ersatzheilige.

gelebt *Wir werden gelebt* waren ein Buchtitel und die auftrumpfende Erkenntnisgeste Heinz-Dieter Kittsteiners, eines ansonsten ganz und gar nicht witzlosen Geschichtsphilosophen aus dem Westfälischen. Nur noch witzlos und wichtigstuerisch ist das schwer nach → TUTZING müffelnde Partizip in Zusammensetzungen wie ‚Glauben wird gelebt', ‚Familie wird gelebt' usw.
→ denken (+ Akk.), → Gestaltungskoordinierungsaufwand.

gemäß In alltäglich vernehmbaren, aber auch in schriftwestdeutschen Dialekten → der Politik und der → Qualitätsmedien mit nachfolgendem Genitiv (‚gemäß der Gesetze', ‚gemäß des Freihandelsabkommens'; man konsultiere die Hörarchive von → *Deutschlandfunk* und anderen Heimatsendern). Die mehrheitsmedial gewachsene Vorliebe für den zweiten Fall, wo der dritte gefordert wäre, ist sorgfältig zu unterscheiden von der → GENITIV-DATIV-LIAISON. Diese darf man wohl als grammatisches Komplementärphänomen der westdeutschen → DATIVSCHWÄCHE deuten.

Gemengelage Im Deutschen ein Begriff aus dem mittelalterlichen Flurrecht, im Westdeutschen fast immer ein Zeugnis von Begriffsvermengung; inflationär im → WICHTIGSPRECH → der Politik, jüngst auch im Kulturschnöselsprachlichen – „Die Gemengelage scheint nebulös." („Die neue Platte", *Deutschlandfunk*, 26. Juli 2015) – sowie im Kulturbetriebs→BETREULICHEN: Eine von Westelbiern gegründete „Pop-Ambulanz" wolle sich um die Leiden ihrer ländlichen Landsleute an „Lampenfieber, Schreibhemmung, Auftrittsangst, Einfallslosigkeit, also die psychisch-seelische Gemengelage der kreativen Köpfe und Herzen" kümmern, meldete die Hauptstadtpostille (Philippe Debionne, „Erste Hilfe für Musikanten", in: *Berliner Zeitung* vom 16. November 2017, S. 9).

Gemütlichkeitskollektiv Überqualifizierte, Arbeitsmigranten, Billiglöhner, → Mauerspringer überrennen seit 1990 Westdeutschland und erzeugen dort allfällige Ängste vor dieser „Speerspitze des neuen Amerikanismus" (H. Bude). Die Reste der Zweiten als Vorhut der Dritten Welt und damit als drohendes Ende → der alten Bundesrepublik! „Der Fremde, der Zugewanderte, der Asylbewerber aber ist ein Bote, der – allein, weil er da ist – mitteilt, daß sich etwas verändert. Das gefällt dem Gemütlichkeitskollektiv gar nicht."
Diese kurze und treffende Beschreibung westdeutscher Überfremdungsängste und → Ressentiments gegen alles Östliche, beginne es hinter der Elbe, dem Ural oder dem Bosporus, stammt vom → Qualitätsjournalisten Thomas Schmid. Die Singulärprägung ‚G.' begegnet bei Schmid freilich in typischer → Projektion auf die → anderen, denn für den der deutschen Geschichte wenig kundigen Springerschreiber war nicht etwa die Alt-BRD, sondern die → Ehemalige ‚gemütlich'. Deswegen sei ihr Nachfolgekollektiv zur Veränderungsangst disponiert („Doch, der Fremdenhaß ist ein Ost-Problem", in: *WELT online* vom 1. September 2015).
Die verbale Gemütlichkeitsfixierung Schmids nicht allein in diesem Qualitätstext ist offenkundig einer → singulären Gemütlichkeitsbiographie → geschuldet. Der heutige *WELT*-Chef wurde in Leipzig geboren, doch hat die → Herkunftsheimat Klein-Paris keine tieferen → Weltläufigkeitsspuren hinterlassen können. Bereits in zartem Lebensalter war Schmid in den Westen, genauer: in den Südwesten Deutschlands gezogen. Baden, wo er viele Jahre zubrachte, ist die Kernzone der sog. *Gemütlichkeitsvereine*, Zusammenrottungen von Kollektivierungsbedürftigen zwecks Pflege eines exklusiven → Wir-Gefühls.
Im weitgehend geschichtsfreien Daseinswinkel, d. h. im westdeutschen → *Gemütsraum*, führt der Gemütlichkeitsdrang zunächst in immer tiefere Innenbewirtschaftung, bis hier ein → identitätsphilosophisches wie -politisches Ich = Ich erreicht ist und nur mehr der Weg in die historische Dimension offensteht. In ihr erkundet der Gemütlichkeitskollektivierte jene Zeit, als man mit sich selbst, seiner → Westlichkeit und seiner → Weltoffenheit noch ganz allein in Deutschland war.
→ ANTIORIENTALISMUS, → Satire, → Wir im Westen.

Gemütlichkeitsverein → Gemütlichkeitskollektiv.

Gemütsraum Semantischer Hybrid aus Seelenraum und Gemütlichkeitswinkel, zuerst vereinzelt im Idiom der Neoempfindsamkeit um 1910, dann → massiv im → NEUSCHNÖSELSPRECH der landhausgeschützten Innerlichkeit westelbischer → HEIMATLITERATEN. Insbesondere Botho Strauß schwärmt, seufzt oder stöhnt von Gemütsräumen, die es gleichermaßen zu schützen und zu füllen gelte. In den frühen 1990er Jahren hatte ihm dies Michael Eberth, bekanntgeworden durch sein dramaturgisches Scheitern am Deutschen Theater, gelegentlich nachgeraunt und nachgeschrieben, zuletzt in seinen 2016 veröffentlichten Erinnerungskorrekturen zu jener Zeit (*Einheit. Berliner Theatertagebücher 91–96*, Berlin 2015). Eberth berichtet darin von seinem Versuch, den ‚Ost-Schauspielern' Klarheit und Grazie zugunsten eines penetrant realistischen Schmerzabbildungstheaters auszutreiben, in welchem Gefühl durch Sentimentalität ersetzt ist. Zwar hatte Eberth frühzeitig oder auch nachträglich erkannt: „Für den Gemütsraum des Ostens ist die Schauspielerei des Westens mit ihren sentimentalen Allüren die Pest." (S. 265) Für eine gelungene Einpuppung in den eigenen Schmerz hatte Eberth die → Ostler → nichtsdestotrotz auf das ‚westliche Selbst' → verwiesen, das souverän seinen G. bewohne und von dort durch → theatralen Leidenslaut imponiere.

Im Gegensatz zum ‚Gefühlsraum', einem Terminus aus der phänomenologischen Philosophie, bezeichnet ‚G.' bei Eberth, Strauß und anderen Exorzisten einer *raison du cœur* gerade nicht die intersubjektiv vermittelte Raumkonstruktion und -erfahrung, sondern jenen Seelenwinkel, in welchem das westliche Ich ganz und gar sein darf, was es ist, nämlich selbstverständig-selbstzugewandt. Seine Gemütlichkeit oder Gemütshaftigkeit ist somit rein diskursiver Natur; die Abdrängung gewisser Widrigkeiten in einen für → banal, trivial, konventionell usw. erklärten Außenraum, der keine würdige Bühne fürs dramatisch entfaltete Wüten des → Selbstmitleids scheint. Somit gleicht der G. der Neuinnerlichen, in seiner Doppelnatur von Mimosentum drinnen und Roheit nach außen, auch nur auf den ersten Blick dem ähnlich → befindlichkeitsbesessenen Konzept eines ‚Seelenraums' bei den Anthroposophen.

Gemütsräume sind die utopische Schwundstufe einer Identität von Sein und Haben, eines gegen Materialverschleiß geschützten Gefühls(selbst)genusses. Man müsse sich nur „dem Schmerz öffnen" (S. 83), so Eberth, um unbegrenzt mit diesem Urkapital von → theatraler Exhibition wirtschaften zu können. Freilich: „Das → Segment des Gemütsraums, dem der Überschwang des Erotischen und Sinnlichen, aber auch die Sehnsucht nach Befreiung des inneren Menschen entspringt, wurde in der DDR betont. Das Leben in der Gefangenschaft war nur zu ertragen, wenn man Trauer und Schmerz ‚nicht an sich ranließ'." (S. 255) Den Schauspielern des Deutschen Theaters hatte Eberth sich fünf Jahre lang als spiritueller Befreier angeboten, der Gemütsräume öffnet und → ‚Projektionen' abträgt, die „den Blick auf den Menschen verstellt" hielten (S. 265). Im Detail: → die Sprache der Seele, → die westliche Seele, → Eroskiller.

genau Im gesprochenen Westdeutsch: 1. Antwortfloskel („Ist das richtig" – „Genau!"), die über den Bedeutungsrahmen des Wörtchens weit hinausgeht. Sie ersetzt häufig den ganzen Satz. Daneben ist ‚g.' verbreitet in Antwortsätzen wie „Ja, genau, du." (→ exakt, › JOVIALSPRECH) 2. Hesitationsphänomen, das bei jüngeren Westdeutschen das → ‚ahm' zu ersetzen beginnt. Im kulturbetrieblichen und universitären Sprechen markiert ‚g.' eine Selbstvergewisserung als auch ein Innehalten im gedanklichen Monolog, → gleichsam ein Erstaunen über die Verfertigung von Gedanken beim Reden. „Ich möchte nun einmal vorab das gesamte → Themenfeld umreißen. Da haben wir zunächst das Themengebiet der nonverbalen Kommunikation. Genau. Hier gilt es besonders hinsichtlich der symbolischen Aufmerksamkeitserzeugung → achtsam zu sein. ... Genau." (Hörprobe: Hörsaal einer → Frankfurter Universität im Sommer 2015) „Genau. Der Kulturkalender." (Hörfund: *Kulturradio*, 13. April 2019) 3. Zustimmungsformel im Verbalverkehr zwischen → Vertretern → der Politik und der → Qualitätsmedien, die → eine Art vorlauter → Unterwürfigkeit markiert. Das bejahte ist hier zugleich das abgeschnittene Wort; der Parleur stimmt seinem Gegenüber zu, um dadurch selbst wieder → kommunikative → Präsenz zu erlangen.

genau und präzise Besonders präzise, ja hochpräzise, wenn nicht gar pathetisch-präzise Form des → Genau-Sagens; hochbeliebt bei → Qualitätsjournalisten des Hörfunks wie etwa Peter von Zahn.

Generation In Abwandlung eines Gedankengangs von Ortega y Gasset (*Aufstand der Massen*, 1929) könnte man mit Fug behaupten: Bereits in ihrem räumlichen Erscheinen ist der Primäreindruck von Westdeutschland und Westdeutschen einer von schierer Masse, von formlos quellender und doch haftungssüchtiger Fülle. Stets sind es ‚die Vielen', stets sind sie gefährdet, sich als die ‚Viel-zu-Vielen' erkennen zu müssen. West- und also Mehrheitsdeutschen fällt es aber auch geistig-kulturell nicht schwer, sich per → Wir-Gefühl als Clique, Milieu, ‚Netzwerk' u. a. Zählgrößen zu → präsentieren, schließlich ihr soziales Dasein und Bewußtsein aus dem Raum in einen Zeitbegriff zu überführen. Die Zugehörigkeit zu einer ‚G.' wird Mehrheitsdeutschen keineswegs als Dementi des ebenfalls beanspruchten → Individualismus problematisch, basiert dieser doch auf dem souveränen und singulären Ja zu wählbaren Mehrheiten. Seit den 1960er Jahren der BRD ist ‚G.' ein Basisbegriff der geistigen → Werbewirtschaft wie der Zeitgeistschreibe. Zugleich ist ‚G.' ein Beweis dafür, wie der an sich unsinnigen Formel → ‚falsches Bewußtsein' durch die unversiegliche Potenz der Einfalt stets neuer Sinn zugeführt wird: Kein Erfinder einer ‚Generation …', der nicht am Ende selbst daran glaubte, ihr anzugehören! Die vorerst letzte im Reigen der Geistlosigkeit – nach Automarken, Fernsehserien, Regierungschefs – benannte G., die „Generation Merkel", entstand im → Umfeld des → Neonarzissmus und seines → Neuschnöselsprechs. Dort hat man nie anderes als Westdeutschland erlebt und darf sich einige Hoffnung machen, nie anderes zu erleben, wenn nur die Gemütsgrenzen dicht bleiben und die → humanitären Einsätze anderswo gründlich erfolgen: „Ich sehne mich nach Streit. Morgen werde ich sechsundzwanzig. Ich bin einer aus der ‚Generation Merkel'. Und ich sehne mich nach mehr" überschrieb ein Sprößling der → Ichzeit seinen Bedürfnisbedarfstext (Simon Strauß in: *FAS* vom 14. Oktober 2014).
→ Bübchenbelletristik, → Neonarzissmus, → Selbstverständigung.

Generation Berlin Generationen gibt es unter Milieumenschen und Denkverweigerern der medien→affinen Soziologie gratis und dutzendweise. Nach Erscheinen seines Textes *Generation Berlin* (2001) gab der westdeutsche → Ostdeutschenbeobachter und Westdeutschenbespiegler Heinz Bude dem *SPIEGEL* folgende Auskunft über Generationsgenerierungskompetenz: „Ich mache kein Geheimnis daraus, dass ich meine intellektuelle Aufgabe auch darin sehe, den mit dem Regierungswechsel immer deutlicher gewordenen Smartness-Bedarf zu benennen und versuchsweise auch zu füllen. Schröder muss sich zu der durch diesen Wechsel und den Regierungsumzug entstandenen Zäsur intellektuell verhalten, und er hat nicht das Potential dazu." (Gunnar Luetzow, „Generation Berlin: Frische Munition für die Faulheitsdebatte", in: *SPIEGEL online* vom 14. Juni 2001) „Generation Berlin" war die frische Formel fürs → Wir-Gefühl der Zugezogenen wie für ihren vermuteten → Bedarf daran. Der schon 2000 fast vollzählig in Berlin versammelten westdeutschen Politik-, Medien-, Kultur- und Wissenschaftsprovinz bescheinigte der Kasseler Soziologe ein gesteigertes Erleben „fiebriger Hektik der → Großstadt". Das Ende der fetten Jahre → abgekapselten Mehrheitsdeutschtums faßte Bude in die Formel vom „prekären Wohlstand: der ist für die gesellschaftliche → Situation → relativ dramatisch". Raffer- und Akkumulationstugenden aus bürgerlicher Frühzeit seien gefragt: „Zukunftsbehauptung gegen Vergangenheitsbindung", deren Folgen Bude wiederum in relativ vielen Nachfolgebroschüren der 2010er Jahre beklagen sollte.

generieren Wichtigtuersprech für ‚erzeugen', ‚herstellen'. Man sagt von einer Bierdose nicht zuviel, wenn man mitteilt, wo sie generiert wurde.

genervt Aus dem Wortschatz eines → Sprachkritikers: ‚kucken', ‚das → meint', → ‚ungleich größer', → ‚nicht wirklich'. Hans-Martin Gauger, vorstehend zitiert, fühlt sich → nichtsdestotrotz auf der richtigen Seite des sprachlichen Lebens, auf der Seite eines sprachnervlich beanspruchten Süd-Westdeutschlands: „Und dann die mir ohne Rest → nachvollziehbare genervte Klage dieses bayerischen Schwaben oder (meinetwegen) Alemannen ..." (*Was wir sagen, wenn wir reden. Glossen zur Sprache*, München-Wien 2004, S. 37) Etwas ist also nicht ‚von mir' oder gar ‚durch mich nachzuvollziehen', sondern ‚mir nachvollziehbar'! Und (Aussagen) ‚verstehen' ist für den ordinierten Romanisten offenkundig dasselbe wie (Tätigkeiten) ‚nachvollziehen'. Fehlen da vielleicht einige Jahre im → Nachvollzug?

GENITIV-DATIV-LIAISON Bis ins Edelfaselfeuilleton verbreiteter Mißbrauch des Genitivs, dem schwierigsten aller Fälle. „Dessen ich tatsächlich immer wieder und nahezu jeden Tag aufs Neue unsicher bin – nicht der Qualität" seiner Aufzeichnungen, räsonierte selbst Fritz Joachim Raddatz, „unsicher eher ‚des Buches als solchem'" (*Tagebücher 2002–2012*, Reinbek 2014, S. 84). Häufiger und den Sprachsinn → herausfordernder sind durch Komma getrennte G.-D.-L.en; beispielhaft hierfür Satzerweiterungen wie die nachfolgende, beim ansonsten über jeden Zweifel erhabenen Sprachempfindling Max Goldt gefundene: „Filmschaffende und Schriftsteller blicken neidisch auf die sehr nützliche popmusikalische Erfindung der ausgeblendeten Coda, einem schleifenartig wiederholten Motiv, das immer leiser wird." (Max Goldt, *Die Chefin verzichtet. Texte 2009–2012*, Berlin 2012, S. 19) Das Motiv einheitlicher Deklination ist auch über die G.-D.-L. hinaus immer leiser geworden. Im Westdeutsch der → Qualitätsmedien findet man mittlerweile bereits die → AKKUSATIV-DATIV-LIAISON: „Beschlossen wurde vom Senat zugleich die Planung für den Petriplatz, dem Gründungsort von Cölln." (Uwe Aulich, „Die Autobahn verschwindet", in: *Berliner Zeitung* vom 20. April 2016, S. 11) Selbst Extrem-, nämlich Dreifallfälle kommen vor, beispielsweise in diesem Bericht über Extremisten: „Dazu gehörten: Neonazis, Rocker, Kampfsportler, Wachschützer, Hass-Musiker, Hooligans, aber auch Mitglieder extremistischer Vereinigungen wie der NPD, dem Dritten Weg oder der Identitären Bewegung." (Jens Blankennagel, „Extremisten auf dem Vormarsch", in: *Berliner Zeitung* vom 20. Juni 2019, S. 1)
→ alles und allem, → beharren (auf), → bestehen (auf); → DATIVSCHWÄCHE.

GENITIV-DATIV-MESALLIANCE Sonderfall der → GENITIV-DATIV-LIAISON; eine kurzfristig zustandegekommene, aber leicht auflösbare Vermählung der beiden Fälle. Die folgenden Beispiele entstammen ebenfalls dem zweiten Band der *Tagebücher* von Fritz J. Raddatz, der sich besonderer „Erfurcht" (S. 641) vor der deutschen Sprache rühmte, so „daß es ihm im Grunde ehre" (S. 561), wenn er unter heutigen Schreibern gänzlich vereinsamt sei, mit wenigen Altersgefährten „unserem ‚ungelebten Leben' denkend" (S. 562). Da wird das eigene Leben zum Museum, schöner als jedes begehbare, etwa das in Göteborg: „Das großzügige Museum ausschließlich voller zeitgenössischem Schrott" (S. 598). Ansonsten: jeden Tag Ärger „wegen dies und das und jenem" (S. 667).
→ alles und allem.

Genußrechte Das Genußrecht, ein rein schuldrechtliches Kapitalüberlassungsverhältnis (BGB § 2221, Abs. 3, AktG), wird häufig durch Genußscheine verbürgt. G.e sind jedoch nicht nur eine juristische, sondern auch eine weltanschauliche Größe: Der Glaube an ein Menschenrecht auf Genuß ist westelbisch verbreitet und hat bei Deutscher Bahn, Tankstellen, Theaterklubs, → Wohlfühloasen, → Wohnlandschaften und zahlreichen anderen Einrichtungen zur Ausgabe mehr als rechtsverbindlicher, somit nicht gerichtsfester Genußrechtsscheine geführt. Anders steht es bei der Umweltbank Nürnberg, die vor kurzem mit folgender Erklärung aufwartete: „Genußrechte stärken das Eigenkapital der Bank und stärken so das weitere Wachstum." Wie man weiß, brauchen Welt und Umwelt nichts dringender als Wachstum; dessen schädlichen Folgen beugt die Bank mit → extrem niedrigen Zinsen vor. Investitionen werden (laut Bankwerbung) vergolten durch „Projektgenußrechte" und „Umweltbankgenußrechte"; Zinszahlung gehöre zu den „nachrangigen Sicherheiten".

geprägt Die Bevorzugung von ‚Geprägtheit' gegenüber ‚Bedingtheit' erklärt sich, zunächst, aus der → Bildungsferne → zunehmend → breiter Kreise der westelbischen → Bevölkerung: Die Fähigkeit zu kausalem Denken erschlafft, hingegen wächst die Vorliebe für monomane Phänomenbeschwörung und moralische → Positionsnahme. Das offenbart → Strukturdefizite, die man aus der → neinfreien Erziehung wie aus den schlechten Mathematik- und Naturwissenschaftskenntnissen Jungwestdeutscher herleiten kann.
Inzwischen ist ‚g.' ein inflationär gebrauchter → SUPERLATIVISSIMUS in → meinungsstarker → Qualitätsjournalistik und → Exzellenzwissenschaft. So liest man z. B. in Biographien von → Ausnahmekünstlern, daß der Besuch des Gymnasiums in X oder die Begegnung mit dem Kollegen Y sie ‚g.' hätte. Anderes Beispiel: Als 2015/16 die Anzahl der Ostdeutschen in der AfD auf ein Viertel aller Mitglieder anzuwachsen und damit den Ost-West-Bevölkerungsproporz ungefähr → abzubilden drohte, verkündeten mehrheitsdeutsche Meinungsinstitute sogleich, die Partei sei ‚ostdeutsch g.', ja ‚vorgeprägt'.
→ das Ostdeutsche, → Gerade (Sie) als ..., → PURISMUS.

Gerade (Sie) als ... Satzeinleitende Mein- und Mahnformel im → WÄCHTERSPRECH. Westdeutsche, die in der Meinungswirtschaft beschäftigt sind, haben oft erstaunlich präzise Vorstellungen davon, wie Ostdeutsche sind oder sein müßten – zumeist genau so, wie Westdeutsche nicht sind oder sein wollen. Dieser Glaube an ein ostdeutsches *Wesen* (eine Essenz des Ostdeutschtums), das gleich hinter der Elbe wirken und → wabern müsse, nennt man im → DEKONSTRUKTIVISTISCHEN ‚essentialistisch'; die hochdeutsche Alltagssprache begnügt sich hierfür mit dem Wort ‚Aberglauben'. Wie jeder Aberglaube entfaltet sich auch der westelbische Wesensglaube → kommunikativ äußerst heftig und reichhaltig. „Gerade sie als Ostdeutsche" hätte dieses oder jenes machen oder meinen müssen, verlautete es → qualitätsmedial unzählige Male über → das Merkel; „gerade sie als Angehörige eines Flüchtlingsvolkes" hätten nicht zu → Flüchtlingsfeinden mutieren dürfen und ihre → Dankbarkeit gegenüber → dem Westen durch Freundlichkeit gegenüber den Nachrückern aus → dem (ferneren) Osten bezeugen müssen usw.; die vorstehenden Phanatasiebeispiele sind aus Pressepartikeln der letzten fünfzehn Jahre zusammengefügt.
Kulturhistorisch erweist sich der Wesensdiskurs in dieser Vorwurfsformel als sekundär. Die ersten und häufigsten Belege betreffen nicht ostdeutsches, sondern jüdisches Wesen (→ Ostdeutsche/Ostjuden). Aktuelle Nachweise würden den Rahmen eines kommentierten Wörterbuchs sprengen. Für den frühen Beobachtungszeitraum dieses Wörterbuchs sei nur an eine hernach als *Bild*-Kolumnistin berühmtgewordene → Publizistin erinnert. Sie hatte angesichts einer → vermeintlich → frauenfeindlichen Fotoexhibition den Frauenfotografen Helmut Newton angeklagt: Gerade er als Jude oder wenigstens Jüdischstämmiger, somit Angehöriger eines Volkes von → Opfern und → Diskriminierten, hätte ein derart → faschistoides Bild der Frau (beinlang nordisch!) nicht präsentieren dürfen. Einige Jahre darauf kam die Gerade-Sie-als-Formel noch → massiver zum Einsatz, als es Kritiker an Idee, Ort oder Gestalt des Mahnmals für die ermordeten Juden Europas abzumahnen galt. Nun traf es Persönlichkeiten aus der Jüdischen Gemeinde Berlins, aber auch aus der Akademie der Künste (G. Konrad). In jüngster Zeit haben → Juden, die sich am → rechten Rand (→ AfD-

Land) blicken ließen, dem Gerade-Sie-als-Diskurs zu neuem Schwung verholfen, semantisch und argumentativ oft spiegelbildlich zur Gerade-wir-als-Version.

Der oft vormundschaftliche, immer aber didaktische Duktus all dieser → Ansagen entspricht einer Vorstellung von Welt und Menschen, die man vulgärplatonisch nennen könnte: Die → Ansager vertrauen auf Ideen (Wesenheiten, Essenzen) des Jüdischen, Deutschen, Weiblichen usw., die möglichst rein ans Licht treten zu lassen ein politpädagogischer Ehrgeiz befiehlt. All diese Er-, An- und Abmahnungen gehen weit über das → Problemfeld sogenannter ‚Lehren aus der Vergangenheit' oder ‚unserer Verantwortung' hinaus. Sie bezeugen einen → massiven Wunsch nach Berechenbarkeit, wenn nicht Vorhersagbarkeit des Politischen, das so zum Epiphanieraum des Ewigen wird.

→ Betreuliches, → Lehramtssprech, → Medialdemokratisches, → Mehrheitsdeutsch.

Gerechtigkeitslücke Sie gewährt ähnlich wie die Zahnlücke einen kühlen Durchzug, der jedoch den moralischen Nerv entzünden kann. Besonders empfindlich ist er bei Alexander Dobrindt aus der sprach- und sozialsensiblen Geräuschzone Bayern (→ Christbaum): Der deutsche Verkehrsminister beklagte in den 2010er Jahren die G. durch freien Verkehrsdurchzug auf deutschen Autobahnen und forderte für (oder gegen) ausgewählte Nachbarländer die Maut, auf daß die Gerechtigkeit wieder kraftvoll zubeißen könne. Der Ausdruck blieb sowohl dem Verkehrsministerium als auch dem alltagspolitischen Verkehrsdeutsch erhalten, ist in sog. → Opferdiskursen sogar inflationär geworden.

gerne Das harmlose Wörtchen hat sich im allerneuesten Westdeutsch zu einer handfesten Hohnesfloskel entwickelt. „Vielen Dank!" – „Gerne." – „Sie haben es gerne, daß ich mich bei Ihnen bedanke?"

geronn Zeugnis des westdeutschen → Partizipbildungsdefizits wie des Versuchs poesienaher Rede seitens der politischen und wissenschaftlichen → Meinungselite. Das 2017 verabschiedete Netzwerkdurchsetzungsgesetz kommentierte Sascha Lobo, Fachmann für solche wie artverwandte Virtualitäten, als Beweisstück für „den so beschämenden wie gefährlichen Mangel an politischer und öffentlicher → Fehlerkultur in Deutschland". Sollte es doch „als Beweis für entschlossenes Handeln der GRoKo gegen Fake News und Hate Speech starten. Noch in der Luft geronn es zum Vorzeigebeispiel der Unausgegorenheit." („Die stumpfe Pracht des NetzDG", in: *SPIEGEL online* vom 3. Januar 2018)

→ angepreist, → entspann, → erlöscht, → gelang, → geschwört; → -kultur.

gesamtgesellschaftlich Soziologischer und möchtegernsoziologischer → Wichtigsprech, ein → Superlativissimus sozialer → Totalität; hochdeutsch: gesellschaftlich.

gesamtheitlich Polittheologisches Attribut der → Ganzheitlichkeit und darin Ausdruck des Bestrebens, → die Mitte der Gesellschaft zu besetzen und zu behaupten. Kurz, ein sozialintegrativer und demokratiedefensiver → Ansatz.

Aus dem Zusammenbruch von Diktaturen entstehen mitunter Demokratien, aus Demokratien erwachsen Diktaturen durch simple Mehrheitsentscheidung. Die parlamentarische Demokratie hat totalitären Anwandlungen ihrer Teilhaber wenig entgegenzusetzen, namentlich denen aus → der Mitte der Gesellschaft. Das wird dem Vorurteilsarmen vollends klar, wenn er sich in eines der zahlreichen, im → Bekenntnis- und → Entlarvungsgestus geschriebenen Bücher aus der → medialdemokratischen Mehrheitsmitte vertieft. Deren Aufklärertum erschöpft sich darin, bereits Namhaftes nochmals zu benennen, denn, wer hätte es gedacht, die Radikalen sind radikal. So wird → Aufklärung ein Epiphänomen am → Positionierungsgeschehen → der offenen Gesellschaft: Der Glaube an die aufrüttelnde Wirkung dutzendfacher Nachweise, daß die heutige Rechte historische Vorläufer hatte und daß der Radikale X dem Radikalen Y ermunternd zunickte, hat den Buchmarkt der zweitausendzehner Jahre mit → Entlarvungsliteratur überschwemmt. Sie ist rasch geschrieben. Ein – dafür typisches – Werk wie *Gefährliche Bürger. Die Neue Rechte greift nach der Mitte* (2015) schöpft fast vollständig aus der Internetrealität, wo Meinungsbekundung und → Positionsnahme per Anonymität leichtgemacht sind. Co-Autor Christoph Giesa nähert sich der „explosiven → Gemengelage, in der Parolen professionell agierender Verhetzer vielfach auf offene Ohren stoßen. In solch einem → Umfeld kann man schleichend zum gefährlichen Bürger werden." (S. 11f.) Zum Beweis der eigenen Ungefährlichkeit → präsentiert sich Giesa als „→ Vertreter eines gesamtheitlichen Liberalismus in der FDP, protestantisch erzogen, aber aus Überzeugung aus der Kirche ausgetreten" (S. 10). Weiß Giesa nicht, was ex-protestantische → Wutbürger wählen, die die FDP nicht mehr wählbar finden?

Das Elend einer → Aufklärung, die „den verunsicherten → Bürger" (S. 27) oder „die Mitte der Gesellschaft" (S. 15) vor sich selber schützen will, ist älter als der Glaube → der Demokratie, daß sie anderes oder Besseres sei als ein politischer Kampf aller gegen alle mit zugehörigem Affektgestürm. Im Meinungskosmos, der den Aufklärern als Rückzugsraum und zur Selbstbestätigung verbleibt, ist das Faktische ebenso offenkundig wie bedeutungslos. Die Entlarver blieben ihrerseits ohne Gesicht, könnten sie nicht den Verlarvten die Larve von eben demselben reißen – falls die Verlarvten das nicht schon selbst und im Maskenplural tun würden: „Im Internet allerdings lässt so mancher von ihnen alle Masken fallen und lebt unverhohlen ein Gefühl aus, das in der demokratischen Kultur → so eigentlich keinen Platz hat: Hass." (S. 15) So, eigentlich? Oder eigentlich so?

Gesamtpaket Meist: von Maßnahmen (→ Maßnahmekatalog). Verleiht dem durch Sparbeschlüsse eng geschnürten Sozialkörper eine Kräftekonzentration und somit einen → Innovationsschub, der die dafür ausgewählte → Impulsregion zu einer Drehscheibe der Innovationsprozesse und zu einem Brückenkopf von → Modernisierungsanstrengungen ungeachtet aller → Strukturdefizite macht.

Geschichten Hochwertwort für prozeßförmige Dinge und Darstellungen, gewonnen durch wertsteigernde → PLURALISIERUNG.
„In Europa herrscht Sorge um den Fortbestand internationaler Verträge, wie dem Pariser Klimaabkommen und dem Atomabkommen mit dem Iran." (*Deutschlandfunk*, Nachrichten, 18. November 2016) Von der Umstellung nicht nur des Genitivs auf den Dativ, sondern von klimafeindlicher Beschäftigung auf klimaneutrale Arbeitslosigkeit berichtet derselbe → Qualitätssender: „Wir brauchen ein positives Gesellschaftsnarrativ, mit positiven Geschichten." („Umwelt und Verbraucher", *Deutschlandfunk*, 26. Februar 2019)
→ Erzählung, → Narration/Narrativ, → (Was) Wir brauchen.

Geschichtsbruch Dampf- und Nebelwort aus dem Diktionär → SCHÖNSPRACHLICHER Vergangenheitsentsorgung; seltener als die gleichbedeutenden Ideologeme → ‚Zivilisationsbruch' und → ‚Gattungsbruch' vernehmbar, jedoch wie diese integraler Bestandteil der → Erzählung von einer Geschichte, die frühestens im Mai 1949 begann (vgl. Helmut Böttiger: „Geschichtsbruch durch die Nationalsozialisten", *Deutschlandfunk*, „Kalenderblatt" vom 7. September 2017).
→ Narrative, → PURISMUS.

geschlossene Gesellschaft Titel eines DEFA-Spielfilms von Egon Günther, daneben Komplementärbegriff zur → ‚offenen Gesellschaft' innerhalb von Karl Raimund Poppers → Totalitarismustheorie; aufgrund dürftiger Geschichts- und Philosophiekenntnisse seit ca. 2000 unbefangen und inflationär angewandter → Projektionsausdruck in der → Deutung deutscher Gegenwartsphänomene. Demzufolge sind geschlossene (erfahrungsresistente) Weltbilder nicht für → ideologisch milieu- und klassenparzellierte Gesellschaften wie die westdeutsche, sondern für → egalitäre Proletariatsdiktaturen wie die des → ehemaligen Ostblocks typisch.

Rechte, rechtsradikale, -extreme, -populistische und anderweitig → randständige Phänomene *außerhalb* von → alt(bundes)deutschen Institutionen (Bundeswehr, Bundesnachrichtendienst, Burschenschaften usw.) beunruhigen immer wieder einmal → Verantwortungsträger → der Politik. Weit entfernt, darin eine forcierte → Anpassung an westdeutsche Standards zu erblicken, argwöhnen die demokratischen → Eliten der Alt-BRD im → prolligen → Wutbürgertum eine spezifisch östliche → Fremdenfeindlichkeit, die auf → die Straße fand anstatt in die geschlossenen Räume von Ministerien, Spa-Hotels, Hinterzimmern usw. Warum tobt z. B. → sächsischer Volkszorn nicht parlamentarisch, in zwar → ideologisch → verdruckster, aber doch → bürgerlich gepflegter Form? Zur hohen Zeit des 2017er Bundeswehrskandals ließ die Ostbeauftragte der Bundesregierung solchen Fragen durch das Göttinger „Institut für Demokratieforschung" nachgehen. Die Forscher aus dem Lande Roland Kochs führten in den Hochburgen der Bizepsrechten, nämlich in Freital, Heidenau und Erfurt, knapp vierzig Interviews durch. Zwar befragten sie kaum Rechtsextreme, sondern fast ausschließlich Rechtsextremismuserklärer. Das Ergebnis der Befragung darf sich dennoch sehen lassen: „Die Sozialisation in einer buchstäblich geschlossenen Gesellschaft wie der DDR kann als ein Faktor für die Erklärung nicht stark genug betont werden: Ethnozentrische Weltbilder, die von der modernen extremen Rechten ... vertreten werden, sind auch deshalb vor allem bei den älteren Befragten weit verbreitet, weil die Migrationspolitik der DDR auf genau solchen ethnozentrischen Prinzipien basierte: Völkerfreundschaft ja, aber alle MigrantInnen sind als Gäste ... zu betrachten." (*Rechtsextremismus und Fremdenfeindlichkeit in Ostdeutschland*, S. 194f.) Die Fremdenfeindlichkeit der Ostdeutschen sei → *strukturell* gewachsen. Auf die Erforschung des *individuell* gewollten, also in persönlicher Verantwortung gelebten Fremdenhasses in Westdeutschland verzichteten die Göttinger Forscher. Die naheliegende Problemlösung, daß sich die Ostdeutschen eine andere Vergangenheit suchen sollten, wurde lediglich in Organen der Westberliner Heimatpresse (*taz, TAGESSPIEGEL* usw.) angedeutet. Den Forscherglauben, daß es in der maucrumfriedeten DDR so etwas wie eine ‚Migrationspolitik' gegeben haben könne, nahm die → MEHRHEITSDEUTSCHE → Satire nicht auf.
→ Vertragsarbeiter; → Fidschis, → Jude/n, → Keine Italiener! → Türken raus!

geschuldet Krebswort, das aus der gesunden semantischen Zelle ‚verdankt' hervorwucherte und diese schließlich eingehen ließ, um seinerseits ein ewiges Leben im → WICHTIGSPRECH zu führen. „Mein → zeitverzögertes Erscheinen ist der Unpünktlichkeit des → Metrobusses geschuldet."

Mittlerweile ist ‚g.' bestens integriert in Figuren- wie Autorensprache der westdeutschen → HEIMATLITERATUR. Die Ubiquität des Wortes im → MOSEBACHDEUTSCHEN dürfte kaum überraschen. Doch selbst höherwertige, ja Hochschullehrer-Literatur wie die von Hans-Ulrich Treichel (geb. in Westfalen, jetzt Deutsches Literaturinstitut Leipzig) überrascht mit sprachlichen Schuldzusammenhängen, u. a. im Selbsterforschungsroman *Frühe Störung* (2014): „→ Natürlich war mir zugleich bewusst, dass ich nichts gesehen hatte, fast nichts, aber dass sich dieses fast nichts eben → anfühlte wie beinahe alles. Was vielleicht meiner physischen Erschöpfung durch die Reise geschuldet war." (S. 158)

geschwört Seit den 2000er Jahren in westdeutschen → Qualitätszeitungen als auch im → Qualitätsradio nachweisbare Partizipform von ‚schwören'; vgl. → Partizipbildungsdefizit, → beschwört.

gesellschaftliche Mitte Synonym für → ‚die gute Gesellschaft', nach 1990 Sehnsuchtsort oder gesäßwarme Kuschelecke der → Bittermannlinken. Die ‚g. M.' war zuerst ein Begriffslaut aus dem Brustgetön korrekter Überzeugungsinhaberschaft, wie → unverzichtbar seit der Schröderära. Heute ist die g. M. der politische → Ort, an dem alles erlaubt ist; Hauptsache → bürgerlich: „Die Mitte der Gesellschaft muss jetzt den Ton angeben", erklärte der Berliner SPD-Fraktionsvorsitzende Thomas Oppermann angesichts der Islamhasser wie der Islamhasserhasser aus der g. M. („Darum bin ich dabei", in: *Berliner Zeitung* vom 14. Januar 2015, S. 3). Bei alledem ist die Mitte ein Ort der Bewegung, was nicht nur polithygienisch bedenklich sein mag: Auch die Avantgarde des Rollkoffer- und Wanzenverbreitungstourismus strebte zu ihr hin: „Wir sind in der gesellschaftlichen Mitte → angekommen", verkündete Alex Schwarz, Deutschland-Chef von AirBnB (in: *Inforadio*, 12. Dezember 2016).
→ die (bürgerliche) Mitte, → Angekommenste.

gesellschaftlicher Rand (vereinfachte Pluralform: die Ränder) ist ein → Selbstverständigungsbegriff → der gesellschaftlichen Mitte. Diese benötigt seit je Umrandungen, um ihr sozial-zentrales → Wir- und somit Wohlgefühl zu erlangen. In der Vagheit des Ausdrucks ‚Rand' finden Vorstellungsfetzen von ethnisch, politisch und kulturell → Fremdem und also Befremdlichem gleichermaßen Raum: eine Melange aus → Plattenbau, → Atheismus, → Hartz IV, Kanaksprak, Burschenschaft, Deutschem Haus und Linke-Wahlstand. Die Ränder sind dasjenige, was entweder die Mitte bedroht, wenn diese sich im freiheitlich-demokratischen → Grundkonsens eng beieinanderhält, oder → sie sind, was der verängstigten Mitte einen Sog der Versuchung bedeutet.
Solange sich das → Bürgertum in präbundesdeutschen → Unrechtsstaaten wie etwa dem deutschen Kaiserreich (→ das Schloß) noch zwischen Adel und viertem Stand eingeklemmt sah, hatte Mittelschichtigkeit einen strikt vertikalen, sozialhierarchischen Sinn. In der – nach Urteil von bundesdeutschen Soziologen – ‚nivellierten Mittelstandsgesellschaft' BRD hingegen vergewissert sich die Mitte ihrer selbst durch ihre Einfassungen oder Extreme in der politisch-ideologischen Horizontalen, sprich: am linken oder rechten Rand. Zwischen Mitte und Randzonen existieren keine → Grauzonen, sondern es haust dort das Unbegreifliche: Wieso treibt es die Jugend → aus gutem Hause oder → aus besten Kreisen so häufig ins politische Extrem? Warum so viele Steinwürfe vorm finalen Eigenheimbau? Woher der puerile Antisemitismus im → gutbürgerlichen Westen Berlins? Umgekehrt fragt aber auch die Mitte: → Warum wird „aus dem → vermeintlichen → Bildungsbürger, dem Bürger zwar, in der Regel → qua Geburt", ein randständiger → „Primitivbürger"? (Bednarz/Giesa, *Gefährliche Bürger. Die Neue Rechte greift nach der Mitte*, München 2015, S. 25) Die intellektuell zumeist durch → Totalitarismusdoktrin oder → Habermasdeutsch sozialisierten Mittedeutschen wissen es nicht zu sagen und sagen dies in einer redseligen Empörungsliteratur (→ auf Augenhöhe, → Diskurshoheit).
Die von wenig dialektischem Sinn zeugende Verwunderung darüber, daß man nicht eine Mitte proklamieren könne, ohne deren Ränder zu akzeptieren, ist in ihrer intellektuellen Unschuld freilich nur wieder Ausweis eigener Mitte- und damit Bestplaziertheit. Wie auch andere Milieus des deutschen Westens spricht die Mitte, wenn sie vom Rand spricht, von und für sich selbst. Publizistisches Kopf- und Fäusteschütteln wie jenes von Bude (→ inklusiver Populismus) oder Bednarz/Giesa (→ Bürger, → diese Kreise) ist der authentische Ausdruck solcher → gleichsam geborenen und ihr Geburtsprivileg würdig verwaltenden Mittelklassigkeit.

Gesicht zeigen gehört mit → ‚Flagge zeigen', → ‚Position beziehen', → ‚Signal geben', → ‚Zeichen setzen' u. ä. m. zu den Sprachhandlungen der → Protestkultur, speziell des → MEDIAL-DEMOKRATISCHEN → BEKENNERSPRECHS. Beim Zeigen von Gesicht, Flagge, Signal usw. verbleiben die einschlägig Sprachhandelnden strikt im Bereich der Ausdrucks→kultur, mithin unter ihresgleichen. Man kommt nicht ins Gespräch, sondern in → die Medien, man redet nicht über → Probleme, sondern demonstriert seine → Meinungen. Das Gesichtzeigen dient somit vornehmlich dazu, ein politisch-moralisches → Wir-Gefühl zu kräftigen. Dies erklärt, weshalb fast niemals die angesprochenen Objekte solchen Zeigens die Gesichter, Flaggen, Signale usw. erblicken. Der Wunsch, unter seinesgleichen zu sein und dort zu hören, was seinesgleichen rufen, ist westelbisch derart kulturprägend gewesen, daß mittlerweile selbst die rechtsrockende Protestkultur das einschlägige Ausdrucksarsenal zu nutzen beginnt; seit 2016 ist auch im → AfD-Land medienmanifest vom ‚G. z.' die Rede.

Gesinde Laut Fritz J. Raddatz Dönhoffdeutsch für 1. Gesindel, 2. *ZEIT*-Mitarbeiter, 3. Karol Wojtyła.

gesinnt/gesonnen Hochdeutsch: „Er ist fortschrittlich gesinnt. Deshalb ist man ihm freundlich gesonnen." Westdeutsch: „Er ist fortschrittlich gesonnen. Deshalb ist man ihm freundlich gesinnt."

Gesinnung → Meinung, → Überzeugung; → DENUNZIANTENDEUTSCH, → Gesinnungsschnüffelei.

Gesinnungsästhetik folgt nach Ansicht von Verantwortungsästhetikern unmittelbar aus Gesinnungsethik und führt zur Erzeugung von → Gesinnungsliteratur. Den Ausdruck machten Karl Heinz Bohrer (→ GROSSER STIL, → MAULHELDISCHES) und weitere Verantwortungspublizisten westdeutscher → Qualitätsmedien in den frühen 1990er Jahren prominent, als es die literarische Hinterlassenschaft der → Ehemaligen zu → entlarven und → aufzuarbeiten galt. → Realismus, → Selbstverständigung.

Gesinnungsliteratur Literarisch wertlos, wenn mit der falschen Gesinnung produziert.

Gesinnungsprüfung Widersetzliche → Meinungen und widerwärtige → Empfindungen zu → Gesinnungen zu erklären, um hernach ihren intellektuell und moralisch dürftigen Sinngehalt → entlarven zu können, ist gängige Argumentationstechnik in Westelbiens geistiger → Mitte. Zusammengesetzte Substantive wie → ‚Gesinnungsliteratur', → ‚Gesinnungsästhetik' und ähnliches waren lange Zeit synonym mit ‚sozialistische Literatur', ‚linke Ästhetik' usw. Seit einigen Jahren scheint der Denunziationsterm jedoch zum → selbstbewußt ergriffenen Mittel weltanschaulicher oder weltanschauungspolizeilicher → Positionsnahme zu mutieren. Exemplarisch hierfür ein Wortgebrauch, der auf einer Diskussion zum Thema „Wie politisch ist der Buchhandel?", veranstaltet von dessen deutschem Börsenverein, zu vernehmen war. Der Münchner Buchhändler Michael Lemling erklärte daselbst: „Wir können keine Gesinnungsprüfung durchführen"; beispielsweise habe er in seiner Buchhandlung 500 Exemplare von Thilo Sarrazins *Deutschland schafft sich ab* verkauft. Lemling beteuerte, daß er dieses Buch weder im Schaufenster noch im Ladeninnern prominent plaziert hätte. „Und das Buch aus Protest gegen dessen Tendenz nicht zu verkaufen, wäre wirtschaftlich für ihn als Buchhändler schwer zu verantworten gewesen." (zit. nach: Cornelia Geißler, „Gesinnung gegen Verantwortung", in: *Berliner Zeitung* vom 16. März 2018, S. 22) In der Tat seien die Kunden politischer geworden, ergänzte die Dresdner Buchhändlerin Susanne Dagen. Ihre

Buchhandlung hatte die Diskussion zwischen zwei bis dahin als → Intellektuellen weithin unbekannten Literaturpreisempfängern organisiert: Mit Uwe Tellkamp und Durs Grünbein, bilanzierte Dagen, seien zeittypisch ein → Verantwortungsethiker und ein → Gesinnungsethiker aufeinandergetroffen. Letzteres Substantiv provozierte den Münchner Buchhändler zu einem Lehrstück der Bigotterie, wie sie vielleicht nur unter katholisch → kulturkreisender Sonne reift: „Sie sind die erste rechte Buchhändlerin, die wir jetzt kennenlernen." (zit. nach: ebd.) Bemerkenswert ist nicht allein die Wahl des Majestätischen Plurals fürs Gesinnungsprüfergeschäft (→ Wir im Westen), sondern auch die also bekundete Spätzeitlichkeit gesinnungswarmer Bekanntschaft mit → rechtem Denken, Tun und Meinen überhaupt. Ähnlich wie ein berühmtes Göttinger Institut hatte der Münchner Gschaftlhuber hierfür eigens nach → Sachsen reisen müssen.

Zu spezifischen Leistungen der Gesinnungsprüferschaft: → Pluralismusfeindlichkeit, → Unterwürfigkeit, → Urszene, → identitär; zu deren sprachlicher Normalform: → Denunziantendeutsch, → Medialdemokratisches, → Wächtersprech.

Gesinnungsschnüffelei Klage- und Anklagewort aus den → alt(bundes)deutschen 1970ern, einer Zeit, da man auch als Briefträger in der richtigen → Partei sein mußte oder zumindest in keiner falschen gesehen werden durfte; ein Ausdruck vornehmlich → westlinker Provenienz. In den 1980er Jahren hatte sich die westdeutsche Gesellschaft mehrheitlich an diese Praxis gewöhnt, weshalb das Wort ins Gemurmel der politischen → Ränder verschwand. Während der einheitsdeutschen 1990er Jahre erlebte die Rede von ‚G.' eine zaghafte Renaissance. Zu dieser Zeit war es die aus Antifaschisten zu Antitotalitaristen (→ Totalitarismuskritiker) mutierte Westlinke selbst, deren gesinnungsinvestigatives Gebaren im → Anschlußgebiet mitunter als G. bezeichnet wurde. Gewissensnöte ob dieses Rollentauschs zeigten die neuen → Diskursherren nicht. Die vielfarbigen Rinnsale der wiederaufbereiteten G. flossen im trüben Strom von → Denunziantendeutsch und allwestdeutschem Konkurrenzneid zusammen.

Seine späte Blüte erlebte der Terminus ‚G.' 2017 im Metadiskurs zum Agieren → mittepolitischer Gesinnungswächter. Fast → zeitgleich hatten der *ver.di*-Bezirk Süd-Ost-Niedersachsen und der → Qualitätssender *SWR* investigationsförderliche Handreichungen herausgegeben: die Gewerkschaft eine „Handlungshilfe für den Umgang mit Rechtspopulisten in Betrieb und Verwaltung", der Sender einen Aufruf zur Wachsamkeit, betitelt „Dein Kollege – ein Rassist?". Wenn der Kollege beispielsweise aus der „Polizeilichen Kriminalstatistik 2016" zur Flüchtlingskriminalität zitiere, seien die „gelbe", im Wiederholungsfall „die rote Karte fällig" und „die Personalabteilung zu informieren". „Hetze im Büro" sei ein Kündigungsgrund. Entlassung als Erledigung → flüchtlingsfeindlicher → Meinungen propagiert auch die niedersächsische Gewerkschaft, wenngleich mit → ungleich detaillierteren Hinweisen zur Kollegenausspähung. Das Anleitungsblatt enthält 39 Spalten, in welchen der wachsame → Arbeitnehmer kollegiale Auffälligkeiten selbst nach Feierabend katalogisieren könne, beispielsweise „Tragen entsprechender Kleidung" oder „Hören von Rechtsrock, Besuch von einschlägigen Konzerten" (→ Identitäre). „Es kommt darauf an, immer ein offenes Ohr und ein offenes Auge dafür zu haben, was die Kolleg/innen umtreibt bzw. was sie so reden."

Die mentalitätsgeschichtlichen Ursprünge der ‚G.' liegen, wie so oft, in den bundesrepublikanischen 1950ern, als „der beliebteste Deutsche" *(ARD, ZDF, DLF)* seine politische Konkurrenz (CSU, FDP, SPD), insbesondere aber Remigranten wie Willy ‚Frahm' Brandt, durch andere beliebte Deutsche wie Reinhard Gehlen und Hans Globke bespitzeln ließ. Dies keineswegs aus purem Mißtrauen, sondern um die Bespitzelten aufgrund erwiesenermaßen falscher → Gesinnung angemessen denunzieren zu können. Nicht zufällig gilt der „beliebteste

Bundeskanzler der Deutschen" „als der Mann, der in Deutschland → die Demokratie verankerte und das Land in → den freien Westen führte" (Steven Geyer, „Neues vom Alten", in: *Berliner Zeitung* vom 10. April 2017, S. 1). Die Neigung der westzonalen und späteren BRD-Deutschen, „einander ständig zu denunzieren" (Klaus Bittermann), dürfte allerdings mit dem Vorbild Adenauers und dem seiner entnationalsozialisierten Nationalmannschaft nicht hinreichend erklärt sein. Das bevölkerungstypische, ja volkstümliche Spähen nach falscher → Meinung und fremder → Herkunft (→ „Sind Sie aus dem Osten oder aus dem Westen?") deutet auf die geistige Abkunft aus einer älteren ideenpolizeilichen Institution. Die römisch- oder rheinisch-katholische Frömmigkeit ist der Glaube, der nichts von sich wüßte ohne die Fülle ihn umgebenden Unglaubens. Die Detektive und Denunzianten der Häresie garantieren geistlichen nicht weniger als gesellschaftlichen Zusammenhalt: „Es wird das soziale Klima fördern, wenn Blasphemie wieder gefährlich wird." Kenner der Materie wie der soeben zitierte Martin Mosebach haben zudem darauf hingewiesen, wie heiliger Eifer und weltlicher Ehrgeiz im Zeichen des (richtigen) Glaubens harmonieren können, da sie in ihrer gewissensfesten gleichwie ellenbogenspitzen Unbefangenheit gerade „die Erfolgreichen in der modernen Welt" auszeichneten („Der Unglaube im Osten ist ein Erbe Preußens", *DIE WELT online* vom 20. April 2012). So ist die Mutter alles abendländischen Gesinnungseiferns und -erforschens offenkundig auch die Mutter des Denunziantendeutschen. Sein anzeigefreudiger Akzent läßt sich gleichermaßen im → MEDIALDEMOKRATISCHEN → WÄCHTERSPRECH, bei der → BITTERMANNLINKEN und bei → Ernstfalldenkern wie Karl Heinz Bohrer („Der Kern des Existentialismus ist → der Marxismus!") vernehmen.

Gesprächskultur (auch: → **Kommunikationskultur**) Seit den späten 1980ern vermehrt nachweisbarer Ausdruck, zunächst in politischen und ökonomischen Spezial→diskursen und für Modi des taktischen Sprechens üblich; seit Mitte der 1990er sowohl unspezifisch auf ein sog. ‚gesellschaftliches Gespräch' angewandt als auch in privatsprachlichen → Zusammenhängen nachweisbar („Wir beide hatten bis zu unserer Trennung eine solche Gesprächskultur entwickelt, daß wir uns jetzt" usw. usf.). In letzteren wiederum unter starkem Einfluß von → PSYCHOSPRECH einerseits szientistisch verschnöselt, andererseits → JOVIALSPRACHLICH popularisiert.
Die → im Hintergrund stehende Kulturproblematik mögen zwei Beispiele aus dem dritten Jahrzehnt nach dem → Anschluß verdeutlichen.
Szene 1: Eine Geburtstagsfeier in Berlin-Friedrichshain. Der einzige Gast aus Westberlin, ein dorthin aus Bremen zugezogener Ingenieur, fragt → anstands- und umstandslos den einzigen dunkelhäutigen Gast auf der Party, wo dieser „denn herkomme". Der antwortet wahrheitsgemäß: „Aus Friedrichshain." Ja, aber, also, er meine, stottert der Mehrheitsdeutsche, wo des dunklen Mannes Vorfahren denn „vorher gelebt" hätten. Der beharrt: „In Friedrichshain, ich lebe hier in vierter Generation."
Szene 2: Ein Abendessen nach einer wissenschaftlichen Konferenz, außerhalb Deutschlands; an der Speisetafel ein westdeutscher Professor neben seiner westdeutschen Assistentin. Der Professor, der außer Konferenzauswertung und Getränkebestellung noch kein Wort verlauten ließ, beginnt ohne Anlaß noch Übergang: „Ich finde es skandalös, was der Otto Weininger mit *Geschlecht und Charakter* für einen Erfolg gehabt hat, mit solchen Thesen, und dann so viele Auflagen! Was das in den Köpfen gemacht hat ... Einer meiner Assistenten, der jetzt Schriftsteller werden will, hat das mal ausführlich aufgerollt. Kennen Sie ihn übrigens? Das ist der L. aus W."
Bereits die sprachliche Existenz eines Ausdrucks wie ‚G.' macht die Inexistenz seines Gegenstands wahrscheinlich: Die gleichermaßen soziale und seelische Unfähigkeit des intellektuellen Westdeutschlands zur Konversation, zum sachinspirierten, die Sache alsdann freier und

persönlicher umkreisenden, am Ende vielleicht gar (sprach)spielerischen Austausch müssen selbst die → engagiertesten Fürsprecher einer westlichen Mehrheitskultur einräumen (vgl. die Einleitungsszene in Karl Heinz Bohrers *Großer Stil* von 2007). Unverkennbar westdeutsch-mittelklassig ist die → prollige Plumpheit bei der Annäherung an Menschen und Dinge, die Weigerung oder Unfähigkeit, auch nur einen Moment vom Eigenen oder dem dafür Gehaltenen abzusehen. Der zitierte Eröffnungsstil, zu dem sich rasches Versickern in Anduzen, Aufsagen von Angelesenem oder sonstwie Angeeignetem zwanglos fügt, ist in seinem unbefangenen → Pöbeln → durchaus nicht außergewöhnlich. Hier dröhnt und poltert die → ‚gesellschaftliche Mitte', kein kulturelles oder menschliches → Extrem. Wahrhaft rührend daher Ängste von publizistischen Mittelschichtarbeitern wie Bude (*Das Gefühl der Welt*, 2016) oder Bednarz/Giesa (*Gefährliche Bürger*, 2015), daß ihre Präferenzklasse mit der sozialen Mittelstellung auch die politisch-kulturellen Mäßigung verlieren und sich vom eigenen links- oder neuerdings wieder rechtsextremen Affekt überwältigt finden könnte. Woher diese westdeutsche Unfähigkeit zum gepflegt-gelockerten Wortwechsel, zu Konversation und *small talk*, durch welche sich die Wortführenden des Landes nicht nur von der gesamten nicht-bürgerlichen Moderne des Ostens und von der alteuropäischen → Vormoderne, sondern gerade auch von westeuropäischen G.en der → bürgerlichen Mitte so unvorteilhaft abheben? Woher das schrille, grelle, eckige Denk- und Wortwesen (Max Goldt: → ‚Knäkentenstimmen') bei weitem nicht nur der *femina Germaniae occidentalis*? Woher das → verdruckste und verklemmte Herumstehen oder -sitzen auf Banketten, Festen, ‚zwanglosen Zusammenkünften', geklammert an (meist falsch gefaßte) Kelchstiele und (meist falsch zitierte, ohnehin → MEDIALDEMOKRATISCH vorgekaute) Geistesschonkost? Woher dieses stocksteife Stehen und Stottern, das nur die Alternative von affektiver Einsilbigkeit und → LEHRAMTLICHEM Wortfluß zu erlauben scheint?

Es ist, zunächst, natürlich → Kapitalismus. Weder emotionell noch intellektuell riskiert der Kommunikationskulturelle des Westens gern eine Fehlinvestition. Das Abfragen von Gesinnung und → Herkunft (→ Sind Sie aus dem Osten oder aus dem Westen?) geht dem Gespräch voraus, abstraktes Wissen reguliert den Affekt, den er zu investieren bereit ist. Einen weiteren Fingerzeig gibt die westdeutsche Prominenz des Ausdrucks → ‚Kommunikation' selbst. Sie hat als Wort und Sache die ältere ‚Konversation' ersetzen müssen. ‚Kommunikation' ist Gesprächsersatz wie Psychoanalyse das Substitut für Menschenkenntnis, Kunstkritik das Substitut für Kunstgeschmack (→ emanzipatorisch, → identitär). Neben der älteren, theologischen Bedeutung ist die jüngste, anglizistisch überformte zu berücksichtigen: Der Mehrheitsdeutsche, auch und gerade der ‚kommunizierende', steht nicht im Austausch; vielmehr will er etwas auftragen, hersagen, → ‚rüberbringen', ‚verklickern', zumeist seine pure Anwesenheit und → Ansage als Ansager. Die Ausdrucksfunktion ersetzt die Aussagefunktion; die Nuancen der Annäherung ‚vom Sachlichen zum Persönlichen' verkümmern. In den ‚vertraulichen Mitteilungen' zu vorgeschrittener Stunde grunzen Hordengefühl und Herkunftsgeist. Nicht Individuen finden zueinander, sondern Stämme. Hessen entdecken, daß sie auf einen Hessen, Schwaben, daß sie auf einen Schwaben trafen usw. (zum ‚Untersichseins'verlangen der westdeutschen Mittelklassegesellschaft vgl. abermals Bohrer, *Großer Stil*, S. 15–17). Ausgedrückt wird nicht die Objektivität einer Sache, die sich intellektuell und so auch individuell durchdringen ließe, sondern die Bindung ans Milieu, das einschlägiges Denken und Sprechen nährt. Daraus erklärt sich die plumpe Bekennerwut, der Mangel an sprachlicher und begrifflicher Feinheit, kurz: an Sachgerechtigkeit; ein verbales Beinheben, das auf den gesprächsbewässernden Refluxus vom Gegenüber setzt. Gespräche eröffnet der West- und somit Mehrheitsdeutsche mit kommunikativem Ausloten, ob er auch tatsächlich Mehrheit und Masse, also unter seinesgleichen sei. Das winselnde Lächeln in die Höhe! In akademischen → Zusammenhängen: der pflichtschuldige *joke* zur Eröffnung.

Geistiges Mehrheitsdeutschland sein, das bedeutet, keinen Moment lang sachliche Divergenz und persönliche Vereinzelung aushalten oder gar akzeptieren zu können. Das urdeutsche Herden- und Hordenverlangen nach „Leuten, mit denen man kann" (Rainer Langhans), hat die sog. → achtundsechziger Revolte nicht etwa zerbrochen, sondern zementiert. Daher das ältere Kulturvölker so oft befremdende Auf- und Hersagen von Ab- und Zuneigungen, dieser aggressiv oder ängstlich oder abwartend vorgetragenen Bekenntnisse temporärer Meinungs→identität. Der dünne Sachgehalt darin erlaubt gesprächslogisch nur die affektive Verdickung, etwa in einem ‚find ich → richtig gut' oder ‚→ total wichtig'. Da schlichte → Positionsnahmen, sprich: Meinungsbekenntnisse, → diskursiv keine direkte Fortsetzung erlauben, springt gesprächsersatzweise nicht selten Gestisches ein, zumeist ein stierer Blick oder heftiges Kopfnicken (→ Gummihals). Unverkennbar ein – diesmal leibhaftiger – Angloamerikanismus; man denke des Nachnickens zu eigener Rede bei US-Politikern oder in US-Spielfilmen! Das Unbehagen, das als → Masse auftretende Mehrheitsdeutsche zuverlässig verbreiten, hatte der Rheinländer K. H. Bohrer am Beispiel von Süd(West)deutschen illustriert (*Großer Stil*, S. 17). Die Beobachtung läßt sich jedoch – mit Abstrichen entlang der geographischen Nord-Süd-Achse – an allen westdeutschen Volksgruppen verifizieren; wenigstens an jenen aus → der bürgerlichen Mitte: Ihre Mitglieder suchen stets das bierdunstige oder weinselige → Wir-Gefühl des ‚Mir san mir', ‚Ich bin e Kölsche Jung' usw. usf. Die Ungeneigtheit, sich einsam und frei vor eine *Sache* gestellt zu sehen, die souverän beurteilt und entschieden sein will – es ist der mentale Humus, aus dem die → populistischen Blüten des Westens wachsen, die ständig nachwuchernden → Volksparteien von → Meinung und → Gesinnung. Sie sprechen von ihresgleichen und von nichts anderem, sie verkünden sich selbst.

→ -kultur, → Bildungsbekennersprech, → Mehrheitsdeutsch, → Wir im Westen.

gestalten wollen Der Gestaltungswille hat aus den Mündern der → politischen Klasse vollständig die Worte des guten alten Willens zur Macht verdrängen können.

Gestaltungskoordinierungsaufwand Vielleicht ist akademisches Westdeutsch nirgends so sehr Blähsprech wie im Soziologendeutsch, vielleicht wird Triviales nirgends mit soviel Nachdruck herausgepumpt wie in der Sendereihe „Aus Kultur- und Sozialwissenschaften" des → *Deutschlandfunks*. Schwerpunktmäßige Kontrollkostprobe gefällig? Das „Schwerpunktthema: Im Umbruch. Wie Soziologen die Familie der Zukunft sehen" (8. August 2013) berichtete über eine Fachtagung in → Bamberg und fördert Gewichtiges zutage. „Da, wo heute Familie → gelebt wird, ist sie nicht länger etwas selbstverständlich Vorgegebenes. Man hat eine Familie nicht mehr einfach, meint Dr. Karin Jurczyk, Soziologin am Deutschen Jugendinstitut in München. Sondern jede Familie erfindet sich gewissermaßen selbst, sie wird, so der Terminus technicus, zu einer eigenständigen ‚Herstellungsleistung'." Frau Dr. Jurczyk führt das in folgender Beschreibungsleistung näher aus: „Jetzt sieht man, daß einfach durch die Kompliziertheit der gesellschaftlichen Umstände, also das, was ich doppelte Entgrenzung nenne, diese Gleichzeitigkeit der Veränderung von Arbeitswelt und Familien- und Geschlechterverhältnissen, daß das zu einem sehr großen Gestaltungskoordinierungsaufwand führt. Und daß deshalb immer mehr Gemeinsamkeit bewußt aktiv reflexiv hergestellt werden muß." Bewußt aktiv reflexiv Familie leben, das heißt: „Nicht länger werden heute Entscheidungen durch elterliche Autorität getroffen, sondern sie werden interfamiliär → ausdiskutiert. In Patchworkfamilien müssen Rollen neu tariert werden. Und wie erst sollen gleichgeschlechtliche Elternpaare ihr Familienleben gestalten?" Fragen über Fragen. Da tut ein Fachkongreß gut mit fachkompetenzzentrierten Lebensauskunftserstellungen: „Familie, so Karin Jurczyk, wird zu ‚doing family', zu einer aufwendigen Aktivität aller an ihr Beteiligten. Stärker als früher muß das, was Familien tun, um Familie zu sein, geplant, → verhandelt und hergestellt werden, selbst da, wo nur berufliche Mobilitäts- oder Kreativitäts- oder Flexibilitätsansprüche koordiniert werden müssen." Zu den Kompliziertheiten des koordinierten Lebens präsentiert Dr. Jurczyk die nachfolgende, nachdenklich stimmende Flexibilitätsmobilisierungsreflexion: „Wer übernimmt dann die Betreuung, → weil die Betreuungseinrichtungen sind in der Regel nicht so flexibel? Und dadurch, daß die Männer gleichzeitig auch und → massiver von Flexibilität und Mobilität betroffen sind, muß man einfach → schauen, wer ist anwesend, wer ist einfach da, wer ist wann da, wer holt das Kind ab, wer kauft ein. Das sind einfach viele kleine Dinge, die man regeln muß, und die man vor allem immer wieder neu regeln muß." → Weil, das ist für den Alltag → ganz, ganz wichtig. „Die Ausbildung von Routinen und Ritualen hält Karin Jurczyk deshalb für ein entlastendes Element der Alltagsorganisation. Sowohl Alltags- als auch Festrituale sind verläßliche → Ankerpunkte und signalisieren zugleich ‚Wir sind eine Familie'. Zum Beispiel regelmäßige Mahlzeiten." Aber nicht nur die Einnahme von Festem und Flüssigem bekundet eine bemerkenswerte Koordinierungsgestaltungsleistung, durch die Familie gelebt wird. Dr. Jurczyk weiß weitere → Konstruktionen des Alltäglichen zu benennen: „Da werden wirklich die unterschiedlichsten Wege genommen, um vor sich und vor anderen zu zeigen, ja, wir gehören zusammen, von der Kleidung über bestimmte Rituale, wo man sich abgrenzt gegen andere Familien, wo man zeigt: → ja, so sind wir. Es ist immer das → Stiften von Identität. Die Familien versuchen natürlich da → wirklich mit Routinen, mit Ritualen ihren Alltag zu strukturieren, und das ist → wirklich das → Allerwichtigste, was sie tun, daß sie sagen; OK, es ist immer so, daß wir sonntags um zehn Uhr frühstücken, was immer man an solchen Regeln sich einfallen lassen kann, und das hält natürlich den Alltag auch → wirklich stabil."

gestriffen Hochdeutsch: gestreift; zuweilen im → *Deutschlandfunk*deutsch vernehmbares Zeugnis des westdeutschen → PARTIZIPBILDUNGSDEFIZITS.
→ entspann, → gelang.

gesund → Nationalbewußtsein.

gesundes Selbstvertrauen in die eigenen Kräfte bekundete im *Focus* und anderen Fachorganen der → Gutbürgerlichkeit immer wieder einmal der Doppel- und Dreifachmoppler Volker Gerhardt, wenn es diese oder jene Weisung → der Politik, insbesondere der Biopolitik und ihres medizinisch-industriellen Komplexes, propagandistisch zu servieren galt. Den sprachlichen Durchschnitt westintellektuellen Brauchbarkeitsbegehrens repräsentiert G. auf → exorbitante Weise. Welchen Kräften außer den eigenen sich der Philosophieprofessor und Biopolitiker publizistisch andiente, erfährt man unter: → unverzichtbar, → Selbstverständnis, → die Politik, → die Moderne; zum Ermächtigungsstil im sprachlichen Detail: → mindestens, → spätestens.

Gesundheitskasse Krankenkassenwestdeutsch für Krankenkasse.

Gesundheitsstandort Die zehnte Publikation der „Berliner Wirtschaftsgespräche" widmet sich dem „Gesundheitsstandort Berlin": „Immerhin werden 16 Prozent des Berliner Bruttoinlandsprodukts in der Gesundheitsbranche erwirtschaftet", sagt Vorstandsmitglied Steinke. Immerhin! Professor Klaus-Dirk Henke, Inhaber des Lehrstuhls Gesundheitsökonomie an der TU Berlin, liefert dazu die passenden Zahlen und Statistiken. Und der Chef der Vivantes-Kliniken, Joachim Bovelet, betont die Internationalität des Unternehmens.

„Gesundheitsförderung und Prävention füllen ein weiteres großes Kapitel." (Anzeige in der *Berliner Zeitung* vom 31. August 2012) Solchermaßen mit Gesundheitskapiteln abgefüllt, möchte man eigentlich gar nicht mehr eine Gratisamputation frei wählbarer Gliedmaßen beanspruchen, auch wenn sie zu den Spitzenprodukten der „Gesundheitsregionen" Charité in Buch oder Teltow gehören sollte.

Gesundheitswirtschaft → Gesundheitsstandort, → Mißtrauenskultur, → richtig gut.

Gesundschrumpfung Biologisch gesehen ähnlicher Unsinn wie ‚sich [zu etwas] mausern'. Nicht Schrumpfung, sondern einzig Amputation verhülfe in solchen Fällen zu gesundem Deutsch.
→ Naturkindereien.

gewachsene Strukturen In diese leicht → spreizwörtlich klingende Floskel sind um 2000 zwei Sprachtraditionen eingegangen: Während → Strukturen unmöglich wachsen, sondern bestenfalls ermittelt oder aufgedeckt werden können (→ entlarven, → aufklären), mithin den aufklärerischen Konservatismusverdacht erweckt haben müssen, ist der Verweis auf ‚historisch Gewachsenes' konservatives Denken → pur. Die ‚g.n S.' → verweisen somit auf eine Spätgestalt des aufgeklärten als auch des → reaktionären Denkens (oder des linksliberalen wie des rechtskonservativen Sprachmilieus), nämlich auf jene Liberalen von Gesinnung und Profession, die ihre Beute nicht mehr errauben müssen, sondern in zweckdienlich ausgestalteten Höhlen nur noch genießen wollen. Daher ist häufig in → antragsdeutschen und → anspruchsdenkerischen → Zusammenhängen von g.n S. die Rede. Fortschrittsbewahrende Institutionen, z. B. → totalitarismuserforschende Institute (→ Aufarbeitung, Aufarbeitungsarbeit, Aufarbeitungskultur), → bestehen gern auch auf ihren eigenen g.n S., wenn es → Fördergelder → abzugreifen gilt.
Einen semantischen Verschnitt von ‚gewachsenen Strukturen' und ‚historisch Gewachsenem' präsentierte das Göttinger „Institut für Demokratieforschung" 2017 in einer aufsehenerregenden Studie. In deren Aufdeckungs- und Entlarvungsidiom bezeichnet nämlich das ‚historisch Gewachsene' von ‚rechten Neigungen' und ‚Dispositionen' nicht einen Gegensatz zum organischen oder gar ‚natürlich Gewachsenen', sondern dessen höchsten Reifegrad. Durch 40, nur geringfügig manipulierte Befragungen von sorgfältig ausgewählten Gesprächspartnern förderte das Institut die g.n S. eines „historisch gewachsenen" → Fremdenhasses zutage, wie ihn notorisch die SED-Diktatur förderte (*Rechtsextremismus und Fremdenfeindlichkeit in Ostdeutschland*, S. 195, S. 203, S. 205). Die Forscher identifizierten fremdenfeindliche ‚Angebots-', ‚Bewegungs-', ‚Gelegenheits-' und ‚Trägerstrukturen' (nunmehr auch) im deutschen Osten. Als historisches Saatgut ermittelte das Institut DDR-typische „ethnozentrische Weltbilder" (S. 194), d. h. eine übermäßig ausgeprägte Liebe zum „Eigenen, Sächsischen, Ostdeutschen, Deutschen" (S. 193). Andere westdeutsche Kenner der → Ehemaligen → verweisen auf den ostdeutschen Exklusivcharakter des Nazismus vor 1945 (Klaus Bittermann, Maxim Biller), auf den Mangel an Katholiken (Martin Mosebach, Lucas Wiegelmann) oder auf einen von Nietzsche im Osten gesäten → atheistischen ‚Nihilismus' (Botho Strauß).
→ das Sächsische, → Pluralismusfeindlichkeit, → Wir im Westen.

Gewalt geht gar nicht. Oder in der Originalorthographie von Johannes Kahrs (SPD), in jungen Jahren schon politisch und juristisch berühmt als wortgewaltiger anonymer Anrufer: „gewalt geht garnicht. gegen niemanden" (zit. nach: *WELT online* vom 8. Januar 2019).
→ Das geht (ja nun) gar nicht; → babytalk.

Gewichtung Seit ungefähr 2010 wichtigstes bedeutungsgewichtendes unter den substantivierten Verben des → WICHTIGSPRECHS. Es konnte sowohl in der Sprache → der Medien wie in den Dialekten → der Politik das → zunehmend weniger wichtige ‚Gewicht' verdrängen.

Gewinnwarnung Entgegen einem verbreiteten Vorurteil verstörter Kleinanleger keine Warnung vor zuviel Gewinn, sondern vor dessen Rückzug von den Anlegern.

Gewissen Zumeist linksbürgerliches Verbal- und Realsubstitut für Wissen, im weiteren: → Meinung, → Gesinnung, → Überzeugung. „Auch mein Gewissen ist von der Erinnerung → geprägt, daß es NUR die Amis waren, denen wir es zu verdanken haben, daß Hitler uns von der Hacke geschafft wurde ..." (Fritz J. Raddatz, *Tagebücher 2002–2012*, Reinbek 2014, S. 77) „Selbst die Lüge, nur die SU habe Hitler besiegen können, wird ja durch stete Wiederholung nicht wahrer: Es waren die USA; ohne deren ENORME Waffenlieferungen wäre die SU nicht ‚vorangekommen'." (S. 143) Neben der 20.-Juli-Alleinwiderstandssaga und der → Singularitätsfloskel gehört der Glaube, die USA hätten Hitlerdeutschland angegriffen, um „in Europa die Demokratie zu verbreiten", zu den drei Gewissenssätzen des → Altwestdeutschen; vgl. den diesbezüglich kaltblütig-entschlossen argumentierenden Karl Heinz Bohrer über → jazzend aus dem Meer aufsteigende Amerikaner sowie die *FAZ* über → Russenfreunde.

Gewissenhaftigkeit, Gewissen In der westdeutschen Wissenschaftsfälscher- und Wissenssimulantenszene zu unerwarteter Prominenz gelangte, synonym gebrauchte Ausdrücke, welche die CDU-Funktionärin Annette Schavan in ihrer Doktorarbeit (*Person und Gewissen – Studien zu Voraussetzungen, Notwendigkeiten und Erfordernissen heutiger Gewissensbildung*, 1980), aber auch in den darauf bezogenen → DISKURSEN DER ENTSCHULDIGUNG → massiv verwendete. Der Rat der Philosophischen Fakultät der Heinrich-Heine-Universität Düsseldorf hatte Schavan 2013 den Doktortitel aufgrund erwiesenen „Tatbestands der vorsätzlichen Täuschung durch Plagiat" aberkannt, Schavans Anfechtungsklage war vom Verwaltungsgericht Düsseldorf 2014 abgewiesen worden. Im „Zeitzeugen"-Interview des *Deutschlandfunks* sprach Schavan noch 2016 über die Kontinuität in ihrem Leben. Tatsächlich hatten Fragen der wissenschaftlichen wie der außerwissenschaftlichen Gewissenspräsenz z. B. auch in dem Vortrag eine Rolle gespielt, den die zur Honorarprofessorin für katholische Theologie bestellte Schavan 2008 an der FU Berlin gehalten hatte. Deren → Vertreter fand in der Ministerin „eine Persönlichkeit, die in besonderer Weise geisteswissenschaftliche → Exzellenz mit gesellschaftlicher → Präsenz und Wirksamkeit verbindet". Im Kontext: → Verwundungen, Verletzungen, Empfindungen.

gewöhnungsbedürftig Komplementäradjektiv: → unverzichtbar; zur einschlägigen Sprachstörung: → FALLPAUSCHALE.

Girl's Day An der deutschen Frau oder zumindest einem quotierten Drittel davon im oberen Management soll die Welt genesen. Dieser Meinung ist prinzipiell auch Prof. Dr. rer. oec. Walter Krämer, Vorsitzender des „Vereins Deutsche Sprache", doch stößt sich der sprachempfindliche Wirtschaftsmann am anglisierten Namen für die Mädelermächtigung. „50 Jahre nach Kriegsende kapituliert Deutschland damit zum zweiten Mal, diesmal kulturell." (Frontbericht vom 8. Mai 2003)
→ (s)orge(n).

gläserne Decke Formel aus dem → FEMINISPRECH, häufig genutzt, wenn es unsichtbare gleichwie unleugbare → Widerstände zu bezeichnen gilt, denen sozialhierarchisch → wertorientierte Frauen→konstrukte in → verkrusteten Strukturen begegnen; ein → unverzichtbarer → Teil des → emanzipativen → Opferdiskurses und der ihm anhaftenden Paradoxien.

Wort- wie bedeutungsgeschichtlich → verweist die gläserne Decke auf die gläserne Wand, die Glasscheibe, die Schaufensterscheibe und verwandte Metaphern sozialhierarchischer Abgetrenntheit (→ Diskriminierung). Während sich jedoch in Klassengesellschaften traditionellen Typs beide (handarbeitenden) Geschlechter die Nase an einer Scheibe plattdrückten, hinter welcher → die gute Gesellschaft zu beobachten und zu beneiden war, etwa in Geschäften oder Restaurants, kündet der Deckentopos von strikt → gegenderter Hierarchie: Der Mann ist oben, die Frau kann aus eigener Kraft zu ihm nicht durchdringen, so sehr sie es auch möchte.

Diese tief verinnerlichte Froschperspektive auf Beruf und Leben erklärt sich aus dem größeren → Kontext → alt(west)deutscher Frauenemanzipation. Nicht Durchbrechen der Decke, nicht Zertrümmerung des Spiegels der → Projektion ist → angesagt, sondern schlichter → Positionswechsel. Nicht Abschaffung von Privilegien mithin, sondern → Teilhabe an ihnen: Ersetzung von → Unterprivilegiertheit durch Universalprivilegiertheit → gewissermaßen. Den solcherart → angedachten Positionswechsel innerhalb → identischer → Struktur verheißt → eine Art emanzipatorischer → Unterwürfigkeit. Über Geschlechtergerechtigkeit in Kultur und Medien beispielsweise ist in einem → Qualitätsmedium zu lesen: Das Programm „richtet sich an Frauen", die „unter der gläsernen Decke feststecken. Höchstrangige Kollegen werden sie im Laufe eines halben Jahres einige Stunden lang beraten, über ihre Schulter gucken lassen oder in ihr → Netzwerk holen", „eine 1 : 1-Betreuung auf hohem Niveau" (Petra Kohse, „Das Momentum für einen Wandel ist da", in: *Berliner Zeitung* vom 29. Juni 2018, S. 25). Die hochgeholte Frau, daran lassen Befragerin, Befragte und Befragtenassistentin keinen Zweifel, ist die klassische Mittelschichtsfrau, die in ihrer Melange von Devotheit und → Empörsamkeit vielleicht wie kein zweites Wesen westdeutsches Parvenüempfinden verkörpert. Die Mittelschicht ist auch der klassische Ort des Distinktionserkennungs-, Beauftragtenwirksamkeits-, Opferermittlungs- und Täterausgrenzungswesens zumindest in den nichtproduktiven Bereichen: „Drei oder vier Jahrzehnte → massiver Frauenförderung in westeuropäischen Ländern", so schreibt ein Betroffener aus dem Nachbarland, „haben höchstens höhere Frauenanteile in absteigenden Berufssparten wie Kunst, Kulturwissenschaften oder Psychotherapieberufen produziert, aber keine Angleichung der Einkommensniveaus." (Robert Pfaller, *Erwachsenensprache. Über ihr Verschwinden aus Politik und Kultur*, Frankfurt/M. 2017, S. 29) „Es ist klar: Wenn die Beauftragten jener Gremien, die für die Abschaffung bestimmter Benachteiligungen oder Mißstände sorgen sollen, ihre Stellen nur so lange behalten, wie die Benachteiligungen oder Mißstände bestehen, dann werden sie klug genug sein, niemals wirklich gute Vorschläge zu machen oder gar Abhilfe zu schaffen." (S. 30) → antidiskriminierende Sprachhandlungen, → Emanzipation, → emanzipatorisch, → Frauenbeauftragte, → Frauisierung, → ganz konkret, → Momentum, → Zweigenderung.

Glaubwürdig(keit) wird durch die → politische Klasse der Bundesrepublik als semantisches Äquivalent für das wirtschaftsspezifische Wort ‚Kreditwürdig(keit)' verwendet. Nach germanistischer Mehrheitsmeinung ist G. ein ‚Hochwertwort' (A. Burkhardt). Zu dessen Prominenz trug wesentlich jener Politiker bei, der einen der gewaltigsten Schuldenberge der westdeutschen Geschichte hinterließ. Wegen seiner → bewußten Akzentuierungsabnormität in öffentlicher Rede sowie künstlich eingeschobener Gesprächspausen in häuslichen Interviews gilt Helmut Schmidt dem → MEHRHEITSDEUTSCHEN unverändert als rhetorische wie moralische → Autorität. Als solche also sprach Schmidt am 1. Oktober 1982 zur FDP-Fraktion: „Dieser Regierungswechsel, den Sie anstreben, berührt die Glaubwürdigkeit unserer demokratischen Institutionen. Je größer die Glaubwürdigkeitslücken, desto geringer die

Handlungsfähigkeit von Parlament und Regierung. ... In dem Wort ‚Glaubwürdigkeit' steckt das gewichtige Wort ‚Würde'. ... Unsere Demokratie braucht Würde." In der CDU-Schwarzgeldaffäre wie in kleineren Skandalen der Christenpartei erwies sich die Homogenität westdeutscher Sprech-, Denk- und Verhaltensmuster in → der Politik noch Jahre nach der → Wiedervereinigung. Typisch für das Gebaren der ausschließlich westdeutschen Akteure wie für eine repräsentative Demokratie überhaupt (→ Vertreter) ist die psychische wie rhetorische Distanz zur eigenen G. Sie scheint keineswegs Medium oder Ausdruck einer politischen, gar moralischen Substanz, die ihrem Verkünder aufgeladen oder zugewachsen wäre, sondern ist das Substitut solcher Substanz oder ‚die Sache selbst'. Glaubwürdigkeit ist somit nicht etwas, das sich durch die Person des Glaubwürdigen bekundete, sondern etwas, auf das der um G. Bemühte → verweist als auf eine Voraussetzung g.en Tuns.

Die west-, mithin mehrheitsdeutsche Gesellschaft ist eine Gesellschaft von Vertretern. Unter Vertretern gilt: Dasein = Kreditiertwerden; ein performativer Wahrheitsbegriff statt eines semantischen (→ Performanz). So drehten sich in den großen und kleinen Schmutzstrudeln der → Parteiendemokratie die Vorwürfe und Gegenvorwürfe → tendenziell nicht um die Verifikation von Sachverhalten, sondern hauptsächlich um deren Bewertung. Nicht, daß jemand gelogen hat und dabei erwischt wurde, kann ein ertappter → Vorteilsritter zum Vorwurf gegenüber seinem politischen → Mitkonkurrenten umformulieren, sondern daß dieser seine G. zu erschüttern versuche.

Das letzte Wort gebührt an dieser Stelle dem ebenso großmütigen → Spendensammler wie Spenderschützer Helmut Kohl. Gefragt nach Schmiergeldzahlungen in der Elf-Aquitaine-Affäre sagte der → damalige Kanzler: „Ich habe mich selbst an die französische Regierung gewandt, mit François Mitterrand geredet, aber nicht – wie jetzt wiederum behauptet wurde – über Geld, es ist eine wirklich unverschämte Lüge gegenüber einem Toten. Da ist ein ganzes Konglomerat, es soll meine Glaubwürdigkeit zerstören." (zit. nach: *Politik, Sprache und Glaubwürdigkeit*, hrsg. von Armin Burkhardt und Kornelia Pape, Wiesbaden 2003, S. 130)

gleichgewichtig → SCHRÖDERDEUTSCHwort von bislang nicht ganz geklärter Bedeutung. „Der Erhalt der natürlichen Lebensgrundlagen muss gleichgewichtig mit den sozialen Fragen in das Zentrum der politischen Anstrengungen gerückt werden", dies freilich erst auf S. 510 von *Entscheidungen. Mein Leben in der Politik* (Hamburg 2006). Ab S. 512 jedoch geht's → flächendeckend zur Sache.

gleichsam → SCHNÖSEL- und → WICHTIGSPRECH für ‚ähnlich wie', ‚vergleichbar mit'; ist für einen akademisch → eindrücklichen Text → zumindestens → unverzichtbar: „Ich sage betont ‚gleichsam', weil dies wirklich nur gleichsam so ist ..." (Hans-Martin Gauger, *Was wir sagen, wenn wir reden. Glossen zur Sprache*, München-Wien 2004, S. 57) Wenn solcherart ein *Sprachpfleger* spricht, wie wird dann erst eine *Literaturproduzentin* schreiben? Überaus gleichsämig geht es im → hochmögenden Stil von Gaugers schwäbischer Landsmännin Sibylle Lewitscharoff zu (*Vom Guten, Wahren und Schönen*, Frankfurt/M. 2012). „Der Name fliegt gleichsam als Hoheitszeichen über dem Schicksal dahin, aber er ist zugleich Aufhalter des Schicksals, insofern jedes Leben auf der Erde zunächst dem Tod zufällt." (S. 12) „Romananfänge ... verschleiern gleichsam den ästhetischen Herrschaftsakt, der darin besteht, → vermöge eigener Definitionsmacht ein Stück der geschehenen oder in träumerischen Parallelwelten verfließenden Zeit sich anzueignen, Orts- und Personennamen wie Nägel einzuschlagen ..." (S. 26) „Was in der Bibel gesagt wird, ragt gleichsam wie die Spitze des Eisbergs aus dem Meer des Ungesagten empor ..." (S. 84) „... zweifellos hat Franz Kafka am meisten davon in die Moderne gerettet, gleichsam mit dem Teelöffel von den großen Stoffen abgehoben ..." (S. 125) „Im Falle Hesekiels hilft erquickender Geistbraus dem Propheten gleichsam pneumatisch auf die Füße." (S. 140) „Offenbarung führt einen Zeithorizont herauf. Sie ist strahlend erfüllte Gegenwart, gleichsam bis zum Bersten gefüllte Gegenwart, die alle Generationen von Anbeginn an in einen Strudel reißt ..." (S. 143) „Mit der Universalisierung der Botschaft tat die Weltzeit gleichsam einen Sprung auf ihr Ende zu." (S. 146) Der frömmelnde Beiklang (→ FROMMSPRECH) kommt nicht von ungefähr. Die Schreibe der Schwätzschwäbin gilt Kritikern – nicht allein von der *FAZ* – als ‚Simulation von Mystik', → spätestens seit sie Murakamis Idee eines sprechenden Froschs im Wohnzimmer durch die eines lebensgroßen Löwen im Studienzimmer *Blumenbergs* kopierte. „Was hätte aus der Literatur eines Uwe Johnson, einer Christa Wolf, eines Martin Walser Schönes werden können, hätten sie es nur einmal → vermocht, sich mit einem Frosch über das Leiden an der deutschen Geschichte tüchtig auszusprechen." (S. 92) Das ‚transzendente Dauerglühen' (abermals *FAZ*) aus Froschmaul oder Degerloch verlangt freilich ein Publikum mit → auffangsamen Ohren.

Gleichstellungsvorsprung der ostdeutschen Frauen Soziologisch-sozialhistorischer → KLEMMSPRECH für den Emanzipationsrückstand der westdeutschen Frauen: „Der Gleichstellungsvorsprung der ostdeutschen Frauen läßt sich, auch und gerade im Vergleich mit der Bundesrepublik, nicht leugnen, obwohl er aus einem dürren arbeitsökonomischen Kalkül hervorging." (Hans-Ulrich Wehler, *Deutsche Gesellschaftsgeschichte. Bd. 5: Bundesrepublik und DDR 1949–1990*, München 2008, S. 231)
→ Finnland, → gläserne Decke, → verkrustete Strukturen.

Goldbroiler Lehnwort aus dem → Amerikanischen, von Westdeutschen glücklich vermieden dank → gegendertem ‚Hähnchen'. Auszusprechen wagt man es → zwischenzeitlich nur noch in DDR-diskriminierender Hinsicht; es ist daher → PARALLELDEUTSCH.
→ KLEMMWÖRTER, → Broiler.

gottesfern ist beispielsweise Sachsen-Anhalt; Näheres: → Evolution, entwickelte.

Göttingen Seit jüngerem ein Synonym für westdeutsche → Weltoffenheit; seit 2017 nicht mehr nur berühmt für „seine Würste" (H. Heine), sondern auch als Wissenschaftsstandort sowie als Ausgangspunkt für Forschungsreisen insbesondere nach Sachsen und Thüringen; Näheres: → pluralismusfeindlich, → flüchtlingsfeindlich, → das Fremde und das Eigene, → das Ostdeutsche, → das Sächsische.

Gottverlassenheit, östliche → Barth.

Graffiti Der in Kunst und Medien übliche falsche Singular für ‚Graffito' erinnert an die ähnlich gestrickten Provinzdeutschtümer ‚das Visa' und ‚die USA'. Nach Paul Fussell hat ‚G.' geradezu klassischen Indizcharakter in puncto Klassenspezifik. Es bleibe „der Mittelschicht mit ihrem unermüdlichen Streben nach Gediegenheit und ‚Stil' vorbehalten, für die interessantesten Blüten zu sorgen", wobei ihr „vor allem die Fremdwörter zum Verderben" gereichten. „Sie spricht von *einem* Graffiti und hält ‚Chauvinismus' für eine Vokabel aus dem Geschlechterkrieg." (ds., *Cashmere, Cocktail, Cadillac. Ein Wegweiser durch das amerikanische Statussystem*, Göttingen 1997, S. 186) Während freilich die nordamerikanische Mittelschicht verbal häufig Oberschichtnähe ersehnt, zielt der Ehrgeiz der westdeutschen und damit sozial landestypischen Kleinbürgerklasse, sprich: der unteren Mittelschicht, auf das halluzinierte Sprachgebaren der oberen Mittelschicht. Letzteres verheißt dem westdeutschen Kulturkleinbürger die Oberklassigkeit von Geschmack und Intellekt. Er wähnt

sie traditionell durch seine Heimat-, also die sog. → Qualitätsmedien verwaltet. Kein Zufall ist es daher, daß sich die höchste Lapsusquote in all jenen fremdwortsüchtigen Sendungen findet, die mit dem Teilwort ‚Kultur-' betitelt sind.
→ -kultur, → Pluralisierung.

Grande Nation Geschichtswissenschaftlicher Fachbegriff für das napoleonische Großreich; im Westdeutschen eine kulturbetriebliche und staatsministerliche Floskel. Nach absolut glaubwürdiger Auskunft von Jean-Baptiste Joly gegenüber dem Herausgeber ist sie im heutigen Frankreich kaum gebräuchlich. Doch soll das → Selbstverständnis genau dieses Landes damit bezeichnet sein, zumindest nach Überzeugung westelbischer Großzwerge aus dem → Gesinnungs-, Gedenk- und Gedönssektor. Diese ihre Herkunft wird → spätestens offenkundig, wenn sie im Radio zu vernehmen sind: „Wie ist heute morgen die Befindlichkeit der Groohnde naziohn?" (*Deutschlandfunk*, 5. Dezember 2015)
Ein Wörterbuch kann die semantische → Bandbreite von ‚G. N.' nur unzureichend erfassen und muß namentlich auf Hörererinnerungen wie die eben zitierte → verweisen. Unabtrennbar von der Formel ist der gönnerhaft ironische Unterton, mit dem sie vorgetragen wird. In ihm vernimmt das → qualitätsmedial geschulte Ohr den Seufzer des Selbstmitleids, daß der eigenen, also westdeutschen Nation die unproblematische Borniertheit und damit Größe der nachbarlichen verwehrt sei: So groß und weit wie das postnational-kosmopolitische Bewußtsein des G.-N.-Begönners, so klein und eng, leider, sein nationales Dasein. Bleibt zu hoffen, daß die Musterschüler der Weltbeflissenheit wenigstens wissen, mit welcher Intonation man einen *Grand* ankündigt.
→ Assessuar, → Provinz, → Provinzialismus.

Gratis-Mut Im Hochdeutschen ohne Koppelungsstrich. Gehobener → Schmähsprech aus dem Edelfeuilleton von → Qualitätszeitungen; ebenso wie → ‚Gutmensch' seit Jahren ein nicht etwa selbst-, sondern ausschließlich kollegenkritisch verwendeter Ausdruck für folgenfreie Bekenntnisschreibe (M. Biller, J. Busche, K. H. Bohrer, H. Bude, J. Zeh u. v. a. m.). In jüngerer Zeit dient das Wort zwar selten dem Buchstaben, jedoch häufig dem Geiste nach zur Bezeichnung verspäteten Oppositionsgeistes des → Zonenmobs, der erst nach seiner Befreiung durch westdeutsche Parteipolitiker zu Faust und Stimme gefunden hätte. Ein Beispiel: Am Tag der Einheit 2016 versammelte sich in Dresden eine Gruppe von rechtsradikal oder radikal oder schlicht → rechts gesinnten → Menschen, wie üblich erkennbar an den mitgeführten Fahnen und Hüten in Schwarz-Rot-Gold. Als diese ca. 400 Demonstranten und Demonstrantinnen, etwa 0,1 % der feiertäglich in Dresden Versammelten, ihren Unmut über politische Entscheidungen → des Merkels bekundeten, wandte sich der Festtagsredner und Bundestagspräsident Norbert Lammert aus dem schützenden Inneren der Semper-Oper direkt an die Vernehmlichen: „Diejenigen, die heute besonders laut pfeifen und schreien und ihre erstaunliche Empörung kostenlos zu Markte tragen, die haben offenkundig das geringste Erinnerungsvermögen daran, in welcher Verfassung sich diese Stadt und dieses Land befunden haben, bevor die deutsche Einheit möglich wurde." Bemerkenswert an dieser Wortmeldung sind nicht allein die Abweichungen von hochdeutscher Sprachbildlogik („Empörung kostenlos zu Markte tragen") und grammatikalisch-semantischer Stimmigkeit („Erinnerungsvermögen daran haben"), die Lammerts Präsidentschaftseignung ebenso infragestellen mußte wie einst exzessiver → Schwansprech den einer früheren Aspirantin. Lammerts → Empörsamkeit richtete sich zudem keineswegs gegen (in Lammerts → Herkunftsheimat ja reichlich auf- und nachwachsende) Neonazis oder überhaupt politische Verhaltensrüpel, sie zielte explizit auf das → Ostdeutschsein der Protestgruppe. Wie Lammert jedoch dieses ermittelt haben wollte, blieb sein Geheimnis. Immerhin hatte keiner der

Protestler die deutsche Einheit beklagt, die DDR bejubelt oder gar Undank ob der durch Helmut Kohl bewirkten Landschaftspflege bekundet.

Kann ein Deutschenverdächtiger der Parlamentspräsident aller Deutschen sein? Zumindest aller zufriedenen und folgsamen Deutschen, wie Lammert weiterhin → deutlich machte, denn noch nie hätten diese „in so großer Einigkeit zusammengelebt wie heute" (zit. nach: Constanze von Bullion, „Zuversicht und Pöbeleien am Tag der Einheit", in: *Süddeutsche Zeitung* vom 4. Oktober 2016, S. 1). Die hierüber wie immer einigen → Mehrheitsdeutschen wußten die festtägliche Artikulation ihres Mehrheitsgefühls gebührend zu würdigen. Die Universität Tübingen verlieh kurz darauf Lammert die Auszeichnung „Rede des Jahres 2016". Der Jury des Seminars für Allgemeine Rhetorik zufolge war es dem Bundestagspräsidenten gelungen, „Ehrlichkeit und → Glaubwürdigkeit sowie den Gedanken von Einheit in Frieden zu vermitteln" und somit eine „besonnene Rede inmitten einer meist stürmisch geführten politischen Debatte" zu halten (zit. nach: *Berliner Zeitung* vom 22. Dezember 2016, S. 23). Der Deutsche Kulturrat würdigte Lammerts „kulturpolitische Lebensleistung", „immer wieder auf die zentrale → Rolle → der Kultur für das Zusammenleben in unserer Gesellschaft hingewiesen zu haben", mit dem diätaufbessernden „Kulturgroschen" (zit. nach: *Berliner Zeitung* vom 26. Oktober 2017, S. 21). Weitere Auszeichnungen durch westdeutsche Kultur- und Sprachschutzbehörden folgten.

→ Bekennersprech, → Halbtrocken, → Maulheldisch.

grau Westdeutsches Universalfarbwort für die → ehemalige DDR; vor allem im ex-linken Milieu als Entsetzens-, Entrüstungs- und Ekelbekundungsadjektiv beliebt. Neben Otto Schily ist hier insbesondere Elke Schmitter zu nennen, die nach vermutlich 40jährigem geheimen Leben im → Unrechtsstaat resümiert: „Die DDR ist brutal, vor allem aber → banal: Gedanken grau wie Uniformen." („Der proletarische Zauberberg", in: *DER SPIEGEL* vom 1. September (Heft 36) 2014, S. 136) Wie können graue Gedanken – Trauer, Angst, Schwermut, Verzweiflung – banal sein? „So will ich es als Leserin", würde Schmitter wohl mit ihrem Goetheinstitutwort antworten. Zum Schmitterstil in Denken und Schreiben: → unwillkürlich/unbewußt; zum mehrheitsdeutschen Farbempfinden: → blaß.

Grauzone Linguistisch: Oxymoron, psychologisch: Schreckensvorstellung aller im Schwarzweißmaluniversum Herangewachsenen, wogegen verbaler Widerstand geleistet wird: das Graue taugt zwar nicht zur Farbe, aber doch zur → Zone. Man weiß jedenfalls, wo es beginnt. → blaß, → grau.

greifen Zumeist intransitiv gebraucht: „Die Maßnahmen greifen." Das an sich unscheinbare Wort hat nicht allein im Frühnebel- und Morgenradiosprech fast vollständig die Verben ‚funktionieren' und ‚wirken' verdrängt. ‚Greifen' zeigt → einmal mehr das gewaltsame Bemühen, aus veröideter Denk- und Empfindungswelt ins Griffig-Handgreifliche zu entkommen. Einschlägig auch: → Kuh vom Eis, → Paket schnüren, → mal gucken; Erweiterungen in den Idiomen mehrheitsdeutscher → Fremdenfeinde: → abgreifen, → Abgreifqualitäten.

Grosser Stil Wer wissen will, was als solcher im modernen Westdeutsch lange Zeit galt, der muß das gleichnamig betitelte Buch des Germanistikprofessors Karl Heinz Bohrer lesen. Da wimmelt es nur so von ‚Vorwarnung' und ‚Vorausahnung' und ‚Rückerinnerung'. Unser Mann in Bielefeld und anderswo ist ein Meister der Verdichtung. Auf einer einzigen Seite: „Die Stillosigkeit der Bundesrepublik ließe sich von daher als Antwort auf die nazistische Inversion von Stil erklären ... Man einigte sich, sozusagen als Gegengift gegen das nazistische Formenpathos, auf das Bauhaus als dem einzig gemeinsam verbliebenen Nenner. ... Historische Restauration ist dem nicht Herr geworden ..." (S. 29) Kurzes Vorblättern: „nicht wirklich" (S. 49) „... in dem der Sieg des Stoizismus über das Gesprächige triumphierte ..." (S. 51) „Man knüpfte sozusagen am Kriterium der Gemütlichkeit wieder an ..." (S. 56; Lektüreabbruch) Zu den lexischen Details: → der Westen, → nicht wirklich, → extrem, → Herr werden, → sozusagen, → von daher; zu den grammatischen Besonderheiten: → Dativschwäche, → Genitiv-Dativ-Mesalliance, → Maulheldisch.

Großkotzkuratoren → Geisel.

Großstadt Begriffsinhalt und -umfang diffus, zumeist jedoch aus Verwendungskontext und Wissen um die → Herkunftsheimat des Begriffsverwenders erschließbar. Was ‚G.' konkret → meine, erweist sich → durchwegs als komparativ bestimmt: Groß- und Hauptstädte im eigentlichen, d. h. nicht zonal-, sondern nationaltypischen Sinne gab es in → der alten Bundesrepublik keine. So hat man in Berlin, Leipzig und vielleicht auch in anderen Städten Ostelbiens erfahren müssen, daß G. dem Westelbier gleichermaßen Erfüllungs- und Verleugnungsutopie seiner kleinstädtischen Herkunft ist, kurz: der → Ort, an dem zugezogene Kleinstädter die „schon länger hier lebenden" (A. Merkel) Großstädter darüber belehren, was in Großstädten üblich sei. Der phantasmatische Horizont westelbischer G.träume ist naturgemäß eng: lärmen dürfen, wo andere schlafen wollen, geöffnete Bierflaschen vor sich hertragen und dabei ein weltläufiges Gesicht machen, auf Gehwegen mit dem viel zu schweren Fahrrad diversen Anstoß erregen u. ä. m. Doch können → Masse und Missionseifer der G.besucher und -heimsucher → durchaus innerstädtische → Parallelgesellschaften bilden, klebrige Klumpen → gleichsam im dezent rauschenden Blutkreislauf der G. („Du, desch ist jetsch unser Städtle, du" usw.).
Von den G.phantasien der → Touris und Zugezogenen sind sorgsam zu unterscheiden die zwar oft großstädtisch ausgelebten und g.medial artikulierten, jedoch ausschließlich mittelklassebedingten Träume von künstlerischer oder politischer → Weltläufigkeit.
→ Alex, → be Berlin, → Freiheitsversprechen, → Metropole.

großzügigst Superlativ der Verwunderung des *homo Germaniae occidentalis*, daß ihn nicht alle Welt so sieht wie er sich selbst. G. habe man dem beinahe bankrotten Zypern „die Hand entgegengestreckt" (Rainer Brüderle im *Deutschlandfunk*, 24. März 2013) ... wofür es demütigst den ganzen Arm ausliefern sollte.
→ brutalst, → Superlativissimus.

Grundkonsens Semantisch minimalistische, rhetorisch jedoch besonders → eindrückliche Bekundung der → Konsensorientiertheit, wie sie vor allem in → der Mitte der Gesellschaft gepflegt wird.

Grundrechte, -werte, -prinzipien usw. Unregelmäßige Formen des → Superlativissimus; → Bläh-, → Spreiz- und → Wichtigsprech in ganz und gar nicht grundlegenden Fragen alltäglicher Rede von Rechten, Werten, Prinzipien usw.

Grundschrift Ein Schultag, der mit einem → Hallo des Lehrers beginnt, sorgt zuverlässig dafür, daß die Schüler nicht mehr allzu schwer an ihrem Gehirn zu tragen haben werden. Eine Belastung, die vor allem mit dem Erlernen der *Handschrift* verbunden war. An deren Abschaffung zugunsten einer non-kursiven G. arbeiten → emanzipatorische Pädagogen jedoch mit Feuereifer. Zwar „warnen Forscher davor, daß durch die Vernachlässigung der

Handschrift der Teil des Hirns schrumpft, der für Bewegungsabläufe zuständig ist. Er macht ein Drittel der Hirnmasse aus." (Manfred Spitzer, Neurologe) Forscher warnen freilich vor vielem. So wird die Alleinherrschaft der G. vermutlich zur letzten von drei Stufen hirnphysiologischer → Verschlankung, welche mehrheitsdeutsche Schulpolitiker auch den hochdeutschsprachigen Gebieten zugedacht haben. Die anderen beiden – Abschaffung des → Frontalunterrichts und Einführung der Reformschreibung – führten bereits zu einem Kretinismus, gegen den Lehrerinnen in Berlin-Alt Treptow noch verzweifelt ankämpfen und den → Professix in Berlin-Dahlem achselzuckend rechtfertigen. Zu schweigen von mehrheitsdeutschen Kerngebieten, den sogenannten alten oder → „bildungsfernen Bundesländern" (H. Witzel): „In Bundesländern wie Hamburg ist die Grundschrift bereits Standard-Schrift." Und damit Ausdrucksmedium von Sprachbehinderten, für deren soziales Scheitern die Hochdeutschsprachigen im Osten Jahr für Jahr mit einem sogenannten → Solidarbeitrag zur Kasse gebeten werden („Handschrift – Etliche Pädagogen und Politiker fordern, Kindern nicht mehr das Erlernen einer Schreibschrift abzufordern" usw., in: *Berliner Zeitung* vom 10. Juni 2014, S. 2).
→ Förderunterricht, → Zulassungsbedingungen.

GRÜNSPRECH Bunte Mischung aus → BEKENNERSPRECH, → JOVIALSPRECH, → BETREULICHEM, → BETROFFENHEITLICHEM und → ‚Ich denke mal'; seit ca. zwei Jahrzehnten die Lingua franca der → politisch-medialen Klasse.
Die mentalitätsgeschichtlichen Ursprünge des Idioms liegen in einem bereits von Nietzsche beobachteten Willen zu kalkulierbarer Gefühligkeit, einer „unschuldigen Verlogenheit" (→ INFANTILSTIL). NutzerInnen von G. wußten stets nicht allein, welche Ideen, sondern auch, welche Affekte jeweils an der Zeit waren: Die Abrufbarkeit von → Emotion gemäß je angesagter Ideologie, die Präsentation von → Empörsamkeit und roten Wangen entlang dem Wandel der Wahrheiten ist das lebendige Vermächtnis grünen Sprachverhaltens an alle politischen Milieus. So nimmt es nicht wunder, daß sich Spitzenakteure grüner Gefühlsschaustellerei bald in anders tapezierten, besser ausstaffierten Buden zeigten (CDU, SPD, ARD), denn echte Empörsamkeit ist wie → permanente → Meinungstüchtigkeit *jeder* guten Sache dienlich. So daß sich Anton Hofreiter, Ramona Pop und Robert Habeck schließlich fragen mußten: „Was ist die grüne Erzählung?" (14./15. Juni 2019 im Haus der Heinrich-Böll-Stiftung)
→ Erzählung, erzählen, → Haltung zeigen, → Position beziehen, → Zeichen setzen.

Gruppen des Ostens Kultursoziologischer Arbeits- wie Abwehrbegriff. Auf die Frage, ob der Osten (gemeint: die Ostdeutschen) immer noch ärmer sei als der Westen (gemeint: die Westdeutschen), antwortete der → MEHRHEITSDEUTSCHE → Deuter deutscher Befindlichkeiten Heinz Bude: „Der Immobilienbesitz ist in bestimmten Gruppen des Ostens deutlich höher als in Westdeutschland." Als ethnisch unbefangenen Soziologen müssen ihn Herkunft und Zusammensetzung besagter Gruppen nicht interessieren. („Vom ostdeutschen Glauben, mehr zu wissen. Die alte Heimat ist weg, der Komplex bleibt" usw., in: *DIE ZEIT online* vom 4. August 2011)
→ Dankbarkeit, → das Ostdeutsche, → Kenntlichmachung.

Gummihals In der deutschsprachigen Schweiz verbreiteter Neologismus für einen westdeutschen Zuwanderer mit erhöhtem Zustimmungshang/Bejahungsdrang/Nickzwang in Chefnähe, in der kultursoziologisch orientierten Sprachwissenschaft ein Sammelbegriff für verbales wie nonverbales Anschleimen; bitte weiterlesen: → gut gelaunt; zum mentalitätsgeschichtlichen Gesamtbild: → Unterwürfigkeit.

gutbürgerlich Im Hochdeutschen gastronomisch gebräuchliches Adjektiv, im Westdeutschen der Inbegriff aller besseren Kreise, Häuser und Gesellschaften sowie der kulturellen → Eliten und → Avantgarden. In der westdeutschen Lokaljournalistik bezeichnet ‚g.' → zunehmend solche Häuser und → Hintergründe, in deren → Vordergrund sich ‚Unfaßbares' abgespielt hat (→ aus gutem Hause/aus besten Kreisen).

gutes Haus Wohnort des → Bürgers, dessen Lebensmittelpunkt → die Mitte ist; zugehörige → Wohnlandschaft: → die gute Gesellschaft.
→ aus besten Kreisen.

gut gelaunt Wie schon nach ersten BRD-Begehungen unverkennbar, bedrückt → die Menschen in einer → freiheitlichen Gesellschaft nichts stärker als ihre Freiheit, weshalb sie auch verbal jede Möglichkeit wahrnehmen, ihrem → tiefsitzenden, da durch keinen Staat befriedigten Unterwerfungsbedürfnis nachzugeben. Sei es durch Chefanlächeln und Befehlsabnicken (→ Gummihals), sei es durch Feudalsentimentalismen (→ Palastrückbau, Hofberichterstattung im Zwangsgebührenfunk u. a. m.). Kurz, eine → Bürgergesellschaft, an der nur die Kleinbürgerlichkeit echt ist. Das ängstliche Achthaben auf die Tageslaune des Vorgesetzten, wie in TV-Gesellschaftsfilmchen ab den Nachmittagsstunden erlernbar (→ Qualitätsfernsehen), kopieren Journalisten von → Qualitätszeitungen, wenn sie gewissenhaft darauf achten, ob der Minister, Staatssekretär, XY-Beauftragte g. g. vor die versammelte Presse getreten sei.
→ Personalführungskompetenz, → Unterwürfigkeit.

Gutmenschen heißen in deutschem Medien- wie Kneipensprech heute ‚die Linken', die Betroffenheitler, die Spießer und überhaupt immer die anderen. Bedenken gegenüber dieser Sprachpraxis sind seit längerem ausgeräumt durch das *Wörterbuch des Gutmenschen. Betroffenheitsjargon und Gesinnungskitsch* (München 1998), herausgegeben von dem enorm → aufgeklärten und ganz → kritischen Gutmenschen Klaus Bittermann. Der zwar was gegen Kriege auf dem Balkan, nicht aber in Nahost und um Heizöl hat (S. 243).
→ Betroffenheitliches, → Betreuliches, → Tutzing; → Westlinke.

gutunterrichtete Kreise Semantisches Gegenstück zu → breiten Kreisen.

H

HABERMASDEUTSCH Die sprachliche Einheitspartei westdeutscher Akademiker und Feuilletonisten; → herrschaftsfreier Herrschaftszeitraum: ca. 1971 bis ca. 1991, danach Teil der → MEHRHEITSDEUTSCHEN → Erinnerungskultur (→ der große alte Mann). → Kommunikation, → Struktur-, → zumal.

habhaft Manche Wörter möchte man nie wieder in den Mund nehmen, wenn man sieht, wer bereits auf ihnen herumgekaut hat. Ein solches Schicksal ereilte das an sich geschmacksneutrale Adjektiv ‚h.'. „Habhaft, fellhaft, gelb", heißt es im Roman *Blumenberg* (Berlin 2011) von Sibylle Lewitscharoff. Ihre Laudatorin Ursula März ist überzeugt: „Sie alle kennen das Zitat, es ist fast schon ein geflügeltes Wort unserer Literatur." (Büchnerpreisrede 2013) Gewiß, und ‚unsere Literatur' rechtfertigt es, den Büchnerpreis demnächst in Georgs Goldene Zitrone umzubenennen. März kann aber noch habhafter: „Die adjektivische Trias signalisiert poetische Prominenz." Wahrscheinlich auch → Präsenz und → Performanz. Wer fremdwörtlich derart → hochmögend gepriesen wird, der wird sein Schreiben gewiß nicht so bald → enden.

HALBTROCKEN Soziokultureller als auch sprachlicher Stil, Nachahmungsversuch am *stile secco*. Das H.E entstand ebenso wie das → BETROFFENHEITLICHE, gegen das sich dieser Stil hauptsächlich richtet, in der trockenen Luft von Redaktions- und Seminarräumen. Sprecher und Schreiber des HALBTROCKENEN – der Einfachheit halber hier ‚die Halbtrockenen' genannt – kommen zumeist aus dem katholischen Kleinbürgertum, zuweilen aus der arrivierten Mittelklasse; wie geistig-gesellschaftliche Mittelklasse generell zeigen auch die Halbtrockenen heftigen Imitationsdrang nach oben und heftigeren Distinktionseifer nach unten. Da sie fernab der Welt in (meist konfessionellen) Internaten erzogen wurden, ist eine gewisse Latinität, altrömische Härte, optimatenhafte Kühle, aristokratische Knappheit das erklärte Ziel ihres Ehrgeizes. Wegen dessen strebertypischer Übertreibung verfehlen sie es oft. Nicht trocken, sondern höchstens halbtrocken gerät ihr Denk- und Sprachstil vor allem durch einen Hang zum Beiwort: Ein Halbtrockener spricht und schreibt ständig davon, wie *kalt, hart, männlich, entschieden, entschlossen, herrschaftlich, hochgemut, mitleidlos, kaltblütig, kaltschnäuzig, furchtlos, verwegen, verachtungsvoll* usw. es geistig und seelisch oder ästhetisch und moralisch bei ihm zugehe.

Das H.E ist ein Stil, der zur Selbstverkündigung verführt und Selbstverblendung begünstigt. Darin ist er weitläufig dem → SALONKATHOLISCHEN, enger dem → MAULHELDISCHEN verwandt. Tatsächlich rekrutieren sich Maulhelden und Halbtrockene aus derselben Härtedarstellergruppe: Internatszöglinge mit → Meinungskarrieren, Aufsteigerbiographien aus schroffem Niederblick. Wie bei den Maulheldischen findet man auch bei den Halbtrockenen → durchwegs militärisch Ungediente. Um so feuriger schwärmen sie von kriegerischer Verwegenheit, kaltblütiger Entschlossenheit, männlicher Ungerührtheit bei fälligen Bodeneinsätzen oder wenigstens beim Verfassen von Ernst-Jünger-Aufsätzen, als sie selbst kaum einen Abzugs- von einem Sicherungshebel unterscheiden können. In hohem Maße traf all dies auf das durch Karl Heinz Bohrer geschaffene *MERKUR*-Milieu zu, das von gelehrten → Publizisten wie Norbert Bolz oder Hans-Ulrich Gumbrecht über Journalisten wie Michael Rutschky bis hinab zu Ethikräten wie Volker Gerhardt reichte (→ der Westen, → die Moderne, → GROSSER STIL). Deren Furchtlosigkeit beim Fordern von Militäreinsätzen oder beim publizistischen Exekutieren von Meinungsfremden hat sogar bei den Ex-Zivildienstleistern des *ZEIT*-Feuilletons immer wieder zu Bewunderungsjauchzern geführt (Ulrich Greiner: „herrlich kaltschnäuzig", Ijoma Mangold: „verwegene Abenteurer").

Typisch für die *MERKUR*-Phase des H.EN war ein Schreibgestus, der Intimbekanntschaft mit den → Herren der Geschichte markierte. Doch haben Bohrer und andere Herrenmenschlich-Halbtrockene mitunter auch den Anschluß zum Pop-Nietzscheanismus etwa eines Peter Sloterdijk gesucht. Das wurde in der Steuerdebatte von 2009 offensichtlich. Ein heftiges → Ressentiment gegen unbotmäßige → Unterschichtler und ihre angeblich noch lebenden → Vertreter aus der sog. Frankfurter Schule aktivierte beinahe den gesamten Adjektivschatz der Halbtrockenen: Man selbst *kühl, großzügig, gelassen,* mitunter jovial Gaben nach ‚unten' reichend, die Unterlinge hingegen *larmoyant, gierig, gesinnungseifrig, neidisch, verlogen, verdruckst,* kurz: ressentimentgeladen nach Besteuerung der intellektuell malochenden Oberschicht rufend. Nicht allein in dieser Debatte war den Halbtrockenen entgangen, daß echte Aristokratie keinen Gedanken an irgendwelche sozialen Unterbauten ihrer selbst verschwendet, was sie dann zuweilen ja auch mit dem Leben büßt. So erweist sich das H.E als Ausdrucksmedium geistig-gesellschaftlicher „Statusängste, wie sie für die Mittelklasse typisch sind" (P. Fussell).
Im Seelenkleid des Halbtrockenen gähnen charakteristische Löcher. Es fehlt ihm an poetischer, erst recht an sozialer und historischer Phantasie. Sie wird zwar in Textgestalt eindringlich ausgelobt, für die Wirklichkeit aber bei geistfernen Mächten bestellt oder als sog. → Ernstfall erhofft. Dieser scheint am besten geeignet, die Halbtrockenen „aus dem Normalnull ihrer Existenz ekstatisch emporzureißen", wie mit Bazon Brock ein – abgewiesener – Verehrer des Mobilmachers Bohrer bemerkte. Die stolze, kaltblütige, verwegene, mitleidlose, ungerührte, verachtungsvolle → Gelassenheit reicht nicht hin, die → Banalität bürgerlich-mittelklassigen Daseins alltäglich zu ertragen, geschweige literarisch zu gestalten oder intellektuell zu bewältigen. So zählen die H.EN zu jenen geistigen Sekundärproduzenten, die mit Worten und Gesten ständig über das Worthafte, Gestische, Textgewirkte hinausweisen (eine Parallele zum ansonsten verfemten → ‚Realismus'). Der → GROSSE STIL des H.EN bedarf einer außerliterarischen Referenz. Was den Halbtrockenen an Kunstfertigkeit fehlt, entdecken sie an künstlergleich den Volkskörper formenden Machtmenschen, die – als eiserne Ladys oder Kanzler oder Schmidtmützenträger – auch die hierfür notwendige Borniertheit mitbringen. → Zumal die schlichte (‚lateinische') Simplizität von Herrenvölkern und -menschen, die ganz „ohne Schmerz- und Schuldbewußtsein" (K. H. Bohrer 1991) Städte auslöschen oder Kolonien ausplündern, beneidet der Halbtrockene in unverhohlenem Schwärmen: Europas Katastrophenlandschaft, vom Birklehof betrachtet.
Als ewige Mit- oder Nachläufer der Welt-Mächte bleiben die Halbtrockenen vor geistigem Entwicklungsdruck geschützt; daher ihre frühe Verhärtung zum Typus. Dem Verschwärmtesten der Halbtrockenen, namentlich seinen Lieblingsadjektiven „gelassen, kalt und unbeteiligt", galt 1984 das Murren eines → Mitkonkurrenten, dessen Sachgemäßheit auch Jahrzehnte später unfraglich ist: „Jede Tageszeitung trägt heute das Schreckliche gelassen, kalt und unbeteiligt vor", so daß die annoncierte schreckliche Kälte des Denkens lediglich geistlose Komplizenschaft mit der Macht offenbare (Bazon Brock, „Heiligung der Filzpantoffeln gegen den Heroismus permanenter Selbsttranszendierung", in: ds., *Ästhetik gegen erzwungene Unmittelbarkeit: Die Gottsucherbande. Schriften,* Köln 1986, S. 24–33, hier: S. 26f.).

Hallo (I) Sozialkretinöse Standardanrede, die es aus Telefonzellen bis in → die gute Gesellschaft geschafft hat. Wird an Debilität nur noch übertroffen von diversen Einsilbern: In der Beilage „Semesterstart" I/2012 der *Berliner Zeitung* berichtet eine indische Studentin von sog. interkulturellen Verständigungsproblemen. Beim Sprachunterricht im heimatlichen Goethe-Institut habe sie das H. als Begrüßungsformel erlernt: bitte weiterlesen unter → Na?

Hallo (II) Meinungskulturelles Standardfüllwort, das Empfindensaufruhr signalisiert, wenn dergleichen nicht in der Stimme vibriert. Der → JOVIALSPRACHLICHE, zwangsläufig frivole Akzent ist unüberhörbar; nachfolgend etwa beim Generalsekretär von *Care*. Karl-Otto Zentel moniert, „daß die internationale Gemeinschaft da nicht aufsteht und sagt: Hallo, wir leben im 21. Jahrhundert und nicht mehr im Mittelalter. Das ist ein klares Versagen", und zwar → „der Politik" angesichts von Bürgerkrieg und Hungersnot in Jemen (*Inforadio*, 12. Dezember 2018).

halt Unauflöslicher Wortwürfel aus der verbalen Diarrhöe, zugleich Hauptfüllwort im → Diskurs der Gehemmten (→ STOTTERWÖRTER, → KLEMMSPRECH); hauptverantwortlich für den Schluckauf westdeutscher Alltagsrede und dort gern kombiniert mit →‚eben'.
In welch hohem Maße → identitätsbildend die sog. Evidenzpartikel ‚h.' auch für das universitäre Mehrheitsdeutschtum ist, belegt der publizistische → Diskurs zweier Germanisten aus → Westberlin. Obgleich ‚halt' auch in Südthüringen, im Westerzgebirge, im Vogtland und in der Lausitz verbreitet ist, reklamieren Norbert Dittmar und Melanie Glier einen Wesenscharakter des westdeutschen ‚h.' gegenüber dem Zufallscharakter des ‚h.' im deutschen Osten, wo man seine Redelöcher meist mit einem ‚eben' stopfe: „Da evidenzbezogene Schlussfolgerungen unter Verwendung der Modalpartikel *halt* subjektiver, freundlicher und weniger hart klingen, werden SprecherInnen, die strategische und andere Vorteile in der Nutzung des Ausdrucksmittels *halt* sehen, auf ein solches Mittel in Ergänzung und in Komplementarität zu *eben* zurückgreifen. Die soziolinguistische Triebkraft in der Verbreitung und im Prestige von *halt* liegt dann darin, dass sich jene SprecherInnen, die *halt* je nach Redekontext verwenden, einen *kommunikativen Mehrwert* erschließen, der gewisse Vorteile mit sich bringt. Verfügen oder Nichtverfügen über diesen *kommunikativen Mehrwert* ist eine Frage des sozialen Erfolgs." Die soziale Erfolglosigkeit der ostdeutschen Eben-Sager läßt sich nun so zwanglos wie bezwingend herleiten: Im Westen persönlichkeitsbildende Füllwörter wie ‚halt' brauchten „in der DDR keine individuelle, imageunterstreichende und persönlichkeitshervorhebende Note zu haben. Wenn man mit seiner Varietät nicht auffiel, wurde dies als positiver Beitrag zur Lebensbewältigung angesehen." (Norbert Dittmar/Melanie Glier, „Abbruch, Aufbruch, Umbruch!? Im Schatten der alten und im Flutlicht der neuen Sprache", in: Ruth Reiher/Antje Baumann (Hrsg.), *Mit gespaltener Zunge? Die deutsche Sprache nach dem Fall der Mauer*, Berlin 2000, S. 241–272, hier: S. 255f.)

halt eben Ein Hybrid aus Verlegenheit und Nachdrücklichkeit; → SUPERLATIVISSIMUS der Haltsagerei. Das → Paradigma sprachlichen Musterwestdeutschtums entbarg dessen Heimatsender am 26. August 2017, als der gebürtige Bonner Henning Wehland in Köln von Bonn und Mannheim und → Frankfurt erzählte und dabei → gefühlt wie geschätzt achtundvierzigmal besagte Füllformel einschob. „Zwischen den Zeilen lässt er erahnen, dass er eine Menge erlebt hat und vor allem noch vieles vorhat." (→ *Deutschlandfunk*, Programm 8/2017, S. 66)

Haltungsjournalismus Eine Spielart des → Qualitätsjournalismus; oft sarkastisch für Redakteure, die sich auf schwankender Faktenbasis an ihrer → Haltung festhalten. Der Ausdruck ist in der → liberalkonservativen, nationalkonservativen und nationalrevolutionären Publizistik seit etwa zehn Jahren → massiv nachweisbar, wird also nicht im gesamten politischen Spektrum akzeptiert.
→ MEDIALDEMOKRATISCHES, → WÄCHTERSPRECH.

Haltung zeigen → Position(en) beziehen.

Händler Verkäufer, der → angeblich mit sich handeln läßt.

Handlungsbedarf Blähwort, das seit den späten 1980er Jahren in tausend Blasen über Westdeutschlands Politik, Wirtschaft, Verwaltung, Kultur, Militär schwebt und einfach nicht zerplatzen will.
→ Bedarf.

Handschlagsdoktrin 2016 wollte ein Berliner Imam einer Lehrerin, die zum Gespräch über seinen Sohn und ihren → Problemschüler geladen hatte, nicht die Hand geben. Die Lehrerin verweigerte daraufhin das Gespräch. Der Imam wiederum zeigte sie wegen Verletzung der Religionswürde an. Genau für solche Fälle hält *DER TAGESSPIEGEL* eine Gruppe von „Redakteuren für besondere Aufgaben" in Bereitschaft. Jost-Müller Neuhof („Rechtspolitischer Korrespondent") untersuchte den Fall und → präsentierte Erstaunliches: „Die Handschlagsfälle häufen sich. In der Schweiz werden zwei muslimische Schüler amtlich verpflichtet, ihrer Lehrerin die Hand zu geben. In Schweden musste ein gläubiger Politiker zurücktreten, weil er einer Journalistin die Hand verweigerte." Soweit die Recherche. Die Frage lautete nunmehr: Ist → das Abendland bedroht? „→ Der Westen hat es, dank → Aufklärung, bisher ganz gut → hingekriegt mit der Vernunft. Jetzt droht sie, abhanden zu kommen. In welche Feudalgesellschaft wollen wir zurück, in der als falsch empfundene Grußrituale Sanktionen nach sich ziehen sollen? Weshalb sollten Männer, egal welchen Glaubens, gegen ihren Willen gezwungen werden, fremde Frauen anzufassen? Wir leben in einem freien Land, in dem sich Körperkontakt einvernehmlich vollzieht oder gar nicht. Der letzte Staat, in dem Händeschütteln zur Doktrin gehörte, war die DDR. Er hatte ein verdientes Ende." („Imam verweigert Handschlag. Jeder schüttelt, was er will", in: *DER TAGESSPIEGEL* vom 29. Juni 2016, S. 8) Bereits einen Tag später konnte Ramona Ambs in der *Jüdischen Allgemeinen* weitere Forschungsergebnisse präsentieren: Daß „künftig alle Schüler ihre Lehrerinnen mit Handschlag zu begrüßen haben", das gebe es derzeit zwar auch in Basel-Land. Doch gelte es, den Anfängen zu wehren: „Eine derartige Doktrin gab es bis dato nur in der DDR! Das sollte eigentlich zu denken geben." („Hand aufs Herz und Respekt vor Religion", S. 2)
Zwar hatte es eine solche Grußpflicht, gar von Schülern gegenüber einer → Autorität im → autoritären Staat, nie gegeben. Dennoch erwies sich die H.-These als heuristisch wertvoll. Die Forscherin konnte nämlich einen vom *TAGESSPIEGEL*-Kollegen bislang zu wenig beachteten Aspekt der neofeudalen wie auch der staatssozialistischen H. herausarbeiten: „Gerade die Frauenbewegung hat doch lange dafür gekämpft, dass man selbst bestimmt, wann man wo von wem angefaßt wird. ... Merke: Mein Bauch gehört mir. Meine Hand auch." Es fehlte nunmehr einzig noch ein Beitrag in einem „Debatten-Magazin", den alsbald der freie → Autor Henning Beermann beisteuerte. Sein Magazin über seine Person: „Er ist ein aufmerksamer Beobachter der Umwälzungen im Nahen Osten und Kenner der islamischen Kultur". Vor allem aber der Kultur im ganz nahen Osten. In *The European* faßte der Kulturforscher noch einmal die Forschungsergebnisse prägnant zusammen: „Eine solche Doktrin gab es zuletzt in der DDR." („Reich' mir nicht die Hand", 10. Juli 2016), ehe sie ihren Weg in die Halluzinationsweiten des Internets nahm.

Handschlagsfälle → Handschlagsdoktrin.

Haßmails, Haßkommentare, haßerfülltes Denken → auf Augenhöhe, → Debatten.

Haß und Verachtung Eine ostdeutsche Reaktion auf gewisse → Pöbeleien, welche seit Jahrzehnten in westdeutscher → Qualitätspresse wie → Comedy, bei → Westlinken nicht weniger als bei → Salonkatholiken üblich sind? „Sie hassen uns, doch sie kennen uns nicht. Wir verachten sie, weil wir sie kennen."

Die → MEHRHEITSDEUTSCHE Publizistik nennt dagegen ‚H. und V.' häufig in einem Atemzug, wenn sie das Verhältnis des deutschen Ostens zu → westlichen Werten zu charakterisieren versucht. Doch lohnt sich auch hier genaueres Hinsehen, zunächst: das Auflösen der polemischen Begriffsverklumpung. Dann nämlich zeigen sich Schichtspezifik sowie Ost-West-Reziprozität solcher und verwandter Sprachzeugnisse des → Ressentiments. Während Teile der ostdeutschen Facharbeiterschaft ob ihrer Benachteiligung durch westdeutsche Lohn- und Rentenpolitik seit 1990 durchaus *Haß*, zumindest gehässigen Spott gegenüber den fachlich oft inferioren → Buschzulagenempfängern, → Vorteilsrittern und sonstigen → Abgreifern aus Westelbien artikuliert haben, dominieren in der abgedrängten ostdeutschen Intelligenz Abscheu oder *Verachtung*. Überwiegend sind letztere durch moralische und kulturelle Verhaltensauffälligkeiten der Immigranten (→ Anduzen, → BEKENNERSPRECH) bedingt, sodann durch die mangelhafte → Ausprägung fachlicher Sekundärtugenden (statt dessen: Gesinnungsüberschuß, vorschnelles Urteil, stochernder Ich-weiß-was-Finger), zu schweigen von intellektueller Redlichkeit (→ Gewissenhaftigkeit, → Doktorväter). Ein zwar nicht durchweg verächtliches, aber doch abschätziges Gefühl angesichts des Standes der → Vergangenheitsbewältigung, Frauenemanzipation und weiterer → Modernisierungsrückstände Westdeutschlands eint alle sozialen Schichten des Ostens.

Eine naturgewachsene, nicht ideologisch überbaute *Verachtung des Ostens* wiederum findet man in → breiten Kreisen der westdeutschen Bevölkerung. Zum einen wirkt hier der in → ANTIORIENTALISMUS transformierte Antikommunismus, adaptiertes Siegergefühl aus dem letzten Weltkrieg (→ die Alliierten, → Wie wir Amerikaner wurden), zum anderen aber schlichte Besitzdifferenz: sprich, das einzig erlernte, wenig flexible Denken in Quantitäten. Selbst ärmere Westdeutsche sind von ihrer zivilisatorischen Überlegenheit durch frühzeitigen → Bananenverzehr oder regelmäßigen → Ballermannbesuch überzeugt. Der *Haß* auf den Osten seitens der westdeutschen → ‚Meinungselite' (Adam Soboczynski) hingegen ist der verständlichen Unsicherheit dieser Schicht gegenüber ihrem ostdeutschen Pendant → geschuldet, einer Unsicherheit vor allem angesichts des begrenzten historischen Erfahrungs- und mithin beschränkten kulturellen Reflexionsraums. Schon Monate vor dem → Anschluß traten westdeutsche → Intellektuelle, → Publizisten, → Qualitätsjournalisten usw. diesbezüglich als Aggressoren auf; man denke etwa an den sog. deutsch-deutschen Literaturstreit und Leitartikel wie „Macht Diktatur kreativ?". Mit sachlichem Recht fürchteten die kulturbetrieblich beschäftigten Mehrheitsdeutschen freie geistige Konkurrenz, eine Auseinandersetzung jenseits der Milieugeschütztheit. Ihre freiheitssystembedingte Freiheitsangst hatte über die Jahre eine intellektuelle Vermassung und kulturelle Verbunkerung befördert. Die westdeutschen Geistesarbeiter sprachen zuerst und zumeist als → Vertreter von *Milieus*, in die sie sich geflüchtet hatten und aus deren Sicherheit sie feindliche Komplementärmilieus halluzinierten, freundlicher: → kreierten. → ‚Die DDR' und ihre Bewohner sind nicht zuletzt deswegen eine Kreation der mehrheitsdeutschen Nachwendepublizistik.

Typisch ist eine Asymmetrie in der Bestimmung kultureller und sozialer Superiorität. Man denke an die heute häufigen westelbischen Hinweise auf einen Vorsprung im Meinungs- und Gesinnungssektor, früher: die Aufzählung früheren Konsums und älteren Besitzes. Der Stolz auf Geld, das man nicht unbedingt selbst erarbeitete, auf einen Glauben, den man kaum mehr praktiziert, sind die bizarren Blüten spätwestlichen → Selbstbewußtseins. Es bleibt jedoch fremdbestimmt. Der im Westen früh antrainierte Futterneid (→ Banane) verbindet sich mit der Angst vor → dem Fremden zu einer diffusen Dauergehässigkeit, zum einzig aufrichtigen Gefühl verunsicherter Mehrheiten. Der Haß der westdeutschen ‚Meinungseliten' und das dadurch → generierte → Wir-Gefühl suchen ihr Objekt folglich nicht in der

eigenen sozialen Schicht, sondern in den sog. → Abgehängten, den → sozial Schwachen des deutschen Ostens. → Verdruckst und verklemmt auch im Selbstverhältnis, wie → ressentimentgeladener Haß nun einmal ist (Nietzsche: „mit sich selbst nicht ehrlich sein können"), kostümiert er sich als *Verachtung*, z. B. als beflissenes Hersagen materieller, spiritueller und kultureller Habseligkeiten. So werden die kulturellen Selbstporträts des deutschen Westens, von der → BITTERMANNLINKEN über *ZEIT* und *FAZ* bis zu Springer, ausschließlich als Fremd- und Feindbilder veröffentlicht. Im dritten Jahrzehnt nach dem → Anschluß schreibt ein westdeutscher Publizist seiner ostdeutschen Kollegin: Nicht-Westdeutsche „sind selbstgerecht, weinerlich, ressentimentgeladen, verstehen nichts von Demokratie und Pluralismus, sind allein schon wegen der Entchristlichung unkultiviert, weil man das Abendland ohne Christentum nicht versteht, haben nie die eigene Diktatur aufgearbeitet, geschweige denn die davor und sind habituelle Heuchler. Sie hassen uns Wessis, sagen uns das aber nicht, weil sie → unser Geld wollen." (zit. nach: Regine Sylvester, „So, das fürs Erste", in: *Berliner Zeitung* vom 27. Oktober 2016, S. 8)
→ unser Geld, → westliches Geld, → Werte, → Wir im Westen.

Haßwitz/e Lange bevor die erste Studie zu Potenzstörungen westdeutscher Männer bei beruflich gleich- oder höhergestellten Frauen publiziert war, kursierte im → Anschlußgebiet folgende → Anekdote: „Wessi wird immer aufdringlicher zum erst kürzlich eingestellten Zimmermädchen aus dem Osten. Ruft das Mädchen schließlich empört: ‚Jetzt hören Sie aber gefälligst auf! Ich bin doch keine Dirne!' Wessi: ‚Aber Kleines, wer spricht denn hier von bezahlen.'" *DER SPIEGEL* hatte die Anekdote unter der Rubrik ‚Humor' abgedruckt und als ‚Haßwitz' angeprangert („Asphalt des Ostens", 3. Juli 1991; Originalorthographie); eines der frühesten Zeugnisse → qualitätsmedialen → Jammerwessitums.
Was an dem Wortwechsel sogleich ins Auge fällt, ist die Strukturähnlichkeit zum politischen Witz in der DDR. Eine zumeist inferiore Herrenschicht – einst durch → die Partei, jetzt durch den → Kapitalismus installiert – erscheint im Blick einer empfindungs- und reflexionsfähigen → Unterschicht. Der Witzerfinder reagierte offenkundig auf Verhältnisse, die er persönlich kennt; der Witzerzähler befindet sich in denselben Verhältnissen wie die Figuren des Witzes. Der Direktbezug auf politische, soziale und andere Realitäten war ein Merkmal des DDR-Witzes, das auch der Nachwendewitz aufwies. Das unterscheidet ihn beispielsweise von den bis zum → Anschluß in Westdeutschland verbreiteten Kohl-Witzen, die – wie westdeutsche Witze über Politiker generell – Sprachschrullen oder Körperdetails thematisieren. Die Versorgten spotten über die Inferiorität ihrer Versorger (→ Versorgungsmentalität), verhalten sich also trotzig-infantil (→ INFANTILSTIL). Die Kontinuität zwischen den Politikerwitzen → der alten Bundesrepublik und der schmollenden, greinenden, pöbelnden → Comedy Neuwestdeutschlands ist offenkundig. Bejahte Peinlichkeit schafft den → Grundkonsens, worin sich Witzerzähler, Witzhörer und Witzopfer aus dem Westen treffen.
Das Peinliche an Witzen über Ostdeutschland sind die Leute, die sie erzählen. Um 1972 war ein Hamburger → Publizist für einige Tage privat im Osten eingeladen. Er wurde reichlich bewirtet, sparte dank Verwandtenbett sowie -bewirtung die Hotelkosten und veröffentlichte 2009 (!) das Ergebnis seiner Recherchen unter dem Titel „Nichts gegen die da drüben": „Sexuelles ist dort generell tabu, Erotik unerschwinglicher Luxus und selbst Körperlichkeit verpönt; Politik zu diskutieren ist vergebliche Liebesmüh, und die Beziehungskisten sind noch weniger flexibel als anderswo. ... Im Gegenteil. Die größte Freude, den maximalen Lustgewinn im libidofeindlichen DDR-Alltag ziehen die da drüben aus der Nahrungsaufnahme. ... Nie würde einer von denen da drüben behaupten, Kino-Fan oder gar Cineast zu sein. Kino ist etwas Nebensächliches, beinahe Anrüchiges. ... Dabei muß die DDR-Mutti nicht einmal fürchten, daß ihr Göttergatte sich in irgendwelche Kneipen flüchtet. Die gibt

es nämlich in der DDR nicht." (Michael O. R. Kröher, in: *Unter Zonis*, hrsg. von Klaus Bittermann, S. 21, S. 19, S. 25, S. 27)

Wenn etwas → Satire sein will, was weder wahr noch witzig ist, dann ist es – ja, was eigentlich? Der westdeutsche H. muß auf ein Minimum von Information ein Maximum von → Wir-Gefühl gründen; intellektueller Kapitalismus → pur (→ Faulheit). Nicht → umsonst opponieren die H.erzähler des Westens nicht gegen reale, sondern zumeist gegen mediale Mächte, hier etwa gegen dasjenige politische Milieu, welches ein fremdes Volk dem eigenen jahrelang als ‚Brüder und Schwestern' angetragen hatte. Mit diesem Milieu sind freilich H.erzähler wie der zitierte M. O. R. Kröher längst übereingekommen im milieuübergreifenden Kollektivbewußtsein einer → ‚Bundesrepublik Adenauer'. Die Witzlosigkeit des heutigen Westens, der Triumph der „Ab- und Ausgrenzungsdiskurse" über die „Gegen- oder Alternativdiskurse" (Jürgen Schiewe), könnte als → anschlußbedingtes Phänomen interpretiert werden. Doch was der → vornamensdoppelinitialgenähte Individualist Kröher noch 2009 dahersprach, wurde erstmals 1982 veröffentlicht. Das Fehlen einer eigenständigen westdeutschen Humoristik, insbesondere genuin politischer Witze (im Unterschied zu Politikerwitzen!), hatte im westeuropäischen Vergleich bereits 1977 der Soziolinguist Lutz Röhrich registriert *(Der Witz. Figuren, Formen, Funktionen)*. Neben der → ausgeprägten → Unterwürfigkeit des intellektuellen Westdeutschlands gegenüber seiner Besatzungsmacht dürfte hierfür das Fehlen einer eigenen Humortradition aus Minoritätsperspektive verantwortlich sein. Die mittelklassetypische Unvertrautheit mit dem sozialen Humus des Humors entspricht der stark eingeschränkten Erfahrung mit nicht-westdeutschen Lebensformen. Der westdeutsche Humor → präsentiert sich konsequenterweise als H., das bedeutet: als charakteristische Mischung aus Weltangst und Wissensdünkel; er ist schief spähende Wahrnehmungsverweigerung. Unvermeidlich ist daher die sog. → Comedy als Humorvorbild bis in → bildungsbürgerliche und → intellektuelle Kreise. Hier lacht eine Besitzerklasse, die weiß, daß sie unwissend sein darf.

Ein → Strukturdefizit, denn selbst ambitionierten Humoristen stehen für das Lachen von oben nach unten, von West nach Ost, nur drei Quellen zur Verfügung: 1. Versatzstücke und Erinnerungsfetzen aus der verblichenen SED-Propagandasprache, 2. Zeugnisse ostdeutscher Turboanpassung an die sog. Konkurrenzgesellschaft, 3. materielles Überlieferungsgut. Über direkte Erfahrung mit der ostdeutschen Sozialrealität verfügen die westdeutschen H.erzähler ebensowenig wie einst die SED-Funktionäre; die Milieugeschütztheit ersterer entbindet freilich, nicht zuletzt ob eines → verdrucksten → Minderwertigkeitsgefühls angesichts historischen Erfahrungs- und Erlebnismangels, eine → ungleich stärkere Gehässigkeit. Quelle Nr. 3 ist der Fundus, aus dem auch die westdeutsche Heimatkunst (→ HEIMATLITERATUR, -film) schöpft; die Ausrichtung am Dinglichen erlaubt die halbsentimentale Zuwendung zu technisch veraltetem Kulturgut. Die Hauptform politischen Humors in seiner explizit westdeutschen Sonderart ist folglich die Konfrontation von SED-Propagandasprache mit technologischem Rückstand einerseits, mit nunmehr auch im Osten → massiver → Fremdenfeindlichkeit andererseits. Für die doppelt abgesichert Häme, daß „die da drüben" auch nicht besser seien als → „wir" (Pohrt, Kröher, Bittermann), könnten das Titelbild des im Jahrzehntrhythmus wiederaufgelegten H.buches *Unter Zonis* stehen. Es reproduziert ein Wandbild marschierender FDJlerinnen aus den 1950er Jahren.

Obwohl im → postfaktischen Rasen gegen „diese widerwärtigen Ossis" (Klaus Bittermann, *Geisterfahrer der Einheit*, Berlin 1995, S. 29 u. ö.) ein → provinz→chauvinistischer → Extremfall, → bilden die → Kleinkunstwerke der → BITTERMANNLINKEN doch ein psychoenergetisches → Strukturproblem des westdeutschen *petit bourgeois* ab. Dessen übermäßig entwickeltes Verlangen nach kultureller und ideologischer Homogenität bei politisch-ökonomischer Konfliktscheu (man vergleiche damit das rabiate Kleinbürgertum Polens, Frankreichs, Italiens!) hat ihn eine ‚Öffentlichkeit' parzellierter Pluralität erschaffen lassen; hier erblickt der westdeutsche Kulturkleinbürger überall nur → das Andere seiner selbst. Somit hätte der Haß, den als atavistisch der Mehrheitsdeutsche sich normalerweise verbietet, im engbemessenen Seelengeviert verbleiben müssen. Erst das Bröckeln des bekannten Nachkriegsbauwerks öffnete ihm einen Weg ins Freie. Das Bizarre des von der → guten, also linksbürgerlichen Mehrheitsgesellschaft angeleiteten H.machers ist, daß er in allerreinstem → falschen Bewußtsein sich von einer → Minderheit bedroht wähnt; eine Masse, die sich unter Einzelnen – *Unter Zonis* – begraben glaubt. Welthistorisch wohl → singulär ist es, daß die Besatzer den Besetzten nicht mit herrenklassiger Verachtung, sondern → eben mit einem Haß begegnen, wie er unter sozial Gleichen als Konkurrenz gängig wäre. Zur Pervertierung von Rassen- in Klassenhaß bei der → guten → linken Gesellschaft des deutschen Westens näherhin: → Ironie, → Unterwürfigkeit.

Hauptschwerpunkt Möglicherweise Lehnwort aus dem SED-Funktionärsdeutsch, das es ins Parteitagsdeutsch von SPD-CDU-FDP-[bitte ergänzen] geschafft hat. Semantisch unerträgliche, physikalisch unmögliche Bombastfügung – Gewicht im Kampf gegen Wichtigkeit. Die Hauptschwerpunktträger wissen es jedoch selbst nicht: Sitzt der H. ganz oben, wie es Hauptsachen gebührt, oder hängt er durch, wie Gewichte es wollen?

Hausaufgaben machen *Focus*-Deutsch und Politschnöselsprech: Die Griechen, Spanier, Portugiesen usw. müßten erst ihre H. machen, ehe sie wieder bei den → Mehrheitsdeutschen in die Schule gehen dürften.

Hausbesetzer/Hausbesitzer → Wohnprojekt.

Heimatliteratur (personal: Heimatschriftsteller, Heimatautoren) Ein hauptsächlich belletristisches Genre, worin volksgeistige Unversehrtheit bekundet oder auch beschworen wird. Westdeutschlands Kulturgeschichte zeigt drei Verwendungsweisen des Ausdrucks, von denen sich für eine Physiognomik des *homo Germaniae occidentalis* nur die letzte gebrauchen läßt: 1. die regional, oft mundartlich gebundenen Ausdrucksformen prämoderner Gemütsverfaßtheit (Försterfilme, Arztromane), die eine nie versiegende, noch schwach rauschende Unterströmung im westdeutschen Massengeschmack bleiben; 2. die massenhaft produzierte, jedoch minoritär konsumierte Literatur der Literaturstipendiaten, welche hierfür an Orte berufen und daselbst bezahlt werden, um den Berufungsinstanzen jener Orte durch einen fremden Blick auf deren Heimat die eigene Heimattauglichkeit vergewissern zu helfen (Stadtschreiber, Ortschronisten auf Zeit usw.); 3. die Spezifik des west- und damit mehrheitsdeutschen Selbstbewußtseins insgesamt, wie es sich sowohl in der eigentlichen (,literarischen') Belletristik als auch in ihren philosophischen, politik- und kulturfeuilletonistischen Subgenres bekundet. Mitunter wird diese Literatur von berufenen oder herbeigerufenen Heimatautoren (2.) produziert, häufig wendet sie die unbewußte oder unfreiwillige Regressivität der Heimatkunst (1.) ins Bewußt-Aggressive, → Herausfordernde. Wo er denn ein rechter Schriftsteller werden könne, hatte ein junger Literat, geboren im Osten Deutschlands, wohnhaft im Westen Berlins, einst einen deutschen Dichter gefragt. Dessen Antwort: „Falls Sie vorhaben, ein großer Dichter zu werden, müssen Sie in die DDR; sie allein stellt Ihnen – auf ihre entsetzliche Weise – die Fragen des Jahrhunderts ..." (Peter Hacks, zit. nach Matthias Frings, *Der letzte Kommunist. Das traumhafte Leben des Ronald M. Schernikau*, Berlin ²2009, S. 405) Heimatlitatur (3.) hingegen ist nicht Dichtung, sondern Reportage. Sie ist die Literatur der seelisch und geistig Daheimgebliebenen Westelbiens, das → innere Bonn oder das ewige → Kreuzberg. Sie hat durch die westdeutschen Überfremdungsängste 1990ff. eine mächtige Konjunktur erlebt, weist jedoch eine zeitlose

Struktur auf. Geschichtslosigkeit und Geschichtsvermeidung sind das Gesetz ihrer Selbstreproduktion über alle realhistorischen Brüche hinweg.

Eine autochthon westdeutsche Literatur kann es nicht geben, denn es gibt keine autochthon westdeutsche Kultur. Die Selbstwahl des deutschen Westens als Teil eines genuinen West- oder wenigstens EU-Europas und der Ausstieg aus dem Erfahrungsraum deutscher Geschichte ist der milieuübergreifende → Grundkonsens der BRD-Deutschen und ihrer kulturellen → Repräsentanten. Für die BRD-Heimatliteratur waren D-Mark und → Westbindung die formellen Grenzen, in welche sich beliebiger Sinn füllen ließ, insbesondere geschichtlicher oder pseudogeschichtlicher: Man denke an die gewaltige Literaturproduktion um Schuld, Verdrängung und Erlösung (zuletzt: Harald Jähner, *Wolfszeit*, 2019). Doch seine Engagierten standen nicht weniger als seine Innerlichen außerhalb politischer Verbindlichkeit und persönlicher Haftung. So gelang es ihnen, europäische Realgeschichte auf BRD-Landschaftsformat zu verkleinern. Mit dem Bröckeln dieses Kleinkosmos ist die westdeutsche H. keineswegs verschwunden. Ebenso wie die Deutschen im Osten sich erst nach 1990 als DDR-Bevölkerung begreifen lernten, verlangt es die kulturellen → Vertreter Westdeutschlands → zunehmend nach Vergewisserung dessen, was sie einmal waren und gern weiter wären (→ beschädigte Republik, → westliche Werte, → Jammerwessi).

Gerade die begabtesten Heimatliteraten des Westens agieren in ihrer sprachlichen Welterfassung retrospektiv, wenn nicht regressiv: *Anschwellender Bocksgesang* wurde zum Musterbeispiel einer Sensibilität, die auf erste Sprünge in der Käseglocke mit dem Rückzug ins Erstorbene, Duftlose reagiert – alter Käse, der keine Nase mehr reizt, jedoch interessant schillert. Folgerichtig erscheint die westdeutsche H. dem kulturwissenschaftlichen Blick vornehmlich als Erinnerungs- und Erfahrungsvermeidungsprosa. Ihre Grundzüge sind 1. Vertiefung in einen Innenraum (unfreundlich: ‚Nabelschau'), der sich bei gründlicher Vermessung als Hohlraum erweist, sowie 2. die Füllung dieser Innenleere mit allerlei → Meinungen, → Gesinnungen, → Überzeugungen, die durchweg von warenhaftem, willkürlich verfügbarem Charakter sind, kurz: mit Angelesenem und Vorgedachtem (→ BILDUNGSBEKENNERSPRECH). Dies bedeutet, daß die von einem westdeutschen Heimatautor ausgestellten Erfahrungen ebensogut die Erfahrungen eines anderen westdeutschen Heimatautors sein könnten, weiterhin, daß die dort vorgeführten Außenwelten sich auch mit anderen Innenwelten ausstaffieren ließen.

Der Archetypus der westdeutschen H. ist die kulturelle Konsumentenbiographie; das souverän übers Gefühl verfügende, es hierfür von seinem kontingenten Anlaß trennende und so notwendigerweise sentimentale Sich-Erinnern an das, was man alles einmal gemeint, gedacht, gehabt, genutzt und hierbei gefühlt habe. Der Geha-Füller schimmert da gleichberechtigt neben der Mao-Bibel. „In seinem Hörspiel legt Hübsch ein ungeschminktes Zeugnis von den wilden Jahren seiner Jugend ab – über die 68er-Bewegung, die Drogen und die Musik seiner Zeit." (*Kulturradio*-Programm 6/2017, S. 13) → Linke wie → rechte, → reaktionäre wie → emanzipatorische Meinungsmilieus der Alt-BRD → generieren heimatliterarischen Realismus. Ihnen wird alles Sein sogleich zu Habe, alle Gegenwartserfahrung zu Vergangenheitsbesitz; ein Stil des Sehens und Schreibens, dessen nekrophilen Hauch man spürt, wenn man einmal einem mehrheitsdeutschen Journalisten Porträt sitzt: Man löst sich da in die Farbe des Hemdes, die Beschaffenheit der Schuhe, Knöpfe, Manschetten usw. auf wie im Magensaft eines überaus zudringlichen und zugleich teilnahmslosen Infusoriums (→ Präsenz).

In der Regel schreiben westdeutsche Heimatliteraten über sich selbst, d. h. über eine Vergangenheit, die keine Macht über die Gegenwart hat und so in zwar → massiver, aber → abgeschlossener Konsistenz benannt werden kann. Daher verschwimmen in der H. die Grenzen zwischen Aufsatz und Erzählung, zwischen Expression und Deskription. Der Schreibstil ist adjektivselig, aufzählungsfroh, ein Anhäufen und Vorzeigen und Benennen (→ elegantes Deutsch, → Mosebachdeutsch, → Neuschnöselsprech). Ein integrales Ich steht vor einer Realität, deren objektiver Wert ihm den Wert der eigenen Abbildung garantiert (→ Neonarzissmus).

In der H. geht es weniger um Erkennen als um Wiedererkennen. Fast immer → meint das erwerbliche Dinge und bezahlbare Anwesenheiten. Die H. bindet an sie Erinnerungen, die seiner Leserschaft so leicht fallen wie Einkäufe oder Umzüge: Die ersten dreißig Seiten von Christian Schüles *Deutschlandvermessung. Abrechnungen eines Mittdreißigers* (2006) referieren, was man 1985ff. so alles gehabt, gekauft, gehört, getragen habe. Heimatliterarische Erinnerungsessays berichten → durchwegs aus geschlossenen Räumen; als akademisches Beispiel sei Ulrich Raulffs *Wiedersehen mit den Siebzigern* (2014) genannt, das in Seminarräumen und Buchhandlungen stattfindet, als halbakademisch-lokalkundliches Eckhard Henscheids Roman aus → Frankfurt *Die Vollidioten* (2014). Die Essay-Romane von Joachim Lottmann (*Zombie Nation*, 2000; *Deutsche Einheit. Ein historischer Roman aus dem Jahre 1995*, 2001; *Die Jugend von heute*, 2004; *Happy Ends*, 2015) spielen fast ausschließlich in Wohnungen, die Roman-Essays von Andreas Maier → verhandeln → paradigmatische Wohnraum-, Straßen-, Gebäude-, Ortsteil- und Grundbesitzverhältnisse (*Das Zimmer*, 2011; *Das Haus*, 2013; *Die Straße*, 2015; *Der Ort*, 2016; *Die Familie*, 2019). David Wagners Beitrag zum deutsch-deutschen Erinnerungsbuch *Drüben und drüben* (2014) inventarisiert das Spielzeug eines westdeutschen Kinderzimmers nach Zugangsjahren. Westdeutsche Autorinnen, die nach 2000 publizistisch hervorgetreten sind, beschränken sich nicht selten auf das Dunkel leiblicher Innenräume.

Realistisch ist der Heimatliterat somit auch hinsichtlich seiner eigenen Realisierungskraft. Er meidet das Offene von Leben und Geschichte, bleibt stets im Binnenraum seines Milieus. Nicht selten eines Milieus, das sich einzig durch die Benennung derer definiert, die nicht dazugehören! Heimatliterarischer Realismus (die sind das und wir haben jenes) beleuchtet grell den Unterschied zwischen guten Schriftstellern und Schriftstellern, die geliebt werden wollen: Der Heimatliterat will geliebt werden, und geliebt wird er am meisten und mehrheitlich, wenn er seinem Milieu oder der durch ihn vertretenen Mehrheit eine Minderheit weist, die nie Mehrheit sein kann. Vielleicht ist Maxim Biller deshalb der westdeutscheste, der im Westen → angekommenste Heimatliterat überhaupt (→ Mehrheitsdeutsch). Der Heimatliterat ist seinerseits zu etlichem Aufwand bereit, wenn es den Ort zu beziehen gilt, wo sich ungestört Heimat simulieren und Heimatliteratur produzieren läßt (gewisse → Quartiere in Berlin-Mitte, in → Westberlin usw.).

H. neigt zum Erschaffen (→ Schaffen) kultureller Disneyländer und geistiger → Wohnlandschaften, worin sich das Dasein planvoll ins Enge ziehen läßt. Neben den Körpererkundungsnovellen von Roche & Co. seien hierfür als beispielhaft der westdeutsche Provinzkindheitsroman sowie die Westberliner Zugezogenenprosa genannt. Ganz gleich, ob der zugereiste Westdeutsche in seiner Kreuzberger Kleinkunstszenenkneipe die ihm nur aus *taz* und *Tagesspiegel* bekannten Osteuropäer wegen ihrer „Sehnsucht auf [!] Bananen" (K. Bittermann 1993, 1995, 2009, 2015) anklagt, ob er sich am Winterfeldtplatz vor einkaufenden Ossis ekelt (M. Biller) oder am Hackeschen Markt, der fast völlig von seinesgleichen erfüllt ist, Berlin verfluchen lernt (J. Lottmann), oder ob der im Uckermärkischen hausherrlich gewordene Westberliner mit westdeutscher Kindheit (Botho Strauß, *Herkunft*, 2014) sich als „Mann vor seinen Feldern" imaginiert (*Die Fehler des Kopisten*, 1997) – die Heimatliteratenseele ist verschiebbare oder verschobene Innenleere; sie bleibt lebenslänglich dort, von wo sie aufbrach.

Die Doppelperspektive aufs transportable Binnenreich des Sinns und das bedrohlich von außen andrängende Fremde des Seins bleibt genuin BRD-heimatliterarisch: Nach 1990

wuchs die Sentimentalität westdeutscher Selbstbeschau (W. Herles, *Wir sind kein Volk*, ³2004) proportional zur Schroffheit ihrer Weltabwehr (M. Rutschky: „Ostdeutsche riechen", Näheres: → Ostdeutsche/Ostjuden). Während in den Jahrzehnten zuvor der betriebsnotwendige ‚Reizlärm' (M. Walser) der H. West von einem Verlangen nach Erlösung von der selbstverschuldeten Erfahrungsunschuld zeugte, einem Verlangen nach symbolischer Raserei etwa gegen → ‚verkrustete Strukturen', ist die H. nach 1990 eine Literatur des zurückgehaltenen Tränenausbruchs und einer stolz ausgestellten Verödung. Der BRD-sozialisierte Heimatliterat bekundet nunmehr alle Buchmessen lang, daß er sich, zurückgekehrt in Deutschlands Geschichte, heimatlos fühle. Heimatliterarische Königsdisziplin wird das Tagebuch besserer Zeiten, einer ummauerten Weltläufigkeit. Noch einmal M. Rutschky: „Am Morgen kommt William Iser in die Redaktion – eigentlich sollte er schon gestern eintreffen." (*Mitgeschrieben. Die Sensationen des Gewöhnlichen*, Berlin 2015, S. 19) „Hans Paeschke, der verrentete Herausgeber, trägt eine dunkelbraune Cordhose, einen Rollkragenpullover in beige, eine Cordjacke in hellerem Braun (Freizeit-Look) und darüber eine Art Cord-Anorak, naturfarben, mit Wollpelz gefüttert." (S. 87) „Im Fernsehen beaugenscheinigen sie ‚Abenteuer Bundesrepublik: Die Große Koalition'. Bei den Dokumentarteilen mit Dutschke steigen R. Tränen in die Augen." (S. 275) Ansonsten viel ‚ready' und ‚overdone' und ein ausführlicher Bericht von dem Mut, bei verkehrsleerer Straße Rot zu mißachten, weil's britisch, also von Welt sei.
→ Provinzialismus, → Unsere wunderbaren Jahre.

Heimatschachtel Die Furcht vor hyperflexiblen Ostfrauen ließ nicht erst seit Angela Merkels Kanzlerinnenschaft diverse Sozial- und Politikmilieus Westdeutschlands erzittern. Der ‚Treck gen Westen' aufgrund von ‚Geisterstädten' und ‚Industriebrachen' in einem ‚deutschen Mezzogiorno' beunruhigt seit langem → breite Kreise → MEHRHEITSDEUTSCHER Bevölkerungsforscher und -planer. Eine → spätestens seit der Jahrtausendwende in der BRD-Sozialwissenschaft populäre These besagt zudem, daß der Exodus Tausender Ostfrauen die Hauptursache ostdeutscher Jungmännergewalt sei. Für besagte Massenemigration seien keineswegs nur Überqualifiziertheit dank DDR-Berufsausbildung und Mangel an einträglicher Arbeit, sondern auch Mangel an Heimatgefühl verantwortlich. Womit also läßt sich die Heimatvergessenheit ostdeutscher Migrantinnen zugunsten eines dann auch heimatbevölkernden Heimatgefühls korrigieren? Über diese Frage machte sich Christiane Dienel (geboren 1965 in Münster/Westfalen) jahrelang Gedanken. Die Professorin für den Studiengang Kindheitswissenschaften an der Universität Magdeburg-Stendal erfand zusammen mit dem Ost-Beauftragten der Bundesregierung schließlich die H. So benannte Behälter wurden seit 2006 an Ostdeutsche versandt, die in westliche Bundesländer ausgewandert waren. Die Schachtel enthielt u. a. ein Päckchen Burger Knäckebrot, ein Skatspiel aus Altenburg, zwei Absinth-Trüffel-Pralinen aus einer Magdeburger Zuckerbäckerei (Magdeburg hatte von 1990 bis 2005 etwa 60 000 Einwohner an Westdeutschland verloren), Eintrittsgutscheine für Magdeburger Theater sowie einen blauen Stoffbeutel mit dem Aufdruck „Hochschule Magdeburg-Stendal". Dienel erklärte die Rückholungsstrategie gegenüber *TAGESSPIEGEL*, *Mitteldeutscher Zeitung* und *Frankfurter Rundschau* am 20. März 2006. Ihre an sich selbst gestellte Frage lautete: „Wie kann man den Humanfaktor im Aufbau Ost → konkret in den Blick nehmen?" Die sogleich gegebene Antwort: Ostdeutsche namentlich aus Sachsen-Anhalt verfügten über beträchtliches Heimatgefühl. Die H. könne helfen, Ostdeutsche zur Rückkehr zu bewegen. Dem Osten nütze es am meisten, wenn die Ostdeutschen weggingen und aus dem Westen mit Erfahrungen wiederkämen. Welchen Nutzen der Osten von Westdeutschen habe, die aus dem Westen weggingen, dorthin aber nicht zurückkehrten, ließ Prof. Dienel offen. Das Rückführungsunternehmen wurde von

einer Rückkehragentur „Kontaktbüro Ost" koordiniert; den Schachtelentwurf und -versand finanzierte das Bundesverkehrsministerium mit einem sechsstelligen Eurobetrag.
→ Demokratieberater, → Wortergreifungsstrategie.

herannahen In der Mosebach-Variante des → eleganten Deutsch, jedoch → zunehmend auch im Kulturfunksprech („Essay und Diskurs" des → *Deutschlandfunks*) vernehmbare Verbalblähung.
→ nahe von Frankfurt, → zusammenaddieren; → MOSEBACHDEUTSCH.

herausarbeiten In Magister-, Doktor- und anderen Bildungsbeweisarbeiten beliebter Terminus für deren → Zielstellung, funktional eng verwandt dem → Aufzeigen. Die gefühlsbetonte Variante des Herausarbeitens sieht vor, daß man sich dem Thema widmet oder annimmt (→ sich annehmen), wie denn der Dativgebrauch generell die Pathosstufe des kulturbetrieblichen Westdeutsch anzeigt.

Herausforderung (annehmen, bewältigen, meistern) Hochdeutsche Wortbedeutung: Beleidigung, Übergriffigkeit, die von einem stets personalen Herausforderer ausgeht. Im West- und Mehrheitsdeutschen inzwischen sprachlicher Heroismusversuch des → Spätbürgers, der, wie im bürgerlichen, also → falschen Bewußtsein unvermeidlich, die wahren Verhältnisse auf den Kopf stellt. Die H. geht hier von dem aus, der sie annimmt: Wenn → der Westen ökonomisch weiterhin → auf Verschleiß fahren wolle, dann müsse er die ökologische H. annehmen, die auch eine geistig-moralische sowie eine wissenschaftlich-technische H. sei. Von der Globalität dieser planetarischen H. ganz zu schweigen. „Sie sah ihn mit herausforderndem Blick an." Eine Floskel, die seit ca. 1990 aus der Bastei-Lübbe-Romanwelt wie aus der mehrheitsdeutschen Lebenswirklichkeit verschwunden ist, wo statt dessen verblaßte Tätowierungen auf ‚mehlwurmfarbenen Hintern' (→ wabern) herausfordern, mithin das Auge beleidigen. Die Verniedlichung der H. durch ihre Transformation von einer Beleidigung zu einer Aufgabe → mag einerseits von der Verschafung kapitalistischer Wolfsnaturen (→ Zivilgesellschaft), andererseits von der Alltagstauglichkeit verbalen Wolfsmenschentums zeugen.

Herkunft Im → NEUSCHNÖSELSPRECH und ähnlichen → SPREIZWÖRTLICHEN → Zusammenhängen grundsätzlich ohne Artikel; vgl. → Überschriften von → Erzählungen und → Diskursen wie *Zukunft braucht Herkunft, Herkunft braucht Heimat, Heimat will Herkunft* oder → in der Summe der einschlägigen Wörter und → Wichtigkeiten Botho Strauß' Romantitel *Herkunft*.
Der zumeist frömmelnde Beiklang in der *mündlichen* Verwendung läßt kaum Zweifel daran, daß es sich hier um einen Ausdruck gehobener → Ansage, vielleicht sogar einer → Ansprache handele. H. wollen oder sollen diejenigen haben, die alles andere schon → besitzen; der Besitz von H. ist → strukturell gleichrangig mit dem Besitz von → Werten. Diverse Publikationen aus dem architekturkritischen, denkmalpflegerischen, kulturdiagnostischen, geistesgeschichtlichen, populärphilosophischen und volkspädagogischen Genre zitieren das Wort „Zukunft braucht Herkunft" im Haupt- oder im Untertitel. Aus solchen Befunden wird → deutlich, daß die westdeutsche Rede von H. nicht allein → säkularisierter → FROMMSPRECH ist, sondern auch den intellektuellen Paradoxien (sowie den emotionalen Absurditäten) des → BEKENNERSPRECHS unterliegt: die Wurzel, der Grund, das Basale wird gepflegt oder gefordert, als wäre es Blüte, Krone, Überbau. Eine durchaus typische Verkehrung, die bis in die Niederungen alltäglichen Umgangs, vornehmlich mit → dem Fremden, → nachzuverfolgen ist! Muß der West- und also Mehrheitsdeutsche nämlich gewärtigen, einem solchen zu begegnen oder gar schon gegenüberzustehen, stellt er die Frage nach der H. flugs an den

Anfang des Gesprächs und richtet sein Verhalten darauf ein: → „Sind Sie aus dem Osten oder aus dem Westen?" – und was der angstgeleiteten Anfragen mehr sind. Abstraktes Wissen regelt konkretes Verhalten in Sprache und Sentiment. Auch in der Herstellung mehrheitsdeutschen → Wir-Gefühls verfährt der Westelbier so. Seine Neigung, im Zeichen der H., ob aus Karnevalshochburgen, ob aus Weißwurstregionen, sich mit seinesgleichen in → herkunftsheimeliger → Identitätswärme zusammenzudrängen, imaginiert solchen Heimatnebel als naturhaft. Hin und wieder freilich muß er Zeiten und Länder zu kalten ernennen, um seiner erhöhten Temperatur als westlich wertfühliges Wesen innezuwerden; Näheres hierzu: → das große kalte Jahr, → Gesprächskultur, → HEIMATLITERATUR, → westliche Werte.

HERKUNFTSDISKURS Von sprachsoziologischen Forschern bislang nur fallweise benutzter Fachausdruck für sowohl interrogative als auch indikativ-konstatierende, keineswegs → antidiskriminierende Sprachhandlungen.
Formeln asymmetrischer Kommunikation, durch die sich West- und somit Mehrheitsdeutsche zu erkennen geben (→ „Sind Sie aus dem Osten oder aus dem Westen?"), machen unmißverständlich klar: Die → Alt(bundes)deutschen sind stärker durch ihren H. → geprägt als andere Europäer. Wer in → der offenen, der freien, der ganz offenen oder gar → ganzheitlich → freiheitlichen Gesellschaft Deutschlands aufwuchs, dem fehlt außer der intellektuellen Chance des Systemvergleichs auch die kulturelle der Selbstveränderung. Die notorische Entwicklungsresistenz und Erweiterungsfurcht der BRD-Autochthonen erklärt die Allgegenwart eines selbstexplikativen → BEKENNERSPRECHS, des penetranten Aussagens und Abfragens von Milieubindung, → Herkunftsheimat und sonstiger Daseinsdeterminanten, denen sich das freie Individuum ausdrücklich unterwirft. Der Mehrheitsdeutsche muß und möchte erkennbar sein, eine Marke aus dem Sortiment, Dynamik dank Statik. Man ist gern unter sich, ehe man in die Welt aufbricht, und wenn man dort → angekommen ist, sucht man rasch die Seinen. Zweifellos waltet hier → eine Art von höherem → Provinzialismus. Doch während echter oder zumindest klassisch europäischer Provinzialismus immer unterwegs zu einer Hauptstadt ist, fehlte dem Alt-BRDler eine solche seit Anbeginn. (Bonn war kein Zentrum, sondern Konzentrat der Provinz.) Sie ward seit 1990 künstlich erschaffen als der → Ort, an dem die → Angekommensten gleicher H. einander wittern und umwedeln und sich heftig zusammendrängen in einem → Wir-Gefühl. Im → Generationsgerede verbirgt und enthüllt es sich gleichermaßen.
→ Generation Berlin, → HEIMATLITERATUR, → Kommunikationskultur.

Herkunftsheimat → SCHNÖSELSPRECH, Edelwort, Provinzpreziose; von demselben Literaturhauschef → geprägt, der auch den → Geistkopf entdeckte.

Herren der Geschichte sind dem → HALBTROCKENEN Karl Heinz Bohrer zufolge die Anglo-Amerikaner, deren machtpolitisches Kalkül er aus intimer Beobachtung oder wenigstens Vermutung kennt, vornehmlich durch kulturseelischen Gleichklang. Die H. d. G. sind nämlich nicht anders als KHB selbst: abenteuerlich-kaltblütig, gelassen-wagemutig, mitleidlos-männlich, entschieden-hart, gelassen-unbeteiligt, entschlossen-unsentimental, kalt-verachtungsvoll, kühl-verwegen – jedenfalls zu ihren besten Zeiten, wie etwa in deutschen Bombennächten oder während des Falklandkonflikts (zum Kontext: → MAULHELDISCH). Lassen die H. d. G. irgendwo → Flugkörper fallen, gerät der Halbtrockene in geradezu plebejerhaftes Schwärmen über soviel – nunmehr nach Westen gewandertes – Geschichtsherrentum. Die Verwegenheit, die der Halbtrockene an sich selbst bemerkt und umschwärmt, bemerken und umschwärmen auch andere, etwa Ijoma Mangold: „Von allen Intellektuellen ist er der verwegenste Abenteurer. Karl Heinz Bohrer: Der Brite unter den Deutschen", in: *DIE ZEIT* (Nr. 39) vom 21. September 2012.

Herrschaft Ohne Genitiv, auszusprechen mit → verletzend-verletzlichem Stolz oder stolzer Würde. H. ist ein Universalbegriff vornehmlich des Universitätsmilieus für Menschen und Dinge, die einem das → Autonomsein schwermachen. Das können sowohl der Kapitalismus und seine Sachwalter im Kanzleramt als auch die → Zweigenderung sein.

herrschaftsfrei wäre zumindest sprachlich der Raum, in dem man kein → HABERMAS-DEUTSCH spricht.

Herrschaftsregime → WICHTIGSPRECH-Doppelmoppel für ‚Herrschaft' oder ‚Regime', gern von Zeitungsschreibern und -lesern benutzt, die sich einmal besonders → engagementserregt oder → empörsamkeitsengagiert oder → eindrücklich äußern wollen: „Die Berliner Grünen, mittlerweile berüchtigt wegen ihres verantwortungsfaulen und → menschenfeindlichen Herrschaftsregimes in Friedrichshain-Kreuzberg ..." (Götz Aly, „Auf dem öden Tempelhofer Feld", in: *Berliner Zeitung* vom 21. Januar 2014, S. 4) Nicht nur Ex-*taz*ler wie Aly leiden unter H.s mit Hang zur Menschenfeindlichkeit, auch die leibhaftige *taz* sowie die *FAZ* („das türkische Herrschaftsregime"), *SPIEGEL online* („Mehr wissen, weniger denken, schlechter schreiben") und *P. t. Magazin für Wirtschaft und Gesellschaft* („Islamische Herrschaftsregimes"). Wer wollte da nicht herrschaftsregimekritisch werden?

Herr werden Erfordert im Westdeutschen stets den Dativ, was besonders die *taz* und die ihr entsprungenen → QualitätsjournalistInnen dem Lesepublikum nimmermüde einschärfen. Auch, wenn es Lesewarnungen jenseits der Geschlechtskorrektheit auszugeben gilt: „Mit einfachen Worten will Ursula Ackrill dem wüsten Gebräu aus irrationalen Unterströmungen und verbürgter Geschichte nicht Herr werden." (Sabine Vogel, „Auch Tarzan war ein Sachse. Nominiert: Ursula Ackrill über 1941 in Siebenbürgen", in: *Berliner Zeitung* vom 11. März 2015, S. 25) Zwei Jahre zuvor hatte die Ex-*taz*lerin gar eine Messewarnung aussprechen müssen: „Auch die Bahn wurde dem tollen Ansturm nach Leipzig nicht mehr Herr. Der weit verspätete Morgenzug von Berlin nach Leipzig war am Sonnabend so brechend voll ..." (Sabine Vogel, „Punk, Politik und zornige Literatur aus Mitteleuropa. Die Leipziger Messe gab starke Einblicke nach Osten", in: *Berliner Zeitung* vom 18. März 2013, S. 24) Wir schauen weg und schließen zornlos.
→ GROSSER STIL, → Leistungsprinzip, → Wider dem Vergessen.

Hertha-Frösche → Türken raus!

(he)rüberkommen Der Anglizismus ist diesem Verb kaum mehr anzusehen, → zumal es sowohl Tatsachen als auch Bedeutungen abdeckt: Im Idealfall kommt eine Botschaft rüber, die Fakten schafft.

hey „Gibt es einen Fußballgott, Frau Bischöfin?" hatte Wolfgang Wolz für *DB mobil* 2006 Margot Käßmann gefragt. Antwort: „→ Ich denke, Gott freut sich mit den Gewinnern, stärkt den Verlierern den Rücken und sagt allen – vor allem den Hooligans – hey, es ist ein Spiel!" (*Das christliche Fußball-Album*, Leipzig 2006, S. 26) Und wir denken: Wer bei derlei „Ich denke"-Deutsch nicht zum Hooligan wird, der muß wirklich aus Hannover sein!
→ KÄSSMANNDEUTSCH.

Hilfestellung Keine Festanstellung, sondern gelegentlich eingenommene sprachliche Attitüde; Herkunft: Geräteturnen.
→ Fragestellung.

hingucken Aus → GRÜNSPRECH und Alternativszenendeutsch rasch in die Idiome der sogenannten → Volksparteien eingedrungenes Jovialwort, Sinnverwandter des → Aufpassens; meist durch grammatisch fragwürdige Konjunktion einen Nebensatz einleitend. Der Hingucker ist eine Autorität, die gar nicht so ist, schon gar nicht sprachlich. Doch gilt es die Nuancen wahrzunehmen, mit denen vor allem die Partei der Hingucker aufwartet. Geordnet nach Häufigkeit: „Man muß genau gucken, welche ..." (Trittin) „Wir müssen sehen, daß ..." (Wieland) „Da muß man genau hingucken, daß ..." (Künast) „Wir werden uns das genau anschauen, wenn ..." (C. Roth) Keine politische Niedertracht, die nicht sogleich auf Zwergformat schrumpfte, wenn einer oder eine da mal richtig hinschauen, -sehen, -gucken würde! Mit welchem Machtwort wies die medienpolitische Sprecherin der Grünen, Tabea Rößner, die ZDF-Zwangsgebühr in die Schranken? „Man muß genau hinschauen, daß da kein → zentrales Melderegister entsteht." (*DIE WELT* vom 11. Januar 2013)

Hingucker Klassische Subjekt-Objekt-Verdrehung, möglicherweise auch Form des sprachlichen → ANIMISMUS: ein Objekt, das hingucken macht. So berichtet die *Mittelbayerische* von einem neuen „Flyer fürs Schwarzacher Heimatmuseum" unter der herzhaft haselnußbraunen Überschrift: „Ein Führer und Hingucker zugleich" (1. August 2013). Eine Steigerung des geführten Hinguckens bietet der ‚echte Hingucker'. Sprachlicher Führer und Vorreiter ist hier wieder einmal die *FAZ*: „Echte Hingucker: die klassischen Glühbirnen" (21. Juli 2007). Aber auch „Gepflegte Hüte sind ein echter Hingucker", wie die *Saarbrücker Zeitung* vom 14. November 2012 zu berichten weiß.
→ Überflieger.

Hinorientierung → Verortung.

hinterfragen (inzwischen auch: hintergehen) Begriffsprägung aus dem → ADORNITISCHEN, die via → HABERMASDEUTSCH und → TUTZING alle Dialekte des Westdeutschen infiltrierte, mittels derer man gegen → verkrustete Strukturen kämpft. Zunächst ein Sprachbeispiel aus der wissenschaftlichen Qualifikationsschrift einer → Professix: „Zunächst geht es um eine Umdeutung der politischen Bedeutung von Langeweile nach 1850, die darauf zielte, Politik im Sinne von Demokratisierung aus dem Alltag herauszuschreiben und gesellschaftliche Pluralisierungs- und Internationalisierungsprozesse zu kritisieren. Dieser Deutungsprozeß trug auch dazu bei, das polare Geschlechtermodell zu verschärfen. Im Kaiserreich markierte der Langeweilebegriff dann zum einen eine Kritik an langeweileproduzierenden Konventionen, ohne daß die Produktion dieser sozialen Regeln noch problematisiert worden wäre. Zum anderen aber entfaltete sich eine literarisch, publizistisch und privat ausgetragene Auseinandersetzung um den Langeweilebegriff im Geschlechterverhältnis, die die Paradoxien der Geschlechtcridentitäten aufgriff und ihre Nichtverhandelbarkeit hinterfragte." (Martina Kessel, *Langeweile. Zum Umgang mit Zeit und Gefühlen in Deutschland vom späten 18. bis zum frühen 20. Jahrhundert*, Göttingen 2001, S. 16)
Sprachschöpferisch wirkt gegenwärtig vor allem das Hinterfragen der → Zweigenderung und ähnlicher → sozialer Konstrukte. Hierfür eine Passage aus dem Interview, das → Professix Antje „Lann" Hornscheidt vor kurzem der *taz* gab – bitte weiterlesen unter: → soziale Konstrukte.
→ entlarven, → unhinterfragt.

Hintergrund 1. → Qualitätsmedial gut eingeführtes Synonym für ‚Grund', ‚Ursache'; darin ein Zeugnis der Substitution von Kausalitätsdenken durch Phänomenalitätsmetaphern, mithin einer westdeutschlandtypischen Komplexitätsreduktion: Nicht *Erklärungen* er-

weisen sich als falsch, sondern *Deutungen* erledigen sich, sobald der H. verschwindet, vor dem ein Phänomen seinen Realitätsanspruch erheben konnte; Trivialexempel: „ein gewaltsamer Hintergrund steht im Raum" (*Inforadio*, 4. Februar 2019). 2. Universalsynonym für → Herkunftsheimat, wahrscheinlich entstanden aus der Adverbialersatzformel → ,vor dem Hintergrund'. Die *Berliner Zeitung* vom 22./23. April 2017 zitiert den Filmkomponisten Hans Zimmer, der in Los Angeles „die berühmte Grüne Soße seiner Heimat → Frankfurt" vermißt: „Meine Mentalität, meine Kultur, mein Hintergrund: Am Ende des Tages bin ich doch Deutscher." („Panorama", S. 30)
→ Bedienmentalität, → Kultur→kultur, → Versorgungsmentalität.

hinzuaddieren Auch: → zusammenaddieren; eine der vier westdeutschen Grundrechenarten. → auseinanderdividieren.

historisch gewachsen In der vergleichenden Völkerkunde wie in der ethnologischen Selbstbeschreibung → der alten Bundesrepublik unverändert beliebte Wurzelformel; Näheres: → das Sächsische, → gewachsene Strukturen.

Hochkulturen → unverkrampft.

hochmögend Wer wissen will, was im Westdeutschland der sog. Nullerjahre als preiswürdiges Westdeutsch galt, der muß Sibylle Lewitscharoff lesen, die, wie Suhrkamp seinerzeit vermeldete, allein bis 2011 mehr als 150 000 € Preisgelder einnehmen konnte. Der Verlag bewirbt Lewitscharoffs Vorlesungen *Vom Guten, Wahren und Schönen* (Frankfurt/M. 2012) mit den Worten der *WELT* als Gabe einer ,hochmögenden Stilistin'. DIE WELT wiederum hat dieses Wort offenkundig nicht aus ihrem eigenen Sprachschatz, sondern aus dem von Frau L. höchstselbst entnommen. Da wimmelt es nur so von ,hochproblematisch', ,hochwirksam' und eben ,hochmögend' (heißt übrigens ,einflußreich', ,angesehen'). Kostproben gefällig? „Nachdem er von der verbotenen Frucht gekostet hat, wird Adam von Gott bei seinem Namen gerufen: *Adam, wo bist du?*, und → spätestens da weitet sich Adams schuldbewußte Seele und füllt sich mit hochmögendem Sein." (S. 7) „Der hochmögende Garant einer Literatur, die man unter der Haube des Realismus nicht allein unterbringen kann, ist und bleibt immer noch Franz Kafka." (S. 89) „Wie schön, daß ausgerechnet in der hochmögenden Literatur ... herrliche Wahrheitskapseln verborgen liegen, die, schließen wir sie auf, es → vermögen, uns zu erheitern, uns zu beglücken" usw. (S. 154) „... es ist ja ein hochmögender Vorfahr, der Dante nun als Wegweiser und Kommentator zur Verfügung steht." (S. 190) „Gewiß werden Sie auch in dieser Nacht Ihre Köpfe in die Kissen betten und Ihre Gedanken in freien, hochmögenden Aufschwüngen fliegen lassen ..." (S. 133) „... daß der ganze Mensch aber, und mögen ihm noch so süße und hochmögende Worte entfliehen, das Gehäuse der Offenbarung sein soll ... da sträuben sich dem poesiewilligen, poesieverführten Menschen unserer Tage die Härchen denn doch." (S. 153)
Es ist ein eigen Ding ,denn doch' um eher steife Gesellinnen und Gesellen, die einmal so recht neckisch aus sich heraus- und zugleich in hochmögendem Ornat einhergehen wollen. Lewitscharoff hat → ,freilich' auch Hochwichtiges mitzuteilen, zum Beispiel dies: „Der Stil verrät viel." (S. 121) Martin Mosebach, an den L.s Sprache erinnert, hätte diesen Stil wohl ,reich' genannt. Die L.schen Vorlesungen sind reich an Adjektiven und Adverbien wie ,natürlich', ,förmlich', ,ziemlich' und vor allem → ,gleichsam', was ,freilich' im ,gewissen' Widerspruch zur aufdringlich bekundeten Liebe für die Lakoniker Kafka und Beckett steht. Lewitscharoff ist eine Verfasserin von Manifesten über Kunst und Religion, keine künstlerisch und religiös Praktizierende. Redundanz ist nun einmal nicht Reichtum, Langeweile

nicht Gediegenheit, und Altertümelei schon gar nicht Traditionssicherheit. Das Schielen nach dem Vornehmen und dadurch vermeintlich Sakralen – ‚schwerlich', ‚wahrlich', ‚wiewohl', ‚wohl wahr' schwadroniert's unaufhörlich in Romanen wie Vorlesungen – hat L. mit Mosebach gemeinsam. Gern jedoch kumpelt sie, nicht nur mit toten Dichtern und überhaupt „den Toten, diesen Rackern" (S. 118), sondern auch mit dem Publikum. Die hochmögende Ware ist dann ermäßigt durch üppig eingestreutes ‚durchaus' und ‚übrigens', und der hohe Ton – ‚verhandeln' statt ‚behandeln', ‚enden' statt ‚beenden' – kämpft mit einer Schwäche für juvenilen → WICHTIGSPRECH: ‚definitiv', ‚massiv', ‚extrem' und das unter Westdeutschen eh unvermeidliche ‚eh'.

Die penetrante Rede von Altem Testament und Neuem Testament hat L. beim offenbar wenig verwöhnten *ZEIT-* und *WELT-* und *FAZ*feuilleton einen Ruf als religiöse oder theologisch inspirierte Autorin erworben, wobei immer wieder gern auf L.s Studienabschluß in der Religionswissenschaft verwiesen wird. Zwar ist selbst das Buch eines Theologen nicht schon dadurch ‚hochbedeutsam', daß es einen ‚hochbedeutsamen' Gegenstand unaufhörlich beim Namen nennt. Tatsächlich aber wird bei L. viel ‚verhandelt', was ‚paradoxal' sein und also quer zur Alltagsvernunft liegen soll (S. 95). Es bleibt beim Behaupten von Höherem. Dieses ergießt sich, pardon, ‚emaniert' denn auch häufig in die L.schen Auslassungen: „Sie emanieren aus dem Schweigen oder aus Fragmenten der Rede." (S. 83) „Aus jedem Möbelstück, ... aus jedem Wort emaniert eine in Milde und Höflichkeit heruntergekühlte [!] Einsamkeit." (S. 87) „Einzelne Wörter emanieren wie aus hohlen Knochen geblasen." (S. 120) Es sind Einblasungen, deren sakrale Feuchte nur in → ‚auffangsamen Ohren' (S. 136) Wirkung zeigt. L. zitiert häufig den Alten Bund. Nicht zuletzt aufgrund solcher Autoritätsanrufungen findet Frauke Meyer-Gosau *(Literaturen)* die Autorin ‚bestürzend gebildet'. Der Unterschied zwischen ‚testamentlich' und ‚testamentarisch' scheint L. jedoch ebensowenig geläufig zu sein wie der von *Ilias* und *Odyssee*: „Die schöne Ausnahme eines bereits eigentümlich verhangenen und tragischen Helden findet man in Hektor, der für seinen unwürdigen Bruder Paris den Kampf wagt ... Eine der wenigen Szenen in der *Odyssee*, bei der unser Mitgefühl stark auf seiten des Verlierers ist." (S. 156) Stark – und nicht nur extrem! Auch in neuzeitlichen Literaturen und Neusprachen nimmt L. weniges wörtlich: Flauberts *Un cœur simple* übersetzt sie *Das schlichte Herz* (S. 76). Die ‚ausgefuchste Erzählerin' *(DIE WELT)* verfährt mit dem Genus ebenso großzügig wie mit dem Kasus: „... kann ich nicht umhin, meiner [!] Abscheu vor den deutschen *Tatort*-Filmen zornbebend Ausdruck zu verleihen" (S. 95), „jede [!] Wulst" (S. 99), „Demütigungen, die von den Kommentatoren über den [!] Häuptern der Prüflinge ausgekippt werden" (S. 101), „genau dieses Stück schwer auszujätendes [!] Heidentum [!]" (S. 127), „Erinnert sei an den Maler Balthus, einer [!] strahlenden Figur des zwanzigsten Jahrhunderts." (S. 180) In Romanen wie Vorlesungen greift L. (so ihr Regional- und Rätselwort) → ‚habhaft' auf → BLÄH- wie → WICHTIGSPRECH der Gegenwart zurück. Da wird dem tumben Publikum → „spätestens" etwas deutlich oder jemand „ins Boot genommen" (S. 95), da ist es „→ einmal mehr die Literatur, die auf das Größere im Menschen hinweist" (S. 73), da ist der ansonsten nutzlose Georg Christoph Lichtenberg „immer für Ideen gut, wenn man nicht weiterweiß." (S. 106), letzteres nur eine der vielen L.schen Plapperanleihen aus dem ‚Englischsprachigen' (S. 103). Zu schweigen vom L.schen Appetit auf Zeitungsphrasen und Kulturfunkgedöns wie ‚sozial schwierig' (S. 66) und ‚Ausnahmetalent' (S. 42). Überaus unbekümmert ist L.s Umgang mit dem Komparativ, der fast immer attributiv verstärkt ist, damit ihn Hörer oder Leser als solchen erkennen: → ungleich sicherer so!

Nun ist niemand ‚davor gefeit' (S. 104), dem hochmögenden Blähsprech zu huldigen, wenn er einmal erkannt hat: „Und wieder einmal ist hohe Erregungszeit." (S. 144) Vielleicht ist der Geist der Seherin L. weit über den ärmlichen Buchstaben – „Die Würde der Armen, wo ist sie geblieben?" (S. 70) – hinaus? Wer wollte angesichts einer inspirierten Rede nicht großzügiger urteilen? Und überhaupt, wiegt bei einer ‚transzendent glühenden' *(FAZ)* Schriftstellerin der fromme Gedanke nicht schwerer als das leichtsinnige Wort? Kafka ist für L. der Autor, der den Gedanken Gott sprachlich geschickt an den Mann bringt, pardon: → ‚verhandelt'. Ein → Gesinnungsästhetiker des Themas Gott ‚sozusagen'. „Und dieses Thema ist in seinen Werken omnipräsent, aber es wird niemals plakativ verhandelt, niemals einsinnig, sondern im besten poetischen Sinne auf vieldeutigen und zugleich verborgenen Schleichwegen." (S. 195)

Wie sicher L. auf verborgenen Schleichwegen wandelt, hat *DIE WELT* erkannt, die von der ‚Denkvirtuosin L.' spricht. Eine Probe davon gibt L. in ihrer Deutung der heutigen Tätowierungs- und Kremierungsmode: Die Geschichtszeugen der (westdeutschen) Nachkriegszeit „wissen gar nicht, von wem sie ihren Glanz herleihen. Es ist ein vollständig unbewußter Vorgang, wie auch das Aufleben so mancher Zeichen und Symbole in verwandelter Form, die insgeheim mit dem Völkermord an den europäischen Juden in Verbindung stehen. Einiges davon sei hier nur angedeutet. Die Mode der Tätowierungen etwa weist in zwei Richtungen – auf eine schicksalhafte Hautmarkierung, die sich der verbrecherische Outlaw einritzen läßt; sie weist aber auch auf den KZ-Häftling, dem sie beim Eintritt ins Lager verpaßt wird. Die weiblichen Hungerfiguren mit den Riesenaugen, die in den sechziger Jahren in Mode kamen, wie zum Beispiel Twiggy und ihre Nachfahren, verwandeln die ausgehungerten Knochengerüste der Lager in modische Chimären. Was sie an wirklicher Nahrung sparen, wird vom Transzendenten geschmaust, durch eine auratische Teilhabe am großen Opfer wird der eigene Leib glanzvoll veredelt. Am interessantesten ist vielleicht der rasante Aufschwung, den die Kremierung als Bestattungsform nach dem Zweiten Weltkrieg genommen hat. Dafür sind gewiß nicht allein ökonomische Motive verantwortlich oder ein wachsendes Unbehagen an Wurmfraß oder die Bequemlichkeit, ein solches Grab nicht pflegen zu müssen; es ist vielmehr die Sehnsucht, sich mit der Asche der Juden zu vermengen, die als Unschuldige durch die Schornsteine gegangen sind. Wer eine solche Bestattung wählt, weiß in der Regel davon aber → rein nichts." (S. 38f.) Den Worten der Wissenden ist nichts hinzuzufügen. Außer vielleicht ihre Entdeckung: „Sinnvoll verbundene Wortfolgen sind uns tönender Springquell des Lebendigen." (S. 148)

→ Bildungsbekennersprech, → davon wissen, → Hochschreibe.

hochpreisig ist noch teurer als → preisintensiv.

Hochschreibe Anders als die sinnverwandten Verben mit gleicher Stammsilbe (hocharbeiten, -dienen, -kriechen, -loben, -schlafen usw.) existiert das Hochschreiben in reflexiver wie in nicht-reflexiver Form. Sachlich hängt beides in → Publizistendeutsch wie Publikationsindustrie zusammen, denn oftmals sind die dort Hochgeschriebenen auch emsige Hochschreiber ihrer selbst durch das Hochschreiben anderer. Ein eigentümlicher Stil des Lobens von unten nach oben entsteht so, für den der zugleich gespreizte und joviale → Umgang mit religiösen, literarischen oder philosophischen Klassikern → unverzichtbar ist. In der H. verdichtet sich → diskursiv die westdeutschlandtypische Mischung von Beflissenheit und Anmaßung, von schülerhafter Strebsamkeit und lehrerhafter Herablassung: Man erklimmt Höhe durch verbales Anheben des bereits Hochstehenden. Solcherart gehoben und gönnerhaft zugleich geht es z. B. zu, wenn Sibylle Lewitscharoff die alttestamentliche Geschichte vom Opfer Abrahams „wirklich außerordentlich wie vieles andere in der Bibel auch" findet oder die neutestamentliche Judas-Erzählung „nicht ne glanzvolle idiotische Rehabilitierung um des guten Willens willen, sondern ne wirklich dynamische Geschichte" nennt, im weiteren aber auch neuzeitliche Literatur mit vielsagenden Attributen wie „hinreißend", „klasse", „absolut klug" bedenkt („Studio LCB. Aus dem Literarischen Colloquium Berlin", *Deutschlandfunk*, 29. April 2017). Varianten des → hochmögenden Tons sind im akademischen Westdeutsch anzutreffen; als männliches Pendant zur Lewitscharoffdiktion (→ Abscheu, → auffangsam, → Ausnahmetalent) sei der → ehemalige Politikberater und Philosophieprofessor Volker Gerhardt erwähnt, welcher den griechischen Mythos „brillant", Platons Dialoge „glänzend" und Heidegger zumindest „einen originellen Kopf" nannte (*Deutschlandfunk*-Archiv 2005; Vorlesungsverzeichnisse der Humboldt-Universität zu Berlin 2001ff.).

Die H. gehört zu den Dialekten der Kompetenzsimulation, unter denen sie durch ihren aggressiv-zudringlichen Gestus hervorsticht. Sie ist weniger durch ein spezielles Vokabular als durch performative Eigenarten gekennzeichnet. Zwar läßt sich eine gewisse Monotonie in der Adjektivauswahl nicht verkennen (‚brillant', ‚exorbitant', ‚außerordentlich', ‚eindrücklich', ‚eminent'). Jedoch ist die oft betäubende Wirkung der H. auf taktvollere Gemüter wesentlich durch die Mischung von adjektivischem Imponiergehabe und substantivischer Bedeutungsanleihe bedingt. Die Hochschreiber und -rednerinnen gerieren sich als Medienbeauftragte des Unbestrittenen oder Unbestreitbaren; sie geben sich als Repräsentanten etablierter, respektierter Größen. Was an solcher repräsentativen Großsprecherei zunächst wie individuelle Entgleisung wirken könnte, erweist sich bei näherem Besehen als kulturelle Systemmetapher. Die H. kann nur in einer Zivilisation blühen, die auch im Geistigen nicht auf Wertschöpfung, sondern auf Verwertung angelegt ist, kurz, auf Parasitismus an vorhandenem → Wert.

→ ANBIEDERUNGSDEUTSCH, → BILDUNGSBEKENNERSPRECH, → Deuter deutscher Befindlichkeiten, → JOVIALSPRECH, → LEHRAMTSSPRECH, → n/ne, → Publikationsliste, → Das haben Sie sehr gut gesagt.

hochst(er)ilisieren Wahrscheinlich durch fehlerhafte Assoziation mit einem hohen Stil und dessen schlanker Würde gezüchtete Mißbildung.

Hoffnungsbedarf Kühn gezogene Dummwortparallele zu → Handlungsbedarf, gezogen durch – nein, wir verunglimpfen hier keinen → Lebenszusammenhang.

Holzkompetenzzentrum Sägewerk, dessen Eigentümer sich mit nur zwei Dritteln der Lohnkosten belasten muß, sofern es in den → benachteiligten Gebieten steht.
→ Schlaf-Kompetenzzentrum.

Hoyerswerda Ort in der sorbischen Lausitz, dessen Name für immer in westdeutschen → Empörsamkeitssprech eingegangen ist. H. war in den 1990er Jahren zunächst Synonym für eine Turboanpassung an westdeutsche Formen des Umgangs mit → dem Fremden (Hamburg, Mölln, Solingen, Hörstel, Lampertheim, Saarlouis usw. usf.), was sogar Westdeutsche beängstigend finden wollten (→ Ausländerhaß, → unerträglich). So half ‚H.' die Enttäuschung und später Genugtuung der → Westlinken zu artikulieren, daß die da drüben auch nicht besser sind als die Ureinwohner des → Schweinesystems.
→ BITTERMANNLINKE, → die Mitte der Gesellschaft, → LESERBRIEFE, → Primitivbürger, → Zonenmob.

humanitär Im Hochdeutschen: menschenfreundlich, dem Wohl des Menschen verpflichtet; im Westdeutschen unspezifisch, oft zur Bildung von Oxymora verwendet: → humanitäre Intervention, humanitäre Katastrophe.

Humankapital Einst: Menschenmaterial. Jetzt: Menschenleben, Menschenkräfte, → Biomasse. Aus dem Braunbuch des Neuliberalismus.

Humboldt Forum Die Entscheidung, die in Berlin-Mitte entstehende Schloßattrappe weder gemäß alter (Humboldtforum) noch neuer Rechtschreibung (Humboldt-Forum) zu benennen, fiel im Juli 2016. West Deutsche in einer Kultur Stiftung zeichneten verantwortlich. → das Schloß, → Schiller Theater.

Humboldtforum → Humboldt Forum, → Rückbau, → Schloß.

Humor Als Faustregel der Westdeutschenhermeneutik gilt: Was in der Diktatur systemisch und zwanghaft funktioniert, das verrichtet der Einzelne in der Demokratie freiwillig und höchstpersönlich. Verleumdung → des Fremden, Denunziation des Nächsten, Schmähung des Abwesenden vor grölendem, johlendem, trampelndem Publikum sind Formen westdeutschen H.s, die vielleicht aufgrund verbliebenen Schamgefühls zuallermeist als → ‚Comedy', in → intellektuellen Kreisen als → Satire bezeichnet werden. Es sind unfrisierte Imaginationen von Herrschaft, denn als Herrscher bestimmt sich, wer unwissend sein darf über das Beherrschte. Doch nicht allein durch seine schwache Faktenreferenz hebt sich westdeutscher H. deutlich von alteuropäischen und nonphilisträsen Spaßmachertraditionen ab. Er verweigert systematisch Selbstreflexion und Selbstironie, ist vielleicht aufgrund seiner herrenklassigen Obsessionen gar nicht dazu fähig. Daher erinnert der von west- und also mehrheitsdeutschen Humoristen/Satirikern entwickelte Adjektivfundus zur Charakterisierung fremder, ihnen notwendigerweise unbegreiflicher Völker frappant an Selbstporträts (‚raffgierig', ‚geizig', ‚selbstgerecht', ‚selbstmitleidig', ‚weinerlich' usw.). ‚Comedy' wurde nicht zufällig zum Strukturvorbild und Sammelpunkt des westdeutschen H.s überhaupt. Unabhängig von Besitz und Bildung zeigt dieser die phänotypisch *bäurischen* Züge (→ -landschaften): jeder Witz begleitet vom Schielen nach Zustimmung – milieuwarm und weltblöd. Eine Mischung aus Pöbeln und Heimatverbundenheit, ein kräftiges Ja zur eigenen Einfalt, zur Einfalt des Nachbarn und zur Einfalt des Spaßmachers, der morgen vielleicht schon das benachbarte Dorf über das eigene lachen läßt. Manchmal muß Gehässigkeit den Intellekt ersetzen, oft steht sie für sich selbst. Gerade in seiner zugleich intellektuell genügsamen und pathologisch gesteigerten Gehässigkeit trägt der westdeutsche H. nationalkulturelle Züge. Es ist das Lachen einer Nation, die sich seit Anbeginn dezidiert zur Eigenschaftslosigkeit, mithin zu einem vollständig → quantitativ bestimmbaren → Selbstverständnis bekannte. Nationale, kulturelle, spirituelle, intellektuelle Qualitäten müssen dem dadurch entwickelten Mehrheitsdeutschentypus notwendigerweise als ebenso unverständliche wie unerträgliche → Herausforderungen erscheinen, derer man einzig durch quantifizierende Abwertung → Herr wird. Ein Großteil westdeutscher Humoristik speist sich aus konsumkulturellem Direktvergleich von westdeutscher Gegenwart und ostdeutschen 1980er, 1970er, ja 1950er Jahren, auf dem Vorsprung in Sachen Pkw-Geschwindigkeit (M. O. R. Kröher) oder „Beate Uhse, Bananen und Aldi" (Klaus Bittermann, „Die Gespensterwelt der Ossis", in: ds., *Unter Zonis*, Berlin 2009, S. 59; zuerst in: *Der rasende Mob*, 1993; dann in: *Geisterfahrer der Einheit*, 1995; dann immer wieder). Selbst einem garantiert erfahrungsdicht und geschichtsgeschützt lebenden Kreuzberger Kneipengänger und Kleinverleger, dem garantiert niemand etwas wegnehmen will, kann so der osteuropäische und ostdeutsche Discount-Einkäufer noch 1995, 1999, 2009, 2015ff. zur Armutsdrohung werden („Selbst dem gutwilligsten Trottel im Westen wurde der Kaufrausch der Ossis schnell zuviel, und durch das massenhafte Einfallen in Westberlin und den grenznahen Bezirken [wahrscheinlich gemeint: den grenznahen Bezirken von Westberlin] waren sie obendrein zu einer schwer zu ertragenden Belästigung geworden.").

Was hier als Extremform kultureller → Verklemmtheit und Verdruckstheit erscheint, ist trotz seiner rhetorischen Lautstärke gar nicht für fremde Ohren gedacht, sondern schlichte → Selbstverständigung. Wenn besagter Kleinkreuzberger über drei Jahrzehnte [!] hinweg immer wieder von ‚Zonis' und ‚Bananen' schreibt, genauer gesagt: einen 1993 geschriebenen Text noch 1995, 1999, 2009, 2015 (2019? 2020? 2025?) als → ‚satirisch' feilbieten will, dann muß es sich um genuin völkische, wie er selbst meint: ‚Satire' handeln. Satire eines Volkes, das sein Selbstbewußtsein einzig dem halluzinierten Sein der anderen → verdankt; ein Volk von undankbaren Gästen, auf gut lateinisch: von Parasiten ihrer Gastgeber. Zwar lebten die Westdeutschen seit jeher von den Ostdeutschen, doch fanden sie daran nichts lachhaft. „Bei vorurteilsloser Betrachtung muß man jedoch feststellen, daß ihr Alltag schon immer von blankem Neid und spießigem → Ressentiment → geprägt war." (*Unter Zonis*, S. 51f.)

hyperintelligent → proaktiv.

I

ich liegt als Personalpronomen der ausdrücklichen Unverschämtheit (T. W. Adorno) inzwischen auch dem → Wir sowie dem → Wir-Gefühl zugrunde. Selbst die Entdeckung der „ICHlinge" in der kulturbesinnlich-selbstbeschaulichen *Deutschlandvermessung* von Christian Schüle (*Abrechnungen eines Mittdreißigers*, München 2006, S. 27ff.) verfällt nach dreißig Seiten in erster Person Singular wieder in die erste Person Plural. Das ist kein Zufall, denn nichts ist derart mehrheitstauglich wie ein Ich, das von sich Worte machen muß. Gewiß ist in dem penetranten ‚Wir' der westelbischen Politik- und Kulturpublizistik auch ein Dreivierteljahrhundert erlebter Nichthaftbarkeit sedimentiert; Näheres: → Puerilstil.

Ich bin Weihnachtsmarkt. → Trauerkultur.

Ich denke (denke ich) leitet keineswegs, wie man denken könnte, einen Gedankengang, sondern oft nur eine simple Tatsachenbehauptung und noch öfter eine Meinungsbekundung ein. Die Kurzkrimi-Autorin Christina Raddatz aus Hannover hat einen Roman über Vorteilsnahme im Amt geschrieben. Kam so etwas auch während ihrer Referentinnenzeit bei Schröder, Wulff & Co. vor? „Ich denke, das kann man nicht sagen, denke ich." (*Inforadio*, 14. Januar 2013) Die bei Sprechbeauftragten der → politischen Klasse (zumeist sozialdemokratischer Schule) → ungleich mehr beliebte Satzeinleitung drückt bündig aus, was dort Ereignisstatus hat.
→ Schröderdeutsch, → Kässmanndeutsch.

Ich denke mal ist wie ‚Ich denke' → jovialsprachliches → Schröder- und in seiner niedersächselnden Treuherzigkeit auch → Kässmanndeutsch.
→ Ich gehe davon aus.

Ich erkenne keine Unterschiede mehr zwischen Ost und West. Auf hochdeutsch: „Die Ostdeutschen sind auch nicht mehr das, was sie mal waren." In den 1990er Jahren aufgekommene Formel, durch die sich → Mehrheitsdeutsche zu erkennen geben, seit den 2000er Jahren → zunehmend weniger gebräuchlich; → Jovialsprech und hiermit zugleich ein Muster → asymmetrischer → Kommunikation.

Ich fühle mich als/Ich bin Europäer. Aus dem quälenden Bewußtsein, kulturelle → Provinz zu sein, führen zwei Wege der Erlösung: der nationale (‚Ich bin stolz, Deutscher zu sein.') und der internationale (‚Ich bin Weltbürger.'). Eine Zwischenstellung behauptet die in Westdeutschland beliebte Bekennerformel ‚I. b. E.'; ein weiteres Indiz nationaler → Einzigartigkeit und seelischer → Sonderwege. Von den Schwierigkeiten zu sagen, wie es sich → anfühle, ein Deutscher zu sein, sprechen ganze Teilbibliotheken westdeutscher → Selbstverständigungsliteratur. Wie sich dagegen ein Deutscher tatsächlich fühle oder was er sei, sollte der Empfänger eines Georg-Büchner-Preises sagen können. Marcel Beyer, geboren 1965 in Tailfingen (Baden-Württemberg), antwortete auf entsprechende Anfrage mit der obengenannten Formel (→ *Deutschlandfunk*, 3. Juli 2016).
Das selbstattestierte Europäertum mag seine → tiefsitzenden real- und mentalitätshistorischen Gründe haben; es bleibt eine verbale → Übersprungshandlung, die das verlegen Übersprungene ins grelle Licht der Aufmerksamkeit rückt: Ein Südfranzose weiß sich stets als ein Franzose, ein Westdeutscher nur als Westdeutscher. Seine Versicherung, er *fühle* sich als Europäer, schließt das Europäer-Sein geradezu aus, zumindest im beabsichtigt → emphatischen Sinne. Ein Europäer muß sich nicht ‚als Europäer fühlen'. Als Verneinungs-

versuch am ungeliebten → Wissen um sich selbst dürfte ‚I. b. E.' bei Westdeutschen deshalb auch → mittelfristig nicht ausgedient haben. Nach dem Zerfall von EU-Europa ist eine Aufspaltung derartiger Bekennersprachformeln gemäß der eingangs genannten Alternative zu gewärtigen.

Auch außerhalb des Kulturbetriebs versichern Westdeutsche so ein- wie aufdringlich, daß sie, wenn nicht Weltbürger, so doch zumindest Westeuropäer, jedenfalls Westler seien. Das evident schwache → Selbstbewußtsein des deutschen Westens ist durch seine notorische → Unterwürfigkeit gegenüber gewissen Idolen von → Kapitalismus und → Bürgerlichkeit, also eines *prinzipiell* gestörten, nurmehr komparativ und quantitativ herstellbaren Selbstgefühls, nicht vollständig zu erklären. Ursprünglich und → nachhaltig wirkt in der kollektivseelischen Störung vor allem der Ursprung des Landes aus Geschichts-, Schuld- und Haftungsdispens nach. Als Nation aus der Retorte des Kalten Krieges, der nicht nur ein Marshallplan, sondern auch (weiterhin) Vorkämpferschaft fürs → Abendland zugestanden wurden, konnten die Westdeutschen kaum kollektive Selbstsicherheit entwickeln. Es fehlte am hierfür notwendigen Bewußtsein politisch-ökonomischer Eigenleistung. Vorzeitige Begnadigung seitens der Sieger hatte den Zwang zur Buße ersetzt, in scharfem Kontrast zum östlichen Abbüßen deutscher Schuld und Niederlage. Wohl oder übel hatte man im Osten Deutschlands aus → dem Eigenen schaffen müssen, so aber auch ein → gelasseneres → Nationalgefühl entwickeln können. Das – verständlicherweise fragile – Selbstwertgefühl der Westdeutschen hingegen war stärker als das anderer ‚westlicher' Nationen auf den Komparativ des Besitzes, ein aus Habseligkeiten → generiertes Seinsgefühl angewiesen. Der Ehrgeiz, als europäisches Konzentrat der Westlichkeit zu gelten, repräsentierte *und* intensivierte die westdeutsche Malaise. Gerade weil ‚der Westen', wie der Kapitalismus überhaupt, nichts Eigenes schaffen, sondern nur Fremdgeschaffenes verwerten kann, war einem als rein westlich imaginierten Deutschland ein unproblematisches Selbstbewußtsein verwehrt; es mußte beim D-Mark-Nationalismus und der höheren PS-Zahl bleiben: → Wertebesitz als Seinsersatz. Selbst die → Westlinke, ansonsten stolz ob ihrer – wohlfahrtsgesicherten und wehrdienstbefreiten – Vaterlandslosigkeit, trug 1990ff. ihren konsumtiven Vorsprung zur Schau (→ Banane, → Abschottung).

Ich gehe davon aus Heutzutage fest etablierter → JOVIALSPRECH der tatsächlichen oder angemaßten Macht; signalisiert mehr Ich-Wichtigkeit als das aus dem → SCHRÖDERDEUTSCHEN in den allgemeinen Faselsprech eingedrungene und dort wuchernde → ‚Ich denke mal'. Im Unterschied zum verbreiteten → BLÄHSPRACHLICHEN, aber harmlosen Gebrauch des Verbums in der dritten Person Singular oder Plural, zeugt ‚I. g. d. a.' fast immer von gelinder verbaler → Chuzpe. Die Formel ist ein semantischer wie pragmatischer Verwandter von → ‚Ich würde mir wünschen'. Sie wurde zum Ende des 20. Jahrhunderts parteiübergreifender politischer → Vertretersprech und konnte dort ‚Ich gehe von der Vermutung aus' vollständig verdrängen. Erhard Eppler hat schon vor Jahren darauf hingewiesen, daß ‚I. g. d. a.' die „Grenze zwischen Wissen und Nichtwissen verwischt" (in: *Politik, Sprache und Glaubwürdigkeit*, hrsg. von Armin Burkhardt und Kornelia Pape, Opladen 2003, S. 16); mittlerweile, darf hinzugefügt werden, wohl für den Rest der Tage → der politischen Klasse. Das ermöglicht auch jene → Autoritätsanmaßung durch simples Bekunden einer → Erwartungshaltung. Wer durch → autoritär aufgeputzte Unwissenheit von objektiv bestehenden Sachverhalten oder Intentionen anderer Leute → ausgeht, überträgt diesen die Erfüllungslast. „Am Donnerstag wurde eine Studie veröffentlicht, aus der hervorgeht, dass man wohl davon ausgehen muss, dass im Jahr mehr als einhundert Milliarden Euro" usw. (Arno Widmann, „Es sind keine Änderungen geplant. Die wahren Steueroasen sind keine exotischen Inseln" usw., in: *Berliner Zeitung* vom 23./24. April 2016, „Magazin", S. 9).

Ich hab' Probleme (mit) → Probleme.

Ich lasse mich beim Wort nehmen./Ich stelle mich./Ich stehe dazu. Ich bleibe in meinem Amt/auf meinem Posten/in meiner Gehaltsklasse/an meinem → Ort stehen, weil ich mich nur dort den Vorwürfen stellen und → Verantwortung übernehmen und → die Politik gestalten kann. Darauf mein Wort. Oder das von Ulrich Hoeneß: „Ich habe Kapitalerträge im Ausland nicht deklariert. ... Ich habe die letzten fünf Jahre über fünf Millionen gespendet. Ich möchte mich damit nicht reinwaschen und so tun, als wäre nichts geschehen. Ich stehe zu meinen Fehlern und möchte mich der Sache stellen. Ich vertraue auf die bayerische Justiz und bin fest davon überzeugt, daß ich einen fairen Prozeß bekommen werde." (Markus Lotter, „Die Stunde des Sünders. Knast oder Gnade: Uli Hoeneß ist angeklagt wegen Steuerhinterziehung" u. a. m., in: *Berliner Zeitung* vom 8./9. März 2014, S. 3)
→ Diskurs der Entschuldigung.

Ich meine Anders als ‚Ich denke' bestenfalls ein Halbanglizismus und daher nur Semiopportunismus gegenüber → den Alliierten. Die bewußte Ausschließung dieser Satzeinleitungsformel hat es inzwischen zum sprachlichen Distinktionsmittel gebracht, wofür eine etwas altkluge Jungautorin aus Bayern zitiert sei: „Sie bastelte dann bedächtig an umständlichen Passivkonstruktionen, um die so beliebt gewordenen Satzanfänge ‚Ich denke', ‚Ich glaube', ‚Ich meine' zu umgehen." (Stephanie Gleißner, *Einen solchen Himmel im Kopf. Roman*, Berlin 2012, S. 12)

Ich sag mal Umgangssprachlich oft zusammen mit → Hey. Varianten: „Hey, sag ich mal" und „Hey, sag ich".
→ Kässmanndeutsch; → Jovial- und → Grünsprech.

Ich-Schwäche → Bürgerlichkeit.

Ich-Stärke, ich-stark Mehr als nur von metaphysischer Leichtfertigkeit zeugt die Substantivierung der ersten Person Singular im → Selbstbestimmungsglauben. Das Ich, beim umfassend und vielseitig entfalteten Menschen nur der kleinste, fixierbare, erkennungsdienstlich relevante Teil der Person, gilt dem geistigen Mehrheitsdeutschtum gewöhnlich als Kern des Menschen; er ist das kernfeste Ding, wovon dieser Worte machen kann, ohne sich durch derlei Selbstverdinglichung verkleinert oder verfälscht fühlen zu müssen. In → Werbewirtschaft und Meinungsgewerbe gilt demgemäß Ich-Stärke als Siegel einer gelungenen → Selbstdarstellung: Der Ich-Starke ist der Selbstbestimmer, der sich unter sein Bild beugt, indem er es hoch über sein Haupt und aller Welt vor die Nase hält. Auch seelisch gesunden oder menschlich geradwüchsigen Menschen konzediert der Mehrheitsdeutsche, wenn jovial gestimmt, ‚Ich-Stärke', wie beispielsweise Lothar Müller in „Maxim Biller versus Ossis. Ein Schlappschwanz klagt an" (*Süddeutsche Zeitung* vom 15. Mai 2010) Ingo Schulze und anderen minderheitsdeutschen Autoren.
Die psychologische und philosophische → Problematik des westdeutschen Wortgebrauchs zeigt sich im Vergleich mit → ‚Selbstbewußtsein'. ‚Ich-Stärke' besagt im Hochdeutschen für jeden Menschen von zivilem Benehmen und seelischem Takt das genaue Gegenteil von ‚Selbstbewußtsein'. Im Westdeutschen ist sie zumeist dessen Substitut. Ein Gefühl für den reduzierten Charakter eines westlichen Ichs gegenüber dem menschlichen Gesamtphänomen ‚Selbstbewußtsein' dürfte bis kurz vorm Eingehen des I.-Vokabulars in die westdeutsche Umgangssprache existiert haben, ist doch ‚Ich-Stärke' offenkundig erst nachträglich aus dem klassisch psychoanalytischen Konzept der ‚Ich-Schwäche' entstanden. Das kümmer-

lich-krüppelhafte Wesen des ‚Ichs' selbst in seiner Stärke ist noch in den verschiedenen Auflagen des Heidelberger *Lexikons für Psychologie* → präsent, wo Ich-Stärke als „Leistungsfähigkeit des Ichs bei der Anpassung an die soziale Wirklichkeit und bei der Verarbeitung von Belastungen" definiert wird. Eine Definition, die der Erfahrung eines gallertartigen, häufig schleimigen, immer aber eindrucksfreien und prägnanzlosen Seelenwesens → durchwegs entsprechen dürfte.
→ Artikelzwang, → der große alte Mann, → mein Ego, → Anpassung.

Ich und meine Identität → Identität.

Ich würde mir wünschen Grein-, Schmoll- und Bittpräambel von → Vertretern der → politischen Klasse, sofern nicht gerade selbst an der Brust → der Politik und ihrer Versorgungssysteme schmatzend. Entweder in den leeren Raum hineingesprochen („Ich würde mir wünschen, daß die Verbraucherrechte zu den Bürgerrechten gezählt werden", Renate Künast am 15. November 2007) oder an die Frau im zu engen Jackett adressiert: Hans-Werner Sinn „würde sich mehr Härte von Angela Merkel wünschen", Peer Steinbrück „würde sich mehr Aktivität von ihr wünschen im Wahlkampf", Christian Lindner würde „sich mehr Aktivität in Reformen wünschen" und „nicht da, wo ich sie mir nicht wünsche". Das grüne Politikmilieu ist besonders wunschfreudig. Abermals an Merkel, mit Blick auf den Grobian im Kreml: „Ich würde mir wünschen, dass wir die Vorwürfe aus der Debatte verbannen." (Marieluise Beck, laut *Frankfurter Rundschau*: „Osteuropa-Expertin") Weniger zurückhaltend die Kanzlerverfolgerin Antje Vollmer (→ Bilderflut): „Ich hätte mir gewünscht, Angela Merkel hätte weniger telefoniert und wäre zusammen mit Frank-Walter Steinmeier sofort nach Beginn der Krise in Moskau gewesen, und sie hätten so lange mit → den Russen verhandelt, bis man" usw. usf. Eine Ausnahme vom mehrheitsdeutschen Konjunktivismus machte Marina Weisband, „die piratige Angela Merkel" *(DIE WELT)*, die ihr politisches Wollen ohne falsche Scham zumeist durch ein „ich wünsche mir" ankündigte (Sprachbeispiele 2011–2014).

Ichzeit → verletzend und verletzlich, → weiches Deutsch.

Idealtyp Die logischen Schwächen großer Empiriker lassen sich am leichtesten nachahmen: Max Webers I. ist ein weißer, der Realtyp wäre ein schwarzer Schimmel.

Idee Synonym für das hochdeutsche Wort ‚Vorstellung', mithin ein Anglizismus. Gelegentlich nennen Westelbier auch einen Gedanken ersten Grades eine I.; hierzu ein Hörbeleg, den wir der wissenschaftlichen Erörterung des → Kölner Karnevals durch einen Kölner → Qualitätssender verdanken: „So könnte der Gedanke hinter der Idee des Sich-Verkleidens lauten." (→ *Deutschlandfunk*, 2. März 2019)
→ Ideologie.

Identifizierung → Wie wir Amerikaner wurden.

identitär, Identitäre In den 2010er Jahren etablierte Selbstbezeichnung → nationalgesinnter Jugendgruppen aus → gutbürgerlichem Hause, bald jedoch Universaldenunziationsausdruck im → Medialdemokratischen → Wächtersprech. Im engeren Sinne → meint ‚i.' hier ein → reaktionär bejahendes oder zumindest unreflektiertes Verhältnis zur eigenen ethnischen Herkunft und sexuellen Präferenz, im weiteren Sinne eine Abweichung vom Konformismus des Andersseins oder auch das Fehlen einer nicht-identitären → Identität.

Das Adjektiv ist sprachpragmatisch mit → ‚identisch' verwandt und begünstigt gleichfalls hermeneutische Enthemmungen.

Was haben die Lärmpoeten von → Rammstein, die Schlagersängerin Helene Fischer und die Südtiroler Volksmusikgruppe Frei.Wild gemeinsam? Richtig: es sind allesamt keine Biobundesdeutschen, weil von fremdartiger, daher höchstwahrscheinlich *i.er* → Herkunft oder zumindest Neigung. Als I. mit (süd)östlichen Geburtsorten gefährden sie den „→ emanzipatorischen Gehalt" von Popmusik. Man kann es einfach ausdrücken: Sie machen Kunst, und sie kommen von anderswoher. Man kann es aber auch popkulturanalytisch formulieren, etwa so: Ihre spezifisch i.e → Identität ist Movens einer „Ästhetisierung des Eigenen, der Herkunft, des Vaterlandes und der Identität". Fischer und Rammstein *spielen* nur mit sexueller Zweideutigkeit, ohne sich eindeutig zu dieser zu *bekennen*, etwa „offen schwul zu leben". Durch ihre „visuelle Selbstinszenierung" und „Selbstviktimisierung" als Angehörige einer „unterdrückten Minderheit" bekunden die Rammsteiner, „ihr Heimatland mit der deutschen → Wiedervereinigung und der → angeblichen Kolonisation durch den westlichen Kapitalismus verloren zu haben."

Die soeben zitierten → Entlarvungsstücke „antiemanzipatorischer Motive" gelangen Jens Balzer, einem westfälischen Popmusikkritiker, der hierfür „transgressiv" die hermeneutischen Grenzen zwischen Melodien, Texten, Musikansagen und Interviewschnipseln aufgehoben hatte. Kann es da überhaupt noch Unterschiede zwischen den Deutsch-Tirolern von Frei.Wild und den Burlesk-Teutonen von Rammstein geben? Jedenfalls nicht in ihrem → Bekenntnis zu einem „von heterosexueller Härte → geprägten Männlichkeitsbild mit einem Lob von Herkunft, Heimat und Identität"! Trotz rosa Flauschjäckchen, Penisattrappe und Unterwerfungsspäßchen gehören die Rammsteiner entlarvungslogisch in die Liga identitären Hasses von Bushido, Sido & Co.; ein „identitärer Machismo" aus ostelbischer Steppe oder nahöstlicher Wüste. In all diesen Fällen musizieren nämlich Verteidiger → „des Eigenen". Das ist kaum künstlerische Provokation, sondern ein politisches Bekenntnis von sozial wie sexuell Ewiggestrigen, eines „testosterongesättigten" Vergewaltigertypus. Er benutzt Popmusik zu artfremdem Zweck, nämlich um seinen → reaktionären Herrschafts→diskurs ästhetisch umzusetzen und mit nicht-repressiven, z. B. bi- oder homosexuellen Formen der Geschlechtsbetätigung seine nichtemanzipatorischen Späße zu treiben. Im Falle von Rammstein verführt der i.e Heimatmusiker junge Leute nicht allein in Westdeutschland, sondern auch in New York, London, Barcelona, Nîmes, Moskau, Tokio, Mexiko City und anderswo, an der „brutal mit Zeichen des Deutschseins überformten", ursprünglich „internationalen musikalischen Sprache des Industrial Rock" ihr sadomasochistisches Vergnügen zu haben; eine gelungene und bejubelte Vergewaltigung des angloamerikanischen Kulturguts mithin. Popmusik verliert dadurch ihre → aufklärerische → Identität, die ja gerade in so sorgfältiger wie traditionsbewußter Auflösung aller Identitäten besteht, besonders der nationalen und geschlechtlichen. „So wie Helene Fischer Musik jeder Art und Herkunft dazu bringt, wie deutscher Schlager zu klingen, so haben Rammstein schon anderthalb Jahrzehnte vor ihr" den Industrial Rock „zu einer Art nationaler Popsprache" verformt.

Was aber ist daran ostdeutsch, was identitär? Zur Klärung dessen muß der Popkritiker zum Gesinnungsprüfer, der Gesinnungsprüfer zum Herkunftsforscher mutieren. Im Falle von Rammstein ist die Frage nach ihrer Popgesinnung bereits mit der meldeamtlichen Herkunft der Musiker aus „→ identitätsstiftenden Territorien" wie dem „untergegangenen ostdeutschen Staat" beantwortet. Der Rammsteinschen „Perspektive auf das Deutschsein und die entsprechende visuelle Selbstinszenierung" korreliert „ihre Sozialisation in der DDR, der sich auch der unbefangene unpolitische Umgang mit Bildern und Zeichen verdankt". Zwar sangen die Rammsteiner nie von Ostdeutschland noch von ostdeutscher Nachkriegszeit oder gar → Herkunftsheimat. Doch ein → Entlarvungshörer wie Balzer ist nicht zu täuschen.

Die Rammsteinsche „reaktionäre Provokation", meint er, beweist sich darin, daß sie gar keine Provokation sein wolle. Damit lösen die Ostmusiker die Frage nach der wahrhaft emanzipatorischen Herkunftsbewältigung, Musikverfremdung und Geschlechtsbetätigung possenhaft in „ambivalente Erscheinungen" auf, statt mit mannhafter Entschiedenheit eine emanzipatorische Sexualität zu besingen. Denn, so des Ostdeutschendeuters Balzer überraschende Konklusion, → „in Wahrheit" pflegten „die Identitätsrocker ein entsexualisiertes Männlichkeitsbild", das den gebotenen emanzipatorischen Ernst in der Behandlung von Partnerschaft, Gesellschaft, Sozialherkunft und Sexualität vermissen lasse (*Pop. Ein Panorama der Gegenwart*, Berlin 2016, zit. nach: *Berliner Zeitung* vom 16./17. Juli 2016, „Magazin", S. 1f.).

Identität In der Logik für Gleichheit, Übereinstimmung. In → Frankfurter Schulen → zunehmend gesteigert (Adorno und die Adorniten: „Das Identische", Spätere: „identischer", „am identischsten"), fand ‚I.' bald Eingang in die Abiturstufe der Denk- und Sprachverstörtheit. Hiernach ist I. nicht das polizeibekannte Selbstverständliche, sondern ein Ergebnis intensiver Hege, Pflege und Betrachtung; man denke etwa der Dutzendformel „Das ist ganz wichtig für meine Identität". Im „Philosophischen Quartett" vom 29. Oktober 2007 erklärte Maxim Biller, in Fachkreisen bekannt für → weiches Deutsch: „Schon auf dem Gymnasium fiel auf, daß ich nicht blond, also anders bin. Schon auf dem Schulhof war ich anders als die anderen Jungs. Meine schwarzen Haare, meine deutsch-jüdisch-tschechisch-russisch-aserbaidshanische Identität, mein so ganz anders Sein" usw. usf. (Gedächtniszitat)
Kurz: meine Identität und ich! Wenigstens ist Biller nicht allein mit seiner Identität, denn ein Standard-Ego wie seines zeigt sich am liebsten im Kollektiv: „Mit der → Wiedervereinigung wurde der BRD ein rostiger Nagel eingetrieben" – gemeint waren die 17 Millionen Ausländerhasser und Antidemokraten rechts der Elbe –, „den wir nicht so leicht wieder herauskriegen". Identitätsgestörte, Ichbeschädigte, vor allem aber Kollektivisten: besagte 17 Millionen sind keine → Extremindividualisten, hatten nie ihre → Ichzeit und haben es deshalb unverdient leicht im Leben, zumindest im Westen und im Vergleich zum → verletzend-verletzlichen Biller.
→ am coolsten, → der große alte Mann, → Wir im Westen, → Wir-Gefühl.

Identitätskonstruktion → BLÄHWORT aus dem Deutsch der Universitätsseminare und Entlarvungsinstitute, inzwischen wohlgelitten in problemstädtischen, etwa → Kreuzberger Kiezprojekten. Dort lernen Jugendliche mit einschlägigem → Hintergrund, „ihre I. zu → hinterfragen" (*Inforadio*, 22. Januar 2013).
→ Handschlagsdoktrin, → Problemschüler.

Ideolekt Im Hochdeutschen: Idiolekt; jüngeres westdeutsches Falsch- oder Kunstwort für Idiome, die aus ideologischen Gründen geduldet, gewollt oder gefördert werden. Der emeritierte Germanistikprofessor Karl-Heinz Göttert gibt folgende Definition: „etwas, was die Wissenschaft nicht Dialekt, sondern Ideolekt nennt, eine Sondersprache also, die sich jederzeit bilden kann, aber der das Merkmal der regionalen Herkunft bzw. regionalen Gültigkeit fehlt" („Dialekte – gestern, heute, morgen", in: *TUMULT. Vierteljahresschrift für Konsensstörung* 2019/1, S. 65–68, hier: S. 68).

Ideologie/ideologisch → Projektionsbegriffe aus dem → Kontext der → Positionsnahme. Die Ideologisiertheit aller Daseins- und Bewußtseinsbereiche gehört zu den ersten Eindrücken, die man von Westdeutschland gewinnt. Ein eifersüchtiges Wachen übers Eigene (→ Eigengut), ein Konformismus von Meinung und Milieu artikulieren sich in politischen

(→ links/rechts) wie soziokulturellen Ideenlagerexistenzen (→ emanzipativ/reaktionär). Vor allem aber im Privaten. Im deutschen Westen fühlt sich jeder Radfahrer oder Rotweintrinker → latent einer Kirche zugehörig, einem ideellen Territorium, dessen Grenzen nach innen oder außen abzudichten sind. Gerade ‚das Private', in ideenselige Vokabulare gefaßt, verschafft dem → MEHRHEITSDEUTSCHEN jenes Machtgefühl, welches ‚das Politische' ihm niemals hergab. Komplementarität des Kitsches: die Aufblähung des Privaten (ästhetischer, geschlechtlicher usw. Präferenzen) zum Politikum, das Stochern nach dem Persönlichen in → der Politik.

Ideelle oder ideologische Überhöhung → vermeintlicher Privatheiten, über deren Naturhäßlichkeit ein vages Wissen existiert, gehört zum → Markenkern der → Bürgerlichkeit; vom Bürger Marx einst gefaßt in die Formel vom bürgerlichen → falschen Bewußtsein. Auch der → Spätbürgerliche kann kein Geschäft abschließen, keine Arbeit ausführen ohne eine darüber strahlende Idee. Ein fehlgeleitetes Schamgefühl, eine postchristliche Verstörtheit scheinen hier nach wie vor wirksam (→ Eroskiller, → nachbürgerliche Entwicklung erotischer Verfänglichkeit). Der Eifer, mit dem das eigene Bedürfnis durch Ideenwolken überwölbt wird, entspricht der ideologiekritischen Eifersucht aufs Bedürfnis des Nächsten. So sind → Bekenntnis- und → Entlarvungseifer in der westdeutschen Ideenbedürftigkeit kaum voneinander zu trennen. Was drinnen als Idee verlautbart wird, gilt draußen als Ideologie und umgekehrt. In einer historisch erfahrungsarmen und geistig unflexiblen Kultur sind Ideen/Ideologien zwangsläufig das Allerbeweglichste, jederzeit anzueignen oder abzustoßen. Sie lassen sich leichter austauschen als Erfahrungen. Nicht zufällig findet in Westdeutschland jede Meinung eine Gegenmeinung. Es gibt stets ebenso viele Bekenner von Ideen etwa des Veganismus oder Liberalismus wie ideologiekritische Entlarver derselben als antizivilisatorische → Ressentiment- oder → menschenfeindliche Kapitalideologien.

Institutionell gegebene Freiheit (→ freiheitliche Gesellschaft, → die offene Gesellschaft) läßt den Geist leer. Er nährt sich daher von intellektuellem Ausland, ist geradezu angewiesen darauf, wenn er nicht an Substanzmangel eingehen will. Auch ideologisch füttert → das Fremde (z. B. der Osten Deutschlands, Europas, der Welt) den Westen, und sei es nur durch seine → Unwerte, auf Meinungsmaß verkleinertes Erfahrungsmaterial. Leben als solches kann nicht falsch sein. Damit es als fremdes nähren könne, muß es zum falschen, also zur Frucht einer Idee erklärt und sodann als Ideologie entzaubert werden. Mehrheitsdeutsche Meinungsprofessionelle verfahren hierin nicht anders als die Politikfunktionäre der SED.
→ Diskurshoheit, → Ideologiekritik.

IDEOLOGIEKRITIK Kerngeschäft geistiger Westzone. Das Stammkapital der I. besteht im Vertrauen auf unerschöpfliche Vorräte ideologischen, also unkritischen Denkens, von denen sich kritische Ewigkeiten lang zehren läßt. Die Syntax der I. war und wird immer sein: „Y ist nichts anderes als X." Leidenschaftlich und literaturfähig wird I., wenn die ideologiekritisch entlarvten Xe ihrerseits als → entlarvbare Verlarvungen vorzuführen sind (braunlackiertes Rot, schwarzlackiertes Braun, rotlackiertes Schwarz, rotlackiertes Braun usw.). Der professionelle Ideologiekritiker weiß, daß die Ideologie vor der Kritik kommt; er fährt seine Siege pünktlich nach dem Sturz der Ideologien ein; er ist der König der Kadaver.
→ Aufklärung, → Freidenker, → unmittelbare Anschauung; → ISSISMUS.

Ikone ist → unverzichtbar im → Kult.

im Ansatz Papier- wie Gedönswestdeutsch für ‚von Anbeginn', aber auch ‚grundsätzlich', ‚aller Voraussicht nach'; Adjektivbildung unregelmäßig: ‚ansatzmäßig'. I. A. scheitert so manches, obwohl man nicht → davon ausgehen konnte.

im Defence-Bereich Synonym für ‚im grünen Bereich'; Halbanglizismus, zu dessen Gebrauch der Geschäfts-, Moral- und Sprachwächter Peter Ramsauer (→ location) in der *Berliner Zeitung* vom 14./15. Juni 2014 eine Ausnahmegenehmigung erteilt hat: „Wir müssen offen darüber reden, was wir uns im Defence-Bereich leisten können und was nicht." Interviewerin: „Im Defence-Bereich? Bei den Rüstungsgütern, meinen Sie." Ramsauer: „Ich bin sehr gegen Anglizismen. Aber ich benütze ungern das Wort Rüstungsgüter. Das klingt aggressiv und trifft die Sache nicht. Defence, Verteidigung, das ist es doch." Interviewerin: „Wenn Sie meinen. Also was können wir uns da leisten? Panzerlieferungen nach Oman und Katar?" Ramsauer: „Für Lieferungen dorthin liegen doch aus der Vergangenheit schon Genehmigungen vor. Da geht es nur um eine Anschlußlieferung. Wenn man einmal Ja gesagt hat, sollte man das das nächste Mal auch tun." (‚'Verantwortung übernehmen heißt nicht Abstinenz'. Peter Ramsauer, einst Minister, jetzt Vorsitzender des Wirtschaftsausschusses, über die falsche Zurückhaltung der deutschen Wirtschaft im Iran und Rüstungsexporte", im Interview mit Daniela Vates, S. 7)

(Doch) (Jetzt) Im Ernst! (mündlich oft: Jetzt mal ernsthaft!) Eine → kommunikationskulturelle Auffälligkeit zunächst von → Kulturschaffenden der esprit- und eleganzfernen Bundesländer; inzwischen auch nachgewiesen im allgemeinen → Diskurs → der Politik und → der Wirtschaft.
„Humor hat ja auch was mit Selbstbewußtsein zu tun", beschied dereinst Paul Landers (→ Rammstein) einen → alt(bundes)deutschen Interrogativjournalisten, der es immer noch nicht begriffen und in landestypischer Denk- und Erfahrungsscheu → schon mal nach den ästhetischen → Gesinnungspapieren verlangt hatte. Tatsächlich ist der BRD-notorische Mangel an → Selbstbewußtsein, durch Lautstärke und → Ich-Stärke meist nur dürftig kaschiert, hauptverantwortlich für eingangs genannte Floskeln → P. C.-konformer Rückversicherung. Dem kulturell Bessergeborenen fällt dergleichen → Ansage insbesondere bei sog. → Comedians des politischen Fachs sowie bei politintellektuell gestikulierender → Kleinkunst auf: In den Drucksachen namentlich der → BITTERMANNLINKEN quillt zwischen → Humor- und → Satireimitaten der Ernsteifer aus nahezu jeder Textritze. Das berechtigte Mißtrauen in die eigene → Ironiebegabung wie in die des Konsumentenmilieus entlädt sich periodisch in blankem Infotext-Gerede; schaurige Beispiele gaben neben Bittermann, Pohrt, Kröher und Genossen die berufssatirischen Beamtenkollektive von → Qualitätsmedien wie *ARD* und *ZDF*.
Nicht von kühnem Hybridstil im Gefolge einer verspäteten → Postmodernität also, sondern von purer Stilschwäche kündet der Ernst-Humor-Mischdiskurs; früh nachweisbar in der *taz*-Publizistik (V. Weidermann!), die heute qualitätsmedienweit wirkt. Die → permanente Interruption ob heiterer, ob hochtönender Besinnlichkeit durch ängstlich spähenden Seitenblick, ob's Publikum auch meinungskollektivisch mitgehe (denkwürdige Seitwärtsschieler: H. Karasek! H. Ledig-Rowohlt!) entspricht dem didaktischen Duktus → MEHRHEITSDEUTSCHEN Kultur- und Geistesschaffens. In den Zwangsgebührenmedien ist dies evident angesichts → angeblicher Satiresendungen, deren Belehrungsstil kaum von jenem der vorab gesandten Nachrichtenverlese abweicht.
Als bloß unüberwundene Teutonentradition treuherzig-plumpen → LEHRAMTSSPRECHS hätte man das Rückversicherungswesen allzu schonend interpretiert. Der Mangel an Selbstbewußtsein mangels Selbstreflexion, zu schweigen von Selbstironie, ist das Kälbermal einer Menschheit, die von Kindeshufen an auf umzäunter Weide grast und blökt. Das → meint: die ausschließlich zu ihresgleichen sprechen, jedoch auch ausschließlich von ihresgleichen angesprochen werden will. Dem → JOVIALSPRACHLICHEN Sich-Herabneigen des Ernstansagers („Wir verstehen uns doch?!") korreliert das Dauerbegehren milieuformierter Weidegeister,

im Verein der rechten → Meinung nicht nur zu fühlen und zu denken, sondern auch zu grinsen und zu grölen; zu den somatischen Begleiteffekten: → verdruckst und verklemmt, → Ressentiment, → Ressentimentpolitik.

im Hintergrund steht heute fast alles, zumindest aber dasjenige, was in den → Vordergrund ragt. Neben der Universalformel zur Umstandsbeschreibung hat sich für Kausalzusammenhänge der Nominativ unangemessen weit vordrängen können. Hier und da hat das Substantiv ‚Hintergrund' bereits den schlichten ‚Grund' und damit die Sprache der Analyse durch den Jargon der Mutmaßung ersetzt: „Hintergrund für die neuerlichen Attacken ist ..." „Der Hintergrund der Gesetzesänderung besteht darin ..."
→ Latenz, → Performanz.

immer mal wieder (immer mal/mal wieder) Gehört ins Diktionär der Herablassungen aus angemaßten oder angenommenen Höhen.
→ Evolution, → JOVIALSPRECH.

immer mehr „In Ostdeutschland leben immer mehr → Atheisten", teilte der auf Glaubensfragen spezialisierte Heimatautor und Weihraucher Martin Mosebach pünktlich zum 20. April (2012) in der *WELT* mit. Diese Mitteilung wirft mehr Fragen auf, als sie Antworten zuläßt: Wie kann man, gar als Atheist, „immer mehr" leben? Handelt es sich um einen Geburtenzuwachs in den → benachteiligten Gebieten? Werden dann also „immer mehr" Atheisten geboren, oder sind Atheisten nur überdurchschnittlich fruchtbar? Oder entlaufen, ganz im Gegenteil, „immer mehr" westdeutsche Kleinstädter ihren christlichen → Lebenswelten? Zum Verschwimmen von Wahrnehmungs- und Wirklichkeitsquantität weiterhin: → zunehmend mehr/weniger.

implementieren „Da ist noch viel Arbeit, zu implementieren, zu → verstetigen, zu verbessern." (Dagmar Reim, *Inforadio*-„Medienmagazin" vom 30. Dezember 2012) Eine → türkisch-stämmige Schauspielerin schlug zur vorvorletzten Bundespräsidentschaftswahl eine deutsch-stämmige Soziologin mit folgender Begründung vor: „Wir brauchen jemanden, der, von Erfahrungen von unten aus der Gesellschaft kommend, aber von oben her herangehend, diese Erfahrungen von unten auch wieder nach unten hinein implementieren kann." Da die Kandidatin besagte Wahl verlor, konnte sie auch keiner → breiteren Öffentlichkeit Sätze wie diesen servieren: „Das Jahrhundert der → Totalitarismen hat uns gezeigt, daß der → Freiheitsbedarf des Menschen unzerstörbar ist." Merke: Ist der Sprachverstand ein wenig plemplem, sondert das Sprechorgan desto mehr Implemente ab.
→ SCHWANSPRECH, → SPREIZSPRECH.

Impulsreferat Manche Referate kann kein Impuls mehr zum Leben erwecken, manche Impulse verenden bereits als Referat.

Impulsregion ist eine → nachhaltige → Lokation der → Innovation sowie → Stichwortgeber diverser Wortzusammensetzungen. Das war schon zur Regierungszeit Ottos I. (936–973) so, über dessen → Wirkungsort Magdeburg ein schwer *taz*-gezeichneter Christian Thomas in der *Frankfurter Rundschau* und der *Berliner Zeitung* folgendes zu sagen weiß: „Magdeburg machte Otto gegen Widerstände sächsischer Bischöfe zu seiner Metropole, zu einer Drehscheibe mittelalterlicher Mobilität und zu einem Brückenkopf der Slawenmissionierung. Zum → Gesamtpaket von Ottos Reformkaisertum gehörte die Investition in Institutionen, in einem Reich ohne → Strukturen war Sachsen wohl eine Impulsregion. Zum → Generationen-

vertrag Ottos gehörte ein neues Bündnisbewußtsein so unterschiedlicher Völkchen wie der Sachsen und Franken" – wer weiß nach 1100 Jahren nicht ein Liedchen zu singen von den Unterschiedchen dieser Völkchen? –, „der Schwaben, Bayern und Thüringer, nein, sicherlich kein Einheitsbewußtsein, aber doch ein Gemeinschaftsbewußtsein", nein, hier hört der Satz leider nicht auf (24./25. November 2012, „Magazin", S. 11: „Der Aktivist").
→ Bildungsoffensive, → Nationenbildung, → und ja/und nein.

im Umfeld/im Vorfeld Trotz deftigen Erdgeruchs unverkennbar Papierwestdeutsch; gehört metaphorologisch in dasjenige → Themenfeld, auf dem auch → ‚an Weihnachten' und → ‚unter der Woche' wachsen: Raummetaphern für Zeitphänomene, wie bei historisch stillgestellten Völkern gängig. „Als Bank der Berliner wissen wir natürlich, wie unterschiedlich die Menschen unserer Stadt sind. Mariendorf ist besonders durch ein familiäres und → gutbürgerliches Umfeld → geprägt. Da stehen die Absicherung der Familie und die Finanzierung des eigenen Zuhauses häufig im → Fokus." (Anzeige der Berliner Bank, in: *Berliner Zeitung* vom 26. Februar 2014, S. 10) Nicht immer liegt die Verbindung zwischen Umfeld und Grundbesitz nahe. Was ist das Vorfeld einer Diskussion, was das Umfeld einer Strategie?

im Vordergrund Verbal leicht geblähte → Orientierungshilfe; verweist fast immer auf das Geschehen → im Hintergrund.

im Zweifelsfall Tarnwort für die zweifelsfreien Ansichten des Verwenders.
→ nachhaltig, → nicht wirklich.

in Im Westdeutschen mit nachfolgender Jahreszahl. War das schon in 1980 üblich? Der Anglizismus wird inzwischen selbst von Germanistikprofessoren nicht mehr verschmäht, wovon Heribert Tommeks Synopsis *Der lange Weg in die Gegenwartsliteratur. Studien zur Geschichte des literarischen Feldes in Deutschland von 1960 bis 2000* (Berlin 2015) zeugt: Mit ihm werde „eine Langzeit-Perspektive eingenommen, die der These einer Zäsur durch das politische Ereignis der Wende und Wiedervereinigung in 1989/90 entgegensteht." (S. 39)

in Arbeit Neuwestdeutsch und bürokratielässig für das hochdeutsche ‚in Bearbeitung'; ein aus dem → ANTRAGSDEUTSCHEN inzwischen in die → Qualitätsmedien eingedrungener Möchtegern-Lakonismus. Unverkennbar die semantische Verschiebung: Wo ein Antrag nicht mehr in Bearbeitung, sondern in Arbeit ist, erfährt die Arbeit der Antragsteller eine bis dato ungekannte Würdigung, was wiederum auf den Denk- und Sprachstil der → Projekt(e)-kultur → verweist.

Inaussichtstellen auskostbarer Gefahrlosigkeit Die mediale Vorstufe eines durch Karl Heinz Bohrer → entlarvten antimilitärischen und kriegsuntauglichen Volksgeschmacks, den der Genuß von Ferrero-Konfekt begünstigte; die Details: → mon chérie.

in den Kulissen Hochdeutsch: hinter den Kulissen. In der Neuberliner Wissenschaftsszene werden besonders viele davon hin und her geschoben, z. B. Pläne zu einer Umbenennung der Stiftung Preußischer Kulturbesitz in eine Stiftung nationaler Kulturbesitz. „Geschichtsvergessener Unsinn dieser Art gärt in den Berliner Kulissen", empört sich der Bonn-Nostalgiker und promovierte Germanist Wolfgang ‚Traumschiff' Herles (*Wir sind kein Volk. Eine Polemik*, München ³2004, S. 93). Naturschäumend? Handgeschüttelt?
→ Billiarden, → Scheißland, → Traumschiff, → Weinerlichkeit.

in der Fläche → auf Verschleiß.

in der Geschichte (der Menschheit) Bei einem Bildungsbusreiseunternehmen, dessen Name aus Wirtschaftsfreundlichkeit ungenannt bleiben soll, spricht die Reisebegleiterin angesichts von architektonischem Wahrnehmungsgut wie folgt zum Publikum: „In der Geschichte war es ja so ..." Womit deutlich wird, daß ‚Geschichte' alle Zeit bis zur Abfahrt des Busses umfaßt. Die → hochmögende Hohlformel ‚i. d. G.' ist nicht zufällig beliebt bei Sibylle Lewitscharoff, Seherin in die „zurückliegende Vergangenheit" (*Vom Guten, Wahren und Schönen*, Frankfurt/M. 2012, S. 36) sowie scharfsinnige Zeitdiagnostikerin: Wir leben „in einer Welt", die „durch große Schwierigkeiten charakterisiert ist" (S. 33). Wie fast alle Westdeutschen aus dem Besinnungs- und Besinnlichkeitsbetrieb ist sie überzeugt, daß man der Toten jüngeren Datums am → eindrücklichsten gedenkt, wenn man die Toten aller Zeit davor auf die Gedenkresterampe ‚i. d. G.' kippt. Lewitscharoff lehrt in ihren Poetikvorlesungen so superlativtüchtig wie tiefenanalytisch: „Weil das Konzentrationslager eine so fundamental andere Erfahrung in die Welt setzte, weil eine neue und moderne Form des grausamen Exzesses in den Tötungslagern stattfand, die die bisher in der Geschichte der Menschheit praktizierte Grausamkeit noch überbot, ist der Mensch, der das überlebt hat, eine schwindelerregende Figur. → Mindestens so wichtig wie einer, der glaubhaft versichern kann, er sei ins Totenreich hinabgestiegen und wieder heraufgeklettert, um uns davon zu unterrichten. Zeigt uns ein ehemaliger KZ-Insasse seinen bloßen Arm mit der tätowierten Nummer, verstummen wir fürs erste." Aber nur fürs erste, denn L. macht sogleich klar, was außer ihr, ‚unüberbietbar' in ihrer Seherschaft, keiner weiß: „Weil der aus dem Lager Entkommene eine unüberbietbare Figur ist, im Besitz einer monströsen Wahrheit, an die nichts heranreicht, was wir an Schrecken erlebt haben und voraussichtlich noch an Schrecklichem erleben werden, hat sich diese Figur tief ins Gedächtnis auch der Generationen gegraben, die nach dem Zweiten Weltkrieg geboren wurden." Und die Rekordmesserin des Grauens fährt fort: „Von so überwältigender Zeugenschaft borgen sich nun andere moderne Zeugen einen Glanz, borgen sich ihren Schimmer an Bedeutung – der Geschichtszeuge etwa, der als Soldat im Krieg war, die Sekretärin, die im Führerbunker Aufträge für Adolf Hitler erledigte, der Geschichtszeuge, der die Adenauer-Ära besonders gut im Gedächtnis hat, der Geschichtszeuge, der dabei war, als Kennedy erschossen wurde, undsoweiter undsofort; ebenso der Lebenszeuge ganz allgemein, der von seiner Familie, seiner Kindheit, seiner Liebe, den jugendlichen Umtrieben, den Krankheiten, dem heranrückenden Alter erzählt. Sie alle wissen gar nicht, von wem sie ihren Glanz herleihen. Es ist ein vollständig → unbewußter Vorgang" (S. 37f.) usw., bitte weiterlesen unter → hochmögend.

in der Moderne Wortsumpfblüte aus dem Zeitgeistmoder. Jedoch: „Innerhalb einer Epoche gibt es keinen Standpunkt, eine Epoche zu betrachten." (Goethe, *Maximen und Reflexionen*, Nr. 177) Eine Elementarweisheit, die selbst in Waldorfschulen und Goethe-Instituten vergessen scheint.
→ Spätmoderne.

in der Nachbarschaft Zeichen setzen Anglizismus und Phrasendoppel → BETROFFENHEITLICHER Herkunft, → geprägt durch den → bedeutendsten akademischen Schaumschläger der 00er Jahre.
→ Gattungsbruch.

in der Sache (früher meist: von der Sache her) Möglicherweise durch Übertragung aus dem SED-Funktionärs- ins *ARD*-Redakteursdeutsch prominent geworden: „Von der Sache her/In der Sache besteht → Kónsens."

in der Summe Vermutlich ebenso wie → ‚in Summe' Lateinübersetzungsversuch und → Blähwort für das schlichte ‚insgesamt'.

indes Der übermäßige Gebrauch von ‚i.' (als Adverb wie als Konjunktion) in jüngerer → Spreizsprachproduktion erinnert den Westelbienforscher → einmal mehr an etwas, das er während der letzten 15 Jahre leicht hätte vergessen können: Es gibt nicht nur ein fortschrittsfrömmelndes, sondern auch ein restaurativ-raunendes Bildungsspießertum. Der – vielleicht schiefe – Eindruck jeweiliger Übermacht ergibt sich wohl daraus, daß ersteres → eher moralpharisäisch in den → Qualitätsmedien, letzteres → eher kunstphiliströs im Literaturhausgehege → ‚elegantes Deutsch' auftritt. Nach Abschwellen der altbundesdeutschen Bocksgesänge hat sich ein geschwollener Böckchensprech insbesondere in der → Bübchenbelletristik durchsetzen können. Ob hierfür der Einfluß des → Mosebachdeutschen und verwandter Distinktionsdialekte ausschlaggebend war, → mögen detaillierte Forschungen entscheiden; einzig der spracholfaktorische Befund ist eindeutig: Mittelklassemief.

in die Zukunft investieren Schulden machen.

Individualität Nach Meinung → mehrheitsdeutscher Sozialwissenschaftler ein natürliches Merkmal alles in den Grenzen der Alt-BRD geborenen Lebens, das demzufolge staatliche → Förderung verdiene. Auf I. als → ganzheitliche Eigenschaft des *frühkindlich* heranwachsenden Lebens hat die mehrheits-, also westdeutsche Pädagogik zu achten. Die Erziehung zur I. schließt daher auch natürliche Funktionen wie das Aufnehmen und Ausscheiden von Nahrung ein. Wie namentlich der Stuhlgang in persönlichkeitsgerechter, → individualistischer Weise erfolgen könne, hatte der Hannoveraner Verdauungs- und Verbrechensforscher Christian Pfeiffer bereits 1999 in seiner Denkschrift „Untertanengeist zählte mehr als Individualität" dargetan.
→ Töpfchenthese.

in einer Art/in der Art von Papierdeutsch und Zeilenfüller für ‚wie', beliebt bei oft intellektuell, selten rhetorisch zurückhaltenden Sekundärliteraten, besonders bei denen, die „nicht für die, sondern von der Philosophie leben" (Schopenhauer). Nach unbestätigten Hochrechnungen hält „Robert Zimmer, geb. 1953, Essayist, freier → Autor und → Publizist" (Selbstdarstellung in: *Zeno. Jahrheft für Literatur und Kritik*, Nr. 34 (2014), S. 172) den Häufigkeitsrekord; vgl. die verschiedenen Auflagen seines Philosophenportals (→ Portal).

Infantilismus, Infantilstil → Puerilstil.

in keinster Weise Im journalistischen Volksmund häufiger → Superlativissimus; zugleich → Pathosformel des einstigen *MERKUR*-Herausgebers („Der Eigensinn des Nonkonformisten. Karl Heinz Bohrer im Gespräch", *Deutschlandfunk*, 8. Januar 2012), der des Westdeutschen mächtig, aber des Deutschen entwöhnt scheint (von Bohrer werbepublizistisch genannte Wirkorte und Wohnsitze: Bielefeld, London, Paris).
→ Grosser Stil, → Halbtrocken, → Maulheldisch.

Inklusion → Qualitätsmediales Spreizwort für ‚Einschließung', ‚Beteiligung', ‚Integration'; seit ungefähr 2001 rasch expandierend in der politpublizistischen Meinungs- und Manifestsprache.

inklusiver Populismus Soziologischer Hilfsbegriff, mit dem sich das moderne Ostdeutschland als fortschrittsfreudig und dennoch demokratiegefährdend beschreiben läßt: Diese Landschaft habe bislang niemals einen → Populisten hervorgebracht, der den → tiefsitzenden Wunsch des (westdeutschen) Volkes nach einem herdenwarmen → Wir-Gefühl befriedigen konnte, einen → inklusiven Populisten mithin. Eine Warnung, die – man ahnt es – von einem professionellen Ostdeutschenbeobachter kommt. *ZEIT online* (vom 4. August 2011) hatte Heinz Bude gefragt: „Worin manifestiert sich → das Ostdeutsche in der Politik?" H. B.: „Vor allem in der geringeren Wählerbindung. → Der Ostdeutsche wechselt schnell → die Partei, wenn er das Gefühl hat, seine Interessen werden nicht vertreten. ... Es wäre unangenehm, wenn der Osten hier Vorreiter wäre." (Hingegen H. B., *Die ironische Nation*, Hamburg 1999, S. 18, zum westdeutschen Wechselwählen: „Der Wechsel selbst wird zum demokratischen Mechanismus.") *ZEIT online*: „Könnte das westdeutsche Institutionengefüge nicht ein wenig frischen Wind vertragen?" H. B.: „Ostdeutsche nehmen sich häufig als Modernisierungsavantgarde wahr: Deutschland wird amerikanischer und wir sind die Speerspitze des neuen Amerikanismus. Das stimmt auch, vor allem was populistische Tendenzen in der Politik angeht. Die letzte populistische Figur – Guttenberg – kam allerdings aus dem Westen. Das ist deshalb interessant, weil Guttenberg für einen inklusiven Populismus stand, der aus einer → Volkspartei herauskommt."

innere Einheit Tagtraum aller → MEHRHEITSDEUTSCHEN, die trotz → Bildungsferne und Sprachdefizit nicht als → Bürger zweiter Klasse betrachtet werden wollen; möglicherweise bedingt durch den herbstlichen Überschwang, in welchem die hochdeutsch Sprechenden an die Anpassungsfähigkeit → der Menschen aus den sprachlich → benachteiligten Gebieten glaubten. Besonnene Mehrheitsdeutsche haben in der anfangs unbefangenen Redelust und Auskunftsfreude, womit die Hochdeutschen des Ostens beiläufig und kostenlos Sprachlektionen gaben, eine nationale Gefahr erkennen wollen: „Der Beschenkte fühlt sich nicht respektiert und nicht ausreichend ernst genommen. Um sein Ego zu stützen, entwickelt er eine Abneigung gegen den Wohltäter. Das sind elementare psychologische Mechanismen, denen man sich kaum entziehen kann." (Thilo Sarrazin, *Deutschland schafft sich ab. Wie wir unser Land aufs Spiel setzen*, München⁶2010, S. 321)

innere Hektik → Menschen ohne Ostern.

Innovation Laut Wolf Schneider „das Modewort Nr. 1 im deutschen Wirtschaftsjargon" (*Deutsch für junge Profis*, Berlin 2010, S. 92). Auch ein eher altertümelnder Heimatschriftsteller der → vormaligen Bundesrepublik möchte nicht außerhalb der Mode stehen: Martin Mosebach nennt sich Traditionalist und → Reaktionär, doch scheint er einer von der Sorte, die mit Easyjet nach Marokko fliegt und dort in klimatisierten Scheichpalästen vom Mittelalter schwärmt. Vermutlich unter der Inspiration von 45 Grad Außentemperatur fand M. M. das Geheimnis von Ostdeutschlands Deindustrialisierung: Es sei der Protestantismus, der von Luther über Friedrich II. bis in die DDR eine lebens- und moderneuntaugliche Rasse von Ungläubigen züchtete. „Die Erfolgreichen, die mit der modernen Welt Zurechtkommenden sind heute eher die Gläubigen. In Ostdeutschland leben → immer mehr Atheisten – und man kann sich des Eindrucks nicht erwehren, dass die neuen Bundesländer nicht gerade Horte der Innovation, des Produzierens und der Vitalität sind." („Der Unglaube im Osten ist ein Erbe Preußens", in: *WELT online*, 20. April 2012)
→ Atheismus, → Heimatliteratur.

Innovationskegel Banalitäten → SPREIZSPRACHLICH zu formulieren, gehört seit je zum → Markenkern → MEHRHEITSDEUTSCHER Heimatforschung, auch ihrer öffentlich oder

→ drittmittelgeförderten Sparte. Ein herausragendes Beispiel aus jüngerer Zeit ist die kulturwissenschaftliche Suche nach → Innovationsgestaltern und → Impulsgebern ausgerechnet unter jenen → Touris, die es als → masse→affine Trunkenbolde aus ihrer → landschaftlichen → Herkunftsheimat in deutsche Städte zieht. Sogenannte Junggesellenabschiede, ursprünglich eine Erfindung anglo-amerikanischer → Verdruckstheit in eroticis (→ Eroskiller), durch westdeutsche → Weltoffenheitsstreber begierig aufgenommen, werden vom Regensburger Universitätsprofessor Gunther Hirschfelder wie folgt analysiert: „Das ist eine mittlere und untere Mittelschicht des suburbanen und ländlichen Raumes. Das ist nicht der Innovationskegel der Gesellschaft." Wissenschaftliches Neuland erschloß der Lehrstuhlinhaber für Vergleichende Kulturwissenschaft auch mit dieser Erkenntnis: Es handele sich um eine „niedrigschwellige, laienschauspielartige → Performanz". Doch „um in Regensburg oder in → Köln jemanden zu schockieren, muss man etwas anderes tun, als sich einen lila Hut aufzusetzen oder als Mann ein Röckchen zu tragen." Was in den Weltstädten des deutschen Westens heiratssaisonal stattfinde, so der Regensburger Herrentrunkhermeneutiker, sei „Inszenierung der Eigenheit der eigenen Person. Wir nennen das ‚Tendenzen einer Karnevalisierung unserer Gesellschaft'." Eine → Innovation in der → Identitätsbildung und -vergewisserung durch → Narration, für die insbesondere das Fotografieren, fachkundig ausgedrückt: die Visualisierung, eine bedeutende Rolle spielt: „Wichtig ist die Visualisierung. Ereignisse werden dann von Menschen als besonders → wertig wahrgenommen, bilden eine Vorlage für → Narrative und sind memorierwürdig." („Menschen haben das Bedürfnis, ihr Leben zu musealisieren. Ein Gespräch über Rituale", *Hamburger Abendblatt* vom 3. August 2017; vgl. auch *DIE WELT* sowie *Berliner Zeitung* vom 4. August 2017)
→ Ballermann, → feiern, → Kotzhügel.

ins Boot holen → JOVIAL- und ANBIEDERUNGSSPRECH von → qualitätsmedial alltäglich plätschernder Penetranz. Längst ist es von regierungsnahen → Verantwortungsträgern und der höheren → politischen Klasse in die Niederungen der Lokalpolitik gesickert, insbesondere der → GRÜNSPRACHLICH → rübergebrachten. Als → paradigmatisches Beispiel ein Zitat von Rudi Blom, grüner Stadtbezirksverordneter in Berlin: „Man muss → die Politik und die → Zivilgesellschaft ins Boot holen", wenn es zwischen Deutschen und Türken vorangehen solle, weil „organisierte → Freundschaft zwischen Ländern mit der Finanzierung stehe oder falle." (Kai Schlieter, „Gegen die Allmacht", in: *Berliner Zeitung* vom 12. April 2017, S. 3)

insgeheime Kandidaten Jüngeres Beispiel einer → qualitätsmedial vorangetriebenen Adjektivierungstendenz. „Sigmar Gabriel muß nicht fürchten, daß der insgeheime Gegenkandidat der jetzt von ihm nominierten Yasmin Fahimi, der schleswig-holsteinische Landesvorsitzende Ralf Stegner, einen ähnlichen Aufstand inszeniert. Dazu ist Stegner zu loyal", schrieb Jasper von Altenbockum („Quote geht vor") in der *FAZ* vom 7. Januar 2014. Wenn sich da mal nicht → lauthalse Forderungen erheben!

insgesamt Ebenso wie → ‚sozusagen' im neueren Westdeutsch (2005ff.) auch adjektivisch in Gebrauch, was → einmal mehr beim Architektenblick auf „die historisch absurde Abspaltung der Berliner jüdischen Geschichte von der insgesamten Stadtgeschichte" (Nikolaus Bernau, „Der Mythen-Architekt", in: *Berliner Zeitung* vom 12. Mai 2016, S. 23) → deutlich wurde.

insistieren (auf) Das Verb hat in → Qualitätsradio und → elegantem Deutsch längst das sinngleiche ‚bestehen (auf)' oder ‚beharren (auf)' ersetzt. Die milieuübergreifende Schnöselsprachtendenz hatte sich zunächst durch den Fortfall des nachfolgenden Substantivs bemerkbar gemacht („ich muß noch einmal insistieren"), alsdann durch den nachfolgenden

Akkusativ. Als jüngeres Beispiel ein Autor, der es aufgrund einer DDR-Korrektorenvergangenheit eigentlich besser wissen müßte: „Glenn Gould, der Strauss sehr schätzte, hat auf die ‚außerordentliche Beständigkeit seines Vokabulars' über siebzig Arbeitsjahre hinweg insistiert ..." (Michael Klonovsky, *Bitte nach Ihnen. Reaktionäres vom Tage. Acta diurna 2012–2014*, Waltrop-Leipzig 2015, S. 344) Siebzig Jahre Veränderungsresistenz oder siebzig Jahre Insistenz gemäß → DATIV-AKKUSATIV-INVERSION? Näheres: → bestehen (auf).

insofern Als Konjunktion und Adverb im besseren Alltagsdeutsch längst verabschiedet, erlebt ‚i.' seit kurzem eine Renaissance in didaktischen Dialekten wie etwa im → MEDIALDEMOKRATISCHEN, im → WÄCHTERSPRECH oder auch im → BESORGLICHEN, am meisten aber in der Sprache einer verspäteten oder reanimierten → Ideologiekritik. Die an sich unbeholfen wirkende Verwendung von ‚i.' als satzeinleitender Konjunktion entspricht optimal dem behäbigen Denk- und Sprachstil des → MEHRHEITSDEUTSCHEN → Aufklärertypus. Dieser reüssiert über Westdeutschlands Grenzen hinweg, wovon die Texte von Kathrin Röggla, österreichisches Mitglied der Darmstädter Akademie für Sprache und Dichtung, zeugen → mögen: „Ja, letztendlich realisieren sich → Fiktionen immer auf irgendwelchen Märkten. Es ist die Wahrheit des Ökonomen, die da entsteht. Sie ist insofern an Nachfrage orientiert. ... Es ist insofern gar nicht mehr die Kunst des politischen Fingierens ... Und insofern kann man heute schon spekulieren, dass die Rede über das → Postfaktische sich auch bald erledigt haben wird, denn sie bezieht sich ja noch irgendwie ex negativo auf Fakten, um die es im Zeitalter der Followers eigentlich nicht mehr gehen kann. ... → Schon alleine die Konfliktpartner und Kontrahenten waren doch nicht mehr in einer Szene unterzubringen, nicht in der einen Gerichtsverhandlung, nicht in der einen Situation im Geschäftsführungszimmer. Insofern hielt ich seine szenische Nichtaustragung für angemessen. ... Aber noch stochere ich im Trüben und weiß, ich muss durch diesen Haufen an Komplexität durch, will ich etwas über diese Welt sagen." („Zwischengeschichten. Im Zeitalter von Populismus, Postfaktischem und Politikberatung", *Deutschlandfunk*, 5. März 2017)
→ irgendwie, → Konstrukt, → Narrativ.

insuinieren Sinnidentisch mit dem hochdeutschen ‚insinuieren'; innerhalb der letzten Dekade in → der Wirtschaft, vor allem in der → Werbewirtschaft, hin und wieder auch im → Qualitätsradio nachweisbare Sonderbildung (→ *Deutschlandfunk*, „Presseschau", 19. Juni 2018).

in Summe ‚Als Ergebnis', ‚letztlich', ‚unterm Strich', den die unter Muttersprach- oder Übersetzungsschwäche leidenden Liebhaber des lateinischen ‚in summa' aber nicht zu ziehen wagen.

Integration wird vom → dunkeldeutschen nicht weniger als vom → gutbürgerlich-grünsprechenden → Volkswillen diversen Orientalen, keineswegs aber westlichen → Touris abgefordert. In jedem Fall erlaubt der vielsinnige Ausdruck seinem Benutzer, sich der Frage nach seinem eigenen I.sstatus enthoben zu fühlen. Wenn in der → MEHRHEITSDEUTSCHEN Presse also immer wieder gefordert wird, diese oder jene Völker zu integrieren oder ‚Integrationsangebote zu leisten', dann wäre zu fragen: Wie soll das gelingen, da doch auch nach mehr als einem Vierteljahrhundert die Integration der Westdeutschen ins neue Deutschland nicht gelang?
Zu den Einheits- und Mauerfalljubiläen 2010 und 2014 übermittelten *DER SPIEGEL*, die *Wirtschaftswoche* und die über alle Zweifel erhabene *Bild*-Zeitung detaillierte Umfrageergebnisse, u. a. die des Instituts für Marktforschung. Danach hatten drei Viertel der Ost-

deutschen, aber nicht einmal die Hälfte der Westdeutschen an der → Wiedervereinigung nichts zu nörgeln (*SPIEGEL online* vom 31. August 2010). Laut *Bild* vom 28. September 2010 hielten sogar 68 % der Ostdeutschen den „Aufbau Ost" für gelungen, auch wenn nur 53 % dadurch ihr Lebensniveau verbessert fänden. 13 % sahen sich ge- oder enttäuscht. Bei der Interpretation der westdeutschen Unzufriedenheitsmajorität ist zu berücksichtigen, daß diese sich gerade nicht aus den Beitrittsbeschädigten des Westens rekrutierte. Mit anderen Worten: Östliche Unzufriedenheit (besagte 13 %) ist erfahrungs-, westliche meinungsbasiert. Die östliche Zufriedenheit überstieg die materiellen (‚objektiven') Gründe zur Zufriedenheit um ein Beträchtliches, möglicherweise aufgrund der östlichen → Unwerte nicht-meßbaren Typs (Familie, Freundschaften, Freude- und Genußfähigkeit usw.; nähere Auskunft geben die → Ostdeutschenbeobachter Heinz Bude und Jakob Augstein).
Die Schwierigkeiten der → alt(bundes)deutschen Neubürgerlichkeit mit Beitritts- und anderen Fakten lassen sich bis auf die metaphysische Etage des → Jammerwessitums verfolgen. Peter Sloterdijk gibt die Umfrageergebnisse von 2010 wie folgt wieder: „20 Jahre deutsche Einheit. Sechs Jahre Zuwachs bei der durchschnittlichen Lebenserwartung in den neuen Bundesländern, 1600 Milliarden Euro Transfergelder, 75 Prozent Enttäuschung." (*Zeilen und Tage. Notizen 2008–2011*, Frankfurt/M. 2014, S. 487) Wenn man auf Sloterdijk-Lektüren nicht → spätestens angesichts dieser wahrhaft spekulativen Alternativfaktologie verzichten will, dann vielleicht, weil man bereits 30 Jahre zuvor auf einen analogen Umgang mit – damals noch mythischen – Tatsachen stoßen konnte: „Nicht selten ist es für das reine Überlebensinteresse erforderlich, Niemand sein zu können. Die Odyssee weiß dies an ihrer grandiosesten, scherzhaftesten Stelle. Odysseus, der geistesgegenwärtige griechische Held, ruft im entscheidenden Augenblick seiner Irrfahrt nach der Flucht aus der Höhle des geblendeten Zyklopen diesem zu: Niemand war es, der dich geblendet hat! So lassen sich Einäugigkeit und Identität überwinden. Mit diesem Ruf erreicht Odysseus, der Meister kluger Selbsterhaltung, den Gipfel der Geistesgegenwart. Er verläßt die Sphäre der primitiven moralischen Kausalitäten, das Netz der Rache. Von da an ist er vor dem ‚Neid der Götter' sicher. Die Götter lachen den Zyklopen aus, wenn er von ihnen fordert, Rache zu nehmen. An wem? An Niemand." (*Kritik der zynischen Vernunft*, Frankfurt/M. 1983, Bd. 1, S. 157f.) Wen es nach den mythischen Fakten und nach einem homerischen Gelächter verlangt, der lese nach in der *Odyssee*, IX. Gesang, Verse 366 und 505ff.

Intellektuelle nannten westdeutsche Intellektuelle etwa von 1975 bis 2015 andere westdeutsche Intellektuelle, wenn diese sich an mehrheitsdeutschen Hochschulen oder in mehrheitsdeutschen → Qualitätszeitungen das Gehör verschaffen konnten, das sie selbst nicht fanden. Als Superlativ solcher als Verachtung kostümierten Verbitterung konnte sich ‚die Intellektuellen' durchsetzen. Beispiel aus den 2000er Jahren: „Die Intellektuellen ... sollten nicht vergessen, dass sich gegen die Nation, der Europa die Befreiung von Feudalismus und Kommunismus verdankt und die, trotz allem, das bislang beste Beispiel für die Möglichkeit der Demokratie gegeben hat, weltpolitisch gar nichts erreichen lässt." (Volker Gerhardt, *Exemplarisches Denken*, München 2009, S. 173; zu Motiven dieser verblüffenden Geschichtsdeutung: → Dumpfbacke)
Eine Sinn- und Wertverschiebung betreffs ‚I.r' machte sich → spätestens in den Nachrufen auf Frank Schirrmacher bemerkbar, der emsig die Anhebung des *FAZ*-Stils auf *Bild*-Niveau betrieben hatte (→ perfektionieren). Sein Kollege und Nachfolger Edo Reents nannte F. S. einen „einzigartigen Publizisten", der „wie kein anderer" oder „wie kein zweiter" das deutsche Geistesleben bestimmt habe („Ein sehr großer Geist", in: *FAZ* vom 13. Juni 2014), vermied es aber, den Verstorbenen einen Intellektuellen zu nennen. Wer dies tat, wie etwa Torsten Kraul („Es wird stiller werden. Deuter der vielen Vergangenheiten, Denker mög-

licher → Zukunften ...") und Jan Feddersen („Der Eigensinnige") von den Publikumsblättern *WELT* und *taz* (beide 13. Juni 2014), hatte damit zumindest bewiesen, daß er selbst kein I. sein kann. Für Feddersen war F. S. freilich „ein Intellektueller in einem Sinne, wie er kursorisch-gründlicher nicht zu denken ist".

intellektuelle Kreise Seit dem → Beitritt hat sich der → Leserbrief als Leitmedium des westdeutschen → Provinzialismus auch in vormals hochdeutschsprachigen Zeitungen etablieren können. Ermöglicht er es doch, auf engstem Raum ein Maximum von geistiger Enge zu plazieren – und dies oft mit solcher Prägnanz und → Performanz, daß sich bereits den ersten Zeilen die Herkunft des Absenders ablesen läßt. Das gilt auch und besonders für die Leserbriefe aus i.n K.n, die längst kein Loriot-Begriff mehr sind, sondern das mehrheitsdemokratische Pendant zu den → breiten Kreisen. Für den Abriß sämtlicher Springbrunnen südlich des → Alex und die Errichtung eines mittelalterlichen Disneylandes daselbst argumentiert beispielsweise Michael Neiß, Leserbriefschreiber aus Berlin-Reinickendorf mit Erst- oder Zweitwohnsitz in – Achtung, Weltläufigkeit! – Uppsala: „Die originalnahe Rekonstruktion des Berliner Marienviertels im Brachland zwischen Rathaus und Fernsehturm wäre ein wichtiges Zeichen für → unser demokratisches Deutschland. Das Beispiel → Frankfurt zeigt, wie ein historisch orientierter Wiederaufbau eine ganze Stadt aus der → Negativspirale ziehen kann. Genau das Gleiche bräuchte Berlin! Der Irrglaube → der Moderne, wonach sich ‚gute' Architektur immer nur ‚vorwärts' entwickeln darf, gilt in intellektuellen Kreisen bereits seit den 1980er-Jahren als widerlegt. Doch trotz aller Jahre als Hauptstadt eines neuen Deutschlands ist das geistige Klima in Berlin provinziell geblieben!"
→ Brache.

Intension In der formalen Logik alles, was nicht extensional ist; im → Qualitätsradio hingegen gängiges → Publizistenwestdeutsch für ‚Intention'. Hochdeutsche Interlinearübersetzung: „X hatte den Inhalt (zu verreisen, zu bewahren, zu erklären usw.)."

intensiv ist in Westelbien seit ca. 30 Jahren fast alles, seit dem politischen Erstarken der → Primitivbürger aber auch das Gedanken- und Gefühlsleben von → Ausnahmeschauspieler Ulrich Matthes. So hat „sich [s]ein Gefühl, als Bürger dieses Landes eine Verantwortung für den Zustand dieses Landes zu haben, deutlich intensiviert." Ein Gefühl, das zum → Engagement drängt: „Ich überlege hin und her, wie ich diesem Gefühl der Verantwortung auch Ausdruck verleihen könnte. Ich überlege sogar, in eine Partei einzutreten." Immerhin würden → gutbürgerliche Bürger inzwischen AfD wählen, habe der Brexit Britannien aus Europa gestoßen, sei der „europäische Gedanke" gefährdet. Vor allem das britische Votum habe sein Gefühlsleben, wie Matthes in beherzter Offenlegung desselben verlautbart, „echt getroffen". Was → meint das für seine → Verortung als Zeitgenosse? Verschiedenes! „Ich merke jedenfalls an mir, dass ich Politik im Moment → extrem intensiv wahrnehme, deutlich intensiver als sonst. Und kürzlich – nach Nizza und all den anderen Anschlägen, nach dem Putschversuch in der Türkei und dem Brexit-Votum – dachte ich: Jetzt ist aber mal gut." (Matthesgequatsche zit. nach: Markus Decker, „Wider das Politikverdrossenheitsgequatsche. Der Schauspieler Ulrich Matthes ärgert sich über pauschale Politikerschelte und sieht die Demokratien Europas vor allem durch rechte Bewegungen gefährdet", in: *Berliner Zeitung* vom 11. August 2016, S. 26)
→ gefühlsintensiv, → preisintensiv, → wissensintensiv.

Intentionalität Terminus technicus der Psychologie und der philosophischen Gegenstandstheorie (A. Meinong, F. Brentano), später der Husserlschen Phänomenologie; im essayisti-

schen wie szientistischen → Spreizsprech heute gleichbedeutend mit ‚Intention'.
→ Intension, → Konstrukt, → Narration, → Zeitlichkeiten.

Interdependenz ist mittlerweile auf jeder Tagung zu sichten. Der zwischen den Tagungen mit dem Wort ‚I.' zwischen den Zähnen Herumreisende heißt folgerichtig Interdependent, Kurzform: Interdepp.
→ Schwansprech, → Diskrepanzen.

interdisziplinär Aus dem akademischen → Antragsdeutsch; → (fach)übergreifend. Zwischen den Disziplinen ist die Disziplinlosigkeit – oder das Nichts. In letzterem tummeln sich die Antragsteller bislang nicht erfundener Wissenschaften. Interdisziplinäre Wissenschaftler hat aber noch kein Mensch gesehen, höchstens Wissenschaftler, die über oder unter aller Disziplin stehen, die Funktionäre oder die Scharlatane.

interkulturell Substitut für und Synthese aus ‚international' und ‚transkulturell'. Häufig gesichtet im Maulwerk stadtteilerforschender → Studierender der Soziologie (volkstümlich: Intertransen). Typischer Fall von → bildungsschichtübergreifendem → Jovialsprech.

Internationalismus Dem I. des Kapitals müsse, so lautet die Hoffnung aller → ganzheitlich → Freiheitlichen, ein I. der sozialen → Emanzipation durch → Förder- und → Projektkunst entsprechen; Näheres: → Urszene.

Intervention Sie ist stets → humanitär und wird vor allem von westdeutschen Schriftstellerinnen gefordert, die über das linksbürgerliche Aufmucken und Angrunzen gegen's → Schweinesystem hinaus sind: „Thea Dorn", Alice Schwarzer, Juli Zeh. Zu schweigen von Karl Heinz → Ernstfall Bohrer. Ob nach humanitären I.en jedoch im → Grünsprech oder im → Maulheldischen gerufen wird, sie beglaubigen sich allein durch Menschenopfer.

interventionieren Nach dem → humanitären → Flugkörpereinsatz der US-Luftwaffe auf Syrien im April 2017 hin und wieder im → Qualitätsradio vernehmbare Analogiebildung zu → ‚protektionieren'.

-intoleranzen Zweierlei zeichnet den westdeutschen → Weltoffenheitsspießer vor den Kulturkleinbürgern anderer Nationen aus: 1. sein Glaube an die eigene moralische Harmlosigkeit, zumeist Toleranz genannt; 2. sein Eifer im → Aufzeigen und Vorzeigen möglichst seltener Intoleranzen. Letztere haben in → gutbürgerlichen Kreisen → zwischenzeitlich überkommene Formen der → Identitätsstiftung beinahe vollständig ersetzt. Nur eine Minderheit westelbischer Kulturkleinbürger nutzt heute noch *Hobbys* (Modelleisenbahnbau, Kirchentagsbesuch, Donaldismus) als Medien von Charakterbildung oder -ersatz.
Toleranzglaube und Intoleranzgeifer entspringen derselben Quelle, nämlich einer von Natur trüben → Selbstbestimmung als Objekt. Nur wird im ersteren Fall ein soziales, im → zweiteren Fall ein physisches Passivum zur Knetmasse einer aufdringlich selbst→zugewandten Subjektivität. Die → Kultur der Intoleranzen mag allgemein dem Mittelklassestreben entsprechen, durch grell ausgestellte → Anfälligkeit → eine Art von aristokratischer → Verletzlichkeit, vielleicht sogar eine Analogie zum adelstypischen Blutertum u. ä. Ausweise seelisch-sozialen Inzests → rüberzubringen. Seltsamerweise leiden jedoch gerade die traditionell als somatisch robust geltenden deutschen Stämme an I., etwa die massenhaft in Berlin eingefallenen Schwaben, Franken und Rheinländer. Berücksichtigt man den groben Bewegungsstil, vor allem aber die erhöhte Lautstärke, mit welcher derartige → Migrantisch-Stämmige

in Cafés, Restaurants oder auf Stehpartys von ihren I. künden, dann darf man von einem klassisch westdeutschen → Opferdiskurs → ausgehen: Das fragile → Selbstbewußtsein drängt sich aggressiv als Schonfall auf, das landestypische → Anspruchsdenken kommt als laktose- oder glutenbefeuerte → Weinerlichkeit → daher. In den majoritätsdeutschen Intoleranzen bekundet sich → einmal mehr die → Singularität einer → Provinz, deren moralische Pausbäckigkeit mit somatischer → Verletzbarkeit einhergeht.

intrikat Das Wort erfreut sich in → SCHNÖSEL-, → WICHTIG- und → FROMMSPRECH (Lewitscharoff: intrikate Art, intrikate Weise, intrikate Kunst, intrikate Gedanken, intrikate Geschenke, intrikate Verweise, intrikates Germanistenquartett) anhaltender Beliebtheit, u. a. wohl deshalb, weil Attribut und Gegenstand dadurch gleichermaßen intrikat bleiben. Wer sein Abitur im Westen gemacht hat, schlage die Wortbedeutung im *Großen Fremdwörterbuch* nach!
→ hochmögend.

in trockene Tücher bringen/die Kuh vom Eis holen Verbales Kompetenz-, Besorgtheits- und zugleich Volkstümlichkeitsgekrampfe; aus der publizistischen → Unterschicht mittlerweile in den Jargon der → politischen Klasse vorgedrungen. Zugleich ein Versuch in → JOVIALSPRACHLICHER Gebrauchslyrik, der → im Ansatz steckenbleibt.

Investitionsbedarfe → erste Priorität; zur Pluralbildung im neueren Westdeutsch: → Zukunften.

in Wahrheit Klingt vornehm englisch und ist auch so gemeint. Beispielsweise wuchs in Neuenbrook bei Itzehoe dank Schüleraustausch mit England, politischer Bildung sowie Schulung in → kultureller Kompetenz ein Geschlecht besonders feinfühliger Raucher heran. Sie sahen sich 2008 durch das Nichtrauchergesetz in ihren Bürgerrechten bedroht. Die im Örtchen ansässige „Event-Agentur BMP" → kreierte daraufhin ein T-Shirt mit gelbem Davidstern und dem Aufdruck „Raucher". Ein Gericht in Itzehoe fand nichts daran auszusetzen, der Zentralrat der Juden einiges. Unternehmenschef Dennis Kramer bot Besseres als eine Entschuldigung: Er habe „in Wahrheit kein Shirt verkauft".
Solche und ähnliche Bizarrerien des westdeutschen → Antisemitismus können → gewachsenen Strukturen unterschiedlichen Alters zugeordnet werden. Neben dem → rheinisch-katholischen und süddeutschen Geschmack an einer christlichen Monokultur sind als historisch jüngere Ursachen der → SELBSTVERORDNETE PHILOSEMITISMUS und die durch ihn freigesetzte → Verdrucksheit antijüdischer → Ressentiments notorisch. Das Verhältnis beider Ursachenkomplexe, insbesondere in der → Mitte der Gesellschaft, wäre noch zu klären; an tauglichen Instituten der Westdeutschenerforschung fehlt es jedoch.
→ Fremdenfeind, → Gattungsbruch, → Jude/n, → Auschwitz ist nun mal passiert.

irgendwie Insbesondere in den Idiomen des → Salonkatholizismus sowie der Feuilletonspiritualität gern gebrauchtes Adverb („bin irgendwie immer noch religiös", „muß irgendwie was Höheres annehmen", „kann von Gott irgendwie nicht lassen", „bleibe immer irgendwie katholisch", „fühl mich irgendwie doch als Kirche", → qualitätsmedialer Querschnitt 2002–2017). Mit seiner Hilfe künden Schaureligiöse von ihrem Willen, auch nach längstverflossenen Chorkinderjahren und Ministrantenabenteuern, nunmehr → angekommen in Religionsredaktionen von Mehrheitsmedien, gewisse moralisch-ästhetische Herrschaftsansprüche zu erheben, diese zugleich aber auf juristisch grund- und bodenlose Weise durch Konfessionslose (→ Atheisten) finanzieren zu lassen.

Kurz: Der religiöse Eifer reicht zwar bestenfalls noch für einen weihnachtlichen Kirchgang, dafür aber jederzeit für → DÜNKELDEUTSCHES Naserümpfen über ostdeutsche → Atheisten und anderweitig → Gottverlassene. Somit steht das Irgendwiesagen in engem verbalen und sachlichen → Zusammenhang mit dem → Werte-Dialekt, sind doch beides Artikulationsformen geistig-moralischen → Besitzbürgertums, d. h. defizitären, weil habseligen → Selbstbewußtseins. Ebenso nämlich, wie man irgendwie noch Glauben hat, hat man auch irgendwie Werte oder sollte sie haben oder sollte zumindest sagen, daß man sie irgendwie haben sollte. Nach groben Schätzungen hält im Vergleich der Religionsredakteure von → *Deutschlandfunk, Süddeutscher Zeitung, Frankfurter Allgemeiner Zeitung, Frankfurter Rundschau, WELT* und *ZEIT* der *SZ*-Fromme Matthias Drobinski den Rekord im Irgendwiesagen, dicht gefolgt vom *WELT*-Mann und → Mosebachdeutschen Lucas Wiegelmann und vom *FR*-Ostdeutschendeuter Markus Decker (→ Evolution). Drobinskis Glaubensgestikulation darf als → paradigmatisch für Mehrheitsdeutschlands Leitmedien gelten. In ihr verschmelzen moralische und metaphysische Attitüden, die lange Zeit einander abgünstigen Meinungsmilieus zugeordnet wurden, namentlich schwarzen und grünen. Eine sprachliche Übergangszone entstand zunächst zwischen → FROMMSPRECH und → BETROFFENHEITLICHEM, worin sich heute Glaubensdarsteller aller Konfessionen ökumenisch verstehen. Für Leichtkatholiken und Schwerstbetroffene von Drobinskis Schlage ist Konfessionsbindung ohnehin längst eine Marke der ‚Individualität' und ‚Freigeistigkeit' immer schon Kirchen- und Westdeutschensache gewesen (vgl. „Abgründe gibt es nur bei den anderen", in: *Süddeutsche Zeitung* vom 16. August 2017; „→ Das Abendland wird christlich bleiben", ebd., 18. August 2016). Ministrantenjahre, K-Gruppen- oder AKW-Gegnerzeit, schließlich → ANTIORIENTALISCHES und heftig → ANTIANTIAMERIKANISCHES Meinungsmehrheitsgebaren sind die Lebensstadien des glaubensnostalgischen → MEHRHEITSDEUTSCHEN. Sie negieren einander nicht, sondern verhelfen ihrem Absolventen zu einer moralischen Selbstzufriedenheitsentzündung, an der ‚progressiv' und ‚spirituell' die → buntesten, in trauter Eintracht blühenden Ekzeme heißen.
→ Bürgerlichkeit, → Versorgungsmentalität.

Ironie gilt in der westdeutschen Mehrheitsgesellschaft → durchwegs als auktorial beherrschbar; sie wird zumeist mit → ‚Humor' und also mit geistiger Biederkeit verwechselt. In der dadurch erleichterten, beliebten Selbstzuschreibung von Ironie bezeugt sich einer der in Westdeutschland weiterhin begangenen → Sonderwege. Europäische Intellektuelle wie Romain Rolland haben frühzeitig auf die Ironielosigkeit des deutschen Humors aufmerksam gemacht. Dessen traditionelle Tapsigkeit ist heute allerdings, insbesondere in der mehrheitsdeutschen, völkerkundlich arbeitenden → Satire, durch Gesinnungseifer und -niedrigkeit verwischt oder verdeckt.
Mit der → Wiedervereinigung schien die Lage des westdeutschen Humors zunächst → ungleich schwieriger geworden als im sozialdemokratischen → Konsensgelächter der → alt(bundes)deutschen Vorzeit. Ein Reststolz der → Meinungseliten schloß es aus, die zeitgemäßen Genres westdeutschen Mehrheitsgegröles (→ Comedy) als überlegene Ironisierung inferiorer Politik zu mißdeuten und direkt zu übernehmen. Dennoch ist das Treiben der → Comédiennes und → Comedians rasch auch für den westdeutschen → Elitenhumor vorbildlich geworden: direkter Ausdruck des Gemeinten unter der Camouflage unsicherer Sprache, minderwüchsigen Stils und überhaupt anrüchiger → Selbstpräsentation. Das solcherart risikobefreite Lachen der Mehrheit über Minderheiten, nach → MEHRHEITSDEUTSCHEM → Selbstverständnis: ein Lachen von oben nach unten, ist freilich mit der Ironietradition → des Abendlandes unvereinbar. Diese lehrt, Entdeckungen von Lächerlichkeit unter dem prätendierten Ernst konventioneller Rede vorzutragen, sieht mithin geistige Überlegenheit

bei eingestandener Machtlosigkeit als ironischen Standard vor. Genau umgekehrt muß, aus reflexionsresistentem → Wir- und Mehrheitsgefühl heraus, der westdeutsche, als I. sich mißdeutende Humor verfahren: Im Schutze der komischen Form schickt er ungestriegelten Überzeugungsernst und Meinungseifer ins Rennen. Daher der inhaltlich kaum variierte, künstlerisch-formal dagegen → verdruckste und verklemmte Habitus des westdeutschen Mehrheitslachens. Was der Mehrheitsdeutsche im Schutze seiner Mehrheit zu sagen, jedoch nicht zu → vertreten wagt, das sichert er beispielsweise so ab: „Schöne satirische Spitzenqualitätstexte, in denen auf unerhört abfällige, ja sogar zynische, wenn nicht sogar menschenverachtende Weise über die Zone und ihre Bewohner, die Zonis, hergezogen wird." (aus dem Rücktiteltext von Klaus Bittermann (Hrsg.), *Unter Zonis*, 2009)

Zynismus als „Ehrlichkeit gemeiner Seelen" (F. Nietzsche) bleibt die Vulgärform und zugleich die Geistlosvariante der Selbstironie. Letztere ist im Westdeutschen oft nur doppelt genähte Pseudo-Ironie. So scheint mit dem kulturbetrieblich, kleinverlegerisch, kleinliterarisch u. ä. → kleinkünstlerisch tätigen Westdeutschland die behäbige Ironie eines Thomas Mann – Meinungsschutz durch Rollenprosa – an ihr stumpfes Ende gekommen. Die selbstreflexive Ernstzersetzung – Privileg aller starken und an ihrer Stärke verzweifelnden Geister – bleibt anderen Kulturgruppen überlassen, denn der Mehrheitslacher könnte die Ironie etwa eines Franz Kafka weder begreifen noch gebrauchen. Oder die eines Robert Musil: „Ironie ist: einen Klerikalen so darstellen, daß neben ihm auch ein Bolschewik getroffen ist. Einen Trottel so darstellen, daß der Autor plötzlich fühlt: das bin ja zum Teil ich selbst. Diese Art Ironie – die konstruktive Ironie – ist im heutigen Deutschland ziemlich unbekannt. Es ist der Zusammenhang der Dinge, aus dem sie nackt hervorgeht. Man hält Ironie für Spott und Bespötteln." (*Tagebücher, Aphorismen, Essays und Reden*, hrsg. von Adolf Frisé, Hamburg 1955, S. 1645)

→ die Sprache der Seele.

Islamkritik, islamkritisch Zumeist gemeint: Islamismuskritik, islamismuskritisch. ‚I.' und ‚i.' waren bis vor kurzem Schlagworte aus dem unkritischen und → falschen Bewußtsein des → gutbürgerlichen Ideenkriegers, der sich vor fremden Menschen nicht offen zu ängstigen wagt und deshalb „im kritischen Tank" (P. Feyerabend) gegen ihren Glauben auffährt. Ein Glaube wiederum bedeutet ihm keine Lebenspraxis, sondern eine → Meinung, → Gesinnung, → Ideologie, kurz: all das, womit der Ideenkrieger selbst im Übermaß gesegnet ist. Islamkritik begreift sich selbst als → IDEOLOGIEKRITIK, transformiert hierfür Lebensrealitäten in Ideengespinste, die dann von → wertegepanzerten Ideologiekritikern zu zerfetzen sind.

→ ANTIORIENTALISMUS, → Aufklärung, → Gratis-Mut, → MAULHELDISCH, → Türken raus!

ISSISMUS Neigung zum ‚-ismus'-Sagen; eine Denk- und Sprachkondition westelbischen Daseins, die im alltäglichen wie im gehobenen → Diskurs die Verdrehtheit westelbischen Bewußtseins (→ falsches Bewußtsein) widerspiegelt. Letzteres, auch als → ‚Ideologie' vertrautes Phänomen bezeugt eine Verkehrung der → Prioritäten von konkretem und abstraktem Weltzugang, von Erfahrung und Reflexion, Konsum und Kritik: In westdeutschem Dasein, Denken, Sprechen ist die → Meinung normalerweise der Wahrnehmung, das Allgemeine dem Einzelnen vorgeschaltet; Wissen soll Gefühl bezähmen, handfeste Angst in verallgemeinernder Rede zerfließen. Wohl jedem Ostelbier ist diese westdeutsche Angst vorm Kontingenten, Unvorhersehbaren, Konkreten, → ‚Singulären' persönlicher Begegnung geläufig. Etwa aus der → kommunikationseinleitenden Anfrage: → „Sind Sie aus dem Osten oder aus dem Westen?" Oder eben aus dem so leichtfertigen wie → massiven Gebrauch der auf ‚-ismus' endenden Hauptwörter und Großbegriffe. Die Dauerdiarrhöe des Ismischen strömt im Offiziellen wie im Privaten, die im Westen ja ohnehin nur als → Daseins-, nicht als Darstellungsbereiche geschieden sind; das schwache → Selbstbewußtsein, die → Unterwürfigkeit gegenüber dem je → Angesagten verpanzert sich im I. gegen alle Zumutungen konkreter Empirie.

Ismen-Sager, -Forscher und -Witterer, ob haupt- oder nebenberuflich als solche tätig, betrachten die soziale → Realität als Überwältigungs- oder Diskriminierungs-, gern auch gut → ADORNITISCH als Verblendungszusammenhang oder gar als Gewirr solcher Verblendungen. Kurz, sie ertragen Sozialrealität nur als Ideologiegespinst (→ ‚Konstrukt', → ‚Mauer in den Köpfen'). Letzteres sichert ihnen den ideologiekritischen Auftritt (→ LEHRAMTSSPRECH). Die ismische Durchdrungenheit der Gesellschaft ist ein mentales → Strukturphänomen Westdeutschlands, unterliegt also inhaltlichem Wandel. Was alten westdeutschen Männern einst der → Kommunismus oder → Totalitarismus, ist weißen westdeutschen Mädchen heute der → Rassismus oder → Nazismus: ein Anlaß gleichermaßen zur → Abgrenzung und zur → Aufklärung.

Ist der → exorbitante I. Westdeutschlands historisch → singulär? Sozialgeschichtlich zeugt er unverkennbar von betreuungsstaatlich und moraldiskursiv überbautem → Kapitalismus, von sanften Zwängen, die zu rigider Selbstkontrolle mutierten (→ BETREULICHES), nationalgeschichtlich von verspätetem → Achtundsechzigertum (→ INFANTILSTIL): Da die Umgestaltung → ‚der Politik' nach privaten Wünschen mißlang, wurden diese ihrerseits durch politideologischen Allgemeinsprech formatiert, sakralisiert, immunisiert. Wie kann eine Ehe scheitern, wo Mann und Männin sich gegen Sexismus erklärten?

→ antidiskriminierende Sprachhandlungen, → Totalitarismuskritik, → WÄCHTERSPRECH.

J

ja 1. Wortwürfel in der mündlichen Sprachdiarrhöe. „Vielleicht ist es ja wirklich so. Es ist ja dann gar nicht notwendig, überall diese Füllwörter unserer so reichen, ja so reichhaltigen Sprache" usw. (→ ebendt, → eh, → halt) 2. Jovialitätsgeste im geschriebenen Westdeutsch. In der „Literaturkolumne" der *Deutschen Zeitschrift für europäisches Denken* vom März 2013 fragt Büchner-, Buchpreis-oder-was-auch-immer-Preisträger David Wagner: „Was aber kann ich über Bücher sagen, deren Autoren ich gut kenne, mit denen ich ja vielleicht sogar befreundet bin?" Unverzügliche Antwort: „Viele Autoren reden gern und viel. Andere sind beinah' stumm." Ungeahnte Pointe: „Trotzdem bin ich noch immer gern mit einigen Autoren gut befreundet, ja, habe sogar, getrennt-gemeinsam, mit einer Schriftstellerin, ein Kind schon ziemlich groß gezogen." (Man kann noch so gernegut mit der neuen Rechtschreibung befreundet sein, doch zuweilen fühlt man sich von der darin verordneten Getrenntschreibung geradezu groß oder auf gezogen!) „Und könnte eigentlich sagen: Ja, schön ist es, mit Schriftstellern befreundet zu sein. Ja, es wäre tatsächlich schön, wenn sie bloß nicht diese Bücher schrieben, die ich am Ende lesen muß. Irgendeine Anerkennung will ja jeder" usw. usf. („Sich entfesseln", in: *MERKUR* 67, S. 239–245, hier: S. 240f.)

Ja? Begrüßungsformel im → JOVIALSPRECH von Behörden, Bibliotheken, Banken und anderen Instituten, in denen man sich einen klaren Blick für die Würstchenhaftigkeit des → Individuums bewahrt hat, → zumal des eintretenden und gewiß sogleich bittstellenden (als archetypische Ost-West-Situation sei die Bankbesuchsszene in Doris Dörries Filmstudie *Die Friseuse* genannt). Als performatives Äquivalent für ‚Guten Tag' dargeboten, zeugt das westdeutsche Begrüßungsja, mehr noch als das silbenidentische → Na? und das artverwandte → Hallo?, von einer buchenswerten Tiefe des Zivilisationsniveaus. Die Tradition, Eintretende nicht zuallererst als Kunden, Bürger, Menschen o. ä. wahrzunehmen, sondern als Untertanen, findet sich sonderbarerweise häufig bei Mehrheitsdeutschen aus jenen → rheinisch-katholischen Gebieten, die erst spät an Preußen fielen. Ob da ein → Zusammenhang besteht?

Ja, ... Lyrisches Element in diverser Theorieprosa; in Texten der → verletzenden Verletzlichkeit, vor allem aber der → zerbrechlichen Zerbrochenheit beliebtes Signalelement → JOVIALSPRACHLICHER Herkunft, mit welchem Ungerührtheit gegenüber den eigenen Gefühlsstürmen und Gedankengewittern demonstriert wird. In altwestdeutschen Varianten → extrem didaktischen Sprechens und Schreibens nur gelegentlich, in neuwestdeutschen Texten insbesondere des → BETROFFENHEITLICHEN und des → MEDIALDEMOKRATISCHEN → massiv verwendetes Stilmittel, das auch über die westdeutsche Sprachgrenze hinweg Freunde und Freundinnen gefunden hat. Nachfolgend Zitate aus dem schriftlich beim → Kölner Heimatsender → *Deutschlandfunk* vorab eingereichten Vortrag, mit welchem die österreichische Essayistin Kathrin Röggla den Kölner Kongreß „Erzählen in den Medien" eröffnete: „Ja, die gute alte → Fiktion [Prädikat fehlt], die für mich gar keine gute alte Fiktion ist, weil sie mir immer verdächtig war, weil sie ein [sic!] zu leicht verfügbarer [sic!] Möglichkeitsraum in einer unmöglich gewordenen Gesellschaft darstellt. ... Ja, letztendlich realisieren sich Fiktionen immer auf irgendwelchen Märkten. Es ist die Wahrheit des Ökonomen, die da entsteht. Sie ist → insofern an Nachfrage orientiert. ... Vielleicht gehört → ja auch selbst die Rede von der → postfaktischen Gesellschaft dazu, mit der man sich heute andauernd beschäftigen muss. ... Ja, möglicherweise gilt es gerade heute, eine Zwischengeschichte zu entwerfen, eine Maulwurfsgeschichte, die mehrere Ausgänge hat, die vielleicht mehr Fiction ist als Story. ... Ja, es ist gar nicht mehr so einfach mit dem Verhältnis von Fiktion und Realem, etwas ist da in Bewegung gekommen, das auch den → Zeitablauf

jeder → Erzählung, das Verhältnis zur → sogenannten Echtzeit miteinschließt. Jene Echtzeit, die → angeblich heute immer herrscht, also uns beherrscht und die mit den 22 Sekunden Durchschnittshaltedauer einer Aktie korrespondiert. Die maßgebliche Zeit, die → natürlich unbedingt durchkreuzt gehört, weil ihr nichts Reales mehr anhaftet – sie ist mehr → Ideologie als gelebte Erscheinung. ... Ja, von Homer bis Goethe zog sich diese Blindheit und ihre → Aufarbeitung. Sie hat → sozusagen Jahrhunderte auf dem Buckel. ... Ja, analog zu dem, was sich im Realen in dem heute typischen Staatenkonflikt schlechthin zeigt, den hybriden Kriegssituationen mit unklarer Grenz- und Beteiligungslage, könnten die fiktiven Territorien mit dieser → Überlappung arbeiten, die die Frage nach Beteiligung aufwirft. ... Ja, von Infektionen und Affektionen wird zu sprechen sein, von Übertragungsraten und Rahmenwechsel [sic!], und wenn es gelingt, wird es gar nicht so furchtbar kompliziert sein, wie es jetzt klingen mag, sondern verdammt einleuchtend. ... Ja, Dringlichkeit, Plausibilität, Eindeutigkeit, Deutlichkeit, Relevanz, das sind die magischen Begriffe, die mich mehr und mehr beschäftigen." („Zwischengeschichten. Im Zeitalter von Populismus, Postfaktischem und Politikberatung", 5. März 2017)
→ Ideologiekritik, → kritisches Wissen.

Jammerossi → Jammerwessi.

Jammerwessi Bereits vor dem 3. Oktober 1990 in den hochdeutschen Kernlandschaften entstandenes, zunächst verständnis-, bald mitleidsvoll gebrauchtes Neckwort für Teilstaatsbewohner mit historisch bedingter Anpassungsstörung. Den *bedeutungs*historisch frühesten Nachweis des J.s lieferte der Historiker Fritz Stern, der bereits im November 1989 „zum ersten Mal hörte, wie Westdeutsche den vergangenen Jahrzehnten nachtrauerten, die sie – ‚Gott sei Dank für die Mauer' – gehabt hatten. Das Leben war einfacher gewesen" (ds., *Fünf Deutschland und ein Leben. Erinnerungen*, München 2007, S. 584).
Früh- und Spätformen des J.s unterscheiden sich nur unwesentlich voneinander. Der J. hängt der guten alten Zeit in seinem Sonderwegsgebilde nach, verschließt sich gegenüber den Brüdern, Schwestern, Tanten und Nichten im Osten in trotzigem → Ressentiment, als ob diese an seinen unter Helmut Schmidt, Helmut Kohl & Gefolge angehäuften Staatsschuldenbergen schuld seien. Er ist es gewohnt, für seine Lebensschwierigkeiten andere verantwortlich zu machen und von ihnen sogar Nachsicht für seine regressiven Bedürfnisse zu verlangen: Seine Freizeit verbringt der J. oft stundenlang vor dem TV, worin er kunterbunte Nostalgiesendungen aus → Köln und anderen Metropolen empfängt. Zum Ende der kalten Jahreszeit setzt er sich straßbesetzte Mützchen auf, versammelt sich mit seinesgleichen in einem schunkelnden → Mob und frönt zwischendurch rhythmischem Klatschen zu den Reden seiner ebenfalls mützchentragenden Landesfürsten. Am liebsten schaut er Heimatfilme, am heftigsten schluchzt er vor 50er-, 60er-, 70er- oder 80er-Jahre-Retro-Shows, die ihn an all die Produkte erinnern, die er in seiner Jugend konsumieren durfte. Seit sein Tinnef von jedermann zu kaufen ist, beklagt er die → Beschädigung seiner Konsumbiographie (→ Banane). Das jammerwestliche Selbstmitleid steigert sich zuweilen zur Anklage, daß es mit der Lebensstilwürde zulasten der Weltkriegsbezahlhälfte Ost wegen deren Undankbarkeit ein Ende habe. Gänzlich fremd ist dem J. → Dankbarkeit für den östlichen Langmut, der ihm zunächst die Reparationszahlungen erspart und durch nationale Zurückhaltung eine mehr als 40jährige Freiheitskonsumexistenz ermöglicht hat. Durch eine ebenso unverfrorene wie noch unerforschte Volte gelang es den → Heimatautoren des J.s (J. Lottmann, K. Bittermann, M. Biller, W. Herles), all seine Charakteristika einer Kunstfigur namens → Jammerossi anzuhängen.
→ Billiarden, → Dankbarkeit, → die alte Bundesrepublik, → die gute alte Bundesrepublik,

→ Seele, → Selbstmitleid, → Versorgungsmentalität, → Weinerlichkeit, → Westlinke; zu milieu- und sprachspezifischen Zusammenhängen: → Kreuzberg, → das alte Westberlin, → DISKURS DER EMPFINDSAMKEIT.

jazzen Zu den Lieblingslebenslügen → der alten Bundesrepublik gehört die → Erzählung, wonach sie nicht 1943 in Stalingrad und 1945 in Jalta, sondern 1944 in der Normandie ihren → Sonderweg begonnen hätte. Karl Heinz Bohrer (→ Ernstfall, → GROSSER STIL) im Gespräch mit Thomas Assheuer: „Als wir nach 1945 die amerikanischen Götter aus dem Meer steigen sahen, da haben wir zum ersten Mal einen Schritt in die → Säkularisation getan. ... Wissen Sie, den Krieg haben die Amerikaner gewonnen, indem sie jazzend aus dem Meer herauskamen, vor diesen tapferen, aber tumben und vollkommen anachronistischen deutschen Soldaten. Das war der Triumph der → Säkularisation. Ohne Götter human sein." („Das ist das letzte Gefecht", in: *DIE ZEIT*, 7. März 1997)
→ MAULHELDISCH.

jetzt gerade (seltener: eben gerade) Häufiger Doppelmoppel im gesprochenen → WICHTIGSPRECH, nicht zu verwechseln mit ‚gerade jetzt'.

jetzt gerade aktuell Eine Zeitangabe, die höchsten → Handlungsbedarf zu signalisieren scheint, tatsächlich aber dem → JOVIALSPRECH zuzuordnen ist. Sandra Scheeres (SPD), Senatorin für Jugend, Wissenschaft und Bildung im Berliner Abgeordnetenhaus, wollte die → Anschubfinanzierung für die sog. freien Schulen streichen: „Und jetzt gerade aktuell im Dezember 2012 ist diese Regelung in Sachsen-Anhalt gestrichen worden." (*Deutschlandfunk*, „Campus und Karriere", 13. September 2013) Ein Argument, das früher vorher in der Vergangenheit nicht verfangen hätte.

JOVIALSPRECH bedeutet: Verbale Minderwüchsigkeit mimt geistige Übergröße, aus der sie sich herabläßt ins → banale Tatsachenreich; angemaßte Autorität beurlaubt sich für einige Interviewminuten.
Die spezialsprachlich-gespreizte gleichwie ranwanzend-ankumpelnde Tendenz des J.s hatte Robert Poulet, mit Blick auf den frankophonen Raum, frühzeitig erkannt und benannt: „Seit einigen Jahrzehnten ist eine Sorte ungeschliffener Intellektueller aufgetaucht, die bei aller Behendigkeit im Denken von einer gewissen Schwerfälligkeit im Fühlen sind. Diese Leute haben unverzüglich die Universität, die Philosophie und die Literatur erobert. Man verdankt ihnen sowohl die abstrakte Sprache, die den Geist zerstört, indem sie den Geschmack verdirbt, als auch die vulgäre Sprache, die sich auf dem Weg über die Gymnasien prompt auf die bürgerliche Schicht ausgebreitet hat. Das Volk schließt sich wie immer an." (*Contre la jeunesse*, Paris 1963, dtsch. von Margaret Carroux, Stuttgart 1967, S. 114f.)
Tatsächlich ist J. ein aus emanzipatorisch-universitären in alle anderen politischen und kulturellen Milieus gewanderter Komplex von verbalen Anbiederungsgesten, gleichermaßen volkstümelnd und erregtheitsbetont; er beherrscht die linguistische → Gemengelage (populär: Fett und Filz) von Meinungspräsentation, Inkompetenzkompensation, Erregungssimulation und Gebührenfunkerei. Stichproben: → Ansage, → annerven, → deckeln, → Ich denk mal, → schon mal, → rüberbringen, → uncool.

Jude/n Der → Antisemitismus in → der Mitte der Gesellschaft gehört neben dem Geschlechterhaß zu den statistisch gut belegten Unterscheidungsmerkmalen → der alten Bundesrepublik gegenüber weniger → bürgerlichen Gegenden. Auffällig ist seine Ideologiebedürftigkeit, mithin Begriffsschwere. Die im Westen oftmals ungebrochene Tradition → gutbürgerlichen

→ Ressentiments, noch verstärkt durch ein lebendiges → rheinisch-katholisches sowie süddeutsches Erbe des Judenhasses, umfaßt auch die Treue zum einschlägigen Sprachfundus. Zusammensetzungen von Hauptwörtern sind nach wie vor geläufig ('Geldjuden', 'Bankjuden', 'Zeitungsjuden' usw.), wie der Herausgeber dieses Wörterbuchs als dinierender Zaungast in → Frankfurter Kreisen mehrfach erleben durfte; nach Tisch und im Netz ist die Kombinationswut → ungleich heftiger, dann freilich kaum mehr zitierbar. Das an medialer Prominenz oder wirtschaftlichem Sukzeß 'der Juden' entwickelte → Minderwertigkeitsgefühl der → bürgerlichen Mitte ist sicherlich nicht westdeutsche Kreation, sondern bloß in Westdeutschland bewahrte Tradition älterer Staatsgebilde (→ Bürgerlichkeit). Als originär west- und mehrheitsdeutsch hingegen erscheint ein Antisemitismus der sog. einfachen Leute, der → 'Unterschicht' oder vulgärwestdeutsch: der → Prolls. Sein sprachlicher Ausdruck ist der Gebrauch von 'J.' als → Schmähwort, pur, ohne weitere Wortteile oder adjektivische Beigaben.

Größere Kreise zog dieses Sprachgebaren im Februar 2016 nach einem Bundesligaspiel Dortmunds gegen Leipzig. Der rheinisch-westfälische (→ rheinisch-katholische?) → Mob in → Köln, Düsseldorf und schließlich Dortmund belegte Leipziger Fußballfreunde nicht nur mit dem landesüblichen → Fäkalsprech, sondern suchte sie auch als 'J.' zu beschimpfen. Ein bemerkenswerter Fall umgekehrter → Projektion! Die → vermeintlichen Vertreter eines erfolgreichen, sich aller → westlichen Werte und Methoden der Vermarktung bedienenden Ostvereins galten den → Mehrheitsdeutschen → Moderneverlierern nun unüberhörbar als jene → 'Avantgarde der Amerikanisierung', vor welcher ihre Soziologen schon Jahre zuvor gewarnt hatten. Zudem schienen sportlicher wie kommerzieller Erfolg den Leipziger Minoritätsdeutschen etwas Jüdisches verliehen zu haben, zumindest in den glasigen Augen der überaus heimatverbundenen Pöbler. „Wir lassen uns unseren Fußball nicht von euch kaputtmachen!" brüllte es, verbal nur wenig variiert, aus dem Fan- und Werbeblock der Borussen. Gemeint waren natürlich nicht die Vermarktungsfachleute und Steuerfreigänger des BVB, sondern die heimatfremden Elemente aus dem Osten.

Die Ersatzfunktion dieser deutschen Minderheit für die psychodynamischen, namentlich frustrationsdigestiven Bedürfnisse West- und damit Mehrheitsdeutschlands gehört zu den → qualitätsmedial bestbeschwiegenen → Tabus. Der Rückschluß von konkurrenzgesellschaftlicher Überlegenheit auf rassisch fundierten Wettbewerbsvorsprung ist bestenfalls in einer → verklemmten und verdrucksten Form des westdeutschen Antisemitismus, nämlich im → selbstverordneten Philosemitismus von Kulturfunk, Politikfeuilleton und evangelischen Akademien zugelassen. Hier schwärmt man ultrapenetrant gerade die → exorbitante Vitalität → jüdischen Lebens als Born auch mehrheitsdeutscher Lebensfreude an (→ vitales Leben). Im Unterschied zum authochthon wirkenden Antisemitismus des westdeutschen → Bevölkerungsdurchschnitts trägt die verbal vorgeführte Liebe zum Jüdischen alle Zeichen eines selbstbefohlenen Komplementäraffekts. Zum ererbten Rassenhaß der Wirtschaftsbürger fügt sich kultur- und bildungsbürgerlich die philosemitische Inversion, oft mit Anleihen biologistischen Vokabulars. Das wiederum → verweist auf den qualitätsmedialen und oberseminaristischen Kultus insgesamt, den der → Mehrheitsdeutsche mit → Minderheiten treibt. Eine klassische Kompensationshaltung infolge des moralischen wie juristischen Versagens der → Bundesrepublik Adenauer!

Was idiomatisch am Judenhaß der westdeutschen Unterschicht frappiert, ist der Verzicht auf eine → ideologische Überbausprache, in welche der – zumeist kleinbürgerliche – Verschwörungstheoretiker des deutschen Westens so vielen Eifer investiert. Der rheinisch-westfälische Mob inner- wie außerhalb von Fußballstadien wütet nahezu ideen- und auch anlaßlos, während beispielsweise das Heidenauer → Pack zumindest noch gewisser → Vertreter → der Politik ansichtig werden mußte, um in Fahrt zu kommen. An dem unter → Sachsen

gängigen, durch Helmut Kohl popularisierten → Unwertwort ‚Vaterlandsverräter' ist zudem nichts spezifisch Chauvinistisches. Kulturpsychologisch auffällig bleibt die Leichtigkeit, ja Beiläufigkeit, mit welcher der heimattreue westdeutsche Volksgenosse vom Schmoll- zum Brüllton überzugehen weiß, wenn er feiertägliche Ausgelassenheit mit nationalsozialer Empörtheit verbindet. (‚Fankultur' nennen seine Erforscher das.) → Einmal mehr bewahrheitet sich die These vom Systemcharakter mehrheitsdeutscher Haß→kultur, von einem Haß in → Permanenz mithin. Einem derart gehässigen Denken und Meinen ist der passende Affekt problemlos nachzureichen – ob im ‚Jude'-Gebrüll, ob im fliegenden Stein.
→ Abi-Spaß, → Hertha-Frösche, → Keine Italiener!, → Mottowoche, → Wir-Gefühl, → Türken raus!; → Emotion, emotional, Emotionalität, → Vitalismus.

Juden und Deutsche Eine durch die *FAZ/S*-Glossen des Extremindividualisten (→ Ichzeit) und Wir-Sagers (→ der große alte Mann) Maxim Biller popularisierte Disjunktion; logisch gleichrangig mit ‚Moslems und Serben' oder ‚Australier und Aboriginees'.
→ Mehrheitsdeutsch.

jüdisches Leben In den Kulturprogrammen des → Qualitätsradios ("In vielen Städten gibt es ein lebendiges jüdisches Leben", *Deutschlandfunk*, 31. Mai 2019), mitunter auch in → Qualitätszeitungskommentaren ("ein sehr lebendiges jüdisches Leben", *Berliner Zeitung* vom 19. April 2018, S. 2) üblicher Biomorphismus; offenkundig eine Analogiebildung zu ‚außerirdisches Leben'. Die Rede von jüdischem Leben gehört zu den verbalen Jovialitätsgesten nicht-jüdischer → Mitbürger innerhalb wie außerhalb → der Politik. Deren aufdringlich segnender Ton und gönnerhaft niederfahrender Blick → verweisen auf landestypischen → Betreuungssprech, zumeist garniert mit Elementen aus dem → Diskurs der Empfindsamkeit.
Das → Verdruckste und Verkrampfte im → mehrheitsdeutschen Verhältnis zu allem Jüdischen, dessen Begriff dabei vage und schwammig bleibt, erinnert an die einschlägige → Verklemmtheit im → alt(west)deutschen Körperverhältnis (→ Eroskiller). Hier wie dort sucht man den sprachlichen Ausweg in möchtegernreligiöser oder -wissenschaftlicher Selbstermächtigung. Die Lebensschützer führen sich → gleichsam wie Zoodirektoren oder Gewächshausleiter auf, wenn sie vom zeitgenössischen Judentum in Deutschland weihefaseln; sie prägen einen Typus des von sich selbst gerührten Schulmeisterleins.
In dessen öffentlicher Rede überwiegt zuweilen die spirituelle, zuweilen die szientifische Tendenz. Zweideutige Formulierungen, worin sich biologischer und kultureller Sinn des Wortes ‚Leben' mischen, erregen Aufsehen; man denke an die Ankündigung eines deutschen Außenministers, sich jederzeit "schützend vor jüdisches Leben zu stellen" (Heiko Maas, *ZEIT online* vom 19. April 2018), "so wie Campino" (13. April 2018). Campino, bürgerlich Andreas Frege, hatte sich freilich gerade nicht vor jüdisches Leben gestellt, sondern ein preisgekröntes Lied über todgeweihte Juden (‚Auschwitzinsassen') bemängelt, was seinerseits wiederum sogleich bundesverdienstkreuzlich preisgekrönt werden sollte. (Frege wie Maas ward in den Bildungseinrichtungen ihrer Heimat augenscheinlich nie vermittelt, daß in Auschwitz nicht nur Juden ermordet wurden.)
→ Betroffenheitliches, → Frommsprech, → Jovialsprech; → Minderheiten.

jüdisch-kommunistisch → Qualitätsmedial ein zur Begleitung und Beaufsichtigung → linker → Parteipolitik bereits vor dem → Anschluß etablierter Adjektivdoppler. Seither behauptet sich ‚j.-k.' als der → mehrheitsdeutsch virulenteste Wortnachfahr von ‚jüdisch-bolschewistisch' (sowie des seltener verwendeten ‚judäobolschewistisch').
→ Dem Vernehmen nach kam die Rede von j.-k.er Abstammung, j.-k.em Elternhaus, j.-k.em

Familienhintergrund u. ä. Ende 1989/Anfang 1990 in der *Berliner Morgenpost* und weiteren → Qualitätsvolksmedien auf, als es die → familiale → Herkunftsheimat des ersten PDS-Vorsitzenden → aufzuzeigen galt. Fast bedeutungsgleich wird das noch heute im Qualitätsfeuilleton begegnende ‚jüdisch-messianisch' verwendet.
→ Antisemitismus, → Juden, → jüdisches Leben, → Untermensch.

K

kaltblütig (kaltblütig-entschieden, kaltblütig-entschlossen) Beliebte Adjektive beim bohrersprachlichen Versuch, den → MEHRHEITSDEUTSCHEN → DISKURS DER EMPFINDSAMKEIT (→ Weinerlichkeit, → Selbstmitleid) von innen her, d. h. durch → entschlossene → Ich-Stärke → aufzubrechen; systematisch hierzu: → MAULHELDISCHES.

kapitalintensiv Stöhnwort wie Erschleichungsformel des Investors für ‚teuer'.

Kapitalismus → System, → Schweinesystem.

kapitalistische Moderne Im spät→westlinken → Selbstverständigungs- und → Ausgrenzungs→diskurs ein → KLEMMWORT für → ‚die alte Bundesrepublik', für → ‚Wir im Westen' als auch für → ‚Kapitalismus' überhaupt. Die schlichte Psychorealität des Lebens in letzterem – Verkäufer, Vertreter, Darsteller seiner selbst sein – umgeben Konvertiten des → Kommunismus gern mit einer Aura heroischer Daseinsbewältigung. Wie etwa Gerd Koenen, Ex-SDS und inzwischen natürlich → totalitarismuskritischer → Totalitarismuserforscher. Koenen fragt nach „der Wurzel der erstaunlichen Bereitschaft so vieler, sich einzufügen, mitzumarschieren, an den richtigen Stellen zu klatschen" – „sogar dann, wenn keine allzu schweren Repressionen mehr drohten, wie etwa in der späten DDR oder CSSR [sic!]" (*Was war der Kommunismus*, Göttingen 2010, S. 123), regiert von moderaten Tyrannen wie „Erwin Krenz" (S. 121) oder Ceaucescu (bei Koenen auch: Ceauscescu, Ceausescu). Er findet die Antwort in einem bewußten Ausweichen der Ostblockvölker vor den „Anforderungen einer immer komplexer werdenden, immer höhere psychische und organisatorische Alltagsleistungen abnötigenden, immer rastloseren kapitalistischen Moderne selbst, die im Gegenzug regressive Wünsche nach kommunistischer, traditionaler oder religiöser Verbindlichkeit produzieren" (S. 123). → Massiver → Gestaltungskoordinierungsaufwand mithin. So kamen „kommunistische Systeme in Zeiten totalitärer Mobilisierung wie posttotalitärer Stagnation" wohl „durchaus den regressiven Wünschen breiter Massen von Menschen entgegen" (S. 122). Freilich hat die Wahl, regressiv mobil oder posttotalitär stagnativ zu leben, weder für das russische Volk noch für die hernach unterworfenen Völker je bestanden. So könnte es sich bei der Spekulation über die → vermeintlichen Bedürfnisse fremder Menschen und Klassen wieder einmal um eine typische → Projektion eigener, westdeutscher → Ideologiebedürftigkeit handeln. Ein Intimverhältnis zur ‚Moderne' reklamieren auch andere Spätheimkehrer der Weltrevolution wie etwa der *WELT*-Chef Thomas Schmid oder diverse Aufarbeitungsprofessionelle. Zu deren einschlägigen → Konstrukten: → der Westen, → die Moderne; zur → Ankunftsproblematik: → vorbürgerlich, → vormodern.

KARDINALZAHLSCHWÄCHE Im jüngeren → qualitätsmedialen Westdeutsch eine Schwäche für Kardinalzahlen, wo grammatisch Ordinalzahlen gefordert wären; häufigster Fall in *Kulturradio* & Co.: ‚hundertein(s)te' statt ‚hunderterste', verwandter Fall in der → Qualitätspresse: → ‚zweiteres'. Geschlechterpolitischer Korrektheit war es eventuell geschuldet, wenn – wie beim Rückblick auf das Bahnunglück von Eschede – am 3. Juni 2018 im → Qualitätsradio durchgängig von „hunderteins Toten" statt von „hundertundeinem Toten" zu hören war.

Karnevalisierung → Innovationskegel.

KÄSSMANNDEUTSCH Niedersächselnde Spätform des → BETROFFENHEITLICHEN, gespickt mit Lehnwörtern aus zumeist amerikanischen Akademien des Lebens. Heute ist das

K. die Lingua franca evangelisch getrauter, sozialdemokratisch gesinnter, einvernehmlich geschiedener → Mitbestimmungsehepaare.
→ hey, → Ich denke mal, → Ich sag mal.

Katz und Igel Hochdeutsch: Katz und Maus, Hase und Igel. Zum einen unfreiwilliges Zeugnis mangelnder Vertrautheit mit deutschem Märchengut, sprich: einer Kita-, Kinderladen- oder Kleinfamilienvergangenheit im Westen. Zum anderen ähnlich wie → ,ab und wann' eine jener Synthesen, die gegenüber ihren hochdeutschen Basisausdrücken einen semantischen Mehrwert verheißen. „Also → von daher wäre es für alle hilfreich, wenn wir mal über das, was in den Zeitungen steht, langsam auch Informationen und Erkenntnisse bekämen. Das ist ja ein Katz- und Igelspiel langsam." (Patrick Sensburg (CDU), Chef des NSA-Untersuchungsausschusses, auf die Frage, ob dieser mehr lese und wisse als das, was in Zeitungen stehe, *Deutschlandfunk*, „Interview", 30. Mai 2014)
→ ab und wann, → Das geht gar nicht.

Kaufschwäche folgt zumeist aus → Einkommensschwäche und ist typisch für → benachteiligte Gebiete.
→ Schnäppchen.

Keiner spricht über ... In den → Qualitätsmedien und → der Politik in ihrem Umkreis etablierter → WICHTIGSPRECH, hier vor allem als Verlegenheitsfloskel; daneben → Bedarfsanzeigewort in der Ratgeber-Publizistik. Die kulturgeschichtlichen Ursprünge liegen im → PSYCHOSPRECH.
→ Kinderwunsch-Coach, → Möchtest du darüber sprechen?

Kein Problem! Die Formel ertönt in nationalen Varianten vom höchsten Nordwesten bis in den tiefsten Südosten Europas (,nema problema'). Sie wäre ethnolinguistisch zu vernachlässigen, wenn sich in ihr nicht eine Eigenart → MEHRHEITSDEUTSCHER Konversationsmentalität vernehmen ließe. Es ist dies der äußerst undialektische Umschlag von Devotheit in Aggression, wie er insbesondere in der westdeutschen → Händlersprache und -gesinnung fortwest. Wer die Reaktionen → alt(bundes)deutscher mit denen italienischer, polnischer, britischer oder nordamerikanischer Verkäufer (selbst Kellner!) vergleicht, von denen er einmal nichts gewünscht hatte, der findet Max Schelers 100 Jahre alte Analyse der *Ursachen des Deutschenhasses* bestätigt: „Ist es ein Wunder, daß der deutsche Kaufmann leicht kleinlich, schwerfällig, unfrei in seinem Benehmen, schlecht angezogen, schwankend zwischen oft servilem und zu rasch sich anbiederndem, oft indiskretem und der feineren seelischen Scham entbehrendem Verhalten und – wenn dann zurückgewiesen oder zurückgestoßen – wieder hochmütig, barsch, verschlossen auftrat und im Verhältnis zu Berufsgenossen anderer Länder erst recht so erscheinen mußte? ... Daß er selbst genau wie seine Ware keine so feste, geschlossene Eigenform darstellte wie seine Berufsgenossen anderer Länder und deren Ware?" (*Politisch-Pädagogische Schriften*, hrsg. von Manfred S. Frings, Bern-München 1982, S. 361)
Schlaffheit des Charakters bei Stahlhärte des Verwertungswillens gaben dem sozialökonomischen Haupttypus auch noch der BRD, dem → Vertreter, seine unverkennbare Gestalt. Das gepreßte oder gebellte ,K. P.!', mit dem Verkaufspersonal selbst in → gutbürgerlichen Gegenden bis heute Kaufinteresse, vor allem aber Kaufverweigerungen kommentiert, → verweist auf Spezifika mehrheitsdeutscher → Kommunikationskultur und Gemütsverfaßtheit überhaupt. Der seelische und soziale Umarmungsdrang der Mehrheitsdeutschen, ihr Bedürfnis nach verbal vergewissertem → Wir-Gefühl und der zugehörige → BEKENNER-

SPRECH jenseits jeden Sinns für Anlaß und Nuance, das dumpfe Grollen und Schmollen bei → vermeintlicher oder tatsächlicher Zurückweisung, all dies findet sich bei sozialen → Leistungsträgern oder bei → Intellektuellen im sog. zwanglosen Beisammensein ebenso wie bei Bedienpersonal, das Bestellungen mit ‚Alles klar!' oder eben ‚K. P.!' quittiert. In jedem Fall: Mangel an innerer und äußerer Haltung, an Korrelation von Individualität und Konventionalität, von Sein und Stil. Das flehentliche Flackern im Blick der Entlassungsgefährdeten geht ebenso übergangslos in haßerfülltes Stechen über wie der → gutbürgerliche Wähler von der linksliberalen zur rechtskonservativen → Wohlfühloase in seiner Parteienlandschaft. *Freiheit und Form* (E. Cassirer) erscheinen in der mehrheitsdeutschen Denk- und Daseinsweise als Gegensätze – eine Verbindung zum Deutschentypus der Bismarckära! Es fehlt an souveräner Formbildung und also Verhaltenssicherheit; ein → Zusammenhang, den selbst die mehrheitsdeutschen → Comedians mit ihrer typisch anlaßbefreiten, vorauseilenden Gehässigkeit bezeugen. Rumort doch in dieser stets auch etwas Quengelndes, Beleidigtes aus zurückgewiesener Kleiner-Leute-Geradheit und Gesinnungsinbrunst.

Man würde fehlgehen, wenn man, wie etwa B. Strauß, das Fehlen von Manieren, Umfangsformen, Stil usw. in Westdeutschland schlicht als Spätschäden der → antiautoritären → Revolte und der von ihr gezüchteten, sich durchs Leben pöbelnden → Kinderfaschisten deutete und im Gegenzug die Poseurszüchtung forcierte. Strauß senior und junior, M. Mosebach, K. Adam, K. H. Bohrer wie auch anderen, bei symbolischem Formgespreize ja ihrerseits zu seelischer Roheit geneigten → SCHNÖSELSPRACHLERN und → NEONARZISSTEN, fehlt aufgrund allzu fester → Herkunftsbindung in minderer Mittelklasse der freie Blick aufs unförmige Ganze heimischen Mehrheitsdeutschtums. In ihm mischen sich Schwammigkeit des Herzens mit Hölzernheit des Ausdrucks zu einer ganz und gar nicht neuen → Bürgerlichkeit.

→ Anbiederei, → auffangsam, → elegantes Deutsch, → GROSSER STIL, → HALBTROCKENES, → mon chérie, → MOSEBACHDEUTSCH, → Salonkatholizismus.

kein Thema Halbanglizismus von schwankender Bedeutung; gesichtet wurden die Verwendungen ‚Kommt nicht in Frage!' als auch ‚Versteht sich von selbst!'.

Kein Zutritt für Italiener! (Kurzform: Keine Italiener!) In den 1960er Jahren an westdeutschen Schaufenstern und Restauranttüren verbreitete, mittlerweile von dort in westdeutsche Herzen verschwundene Bitte an die sogenannten → Gastarbeiter, das westdeutsche → Wir-Gefühl nicht zu beeinträchtigen. Verschwunden sind auch die meisten Barackenghettos und Zwangseinkaufsstätten, die westdeutsche Konzerne für südeuropäische Malocher eingerichtet hatten. In verfallenen Wohnkasernen und verwanzten Mehrbettzimmern hausen mittlerweile osteuropäische → Leiharbeiter; den Mentalitätswandel der Mehrheitsdeutschen bezeugen → Scontoforderungen und → Lieblingsitalienergerede.
→ Fidschis, → Türken raus! → Weltoffenheit.

Kenntlichmachung Möglicherweise ein Nachklang der substantivierungsseligen Ulbricht-Ära (‚Winterfestmachung'), inzwischen durch den westdeutschen Ostdeutschenbeobachter Heinz Bude (*1951) als Signalwort soziologischer Selbstbezüglichkeit revitalisiert. Bude, der *DIE ZEIT* über seine Entdeckung eines ostdeutschen → Beitrittsphantasmas („Das Sagen haben im heutigen Deutschland die, die zuerst da waren, die Westdeutschen.") informiert hatte, antwortete auf die Frage, wie die Ostdeutschen mit der Budeschen Entdeckung → umgehen würden: „Ich beobachte vor allem zwei Reaktionen. Die beliebtere ist, sich unkenntlich zu machen. Angela Merkel ist ein schönes Beispiel dafür. Sie tritt kaum als Ostdeutsche in Erscheinung und zeigt eine dezidierte Nüchternheit gegenüber allen ideologischen → Angeboten. Der andere Weg ist die dosierte Kenntlichmachung; zu sagen: ich bringe einen anderen Stil mit. Maybrit Illner etwa sieht man noch immer die Ostdeutsche an, dieses Kecke, diese Ich-laß-mir-nichts-sagen-Haltung. Ganz anders als diese Attitüde des Hineinkriechens von Sandra Maischberger." („Vom ostdeutschen Glauben, mehr zu wissen. Die alte Heimat ist weg, der Komplex bleibt, meint Heinz Bude. Er beobachtet Ostdeutsche, ihre Anpassung und ihren Willen, Deutschland zu ändern", in: *DIE ZEIT online* vom 4. August 2011)

Kognitionstheoretisch stellen sich folgende Fragen: Warum hat Bude die weltanschauliche Unerregbarkeit Merkels nicht schlicht zu den ostdeutschen Charaktermerkmalen gezählt statt zu den ostdeutschen Reaktionen auf die westdeutsche Entdeckung ostdeutscher Charaktermerkmale? Wie sollen Ostdeutsche überhaupt auf ihren doch nur dem Westdeutschen Bude bekannten Charakter reagieren können? Oder ist, wie die Reaktionslosigkeit westdeutscher, das Reagieren ostdeutscher Charakter? Warum reagieren Ostdeutsche dann aber so verschieden auf sich selbst? Und was wäre der Charakter des Ostens im ganzen? Ist → das Ostdeutsche immer ganz anders, weil charakterfrei, da ohne jenes → Wir-Gefühl, über das → Wir (Deutschen) im Westen so überreichlich verfügen? ‚Wir im Westen' sind nämlich alle in dieselbe Schule gegangen. Und erwarten, daß alle Welt auf ‚uns' reagiert.

→ Bürger zweiter Klasse, → Ostgesicht, → (der, die, das) Ostdeutsche, → Sind Sie aus dem Osten oder aus dem Westen?

Kernachse Neuerer Fachbegriff aus der performativen Sprachtheorie → der Politik; er bezeichnet das semantische Nichts, um welches sich das performative All dreht. Die K. ist mithin der natürliche → Ort, von dem aus Politikprofessionelle → den Menschen ihre → Lebenswelt sowie andere → Zusammenhänge → deuten und → erklären: „Was in den letzten Jahren zu kurz gekommen ist, ist die → Erklärung, aus welchem unserer → Werte sich welche Entscheidung abgeleitet hat. Es geht nicht darum, unseren Kurs nach → rechts oder → links zu verändern. Es geht darum, → deutlich zu machen, was unsere Kernachsen sind und was wir daraus schlussfolgern. Das hat viel mit → Kommunikation zu tun", kommunizierte CDU-Generalsekretärin Annegret Kramp-Karrenbauer der → Qualitätsjournalistin Daniela Vates, welche nach dem Politikstil → der Partei nach → des Merkels Erfolgsrezept Eigenschaftslosigkeit gefragt hatte („Wir lehnen eine Zusammenarbeit mit Linken und AfD ab", in: *Berliner Zeitung* vom 20. April 2018, S. 5).

→ Bedeutung, → Performanz.

Kernkompetenz → SCHÖNSPRECH für Beschränkung aufs Minimum; zuweilen ironisch für Konkurrenzfähigkeit durch Anpassung an die → Mitkonkurrenten.

Wenn eine Zeitschrift das ihr selbst gespendete Lob abdrucken muß, ist der Grund dafür meist schon hinfällig geworden. So erging es zuletzt dem ehrwürdigen Periodikum *Sinn und Form*, nachdem die alte, hochdeutschsprachige Redaktion durch eine junge und natürlich westdeutsch sprechende ersetzt worden war. Seitdem finden sich mit Billigung (oder durch Zutun) der Redaktion dort Tempus-, Kasus- und Kommafehler, Inversionen des grammatischen Subjekts, Genitivreihungen, unschöne Alliterationen, → SPREIZSPRECH und → MOSEBACHDEUTSCH in Fülle. Der Herausgeber dieses Wörterbuchs durfte das in Heft 1/2015 am eigenen, redaktionell veränderten Text erfahren. In besagtem Heft schreibt F. C. Delius (Büchnerpreisträger von 2011): „Diese Zeitschrift ist der Stolz der Akademie, → unverzichtbar für Leute mit der Kernkompetenz Wort abseits des Mainstreams." Der Mainstream des Arguments schwillt zur erfrischenden Tautologie: „Die Zeitschrift *Sinn und Form* ist also → unverzichtbar, solange die Kulturindustrie aus simplen Renditegründen gegen zwei Errungenschaften kämpft, gegen Sinn und gegen Form." („Der Stolz der Akademie.

Gruß an *Sinn und Form*", S. 138) Zur Sprache der Akademie: → Konstrukt, → Narration. → Markenkern.

Kinderfaschismus Das F.-Wort sitzt locker im Westen Deutschlands, wo es ja immer wieder was zu → entlarven und → aufzuzeigen oder → aufzuklären oder aufzudecken gibt (→ IDEOLOGIEKRITIK). Laut Gustav Seibt (*Süddeutsche Zeitung* vom 20. Februar 2011) ist ‚K.' eine im Westberliner Bezirk Schöneberg entwickelte Formel für die im ehemals Ostberliner Bezirk Prenzlauer Berg entstandene Diktatur westdeutscher → Projektkinder, deren volkstypische Rücksichtslosigkeit mittlerweile auch in der → Herkunftsheimat der → Spätgebärenden → nerven → tut.

Kinderladen Häufig verwahrloste Verwahranstalt für → Menschen ab null; der Ausdruck entstand offenkundig als → (Selbst)Ironieversuch angesichts der → angedachten Verkäuflichkeit des westlichen Menschenkinds (zur → MEHRHEITSDEUTSCHEN Verwechslung von Zynismus mit Selbstironie: → Comedy, → Humor). Eine sprachhistorische Verbindung zu den süddeutschen Kindermärkten, auf denen minderjährige Arbeitskräfte aus → sozial schwachen Familien feilgeboten wurden (‚Schwabenkinder'), ist nicht nachweisbar,

Kinderwunsch-Coach Die westdeutsche Fähigkeit, Unglück in Profit zu verwandeln, hat sogar auf dem Kontinent familiärer Schicksalsschläge einige → blühende Landschaften geschaffen. Franziska Ferber hatte „irgendwann akzeptieren müssen, dass sie kein Kind bekommt" („Die Lücke im Leben", in: *Berliner Zeitung* vom 20./21. August 2016, „Magazin", S. 7). Die Münchner Unternehmensberaterin bemühte sich sogleich um die Schaffung eines zugehörigen → Wir-Gefühls: „Ich glaube, unsere Gesellschaft ist noch nicht so weit, als dass man als Einzelner wirklich komplett offen damit → umgehen kann. Es ist aber gut, sich zwei bis drei Leute aus dem Familien- oder Freundeskreis mit → ins Boot zu holen. ... Wollen wir es uns gesellschaftlich wirklich leisten, sechs Millionen Menschen über Jahre alleine zu lassen? Auch aus wirtschaftlichen Interessen ist eine psychosoziale Begleitung sinnvoll, denn viele dieser sechs Millionen sind über Jahre seelisch kaum belastbar und können oftmals nicht mehr die volle Arbeitskraft bringen. ... Es gibt in meinen Augen diesen Missstand im → System, aber keiner spricht über das Thema, also geht es immer so weiter. Ich will nicht, dass Frauen über Jahre vereinsamen. Aber wenn ich etwas beklage, dann muss ich auch etwas tun, um es zu ändern. Deshalb habe ich mich als Kinderwunsch-Coach selbstständig gemacht." (Buchtip: *Unsere Glückszahl ist die Zwei. Wie wir uns von unserem Kinderwunsch verabschiedeten und unser neues, wunderbares Leben fanden*, 2016)
→ Couch, → Keiner spricht über ..., → Komplimente-Generator.

Kita → KLEMMWORT für Kindergarten; Ausgangsort einer bundesdeutschen Normalbiographie: In einer K. beginnt sein soziales Leben, wer weder in einem → Kinderladen verwahrlosen noch als → Projektkind bei einer berufsuntätigen → Spätgebärenden die üblichen Auffälligkeiten entwickeln darf.

Klangbewegung Eine Ansammlung von Tönen; der Terminus stammt aus dem → SCHNÖSELSPRECH der sogenannten Neuen Musik, mit der man allen Ernstes das Publikum von den Sitzen zu reißen hofft.

klare Ansage (machen, geben) Insbesondere im linksbürgerlichen → BEKENNERSPRECH sowie im → GRÜNSPRECH beliebte Schaukampfformel.
→ Ansage, → Haltung zeigen, → Position beziehen, → Zeichen setzen.

klare Kante Die Formel reüssierte im → SCHRÖDERDEUTSCHEN und ist inzwischen inflationär als möchtegernmaskuline → Ansage aus → der Politik, zumeist der → Parteienpolitik, welche von der → ideologischen → Einzigartigkeit des gruppengenormten → Profils künden will. Die ‚k. K.' gehört mit den → ‚trockenen Tüchern' und den eisernen Kühen (→ Kuh vom Eis) in den Dunstkreis des → MAULHELDISCHEN. Die → performative → Präsenz des Ausdrucks ist, wie so oft in diesem Soziolekt, durch eine semantische Unschärfe erkauft; gemeint ist ja offensichtlich und ursprünglich die ‚klar *erkennbare* Kante', genauer: die politisch milieukonforme Kantigkeit, die molluskenhaften Seelen als Sprachpanzer dient. Zumeist wird die k. K. dem politischen Gegner oder parteigenössischen → Mitkonkurrenten *gezeigt*, was einen parteimännlichen, mithin kantigen Charakter bekundet. In jüngeren Sprachfällen freilich wird die k. K. auch *gezogen*, möglicherweise ein Sinnbild-Hybrid der ‚roten Linie'; diesbezüglich sprachauffällig geworden ist zuletzt der CDU-Europapolitiker David McAllister, der sich nicht „als Konservativen", sondern als „christlichen Demokraten" sieht. Als solcher müsse er „eine klare Kante ziehen" gegenüber → rechten, auch den → konservativ genannten → Rändern im Volksparteieneuropa (*Deutschlandfunk*, 4. Mai 2019).

Klärungsbedarf besteht eigentlich andauernd.
→ Bedarf.

Kleinkunst Die notorische Furcht des → MEHRHEITSDEUTSCHEN vor freier Geisteskonkurrenz, insbesondere des in Berlin eingewanderten → Bildungs-, → Kultur- und Literaturkleinbürgertums, → generierte zahlreiche Ideen und Institutionen des *Milieuschutzes*. Während dieser Ausdruck in der sog. Wohnungswirtschaft den gerichtsfesten Schutz bereits bestehender Milieus (schlichter: der Mieter) → meint, besagt er in kulturbetrieblichen → Zusammenhängen beinahe das Umgekehrte: Durch Schutzbehauptungen und Schutzbezeichnungen wie ‚Kleinkunst', ‚Kleinkunstszene', ‚Kleinkunstpreis', ‚kleine Form', ‚Kleine Fibel des' (+ Genitiv) erzeugen und verbergen sich geistige, mitunter wohl auch kleingeistige Milieus, die im Schutze ihrer Schutzwürdigkeit desto → ressentimenttüchtiger und anspruchsreduzierter agieren. Man denke etwa an die lokale Szenepublizistik, deren Thema, Niveau und Leserschaft ausdrücklich nicht nur auf Land oder Stadt, sondern auf Stadtbezirke beschränkt sind, wobei zwischen synthetischem (*Die Prenzlschwäbin*) und nahezu autochthonem Mief zu unterscheiden wäre. Notorisch für letzteren ist die → Kreuzberger → HEIMATLITERATUR um die → BITTERMANNLINKE (*Alles schick in Kreuzberg, Being Kreuzberg, Kreuzberger Szenen, Wir in Kreuzberg, Eine Liebe in Kreuzberg, Kreuzberger Leben, Kreuzberger Jahre, Mein Kreuzberg, Kreuzberg und ich, Leben in Kreuzberg, I am Kreuzberg* o. ä. m.). Deren ganz und gar mehrheitsdeutschentypisches Paradieren vor den Volksgenossen bei mauerdichtem → Pöbeln gegen Fremdvölkische (→ TÜRKENWITZE, → Zonenmob) ist unverkennbar die klein gedachte, aber groß empfundene Sehnsucht nach (K. Bittermann: „Sehnsucht auf") Liebe. Die Liebe der Welt oder wenigstens des Nächsten! Bleibt diese aus, bleibt nur noch die Flucht in die Kunst, mehrheitsdeutschentypisch: in die aufklärerische Kleinkunst. Im Bereich mehrheitsdeutscher → Satire erkennt man sie am immer wieder durchbrechenden Bedürfnis nach → Jetzt-mal-im-Ernst!-Einlagen. „Die sogenannte Wiedersehensfreude nach vierzig Jahren Trennung hatte wenig mit der Liebe der Ossis zum Nächsten zu tun, sondern mit der Liebe der Ossis zu Beate Uhse, Bananen und Aldi. Durch das massenhafte Einfallen in Westberlin und den grenznahen Bezirken waren sie obendrein zu einer schwer zu ertragenden Belästigung geworden." (*Unter Zonis*, Berlin 2009, S. 59) Seit 1992 wiederholt wortgetreu abgedruckte → Entlarvungen wie diese zeugen vom Fortleben einer vielleicht blutarmen, aber bodenständigen Heimatkunst, deren → Vertreter sich niemals ins Offene kultureller oder gar intellektueller Konfrontation wagen mußten.

Als *Vertreter*, d. h. nicht im eigenen Namen, sondern unterm Jasagen und Beifallsjohlen eines meinungssicheren Publikums, produzieren namentlich die mehrheitsdeutschen → Comedians allerlei K. (Proben: → Comedy, → Comédienne). Man tut dem westdeutschen → Humor gewiß nicht unrecht, wenn man ihn als parteipolitisch oder kulturbetrieblich *milieugeschützt* bezeichnet, auch wenn sich einige Parteimilieus nicht mehr oder noch nicht auf die Bühne wagen. ,Wir in Bayern' (Peter Ramsauer), ,wir in Kreuzberg' (Harry Rowohlt) und ähnliche, strikt strukturidentische Formen mehrheitsmuffigen → Wir-Gefühls sind somit gleichermaßen gelebter und unspezifischer, weil gegen intellektuelle und kulturelle Sauerstoffzufuhr geschützter → Individualismus.
→ miefig, → Pluralität, → postfaktisch, → Projekt(e)kultur, → Publikationsliste.

KLEMMWÖRTER Warmgehaltene Reste des Kalten Krieges, Musterfall: ,Brathähnchen' statt ,Goldbroiler'. Das → verdruckste und verklemmte Verhältnis zu eigenen → Modernisierungsdefiziten erlaubt westdeutschen Sprachbildnern keine schlichte Übernahme von hoch- oder ostdeutschen Wörtern, sondern führt sie zu verbalen Umgehungsversuchen. K. dienen vielfach als Euphemismen, prominent: → ,Förderstunden' statt ,Nachhilfe', → ,Finnland' statt ,DDR'. Im einem unspezifischen Sinne gehören auch die meisten Gefühlsvermeidungs- wie Gefühlssimulationsvokabeln zu den K.n (→ Beziehung, → Emotionalität).

Klimapause Klimakterium der Erderwärmung. Die Verwechslung von Meta- und Objektebene gehört zu den auffälligsten Gebrechen des westdeutschen Sprachverstands. Man könnte das der Schwülstlerneigung zuschreiben, unnötigerweise von ,Hilfestellung' statt von ,Hilfe' oder von ,Sicherheitslage' statt von ,Sicherheit' zu sprechen. Doch die erhöhte Betriebstemperatur namentlich des → MEDIALDEMOKRATISCHEN Westdeutsch (→ WICHTIGSPRECH, → SCHÖNSPRECH) zeugt von seiner generellen Tendenz, das Meßinstrument fürs Gemessene zu halten, kurz: das Ich für die Welt. Als Beispiel aus der Mitte sprachgeistigen Randgebietes sei die *Badische Zeitung* zitiert: „Hat der Klimawandel 2011 eine Pause gemacht", fragte sie am 5. Januar 2012 einen der einschlägigen Experten. Zwar versicherte dieser, daß es weitergehe mit der Erderwärmung. Die Stagnation der Erderwärmung ließ die *Badische Zeitung*, die im heißesten Winkel Westdeutschlands erscheint, aber nachfragen, diesmal bei der Eidgenössischen Technischen Hochschule Zürich. Deren Bericht über eine Erwärmungspause übersetzte die *Badische* flugs ins Südwestdeutsche: Man referiere hier einen „Beitrag zur Klimapause" (28. September 2013). Allein *DIE WELT* erweist sich → einmal mehr als Hort sprachlicher Aufgeklärtheit, wenn sie die Klimapause stets in Anführungszeichen setzt.

Knäkentenstimme Der onomatopoetologische Arbeitsbegriff ist geistiges → Eigengut des Humoristen Max Goldt; als Bezeichnung der Lauteigentümlichkeiten westdeutscher FrauInnen beginnt er sich zögerlich in → MEHRHEITSDEUTSCHEN → Qualitätsmedien durchzusetzen. Das akustische Phänomen – ein eigentümlich gepreßtes, in den höheren Frequenzbereich verlegtes und dadurch kleinmädchenhaft bis asexuell wirkendes Sprechen – wird auch außerhalb Westdeutschlands als nationaltypisch wahrgenommen, in Süd- und Südwesteuropa gar als prototypisch für den Konstruktcharakter westdeutscher Weiblichkeit insgesamt. Neben der eigentlich überflüssigen Bekundung seelischer, sexueller und intellektueller Unschuld erkennt man in der Knäkentengestimmtheit unschwer eine Imitation angloamerikanischer oder dafür gehaltener Betonung (Verzicht auf Timbre und Bruststimme, verminderte Vokalvielfalt): „Äch habe ähm gesagt, ahm, dann nähmen wir doch ahn dähm Mahrgen das Ahto bis zam Ahrport und dann glaich raihn in dähn Flähger" usw. Das wunderliche Sprechgebaren → erschließt einen größeren sprachlich-kulturellen → Zusammenhang, denn es kann auch die auffällige Monotonie westweiblichen Schreibens erklären. Ein Phänomen, das keineswegs auf die nach 1990 eingerichteten Schreibschulen und -schmieden beschränkt ist, jedoch von diesen vielleicht auf andere Ausdrucksbereiche übergriff. Die einförmige Prosodie ohne dramatische End- oder Höhepunkte wird beim Sprechen durch → intensive, freilich ihrerseits bald ermüdende Betonung gewisser Signalwörter (→ Bekennersprech) kompensiert; im stummen Sprechen des Schreibens überwiegt → massiv die Uniformität der → Überzeugung. Somit bildet die K. gleichermaßen den Grundbaß und den Oberton westdeutscher Annihilation von Seelennuance und Lebensvielfalt, spricht aus ihr die charakteristische Melange von Weltangstempfinden und → Weltoffenheitsverlangen.

KOB Klemmdeutsch und Preußenklemm (wie es die → türkisch-stämmigen → Mitbürger so treffend sagen) für ABV.
→ Kontaktanzeige, → Kontaktbereichsbeamter.

Kollateralschäden Heute oft ironisch für die nach Ostdeutschland entsorgten Drittkläßler aus Westdeutschlands Industriemanagement, Stadtplanung, Kulturerziehung, Schulpolitik und Wissenschaftsbürokratie (‚Kollateralschäden der deutschen Einheit'); ursprünglich jedoch NATO-Deutsch und als solches → Schönsprech für Menschenopfer auf dem Altar der Sachwertevernichtung zwecks späterer → Aufbauleistung. Diese ältere Bedeutung findet sich in einem am 5. September 2009 verfaßten Papier unter dem Titel „Nur für Deutsche". Darin schreibt der bekennende Katholik sowie Oberst (seit August 2012: General) Georg Klein nach dem Kundus-Bombardement, er habe „lange um die Entscheidung gerungen, um Kollateralschäden und zivile Opfer nach bestem Wissen und Gewissen auszuschließen" (zit. nach: *DER SPIEGEL* vom 12. September 2009).

Köln als Hauptstadt, wenn nicht gar als Synonym → des Westens, darf → durchaus als mentale → Landschaft gelten. Oder zumindest als „eine Gegend, in der man auf freundliche Weise sich selbst ins Zentrum stellt", wie der Herzenskölner Marcel Beyer einem Kölner Heimatsender gleich zu Gesprächsbeginn bedeutete („Andruck", → *Deutschlandfunk*, 19. Juni 2017). Das sei ihm erst richtig in Dresden klargeworden, wo er seit zwanzig Jahren lebe. Und wo man (offensichtlich im Gegensatz zur gesamten Restrepublik) auch AfD wähle und so „den ganzen Westen mit seinen → Werten, die seit 1945 gewachsen sind", von → Deutschland „ausschließt". Die Selbstzugewandtheit des Westens sei deshalb → nachvollziehbar. „Auf eine Weise → erzählt sich der Westen immer noch als der Westen, der er immer war in Anführungszeichen. Zugleich gibt es ein großes Mißbehagen im Westen, ein Mißbehagen, das auch ich empfinde, demgegenüber [?] der Osten sich auch immer noch so erzählt, wie er sich immer erzählt hat. ... Ich bin einfach west-sozialisiert, ich bin Rheinländer. In Köln ist das so: Wer nach Köln kommt und in Köln sein → mag, der ist dann eben Kölner."
→ Ich fühle mich als/Ich bin Europäer, → historisch gewachsen, → Weltoffenheit; → die gute alte Bundesrepublik; → Heimatliteratur.

kommen Das in nicht-kommerziellen → Zusammenhängen unbelastete Wort ist ein populärer, grammatisch jedoch schwergängiger Terminus im Idiom westdeutscher → Zahlmoral, denn dort verlangt er die Ersetzung des hochdeutschen Akkusativs (wie andernorts des hochdeutschen Genitivs) durch den Dativ. Als Beispiel nachfolgend ein → Vertreter des → Kreuzberger → Verbitterungsmilieus zur dort sogar 2009 noch virulenten → Bananenfrage: „Die Versorgung der DDR mit dieser Frucht würde der Bundesrepublik jedenfalls billiger kommen als die gigantischen Hilfsprogramme Aufschwung Ost." (Klaus Bittermann, „Die Gespensterwelt der Ossis. Über Geisterfahrer und Duckmäuser", in: ds. (Hrsg.) *Unter Zonis*,

Berlin 2009, S. 69; fallidentisch auch in *Der rasende Mob. Die Zonis* usw. (1993), *Geisterfahrer der Einheit* (1995) und späteren wie früheren Varianten)
→ Herr werden, → Wider dem Vergessen, → Dativ-Akkusativ-Inversion; → Publikationsliste.

Kommunikation Obwohl ein Buch von 1200 Seiten Umfang kaum mehr ein philosophisches Buch sein kann, wird *Theorie des kommunikativen Handelns* (Frankfurt/M. 1981) von manchen → Mehrheitsdeutschen immer noch als solches betrachtet, gar als *das* philosophische Werk der alten (noch nicht → beschädigten) Bundesrepublik überhaupt (→ der große alte Mann). Im Rahmen des → Habermasdeutschen hat das Wort K. an Bedeutungsgehalt verloren und Verwendungsumfang gewonnen, womit sich sein Geschick → rundet und zirkelt: „Vor allem dürfen die öffentlichen Kommunikationskreisläufe nicht von aller inhaltlichen Substanz entleert und von den tatsächlichen Entscheidungsprozessen abgekoppelt werden." („Die Lesarten von Demokratie", Jürgen Habermas im Interview mit Arno Widmann, in: *Berliner Zeitung* vom 17. Juni 2014, S. 24)

Kommunikationshilfe, Kommunikationskurs, Kommunikationsregeln, Kommunikationstraining usw. Das Bedürfnis nach mentaler Bevormundung (→ Infantilstil, → Wächtersprech) auch auf den vormals sog. privaten Bereich ausgedehnt zu haben, ist die wohl wichtigste kulturelle Leistung der → achtundsechziger → Aufklärung. Kein Milieu → der alten Bundesrepublik konnte sich dem entziehen, auch nicht das → rheinisch-katholische der → Bundesrepublik Adenauer. Ja, dessen → provinztypisches Eifern nach → emotionaler → Weltläufigkeit → generierte die vielleicht → massivste → Anpassung an das → vermeintlich Moderne. Nirgends im → Abendland jedenfalls dürfte die Furcht davor, nicht genügend → fortschrittlich zu fühlen, zu denken und vor allem zu scheinen, → die Menschen heftiger zittern lassen als im konfessionellen Westdeutschland.
Wie allwestdeutsche Erfahrungs- und Freiheitsangst einerseits, zeitgeistfromme Perversion des Gefühlslebens zur vorzeigbaren → Emotionalität andererseits ein phrasendichtes Rotwelsch aus → Psycho- und → Frommsprech → schaffen konnten, ist zu christlicher Morgenstunde regelmäßig im → *Deutschlandfunk* zu vernehmen. Nachfolgend eine ungeschnittene Passage: „Als Stefanie und Tilmann Bastin sich entschieden hatten zu heiraten, bekamen sie in der Vorbereitung auf die kirchliche Trauung ein kleines Heft in die Hand mit → Angeboten, die die katholische Kirche zur Vorbereitung auf den Bund fürs Leben macht. *Tilmann Bastin:* ‚Wir wollten was vor der Hochzeit → machen, waren aber so arrogant, dass wir uns sicher waren: Klassische Hochzeitsvorbereitung brauchen wir nicht, → weil, wie Liturgie funktioniert und was wir uns da versprechen, da sind wir uns ziemlich einig ... und haben deshalb was gesucht, wo wir der festen Überzeugung sind, dass das für länger hält.' *Autorin:* Die beiden entscheiden sich für einen Kommunikationskurs für Paare: ‚EPL – ein partnerschaftliches Lernprogramm' wird Paaren in vielen Diözesen in Form von Wochenendkursen oder Abenden angeboten, um zu lernen, richtig miteinander → umzugehen. Die Partner erfahren, auf welche → Fehler sie in ihrer → Kommunikation besonders achten sollten und wie sie positiv und konstruktiv miteinander reden können. Dass man für eine gelungene Partnerschaft immer wieder Zeit investieren muss, war den Bastins nichts Neues. Sie haben sich für EPL entschieden, um gleich zu Beginn das Rüstzeug zu bekommen, das ihnen auch in schwierigeren Zeiten helfen kann. *Stefanie Bastin:* ‚Wir haben manchmal → so dieses Gefühl, wenn man ein Kommunikationstraining mit dem Partner → machen [sic!], dann würde man das machen müssen, weil irgendwas verkehrt → läuft und das ist die ganz falsche Einstellung dazu. → Kommunikation ist etwas, das wir jeden Tag machen und das ja unsere Beziehung auch am meisten mit ausmacht: Dass wir vernünftig gut miteinander reden kön-

nen, im positiven Sinn, bei → Herausforderungen, bei Streit auch, das gut klären zu können.'
Autorin: Das EPL-Programm wurde in München entwickelt als Kommunikationstraining für Paare, die seit längstens zwei bis drei Jahre [sic!] in → Beziehung leben. Das → Angebot besteht aus sechs mal zwei Stunden in zeitlich unterschiedlicher → Gestaltung, meistens konzentriert an einem Wochenende. Mit-Entwickler Dr. Franz Thurmaier beschreibt das Ziel: ‚Wir versuchen den Paaren beizubringen: Wie könnt ihr mit all dem, was euch wichtig ist, miteinander ins Gespräch kommen, und zwar offen und fair, so dass Ihr wirklich alles ansprechen könnt, ohne den anderen dabei zu verletzen, sondern ganz im Gegenteil: dass ihr beide euch näher kommt im Gespräch.' *Autorin:* Vor dreißig Jahren entwickelten der Psychologe Thurmaier und seine Kollegen Dr. Joachim Engl und Prof. Kurt Halweg im Auftrag des Bayerischen Sozialministeriums, der Erzdiözese München und Freising und der Deutschen Bischofskonferenz dieses Ehevorbereitungskonzept, das seitdem sowohl von Bayerischen Standesämtern als auch quer durch Deutschland von der katholischen Kirche bekannt gemacht wird. Die Kurse werden vor allem von katholischen Bildungseinrichtungen angeboten und stark bezuschusst. Die Paare selbst zahlen vergleichsweise wenig. Joachim Engl beschreibt den Nutzen der Kurse: ‚Der erste Nutzen im präventiven Bereich für die Paare ist → erst mal noch ein intensiveres Kennenlernen. Der zweite Nutzen ist: die eigenen Beteiligungen an Auseinandersetzungen zu erkennen, die eigenen Fehler, die einem entfleuchen, die erkennt man nicht so rasch, die erkennt man jetzt → durchaus rascher und kann sich dann entscheiden: Will ich so weitermachen oder will ich's wieder in gütliche Gleise lenken.' Ein weiterer Nutzen ist auf lange Sicht sicher eine zufriedenere und stabilere → Beziehung. *Autorin:* In den Kursen selbst arbeiten die Paare mit unterschiedlichen Methoden: Durch Rollenspiele oder anhand von Videodemonstrationen werden die wichtigsten Kommunikationsregeln erarbeitet. Die üben die Paare dann, eingebettet in unterschiedliche → Kontexte, ein. Sie werden dabei jeweils von Trainerinnen und Trainern begleitet, die sich aber nur einschalten, wenn die beiden in der Verwendung der erlernten Gesprächs-Methoden vom Weg abkommen. Für Tilmann Bastin war das zunächst → gewöhnungsbedürftig, vor allem, wenn es um heiklere Themen ging. Tilmann Bastin: ‚Dass man auch beim Diskutieren über nicht ganz einfache Sachen → immer mal einen Zuhörer hat, so dass es dann wieder ging – das hat ein bisschen Überwindung gekostet. Aber die Art der Trainer hat da sehr gut geholfen, weil die nämlich → wirklich sehr unaufdringliche Zuhörer waren und nur dann Kommentare gegeben haben, wenn man wirklich methodisch sich aus dem Ruder bewegt hat und ansonsten wirklich nur den Zuhörerpart hatten, und deshalb war's dann wiederum wieder erstaunlich einfach.' *Autorin:* ‚Die Paare lernen zunächst anhand positiver → Themen und entspannter → Kontexte, was ein → zugewandtes Zuhören bewirken kann. Manchem Teilnehmer fällt es gar nicht so leicht, erst einmal nur zuzuhören, dem anderen nicht sofort ins Wort zu fallen oder nicht gleich zu kommentieren. Doch nicht selten entsteht so ein neuer → Raum, sich einander zu öffnen. Die Paare entdecken neue Formen, wie sie Gefühle in Worte fassen können, die sie bisher nicht ausgedrückt haben. Sie erleben, wie sie dem anderen auch eigene positive → Emotionen beschreiben können.'" (Andrea Fleming, „Drum rede, wer sich ewig bindet", 28. Mai 2017)
→ Diozöse, → Komplimente-Generator, → Kommunikationskultur, → sich öffnen, → Zusammenhänge; → Pluralisierung.

Kommunikationskultur Wie fest sie Denken und Sprache ihrer Benutzer im Griff hat, zeigt sich selbst dann, wenn diese nur über K. zu sprechen glauben: „Wir haben eine neubürgerliche Substanz zu → generieren, die ohne die → Werte des herkömmlichen → Bürgertums auskommt. Unsere Aufgabe wird sein, aus → dem Heterogenen eine neue Kommunikationskultur zu entwickeln: → den Anderen mit einbeziehen, das Andere verstehen, vom Anderen zu lernen." (Christian Schüle, „Appell ans kritische Bewußtsein", in: ds., *Deutschlandvermessung. Abrechnungen eines Mittdreißigers*, München-Zürich 2006, S. 179) Zu den Zeiten, als das Kommunizieren noch geholfen hat: → -kultur, → Diskurs, → HABERMASDEUTSCH, → TUTZING; zur neueren Sprachlosigkeit: → Komplimente-Generator, → Kommunikationshilfe.

Kommunismus Im politpublizistischen wie -wissenschaftlichen Westdeutsch häufig gleichbedeutend mit ‚Sozialismus' verwendet; in der westdeutschen Umgangssprache Sammelbegriff für alles, was nicht westdeutsch sein soll.

kommunizieren Mit nachfolgendem Dativ soviel wie ‚verklickern', im Partizip Passiv mit vorangestelltem ‚nicht genügend' beliebte Erklärungsformel nach Wahlniederlagen der → Volksparteien bei → den Menschen.
→ BETREUUNGSSPRECH, → Gesprächskultur (auch: → Kommunikationskultur).

KOMPARATIVSTÖRUNG Die Grenze zwischen freiwilliger und unfreiwilliger Sprachkomik ist für den Westdeutschenbeobachter oft schwer zu erkennen: Die neue Berliner Landesregierung werde die hauptstädtische Verkehrsentwicklung wohl „immer noch lahmer legen", prophezeite *DIE WELT* am 9. Dezember 2016. Derlei gestörtes Verhältnis zum Komparativ ist nicht zu verwechseln mit der im → BLÄH- und WICHTIGSPRECH gleichfalls häufigen → KONJUNKTIVSTÖRUNG. An beiden Defekten leidet neben Karl Heinz Bohrer und Martin Mosebach die → hochmögende Stilistin und → habhafte Schwäbin Sibylle Lewitscharoff. Bei ihr wird aus dem ‚leichter wiegenden' → durchwegs ‚leichtwiegenderes' (exemplarisch: *Vom Guten, Wahren und Schönen*, Frankfurt/M. 2012, S. 22), was aber → ungleich weniger ins Gewicht fällt als der von L. → ‚gleichsam' kanonisierte verstärkte Komparativ: „ein ungleich faderes Zeugnis des Geschehens" (S. 35), „ein ungleich differenzierteres Bild" (S. 102), „Odysseus ist für uns ungleich interessanter als Achilles ..." (S. 156) Einen Sonder- und zugleich Musterfall der K. → präsentierte einst Fritz J. Raddatz: „Immer schader und schader finde ich, daß ich die ... Rezensionen über, für, gegen meine Tagebuch-Publikation nicht rezensieren kann." (*Tagebücher 2002–2012*, Reinbek 2014, S. 543) Was er natürlich dennoch tat.

Kompetenz ‚Friedenskompetenz' erlangt man nicht nur im Schweizer „Zentrum für Friedensagogik" (zfa) in Kursen, die die „Sach-, Selbst- und Sozialkompetenz" stärken sollen, sondern auch bei der Evangelischen Kirche Deutschlands: Dort → wirbt der Friedenskompetenzbeauftragte Renke Brahms für eine „Bündelung evangelischer Friedenskompetenz in enger Zusammenarbeit mit dem evangelischen Militärbischof" (*EKD Info* vom 29. September 2008). Zur Vorbereitung taugt bestens die Lektüre des Sammelbandes *Trauma, gesellschaftliche Unbewußtheit und Friedenskompetenz*, hrsg. von Uta Ottmüller (2003). Erweist sich die Kriegskompetenz der unbewußten, aber machtvollen Unheilsbringer in dieser Welt als stärker, gilt es ‚Krisenkompetenz' (Eckhard W. Kuhn) als → Kernkompetenz auszubilden. Ein Historiker mit vielversprechendem Familiennamen hat in diversen Aufsätzen erklärt, welche *Kompetenzakkumulation* nach dem Zerfall des Ostblocks entstanden sei (Hans-Heinrich Nolte, *K.akkumulation im Weltsystem. Der Krieg, Rußland und die Liebe zu solchen Sachen*, in: Eva Barlösius (Hrsg.), *Distanzierte Verstrickung. Die ambivalente Bindung soziologisch Forschender an ihren Gegenstand,* 1997). In westdeutschen Städten sind ‚Konfliktkompetenzzentren' zum Abbau bewußter und unbewußter ‚Spannungen und Aggressionen' eingerichtet worden. Die → nachhaltigste Friedens-, Krisen- und Konfliktkompetenz jedoch verspricht die → zwischenzeitlich in Potsdam ansässige Niedersächsin

Franziska Müller mit ihrem „Kompetenzzentrum für pferdegestütztes Coaching". Empfohlen werden satteltaugliche Beinkleider.
→ Flächenkompetenz, → Holzkompetenzzentrum, → Schlafkompetenzzentrum; → Couch.

Kompetenzrevolution ist ein seit ca. 50 Jahren → zunehmender → Prozeß der Kompetenzausbreitung → in der Fläche; Näheres dazu bei Michael Vester u. a., *Soziale Milieus im gesellschaftlichen Strukturwandel. Zwischen Integration und Ausgrenzung*, Frankfurt/M. 2001, S. 204ff.

Kompetenzzentrum Bescheiden für Intelligenz-Sammelstelle: Ringsum ist alles → verwahrlost oder verblödet, aber in der Mitte weiß man Bescheid. Über „Chancen hinter Gittern" berichtete die *Berliner Zeitung* vom 8./9. April 2017: „Neues Kompetenzzentrum in der JVA Moabit ermittelt Talente von Häftlingen – und eröffnet Perspektiven" (Silvia Perdoni, S. 11).
Daneben ermöglicht der Terminus zahlreiche Komposita und somit die Vermeidung der deutschen Hochsprache, wo sie nun wirklich fehl am Platze ist, z. B. im → Holzkompetenzzentrum (hochdeutsch: Sägewerk).

Komplimente-Generator Synonym für → ‚Ohrenöffner'; Fachterminus des gehobenen → BETREUUNGSSPRECHS, hier: der paarbezogenen → Kommunikationskultur. Über die führende Rolle des Katholizismus bei der Ausarbeitung ihrer Regeln berichtete Andrea Fleming im → *Deutschlandfunk*: „Um speziell das jüngere Publikum besser zu erreichen und Kommunikationsformen mit einzubeziehen, die neben der verbalen Face-to-Face-Kommunikation genutzt werden, entwickeln [die katholischen Paartrainer] Engl und Thurmaier mit ihrem Team gerade eine Smartphone-Anwendung, eine Beziehungs-App → sozusagen. Die Kommunikationsexperten beschreiben damit im Bereich der Paar-Kommunikation ganz neue Wege, ein solches Angebot scheint es auf dem Markt noch nicht zu geben. Die Arbeit an dem Konzept macht ihnen sichtlich Spaß. Joachim Engl beschreibt die interaktiven Elemente: ‚Es wird zum Beispiel eine Nörgel-Tafel geben, wo ich → erst mal ungefiltert draufkritzele auf das Display, was mir so missfällt und wo ich dann geleitet werde, das in eine faire Aussage dem Partner weiterzuleiten mit einigen Tipps. Ich werde auch hin und wieder angeleitet, Komplimente zu machen; dazu gibt es einen Komplimente-Generator, der sich zu verschiedenen Zeiten meldet und dann unter Umständen aus verschiedenen Bereichen etwas vorschlägt, was ich dann selbst formulieren muss.' *Autorin:* In einen Beziehungskalender können die Partner Meilensteine ihrer Beziehung einpflegen [sic!] in Form von Fotos, Musik oder kleinen Filmen. Und in Spielen können Punkte gesammelt werden, etwa Blätter für einen Beziehungsbaum, dessen Entwicklung Auskunft gibt über den Bezichungsstatus. Finanziert wird die Entwicklung vom Bayerischen Sozialministerium und soll nächstes Jahr als kostenloser Download in den App-Stores von Google und Apple zur Verfügung stehen." („Drum rede, wer sich ewig bindet", 28. Mai 2017)
Die frisch-fromm-fröhlich-frigide Variante → selbstbestimmter Selbstentmündigung ist im größeren → Kontext von → Kommunikationshilfe und Kommunikationskursen, wenn nicht gar der westdeutschen → Gesprächskultur insgesamt zu sehen.

Komplott Hochdeutsch: das K., westdeutsch → zunehmend: der K. Den letzten Beleg des Jahres 2014 hierfür lieferte Jörg Thadeusz, ein Print- und Funkmedienschaffender, der seit längerem ein rußlandfreundliches Komplott gegen die Ukraine in der nicht-medialen Öffentlichkeit argwöhnt, welche ihrerseits eine Verschwörung der öffentlich-rechtlichen Medien halluziniere: „Die schillernd Fantasiebegabten wähnen sogar einen putin-feindlichen

Komplott dahinter." („Immer wieder geht die Sonne auf. Über Udo Jürgens und Helene Fischer, entfrostete Hamburger und dünkelhafte Feuilletonisten, über Glück, Courage und Optimismus" usw., in: *Berliner Zeitung* vom 31. Dezember 2014, S. 29)

Konjunktionsschwäche Grammatikalische Eigentümlichkeit im westdeutschen Kulturfunk und → Qualitätszeitungsfeuilleton; am häufigsten zwischen ‚daß' und ‚ob', exemplarisch: „ob sie sie verstehen, wage ich zu bezweifeln" (Fritz J. Raddatz, *Tagebücher 2002–2012*, Reinbek 2014, S. 356).
→ ob.

Konjunktivstörung Linguistischer Arbeitsbegriff für den über- oder untertriebenen Gebrauch der Möglichkeitsform; grammatikalische Primärerkrankung, die verantwortlich ist für den → qualitätsmedial → massiv zu beobachtenden Gebrauch falscher Präpositionen, Konjunktionen u. ä. m.
→ warnen.

konkret Dieses allzu → auffangsamen Ohren marxistisch-theorieschwer klingende Adjektiv/ Adverb hat mittlerweile Eingang auch in stockbürgerliche Schreibe gefunden, wie ein Blick in Ursula Sarrazins Hauptwerk *Hexenjagd. Mein Schuldienst in Berlin* zeigt. Es schließt mit dem Merksatz: „Konkret heißt das, Lehrer sollten nach ihren Lehrergebnissen bewertet werden." (München ²2012, S. 286)
→ Aufgabenbereich, → Bedingungsfeld, → Diskrepanzen (dort zu ‚konkreten Muslimen'), → ganz konkret, → Problemgebiet, → Themenfeld, → umgehen.

Konkurrenzkapitalismus Eher phänotypologisch denn wirtschaftshistorisch gebrauchtes Grein- und Schimpfwort für die Spätform des → Schweinesystems; eine → qualitätsmedial inzwischen etablierte Begriffsbildung aus seelischem wie sozialem → Anspruchsdenken.

können Naturalisierter Amerikanismus, Universalverb des → JOVIALSPRECHS. Die Könner und Könnerinnen umschiffen mit ihm die → schweren Wasser der Flexion (→ DATIVSCHWÄCHE), da das Satzobjekt artikellos dem Tätigkeitswort anzufügen ist. „Von Anfang an verkaufte Alnatura eigene Produkte. Zum Verständnis: Dabei handelt es sich nicht um Produkte, die das Unternehmen selbst herstellt. ‚Wir haben keine eigene Produktion', sagt Dr. Manon Haccius: ‚Jeder soll das tun, was er am besten kann. Wir können Einzelhandel, andere können Verarbeitung, wieder andere können Anbau.' Die Agrarwissenschaftlerin leitet den Bereich Qualität, Recht und Nachhaltigkeit bei Alnatura." (Christoph Lützenkirchen, „Nüchtern und pragmatisch. Alnatura ist Platzhirsch im Naturkostfachhandel", in: *Ökotest* 10/2014, S. 54–59, hier: S. 54) Eine Alnatura-Sprecherin macht zudem klar, was der Konzern außerdem kann: Entwicklung. Die „eigenen Produkte", geliefert von 136 Herstellern, würden bei Alnatura selbst entwickelt (S. 55).

Konnotationen hat man häufig im → MEDIALDEMOKRATISCHEN → WÄCHTERSPRECH und am häufigsten bei der → BITTERMANNLINKEN, wobei es typischerweise zu semantisch-syntaktischen Konfrontationen kommt: „Die negative Konnotation der Selbstbezichtigung zum [!] Völkischen, zur Rasse, war nicht bloß die vorübergehende Begleiterscheinung eines historischen Prozesses, sondern drückte bereits die Absicht der Ossis aus, damit ernst zu machen" usw. usf. (Klaus Bittermann, „Die Gespensterwelt der Ossis. Über Geisterfahrer und Duckmäuser", in: ds., *Geisterfahrer der Einheit*, Berlin 1995, S. 7)
→ Humor, → Kreuzberg, → Prozeß, → Publikationsliste.

Konsens Hochdeutsch mit Betonung auf der letzten, westdeutsch mit Betonung auf der ersten Silbe. Der schwäbische Romanist Hans-Martin Gauger, der gern mit seiner regionalen Sprachbindung kokettiert, muß da etwas verwechselt haben. Er schreibt: „Nicht nachgeben, meine ich entschieden, sollten wir (also im Westen) der für uns völlig neuen, im Osten offenbar üblichen Akzentuierung des Wortes auf der ersten Silbe." *(Was wir sagen, wenn wir reden. Glossen zur Sprache*, München-Wien 2004, S. 120, gleich darauf die tiefsinnige Begründung: „*Konsens* ist ja – für uns Deutsche allgemein – ein sehr wichtiges Wort!") Linguistische Feldstudien seit den frühen 1990er Jahren zeigen etwas anderes: Die Betonung auf der ersten Silbe ist Konsens unter den westdeutschen Dauerbenutzern dieses Wortes. Ursprünglich im Jargon der universitären Oberseminare beheimatet (→ HABERMASDEUTSCH), hat es den Weg zu → den Menschen auch außerhalb → der Politik gefunden. Der Überdruß an Sensibilität, sense, bon sens, common sense und eigenem Urteil hätte keinen besseren Ausdruck finden können.
→ Wir, → Wir-Gefühl, → Wir (Deutschen) im Westen.

Konservative marschierten → spätestens ab 1986 mit offizieller Erlaubnis von Franz Josef Strauß „an der Spitze des Fortschritts".

Konstrukt(ion) Akademischer → SPREIZSPRECH, beliebt bei Juniorwissenschaftlern aus Niedersachsen, Westfalen und Oberschwaben. Erscheint ebenso wie → Begehren gern als Buchtitel und mit angehängtem Genitiv *(Die Konstruktion des Begehrens)*. Wer in Westelbiens Sozialwissenschaften was sein oder machen oder gelten will, hat in mindestens einem Aufsatz jährlich eine Konstruktion zu dekonstruieren. „Familie wird → zunehmend zu einer → sozialen Konstruktion." Alles weitere: → Gestaltungskoordinierungsaufwand.

Kontaktanzeige Zwischen Puritanismus und Pornographie findet die Westdeutscherotik, deren Existenz noch immer nicht empirisch gesichert ist, schwer den mittleren Weg. Die einen faseln von Penetration, die anderen nennen es Kontaktaufnahme. Ungeklärt bei ‚Kontaktanzeige' ist zudem, wer hier was wem anzeigt – doch nicht ein Paar seinen Kontakt?

Kontaktbereichsbeamter hat nicht weniger Silben als ‚Abschnittsbevollmächtigter', macht aber mehr, wenn auch falsche Hoffnungen: → Kontaktanzeige, → KOB.

Kontaktbörse Ursprünglich medialsprachlich wie massenerotisch gängiger Ausdruck für die → Ansage des → Begehrens; unter westdeutschen → Freidenkern während des letzten Jahrzehnts aufgekommenes → SCHMÄHWORT für die katholische Kirche.

Kontext Inflationär im Akademikervolgare, insbesondere im → SCHWANSPRECH; Näheres: → Diskrepanzen.

Kontinuität der Entfaltung ihrer Traditionen erinnert an ‚Rolle des Wesens der Bedeutung' aus staatsmarxistischen Zeiten, denn das Bedeutende triumphiert zumeist dank Genitiven. Wie jeder Hörer von Radio Vatikan und jede Leserin Martin Mosebachs wissen, ist das Ende des Sowjetsystems hauptsächlich das Ergebnis römischer Gebetsoffensiven. „Nach dem Sieg über den Kommunismus hatte die Kirche Johannes Pauls II. triumphiert – nun wurden andere, womöglich noch größere → Herausforderungen sichtbar." Zum Beispiel: Wie reist man als Stellvertreter des Allerhöchsten und als Botschafter des Mittelalters überzeugend mit einem neuzeitlichen Verkehrsmittel wie dem Flugzeug? Wie zelebriert man im TV Heilige Messen, ob nach Tridentinischem oder älterem Ritus, ohne dem Heilsgut zu schaden? Tötet da nicht das Medium die Botschaft? Hat sich so vielleicht auch der Heilige Vater, zumal ein westdeutscher wie Josef Ratzinger, der Anpassung an → die Moderne und ihre → Innovationen verdächtig gemacht? Martin Mosebach weiß es besser: „Dieser Vorstellung setzte Benedikt die Überzeugung entgegen, die Kirche sei durch die Jahrtausende hindurch immer dieselbe; sie kenne keine Brüche und Revolutionen, sondern lebe in einer Kontinuität der Entfaltung ihrer Traditionen." („Papst-Rücktritt: Er will kein Chaos hinterlassen", in: *FAZ* vom 12. Februar 2013) Hindurch durch die Jahrtausende – ab mehr als einem darf im Plural gesprochen werden! – entfalten sich Traditionen, kontinuierlich sogar. Oder ist die Kontinuität der Entfaltung selbst die Tradition? Aber was müßte sich bei solcher Kontinuität der Tradition noch entfalten? Und haben nicht auch Traditionen einmal klein angefangen und gibt es nicht mehrere davon in einer traditionsreichen Kirche? Fragen eines lesenden Häretikers ...

Konzepte sind, was → ‚wir brauchen', und zwar täglich, von der XY-Beauftragten morgens im *Inforadio* bis zum staats- oder wenigstens sakkotragenden Gastredner abends im Wissenschaftskolleg. K. ersetzen – als Gedanken für die Handtasche – nicht nur das Denken selbst, sondern auch → Visionen, so wie diese zuvor schon → Utopien ersetzten. Mit einem Satz: „Wir sind in eine Phase der Konzeptualisierung getreten."
Die Besiedlung der sozialen Realität mit ‚K.n' und die Unterstellung von falschen oder unzureichenden ‚K.n' beim → Mitkonkurrenten zeugen vom sprachlichen Ideologisierungseifer zumeist → westlinker (linksbürgerlicher, ‚linksliberaler') Milieus. Freilich wurzeln sie in einer allumgreifenden Verdinglichungstendenz, vulgo: in der westdeutschen Wirklichkeitsangst, die sich Interessengewühl zum Ideenkampf umdeutet. Man findet sie daher auch in → NEONARZISSTISCHEN und sonstlei nabelumkreisenden Milieus. Ein frisch promovierter *FAZ*-Redakteur, der sich mittels des „Sündhaften" endlich mal „dem Leben preisgeben" will, bewirbt seinen Report dieser Preisgabe wie folgt: „Ohne die Sünde und die ihr gegenübergestellte Buße wären die Literatur, die Psychoanalyse und die Kirche einem [sic!] ihrer → wirkmächtigsten Konzepte beraubt. Ein besonderes Ereignis ist, dass Simon Strauß seinen Debütroman ‚Sieben Nächte' ausgerechnet jetzt veröffentlicht, im Lutherjahr, das auf besondere Weise verbunden ist mit den Konzepten der Sünde und Vergebung." Der sündensuchende → BÜBCHENBELLETRIST will „sich Gewohnheit und Tristesse → verwehren" und „entwickelt aus der Erfahrung der sieben Todsünden die" – nein, nicht die Konzepte, „die Konturen einer vermutlich besseren Welt, eines → intensiveren Lebens." (→ *Deutschlandfunk*, Programm 9/2017, S. 9)
Zum Schicksal des Konzeptsünders Luther in anderen Kunstdialekten: → FROMMSPRECH, → TUTZING; zur neonarzißtischen Grammatik: → DATIVSCHWÄCHE, → GENITIV-DATIV-MESALLIANCE, → NEUSCHNÖSELSPRECH, → Wider dem Vergessen.

Konzepte entwickeln Phrase aus dem politikbewerbenden → WICHTIGSPRECH; Formel des verbalen → Gratis-Muts, hochbeliebt im → MEDIALDEMOKRATISCHEN, mithin im → Qualitätsradio, wo man über → Konzepte im Überfluß verfügt. Namentlich die Kommentatoren des → *Deutschlandfunks* kennen auf allen → Themenfeldern mehr Lösungen als Probleme, haben mithin die richtigen Ideen, wenn auch nicht die tauglichen Mittel zur Entwicklung von Konzepten, weshalb sie gern → die Politik → anmahnen, K. zu entwickeln, um in Altersvorsorge, Arbeitslosigkeit, Asylpolitik u. v. a. m. endlich die → Kuh vom Eis zu holen.

(ständig neue kleine) Kopftuchmädchen gehören seit *Deutschland sich abschafft* (oder so ähnlich) zum Elementarwortschatz westlicher → Weltoffenheit. Wie Kopftücher werden K. nicht geboren, sondern *produziert*. Das versicherte ein Kenner der Materie aus Berlin

(West) mit sarazenisch klingendem Namen, also wahrscheinlich verunreinigtem Stammbaum (*Lettre International*/Berlinheft, 20. September 2009).
→ Islamkritik, islamkritisch.

Koppelsucht Möglicherweise im Gegenzug zur angloamerikanisch inspirierten Entkoppelungstendenz (→ Humboldt Forum, → Schiller Theater) aufgekommene Tendenz des → Schnöselsprachlichen. Die folgenden Beispiele finden sich in den *Tagebüchern* von Fritz J. Raddatz (Rücktitelhinweis: „Man hat das Buch ‚den großen Gesellschaftsroman' und ‚ein kaum erträgliches Kunstwerk' genannt"), dem dort bereits „die Lebens-Sand-Uhr rinnt" (27. Juni 2011) wie kaum einem anderen. FJR, verbittert in einer Non-comme-il-faut-maison in Nizza: „Ich habe mich sehr verwöhnt, kein Aschenbecher in meinem Haus und keine Lampe, der/die nicht signiert ist, selbst die Frühstücks-Konfitüre aus in Paris ersteigerten Tharaud-Keramiken und die Butter nicht von Plastik-‚Platten', sondern aus silbernen Renaissance-Dosen" (30. Januar 2012).

Körperarbeit → Sexarbeit, → Zusammenhänge.

Körperlichkeit 1. → Spreizsprachlich und → klemmwörtlich zuweilen für ‚Sexualität', zuweilen für den Plural von ‚Körper' (→ Krieg in den Familien, → Haßwitze, → vorbürgerlich); in vielen → Diskursen der Empfindsamkeit sowie im → Feminisprech auch gleichbedeutend mit ‚Körper'.
2. Seltener: die → schnöselsprachliche Parallele zu → ‚Begrifflichkeit', → ‚Befindlichkeit'. So findet sich die Rede von ‚K.' auch bei Blaustrümpfen männlichen Geschlechts. Ein frühes Sprachbeispiel verdanken wir diesem Berufslinken, der zum Berufsdemokraten reifte und über die 1989er Revolte der Ostelbier folgendes niedernäselte: Die Leipziger Montagsdemonstranten hätten sich „nicht zum Nahkampf in die zerklüfteten Institutionen des Staates begeben"; das Volk sei „vielmehr einfach in seiner Körperlichkeit auf der Straße zusammengelaufen" (Thomas Schmid, *Staatsbegräbnis. Von ziviler Gesellschaft*, Berlin 1990, S. 21f.).

kosmopolitisch Hochdeutsch und althergebracht: ‚weltbürgerlich', ‚international'; westdeutsch und konträr hierzu: eine Exklusiveigenschaft des bundesrepublikanischen Nationalcharakters.
West- und somit Mehrheitsdeutsche gebrauchen das Adjektiv gern prädikativ, wenn sie anderen Westdeutschen, aber auch nationalen Minderheiten ihre → Erzählungen von westdeutscher → Weltoffenheit vortragen. Das ist besonders oft nach Wahlen notwendig. Westdeutsche Ostdeutschendeuter erklären dann das Wahlverhalten jener Gegenden, in denen die CSU nicht im Angebot war. Der Soziologe Holger Lengfeld, an der Fernuniversität Hagen zum Deutschlandversteher erblüht, an die Universität Leipzig als Deutschenerklärer berufen, sieht einen Kulturkampf entbrannt: „Eine Reihe von Menschen in Ostdeutschland und vor allem in → Sachsen sind in der neuen kosmopolitischen Gesellschaft nicht → angekommen: Sie wollen nicht mehr Diversität, mehr Offenheit." Diese Reihenmenschen haßten die Grünen und wählten eine merkel- und damit → frauenfeindliche Partei. Nicht soziale → Abgehängtheit, Verödung ländlicher Gegenden, grassierende Grenzkriminalität usw. seien die Ursache, sondern „die kulturelle Prägung", sprich: → das Ostdeutschsein. Ältere ostdeutsche Männer mit traditionell wenig Kontakt zu Fremden sowie traditionell traditionellem Familienbild und Staatsbegriff hätten AfD gewählt, während → „wir im Westen seit den 1950ern" eine „multikulturelle, freiheitliche, liberale, kosmopolitische" Wesensart und Menschengemeinschaft entwickelt hätten, nicht zuletzt „durch unsere → Gastarbeiter"

(*Inforadio*, 26. September 2017). Professor Lengfeld bemühte hier → einmal mehr die sog. Kontakttheorie, die freilich angesichts weltweiter, vor allem US-amerikanischer Erfahrungen mit → Minderheitenkonflikten arg in Verruf gekommen ist.

Wie sieht der Lebenslauf eines westdeutschen Kosmopoliten aus? Fast immer nennt der akademisch gehobene Weltbürger als Initialerfahrung einen Schüler- oder Studienaufenthalt in → den Staaten. Die USA der Nachkriegsjahre, nach den → freiheitlich-demokratischen Maßstäben heutiger Bundesrepublik ein rassistischer → Unrechtsstaat, erlebte der Juniormondäne teils in seiner bibeltreuen Gastfamilie, teils in der dünnen Luft universitären Seminarbetriebs. Durch solche Bewußtseinsaufschließung zur Weltoffenheit gereift, sollte einer Karriere als Erzähler vom westdeutschen Kosmopolitismus nichts mehr im Wege stehen. Politikprofessor und Ostdeutschendeuter Wolf Wagners Universitätskarriere begann wie die Lengfelds erst nach 1990, „als man in Ostdeutschland händeringend → profilierte Akademiker suchte" (*Deutschlandfunk*, Programm 9/2017, S. 20). Ähnlich wie Heimatfunkgast Wagner berichten zahlreiche → Intellektuelle → der alten Bundesrepublik, speziell der 1930er und 1940er Jahrgänge, von ihrer politischen Erweckung beim überaus einwandererfreundlichen → Alliierten.

→ inklusiver Populismus, → Ich fühle mich als Europäer, → Vertragsarbeiter, → Wie wir Amerikaner wurden; die Details: → Sconto! → Keine Italiener! → Türken raus!

Kostenschwemme → trockenlegen.

Kostümfaschisten Im gesprochenen Westdeutsch unpopulär gebliebene Wortprägung Martin Walsers für die ostdeutsche Gefolgschaft westdeutscher Führerpersönlichkeiten; polemisch gewendet gegen (bis 1989) westlinke Antifaschisten und (nach 1989) westlinke Antitotalitaristen. Deren Verblüffung darüber, daß nun nicht mehr allein in Westdeutschland Nazisprüche schallten, war bekanntlich so groß, daß sie zur Erforschung dieses Phänomens mehrere Institute und Stiftungen aus dem Steuersäckel und ins Kulturleben riefen. → Demokratieberater, → Westlinke, → Wortergreifungsstrategie.

Kotzhügel → FÄKALSPRACHLICH für einen → Ort bei München, an dem das → MEHRHEITSDEUTSCHE → Wir-Gefühl zwischen Urinlachen, Lebensmittelresten und Erbrochenem die Endphase seiner saisonalen → Selbstverwirklichung einleitet, vulgo: seinen Rausch ausschläft. Jener der ‚Wies'n' angegliederte K. ist in Süddeutschland teilweise das, was in Südeuropa → ganzheitlich der → Ballermann. In beiden Fällen schufen sich Mehrheitsdeutsche jene → Erlebnisräume, die fernab aller „groben Sinnlichkeit" von der „nachbürgerlichen Entwicklung erotischer Verfänglichkeit" (Botho Strauß) künden; Näheres und Weiteres: → Eroskiller.

Kraftanstrengung Gegen Schwächeversagen haben sich Schwächeanstrengungen als überraschend wirkungslos erwiesen.

kreative Klasse Sie ist selten in → der Politik und niemals in → Kreativhäusern anzutreffen, dafür aber um so häufiger dort, wo man → was mit Menschen macht, die → was mit Kunst machen.

Kreativhaus Einstmals: Kulturhaus, heute auch: Kreativ-, Kultur-, Begegnungszentrum; BLÄH- und SPREIZSPRECH für → trägergestütztes Herumreden, -spielen, -tanzen.

Kreativzentrum Manchmal müssen sich nur zwei einbeinige Wörter gegenseitig stützen – und das SPREIZWORT steht.

kreieren → lernt heute fast jeder, zumindest, wenn er regelmäßig ins → Kreativhaus geht.

Kreise Populärsoziologischer → SCHNÖSELSPRECH. Unterschieden werden: weite Kreise, → breite Kreise, → intellektuelle Kreise und interessierte Kreise sowie die Interessenten an Kreisen überhaupt.
→ elegantes Deutsch, → diese Kreise.

Kreuzberg „Er hatte dank privilegierter Geburt alle Chancen. Doch aus seiner Kleinstadt in Westdeutschland zog er nicht etwa fort nach Westeuropa oder gar noch weiter westlich, sondern nach Osten, nämlich nach Westberlin, wo im Bezirk K. seine geistige Entwicklung an ihr frühes Ende kam."
Eine Kurzbiographie wie die vorstehende ließe sich unzähligen → MEHRHEITSDEUTSCHEN anhängen, die vor Wehrpflicht und Lebensernst in die Mauerstadt flohen, um dort zunächst den Endkampf gegen das → Schweinesystem auszutragen und nach des letzteren rotgrüner Totalrehabilitation eine heimatselige → HEIMATLITERATUR mit heftigem Stadtteil-chauvinismus zu → kreieren (*Alles schick in Kreuzberg, Being Kreuzberg, Kreuzberger Szenen, Wir in Kreuzberg, Eine Liebe in Kreuzberg* u. ä. m.). Wer außerhalb von Berlin-Kreuzberg lebt, hat es schwer bei Klaus Bittermann und der → BITTERMANNLINKEN, die argwöhnisch aus Milieumief und Nostalgienebel späht, ob nicht gar Fremde „in grenznahen Bezirken" als Discounterkunden nahten und so den eigenen Konsumvorsprung gefährdeten (vgl. *Der rasende Mob*, 1993; *Die Gespensterwelt der Ossis*, 1995; *It's a Zoni*, 1999; *Unter Zonis*, 2009 und sicherlich noch öfter). Ansonsten liebkost die Kreuzberger Kleinkulturszene, wie westdeutsche Kulturkleinbürgerlichkeit ohnehin, alles Ausländische, wenn es nur weit genug entfernt lebt und hübsch in seinen lokalen und sozialen Ghettos verbleibt (→ Weltoffenheit, → Sconto, → Keine Italiener, → Türken raus!).
Noch 25 Jahre nach dem → Anschluß ist ‚K.' daher gleichermaßen Kampfbegriff und Kernzone der → Westberliner, bei näherem Hinsehen: der westdeutschen Kulturprovinz und Synonym ihrer Sehnsüchte nach der guten alten Zonenzeit; Hauptwohnsitz des publizistisch tätigen → Jammerwessis und Hauptproduktionsort heimattreuer → Selbstverständigungs-texte („*Treffen sich zwei* ist ein Liebesroman für Erwachsene und ein Heimatroman aus Berlin-Kreuzberg. Er handelt vom → Begehren und von den Ängsten" usw. usf.; Werbetext für Iris Hanika, 2008). Der → Zuzug von Westdeutschen nach K., die ausschließlich unter Westdeutschen oder gelegentlich in Nationalitätenrestaurants zu sein wünschen, hält unvermindert an. So kann es wenig überraschen, daß K. seit der administrativen Vereinigung Berlins zum Bezirk mit den meisten → Fremdenfeinden geworden ist, die sich dort freilich als Tourismusgegner verlarven (Quelle: *Visit Berlin*, 2015/I).
→ Kleinkunst, → Bei Bolle hat's gebrannt.

Krieg in den Familien Die Jürgen-Fuchs-Schöpfung ‚→ Auschwitz in den Seelen', rasch eingefügt dem Wortschatz des → BETROFFENHEITLICHEN, inspirierte innerhalb der westdeutschen Kleinkunstszene diverse Nachschöpfungen von gleicher Struktur. Beispielhaft hierfür der → bananen-, ballermann- und neckermannkundige Ostdeutschendeuter Klaus Bittermann, dem es seit Jahrzehnten in der → Ehemaligen nicht konfliktfroh-kriegsfreudig genug zuging: „[W]enn von Krieg überhaupt die Rede sein konnte, dann von dem Krieg in den Familien, der den westlichen Verwandten während ihrer Besuche [offenbar gemeint: von ihren Besuchen] als zutiefst quälend und deprimierend in Erinnerung ist" (*Geisterfahrer der Einheit*, Berlin 1995, S. 20; in Varianten auch 1993, 2009, 2015 und immer wieder und immer öfter); vgl. die 1982er Beobachtung des durch Bittermann noch 2009 herbeizitierten DDR- und damit beinahe Weltreisenden Michael O. R. Kröher: „Auch das ist [im Osten]

grundsätzlich anders als in der restlichen Welt. Sexuelles ist dort generell tabu, Erotik unerschwinglicher Luxus und selbst → Körperlichkeit verpönt." („Nichts gegen die da drüben", in: *Unter Zonis*, Berlin 2009, S. 12–31, hier: S. 21)
→ Eroskiller, → Vornamensinitial.

Krippengipfel Ministerliches Jovialdeutsch; bei klarer Artikulation kaum zu verwechseln mit ‚Grippenzipfel'. „Die Kritik: ‚Wer bestellt, der soll auch bezahlen', läuft hier ins Leere, sagte Bundesfamilienministerin Kristina Schröder" (sagte die Internetseite des Bundesministeriums für Familie, Senioren, Frauen und Jugend, Abteilung Kinder und Jugend, vom 13. Oktober 2010). „Auf dem Krippengipfel 2007 wurde nämlich gemeinsam bestellt: von Bund, Ländern und Kommunen."

kritisches Bewußtsein wird in westdeutschen Schulen, seitdem dort nicht mehr geprügelt werden darf, seriell produziert. In westdeutschen Universitäten gerinnt es mitunter zu → kritischem Wissen. Nach milieuübergreifender Ansicht ist die Allgegenwart des k.en B.s in der westdeutschen Mehrheitsgesellschaft eine Leistung der sog. → Achtundsechziger oder → Altachtundsechziger. Ihnen erst sei die Umwandlung einer individuellen Anstrengung in eine kollektive Attitüde gelungen. Die historische → Einzigartigkeit eines k.en B.s, das als Rudeltrieb auftritt, hat wohl niemand so treffend formuliert wie jener Philosophieprofessor aus Hagen, der nach seiner Berufung an die Humboldt-Universität zu Berlin in den frühen 1990ern dem Studentenblatt mitteilte: „Die ostdeutschen Studenten sind jetzt schon genauso kritisch wie unsere."
Die Formel ‚k. B.' zeigt an, daß in der → freiheitlich-demokratischen Neuordnung der Welt deren jahrtausendealtes Daseinsgesetz „Verstand schafft Leiden" außer Kraft gesetzt ist. K. B. erweist sich somit als begriffliches Äquivalent für Aufgewecktheit, Wachsamkeit, aber auch: allbedachte Schläue, nimmermüde → Vorteilsritterschaft. Der Bewußtseinstüchtige erfährt seine Lebenstüchtigkeit durch die stolze Gewißheit, daß ihn sein Nächster mit keinem verbalen Trick über den Tisch ziehen könne. K. B. befähigt nämlich nicht allein zu → emanzipatorischem Fühlen, kritischem Denken und progressivem Handeln, sondern schützt auch vor windigen Verkäufern und Vertretern, kurz: den geschäftstüchtigen Agenten des → aufgeklärten Bewußtseins.
Die → Idee, beim Nebenmenschen Bewußtsein erzeugen zu können, ohne ihn hierfür entmündigen zu müssen, haben *ARD*-Redakteure mit SED-Funktionären gemeinsam; ein klassisches Exempel → ideologischer Verkehrung. Das tatsächliche Bewußtsein der Ex-DDR-Deutschen – meist ideologieskeptisch bis zur Frivolität – ist den einen so fremd wie den anderen unheimlich. Wer im geistigen Funktionärsghetto heranwuchs oder im Paralleluniversum der → Qualitätsmedien, hatte oder hat nun einmal keinen direkten Zugang zur ostzonalen Lebensrealität. Beide Weltfremdheitsfraktionen mach(t)en sie sich durch den Glauben zugänglich, man müsse nur die Phrase austauschen, um das Leben zu ändern. Somit ist niemand ideologiegläubiger als der berufsmäßige → Ideologiekritiker. Noch ein Vierteljahrhundert nach dem → Anschluß des wilden Ostens verbreiten → Qualitätsmedien des Westens, die → Ostler von 1990 seien mangels kritischen Bewußtseins so oft übers Ohr gehauen worden. „→ Die Menschen dort waren dazu erzogen, nichts kritisch zu → hinterfragen [wahrscheinlich gemeint: wurden nicht dazu erzogen, etwas kritisch zu hinterfragen]." So hatten windige Geschäftemacher leichtes Spiel („Das letzte Jahr der DDR", *ARD*, 1. Oktober 2015).
→ Emanzipation, emanzipiert.

kritisches Wissen Kritische Wissenschaftler? Von Kindesbeinen an! Kritische Wissenschaft? Schon beim Abitur! Doch es geht noch kritischer: „Leitbild: Bleibender Reformimpuls im

Zeichen der Exzellenz: Die Humboldt[?]-Universität wurde als Reformuniversität in einer Situation der Krise gegründet, um in eigener Verantwortung herausragende wissenschaftliche Leistungen zu ermöglichen und durch kritisches Wissen die gesellschaftliche Entwicklung zu fördern. Selbst [?] nach zweihundert Jahren ist dies ein bleibendes Vermächtnis." (Volker Gerhardt, Leiter der AG Leitbild der Humboldt-Universität zu Berlin, www.hu-berlin.de) Bleibt zu hoffen, daß das auch nach weiteren zweihundert Jahren nicht nur ein Vermächtnis bleibt, selbst wenn die Humboldt-Universität dann wieder Friedrich-Wilhelms-Universität heißen und sicheres Wissen möglich werden sollte.

Kuh vom Eis Politikerwestdeutsch vom Stadtverordneten aufwärts, das gleichermaßen Sachverstand und → Ich-Stärke indiziert. „Solange nicht die Kuh vom Eis ist, → läuft hier gar nichts!" Die Ursprünge der inflationären Verwendung liegen im rotgrünen → Kompetenz→performanzmilieu, von wo die Kuh aber rasch in den → JOVIALSPRECH auch anderer Koalitionen fand.

Kult Man sieht die Schafherde leibhaftig vor sich, aus der es ‚kultig' blökt.

Kultur heißt im gehobenen Westdeutsch 1. dasjenige, was von einer Zivilisation übrigbleibt und → humanitäre Einsätze inspiriert, 2. alles, was sich nicht von selbst versteht. Im → SCHÖN- und → SPREIZSPRECH begegnet der Ausdruck daher als Genitivanhängsel (→ -kultur); im Politik- und Verwaltungswestdeutsch bezeichnet ‚K.' eine Sonderbewirtschaftungszone mit → Förderanspruch.
→ bürgerlich, → Projektkultur, → Trauerkultur, → Zivilgesellschaft.

-kultur Ein besonders → anspruchsmäßig gern benutzter Begriffsteil. Die Fachleute, sobald im → Diskurs begriffen, unterscheiden Abschottungskultur, Abwanderungskultur, Angestelltenkultur, Angstkultur, Aufdeckungskultur, Aufführungskultur, Aufregungskultur, Ausgrenzungskultur, Bargeldkultur, Bearbeitungskultur, Bedienungskultur, Begrüßungskultur, Belästigungskultur, Berichtskultur, Beschreibungskultur, Bestattungskultur, Betriebskultur, Deutungskultur, Diskussionskultur, Empfangskultur, Erinnerungskultur, Eßkultur, Fahrkultur, Führungskultur, Gewaltkultur, Hitzekultur, Integrationskultur, Kampfkultur, Kompetenzkultur, Kriegskultur, Kritikkultur, Küchenkultur, Kulturkultur, Landschaftskultur, Lernkultur, Lesekultur, Mißtrauenskultur, Mitmachkultur, Präsenzkultur, Promotionskultur, Sammelkultur, Schreibkultur, Schuldenbremsenkultur, Streitkultur, Theaterkultur, Trauerkultur, Trinkkultur, Umsonstkultur, Unternehmenskultur, Verarbeitungskultur, Verdrängungskultur, Vergewaltigungskultur, Verkaufskultur, Verpackungsmüllwegwerfkultur, Vorlesekultur, Wahlkultur, Wahlbeobachtungskultur, Wahrheitskultur, Willkommenskultur, Wohnkultur, Zerkleinerungskultur, Zersetzungskultur (Quellen: *Rheinische Post, Kölner Stadtanzeiger, Frankfurter Rundschau* und weitere → Frankfurter → Qualitätszeitungen sowie das Kölner → Qualitätsradio 2009–2019).

Kulturbürgertum Ähnlich wie → ‚Bildungsbürgertum' eine Selbstattribution jener Besitzbürger, die unter ihre Besitztümer auch die immateriellen und unter ihren Konsum auch den symbolischen rechnen. Das K. ist eine Variante des → Besitzbürgertums, dem es die Illusion voraushat, daß man mit Geld anderes oder gar mehr denn Geld kaufen könne.
Die Ostertage des Jahres 2012 verbrachte der Herausgeber dieses Wörterbuchs unter westdeutschen Kulturleuten; Gastgeber war ein Entscheidungssprecher des sog. Deutschen Literaturfonds in Darmstadt. Man tafelte unter mäßigem Wein- und üppigem Schleimfluß (Stipendienbewerber zugegen!), schließlich verlautete der Wunsch nach lyrischem Nachtisch.

Von den drei minderjährigen Söhnen des Literaturgewaltigen wußte *keiner* ein Gedicht aufzusagen; man merkte bei der Nachfrage rasch, daß sie nicht in → Finnland zur Schule gingen. → autoritär, → Bildungskatastrophe, → Grundschrift, → Zulassungsbedingungen.

kulturell Unabhängig vom Kulturgedöns in Subventionslandschaften und Sonntagsreden hat das Adjektiv ‚k.' seit ca. 2015 eine bemerkenswerte Sonderkarriere absolviert. Betreffs der → Verwahrlosung des → Beitrittsgebiets durch den Beitritt ist in → MEHRHEITSDEUTSCHER Qualitätspresse und Herrschaftswissenschaft → zunehmend von ‚kulturellen Gründen' des Rechts-, Links- und sonstigen Falschwählens, von ‚kulturellen Gründen' gar der infrastrukturellen → Verwerfungen insbesondere in → Sachsen die Rede. Letzteres, im schulischen und akademischen Bildungsdurchschnitt solch → bildungsfernen Bundesländern wie NRW oder Berlin oder Bremen zwar haushoch überlegen (Rechenkünste! Deutschnoten!), als industrieller Konkurrent hingegen längst ausgeschaltet, treffen Hohn und Häme der Mehrheitsgesellschaft. Warum eigentlich?
Die politische und wirtschaftliche Übermacht Westdeutschlands steht außer Frage. Dennoch hat es kein souveränes → Selbstbewußtsein ausbilden können. Ein solches bedarf der eigenen Leistung. Eine solche war dem Westen Deutschlands historisch verwehrt. Der Kuchen Deutschland wurde ungleich geteilt, der reicheren Hälfte nach Abstoßen der ärmeren noch manche Rosine aufgestückt. Ein vages schlechtes Gewissen → waberte in → der alten Bundesrepublik um diese Erinnerung, doch wurde sie spätestens 1989 forsch fortgedrückt. Seither suchen die Meinungswalter Westdeutschlands die Welt und vor allem sich selbst glauben zu machen, der historische Wettbewerbsvorteil gegenüber → dem Osten sei k.er Überlegenheit → geschuldet. Der ökonomische und infrastrukturelle Absturz des Beitrittsgebiets erscheint als Bestrafung für Falschwählen, Gottferne, Parteienskepsis usw. usf. Das einschlägige Vokabular: → Atheisten, → Demokratie, → Demokratiebindung, → Haß und Verachtung; → das Abendland.

kulturelle Bereicherung Armutsselbstzeugnis; aus dem Diktionär der → Weltoffenheit. Reich macht den → MEHRHEITSDEUTSCHEN alles, was er in sich einfüllen kann, ohne Äquivalente dafür ausgeben zu müssen. Wenn er sich zuschaut, wie er zweimal die Woche ‚beim Türken', ‚beim Italiener', ‚beim Griechen' oder ‚beim → zuverlässigen Thai' trinkgeldabstinent völlert, dann → fühlt sich sein Leben → schon mal recht → intensiv an. Selbstverständlich findet er sich durch ausländische → Mitbürger kulturell bereichert. Nur müssen es eben die richtigen Mitbürger und Ausländer sein. Also keineswegs ‚die von drüben', denn die nehmen ‚uns' – so meinungsquerschnittig Bittermann, Biller, Bude – zwar leider nicht unsere Frauen, aber garantiert unsere Wohnung, unsere Arbeit und am Ende sogar unseren → Kapitalismus weg.
→ Ausland, → cool, → lecker, → Sconto, → Wir (im Westen), → Wir-Gefühl.

kulturelle Kompetenz Blähsprachlich für jenes Minimum an Takt und Bildung, das in Kulturnationen durch Elternhaus und Schule vermittelt, in → Sonderwegsnationen jedoch zur Aufgabe von → Fördereinrichtungen wird. Bei drohendem Geldüberfluß und geistigem Untergewicht schickt man seine Kinder am besten in die „Akademie für kulturelle Bildung" Wolfenbüttel, die spezialisiert auf „die Vermittlung kultureller Kompetenz" ist (Rundschreiben, Jahr für Jahr).

kulturelle Vielfalt wird in Kulturfunk und Kulturfeuilleton immer wieder gefordert und angeblich gefördert, ist aber im Land von Franz Schönhuber, Franz Alt, Roman Herzog und anderer → ‚Querdenker' und → ‚Unbequemer' eigentlich seit je garantiert.

Kulturkreis, westlicher Zielpunkt bundesrepublikanischen → Angekommenseins; ein Begriffswürfel aus meistens → reaktionär genannten Denktraditionen, dessen sich schließlich ein → MEHRHEITSDEUTSCHER als auch mehrheitssozialdemokratischer Historiker mit erstaunlicher Vehemenz bedienen sollte: Ungeachtet älterer Wurzeln des deutschen → Sonderweges sei „das Land doch, strenggenommen, erst zwischen 1914 und 1945 mit den vorher unvorstellbar fatalsten Konsequenzen aus seinem Kulturkreis ausgeschieden." Die „im Westen angekommene bundesrepublikanische Gesellschaft" hingegen war als Deutschland im westlichen Kulturkreis jedoch immer „ein Teil des Westens gewesen". Nun gehe es darum, „auf der Linie der eigenen Normen und Werte" „die Verwirklichung einer westlichen Gesellschaft, die sich auf der Höhe der Zeit bewegt, in der Bundesrepublik weiter voranzutreiben." (Hans-Ulrich Wehler, *Deutsche Gesellschaftsgeschichte. Bd. 5: Bundesrepublik und DDR 1949–1990*, München 2008, S. 437f.) → ankommen, → westliche Werte, → wert(e)orientiert.

Kulturkritik traut sich unter → Aufgeklärten und sonsterlei von der eigenen Vernunft Eingeschüchterten nur mehr als → Sprachkritik ans Licht, wobei sie die Grenzen zwischen in Angriff genommener Destruktion und in Kauf genommener Debilität oft listig verwischt, darin ähnlich der → MEHRHEITSDEUTSCHEN → Comedy. Aus Eckhard Henscheids *Aufsätzen zur Kulturkritik*: ʼ'Kulturkritik': Der Begriff schwankt semantisch etwas vieldeutig-schillernd. → Meint er Kritik der Kultur etwa im Sinne von" usw. (*Die Nackten und die Doofen*, Springe 2003, S. 8) Auch sonst „meint seltsamerweise" vieles bedeutend Gemeinte kaum mehr als weiße Unterhosen (S. 10). „Im zweiten Satz ist" zumindest grammatisch „fast alles → anstandslos." (S. 9) Nur der Kritiker habe wohl stilistisch hier etwas nicht „final zuende gedacht" (S. 17). Gehört er überhaupt zur kulturellen „→ Anspruchsgesellschaft, welche allerdings → spätestens 2002 → mindestens P. Sloterdijk zurückweist" (S. 18)? (Henscheid *meint* hier die Zurückweisung des Begriffs, weniger der Sache durch den Großdenker.) Wenn solcherart das „Ganze → zunehmend wahllos" (S. 38) verfaßt ist, bleibt dann Kultur- als Sprachkritik lediglich ein „→ unverzichtbares Symbol" (S. 40)?
Vielleicht hilft es, hundert Seiten vorzublättern und sich an grammatisch stichfesten Verrissen mehrheitsdeutscher → HEIMATLITERATUR zu erfreuen: Das „Zweitausendeins-Merkheft vom Januar 2001 berichtet angesichts der infernalisch inferioren Alexa Hennig v. Lange und ihrem [!] Erfolgsroman [!] ‚Relax' vom prompten Aufkommen einer Relax-Generation" (S. 158; offensichtlich gemeint: „berichtet prompt"). „Einen Überraschungscoup landet das Literaturjournal ‚Literaturen' (9/01) und erspäht nämlich eine Generation Kind ..." (S. 159) Zu den vorstehend zitierten Stilmitteln des → eleganten Deutsch siehe Näheres: → GENITIV-DATIV-MESALLIANCE, → SUBJEKTWECHSEL; Weiteres: → durchaus, → durchwegs, → DATIV-AKKUSATIV-INVERSION; zu deren begeistert-billigender Inkaufnahme Henscheid: „Allein, es muß → halt sein." (S. 11)

Kulturpudel Wahrscheinlich Singulärprägung des → SCHRÖDERDEUTSCHEN, die → einmal mehr → deutlich macht, daß in → der Mitte der Gesellschaft nicht länger Macht und Geist, sondern Vollmacht und Untertanengeist sich balgen: Seinen K. soll der Mittekanzler und Gasmann in spe den als Bioethiker → durchaus nützlichen Julian Nida-Rümelin genannt haben (zit. nach: *SPIEGEL online* vom 1. Oktober 2002). In Schröders „Nationalem Ethikrat" agierte N.-R. als Fachmann für → Menschenwürde und → Selbstbestimmung und somit auch für Fragen des Daseinsrechts (vgl. „Bioethik: Scharfe Kritik an Gen-Thesen Nida-Rümelins", in: *DER TAGESSPIEGEL* vom 13. Januar 2001).

Kulturtechnik(en) des Miteinanders sind vor allem Gottesdienste, die – wie einst Generalleutnant a. D. Jörg Schönbohm nachzuweisen wußte – Babymorde verhindern oder solche

Mordneigung auf Täter → aus gutem Hause beschränken. Die Kommißkoppgeburten im einzelnen: → Verwahrlosung und Gewaltbereitschaft, → Verproletarisierung.

Kundenreaktionsmanagement Blähsprachlich für Beschwerdestelle, z. B. in Arbeitsämtern, z. B. in Hamburg (*Deutschlandfunk*, 30. Juli 2013).

Kunst und Kultur Während in Kulturnationen zumeist von ‚Kunst und Wissenschaft' oder ‚Künsten und Wissenschaften' die Rede ist, bevorzugen sogenannte → Kulturbürger das klebrige Kuppelwort ‚K. u. K.'. Zwar wäre es, als Disjunktion aufgefaßt, ein Hinweis auf dasjenige, was der Kultur oder der Kunst solcher → Bürgerlichkeit jeweils mangele, doch ist ‚K. u. K.' zumeist als verstärkende Aufzählung gemeint. Dadurch wird die Leichtigkeit, mit der es ‚K. u. K.' auf die Türschilder einschlägiger Ämter und über die Lippen einfältiger Beamter schafft, zum Ausweis intellektueller Leichtfertigkeit: In drei Wörtern verrät gleichwie verhüllt sich hier das, was ‚Wirtschaft und Politik' vom Leben übrigließen. Die Künste teilen so das traurige Schicksal von ‚Kultur', die zum zivilisatorischen Restbestand und darin wiederum zum kompensatorischen Allheilausdruck geriet.
→ -kultur, → Freiraum (Freiräume).

(K)uren Verbum oder substantiviertes Verb, das sich in der massenkurativen → Werbewirtschaft durchsetzen konnte und dadurch einen semantisch-performativen Konflikt heraufbeschwört. Die Ursprünge von K. liegen nämlich eindeutig im mittelklassenbewußten → Schnöselsprech, was mit gebührender Deutlichkeit der Uckermarkdeutsche und Textilbader (→ Eroskiller) Botho Strauß in seiner Autobiographie dargelegt hat: „Da lag es wieder vor mir, Ems, mein Städtchen. ... In seiner Anmut liegt der Kurort verschämt und verloren da, mißachtet, weil er einmal ein so berühmtes Kaiserbad war und weil er nach den besseren Zeiten dann gleich die ganz gewöhnlichen gesehen hatte, in denen Sozialverschickte aus dem Ruhrgebiet ihren Bronchialkatarrh und ihre Kreislaufstörungen kurierten. Die Horde von Steckenmännern, wie sie bei uns hießen, hat sich nun auch auf wenige Patienten verringert, nachdem die Krankenkassen den Anspruch aufs Kuren beschränkt haben." (*Herkunft*, München 2014, S. 23)

kursorisch-gründlich Nach Jan Feddersen (*taz* vom 13. Juni 2014) Charakteristikum → intellektuellen Schaffens, hier: des soeben verschiedenen Frank Schirrmacher.

Kuschelecke(n) Seit den 1990er Jahren in besseren westdeutschen → Kitas oder → Kinderläden eingerichtete Therapiezentren, in denen → Menschen ab drei → verschärfter Befragung zu innerfamiliären Schlaf-, Streichel- oder Hygienegewohnheiten unterzogen werden („Wenn der Papi mit dir badet, was macht der dann ..." usw. usf.).

L

Labsal Laut Duden ausschließlich in Österreich und Süddeutschland tolerabel als ‚die L.', inzwischen aber auch weiblich in Westdeutschland bis hoch nach Sylt. „Der kleinste Handlungssplitter, wie ein Handwerksbursche ... im Puff versagt, schon eine Labsal." (Fritz J. Raddatz, *Tagebücher 2002–2012*, Reinbek 2014, S. 508, über Thomas Manns *Doktor Faustus*) ‚Der L.' – welcher Westdeutsche wagt es zuerst?

landlebig Stadtteilschnöseldeutsches Prädikat für hochglanzmagazintaugliche Landgüter im Brandenburgischen oder Mecklenburgischen; vgl. die → massiven Befunde aus der → Qualitätsradiorunde „Der Stadt den Rücken kehren" (*Deutschlandfunk*, 23. August 2013).

-landschaften Die in der → Werbewirtschaft beliebte → PLURALISIERUNG (→ ‚Wohnlandschaften', ‚Erlebnis-', ‚Spiel-', ‚Techniklandschaften') ist nationalpsychologisch unauffälliger → SPREIZSPRECH. Ebenso steht es mit gelegentlichen Entgleisungen wie etwa den ‚Diskurslandschaften' einiger → Dekonstruktions→darsteller oder der → ‚Dokumentenlandschaft' einer Verteidigungsministerin (→ Arbeitgeber). Auch die Existenz von ‚Abschreibungs-', ‚Betrugs-', ‚Investitions-', ‚Steuer-', ‚Wirtschafts-', ‚Gewinn-', ‚Innovations-', ‚Privilegien-' und ‚Schuldenlandschaften' wird den Kenner → rheinisch-katholischer Wirtschaftsgesinnung kaum überraschen, sowenig wie den Beobachter mehrheitsdeutscher → Partei(en)demokratie die Rede von ‚Herrschafts-', ‚Parlaments-', ‚Massenmedien-', ‚Diskussions-', ‚Privilegien-', ‚Projekt-' und nicht zuletzt ‚Politiklandschaften'. Ganz zu schweigen von den ‚Frauen-Kulturlandschaften' im → FEMINISPRECH, von den → ‚Prostitutions-', ‚Gewalt-', ‚Drogen-', ‚Kriminalitäts-' und ‚Verbrechenslandschaften' im → Diskriminierungs→diskurs. Oder der ‚Aufarbeitungslandschaft' in der → Aufarbeitungs→arbeit. In all diesen Fällen ist eine geglückte Synthese von Bodenhaftung und Überblick, von Herkunftsverwurzelung und Kulturarriviertheit, kurz: eine erdnahe → Weltläufigkeit annonciert.
Brisanter ist die Frage, ob das ubiquitäre Landschaftsgerede nicht auch auf einen *sozialpsychischen* → Sonderweg West- und damit Mehrheitsdeutschlands deute. Immerhin versteht letzteres sich mehrheitlich und ausdrücklich als sozial mittelklassig, sprich: als → bürgerlich im umfassenden Sinne (→ die Mitte der Gesellschaft). Die Bürgerklasse als Mittel- und Übergangsklasse der → abendländischen Geschichte hatte sich zunächst – kulturell – gegen den Adel, sodann – sozial – gegen die Arbeiterschaft abzugrenzen; noch im Rechts/Links-Schema, der → Totalitarismusthese und ähnlichen Ausdrucksformen der Mittigkeit refomuliert sich dieses → Selbstbewußtsein des → Bürgertums aus doppelter Bedrängtheit durch seine → Ränder. Der vollständige Gegentypus einer mittelklassig bis kleinbürgerlich definierten Nation mußte daher der Facharbeiter, genauer: der Arbeiteraristokrat des Ostens werden, zuweilen milde belächelt als → Proll, zuweilen heftig befeindet als politischer Selbstdenker und kulturbeflissener Autodidakt. Im allgemeingebildeten → Unterschichtler der → Ehemaligen entstand dem (klein)bürgerlichen Mehrheitsdeutschland unversehens der historische Angstgegner seiner → zwischenzeitlich als überhistorisch-zeitlos halluzinierten Existenz. Die Doppelangst einer durch → Förderunterricht und Besitzvorsprung (→ unser Geld) zusammengenähten Massenbürgerlichkeit vor dem Arbeiteraristokraten artikulieren die → Comedians und → Haßwitzeerzähler des deutschen Westens, wenn sie die höhere Durchschnittsbildung der Ostdeutschen, zuweilen der Ostblockvölker insgesamt, als Kompensation materiell-technischen Rückstands denunzieren. Ähnlich erging es der bestenfalls kultur*klein*bürgerlichen, → primär als Bartmodephänomen wahrgenommenen Bürgerbewegung des deutschen Ostens.
Das Lächerlichmachen einer Bildung, die keinen Geldgewinn einträgt, und einer moralischen Hypersensibilität, wie sie nur im (‚künstlichen') Lebenskosmos der → Großstädte wuchert,

→ verweist aber umgekehrt auf den soziokulturellen Komplexcharakter mehrheitsdeutscher Bürgerlichkeit. Deren Grundzug ist eine sich häufig rustikal gebende Verständigkeit, ist häufiger noch Nicht-, ja Antiurbanität. (Mit Grund fand sie sich jahrelang durch Helmut Kohl verstanden, wenn nicht gar verkörpert.) Ebenso wie ihr absoluter und sogleich als solcher erspürter und bekämpfter Gegentypus, der moralische und kulturelle Arbeiteraristokrat, zeigt auch der Bundesbürgerliche selbst eine sozialhistorisch doppelte Physiognomie. Sie enthält unleugbar bäuerliche, oft schon leibesphänomenologisch als bäurisch erkennbare Züge. Des Bundesbürgerlichen Vorliebe für geschraubte Landschaftsmetaphorik (-feld, -weg, -pfad u. a. m.) deutet nicht nur auf Sehnsüchte nach geschichtsloser Naturzeit, sondern auch auf eine sozialpsychische Affinität. Gestische und kommunikative Tapsigkeit, dazu der stete Scheelblick aufs Nachbarfeld, Nachbarland, Nachbarglück, die Neigung zur Unmäßigkeit im Konsumtiven bei zugleich rechenhartem Geiz im Distributiven (→ Zahlmoral), zu schweigen von periodischer, dumpf ertragener oder gar gerechtfertigter Verschwendung mit Übertölpelungscharakter (→ Projekte), schließlich die permanente → Unterwürfigkeit gegenüber aktuellen und verblichenen → Autoritäten (→ das Schloß): Mehr denn an einen *Bürger als Edelmann* erinnert der Mehrheitsdeutsche an einen *Bauern als Bürger*.

Das gilt für alle Schichten wie Berufsgruppen der deutschen Mehrheitsgesellschaft. Westdeutsche Schauspieler wie Harald Juhnke und westdeutsche Kritiker wie F. J. Raddatz oder K. H. Bohrer haben z. B. immer wieder beklagt, daß ihre Landsleute ‚keine Gesichter' hätten, professionellem Schauspielertum daher enge Grenzen gesetzt seien. Das Problem der gesichtsbedürftigen, mienenaufsetzenden Berufsgruppen insgesamt dürfte es sein, daß die dort Beschäftigen Antlitze haben, die sie nicht zu zeigen wagen: etwas Amorphes und doch zugleich Starres fällt an Westelbiens Schauspielern diesseits und jenseits der Leinwand auf, das Eckig-Aufgesetzte zudem von Blick und Stimme.

Der durch vorzeitiges Ausscheiden aus nationaler Geschichte weitgehend entformte Seelenstoff? Die Formlosigkeit allerdings ist hier selbst Form geworden, wird oft – auch dies gleichsam bauernstolze Abwehr kultureller Zumutung – schmollend als solche behauptet in planvoll gesätem Ausdrucksblühen. Das Kleinlich-Schlaue, recht eigentlich: Bauernschlaue z. B. einer selbstverordneten Bewegung und Erregung (kulturell, ökonomisch, moralisch, politisch) ist gewiß autochthon – und eben wegen seines Naturcharakters schwer zu formen. Bereicherung ohne Kultivierung ist das Strukturprinzip bourgeoisbäurischen Wachstums. So muß es bei der schlichten Polarität von Ratio und Affekt, von → Händlergesinnung und Treuherzigkeit bleiben; Mangel einer Wechseldurchdringung (Dialektik) von Feld und Markt, Erzeugungs- und Verkehrssphäre. Mangel, zuletzt und zuerst, von innerlich-äußerlicher Formsicherheit. Unbearbeitete Roheit, feiste und doch ratlose Selbstzufriedenheit unter fadenreicher Kulturdecke (→ Netzwerke) zeigt das sog. → Besitzbürgertum kaum häufiger als das universitäre → Bildungsbürgertum. Forciertes Spezialistentum ist hier nicht Kulturfeinheit, sondern mentaler Kümmerwuchs ins Plumpe, Massiv-Unzerbrechliche gewachster Simplizität. Komplementär steht der äußerlich verwahrloste dem innerlich verwahrlosten, der moralisch gepflegte dem kulturell gepflegten, kurz: der Links- dem Rechtsbürger gegenüber. Von ländlichem Ausdrucksgebaren sind beide, zumindest im europäischen Vergleich.

Freilich ist das Grob-Plumpe *angenommene* Natur, trotziges Verweigern hochkultureller Normalität, die man zumeist nur vom Hörensagen kennt. Der Zwang, sich einer politischen oder geistigen Zentralmacht durch kulturellen Ausdruck zu erwehren, existierte nie: Der westdeutsche Bürger ward in sein (politisch umrissenes, sozial umfriedetes) → Feld so fest eingesteckt wie die Kartoffel vom Landmann. Grobheit ersetzt daher Prägnanz, schon physiognomisch (→ Ostgesicht): Der bäuerische Bourgeoistypus des Westens mit seinen feisten Fingern und geröteten Wangen und dem stieren Auge im runden Gesicht bevölkert die Pressebälle → der Politik nicht minder als die Stehbankette → der Wirtschaft. Ja, bereits akustisch spürt → der Fremde die Omnipräsenz des Bürgerbauern an dem abrupten Wechsel von unheilvollem Schweigen und herausplatzender Häme – das verfehlte *juste milieu* als Nationalcharakter.

Ebenso wie die defizitäre → Gesprächskultur (→ Provinz, → BEKENNERSPRECH), zeigt auch das Antlitz besagten westdeutschen Landbürgers die *Unvermitteltheit der Extreme*, die kaltgeleimte Synthese von Besitz und Bildung. Letztere ist dem Bürgerbäurischen des Westens dasjenige, was der Landmann einst vom Jahrmarkt heimbrachte: dolles Zeugs aus der Stadt. Kommt einmal ein sog. → Bildungsbürger oder sonstwie vormals → elitär Internierter in → die Politik, zeigt sich sprachlich sogleich, wohin er strebt: ins Erdige, Heimatliche. → JOVIALSPRECH und forciertes Ankumpeln (→ Anduzen) nicht allein des Wahlvolkes sind normal selbst bei den wenigen Intellektuellen, die es in → diese Kreise schafften.

Die unauslöschbar *landschaftliche* Prägung des westdeutschen → *Vertreter*typs in Wirtschaft wie Politik, seine → latente, aber → permanente → Ansprache der Lieben daheim, ein Appell an regionales → Wir-Gefühl, deutet auf das jahrzehntelange Fehlen eines urbanen Kulturvorbilds. Westdeutschland hatte kein Paris, Berlin oder Moskau, welches als Entwicklungsziel ambitionierter → Provinz getaugt hätte. Karriere machen können, ohne sich entwickeln zu müssen, Wachstum ohne Blüte, Fortschritt ohne Geschichte: Die zunächst erwerbsreligiös, später gesinnungsmoralisch → konstruierte → Identität verlangte einzig, daß die Ambitionierten sich der je herrschenden Sprache unterwürfen (→ Unterwürfigkeit). Die zweideutig → provinzielle, nämlich landschaftlich-ländliche Mentalsubstanz blieb hierbei unangetastet. Der Leib als Spiegel der Seele zeigt daher nicht zufällig die politisch-ökonomische Großmacht Europas als ein Volk von kleinbürgerlichen Landleuten weit unterhalb des sozialen Wortsinns. Ja, gerade wenn sie die ländlich-landschaftlich erlernten Laute behaglichen Daseinsgefühls ins Gepreßt-Nasale oder Schneidend-Keifende transformieren (→ Knäkentenstimme!), etwa beim Belehren anderer Klassen oder fremder Völker über aufzuholende Kultur-, Wirtschafts-, Demokratiedefizite (→ Demokratieberater), gerade also, wenn sie stolz die vollständige *Quantifizierbarkeit* ihres Seins herausstreichen, wird der Mangel an seelen- wie nationalkultureller *Eigenqualität* um so greller sichtbar. Man erblickt Provinz auf der vergeblichen Suche nach einer Metropole. Ihr Stilvorbild ist jene Provinz, die nur als Weltmacht existieren kann.

Landsleute Ein Urwort → MEHRHEITSDEUTSCHEN → JOVIALSPRECHS, das während der letzten fünf Jahrzehnte einem starken Bedeutungswandel unterlag. In den 1950er und 1960er Jahren bezeugte die Rede oder Anrede ‚liebe L.' zumindest in → Politik und Publizistik adenauerkonformer Milieus eine Hoffnung auf baldigen Landgewinn im Osten und die zugehörige → Wiedervereinigung. Adenauers und der Seinen berechtigtes Vertrauen darauf, daß letztere, → zumal nach Ablehnung diverser Stalin-Noten, → nicht wirklich zu befürchten sei, war gegen Ende der 1980er Jahre bereits so stark geschrumpft, daß die massenhaft einwanderungswilligen osteuropäischen (volksdeutschen) ‚L.' in der BRD kaum noch als solche angeredet wurden. Nach dem → Anschluß jener ostelbischen Gebiete, welche die → Sowjets aufgegeben hatten, war hingegen eine zarte Renaissance von ‚L.' in nunmehr ausgesprochen gönnerhaft-ironischer Tönung zu verzeichnen. Allerdings reüssierte ‚L.' eher unterhalb der jetzt ganz und gar → MEDIALDEMOKRATISCH genormten Verlautbarungssprache (→ BEKENNERSPRECH). Im privaten Sprachverkehr hingegen haben es Deutsche aus dem Osten immer wieder einmal erleben dürfen, daß ihnen Mehrheitsdeutsche des Westens eine löbliche (Lohn)Zurückhaltung, Anspruchslosigkeit, Bescheidenheit attestierten, kurz: ein Verhalten, das „ich mir gern auch von Ihren

Landsleuten insgesamt wünschen würde". (→ Ich würde mir wünschen, → Ostdeutsche, die weltoffen sind) Unüberhörbar ist die im Sozialgönnerargot transportierte völkische Sinnkomponente („Wir sind ein Volk." – „Das sollt ihr auch bleiben!").

längst überfällig sind zumeist Debatten, welche die Herausgeber und → Mitherausgeber von *FAZ, Frankfurter Rundschau* oder *Taunus-Post* sowie ihre → Mitkonkurrenten lostreten. Am längsten jedoch → Bedarfe an Debatten, welche die *taz* ermittelte: „Das ist überfällig. Schon lange." (7. Juni 2016)

Lässigkeit, lässig Älteres Selbstbeschreibungswestdeutsch für → ‚gelassen'/‚lax', Synonym von → ‚unaufgeregt', bei bejahrten → Qualitätsjournalisten noch ironiefrei gebräuchlich. Beispielsweise heißt es in einer als → RANWANZ gemeinten, vom Rezensierten freilich als Rempelei empfundene Rezensionsdevotion: Alfred Neven DuMonts Tabubruchphantasie *Drei Mütter* sei „schlampig lektoriert. Wer es aber schafft, darüber hinweg zu surfen, der bekommt Einblicke, die jüngere Autoren einem so lässig, unaufgeregt nicht bieten können." (Arno Widmann, zit. nach: *Perlentaucher* vom 4. April 2013)
→ ANBIEDERUNGSDEUTSCH, → entspannte Kontexte, → Selbstverständigung.

Latenz hat als Renommierbegriff im wissenschaftsnahen → SPREIZSPRECH mittlerweile der → ‚Präsenz' den Rang abgelaufen. Das hatte Bohrer- und Bodenkriegsfreund (Afghanistan 2001! Irak 2003!) Hans-Ulrich Gumbrecht erkannt, der noch 2004 auf der Präsenzwelle schwamm (*Diesseits der Hermeneutik. Über die Produktion von Präsenz*), eine seiner Postproduktionen jedoch betitelte: *Nach 1945. Latenz als Ursprung der Gegenwart* (Berlin 2012). Was nun war die Latenz, der die Präsenz entsprang? „In vielfältigen Erfahrungsweisen offenbarte sich die Welt in den Nachkriegsjahren nicht nur als ein Raum, der weder eine Position von außen, noch tiefe und verbindliche Einsichten über ihre Realität zuließ." (Satzende original) Also wieder einmal eine so unbegreifliche wie einzigartige Zeit, von der ihr zwangsläufig ebenso einzigartiger Zeitgenosse 355 Seiten Unbegreifliches schreiben darf.

Laufbahnentwicklung Ein in → ANTRAGSDEUTSCH wie → drittmittelfinanzierter Kulturwissenschaft gleichermaßen beliebter Doppelmoppel: „Vor diesem Hintergrund sei nun Klings weitere Laufbahnentwicklung verfolgt." (Heribert Tommek, *Der lange Weg in die Gegenwartsliteratur*, Berlin 2015, S. 482)
→ Feld, → nachverfolgen.

laufen „Was läuft'n da so?" Jedenfalls nichts, was auf die Triefnase gewartet hätte, die sich solcherart danach erkundigt. Beiläufig → macht die Substitution des zweckneutralen ‚vor sich gehen' oder ‚geschehen' durch das technisch-terminatorische ‚laufen' unfreiwillig die Ich-Winzigkeit im Lauf der Welt deutlich.
→ ablaufen.

lauthalse Forderungen gehören ebenso wie → insgeheime Kandidaten und → tragweite Entscheidungen zu den adjektivischen → WICHTIGSPRECH-Signalen, die ihre Herkunft aus dem Deutsch der → Qualitätszeitungen nicht verleugnen können: „Keine eigenen Sparbeschlüsse, aber lauthalse Forderungen" („Ironie für Wesel", in: *Rheinische Post online* vom 25. Oktober 2006). Wie der dudenferne Steuerflüchtling jedoch weiß: „Lauthalse Forderungen über die Öffentlichkeit haben noch nie etwas bewirkt" (Ulrich Hoeneß, zit. nach: *Berliner Kurier* vom 13. April 2000).

Seltener erscheint ‚lauthals' als → BLÄHWÖRTLICHES Synonym von ‚laut' wie etwa nachfolgend → qualitätsmedial: „Topaktuell beschäftigen sich die lauthalsen Disco-Punks" usw. usf. (Markus Schneider, „Kindische Gefühle der Überlegenheit", in: *Berliner Zeitung* vom 28. Mai 2019, S. 22)
→ sich beschäftigen.

lebend Im Gegensatz zu ‚lebendig' ein Massenphänomen im „toten Land mit einem toten Gedächtnis" (Heiner Müller), wie nicht zuletzt dessen l.e Schriftsteller bezeugen. Näheres zu solchen: → HEIMATLITERATUR, → BÜBCHENBELLETRISTIK, → VITALISMUS, → weiches Deutsch.

leben können/müssen meist → die Menschen mit einem Zeitgenossen, der von sich sagt, daß er mit diesem oder jenem sehr gut l. könne oder müsse.

lebensgefährliche tödliche Dienstleistungen Singulärprägung des Bundeswehr-Bundesdeutschen Michael Wolffsohn; zu ihren Erbringern: → Ossifizierung.

Lebensleistung 1. Konkurrenzgesellschaftlich-kulturbetrieblicher Euphemismus für Todesnähe; zudem hinterhältiger Hinweis, daß Leben die einzige Leistung sei, die man vom betreffenden → Leistungsträger noch erwartet. 2. → JOVIALSPRACHlicher Ausdruck; als solcher nicht zu verwechseln mit ‚Lebenswerk', womit wohlmeinende Kritiker daran erinnern, daß der dafür Geehrte dereinst nicht nur Kritikwürdiges geschaffen habe. ‚L.' ist die einzig akzeptierte Entschuldigung für Geburt und Dasein in kritikwürdigen Gesellschaften (→ Unrechtsstaaten, Diktaturen der → Prolls und anderer → Unterklassen), wobei der Akzent auf dem zweiten Wortteil liegt. Gemeint ist der als allgemeinmenschlich tolerierte Wunsch, am Leben zu bleiben. Nach → MEHRHEITSDEUTSCHER Überzeugung ist dies außerhalb → des Westens durchaus als eigene, wenngleich moralisch fragwürdige Leistung zu bewerten. Zugezogene Politiker von → rechts bis → links (z. B. Bodo Ramelow) würdigen zu gegebenem Anlaß (Koalitionsverhandlungen, Einheitsfeiern) die ‚L.' zumindest der nunmehr parteiplural und also demokratisch wählenden → Menschen in der DDR. Zusammen mit → ‚Anpassungsleistung' hat ‚L.' das tapsig-treuherzige „Wer weiß, wie wir uns verhalten hätten" → altdeutscher Ethikevaluatoren der frühen 1990er Jahre ersetzt.

Lebensmitteldesign Wie der Politiker sein Land, will auch der Designer von Analogkäse nur eines: → gestalten.

Lebensschützer → jüdisches Leben.

Lebenswelten Im Singular: philosophisches Kunstwort (E. Husserl, A. Schütz); durch Pluralbildung zum Unsinnswort geworden. Kulturbetreuer, Bedenkenträger, Gesinnungshüter, Weltanschauungskämpfer legen die Stirn in Falten und sorgen sich. Desgleichen Sittenwächter mit Doppelnamen: Wie die Katholische Presseagentur Wien sowie die Internetseite „Schwarzwaldmädle" melden, hat Dr. Hanna-Barbara Gerl-Falkovitz eine *„Austrocknung christlicher Lebenswelten"* in Ostdeutschland entdeckt. Im Vortrag von G.-F., den die Theologieprofessorin (TU Dresden) Dezember 2011 in sicherer Entfernung von ihrem heidnischen Arbeitsort, nämlich im frommsprudelnden St. Pölten hielt, blitzte die Analyse messerscharf: „Der Atheismus ist als eine Frucht atheistischer Politik und Diktaturen zu einer allgemeinen Kultur geworden". Ohne – den richtigen – Glauben aber keine Ethik. Atheisten lügen, klauen, morden, ehebrechen und neiden Nachbars Gut, was das Zeug hält. Beispiel wiederum: die ostdeutsche „Kehrtwende von den biblischen zehn Geboten hin zu sozialistischen Geboten der DDR-Zeit". Und wie es in Ostdeutschland moralisch aussehe, wisse man ja. Nicht mal Protestanten von konstanter Zahl, nur → immer mehr → Atheisten.

Lebenszusammenhang Der Theoretiker der Geisteswissenschaften Wilhelm Dilthey (1833–1911) sprach vom ‚Bedeutungszusammenhang des Lebens'. ‚Lebenszusammenhang' ist → SCHÖNSPRECH für ein Leben, das garantiert bedeutungslos ist.
→ Lebenswelten, → Zusammenhänge.

lecker Gastronomischer → BABYTALK; Schrecken aller hochdeutsch sprechenden Köche und Kellner. Die anderen gehen → angstfrei durchs futterfrohe Gästegrunzen.

Leckerheit Man erkennt sie sofort: 1. Das ganze Restaurant wird Zeuge ihrer Unterredungen in so lautem wie falschem Deutsch. 2. Der sich vom Teller hebende Kopf mit den mächtigen Kiefern speit Lob über die Tischplatte: „Lecker!" 3. Das Trinkgeld fällt lächerlich gering aus oder entfällt. 4. Die Menüs werden Neuankömmlingen empfohlen ob ihrer preisgünstigen L.
→ Sconto, → Wenn's umsonst ist ...

legendär heißt im → Werbewirtschaftsdeutsch alles, was mehr als einmal stattfand oder was schlechthin → unverzichtbar oder wenigstens unvordenklich erscheint.
→ Schlapphüte.

LEHRAMTSSPRECH Dialekt- und milieubildender Redegestus, zugleich teilstaatstypische Denkweise.
Der notorische Belehrungseifer Westdeutscher wird oftmals aus der → Situation nach dem → Anschluß erklärt: Eine zu Höflichkeit und Dezenz neigende, d. h. in alteuropäischen Umgangsformen befangene Bevölkerung mußte Exzesse didaktischen Kündens und Weisens geradezu provozieren, das traditionell östliche Gastgeberschweigen die zumeist ungeladenen Gäste zu verbaler Hämorrhagie ermuntern. Im rasch sprichwörtlich gewordenen Volksstereotyp ‚Besserwessi' bleiben freilich die → Strukturzwänge westdeutscher Belehrungssucht und damit das → durchwegs schwache → Selbstbewußtsein der → An- und Aufsager unterbelichtet. Diese belehren ja am liebsten über etwas, das sie selbst kürzlich gelernt, nicht aber erfahren oder gar bedacht haben. „Nur tiefe Unwissenheit verleitet zum lehrhaften Ton. Wer nichts weiß, glaubt andern das, was er eben erst gelernt hat, beibringen zu müssen; wer viel weiß, denkt kaum daran, daß man das, was er sagt, nicht wissen könne, und spricht deshalb mit einer gewissen Gleichgültigkeit." (La Bruyère, *Von Gesellschaft und Unterhaltung*, 1688) Zeugt die Belehrungssucht also vom spärlich möblierten Innenraum eines Geistes, worin jeglicher Wissenseinlauf sofort Aufmerksamkeit erregen und nach außen → drängen wie dringen muß?
Eine westelbienspezifische Erklärung liegt nahe. Tatsächlich ist die westdeutsche und damit gut- oder zumindest → besitzbürgerliche → Mentalität → durchaus kompakt, opak, in sich geschlossen; ein Abbild der nationalen Gründung als erfahrungs- und reflexionsdichte Sondergeschichtszone. Die westdeutsche Seele ist oftmals anpassungsbereit, selten bildungsfähig. → Bildung, → Kultur, → ‚Werte' usw., von Besatzungsmächten wie Bescheidwissern aller Art zumeist folgsam aufgenommen, unterliegen in Westdeutschland grundsätzlich den Strukturgesetzen des Habens (Geltens, Zeigens), d. h. der Anhänger- und Anhängselschaft an ein in sich selbst unbildbares Sein. Durchgehend daher der Doppeleindruck von Belehrungseifer und Beliebigkeit des Gelehrten; Aufnahmebereitschaft und Ausstoßungsbedürfnis entsprechen einander. Aufgrund der schwächer ausgeprägten → Individualität im deutschen Westen, d. h. der Milieufrömmigkeit und Gesinnungsbeflissenheit des oft konfessionell

vorbehandelten Westelbiers, hat Lehrgut zudem eine persönlichkeitsbedrohende Potenz, in seiner Anmutung nämlich, sich auf das berühmt-berüchtigte → Andere seiner selbst → einzulassen. Volks-, mehr noch intellektuellentypisch daher die Neigung, Aufgenommenes sogleich in Aufzusagendes zu schrumpfen, statt es mental (gar → emotional) einzulassen. Das unbewältigte Erbe didaktischen Sprechens, das Oberlehrerhafte und Studienrätliche als geistig-moralischer Nationaltypus – all dies mag seinen Anteil daran haben, daß L. dem europäischen Ausland gleichermaßen klassisch → alt- und westdeutsch vorkommen muß. Der über Jahrhunderte befestigte Hierarchismus, die buckelbiegende Dialektik von Folgsamkeit und Führungsbegehr dürften in ihrer → alt(west)deutschen Penetranz besagten Anschein eines nationalen Stils befördern. Er ist dennoch trügerisch. Schaut man sich beispielsweise die publizistischen Zeugnisse jener Meinungsmilieus an, die dem L. am heftigsten huldigen, also der sog. → Achtundsechziger, der → BITTERMANNLINKEN, der → MEDIALDEMOKRATEN, kurz: der heutigen → Mitte der Gesellschaft, dann zeigt sich gerade sein stildestruktiver Zwangscharakter. Das → exorbitante Belehrenwollen der Leserschaft ist schließlich dasjenige, was den mühsam aufrechterhaltenen Anschein des Literarischen, des gewählten Sprechens oder gar geistiger Freiheit immer wieder perforiert. Das erklärt unter anderem, warum es keine westdeutsche → Ironie, geschweige Selbstironie geben kann. Der natürliche Hang zur didaktischen Direktheit, sprich: zur puren, platten → Meinungs- und → Gesinnungsdurchsage, kommt den → Autoren des L.s regelmäßig dazwischen, mögen sie nun Biller oder Bittermann, Bohrer oder Bude heißen. Die existentielle Wahrnehmungsangst gewährt solchen Autoren keinen intellektuellen Spielraum. Ein kindeseinfältiger Ernst ohne kindliche Grazie grummelt in ihren Texten. Werden diese gar öffentlich aufgesagt, wandelt sich das Grummeln zum Gedröhn der Jovialität: → „Das haben Sie sehr gut gesagt!", „Da haben Sie etwas sehr Wichtiges gefragt!" usw. schallt es so arglos wie anmaßend ins nachforschende Publikum.
Der pädagogische Eros weltanbellender Benotungswut bedingt das Ungehobelte und Unbeholfene, das einem Kulturmenschen an allen Nischen und Winkeln der westdeutschen → ‚Kommunikationskultur' sogleich auffällt. Zugleich aber ist diese → gleichsam nationalcharakteristische Plumpheit der adäquate Ausdruck einer Zivilisation, die schöpferisch steril, mithin auch stillos bleiben muß. Das kreative Unvermögen Westdeutschlands, einer Nation von → Vertretern, Verkäufern, Verwertern, das wache Geister diesseits und jenseits der Elbe bereits Jahrzehnte vor dem → Anschluß registrierten, prädestiniert zum Benoten und Bewerten fremder Schöpfungstaten. Benoten ist das Schöpfertum historischer Eckensteher, Bewerten die elementare Kulturtechnik desjenigen, dem Wertschöpfung versagt ist. Das gilt für sämtliche Lebensbereiche. Der West- und also Mehrheitsdeutsche kann keinen Tangokurs besuchen, ohne von seiner ‚spielerischen Sinnlichkeit' zu schwadronieren, er kann keinen Strohhut aufsetzen, ohne von seiner saisonal ihn anfallenden ‚mediterranen Leichtigkeit' zu referieren, kein Stück Konfekt sich zwischen die Lippen schieben, ohne vom anstehenden ‚→ sensualistischen Aplomb' zu dozieren, keinen ausgeleierten Pullover an Einwanderer abgeben, ohne von seiner Willkommenskulturstimmung zu näseln; ein → Weltoffenheitsspießer, der zum Helden seiner eigenen → HEIMATLITERATUR wird. Doch gilt es hierbei, auch den Grundton von → Weinerlichkeit im allgegenwärtigen Betteln um Aufmerksamkeit zu vernehmen. Er steigert sich zum Heulen des → Selbstmitleids, wenn der Lehrer keine Schüler fand, schafft sich die Innenwelten und Mikrokosmen der sog. → Verbitterungsmilieus.
→ BILDUNGSBEKENNERSPRECH, → HOCHSCHREIBE, → JOVIALSPRECH; → die westliche Seele, → Kreuzberg, → Kulturbürgertum, → Weinerlichkeit, → Wir im Westen.

Leiharbeiter hat als herzhaft herrenklassige Wortfindung das → SCHÖNWÖRTLICH-schleimsprachliche → ‚Gastarbeiter' mittlerweile verdrängt. Dennoch birgt auch der Neologismus

nicht wenig Täuschungspotential. Zwar läßt er etwas von den sklavenmarktähnlichen, zuweilen sogar Beschilderung, Hautstempelung u. ä. m. umfassenden Usancen ahnen, mittels derer → innovative → Leistungsträger die fremdländischen Leistungserbringer rekrutieren, zu schweigen von der feldlager-, kasernen- oder zuchthausförmigen Unterbringung → der Fremden. Zu den wirtschaftsethischen Eigenarten des deutschen Westens gehört es zudem, fremde Arbeiter gering oder gar nicht zu entlohnen. Anders als die Sklavenhalter in → definitiven Sklavenhaltergesellschaften möchten die → Arbeitgeber → der westlichen Moderne nicht einmal für die Lebensmittel → der Arbeitnehmer aufkommen. An prominentem Ort ward derlei → Zahlmoral jüngst → einmal mehr bezeugt durch eine → Kreuzberger und eine → Frankfurter L.-Firma. Die südosteuropäischen Handwerker und Bauhelfer, die im → ehemaligen Grenzstreifen die *Mall of Berlin* errichtet und während dieser Zeit in Autos oder im Zehn-Mann-Zimmer genächtigt hatten, sollten unentlohnt die Heimreise antreten. Der anschließende, → qualitätsmedial kolportierte Rechtsstreit zwischen Bauherren, Verleihfirmen und Verliehenen bezeugte mit Vokabeln wie ‚Arbeitskräfteverleih', ‚Arbeitnehmerüberlassung', ‚Arbeiter im Leihverhältnis' u. ä. m. den moralischen wie semantischen Reichtum spätwestdeutscher Verkaufs→kultur.
→ -kultur, → Wenn's umsonst ist ...

-leistung läßt sich wie -kultur und -arbeit überall anhängen, aber nur von wenigen tragen (s. u.).

Leistungselite „Sie gehören zur Elite", → beschied die → Qualitätsjournalistin Heike Schmoll von der *FAZ* den Qualitätsjournalisten Florian Felix Weyh vom → Qualitätssender → *Deutschlandfunk* in eben demselben. Wie wird man Mitglied der L.? „Es muß zusammenkommen eine außerordentliche Leistung, aber auch ein außerordentlicher Verdienst." („Über Eliten", in: „Essay und Diskurs", 14. Mai 2017)
→ das/der Verdienst, → Meinungselite, → Verantwortungselite.

Leistungskurs Spreiz- und Rätselwort, das die Frage aufwirft, was sonst noch so in den Haupt-, Glied-, Rumpf- oder Realschulen getrieben werde.

Leistungsprinzip Ihm unterliegt in einer Leistungsgesellschaft fast alles, ausgenommen die Wahl des richtigen Kasus. Von Höherem kündet Heinz Kopp (→ Begriffshütten, → Geholfene), Oberstudienrat im Pfälzischen und Verfasser mehrerer *Lektüre Durchblicke* für den Deutschunterricht, in seinem Aphorismenband *Widerklänge* (2012): „Im Unberechenbaren, das man durch Beobachtung des Spielverlaufs berechnet, im Unverhofften, das man durch Hoffnungen einspinnt, im Unzugänglichen, zu dem man durch blindes Tasten Zugang erhält, spürt der Spieler die Fernbestimmung, der zu begegnen ihm unvergeßlich bleiben wird wie die segnende Hand auf seinem Haupt. Er setzt sich auf den Höhen des Herzens Bedingungen und Strömungen aus, die dem Leistungsprinzip spotten." (S. 132) Dem Deutsch → Herr zu werden, bleibt nun einmal unerreichbar jenem, der mit blindem Tasten ihm nahte.
→ Aphorismen, → Publikationsliste; → Dativschwäche.

Leistungsträger Leicht ist manche Leistung zu erbringen und doch schwer zu tragen. Darüber klärt dieser wunderschöne Neologismus vor allem die → sozial Schwachen auf. Doch sind der Anwenderphantasie keine Grenzen gesetzt: „Auch im Kabinett stellt die Partei mit Außenminister Frank-Walter Steinmeier, Arbeitsministerin Andrea Nahles und Justizminister Heiko Maas die wichtigsten Leistungsträger." (Karl Doemens, „Gabriel und die linke Machtoption", in: *Berliner Zeitung* vom 21. Juni 2016, S. 8) Und mancher verkannte Künstler kommt durch die Fürsprache eines modernen Historikers zu verspäteten Ehren: Dietrich Seybold nennt Leonardo da Vinci den „womöglich größten Leistungsträger des Orients" (*Leonado da Vinci im Orient. Geschichte eines europäischen Mythos*, Köln 2010, S. 27).

Leitbild, Leitideen, Leitvorstellungen usw. Leitbegriffe → tiefsitzenden intellektuellen Unterwerfungsbedürfnisses und historischer Verstörtheit. Da der → MEHRHEITSDEUTSCHE niemals für etwas haften oder bezahlen mußte (→ die Alliierten), laboriert er entweder an seiner Schuldlosigkeit oder an seiner ewigen Schuld. Sein Nationalbewußtsein ist ohne Mitte, er kennt nur die Extreme schwülstiger Selbstbehauptung oder kitschiger Fremdenliebe. Überhaupt: der hysterische oder weihevolle Ton, womit der Mehrheitsdeutsche → ‚das Fremde' sagt! Kurz: Seine politische Provinz haßt, seine kulturelle Provinz hätschelt alles, was sich zum → Ausland erklären ließ.
→ Minderheiten, → Ossifizierung, → Sconto; → kritisches Wissen.

Leitkultur, deutsche „Wir sagen unseren Namen. Wir geben uns zur Begrüßung die Hand. Wir zeigen unser Gesicht. Wir sind nicht Burka." (aus dem Zehn-Punkte-Plan für eine d. L. von Thomas de Maizière, April 2017) Den welthistorischen Sonderweg und westelbischen Normalfall leitkultureller Ambitionen formulierte ein Chef des *FAZ*-Ressorts „Geld & Mehr": „Die Westdeutschen waren aus historischer Verantwortung bereit, Geld zu zahlen. An ihrer bundesdeutschen Leitkultur hielten sie fest." (Ralph Bollmann, „Migranten im eigenen Land", in: *FAZ online* vom 3. Oktober 2017)
→ Handschlagsdoktrin, → Ich bin Weihnachtsmarkt, → Position beziehen, → unser Geld.

Leitkultur, unsere Während das mit unbestimmtem oder bestimmtem Artikel versehene Wort → ‚Leitkultur' den Führungsanspruch → westlicher Werte (meist gegenüber → östlichen Unwerten) insgesamt ausdrückt, kündet die possessivpronominale Version von exklusiv westdeutschem → Wir-Gefühl. Um ‚eine Leitkultur' muß gerungen werden; ‚unsere Leitkultur' hingegen bezeichnet eine Zone gesicherten Behagens. Armin Laschet von der (ab 2020: ehemaligen?) → Volkspartei CDU wurde diesbezüglich auch dem ostdeutschen Volk bekannt, und das kam so: Der 1961 in Aachen Geborene, Erzogene und Wirkende, inzwischen Vorsitzender der CDU Nordrhein-Westfalen, konnte 2016 den → Qualitätszeitungen entnehmen, wie im tiefsten Süden des Westens, in Villingen-Schwenningen, das neue Jahr per Handgranatenwurf auf ein Flüchtigenheim begrüßt worden war. Wenig später hatten verschiedene Online-Medien eine Zahl der Übergriffe auf derlei Heime in NRW genannt: Allein 214 → in 2015, achtmal soviel wie im Vorjahr. Eine → willkommenkulturell → asymmetrische Topographie drohte sich abzuzeichnen, war es doch trotz ermutigender → Qualitätsmedienpräsenz nicht zu derart explosiven Meinungsbekundungen in Deutsch-Nordost gekommen. Als einige Dutzend → Wutbürger in → Sachsen → entschieden ihr Wir-Gefühl gegenüber prospektivem → Zuzug artikulierten, war es soweit: „In Bautzen und Clausnitz ist die Integration mancher Deutscher in unsere Leitkultur, die für Humanität, Anstand und Respekt steht, gescheitert." (Armin Laschet, zit. nach: *WELT online* vom 21. Januar 2016) Im Gegensatz zu Bottrop im Januar 2018! Das von der *Berliner Zeitung* am 26. September 2016 kolportierte Netzwort Laschets, daß man wohl gleich nach dem → Anschluß → Integrationskurse für Ostdeutsche hätte veranstalten sollen, wollte der CDU-Vize gegenüber dem Herausgeber dieses Wörterbuchs weder dementieren noch bestätigen.
→ flüchtlingsfeindlich, → Gratis-Mut.

Leitkultur, zeitgemäße Weidetiere mit → Führungsqualitäten sind kein Exklusivwunsch konservativer Herdenmenschen. Der vortragsreisende Glaubensaustreiber und Massenaufklärer Michael Schmidt-Salomon hält den Tod Gottes noch für eine Nachricht und verkündet ihn ein ums andere Mal in seinem *Manifest des Evolutionären Humanismus. Plädoyer für eine zeitgemäße Leitkultur* (Aschaffenburg 2006). Wie die hinter ihm aufgereihten → Freidenker huldigt MSS jener Brachialmetaphysik, die ständig die Begriffe Ich, Gehirn und Geist miteinander verwechselt und derlei Obskurantismus für → Aufklärung hält.

lernen Mit Anglizismenkritik gerät man leicht in ohnmächtiges Fäusteschütteln à la „Verein Deutsche Sprache" (→ aufsteigen) und zudem vom Hundertsten ins Tausendste. Nur ausnahmsweise daher die Erwähnung von ‚l.', das mittlerweile ‚erfahren' zu verdrängen droht, und zwar vom Morgenradiogedöns bis ins Feuilletonfaseln von → Qualitätszeitungen. „Auf der Konferenz lernten die Außenminister im direkten Austausch, wie sehr ..." „Aus diesem Buch kann man lernen, daß ..." Was lernt uns das? Der pädagogische Ehrgeiz von → Publizisten ist unbesiegbar, die Leser/Hörer sollen nicht nur erfahren, was Sache ist, sondern es sich hinter die Ohren schreiben.
→ Wir haben gelernt ...

LESERBRIEFE Monika Zydeck hatte im Württembergischen jahrelang das kreative Schreiben gelehrt. Heute bietet die freie Journalistin aus Leinfelden-Echterdingen ihre publizistischen Dienste an, für die sie, so ihre Selbstdarstellung (Internetseite), auf „fundierte Erfahrung in Magazin-, Zeitschriften- und Zeitungsredaktionen" zurückgreifen kann. Aber auch zu publizistischen Gratisleistungen ist M. Z. bereit. Als 2007 in Mügeln/Sachsen acht Inder bei einer Restaurantschlägerei schwer verletzt wurden, schrieb sie folgenden Leserbrief an die *Berliner Zeitung*: „Die haben es immer noch nicht kapiert. Dächte man genauso → menschenverachtend wie die Schläger, würde man sagen, gemeint ist die gesamte ostdeutsche Mischpoke. Doch ganz so ist es eben nicht. Überall gibt es verkappte Radikale. Doch den ‚Sumpf' trifft man offensichtlich geballt im Osten, der sich täglich in Selbstmitleid badet, vor Intoleranz strotzt und das Hirn entweder beim Honecker-Regime abgegeben oder irgendwo vergessen hat. Fakt ist, die ‚Ossiländer' haben durchaus die Möglichkeit der *Mitgestaltung*. Nur wollen sie sie bis heute nicht wahrnehmen. Es ist doch bequemer, mit dem Finger auf andere zu zeigen und zu schreien: ‚Wir wollen von dem abhaben, was ihr habt, denn schließlich hatten wir lange nicht.'" (25./26. August 2007, S. 32) Als Absendeort des reichbe‚doch'ten Leserbriefes ist das weltoffene, fremdenfreundliche, von Habgier und Besitzneid seit je freie Stuttgart genannt, berühmt auch als Verlagsadresse. Bereits 1984 war dort ein Werk erschienen, das sich intensiv dem literarischen → Mitgestalten widmete: „Die ‚Leserbriefe' in den Zeitungen oder der Gratiskatalog zeitgenössischer Dummheiten. Dazu paßt der anmaßende Ton." (Ernst Jünger, *Autor und Autorschaft*, S. 39)

liberalkonservativ (früher oft: liberal-konservativ) Nostalgieadjektiv aus dem Diktionär des politologisch gehobenen → Jammerwessitums; ein Attribut, das sich → die gute Gesellschaft seit den 2010er Jahren → zunehmend selbst verleiht und das seither die Ängste eben dieser Gesellschaft einerseits vor → sozialer Schwäche, anderseits vor → Populismus von → rechts in sachgerechter Paradoxie ausdrückt.
Der Konservative von heute ist kaum etwas anderes als der Liberale von gestern, der verdauen will. Dieser eher ökonomische Kontext war in der sporadischen Rede von ‚l.' während der 1990er Jahre offenkundig, damals zumeist noch mit eingeschobenem Bindestrich. In der Zusammenschreibung artikulierte ‚l.' in den frühen 2000ern das → Selbstverständnis regierungsfreundlicher CDU-Mitglieder, mittlerweile → die Mitte der Gesellschaft zu repräsentieren. Wie sehr es sich hierbei um → ideologische Flausen und bei ‚l.' um einen normativen, bestenfalls regulativen Begriff im Kantischen Sinne handelte, hatte bereits

2006 der Traktat *Philosophie der Bürgerlichkeit. Die liberalkonservative Begründung der Bundesrepublik* → deutlich gemacht. Der Politikwissenschaftler Jens Hacke unternahm darin den eher mythologischen denn politologischen Versuch, die starke → Geprägtheit → der guten alten Bundesrepublik durch die Entnazifizierten, genauer: durch deren erfolgreiche → Integration ins Adenauerabendland, als spezifisch ‚deutschen Weg' in der ‚Entfaltung liberaler Prinzipien' zu deuten. Die Geburt einer durch Realgeschichte nicht verwundbaren BRD aus einer *storia ideale* ihres Begriffs, namentlich ihrer ‚l.en' Geisteswissenschaftsseminare, war These auch des → ungleich stärker beachteten Nachfolgewerkes: *Die BRD als Idee. Zur Legitimationsbedürftigkeit politischer Ordnung* (2009). Das dort imaginierte ‚l.e' Milieu zeichnet sich durch ein Grundvertrauen in die vorgefundene (und diesmal richtige, weil liberale) Ordnung aus, hält politisches Handeln für eine Tugend und sei ‚Staat' und ‚Markt' gleichermaßen → zugewandt. Die konservativen Liberalen seien konservativ einzig mit Bezug auf ihren Liberalismus, den zum Wohle aller zu konservieren sie freilich erst von den Konservatoren ganz anderer Ordnungen lernen mußten.

Kurz, Hacke → dachte und deutete Deutschland (West) hier → durchaus als politologischer → Heimatliterat. Er beschrieb eine BRD, die auch fast 20 Jahre nach der → Wiedervereinigung ausschließlich mit sich selbst – mit ihrer → ‚Selbstverständigung', ihrer → Idee und mit der Selbstverständigung über ihre Idee – beschäftigt ist; das ewige Westdeutschland und → innere Bonn, dessen philosophischer Wohnsitz die sog. Ritter-Schule in Münster gewesen sei. Skeptische Weisheit und stilles Weitermachen dank überstandener → totalitärer Erfahrung hatte Hacke in seinem Buch von 2006 als Hauptimpulse fürs → Bekenntnis zur → Bürgerlichkeit benannt: Die ‚Vorstellungen' Arnold Gehlens und Carl Schmitts seien in liberale Verfassungswirklichkeit überführt worden, Bewahrung des Bewährten vornehmstes Vermachtnis der Entnazifizierten.

Wie dünn die ideologische Decke über der ‚l.en' → Mitte ist, zeigte ein Titel wie *Gefährliche Bürger. Die neue Rechte greift nach der Mitte* (2015). Hier wettert besagte Mitte teils gegen ihre radikalen → Ränder und Infiltratoren (→ Purismus), teils gegen ihre eigene Schwäche. Das Autorenpaar, eine „bekennende Konservative, Mitglied der CDU" und ein „Vertreter eines → gesamtheitlichen Liberalismus in der FDP" (S. 10), hängt den blattgoldenen Zeiten der CDU/FDP-Koalition nach und möchte nunmehr die ‚l.e' Mitte der Gesellschaft vor sich selbst geschützt sehen (S. 15f.), denn diese wie → die offene Gesellschaft überhaupt befinde sich in einer ‚Sinnkrise' (S. 8). Deren – politischer? kultureller? ökonomischer? sozialer? – ‚Sinn' scheint den Milieuschützern keiner Explikation bedürftig.

Auch der Begriff des Liberalkonservativen ist nicht geschützt, was Bednarz/Giesa mit Blick auf einen seit den 1990ern umtriebigen „Bund freier Bürger" anerkennen müssen (S. 67). Inzwischen sehen sich als ‚l.' begreifende „ernsthafte Liberale und Konservative" mit einer nach rechts abbiegenden „liberal-konservativen Linie" konfrontiert (S. 102, S. 155). In der Tat beweist eine „Liberalkonservative Initiative" (Initiator: Thomas Rettig), wie → gutbürgerlich der Furor gegen Linksbürgerliche und Merkelkonservative ausfallen kann.

Lieblingsitaliener Mit persönlichem Fürwort versehen, ist dies der → Ort, zu dem gefönte Gattinnen und gescheitelte Gatten aus dem Abonnementskonzert strömen, um nach Verkostung diverser → Leckereien mitunter → Sconto zu verlangen.
→ Wenn's umsonst ist ..., → Zahlmoral, → Keine Italiener!

Limonaden Die Bedeutung dieses Ausdrucks im → Publizistenwestdeutsch konnte bis Redaktionsschluß nicht vollständig geklärt werden. Das Wort habe → einmal mehr der alte Sauertopf Klaus Bittermann: „Im übrigen schwärmt [der Ostdeutsche] von der guten alten Zeit unter Erich, als eben alles noch besser war und die Ostlimonadenmarken Club

Cola und Rotkäppchen sich noch nicht im westlichen Verdrängungswettbewerb behaupten mußten." (*It's a Zoni: Zehn Jahre Wiedervereinigung. Die Ossis als Belastung und Belästigung*, Berlin ²1999, S. 8) Der Wettbewerb ist inzwischen entschieden. *Rotkäppchen* führt dank westzonalen → Schnäppchenschlürfern als Billigsektmarke, hat *Mumm* aufgekauft und das unfähige Westmanagement vollständig → entsorgt. (Die Gewinne aus dem Freyburger Getränkebetrieb sprudeln freilich keiner Freyburger Unternehmerfamilie.) Über saures Aufstoßen hülfe dem → Kreuzberger → Verbitterungsmilieu der eine oder andere Kelch *Extra dry* hinweg.

linker Orientierungsausdruck aus der politischen Topographie diverser → Qualitätsmedien; in Verbindung mit → ‚eher' ein nahezu superlativischer Komparativ (vgl. etwa *Inforadio*-Presseschau, 16. Januar 2019: „eher linkere Blätter", „eher linkere Zeitungen").
→ Komparativstörung.

links (sein) Im jüngeren Westdeutsch → der Politik: gegen → rechts sein.

Linksintellektuelle, linksintellektuell Der von Erhard und Adenauer bis Reich-Ranicki gepflegte Intellektuellenhaß → der alten Bundesrepublik konnte unmittelbar an die NS-Semantik anschließen. Folglich verwendete man die Ausdrücke ‚intellektuell' und ‚linksintellektuell' synonym. Noch im ersten Jahrzehnt der → Wiedervereinigung als → Schmähsprech gebräuchlich, wurden ‚L.' und ‚l.' in den 2000er Jahren durch die Selbst- gleichwie Fremdbezeichnung ‚linksliberal' (angemessener, jedoch selten: ‚linksbürgerlich') ersetzt und seit den 2010er Jahren gelegentlich als Eigenzuschreibung reaktiviert.
Begriffs- als auch kulturgeschichtlich relevant ist das Verhältnis der L.n zur → *Bürgerlichkeit*. Es hat sich in den Jahrzehnten nach dem → Anschluß geradezu verkehrt. Man darf hierbei zunächst absehen von der bürgerlichen Normalbiographie, zu der jugendliches Projektwohnen (→ Wohnprojekt), Steinewerfen und Maulen gegen das → Schweinesystem ebenso gehören wie spätere Einkehr in die liberale, → liberal-konservative, gar → gesamtheitlich liberale → Mitte der Gesellschaft. Oder, wo dies fehlschlug, an deren → rechten Rand. Die westdeutschen L.n jedoch charakterisiert ihr verspäteter Zynismus. In der Normalfraktionierung der → offenen Gesellschaft steht eine mit politisch-ethischem Sollen argumentierende Linke einer Rechten gegenüber, die sich von besserer Geburts- oder Besitzausstattung fühlt und daher in ihrem → vermeintlich natürlichen, weil ästhetisch präsentablen Sein zu zeigen wagt. Universalistisch-egalitäre Heuchelei dort, möchtegernaristokratische Frivolität hier sind die zwei Durchschnittsextreme der Bürgerseele. Gerade eine intellektuelle Rechte ging und geht → sogenannte → Gutmenschlichkeit der universalistischen Linken im → Spannungsfeld zwischen Menschenrechtsrhetorik und → Flugkörperabwurf gern → ideologiekritisch an. Nicht zuletzt → vor dem Hintergrund gesamtbürgerlicher Verarmungsängste und Bedrohtheitsgefühle seit den 1990er Jahren hat sich daran einiges geändert. Auch die Linke des Westens legt nunmehr Wert auf ihre (Gut)Bürgerlichkeit (→ Bittermannlinke, → Medialdemokraten), auch die rechtskonservative Bürgerlichkeit befleißigt sich inzwischen der Dialekte moralischer → Empörsamkeit mit kräftigen Anleihen aus → Grünsprech und → Habermasdeutsch (im Kontext: → auf Augenhöhe). Angesichts einer unleugbaren, wenngleich stets dem politisch-kulturellen Gegenüber zugerechneten Verpöbelung der → Bürgergesellschaft BRD insgesamt ist für beide Sprachmilieus ‚Bürgerlichkeit' → mehr und mehr in ihrer puren Klassenbedeutung wichtig. Durch die Linken, die Linksbürgerlichen und Linksliberalen Mehrheitsdeutschlands wird dieser Klassencharakter in dezidiert materiellem Sinne bejaht und befördert. Die Schaffung und Erhaltung einer Mittelklasse, sprich: → gutbürgerlichen Mitte der Gesellschaft (→ Zivilgesellschaft), sei die materielle Basis,

die moralische Mindeststandards des Verhaltens sowie politische → Wertorientiertheit allein garantiere. Mit Zähnen und Klauen müsse diese → Bürgergesellschaft nicht nur im → Ernstfall verteidigt werden.

Von → Proletarisierung und → verproletarisiertem → Dunkeldeutschland redet die neueste Altlinke inzwischen so hemmungs- und gedankenlos wie die → SCHNÖSELSPRACHLICHEN Milieus der Traditionsrechten. Gerade die sogenannte linke Mitte ist es, welche → dem Osten Deutschlands nicht primär seine → östliche Gottverlassenheit oder → Osthaftigkeit, sondern schlicht seine Armut vorwirft (→ Unwerte, östliche). Zirkularität und drohende Paradoxien der spätlinken Rede von rettungsbedürftiger (Besitz)Bürgerlichkeit als Daseinskondition liberaler Welt-, Links-oder Kulturbürgerlichkeit traten im → SCHWANSPRECH zutage. Im Gegenzug pflegen die oft kleinbürgerlichen, wenn nicht sogar → unterklassigen → Publizisten des → rechten Randes ein freilich seit je rechtsintellektuellentypisches Sichhochschreiben auf Herrenklassenhöhe (→ GROSSER STIL, → HALBTROCKEN, → HOCHSCHREIBE, → MAULHELDISCH).
→ Pöbeln, → Primitivbürger, → Westlinke.

location war in der westdeutschen → Provinz zwar nicht zu finden, wurde aber von dort in die (lange Zeit hochdeutschsprachige) Hauptstadt eingeschleppt. Kaum noch ein Berlinführer, der nicht von *locations* sprachschnöselt! Frei von *locations* war allein das Bundesverkehrsministerium unter Peter Ramsauer: „Ich will, daß im Haus wieder mehr Deutsch gesprochen wird." Und was für ein Deutsch: ausgerichtet → in der Fläche, um nicht → auf Verschleiß fahren zu müssen und statt dessen → Strahlkraft entfalten zu können!

Lohnzurückhaltung Ursprünglich ein Ausdruck für den Coitus interruptus des Kapitals, inzwischen dessen Lobesfloskel für das Gegenteil.

Lokation Gehoben für → location. In Fremdenführern erwähnter Ort, wohin westelbische Windjacken, Turnschuhe, Rollkoffer und die ihnen anhängenden → Touris in Massen und ohne Pause streben.

lösungsorientiert heißt beinahe dasselbe wie → problemorientiert und soll zumeist → zielführend sein.

Lübien (nur mündlich) → Qualitätsradio-Westdeutsch für ‚Libyen'.

Ludwigsburger Kreiszeitung (Auflage ca. 35 000) Im Heimat→diskurs des → *Deutschlandfunks* ein Synonym für → deutsche Zeitungen, zuweilen für *die* deutsche Zeitung. Ihre Kommentare zum Weltgeschehen werden in der → Presseschau besagten → Qualitätsmediums um ein Mehrfaches häufiger zitiert als die *Washington Post* oder die britische *Times*.

Lufthoheit führt entweder zu → Stammtischen, wo sie als → Deutungshoheit durch → MEDIALDEMOKRATEN kritisch → aufgeklärt wird, oder zu → robusten humanitären Einsätzen, wo sie als → Flugkörperpotenz von denselben Medialdemokraten dank → kritischem Wissen ums Notwendige zugelassen ist.

Luxus Eine besonders hartnäckige Obsession westfraulichen → Anspruchsdenkens artikulierte die Publizistin Judith Luig in der *WELT* vom 11. November 2009 („Ostfrauen-Mythos schädigt die Gleichberechtigung"): „Den Frauen im Osten ist strukturell jeder Luxus verweigert worden. Ein Zukunftsmodell kann das auf keinen Fall sein."
→ Prostitutionslandschaft, → Versorgungsehe, → Zukunftsgegner.

M

machen 1. Wie in den meisten indoeuropäischen Sprachen, so auch im Westdeutschen das → wichtigste Tätigkeitswort, oft von Leuten, die ihrerseits → zunehmend weniger selbst machen und sich also fragen: „Was macht das mit mir?" (→ PSYCHOSPRECH) 2. Was ein Geburts- und Lebensort links oder rechts der Elbe jeweils mit der Sprache machen, läßt sich am Beispiel der Vettern de Maizière studieren. Während Lothar hochdeutsch spricht und auch als Politiker rhetorisch unauffällig blieb, zeigt sich bei Thomas die typisch westdeutsche Verminderung des Verbenwortschatzes. Man beachte aber die dadurch erhöhte Bedeutungsvielfalt von ‚m.', wie etwa in dieser Antwort zur Migrantenabwehrfrage im Sommer 2015: Seine europäischen Kollegen hätten ihm angesichts des → Zustroms z. B. aus → Lübien gesagt, so der Bundesinnenminister, daß die Standards in Deutschland sehr hoch seien. „Aber wir können mehr Sachleistungen machen, wir können das Taschengeld uns genauer angucken, wir können in den Erstaufnahmeeinrichtungen insbesondere Dinge machen, daß man nicht viel Bargeld bekommt ... wir können im Leistungsbereich unter Wahrung der Menschenwürde doch einiges tun. ... Es kann nicht sein, daß, wenn wir nur eine Holzkaserne umbauen, daß wir dann ein europäisches Vergaberecht, daß wir dann ein drei Monate langes Verfahren machen. ... Wie wir es machen, was wir daraus machen, das liegt zentral an uns." („heute"-Journal des *ZDF*, 13. August 2015) Oder, wie es Parteifreundin Annegret Kramp-Karrenbauer dem Europäer in Paris → deutlich machte: „Europa jetzt richtig machen" (*WELT online* vom 10. März 2019).
→ können, → kulturelle Bereicherung.

Machthaber Synonym für ‚Präsident', ‚Parteichef', → ‚Staatschef' und überhaupt für → Menschen, deren → Position nicht → Folgewirkung von → Parteiendemokratien ist.
Angesichts ihrer Sinnspreizung könnte die Vokabel aus dem → Ressentimentwörterbuch der politisch-intellektuellen Mittelklasse stammen, die so ihren Unmut über Menschen bekundet, welche die Macht tatsächlich haben (→ besitzen) und nicht bloß repräsentieren. Vielleicht ist M. aber auch ein ähnlicher Fall von Gedankenlosigkeit und Geltungssucht wie ‚Bekennerschreiben', worin ein US-amerikanischer Sprachkritiker den mittelklassigen Ersatz fürs unterschichtige ‚Communiqué' erkennen wollte.

mächtig Im Westdeutschen der Qualitätspresse verlangt ‚m.' wie ‚wider', ‚eingedenk', ‚seitens' u. v. a. Genitiveminenzen den Dativ, was ein nativer Sprachpfleger → eindrücklich ausdrückt: „Es fängt doch schon damit an, diese Schule ‚Akademie' zu nennen! An einer Akademie werden Akademiker weiter gebildet – die die deutsche Sprache beherrschen und ihr mächtig sind!" (Manfred Rigow, „Unmöglich, dass Polizeischüler Nachhilfe benötigen", in: *Berliner Zeitung* vom 1./2. Dezember 2018, S. 18)
→ Wider dem Vergessen, → Herr werden, → gedenken; → DATIVSCHWÄCHE.

mahnen Im → MEDIALDEMOKRATISCHEN, insbesondere im → qualitätsmedialen → WÄCHTERSPRECH zumeist intransitiv verwendet und darin formal-semantisch dem → ‚Warnen' verwandt. Medialdemokratisches Mahnen und Warnen kann sowohl den Subjekten politisch bedenklicher → Prozesse als auch deren Objekten gelten.

mal eben Umstandslosigkeitswort der Zeitbestimmung: „Ich muß mal eben da hin, mal eben nach Ostberlin." Welche Reise für den begabtesten aller westdeutschen Sprachschänder gewiß erhöhten → Zeitbedarf bedeutet hätte, wofern mit der Deutschen Bundesbahn unternommen.

mal gucken/mal schauen Aus dem grünen übers espede-rote ins trachtenschwarze gewandertes → JOVIALDEUTSCH; Standardfloskel im → SCHRÖDERDEUTSCHEN und seinen Subdialekten. „Ich denke mal, es ist deutlich geworden, die deutsch-französischen Beziehungen sind jetzt auf einem Stand, daß wir auch schwierigere Themen wie einen europäischen Exportausgleich angehen können. Ich meine, da sollten wir mal gucken, was da drin ist. Der Jacques und ich, wir haben da" usw. usf. Vorstehender Extrakt aus ca. 30 Schröderansprachen weist den allseits verehrten und nirgends vermißten Gasmann nicht nur als genialen Sprachvereinfacher, sondern auch als späten Nachfahren des Da-Da-Da aus. → Gestaltungskoordinierungsaufwand.

man Leitwort aus dem Diktionär medialer und politischer → Autoritäts→bedarfe und ihnen anhängender Zwangsideen und Machtträume („man muß dafür sorgen", „man wird sehen müssen", „man sollte darüber reden" u. ä. m.). Sein Gebrauch an exponierter Stelle veranschaulicht eine westdeutschlandtypische Dialektik von Selbstermächtigung und -entmächtigung. → MEHRHEITSDEUTSCHE → Intellektuelle, → Publizisten und sonstige Sinngebungs- und Seelenführungsbetraute usw. sprechen gern davon, was m. tun müßte oder hätte tun müssen. „Im Grunde hätte man im Osten nach 1989 ein Reeducation-Programm auflegen sollen, wie das die Amerikaner nach dem Krieg im Westen gemacht haben. Das wurde verschlafen. Und deshalb dauert es halt länger", teilte z. B. Jörg Frommer, in Esslingen am Neckar gereifter Professor für Psychosomatische Medizin und Psychotherapie an der Universität Magdeburg, dem in Münster gereiften Ostbeauftragen der *Berliner Zeitung* Markus Decker mit. Gemeint hatte Frommer den demokratischen Reifungsprozeß, dessen Verzögerung sich ostelbisch in wenig → weltläufigen Wahlergebnissen niederschlage. Wenn → Sachsen sich verwählte, dann auch aufgrund jahrelang erlittenen Mangels an geistiger Grundversorgung *(ZDF, SAT 1, RTL)*. „Westfernsehen, überhaupt Westkontakte waren jedenfalls ein wesentlicher Faktor bei der Horizonterweiterung", klärt der Professor aus Schwaben über das Leben in der → Ehemaligen auf. Falsches Wählen zeuge von falschem Leben, aber auch von seelischer Krankheit: „In einem → autoritären Staat leiden alle, und zwar auch, wo sie es selbst nicht wahrnehmen." („Das Problem ist die Erziehung zur Unselbstständigkeit", in: *Berliner Zeitung* vom 14./15. Oktober 2017, S. 2)
Der Mann aus Münster hatte den Mann aus Esslingen der hauptstädtischen Leserschaft wie folgt vorgestellt: „In Ostdeutschland hatte Jörg Frommer Mitte der 90er-Jahre zunächst starke Fremdheitserlebnisse." Im weltoffenen Westen wiederum habe *man* ihn bald nicht mehr zurückhaben wollen, denn „sein Nachdenken über die Psyche der Deutschen ist ein Denken über Grenzen hinweg." → Ganz wichtig: „Ein Porträt Frommers findet sich in Markus Deckers Buch: Zweite Heimat. Westdeutsche im Osten."
→ Ich-Stärke, → Selbstbewußtsein, → Weltoffenheit, → Werbewirtschaft.

Man merkt gar nicht, daß Sie aus dem Osten kommen. Nichts mehr merken zu müssen ist das Vorrecht historisch anästhesierter Mehrheiten. Wie die Fragephrase → „Sind Sie aus dem Osten oder aus dem Westen?" entstammt die hierzu komplementäre Gesprächsschlußformel dem → MEHRHEITSDEUTSCHEN → JOVIALSPRECH. Ihre akustische Realität bezeugt zumeist einen Spannungsabfall, vulgo: ein Uff der Erleichterung, daß einen der Orientale (→ Ostler) reden und leben ließ (→ ANTIORIENTALISMUS).
Ein Phänomen, das zur Analyse bundesrepublikanischer → Gesprächskultur manches beitragen kann! Wie man überall in Europa weiß, hatten die Westdeutschen wegen ihrer sonderzonalen Daseinswattierung kaum gelernt, mit fremden Erfahrungswelten oder gar Denkhorizonten → umzugehen: Ihr einem idealisierten, größtenteils halluzinierten → Westen abgelernter → Pluralismus bewährt sich in einer → extrem argwöhnischen → Acht-

samkeit gegenüber allem Abweichenden, ohne daß hierfür ein Sensorium → evolutionär erworben und gefestigt worden wäre. Man ordnet ein und wendet sich ab. Abstrakte Abfrage ersetzt somit → konkretes Erspüren von → Differenz; der mehrheitsdeutsche Gesinnungsabfrager fällt mit der Tür ins Haus und schlägt sie zuweilen krachend zu. Ob seiner emotionalen Unbeholfenheit achtet er → intensiv auf → *ideologische* Milieugrenzen oder bemüht sich um die Ideologisierung des Fremdpsychischen; das → Entlarven, Aufklären, Denunzieren einer zuvor ideologisch → konstruierten Milieuzugehörigkeit ist in der BRD nicht → umsonst elementare Kulturtechnik (→ Denunziantendeutsch, → Issismus). Das Lob der → Vielfalt (→ Andersheit) geht dem Altbundesdeutschen leichter von den Lippen als die Realität des Anderen in die Seele; zweifellos der Effekt einer adaptierten, nicht tradierten → Demokratie. Die Verteidigung des Pluralismus ist dem Mehrheitsdeutschen → je schon wichtiger gewesen als die intellektuelle Verarbeitung von → Pluralität. Seine Ängste vor rassenphysiognomisch nicht erkennbarer Infiltration (→ Ostgesicht) sind hieraus verständlich, ebenso aber auch seine Neigung zu → kommunikativen → Extremen in der realen → Präsenz des Fremden. Oft beginnt die → Kommunikation des Mehrheitsdeutschen mit einem *Anrempeln* (obige Frage!), um mit einem *Ankumpeln* zu → enden. Das eine ist seiner Dressur zur → Freiheit durch Beschränkung von → Mitbewerbern, das andere seinem → tiefsitzenden → Unterwürfigkeitsverlangen, freundlicher und philosophischer: seiner Freiheitsangst → geschuldet. Koexistenz in respektvoller Distanz, wie bei Völkern des Alten Westens sowie des Fernen Ostens zumindest als Kulturideal geläufig, ist dem Mehrheitsdeutschen nationalpsychisch → verwehrt. Sein → Wir-Gefühl krönt sich im → Anduzen all jener, die er ihm ähnlich glauben möchte.

Männermangel „M. scheint es allenthalben zu geben, und es fehlt aus weiblicher Sicht an den richtigen. Zu hoch diplomierte Frauen, sagt die Statistik, finden weder Liebhaber noch Ehemann. Ab 50" usw. usf. Das Lamento ist bekannt, die Lösung für die zu hoch diplomierten Problemfrauen aus Kultur- und Geisteswissenschaften ebenfalls: ein Urlaub in Nordafrika oder Nahost. Oder, dies hofft die hier zitierte Lamentatorin, eine → massive Einwanderung der saisonal bewährten Liebesdiener ins Reich der oft nur finanziell Potenten. Selten ward → die Utopie eines → angst-, da gefühlsfreien → Begehrens derart unbekümmert neukolonial formuliert wie durch Barbara Vinken.
Um die Zeit der → Kölner Silvesternacht 2015/16 war die Hannoveraner Literaturprofessorin aus der → dekonstruktivistischen Parallelwelt (*Flaubert*, 2009; *Angezogen*, 2013) aufgetaucht, um sich, wenn nicht deutschen Realitäten, so doch wenigstens dem *Philosophie Magazin* zu stellen. Unter dem Titel „Was tun? Philosophen [!] zur Flüchtlingskrise" hatte das Blatt 50 ausschließlich West- oder, in Vinkens Diktion, → Altdeutsche nach ihrem → Umgang mit → *dem Anderen* befragt. Bekanntermaßen ist letzteres ein Spezialgebiet des Dekonstruktivismus wie westdeutscher → Weltoffenheit. Vinken antwortete unter Rückgriff auf älteres → Anspruchsdenken der altbundesdeutschen Frau, wobei sich der autochthone Verstörtheitshorizont rasch abzeichnete: ,'Neue Männer braucht das Land', sang Ina Deter. Männer, die richtigen, waren Mangelware. Händeringend suchte sie den schönen Mann, schon ziemlich verzweifelt, ob sie als emanzipierte Frau eine Begleitung, geschweige denn mehr als das fände." Mehr als dreißig Jahre später stehe es um Frau Deter und Frau Vinken nicht besser: Es fehle immer noch das Andere, das richtige, gern auch als → das Fremde. Angst und Lust versprächen bereits romanliterarisch die Orientalen, wogegen die Einheimischen blaß aussähen. „Wo es um verschwenderischen, orientalischen Charme geht, tun sich die [weißen] Männer, hört man sich unter [weißen] Frauen um, schwer."
Wo jedoch Nöte klaffen, wächst Rettendes auch: „Eine Öffentlichkeit, in der orientalisches Flair den Verkehr der Geschlechter beflügelte, wäre ein vergessenes Zitat aus verflossenen

Zeiten. Sollten wir nicht hoffen, dass die neuen Männer, seien es Syrer oder Araber [...], ihren Frauenkult mitbringen und altdeutsche Ängste beschämen, bezwingen?" („Die Anderen und wir. Andersheit erzeugt oft Angst. Gerade im Bewusstsein eigener Benachteiligungen und Schwächen. Wie kann aus Unsicherheit Stärke werden, wie aus Furcht Lust?", in: *Philosophie Magazin* 2016/02, S. 56)
→ alt(bundes)deutsch, → Andersheit, → das Eigene, → Syrer oder Araber; → Umfeld.

Man versteht sich. → (Doch) (Jetzt) Im Ernst!

Markenkern Kein philatelistischer Fachbegriff, sondern der → werbewirtschaftlichen Sondersprache entstammender Ausdruck, etwa der von Sebastian Turner („Partner Berlin"): → ‚be Berlin' erwies sich so als ‚M.' der → vereinigungsbedingt verstümmelten Stadt. Oskar Niedermayer, medien→affiner Politikwissenschaftler an der Freien Universität eben jener Stummelstadt, „erklärt warum der Markenkern für Parteien wichtig ist – und wie man ihn erkennt" (*DER TAGESSPIEGEL* vom 19. September 2013), was tatsächlich nach einer Erklärung danach verlangt, wofür ein nicht sogleich erkennbarer M. taugen soll.

marxistisch Im politpublizistischen Westdeutsch zumeist mit ‚kommunistisch' gleichgesetzt; in der → alt(bundes)deutschen Umgangssprache Sammelbegriff für alles, was nach Moskau führt.
→ Bundesrepublik Adenauer, → Kommunismus, → der Russe, → in keinster Weise.

Marzahn (hochdeutsch auf der zweiten, westdeutsch auf der ersten Silbe betont) Von Tausenden russischer Spätaussiedler sowie → ehemaliger → Vertragsarbeiter aus Vietnam bewohnter Stadtbezirk im Ostteil Berlins; daneben frontstädtisches Synonym für dem → Plattenbau und falsch verstandener → Weltoffenheit → geschuldete → Verproletarisierung und → Verwahrlosung.
Tatsächlich wetteifert M. mit dem gleichfalls östlichen Bezirk Treptow-Köpenick um den letzten Platz in der hauptstädtischen Kriminalitätsstatistik, wo Berlin-Neukölln eine führende Rolle behauptet. ‚M.' dürfte daher ins Diktionär des → falschen Bewußtseins, d. h. zu den → MEHRHEITSDEUTSCHEN → KLEMMWÖRTERN und → Projektionsbegriffen gehören.

Massenzuzug Ursprünglich CSU-Deutsch für Einwanderung, die links vor Preußen abbiegt und Bayern überkommt oder überflutet; verbaliter inzwischen an diversen → Rändern gesichtet. Dazu eine Stimme aus → der Mitte: „Dass Deutschland Zuwanderung kann, zeigen die vergangenen Jahre ..." (zit. nach: *Berliner Zeitung* vom 14. Februar 2019, S. 8)
→ können, → machen.

massiv können nicht nur Vorwürfe und Einsätze, sondern auch Lohnerhöhungen sein (*Deutschlandfunk*, 18. Mai 2013). Für letztere muß man sich freilich ‚m. einsetzen'. Die volkswirtschaftlichen Schäden dadurch sind laut BDI & Co. ‚massivst'. Am massivsten allerdings drückt der non-adverbiale Gebrauch von ‚m.' die superlativistische Sprachgesinnung aus: „Nun muß die Bundesregierung massiv werden." (ein → Qualitätsmedium in der „Presseschau" des *Deutschlandfunks*, 13. Mai 2017)

massivst → massiv.

Maßnahmekatalog enthält die Maße, die Couturiers → der Politik und andere verrückte Hutmacher dem Sozialkörper anlegen. Nicht zu verwechseln mit Maßnahmenkatalog.

Matratzensystem Einer der → Themenbereiche des → Schlaf-Kompetenzzentrums im Möbelcenter Biller, nicht zu verwechseln mit dem Produzenten von eros→diskursivem → Extremindividualismus Maxim Biller.
→ Ichzeit, → weiches Deutsch.

Mauer in den Köpfen Ausbleiben einer → Anpassungsleistung aufgrund → falschen Bewußtseins. Letztere, an sich unsinnige Formel aus dem orthodoxen Marxismus – kein Sein oder Bewußtsein, höchstens eine Aussage kann falsch sein! – hat überraschend Sinn erlangt angesichts westzonaler Einheitsideologien. Diesen zufolge verschwindet z. B. eine Mauer, wenn man nicht dran denkt. In falschem Bewußtsein lebt, wer wie Heinz Bude (→ Wir-Gefühl) oder Monika Zydeck (→ Leserbriefe) die westdeutsche Dominanz in Einheitsdeutschland als → Beitrittsphantasma der Ostdeutschen deutet, wodurch die zu spät in die BRD Gekommenen über ihre eigenen Spätlingskomplexe stolpern. Der Ruf nach einer Mauer war zuletzt freilich von Westdeutschen zu hören, die im Osten ihre zweite Chance entweder nicht fanden (→ Bittermannlinke) oder noch suchen: Tatjana Festerling (Ex-AfD, Pegida) forderte ein vor ihren → Landsleuten geschütztes Ostdeutschland, in dem es weiterhin „vertrauensvoll, verläßlich, geborgen" zugehe, ganz so, wie in der → medialdemokratischen Häme-Propaganda behauptet (zit. nach: *Berliner Zeitung* vom 25. März 2015, S. 5).

Mauerspringer Der Terminus erschien vor 1989 sporadisch in Boulevardzeitungen und bezeichnete dort fast ausschließlich sog. Republikflüchtlinge mit dem Reiseziel → Westberlin. Nach 1989 dehnte sich der Bedeutungsumfang von ‚M.' vor allem dank der → Mauer in den Köpfen beträchtlich aus: Nicht wenige → Alt(west)deutsche bezeichneten als ‚M.' nun die Arbeitsmigranten aus → dem Osten, mithin die → Avantgarde eines „neuen Amerikanismus" (H. Bude) und die Störfaktoren im altwestdeutschen Heimatgefühl. Namentlich die jahrzehntelange Westberliner Weltverschlossenheit (→ Kreuzberg) hatte Ängste und → Ressentiments gegen → Fremde begünstigt, wie sie wohl in jeder zugluftsicheren Daseinskapsel müffeln; als → paradigmatisch vgl. den unter → ‚Abkapselung' zitierten Mauergedenktext.

Maulheldisch Dialekt des medialen → Gratis-Muts, der sich in einem engeren und einem weiteren Sinne sowie in → rechter oder → linker Form artikulieren kann.
Die Sauerstoffarmut und Reflexionsstarre → altwestdeutschen Daseins hat immer wieder verbale Ausbruchsambitionen begünstigt; Verbalkühnheiten, die gemäß der politisch halbseitigen Verstandeslähmung jeglicher Mittelklasse-Gesellschaft eine ‚rechts' und eine ‚links' delirierende → Bürgerlichkeit entbergen. Der beiden gemeinsame Gratis-Mut zeigt sich in ästhetisch-dezisionistischer oder moralisch-revoltierender Attitüde; dort versammeln sich die Maulhelden der Form, hier jene der Idee. Erstere pflegen die Sprache eisblütigen Kriegertums (→ entschlossen, → entschieden, → kaltblütig), → zweitere die Idiome warmblütigen → Engagements (→ Betroffenheitliches, → Betreuliches, → Medialdemokratisches, → Wächtersprech).
In seinem weiteren Sinne ist das M.e eine rhetorische Waffe, die von Feuilletonkriegern in allen Konfliktbereichen genutzt wird. Sie erlaubt es, durch schweratmendes Anrennen gegen weit offen stehende Türen diese zu soeben aufgestoßenen zu erklären. Das M.e erweist sich damit als Urelement bundesdeutscher → Aufklärungs-, Empörungs- und Bekenntnis→kultur, → zumal beim weidgerechten → Entlarven von Demokratie-, Amerika-, Europa- und anderen Volksfeinden.
Im engeren, medial jedoch fast ausschließlich wahrgenommenen Sinne fungiert das Maulheldische als Idiom publizistischer Kommißköppe, die an der „winselnden Harmlosigkeit"

(K. H. Bohrer) ihres bundesrepublikanischen Daseins leiden. Autobiographisch ausgedrückt: „Mir ging es gut. Nur, worüber wollte ich schreiben?" (Karl Heinz Bohrer, *Jetzt. Geschichte meines Abenteuers mit der Phantasie*, Berlin 2017, S. 192) Das M. ist mithin die verbale Ausgangsuniform des → GROSSEN STILS und einer Mobilmachung vom Schreibtisch aus. Eine existentielle Paradoxie Mehrheitsdeutschlands liegt solch federleichter Kampfschreibe zugrunde: Es ist die geschichtliche Erfahrung des Maulheldischen, daß die Schwere der Geschichte auf anderen lastet. Damit dies so bleibe, verordnet er, publizistischer Vorkämpfer eines splendid isolierten Westens (Deutschlands, Europas, der Welt), diesem Westen zur Sicherung seiner Anästhesie heftige militärisch-ästhetische Schocks. ‚Bodentruppen entsenden', ‚Tote in Kauf nehmen' und ‚Verluste ertragen können' sind maulheldische Lieblingsfloskeln. Der Maulheldische – oder schlicht: der Maulheld – ist stolz darauf, daß ihm der Kampf für mehr Härten und Schmerzen westlichen Daseins ein persönliches Bedürfnis sei. Weltpolitik und Ästhetikprofessur verschmelzen ihm zum inneren → Bielefeld. Den Maulhelden verlangt es angesichts jahrzehntelang erlittener Daseinswattiertheit in der Alt-BRD heftig nach politisch-militärischen → Ernstfällen oder wenigstens Ernstfallbereitschaft. Er geht oder schreibt letzterer → schon mal munter voraus, denn im Vorstellungskosmos der Maulheldischen genügt die bloße Anrufung von Kriegen, Kriegern und anderen Daseinsernstgaranten als Beweis für gesteigerten Realismus. Für heroischen Realismus, wohlgemerkt: Der Maulheldische glaubt sich auf verlorenem Posten, auch wenn er die Geschäfte einer politisch-militärischen Weltmacht betreibt. Diese sieht sich überall verfolgt und bedroht – wie auch der Maulheldische seine Nation, die es an Kriegertradition, Tatgeist und nationaler Selbstachtung fehlen lasse. Angestrengt furchtlos ist der maulheldische Blick auf ein verweichlicht-feiges Land, das nie zu kämpfen lernte. Wegen dieser Kampfesungeübtheit würden westdeutsche Bürgerkinder schon auf dem Schulweg von → Migrantisch-Stämmigen („kleinen Türkenjungen") bedroht und ließen sich widerstandslos Mutters Einkaufsgeld abnehmen; es fehle einfach an kriegerischer Form und Willensstärke (vgl. Karl Heinz Bohrer, „Kein Wille zur Macht", in: *MERKUR* 700 (Heft 8/9 2007), S. 659–667, hier: S. 664). Westdeutschland und dem heutigen Westen mangele es an kriegerischer Gesundheit, die – hiervon ist der Maulheldische überzeugt – einst zum westlichen Erstschlag gegen eine Diktatur wie zum Endsieg der Demokratie in Mitteleuropa führte. Der Maulheldische kennt sich (z. B. als Ernst-Jünger-Leser) bestens aus in der Psychologie des Kriegers, was ihn wiederum zum Psychographen mannhaft-wehrhaften Nationalverhaltens qualifiziert. Gesunde Männer, gesunde Länder. Die militärische Praxis mannsechter Weltmächte wie der anglo-amerikanischen charakterisiere beispielsweise ein „selbstverständlicher Umgang mit dem Horrorszenario", der es ihnen „schon 1945 erlaubte, Dresden und Hiroshima fast ohne moralische Skrupel auszulöschen. Als Herren der Geschichte des 20. Jahrhunderts haben sie kein Schmerz- und Schuldbewußtsein entwickelt, so wenig wie der sich gesund Fühlende zum Psychiater geht." (Karl Heinz Bohrer, Provinzialismus (II). Ein Psychogramm, in: *MERKUR* 504 (1991), S. 254–262, hier: S. 257) Keine Frage, wer hier die gleiche Gesundheit in sich fühlt! Das Zögern mehrerer Bundesregierungen betreffs Kriegseinsätzen, die Berufung auf eine dem entgegenstehende „sogenannte Verfassungslage" – das alles zeige, so der Kerngesund-Kriegerische aus Bielefeld, nichts als „Sentimentalität". Doch seien mittlerweile selbst die gesunden Bombernationen → des Westens von moralischen Sentimentalismen angekränkelt. Ist es da ein Wunder, daß Undankbare und Unbotmäßige aller Kontinente es gegenüber „dem Westen an Respekt fehlen" ließen? Den „Feinden des Westens" begegnet der Maulheldische nun aber nicht etwa mit zitternder Empörung oder „winselnder Harmlosigkeit", sondern mit „kaltblütiger Analyse", „kühler Entschlossenheit", „zynischem Kalkül", „analytischer Kälte", kurz: mit „entschlossen kalkulierender Kaltblütigkeit" (Zitatgut aus Bohrer-Aufsätzen 1991ff.). Gern wäre er Berater von Präsidenten, Feldherrn und anderen Entschlossenen geworden, um so mehr, als er selbst nie gedient hat oder auch nur eingezogen ward.

Die Kriegsunlust → breiter Kreise der westdeutschen Bevölkerung verweist die Maulheldischen beiderlei Geschlechts (Entschlossenheit, Eingreifen, Ernstfallbereitschaft forderten oft auch Juli Zeh, Angelika Beer, Marieluise Beck, Alice Schwarzer, „Thea Dorn" und diverse → GRÜNSPRACHlerInnen) auf die Erziehungs- und die Erinnerungs→kultur. Die Maulheldischen betreiben somit entweder *Heldenprüfung* (Jürgen Busche, *Das verweigerte Erbe des Ersten Weltkriegs*, München 2004) oder versuchen wenigstens den männlichen Nachwuchs vor der „mutlosen Befangenheit" der Bundesrepublik zu bewahren (Botho Strauß, *Vom Aufenthalt*, München 2009, S. 161), auf daß er „fechten lernen und reiten" könne: „Man hat bei uns jede Moral des Kampfes vernachlässigt …" (*Die Fehler des Kopisten*, München 1997, S. 15, S. 90). Würden globale Konflikte auf einer moralischen Höhe stattfinden, wie sie maulheldisch im Kampf von Mann gegen Mann oder Bub gegen Bub vorgedacht und vorgesprochen wird, dann ginge → dem Abendland die Sonne noch lange nicht unter.

Der formlos-friedfertige Durchschnitts(west)deutsche zieht – maulheldischer Analyse zufolge – Waffengängen freilich Konfektgenüsse und das daran klebende → „Inaussichtstellen auskostbarer Harmlosigkeit" vor. Dem Mangel an → Weltläufigkeit und kriegerischem Mannestum sei nur abzuhelfen, indem man sich an den Kriegen der amtierenden Weltmacht beteilige (Karl Heinz Bohrer, „Die Umarmung", in: *MERKUR* 603 (1999), S. 663–666; vgl. *Provinzialismus*, München 2000, S. 45).

→ HALBTROCKEN, → HOCHSCHREIBE.

MEDIALDEMOKRATISCH Aus dem → GRÜNSPRECH entstandener, dem → KÄSSMANNDEUTSCH verwandter Dialekt des → BETREULICHEN mit zahlreichen Lehnwörtern aus dem → WICHTIGSPRECH; von kultursoziologisch arbeitenden Sprachkundlern zuweilen → WÄCHTERSPRECH genannt. Ebenso wie → ‚die Demokratie' (als solche, an und für sich, jenseits von Zeit und Raum), der die Wachsamkeit der Medialdemokraten gilt, ist das M.e rein formal bestimmbar als dasjenige, was zwar inhalts-, nicht aber geräuschfrei → abzulaufen hat. Der Wortschatz des M.en ist heute nahezu identisch mit jenem der → MEHRHEITSDEUTSCHEN → Qualitätspresse, wird in seiner mündlichen Form jedoch durch wachsamkeits- und wahrheitsbesitzanzeigende Eigenschaftswörter (→ ‚wahnsinnig', ‚wichtig', ‚wahnsinnig wichtig', ‚massiv wichtig', ‚extrem wichtig', ‚total wichtig' usw.) bereichert. Häufigste Tätigkeitswörter des M.en: aufpassen, hingucken, drauf achten, mal schauen. Prominente Anwenderinnen des M.EN in der dritten Anschlußdekade: Claudia Roth, Anetta „Victoria" Kahane, Juli Zeh.

→ die Demokratie.

MEHRHEITSDEUTSCH Begriff der vergleichenden Sprachforschung, neuerdings auch der Kultursoziologie. Da es im Unterschied zu den westdeutschen Subdialekten (→ SCHRÖDERDEUTSCH, → KÄSSMANNDEUTSCH, → GRÜNSPRECH, → FEMINISPRECH) grammatisch nur selten vom Hochdeutschen abweicht, muß man das Mehrheitsdeutsche wohl eher als Sprachmentalität denn als Sondersprache → definieren. Ethnologische Analyse führt hierbei oft weiter als linguistische. Der einschlägige Volkstypus weist unleugbar puerile Züge auf, etwas in Denken wie Sprechen angestrengt Bübchenhaftes; ein Toben, Schmollen und Greinen aus Kalkül (→ PUERILSTIL). Der Mehrheitsdeutsche weiß sich von klein auf einer nationalen und medialen Majorität zugehörig, ist sich der Aufmerksamkeit von Eltern oder elterngleichen Instanzen (Sonntagszeitungen, Förderkomitees, Trostpreisstiftungen, Nachteilserforschungsinstituten) sicher und beklagt sich folgerichtig, wie alle Verwöhnten, über *zuwenig* Aufmerksamkeit. Bei stagnierendem Umfang des Sprachvermögens wächst kontinuierlich seine Rezeptionsfähigkeit. Andauerndes Horchen auf ein Unrecht, das ihm widerfahren (sein) könnte, hat seine Seele hart und seine Sinne weit gemacht. Namentlich der mehrheitsdeutsche → Publizist denkt und fühlt in Quantitäten und fühlt schmerzlich sein Fehlen, wenn er in einer deutschsprachigen Zeitung nicht auf seinen Namen stößt. Der Mehrheitsdeutsche ist heimatverbunden, ja heimatversessen; was ihm an Alteingesessenheit fehlen mag, macht er durch Argwohn gegen etwaige Nachzügler wett (s. u.). In einem historisch windstillen Weltwinkel aufgewachsen, weiß der Mehrheitsdeutsche nie so recht, wer er ist oder was er → darstellen soll. Somit hält er sich für unergründlich, ja geheimnisvoll, zumindest aber weltläufig: Für den Mehrheitsdeutschen ist → ‚Provinz' kein Herkunftsgebiet, sondern eine Schande. Der Glaube des Mehrheitsdeutschen, daß er nicht etwa der typische Westdeutsche, sondern ein geheimnisvoller Fremdling sei, ist aufrichtig, aber stets gefährdet. Immer wieder versichert er, daß er sich überall in der Welt zuhause fühle oder daß er keine Provinz sei, weil er aus einer anderen komme: „Ich selbst bin mit zwei Sprachen aufgewachsen, mit Russisch und Tschechisch, die ich bis heute spreche. Ich kenne Schiller, Novalis oder Kleist nur vom Hörensagen." (Maxim ‚Ichzeit' Biller, „Letzte Ausfahrt Uckermark", in: *DIE ZEIT* vom 20. Februar 2014, S. 45) Ob seiner mehrsprachigen → Identität ist der Mehrheitsdeutsche ähnlich dem Uckermarkwestdeutschen (→ Eroskiller) überzeugt, daß die anderen Westdeutschen nicht wüßten, was in ihrer Provinz wirklich vorgehe. Der Mehrheitsdeutsche ist somit der klassische Kulturbetriebswestdeutsche, für den die Deutschen ja immer die anderen sind. Er glaubt an Ethnien und ihre Ewigkeit; er spricht beinahe täglich von *den* Deutschen, *den* Juden, *den* Fremden. Sein Blick auf letztere ist der eines Zoobesuchers, welcher meint, alle im Zoo versammelten Geschöpfe müßten etwas gemeinsam haben, da sie dort ja alle gemeinsam von ihm erblickt werden könnten. Der Mehrheitsdeutsche ist der geborene → Vertreter von → Minderheiten, die er für geborene Ausländer und also auffällig hält; er wünscht, daß sie auffällig und somit durch ihn vertretbar bleiben. Sein → vermeintliches Fremdsein im Mehrheitsvolk verteidigt er so eifersüchtig wie eine Scholle, an der man klebt; er verteidigt auch die, die er für seinesgleichen hält, gegen jede Versuchung, die Scholle des Exotismus zu verlassen. Er ist Kläger, Ankläger und sich Beklagender in einem. Sein Deutsch gilt als weich (→ weiches Deutsch), seine Meinungen als gefestigt und austauschbar, seine Persönlichkeit als schwankend: Im Mehrheitsdeutschen verbindet sich das Weinerliche mit dem Ungehobelten. Einerseits pöbelt der Mehrheitsdeutsche gern gegen echte, z. B. sprachliche Minderheiten (→ am coolsten, → ehemalige Ossis, → unnationalistisch), andererseits hält er sich selbst für eine Minderheit, die entweder zuwenig öffentliche Aufmerksamkeit finde oder von einer unsichtbaren Mehrheit mit zuviel Aufmerksamkeit verfolgt werde. Wie alle Geistesprovinzler ist der Mehrheitsdeutsche überzeugt, daß Minderheiten, Ausländisches und überhaupt Fremdes das Interessantere seien und daher Interesse verdienten; für ihn ist ‚interessant' ein einstelliges Prädikat, das am Fremden haftet, auch wenn niemand hinschaut. Als Politintellektueller ist der Mehrheitsdeutsche somit oft Rassist, als Schriftsteller der letzte sozialistische Realist, denn er hat gelernt und niemals vergessen, daß die Wichtigkeit (sein Lieblingswort) eines Buches von dessen Thema abhängt. Folglich hält er Theologen und Pornographen für die größten Schriftsteller. Was der mehrheitsdeutsche Schriftsteller zu sagen hat, ist immer wieder das eine: daß er nichts zu sagen habe, jedenfalls nicht genügend. Der Mehrheitsdeutsche ist hierin tatsächlich mehr als der gewöhnliche, er ist der prototypische Westdeutsche, er spricht oder speit aus, was in jenem gärt. Dennoch ist der Mehrheitsdeutsche keineswegs jene nervös-sensible und geistig unruhige Natur, für die er sich hält und für die er eine Ahnentafel zu besitzen glaubt, im Gegenteil. Das Thema seines Klagens und Schreibens ist eine zonengeschichtlich → gewachsene, jedoch durch Fremdlinge bedrohte Behaglichkeit (→ das große, kalte Jahr 1989). Wie alle, die nicht lieben, aber heftig geliebt sein wollen, hat er Gefühl durch Sentimentalität ersetzt; er schluchzt nach jenem goldenen Zeitalter, als die Welt von seinesgleichen erfüllt schien, bis ein rostiger Nagel die

Blase platzen ließ (→ Identität). Der Mehrheitsdeutsche gebietet über seine Gefühle, ohne einen Gedanken drauf verschwenden zu müssen; ein Komödiant ernster Besorgnisse, ist er weder der Selbstreflexion noch gar der Selbstironie fähig. Das Ernstnehmen seiner selbst auf Kosten alles anderen hat er zu seinem Beruf gemacht.
→ Vitalismus; → Beziehung, → Wir im Westen.

Mehrheitsgesellschaft Ausgangsbegriff für die Bildung des Oppositums → ‚Parallelgesellschaft'; als Fremdbezeichnung im Anklageton vorgetragen von den → Vertretern jenes Teils der Gesellschaft, der sich gern für eine → Minderheit halten würde.

Mehrkosten bekunden erhöhte → Preisintensität und bestimmen → zunehmend mehr das Wirtschaftsleben des → freien Marktes, wenn nicht Wenigerkosten → gegensteuern.

mehr und mehr Anglizismus, angewendet bei Unentschiedenheit zwischen Komparativ und Superlativ; → einmal mehr ein westdeutscher → Weltläufigkeitsversuch.

Mehrzwecksaal Hervorgegangen aus einer der schönsten Real- und Verbalschöpfungen der westdeutschen 1980er Jahre: der Mehrzweckhalle. Im Gegensatz zu dieser (keine Stühle, mehrere Bestimmungen) als auch zum Einzwecksaal (keine Stühle, eine Bestimmung) hält der Mehrzwecksaal gewöhnlich Stühle bereit, von denen sich das Publikum zu unterschiedlichen Zwecken hochreißen lassen darf. Aber auch hier gibt es Ausnahmen. Ein älterer Westfale erinnert sich: „Die Zeremonie fand in einem unbestuhlten Mehrzwecksaal statt, das Publikum bestand aus ein paar Hundert schlecht angezogenen Männern" usw. (Jens Balzer, „Unseld-Preis für Art Spiegelmann [sic!]", in: *Berliner Zeitung*, 24. September 2012, S. 23) Immer noch ein Komfort gegenüber jenen Sälen und Hallen, in denen mehreres stattfinden konnte, ohne daß sie diesen Zweck im Namen führen durften.

mein Ego (das Ego) Ein Wechsel in die Fremdsprache zeigt zuverlässig an, daß es den Westelbier von seinem Innersten zu künden drängt und er doch zugleich um dessen moralisch-ästhetische Unansehnlichkeit weiß (→ darum/davon wissen). Nicht → Selbstironie, sondern ein → verdruckster Narzißmus ist somit vernehmbar, wo d. E. beim Namen genannt wird. Das war und ist in seiner alltagssprachlichen Penetranz nicht selbstverständlich. Schließlich ist in der → bürgerlichen Gesellschaftslandschaft und Seelenbewirtschaftung ‚das Ich' zugleich das Allgegenwärtige und das Allerunerträglichste – wie von ihm reden? Wendungen wie ‚Streichel mein Ego!', ‚gut für mein Ego' u. ä. deuten auf halbherzige Distanzierung; eine verzagte oder → verklemmte Ironie, die dem ungesicherten Status besagten Ichs → geschuldet scheint. Doch diese – nicht ganz falsche – Deutung westdeutscher Ego-Selbstanrede könnte verdecken, daß für ein unsicheres → Selbstbewußtsein d. E. gerade Stabilitätsverheißung und Daseinsform bedeutet. Drang und Zwang zur Selbstverdinglichung treiben das westdeutsche – wie jedes zwergbürgerliche, mithin verunsicherte – Selbstbewußtsein in den Seins- und Sprachmodus des Habens. Den sichersten Besitz aber fand ein sozial und national desavouiertes Bürgerbewußtsein stets noch an seiner rein grammatischen Personalität, die sich mit allerlei – ebenfalls in Ding- und Habhaftigkeitsform gebrachtem – Weltstoff bekleiden läßt. Ichbesitz als Seinsersatz: Die heute überwiegend affirmative, ja unbefangene Rede über ‚m. E.' entspricht dessen Entleerung von historisch-kontingentem Gehalt, was logisch gesehen zur Tautologie, linguistisch zum Pleonasmus treiben mußte. Wenn beispielsweise in der westdeutschen Ostdeutschendeutung von westdeutscher → Ich-Stärke, Ich-Vertrautheit, im weiteren von gesundem Egoismus, → Individualität usw. die Rede ist, dann sind Schrumpfformen und Restbestände von → Selbstbewußtsein gemeint, das hierdurch zum Synonym

von Westdeutschsein aufrücken konnte. Dessen Verunsicherung durch Konfrontation mit nicht-habseliger Existenz beförderte oftmals eine Rückkehr zu Raumprinzip und Erstgeburtsrecht. → ‚Wir im Westen', das → meint unmißverständlich die Autochthonen des Ichs. Westdeutschland als Natur- und Geburtslandschaft der ersten Person Singular konnte so zur grammatikalisch wie kulturell → sinnstiftenden → Erzählung werden. Sprachperformativ entspricht dem die häufige Gleichsetzung von Westlichkeit und ‚Ichbezogenheit' (B. Strauß und die Therapeuten), von ‚Ichbezogenheit' und Selbstbesitz. Und was könnte dem → Bürger sicherer oder sicherheitsverheißender erscheinen denn er selbst? Um einen Besitz an sich selbst finden zu können, muß die Person sich auf ein Ding, muß sich das Selbstbewußtsein auf ein Ego reduzieren, das Weltschmutz und Geschichtsstaub als pure Äußerlichkeit an- und abzulegen vermag. So fühlt sich ‚m. E.' nicht zufällig ganz allein einer Welt von ich-fremdem Unrat, etwa → ‚östlichen Unwerten' (J. Augstein) gegenübergestellt, wie überhaupt der → Antiorientalismus auch heute noch das Verständigungsmedium spätwestdeutscher Selbstbewußtseinsschwäche ist. Eine bemerkenswerte Ausweitung des ich-fremden Raums gegenüber dem, was vor fast 40 Jahren ein Gronauer Liedermacher zum Vortrage brachte: „Und wenn es dann immer mehr um das Ego geht, / ist ein palästinensisches Flüchtlingsghetto / bald so weit weg wie der fernste Planet." („Kleiner Junge", 1981)
→ Minderwertigkeitsgefühl, → das Eigene und das Fremde, → Bürgerlichkeit.

meinen Imponiernebelwort aus zumeist akademischen Sprachsümpfen; gemeint ist ‚bedeuten'. Eine Sprachsumpfblütenlese von betäubendem Gemüffel bietet hierzu abermals Hans-Martin Gauger – ja, genau jener Schwäbischsprachige, der eigentlich als Sprachkritiker auftreten wollte. Bei ihm bedeuten Wörter und Wendungen nichts, sondern meinen etwas, immerzu. Beispiel gefällig? „Die Frage meinte natürlich Tag als 24 Stunden, in der Antwort meinte das implizit in ihr enthaltene Wort dies auch ..." (*Was wir sagen, wenn wir reden. Glossen zur Sprache*, München-Wien 2004, S. 227) Als westdeutsche Radiohochsprache ward das Meinen durch den Intendanten des → *Deutschlandfunks* kodifiziert: „Die Programme der öffentlich-rechtlichen Sender sind vor allem der Qualität verpflichtet. Das meint das journalistische Handwerk und das meint auch ihren wesentlichen Beitrag zum freien und unabhängigen → Diskurs über die Streitfragen in Kultur, Wirtschaft und Politik." (Stefan Raue, „Editorial", *Programm* 9/2017, S. 2)
→ gleichsam, → Konsens, → Kulturkritik, → nerven, → tut; → Qualitätssender, → Sprachkritik.

meine russischen (türkischen, jüdischen, ostdeutschen usw.) Freunde Während → die Ränder als politische → Herkunftsheimat allzu handgreiflicher, oft feindseliger → Emotionen gelten, pflegt die → Mitte der Gesellschaft → eher abstrakte Zu- und Abneigungen. Von ihrer Gefühlsberatenheit kann sie deswegen nur rhetorisch überzeugen. Der → Verweis auf fremdländische → Freunde, um die man sich zu kümmern habe, beeindruckt in seiner → singulären Mischung aus → Ranwanz und → Betreulichem; es zeigt sich hier ein Kolonialismus zweiten Grades, ein → sozusagen betreuungsrhetorisch gehobener Kolonialismus. Eine → zivilgesellschaftliche Fremdenfreundin äußerte sich z. B. zu der Frage, wie mit → den Russen zu verfahren sei, wie folgt: „Es taucht in diesem → Diskurs immer wieder ein seltsames Phänomen auf: ein geradezu kolonialistischer Blick auf Russland. → Der Russe braucht → autoritäre Verhältnisse, er kann keine Demokratie. Meine russischen Freunde reagieren darauf sehr empfindlich. Schließlich hätte man das auch über Deutschland nach 1945 sagen können und auch wir sind demokratiefähig geworden." („Putin zielt aufs Ganze. Die Osteuropa-Expertin Marieluise Beck über den Irrweg eines deutsch-russischen Sonderverhältnisses", Gespräch mit Katja Tichomirowa, in: *Berliner Zeitung* vom 20./21. Dezember 2014, S. 29)
→ Einige meiner besten Freunde ..., → können, → Rußland.

Meinung Die → MEHRHEITSDEUTSCHE Insistenz auf Besitz ‚eigener Meinungen', oft deutlich über den Besitz von Gedanken oder gar den Erwerb von Erfahrungen gestellt, ist eine der auffälligsten Abweichungen von der philosophischen als auch spirituellen Tradition → des Abendlands. Schließlich bedeutete ‚M.' dort die unterste, → minderwertige, bei einschlägig Minderbemittelten auch einzige Form der Gewißheit. Das Beharren auf einer Meinung – synonym mit ‚Glauben' oder ‚Überzeugung' – galt namentlich der skeptischen Denkrichtung seit der griechischen Antike als dogmatische → Dumpfbackigkeit. Da all diese Stränge europäischen Denkens im M.ssprech der westdeutschen → Qualitätsmedien → präsent sind (oder zumindest propagiert werden), muß der sonderbare Stolz auf den M.sbesitz andere, wenngleich nicht unbedingt tiefere Gründe haben. Arglos-anmaßend gebrauchte Zusammensetzungen wie ‚Meinungsfreiheit' oder → ‚Meinungselite' geben die entscheidenden Hinweise. An der M. wird gerade ihr konvertibler Charakter, d. h. ihr weder an die gemeinte Sache noch an das sie meinende Subjekt gebundener Wert geschätzt. M.en sind leichter auszutauschen als Überzeugungen, erst recht als Erfahrungen; sie garantieren somit die → Autonomie des m.sbesitzenden Subjekts. Die angeborene, zumindest verfassungs- wie gewohnheitsrechtlich garantierte M.sfreiheit verheißt dem geborenen → Besitzbürger psychoenergetisch reibungs- und verlustfreien Wechsel der Meinungsmilieus gleichwie den Milieumeinungsstatus der kulturellen Welt überhaupt. Denken und Erfahrung, Affekt und Argument, Sagen und Fühlen sind voneinander entkoppelt. Um so freier läßt sich Inbrunst-materie in bereitstehende Meinungsform füllen, Gesinnungsfülle jedoch auch wieder ab- und woandershin leiten. Erfahrungsabhängige Meinungswechsler wie Martin Walser haben die auf Erfahrungsfreiheit gegründete westdeutsche Meinungsdiktatur bitter erfahren und mit literarisch sublimierter Verbitterung beschrieben (in aller Frühe: *Ausflug ins Charakterlose*, 1987).

Für den begriffsgeschichtlichen → Sonderweg der westdeutschen Meinungsherrschaft (M.sdemokratie, -freiheit, -pluralität) ist ein im → MEDIALDEMOKRATISCHEN Milieu → geprägter Ausdruck wie → ‚Meinungselite' aussagekräftig. Kulturelle, politische und wissenschaftliche M.seliten sind dafür bekannt, ‚Themen zu setzen' und → ‚Positionen zu beziehen'. Die Konfusion deskriptiver und normativer Ansprüche ist systematisch, denn → Themenfelder sind zugleich Gesinnungsdomänen. Der intellektuell inferiore Charakter des Meinens, prototypisch formuliert im platonischen Begriff der *doxa*, verbürgt den M.seliten gerade die → Autonomie ihrer → Position, von der aus sie → Signale oder → Zeichen setzen. Gewißheiten unterhalb von Logik und Erfahrung sind nicht diskutierbar, sondern → Abbilder des Standorts ihres Besitzers. Dessen ‚Meinen' → meint hier einerseits eine dank Gefühlsähnlichkeit, sprich: Non-Falsifizierbarkeit höhere Gewißheit, andererseits das pure Nennen (‚Setzen') eines Themas. Vertieft man sich in Publikationen besonders → meinungsstarker Meinungsmilieus wie etwa des → Salonkatholizismus oder der → BITTERMANNLINKEN, dann sticht sogleich der echt (besitz)bürgerliche Besitzerstolz ihrer Produzenten ins Auge. Mit der schlichten Themensetzung beispielsweise einer → ‚entchristlichten' oder → ‚prolligen' Minderheit ist mehrheitskulturell etwas gewonnen, was hierfür weder hinreichend beobachtet noch kohärent bedacht werden mußte; es quillt reiner Meinungsprofit. Ja, gerade der → postfaktische, → provokatorische Verzicht auf logische Kohärenz und empirische Referenz, erst recht auf orthographisch-grammatische Kompetenz (→ MOSEBACHDEUTSCH, → Publikationsliste) garantiert den Meinungsmilieus ihren → gutbürgerlichen Besitzerstolz: Gewinn ohne Investition.

Zwanglos erklärt sich hieraus die sozialpragmatische Funktion der M. Westelbiens Kollektivbedürftigkeit, die mehrheitsdeutsche Sehnsucht nach einem → Wir-Gefühl bei minimaler Gefühlsnähe und Geistesverwandtschaft, ist am leichtesten durch M.sgemeinschaft zu befriedigen. ‚M.' steht hier für den höchsten → Wert, auf den man gemeinsam und strikt an

aller nicht-meinungsförmigen Realität vorbei schaut. Unverkennbar bleibt der dinglich-besitztaugliche Charakter der kollektivbildenden, → sinnstiftenden M. Auf pervertierte Weise scheint somit gar der Anschluß an die religiös-metaphysische Tradition des Abendlands gewonnen: Die M. entspricht in der westdeutschen Mehrheits- und Milieuzivilisation genau dem, was Heidegger das zum ‚höchsten Seienden' verfälschte Sein war; der Nihilismus des Okzidents. Man spricht und betet zu einem Gott, den man ‚gesetzt' hat wie ein ‚Thema', man weiß und spürt die kollektive Wärme der gleichmeinenden Masse im Rücken wie einst sein Glaubensvolk. Beste Aussichten also für Möchtegerngläubige und ihre Sehnsucht nach „Entfaltung des Pluralen" dank „Einfalt, die längst verlorenging" (Botho Strauß).
Weitere, stilbildende Meinungsmilieus: → HALBTROCKEN, → MAULHELDISCH, → NEUSCHNÖSELSPRECH.

Meinungselite Zuweilen polemisch-gehässig verwendet als → Ressentimentbegriff, zuweilen → verdruckst und verklemmt artikulierte Selbstbezeichnung der moralisch-kulturellen → Verantwortungselite.
→ Avantgarde, → Elite, → Leistungselite.

meinungsstark Wert- und Lobwort, Synonym für ‚gesinnungsstark'. Sprachpragmatisch zu unterscheiden sind eine eher plappermäulig-unspezifische (1.) und eine eher verklemmt-apologetische Verwendungsweise (2.).
1. Im → Gesinnungs-, → Bekenntnis- und → Positionsbezugs→segment: Linksbürgerlicher Komplementärbegriff zum rechtsbürgerlichen Schmähwort ‚politically incorrect', oft synonym mit → ‚ich-stark' verwendet. Medienauffällig wurde das Adjektiv zuerst im → SCHRÖDERDEUTSCH eingefärbten → MAULHELDISCHEN: Der meinungsstarke → Parteipolitiker oder Kulturstaatsminister oder Zigarettenfabrikant legt das Sakko ab (sein Troß tut es ihm nach), krempelt die Ärmel hoch (sein Troß tut es ihm nach), legt leichte Bier- oder Empörungsröte auf (sein Troß tut es ihm nach) und sagt dem → prolligen → Pack mal so richtig die → Meinung. Etabliert war ‚m.' als Lob- und Leitwort bald auch im → qualitätsmedialen → GRÜNSPRECH. Die → Westberliner → Weltoffenheits- und → Zonihasserpostille *taz* etwa hält eine Rubrik *meinungsstark* bereit, worin meinungskühne Moralkonformismen → emanieren.
2. Im Übergangsfeld (→ Schnittmenge) von → verdruckstem → Ressentiment, Dreiviertelbildung und Publikationsdrang gelten als ‚m.' wissenschaftsähnliche Äußerungsformen, die politische → Zeichen setzen; ‚Meinungsstärke' wird von den einschlägigen → Autoren selbst zwar oft intendiert, allerdings kaum prätendiert, sondern ihnen durch wohlwollende Rezensenten prädiziert. So zeigte beispielsweise die rasch ins Westdeutsche übersetzte Adenauer- & Abendland-Nostalgiefabel *The Shortest History of Germany* (*Die kürzeste Geschichte Deutschlands*, 2018) des englischen Germanisten James Hawes, wie man → durchaus gelehrt und doch nicht ganz gescheit sein kann. Das Schriftchen führt die AfD-Wahlerfolge in Brandenburg und → Sachsen auf eine seit der mittelalterlichen Ostexpansion datierende Angst der Ostelbier vor → dem Fremden, hier also: vor → dem Osten zurück, den diese *East-Elbia Germans* kolonisiert, unterdrückt und also ständig gefürchtet hätten. Im Gegensatz zur medialen Mehrheitsgesellschaft Westdeutschlands bietet der Brite somit die → Kontakttheorie mit umgekehrten Wertvorzeichen: Gerade das bedrohliche Leben *mit* feindlich gesinnten Slawen, später Asylbewerbern in der Epoche von ca. 1218 bis 2018 habe den Ostelbiern eine dauernde Feindseligkeit *gegen* alles Fremde sowie eine unheilbare Autoritätsgläubigkeit verliehen – die Sehnsucht nach dem starken, lies: russischen Mann. Der Professor aus dem Inselstaat wirbelt hierbei die Termini Pruzzen, Preußen, Preußen-Brandenburg und Ostdeutschland ebenso munter durcheinander wie ‚der Osten', ‚die Russen', ‚Polen' und ‚Slawen' (letztere gehören

Hawes zufolge → definitiv nicht zu Europa). Da hingegen die Westelbier von den Karolingern bis zu Adenauer zumeist unter sich geblieben wären, hätten sie auch keine Fremdenfurcht entwickelt und statt dessen seit jeher → westlichen Werten angehangen. Hingegen führten alle Wege der Ostelbier → schlußendlich nach Moskau, denn → irgendwie gleicht der autoritär gesinnte Nicht-Westdeutsche genau dem, was er fürchte, → dem Russen nämlich. Mit Grund hätten die Russen 1945 nur Ost-, nicht Westelbien besetzt: Sie fühlten sich dort unter ihresgleichen. „Der Osten ist nicht anders, weil ihn die Russen besetzt hatten, sondern die Russen hatten den Osten besetzt, weil er schon immer anders war." Die → Bundesrepublik Adenauer durfte daher im Russen den potenzierten Ostdeutschen, also letztlich den Barbaren erblicken. Ein → rheinisch-katholischer Separatstaat 1919 hätte u. a. einen Weltkrieg überflüssig gemacht. „Wenn man Ihr Buch liest, bekommt man das Gefühl, alles Schlechte in der deutschen Geschichte kommt aus dem Osten." „Das ist zugespitzt, aber meines Erachtens auch die Wahrheit. Mein Ehrgeiz in dem Buch war, Westdeutschland endlich von der Verantwortung für die Weltkriege freizusprechen." (Matern Boeselager befragt James Hawes, *Vice Channels*, 5. Oktober 2017)
Meinungsstarke Qualitätsmedien wie der → Kölner *Deutschlandfunk*, aber auch diverse → Westberliner und *Süddeutsche* Zeitungen feierten diesen Ehrgeiz als erfrischend ,meinungsstark' und ,amüsant' behauptungsfreudig.
→ auf Augenhöhe, → Diskurshoheit, → Unterwürfigkeit.

Meinungs- und Mediensozialismus Jüngeres Alternativdeutsch, → dem Vernehmen nach für die Vorherrschaft von *SPIEGEL, SZ* und überhaupt linksbürgerlichen Mainstream-Medien in der deutschen Seele (Kontext: → so isches). Freilich, daß → Sozialismus auch anderes als links – z. B. preußisch oder konservativ – sein könne, → davon weiß seit Oswald Spengler und Ernst Niekisch niemand mehr, daß er auch rechts sein könne, → darum wollte zumindest Erika Steinbach wissen, als sie das völkische Milieu (denkt rechts) vom proletarischen Pöbel (wählt radikal) unterschieden sehen wollte.

Menschen 1. Die → Zweigenderung umgehender → KLEMMSPRECH für ,Männer', ,Frauen' und vor allem – wegen der männlichen Pluralendung! – für ,Kinder' (,Bücher für Menschen ab acht'). 2. Aus SPREIZSPRACHlichen Dialekten (→ TUTZING, → GRÜNSPRECH) und zugleich aus der medizinischen Forschung ins alltägliche Westdeutsch abgesunkener Plural, der durch Schwund der biologischen Bedeutungskomponente das weniger spezifische ,Leute' zu ersetzen beginnt. Während → ,die Menschen' als unspezifischer Sammelbegriff für die Objekte → der Politik fungieren, sind artikellose M. im gehobenen Alltagswestdeutsch stets mit einer Mengenangabe verbunden. Hörfunde: „Bei dieser Mitfahrgelegenheit sind noch Plätze für zwei Menschen frei." – „Wir warten auf die zwei Menschen." – „Ich bin mit zwei Menschen nach Frankfurt gefahren." – „Beim Frühstück war dann für mehr als drei Menschen gedeckt." – „Wir hatten drei schöne Tage mit der Familie und anderen Menschen." Kultursoziologisch ist noch nicht geklärt, ob es sich um eine christlich oder humanistisch induzierte Scheu vor dem Vulgärwort ,Leute'/,Leutchen' handelt oder um schlichten Willen zur Sprachschnöselei. Gehäuft und ohne Schnöselsprachflair findet man M. nach wie vor in Betreuungsinstituten (Krankenhäuser, Sozialstationen, Asylheime). Eine zumindest geistige Hospitalisierung des Nächsten scheint durch das Wort nahegelegt.
Zum vertieften Studium → schlußendlich eine am → linken → Rand → eher seltene, in ihrer Mischung aus politischem → FROMMSPRECH, soziokulturell → BETREULICHEM und purem → TUTZING für altwestdeutsche Milieus jedoch typische Wortmeldung! Sie dokumentiert einen unmerklichen Übergang von politischer zu seelisch-sozialer Betreuung, von ,den Menschen' zu ,Menschen' überhaupt. Ein Niedersachse in Thüringen wurde vom

Ostbeauftragten eines → Qualitätsmediums zur → rechten Gefahr befragt. Markus Decker: „Wann würde es denn für → die Demokratie tatsächlich gefährlich?" Bodo Ramelow: „Für die Demokratie würde es dann gefährlich, wenn → die Parteien keine Basis in der → Bevölkerung mehr hätten und sich niemand mehr in ihnen engagieren wollte." Dann „gibt es am Ende keine sozialen Räume mehr, in die Menschen → sich einbringen können. Wir müssen auch über manches Politik-Chinesisch reden. Denn die Menschen merken, dass die Politikersprache wenig mit ihrem Anliegen gemein hat. Sie erwarten einen Schutz ihrer Interessen und vielleicht auch politische Orientierung." Markus Decker: „Was ist im Osten, was ist in Thüringen zu tun?" Bodo Ramelow: „Die DDR ist 1989 gescheitert, weil die Menschen nicht mehr an diesen Staat geglaubt haben. ... Die zentrale Frage ist, wie wir die Ostdeutschen dazu kriegen, einen natürlichen Stolz auf das in 28 Jahren Erreichte zu entwickeln ..." („Was gut ist, wird oft schlecht geredet", in: *Berliner Zeitung* vom 14. Januar 2019, S. 4)
→ die Menschen in der DDR, → die Menschen dieser DDR, → eine Reihe von Menschen.

menschenfeindlich/menschenverachtend Lieblingsadjektive der anthropologisch gegründeten Ethik, oft mit mangelhaft beherrschter Kommasetzung eingesetzt wie musterwestdeutsch bei Liane Bednarz/Christoph Giesa in *Gefährliche Bürger. Die Neue Rechte greift nach der Mitte* (München 2015). Das Autorenpaar registrierte m.e Denk- und Verhaltensweisen in → der Mitte der Gesellschaft. Bei dem → engagierten Versuch, hier wieder → auf Augenhöhe mit dem Feind und also zur → Diskurshoheit zu gelangen, verwendete es m./m. vielfach ohne Aufzählungskomma; ein häufig angewandtes Mittel rhetorischer Verstärkung dank argumentativer Abschwächung („menschenverachtende reaktionäre Gedanken" usw., von garantiert unfreiwilliger Komik aber auch Formeln wie „Serie tödlicher, menschenverachtender, rechtsextremistischer Anschläge", S. 112).
→ menschenverächtlich, → menschenverkleinernd; → reaktionär.

Menschenführung ist nichts Selbstverständliches, wo man eher Geschäfte oder Fahrzeuge (→ Führerschein) denn Lebewesen oder gar ein Leben führt. Sie will gelernt sein, damit man in der sogenannten Personalwirtschaft nicht scheitert. Hinweise geben Jürgen Weibler (*Personalführung*, München 2001) und Klaus Marchazin/Joachim Wolf (*Unternehmensführung*, Wiesbaden ²2009). Über die *Grundlagen erfolgreicher Mitarbeiterführung. Führungspersönlichkeit – Führungsmethoden – Führungsinstrumente* belehrt in 13. Auflage (Speyer 2012) Hartmut Laufer. Jetzt gilt es nur, das richtige → Humankapital ausfindig zu machen, das, so Laufer, Weibler und Wolf, „Führung will" und sich dabei hoffentlich in profitable → Biomasse verwandelt.

Menschenkarikatur Was das Wesen des oder → der Menschen ausmacht, ist heute fraglicher denn je. Deshalb darf man dafür dankbar sein, daß weltläufige → Westberliner Senatoren und ehemalige *WELT*-Kolumnistinnen sich um Klärung bemühen (→ Klärungsbedarf). Thilo Sarrazin hatte festgestellt, daß die Zeugung von → Kopftuchmädchen nicht zum → Markenkern des Menschseins gehöre. Dadurch gehörte er wiederum nach Meinung von Mely Kiyak, die unterm Applaus der Springer-Gewaltigen einst → „die Deutschen" aufgefordert hatte, „zur deutschen Nationalkultur zu stehen" (*DIE WELT* vom 25. April 2008), zu den Menschen, „die das Niedrigste im Menschen ansprechen" (*Frankfurter Rundschau* vom 19. Mai 2012). Sei der Kopftuchphobiker überhaupt ein Mensch und nicht vielmehr eine „lispelnde, stotternde, zuckende Menschenkarikatur"? (ebd.) Auf welche Vermutung hin die → migrantisch-stämmige Kolumnistin sich im Internet wochenlang mit ihren neuen Spielkameraden von *Politically Incorrect* balgen durfte.

Menschen ohne Ostern Während der Osterpredigt 2016 durch Erzbischof Heinz Josef Algermissen gebrauchter Ausdruck, der rasch ins Wörterbuch des konfessionellen → DÜNKELDEUTSCH fand. Obwohl sich namentlich die organisierten → Freidenker des Westens über die → durchwegs negative Charakterisierung der M. o. O. empörten, hatte der Mann aus Fulda offensichtlich eher auf die konfessionelle Konkurrenz als auf die → Atheisten gezielt. Algermissen: „Der Mensch ohne Auferstehung" würde rasch „zu einem großen Sicherheitsrisiko für seine Mitwelt", denn solche Personen „lebten unter der gnadenlosen Devise: Was du bis zu deinem Tod nicht erreicht hast, das hast du für immer verloren." Fahrige Gesten, zittrige Finger: „Innere Hektik und Daseinsangst lassen den Menschen zuschlagen und zerstören. Er geht buchstäblich über Leichen, bevor er selbst zur Leiche wird." Das zeigte sich an den Terroranschlägen von Brüssel, die bekanntermaßen nicht von Menschen mit Ostern, sondern von fanatischen Un-, weil Falschgläubigen (72 Jungfrauen) und damit ja praktisch von Atheisten vollbracht wurden. Ob Atheisten, ob Muselmanen, in jedem Fall bedeuteten → „Flüchtlingsströme" auch eine „Religion, die auf uns zuströmt" und die „wir" keineswegs einsickern lassen sollten. „Wo landen wir, wenn wir nur noch formal unseren Glauben bekennen, ihn aber nicht mehr praktizieren?" (Zitate: Videomitschnitt) Das merkwürdige Argument, daß gerade mit ausgeprägtem Jenseits-, Auferstehungs- und Belohnungsglauben gesegnete Menschen ihren Nächsten friedlich und freundlich begegneten, dürfte zumindest dem Fuldaer Glaubensvolk eingeleuchtet haben. War dieses doch durch Algermissens Vorgänger im Amt, Johannes Dyba, jahrzehntelang spirituell und intellektuell vorbehandelt worden. Doch selbst die ewigen, zumindest → humanitären Werten zugeneigte *ZEIT* fand in Algermissens christlicher Demutsprobe keineswegs eine „Haßpredigt", sondern zumindest eine „halbe Wahrheit", wert besinnlicher Befragung (Hannes Leitlein, „Gefährlich sind nur die anderen", in: *DIE ZEIT online/„Christ und Welt"* vom 10. April 2016). → Atheismus.

Menschenrechtsdialog Politisches Selbstgespräch, wenn mit → ‚Freunden und Verbündeten' geführt.

menschenverächtlich Singulärprägung im → SPREIZSPRECH, hochdeutsch: → menschenverachtend, menschenverächterisch.
→ Empörsamkeit wird gemeinhin für einen Dialekt der linksbürgerlichen Meinungsmehrheit gehalten; sie findet sich aber ebenso im geschmacksrechten → SCHNÖSELSPRECH. Man denke etwa an Martin Mosebachs Entrüstung über den Respektsmangel von → Atheisten gegenüber Papstgläubigen, also → Wehrlosen. So findet jegliches Milieu sein Gegenüber, bedarf es zur eigenen → Position lediglich einer einfachen Negation: Gemeinsam ist allen Literaturdialekten Westelbiens die Substitution historischer Erfahrung durch moralisch-ästhetische Attitüde (‚Haltung', → BEKENNERSPRECH). Demgemäß wird ein Bote, der vom Elend der Welt spricht, als elender Bote gerichtet, wird ein Dichter, der den immanenten Zynismus dummer Interviewfragen zutagefördert, als Zyniker verunglimpft und ein Menschenverächter genannt. Es geht natürlich um Heiner Müller. Die adjektivische Prägung ‚m.' ist erstmals in einem größeren Empörsamkeitsfragment von Botho Strauß nachzuweisen. „In unserem Land: ... Der Dichter als Durcheinanderwerfer, als Prophet des selbstgefertigten Eschatons, der Ja-Sager zu Zerstörung und Entropie", vor allem und schmerzlicher aber „der Dichter als Medienwurmfortsatz, wie jene allseits verehrte Artaud-Brecht-Chimäre, die ihren kräftigen Grabeshauch schon zu Lebzeiten über Land und Kunst dünstete; deren zynisches Frohlocken, deren menschenverächtliche Gesellschaftsbegriffe mit beifälligem Nicken, zuletzt mit allen Ehrenzeichen des Staatsdichters belohnt wurden. In ihm erkannte das häßliche, → das sich selbst hassende, ewig

spätexpressionistische Deutschland seinen ungeniertesten Repräsentanten." (*Die Fehler des Kopisten*, München 1997, S. 83)

Woher dieser Furor des → NACHTRETENS – noch 2015 höhnte Strauß junior dem Krebstod Müllers ein „hausgemacht!" hinterher – und der Griff nach einem eher → linksintellektuell etablierten Empörungsausdruck? Während in den 1990er Jahren Müllers Weltruhm wuchs, war Botho Strauß als *SPIEGEL*-Autor zumindest bundesweit bekanntgeworden (*Anschwellender Bocksgesang*, Heft 6/1993). Als politästhetischer Publizist hatte Strauß Entgrenzungen beklagt und die Unabdingbarkeit von Blutopfern für festere Gründungen behauptet. Strauß' Schreibvoraussetzung war die Sicherheit der BRD, damals wie heute konzentriert in → Westberlin. Eine nationalhistorische Windstille und Horizontenge, die dem Dichter als Sprungbrett geistigen Weitflugs galt und ihn aus derart vermeinter Entgrenzung nach neuerlicher Begrenztheit, z. B. religiöser, verlangen ließ. Die Grenze ist nur von außen zu ziehen, durch dichtend-erdichtende Künder, Stifter, Propheten. „Kunst ist nicht für alle da." („Der Geheime", in: *Versuch, ästhetische und politische Ereignisse zusammenzudenken*, Frankfurt/M. 1987, S. 252): ein Faktum, das zur Wahnidee wird, wenn man es als Norm verkündet.

Strauß ist der mehrheitsfähige Künder jener Mittelklasse-Masse, die zuweilen davon träumt, Minderheit zu sein (→ Elite). Die poetische Bedeutung von Straußtexten ist durch ihren Status als → HEIMATLITERATUR garantiert, durch Schreiben in Grenzen. Das umgrenzte Vakuum läßt sich mit an- oder aufgelesenem Gehalt füllen (→ darum/davon wissen). Die Bedeutung von Müllertexten war durch ihre dichterische Form verbürgt. Mit Brechts Persönlichkeit verband Müller lediglich die Immunität gegen Intellektuellenselbstmitleid und -selbstanbetung, kurz: gegen jene Larmoyanz, die Motor einer ganzen → MEHRHEITS-DEUTSCHEN Literatur ist (→ Jammerwessi, → Weinerlichkeit). Deren Betriebsstoff sind die Ängste eines vergleichsweise kümmerlichen Ichs, das sich zu besitzen glaubt und zu verlieren fürchtet; es residiert in der Ödnis einer Souveränität, die ebenso leer wie grenzenlos ist: Vor jeglicher Erfahrung von Welt kommt das Urteil über ihre Bewohner. Strauß war von Anbeginn der Autor, der über seine Figuren souverän verfügt, sie als Meinungsträger schiebt, dramatisch aber nicht bewegt (*Der junge Mann*, 1984). So konnte der Bad Emser (→ Kuren) zum repräsentativen Autor der geistig-sozialen Mittelklasse Westdeutschlands werden, zum meinungspublizistischen → Vertretertypus überhaupt. Mit dem → spürsicheren Gefühl des erstrangigen Autors für den zweitrangigen hatte Müller besagte Meinungsgeführtheit des Straußschen Schreibens bereits in den 1980er Jahren registriert, dieser Art von Existenzvermessung (,Fotorealismus') jedoch ihr regionalkünstlerisches Daseinsrecht zugestanden (Heiner Müller gegenüber Monika Bellan, Interview 1981).

Damals konnten Straußens fotorealistische „Selbstdarstellungen des Publikums" (ebd.) als singulär gelten. Die deutsche Einheit jedoch setzte im Westen einen bis dato nicht gesehenen Bedarf an Exklusivität frei (→ Beitrittsphantasma). Die Mittelklasse-Masse des Westens wollte nicht länger nur quantitativer, sondern – via Religion, via Kunst – qualitativer Mehrheitstypus sein; daher jener Aufschwung des Stilblühens und Wortziehens, der inzwischen eine jüngere Generation erfaßt hat (→ Das Neue Leben, → NEONARZISSMUS, → BÜBCHENBELLETRISTIK). Diese Autoren nach Mosebach, Strauß, Bohrer eint neben der Koketterie mit dem Katholizismus, wohl auch mit dem sog. lateinischen Faschismus, die Ambition nach dem Höheren. Seit je war eine solche das sichere Anzeichen seelischen wie sozialen Kleinbürgertums. Es deutet auf ,Gehaltsliteratur' und ,Inhaltsästhetik', sogar → ,Gesinnungsästhetik', wenn die (Neu)Schnöselsprachler glauben, die Bedeutung eines Textes sei durch dessen Sujet gesichert. ,Tapetenstil' hatte einst Nietzsche diese Glitzerkram herumbiegende Schreibe genannt. Politisch wie literarisch drängen die Schnöselsprachler in die Nähe (ihnen ist es: Höhe) verwester Eliten. Doch gerät ihnen die

→ Menschenverächtlichkeit nicht beiläufig genug, um als echte Herrengeste zu überzeugen. → HEIMATLITERATUR, → HOCHSCHREIBE; → darum/davon wissen.

menschenverkleinernd sind der ‚Architekturstalinismus' der Berliner Karl-Marx-Allee (→ Frankfurter Straße) und Bauten, in die Literaturgrößen wie M. R. Biller nicht passen würden; bitte weiterlesen: → am coolsten.

Menschenwürde ist → spätestens seit 2001 auch nicht mehr das, was sie war oder doch für Kantianer sein sollte. Zumindest nicht mehr bei machtnahen Ermächtigungsdenkern, etwa bei Julian Nida-Rümelin. Den himmelhoch wachsenden Wünschen des medizinisch-industriellen Komplexes schob Schröders Kulturstaatsminister ein philosophisches Fundament unter: „Verbrauchende Embryonenforschung" wäre → kein Problem, denn die Achtung der M. verlange die Fähigkeit zur Selbstachtung. Achtung der M. sei „nur dort angebracht, wo die Voraussetzungen erfüllt sind, dass ein menschliches Wesen erniedrigt werden kann. Daher lässt sich das Kriterium der Menschenwürde nicht auf Embryonen ausweiten. Die Selbstachtung eines menschlichen Embryos lässt sich nicht beschädigen." („Wo die Menschenwürde beginnt", in: *DER TAGESSPIEGEL* vom 2. Januar 2001) Lebhafte Diskussionen über den solcherart stark erweiterten Kreis nicht länger schutzwürdigen Lebens folgten.
→ Kulturpudel, → mit dem Leben produktiv umgehen.

menschlich geht es in den Vorabendserien des → Qualitätsmediums *ZDF* nicht weniger zu als in denen der *ARD*. Ansonsten ist der verdächtig nach → FROMMSPRECH und → TUTZING müffelnde Ausdruck vielen Wachsamen im Lande verhaßt. Der Wachsamsten einer, Klaus Bittermann aus Nürnberg (später: → Kreuzberg), hat – um Kohärenz weltmännisch unbesorgt – dem Adjektiv ‚m.' eine zugleich → JOVIALSPRACHLICHE und radikalaufklärerische Note verliehen. Kurz: Menschlichkeit ist ihm zuwider, Menschliches aber nicht fremd, wenn es denn im Gehege bleibt. In *Geisterfahrer der Einheit* (1995, abermals in *Unter Zonis* und noch öfter) schrieb Bittermann: „Daß sie sich mit den Verhältnissen arrangierten, ist ein menschlicher Zug und ihnen nicht vorzuwerfen." (S. 21, mit ‚ihnen' nicht gemeint: den Westdeutschen) Die → Zonis hätten freilich den Terminus ‚m.' einem „ideologiefreien Gebrauch" listig entwunden, wenn sie sich z. B. an „menschliches Miteinander" erinnerten (S. 138). Hiergegen darf der → Kreuzberger → MEHRHEITSDEUTSCHE die Zonis an ihre Raffgier, Feigheit, Verdrucktstheit, Verlogenheit, Verschmutztheit und ihren hemmungslosen Opportunismus gegenüber den Mächtigen erinnern (S. 7ff.). Doch vielleicht sind sie darin nur, was andere von sich selber nicht zu sagen wagen. In *Unter Zonis* bemerkte ein gleichfalls anthropologisch arbeitender Autor tiefsinnig: „Was der Mensch an sich selber nicht erträgt, verschiebt er auf eine andere Person." (Wolfgang Pohrt, „Haß gegen den Rest der Welt", S. 36)

Mentalität Spezial- wie universalsprachlich etabliertes → BLÄHWORT für ‚Geisteszustand', ‚Gemütsverfaßtheit'; oft in → Zusammenhängen eines → verdrucksten und verklemmten Redens über → angeblich National-, Sozial- oder Sexualtypisches.

Metrobus Einfalt oder Arglist ließ aus untergrundloser Provinz eingewanderte Berlinvermarkter auf diesen Hybridunsinn verfallen, durch den Besucher aus Weltstädten mit U-Bahn-Anbindung regelmäßig in die Irre geführt werden.

(Main-, Rhein-, Donau- usw.) Metropole → BLÄHWÖRTER der → Weltoffenheit für Stadt überhaupt oder für eine Stadt, die in der zugehörigen Provinz die einzige ist.
→ -landschaft, → Provinz, → Provinzialismus, → Provinzialität.

Metzger Fleischer, bei dem es nicht zum Schlächter gereicht hat.
→ artgerechte Schlachtung.

miefig, piefig, stickig, kleinlich → Projektionsadjektive aus dem Diktionär → alt(bundes)-deutscher Milieuseligkeit. In dieser und ähnlicher Kombination primär ein Ausdruck → tiefsitzender antipreußischer → Ressentiments, wie sie südlich gewisser Kulturlinien gepflegt werden (vgl. die repräsentativ versammelte → Kleinkunstprosa in: Klaus Bittermann, *Unter Zonis*, Berlin 2009), im weiteren Attributionen aus dem Dialekt der westelbischen Kulturprovinz für die ostelbische Schicksalsprovinz, welcher nach dem Abzug ihrer Besatzungs-, Belehrungs- und Bewachungsmacht der Anblick einer selbstgeschaffenen → Provinzialität (→ BITTERMANNLINKE, → Salonkatholizismus, → Wir-Gefühl u. a. m.) zuteil werden sollte. Die Miefmetapher ist freilich älter. Namentlich Besucher → der alten Bundesrepublik aus Osteuropa (z. B. Witold Gombrowicz) oder Westeuropa (z. B. Michel Tournier) diagnostizierten deren strikte Mittelklassigkeit als Effekt einer Käseglockenexistenz, → geschuldet dem Herausgekauftsein aus der gesamtdeutschen Geschichte. Den Simulations- und Phantomcharakter der westdeutschen Nationalkultur thematisierten häufig deren Apostaten und Emigranten, von denen manche noch die Ausbreitung des mehrheitsdeutschen Meinungs- und Gesinnungsmiefs übers gesamte Land erleben konnten (z. B. Peter Hacks). Die Langlebigkeit der Miefmetapher dürfte sich, ungeachtet der durch → Weltläufigkeitsaspiranten verdrehten Semantik, einer glücklichen Verbindung visueller und olfaktorischer Bildlichkeit → verdanken: Die Befreiung einer käsigen Atmosphäre nicht nur ins Deutschland-, sondern auch Europa- und Weltweite ist seit 1990 eine der → eindrücklichsten Empfindungen sensiblerer Nasen gewesen.
→ GROSSER STIL, → inneres Bonn, → Provinz, → Provinzialismus.

migrantisch-stämmig → KLEMMWORT, zumeist für → türkisch-stämmig.

Milieubindung ist im → MEHRHEITSDEUTSCHEN → Diskurs → der Politik wie der Politikwissenschaft → durchwegs positiv konnotiert, d. h. keineswegs ein Synonym für Herdengeist, Kollektivseligkeit, Hordeneifer, Opportunismus, → Unterwürfigkeit unter nährende und hegende → Weltanschauungscliquen. Der Ausdruck M. dient ähnlich seinem semantischen Verwandten → ‚Demokratiebindung' zur Charakterisierung all desjenigen, was → dem Ostler fehle; er ist sodurch zu einem Kernbegriff des westdeutschen → Selbstverständigungs→narrativs geworden.

Minderheiten Das Wort hat im moralbetrieblichen, zumeist → MEDIALDEMOKRATISCHEN → WÄCHTERSPRECH einen ähnlichen Status wie → ‚Opfer' inne. Beide Ausdrücke sind seelisch-sittliche → Wertbegriffe und verstehen sich von selbst, ohne allen Täter-Genitiv und → durchwegs im Plural.
Die Liebe zu M. offenbart wie andere Liebschaften des → MEHRHEITSDEUTSCHEN zunächst sein Streben nach → Weltoffenheit bei gleichzeitiger Heimattreue; M. sind → das Fremde, das man auch zu Hause verstehen, verehren oder verteidigen kann, ohne sich seelisch und sittlich vom Fleck rühren zu müssen. Nicht zufällig gilt dies dem europäischen Ausland als vornehmstes Zeugnis bundesrepublikanischer → Provinzialität. Doch zeugt die Liebe zu M. auch von der hohen Abstraktheit mehrheitsdeutschen Gefühlslebens: Die Empfindung folgt hier der Entschlossenheit zur Empfindung. Mehr oder minder aufdringlich bekundete Liebe zu M. (populär: ‚Ranwanzen') pflegen sämtliche politisch-ideologische Milieus → der alten Bundesrepublik. *Die bundesdeutsche Rechte:* eine Liebe zum eigenen, zuweilen schwer auffindbaren und daher rekonstruktiv erst zu ermittelnden Volk, zu einer bedrohten oder

aussterbenden Minderheit, in den frühen 1990er Jahren noch bestaunt in den fruchtbaren, bald darauf aber Leibesfrüchte und Nationalleben verweigernden → ‚echteren Deutschen' im Osten. *Die bundesdeutsche Linke:* die vom Verrat eben jener → Zonis am → Kommunismus enttäuscht, ihre Liebe zu den ostzonal mißhandelten → Vertragsarbeitern aus Fernost oder zu den mißachteten Einkaufsbrigaden aus Polen entdeckte (→ Banane, → BITTERMANNLINKE), überdies Ost- und Südvölkern löbliches *laisser faire, dolce vita* und sonstige Halluzinate antikapitalistischer → Faulheit andichtet. *Die bundesdeutsche Mitte* (→ die Mitte der Gesellschaft): die ‚jüdisches Leben' liebt und lobt, solange es nicht ein allzu heftiges staatlich-politisches Eigenleben entfaltet. Penetrante Zuneigung gegenüber toten → Juden wird hin und wieder der moralischen Bigotterie, zumindest der ästhetischen Verirrtheit geziehen (Musterkonflikt Mahnmalsfrage: Broder versus Rosh), doch ergeht es den lebenden Juden kaum anders. Die Anrufung ihrer moralischen Vorbildfunktion ist eines der markant müffelnden Verwesungsprodukte bürgerlich-christlicher Leidenstheologie, die gern als frisch-fromm-fröhlicher Tateneifer agiert. Die herzhaft unbedarfte Schreibe des Autorengespanns Bednarz/Giesa ist für den → gutbürgerlichen Mitte→diskurs über M. → paradigmatisch: „→ Diskriminierung mit Diskriminierung zu bekämpfen, das widerspricht einem → Grundprinzip → der offenen Gesellschaft. → Es braucht also andere Ideen. Die gute Nachricht ist: In dieser Frage gibt es eine Bevölkerungsgruppe, an der wir uns orientieren können – nein: sollten! Die Rede ist von den deutschen Juden. Die hatten es in den letzten hundert Jahren selten leicht in Europa, schon gar nicht in Deutschland. ... Sie zeigen uns allen, wie man auch unter schwierigsten Umständen → cool bleibt und seine Prinzipien hochhält – eine echte Inspiration!" (Liane Bednarz/Christoph Giesa, *Gefährliche Bürger. Die neue Rechte greift nach der Mitte*, München 2015, S. 208f.) Solch unbefangene Denke und unbedarfte Schreibe sind keineswegs minoritär: → Opferdiskurs, → Opferkonkurrenz.

Minderwertigkeit, minderwertig → Projektionsbegriffe aus dem Diktionär des politisch-kulturellen → PURISMUS.
Substantiv wie Adjektiv gehören im Westdeutschen zum selben semantischen Genre wie → ‚Bedeutsamkeit' und → ‚Bedeutung'. Sie sind hier, anders als im Hochdeutschen, gebräuchlich als einstellige Prädikate, deswegen steigerbar. Damit → verweisen sie auf die im westlichen Mehrheits→diskurs notorische Konfusion quantitativer und qualitativer Eigenschaftswörter. Im Westdeutschen → ‚macht' es also durchaus → ‚Sinn', vom ‚bedeutendsten' Dichter einer Republik zu sprechen oder den komparativen Begriff ‚M.' als Natureigenschaft zu behandeln, als gäbe es objektiv und bezuglos existierende mindere → Werte. Andererseits stellt der west-, also → MEHRHEITSDEUTSCHE → Rassismus an sich selbst die Forderung, → weltläufig, liberal, freiheitlich usw. zu sein, kurz: seinem – dadurch nur noch gesteigerten! – Bedürfnis nach rassistischem → SCHMÄHSPRECH nicht *unmittelbar* nachzugeben. In aller Regel wählt der mehrheitsdeutsche Rassist, → verdruckst und verklemmt, wie er unter der Aufsicht → der Alliierten lange Zeit meinte sein zu müssen, den → PSYCHOSPRACHLICHEN Umweg. Wenn der Mehrheitsdeutsche also einen Menschen oder ein Volk als m. denunzieren will, attestiert er ihnen ein M.*sbewußtsein* oder *-gefühl*; die Vorsichtigsten sprechen von einem → M.*skomplex*. Reale Herabstufung darf somit als verdiente Folge aus einer empfundenen, in der Empfindung dann auch manifestierten realen M. durchgehen; ein Muster, das die westdeutsche Politiksprache mit der Formel von der → Mauer im Kopf zugleich benannt und bemäntelt hat. Wie die Mentalitätsgeschichte der BRD zeigt, ist eine originäre, → bürgertümlich begründete Überzeugung von fremdvölkischer M. die Basis für die → verklemmten und verdrucksten (linksliberalen, → westlinken, → BITTERMANNLINKEN usw.) Formen des M.s→diskurses; ein → Zusammenhang, der im übermächtigen Drang Westdeutschlands zum → ANDUZEN aller Welt evident wird.

Ohne Anspruch auf → paradigmatische → Wertigkeit hierfür je ein Beispiel aus der Früh- und aus der Spätzeit bundesrepublikanischer → Fremdenfeindlichkeit:

DER SPIEGEL vom 4. Januar 1961 zitiert aus der Zuschrift eines Braunschweiger Buchhändlers an Günther Neske, Verleger von Martin Heidegger und Witold Gombrowicz: „Ich bin zu der Überzeugung gekommen, daß es sich bei [Gombrowicz] um einen halbirren, literazzelnden Autoren handeln muß, der aus einer unverdauten Überfressenheit heraus seine geistigen, östlichen → Minderwertigkeitskomplexe ausspuckt." Gombrowicz' *Ferdydurke* hatte sich in Braunschweig und Umgebung schlecht verkauft, was für die Geistesgeschichte → der alten Bundesrepublik von Belang sein mag. Nationalpsychologisch interessanter ist das Komma zwischen ‚geistig' und ‚östlich', das die beiden Adjektive in einer Aufzählung und somit als zumindest gleichrangige, wenn nicht gar synonyme Umschreibungen einer unglückskaufmännisch empfundenen Überlegenheit erscheinen läßt. Nicht von M., sondern von M.skomplexen ist ja, mit noch sichtlich unverbrauchter Freude am analytischen → Entlarvungsvokabular, die Rede.

Die kulturanalytische Ausweitung des M.s→diskurses benötigt hingegen eine geschichtsphilosophische Großthese: historische Aufgaben, die die damit Beauftragten nicht erfüllt haben, weshalb ihnen minder wohl zumute sei. Der Katzenjammer einstiger Nörgler am → Schweinesystem, die im → Kapitalismus → angekommen sind und diesen nunmehr durch ungebremsten → Zustrom von → Zonis bedroht sehen, ist die Dauerstimmung → westlinker → Selbstverständigungsprosa. Das Versagen vor den Lockungen des Bösen wird selbstverständlich nicht an der eigenen moralischen Jammergestalt, sondern an den Fremdvölkischen → von drüben abgehandelt. Den westlichen Moralversager empört der östliche Materialverwerter: „Ein gieriger Schnorrer, der sich gern erniedrigen und beschämen läßt; einer, der sich zum Bettler für ein paar bunte Filzstifte macht, die er vermutlich doch nicht brauchen wird; ein notorischer Betrüger und Aufschneider außerdem", schreibt der vom weltweiten Siegeszug des Schweinesystems auch noch 2009 → nachhaltig erschütterte Bittermannlinke Wolfgang Pohrt (*Unter Zonis*, S. 35). Die östliche → Abgreifqualität sei eine nicht primär psychische, sondern *moralische Störung*; die im → Abgreifen → westlichen Geldes zutagegetretene M. eine objektive Realität. Hatten „die Ostdeutschen im Herbst 1989" es doch versäumt, jenseits von → Kreuzberg einen echten, diesmal → menschlichen → Sozialismus aufzubauen: Daher war es „→ eben kein → Minderwertigkeitskomplex, worunter die Ostdeutschen litten, sondern wirkliche Minderwertigkeit, wie jeder Mensch sie sich selber vorwerfen muß, wenn er moralisch versagt hat" (S. 37).

Ungeachtet des Extremcharakters, den der Haß→diskurs im zitierten → Verbitterungsmilieu erreicht hat, scheint er in einer Beziehung westdeutschentypisch, ja -prototypisch: Als Evidenzen eigenen Mehrwerts führten Pohrt, Kröher und andere Bittermannlinke aus dem zitierten Sammelband nicht länger geistig-kulturelle Qualitäten an, wie noch der Braunschweiger Weltmann gegenüber dem Exilpolen Witold. Vielmehr insistiert man auf quantitativem Vorsprung, etwa im Bananenverzehr, in der Ausstattung mit Personenkraftwagen, mit Farbfernsehern u. ä. (*Unter Zonis*, S. 12ff.); dies alles dargebracht mit schülerhaftem Aufzählungsfleiß und treugläubigem Faktensinn. Breit drängt hier westlinker Konformismus auf den bundesdeutschen → Sonderweg, aus dessen Enge kein Entkommen mehr ist.

→ Antiorientalismus, → östliche Unwerte, → Projektion.

Minderwertigkeitskomplex → Bläh- und → psychosprachliches Synonym für ‚Minderwertigkeitsgefühl'; → Projektionsausdruck aus dem Diktionär der → Mauer in den Köpfen. Die aufrichtige und zutreffende Überzeugung Westelbischer von der → Minderwertigkeit der → Ostler, denen es 40, 70 oder auch 800 Jahre (Ostelbien) an diesem oder jenem gefehlt habe, hüllt sich hierbei in eine metasprachlich verdruckste Unaufrichtigkeit: Man wagt sie nicht minderwertig zu nennen und attestiert ihnen deshalb einen M. Denn wer jahrzehntelang keine → Parteiendemokratie oder keine Südfrüchte *hatte*, der *ist* nach westelbischem Wertmaß (Sein durch Habe) minderwertig.

Originäre Minderwertigkeit des *Seinsgefühls* hingegen spricht von sich so: „Caterina Jahn, geb. 1988 in Stuttgart, studierte dort erfolgreich Geschichte und Germanistik". Die → Essayistin, die nach erfolgreichem Studium „2013 von einem westdeutschen Dorf nach Chemnitz gezogen" ist, möchte Ost- und Westdeutsche von der „gegenseitigen Unwissenheit" befreien. Sie klärt hierzu über die zwei „Zwangslagen" auf, in welchen besagte Völker steckten: „Während die westdeutsche Angst [vor einer Gefährdung von Sicherheit, Staatlichkeit und Ordnung] noch recht jung ist, nicht älter als ein paar Jahre, dauert die Zwangslage der Ostdeutschen schon etwa siebzig Jahre an: das fast alle Lebensbereiche erfassende Minderwertigkeitsgefühl gegenüber den Westdeutschen. Wer vierzig Jahre lang immerzu weniger durfte, hatte und konnte als sein Nachbar und dennoch ständig zum Vergleichen angehalten wurde, dem fällt es schwer, eigenes Selbstwertgefühl zu entwickeln. Heimlich wuchs die Sehnsucht zu haben, was in Westdeutschland jeder hatte. ... Sicher haben einige Westdeutsche nach der Wende in Ostdeutschland Schuld auf sich geladen. Doch kann dies die eigene große Schwäche nicht verdecken: Die Warenangebote der Westdeutschen hätten die Ostdeutschen kaum aus der Bahn geworfen, hätte nicht so ein großes Bedürfnis nach diesen Waren bestanden." So war „die Scham groß: die Scham darüber, dass man drei Stunden für ein Glas Pfirsichmarmelade durchschnittlicher Qualität angestanden oder begeistert den Rucksack heimgetragen hat, der in Westdeutschland im Sonderangebot verramscht wurde." Derlei bis 2019 andauernde konsumkaterliche „Scham und Selbstverachtung kennt der Westdeutsche in dieser Intensität nicht. Er war (und ist vielleicht immer noch) souveräner im Umgang mit sich selbst und dem großen Kaufhaus. ... Der Minderwertigkeitskomplex hat mit der Angst gemein, dass er blind für die Realität macht." Die Realität ist ein anrückender Weltosten und das Gebot eine nationale Abwehrfront: „Nur der Ostdeutsche" „kann dem Westdeutschen zeigen, wie ein lähmender Zustand der Angst und Schicksalsergebenheit durch gemeinsames politisches Handeln gemeistert werden kann. Und nur der Westdeutsche kann dem Ostdeutschen die Anerkennung zuteilwerden lassen, nach dem das verletzte Selbstwertgefühl des Ostdeutschen verlangt." (Caterina Jahn, „Innerdeutsche Verletzungen. Die Deutschen dreißig Jahre nach der Wende", in: TUMULT. *Vierteljahresschrift für Konsensstörung* 2/2019, S. 110, S. 56–59)

→ anerkennen, → ANTIORIENTALISMUS, → Beitrittsphantasma, → Diskurs der Empfindsamkeit, → Haß und Verachtung; → Werte.

mindestens Wer weiter blickt als andere, für den ist das Wort ‚mindestens' (nicht zu verwechseln mit → ‚zumindestens') wahrhaft → unverzichtbar. „Alle Politik ist Biopolitik", verkündete ein sprachverhaltensauffälliger Hochschullehrer, um im Nietzschestil („Hat man Ohren dafür?") fortzufahren: „Es mag für manche Ohren noch immer verdächtig biologistisch klingen, doch es ist ein Tatbestand, den ernstlich niemand leugnen kann: Auch die Politik ist eine Form des Lebens. Sie ist die unter ausdrücklich auf eine Gemeinschaft bezogenen Zielen angeleitete Selbstorganisation des menschlichen Daseins. Und seit mindestens zwölftausend Jahren ist sie so eng mit der kulturellen Existenz des Menschen verbunden, daß es bereits den Griechen selbstverständlich war, den Menschen als ein durch → die Politik definiertes Lebewesen zu verstehen." (Volker Gerhardt, *Der Mensch wird geboren. Kleine Apologie der Humanität*, München 2001, S. 130) Die Älteren unter uns erinnern sich noch.

→ spätestens.

Mischehen Fachausdruck der → MEHRHEITSDEUTSCHEN Volkskunde und Rassenforschung, die eine wenig beachtete und kaum gefährdete Existenz in den → Qualitätsmedien

behauptet. „Zwischen Ost- und Westdeutschen sind Mischehen nicht selten, auch dies ein Indikator für gelungene Integration", bilanzierte beispielsweise Ralph Bollmann, einer der *FAZ*-Redakteure mit *taz*-Vergangenheit, zum Tag der Deutschen Einheit 2017. Zugleich forderte der Integrationsforscher ein Festhalten an der „bundesdeutschen Leitkultur" und ihrer personifizierten Leitidee, nämlich an „Bundeskanzlerin Angela Merkel, die im Osten auch deshalb so viel Hass auf sich zieht, weil sie ihren Landsleuten den Spiegel vorhält: Seht her, wer sich anstrengt, der schafft es auch." („Migranten im eigenen Land", ebd.) Bollmanns rassesoziologische gleichwie volkspsychologische Einlassung konnte insofern ein deutliches → Zeichen setzen, als auf dem → Themenfeld „innerdeutscher Eheschließungen" (*DIE WELT* 2009) von ‚M.' bis dato nur in Anführungszeichen die Rede gewesen war. Die Qualitätspresse war damit der Sprachpraxis von NS-Zeithistorie und Antisemitismusforschung gefolgt. Für die 1990ff. im Anschlußgebiet geborenen Ost-West-Kinder wäre eine leitkulturell inaugurierte Bezeichnung als ‚Mischlinge' oder ‚Mischlingskinder' künftig nicht auszuschließen; bislang sprechen westdeutsche Völkerkundler zuweilen von ‚Wendekindern'.
→ Leitkultur, deutsche.

Mischpoke Aus dem Hebräischen für ‚Familie'; im Westdeutschen jahrelang unter ‚Political Correctness'-bedingter Einsatzhemmung stehend. M. wäre inzwischen wohl aus dem gesprochenen Westdeutsch vollständig verschwunden, hätte sich nicht ein Ersatzvolk für die verbalen → Ressentimentausbrüche gefunden, derer der → SELBSTVERORDNETE PHILOSEMITISMUS der → MEHRHEITSDEUTSCHEN gelegentlich bedarf.
→ ANTIORIENTALISMUS, → Jude/n, → LESERBRIEFE, → verordneter Antifaschismus.

Mißtrauenskultur Ein → SPREIZSPRACHLICHES Oxymoron aus dem Verbalbaukasten der → Kultur→kultur.
Angesichts einer halben Million von Krankenhausinfektionen und einer fünfstelligen Zahl von dadurch verursachten Todesfällen pro Jahr gehen Ängste im Volk um, verstärkt durch Berichte von Übertherapien, Fehlamputationen und anderen unerwünschten Gratisleistungen. Hiergegen gilt es die Vertrauenskultur zu stärken, denn die schlechten Schadenersatzaussichten halten potentielle Patienten gleichermaßen von Gerichten wie von Kliniken fern. „Es breitet sich → zunehmend eine Misstrauenskultur gegen medizinische Einrichtungen aus, die auf bloßen Vermutungen basiert und die → Bevölkerung verunsichert", klagte Georg Baum, Hauptgeschäftsführer der Deutschen Krankenhausgesellschaft, auf einer Pressekonferenz (zit. nach: Stefan Sauer, „Vertrauen ist gut, Wissen ist besser", in: *Berliner Zeitung* vom 12. April 2017, S. 6). Da der hierfür eingerichtete Entschädigungsfonds aus Zahlungen der Krankenhäuser und ihrer Haftpflichtversicherer gespeist wird, ist ein Ende der M. kaum absehbar.

Mißwirtschaft Eine Armut, die Verschwendung, Korruption, → Bedienmentalität usw. keine Chance läßt; durch → MEHRHEITSDEUTSCHE häufig dem nach Abspaltung Westdeutschlands entstandenen Rumpfstaat im Osten unterstellt; möglicherweise aus dem älteren Schmähwort ‚Polenwirtschaft' abgeleitet.
→ ANTIORIENTALISMUS.

mit Eine Aufzählung anglizistischer Deformationen des Hochdeutschen durch → MEHRHEITSDEUTSCHE auf „dem langen Weg nach Westen" (→ Sonderweg) würde den Rahmen eines Wörterbuchs sprengen. Man müßte zur Analyse der Volkscharaktere übergehen, die sich nach Abspaltung der Westzonen vom fortan Osten genannten Deutschlandrest heraus-

gebildet hatten: hier die Hochdeutschsprachigen, die sich bereits aufgrund der Sprachfremdheit kaum ihrer Besatzungsmacht anverwandeln konnten, dort ein Volk von Bewerbern um Aufnahme in → den Westen. Das aus dem Anpassungsversuch entstandene Deutsch ist eine Kunstsprache; innerhalb des global gesprochenen Pseudoenglisch sind die westdeutschen Anglizismen Sondergebilde. Der Eifer, die Weltsprache des Westens zu sprechen wie jedermann und dabei doch als dessen gelehrigster Schüler, d. h. als Nation aufzutreten, bezeugt sich noch in seinem Scheitern. Das Schicksal der Präposition ‚mit' kann dies beispielhaft verdeutlichen. Denn bereits das erlebte Glück der → Anpassung des eigenen → Wir ans → vermeintlich weltweite → Wir-Gefühl erforderte die verbale Distanz: Sie sind ‚glücklich mit' ihren Situationen, Lösungen, Kompromissen, Erfolgen, Aufgaben usw. In dergleichen Liaison wird die Partnerschaft selbst zum Partner, das Agreement zum Gegenüber. Nun aber erst ihre Enttäuschungen! „Merkels Frust mit Putin", glossierte ein mehrheitsdeutscher Kommentator die → emotionale → Performanz → der Ost-Kanzlerin (Frank Herold, in: *Berliner Zeitung* vom 18. November 2014, S. 4). Falsche Präpositionen erzeugen die rechte Aufmerksamkeit für pathetisch-vagen und ebenso falschen Verbgebrauch. Intransitives → Warnen ergeht an alle und keinen: „Wenn Merkel warnt, dass Putin der Sinn auch nach einer Destabilisierung der Republik Moldau, Georgiens, Serbiens oder des gesamten Westbalkans stehen könnte, ist das mehr als eine Mutmaßung. Dann kann man davon → ausgehen, dass die Gefahr einer solchen → Weiterung auch in ihrer Unterredung mit Putin eine Rolle spielte. Der russische Präsident stelle die bestehende europäische Ordnung infrage, warnt Merkel."
→ Animismus, → entfremdet mit.

mitbestimmen bedeutet jedenfalls, analog zum → Mitbürger, weniger als bestimmen. → selbstbestimmt.

Mitbestimmungsehepaare Ähnlich wie → Begriffshütten wohl eine Einzelprägung, hier des absoluten Dichters und echten Nachkriegskerls Wolf Wondratschek: „Nein, danke, / ihr Deutschen, / ihr Kerkermeister des Profits, / ihr Profis des Stumpfsinns, / ihr Erzengel aus Kruppstahl, / ihr Mitbestimmungsehepaare, ihr Fachleute für perfekte Schrauben, / satt und selbstgerecht" usw. (*Deutschlandlied*, 1978) Aus der Konjunktion mit ‚Sattheit' gelöst, sollte ‚Selbstgerechtigkeit' ein wichtiger → Projektionsbegriff des → Mehrheitsdeutschen → Haßdiskurses nach 1990 werden.

Mitbewerber Konkurrent, der seit je in einem gespannten Verhältnis zum → Mitkonkurrenten steht.

Mitbürger leben nicht unter, sondern mit uns, was uns sprachlich ganz schön mitnimmt.

mit dem Leben produktiv umgehen „Naßforsch oder naiv" nannte Dieter Thomä („Biopolitik. Ein Wort mit Obertönen", in: *NZZ* vom 5. April 2002), was sein Philosophen- oder zumindest Professorenkollege Volker Gerhardt unter grammatisch irritierendem Titel gefordert hatte, und zwar von → der Politik („Alte Probleme unter neuem Handlungsdruck", in: *MERKUR*, Heft 9/10, 55. Jg. (2001), S. 859–872). Es ging → einmal mehr um großzügigeres Herummachendürfen an den Genen. Gerhardt, bis dato als Nietzscheaufsätzeschreiber, nicht aber in den sog. Lebenswissenschaften und -technologien aufgefallen, war Kanzler Schröders Mann in Kanzler Schröders Nationalem Ethikrat geworden. Mit seinen *MERKUR*-Traktaten lief der frisch gezeugte Biopolitiker den Wünschen des medizinisch-industriellen Komplexes derart rasch hinterher, daß es so aussah, als ob er ihnen biophilosophisch vorausmarschiert sei. Was aber ist Biopolitik? Gerhardt sagte, was sie sein müsse, nämlich

„jenes Feld des politischen Handelns, das seine Dynamik aus den neuen Erkenntnissen der Lebenswissenschaften entwickeln und folglich alles umschließen soll, was produktiv mit dem Leben umzugehen versucht." Was ist ‚was'? Jedenfalls nichts Persönliches, Menschliches, sondern ein Es oder Etwas. Gerhardt nannte es „den Takt des Lebens selbst". Was sogar die *FAZ* ‚unheimlich' fand (19. November 2001).
→ -feld, → umgehen.

miteinandermultiplizieren ist das irritierend selten gebrauchte Komplementärverb zu ‚auseinanderdividieren'.

mitgestalten → Leserbriefe, → gestalten wollen.

Mitherausgeber Besonders in *FAZ*, *ZEIT* und vergleichbaren → Qualitätsmedien anzutreffende Spezies mit zwei Unterarten: Die eine ist vom Herausgeber nicht zu unterscheiden, die andere gibt mit heraus.

Mitkonkurrenten Von Matthias Matussek und anderen *SPIEGEL*schreibern oft benutztes Reusenwort, mit dessen Hilfe sich die kooperativen, also *mit*einander Konkurrierenden im sozialen Haifischbecken aus den *gegen*einander Konkurrierenden herausfischen lassen (vgl. etwa *Die vaterlose Gesellschaft*, Frankfurt/M. 2006, S. 218: „ehrgeizige Mitkonkurrenten booten ihn aus").

(die Menschen) mitnehmen Ein Ausdruck aus dem → Betreulichen → der Politik und der ihr zuarbeitenden → Qualitätsmedien; er bezeichnet häufig die Versetzung → der Menschen, die sich → abholen ließen.

(un)mittelbar, (un)mittelbare Anschauung Mit den Eigenschaftswörtchen ‚mittelbar' und ‚unmittelbar' wird unter → anspruchsmäßigen → Essayisten, → Publizisten und → Autoren ebensoviel Unfug getrieben wie mit den Eigenschaftswörtchen → ‚unwillkürlich' und → ‚unbewußt'. Man denke an die durch Esoterikszene und Philosophenjargon geisternde ‚unmittelbare Anschauung'! Nun wäre jedoch eine *unmittelbare Anschauung* ein weißer, eine *mittelbare Anschauung* ein schwarzer Schimmel. Nicht zufällig sind derlei Fabelwesen – ob als Wunsch-, ob als Feindbild – bei Obskurantisten beliebt, die sich heute oft im → Freidenkergehege tummeln. So raunt etwa ein literarisch spätberufener → Aufklärer von metaphysiktreibenden ‚Gurus' und ‚Meisterdenkern', welche biederen Sekundärwerkverfassern die Kundschaft abzujagen drohen durch ihren originär ‚rauschenden Sound des Seins'. Vor allem aber durch ein verwertungsfaules, weil beschauliches Philosophieverständnis, durch „‚theōría', die ursprüngliche und mittelbare Anschauung des Wahren, die sich nur dem offenbart, der in die Tiefen zu blicken → vermag." (Robert Zimmer, „Der Tiefsinntaucher. Philosophencharaktere", in: *Zeno. Jahrheft für Literatur und Kritik*, Nr. 34 (2014), S. 58–61, hier: S. 58f.) Was eine *mittelbare* Anschauung sein soll, bleibt Zimmers tiefes Geheimnis.
→ Entlarvung, → Portal.

mittelfristig Leerbegriff für → Zeitdauer, der allein durch Bestimmungen des Kurz- und des Langfristigen zu füllen wäre. Während ‚kurzfristig' aber fristlos sein kann und ‚langfristig' unbefristet oder niemals, signalisiert ‚m.' eine → massive Abschätzungs→kompetenz hinsichtlich der → Zwischenzeitlichkeit. Im → Wichtigsprech von Politikberatern oder wenigstens -deutern ist ‚m.' somit → unverzichtbar. Frage an den Ex-Kanzlerberater Herfried Münkler, Professor für Politische Theorie an der Berliner Humboldt-Universität, zum

Ukrainekonflikt: „Geht es um eine adäquate Antwort auf eine militärische Intervention?" Antwort: „So sollte eine Politik nicht verfahren, die Entwicklungen wenigstens mittelfristig unter Kontrolle haben möchte." Frage: „Sie sagten, Steinmeier wende sich mit seiner Äußerung nach innen. Gilt das nicht auch für die Aktionen Putins?" Antwort: „Die dramatisch gestiegenen Zustimmungsraten für Putin in Rußland – nehmen wir sie einmal als unfrisiert hin – sind natürlich eine Prämie auf die außenpolitischen ‚Erfolge'. Eine Verschlechterung der wirtschaftlichen Situation würde, sobald das für die Bevölkerung spürbar wird, mittelfristig die Zustimmungsraten wohl deutlich senken." Frage: „Was heißt mittelfristig? Ein Jahr, fünf Jahre, zehn Jahre?" Antwort: „Ein bis fünf Jahre, nehme ich an." Frage: „Führt dieses beharrliche Ausweichen [vor einer gemeinsamen europäischen Politik] nicht zur Zerstörung der Europäischen Union?" Antwort: „Wir werden über kurz oder lang sehr viel Geld einsetzen müssen, um diese Länder zu stabilisieren, und sei es nur, um die über sie laufenden Flüchtlingsströme einzudämmen. Das ist mittelfristig die wirklich verwundbare Stelle Europas. Und natürlich der Nahe Osten. Diese Regionen zu stabilisieren, wird uns sehr viel Geld kosten." Frage: „Und die Ukraine?" Antwort: „Steinmeiers zurückhaltendes Auftreten gegenüber den Russen mag kurzfristig wie Schwäche aussehen, langfristig ist das aber angesichts unserer Situation vernünftig." Frage: „Vorausgesetzt: Die kurzfristigen Entwicklungen lassen es gar nicht erst zu den langfristigen kommen." Antwort: „Das ist richtig. Tatsächlich ist ja schon die Unterscheidung in kurz-, mittel- und langfristige eine nicht unriskante gedankliche Leistung." („Die Panzer im Osten sind nicht das Problem", Arno Widmann im Gespräch mit Herfried Münkler, in: *Berliner Zeitung* vom 24./25. Mai 2014, „Magazin", S. 11)

Mob → Pack.

Möchtest du darüber reden? Nach Überzeugung mancher Strukturalisten sind alle Zaubermärchen der Welt die Varianten eines einzigen Archetypus. Ähnlich ließen sich alle US-amerikanischen Spielfilme auf einen einzigen zurückführen, dessen Dialoge in westdeutscher Synchronfassung mit vier oder fünf Elementarformeln auskäme. Vielleicht mit diesen: „Alles in Ordnung? – Sie hatte keine Chance! – Hattest du eine gute Zeit? – Ich bin OK. – Möchtest du darüber reden?" Die zuletzt zitierte Frage ist nicht selten nach absolviertem Kino-Erlebnis zu vernehmen, wenn sich → Leistungskursschüler oder → Spätgebärendentrupps durch Popcorn, Zellophantüten u. ä. Erlebnisreste einen Weg ins Freie bahnen. In verfeinerter Variante lautet die Frage: „Bist du schon so weit, daß du darüber reden willst?" Zumeist bezeugt diese Formel ihrerseits den Einfluß des westdeutschen → Psychosprechs in Anverwandlung hollywoodesken → Gefühlskinos an → Mehrheitsdeutsche → Lebenswelten oder Erlebniswelten. Man könnte es hier mit dem Resümee bewenden lassen, daß der US-Film dem westdeutschen Gefühlsrepertoire ebenso sehr die innere Grenze gewiesen habe wie der US-Dollar in der Metamorphose der D-Mark die äußere Grenze, den National- und Geschichtshorizont der Westdeutschen. Es bliebe aber doch die Frage, warum beispielsweise der britische Film → ungleich weniger dem mehrheitsdeutschen Anpassungsverhalten und Imitationswillen als Vorbild tauglich schien. War es die schärfere Klassenspaltung in der britischen Gesellschaft (Club vs. Pub), die dem – vorwiegend gehaltsästhetisch ausgerichteten – Geschmack der westdeutschen Mittelklasse inkongruent bleiben mußte? Referenzautoren des westdeutschen → Provinzialismus wie Karl Heinz Bohrer sind seit längerem davon überzeugt (vgl. *Ein bißchen Lust am Untergang. Englische Ansichten*, 1982), daß durch Dekadenz des britischen Vorbilds bald auch die westdeutsche Gesellschaft endgültig in sozialästhetischer Nivellierung versinken werde (vgl. „Kein Wille zur Macht, in: *MERKUR* 700 (Heft 8/9 2007), S. 659–667). Doch ist

diese Nivellierung dank der Simplizität der US-Popkultur vielleicht längst durchgesetzt. Seit Adenauers Zeiten hat der Westdeutsche stets stärker die US-amerikanische als die britische Massenkultur assimiliert. Das Englische als *lingua franca* der sog. Globalisierung spricht der Westdeutsche mit amerikanischem Akzent, selbst wenn er dadurch US-amerikanischen Provinzialdialektikern unverständlich zu werden droht: Dialekt und Dialektik einer → Provinz, die nur als Universum existieren kann.
→ Babytalk, → die Staaten, → fuck.

modern Als → werbewirtschaftliche Ambivalenzposse hatte es „München wird modern" in den 1980er Jahren zu einiger Prominenz gebracht; zur dauernden geschichtsphilosophischen → Problematik temporaler Ortsangaben: → in der Moderne.

Modernisierungsanstrengungen dürfen von Ländern erwartet werden, welche die → vitalen Bedürfnisse → des Westens zu befriedigen haben. Also strengt euch an, ihr Absatzmärkte und Rohstoffgebiete!

Modernisierungsdefizite → Deutschland.

Modernisierungsrückstand → DDR, → Unwerte.

mögen Im → Schnöselsprech heißt das Perfekt von m., wenn als Vollverb gebraucht, nicht – wie im Hochdeutschen – ‚gemocht', sondern ebenfalls ‚m.'. Vom Berliner Kollwitzplatz im → Prenzlberg ward hierzu folgender Wortwechsel kolportiert: „Magst du noch mit Noah im Sand-Carré spielen?" „Aber Beate, das habe ich doch schon seit Stunden mögen."
→ spätgebärend, → vermögen; → Mosebachdeutsch.

Momentum Im Lateinischen sowohl die Dauer und Kraft einer Bewegung als auch die Bedeutung einer Zeitspanne, im modernen Englisch soviel wie ‚Impuls', ‚Triebkraft'. Der Sinn des Ausdrucks im modernen Westdeutsch ist (wohl auch dessen Anwendern) oftmals unklar; vielleicht entsprang die → zunehmende Prominenz des M.s aus gedankenloser Direktübertragung angloamerikanischer Reportersprache. Ganz gewiß aber → Spreiz-, Hohl- und Wichtigsprech ist ‚M.' in einem Passus wie diesem: „So macht die Auseinandersetzung mit → menschenfeindlichem Gedankengut plötzlich irgendwie Spaß – und vor allem gewinnt man das Momentum zurück. Das ist ein wichtiger Schritt in die richtige Richtung." (Liane Bednarz/Christoph Giesa, *Gefährliche Bürger*, München 2015, S. 202f.)

mon chérie Westdeutscher Übersetzungs-, womöglich Veredelungsversuch am Französischen, › gegenderte Bedeutung vage (ma chérie/mon chéri?). Folgende Interpretationsmöglichkeit bot ein Bielefelder Germanistikprofessor mit zeitweiligem Wohnsitz in Paris (Verlagsmitteilung) und Sehnsucht nach dem gefährlichen Leben an: „Was ist indes mit ‚Mon chérie' oder ‚Asbach Uralt'? Was ist an diesen beiden archetypischen bundesrepublikanischen Reklamen für den weiblichen und männlichen Verzehrgenuß so schön ekelhaft?" Antwort: „Da ist einmal im Falle von ‚Mon chérie' diese aseptisch-süßliche Abstinenz von allem Anflug eines wirklich sensualistischen [offensichtlich gemeint: sensuellen] Aplombs; das konfektionierte kleine Versprechen, das kokett Eingepackte zum Lutschen – auch hier unterschwellig das Inaussichtstellen auskostbarer Gefahrlosigkeit." (Karl Heinz Bohrer, *Provinzialismus. Ein physiognomisches Panorama*, München 2000, S. 66) Ein klarer Fall der „neuen Händlergesinnung" in ihrer „winselnden Harmlosigkeit" (S. 11, S. 14).

möndlich Eine vom tagebuchschreibenden Haus-, Grund- und Bildungsbesitzer Botho Strauß entdeckte Besonderheit uckermärkischer Frauenhintern. Sie erglänzt in engem Sachzusammenhang mit der → Problematik des → Eroskillers.

MOSEBACHDEUTSCH Individualstil, dessen Namensgeber auf sprachlichen Spreizfüßen wandelt. Für die Entstehung des M.EN waren drei fixe Ideen maßgeblich: 1. daß hohe Kunst aus gutem Geschmack entstehe, 2. daß guter Geschmack sich in absonderlichem Sprachgebrauch beweise, 3. daß der → Autor aus → Frankfurt dies alles als → bürgerliches → Eigengut zu → repräsentieren → vermöge.

Zu Unrecht hat eine hämische → Sprachkritik, befeuert von linksbürgerlichem Affektgestürm (→ Emotion), das M. und den darin manifestierten → NEUSCHNÖSELSPRECH als exklusiv → ‚rechte' Phänomene denunziert. Bereits die Aufmerksamkeit, welche die *gesamte* → qualitätsmediale, intellektuell und umgangsformell meist → verwahrloste Mehrheitsgesellschaft (→ Bildungskatastrophe, → Bürgerliche) dem hessischen Stilbekunder widmet, zeugt von dessen nationalcharakteristischem → Stellenwert. Was Mosebach und das von ihm erfundene Deutsch als kulturtypisch westdeutsch ausweist, ist der unbeirrbare Wille, etwas zu scheinen, das man (noch) nicht ist oder (wahrscheinlicher) niemals sein wird. In Mosebachs und der Seinen spezifischen Fällen handelt es sich somit um die landestypischen Kleinbürger, genauer: Kulturkleinbürger, die Großbürger imitieren, freilich solche Großbürger, die ‚kulturell' ihrerseits gesunkenen Hochadel imitierten (Proust!). → Strukturtypische Gebrechen des westdeutschen → Selbstbewußtseins, namentlich seine historische Ortlosigkeit (→ Ort), kommen hierdurch → paradigmatisch zum Vorschein; sie erhoben das M.E zum Mittel → gesamtgesellschaftlicher → Selbstverständigung.

Da der Mosebachdeutsche gern adlig oder geistlich gestikuliert, d. h. in Attitüden und Accessoires den Notabeln Alteuropas nachstrebt, hat man ihn oft als Fachmann der Konservierung mißverstanden, gar als überlebenden Alteuropäer. → In Wahrheit ist das Vorzeigerwesen des M.EN ein genaues Abbild jener Parvenünation, die Deutschlands Westen aus der deutschen Geschichte herauskaufte und ihm so zu den bekannten → Identitätsnöten verhalf. Seinsleere und Habelust: Wie Nordamerikas Stilbeflissenen hängt auch denen Westdeutschlands „das Geschichtliche aus der alten Welt unfrei, als Trödel an" (Jacob Burckhardt), als gierig aufgelesenes und aufdringlich vorgezeigtes *Zeug*; Kleingehacktes zur Stopfung des leeren Seelendarms. Im M.EN fand der historische → Sonderweg Westdeutschlands → gleichsam zu seiner → HEIMATLITERARISCHEN Normalität. In der Inflation des Eigenschaftsworts, in der Substitution von Verben durch Substantive, von Aktion durch Dekoration, von Erklärung durch Aufzählung, kurz: von Sein durch Haben, erweist sich das M. als dialektgewordenes Parvenüsyndrom; ein Ausweis mithin für weit mehr als den Höhenehrgeiz seines Urhebers. Im M.EN verbalisieren sich Scheingröße und Luxuselend einer Nation von Neureichen, für die Stil nicht erarbeitete Form, sondern angelegtes Kleid ist.

Zu sprachpragmatischen und syntaktischen Eigenheiten des M.EN: → besitzen, → elegantes Deutsch, → Kontinuität der Entfaltung der Traditionen, → schaffen, → Salonkatholizismus.

Mottowoche Pöbeleien der Jugend → aus gutem Hause gegen ihresgleichen, zuweilen auch gegen Mitglieder der → Unterschicht, verbreitet im katholischen Rheinland. Da der westdeutsche Frohsinn (→ Comedy, → gut gelaunt) ebenso wie der westdeutsche Hooligan sich nur in Massen, d. h. kollektiviert und ideologisiert, vor die Haustür traut, finden Randale, Farbeimer- und Wasserbombenschlachten sowie die Zerstörung von Möbeln als auch Immobilien grundsätzlich unter einem sogenannten Motto statt. Im „Krieg der Schulen" (Motto März 2013) zeigten Abiturienten des Kölner Humboldt-Gymnasiums („Kölsch

Kraat Kommando") und anderer Bildungseinrichtungen, wie man die Kraat (Kröten, sprich: Hartzer) durch die Gassen jagt, bis Blut fließt oder zumindest Farbe.

multikulturell Der ungefähr von Mitte der 1990er Jahre bis Anfang des dritten Jahrtausends in → Qualitätsmedien hochbeliebte Ausdruck figurierte zumeist als Adjektiv beim Hauptwort ‚Gesellschaft'. Eine präzise Bedeutung war bis Redaktionsschluß nicht zu ermitteln. Im semantischen Angebot fanden sich: 1. wohlwollende Duldung von einstigen → ‚Gastarbeitern' und nachmaligen Ghettobewohnern durch die westdeutsche Mehrheitsgesellschaft, 2. generöse Indifferenz gegenüber der ohnehin wesensvagen eigenen → Kultur, 3. explizit heterogene → Leitkultur, letzteres auch als Angst- und Feindbild in → Haßkommentaren aus der → Mitte der Gesellschaft. In den → MEDIALDEMOKRATISCHEN Dialekten ist seit der → Flüchtlingskrise nur mehr verschämt oder trotzig von einer ‚m.en Gesellschaft' die Rede. Dagegen war dem Ausdruck eine bescheidene Karriere im → DÜNKELDEUTSCHEN beschieden. Er bedeutet hier soviel wie ‚weltläufig' (→ Weltoffenheit), ein Attribut, das sich traditionell sogenannte → (Alt)Achtundsechziger und andere schwarz, rot oder grün wählende Ex-Maoisten auf dem Wege in die → westliche → Wertegemeinschaft zuschreiben. Das könne erklären, meint ein Medialdemokrat aus dem multikulturellen oder zumindest multikulturalistischen Münster/Westfalen, „warum die 68er Bewegung im Osten neuerdings wieder [?] als Feindbild ausgerufen wird. Ihre liberale Vorstellung von Gesellschaft ist in die Tiefen-Schichten des westdeutschen Common-Sense eingesickert und wird vom Osten nun abgestoßen. Dies gilt vor allem für das Verhältnis zu Minderheiten, Migranten in erster Linie. Hinter deren Abwehr versteckt sich die Abwehr multikultureller Westdeutscher." (Markus Decker, „Zwei Länder in einem. Warum Ost und West sich weiterhin so fern sind und so fremd bleiben", in: *Berliner Zeitung* vom 1./15./3. [sic!] Oktober 2016, S. 3) „Wir Liberalen", ergänzte ein Landsmann Deckers in einem daraufhin sogleich abgedruckten → LESERBRIEF, schauen „entgeistert auf das Phänomen der Radikalisierung unter Migranten einerseits, Ostdeutschen andererseits" (Joachim Mädler, „Von der Gnade der westlichen Geburt", in: *Berliner Zeitung* vom 8./9. Oktober 2016, S. 17).
→ flüchtlingsfeindlich, → frauenfeindlich, → fremdenfeindlich.

mündig Ein auf den → Themenfeldern der moralischen → Selbstverständigung wie des publizistischen → BEKENNERSPRECHS prominenter Ausdruck, dessen → Begrifflichkeit (‚mündiger Mensch', ‚mündiger Bürger', ‚mündiger Verbraucher') ganz und gar der Dialektik der → Aufklärung unterliegt, die zunächst entmündigen muß, was hernach für mündig erklärt werden soll.
→ christusorientiert, → MEDIALDEMOKRATISCH.

N

n/ne Milieuübergreifender → Jovialsprech; als vertrauenerweckende Pronomenverstümmelung beliebt bei didaktisch einfühlsamen → Heimatliteraten, → Qualitätsmedienschaffenden und Erzähltheoretikerinnen.
Erstaunliches und Erhellendes teilt etwa Juli Zeh aus Erfahrungen mit der Literaturproduktion mit, deren Theorie ihr an einem Literaturinstitut vermittelt worden war: „→ Weil, das Erzählen an sich, glaub ich, und das hab ich, glaub ich, in Teilen auch versucht zu erklären, ich weiß nicht so richtig, ob's drinsteht, aber das ist auf jeden Fall etwas, an das ich sehr stark glaube: Das Erzählen an sich schafft → Zusammenhänge und folgt bestimmten → Strukturen, und wenn man darauf vertraut und einfach den Fäden folgt, die man selber in irgendeiner Form, also man braucht, glaub ich, man muß sensibel sein für das, was man da tut, aber ohne zu wissen, was als nächstes folgt. Also man kann an diesen Fäden ziehen und sie laufen nicht auseinander. Sondern sie laufen irgendwie wieder zusammen. → Weil, Dramaturgie verlangt nach sich selbst. Das ist nicht etwas, was man im Text aufpfropfen muß. Sondern das ist dem Wesen des menschlichen Erzählens zu eigen. Jeder, der ne Anekdote erzählt, wie er gestern in ne Schlägerei geraten ist, verwendet automatisch ne dramaturgische Struktur, selbst wenn er nie mit Schreiben oder Erzählen zu tun gehabt hat. Ich mach es, seit ich mit *Schilf* so gescheitert bin, was die Planung betraf, eigentlich jetzt immer und für immer nur noch so, daß ich → ähm mir sehr lange die Leine loslasse und in dem Moment, wo mir mulmig wird, und das ist meist so nach n paar hundert Seiten, mach ich n Break, lese noch mal grob, ohne ins Detail zu gehen, was passiert ist, und notiere dann, was schon da ist. Und aus dem ergibt sich fast immer → relativ sicher, worauf es sich dann auch rauslaufen wird. Und dann folgen dann noch die letzten Seiten und dann wird das Ganze eingedampft, weil es dann gekürzt werden muß, und dann erstaunt es mich selber, daß es hinterher gut konstruiert wirkt, weil dieser Aufwand der Konstruktion nicht so hoch war, wie er anscheinend hinterher – also, das ist jetzt → wirklich tatsächlich ne ehrliche Beschreibung des Arbeitszustands …" Hubert Winkels: „Ja." („Aus dem Literarischen Colloquium Berlin", Deutschlandfunk, 26. März 2016)
→ annerven, → Anthropozän, → Erzählung, → Jovialsprech.

Na? Soll als Begrüßungseinsilber im sprachlichen Prekariat inzwischen dem → ‚Hallo' ernsthaft Konkurrenz machen: In der Semesterbeilage der *Berliner Zeitung* vom Frühjahr 2012 berichtet eine indische Studentin von ihren Konversationsschwierigkeiten. Das Goethe-Institut in der Heimat hatte sie gelehrt, daß man sich in Deutschland mit dem zweisilbigen Telefonwort begrüße. Um so größer war die Überraschung der studentischen Hallo-Sagerin, als die deutschen → Studierenden als Erwiderung nur ein beiläufiges ‚Na?' fahren ließen.

(in der) Nachbarschaft (Zeichen setzen) Eine der vielen → Anbiedereien beim Englischen, worin sich → Jovialsprech mit akademischem Hochton mischen kann. Der Sport-, Rechts-, Sozial-, Moral- und Biophilosoph Volker Gerhardt (→ mit dem Leben produktiv umgehen, → mindestens, → spätestens) antwortete auf die Frage, was aus der NS-Diktaturerfahrung über moralische → Kompetenz zu lernen sei: „Eine andere wichtige Konsequenz ist, daß man sich an Einzelschicksalen vor Augen führt, daß man auch unter solchen Bedingungen offenbar noch handeln konnte, daß es auch in ausweisloser Lage Menschen wie die Geschwister Scholl gegeben hat, und daß auch in der Nachbarschaft Zeichen gesetzt werden konnten, und insofern Handlungen auch unter solchen ausweglos erscheinenden Bedingungen möglich sind. Das hat eine wichtige Konsequenz, die besonders die Ethik zu ziehen hat, nämlich die Frage: wie kann sie den wichtigen Begriff der Zivilcourage entsprechend exponieren und rechtfertigen." ("Philosophie nach Auschwitz", *Deutschlandradio Kultur*, 25. Oktober 2005) Auf daß eine exponierte und gerechtfertigte Nachbarschaft allen Anfängen wehre.

nachbürgerliche Entwicklung erotischer Verfänglichkeit Von Botho Strauß entwickelte Formel für westelbisches Verfangensein in der Unfähigkeit, eine erotische von einer anerotischen Situation zu unterscheiden; Näheres zum Detail: → Eroskiller, zum Kontext: → verdruckst und verklemmt.

nachhaltig Unwort der möchtegernökologischen Ära, zu dem eigentlich alles gesagt ist. Daher nur noch ein Nachwort, gesprochen vom Betriebswirt Dieter Dohmen: Er „prüft als Unternehmensberater, unter welchen Bedingungen der Arbeitgeber Bundeswehr für Jugendliche attraktiv sein könnte". Ergebnis: „Der Auslandseinsatz ist nicht kalkulierbar, das heißt tägliches Risiko, daß man in kämpferische Auseinandersetzungen verwickelt wird, das ist das tägliche Risiko, daß etwas Unvorhergesehenes passiert und man nachhaltig verletzt oder → im Zweifelsfall getötet wird." („Bundeswehr? Gefällt mir nicht!", *Deutschlandfunk*, „DLF-Magazin", 18. Oktober 2012)
→ lebensgefährliche tödliche Dienstleistungen, → Ossifizierung (der Bundeswehr).

nachhaltig enttäuscht → Abkapselung.

(furchterregende) Nachhaltigkeit → Nationenbildung.

nachholende Modernisierung → HABERMASDEUTSCH; von Kultur- und Politprovinzbewohnern begierig aufgenommene Formel für die jüngste osteuropäische Geschichte; Artikulationsmittel im → asymmetrischen → Diskurs.

Nachkriegsdeutsche → die Deutschen, → unverkrampft.

Nachkriegsdeutschland Ähnlich wie ‚Deutschland' ein in → Qualitätsmedien und → Aufarbeitungswissenschaft gängiges Synonym für Westzone und → ‚Bundesrepublik Adenauer'; paradigmatisch hierfür eine Buchbesprechung im sog. → *Deutschlandfunk*: „Den leitenden Herren von der IG Farben waren in Nachkriegsdeutschland großartige Karrieren vergönnt. Nie hat jemand zu ihnen gesagt: Dieser Nazi könnte auch etwas rascher arbeiten." (zu: Manfred Flügge, *Stadt ohne Seele: Wien 1938*, „Andruck", 12. März 2018)

Nachrichtenmagazine sollen oder wollen *DER SPIEGEL, Stern, Focus* & Co. sein. Besagte Organe dürften inzwischen Jubiläen des Obskurantismus gefeiert haben: Welche Nachricht überlebte jemals ihre Magazinierung?

NACHTRETEN Obwohl dieses Ausdrucksmittel deutliche Parallelen in der Körperwelt hat – man darf an die gesteigerte Tretlust gegenüber bodenfälligen → Opfern auf → Problemschulhöfen erinnern –, begegnet das N. noch häufiger in Westelbiens → Kommunikationskultur. Das Treten des Getretenen, das Besiegen des Besiegen, das Hauen in die tiefe Kerbe, kurz: das → Nachverfolgen des bereits zu Tode Gehetzten verraten die nämliche Sozialprägung. Zweifellos hängt die Ubiquität des N.s mit dem Fehlen einer → Kultur der Selbstachtung, -reflexion, -ironie und vor allem -kritik zusammen, wie es die westdeutsche unter allen Gesellschaften → des Westens am → eindrücklichsten zeigt. Dem Leugnen eigenen Fehltritts bis zuletzt entspricht das schamfreie Treten auf den Gestürzten, Blamierten, → Entlarvten: Man darf um so tüchtiger zutreten, als auch beim Nächsten auf Konsistenz dank Leblosigkeit zu vertrauen ist. Das gilt im Großenganzen der medienöffentlichen Gesellschaft ebenso wie im alltäglichen Detail des Umgangs. Wer etwa nach einer versehentlichen Berührung seines Nebenmanns im Straßen-, U-Bahn- oder Marktgedränge eine Verzeihungsbitte flüstert, der darf – anders als in London, Brüssel, New York, Moskau oder Toronto – nicht etwa ebenso flüsterleiser Vergebung, sondern gebrüllten → Opferdiskurses gewärtig sein. Eine Beobachtung, die nach dem Massenzuzug autochthoner Westelbier in ostdeutsche Großstädte täglich verifiziert werden kann; Näheres: → Party, → Touris.

nachverfolgen Das Verbum ist ein Sinn- wie Blödsinnsverwandter von → ‚aufoktroyieren', → ‚mitkonkurrieren', → ‚vordemonstrieren', gehört aber hinsichtlich seines Verwendungskontextes in die Nähe von → ‚nachvollziehen': Eine Spur, die dem Spurenleser längst bekannt ist, wird den trägen Augen des Publikums mit dicker Kreide → deutlich gemacht – und das Publikum weiß endlich, was es immer schon geahnt hat. Nicht zufällig ist das Nachverfolgen wie das Nachvollziehen höchst beliebt in der → aufklärerischen Literaturwissenschaft und hier wiederum in der moralischen Königsdisziplin der → Entlarvung, der → Antisemitenverfolgung. → Paradigmatisch etwa Matthias N. Lorenz' Zugriff auf „Walsers öffentlichem Umgang mit jüdischen Zeitgenossen, soweit er sich hier nachverfolgen ließ", selbstverständlich allein im „Interesse dieser Arbeit, anhand von nachvollziehbarer Textarbeit zu argumentieren" (*„Auschwitz drängt uns auf einen Fleck". Judendarstellung und Auschwitzdiskurs bei Martin Walser*. Mit einem Vorwort von Wolfgang Benz, Stuttgart-Weimar 2005, S. 255, S. 489). Lorenz zitiert mehr als 150 Pressebeiträge allein zu Walsers *Tod eines Kritikers*; auch Kollegen- und Konkurrentenkolportiertes zu Walsers privaten Verhältnissen (Alkohol, Frauen) wird nicht verschmäht. Der Nachverfolger erweist sich hier → einmal mehr als der Nachfolger in einer Verfolgung, mithin als jemand, der die Spur des Verfolgungswürdigen nicht direkt, sondern von Vorgängern in der Verfolgung aufnimmt; eine Spur, die ihn desto sicherer zum Ziel führt. Ähnlich im Rudel jagen die Benutzer und Benutzerinnen der Vokabeln → ‚unbewußt/unwillkürlich', überhaupt die Entdecker und Entdeckerinnen unbewußter → Strukturen, sofern diese noch nicht gänzlich → verkrustet sind.
→ Denunziantendeutsch, → Wächtersprech.

nachvollziehbar ist selten spontan, was als n. paraphrasiert wird.
→ genervt, → Nachvollzug.

Nachvollzug, nachvollziehen Im Hochdeutschen die Nachahmung von (praktischen) Tätigkeiten, im Westdeutschen das Nachdenken über Vorgedachtes, meist in Verneinungssätzen („Das kann ich nicht nachvollziehen."). Der historische Bezug zum Nachrichter (Scharfrichter) ist im Westdeutschen verschwunden.

Nagelprobe Durch → Streßtest inzwischen zurückgedrängtes Spreizwort aus → der Politik und dem Politikkommentierungssprech, das ohnehin meist sinnentstellend verwendet wurde.
→ Augenmaß.

Nagelstudio Was sich Holzköpfe beiderlei Geschlechts hier eintreiben lassen können, liegt auf der Hand.

nahe (des) Satzfunktional ebenbürtig dem → mosebachdeutschen → ‚nahe (von)', zeugt diese → qualitätsmedial häufigere Variante von einem auch grammatikalisch erweiterten Raumgefühl (→ Weltoffenheit). Jüngere Beispiele aus der → Qualitätspresse: „Schließlich fand ja auch die Erstausgabe nicht in Woodstock im Staate New York statt, sondern nahe des rund 70 Kilometer entfernten Örtchens Bethel." (Harry Nutt, „An Ort und Stelle", in: *Berliner Zeitung* vom 3. Mai 2019, S. 21) und aus dem → Qualitätsradio: „Jekaterinenburg nahe des Uralgebirges" („Aus Religion und Gesellschaft", *Deutschlandfunk*, 17. Mai 2019) Die inzwischen verbreitete Genitivschwäche (→ DATIVSCHWÄCHE) ist ein Sonderfall der qualitätsmedial fest etablierten → GENITIV-DATIV-MESALLIANCE.

nahe (von) Im → MOSEBACHDEUTSCHEN und verwandten → SPREIZSPRACHdialekten verlangt diese Präposition oft eine weitere; von Germanisten gern zitierter Musterfall aus Mosebachs Roman *Ruppertshain* (München ³2007, S. 7): „nahe von Frankfurt". → AKKUSATIV-NOMINATIV-INVERSION, → elegantes Deutsch; → besitzen, → Eigengut, → vermögen.

nähren Im → Qualitätsradio zuweilen vernehmbares Verwerter- und Verbraucherdeutsch für ‚nähern': „Der Umsatz von … betrug nicht annährend soviel wie …"

Name/n (von der Redaktion) geändert „Hier sprechen → Arbeitnehmer, die etwas zu sagen haben."

Narration Lexische Halbschwester von → ‚Narrativ' und → ‚Fiktion', performativer Zwitter aus poetischer und poetologischer Pose; in → SPREIZSPRACHLICHEN → Essays → dekonstruktivistischer Provenienz → zunehmend beliebt. N. gehört → diskursiven → Zusammenhängen an, in denen sich sprachlicher Obskurantismus und aufklärerischer Anspruch aufs glücklichste verbinden; die Melange aus akademischer Gehobenheit und jovialer Gesinnungskumpelei ist längst milieu→übergreifend. Man begegnet ihr heute bei → Autorinnen wie Lewitscharoff und Zeh, bei → Publizistinnen wie Vinken und Bednarz oder hier: „Die → postfaktische Gesellschaft soll es also sein, in der wir jetzt gelandet sind. Das will man glauben oder eben nicht: Es ist in diesen Tagen jedenfalls besser, keine Reden zu halten, sondern um sie herumzukommen, in dem [sic!] man sich Geschichten erzählt. → Ja, die gute alte Fiktion [Prädikat fehlt], die für mich gar keine gute alte Fiktion ist, weil sie mir immer verdächtig war, weil sie ein [sic!] zu leicht verfügbarer [sic!] Möglichkeitsraum in einer unmöglich gewordenen Gesellschaft → darstellt. Und außerdem selbst umgeben ist von 1000 politischen, wirtschaftlichen, unternehmerischen Fiktionen, die strategisch von PR-Beauftragten und Politikberatern entworfen werden, um politische, wirtschaftliche, unternehmerische Durchschlagskraft zu erzeugen. Wie es heißt, um Bewegung in die Sache zu kriegen, um über eine spektakuläre Schlagzeile dem öffentlichen Urteil eine andere Richtung zu verpassen. → Wir werden darin jedenfalls → permanent eingeübt, diese Fiktionen für bare Münze zu nehmen, auch wenn wir gleichzeitig den Erzählvorgang spüren, die → Intentionalität, die in der Narration liegt, allzu klar erkennen. Insofern ist es mit dem Geschichtenerzählen doch nicht so einfach, zumindest, es rauszukriegen aus dem, was man öffentliche Narration nennt. … Aber diese Trennschärfe hilft uns nicht weiter, denn es ist ein regelrechter Verkehr zwischen dem Realen und dem Fiktiven in Gang gekommen. Und natürlich geht es bei den Realfiktionen und sich selbst realisierenden Fiktionen immer um Realitätsmacht. … Aber es ist eben nicht die Postmoderne, in der wir uns bewegen, zu gezielt und interessengeleitet erscheinen diese neuen Fiktionen, ihre Dramaturgie erreicht höchstens Twitterlänge und bezieht sich nur ungefähr auf die dahinterliegenden Erzählungen, nur noch zu ahnen, zu brutal ihr Takt, das Kalkül des Bullshittings läuft auf eine zu hohe Frequenz hinaus – eine Politik des Überrumpelns, die zu dem Gefühl paßt, permanent von der Wirklichkeit überholt zu werden. … Die → Konstruktion politischer

Narrative hält sich immer noch streng an Shakespeare oder an Macchiavelli, allerdings in geschredderter [sic!], verkürzter Form. ... Es sind Narrative, die notgedrungen wenig mit den Fiktionen von Ingeborg Bachmann zu tun haben. Geschichten, die → sozusagen noch → unterwegs sind und nicht → immer schon → angekommen ... Sind wir wirklich dabei, das Subjekt zu verabschieden, das noch Gewissenskonflikte mit sich herum trägt und Dinge in sich → aushandelt? Nicht auszudenken, in welchen Rahmen wir da geraten würden. Diese innere Aushandlung ist doch der letzte → aufklärerische Rückzugpunkt, unabdingbar für einen gesellschaftlichen Frieden. ... Vielleicht war es auch damals schon nicht mehr so ganz eingängig, jedenfalls erschien es mir in den letzten 15 Jahren nicht plausibel, weil ich frei nach Richard Sennett, Niklas Luhmann und Konsorten schon aus soziologischer Sicht über [sic!] ausdifferenzierende [sic!] Verantwortungsbereiche, Verantwortungsdelegationen und dergleichen die Unmöglichkeit der direkten Austragung eines Konflikts gesehen habe. ... Es ist eben keine Zwischengeschichte, sondern steckt im gesellschaftlich → Narrativen fest. Wie könnte also eine Zwischengeschichte ... aussehen, frage ich mich? Vermutlich bedarf es etwas Fragilerem [sic!]. Handlung im Zeitalter der Angst kann → schon mal nur eine Bewegung durch räumliche Konstellationen sein, die → zerbrechlich sind. Durch ein → permanentes Außen, das das panisch aufrechterhaltene Innen konterkariert und bedroht. In meinem Schreiben waren dafür beispielsweise der Konjunktiv und Stellvertreterfiguren hilfreich, verschobene → Zeitlichkeiten und → Referenzen auf abwesende Figuren. ... Der Schauplatz der Literatur ... ist heute weniger durch ein Bürohaus mit Zwischengeschoßen [sic!] darstellbar, sondern vielleicht mehr durch einen abstürzenden Heißluftballon, der die Welt gar nicht mehr draußen zu halten mag [sic!], oder einen durchgedrehten Müllschlucker."
Dieser Reigen von Begriffskadavern und Syntaxkrüppeln entstieg nicht etwa der frivolen Phantasie des Herausgebers, sondern Kathrin Rögglas Eröffnungsbeitrag zum → Kölner Kongreß „Erzählen in den Medien". Der schirmherrscherliche Kölner Heimatsender → *Deutschlandfunk* hatte den Text vorab als Manuskript veröffentlicht („Zwischengeschichten. Im Zeitalter von Populismus, Postfaktischem und Politikberatung", 5. März 2017). Er beweist → einmal mehr, daß das Westdeutsche längst nationale Grenzen überschritten hat, mithin eher Sprachgesinnung denn Muttersprache ist: Die österreichische → Essayistin, Hörspiel- und Theaterautorin ist seit 2012 Mitglied einer westdeutschen Akademie für Sprache und Dichtung und seit 2015 stellvertretende Chefin der Berliner Akademie der Künste.
→ Nominativ-Akkusativ-Inversion, → Medialdemokratisches, → Wächtersprech; → vermögen.

Narrativ Aus dem → Dekonstruktivistischen ins Zeitungswestdeutsch übergegangener → Spreiz-, → Bläh- und → Wichtigsprech für → ‚Erzählung', inzwischen aber auch für → ‚Überzeugung', → ‚Meinung'. Während letztgenannte Bedeutung ohne erläuterndes Adjektiv, zumindest aber ohne erläuternden Genitiv auskommt („→ Die Politik braucht ein neues Narrativ!"), ist beides in ersterer Bedeutung → unverzichtbar. Aus einem → Qualitätsmedium: „Nicht erst seit dem Brexit oder den Wahlerfolgen der Rechtspopulisten hat man gegen Schriftsteller und Intellektuelle den Vorwurf erhoben, sie hätten versäumt, ein europäisches Narrativ zu → stiften. Weil die große europäische Erzählung fehle, drohe Europa auseinanderzubrechen. Es liegt auf der Hand, woran diese Forderung ihr Maß nimmt: an den nationalen Erzählungen des 19. Jahrhunderts." Bis ins späte 20. Jahrhundert hätten die Völker sich was erzählen lassen: „Die letzte nationale Erzählung entstand in der Serbischen Akademie für Wissenschaften und Künste, jenes berühmte SANU-Memorandum von 1986, das den Bürgerkrieg in Jugoslawien geistig vorbereitete." (Jan Koneffke, „Melancholische Abenteuer. Karl-Markus Gauß' Reise durch ein vergessenes und noch zu entdeckendes Europa", in: *Berliner Zeitung* vom 20. April 2017, S. 21)

Zur → diskursiven Verwandtschaft: → anspruchsmäßig, → dekonstruieren, → der große alte Mann, → Geschichte(n) → erzählen, → Trauerkultur, → Überschriften von Erzählungen; zum politischen Kontext: → GRÜNSPRECH.

Nation Im → Diskurs → der Politik und → der Medien Westdeutschlands ungeachtet ausgeprägten → Wir-Gefühls zumeist vermiedener Ausdruck; ein begriffliches Vexierbild oder semantisches Negativ des → MEHRHEITSDEUTSCHEN Universal→provinzialismus.
Auch wenn man nicht wie einst Wolfgang Harich vom ‚nationalen Verrat' der West- an den Ostdeutschen durch die einheitsscheue → Bundesrepublik Adenauer sprechen möchte, bleibt die N. unleugbar der steinerne Gast, spukt der N.sbegriff als böser Geist in der westdeutschen → Performanz purer Westlichkeit. Gerade der übereifrige → BEKENNERSPRECH glücklich erreichter Transteutonität belegt dies. So pflegen vor allem → Qualitätsjournalisten mit → landschaftlichem und kleinstädtischem → Hintergrund auf ihr übernationales Gemütsniveau hinzuweisen. Hierfür benutzen sie in einschlägigen Heimatmedien ein nur wenig variiertes Agglomerat von Selbstattributionen: ‚die liberalen und polyglotten Westdeutschen', ‚weltoffene Westdeutsche', ‚multikulturelle Westdeutsche', ‚aufgeklärt-liberale Westdeutsche', ‚freiheitlich gesonnene [sic!] Westdeutsche', ‚liberale, individualistische Westdeutsche' (im Querschnitt der Jahrgänge: Markus Decker, Harry Nutt, Holger Schmale u. a. → Autoren von → Frankfurter → Qualitätsmedien). In solchen Adjektivreihen drückt sich die gewiß ehrliche, d. h. historisch arg- und ahnungslose Überzeugung aus, nunmehr endgültig auf dem → Sonderweg nationaler Charakterfreiheit → unterwegs zu sein.
Das national Charakteristische besagter N.szugehörigkeits- und N.sbegriffverweigerung liegt im → vermeintlichen Sprung aus Landschaftsenge in Weltenweite. Der Übergang vom Provinzialen zum Globalen ist nicht nationalgeschichtlich erarbeitet. Termini wie → ‚Weltoffenheit' und ‚Weltläufigkeit' erlangten im Westdeutschen dadurch einen vom hochdeutschen Standard, aber auch vom abendländisch tradierten Wortgebrauch stark abweichenden Sinn. Dort bezeichnen sie Resultate einer Relativierung des Nationalen durch Begegnung mit einer anderen Nationalität, mithin Selbstbewußtwerdung durch Welterfahrung. Hingegen versteht der Mehrheitsdeutsche unter Weltoffenheit zumeist eine Offenheit für jene Weltmacht, die es ihm ermöglicht, weiterhin als geistig-kulturelle → Provinz zu existieren. Der aufrichtige Glaube junger Westelbier, sie seien durch Studienjahre in → den Staaten oder in den global verteilten Filialen medialer, administrativer, distributiver oder anderweitiger Binnenkultur über das Nationale hinausgelangt, illustriert diese nationaltypische Verbindung provinziellen und planetarischen Empfindens überaus → eindrücklich. Der westdeutsche Hypernationalismus setzt auf → Anpassung statt auf Auseinandersetzung. Er fordert keine seelische oder soziale Selbstveränderung (-reflexion, -relativierung), sondern lediglich die Einfügung in eine Provinz, welche nur als Weltmacht existieren kann. Die westdeutsche Präferenz für jenen der drei → Alliierten, dessen kultureller Habit die stärksten landschaftlichen Züge und zugleich den schmalsten nationalhistorischen Vergangenheitsbestand aufweist, kann daher kaum überraschen (→ Wie wir Amerikaner wurden). Tatsächlich ist die Synthese des Rustikalen (Treuherzigen, Handgreiflich-Handschüttelnden) mit dem nationalgeschichtlich Plastinierten mühelos nachzubauen. Zudem gedeiht politische, ökonomische und sonstige Ambition aufs Weltweite am besten, wenn sie dank heimatlicher Herkunftsenge kaum durch Skrupel irritiert wird: Man will raus, um jeden Preis. Gewissens-, Geistes-, Geschmackskonflikte von kulturellem Format mit individuell ungewissem Ausgang benötigen die nationale Bühne. Auf der globalen Umlaufbahn hingegen läßt sich das Landschaftlich-Provinzielle (Kleinstädtische, -geistige, -weltliche) reibungsärmer mitführen als das Nationale. Nicht zufällig hat sie sich als ideales Ausdrucksmedium des ‚Mir san mir' und anderer westdeutscher → Kommunikationskulturen bewährt. Wie klein nicht etwa das heimatliche Oberfranken,

Niederbayern, Westfalen, sondern ‚Deutschland' insgesamt aus einer ‚amerikanischen Perspektive' erscheinen würden, beteuern regelmäßig westdeutsche → HEIMATLITERATEN mit überseeischem Aufenthaltsstipendium (H. C. Buch, P. Schneider u. a.).
→ Freiheitsversprechen, → Kreuzberg, → Unterwürfigkeit; → der große Wenderoman.

national befreit (National befreite Zone usw.) Da der Osten Deutschlands nach Fachleutemeinung *(taz, Focus, WELT)* einen durch 40 Jahre Fremdherrschaft bedingten Pluralismusrückstand aufwies, konnte im einschlägigen → Grau-in-Grau auch Braunes nur schwach sprießen; von seiner Integriertheit in die → gesellschaftliche Mitte wie in → der alten Bundesrepublik durfte vollends nicht die Rede sein. Der Rückstand war kurzfristig nicht zu überwinden, weshalb es wohl zu Versuchen eines großen Sprungs nach vorn rechts kommen mußte. In manchen Dörfern gelang er, wenngleich nicht aus eigenen Kräften. An diesen (→ Führungskräften, Geldkräften) fehlte es ja. Die national bewegten Männer, die – in → strukturschwachen Gegenden – national befreite Zonen schufen, lassen dennoch rätseln: Befreit von Nationalen? Befreit durch Nationale?
→ Demokratieberater, → Dunkeldeutschland, → Integration, → Zonenmob.

Nationalbewußtsein Im → MEHRHEITSDEUTSCHEN → Weltoffenheitsidiom oftmals als Synonym von → ‚D-Mark-Nationalismus' sowie als semantische Synthese aus → ‚Nationalgefühl' und → ‚Selbstbewußtsein' gebraucht; prototypisch hierfür die Ausführungen eines westdeutschen Heimatautors gegenüber einem westdeutschen Heimatsender: „Ich glaube, wir tun uns mit so etwas wie Nationalbewußtsein unheimlich schwer, aus gutem Grund. Aus einem normalen Nationalbewußtsein ist zur Zeit des Nationalsozialismus eine → menschenverachtende → Ideologie geworden. ... Aus diesem Grund heraus ist es nur gesund, daß wir uns mit der Wiederentdeckung eines Nationalbewußtseins schwer tun." (Peter Prange, → „Denk ich an Deutschland", → *Deutschlandfunk*, 6. Mai 2018) Dieser → Verortung eines normalen Nationalbewußtseins in der deutschen Geschichte vor 1933 widerspricht der Verfasser eines DM-Romans (→ Unsere wunderbaren Jahre) freilich schon Sekunden später: „Ich würde sagen, daß wir Deutschen uns da sehr toll entwickelt haben, wenn wir überlegen, wie wir noch so vor 100 Jahren gewesen sind und was für ein doch weltoffenes Volk wir geworden sind auch jetzt in der → Flüchtlingskrise ... Deutschland ist vorangegangen, das war mit Abstand das offenste Land und das gastfreundigste Land."
→ die Deutschen, → Deutschland, → unnationalistisch, → Wir im Westen; → Widersprüche unserer Zeit.

Nationale nennen sich in jeder Sprache gern auch jene, die sie nicht gut sprechen.

Nationalgefühl → Nationalbewußtsein, → Unsere wunderbaren Jahre.

Nationalliteratur, deutsche Ein Ausdruck, der mitunter von deutschen Heimatschriftstellern benutzt wird, hierbei jedoch nicht als Gegenbegriff zur westdeutschen → HEIMATLITERATUR dient. Der Nationalliterat lebt vornehmlich im „vom → Atheismus verheerten Osten" dort, wo er am dünnsten besiedelt ist, und erfährt von der Außenwelt allein durch Erzeugnisse der Medien- und Meinungswirtschaft (→ Qualitätsmedien). Es entquellen ihm bittersüße Sätze wie: „Dank der Einwanderung der Entwurzelten wird endlich Schluß sein mit der Nation und ... einer Nationalliteratur" (Botho Strauß, „Der letzte Deutsche"). Besagte Prophezeiung fand sich 2015 in einem der Leitmedien der d.n N., dem *SPIEGEL*. Ein Redakteur des → Qualitätsradios forderte einen weiteren Nationalliteraten auf, das Seherwort zu kommentieren: „Sehen auch Sie Nation und Nationalliteratur durch die An-

kunft → der Menschen bedroht?" Die Antwort lautete: „[Mein Freund Botho Strauß] sieht es eigentlich ein bißchen anders, wenn man es genau sieht. Er sieht die Nationalliteratur durch die gegenwärtigen Deutschen bedroht, und zwar schon länger. Er sieht unter seinen deutschen Zeitgenossen eben nur noch wenige, für die diese deutsche Nationalliteratur diese umschriebene, diese sehr hermetische, diese glanzvolle, aber immer nur wenig geöffnete Literatur, die sieht er im gegenwärtigen Deutschland versunken." (Martin Mosebach gegenüber Christopher Heinemann, *Deutschlandfunk* vom 9. Oktober 2015) Wer mit den vorstehend er- oder geöffneten Eigenheiten des → eleganten Deutsch vertraut ist, sah allerdings seit längerem die deutsche N. von zwei Seiten bedroht: einerseits von den ‚Entwurzelten', andererseits von den ‚Wurzellosen' wie eben den zeitgenössischen → Vertretern der deutschen N. Das dürfte auch in seinen grammatikalischen Aspekten dank Mosebachs Straußexegese → einmal mehr → deutlich geworden sein: „→ Ich meine, es ist ein pessimistischer Text und er rechnet vermutlich – das kommt in dem Text nicht vor –, daß Integration, Assimilation auch mit einer weiteren Niveau-Senkung in den Schulen verbunden sein muß, kann gar nicht anders sein, und daß damit die Verbindung zur deutschen literarischen Tradition natürlich dann noch gründlicher abreißen muß. Das ist wahrscheinlich."
→ Mosebachdeutsch, → Hochschreibe, → weiches Deutsch.

Nationenbildung Nachdem das geisteswissenschaftliche Importwort *nation building* einige Zeit mit ‚Nationsbildung' übersetzt worden war, entschieden sich mehrheitsdeutsche Sprach- und Deutungsavantgardisten für den Plural. Ein Feuilletonchef der *Frankfurter Rundschau*, als Stanzsprachler bereits gewürdigt (→ Bildungsmission, → Impulsregion), verbindet → einmal mehr furchtloses Aufklärertum mit verbaler Originalität. „Die Nationenbildung Deutschlands durch Napoleon, eine ex negativo, brachte eine Alles-oder-nichts-Mentalität hervor und belästigte fortan die Welt mit furchterregender → Nachhaltigkeit." (Christian Thomas, „Tödliches Sendungsbewußtsein. Ende März 1813: Der Aufruf zum ‚Heiligen Krieg' gegen Napoleon hatte fatale Folgen für die deutsche Nationenbildung", in: *Berliner Zeitung* vom 30./31. März 2013, S. 27) Der soeben zitierte Aufsatz des Ex-*taz*-Redakteurs ist ein Kompendium weltanschaulicher und begrifflicher Zeitgemäßheit, ein stilistisches Juwel ohnehin. „‚An mein Volk' hatte am 17. März der Aufruf des Königs gelautet und den Notstand ausgerufen." Solch kunstvolle Syntax findet man sonst nur bei Martin Mosebach (→ Salonkatholizismus). „Von der Kanzel aber hinab predigte der Theologe Schleiermacher ..." Nicht hinauf oder herab? „In jenen Tagen wurde nicht der Grundstein zum deutschen Franzosenhaß gelegt, der gründet tiefer", in historischen Abgründen nämlich, denn „schon der Pfälzische Erbfolgekrieg ... verfertigte die Feindschaft". Wie man beim Reden auch Gedanken verfertigen kann, lehrte Kleist, doch der kommt beim Geschichtswart C. T. übel weg: „Zum fanatischen Haß kam ein blinder Heroismus, und was der Fundamentalist törichter Todessehnsucht" (wohl zu unterscheiden von besonnener Todessehnsucht) „Arndt aussprach, dem widersprach nicht einmal ein Heinrich von Kleist, ganz im Gegenteil. Der Dramatiker der ‚Hermannsschlacht' meinte: ‚Schlagt ihn tot! Das Weltgericht / Fragt Euch nach den Gründen nicht!'" Dramatiker dichten eben nicht immer, sondern → meinen oft auch, und nicht selten das Falsche. Schlimmer trieben es die Herren in Schwarz. „Das Lützowsche Freikorps, in dem Körner seine Lieder am Lagerfeuer vortrug, ließ in seinen schwarzen Uniformen mit roten Aufschlägen und goldenen Knöpfen, erregt durch die Legenden vom spanischen Guerillakrieg gegen Napoleon, keine Gelegenheit zu ‚schlechten Versen' aus." Durch Legenden erregte Uniformen drücken eben hie und da auf den normalen Blutfluß, so daß es einen nicht bloß in den Guerilla (span. ‚Kleinkrieg'), sondern gleich in den Guerillakrieg (westdtsch. ‚Kleinkriegkrieg') treibt. „Deutschland stand durch Napoleon an der Schwelle zur Moderne. Dafür haben Deutschlands Dichter und Denker Napoleon verherrlicht – und verdammt, blind für vielerlei, auch dafür, daß er für den Louvre die Museen in Kassel und Braunschweig plünderte, in München, Augsburg, Nürnberg, in Oldenburg oder in Schwerin." Sehenden Auges hätten Deutschlands Dichter und Denker den plündernden Napoleon gewiß nicht verdammt! „Einer wie Ernst Moritz Arndt, ein weiterer fanatischer Antisemit unter den Vaterlandsaktivisten, gewann → Deutungshoheit und formulierte mit seinem Pamphlet ‚Was bedeutet Landwehr und Landsturm' die Theorie eines Guerillakriegs." Es gibt offenbar nicht nur eine Deutungshoheit über den → Stammtischen, sondern auch über den Schlachtfeldern und an ihren Rändern. Allerdings: „Mit Preußen, das Frankreich am 9. Oktober 1806 den Krieg erklärt hatte, machte Napoleon seitdem kurzen Prozeß." Seitdem, in aller Kürze, anhaltend bis zum heutigen Tage. Mit den bekannten Folgen. „Die Maßlosigkeit des Monarchen, seine auch rücksichtslose Brutalität, hat das deutsche Nationalbewußtsein mobilisiert" – hätte Napoleon sich nur auf zartfühlende Brutalität beschränkt! „Napoleon wiegelte zum Widerstand auf, seine Niederlage vor Moskau schien günstig für den Gegenschlag" – glücklich der Leser, der mehr weiß als der Autor und diesen also verstehen kann, wenn der nicht gerade den Blähjargon des Poststrukturalismus spricht: „Gneisenau war als Heeresreformer zugleich hellsichtig genug, um zu wissen, daß das preußische Selbstbild eine → Konstruktion durch → Abgrenzung war." Kurzum: Der Volkskrieg von 1813 war „ein entscheidender Schritt auf dem langen Marsch durch die Institution ‚Feindschaft', auf dem Weg hin zur Urkatastrophe des 20. Jahrhunderts, dem Ersten Weltkrieg". Besser hätten das Mao, Cohn-Bendit und Hans-Ulrich Wehler auch nicht sagen können.

Naturkindereien Mangelhafter Deutschunterricht gehört zu den gängigen Erfahrungen von Ost-West-Übersiedlern, die bereits im Kindes- oder Jugendalter dem bundesdeutschen → Bildungsnotstand ausgesetzt wurden; nicht besser stand und steht es um die naturwissenschaftliche Schulung im → Westen. Vom übersiedlertypischen Bildungsvorsprung in Deutsch wie in Naturwissenschaften und der daher beinahe unvermeidlichen → Diskriminierung unter → bildungsfernerem Bundesvolk wußte Frauke Petry zu berichten („Frauke, ich habe Angst um dich", Gespräch mit Alexander Osang, in: *SPIEGEL online* vom 9. April 2017): Man fällt auf, wo Kenntnisse deutscher Dichtung oder des Prozentrechnens nicht zur Durchschnittsbildung gehören. Die Naturwissenschaftsdefizite freilich haben im Westen Deutschlands ihrerseits sprachbildnerisch gewirkt. Pseudonaturwissenschaftliche oder ähnlich wissenssimulativ verwendete Vokabeln würzen die ansonsten fade Sprachsuppe → der Medien wie → der Politik; als prominente Beispiele seien ‚herauskristallisieren', ‚gesundschrumpfen', ‚sich mausern', ‚Quantensprung' genannt, dazu alles, was mit → ‚Strukturen' zusammenhängt, -geht oder -klebt.

natürlich → JOVIALSPRACHLICHER Lückenfüller des → hochmögenden Stils; im Werk manch nimmermüder Plaudermaultasche inflationär und nur übertroffen durch → ‚gleichsam'.

Nazi(-) hat als Sammelbegriff für jeden/jede, „der/die nicht die Grünen wählt" (Nicole Diekmann, Hauptstadtkorrespondentin des *ZDF*), inzwischen das saloppe, jedoch milieuspezifische ‚Fascho' nahezu verdrängt. Insbesondere im → DENUNZIANTENDEUTSCHEN, im → WÄCHTERSPRECH sowie in weiteren Dialekten des → MEDIALDEMOKRATISCHEN reüssierte ‚N.' zum meistgebrauchten Unwertwort.
Gab es ab dem 8. Mai 1945 in Deutschland faktisch keine N.s mehr, so scheint es heute von N.s zu wimmeln. Es spricht deshalb wenig dafür, den leichtfertigen Umgang mit dem N.-Wort ausschließlich bei der → rechtsrändig sogenannten Regressionslinken zu verorten (Nura Habib Omer: „Wer nicht hüpft, ist ein Nazi!" – eine umhüpfte → Ansage bei einem

Konzert gegen N.s und für mehr → Weltoffenheit in Chemnitz, zit. nach: *WELT online* vom 3. September 2018). Vielmehr zeugt das N.ssehen und -nennen von milieuübergreifend landestypischer Bildungsferne. „Nazis ermordeten Rosa Luxemburg und Karl Liebknecht." (Norbert Carius, *ARD*-Hauptstadtkorrespondent, „Tagesschau", 12. Januar 2014) Vom Einfluß → permanenter Sprach- und Geistesnähe zu Westelbiens → Westlinker zeugt auch dieses Wort von Katrin Göring-Eckardt: „Dresden, das ist vor allem die Frauenkirche, die ist wieder aufgebaut worden, nachdem die Nazis sie zerstört haben." (*ARD*-„Morgenmagazin", 19. Oktober 2015)

Derlei Überzeugungen von N.allmacht scheinen ebenso westelbisches Bildungsgemeingut (→ Eigengut) wie der Glaube, die Westalliierten hätten den N.s den Krieg erklärt, um → die Demokratie in Westdeutschland zu etablieren. Einschlägig diese Aufzählung nazizerbombender Siegermächte der Weltkriege von heute und gestern: Die „angelsächsischen Seemächte, die immer noch selbstbewußten Niederlande, die französische Republik Mitterrands und das dem Westen seit Jahrhunderten tief integrierte Italien. Es sind die gleichen Mächte, die Nazideutschland vor fünfzig Jahren ohne Skrupel in die Niederlage bombten" usw. (Karl Heinz Bohrer, *Provinzialismus*, München 2000, S. 34)

→ faschistisch, → faschistoid, → identitär, → emanzipatorisch.

nazideutsch Im → DENUNZIANTENDEUTSCHEN oft synonym mit → ‚brutaldeutsch'. Das Adjektiv ist u. a. in der → WÄCHTERSPRACHLICHEN → Entlarvung des Castorf-Theaters, mehr noch → Rammsteins längere Zeit beliebt gewesen, speziell bei Journalisten mit → landschaftlich-kleinstädtischem → Hintergrund wie etwa dem Popmusikdeuter Jens Balzer (vgl. ds., „Frigitte Hodenhorst kehrt zurück. Ein neues Buch erinnert an die Cassettenszene der DDR, in der Volksbühne trafen sich Veteranen", in: *Berliner Zeitung* vom 25. September 2006; „Sadomaso-Sex und goldene Gänse", in: *Berliner Zeitung* vom 16./17. Juli 2016, „Magazin", S. 1f.; „Rammstein an der Volksbühne. Der Konkurs", in: *SPIEGEL online* vom 16. März 2017). → Lebensweltlicher → Kontext: Balzers dramaturgische Dienste waren dereinst an Castorfs Volksbühne entbehrlich geworden, die von Balzer präferierten Popmusikgruppen Westelbiens wiederum vermochten bestenfalls westelbische → Mehrzweckhallen zu füllen. Verständlich, daß der Zugewanderte nun die erfolgreicheren → Ostler jahrzehntelang mit erhöhter Aufmerksamkeit bedachte.

Sprachtypisch für engagierte → Qualitätsjournalistik wie die Balzersche sind → aufklärerisch-suggestive Adjektivkoppelung und dadurch ermöglichte Meinungsmitteilungsdichte (‚maskulin-teutonisch', ‚nazideutsch-martialisch', ‚testosterongesättigt-nazideutsch', ‚maskulin-martialisch', ‚martialisch-antiemanzipatorisch', ‚brutaldeutsch-martialisch', ‚antiemanzipatorisch-heteronormativ', ‚teutonisch-brutal', ‚brutaldeutsch-überformt', ‚übergriffig-martialisch', ‚martialisch-testosterondeutsch' u. ä. m.); ursprünglich ein Stilmerkmal des Bohrerdeutschen (→ GROSSER STIL, → MAULHELDISCH). Balzer selbst gelang es, mit der Anzeige des „typisch nazideutsch-martialischen Rollens des R" einen bislang unerkannten Zusammenhang zwischen Björk Guðmundsdóttir, Marcel Reich-Ranicki und Till Lindemann aufzudecken („Der Konkurs", s. o.).

→ Identitäre, identitär, → emanzipatorisch.

Nazismus, Nazistisches entdeckt die → MEHRHEITSDEUTSCHE → Mitte, → Linke oder → Rechte in jeweils angrenzenden → Gesinnungs→nischen, was allerdings nicht in hochdeutsch-wörtlichem, sondern in strikt westdeutsch-metonymischem Sinne zu verstehen ist: Die politischen → Mitbewerber zeigten → faschistoide Tendenzen und damit ihre wirkliche, wenngleich verborgene, jedoch nunmehr per → DENUNZIANTENDEUTSCH → entlarvte Natur. Der so maß- wie hemmungslose Gebrauch des N.-Wortes ist fester Bestand-

teil → MEDIALDEMOKRATISCHEN → WÄCHTERSPRECHS und darin Ausweis einer von realhistorischer → Bewältigung und → Aufarbeitung großdeutscher → Schuldvergangenheit weitgehend freigestellten Nation.
→ anfällig, → rechtspopulistisch, → nachverfolgen, → Rand.

ne? Einverständnis heischendes, oft auch voraussetzendes Nachfragewort, stark verbreitet im → JOVIALSPRECH, dessen Genese aus dem Zusammenfließen von Seminardeutsch und Therapiegruppenidiom hier → eindrücklich zum Ausdruck kommt. Die ursprünglich für den nordwestdeutschen Sprachraum typische Rückversicherungsformel hat sich in weiteren → bildungsfernen Bundesländern rasch ausbreiten können, was Hörproben aus dem → Qualitätsradio bestätigen. Fast jeder zweite Professor für Psychotherapie, Politikanalyse, Medienanalyse, Politpsychologie, Psychokriminalistik und weitere → Entlarvungswissenschaften, der dem Radiovolk, vertreten durch den Radiofrager, → aufklärerischen Bescheid erteilt, würzt seine → Narrative zu diesem und jenem → Kontext mit der ne?-Nachfrage; ein wahrer Schluckauf verbaler Herablassung.

Negativspirale → Aufwärtsspirale.

Nehmerqualitäten → SCHÖNSPRECH für Anforderungen von Erwerbs- und Erniedrigungsbiographien. Wie fast alle westdeutschen Ironieversuche von plattem Zynismus kaum zu unterscheiden. Herkunft: → die Politik, aber auch Sport und → die Wirtschaft.

Neid ertönt im politischen → Pöbeldiskurs und → Positionsnehmen gemeinhin als nationalkonservatives, öfter noch → liberalkonservatives → SCHMÄHWORT für die Begehrlichkeiten des Prekariats. Es dient als Komplementärbegriff zum Vorwurf übermäßig gesteigerter *Gier* inmitten der → guten Gesellschaft. Dieser Vorwurf wiederum wird nationalliberalkonservativerseits einem als linksrotgrün (auch: ‚linksdrehend', ‚linksrotgrünversifft') imaginierten Großmilieu zugeordnet.
Sämtliche politisch-medialen Milieus der Alt-BRD benutzen das Wort ‚N.' in enger semantischer Verwandtschaft mit → ‚Ressentiment', wenn es die Gemütslage in der → Ehemaligen zu bezeichnen gilt. Das → latent schlechte Gewissen aus unverdienter Schicksalsgunst hat ‚N.' mithin zum typischen → Projektionsterminus umgeformt. Eine muffig-mißgünstige Grundstimmung war tatsächlich oft das erste, was ostelbischen oder westrheinischen Gästen an BRD-Sozialisierten auffiel. Die stark ausgeprägte Neigung, die Freuden des Nächsten als moralisch oder juristisch unerlaubt zu denunzieren, sind an Westdeutschen jedoch schon vor der eigentlichen Staatsbildung beobachtet worden (vgl. S. K. Padover, *Lügendetektor*, ³2016). Spektakuläre Beispiele in jüngster Zeit boten die Denunziation zweier kiloweise fündiger Pilzsucher in Baden-Württemberg oder die eines wildschweinschlachtenden Rentners auf einem Westberliner Parkplatz (beides 2018, beides durch wachsame Zeit- und Volksgenossen). Nach unbestätigten Hochrechnungen hält der Frührentner Horst-Werner Nilges, bekanntgeworden als „Knöllchen-Horst", den westelbischen Denunziationsrekord. Der ehemalige Maschinenbautechniker hatte von 2005 bis 2017 nicht weniger als 56 000 Anzeigen, zumeist gegen zahlungsunwillige und mithin Geldvorteile heimsende Autoparker erstattet.

Neiddebatte/Neiddiskussion Aus dem Wörterbuch des Klassenkampfes von oben. Zeugt von der einseitig entschiedenen Diskussion darüber, wer zum Neid berechtigt sei und wer nicht.
→ Ressentiment, → Ressentimentpolitik.

neinfrei Im gesprochenen Westdeutsch um 2015 nachgewiesen als Adjektiv: ‚neinfreie Erziehung'; vgl. aber schon den *SPIEGEL* vom 26. April 2011 über ‚erziehungsfreie Zonen'. Bedeutungsgeschichtliche Vorläufer sind aus → spätgebärenden Kreisen für die späten 1990er Jahre belegt. Die archetypische Szene hierfür: Wenn Diego-Aurel im Biosupermarkt einen Dosenstapel umstößt, weil ihm nicht sofort ein Sesamkeks gereicht ward, wenn der Zwischenfall gar Verletzungen bei → Mitbürgern zeitigte, dann werden der oder die Grauhaarige mitunter auf ihre nichtrepressiven sowie neinfreien Erziehungsprinzipien verweisen. „Soll ich das Kind etwa anbinden?" Als → SCHNÖSELDEUTSCHE Fortbildung gewisser → GRÜNSPRACHlicher wie → antiautoritärer → Ansätze ist die Neinfreiheit wohl das verbal → eindrücklichste Zeugnis einer gewollten (erdachten, erkünstelten) Natürlichkeit. Der spät- wie biobürgerliche Versuch, den Neuen Menschen zu → schaffen, könnte gelingen, wenn solch ein Wesen lebenslänglich ‚ja' zu sich und seinen Wünschen sagen darf.

ne lange Strecke → ein Stück weit, → Sagen wir mal.

Neodeutsche Kunstwort des → ehemaligen bayerisch-bundesdeutschen Verkehrsministers Peter Ramsauer für nicht westdeutsche Dialekte Sprechende.
→ transmissionsmedial, → auf Verschleiß fahren.

neoliberal → Bürgergesellschaftliches, insbesondere linksbürgerliches → KLEMMWORT für ‚kapitalistisch'. Bei der intellektuellen Linken indiziert das Reden von ‚Neu-' oder ‚Neoliberalismus', daß sie in der → Mitte der Gesellschaft angekommen ist, wo man seit je alle Mauern zwischen Klassen und Kontinenten zur → Mauer in den Köpfen ideologisiert, um sie hernach kritisch einreißen zu können.
→ IDEOLOGIEKRITIK, → Kapitalismus, → Westlinke.

NEONARZISSMUS In der bundesdeutschen → HEIMATLITERATUR figurierten Autoren wie Botho Strauß und Martin Mosebach für die Väter- und Onkelgeneration eines Weltverhältnisses, das sich auf eine Polarität ‚Ich hier – die Vielzuvielen dort' reduzierte; in seiner allesverwertenden Ding- und Nennseligkeit unverkennbar die literarische Form des Kulturkonsumismus. In der Söhne- und Patensöhnegeneration geht es kaum anders zu. Auch dort fühlt man sich aller Realgeschichte, Lebenserfahrung, Seelenbildung weit entwachsen in eine „Spätzeit", deren → Werte nur noch via negationis zu formulieren sind: statt „Häusern ohne Lichtschalter", „Armbandtelefonen", „Biozitronen" ersehnt man z. B. „Streit, Ernst, Leidenschaft, Überzeugung, Gefühl, Leben, Sinnlichkeit, Phantasie", kurz, alles, was man haben muß, wenn man es nicht leben kann.
Wir zitierten aus dem Manifest des N., das Simon Strauß unter dem Titel „Ich sehne mich nach Streit. Morgen werde ich sechsundzwanzig. Ich bin einer aus der ‚Generation Merkel'. Und ich sehne mich nach mehr" veröffentlichte (*FAS* vom 14. Oktober 2014). Der Text variiert seinen Titel; er beginnt: „Ich sehne mich nach einer Treppe, die hinaufführt vom belebten Platz, von den Menschen, hin zu einem Raum mit offenen Fenstern. Darin nichts als ein langer Tisch. An ihm sitzen verhinderte Einzelgänger, abseits einer Allgemeinheit, nur in dieser Gruppe zu Hause. ... Nur ihre Jugend verbindet sie."
Oder ihr vorzeitiges Greisentum? ‚Verhindert' jedenfalls ist das Stichwort. Die Sehnsucht nach der Sehnsucht und nach Urformen der Vitalität erweist sich rasch als Voyeurismus am Leben, dessen gern auch kriegsbefeuerte „Intensität" (S. Strauß) man ersehnt. → Indes, die neonarzißische Generation wird, trotz Rotwein, Zigarren und Bürgerbübchenbünden (→ BÜBCHENBELLETRISTIK, → NEUSCHNÖSELSPRECH), im Leben wenig anderes kennenlernen als BRD und nochmals BRD, nicht anders als ihre Väter. Damals wie heute: eine

Horde von Unschuldigen, die sich verzweifelt abstrampeln, ihre Unschuld zu verlieren. Die Jungen bleiben nicht anders als die Alten gefangen in den Dialekten intellektuellen → Gratis-Mutes: im → HALBTROCKENEN, im → MAULHELDISCHEN und in der → Ichzeit.

nerven Selbst schwäbische Akademiker, die als Sprachkritiker auftreten wollen, können von dem reizenden Verb nicht lassen. In Hans-Martin Gaugers *Was wir sagen, wenn wir reden. Glossen zur Sprache* (München-Wien 2004) ist das erste Kapitel überschrieben „Was mich nervt". Nach der Aufzählung all des Nervenden, das ein Dasein in der ihm zugefallenen Sprachgemeinschaft nun einmal mit sich bringt, holt der Sprachkritiker → gleichsam Luft, um das unhandliche Tuwort mit einem anderen zu umwickeln: „Nerven tut mich auch ..." (S. 30) Wer da nicht den Rettungsruf tönen tun hört ...
→ Kulturkritik, → Publikationsliste, → Sprachkritik.

Netzwerk → SCHÖNWORT für ein Institut der Vorteilserschleichung jenseits von Berufung und Talent. Ein N. sollte man zumindest als Parteimitglied, Juniorprofessorin, → Ausnahmekünstler oder künftiger → Verantwortungsträger haben, wenn man → Subjektpositionen anpeilen und nicht ganz schnell in → einfache Verhältnisse geraten will.
Der vielstrapazierte Anglizismus wäre der Aufnahme in dieses Wörterbuch nicht wert, wenn sich in ihm nicht → westliche (sprich: westdeutsche) → Werte (lies: Ängste) penetrant kundgäben. Das ‚Knüpfen von Netzwerken' ist der kategorische Imperativ einer Erfolgsbiographie, die mit anderen Erfolgsbiographien, ergo: anderen Netzwerken konkurrieren muß. Zudem ist mangelndes N.bewußtsein nach Meinung westdeutscher Ostdeutschenbeobachter eines der politisch-kulturellen Charakteristika jener → ehemaligen DDR-Bewohner, die so atomisiert und fragmentiert dahinleben, wie einst von der → kritischen Theorie dem → spätbürgerlichen Individuum nachgesagt. Dadurch wird das übermäßig individualistische Gebaren der → Zonis im Wahlverhalten – keine Konfessionsbindung, kein Parteigeist, keine Milieutreue! – zur potentiell antidemokratischen Störkraft, wie beispielsweise Heinz Bude findet („Vom ostdeutschen Glauben, mehr zu wissen ...", in: *DIE ZEIT online* vom 4. August 2011). Auch zwischen den Wahlen bedroht diese ostdeutsche Unvernetztheit das milieufromme westdeutsche → Wir und kräftigt somit indirekt das westdeutsche → Wir-Gefühl.

Netzwerker Intrigant, Strippenzieher, → Vorteilsritter; vgl. auch → abgreifen, absahnen, → gläserne Decke.

Neubundesbürger Woran erkennt man solche ein Vierteljahrhundert nach dem → Anschluß? Die Antwort weiß Barbara John, gewiß auch dank ihrer Erfahrung als Ausländerbeauftragte: „Es hilft nichts: Im Osten gibt es mehr Rechtsextreme", die sich als „Neubundesbürger schwerer mit Flüchtlingen tun" (*DER TAGESSPIEGEL* vom 30. August 2015). Ein zweites Tätervolk gewissermaßen. Doch nun „Schluss mit der Retroshow. Es geht doch darum, die Zustände zu verbessern. Doch wie? Indem man die Taten nicht bagatellisiert, die Täter nicht entlastet und die begünstigenden Umstände nicht wegräsoniert, mit der Begründung, rechtes Gedankengut gäbe es doch überall." (ebd.) Die Umstände aber haben → die Menschen nicht vorgefunden (Marx), sondern selbst gemacht (John).
Man sollte die Umstände ändern, findet John kaum drei Jahre später: „Wie schon bei der Einreise verliert der Staat auch [bei der Ausreise] mehr und mehr die Kontrolle. Er kann Abschiebungen immer weniger durchsetzen." Schlimmer: In Deutschland gebe „es das volle Eingliederungsprogramm und bei Bedarf lebenslange Unterstützung". Als Gegengabe „hohes Sicherheitsrisiko durch einreisende Gefährder und Kriminelle". Kurz: „Was ... fehlt, ist das offene Bekenntnis der Bundesregierung, die voraussetzungslose Einreise von Asylsuchenden

nicht nur einzuschränken, sondern zu beenden" und so „die Propagandaparolen der AfD ins Leere laufen zu lassen." („Unser Aufnahmesystem ist ungerecht und absurd", Gespräch mit Christine Dankbar, in: *Berliner Zeitung* vom 19./20./21. Mai 2018, S. 10f.)
→ Abkapselung, → flüchtlingsfeindlich, → LESERBRIEFE.

neu definieren Schönsprachlichen Ursprungs, entstanden in den fetten Jahren der BRD, als nur Worte und Werte, nicht Dinge und Menschen bewegt und benannt werden mußten; inzwischen → zunehmend SCHNÖSELDEUTSCH → der politischen Klasse sowie der in *ARD, ZDF, DLF* und anderen mehrheitsdeutschen → Qualitätsmedien tätigen Politikberater. In den meisten Fällen ist der Ausdruck irreführend, denn es wird erstmalig und somit post festum definiert, was die publizistischen Büttel der → Sachzwänge durch die Rhetorik von Vorab-Ermächtigungen verschleiern („Wir müssen Lebensmittelqualität neu definieren ...", „Wir müssen Bedürftigkeit neu definieren ...", „Wir müssen Einwanderung neu definieren ..." usw.).

NEUSCHNÖSELSPRECH Von prominenten Vertretern des → eleganten Deutsch wie etwa Martin Mosebach protegierte Pflanzschule der → BÜBCHENBELLETRISTIK (Malte Oppermann, Robert Eberhardt, Simon Strauß), in welcher die schnöselsprachlichen Verwachsungen kräftig nachwuchern. Emsig gedüngt wird der N. im Wolff Verlag und im anhängenden „Jungen Salon" (beides Berlin-Wilmersdorff). Wie Strauß jun. gegenüber dem → *Deutschlandfunk* versicherte, habe man dort keine Furcht vor „dem hohen Ton und dem gefährlichen Sprechen" („Lesezeit", 6. September 2017).
Tatsächlich findet man in den Rede- und Schriftzeugnissen der Neuschnösel klassische Sprachspreizereien wie die → SALONKATHOLISCHE Adjektivseligkeit, den herrenreiterischen → BLÄHSPRECH, den → MAULHELDISCHEN Ruf nach Ernst, Leben und Erlebnis, weiterhin → DATIVSCHWÄCHE (→ Wider dem Vergessen) und Genitivschlangen (→ Kontinuität der Entfaltung der Traditionen) sowie einen inflationären Gebrauch des Pronomens Ich. Auch bevorzugt man den Fotorealismus (auf mosebachdeutsch: Photorealismus) der Habe und des Seins, sprich: man trägt seelisch-sozialen Dreiteiler. Wir zitieren aus der Selbstpräsentation des „Jungen Salons", Einleitung: „Ein weißer Herren-Handschuh auf der Stuhllehne, die Uhrzeiger stehen auf halb vier morgens – Rauch im Atem, Rotwein in der Kehle, Revolutionen im Kopf, Berlin der 1920er Jahre. ... In jedem Fall: Berlin!" Literarischer Weißgardismus, Katholizismus als Prunkkonfession, Sehnsüchte nach (exklusiv) konservativen Revolutionen und nach Kampf als innerem, nicht invasivem Erlebnis sind die kaum verkennbaren Vorlieben des – mitunter ungedienten – Herrenreiter-Nachwuchses. Mit andeutungsreichen Auslassungspunkten endet die Selbst-Vorstellung: „Nicht Revolutionen und Handschuhe tragen wir mehr in uns und an [!] uns, aber die Sehnsucht, die ist doch geblieben ..."
Die Malaise eines Schreibens, das mehr sein will als → Realismus und das doch im Abschildern → vermeintlich denk- oder nennwürdiger Realien steckenbleibt, hatte sich schon an der Vätergeneration der Bübchenbündischen offenbart (→ elegantes Deutsch, → MOSEBACHDEUTSCH). Wie diese leidet der Nachwuchs an der strukturellen Unmöglichkeit, die Preziosen salongeschützter Innerlichkeit zugleich zu zeigen und zu verbergen: „exklusiv" und „neugierig" zugleich will der Salon sein (Eigendarstellung 2016). Doch wo Erfahrungen vermieden werden sollen, bleibt nur übrig, sich in Posen einzuüben; Kostproben: → Das Neue Leben, → Generation, → Segment.

Nicht- (**Zahler, Wähler, Hörer usw.**) Die Verwirrtheit einer Nation ist unheilbar geworden, wenn sie selbst an die Fabeln glaubt, die sie einst für andere ersonnen hatte. Was das Westdeutschland der Adenauerjahre gegenüber der amerikanischen Besatzungsmacht vollzog, sinnt es seit dem → Anschluß dem → Beitrittsgebiet an: die Ausbildung jenes → falschen Bewußtseins, in dem politische Mittel zu moralischen Selbstzwecken verkehrt sind, zu sog. → Werten. Dies → meint heute wie damals eine vorauseilende → Unterwürfigkeit der politischen Realität gegenüber der propagandistischen Form, etwa der Gesellschaft gegenüber den Parteien.

Der Kultus ums Mehrparteiensystem hatte in → der alten Bundesrepublik sein zumindest historisches Recht gehabt. Dank Austritt aus gesamtdeutscher Geschichte, Schuld und Verantwortung fehlte es dem Land an realpolitischer Erdung; mangels fortbestehender Traditionen z. B. einer Parteiendemokratie mußte diese als Import zum Kulturgut und Selbstzweck verhimmelt werden. Nach 1990 ist aus dem → gelassenen Zynismus der → ‚ironischen Nation' (H. Bude) die so eifrige wie naive Verlogenheit des → Werte→diskurses geworden. Für dessen → Vertreter wie für den gemeinen *homo Germaniae occidentalis* bleibt es undenkbar, sein Leben nicht im Winkel eines → Gesinnungsmilieus, im Windschatten einer → Idee, Ideologie, Theologie, Mythologie usw. zuzubringen, kurz, geleitet von → Werten, die nicht etwa für unbegründbare Vorlieben oder überkommene Abhängigkeiten, sondern für ethische Absoluta stehen. Mangel an → Ich-Stärke drapiert sich hier als wertversichertes → Selbstwußtsein. Daher die sprachliche Eigentümlichkeit, alle Benennungen und Beschreibungen des geistig-moralisch starken, vollen, ganzen Lebens, konkret: des zu Ideologieskepsis wie Selbstrelativierung befähigten Menschen, mit einem Negationspräfix zu versehen. Für Westelbiens Schrumpf- und Halbhumanität ist der Nicht-Konfessionelle, der Nicht-Wähler usw., nun einmal nicht der geschichtlich gründlicher erfahrene, historisch vollständiger gebildete Mensch, sondern das ideale Mängelobjekt einer so einfältigen wie aufdringlichen Politpädagogik (→ Demokratieberater, → Pluralismus). „Gehen Sie wählen …", ermahnt der schwarzrotgrüne Mehrheitsdeutsche die noch unentschlossenen Braunwähler im Osten, „Machen Sie von Ihrem Recht auf Information Gebrauch", tönen die zwangsfinanzierten → Bezahlsender unisono, wodurch sie → einmal mehr daran erinnern, daß Nicht-Wählen (-Mitsingen, -Mitmachen) die einzig mögliche Freiheit ist, wenn Freiheit aufs Wählenkönnen schrumpfte. Noch dreister freilich wirkt das Sprachgebaren jener Postchristen, die nicht der eigenen Postchristlichkeit ins Auge zu schauen wagen und desto fanatischer den geistig freieren Teil der → Bevölkerung fixieren als ‚Nicht-Konfessionelle', ihn gar als Gottlose (→ Atheisten) anpöbeln, wo doch erstmals der Weg zum lebendigen Gott nicht länger durch den Kadaver seines Weltkörpers verstellt ist.

nichtapokalyptischer Krieg Ernstfalldenker Karl Heinz Bohrer verkündete 1991 mit leuchtenden Augen und bebenden Lippen, es sei durch „die Auflösung der West-Ost-Polarität gerade umgekehrt der nichtapokalyptische Krieg denkbar und somit wieder Mittel der Politik geworden" („Provinzialismus (II). Ein Psychogramm", in: *MERKUR* 504, S. 254–262, hier: S. 258). Die Gleichsetzung von Indikativ und Imperativ hatte Bohrer bei seinem Schwarm Ernst Jünger gelernt. Seine entschieden → kaltblütig und → entschlossen und mit entschlossener Kaltblütigkeit gleichwie kaltblütiger Entschiedenheit (KHB über KHB, in Varianten) vorgetragene Entdeckung war dem Bielefelder aus → Köln einen Neuabdruck in seinem *Provinzialismus*-Buch (München 2000) wert. Ein Provinzler des Geistes, der da nicht den Tornister umschnallen wollte! Freilich müßte das seit 1990 vergrößerte Westdeutschland vom wirklichen (sprich: angelsächsischen) Westen erst noch lernen, wie man mit der kaltblütigen Entschlossenheit und der steifen Oberlippe eines → Überfliegenden Krieg führe. Habe doch Deutschland bislang „den Krieg nur atavistisch-existentiell [zu] affirmieren, ihn aber nicht zivilisatorisch zu begründen" vermocht (S. 52).

→ Ernstfall, → Grosser Stil, → Halbtrocken, → Herren der Geschichte, → kaltblütig, → Maulheldisch.

nichtsdestotrotz hat im mündlichen Westdeutsch, das generell zu Wortvermehrung und Silbenverminderung neigt, das altertümliche ‚nichtsdestoweniger' fast völlig verdrängen können, zeugt aber nichtsdestominder von → förderwürdigem Sprachverstand.

nichts weniger als Hochdeutsch: nicht weniger als; in Qualitätspressefeuilleton und Literaturhausliteratur → zunehmend mehr gebräuchliches Synonym.
Das Wort habe beispielhaft Sibylle Lewitscharoff, jene Pegasusberittene, dank der schon so manches Wort zum geflügelten wurde, das – laut Lewitscharoff-Laudatio von Ursula März 2013 – „aus unserer Literatur nicht mehr wegzudenken" ist: „Frau Doktor und Herr Doktor Frankenstein, die weithin geschätzten Reproduktionsmediziner, haben ein [?] sauberes Arztkittelchen an und werkeln nicht mit brodelnden Glaskolben [kann Glas brodeln?] und in einer mit [nicht von?] giftigen Dämpfen erfüllten mittelalterlichen Bogenhalle. Es geht dabei sehr rein und fein und überaus vernünftig zu. Der Vorgang selbst ist darum nichts weniger als abscheulich." (zit. nach: Sabine Vogel, „Abartig, widerlich, abscheulich! Spinnt sie jetzt?", in: *Berliner Zeitung* vom 7. März 2014, S. 23) Gemeint sind Formen der Befruchtung, bei denen es nicht so leidenschaftlich-unbeherrscht wie bei Lewitscharoffs zu Häusle zugeht.
→ Abscheu, → habhaft, → hochmögend.

nicht vorbeikommen Geistesbetrieblicher, zumeist → werbewirtschaftlicher → WICHTIGSPRECH. Ein Beispiel bildkräftiger Einweisung des Aufmerksamkeitsstroms findet sich auf dem Rücktitel von *Letzte Einkehr* (2013): „Das Werk von Imre Kertész ist ein Staudamm, an dem die Nachkriegsliteratur nicht vorbeikommt." (Iris Radisch, *DIE ZEIT*)

nicht wirklich Leicht zu überhören, da nur einer von täglich Hunderten Plappersprachfällen, werden doch an ‚n. w.' schlagartig zwei Struktureigentümlichkeiten des modernen Westdeutsch erkennbar: 1. Bläh- und Füllworte aus → Werbewirtschaft und → Qualitätsmedien sickern in die Alltagssprache → breiter Kreise der westdeutschen Bevölkerung ein. 2. Die Grenze zwischen ‚objektivem', sachbezogenem und ‚subjektivem', gefühlsbekundendem Sprachgebrauch ist porös; eine Beobachtung, die Hochdeutschsprachige tausendfach nach der Entgrenzung Westdeutschlands und dem → Massenzuzug Westdeutscher machen konnten. Auch sprachpragmatisch (‚performativ') gesehen, bietet das ‚private' Sprechen der West- und Mehrheitsdeutschen nur eine quantitativ mindere, nicht qualitativ abweichende Variante des allbeherrschenden → WICHTIGSPRECHS. Die Souveränität des Konsumenten näselt öffentlich wie privat. Wirklich ist und bleibt allein, was sich → darstellen läßt.
→ GROSSER STIL, → Performanz, → Realismus.

Nischengesellschaft, (gesellschaftliche) Nische Synonyme für → Freiräume, die außerhalb des → freiheitlich-demokratischen Daseins- und Bewußtseinsgeheges zu vermuten sind. Der welthistorisch → singuläre Nischen-, Winkel-, Ecken- und Bunkerstatus → der alten Bundesrepublik ist insbesondere durch deren → MAULHELDISCHE Milieus immer wieder einmal problematisiert worden. Das Defizit an → GROSSEM STIL fanden → diese Kreise freilich nur durch gesteigerte → Unterwürfigkeit gegenüber großen Mächten, eben: Welt-Mächten behebbar; man → erinnere die Kriegspublizistik des Bohrer-*MERKURs* und sinnverwandter → Qualitätsjournalistik von *FAZ, WELT, ZEIT*. Die publizistische Lebens- oder zumindest Erlebnislust artikulierte sich hier zumeist als Klage über ein Dasein in der „weltpolitischen Nische" (Gunter Hofmann, 1991; Volker Nies, 2009; Cora Stephan, 2011), leicht zu → entlarven als Selbstisolierung „[i]n der antiamerikanischen Nische" (Sebastian Fischer, *SPIEGEL online* vom 10. April 2014).

Ein → qualitätsmediales → Tabu war und ist hingegen der geistig-moralische Nischencharakter → MEHRHEITSDEUTSCHER → Sozialexistenz überhaupt, d. h. das → alt(bundes)deutsch gewachsene Verlangen, Welt und Zeit in fest umfriedeten und gut wattierten → Meinungs-, → Überzeugungs-, → Gesinnungsmilieus zu entgehen. Beobachtungen jener Winkelsehnsucht – im *TAGESSPIEGEL* vom 13. Mai 2014 unterlief Matthias Schlegel das Wort von den „Kuschel-Wessis" – sind publizistisch selten. Selbst sie vernachlässigen analytisch das zugehörige *Wärmeverlangen* der Winkelbewohner. Letzteres befriedigt sich auf natürliche Weise durch eine Verbindung von Schutz- und Einheits→bedarf. Gerade in seiner (moralischen, konfessionellen, ideologischen) Nische verlangt es den Mehrheitsdeutschen nach seinesgleichen, nach Mehrheit; ein Gedränge und eine Enge, die ihm erhöhte Daseinstemperatur garantieren.

Für die Nischenbedürftigkeit der westdeutschen Mehrheitsgesellschaft am aufschlußreichsten war und ist ihr Pluralismusglaube, der oft sentimental-romantische Züge trägt. Viele → Vertreter → der alten Bundesrepublik sind stolz darauf, daß sie das politische Machtmedium des → Parteienpluralismus als moralischen Selbstzweck zu halluzinieren → vermögen. Dieses Bemühen, an die Inkorporiertheit von Moral, Wissen, Einsicht usw. im Parteipartikular zu glauben, ist selbst innerhalb der westlichen Welt ungewöhnlich. Es läßt sich historisch aus dem Simulations- und Imitationscharakter der westdeutschen → Parteiendemokratie erklären. Eine Teilnation, die nicht nur in der deutschen Einheit nicht → angekommen ist, sondern sich bereits gegenüber → dem Westen insgesamt historisch verspätet fühlte, konnte ihrer Neigung zu politisch-ideologischer → Anbiederei faktisch nur als Musterschüler jener → ‚Herren der Geschichte' (K. H. Bohrer) nachgehen. Aus einem Musterschüler jedoch kann kaum anderes werden als ein Oberlehrer. Der didaktische Ton, mit welchem das Dasein in einer parteipolitisch gegliederten Nischengesellschaft zum soziokulturellen Eigenwert erklärt wird, belehrt über die geistig-moralische Zähigkeit westelbischer Nischenverhaftung. So konnte nach dem → Anschluß aus den sorgsam gegeneinander abgedichteten Nischen der BRD-Gesellschaft vor 1990 die Riesennische der → alt(bundes)deutschen Nostalgie nach eben jener Nischengesellschaft werden. Nationalpsychische Charakteristika des deutschen Westens wie Erfahrungsangst, Verantwortungsscheu und ausgeprägte Sicherheitsbedürftigkeit erwiesen sich dabei auch unter sprachlichem Aspekt als zählebig. Beispielhaft hierfür war der → lebensweltliche → Referenzverlust → historisch gewachsener Nischendialekte. Diese nämlich wurden nach dem → Anschluß nicht etwa als ideologischer Plunder entsorgt, sondern sorgsam gegen alle realweltlichen Zumutungen geschützt und gepflegt. Eine parteipolitisch und -ideologisch → gut sortierte BRD als nationale → Identität entstand über die Milieu- oder Nischengrenzen hinweg wahrscheinlich erst jetzt, → gleichsam → posthum. Der Nischenpartikularismus von einst war zum zugleich rührseligen und aggressiven Nischenuniversalismus geworden, der nach Gegnern der westdeutschen Nischengesellschaft Ausschau hielt und diese meist in einer östlichen Skepsis gegen westliche Parteigläubigkeit fand. Aufgrund ihrer Weigerung, verabsolutierte Einzelperspektiven als selbstlose Übertreibungen im Dienste am Gesellschaftsganzen zu begreifen, steht besagte Skepsis unter mehrheitsdeutschem → Totalitarismusverdacht (→ Pluralismusfeindlichkeit). Die in der parteienpluralistischen N. bis 1990 entwickelten Dialekte der → Entlarvung (→ DENUNZIANTENDEUTSCH) waren ein Analogon der seit 1949 eingeübten Auslagerung von nationaler → Schuld und → Verantwortung. Heute treffen sie nicht mehr parteipolitische und -ideologische Antipoden, sondern → das imaginierte Andere des Parteientotalitarismus überhaupt.

→ Freiraum, → Wärmestübchen, → Wir-Gefühl, → Wie wir Amerikaner wurden.

NOMINATIV-AKKUSATIV-INVERSION Eine in → Qualitätsmedien → zunehmend gängige Praxis der Flexionsvermeidung, wodurch der erste Fall die Stelle des vierten einnimmt.

Die Ursprünge dieser Sprachpraxis sind bislang nicht geklärt. Möglicherweise liegen sie im Untertitelungsdeutsch von *SPIEGEL*, *Stern* und anderen Garanten des Bilderreichtums. Dort hatten sich Journalisten wie Leserschaft schon früh an die Bequemlichkeit gewöhnt, Sätze und Satzteile direkt dem spannungverheißenden Doppelpunkt anzufügen, so daß eine N.-A.-I. auch außerhalb der Bilderläuterungs→zusammenhänge nahelag. Deutsch für Paarhufer? „Bereits heute gibt es für die Güte des Schweinelebens eine verlässliche Maßeinheit: der Preis. ... Sein angeborener Wühlreflex und seine sagenhafte Neugier kann [das Schwein] nirgendwo befriedigen." (Brigitte Fehrle, „Ein gutes Heute für die Schweine", in: *Berliner Zeitung* vom 20. Januar 2017, S. 8)

normales Nationalbewußtsein → Nationalbewußtsein.

Nügida (Singular *und* Plural) Kunstwort für → nationale Naturburschen aus Nürnberg, die sich eines ausgeprägten → Wir-Gefühls erfreuen; zur meinungstopographischen Einordnung: → Fremdenfeind, → Kreuzberg.

NVA → Medialdemokratisches Homonym, nicht zu verwechseln mit der → real existierten Nationalen Volksarmee (1956–1990). Die durch diverse → Qualitätsmedien marschierende NVA nämlich existierte → spätestens schon 1953, als sie einen → Arbeiteraufstand niederwalzte (Friedrich Küppersbusch in der *taz* vom 7. August 2016), und war am 21. August 1968 beim „Einmarsch des Warschauer Paktes inklusive DDR bei den aufmüpfigen Tschechen" dabei (→ *Deutschlandfunk*, Programm 8/2017, S. 53, v. i. S. d. P.: Dr. Eva Sabine Kuntz). Eine → ehemalige SED-Propagandaente, die → posthum keineswegs nur auf der Ultrakurzwelle des beliebten Heimatmediums reitet! Josef Kraus, immerhin Präsident des Deutschen Lehrerverbandes 1987–2017 und Beirat für Innere Führungsfragen beim Bundesverteidigungsminister 1991–2013, läßt sie noch nach 50 Jahren planschen (vgl. ds., *50 Jahre Umerziehung. Die 68er und ihre Hinterlassenschaften*, Lüdinghausen-Berlin 2018, S. 30). Der wenig sportsgeistige Sportlehrer („DDR-Sportler konnten sich unseres Beifalls nicht erfreuen", ebd., S. 175) und spätere Oberstudienrat war in Bayern zur Schule gegangen, wo er inzwischen, wie er ohne falsche Bescheidenheit zitiert, als „Titan der Bildungspolitik" gilt (Klappentext).
→ Arbeiter, → die DDR (II), → zunehmend enttäuscht.

O

ob Im Hochdeutschen hat ‚ob' seinen festen Platz in indirekten Fragesätzen, während ‚daß' Nebensätze einleiten kann. Aufgrund der westdeutschen → Konjunktionsschwäche dient ‚ob' inzwischen häufig als Substitut für ‚daß'; exemplarisch hierfür ein Ex-Präsident des (West)Deutschen Lehrerverbandes: „Ob mit einer Kanzlerin Merkel die Westbindung der Republik oder die Wiedervereinigung Deutschlands möglich gewesen wären, darf bezweifelt werden." (Josef Kraus, *50 Jahre Umerziehung. Die 68er und ihre Hinterlassenschaften*, Lüdinghausen-Berlin 2018, S. 137)

Es darf bezweifelt werden, daß Merkel es tatsächlich an Folgsamkeit gegenüber → ‚den Alliierten', speziell → ‚den Staaten' hat fehlen lassen, wenngleich sie hierzu nicht – wie Kraus – von klein auf Gelegenheit erhielt. Die grammatikalische, im weiteren: sprachlich-stilistische Trennungslinie jedenfalls verläuft noch fast 30 Jahre nach dem → Anschluß zwischen west- und ostdeutschen Bundesländern. Dafür ist das oben zitierte Werk, in dem es von Fehl-, Füll und → Blähsprech wie → ‚austesten', → ‚eine Art von', → ‚spätestens', → ‚sozusagen', → ‚unverzichtbar', → ‚beziehungsweise', → ‚Bandbreite', → ‚Erinnerungskultur', → ‚Hilfestellung', → ‚Schnittmenge', von anglizistischer Anbiederung (‚toppen') sowie von historischen Wissenslücken (→ NVA) und peinlichen Schreibfehlern (‚Theodor Heuß') wimmelt, ein Musterbeispiel. Der Autor ist in Bayern zur Schule gegangen und hat immer wieder den Willen bekundet, der Sprachverwilderung bei seinen Landsleuten entgegenzuwirken. 2018 wurde ihm der Deutsche Sprachpreis der – bis dahin unbekannten – Henning-Kaufmann-Stiftung zugesprochen.

Die zahlreichen Sprachschnitzer bei einem als Bildungswahrer gefeierten Medienliebling und Politikergünstling können kaum Zufall sein. Sie deuten auf das in Kraus' → Herkunftsheimat gespannte Verhältnis zum → Leistungsprinzip. Letzteres ist ja nicht allein durch die – von Kraus als SPD-rot und DDR-nah geschmähte – „Integrierte Gesamtschule", sondern auch und gerade durch den bildungspolitischen Föderalismus bedroht. Was in Münchner oder Hamburger Gymnasien eine Eins erbringt, reicht in Erfurt oder Dresden oftmals nur für eine Drei. Fürs Rechnen-, Schreiben-, Lesenlernen brauchen Westelbiens Schüler immer noch deutlich länger als jene Ostelbiens, zu schweigen von den Schülern der → ehemaligen DDR. Mitunter verhelfen den zugezogenen → Projektkindern nur noch Anwälte zur Notenpolitur. Verständlich deshalb, daß die → Bürgerlichen → des Westens davon träumen, ihre bundesländischen Heimvorteile zu verewigen. Wer in Klassendünkel und Klienteldenken groß geworden ist, wem Parteifrömmigkeit und Prominentennähe (vgl. Kraus' Bekenntnisse in *50 Jahre Umerziehung*, S. 176) mehr bedeuten als meßbare Leistung, der möchte den eigenen Sozialstatus auch bildungspolitisch gesichert wissen. Leistungsunterschiede zeigen sich nun einmal nur bei gleichen (Kraus: ‚egalitären') Ausgangsbedingungen. Dem beugt das Bildungsklassensystem (schönsprachlich: ‚gegliederte Schule') vor. Wer einmal drin ist, fliegt nicht so schnell wieder raus. Gymnasiale wie universitäre → Zulassungsbedingungen sind im deutschen Westen traditionell milder, der Ausstoß an Zertifizierten demgemäß höher. Triumphmeldung: „Dass ... sich die Abiturientenquote in 50 Jahren verachtfacht hat, ist nicht Ergebnis der Gesamtschulen, sondern des gegliederten Schulsystems." (ebd., S. 94) Andernorts beklagt Kraus wieder eine Abiturienten- und Studentenschwemme (ebd., S. 91); er ist also schlicht inkohärent.

Kraus' Referenzautor Helmut Schelsky (*Die Arbeit tun die anderen. Klassenkampf und Priesterherrschaft der Intellektuellen*, 1975) empfahl die berufspraktisch orientierte Polytechnische Oberschule als Alternative zur westdeutschen → Bildungskatastrophe mit ihren eher laber- denn lebenstüchtigen Endprodukten. Kraus scheut derlei pragmatische Überlegungen. Er weiß offenkundig nichts von → Finnland und zieht einen historizistischen

Fehlschluß vom Verschwinden der DDR auf eine Schwindelhaftigkeit der dort bewährten Bildungstechniken. Kraus setzt auf Masse, für ihn „hat die Geschichte das Urteil über die DDR-Schule gesprochen": Sie hatte „eine Abiturientenquote inkl. Berufsausbildung mit Abitur (BmA) von allenfalls 12 Prozent"! (*50 Jahre Umerziehung*, S. 111)
→ Faulheit, → Naturkindereien.

Ochsentour In → Qualitätsmedien und → Jovialsprech: Weder durch Adelstitel noch durch Promotionsimitat beförderbare Karriere in → der Politik. Seelisch-sittliches Kastratentum ist hierfür → unverzichtbar.

-offensive Mittlerweile spreiz-, senk- und plattfüßiger Wortklumpen, der aber im → Wichtigsprech noch allerorten umgeht. Gesichtet wurden an einem einzigen → Qualitätsmedientag: Angebotsoffensive, Arbeitsoffensive, Aufarbeitungsoffensive, Behandlungsoffensive, Bildungsoffensive, Bürgeroffensive, Charmeoffensive, Gedenkoffensive, Verhandlungsoffensive, Verkehrsplanoffensive.

Öffnung, öffnen Obwohl geistesgesundheitlich weniger verfänglich als das ‚sich öffnen' der Seelengurus und Esoteriktanten, scheinen Ding- und Tätigkeitswort von der Wortfrömmigkeit und Dummfeierlichkeit jenes → psychosprachlichen Standardverbums zu zehren. Das gerät leicht zu ähnlicher → Eindrücklichkeit. Unter der Überschrift „Das Ungenügen der bisherigen Geschichtsschreibung der Gegenwartsliteratur" – genitivfreudig und präpositionsvergessen schreibt der Germanist! – will Heribert Tommek an „Die Vermittlung von Gesellschaft und Literatur im Konzept eines relativ autonomen → Feldes" heranführen: „Damit wird das Fenster zum Feld der Untersuchungen weit geöffnet ... Diese Öffnung des Begriffs des Sozialen und seine Loslösung von geschichtsphilosophischen Entwicklungen machten die Vor-, aber auch die Nachteile der Sozialgeschichte aus ... Durch den erweiterten Begriff des Sozialen als Kommunikationsbeziehung wurde der Literaturbegriff und damit das Untersuchungsfeld weit geöffnet." (Heribert Tommek, *Der lange Weg in die Gegenwartsliteratur*, Berlin-München-Boston 2015, S. 2f.; weitere Öffnungen S. 6ff.)
Ein älterer Verwandter des Öffnens und jener Eröffner, die auch gern ‚mal das Ganze offen lassen', ist das sakral umwehte → (sich) Erschließen.

Ohrenöffner → Zweiteres.

OK Muß man den vor ‚Mama' rangierenden Urlaut des gesprochenen Westdeutsch kommentieren? Statt dessen ein Beispiel aus zeitgenössischem Verbalverkehr: „Unser Urlaub ist ja jetzt auch zu Ende." – „OK."
→ Lässigkeit, › Weltoffenheit.

Opfer ist in einer späten → bürgerlich-christlichen → Wertewelt, was niemand sein, doch jeder gewesen sein möchte. Offiziell höchster Gedenk- und Ehrentitel, inoffiziell Schand- und Schmähwort („Du Opfer!"). Letzteres nicht nur in Berlin-Neuköllner Straßen, sondern auch in Berlin-Neuköllner Schulen: Ursula Sarrazin, die Lehrerin mit dem verdächtig orientalisch klingenden Nachnamen, soll es laut Elternbeschwerde dem → migrantisch-stämmigen Nachwuchs aus dem Munde genommen und einem → Problemschüler ins Gesicht geschleudert haben.

Opferdiskurs Im populärwissenschaftlichen und politpublizistischen Westdeutschland der 2010er Jahre zusehends akzeptiertes → Schmähwort für das Sprechen mit moralisch verstellter Stimme.

Die Spezifik des westdeutschen O.es und die Inflation der einschlägigen O.-Attitüde sind mit dem Verweis aufs (jüngere) Massenphänomen des → Jammerwessis keineswegs erklärt oder gar erledigt. Die Selbstdarstellung als → Opfer folgt aus der Logik des → bürgerlichen Freiheitsbegriffs überhaupt, wonach Freiheit das Vermögen des Subjekts ist, sich vollständig selbst als Objekt darzubieten, vulgo: zum Opfer zu machen. Die innere Freiheit von Gewissenskämpfern und die gegen äußere Widrigkeiten behauptete Freiheit, wie sie in alteuropäischen als auch modern-diktatorischen Staatswesen zu erfahren war, gelten als unvollständige Vorformen solcher Selbstobjektivierung. Diese verlangt Suspension von aller realen, vor allem: realhistorischen Erfahrung und Verantwortlichkeit. Nicht zufällig ist die nachträgliche Identifikation mit einer ausgewählten Opfergruppe, den europäischen Juden, bei ausgesprochener Kühle gegen andere Opfer großdeutscher Geschichte (sowjetische Kriegsgefangene, polnische Zwangsarbeiter), ein genuin → altbundesdeutsches Phänomen. Es ist auf blocklogisch unterfütterten Opportunismus (Israel als *westliche* Macht im Orient) nicht zu reduzieren. Das Verbalranwanzen der jüngeren Westelbier an die jüdischen Opfer, während der 1980er penetrant in der Vornamenswahl für den → antiautoritären Nachwuchs, folgt direkt aus dem erfahrenen geschichtlichen Haftungsdispens. Dank Nachgeburtlichkeit hatte man weder Täter noch Opfer *sein* können; freie Wahl also dessen, was man hätte *gewesen* sein können. Das Stellvertretertum im O. ist mithin ein Modus → MEHRHEITSDEUTSCHER → ‚Selbstverständigung', ja eines → verdruckten → Selbstmitleids, das sich mit seinen zeitgenössischen → Befindlichkeiten nicht direkt ans Licht wagt. Ersatzweise entbirgt der O. Dialekte opferverliebter Innerlichkeit. → FROMMSPRECH, → GRÜNSPRECH, → WÄCHTERSPRECH von → ‚jüdischem Leben' und andere erstickende Umarmungen ‚der Opfer' zeigen eine wohlfeile Beschämtheit über Taten, derer man garantiert niemals beschuldigt werden wird.

Derlei nachgeburtsfrohem O. steht ein urwüchsiger und gegenwärtig erneuerter O. älterer Generationen des deutschen Westens gegenüber, die sich ihrerseits als Opfer des O.es, eines → verordneten schlechten Gewissens, befohlener Anteilnahme am Leid nicht-deutscher Opfer, im weiteren aller Gekränkten dieser Erde ansehen und aussprechen. Trotz der Empörtheit über ‚alliierte Gehirnwäsche' bei gleichzeitiger Hochschätzung des Adenauerschen → Sonderwegs aus deutscher Schuld und Geschichte, Empörung auch über → Gesinnungsethik und Meinungsterror und → Political Correctness der jüngeren Alt-BRDler teilt die neunationale Opfergemeinschaft deren Grundbefindlichkeit einer Freiheit von moralischer und materieller → Schuldhaftung. Nur hat dieser sog. → rechte Rand mittlerweile einen O. zweiten Grades geschaffen: Man fühlt sich als Opfer der Opferdiskursherren.

Doch sind dies Lagerkämpfe und Komplementärhalbheiten. Gemeinsamer Sprach- wie Gefühllosstil *aller* politischen Milieus westdeutscher Mehrheitsgesellschaft ist der Akzent auf der Passivität des Opfers. Sie gilt als Ausweis seiner moralischen Würde. Dies wiederum folgt direkt aus der Verwesungslogik christlich-bürgerlicher Sittenlebens. Freilich dürfte es sich beim bundesrepublikanischen O. um ein → im Abendland → singuläres Phänomen handeln. Im feierlichen Bibbern, das noch in die gesinnungsfesteste Stimme eines Westdeutschen kommt, der von seiner Achtung vor den Opfern oder von eigener Opferposition spricht, vibriert der Unschuldsgenuß einer entschuldeten Nation.

Opferkonkurrenz Besonders im Politikfeuilleton von *taz*, *WELT*, *SPIEGEL* beliebter Ausdruck für vergleichendes Leichenzählen, das den Leichenzählern bis zu einer Zahl von sechs Millionen keineswegs als geschmacklos, darunter (Bombenkrieg in Deutschland) oder darüber (Kriegstote der Sowjetunion) jedoch als revisionistisch oder → russenfreundlich gilt.

optimalst → SUPERLATIVISSIMUS und semantisches Delirium in einem; Synonym für ‚bestmöglichst'. Nach dem Abtreten von Jean-Claude Juncker als Eurogruppenchef fragte sich nicht nur → ‚die Politik', wer nunmehr zum Antritt dieses Amtes berufen sei. Nach Meinung des SPD-Haushaltsexperten Carsten Schneider jedenfalls nicht Wolfgang Schäuble, der eine „negative Leistungsbilanz in Deutschland" hinterlassen habe. Ganz anders die Meinung von Carsten Kühl, rheinland-pfälzischer Finanzminister: Wolle Schubladenschäuble sei sehr wohl dafür geeignet, allerdings wäre es „die optimalste Lösung" gewesen, wenn Juncker sein Amt weitergeführt hätte (*Handelsblatt* vom 5. Dezember 2012).

Orientierungshilfe Mentale → Gehhilfe.

Ort Schnöselfabelwort aus Edelfaselrezensionen, das selten unbegleitet auftritt. Hochdeutsch: „In Jorge Y.s Buch geht es traurig zu." → SCHNÖSELSPRECH: „In fiktiven Biographien schuf sich der brasilianische Autor den dauernden Ort, an dem die Verletzungen einer inneren nicht weniger denn einer äußeren Vita → verhandelt werden konnten."
→ Verortung, → Verwundungen, Verletzungen, Empfindungen.

orthodox katholisch → Salonkatholizismus.

ortsfrüh → zeitnah.

Ortsgemeinschaft Nazismus sei Antisemitismus ohne Weihrauch und Weihwasser, meinen manche → Freidenker, andere sagen schlicht: nationaler Sozialismus = papstfreier Katholizismus. Tatsächlich verführt beispielsweise die Etymologie des Präfixums → Ort, hier eine direkte Linie zu ziehen – der Ortsgemeinschaftsleiter als Nachfolger des Ortsbauernführers! So weit würde freilich allein Christian „Töpfchen" Pfeiffer gehen, und dies auch nur gesetzt den Fall, die katholische O. sei in Brandenburg und nicht in Bayern beheimatet: „'Eine heile Welt habe man doch eigentlich im Ort'", versicherte der Bürgermeister von Wallenfels, als man bei einem ortsansässigen katholischen Paar die in Handtücher und Plastiktüten gewickelten Leichen von Säuglingen fand. „'Solche Themen kannten wir nur aus dem Fernsehen'", beteuerte der Bürgermeister weiter, denn „in Wallenfels sei die Ortsgemeinschaft intakt" (zit. nach: Nico Schmolke, „Entsetzen über Fund von acht Babyleichen", in: *Berliner Zeitung* vom 14./15. November 2015, S. 5). Die Familie, ein wichtiger Unterschied zu Alleinerziehenden in Brandenburg (→ Proletarisierung, → Verwahrlosung und Gewaltbereitschaft), sei jedenfalls „nett und anständig gewesen" (ebd.), kurz: → gutbürgerlich.

Ossifizierung (der Bundeswehr) Der West- und somit → MEHRHEITSDEUTSCHE sorgt sich nicht nur um die Freiheit der anderen, er sorgt auch dafür, daß andere diese Freiheit verteidigen. Bei der Freiheit Deutschlands, die am Hindukusch verteidigt wird, spielen daher die Deutschen aus dem Osten (um 1990 von → Migrantisch-Stämmigen zuweilen Neger genannt) eine ähnliche Rolle wie die afroamerikanische Jugend bei der US-Invasion in Vietnam. Das fiel sogar an der Hochschule der Bundeswehr auf. Ihr Dozent Michael Wolffsohn zählte die bis 2009 angefallenen Afghanistantoten der Bundeswehr nach, Ergebnis: 13 von den 35 kamen aus den „neuen Ländern", offensichtlich Effekt einer „Ossifizierung der Bundeswehr". Auf → die gute Gesellschaft zielte Wolffsohns Schlußfolgerung: „Die gehobenen Kreise drücken sich. ... Die lebensgefährlichen tödlichen Dienstleistungen sind den → Unterschichten vorbehalten. Ich halte das für einen Skandal." Anders der Abgeordnete einer → gutbürgerlichen Splitterpartei: Die ostdeutsche Leichendichte in Afghanistan, fand Rainer Stinner (FDP), bezeuge lediglich die „Attraktivität des Arbeitgebers Bundeswehr" (zit. nach: „Ostdeutsche häufiger im Kampfeinsatz", in: *Thüringer Allgemeine* vom 21. April 2010).

Ossifizierung (des Westens) Wort- und Wahnschöpfung des → MEHRHEITSDEUTSCHEN Fremdenhassers und Dreitagebartindividualisten Maxim „Rostnagel" Biller (→ Extremindividualist), der nach 1990 sogleich → gelernt hatte, welche Minorität man risikofrei schmähen kann und der bei all seinem Schmähen und Schmollen ja → irgendwie auch geliebt werden will. Nur eben von den richtigen Deutschen.
→ cool, → Wir (Deutschen) im Westen; → PURISMUS.

Ossiländer Aus dem Wörterbuch der → tiefsitzenden Fremdenfreundlichkeit. Kann sowohl ostdeutsche Länder als auch Ostdeutsche bezeichnen.
→ LESERBRIEFE.

Ostalgie Von der westdeutschen → Werbewirtschaft in den 1990er Jahren etablierter Begriff, der sowohl die Verramschung von Altbeständen als auch die Plazierung von Altbestandsimitaten aus der → Ehemaligen → meinen konnte.
Nicht nur hinsichtlich seines Debilitätsgehalts → vermochte ‚O.' bald mit → ‚Antiamerikanismus' zu konkurrieren. Fast keiner weiß heute mehr zu sagen, was das Wort noch bedeuten soll, fast jeder kennt den Typ, der es im empörungsnassen Munde führt. Jahrelang repräsentierte diesen Typ niemand beredter als Wolfgang Herles, Sprecher all jener Westdeutschen, die noch immer nicht in der deutschen Realgeschichte → angekommen sind. „Die Westdeutschen leben heute, gemessen an dem, was sie hatten, in einer beschädigten Republik", leitete Herles seine Klageschrift *Wir sind kein Volk. Eine Polemik* (München ³2004, S. 13) ein, um allerlei Adenauernostalgien und Überfremdungsängste auf fast 200 Seiten breitzuwalzen. Das erste Kapitel seines Buches ist dem „DDR-nostalgischen Milieu" und der „Ostalgie" gewidmet. Womit der promovierte Germanist und Historiker Herles offenbar nicht die → Generation Geschichtslos aus dem Westen meinte, die sich aus Hellerau-Möbeln und Plastikbesteck Made in G. D. R. begeistert eine Vergangenheit zusammenkauft.
→ Jammerwessi, → Plastik, → Projektion, → Scheißland, → Selbstmitleid, → Weinerlichkeit.

ostalgisch ist nach Auskunft von Klaus Bittermann der Genuß von „Rotkäppchen-Limonade" (→ Limonaden) und anderen Produkten, „die sich noch nicht im westlichen Verdrängungswettbewerb behaupten mußten" oder die nach ihrer Selbstbehauptung weiterhin zu konsumieren nun einmal o. sei. Der Kreuzbergbewohner gibt somit → einmal mehr wertvolle Denunziationshilfe für monopolgefährdenden Lebensmittelkonsum an die Hand. Allenfalls Hinweise auf den ebenso bedenklichen Konsum von Mühlhäuser Pflaumenmus, Spreewälder Gurken (jetzt unter der verschleiernden Bezeichnung „Spreelinge") und Burger Knäckebrot wären anzufügen. Nicht zufällig erreicht die Linkspartei ihre besten Wahlergebnisse dort, wo man auf eben diese unter Abhören von Puhdysliedern mit Sektlimonade und Berliner Pilsner anstößt.
→ Banane, → BITTERMANNLINKE, → Heimatschachtel, → Projektion, → Weinerlichkeit.

Ost-Berlin Prototyp für Sao Paolo, Wien, Jena sowie zahlreiche andere Städte, in denen sich insbesondere der kulturschaffende → MEHRHEITSDEUTSCHE etwas weniger verkrampft fühlen darf als daheim, vor allem, wenn er mit feierlicher Miene eine geöffnete Bierflasche vor sich her trägt. Oder auch seinen spezifischen Humor. Wie etwa Dirk Stermann, „der Piefke mit der großen Klappe" („Ein Deutscher macht im ORF Karriere", in: *Berliner Zeitung* vom 22. Juli 2014, S. 25): ‚'Wien, das war das angenehmere Ost-Berlin.' → Grau, ganz → ostig. ‚Ich fand das → total gut ...'" Totalst verständlich.

Ostdeutsche, die weltoffen sind, gebildet, freundlich, dem Neuen aufgeschlossen Gibt es die, fragt im 25. Jubiläumsjahr der → Wiedervereinigung Jan Fleischhauer, ein evangeli-

kaler → Publizist. „Natürlich gibt es die." Nur eben bei weitem nicht so viele wie weltoffene, gebildete, freundliche, dem Neuen aufgeschlossene Westdeutsche. Man erkenne es am Wahlverhalten wie am mangelnden Einsatz für ein islamresistentes christliches Abendland. Diesen „entscheidenden Unterschied" gelte es → anzuerkennen. Die wenigen weltoffenen, gebildeten, freundlichen usw. Ostdeutschen kennt aus intensiver Anschauung einzig der Kolumnist selbst, der auch von ihrer → Landsleute Abneigung gegen → soziale Andersartigkeit und gegen die durch Helmut Kohl vorgelebte → Weltoffenheit, Bildung, Freundlichkeit usw. zu berichten weiß („War die Wiedervereinigung ein Fehler?", in: *SPIEGEL online* vom 15. Dezember 2015).
→ Einige meiner besten Freunde ...; → DÜNKELDEUTSCH, → das Abendland, → Wir im Westen.

Ostdeutsche/Ostjuden Der Philosoph Friedrich Nietzsche (1844–1900) war stolz auf seine feine Nase und seinen untrüglichen Instinkt: „Wir würden uns ‚erste Christen' so wenig wie polnische Juden zum Umgang wählen: nicht dass man gegen sie auch nur einen Einwand nöthig hätte ... Sie riechen beide nicht gut." (*Der Antichrist*, Kap. 6/40) Solche Sätze bereiten heutigen Nietzscheanern viel Kummer. Einer von ihnen, Karl Heinz Bohrer, gab jahrelang ein heftig in Politnietzscheanismus machendes Journal in piekfeinem Weiß heraus. Auch nach Bohrers Verrentung fand man dort Nasenurteile wie dieses kolportiert: „Angst müsse es sein, ... was die Ostdeutschen riechen macht, Angstschweiß. Er selbst rieche normalerweise nach gar nichts." (Michael Rutschky, „Meine deutsche Frage", in: *MERKUR*, 3/2013, S. 272–280, hier: S. 274; zur olfaktorischen Kompetenz von Rutschky selbst vgl. ds., *In die neue Zeit. Aufzeichnungen 1988–1992*, Berlin 2017, S. 57: „R. riecht wirklich nichts.") Qualitatspublizistik wie die zitierte läßt nostalgische → Qualitätsjournalisten noch heute vom bohrerzeitlichen *MERKUR* als vom „Leuchtturm westdeutscher Intellektualität" schwärmen (Florian Felix Weyh, „Büchermarkt", *Deutschlandfunk*, 21. Mai 2017).
→ angstfrei, → ostdeutsche Männerpisse.

ostdeutsche Biographien verpflichten ganz besonders. Noch nach einem Vierteljahrhundert deutscher Einheitszeit sind → Alt(bundes)deutsche aufrichtig empört, wenn Opportunisten und vor allem Opportunistinnen ‚von drüben' es nach ‚oben' (s. unten) oder weiter oder höher bringen als sie selbst: Tief verwurzelt ist der westdeutsche Glaube an ein Exklusivrecht auf → Anpassung. Wie man mit gesinnungsfreiem, also reinem Opportunismus in *jedem* Staat Karriere machen kann, müssen zu ihrem Ärger all jene erfahren, die auf eine Karriere mit dem Opportunismus der richtigen Gesinnung gehofft hatten. Als Verfolgerin namentlich des gesinnungsfreien → Merkels betätigt sich seit Jahren Antje Vollmer. Die promovierte Theologin ist von mustergültiger Gesinnungstüchtigkeit – in den 1970ern maoistisch, in den 1980ern grundgesetzfromm und grünalternativ (*... und wehret Euch täglich. Ein grünes Tagebuch*, 1984), in den 1990ern Bundestagsvizepräsidentin, in den 2000ern Verfasserin von Büchern über den 20. Juli 1944, dessen Verschwörer („Für einen Völkermord mit Maß!") es bekanntlich nie *so* gewollt hatten, wie unter A. H. getan. Vollmer hatte bereits 2009 poetisch ihre Entdeckung formuliert, daß Merkel „die Kanzlerin der Bilderflut" sei, jedoch nicht etwa die bildgierigen Westmedien, sondern deren bildfüllendes Ostobjekt angeklagt. Obwohl Merkels Familie als Westzugang nicht gerade die typische Ostbiographie repräsentiert, liegen für sie die Maßstäbe höher. So ist nach Vollmers Empfinden → das Merkel nicht nur unzulässig oft in den Massenmedien zu besichtigen, öfter jedenfalls als A. V., sondern es hat auch versäumt, dem juvenilen Brausekopf Edward Snowden Asyl anzubieten. Snowden ist für V. nämlich keineswegs ein Don Quixote, der → MEDIALDEMOKRATISCHEN Phrasensalat für vitaminreiches Gemüse hält,

sondern der neue Luther. Gegenüber *evangelisch.de* (16. August 2013) erklärte Vollmer: „Was bei Luther die theologische Brillanz war, ist bei Snowden seine außergewöhnliche technische Intelligenz. Beide strebten ins Zentrum der größten öffentlichen Macht ihrer Zeit – und zwar schon in → extrem jungen Jahren." Gemeint sind Papstkirche und Obamastaat, gegen die besagte Extremjugendliche je aus Gewissensnot angegangen seien. Denn „beide sahen das enorme Potential der modernen Kommunikationsmittel – positiv wie negativ". Snowden „hat seine Dokumente doppelt abgesichert: er hat Vertraute wie den Journalisten Glenn Greenwald vom ‚Guardian' und die Dokumentarfilmerin Laura Poitras, die sein Werk weiterführen können, wenn ihm was passiert. Diese Rolle hatten bei Luther Philipp Melanchthon und Huldrych Zwingli."
Zwingli freilich war bereits fünfzehn Jahre vor Luther gestorben. Schon dieser Vergleich zeigt, daß auch Vollmer ‚was passiert' sein muß, denn nun kommt sie auf die Weigerung Merkels, für Snowden ein neuer Kurfürst Friedrich der Weise zu sein: Merkel habe Snowden kein Wartburgexil bereitstellen wollen. „Es ist beschämend, daß er nicht nach Deutschland darf. Angela Merkel traut sich nicht, sich gegen die USA zu stellen. ... Insbesondere Politiker mit einer ostdeutschen Biographie, wie Angela Merkel und Joachim Gauck, müßten doch ein Motiv haben, gegen solchen staatlichen Überwachungsterror vorzugehen. Aber das interessiert sie nicht, sie sind ja oben angekommen." Vielleicht fehlte es CDU-Christin Merkel hierfür einfach an religiösem Fanatismus, wie ihn Luther – einer der größten Hasser der Neuzeit – reichlich vorrätig hatte. Wie nannte der Übervater des deutschen Untertans – vor Gott frei, vorm Gutsherrn geduckt – doch seinen Mitreformator Zwingli? Ein „durchteufeltes, eingeteufeltes, überteufeltes Lügenmaul" (*Kurtz bekentnis D. Martin Luthers vom heiligen Sacrament*, Wittenberg 1544).
→ Gerade Sie als ...

ostdeutsche Lebens- und Unternehmenskulturen → Amerikanisierung, Amerikanismus.

ostdeutsche Männerpisse erspürt unter allen artverwandten Absonderungen zuverlässig die Nase von Dr. Gudrun Güth, nach eigener Auskunft Schriftstellerin, L'Oreal-Benutzerin und verliebt in ihren Psychiater. Einmal, zu Beginn des Jahrtausends, hatte man sie in die Villa Violetta in Chemnitz eingeladen. Das war Dr. Güth ein Kurzgeschichte wert: „Der Ausflug" (in: Andreas Daams (Hrsg.), *Scheitern. Anthologie*, Cleve 2002, S. 73–77). Wie die dem realistischen Schreiben zugeneigte, aber ortsunkundige Autorin aus Waltrop erzählt, hatte sie im Chemnitzer Bahnhof den Hauptausgang nicht finden können und deshalb eine „düstere Unterführung" benutzen müssen: „Es stank hier nach o.r M. und sah gefährlich nach Raubmördern aus." (S. 75) Immerhin ein Exemplar ihres Buches konnte Dr. Güth bei der Lesung verkaufen. Ihren Solidarbeitrag fand sie in der Literaturvilla trotz „getürkter Teilnehmerzahlen und fehlender Einnahmen" mit Blick auf eigenes Honorar und Hotel gut angelegt (S. 76). (Als → Opfer westdeutscher → Qualitätsmedien ahnt Dr. Güth nicht, daß Ostdeutsche mit dem sogenannten → Soli ihrerseits für die Defizite altwestdeutscher → Strukturpolitik aufkommen.) Während der Rückfahrt im IC Stolzenfels, kann Dr. Güth weiterhin berichten, las sie kein Frauenjournal wie während der Hinfahrt, sondern den neuesten Coelho *Veronika entschließt sich zu sterben* (S. 77, offenkundig gemeint: *Veronika beschließt zu sterben*). Wie aber endete die Reise von Dr. Güth? „In Dortmund holten mein Mann und mein Sohn mich ab." (ebd.) Ende gut, alles gut!

ostdeutsche Milieus Denunziationsformel aus dem → MEDIALDEMOKRATISCHEN Selbsterhöhungsdiskurs, die den politischen End- gleichwie den sozialen Urzustand der → Entbürgerlichung benennen soll. Letztere, neuerdings meist in einem Atemzug mit

→ Entchristlichung genannt, gilt der medialen wie der politisch-ökonomischen → guten Gesellschaft des Westens als geradezu volkstypisch ostdeutsch, so daß ‚o. M.' ein Synonym für ‚proletarische Milieus' ist, in der Bundesrepublik seit jeher gleichbedeutend mit ‚verwahrloste Milieus'. Daneben hegt → die gute Gesellschaft, genauer: → die Mitte der Gesellschaft, jedoch die Überzeugung, daß allein das → Bürgertum jene moralische und materielle Höhe zu erreichen → vermöge, von welcher aus überhaupt ein Absturz in → Verwahrlosung möglich sei. Die auch aus dem Osten Deutschlands – dort, wo er am bürgerlichsten ist (Sachsen!) – kolportierten → Wutbürgereien → generieren daher manch kühne Deutung genuin gutbürgerlicher Verwahrlosungsphänomene (Näheres: → flüchtlingsfeindlich, → Plattenbaubewohner). Mehrheitsdeutsche → Qualitätsmedien meinen mit ‚o.n M.' freilich meist die im Hartz IV- und Niedriglohnleben → angekommene Nachwende-Generation des Ostens (→ Pack). Abgesehen davon, daß deren gelegentlicher Bizepsnationalismus und → Kostümfaschismus nicht unbedingt ostdeutsches → Eigengut sind, verrät eine sich als bürgerlich begreifende → Meinungselite in solchen Feindbildern die Schwäche ihres zivilisatorischen → Selbstbewußtseins: Sie wählt sich für ihr → Pöbeln gegen ostdeutschen Pöbel → durchwegs ein als sozial und intellektuell minderwüchsig angesetztes Gegenüber. Wahrscheinlich würden die Gutbürger und Medialdemokraten des Westens bei der älteren Generation des Ostens, zumal bei der älteren Intellektuellengeneration, kaum fündig, wenn sie nach → Türkenwitzbedürfnis, → ‚Schlitzaugen'gerede, gelbem Rauchverbotsstern (→ in Wahrheit) usw. fahndeten, kurz: nach dem Inventar von → alt(bundes)deutsch → verklemmtem und verdrucksem Chauvinismus.
→ Entbürgerlichung, → Haß und Verachtung, → Türken raus!

ostdeutsche Mischpoke → Leserbriefe.

Ostdeutschland 1. Begriffliches Substitut für dasjenige, was in → reaktionären Milieus lange Zeit ‚Mitteldeutschland' hieß. 2. Seit 1990 Synonym für alles, was → progressive Westdeutsche in und an Westdeutschland nicht zu bemängeln wagten.
→ Projektion; → das große kalte Jahr, → Ossifizierung (des Westens).

Ostdeutschsein Wie einst eine ostdeutsche Regierung, so war und ist auch die westdeutsche Soziologie zuweilen versucht, sich ein anderes Volk zu wählen – eines, das erst durch ihre Meinungen über es entsteht (→ Kenntlichmachung). „O. ist eine emotionale und politische Realität, die schichtenübergreifend abrufbar ist." In diesem Fall abrufbar durch Heinz Bude („ich bin fanatischer Soziologe"), der jedoch zugleich findet, daß es den Ostdeutschen an → Wir-Gefühl, an gemeinsamen → Werten und überhaupt an Gemeinsamkeiten fehle („Vom ostdeutschen Glauben, mehr zu wissen. Die alte Heimat ist weg, der Komplex bleibt", meint der westdeutsche Soziologe Heinz Bude zum westdeutschen Journalisten Christian Bargel. „Er beobachtet Ostdeutsche, ihre Anpassung und ihren Willen, Deutschland zu ändern", in: *DIE ZEIT online* vom 4. August 2011). Also kaum mehr was Reelles zu holen im Osten Deutschlands. Statt dessen das → Beitrittsphantasma.

Ostgesicht Unfreundlich gemeinter Ausdruck für ein menschliches Antlitz. Fritz J. Raddatz hatte es am Dichter Karl Mickel gesehen und im geheimen Tagebuch notiert, „daß es eben DOCH so etwas wie ein ‚Ostgesicht' gibt – eine unheimliche Mischung aus verschlagen, verkniffen, listig, feige, geduckt, beflissen" (*Tagebücher 1982–2001*, Reinbek ⁴2010, S. 515, 31. Oktober 1993). Ein wenig anders fünf Jahre zuvor: „ZU eigenartig, daß man ‚Ost-Menschen' am Gesicht erkennt, schwer zu analysieren, wieso. Hielt ihn für einen Tschechen oder Polen, als ich ihn sah. Geschichte, auch zeitgenössische Geschichte, hat andere Runen in ihre Ge-

sichter gezeichnet als die Hummermayonnaise hierzulande." (S. 248, 14. April 1988) Wie immer bei FJR stellt sich die Frage: Was war da zwischendurch passiert?
→ Ostdeutsche/Ostjuden.

Osthaftigkeit → am coolsten.

ostig (I) Westdeutsches Schmähadjektiv als auch Sentimentalwort für osteuropäische Kulturlandschaften. Ann-Katrin Schröder, blondgefärbt, ahnungslos und stets ein wenig zu laut, ist seit Tagen für den *NDR* in Tschechien unterwegs. Sie spricht kein Wort Tschechisch. Nachdem der einheimische Reiseführer schon hin und wieder dezente Hinweise zum Zivilisationsminimum hatte geben müssen (wann man speist und wann man spricht und was man sagt, bevor man speist), verabschiedet er die westdeutsche Reporterin in Prag. Dabei fragt er nach dem Grund ihres angesäuerten Gesichts. Sei sie von etwas enttäuscht? „Ja, ich bin enttäuscht. Ich hatte mir alles etwas ostiger vorgestellt, mehr Verfall und so." („Pack die Koffer", 2011)

ostig (II) Nachwendewestberlinisch. Ins engumgrenzte Städtchen (West) zog nach dem Fall des weltbekannten Windfangs ein Sturm wie aus eisigen Weiten, von Welt und Geschichte und Fremde und vor allem Armut. Eben von Osten her. Derlei Durchlüftung war den alternativkulturellen Mauerblümchen höchst unwillkommen. Niemanden jedoch fröstelte es so sehr wie ex-, post- oder pseudorevolutionär tätige → BITTERMANNLINKE, schwer enttäuscht vom DDR-Volk, das nicht noch eine Runde Sozialismus dranhängen wollte, während man subventions- und wallgeschützt weiter aufs → Schweinesystem schimpfen und der Schweinestaatsrente entgegensehen durfte. Als Kompendium westlinken Fremdenhasses und westdeutscher Sprachsstauungen immer noch vorbildlich: *It's a Zoni*, Berlin 1999; unbelehrbar-ewiggestrig, deshalb nahezu unverändert aufgelegt 2009 unter dem phantasievoll veränderten Titel: *Unter Zonis. Ein Rückblick.* → Weinerlicher hängen nur noch Wolfgang Herles und Maxim Biller dem westdeutschen Teilstaat nach.
→ der große alte Mann, → Ostalgie, → Scheißland, → Verostung, → Jammerwessi, → schokonussig.

Ostler Seit den 1990er Jahren übliche alltagssprachliche, bald auch → qualitätsmediale Analogiebildung zu ‚Westler'.
→ Ostdeutsche/Ostjuden, → Juden, → Ostdeutschsein, → Zoni; → der ostdeutsche Untermensch.

östliche Unwerte → Unwerte.

Ostpartei → Gefahr.

P

Pack nannte SPD-Politprofi und BRD-Klassenkenner Sigmar Gabriel in zeitgemäßer → Empörsamkeit jene → Menschen, deren Sorgen und Nöte SPD-Privatmann Gabriel ernstzunehmen riet (→ Elitendialoge). Der → *Deutschlandfunk*-Kommentator vom 31. August 2015 bejauchzte dies als → meinungsstarken Beitrag westdeutscher Zivilität, die auch einmal ‚political incorrect' (offensichtlich gemeint: politically incorrect) zu reden wage. Zum packsoziologischen → Hintergrund von → Haß und Häme: → Plattenbaubewohner, → Zonenmob.

Paket schnüren Poesieversuch von → BürokratInnen aus dem Presse- und Politik→segment. Bedeutet dasselbe wie ‚Gürtel enger schnallen', denn den Inhalt des Pakets (Sparmaßnahmen) bezahlt der Empfänger. Hat er es auf dem Tisch, läuft ihm das Wasser im Munde zusammen wie dem metaphernsicheren *FAZ*-Kommentator von Merkels Griechenlandreise im Oktober 2012: „Ein Sparpaket jedenfalls dürfte ihr nicht serviert werden." Eine geradezu → menschenverächtliche Version wie ‚Personalpaket' liefern seit kurzem diverse → Qualitätsmedien aus.

Papa Heuss Politischer → BABYTALK, → ANBIEDERUNGSDEUTSCH; Ausdruck des Wunsches nach geistig-moralischer Einwindelung. Hier einem der Jasager zum NS-Ermächtigungsgesetz (‚Schlimmeres verhüten', ‚Fraktionsdisziplin') und zur Wiederbewaffnung West gewidmet, dem die Papasager gewiß gern auf den Schoß gesprungen wären.

paradigmatisch Aus → Qualitätsmedien und → Förderwissenschaft ins alltägliche Westdeutsch gelangtes Imponierwort; fast immer gemeint: typisch, exemplarisch, vorbildlich.

Paradigmenwechsel Von ahnungslosen Akademikern an ebenso ahnungslose Journalisten weitergereichtes Verlegenheitswort für eine unbegreifliche Veränderung. Was ‚Paradigma' im Allgemeinen und was es im Spezialwortgebrauch des Wissenschaftshistorikers Thomas Kuhn (*The structure of scientific revolutions*, 1962) bedeutet, weiß mittlerweile kein Mensch mehr. So daß es statt ‚P.' ebensogut Wetter-, Tages- oder Themenwechsel heißen könnte. → WICHTIGSPRECH.

PARALLELDEUTSCH Von weltsüchtigen Westdeutschen nachträglich erfundene Sprache, die angeblich im DDR-Alltag gesprochen wurde (Sättigungsbeilage = Gemüse, Jahresendflügelfigur = Weihnachtsengel, Alex = Fernsehturm am Berliner Alexanderplatz u. a. m.).

Parallelgesellschaft Schönwort für gelebten → Pluralismus. Eine P. zeigt keine, aber auch gar keine Parallelen zur → Mehrheitsgesellschaft und lehrt sie so das Fürchten.

Parasitenstolz bezeichnet ein Selbstwertgefühl (→ Selbstbewußtsein), das sich nicht etwa bloß an → Abgreifern, Nutznießern, Schmarotzlöffeln und anderen → Vorteilsrittern zufällig findet, sondern durch diese explizit bejaht und gepflegt wird. Natürlich denkt man hierbei zuerst an das Daseinsgefühl der → achtundsechziger Revolutions-, Berufs- und Lebensversager, wie sie sich seit den 1970ern zahlreich in → Westberlin versammelten. In der Tat hat einer von ihnen, inzwischen den Genossen von einst ab- und dem → freiheitlich-demokratischen Gewinnerdeutschland zugewandt, eben diesen Ausdruck hierfür → kreiert (Götz Aly, *Unser Kampf*, Frankfurt/M. 2008, S. 11). Gemeint ist das → Abgreifen von → Staatsknete und anderen Wohltaten des → Schweinesystems bei unverändert revolutionärer → Gesinnung und überlegener → Überzeugung, gedeutet als Akt stolzen → Widerstands.

Somit wäre P. Lebensentwurf wie Vegetationstypus. Unleugbar wird ein solcher in der → HEIMATLITERATUR aus → Kreuzberg → weinerlich-liebevoll, zuweilen auch → fremdenfeindlich-aggressiv → vertreten; man denke an der → BITTERMANNLINKEN Klage über fremdvölkische Einfälle bei ALDI & Co., vor denen weiterhin keine → Alliierten mehr zu schützen vermochten. Andere → Altachtundsechziger als auch Achtundsechzigerkonvertiten griffen den Terminus begierig auf und bescherten ihm ein begrenztes Nachleben in der Qualitätsmeinungspresse.

Parteibuch In der → ehemaligen DDR eine Metapher für Vorteilserschleichung durch → Gesinnungskonfession, schaupolitischen → Positionsbezug und weitere Ausdrucksformen weltanschaulicher → Unterwürfigkeit; im → qualitätsmedialen Westdeutsch und in der publizistischen → Mitte der Gesellschaft hingegen → zunehmend Synonym für ein Heilsgut oder Heilungsmittel, das sowohl → die Demokratie wie den eigenen Vorteil zu sichern verspricht. So hatte beispielsweise Markus Decker, Ostbeauftragter einer hauptstädtischen → Qualitätszeitung, 2015 die AfD als „typische → Ostpartei" und als „ostdeutsch → geprägt" bezeichnet, obwohl damals kaum ein Viertel der Parteimitglieder → Ostler waren. Anfang 2018 hingegen denunzierte Decker Ostdeutschlands fortdauernde Ideologieresistenz und Parteiabstinenz als demokratiegefährdend. Ein Unwille der Ostdeutschen, die eigenen Interessen mit den vermeintlich höheren Weihen partei→ideologischer Begründbarkeit auszustatten, lasse sich im gesamten politischen Spektrum nachweisen: „Last but not least die AfD. Hier leben 18 Prozent der knapp 28 000 Mitglieder in Ostdeutschland; rechnet man Berlin hinzu, sind es 22,6 Prozent. Obwohl die AfD im Osten viel bessere Wahlergebnisse erzielt, kommt auch sie bei den Parteimitgliedern kaum über den Anteil an der Gesamtbevölkerung hinaus. Die Bürger machen ihr Kreuz bei der Rechtspartei. Aber sie erwerben kein Parteibuch." (ds., „Wo bleibt der Osten?", in: *Berliner Zeitung* vom 7. März 2018, S. 1)

Die AfD nicht nur als Erziehungsrute gegen amtierende → Parteipolitikbuben und ihre Bubenstreiche zu benutzen, sondern sie als → parteiendemokratisches Erziehungsheim auch buchfest zu bevölkern, lautet nun die → qualitätsmediale Botschaft an → den Osten. „Die parlamentarische Demokratie ... lebt im Wesentlichen davon, dass auch die Regierten die Demokratie und ihre Institutionen als ihre betrachten. Und die Mitgliedschaft in Parteien ist der Schlüssel dazu. Tun sie dies nicht, geht die Demokratie früher oder später lauthals zu Bruch [!] oder trocknet von innen her aus." (Decker, ebd., S. 8)

Nüchternere Geister wie der Politikwissenschaftler Gero Neugebauer beobachteten, daß Parteigläubigkeit und Parteimitgliedschaft gesamtdeutsch abnähmen, die Ostdeutschen somit wieder einmal → Avantgarde der Ernüchterung seien. Ideologisch schaum-, schleim- und schmierstoffreie, d. h. nicht parteipolitisch verklebte Politikbetrachtung ist freilich für keinen der → MEHRHEITSDEUTSCHEN Beobachter ein Ausweis von Aufgeklärtheit; die westlichen Produktionsstätten und Lieferwege der Gesinnungs→nazis sind → kein Thema. Zur konträren Bewertung von Wechselwählerschaft im → alt(west)deutschen Belehrungs→diskurs auch: → inklusiver Populismus; zur linkselbischen Parteigeistigkeit und Hordenbedürftigkeit als Kulturmaßstab: → inklusiver Populismus, → Wir-Gefühl.

Parteiendemokratie Soziologen-, Ideologen- und → Ideologiekritikerdeutsch; Synonym für ein politisches System, das die individuelle Freiheitsangst seiner Bewohner zugleich → abbildet und verwaltet. Es fordert all jenen, die nicht für sich selbst einzustehen wagen, die Einfügung in Vereine ab, von denen die Eingefügten hoffen dürfen, daß sie dereinst Mehrheiten bilden werden.
→ die Demokratie.

Parteienpluralismus Vor allem im → MEDIALDEMOKRATISCHEN → SCHÖNSPRECH vernehmbarer Ausdruck. Er ist hier ein Pleonasmus, da das ihn nutzende Milieu fast immer Pluralismus mit Parteienstaat gleichsetzt. Ein typischer Fall → falschen Bewußtseins: der Indikator, nämlich Parteienpluralität, gilt als politischer Faktor, weshalb vor allem → die bürgerliche Mitte wähnt, in gewissen Parteien wäre der Pluralismus heimischer denn in anderen. Doch kann es eine Partei des Pluralismus geben? Zeugnis der Schwierigkeit, in der eigenen Parteiendemokratie → anzukommen, ist die westdeutsche Medienschelte für ostdeutsche Wähler, wenn diese → mal wieder einige der westdeutschen Parteischöpfungen (DVU, AfD, NPD usw.) gewählt haben. Was oft eher krachhumoriger → Wutbürgerlichkeit als → ideologie→geprägter Verblendung entsprochen haben mag …

Parteifreund Nahestehender politischer oder politisch nahestehender → Mitbewerber.

parteipolitisches Engagement wird regelmäßig von → Vertretern der → gesellschaftlichen Mitte → angemahnt, zumeist aus vollbartumrahmten Mündern. Bleibt es aus, können die Anmahner richtig → emotional werden und ihre → Empörsamkeit bekunden (W. Thierse, M. Schulz). Das Anmahnen und → Einfordern parteipolitischen Engagements gehörte zu den jahrzehntealten Konstanten des → DÜNKELDEUTSCHEN, schon als dieses noch nicht so hieß. Hinweise auf Realpolitik und Realgeschichte – der engagierte Kanzler aus Braunau als Ergebnis einer Parteiendemokratie! – verfangen hiergegen kaum. Das von *ZEIT, WELT, BILD* beförderte Bewußtsein des → MEHRHEITSDEUTSCHEN, durch bloßes Dasein (Bürgerschaft) in einer → Parteiendemokratie den Bewohnern sämtlicher → Unrechtsstaaten moralisch-zivilisatorisch überlegen zu sein (→ Bürgerlichkeit), steigert sich vor Wahlen oft ins Pathetisch-Peinliche: „Gehen Sie wählen – egal was!" trieft es von Podien und aus Kanälen. → Die Politik muß sich hier wohl → sagen lassen, daß überall, wo Wahlfreiheit herrscht, die einzige Freiheit in der Wahl zwischen Wählen und Nichtwählen liegt.

Partizipationslandschaften „Die P. haben sich verändert", und zwar zuungunsten der → Parteien, barmte eine Runde von → Parteiendemokraten im *Inforadio* (30. Juli 2017), denen die Erosion parteifixierter → Meinungsmilieus bereits den Untergang → der Demokratie, zumindest aber → der alten Bundesrepublik zu verheißen schien. Zum → landschaftlich → geprägten Denken näherhin: → Nischengesellschaft, → Wir im Westen, → Pluralismus; → PLURALISIERUNG.

PARTIZIPBILDUNGSDEFIZIT Eine der grammatischen Besonderheiten im modernen, insbesondere im → qualitätsmedialen Westdeutsch. Sofern die hochdeutsche Form eines transitiven Verbums nicht in Umlauf → gelang, bleibt ihr der Eintritt in korrektes Schrift- und vor allem Sprechdeutsch häufig → verwahrt.
→ angepreist, → beschwört, → entspann, → erlöscht, → geronn.

Partnerschaft → KLEMMWÖRTLICH für ‚Liebe' und → ‚Freundschaft', aber auch für ‚Kriegsbündnis', ‚Vorteilsbund', ‚Interessenclique' u. a. m.

Party Schrumpf- und stummelsprachlich verbreitet als substantiviertes Verb, entstanden aus dem seinerseits sprachstummelhaften ‚Party machen'. Der nachfolgend zitierte Dialog ward um 2010 beim Mittagstisch an einer Berliner Exzellenzuniversität vernommen: „Du, und die Leute in Moskau, du, sind die mehr Arbeit oder Party so?" – „Die sind mehr Arbeit, aber die binden dich auch ganz toll ein. Erstmal ist Moskau ganz brutal so, du kommst nirgendwo rein, klar, aber wenn du halt welche kennst und wo reinkommst, dann ist das ganz toll Party

so." – „Hier in Berlin ist es auch ganz brutal so, die Leute und auf der Straße so, gerade jetzt Unter den Linden und so, da ist manchmal so ein Gedränge so, da sind so viele Leute so, du kommst gar nicht durch, du." – „Exakt, genau! Weil, die Leute hier, die sind so brutal so. Die hatten halt erst ihre Ideologie von dem Honecker und jetzt ist da nichts mehr, und jetzt sind die halt so brutal so." – „Genau, du. Und da läuft auch nicht viel außer Party und so. Weil, die haben halt keine Werte, keinen Glauben und so."
→ Elite-Dialoge; → du, → exakt, → halt, → so, → weil, → Werte; → Spendenparty.

Pathosformel Verbalblase und Renommierphrase zumeist → emotional, somit pathisch Auffälliger aus dem Deutungs- und Bewertungsgewerbe; inflationär in den → MAULHELDISCHEN Schreibmilieus zwischen Karl Heinz Bohrer und Strauß junior.
→ der große Wenderoman, → NEUSCHNÖSELSPRECH.

perfekt Es genügt mittlerweile, daß man einem Beamten die Ausweispapiere zuschiebt: schon quäkt es ‚perfekt' durch die Glasscheibe. Sinn- und schwachsinnsverwandt mit → OK, bringt dieses ältere Lehnwort noch heftiger die Daseinsart der sogenannten → Moderne westlichen Typs auf den Begriff, nämlich alles, was sie anfaßt, sogleich in Vergangenheit zu verwandeln, vollendete angeblich, meist jedoch eher Konfektion denn Perfektion. Die Tendenz zum Dinglichen → verweist auf museale oder musealisierende → Zusammenhänge: „Berlin war", so verlautbart eine Kunstunternehmerin und Unternehmenserbin in spe, „immer ein Thema für mich. Aber für die Anfangsphase" „war Düsseldorf der perfekte Standort": „Ich komme aus Coburg und habe in Bamberg studiert, gemessen daran war Düsseldorf bereits das Tor zur Welt, und Berlin war immer ein Wunschtraum und ein Sehnsuchtsort für mich." Und wie sieht der p.e Ort aus? „Das ehemalige tschechische Kulturinstitut der DDR ist der perfekte Raum, und wir haben sehr viel Arbeit hier reingesteckt." „Wann ist eine Ausstellung perfekt für Sie, hier an der Leipziger Straße?" „Ich glaube, dass eine Ausstellung perfekt ist, wenn der Künstler damit zufrieden ist." (Jochen Arntz/Marcus Weingärtner, „'Berlin ist kein einfaches Pflaster'. Die Kunstsammlerin Julia Stoschek über Hauptstadtbürokratie, Berliner Energien und ihre Collection", in: *Berliner Zeitung* vom 1./2. Dezember 2018, S. 28f.)
→ Bamberg, → Köln, → Provinz, → Weltoffenheit; → kein Thema.

perfektionieren Eine Perfektion ist im Reich des → SUPERLATIVISSIMUS oftmals nicht perfekt genug; sie erheischt logisch-semantische → Weiterungen. Das demonstrierte der inzwischen verstorbene *FAZ*-Herausgeber Frank Schirrmacher. In seinem Meisterwerk *Payback. Warum wir im Informationszeitalter gezwungen sind* usw. usf. (München 2009) konnte F. S. von einem Schalter berichten, „der, wenn man ihn drückt, seinen immer besser perfektionierten ‚Informations-Duft' verströmt" (S. 165). → Die Menschen bleiben freilich Menschen, wie F. S. aus anthropologischer Beforschung wußte: „Menschen haben ein Bedürfnis danach, daß Dinge so und nicht anders sein können." (S. 180) Auch wenn die deutsche Sprache beim Herausgeber einer → Qualitätszeitung so und nicht anders sein kann – muß dies auch für die formale Logik gelten? Gewiß nicht: „Nehmen wir den maschinenzentrierten Blick auf die Welt ein oder den menschenorientierten Blick? Auf die letzte Frage lautet die Antwort eindeutig: Ja." (S. 80)

Performance ist, wenn als ‚Performanz' ausgesprochen, mühelos durch → ‚Präsenz' zu ersetzen, also allgegenwärtig.

Performanz Aus dem literatur- und kulturwissenschaftlichen → SPREIZSPRECH in kulturfernere → Lebenswelten oder → Problemfelder eingedrungen und von dort mit allerlei

→ JOVIALSPRACHLICHEM Vokabular wieder auf den wissenschaftlich gehobenen → Diskurs zurückwirkend. „Gegenwartsliteratur ist für mich solche Literatur, die man gegenwärtig erfahren kann. Das hängt mit der Präsenz und der Performanz der Autorin/des Autors zusammen." (Oliver Jahraus, *Die Gegenwartsliteratur als Gegenstand der Literaturwissenschaft und die Gegenwärtigkeit der Literatur. Vortrag auf der Tagung des Literaturbeirats des Goethe-Instituts in München am 14. Januar 2010*, zit. nach einem, der leider auch nicht besser formuliert: Heribert Tommek, *Der lange Weg in die Gegenwartsliteratur*, Berlin-München-Boston 2015, S. 1)

permanent Das an sich harmlose Adverb aus dem → WICHTIGSPRECH erblühte durch seine Omnipräsenz in Permanenz zu ungeahnter Lächerlichkeit. Mehr als einmal ward an Natursandkästen und in → Kinderläden der Ausruf später Eltern vor kleinen → Menschen vernommen: „Du setzt uns hier permanent unter Streß!" Eine ernsthafte Belästigung wurden ‚p.' und ‚Permanenz' seit ihrer Entdeckung durch verspätet → dekonstruktive → SPREIZSPRACHLER, die sich zahlreich im steuerfinanzierten → Qualitätsradio tummeln. Wie man mit der Permanenz verbaler Insistenz und der → Präsenz begrifflicher Versatzstücke gedankliche Kohärenz ersetzen und ein radikales Bekenntnis zur eigenen Lebensform ablegen kann, soll nachfolgend die Publizistik von Christian Schüle bebildern. Wir zitieren aus „Grenzverluste. Die Suche nach Heimat in Zeiten permanenter Migration" („Essay und Diskurs", *Deutschlandfunk*, 13. Dezember 2015): „Der entwurzelte Flüchtling und der radikale Individualist sind die Hauptfiguren unserer Epoche. Der Flüchtling ist der Homo sacer, der radikale Individualist der Homo faber. … Der Homo sacer hat nichts außer sich selbst. Er befindet sich in permanenter Rechtlosigkeit. Sein Leben steht stets zur → Disposition. Er ist das nackte, das bloße Leben. … Der Homo faber ist im Besitz von Heimat. Er lebt behaust, doch sein Schicksal ist die Permanenz: Er ist permanent im Aufbruch, permanent unter [!] Zeitnot, permanent mobil. Permanent gezwungen zu Flexibilität, Kreativität, Kalkulation, Innovation und Individualität. Und permanent souffliert der Geist der Zeit: Du musst interessant sein! Und: Du sollst einmalig sein! Grenz dich ab!" Die Abgrenzung von Angehörigen der → kreativen Klasse gegen ihresgleichen setzt Schüle kühn in Analogie mit der EU-Einwanderungspolitik. „→ Immer schon in der Weltgeschichte sind Grenzen gefallen und neue erstanden – willkürlich, gewaltsam, fremdbestimmt. Ohne Empathie, ohne Verstand, ohne Sinn. Nach Kriegen und Eroberungen, durch Niederlagen und Verträge. Die Verschiebung einer Grenze bedeutet immer den Verlust eines vertrauten Raums. Grenzverluste waren und sind immer: Heimatverlust." Vor allem verschafften Ellipse und Atemnot ,immer schon' eine literarische Heimat im *Bild*-Stil. Heimatsucher treffen auf Rechengeister. Nacktes Leben stößt auf berechnete Sicherheit. Gefühl stößt auf Prozedur. Ständig. Immer schon. Permanent. „Der Homo faber konzipiert diese Prozeduren. Er rechnet und berechnet, weil er selbst permanent zur Berechnung gezwungen wird. Sein Wert besteht in der permanenten Bewertung durch Andere: durch den anonymen Markt und seine anonymen Konsumenten. Er weiß, dass er zur Abgrenzung gegen → den Anderen funktionstüchtig zu sein hat. Und um als funktionstüchtig wahrgenommen zu werden, muss er seine Funktionstüchtigkeit permanent sichtbar machen. Um dann stets sichtbar zu sein, muss er sich wiederum permanent selbst repräsentieren. Und in der Repräsentation seiner selbst muss er sich dauerhaft bewähren." Dauerhaftigkeit ersetzt Permanenz. Auch bei Schüle. Immer öfter. Ist Begrenztheit von Dauer? Wohl selten. Immer weniger. Eher nicht. „In Zeiten der Globalität nehmen die Möglichkeiten zur Grenzziehung kontinuierlich ab, weil der Raum immer größer wird. Was also geschieht mit dem anthropologischen Revier-Reflex, wenn es keine souveränen Räume mehr gibt?" Schlimmeres. Härteres. Und anthropologisch nicht mehr Erklärbares. „Dem anthropologisch → eingeschriebenen Abgrenzungs-Antagonismus

folgt eine ökonomische Rationalität, die mit kulturellem Erbe begründet wird. Sie stellt die Frage der Epoche anders: Welches Fremde bringt → dem Eigenen den größten Nutzen?" Eine Frage, die „in der Weltgeschichte" außer den „sogenannten ‚Montagsdemonstranten' in Dresden, Leipzig und sonstwo in der Epoche" anscheinend noch niemand gestellt hat! „Und → spätestens hier stellt sich eine weitere ganz andere [!], eine neue verstörende Frage nach neuer → Identität in der Epoche der Grenzverluste: Worin besteht Heimat in entgrenzten Zeiten?" Das weiß nur „der künftige Mensch". Schüle sieht ihn vor sich. Seine Geschichte. Seine Zukunft. Seine Permanenz. Seine → nachhaltige Gemeinschaft aus Subsistenz in Permanenz. „Die kulturelle Evolution steht vor ihrem nächsten Sprung: über die Nation hinaus, über die Ethnie hinweg, in das hinein, was Gemeinschaft → schafft. Könnte nicht die Idee des sogenannten Oikos eine womöglich passende Antwort auf die Grenzverluste der globalisierten Epoche und ihrer Paradoxa sein?" Womöglich. Aber bald. Wenn passend. „Die → durchglobalisierte Welt ist ein gigantischer Möglichkeits-Raum an nebeneinander gültigen real existierenden Lebensentwürfen und Modellen. Statt begrenzten Nationen wäre doch künftig ein konföderierter Bund an Oikos-Kooperativen denkbar, in denen das Heterogene im biologischen Sinne des Wortes: durch Mischung und Vielfalt der Gene, zu völlig neuen Organisationsweisen führen könnte." Mischung der Gene. Sieg des Heterogenen. Permanenz der Homogenität. Die SVP und die Wahren Finnen machen es vor: „Als Vorbild eines Oikos, eines durch Diversität und Mischung entstehenden kooperativen Verbunds, könnten das Allmende-Prinzip der Schweiz oder das Jedermannsrecht in Finnland und Norwegen dienen." Und natürlich „das weltweite digitale Netz". Es „trennt nicht, es teilt nicht, es ist grenzenlos". Wie das Geld. Und die Möglichkeiten. Und die Permanenz. Fehlt nur noch „ein Verfahren zur Regelung von Rechten und Pflichten": „Nach Lage der Dinge ist es eine der → entscheidenden soziokulturellen, sozioökonomischen, demografischen und politischen Fragen der Zukunft, wie die Menschheit mit diesem Widerspruch → umgehen wird." Das sind Fragen, die zu klären sind. Drängende Fragen. Zur Entscheidung drängende Fragen. Das geht nur gemeinsam. Es entscheidet sich. Bald. Durch „Transition in eine neue Heimat: → in eine Art zweites Maschinenzeitalter, jedoch ohne Muskelkraft und ohne Verfügung über den arbeitenden Körper." Die Arbeit tun die anderen. Die Maschinen. Die Maschinenmenschen. Die Wesen mit automatisiertem Rechtssinn. Die permanent „die Frage nach Recht und Gerechtigkeit" → aushandeln. „Herkunft definiert sich dann nicht mehr über den Boden. Sie definiert sich über den Verbund. Darin verbünden sich Homo sacer und Homo faber, und gemeinsam schreiben sie eine neue Identität fest."
Dem Sprachbeobachter des Jahres 2015 konnte nicht entgehen, daß Schüles Frisch/Agamben-Parodie beinahe → deckungsgleich mit der politischen Anthropologie eines westelbischen AfD-Politikers war, der im Osten seinen Posten fand: „europäischer Beharrungstypus" und „afrikanischer Ausbreitungstypus" heißen Homo faber und Homo sacer bei Björn Höcke, Thüringens Landeschef seiner Partei. Diese weigert sich bis auf den heutigen Tag, eine deutsche Identität neu ‚festzuschreiben' oder zu → definieren. Wer sollte auch → umdefinieren können, was per definitionem (logisch) ‚mit sich selbst gleich' ist?

Personalführungskompetenz „Kann mir einer mal den Offer herholen", eröffnete einst Wolfgang Schäuble (→ Arbeitgeber, → Schicksalsgemeinschaft) einen Erniedrigungsparcours für seinen Sprecher. Unvergeßlich bleibt das begeisterte Johlen der Bundespressemeute. Die befreiende Wirkung für → die Menschen mit → tiefsitzendem Unterwerfungsbedürfnis war offenkundig: Hier → pöbelte ein → gutgelaunter Chef, und es hatte keinen von ihnen getroffen. Nachdem Offer gekündigt hatte, setzte bei manchen Ministermitlachern aus Funk- und Printmedien heftiges Mitleid für Schäubles Opfer ein. Hätten ihnen doch „jüngere Beamte voller Furcht erzählt, wie der Chef sich verhalte, wenn er schlechter Laune sei" (Günter Bannas, „Berater, Fußabtreter und Seelentröster", in: *FAZ* vom 9. November 2010). Und auf die Laune von Chefs zu achten, hatten sie von klein auf gelernt unter der FDGO. Allein Regierungssprecher Seibert wußte zu sagen, *welchem* Chef das endgültige Urteil über Schäuble zusteht. „Ich glaube, es ist ganz falsch zu sagen, daß es Zweifel an der Personalführungskompetenz des Bundesfinanzministers gibt, wie Sie es gerade ausgedrückt haben. Diese Zweifel gibt es jedenfalls bei der Bundeskanzlerin nicht."

Pfirsichmarmelade → Minderwertigkeitskomplex.

Pflegestützpunkt Genaue Bedeutung nicht ermittelbar; möglicherweise eine Körperpartie, auf die sich ein professioneller Pfleger stützen kann.

pilotieren Neuwestdeutsch für das Führen eines Flugzeugs, eines Kraftwagens oder weiterer Mobile, mittlerweile in → SCHÖN- wie → SCHNÖSELSPRACHLICHEN → Zusammenhängen gebräuchlich: Abläufe, Bedingungen, Maßstäbe seien ‚pilotiert' worden, heißt es besänftigend, wo Skeptiker einen geistigen Sinkflug argwöhnen.
Mit einer Generation nicht nur grammatisch, sondern auch arithmetisch verwahrloster, mithin mangelhaft pilotierter → Projekt- und → Problemkinder sah sich bis 2016 die Berliner Lehrerschaft konfrontiert. Da bislang ca. zwei Fünftel der Schüler die Sekundarschulen mit einer Fünf in Mathematik verließen, hatte die wohlfühldidaktisch → geprägte Bildungsverwaltung dringend ein → Zeichen zu setzen. Und sie setzte es, indem sie die Prüfungsbedingungen änderte. Tatsächlich konnten Aufgaben wie „Welches ist die größte dreistellige Zahl, die aus den Ziffern 2, 3, 6 gebildet werden kann?" die Anzahl der Fünfenschreiber halbieren. Nach dem Protest der Mathematiklehrer verlautbarte die Bildungsverwaltung, daß die soeben zitierte sowie ähnliche Aufgaben „vorab pilotiert" worden seien und daß es zudem „in prüfungsdidaktischer Hinsicht" helfen würde, „durch eine einfache, einführende Fragestellung die Aufmerksamkeit der Schüler auf bestimmte Gesichtspunkte zu lenken, die für die folgende Bearbeitung der folgenden [!] Aufgaben wichtig sind" (zit. nach: Susanne Vieth-Entus, „Grübeln überflüssig", in: *DER TAGESSPIEGEL* vom 20. Juni 2016, S. 9). Wie Berlin nach dem Anschluß Westberlins unter die → bildungsfernen Bundesländer geraten konnte, zeigen auch die Bildungskriegsschauplätze → Handschrift und → Zulassungsbedingungen.

Plastik Im Westdeutschen ein Synonym für dasjenige, was ‚Plast' (Plural sowie umgangssprachliches Teilwort: ‚Plaste') im Hochdeutschen bedeutet, wo wiederum ‚P.' – in Übereinstimmung mit der kontinentaleuropäischen Wort- und Begriffstradition –ausschließlich das künstlerisch oder technisch Geformte bezeichnet.
Der kontraintuitive, in westdeutschen Alltags- wie Fachdialekten übliche Wortgebrauch auch nach 1990 bedient offenkundig Bedürfnisse sprachlicher Selbstprovinzialisierung, folgt er doch so unterwürfig wie umstandslos dem anglo-amerikanischen ‚plastic'. Tiefer wurzeln mag solche Wortwirrnis freilich in einem Daseinsgefühl, dem die → Lebenswelt aus Kunststoff gewirkt scheint.
→ tief sitzen, → Unterwürfigkeit.

Platte Schmähwort für Plattenbau, wenn im Ostteil Berlins befindlich; die → Westberliner → Plattenbaubewohner hausen im Unaussprechlichen oder im Asbest (Mitteilung des Verbandes Berlin-Brandenburgischer Wohnungsunternehmen (BBU) vom Januar 2014). Der Plattenbau ist ebenso wie der Goldbroiler eine US-amerikanische Erfindung, so daß sich fragen ließe, ob hier nicht → einmal mehr ein → verdruckster und verklemmter → Antiamerikanismus sein Wesen treibe.

Plattenbaubewohner → Packsoziologische Welterklärungs-, → Menschenverkleinerungs- sowie Selbsterhöhungsfloskel; Schimpf- und Schlagwort der → qualitätsmedialen Volkskunde. Gemeint sind stets → verproletarisierte, zumindest → unterklassige Bewohner asbestfreier, also ausschließlich ostelbischer Neubausiedlungen (→ Platte).
Der Ausdruck ‚P.' → verweist zunächst auf einen → Bildungs-, im weiteren auf einen → Modernisierungsrückstand der westdeutschen Mehrheitsgesellschaft, die einerseits nichts von den Plattenbauten in der eigenen Landeshälfte, andererseits nichts vom sozialplanerischen Modernismus dieser Bau- und Wohnweise überall im nicht-westdeutschen Teil Europas sowie in Nord- und Südamerika weiß. Ein weiteres Zeugnis westdeutscher → Sonderwege! Bei der Durchsetzung des ‚P.s' als politisch-ästhetischen Feindbilds war das → linke und exlinke Kulturkleinbürgertum federführend, und zwar auf seinem Weg in → die Mitte der Gesellschaft, die sich als → bürgerliche Mitte versteht. Beispielsweise hat sich der in einer fränkischen Kleinstadt großgewordene und im → Kreuzberger Kiez intellektuell endformatierte Kleinverleger, -literat und -publizist Klaus Bittermann seit Jahrzehnten, bei nur geringfügiger Textvariation und unkorrigierter Rechtschreibung, auf den P. geradezu spezialisiert: auf den „mit seiner vollgepissten Jogging-Hose und den rechten Arm hebenden Ossi" (Originalgrammatik; aus: *Der rasende Mob*, 1993; dann: *Geisterfahrer der Einheit*, 1995, nochmals: *Unter Zonis*, S. 65, abermals: in der *Neuen Rundschau* 8/2015; Orthographie auch der restlichen Textteile unverändert). Die eigentlich unbegründete Furcht vor sozialer Konkurrenz (→ Banane), die schon eher begründete Unsicherheit angesichts intellektueller Konkurrenz ist in jenem Daseinsgeviert, das *taz*-Lektüren und Alternativkneipengänge umreißen, gewiß auch für → westlinke Verhältnisse überrepräsentiert. Doch kommen links-, mitte- und randbürgerliche Milieus in der Halluzination eines sozial niemals gleichrangigen, vielmehr → unterschichtigen Gegentypus durchaus überein. Tatsächlich ist der P. die einzig originäre soziale Typenschöpfung, die der westdeutschen Besatzungsmacht in Wort und Wirklichkeit gelang; gewiß ein → Ressentiment-, mehr aber ein Unsicherheitsprodukt. Bereits die großzügige Bebauung beispielsweise der Ostberliner Vorortbezirke ließ viele Mehrheitsdeutsche osteuropäische Weiten imaginieren und die einschlägigen Ängste → generieren (→ die Russen); folgerichtig werden Grün- und sonstige Freiflächen diesseits und jenseits der ‚Platte' mehrheitsdeutsch als → Brache umschrieben. Deren Bewohner waren allerdings bis 1990 exklusive Eigenschöpfung (→ MOSEBACHDEUTSCH: → Eigengut) einschlägiger → Wohnlandschaften in Westdeutschland und Westberlin. In Ländern der nicht-kapitalistischen → Moderne zeigte man weder ärmlichen Habitus noch Koketterie mit der Armut oder gar jene ostentative → Verwahrlosung, wie sie bei westelbischen Bürgerkindern beliebt ist.
Die Heimsuchung der Plattenbaulandschaften durch die erwähnte Kindergeneration, insbesondere durch → Studierende und → Kreative, straft die Rede vom verwahrlosten Plattenbau-Ambiente Lügen (→ Sowjets). Erkennt also der westelbische Kulturkleinbürger im P. seinen Komplementärtypus? Immerhin ließe sich der → Proll der Plattenbaugebiete, wenn politischen Freizeitbeschäftigungen (Pegida, Legida) zugeneigt, als Synthese → aus dem apolitisch quengelnden Ghettobewohner von Berlin-Gropiusstadt & Co. und dem permanent → Randparteien gründenden → Besitz- und Bildungsbürger des alten Westens deuten: Was Westdeutschland → flächendeckend besprenkelt, ballt sich in ostdeutschen Vorstädten zum Konzentrat → neodeutschen → Packs.
→ BITTERMANNLINKE, → ostdeutsche Milieus, → Verwahrlosung und Gewaltbereitschaft.

plural sind in einer pluralistischen Gesellschaft auch viele Substantive, wovon Doppelmoppel wie → Zielsetzungen, → Erwartungshaltungen, → Hilfestellungen u. ä. m. künden.

Pluralisierung „Neue Identitäten braucht das Land." (Hildegard Hamm-Brücher, um 1990) Die Vermehrung des Gleichförmigen ist die ökonomische wie intellektuelle Erfolgsformel westdeutschen Daseins. Der Wissenschaftsjournalist Dieter E. Zimmer machte bereits 2006 auf die grassierenden → ‚Begrifflichkeiten' aufmerksam; in dieselbe → blähwörtliche Richtung gehören: Befindlichkeiten, Empfindlichkeiten, Gesetzlichkeiten, Identitäten, Konstellationen, Konfrontationen, Kontingenzen, Kontinuitäten, Prioritäten, Verantwortlichkeiten, Verfaßtheiten, Wichtigkeiten (K. H. Bohrer). Vielleicht hatte hier Friedrich Nietzsche (‚Einsamkeiten', ‚Wahrheiten') vorgearbeitet.

Pluralismus Ein Kernbegriff aus dem Diktionär der → westlichen Werte, ja der → freiheitlich-demokratischen Nachkriegsgesellschaft überhaupt, den seit einigen Jahren einiges Verlegenheitsgefühl umgibt. Selbst naive → Bekenner genannter → Werte (J. Augstein, M. Biller, K.-G. Wellmann, H.-A. Winkler) gebrauchen den Ausdruck eher adjektivisch („unsere offene, pluralistische Gesellschaft", → am coolsten) und beziehen ihn damit häufig nicht auf pluralismusermöglichte Meinungen, sondern schlicht auf die Pluralität weltanschaulicher Milieus. So wird das Schlagwort aus kalten Kriegen unversehens zum hermeneutischen Hebel, der sich am opaken Massiv der westdeutschen Seele ansetzen läßt. Wenn diese nämlich zumeist so monadisch verengt, so rigide abgeschnitten von einer Entfaltung als Geist und Reflexion erscheint, dann wegen der strikten Selbstverpflichtung auf das Eine im Vielen, auf ein Milieu von Herkunft oder Zukunft: Wie der Provinziale aller Epochen, bleibt auch der Mehrheitsdeutsche am liebsten ganz bei sich. Westdeutsche Kultur- und Geschäftskarrieren finden in Milieus statt, deren Pluralität (die Einheit der Vielheit) mit der eigenen Partialität (die Einheit in der Vielheit) als vereinbar gilt.
Der P. als Pluralitätsglaube eröffnet so ein Verständnis der vielbestaunten westdeutschen → Provinzialität. Normalerweise ist das Gerede von ihr einer ihrer Effekte – Provinz, die es nicht sein will, geborgter Blick aus größerer Provinz auf die kleine, die gehorsam sich anschmiegte (H. M. Enzensbergers, K. H. Bohrers Transatlantikertum u. ä. m.). Doch läßt sie sich ergiebiger von innen beschreiben. Provinzialität, so zeigt sich dann, ist bewußtes Sichverschließen gegen Bewußtwerdungen, altertümlich ausgedrückt: → falsches Bewußtsein, moderner: → Konsens der Geschäftlhuber aller Etagen. Beschränktheit, die innere wie äußere Kräfte förderlich lenkt, Selbstbeschränktheit, staatsbürgerlich gewendet: Pluralitätsglaube. Keine Perspektive ohne Provinzialismus, kein Provinzialismus ohne Pluralismus! Diese Struktureinsicht kann sich auch in überaus → freiheitlichen Milieus zu einem Zynismus der Selbstbejahung steigern. Man huldigt dann einer Milieubindung um jeden Preis; vgl. etwa die Ermahnungen zu seelisch-sozialer Mittelklassigkeit im → Schwansprech, die Anrufungen formatierten → Wir-Gefühls bei Bude, Baring, Bittermann. Gelebter Pluralismus der Selbstprovinzialisierung! Sein schlichtester Ausdruck sind der Aufruf zum Wahlgang und die Warnung vor den Freiheiten gelockerter Parteibindung (→ inklusiver Populismus). Das bei aller Quietschmunterkeit von Rede und Pose doch seelisch, ja bereits physiognomisch einheitlich Gedrückte der mehrheitsdeutschen Masse erklärt sich eben hieraus. Sie ist Gesellschaftsmassiv, kein öffentlicher Raum, worin der Einzelne in gefährlicher Freiheit seinesgleichen oder einem übermächtigen Staat gegenüberzutreten hätte. Hier begegnet nur ein Milieu dem anderen; daher der → Gratis-Mut in Angriff und Verleumdung (→ Denunziantendeutsch). Eine plurale Gesellschaft ist nun einmal eine Massenansammlung, in der es keine Lücken gibt. Das wären ja Milieu- und Marktlücken, sogleich zu füllen durch Besetzung vakanter → Positionen. So drängt sich lückenlos ein Milieu ans andere.
Den dumpfen Milieumief des mehrheitsdeutschen P. dünstet kaum etwas kräftiger aus als jener Sentimentalismus, mit dem der zeitgenössische → Jammerwessi der verbotenen Stadt

vor 1989 gedenkt. In seiner Ummauerung war Westberlin die steingewordene → Utopie einer → Pluralität, die sich gegen allen Wind aus Geschichte und anderen Widrigkeiten abgedichtet fühlte. → Westberlin als Versammlungsort westdeutscher Provinzialismen, der Westberlin-Mythos aller Lebens- und Berufs- und Wehrdienstflüchtigen – wuchert er nicht fort im Raunen des letzten Deutschen, des Uckermarkdeutschen, auch er ja nach Westberlin geflohen wie in die große, die endgültige → Provinz? Ein Flüchtiger, der „von Einfalt" weiß, „die längst verlorenging, aus dieser Welt fast spurlos verschwand", die aber doch „Vielfalt" erst ermögliche (Botho Strauß, *Die Fehler des Kopisten*, München 1997, S. 110). Näheres: → Heimatliteratur.

Pluralismusfeindlichkeit → Projektionsbegriff aus der intellektuellen → Mitte der Gesellschaft, die fest davon überzeugt ist, daß Angst vor → dem Anderen (besonders im Plural) nicht etwa → mehrheitsdeutsche Seelenverfassung sei, sondern einen soziokulturellen → Ort habe, in der Regel: → Sachsen oder ‚Ostdeutschland'.
Ein Glaube an die politischen gleichwie ökonomischen Segnungen von Interessenborniertheit und -egoismus (‚Pluralismus', ‚Parteienpluralität', ‚Parteienbindung') findet sich in → der alten Bundesrepublik auf allen gesellschaftlichen → Feldern. Die Wissenschaft, in der → Parteiendemokratie ohnehin eher zum → Abbilden denn zum Analysieren bestehender → Strukturen berufen, kann hiervon keine Ausnahme bilden. Dies bewiesen Forscher aus Göttingen, berühmt für seine Universität, seine Würste und seit 2017 für sein „Institut für Demokratieforschung". Im genannten Jahr hatte das Institut die Studie *Rechtsextremismus und Fremdenfeindlichkeit in Ostdeutschland* publiziert. Die Forschergruppe bewies darin genau jenen Kollektiv- und Einheitsgeist, den sie zu erforschen meinte. Namentlich die Neigung der Sachsen und anderer östlicher Südvölker, die eigene Weltwahrnehmung nicht auf die moralische und intellektuelle Binnenperspektive einer → Partei einzuengen, entlarvt den sachsenerforschenden Niedersachsen zufolge „harmonizistisch-autoritäre Vorstellungen von Politik". Überaus → zielführend für diese → Entlarvung war die Göttinger Interview- und Interpretationstechnik: „*Frau Preuss*: Man kann jede Partei nehmen, was jetzt nun grad etabliert wird, jeder hat irgendeine gute Idee. Und das müsste man mal ... *Frau Riester*: Ja, das ist eine gute Idee. Ja, das stimmt. *Interviewerin 1*: Also ganz große Koalition quasi. *Frau Preuss*: Ich kann jetzt nicht bloß eine Partei wählen wegen einem guten Gedanken. Das geht nicht." Analyse: „Hier wird gewissermaßen für eine ‚übergroße Koalition' plädiert, die Parteiengefechte und politische Konflikte endlich zugunsten einer ‚Politik für das Volk' ad acta legen solle. Dies offenbart den Wunsch nach einer Gemeinschaft zwischen Staat, Regierung und Bevölkerung, in der keine großen Konflikte mehr ausgetragen würden, Ordnung herrsche und endlich ‚gute Politik' für alle gemacht werden könne – ein eindeutiges Plädoyer gegen den Parteienpluralismus" (S. 125f.).
Offenheit für die Pluralität von Argumenten ersetzt der Parteienfreund durch ein Bekenntnis zum Pluralismus. Selbständiges, weil von einer Parteiideologie abgelöstes Urteil bestätigt rasch seinen → Totalitarismusverdacht. Die im ‚pragmatischen' Politikstil des deutschen Ostens notorische Sachorientiertheit kann ihm nur Indiz für eine Zerstörung ideologischer Flausenvielfalt sein. Das politische Aktions- und Ausdrucksmedium Parteienstaat ist in seinem → falschen Bewußtsein zum Selbstzweck verdreht. Das gesellschaftliche Ganze existiert dort einzig in der Idee der Parteienpluralität, mithin des parteilich verwaltetenen „Interessenpluralismus" (S. 91). Die Parteiskepsis im Osten sei Demokratie-, ja Pluralismusfeindlichkeit, diese wiederum historisch durch NS-, SED- und CDU-Vorherrschaft induziert (S. 33, S. 132).
Derlei → meinungsinstitutionelles Meinen dürfte selbst hartgesottene Westdeutschenerforscher irritieren. War es nicht gerade die jahrelange Vorherrschaft der → Volkspartei

CDU in der → Bundesrepublik Adenauer, die deren dominierendem → Narrativ zufolge dort zu Wohlstand, Wachstum und → rheinisch-katholischer → Weltoffenheit geführt hatte? Die radikale Ahnungslosigkeit der Göttinger Befrager betreffs ihres Reiselandes Sachsen, mehr aber noch bezüglich ihres Herkunftslandes könnte sich einer → „strukturell" oder → „historisch gewachsenen" (S. 168, S. 189, S. 198, S. 205) → Abschottung → verdanken. Die Möglichkeit zum reflektierten Systemvergleich dank Erfahrung des Systemwechsels entging ihnen, mithin auch die Chance, ein Minimum von Selbstreflexion zu pflegen. Wo aber Erfahrung und Reflexion fehlen, schrumpft die Phantasie: Man schreibt von sich selber ab. Die Studie bleibt daher wertvoll nicht als Zeugnis eines westdeutschen → Beitrittsphantasmas, sondern als Deskription → des Eigenen im Modus der → Projektion.
→ Aufarbeitungsarbeit, → DENUNZIANTENDEUTSCH, → inklusiver Populismus, → Pluralismus.

Pöbeln Über die Beobachtung, daß Westdeutschland durch die Deutschen im Osten → intensiver wahrgenommen wurde und wird als umgekehrt, besteht gesamtdeutscher → Konsens. Nach 1990 ist dieses Faktum nicht zuletzt dem sprachlich auffälligen Verhaltensstil der → ehemaligen → Bundesrepublik Adenauer → geschuldet, oder sollte man (wie etwa Karl Heinz Bohrer) sagen: ihrer Stillosigkeit? Ein Defizit an Stilsicherheit, an Formen, insbesondere Umgangsformen, von Bildung des Herzens und des Geistes und anderer innerer Organe zu schweigen, ist zumindest in der sog. → Mitte unverkennbar. Das gilt öffentlich wie privat. Ob die Unsitte des → ANDUZENS, ob die Manier des plumpvertraulichen Umhalsens sowie ähnlicher Vereinigungs- und Vereinnahmungsgesten, ob die als Humor deklarierte Häme des → Nach-unten-Lachens und -Tretens (→ Comedy), ob der vorlaute → BEKENNERSPRECH oder das altkluge → Entlarven und Entblößen, ein Hauch von → latenter Aggression → wabert stets um die west- und damit → MEHRHEITSDEUTSCHE Mentalmasse. Für den erstaunlich niedrigen Standard selbst des Zivilisatorisch-Elementaren (Begrüßung und Verabschiedung, Pünktlichkeit und Verläßlichkeit, Kleiderordnung und Tischmanieren, Gratulations-, Geschenk-, Trinkgeldsitten) könnte freilich eben dieser *Massencharakter* der westdeutschen Mittelklassigkeit verantwortlich sein. Man ist unter sich, man erblickt seinesgleichen, man erträgt nicht mehr, was man erblickt. Für den daraus resultierenden Verhaltensstil hat sich die intransitive Substantivform des Verbs ‚pöbeln' deutschlandweit durchgesetzt. Sie bezeichnet eine Aggressivität → gleichsam auf Verdacht. Die Geschmacks-, Niveau- und Regelverletzung, ob in → Qualitätsmedien, ob in → der Politik, geschieht stets mit schielendem Seitenblick, ob eine Mehrheit den Vorstoß wahrnahm und würdige.
Formen des P.s müssen in einer ‚nivellierten Mittelstandsgesellschaft' jene Hierarchien herstellen, die kulturell und sozial nicht mehr selbstverständlich sind. Ein früher Beobachter dieser Gesellschaft registrierte die Ausbreitung von → FÄKALSPRECH, ein → emanzipatorisch-egalitär gemeintes Ranwanzen von Mittelklassekindern an die → sogenannte → Unterschicht, „welches die politische Funktion hat, → vermeintliche Klassenidentifikationen von Studenten und Arbeitern herzustellen" (Helmut Schelsky, *Die Arbeit tun die anderen*, Opladen 1975, S. 248). Ähnliche Beobachtungen notierte → zeitgleich Esther Vilar, die an Sprache und Habit von Mittelklasse-Intellektuellen einen Willen zum Proletarischen, speziell Proletarisch-Männlichen entdeckte (*Das polygame Geschlecht*, München [4]1991, S. 201f.). Abgewetzte Lederjacken, Tabakkrümel im Vollbartgestrüpp, Fluchwortfluß aus der solcherart umrahmten Sprechöffnung: all das war sozialhierarchisch von oben nach unten gedacht und gut gemeint und scheint lange her. Seit der → Wiedervereinigung erfüllt das P. eine umgekehrte Funktion. Es ist ein an imaginäre Galerien der → guten Gesellschaft gerichteter → JOVIALSPRECH, oft → eine Art unwilligen Grunzen seitens einer Möchtegern-Herrenklasse über kulturell Befremdliches. Einer Herrenklasse, die hierfür natürlich einer Unterklasse bedarf, etwa aus

einer „verproletarisierten Gesellschaft" mit noch heute „proletarischem Eigensinn" (Klaus Schroeder, *Das Neue Deutschland. Wächst zusammen, was zusammengehört?* Berlin 2010, S. 12, S. 208). Der Stil des Empörpöbelns in → gutbürgerliche oder gar mehr-als-bürgerliche Höhen (→ HOCHSCHREIBversion: Bohrer, Vollmer, Enzensberger entdecken den 20. Juli!) einte zunächst → rechte und → linke, geld- und gesinnungsbürgerliche Mittelklassigkeit des Westens. Vorkämpfer hierbei war die pauschal den Osten anpöbelnde → Westlinke (besonders wortfüllig: die → BITTERMANNLINKE; vgl. den oberklassig-unwilligen Untertitel *Zwanzig Jahre reichen jetzt so langsam mal wieder* von *Unter Zonis*, 2009), in den einheitsdeutschen Anfangsjahren auch → die gute Gesellschaft der → Buschzulagenempfänger (vgl. von Thomas Roethe, einem auf EU-Kosten reisenden Ostdeutschenforscher: *Arbeiten wie bei Honecker, leben wie bei Kohl. Ein Plädoyer für das Ende der Schonfrist*, 1999). Auffällig am wissenschaftssimulativen P. jener Jahre war die Analfixierung, etwa in der Pfeifferschen → Töpfchenthese und im darin akuten Gesinnungsdrüsenfieber.

Unabhängig von solchen Konjunkturen ist es ein P. ins Leere oder in → das Fremde zumeist eines Weltostens (→ ANTIORIENTALISMUS), was Mehrheitsdeutschen als gesellschaftsfähig gilt. Zur Klassenbildung oder auch nur Kulturklassifikation im traditionellen Sinne taugt es nicht mehr. Das Nietzschewort „Pöbel oben, Pöbel unten" für die heranwuchernde bürgerliche Massengesellschaft wäre angesichts ihres Reifezustandes zu modifizieren in „Pöbel rechts, Pöbel links". Wie auch auf anderen Konflikt- und → Problemfeldern der → offenen Gesellschaft stehen sich in ihrem Distinktionsbedürfnis zwei Fraktionen gegenüber. Der äußerlichen (ästhetischen) Verwahrlosung einer → vermeintlichen Linken gelten die Pöbeleien seitens einer nicht minder, jedoch innerlich (seelisch, moralisch) verwahrlosten Rechten. Und umgekehrt! Mittlerweile spricht letztere, im → Populismus der → Primitivbürger, sogar fast denselben → SCHMÄHSPRECH wie jene → Altachtundsechziger, über deren stilverderbliches Tun und Wesen sie sich jahrzehntelang echauffierten. Verbal wie gestisch verkehrt man heute → auf Augenhöhe. Es ist gerade das – vom Bewußtsein handfester Verantwortlichkeit freie – verbale Gestikulieren, das die Pöbler von links und von rechts zum Gesamttypus kultureller Inferiorität verschmelzen läßt.

Besagter Typus dürfte in seinem genuin kleinbürgerlichen Gieren und Greifen nach Höherem (→ hochmögend) auch im Abendland → insgesamt → einzigartig sein. Da ohne historisches Gewicht noch kulturelle Leichtigkeit, ewiges Bauhaus eigenheimischer Verlegenheit oder postfaschistischer Klassizismus aus der Einheitsretorte (die neuere Staatsprahlarchitektur in Berlins Mitte!), wirkt dieser westdeutsche Kleinbürgertypus einzig im politischen oder kulturellen Bekenntnis seiner Westlichkeit → strukturell deutsch (→ die Deutschen). Sein Eifer, sich von einem imaginierten Pöbel (→ Pack, → Proll) verbal abzusetzen, zeigt die Misere desjenigen, der nichts ist und daher, um von sich Worte machen zu können, etwas nicht sein wollen muß. Weniges zeugt davon so beredt wie der zirkuläre → Diskurs des Mehrheitsdeutschen von seiner → Bürgerlichkeit, der ja semantischen Gehalt nur im P. gegen Proletarisches (→ Verproletarisierung) oder sonstige Nicht-Bürgerlichkeit gewinnen kann. Zur Niedriggesinntheit des Empörpöbelns fügt sich freilich die Komik eines → Insistierens auf gewissen → Kulturstandards: Das Selbstverständliche bedarf in einer → verhunzten und verzwergten Mittelklassegesellschaft ausdrücklichen → Anmahnens. Nach dem volkserzieherisch wirksamen → HABERMASDEUTSCHEN greift nach Meinungsführerschaft nunmehr der → MOSEBACHDEUTSCHE, der, seinerseits tüchtig pöbelnd (→ Atheisten), der mehrheitsdeutschen Masse mit Basalwissen über Bildungsnormen, Kleidungsstil oder Tafelsitten imponiert.

Political Correctness (P. C.) Der medien- wie kulturbetrieblich dominante, Empfindlichkeiten züchtende als auch pflegende → DISKURS DER EMPFINDSAMKEIT; entwicklungspsychologisch gesehen: ein → emotionaler → INFANTILSTIL.

Wie fast alle Verhaltensauffälligkeiten der westdeutschen Mittelklasse hat auch dieses „Sprachspiel unter Privilegierten" (R. Pfaller) eine nordamerikanische Vorbild- und Vorgeschichte. In → den Staaten anfänglich als selbstironisches Kürzel unter → Linken üblich, hatte sich die Fremdwortformel in der BRD bald als Schmähwort des → rechten Randes eingebürgert. Der sprachlichen Überempfindlichkeit im symbolpolitischen Beauftragtenwesen korreliert eine bemerkenswerte Großzügigkeit gegenüber realpolitischen Übergriffen etwa → der Alliierten in Nah- und Mittelost. Anders gesagt: Nichts gegen → Kollateralschäden, solange die richtige → Wertorientierung die → Flugkörper marschieren läßt, nichts gegen Hungerlöhne für Näherinnen in Bangladesch, solange die Frauenquote bei Managerinnen in → Bamberg stimmt. Überbausensibilität ersetzt sodurch Basisfühlung, mikropolitische Wachsamkeit das weltpolitische Urteilsvermögen; ein Phänomen, das zur Zeit einzig die politischen → Ränder zu artikulieren vermögen.

Schätzungsweise 80% der jüngeren sprachschöpferischen Leistungen des Westdeutschen gehen auf die P. C. zurück. Längst bedeutet sie → der guten alten Bundesrepublik Sonderwelt und Weltersatz in einem. Der ironisch-herablassende Ton bei P. C.-Selbstattributionen ist → der gesellschaftlichen Mitte vergangen. Deshalb darf man kein westdeutscher → Comedian sein, wenn man die P. C. sozialrealistisch → verorten will. Das Wort habe abschließend der Porträtist des → MEHRHEITSDEUTSCHEN und verdiente Volkskünstler aus der → ehemaligen DDR Olaf Schwarzbach: „Frauen! Zu unserer Political-Correctness-Woche begrüße ich besonders herzlich die angereisten Lesbinnen und Lesben."
→ antidiskriminierende Sprachhandlungen, → DENUNZIANTENDEUTSCH, → Frauenbeauftragte, → SCHÖNSPRECH.

politische Klasse Nebelwort aus der Sprachdunstsphäre → der Politik und der → Qualitätsmedien. Drückt aber hinreichend ihre Meinung darüber aus, in welchem Verhältnis die restlichen → Menschen zur Politik stehen.

Polyamorie Blähsprachlich für Mehrfachpaarung im Dienste → der Utopie. Vom Sonderforschungsbereich Polyamorie – Modell für die Zukunft? der Universität → Frankfurt abgeordnet, gab ein Evolutionsbiologe folgende Presseauskunft: „Man muß endlich die Gegebenheiten des Menschseins anerkennen und kann nicht, wie das Religionen und Ideologien ein paar Jahrtausende lang versucht haben, einfach daran vorbeisehen, daß wir nicht für die Monogamie gemacht sind. Man muß das schon in der Schule vermitteln, daß wir polyamor sind, um endlich die Gesellschaft so eingerichtet zu haben, daß alle mal ein glückliches Leben führen können." (Archiv *Deutschlandradio Kultur* 2011/2014)
→ Anspruchsdenken.

Populist Dcmokrat, dcr die Sprache des Volkes *(demos, populus)* spricht, d. h. prinzipiell jeder Politiker einer → Volkspartei; daneben in der Sprache → qualitätsmedialen → Ressentiments übliches Synonym für einen Politiker, der beim *populus* populär ist.
→ Demagoge.

pornographisiert, sexualisiert, genitalisiert, intimisiert, genitalrasiert, intimepiliert ... → Vergewaltigungskultur.

Portal Terminus aus der → Werbewirtschaft. Sein Gebrauch erlaubt es dem kundigen Konsumenten, sich unmerklich in einen vielversprechenden Verkäufer, ja Produzenten zu verwandeln. Attraktiv ist der Begriff auch für die geistige Werbewirtschaft und Sekundärindustrie, selbst in ihren abstraktesten Regionen. Wer beispielsweise Zutritt zu den großen

Texten der europäischen Philosophie begehrt, kommt an ihrem Portier → nicht vorbei. Robert Zimmer, → Essayist aus Trier und natürlich studierter Germanist (Eigendarstellung Internetseite), überträgt seit Jahren die allzu unbekömmliche Sprache philosophischer Klassiker zuverlässig in modernes Papierdeutsch. R. Z. über R. Z. (Verlagswerbung): „Der studierte Philosoph Robert Zimmer hat sich der schwergewichtigen Bücher angenommen und sie bekömmlich aufbereitet. → In einer Art Kurzbesichtigung führt er den Leser in die Räume von 16 → zentralen Werken der Philosophiegeschichte, angefangen bei [!] Platons *Staat*, bis hin [!] zu John Rawls [sic!] *Theorie der Gerechtigkeit*." Dabei stellt er die „Kerngedanken" in eine Art „Entstehungsrahmen" aus Leben und Werk und nimmt die glücklich Eingeführten mit auf eine Art „Bildungsreise" usw. usf. Vor einer Art Direktkonfrontation mit den toten Denkern ist die Leserschaft somit fürs erste bewahrt. Dadurch gelangt sie direkt zu einer entschieden → aufklärten, kompromißlos → humanistischen und → unmittelbar kritischen Haltung (R. Z.: „Grundeinstellung"). Die enge Pforte zum Reich der großen Geister heißt Philosophenportal, ihr Wächter macht sie weit und weiter: *Das Philosophenportal*, 2004; *Das neue Philosophenportal*, 2007; *Das große Philosophenportal*, 2009. → Dem Vernehmen nach in Arbeit: *Das ganz große Philosophenportal*, 2029.

Portfolio Aktenmappe (frz. Portefeuille), in die heutzutage alles Mögliche passen soll, sogar ganze Industriezweige.

Position Zur performativen Syntax westelbischen Denkens gehört die Beziehbarkeit (,Besetzung') von Positionen durch schlichte Negation. (In den goldenen Zeiten theoretischer Großbetriebsamkeit, d. h. in den 1970ern, schlug sich dies im zart ironischen Tagungstitel der Konschtanzer Arbeitsgruppe „Poetik und Hermeneutik" *Positionen der Negativität* nieder.) Während → Haltungen, → Meinungen, → Überzeugungen u. ä., die bei Kulturvölkern und Kulturmenschen ja lediglich sedimentierte Erfahrungen sind, eine gewisse → Zeitdauer zwischen Selbst- und Fremdwahrnehmung, Positions- und Negationsbildung erfordern, verschafft die erfahrungsfreie *Positionierung* beides stets zugleich und ohne Umstände. Ob linksliberal versus rechtskonservativ, fleischlich versus vegan, Fußgänger versus Radfahrer – der westdeutsche Positionsbezieher positioniert sich und den anderen in einer Struktur, die unveränderlich, weil erfahrungs- und persönlichkeitsneutral ist. Keine Position ohne Negationsnegation – es genügt der Blick auf das, was das Gegenüber ist, um zu wissen, was man selbst nicht sein will! Und umgekehrt. Der Kulturfremdling darf sich von dem leicht lauernden Unterton nicht irreführen lassen, mit welchem der *homo Germaniae occidentalis* die P. seines Gegenübers erfragt, genauer: abfragt, ganz genau und böse: erschnüffelt (→ Bekennersprech): Das hat wenig von der Anspannung des gleich losschnellenden Gedankenraubtiers, das hat eher etwas vom Einschnappen eines gesinnungs- und meinungsautomatisch geregelten Geistesräderwerks. Die → alt(bundes)deutsche Erfahrungs- und Wahrnehmungsangst erstrahlt dabei vom Großenganzen einer (nach Osten) ausgelagerten Nationalgeschichte bis in die feinsten Verästelungen der Alltags→kommunikation und Gesprächs→kultur. Etwa in der Vorab-Positionierung von Ich und Nicht-Ich durch die Anfrage, ob letzteres von der Früh- oder Abendsonnenseite der Welt, Deutschlands oder Berlins komme (→ Sind Sie aus dem Osten oder aus dem Westen?). Das anderen Kulturvölkern Merkwürdige am westdeutschen Positionierungsverfahren ist, daß nicht allein wie üblich die Gesinnung der Erfahrung, das Urteil der Wahrnehmung vorausgeht, sondern daß durch derlei Selbst- und Fremdverortung tatsächlich Erfahrung, Wahrnehmung, Empfindung und dergleichen Primärzugänge *erzeugt* werden: Der anästhetische Mensch benötigt Information, wenn es ihn nach → Emotion verlangt. Zweifellos liegt hier eine Zäsur auch innerhalb der Mentalitätsgeschichte Westelbiens, gedenkt man des noch in den 1990er Jahren verbreiteten,

→ JOVIALSPRACHLICHEN „Ich sehe schon gar keine Unterschiede mehr zwischen Ost und West!" der ersten Besatzergeneration.

Position(en) beziehen ist → BEKENNERSPRECH und verlangt beispielsweise, → in der Nachbarschaft → Zeichen zu setzen.
→ Flagge zeigen, → Gesicht zeigen.

Positionsnahme ist ganz und gar nicht dasselbe wie das → Positionbeziehen, was ein Linguist wie folgt erläutert: „Die Positionierungen (Positionsnahmen) lassen sich nicht unmittelbar aus den Positionen ableiten, sondern erst aus der relationalen Homologie." (Heribert Tommek, *Der lange Weg in die Gegenwartsliteratur*, Berlin 2015, S. 37)
→ Feld, → Position.

positive Zukunft Aus der → Werbewirtschaft in den → SCHWANSPRECH und verwandte Politdialekte gelangter Ausdruck für ein Mittelschichtdasein ohne → Diskrepanzen mit denen oben oder unten.

postfaktisch Oft in kontrafaktischer Absicht gebrauchter Denunziationsausdruck für wahrheitsfeindliches Verhalten; 2016/17 bereits inflationär im → qualitätsmedialen → WÄCHTERSPRECH. Hier bekundet er den Souveränitätsanspruch des Gesellschaftsdeuters, der ein Geschehen überschaut und als Geschichte erzählt, mithin geschichtsphilosophische → Sinnstiftung für mindestens drei bis vier Jahre leistet. Was aber wäre eine → Erzählung vom Faktischen? Vermutlich eine Geschichte, die vom Wahren zum Wirklichen, vom Wirklichen zum Faktischen führt und von diesem schließlich nur mehr einen p.en Rest registriert.
Die Priorität des ‚daß ich spreche' gegenüber dem ‚was ich sage', der Pragmatik gegenüber der Semantik charakterisiert den → MEHRHEITSDEUTSCHEN → Diskurs → der Politik wie der Medien insgesamt. Die schwindende Realitätsreferenz ist daher kein Effekt von Verschleiß, Geschichte, Erfahrung, gar Entwicklung im Bereich der Fakten, sondern folgt ihrer eigenen Logik, eben der des Diskurses. Die vielfach bekundete → Empörsamkeit über faktenfreie oder realitätsfremde Aussagen → rechter, → rechtspopulistischer und überhaupt → randständiger Parteien artikulierte die mediale → Mitte der Gesellschaft seit ca. 2014 mit verstärkter Heftigkeit. Der grundsätzlich performative → Umgang mit der Realität, in der → Erzählung (→ Selbstverständigung) der → freiheitlich-demokratischen Gesellschaft über sich selbst ansonsten als Freiheit von dogmatischem Wahrheitsglauben (→ Essentialismus) präsentiert, erschien nunmehr als moralische Entgleisung.
Die Ersetzung von Realität durch Moralität ist freilich ein Strukturmerkmal aller ‚p.en' Diskurse, das aus den bekannten historischen Gründen (Erfahrungsferne, Haftungsbefreitheit, Weltangst, kurz: kultureller und materieller → INFANTILISMUS) beispielsweise die westdeutschen → Haßwitze über Östliches früh offenbarten. Die zeitliche → Verortung der insonderlich für → Verbitterungsmilieus (→ BITTERMANNLINKE) typischen Faktenferne ist nicht einmal falsches, also verkehrtes und richtigzustellendes Bewußtsein, sondern bewußtseins- wie reflexionsferne → Ideologie, ‚Postfaktizität' somit ein Nebelwort, das → je schon bestehende Reflexionslücken gnädig umhüllt.

posthum Obwohl die Falschschreibung gelegentlich auch in den hochdeutschsprachigen Gebieten vor dem → Anschluß auftrat, darf sie angesichts ihres ubiquitären Charakters im heutigen Westdeutsch → durchaus als dessen mentales und verbales → Eigengut gelten. Die Falschschreiblehrer aus dem Umkreis des Reformdudens berufen sich für ‚posthum' vs.

‚postum' zumeist auf eine siegreiche ‚Volksetymologie'; ein merkwürdiger, in seinem → Anbiederungsgeist jedoch typischer Fall von Sprachpositivismus.

Der sprachreformatorische Eifer, eine *postmortale* Verspätung (z. B. von Erkenntnissen, Ehrungen) mit handfestem Herumstochern im Erdreich *(Humus)* zusammenzudenken, zeugt zunächst von der westsprachzonalen Verdinglichungstendenz. Sie läßt sich im Fall von ‚p.' jedoch nicht vollständig durch das notorische → falsche Bewußtsein erklären. Vielmehr dürfte die Assoziation von nachträglicher → Wertschöpfung und postmortaler Wühltätigkeit im (oberen) Erdreich eine treffende Metapher für reale → Zusammenhänge im → Sinnstiftungssektor sein. Geistig-moralischer Mehrwert entsteht dort nicht → qua → „Kontinuität der Entfaltung der Traditionen" (M. Mosebach), sondern durch symbolische Reanimation des vorzeitig Beerdigten (→ ANIMISMUS). Das jovial zum → Wert erklärte Tote, nicht das mühsam im Dasein gehaltene Lebendige gilt als Ausweis → kreativer Tatkraft; die verwesliche Materie taugt zum Treibstoff eines Fortschreitens im Immergleichen.

postmaterialistisch/postmateriell Kulturkleinbürgerlich für ‚nicht vulgär', ‚sinnhaft'. Obwohl beide Ausdrücke außerhalb von Sinngebungswirtschaft und -wissenschaft nur selten vorkommen, drückt sich in ihnen ein weitverbreitetes → bürgerliches Befinden aus. Demnach seien → der Westen und dessen normalste Nation nunmehr in eine historische Phase getreten, da nicht mehr materielle Daseinssicherung, sondern ideelle Lebensverschönerung → angesagt ist.

Die jahrzehntelange Existenz im weltgeschichtlichen Exil hat Bundesdeutsche zu dieser klassisch → ideologischen Verdrehung geführt, worin sich selbst → rechte und → linke → Ränder bestens verstehen. Die Gewißheit des Materiellen (Ökonomischen, Finanziellen, Industriellen) ward hier zur Hintergrundgewißheit (A. Gehlen: ‚Hintergrunderfüllung'), der Kausal- als Temporalkonnex fehlgedeutet. Ein gewisser materieller Lebensstandard – garantiert durch rohstoffliefernde Fremdländer wie durch die einheimischen Arbeitsmänner in der industriellen ‚Mega-Maschine' (L. Mumford, R. Bahro) – galt als garantiert; in → PSYCHO-, ESO-, FEMINI-, GRÜNSPRECH wie → HABERMASDEUTSCH begannen Visionen von einem Ende der Ökonomie, des Kapitalismus, des Produktionsprinzips, des Patriarchats (M. Stokowski) zu → wabern.

→ Kunst und Kultur; → Sinnstiftung, → starke Frauen.

postutopisches Zeitalter Der Ewigheutige verdrängt den Ewigmorgigen, die Eigentumswohnung ersetzt die Wohngemeinschaft.

Potemkin Aussprache westdeutsch nur so (akzentuiert: P-hohtemmkiehn), russisch und hochdeutsch: Patjomkin. Gewiß gereicht zonengeschichtlich bedingtes Sprachdefizit niemandem zum Vorwurf, willkürliches Verbleiben darin jedoch → durchaus. Kritik an der westdeutschen Fehlbetonung von P. und anderen osteuropäischen Eigennamen kanzelt der schwäbische Sprachpfleger Hans-Martin Gauger als „unfein" ab: „Man muß nicht zeigen, daß man russisch (oder irgendeine andere Sprache) kann." (*Was wir sagen, wenn wir reden. Glossen zur Sprache*, München-Wien 2004, S. 117) Vor allem muß man russisch auch nicht können. Dann kann man den Roten Platz weiterhin für eine politische Farbwahl, die russische weiterhin für eine → Rote Armee halten и так далее.

Potjomkin Neuwestdeutscher Sprech-Schreib-Hybrid aus ‚Patjomkin' und → ‚Potemkin'; exemplarisch hierfür der Sprachgebrauch in der Ausstellung „1917. Revolution. Russland und Europa" (Deutsches Historisches Museum 2017).

Praktikas Abweichend von anderen Artikulationen der westdeutschen Mehrzahlbildungsschwäche wie etwa den Pseudosingularen → ‚die USA' und ‚das Visa' oder – umgekehrt – ‚Spaghettis' (daher vielleicht die seit den frühen 1990er Jahren universelle Nudelformel ‚Pasta'), begegnet ‚P.' mehrheitlich in der Umgangssprache. Das darin bekundete Bedürfnis nach gesteigerter → PLURALISIERUNG ist → nichtsdestotrotz kulturhermeneutisch relevant. Ein Praktikum, bei Sprößlingen der → gesellschaftlichen Mitte oftmals der einzige Versuch, wenigstens einige Wochen lang Erfahrungs- und Klassengrenzen nach unten zu durchstoßen, ist weniger wegen seines inhaltlichen als wegen seines faktischen Aspekts begehrt: Man häuft ‚P.', „→ weil, das war → ne ganz wichtige Erfahrung für mich". Der Simulationscharakter solcher Häufungen findet sich ähnlich auf karrierebiographischen Nachbar→feldern wie der → Publikationsliste. Im besseren Fall endet die Kumulation mit dem Eintritt in eine → Versorger-Ehe, im schlimmsten Fall verdichtet sie sich zum Schicksal einer → Generation.

präsent Die fasel-, schnösel- und spreizsprachliche Verwendung des Substantivs → Präsenz scheint der → ungleich sinnfreieren Adjektivform vorausgegangen zu sein. Für letztere fand sich ein früher Beleg im → JOVIALSPRECH von Volker Gerhardt, seinerzeit Philosophieprofessor an der Humboldt-Universität zu Berlin. In einem Vortrag von 1998 suchte Gerhardt → einmal mehr zu begründen, „was wir schätzen": „Die Größe Hegels". Zumindest für eine Stunde sollte diesem „Autor von hohem Rang" eine solche zugestanden sein, da seine „einzigartige Leidenschaft des Begreifens – mit dem Verlangen nach Wirkung" ein während der letzten 200 Jahre „durchweg übersehener Punkt" sei. „Seine Bedeutung zeigt sich allein schon in der Masse des begrifflich umgewälzten Stoffes, in der organischen Konsequenz des Gedankens sowie in der präsenten Anschaulichkeit seiner Sprache." (*Exemplarisches Denken*, München 2009, S. 19)
→ HOCHSCHREIBE, → die Moderne, → die Politik, → ein neues System der menschlichen Welterfahrung.

präsentieren In der → Werbewirtschaft üblicher Ausdruck für einen Akt der → Repräsentation, durch den erhöhte → Präsenz, → Kompetenz und → Expertise signalisiert wird („Wir präsentieren Ihnen hiermit" usw.); als → Vertreterdeutsch auch in kulturwirtschaftlichen und politikbetrieblichen Idiomen gängig.

Präsenz (I) Universell anwendbarer Ausdruck für Anwesenheitsphänomene bei Abwesenheit ästhetischer Totalität und logischer Stringenz.
Patrick Schirmer Sastre schreibt von einem Autor, der offenkundig kein Jean-Paul Sartre ist: „In seinen Büchern versucht er, in die Psyche der Protagonisten einzudringen." Wie jedermann weiß, können Protagonisten das einem schwermachen, besonders, wenn man ihr Erfinder ist. Wie sieht so einer aus? „Er ist braungebrannt, hat den oberen Knopf seines weißen Hemdes geöffnet. Wenn Jauffret erzählt, gestikuliert er langsam, meistens mit einer Zigarette zwischen den Fingern. Er sieht so aus, wie man sich einen französischen Intellektuellen vorstellen möchte. Kein großgewachsener Mann, aber einer mit Präsenz, sehr nachdenklich." Der Interviewte zeigt aber nicht nur Präsenz, Mittelgröße und Nachdenklichkeit. Was er sagt, „klingt fast pathetisch, wäre das Thema nicht so ernst." Zu dieser erstaunlichen Logik der Präsenzpathetik gehört neben der Synthese von Indikativ und Konjunktiv auch, daß „der Autor in seinem Buch vieles infrage stellt, was während der Gerichtsverhandlung gegen Josef Fritzl im März ignoriert wurde". Infragestellung nicht von Behauptungen, sondern der Absenz von Behauptungen – ein weiteres Wunder der Präsenz! Ebenso wie das Fazit, das nicht Vorgänge oder Behauptungen, sondern einen Zustand resümiert: „→ Nichtsdestotrotz ... Es ist ein düsteres Fazit für unsere Gesellschaft."

(„Wegsehen und vergessen. Régis Jauffret arbeitet in seinem Roman ‚Claustria' den Fall von Josef Fritzl auf", in: *Berliner Zeitung* vom 5. Oktober 2012, S. 28)

Präsenz (II) Hochdeutsch: Präsens.

-präsenz Universalsuffix aus dem Wörterbuch des Wichtigtuers für ‚Gegenwart', d. h. für alles Mögliche, das sprachlos macht.

Präventionsbeauftragte Eine solche leistet sich die Odenwaldschule wie jede öffentliche Anstalt, in der man sich der eigenen „nachbürgerlichen Entwicklung erotischer Verfänglichkeit" (B. Strauß) bewußt geworden ist.
→ Eroskiller.

preisbereinigt Im Armuts- und Reichtumsbericht der Bundesregierung hieß es in der unveröffentlichten Version (17. September 2012): „Während die Lohnentwicklung im oberen Bereich in Deutschland positiv steigend war, sind die unteren Löhne in den vergangenen zehn Jahren preisbereinigt gesunken." Weil die Preise sich ungeachtet aller Einkommensbereinigung abgespreizt haben? Es spricht für das sprachliche Feingefühl der Beamten, wenn es in der veröffentlichten Version (6. März 2013) lautet: „Die Einkommensspreizung hat seit 2006, d. h. auch im Berichtszeitraum, nicht weiter zugenommen."

preisintensiv Klärt über die wahren Ursachen der Teuerung auf. Die Preise waren's, nicht ‚der Markt' oder gar der → Händler.
→ arbeitsintensiv, → kapitalintensiv.

Prenzlberg Häuslebauerdeutsch für ‚Prenzlauer Berg', aus authentischem, aber selten praktiziertem → BABYTALK der → ehemaligen Anwohnerschaft übernommen.
→ Bevölkerungsaustausch.

Presseschau Im westelbischen → Qualitätsradio gängiges Synonym für den Blick in Druckerzeugnisse von zuweilen kaum 35 000 verkauften Exemplaren. Als → ‚deutsche Zeitungen' zitiert der sog. → *Deutschlandfunk* an einem beliebigen Sommer- oder auch Wintertag, beispielsweise am 2. Februar 2017, zusammen mit der Weltpresse: *Neue Osnabrücker Zeitung, Landeszeitung für die Lüneburger Heide, Lübecker Nachrichten, Nürnberger Nachrichten.*

Primitivbürger Ein Ausdruck aus dem Diktionär jener → gutbürgerlichen → Aufklärer, die → Bürgerlichkeit als globales Daseinsziel nicht etwa für das Problem, sondern für die Lösung halten. Mit den daraus folgenden Schwierigkeiten der Realitäts→abbildung schlagen sich seit längerem allerlei → publizistische → Vertreter → der guten Gesellschaft (oder → der gesellschaftlichen Mitte) herum, solche vom schwarzbraunen nicht minder als vom rotgrünen → Rand. Nur der Mitte selbst fehlten lange die Worte für ihre Neigung zum Extrem. Schließlich fand das → gesamtheitlich liberale und somit auch → liberal-konservative Medialmilieu für seine wohlberedten Feinde den Ausdruck ‚P.', vermutlich eine Analogie zu dem etwas älteren → ‚Wutbürger'. Mit dem ‚P.' soll ein Bürger bezeichnet sein, der nicht den geistigen und moralischen Adel zeigt, zu welchem ihn sein Eigentum verpflichtet, ein Bürger mithin, der dem Proletarischen oder → Prollhaften zuneige. „Da helfen auch Ingenieur-, Doktor- oder gar Professorentitel nichts. Formale Bildung ist eben längst noch kein Ausweis für humanistische Bildung im Sinne der → Aufklärung. Aus dem → vermeintlichen Bildungsbürger wird so der reale Primitivbürger: ein Bürger

zwar, in der Regel → qua Geburt, aber einer, der nur auf seine Bürgerrechte pocht, ohne sich Gedanken über die damit einhergehenden Pflichten zu machen. Ein Bürger eben mit einem primitiven Verständnis davon, was es heißt, ein Staatsbürger, ein Citoyen im besten Sinne zu sein." (Liane Bednarz und Christoph Giesa, *Gefährliche Bürger. Die Neue Rechte greift nach der Mitte*, München 2015, S. 24f.) Der P. ist aber nicht nur primitiv im seelischen Innenbezirk, sondern auch unbeholfen im verbalen Ausdruck, wie das Aufklärerduo Bednarz/Giesa stilsicher darlegt: „Doch es kommt noch schlimmer: Fügt man all die Puzzleteile zusammen, ergibt sich letztlich ein Gesamtbild, das dem Primitivbürger nicht schmecken dürfte, stellt es ihn doch auf eine Stufe mit all denjenigen, die er zutiefst verachtet: missionarisch und dogmatisch wie die Grünen in ihren Anfangstagen, sprachlich auf dem Niveau herumgrölender Straßenpunks, mit demselben Bildungsproblem wie islamistische Gotteskrieger und erstarrt in → einer Art Götzenverehrung für den → ehemaligen kommunistischen Geheimdienstagenten Putin mit seinem Männlichkeitsgehabe. Und um dem Ganzen die Krone aufzusetzen, steht der Primitivbürger mit seinem Hass auf alle staatlichen Institutionen de facto stramm an der Seite von Linksextremen, bei denen in den 1970ern der ‚Schweinestaat' ein beliebter Kampfbegriff war. Man müsste lachen, wäre diese Kombination nicht so bitter im Abgang. → Die Mitte der Gesellschaft sollte eigentlich die Mehrheit der Bürger umfassen." (S. 24)
→ Bildungsbürger, → Bürgergesellschaft, → Schweinesystem, → Zivilgesellschaft; → Purismus.

priorisieren Verbalpassion, vielleicht sogar Wortprägung von Prof. Wolfgang Marquardt, Vorsitzender des Wissenschaftsrats („→ Herausforderung für die Politik: Zukunft und → Zukunftsfähigkeit des deutschen Hochschulsystems", in: „Zur Diskussion", *Deutschlandfunk*, 4. September 2013). Prof. Marquardts Ausführungen ließen keinen Zweifel daran, daß es sich hierbei um erste → Prioritäten handelte.

Priorität hat einfach alles, wenn man wichtig ist. Und die wichtigste Priorität heißt dann ‚erste Priorität', Interlinearübersetzung: erste Erstigkeit.

Prioritäten muß man im Westdeutschen setzen, wenn man vor Wichtigkeit nicht aus noch ein weiß. Im Hochdeutschen genügt der Singular.
→ Begrifflichkeiten, → Pluralisierung.

proaktiv Substantivbildung analog zu probiotisch: der Probiot, die Proaktive. Bedeutungsherkunft und Bedeutungsbildung von ‚p.' waren bis Redaktionsschluß nicht eindeutig zu klären; die gesichteten Verwendungskontexte ließen sowohl ‚Entschlossenheit zur oder vor der Handlung' als auch ‚Voreingenommenheit für eine Meinung' zu. Manche Linguisten halten p. für eine Begriffssynthese aus ‚probiotisch' und ‚verdauungsaktiv', mithin potentiell durchfällig. Da könnte es helfen, wenn die → City Toilette → fußläufig ist.
Einen eigentümlichen, weniger verbreiteten Wortgebrauch findet man in der kulturellen → Werbewirtschaft. Hier → meint ‚p.' die Fähigkeit, sich vertreten zu lassen, z. B. intellektuell. Eine p.e Intelligenz ist demzufolge eine Intelligenz, auf deren persönliche Anwendung man verzichten kann, weil sie übertragbar ist. Ohnehin sind Intelligenz, Kompetenz, → Expertise u. ä. die klassischen → Felder, auf denen sich der → Vertretertypus tummelt. Der Direktor der Stiftung Stadtmuseum Berlin, der aus → Weltoffenheitsgründen kein Berliner sein darf und nur westdeutsch spricht, ist auch Direktor des altehrwürdigen Märkischen Museums. Dieser Ausstellungsort zur Berliner Stadtgeschichte „soll ein städtisches Kraftzentrum werden" (Paul Spies, zit. nach: Nikolaus Bernau/Kerstin Krupp, „Berlin ist nicht nur schön", in: *Berliner Zeitung* vom 19. Juli 2017, S. 19). Was verbindet das Kraftzentrum mit der geplanten

Berlin-Ausstellung im → Humboldt-Forum? Spies: „Da kommt mir unser Humboldt-Raum im Märkischen Museum in den Sinn, in dem einige Forschungsgeräte sowie der Schreibtisch des großen Berliner Forschungsreisenden Alexander von Humboldt stehen." Frage: „Und wie war das bei den Vorbereitungen für das Humboldt-Forum?" Spies: „Dafür habe ich ein völlig neues Team aus sieben jungen Kuratoren zusammengestellt. Die waren proaktiv, hyperintelligent und kennen sich in moderner Museologie aus." Frage: „Wie sieht Ihre Rolle dabei aus?" Spies: „Ich bin nicht der große Kenner der Berliner Geschichte." (ebd., „Wir sind die Steckdose")

proaktives Kommunizieren Im → MEDIALDEMOKRATISCHEN sowie im subventionskünstlerischen → WÄCHTERSPRECH das nahezu etablierte Synonym für eine Kommunikationsstrategie, in der verbale → Entlarvung (vornehmlich → rechter → Gesinnung) und transverbaler Angriff (→ Pöbeln) verschmelzen. Beispielsweise erklärte Philipp Ruch vom „Zentrum für politische Schönheit", als es die Aktionen gegen seinen westelbischen Landsmann Björn Höcke zu → erklären galt: „Es geht um Ächtung. Das ist viel mehr als Diskursverweigerung. Das ist ein proaktives Kommunizieren." (*Deutschlandfunk*, 27. April 2018)
Der institutionelle Rahmen für p. K. sind oftmals Sender wie *DLF*, *ZDF*, *ARD*, den finanziellen Rahmen → schafft der monatliche Rundfunkbeitrag, von dessen Gegnern auch ‚Zwangsabgabe', ‚Zwangsgebühr' oder schlicht ‚räuberische Erpressung' genannt. Die Gewaltigen der → Qualitätssender suchten der Gebühr über ein sog. *framing* begrifflich einen neuen Rahmen zu geben: Die Vorfinanzierung der → qualitätsmedialen Leistungen durch 17,50 Euro pro Bürger/Monat heißt im *ARD*-Strategiepapier „Unser gemeinsamer, freier Rundfunk ARD" „eine proaktive, selbstbestimmte (da demokratisch entschiedene) Beteiligung der Bürger am gemeinsamen Rundfunk ARD". Ihrem festen Griff solle niemand entgehen: „Die ARD ist der verlängerte Arm des Bürgers." Ohne das westelbisch kulturtypische → Anduzen ist solche Armreichung freilich nicht zu haben: „Wir nehmen jeden ernst – auch Deine Oma." (zit. nach: *TAGESSPIEGEL online* vom 11. Februar 2019)
→ Bezahlsender, → Selbstbestimmung, → Selbstbewußtsein.

Problem- So heftig es insbesondere Westelbiens → Vertretertypus in fremde Intimsphären drängt, so verschämt und verstört geriert er sich in Situationen, die ihrerseits sein seelisches → Eigengut aufwirbeln könnten. → Das Fremde ängstigt ihn, vor allem als Phänomen außerhalb von Erwartung und Erfüllung, sprich: von → Angebot und Nachfrage. So bleibt es unsagbar, mithin unheimlich. Die west- und damit mehrheitsdeutsche Erfahrungsangst fand hierfür eine freilich nur verbale Lösung, jene Umtaufung von Nöten, Ärgernissen und Schicksalsschlägen in ‚Probleme', die Hans-Georg Gadamer um 1960 noch als ein ausschließlich philosophisches Sprachverhängnis interpretiert hatte.
Als Hauptwortteil verspricht ‚P.-' situative Distanz und sprachliche Überlegenheit bei minimalem Aufwand der Analyse. Die Tonspur des Mehrheitsdeutschen, namentlich des Mehrheitsdeutschen auf dem geistigen Wege aus der → Provinz in die Metropole, rauscht von semantischer Magie, eben Problemausdrücken. Das sind Ausdrücke, die Menschen und Dinge in P.e verwandeln und also bannen: Problembären, Problemkieze, Problemschriftsteller, Problemtäter, Problemverhandlungen; wortmagisch noch kräftiger wirkt das Adjektiv (Martin Mosebach am 9. Oktober 2015 im *Deutschlandfunk*: „Friedensnobelpreis, das ist ein problematischer Lorbeer").

Problematik Regierungsoffizieller wie → qualitätsmedialer → WICHTIGSPRECH für → ‚Probleme', häufig auch nur für ‚Problem'; Synonyme: → Themenfeld/Problemfeld.
→ Begrifflichkeiten.

Probleme Nachdem 1990, dank Aussicht auf Gratisstudium und Billigunterkunft, ein massenhafter → Zustrom westdeutscher → Studierender in die bildungsnahen Gebiete Deutschlands eingesetzt hatte, war an Universitäten in Leipzig und Berlin bald ein merkwürdiges Argot zu vernehmen. Hörzitate aus einem germanistischen Seminar dieser Zeit: „Also, ich hab da totale Probleme mit dem Thomas Mann, was der im *Zauberberg* so schreibt ...", „... unheimliche Probleme mit der Herangehensweise an die Texte und so ...", „... mit dem Buch, also mit der Aufgabenstellung, da hab ich Probleme mit". Bemerkenswert an der → durchwegs in → Pluralisierung ertönenden P.-Formel ist nicht nur hier, wie sich → BLÄH- und WICHTIGSPRECH mit Konsumentenhochmut verbindet, „weil, der Thomas Mann sagt das eben nie so direkt", wie das ein geistig „verbrauchter Verbraucher" (M. Ahrends) gern aufgetischt bekäme. Was im Häschenbau des universitären Westdeutschlands eher rührt, erschüttert im Haifischbecken → der Politik, wo es bei weitem nicht mehr nur den → Vertretern sog. linker Parteien entblubbert. Sämtliche Problembesitzbekunder → gehen nämlich davon aus, daß es grundsätzlich das Problem ihres Gegenübers sei, wenn sie selbst ‚Probleme haben'. In ebenso leidenschaftlicher wie handlungsunwilliger Erregung vorgetragen, ist das Haben ‚unheimlicher Probleme' originäres → Eigengut sozialpolitischen, aber auch → qualitätsmedialen → Anspruchsdenkens; deutlich aufzuweisen an den verbalen → Schnittmengen beider Regionen (→ GRÜNSPRECH, Claudiarothwelsch u. ä. m.).
→ abbilden, → Kein Problem!

Problemgebiete Anrainer der → Aufgabenbereiche und → Themenfelder.

Problemlösungshedonismus → BLÄHWÖRTER/BLÄHSPRECH.

problemlösungsorientiert Der Problemlösungsorientierte weiß wirklich, was er will, im Unterschied zum bloß Lösungsorientierten einerseits, zum Problemlöser andererseits. Wobei Problem *und* Lösung eine → Fragestellung zuverlässig einnorden können.

problemorientiert Sinnverdreher aus dem Wörterbuch des → WICHTIGSPRECHS; gemeint ist die Bereitschaft zur Lösung des Problems.

Problemstellung Hochdeutsch: Problem, Frage, Aufgabe; im modernen Westdeutsch → der Politik sowie der politikerörternden → Qualitätszeitungen stets in engem → Kontext mit → Fragestellungen in → sehr konkreten → Aufgabenbereichen erörtert.
Legion ist ‚P.' in der westdeutschen Philosophiesprache und den ihr nachempfunden Fachdialekten. Aus einem Messekatalog von C. H. Beck: „H.s außerordentliches Buch ist ein bedeutender Beitrag zu einer der wichtigsten Problemstellungen am Beginn des neuen, von Globalisierung geprägten Jahrtausends: wie das Politische auf Weltebene zu institutionalisieren ist, wenn wir seine stets mögliche andere Seite, den blutigen und glücksfeindlichen Welt-Bürgerkrieg verhindern wollen."
→ geprägt, → bedeutend.

Problemtext Semantisch diffus verklebtes Problemwort, das wahrscheinlich sowohl Texte zu → Problemen → meint als auch Texte, die Probleme → machen. Einen diesbezüglichen Deutungs→ansatz bot Marcus Staiger im → Qualitätsradio: Zwei preisgekrönte Rapper mit → Migrationshintergrund hätten → der Gesellschaft mit ihrer „Auschwitzinsassen"satire einen P. vorgelegt, einen Text nämlich, der auf bundesdeutschen → Bildungsnotstand in Sachen → Aufarbeitung wie hinsichtlich → migrantisch-stämmiger → Erlebniswelten inklusive → Diskriminierungs→strukturen → verweise („Neuer Antisemitismus – Befund, Analyse,

Verstehen. Folge 5: Rap – ein Zerrbild der Gesellschaft?", *Deutschlandfunk*, „Essay und Diskurs", 14. Juli 2019).
→ Hintergrund.

Problemviertel finden sich in der Wahrnehmungsvermeidungssprache von → Kölner Radioredakteuren, Problembären in der von bayerischen Ministerpräsidenten.

Professix Mündliche Form von ‚Professx', der durch Antje Hornscheidt (Professorin für Gender Studies und Sprachanalyse am Zentrum für Transdisziplinäre Geschlechterstudien an der Humboldt-Universität zu Berlin) entwickelten, nicht-diskriminierenden, weil nicht → gegenderten Anrede für ixgleichen.
→ antidiskriminierende Sprachhandlungen, → soziale Konstrukte; → ganz konkret, → total wichtig.

Profil, profiliert Im → qualitätsmedialen → SPREIZSPRECH häufig synonym mit ‚erkennbar', ‚prägnant'; der Komparativ des Partizips wird regelmäßig gebildet (‚profilierter/e'), der Superlativ unregelmäßig (‚prägendste').
→ geprägt.

Projekt 1. Blähwort: Vorhaben, Unternehmen, Arbeit, Plan. 2. Wortteil oder Teilwort in doppelmoppelnden → Zusammenhängen, vornehmlich der Subventionskunstszene: Buchprojekt, Tanzprojekt, Opernprojekt, Theaterprojekt; als Projektprojekt zugleich der semantische → Markenkern des → ANTRAGSDEUTSCHEN. Dank seiner einstigen Prominenz im existentialistischen Jargon umgibt das Wort P. bis heute eine Aura von Heroismus des Scheiterns, die auch im Bewilligungsfall leuchtet: Eine Karriere aus bewilligten P.en oder des → Projektemachens gleicht bis aufs Haar einem gescheiterten Leben. Dessen Hauptdarsteller, der Projektemacher, ist als Realtyp um 2015 so allgegenwärtig wie seit 1865 als Spottwort vergessen.

Projekt(e)kultur Im alternativen → ANTRAGSDEUTSCH fest etablierter Ausdruck für Subventionssubversivität; ein Sammelbegriff, der sämtliche Förderprojekt- und Projektfördertypen → abbildet.
→ ‚Kultur' als Metapher dessen, was jedermann fördert und niemandem wehtut, ist in Idiomen westdeutscher Bürger und Westberliner Bürgerkinder allgegenwärtig. Das Konzentrat der P. jedoch dünstet, tropft und glänzt nach wie vor in Berlin-Kreuzberg, von wo Ende 2018 ein Flugblatt in die öffentlichen Bibliotheken und sonstigen Kulturstätten wehte: „WIEDERSEHEN IN TUNIX! Eine Revision der Berliner Projektekultur HAU". Auf der Rückseite erklärte das Absendekollektiv den → heimatkünstlerischen Zweck seiner aktuellen → Performanz. Man beachte den Wechsel von P. in den Singular, welcher → ganz konkrete Förderwürdigkeit verheißt: „In einer Atmosphäre von Diskussion, Aktion und Party fanden [1978] lebhafte Debatten statt, neben der Gründung der Tageszeitung *taz* wurden unzählige selbstorganisierte Projektformen angestoßen. 40 Jahre später möchte das HAU bei ‚Wiedersehen in TUNIX! – Eine Revision der Berliner Projektkultur', initiiert und kuratiert von Heimo Lattner und Annette Maechtel, in unterschiedlichen Formaten den Projektbegriff auf seine politischen Anliegen hin befragen."
Der Rückgriff aufs *Wörterbuch des Unmenschen* (Sternberger: ‚Anliegen') zeugt ebenso wie der Förderverweis auf den Hauptstadtkulturfonds vom soliden Projektprojektstatus der geplanten Performanzpräsenz. Im Schutze des P.begriffs ist alles möglich, im Schatten der P.förderung das meiste machbar.

→ Format, → Freiraum, → Heimatliteratur, → Kleinkunst, → Kreuzberg, → Performance, → Westberlin; → -kultur, → Kunst und Kultur.

Projekte machen Mischformel aus → BABYTALK und → ANTRAGSDEUTSCH: überqualifiziert und unterbezahlt sein.

Projektion Sie ist durch einschlägige Fachleute (→ Aufklärung, → dekonstruieren, → PSYCHOSPRECH) jederzeit als → Konstrukt zu → entlarven, verheißt durch solche Entlarvung zudem eigene Entlarvungsimmunität.
Für die klassische Psychoanalyse Freuds gehört die P. zu den Mitteln, mit welchen sich ein bedrängter Narzißmus in einer nicht-narzißtisch organisierten, da dem Realitätsprinzip unterworfenen Welt zu behaupten sucht. Sowohl in seinen Idealbildungen als auch in seinen Verdammungen finden sich Selbstbilder, die entweder das imaginierte Selbst in Weltherrlichkeiten zu bewundern oder das verworfene Realselbst in imaginierten Weltscheußlichkeiten zu hassen erlauben. Einen gestörten, ‚verletzten', auf infantilen Ich-Stadien beharrenden Narzißmus konnten freudianisch Geschulte unschwer in westlichen Emanzipationsbewegungen nachweisen, insbesondere in der Emanzipation von geistig-moralischem Reifungszwang. „Wir wissen, daß bestimmte gesellschaftliche Modeerscheinungen die Verlängerung der Adoleszenz begünstigen und diese sogar zum Ideal erheben, mit allen damit einhergehenden individuellen und kollektiven Gefahren." (Béla Grunberger/Pierre Dessuant, *Narzißmus, Christentum, Antisemitismus*, Stuttgart 2000, S. 94) Die narzißtische Regression ins unversehrbare Ideal, etwa in einen realweltfreien „Kommunismus, der Spaß macht" (B. Röhl), kennzeichnete die westdeutsche → Achtundsechzigerrevolte, deren Gescheiterte im Westberlin der Frontstadtzulagen und Subventionssubversion jahrzehntelang eine gesicherte Existenz fanden. Das Leben in einer kleinstädtisch geprägten, ‚selbstbestimmten' Parallelwelt dank → schweinesystemisch finanziertem Reifungsaufschub entbarg Extremformen von Weltangst und Fremdenhaß, sprachlich faßbar in den P.en eigener Lebensuntüchtigkeit (W. Pohrt: → ‚Minderwertigkeit') auf fremde Menschen und Völker zumeist östlicher Provenienz (→ BITTERMANNLINKE, → Kreuzberg, → Selbstmitleid). → Im Hintergrund steht eine phantasmatisch geschlossene Existenz: Vorwendisch hatte Westdeutschland jahrzehntelang auf Kosten des gut weggesperrten Deutschlandrestes, Westberlin wiederum auf Kosten des dieserhalb gut gemästeten Westdeutschlands gelebt. Derlei sozioökonomischer Parasitismus zweiten Grades begünstigte ideologisch-kulturell einen spezifischen Provinz- und ‚Parasitenstolz' (G. Aly) mit hohem → Abschottungs→bedarf. In den Verwöhntheitsmilieus entstand eine Projektionssprache zweiten Grades, die Projektionsprojektion. Sie bedient sich psychoanalytischer → Begrifflichkeiten, um der naheliegenden Analyse ihrer selbst auszuweichen. Im politisch-kulturellen → PURISMUS ist der Terminus P. heute weithin etabliert. Die Verwendungslust, die er hier befriedigt, überschreitet seinen fachsprachlichen Bedeutungsumfang. So artikuliert sich beispielsweise die westdeutsche, insbesondere westberlinische Furcht vor Veränderungen, aber auch Verbitterungen, Enttäuschungen usw. am ‚westlichen Lebensstil', an seinen ‚Werten' und ‚Grundwerten' prinzipiell durch deren Externalisierung: Bedrohung aus dem Osten Deutschlands, Europas, der Welt. Mithin die P. von etwas → Anderem, die erträglich wird, wenn man sie nicht dem weltweiten Siegeslauf des höchsteigenen → Kapitalismus, sondern dessen Verlierern und den → Abgehängten → der Modernisierung zuschreibt, ja sie gar als → östliche Unwerte mit beträchtlicher Eigenständigkeit ausstattet (→ ANTIORIENTALISMUS).
Zunächst war es die Avantgarde der Ressentimentgeplagten, vulgo: die → Westlinke, die ihre nunmehrige → Unterwürfigkeit gegenüber dem → Schweinesystem, vulgo: dem Kapitalismus, den Ostblockvölkern unter die Nase rieb und sich über deren → zunehmend kapitalistische

Verhaltensweisen und nationalistische Neigungen empörte. Einer der beliebtesten Vorwürfe speziell gegenüber den → Zonis, erhoben etwa seitens der → Bittermannlinken und ähnlich kleinstadtgeprägter → Verbitterungsmilieus, lautete auf P. erlebter → Minderwertigkeit auf andere, weil ‚fremde' → Minderheiten. Der westlinke (linksbürgerliche, ‚linksliberale') Veränderungshorror und Fremdenhaß hatte sich hiermit gleichermaßen verbalisiert und camoufliert. Dadurch wurde er → qualitätsmedial mehrheitsfähig und zur Dauerfiktion eines → inneren Bonns. → Spätestens, seit → rheinisch-katholische Bigotterie ihren Mief übers ganze Land ausdünstet, also ungefähr seit 1991, formiert die P. reinheitstrübender → Minderheiten eine westdeutsche Mehrheitskultur. Es entstand der → Mehrheitsdeutsche, ein zugleich fremdheitssentimentaler und fremdenfürchtender Seelentypus, der kleine gegen große Minderheiten in Schutz, zumindest aber in sein großes, leeres Herz nimmt.
→ Abkapselung, → östliche Unwerte.

Projektkind Unter Beteiligten wie Betrachtern der → mehrheitsdeutschen Mütterszene ausschließlich ironisch-sarkastisch gebrauchter Ausdruck; er gilt den ambitionierten Nachgeburten persönlichen Ehrgeizes, wie er vor allem dem Milieu der → Spätgebärenden zugeschrieben wird.
→ Stillbeauftragte/Stillkommission.

Prolet Synonym für Nichtabiturienten und → Bürger ohne Bildung, das auch in → Qualitätsmedien → zunehmend dem → ‚Proll' weicht, gewiß bald auch in Mainzer → Qualitätszeitungen: „Gauland ist kein Prolet, sondern ein gebildeter Mann …" (*Allgemeine Zeitung*, zit. nach: → *Deutschlandfunk*, „Presseschau", 16. September 2017).
→ Bildungsbürger, → Kulturbürger, → Primitivbürger.

proletarisch Gesinnungs- als auch wissenschaftssprachliches Vorbild des alltagssprachlichen → ‚Proll'/‚prollig'; von dort → zunehmend semantisch zurückübertragen. Der so adjektiv- wie meinungsreiche Stil eines jüngstverstorbenen Mehrheitssozialdemokraten mag hierfür ein Beispiel geben: „In der aufgeheizten Atmosphäre des Frühjahrs 1968 wurde am 21. April ein Attentat auf Dutschke verübt, dem er fast zum Opfer gefallen wäre; die bleibenden schweren Schäden haben sein Leben bis zum frühen Tod verkürzt. Der proletarische Revolverschütze folgte offenbar seinem primitiven politischen Vorurteil, das in der Wahrnehmung der Studenten von der Springerpresse gezüchtet worden war." (Hans-Ulrich Wehler, *Deutsche Gesellschaftsgeschichte. Bd. 5: Bundesrepublik und DDR 1949–1990*, München 2008, S. 316)
→ Verproletarisierung, → Verwahrlosung und Gewaltbereitschaft.

Proletarisierung Mehrfachmorde an Neugeborenen sind aus dem pietistischen Württemberg wie aus dem katholischen Bayern vor und nach 1990 überliefert. Als ein ähnlicher Fall sich 2005 auch im brandenburgischen → Anschlußgebiet ereignete, lag die Erklärung eigentlich auf der Hand, so daß niemand danach verlangte. Ein Hobbyethnologe gab sie trotzdem: Die P., im Verein mit dem → Atheismus der → Zonis, führe zu vermehrter Gewalttätigkeit. Unter ‚P.' verstand Generalleutnant a. D. Jörg Schönbohm (gest. 2019) nicht etwa den Absturz des arbeitsfähigen Nachwendevolks ins arbeitslose → Prolltum der Nachmittagstalkshows und Vorabendserien, sondern den jahrzehntelangen Mangel an → Bürgerlichkeit, ausweisbar wesentlich an Geldvermögen und Glaubensbesitz. Der sprachlich wie argumentativ bemerkenswerte → Ansatz Schönbohms verdient es, wenigstens in Kernpassagen zitiert zu werden, zeigt er doch vorbildlich die Geburt kulturdiagnostischer Erleuchtung aus der Finsternis des → Dünkeldeutschtums: „Die ländlich strukturierten Räume Ostdeutschlands sind stärker verproletarisiert als ein eher städtisch → geprägtes Land wie Sachsen, wo ein

Teil des Bürgertums [Bähgida!] die SED-Diktatur überlebt hat. ... ich glaube, dass die von der SED erzwungene Proletarisierung eine der wesentlichen Ursachen ist für → Verwahrlosung und Gewaltbereitschaft. ... Mit der Kollektivierung der Landwirtschaft durch die SED in den 50-er Jahren ging der Verlust von Verantwortung für Eigentum her, für das Schaffen von → Werten." (zit. nach: *Berliner Kurier* vom 4. August 2005)
Schönbohm fühlte sich als evangelischer Christ und erwies sich als preußischen Junker. Geistesphysiognomisch unmöglich war ihm deshalb eine so kühne und kompetente Deutung brandenburgischen Nachwendeelends, wie sie der → Frankfurter „Katholik und Schriftsteller" (Verlagswerbung) Martin Mosebach gab: Ostdeutschlands Armut sei eine Frucht jahrhundertelang gepflegten Häretikertums (Luther! Friedrich II.!), die Deindustrialisierung „ein Erbe Preußens" und verdiente Strafe für die Ungläubigen, deren Arbeitseifer keine Religion befeuert habe.
Zu den Schwierigkeiten, die der westdeutschen Volkskunde durch das bürgerliche Sachsen erwuchsen: → Atheisten, → das Sächsische, → multikulturell, → Primitivbürger.

proletenhaft „Oft genug schlägt das Proletarische in Berlin um ins Proletenhafte, und das gilt auch für die so genannte bessere Gesellschaft", weiß der langjährige Leiter des *ZDF*-Studios Bonn zu berichten. Es fehle eben an „altem Bürgertum oder gar Adel", über welchen letzteren sich steuerzahler-, also zum Beispiel proletenfinanziert stundenlang Hofbericht erstatten ließe (Wolfgang Herles, *Wir sind kein Volk*, München ³2004, S. 187). Selbst die „Presse-Sex-Skandale" in Berlin hätten kein „weltstädtisches Niveau", meint der Mann von Welt, also aus Bonn.
→ Weltläufigkeit.

Proll, prollig In der Angst vorm Proletariat verlernte die bürgerliche Rechte ihren Ekel vorm rechten Pöbel. Immerhin weiß oder ahnt sie, was das ist, Proletariat. Die bürgerliche Linke will es nicht wissen; eine unangenehme Erinnerung daran, woher ihr Pathos der → verletzenden Verletzlichkeit geborgt ist. Zumindest eint → Westlinke und -rechte die heiße Liebe zu Arbeiterführern, die sich gegen Arbeiterregierungen empörten.
→ Arbeiteraufstand, → Bürgerlichkeit, → Faulheit, → Minderheiten, → Prolet, → Versorgungsmentalität.

Promotionshelfer Die unbekannten Samenspender einer Doktorvaterschaft inserieren gern in der *FAZ*, der Zeitung für die gebildeten Stände. Im Volksmund: Doktormacher.

Promotionskultur Die im → Unrechtsstaat promovierte Doktorin im Kanzleramt umgaben dank → Promotionshelfern und Zitatdiebstahl diverse Promovierte aus dem Westen, deren Promotionsschriften sich nach und nach als so hohl wie Westbrötchen erwiesen. Wo bleibt da die ‚P.', fragte sich nach Schavans Rücktritt der Präsident des deutschen Hochschulbundes im *Deutschlandfunk* („PISA plus", 9. Februar 2013). In anderen Ländern käme man dafür mit schlichtem Anstand hin.
→ Verwundungen, Verletzungen, Empfindungen.

Prostitutionslandschaft Mehrere Meinungsforschungsinstitute brachten es zu den Einheitsjubiläen 2009 und 2010 an den Tag: 18 Prozent der deutschen, jedoch 40 bis 50 Prozent der westdeutschen Frauen gaben an, daß Eheschließung ihnen primär eine Geldsache bedeute. Die westdeutschen Männer waren über ihre Heiratsgründe nicht befragt worden. Noch immer gilt einer → bürgerlichen Gesellschaft als Prostitution ausschließlich der Verkauf eines *Teils* der Person, in der Regel des Körpers, während → ganzheitlicher Selbstverkauf unter Titeln wie ‚Karrierebereitschaft', ‚Erfolgsorientiertheit', ‚Aufstiegsentschlossenheit', ‚Selbstverwirklichung' u. ä. m. firmiert.

Der tradierte, als Frauensache akzeptierte oder perhorreszierte Teil-Selbstverkauf im grenznahen Verkehr hat der BRD nicht nur die Verachtung französischer Innenpolitiker, sondern auch den Zorn osteuropäischer Frauen- und Menschenrechtsverbände zugezogen, denen ‚Deutschland' längst zum Synonym für Zuhälterbegünstigung wurde. ‚P.' ist in bundesdeutschen Landen als → durchaus deskriptiver Terminus in Gebrauch, bei der Kriminalpolizei nicht weniger als in der Fachliteratur und bei Fachverbänden. "Kassandra e. V.", das "Kompetenznetz HIV" oder "Sisters e. V." sind besorgt über den naturbelassenen Zustand der bundesdeutschen P.; die letztgenannte Organisation benutzt das Wort sogar in ihrer "Stellungnahme zur Anhörung zum Entwurf eines Gesetzes zur Regelung des Prostitutionsgewerbes" gegenüber dem "Ausschuß für Familie, Senioren, Frauen und Jugend" (Drucksache 18(13)76 i). Ist ‚Prostitution' also eine Metapher für das Land oder das Land eine Metapher für ‚Prostitution'? Von der Verwischung der Grenze zwischen Metonymie und Synekdoche sprechen weitere Landschaftsdoppelwörter: → -landschaft.

protektionieren Die mit → extremem persönlichen Einsatz abschreibende Netzfischerin Helene Hegemann bedurfte für ihren Medienerfolg keiner → Netzwerkereien, wie einer ihrer Verwandten klarstellte: „Ich mußte meine Tochter nicht protektionieren, ihr Buch spricht für sich selbst." (Carl Hegemann gegenüber *Deutschlandradio Kultur*, 2009)
→ editieren, → interventionieren, → selektionieren.

Protest Zunächst im idiomatischen → Achtundsechzigernachhang, dann im → MEDIAL-DEMOKRATISCHEN der meisten → alt(west)deutschen → Meinungs-, → Gesinnungs-, → Bekenntnis- und → Positionierungsmilieus ein positiver Wertbegriff. Sein Sinn ist allumfassend: Das Objekt des P.s wird gar nicht mehr erwähnt, P. ist somit Universalformel → progressiven Ausdruckswillens. Als Tonprobe der → qualitätsmediale Aufruf zu einer Demonstration gegen → Dunkeldeutsche, gegen die „man sich öffentlich → verwehren [sic!] muss. Hier gilt es doch, → Gesicht zu zeigen." Näherhin: „Protest heißt: → Deutungshoheit verteidigen." (Petra Kohse, „Alle Arten von Glitter", in: *Berliner Zeitung* vom 25. Mai 2018, S. 21)

Provinz Nichts verrät nationale Sonderschulherkunft so zuverlässig wie das eifrige Verlangen, nicht auf dem nationalen → Sonderweg zu sein, nichts enthüllt den Provinzler so gnadenlos wie das dem Ausland abgenötigte Attest, er sei nun gewiß kein Provinzler mehr. Zwei Einleitungen zu völkervergleichenden Meditationen:
„Als die Mauerspechte am Werk waren, war zufällig Marc Dachy bei mir zu Besuch. In Frankreich ist er ein → bedeutender Dada-Spezialist. Er hat schon zahlreiche Bücher über dieses Thema herausgegeben und geschrieben. Natürlich pilgerten auch wir zur Mauer" usw. usf. (Klaus Bittermann, *Unter Zonis. Zwanzig Jahre reichen jetzt so langsam mal wieder. Ein Rückblick*, Berlin 2009, S. 7)
„Stil aber als Kapazität der Selbstdarstellung ist etwas Höheres ... Was es nicht ist, wurde mir deutlicher, als ein mir befreundeter Bankier, Chef einer süddeutschen Landesbank in London, zur Eröffnung seiner Repräsentanz Vertreter britischer Privatbanken und Kollegen aus der deutschen Zentrale einlud. Will man das Defizit der deutschen Teilnehmer auf einen Begriff bringen, so lautet er: Mangel an Ausdrucksvermögen, Mangel, über die eigene Situation hinauszuwachsen und seine [!] Authentizität → sozusagen zu stilisieren und in Haltung und Sprache → Autorität zu verbreiten ..." (Karl Heinz Bohrer, *Großer Stil. Form und Formlosigkeit in der Moderne*, München 2007, S. 13)

Der – dank doppelter Systemerfahrung – volkspsychologisch geübte Leser hat es sogleich erkannt: Beide Texte stammen von westdeutschen Autoren, beide behandeln → die Deutschen → durchwegs als → die anderen, beide wollen durch Ranwanzen ans Ausland so etwas wie Distanz, Höhenluft, Überblick, kurz und dumm: → ‚Weltoffenheit' simulieren. Die Anrufung des dritten westlichen → Alliierten in beiden Büchern läßt ahnen, wie ihre Autoren den Namen ‚Singer' aussprechen würden: prinzipiell mit aufgeweichtem Konsonanten, also falsch-‚amerikanisch', also westdeutsch.

Provinz ist kein Schicksal. Sie wird es, wenn ihre Bewohner sie nicht → anzunehmen verstehen. Das beispielsweise haben die → Rammsteiner verstanden, die ein exporttaugliches Deutschland teutonischer Eingeborenheit erfanden und damit die Welt beglückten. Das → Ressentiment englisch radebrechender Pop-Kritiker gegen das Erfolgssextett (prototypisch: Jens Balzer über → identitären Lärm und anti→emanzipatorisches Muskelfleisch) zeugt von der entgegengesetzten Kulturbewegung, vom Versuch nämlich, durch Imitation → Anschluß zu gewinnen an einen Zug, der → spätestens 1989, wenn nicht schon 1949 abgefahren war. Doch wer in Tokio, Moskau, Nîmes, London, New York will gesungenes ‚Kölsch' (BAP) oder genuscheltes Ruhrpöttisch (Grönemeyer) oder niedersächselnden Hardrock hören? Wie selbstbewußte und also selbstironische Bejahung eigener → Provinzialität in die Welt führen kann, hätten besagte Regionalrocker bei Ultraautochthonen aus Texas wie Billy Gibbons (ZZ Top) lernen können. Die Selbstverleugnung des → Miefigen, Stickigen, Kleinlichen, eine Grundstruktur westdeutschen Kulturstrebertums seit den 1960ern, konserviert es gerade; sie wendet geistiges Siechtum zum seelischen Untotendasein. Bereits der deutschsprachige Ausländer registriert das Gespenstische einer → Provinzialität, die sich selbst weder erkennen will noch vergessen kann.

Nicht allein durch ihre Weigerung, die eigene Provinzialität reflexiv zu steigern und dadurch mit intellektueller Würde zu tragen, bleibt westdeutsche P. eine für sich selbst undurchschaubare Daseinskondition. Sie steckt auch in ihrem zweideutig raumzeitlichen → Selbstverständnis fest: Westdeutschland ist das Land, das nicht mehr sein will, was andere immer noch sind. Statt der primärprovinziellen Überzeugtheit, → einzigartig zu sein oder wenigstens besser als alle anderen, ist das → Selbstbewußtsein der sekundären (abgeleiteten) Provinzialität auf die schlechtere Vorzeit oder den ärmeren Landesteil angewiesen. Nicht das Bewußtsein originärer oder – wie in klassischen Zeitaltern – reflexiv erschaffener Provinzialität, der Versammlungsort des Besten zu sein, sondern die Hoffnung, daß es anderswo, aus anderer Zeit vom Schlechten noch mehr gebe, muß die → Identität des → Mehrheitsdeutschen sichern.

→ Anbiederei, → blaß, → grau, → Grosser Stil, → immer mal wieder, → Nation, → Provinzialismus.

Provinzialismus Polemischer Zentralbegriff der westdeutschen Universalprovinzialität, vor allem Karl Heinz Bohrers.
→ der Westen, → Ernstfall, → Halbtrocken, → mon chérie, → Maulheldisch, → weltgefährlich.

Provinzialität Polemischer Regionalbegriff der westdeutschen Universalprovinz, der auf die Ablösbarkeit des Provinziellen von der Provinz zielt und sodurch das → falsche Bewußtsein einer Provinzüberwindung → generiert.

In zentral gelenkten Staaten bedeutet der Gegensatz von Nicht-Provinz und → Provinz zugleich einen von Hauptstadt und Landesrest oder von Stadt und Land. Anders steht es mit Staaten, zu deren Metropole mit Bedacht eine Provinzstadt erwählt worden war und die mit diversen Landeshauptstädten zugleich verschiedene Arten von Provinzialität ermöglichen. Was Provinz und Provinzialität seien, läßt sich dann kaum noch in Definitionen aus schlichter Entgegensetzung sagen. Westdeutsche Provinzler attestieren einander traditionell Provinzialität ob landschaftlicher Herkünfte, wobei sich gerade durch die Manier, alle Bewohner anderer Provinzen zu Provinzlern zu erklären, eine → robuste Universalprovinzialität offenbart. Diese war der hohen Abstraktheit des westdeutschen → Provinzialismus förderlich. Während man beispielsweise in Südfrankreich oder Ostdeutschland die Provinz hinter sich läßt, indem man in die Hauptstadt zieht, ist die westdeutsche Provinz mangels nicht-provinzieller Hauptstadt seit je gezwungen gewesen, irgendeine Stadt als universelles Gegenstück der westdeutschen Provinz zu halluzinieren. So konnte → *Westberlin*, abgesehen von seinen finanziellen Polsterungen und wehrrechtlichen Verwöhnungen, zum Sammelbecken einer westdeutschen Provinz werden, die sich als solche enthüllt, indem sie keine Provinz mehr sein will: Dem Zuzügling ward nichts als ein schlichter Ortswechsel abverlangt, um sich des autochthonen Provinzlertums ledig zu fühlen. Dieselbe Abstraktheit der westdeutschen Provinzurbanität war es aber auch, die unter den versammelten Provinzlern zu erbitterten Auseinandersetzungen um die Originalität der eigenen Nicht-Provinzialität führte. Deren einzig positives Merkmal war es ja, zwar Westdeutscher, aber nicht mehr in Westdeutschland zu sein. Daraus erklärt sich die Besonderheit der von Westdeutschen in Westberlin produzierten → Kunst und Kultur, vor allem der Literatur. Sie kreist seit Jahrzehnten um sich selbst oder um die Frage, wer als genuiner Westberliner Provinzler berufen sei, von seiner Nicht-Provinzialität literarisch Zeugnis abzulegen, mit anderen Worten: wer die westdeutsche Provinz und damit – so der westdeutsche Glaube – jegliche Provinz hinter sich gelassen habe. Der Ankunftstermin in Berlin (West) ist hierfür längst nicht mehr als einziges Kriterium akzeptiert. In der westberlinischen → HEIMATLITERATUR etwa einer Iris Hanika (geb. in Konstanz) ringt der Stolz darauf, westberlinische und nicht westdeutsche Provinz zu sein (*Das Eigentliche*, Graz 2010), mit dem Schmerz darüber, bei der Übersiedlung aus nordamerikanischer Universitätsprovinz an eine westberlinische Provinzuniversität dort alteingesessene westdeutsche Provinz angetroffen zu haben, die der eigenen Provinzialität einfach nicht gewahrzuwerden geruht (*Wie der Müll geordnet wird*, Graz 2015). Hanikas seit dreißig Jahren um ihr In-Westberlin-Sein kreisendes Schreiben ist für die Provinzialproblematik vorbildlich: Der Sprung aus Westdeutschland nach Nordamerika und zurück unter Überspringung aller → nationalen (vaterländischen) Verlegenheiten bezeichnet die intellektuelle Normalbiographie des Mehrheitsdeutschen. Hingegen ist die Klage über den → massiven Nachzug von Westdeutschen nach Westberlin 1990ff. für die Ängste des lokalen → Jammerwessis, etwa aus → Kreuzberg, typisch. Wenn alte und neue Westdeutsche in Westberlin einander vorhalten, ‚Provinz' zu sein, weil es an echter Berlinkompatibilität fehle, dann ist davon der ältere → ‚Provinzialismus'vorwurf zu unterscheiden, den der Bohrersche *MERKUR* jahrzehntelang für Abweichungen von nordamerikanischer Politik-, Moral- und Kulturprovinz bereithielt (→ der Westen). Was die ideologischen Provinzler Westdeutschlands eint, ist die Berufung auf befreundete Ausländer, die ihnen jeweils die eigene, so ganz deutschenuntypische Nicht-Provinzialität bestätigt hätten.

provokativ ist garantiert provozierender als ‚provokant'.

provokatorisch → ADORNITISCH (oder adornatorisch?) für → ‚provokativ', häufig so bei Karl Heinz Bohrer (→ HALBTROCKEN).
→ emanzipatorisch.

-prozeß Eine Eigenart beim → Umgang mit diesem Füll-, Spreiz- und Blähwortteil ist die jeweils ausschließlich plurale oder singulare Handhabung: Wenn z. B. eine Andrea Nahles wieder einmal einen „Klärungsprozeß beschleunigt zu Ende bringen" will (zuletzt: *Inforadio*, 5. November 2018), dann kann man sicher sein, daß in ihrem Privatpolitwortschatz → durchwegs singulär prozessiert wird; ein Alternativbeispiel vgl. zwei Zeilen weiter.

-prozesse Die als Stilblütenzüchterin und darin echte Landestochter bereits beispielhaft erwähnte Martina Kessel (→ dethematisieren, → -arbeit, → umgehen) spricht in ihrem Werk *Langeweile* (2001) von: Akademisierungsprozessen, Bürokratisierungsprozessen, Entindividualisierungsprozessen, Differenzierungsprozessen, Individualisierungsprozessen, Modernisierungsprozessen, Institutionalisierungsprozessen, Demokratisierungsprozessen, Subjektivierungsprozessen, Professionalisierungsprozessen, Rationalisierungsprozessen, Pluralisierungsprozessen, Internationalisierungsprozessen, was uns bis S. 16 überhaupt noch nicht langweilte.

PSYCHOSPRECH Kompensationsideologie unverrückbarer Verhältnisse; Ausdruck → falschen Bewußtseins und zugleich der richtigen Ansicht, daß man sich selbst leichter ändern kann als die Welt, sein Leben oder seinen Chef.
Bei physischen Schmerzen muß man neben seinen Leib treten und aus ihm den Körper machen, über den man zum Arzt spricht, bei psychischen Leiden müßte man neben seine Seele (seine Persönlichkeit) treten und sie ins Wort fassen können. Ganz und gar gelingt dies allein → MEHRHEITSDEUTSCHEN, die von klein auf angehalten sind, ihre Persönlichkeit als Gesamtpaket darzubieten, auf → ADORNITISCH: sie ‚sich selbst zu entfremden'. P. erlaubt die seelische Selbstvorführung in Wörtern und Sätzen; eine Distanzierung von der eigenen Persönlichkeit, bei der real nichts geändert wird und verbal alles möglich scheint. Als Dialekt der seelischen Selbstbefingerung vor Publikum bedient P. ein im Westen → tiefsitzendes Bedürfnis. Dadurch konnte P aus den Therapiegruppen mit ihrem seelischen → DUZTERROR in verschiedenste soziale Milieus gelangen. Er hat sich zum → SPREIZSPRACHLICHEN Universaldialekt entwickelt und als solcher → das BETROFFENHEITLICHE, durch dieses wiederum → FROMMSPRECH, → HABERMASDEUTSCH und → TUTZING bereichert. Konversationsformeln des P.s finden sich mittlerweile sogar in Interviews mit Politik- und Wirtschaftsgewaltigen: „Was macht das mit Ihnen?", „Wie gehen Sie damit um?" (Stichproben aus *Handelsblatt, Frankfurter Rundschau, DIE ZEIT* in den 2010er Jahren) Auch die Mixtur aus → Verdrucksheit und Anmaßung, wie sie das Lieblingsteilwort des P.s, nämlich → ‚-arbeit' bezeichnet, hat längst ihren Weg in die sprachliche Mehrheitsgesellschaft gefunden: Gefühle sind zulässig, sobald man bei ihrer Expression nicht mehr befürchten muß, seine Zeit (und damit Geld) zu verschwenden; Gefühle sind mithin – wie Seelen überhaupt – etwas, woran, womit und wofür man *arbeiten* muß. P. erleichtert Ichspaltung und Weltverdoppelung: Spüren Sie, was Sie gerade empfinden! Hören Sie, was Ihre Gefühle Ihnen sagen wollen! Trauern Sie, wenn Sie traurig sind!
Der psychosprachliche Verbengebrauch begünstigt Verbindungen mit dem Reflexivpronomen (→ ‚sich annehmen', ‚sich einlassen', ‚sich öffnen') und ein aufdringliches Pathos der → Gelassenheit (‚Gefühle zulassen', ‚mit Verlust → umgehen'). Der so gewonnene Gefühlsrohstoff wird rascher Verwertung zugeführt. In dieser wirkt unverkennbar das Vorbild der protestantischen Bibelauslegung und ihrer Assoziationsexzesse nach, über deren Leichtfertigkeit sich als Intimkenner bereits Friedrich Nietzsche geärgert hatte. In der Weltanschauung des P.s gibt es keinen mentalen oder verbalen Abfall, ein jegliches fügt sich zum Ganzen. Verwertungsdenken → total, auch in der Gegenrichtung: Was immer in der Seele auffindbar ist, es → verweist auf den schmerzenden Punkt. Wie im verwandten Dialekt des → GANZHEITLICHEN ist kausales Denken verpönt, sofern es nur von Einzelnem zu Einzelnem führt. Zulässig hingegen ist jene Kausaldeutung von Leid, in der das

Einzelne sogleich aufs falsche Ganze verweist und man zu jedem Zahnwehgeplagten sagen kann: „Du mußt dein Leben ändern!"
Zur popkulturellen Variante: → Möchtest du darüber sprechen?

Publikationsliste Wenn jemand die Vergleichskonjunktionen ‚als' und ‚wie', die Indefinitpronomen ‚wieviel'/‚zuviel' und die Mengenangabe ‚wie viele'/‚zu viele', die Partizipien ‚verwandt' und ‚verwendet', den nachgestellten Genitiv und den nachgestellten Dativ nicht auseinanderhalten kann, ‚Dossiers' für den Nominativ Singular von ‚Dossier' hält, wenn er Nominativ und Akkusativ bei identischem Satzsubjekt verwendet, mit → ‚unverzichtbar' und → ‚zunehmend' nur so um sich wirft, wenn er Präpositionen („blanke Habsucht auf westlichen Ramsch") so wenig zu handhaben weiß wie die Pluralbildung bei Adjektiven („die dem blond und blauäugigen Ideal nur in Ausnahmefällen entsprach") oder das Geschlecht bei Possessivpronomen (‚dessen'/‚deren'), wenn er ‚tun' als Universalverb benutzt („der nichts weiter tat als eine dringend nötige Abmagerungskur"), gern ‚k' statt ‚ck' (‚Rennstreke') sowie ‚totsicher' statt ‚todsicher' schreibt, das ‚psychologische Befinden' sagt, wo er ‚das psychische Befinden' meint, wenn er das Fremdwort ‚Nomenklatura' für maskulin hält und nicht nur auf ‚trotz', sondern auch auf ‚entgegen' den Genitiv folgen läßt (‚entgegen aller Gerüchte'), wenn so einer schließlich zwischen ‚einsichtig' und ‚einsehbar' nicht unterscheiden kann und auf Kommasetzung gern vollständig verzichtet, dann kommt er wahrscheinlich aus dem Land Edmund Stoibers, lebt womöglich in Berlin-Kreuzberg und heißt gewiß Klaus Bittermann. Der Westberliner Kleinverleger und -publizist, der leserbrieflich gegen Kritik an seinen Produkten einwendet, er produziere *Literatur* und verdiene daher *Literaturkritik* (*taz* vom 14. November 2009), hat nicht nur grammatikalische → Probleme. Auch Politiker aus der jüngeren deutschen Geschichte (‚Honeker') und sogar aus dem heimisch-heimeligen Westberlin (‚Landowski') weiß er nicht recht beim Namen zu nennen. Jahrzehnte nach dem *Stern*-Skandal ist Bittermann zudem überzeugt, daß *DER SPIEGEL* „die Goebbels-Tagebücher vorabdruckte".
Die Stichproben entstammen den Eingangs- und Ausgangspassagen der Aufsatzsammlung *Geisterfahrer der Einheit. Kommentare zur Wiedervereinigungskrise* (S. 7f., S. 16, S. 22, S. 24f., S. 35, S. 37, S. 110, S. 120, S. 126, S. 133, S. 144f., S. 150–152, S. 154, S. 157, S. 161), die Bittermann wie stets im eigenen Verlag erscheinen ließ. Man mag es wenig mitfühlend finden, daß hier aus einem 1995 erschienenen Werkchen zitiert wurde. Doch Bittermann läßt es sich nicht nehmen, seinen volkskundlichen Essay immer wieder, in veränderter Reihenfolge, aber mit unveränderter Rechtschreibung, zumeist bei sich selbst (nur echt in Großschreibung: EDITION TIAMAT) zu verlegen. Das Zitierte erschien bereits 1993 *(Der rasende Mob)*, dann nochmals 1999 *(It's a Zoni)*, 2009 *(Unter Zonis)*, 2015 („Derzeit und → immer mal wieder […]", in: *Neue Rundschau* 8/2015); mit Postproduktionen wird gewiß auch 2020 und 2029 zu rechnen sein. Ein Fall von → extrem ausgeprägter sprachlich-geistiger Anspruchslosigkeit und → Versorgungsmentalität?
Bleiben wir beim Phänotypischen. Neben dem → aphorismenschreibenden Studienrat und dem → LESERBRIEFschreiber mit Abitur gehört der schriftstellernde Verleger zum → Markenkern → MEHRHEITSDEUTSCHEN → Kulturkleinbürgertums. Es huldigt derselben Wirtschaftslogik wie das heimische → Besitzbürgertum: Verwertung statt Wertschöpfung. Ihr geistesbetriebswirtschaftliches → Paradigma ist und bleibt die P.
Was im außerwissenschaftlichen Meinungsgewerbe, wie am Fall Bittermann zu besichtigen, ein gelegentliches Extrem ist, nämlich Publizieren weit über die eigenen geistig-sprachlichen Kräfte hinaus, das bedeutet westdeutschen Jungwissenschaftlern → spätestens seit der Universitätsreform der 1970er Jahre ein zwingendes Gebot: Man häuft Veröffentlichungen, man nennt seine Häufungen, man → verweist auf die Nennungen. Das → generiert groteske,

aber ganz und gar gewöhnliche Wissenschaftskulturblüten wie Pseudo- und Selbstzitation (N. Lammert, A. Schavan) sowie das grassierende Rezensionswesen. Neu- und Unbelesene müssen hierbei zumeist über das Schaffen von fachlich Kompetenteren urteilen. Die Verwertungszwänge des westdeutschen Wissenschaftsbetriebs setzen sich direkt in Meinungs-, freundlicher: Beurteilungsexzesse um, die – hier schließt sich der Kreis zum Heimatautor Bittermann – den charakteristischen Tonfall von Kleingeist und Größenwahn begünstigen. → immer mal wieder, → JOVIALSPRECH, → SCHNÖSELSPRECH; → Verwundungen, Verletzungen, Empfindungen.

Publikumsblätter Massenpresse, Schmuddellektüre. Näheres: → Qualitätszeitungen.

Publizist Einstufungsklasse der Künstlersozialkasse; oft Selbstbezeichnung eines Journalisten, der gern → Autor geworden wäre. Die semantische → Schnittmenge dieser und weiterer Berufsbezeichnungen der → kreativen Klasse schwankt. Nicht selten erscheinen sie als Aufzählung und suggerieren somit gegenseitige Ausschließung. „Richard David Precht, geboren 1964, ist Philosoph, Publizist und Autor und einer der → profiliertesten Intellektuellen im deutschsprachigen Raum." (Schutzumschlag zu ds., *Erkenne dich selbst. Eine Geschichte der Philosophie*, Bd. 2, München 2017)

PUERILSTIL (INFANTILSTIL, INFANTILISMUS) ist der → emotionale Humus, aus dem die Sprach- und Denkeigentümlichkeiten → MEHRHEITSDEUTSCHER erwachsen. Der P. umfaßt weit mehr als → BABYTALK oder diverse Signale sprachlicher → Unterwürfigkeit, kindchenhaften Ankuschelns, Nachsprechens, Ranwanzens usw. Er beherrscht idiomatisch → spätestens seit den Spätsechzigern die → Qualitätsmedien und → die Politik der BRD, wurde hier zugleich rhetorisches Treibmittel wie Medium → alt(bundes)deutscher → Selbstverständigung. Eine Neigung zu verbalen Trotz- und Abwehrgesten ist kulturtypisch (→ Haß und Verachtung).
Sie „sind selbstgerecht, weinerlich, ressentimentgeladen, verstehen nichts von Demokratie und Pluralismus, sind allein schon wegen der Entchristlichung unkultiviert, weil man das Abendland ohne Christentum nicht versteht, haben nie die eigene Diktatur aufgearbeitet, geschweige denn die davor und sind habituelle Heuchler." (anonym, zit. nach: Regine Sylvester, „So, das fürs Erste", in: *Berliner Zeitung* vom 27. Oktober 2016, S. 8) Nicht zum ersten Mal wird hier eine Minderheit für das gewiß berechtigte → Minderwertigkeitsgefühl einer Mehrheit haftbar gemacht. Einer Mehrheit, die ihrerseits niemals für etwas haften wollte. Die Frage, warum ein Text wie der soeben zitierte auch fast 30 Jahre nach dem → Anschluß allein der Feder eines *west*deutschen, mithin gegen Selbstreflexion abgesicherten → Intellektuellen entflossen sein kann, lenkt den Blick auf systemische Deformationen. Westdeutschland hatte sich aus der gesamtdeutschen Geschichte befreien lassen (→ die Alliierten, → jazzen); die Bundesrepublik wurde gegründet als geschichts-, erfahrungs-, demzufolge auch verantwortungsfreier Raum. Wer sich jahrzehntelang niemals für etwas verantworten mußte, der denkt, schreibt und spricht anders als Leute, die allumfassende Haftbarkeit erfahren durften. Auch Dezennien nach dem Beitritt verbleiben die → publizistischen → Vertreter Westdeutschlands in zwar nicht selbstgewählter, aber durch → Aufarbeitungsstau selbstverschuldeter Regression. Sie wirken, → zumal wenn es um die ostdeutsche Minderheit geht, in ihrem Sprechen und Schreiben (das Denken bleibt unsichtbar) zwangsläufig unreifer, weniger ‚erwachsen', kurz: pueril. Der intellektuelle und moralische P., der sich rhetorisch in → BABYTALK, → SCHMÄHSPRECH u. ä. Dialekten, politisch beispielsweise im ungebrochenen → ANTIORIENTALISMUS ausdrückt, entspricht der von klein auf erfahrenen Nichthaftbarkeit. Gerade weil der Vernichtungswille dank rechtsstaatlichen Schranken niemals ins

Reale, Fühlbare übergehen kann, tobt er verbal um so haltloser; die Seele bleibt innerlich ohne Nuance, wie sie jede Rücksicht oder Hemmung entwickeln würden.
Machtlosigkeit des Geistes als intellektuelle Initialerfahrung, Macht- und Vernichtungsgehabe der Geistestäter als Dauerattitüde: Die Verbalpöbelei bis in → die gute Gesellschaft (und gerade dort) zeigt das entmündigte, durch seine Medienmacht aber zugleich verwöhnte, daher um so bösartigere und stets unzufriedene Kind. Es erhielt keine Chance geistiger, geschweige seelischer und moralischer Entwicklung. Die Dressur zum Hochschreiben durch Niedertreten ist in jungen Jahren vollendet; performative Frühreife und intellektuelle Stagnation bezeichnen die Durchschnittsvita des mehrheitsdeutschen → Publizisten. Er bewegt sich nicht in einem Raum gemachter Erfahrungen, sondern machbarer Fakten; → Performanz ersetzt Semantik und spricht dennoch die Dialekte der → Bedeutsamkeit. Die Welt, in der das böse Kind lebt, ist die Wahrheit seiner Wünsche. Für den Infantilschreiber kann es weder eine objektive, widerständige, von den eigenen Wünschen unabhängige Wahrheit geben (über die er sich dann z. B. moralisch hinwegheucheln müßte) noch eine läuternde Selbstbegegnung mit dem eigenen Groll (→ Ressentiment), der eigenen Unzufriedenheit. Seine Raserei bliebe ziel- und gegenstandslos, wenn er galligen Seelenglibber nicht in den diskursiven Raum erbrechen könnte, wo das Erbrochene dann glatt und fest als Feindbild steht. Trotz habitueller Gehässigkeit verharrt der Verbalinfantilist im Stande intellektueller und spiritueller Unschuld; schuld sind stets die anderen.
Eine Haltung, die im Orienthaß des oben zitierten Springer-Schreibers nicht weniger wirksam ist als in den → Diskursen der Entschuldigung, die westdeutsche Wissenschaftssimulanten, Steuerbetrüger und sonstige → Vorteilsritter nach entdecktem Fehlverhalten offerieren. Ein → Pluralismus wie der von Senf und Ketchup zementiert die infantile Mentalität schließlich in → der Politik. Der ‚wählende' Infantilist steht nicht für sich selbst ein, er läßt sich *vertreten*. Doch auch seine → Vertreter müssen für nichts einstehen, denn niemals wird eine Partei – ein Teil des Ganzen – sich für ihre Wirkung aufs Ganze verantworten müssen. Mitarbeiter oder Widersacher, Koalition oder Opposition sind schuld.
→ Ernstfall, → Halbtrockenes, → Hochschreibe, → ich-stark, → Selbstverwirklichung.

pur Zunächst vor allem im Westdeutsch der → Werbewirtschaft dem Substantiv unflektiert nachgestellt; in dieser Form bis ins → elegante Deutsch der Mosebach, Lewitscharoff & Strauß senior vorgedrungen; vgl. etwa letzterer: „Ich wollte es pur: alles, was den Ring schließt. Das Haus, aus dem ich kam, wiedererbauen. Das Kind, das ich war, an meiner Hand führen." (*Die Fehler des Kopisten*, München 1997, S. 53) „Warum wir so rein sind" erklärt Botho Strauß hier: → Bürgertum, Bürgerlichkeit.

Purismus (Reinheitsrede, -diskurs) Ein für die Zwecke dieses Wörterbuchs gewählter, von begriffsgeschichtlicher Last freizuhaltender Kunstausdruck. Als solcher kann er besonders reinlich die Idealsprache und -denke der ‚klassischen Mitte' (→ ,Mitte der Gesellschaft', → ,bürgerlichen Mitte', → ,guten Gesellschaft' usw.) bezeichnen: Vorstehendes Vokabular benutzt u. a. die Schmutzbekämpfungsbroschüre *Gefährliche Bürger* (2015) von Liane Bednarz und Christoph Giesa, ein für den Reinheitsdiskurs der letzten Dekade typisches Werk. Die argumentative wie rhetorische Grundfigur findet sich bereits im Untertitel: *Die Neue Rechte greift nach der Mitte*. Besagte Mitte, → die Mitte der (guten) Gesellschaft, umfaßt alles, was nicht → Rand, Radikalität, Außenwelt ist; sie ist überhaupt nur definierbar durch Abstraktheit der Gesinnung und Reinheit des Gefühls. Dieses ist historisch und kulturell nahezu körperlos, möchte sich dennoch spüren, wird also sentimental und unvermeidlich negativ: Es fühlt sich bedroht, bedrängt und bestätigt von dem, was nicht seinesgleichen ist. Im Formalismus der → Empörsamkeit gegen die Verunreiniger ihrer Leere (Reinheit) ist die rein-bürgerliche Mitte auf ihre Gegner, das Abgelebte oder Andrängende, das drückende Oben oder das dräuende Unten der Gesellschaft verwiesen.

Die Situation, worin sich namentlich die deutsche → Bürgerlichkeit gegen Ende des 18. Jahrhunderts gegen die aristokratische Distanzkultur, später gegen die andrängende → Unterschicht (→ Verproletarisierung) abgrenzte, ist im P. der Gegenwart restituiert; demgemäß gibt es einen → linken und einen → rechten oder auch einen progressistischen und einen → reaktionären Reinheitsdiskurs. Beiden gemeinsam ist die Anrufung einer Mitte, die durch allerlei Ausland – Osten, Osteuropa, Orient – bedroht ist (vgl. Toralf Staud, „Ossis sind Türken", in: *DIE ZEIT* vom 2. Oktober 2003). Rechte wie linke Reinheitswächter sprechen von ‚Subversion', ‚Infiltration', ‚Einsickerung', ‚Unterwanderung' u. ä., die jedoch stets ‚verschleiert' und ‚versteckt', zumindest absichtsvoll ‚verlarvt' erfolge (Zitatgut aus *Gefährliche Bürger*). Für die Puristen der bürgerlichen Mitte ist es ein undenkbarer Gedanke, daß diese sich von Zeit zu Zeit selbst verunreinige, wenn sie die Reinheit ihres Geschäftslebens und die Monotonie ihrer Fortschritte rhetorisch verteidigt: Das Ausländische und das Radikale verballen sich im Reinheitsdiskurs zum radikalen Ausländer, zum → Zonenmob; eines der Halluzinate aus dem → MEHRHEITSDEUTSCHEN Angstkomplex (→ Minderwertigkeitskomplex). Allerdings entwirft der mehrheitsdeutsche P. auch den innerdeutschen Virenüberträger als seinerseits infiziertes, mithin passiv ein daseins- und bewußtseinsvergiftendes Ideengift aufnehmendes Wesen; eine klassische Denkfigur der marxistischen → Ideologiekritik. Ein Konvertit aus K-Gruppen weiß es am besten zu sagen: „Viele neue Bundesbürger sind nach wie vor infiziert vom mentalen Gift der sozialistischen DDR." (Klaus Schroeder, *Das Neue Deutschland. Wächst zusammen, was zusammengehört?* Berlin 2010, S. 8; wahrscheinlich gemeint: „... sind mental infiziert vom Gift des DDR-Sozialismus.")

Im Unterschied zur klassisch bürgerlichen Vertikalstellung zwischen aristokratischem Oben und proletarischem Unten siedelte der bundesbürgerliche Angstdiskurs der 1990er Jahre im sozial Horizontalen und historisch Bodenlosen, war mithin eindimensionale → Positionsnahme gegen ein zugleich kulturell fremdartiges wie ökonomisch unterentwickeltes Ausland jenseits der Elbe, von dem politideologische ‚Vergiftung' drohe (→ Ossifizierung, → unnationalistisch). Das hatte sich zur Jahrtausendwende mit dem sog. Umbau (→ Rückbau) des Sozialstaates gründlich geändert. Ostdeutsche Selbstausbeuter, insbesondere hyperflexible Ostfrauen, drohten die westdeutsche Wirtschaft und Politik zu überrennen (→ Amerikanisierung); Eindämmungsversuche, etwa die Beschwörung ostdeutschen Heimatgefühls und die Förderung ostdeutschen Rückkehrverlangens, schlugen fehl (→ Heimatschachtel). Im links- wie im rechtsbürgerlichen Westen artikulierte sich nunmehr Furcht vor eigenem sozialem Abstieg, schlimmer: vor einem Aufstieg östlicher → Unterschichten, die unweigerlich → die bürgerliche Mitte der Gesellschaft kulturell und politisch infiltrieren würden (→ Anderland, → inklusiver Populismus, → Proletarisierung). In den 2010er Jahren fand die Elite der Ostdeutschendeuter schließlich zum erlösenden Wort von den östlichen → Unwerten, denen man gleichermaßen in Ostdeutschland, Osteuropa und auch im sonstigen Orient huldige; eine Verunreinigung des Westens nicht allein durch angeschlossene Landschaften, sondern auch durch anrückende Völkerschaften.

→ Einige meiner besten Freunde ..., → Ostdeutsche, die weltoffen sind ...

Q

qua Verbreitet unter Einsilbigen und Lateinschülern, im Westdeutschen schon seit Jahrzehnten mit ‚per' verwechselt oder gleichgesetzt. Etwa durch den romanschreibenden Ex-Lektor Fritz J. Raddatz: „... bekommt er noch qua Anwalt Unsummen, weil Telefonkarten ohne Genehmigung Motive von ihm benutzen ..." (*Tagebücher 1982–2001*, Reinbek ⁴2010, S. 546) Das Genitiv-Q. bevorzugt der Germanist Karl Heinz Bohrer: „eine intellektuell-reflexive Fähigkeit, die qua eines spezifischen Ausdrucks bezüglich einer Sache ihren Adressaten besonders anspricht" (*Großer Stil. Form und Formlosigkeit in der Moderne*, München 2007, S. 14).
→ Grosser Stil, → Spreizsprech.

Qualitätsjournalismus ist im Westdeutsch der → Qualitätsmedien ausschließlich als Selbstprädikation üblich. Den Q. charakterisieren → Interdisziplinarität und Universalkompetenz. Qualitätsjournalisten sind zudem nicht nur an der Organisation von → Qualitätszeitungen, sondern auch an der → publizistischen Begleitung von → Qualitätsoffensiven, Qualitätskonferenzen, Qualitätsrestaurants, Qualitätstourismus, Qualitätspolitik und Qualitätsanstrengungen beteiligt.
→ Kraftanstrengung.

Qualitätsmedien, absolute Was sie auszeichnet, erfährt man durch das Interview eines → Qualitätsjournalisten mit einem → Ausnahmeschauspieler. Letzterer wird durch ersteren wie folgt vorgestellt: „Der Schauspieler Ulrich Matthes ist seit jeher politisch interessiert. Ein Wunder ist das nicht. Sein Vater war politischer Journalist. Matthes selbst ist durch intensive Zeitungs-Lektüre immer auf Ballhöhe – und das nicht allein in den Feuilletons, sondern auch im Sport und eben: in der Politik." Ja, mehr noch: „Politik und Politiker ziehen ihn an, die Kanzlerin und den Außenminister kennt er recht gut." Und → die Medien? Dazu die klare → Ansage gegenüber dem Mann von der → Qualitätszeitung: „Ich finde die Medienkritik absurd. Wir haben in Deutschland absolute Qualitätsmedien." (Gespräch mit Markus Decker, „Wider das Politikverdrossenheitsgequatsche. Der Schauspieler Ulrich Matthes ärgert sich über pauschale Politikerschelte und sieht die Demokratien Europas vor allem durch rechte Bewegungen gefährdet", in: *Berliner Zeitung* vom 11. August 2016, S. 26)
→ auf Augenhöhe, → rechter Rand.

Qualitätsoffensive Wir haben es geahnt: Im Westen ist sogar das → Wertige aggressiv. Oder soll es, umgekehrt, etwa angegriffen werden?
→ Bildungsoffensive.

Qualitätsprogramme → Qualitätsradio.

Qualitätsradio Durch Gebührenzwang ernährter Verwandter der → Qualitätszeitung und anderer → Qualitätsmedien. In seinem „Plädoyer für das Qualitätsradio" und entsprechenden Übergriff auf die Konten der Hörvolksgemeinschaft insistiert Frank Bsirske auf der Käuflichkeit von Qualität. Seine Argumentation greift tief in die Qualitätsradiogeschichte: „→ Spätestens der Volksempfänger, mit dem sich die Nationalsozialisten Zutritt zu den Wohnzimmern verschafften und mit systematischer Propaganda die Meinung einer Mehrheit der Bevölkerung beeinflussten, verdeutlichte die tatsächlich revolutionäre politische Bedeutung der physikalischen Möglichkeit, Worte drahtlos transportieren zu können. Es ging um die → Deutungshoheit und den Einfluss auf die öffentliche Meinung. ... Qualitätsradio schafft

Orientierung und stellt damit einen → unverzichtbaren Bestandteil des öffentlichen → Diskurses in → unserer Demokratie dar. Deshalb unterstützt ver.di den öffentlich-rechtlichen Rundfunk, deshalb setzt sich ver.di so vehement für den Erhalt von Qualitätsprogrammen ein. ... Im Umkehrschluß heißt das: Qualitätsradio hat seinen Preis und seine Macherinnen und Macher auch." (*Deutschlandradio* Programmkalender 8/2015, S. 14)
→ Bezahlsender, → SUBJEKTWECHSEL.

Qualitätssender Ausdrucksmedium und -institut des → Qualitätsradios sowie Selbstbezeichnung eines → Bezahlsenders. „Ich bin hier bei einem Qualitätssender", erklärte der Kölner → Qualitätsjournalist Joachim Scholl gegenüber dem Kölner Philosophieprofessor Eike Bohlken, „wir sind also beide → Elite." (*Deutschlandfunk*, „Zwischentöne", 30. Dezember 2018) Kanonisch zum Ausdruck ‚Q.' der Ex-Intendant des Senders Prof. Dr. h. c. Dieter Stolte („in Köln geboren"): „Der Qualitätssender" (Programm Januar 2019, S. 14).
→ Deutschlandfunk, → Leistungselite, → Verantwortungselite.

Qualitätszeitungen sind nach Überzeugung von Wolfgang ‚Traumschiff' Herles beispielsweise die Zeit*schriften SPIEGEL* und *Stern*. „→ Ostler", so Herles, lesen dergleichen freilich kaum: „Diese hochwertigen journalistischen Produkte gelten als arrogante Wessiblätter." (*Wir sind kein Volk*, München ³2004, S. 36)
→ Ostdeutsche, die weltoffen sind ... → perfektionieren, → proletenhaft, → Scheißland, → Weinerlichkeit.

Quantensprung → NATURKINDEREIEN.

Quartier Im Hochdeutschen zumeist für ‚Wohnung', seltener für ‚Wohnbezirk', im Westdeutschen insbesondere der → Werbewirtschaft ausschließlich für → zweiteres üblich und damit eine der verbalen → Weltoffenheitsbekundungen der → Altdeutschen.
→ Provinz, → Provinzialität.

Querdenker Selbstbezeichnung, mit der sich Opportunisten des Partei-, des Zeitungs- oder schlicht des Zeitgeistes moralischen Schneid attestieren und intellektuellen Dispens erteilen.

R

RAF (gesprochen: raff) Handlungssubjekt wie Andachtsobjekt einer spezifisch → westlinken → HEIMATLITERATUR, dessen Beschwörung oder Erwähnung bis heute älteren Westdeutschen einen zarten Tränenschimmer aufs verhärtete Antlitz zaubert. Sprachideologiehistorisch bemerkenswert ist der frühe Verzicht der OriginalRAFler auf Koppelungsstriche in der Ausschreibung ihres → Projekts; ein weiteres Zeugnis dafür, daß es auch und gerade im Heimatdialekt des westdeutschen Linksradikalen nicht ohne anglizistische → Anbiederei geht, soll → die Sprache der Seele erklingen.

raffiniert Hegt ein → Autor gewisse Meinungen über seine Figuren sowie über sich selbst und pflegt er diese Meinungen literarisch auf dem Tablett zu servieren, so heißt er meistens Thomas Mann. Doch auch von westdeutscher → HEIMATLITERATUR, insbesondere von der → SCHNÖSELSPRACHLICHEN, läßt sich oftmals sagen, was Thomas Mann über Fräulein von Osterlohs Meinung zu *Tristans* Debütwerk kolportiert: Sie „hatte es in einer müßigen Viertelstunde gelesen und fand es ‚raffiniert', was ihre Form war, das Urteil ‚unmenschlich langweilig' zu umschreiben. Es spielte in mondänen Salons, in üppigen Frauengemächern, die voller erlesener Gegenstände waren, voll von Gobelins, uralten Meubles, köstlichem Porzellan, unbezahlbaren Stoffen und künstlerischen Kleinodien aller Art." Mehr als einmal muß Judith von Sternburg in ihrer Rezension von Martin Mosebachs *Mogador* (2016) sich mit dem Evaluationspartizip ‚r.' behelfen („Ihr Wille geschehe", in: *Frankfurter Rundschau* vom 22. August 2016, S. 18f.), denn es waren gleich zwei Zeitungsseiten zu füllen. Ein → qualitätsmediales Fräulein v. Osterloh → gleichsam: „kokett", „schillernd", „apart" sind weitere Adjektive v. Sternburgs für Mosebachs „orientalisch wirkendes Märchen", das „allerdings deutlich klischeehafter" wirke dank seiner Perspektive eines letztlich bloß „glotzenden Europäers". Der jedoch der Literaturwelt letztlich einen „erfrischenden", „selbstgenügsamen", „wendungsreichen", „am Ende noch dazu heiteren Roman" hinterlassen habe.
In → durchaus unparodistischer Weise ist ‚r.' → massiv im → MOSEBACHDEUTSCHEN Roman- und Essayschaffen selbst → präsent, wobei ‚exquisit' und ‚exorbitant' seine ausdrucksschwächeren, doch vielleicht aussagekräftigeren → Mitkonkurrenten sind. Ein Hochschielen und Hinaufschreiben zu Höhen, von welchen im Hernniederblick alle Welt zum Inventar gerät! Näheres zur kleinbürgertypischen Objektbesessenheit des → repräsentativen Stils: → BILDUNGSBEKENNERSPRECH, → elegantes Deutsch, → HOCHSCHREIBE, → Salonkatholizismus, → Vertreter, → Wehrlose.

Rahmenbedingungen Blähsynthese aus ‚Rahmen' und ‚Bedingungen', beliebt in Verwaltungs- und Wissenschaftssprache.
→ soziales Kapital.

Ram(m)stein Hochdeutsch singende Männergruppe, die sich Verdienste um die Entnazifizierung jüngerer Westdeutscher durch deren rhythmische Entkrampfung erworben hat und hierdurch der → beitrittsverstörten → Westlinken ein solides Feindbild verschaffen konnte (→ ENTLARVUNG, → IDEOLOGIEKRITIK). R. verstand es jahrzehntelang, → gesinnungsästhetische Geschwüre aufzustechen, die so in Lärm und Feuer zergingen. Im westelbischen Sprachgebiet ward ‚R.' zuweilen ‚Ramstein' geschrieben, weil mit einer Luftnummer → der Alliierten an besagtem Ort assoziiert.
Einige Texte des Sextetts widmen sich künstlerischer → Aufarbeitung der jüngeren BRD-Kulturgeschichte. Herausragende Persönlichkeiten westdeutscher Sexualkultur wie etwa der sog. Kannibale von Rotenburg Armin Meiwes („Mein Teil") oder die hormon-

befeuerte Reiselust der → Altwestdeutschen („Pussy") fanden ebenso Eingang ins gesungene → An- und Nachdenken wie die → emanzipatorischen Defizite der BRD-Bürgersfrau („Rosenrot").
→ artgerechte Schlachtung; → brutaldeutsch, → emanzipatorisch, → identitär, → Urszene.

Rand → die Ränder, → gesellschaftlicher Rand, → rechter Rand.

Ranwanz → Anbiederei, → Unterwürfigkeit; → Hochschreibe.

raschmöglichst Noch nicht zu Dudendeutsch erhobener, nach der Sprachlogik des Westdeutschen jedoch zulässiger → Superlativissimus des Schnellstmöglichen und → Schnellmöglichsten.
→ baldmöglichst.

rasend Seiner Zeitkonnotation beraubtes Universalpartizip, bei Jahrgängen bis 1940 geläufig und beliebt. Lange Zeit schien es, als ob nur Sprachpfleger wie Hans-Martin Gauger das ‚r.' zu neuerlichem Erblühen bringen könnten. Etwa, wenn er nicht wußte, ob er „die damals recht intelligente Brigitte Bardot" heute „doch nur rasend anziehend" finden sollte (*Was wir sagen, wenn wir reden. Glossen zur Sprache*, München-Wien 2004, S. 227). Möglicherweise artikulierte sich durch Gauger jedoch lediglich → P. C.-→Klemmsprech, weil er ‚schön' oder ‚attraktiv' oder ‚sexy' dachte und nicht zu sagen wagte. Unbefangen-unbeleckt hingegen das Bekenntnis einer fast 50 Jahre jüngeren → Autorin: „Ich muss nicht ständig → unterwegs sein und Leute beobachten. Leute sind gar nicht so rasend interessant. Die meisten Menschen sind ja rasend unoriginell" usw. usf. („Ich bin Berlin gegenuber völlig emotionslos", Ronja von Rönne im Gespräch mit Jakob Buhre, in: *Berliner Zeitung* vom 18. Mai 2017, S. 14).

Rassismus, rassistisch Durch das inflationär gebrauchte Präfixum ‚Anti-' hatte der Ausdruck seit den bundesdeutschen 1980ern → zunehmend an präziser Bedeutung verloren. Er gewann neue Prominenz in den 1990er Jahren (‚sich mehrende r.e Übergriffe') und um 2015, als die r.en → Ressentiments nicht mehr nur der linksbürgerlichen → Zoni-Hasser (→ Bittermannlinke), sondern auch einer recht(s)schaffenden → bürgerlichen Mitte zutagegetreten waren. ‚R.' galt nunmehr allen politisch-ideologischen Milieus → der alten Bundesrepublik als originäres Prekariatsphänomen, genauer: als Transformation von Sozialversagertum (→ Abgehängte) in Nationalstolz oder gar Rassendünkel. Dieser → durchaus → marxistischen Denkfiguren verwandte → Ansatz der R.deutung wurzelt im → Wir-Gefühl einer → Leistungselite, die ‚R.' ihrerseits unter Verweis auf den → Kontext von → ‚Freiheit und Wohlstand' nicht nötig zu haben glaubt. Dadurch erweist sich die › Weltoffenheit der → guten Gesellschaft als Komplementärphänomen des R. der sog. → sozial Schwachen: Wenn aus sozialer → Minderwertigkeit nationales Überlegenheitsgefühl werden soll, kann des letzteren sozial gesicherte → Priorität (dank Geld- oder Geburtsprivileg) im Gegenzug als Basis für eine durchaus → unaufgeregte Rass(ist)enverachtung dienen. Durch die jahrzehntelang garantierte gastarbeiterliche → Identität → des Fremden und des → Prolligen taugte ein R. von oben zum bundesdeutschen Mehrheitsgefühl.
In sozialen → Extremsituationen freilich schlägt → gelassene Verachtung des Fremden in geifernden → Haß gegen den → Mitkonkurrenten um. Wie es → paradigmatisch Rainer Gärtner, Daimler-Manager für China, auf einem Parkplatz in Peking formulierte: „Ich bin schon ein Jahr in China. Das Erste, was ich gelernt habe, ist: Ihr Chinesen seid alle Bastarde." (zit. nach: *Berliner Zeitung* vom 23. November 2016, S. 7) Der Majoritätsdeutsche hatte im parkzonalen

Mikrokosmos eine Überzeugung artikuliert, die für den nationalen Makrokosmos der Soziologe Heinz Bude als ostdeutsches Phantasma zu → dekonstruieren suchte: „Das Sagen haben ... die, die zuerst da waren, die Westdeutschen" (→ Beitrittsphantasma). Zurück nach China: Nachdem der Westdeutsche den Parkplatzkonkurrenten krankenhausreif geprügelt hatte, wählte sein → Arbeitgeber einen → ideologiekritischen → Ansatz der R.deutung. Hiernach war es ein Weltbildkonflikt gewesen, der zum Parklückenstreit führen mußte: „Der Inhalt der Auseinandersetzung spiegelt → in keinster Weise die Ansichten des Unternehmens wider." Daimler stehe auch im Ausland für Respekt und Toleranz (zit. nach: *Berliner Zeitung*, ebd.).
→ der ostdeutsche Untermensch, → Mischehen.

Räumlichkeiten Ein Extremfall → SPREIZSPRACHLICHER → PLURALISIERUNG; → qualitätsjournalistisch inzwischen üblich für physikalische wie für kulturelle ‚Räume' („Um all dies herum wurden für das DAU sowjetisch anmutende Räumlichkeiten konstruiert ...", Harry Nutt, „Paris traut sich DAU", in: *Berliner Zeitung* vom 24. Januar 2019, S. 1).
→ Befindlichkeiten, → Begrifflichkeiten.

reaktionär In den frühen 1950er Jahren SED-deutscher, in den späten 1960er Jahren APO-sprachlicher Denunziationsausdruck; seit der Jahrtausendwende eine Selbstattribution von Konservativen, die an ihrer politischen oder intellektuellen Harmlosigkeit leiden. Auch im → WÄCHTERSPRECH → MEDIALDEMOKRATISCHER Milieus scheint das Wort → zunehmend beliebt.
→ emanzipativ, → Rückabwicklung, → Salonkatholizismus, → Wehrlose; → DENUNZIANTENDEUTSCH.

real Politisch-ästhetisches Hochwertwort; Attribut und Ausdruck einer Sehnsucht der westdeutschen → HEIMATLITERATUR, die bekanntlich ohne nennenswerte innen- oder außenweltliche Realitäten und deren Erfahrung auskommen muß. Die Heimatliteraten des Westens kompensieren dies zumeist mit didaktischen → Diskursen: eine Karl-Heinz-Bohrer-Stellungnahme oder ein Juli-Zeh-Selbstinterview ist wortreicher als der je zugehörige Primärtext, die Ästhetik ersetzt die Literatur wie die Gesinnung das Talent. Zu ihrem Roman *Unterleuten* (Volker Weidermann: „Juli Zeh ist die Schriftstellerin, von der wir alle geträumt haben.") erklärte Zeh im *Inforadio* „Kultur" am 8. März 2016: „Da haben die Ereignisse die realen Dörfer wirklich durchgeschüttelt ... die unsere Probleme jetzt → abbilden." Gemeint sind Arbeitslosigkeit, Windräder und Gewaltbereitschaft in Brandenburg, die das westdeutsche Landnehmerpersonal teils antrifft, teils einführt. Da der heutigen Heimatliteratin Zeh ebenso wie jedem einstigen SED-Funktionär eine Realerfahrung mit der ostdeutschen Gesellschaft abgeht, muß sie sich diese Gesellschaft durch die Phrase, sprich: eine → Idee deuten. Früher also, erklärte Zeh im Interview zu ihrem Buch, hatten → die Menschen im Osten die falsche Idee, jetzt halten sie die Marktwirtschaft an sich für eine Idee, die freilich → parteiendemokratischer Sinngebung oder sonstiger Überbauung bedarf. Sonst betrage man sich allzu banal-brachialindividualistisch, eben ideenlos, realistisch. „Es fehlt die Idee. ... Wird es noch eine Idee geben, die Gemeinschaft noch einigen kann?" Eine Frage an uns alle oder wenigstens an alle Hörerinnen und Hörer im Empfangsbereich. Was aber hat das ostdeutsche Land, das die ostdeutsche Stadt nicht mehr hat? Zeh antwortet: → Freiheitsversprechen, → annerven, → MEDIALDEMOKRATISCHES.

Realismus In → SCHNÖSELSPRACHLICHEN Milieus gilt (literarischer) Realismus als kulturell und intellektuell minderwertig (man denke an den gesinnungsethisch motivierten Angriff auf eine als → gesinnungsästhetisch denunzierte DDR-Literatur in den 1990ern).

Ein Mangel an ‚realer' (historischer, seelischer) Erfahrungssubstanz verantwortet die nur schlecht als Aggression verlarvte Angst vor Realitäten aller Art, die sich zum → MEHRHEITSDEUTSCHEN → Minderwertigkeitsgefühl gegenüber → vermeintlich realitätsgesättigter Literatur verdichtete. Besagtes Minderwertempfinden artikuliert sich mal spärlich, mal ausschweifend – wie etwa hier bei Botho Strauß: „ich, der gar nichts erlebt hatte, verglichen mit jenen, die fast erloschen die härteste Prüfung ihres Lebens bestanden hatten, ich war innerlich ein Alexander der Große" (der vollständige Satz: → verdruckste Rasse). Die Stipendienliteraturszene versorgt die Ihren durch Kost und Logis an fremdem Ort mit Erlebnissen, der Narzißmus und → NEONARZISSMUS wiederum beklagen wortreich Erlebnismangel. Ein Schweigen über Realitäten erschiene unter Auspizien eines westdeutschen Sonderwegs aus der Geschichte als weise, ja als professionell. Dennoch dominiert die ‚realistische' Einstellung in allen mehrheitsdeutschen Literaturmilieus, nicht zuletzt dank einer → rechts wie → links → tiefsitzenden (klein)bürgerlichen Neigung, zu zeigen, was man hat. Das ist ‚real' oft nicht viel, ist meistens Gesinnung, Meinung oder aber Dreiteiler, Kolbenfüller, Weinkeller u. ä. Daher der adjektivreiche, benotungsselige Stil (→ BLÄHWÖRTER).

Heiner Müller hatte, nach Botho Strauß gefragt, dessen Abbildungsstil als Fotorealismus, als „sehr gute Fotografien der Bundesrepublik" und somit letztlich als regionale Literatur gedeutet: für Westberliner Autochthone gewiß von Wiedererkennungswert, doch generisch eher eine Beschreibung von Figuren denn eine Dramatisierung ihrer Verhältnisse (*Gespräche*, hrsg. von Frank Hörnigk, Frankfurt/M. 2008, Bd. 1, S. 355f., S. 363, S. 479). Die eigentlich wertneutrale Einstufung „Fotorealismus" empfand Strauß als Kränkung. Von dieser fühlte sich der Bad Emser (→ Kuren) auch durch den Tod des berühmteren Konkurrenten nicht erlöst. Nach Aufsprengung des westdeutschen Bedeutungsschutzraums 1990ff. argwöhnte Strauß, inzwischen prominentgeworden als *SPIEGEL*-Autor (*Anschwellender Bocksgesang*, 1993), einen Aufstieg der „ewig expressionistischen" „Artaud-Brecht-Chimäre" Müller zum gesamtdeutschen „Staatsdichter" (*Die Fehler des Kopisten*, München 1997, S. 83). Tatsächlich stand und steht Strauß den → Werten eines Literaturstalinismus à la Georg Lukács deutlich näher als jenen Dichtern, die *ex*pressiv schreiben, weil sie etwas *aus*zudrücken haben: Strauß hat nichts auszudrücken, sondern will etwas *repräsentieren*.

Der → gefühlt Unterrepräsentierte gab sein → Ressentiment in der Familie weiter. So sollte Simon Strauß noch 20 Jahre später zur → Entlarvung Müllers als „Mitglied des linientreuen DDR-Schriftstellerverbandes" ausholen (→ der große Wenderoman). Doch eben jener Strauß junior, süßer Bengel einer rasant fortgeschrittenen → Ichzeit und ihres beschleunigten Leerlaufs, muß bekennen: „Ich sehne mich nach Ernst." („Ich sehne mich nach Streit", in: *FAS* vom 14. Dezember 2014) Gewiß auch nach → Ernstfällen, zumindest wenn sie den Bühnenrand nicht überschreiten („Zum Teufel mit dem Realismus! Ein Plädoyer für mehr Mut zu Fremdheit und Zerstörung", in: *FAZ* vom 1. August 2015).

Zu den Malaisen einer Literatur, die sich von aller Erfahrung abgeschnitten hat, um die Sehnsucht nach ihr tränen- oder flüchereich artikulieren zu können: → BÜBCHENBELLETRISTIK, → HEIMATLITERATUR, → HOCHSCHREIBE, → MAULHELDISCHES, → NEUSCHNÖSELSPRECH.

realistisch Erscheinungsform des sprachlichen → ANIMISMUS: In der Sprache der Warenwelt sind Dinge und Tatsachen mit eigenem Leben ausgestattet, daher das Gewimmel von Wortwesen wie ‚realistischer Zeitplan', ‚realistisches Vorhaben', ‚realistisches Ereignis', ‚realistische Perspektive'.

Rebellen In → der Mitte der Gesellschaft, → der Politik und in den → Qualitätsmedien gängiger → SCHÖNSPRECH für Gotteskrieger, Freiheitskämpfer, Terrorprofis, Geiselschlächter und artverwandte → Alliierte → des Abendlands in Nahost. Oft mit dem Adjektiv ‚gemäßigt' versehen, zehrt das Substantiv unüberhörbar vom Renommee einer Sprache → des Widerstands, wie sie die westdeutsche → HEIMATLITERATUR seit ‚Sympathisanten'zeiten vieltausendfach kultiviert.

rechte Buchhändler(in) Formel aus dem jüngeren → DENUNZIANTENDEUTSCH, gebildet gemäß → entlarvungssprachlicher Formalsemantik (vgl. ‚rechte Rockgruppen', ‚rechte Stadtviertel', ‚rechte CDs', ‚rechtes R-Rollen', aber auch: ‚linke Ästhetik', ‚linke Literatur', ‚linke Mitfahrgelegenheiten' usw.). Vermutlich Singulärprägung des Münchner Buchhändlers Michael Lemling für seine Dresdner Kollegin Susanne Dagen; keineswegs anerkennend („Su san oa rächts Buachhoandlerin vuam Herrn!"), sondern zumindest in den → Qualitätsmedien exklusiv ehrverletzend; Näheres: → Gesinnungsprüfung, Ferneres: → links, → rechts, → Ränder.

rechter Rand → die Ränder.

rechts (sein) Im jüngeren Westdeutsch → der Politik: gegen → links sein.

Rechtspopulismus Parteien wie NPD, DVU, AfD, Pro Deutschland, Die Freiheit usw. usf. haben eines gemeinsam: Sie wurden von Westdeutschen gegründet, werden aber seit einiger Zeit auch von Ostdeutschen gewählt. Offenkundig suchen diese sich → rechts zu holen, was → links nicht zu bekommen ist, was wiederum ehemalige Linke wie Klaus Bittermann oder Klaus Schroeder oder Jan Fleischhauer empört: Der R. sei in Westdeutschland nicht neu, aber in Ostdeutschland ‚spezifisch'. Manches erkläre die → soziale, das meiste die kulturelle → Andersartigkeit.

rechtsradikaler Hintergrund Der Ausdruck ist in Medien-, Politik- und Verwaltungssprache fest etabliert, seit er fast ein Jahr lang SPD-Generalsekretär Hubertus Heil, *Vorwärts*-Chefredakteur Uwe Karsten Heye und Generalbundesanwalt Kay Nehm als Verbaluniversaldietrich diente. Der r. H. führt wie andere Hintergründe (Berufs-, Erwerbs-, Erfahrungs-, Erlebnis-, Familien-, Konflikt-, Kanalisations-, Masturbations-, Migrationshintergrund usw.) meist zur völligen Neubewertung vordergründigen Geschehens. Wer etwa einem dunkelhäutigen → Mitbürger auf dessen schimpfwörtlichen und fußgreiflichen Angriff mit einem plumpen Faustschlag antwortet und daheim Rechtsrock-CDs hortet wie jener ‚Pieps' genannte Potsdamer Anno 2006, der wird → schon mal vom Generalbundesanwalt zu einem Hubschrauberflug über die Abgründe rechtsstaatlicher → Empörsamkeit eingeladen.

Rechtsstaat Nach Meinung vieler → Westlinker vor 1989 und Ostlinker nach 1989 ein verkapptes Bekenntnis zu den braunen Ursprüngen der Bundesrepublik; tatsächlich nur ein Komplementärbegriff zu → Unrechtsstaat.

Redebedarf → -bedarf.

Redepult Ins Gerede gekommen ist dieses Synonym fürs hochdeutsche ‚Rednerpult' durch die 2019er „Empfehlung für geschlechtergerechte Verwaltungssprache" der Stadt Hannover. Die Empfehlung ist bindend und legt die Vorstellung nahe, daß die Redenwollenden an ein Pult treten, das redet. Andere Probleme und Lösungen hatte die Stadt bereits betreffs der ‚Fußgängerzone' gesucht und gefunden: → Flaniermeile.
Zum klemmdeutschen Kontext: → antidiskriminierende Sprachhandlungen.

Referenz Im umgangssprachlichen, vor allem im publizistischen Westdeutsch häufig gleichbedeutend mit → Reverenz.

Reflexionsort sollte das Theater – offenkundig nach dem Motto „Subversion dank Subvention" – auch in Zukunft sein, fanden Düssel- und nachbardörfliche Theaterleute in einer → Kölner Radiosendung. Einer fand für sein → Begehren bemerkenswert subversive Synonyme wie „'n Ort der Reflexion", „'n wichtiger Ort", überhaupt „'n Ort, wo vieles möglich ist", was auf jeden Fall 'ne wichtige Selbstverortung ist („Das Kulturgespräch", *Deutschlandfunk*, 9. September 2016). Für den schriftwestdeutschen Ortsdialekt hat die niedersächsische Linguistin Britta Korkowsky einen → paradigmentauglichen Titel gefunden: *Selbstverortung ohne Ort* betitelte sie ihre Studie über „Russisch-jüdische Exilliteratur aus dem Berlin der Zwanziger Jahre" (2013).
→ n/ne, → Verortung.

Regierender Oberbürgermeister Zugereiste aus Schwaben, Franken, Bayern und Niedersachsen, die sich weder in Berlin noch in Westberlin auskennen, verwenden hartnäckig diesen Ausdruck für „Regierender Bürgermeister von Berlin".
→ Alex, → Frankfurter Straße.

Regietheater Theater von Regisseuren, die von der Regie zum Theater kamen und daher nicht ohne → Ausnahmekünstler auskommen.
→ Schauspielertheater.

rein nichts/rein gar nichts Adverbiales Bedeutungsrumpeln mit leicht jovialem Knirschen, zu Jahrtausendbeginn selbst im Westdeutschen verstummt, dann wieder zu hören dank der Literaturpreisträgerin und Sonntagsrednerin Sibylle Lewitscharoff (→ nichts weniger als). In gar jeder ihrer Druck- und Vortragstaten bedenkt die → Abscheu-Erprobte irgendein Tatsächelchen mit besagtem Gerumpel. Wobei gar niemand bestreiten dürfte, daß es ohne S. L. in „unserer Literatur" (Ursula März) erheblich redundanzreduzierter zugehen würde.
→ Bildungsbekennersprech, → Wichtigsprech.

relativ Im → Wichtigsprech → der Politik wie → der Medien → zunehmend → unverzichtbares Füllwort; Näheres: → Generation, → Samma mal.

religiöse Gefühle Als solche gelten im westdeutschen Wortgebrauch nicht etwa reale Empfindungen oder Vorstellungen, sondern gewisse Vorstellungen, die man sich von den Empfindungen eines *homo religiosus* macht. Demgemäß sind r. G. hauptsächlich etwas, wovon man spricht, womit man sich zeigt und worüber man wacht, denn als frei konvertibles → Diskurs-Phänomen zeigen sich r. G. gern unbeaufsichtigt in der Sprachöffentlichkeit, wo sie regelmäßig ‚verletzt' werden. Dialekte der → verletzbaren, aber auch der → verletzenden Verletzlichkeit → generieren in den einschlägig spezialisierten → Netzwerken des Netzes *(evangelisch.de, katholisch.de)* ebenso wie in den Glaubensbeilagen von → Qualitätszeitungen zahlreiche Schadensmeldungen betreffs ‚r.r G.'. Dogmatische Grundlage der Verletzbarkeits- und Verletzungsanzeigen ist eine Gleichsetzung von Konfessionalität und Religiosität, deren Distinktionszweck sich rhetorisch am schrillsten im sog. → Salonkatholizismus zeigt. Die Berufung auf Getauft-, Gefirmt- und sonstiges Vorbehandeltsein erlaubt es, sich ohne eigenes Zutun als eine → Elite religiösen Geschmacks oder – evangelische Variante – moralischer Gesinnung zu fühlen. Der wahrhaft westelbische Zartsinn, mit welchem sich die eigene Seele in ihrem spirituellen Schillern bestaunt und befingert, geht mit beträchtlichem → Pöbeln oder

Quengeln zusammen, wo dergleichen Diskursreligiosität auf Spott oder Gleichmut trifft. Auffällig ist der Mangel an *Demut*, welche die religiösen Gefühlsverwalter ihrerseits von anderen → einfordern; ein (emotional) paradoxes Paradieren mit eigener Verletzbarkeit (Wunde, Schwäche), für die man von der Mitwelt halb weinerlich, halb gebieterisch eine ehrfürchtige Scheu erwartet. Im Feuilleton- und Salonchristentum der Mosebach, Matussek, Lewitscharoff, Fleischhauer & Co. ähneln ‚r. G.' mitunter einer erlesenen Krankheit, ja einer seelischen Verkrüppelung, die das Leben auf → einzigartige Weise kompliziert und somit interessant zu machen verspricht. Neidvolles Schielen der Gefühlsverwalter und Verletzbarkeitsfühligen auf kräftigere Artikulationen konfessionellen Schmollgeistes freilich sind häufiger. Ein typischer Dialog nach einschlägigen Anschlägen: „Ich glaube, daß Moslems ihre religiösen Symbole ernster nehmen als Christen." – „Im positiven Sinne?" – „Alles, was zu Gewalt führt, kann nicht positiv sein. Aber daß man widerspricht, wenn man verletzt ist, täte auch uns bei unseren → Werten gut." („Lernen, religiöse Gefühle zu respektieren", Armin Laschet antwortet Kristian Friegelj, in: *WELT/N 24* vom 8. Februar 2006)

Das religiöse → Minderwertigkeitsgefühl des deutschen Westens ist historisch wie strukturell erklärbar. Die Geschichte des Christentums, wie jeder Monotheismus ein hochartifizieller Glaubensübergang von bildfrohem Polytheismus zu begriffsstarrem Atheismus, ist hier niemals an ihr unchristliches Ende gekommen. → Die Menschen → des Westens standen also niemals frei ihrem Glauben oder ihrem Unglauben gegenüber; daher das Zwanghafte des westdeutschen Atheismus und das → Verdruckste der westdeutschen Theismen. Insbesondere die kirchenchristliche Vergangenheit ward nicht ‚bewältigt', dem *homo Germaniae occidentalis* keine Möglichkeit gegeben, zum eigenen Glaubensverlust ein Verhältnis zu finden. So wird die unüberwundene christliche Vergangenheit als untotengleiches Erbe mitgeschleppt, verkehrt sie sich – wie alles Gefühl im späten Okzident – zum frei verfügbaren und vertauschbaren Objekt diskurslustiger → Emotionalität; verbales Trockengebäck, dessen kleinste Krümel man wichtigtuerisch vorzeigt und unter religiös dezentere Nasen reibt. Unsichere Gemüter entdeckten ihre ‚r.n G.' insbesondere nach dem → Anschluß einer geisteshistorisch reicheren, weil im Götterverschleiß erfahrenen Nation: Das → Ressentiment gegen den → ‚atheistischen Osten' *(WELT, ZEIT, FR, DLF)* verbindet heute die ohnehin dem geistigen → Wir-Gefühl verpflichteten → Seelenkollektive Mehrheitsdeutschlands.

‚R. G.' fungieren hierbei als exklusives, mit Wasser oder Worten anzuheftendes → Eigengut, das Zugehörigkeit zu einem imaginären → Abendland verheißt. Der sentimentale Blick, den der Mehrheitsdeutsche der eigenen Konfessionalität gönnt, hat längst die schwarz-rot-grünen → Differenzen → der alten Bundesrepublik nivelliert. Sein theatralischer, wenn nicht komödiantischer Charakter zeugt davon, daß es im deutschen Westen weder echten Glauben noch echte Skepsis geben kann. Zu beidem fehlt es schlicht an geistig-geistlicher → Autonomie, welche einzig der aller konfessionellen Stützen und ideologischen Gewißheiten ledige, nicht von → gut sortiertem → Meinungspluralismus umstellte Mensch erfährt. Dieser durch → Überzeugungsanbieter und → -vertreter nicht mehr erreichbare, in radikaler Einsamkeit und Freiheit residierende Mensch der postkommunistischen Ära hat den Geist, dessen bloßer Anhauch die Religionsdiskursiven frösteln läßt. Westdeutscher Kirchenglaube wie westdeutscher e. V.-Atheismus dagegen sind bestenfalls Parodien von Glauben und Skepsis; pseudospirituelle Komplementärphänomene, einander bedürfend und erhaltend.

Die radikale Künstlichkeit der ‚r.n G.' wie aller medienöffentlich herumgezeigten → hochmögenden → Emotionen scheint somit → einmal mehr das Spottwort zu bestätigen: Christen sind Menschen, die sich für Christen halten. Gleiches gilt für die überaus glaubensbedürftigen → Freidenker mit ihrem Glauben an die Gläubigkeit der anderen. In besagter Künstlichkeit werden Totes und Lebendiges ununterscheidbar. Eine leichenhafte Betriebsamkeit charakterisiert insbesondere die glaubenszitierende und -simulierende → HEIMATLITERATUR

des deutschen Westens: Der Verwesungsgrad eines Kadavers läßt sich an der Munterkeit der Wesen ablesen, die ihr Leben von ihm nähren. Während gescheiterte Poeten vor 50 Jahren sich als Politiker versuchten, schlagen sie heute den Ton von Priestern an, reüssieren phantasiearme Dichterinnen mit lyrisierter Diplomtheologie. Glaubenswissen hat Glaubenserfahrung ersetzt. So gilt für Westelbiens Komödianten des Glaubens wie des Unglaubens in nur leichter Wandlung Voltaires Wort, daß man ‚r. G.' erfinden müßte, wenn es sie nicht gäbe.
→ Angebot, → Atheisten, → Evolution, → Leitbild, → Samma mal, → Wehrlose; → Diskurs der Empfindsamkeit, → Frommsprech, → Hochschreibe, → Tutzing.

Repräsentation → Vertreter.

Ressentiment Aus dem Französischen: Groll, Neid, Vergeltungs-, Rachsucht. Durch Friedrich Nietzsche (*Genealogie der Moral*, 1887) prominent gemachte, noch bei heutigen Nietzscheanern (Bohrer, Bolz, Gumbrecht, Sloterdijk) beliebte Unterstellung, die den R.-Unterseller seinerseits von Ressentimentverdächtigkeit entlastet. Den Deutschen im Osten wurden westdeutscherseits immer wieder R.s unterstellt, denn in westlicher Vorstellung muß ein 40jähriger Konsumrückstand unweigerlich zu Kulturverfall und Futterneid führen. Tatsächlich ist R. der Zustand jener, die nicht vergessen können. Doch was könnte ein Verarmung fürchtendes Volk von Mittelkläßlern wie das westdeutsche weniger vergessen als seinen unverdienten Reichtum? Somit sind die Westdeutschen das einzige Volk der Welt, in dem die Reichen R.s gegen die Ärmeren hegen.
→ Banane, → Beitrittsphantasma, → Haß und Verachtung, → Minderwertigkeitskomplex, → Wir-Gefühl, → Zonengaby.

Ressentimentcliquen lesen in den seltensten Fällen den *Freitag* und andere von Jakob Augstein verantwortete Erzeugnisse des westlichen → Qualitätsjournalismus, der jene regelmäßig → aufzeigt, → entlarvt und anderweitig beim Namen nennt. Meist halten sie es mit den östlichen → Unwerten.

Ressentimentparteien → Medialdemokratisch für Parteien, die von Westdeutschen gegründet, freilich → zunehmend auch von Ostdeutschen gewählt werden und daher als von diesen → geprägt gelten.

Ressentimentpolitik In Karl Heinz Bohrers *MERKUR* um 2000 lanciertes Schmähwort für kollektiven Mangel an → Dankbarkeit gegenüber dem globalen → Kapitalismus, der seinerseits nur ein Tarnwort noch → tiefer sitzender Ressentiments sei: Die → Entlarvung der R. führt auf die Weltverschwörung des → Antiamerikanismus.

Rest ... (-laufzeit, -lebenszeit usw.) Aus dem verbalen Abfalleimer des vernutzten Lebens.

Reverenz Im gehobenen Westdeutsch (F. J. Raddatz, J. P. Reemtsma) häufig gleichbedeutend mit Reminiszenz.

rheinischer Katholizismus Meist in einem Atemzug mit → ‚die alte Bundesrepublik' genannter Terminus aus dem Diktionär der guten alten BRD-Zeit; semantischer Joker in der → Jammerwessipublizistik und artverwandter → Heimatliteratur.
→ beschädigte Republik, → die Seele (der Bundesrepublik), → Gewissen, Gewissenhaftigkeit, → Verwundungen, Verletzungen, Empfindungen, → Wir im Westen.

Rheinmetropole Westdeutschlandfunk-Deutsch für → ‚Köln'; vgl. → Deutschlandfunk, → Mainmetropole, → Provinz.
→ Narration, → Überschriften von Erzählungen.

richtig gut „Wie geht's?" – „Richtig gut!" Wo man so antwortet, ist der Berliner Kollwitzplatz nicht weit und die Partei der späten Mütter. Die immer alles richtig machen wollten oder immer alles richtig fanden, was sie gemacht und „auf den Weg gebracht hatten", wie etwa die Politgrüne Rebecca Harms im Wahlkampf zu den Europawahlen 2014. Gern auch adjektivisch: „richtig gute Gesetze", „richtig gute Maßnahmen", „richtig gute Vorschläge", kurz: „ein richtig guter Tag für Europa" (u. a. in „Wie geht's, Europa?", *ZDF*, 22. Mai 2014). Harms' Gutsprech ertönte zu vergleichsweise fetten Zeiten aus dem EU-Wahlkampf, also einem medialen Parallelweltgeschehen ohnehin. Nach Verzweiflungsmut klingt hingegen, was der Westfale Erwin Sellering im mecklenburgischen Wahlkampf 2016 verlauten ließ: „Richtig gute Regierungsarbeit" wolle er machen, damit → „die Menschen richtig gute Arbeit" sowie „richtig gute Löhne" in den bereits gut entwickelten Bereichen wie → Gesundheitswirtschaft, Fremdenverkehr, Handwerk, Finanzen erhielten. „Richtig gut" habe sich bereits die Landwirtschaft entwickelt – oder hatte sie sich seit 1990 nur richtig gut erhalten? (zit. nach: Bernhard Honnigfort, „Fast ein Viertel für AfD und NPD. In der Wählergunst in Mecklenburg-Vorpommern stehen die Volksparteien schlecht da", in: *Berliner Zeitung* vom 6./7. August 2016, S. 4)

riechen Das passiv und aktiv verwendbare Tätigkeitswort zeigt die Empfindlichkeit → altdeutscher Gemütlichkeitszonis gegenüber → dem Fremden an, das man am liebsten mit → dem Flieger aufsucht oder als ‚kulturelle Bereicherung' tätschelt, in harter Seh- und Grenznähe aber fürchtet. Dann beginnt (man) es zu riechen. Die olfaktorischen Details: → Ostdeutsche/Ostjuden, → ostdeutsche Männerpisse.

Ring Die bündisch-geschlossene Form westdeutschen Milieuwesens. Den freieren Geist und Beobachter erstaunt immer wieder die Fülle – nicht zu verwechseln mit Vielfalt! – der Abschließungsbedürftigen, die mit der Formel ‚R.' instinktiv das rechte Codewort ertasteten. Ring Christlich-Demokratischer Akademiker, Ring nationaler Frauen, Ring deutscher Pfadfinder, Ring deutscher Gutachter u. ä. m. – intensive Formen der Zugewandtheit, auch in sogenannten Ringvorlesungen: die Blicke nach innen gesenkt, die Buckel nach oben gekrümmt.
→ Netzwerk.

Ritual Im Hochdeutschen wie in anderen europäischen Sprachen ein Ausdruck für eine religiös oder religionsähnlich fundierte, wiederholbare Handlung, im Westdeutschen hingegen für eine einmalig auszuführende (1.) oder ausgeführte Handlung (2.).
In der 1. Bedeutung ist der religiöse Ursprung des Ausdrucks gegenwärtig und gewollt. Namentlich in → spätgebärenden Kreisen sind, zur Stützung des chronisch schwächelnden → Selbstbewußtseins jenes westelbischen Gattinnentypus, zahlreiche R.e notwendig, vor allem zur seelischen Erweckung, Kräftigung, Stabilisierung usw. Sie gehen nicht auf überliefertes, sondern auf eigens für den individuellen Seelennotfall gefertigtes Brauchtum zurück. Aus dem gleichen, → PSYCHO- wie ESOSPRACHLICHEN Fundus bedienen sich auch die Priesterinnen von sog. Segensfesten, synkretistisch-selbstgebastelten Initiationsriten, die nach den Namen der → einzigartigen Sprößlinge heißen: Leon-Ritual, Leonie-Ritual, Antonia-Ritual usw. usf.
Die 2. Bedeutung begegnet in → durchwegs gleichnishaft-abwiegelnder, ja → SCHÖNSPRACH-LICHER Funktion dem Leser von → Qualitätsmedien, wenn von Entgleisungen in West-

deutschlands bewaffneten Kreisen die Rede ist. Über Schweinekopfwerfen, Cäsarengruß, Kollektivgrölen und Verlosen eines weiblichen Hauptpreises zum sexuellen Sofortverzehr berichtete in einer recht kleinformatigen Notiz die *Süddeutsche Zeitung* vom 17. August 2017. Dies alles firmierte dort als Abschiedsritual für einen Kompaniechef des Kommandos Spezialkräfte Calw. Aus Pfullingen hatte das Qualitätsmedium wenige Wochen zuvor und in gleichfalls vorbildlicher Wertneutralität von „umstrittenen Ritualen und nächtlichen Übungen" berichtet (19. Juli 2017), von Aufnahmeritualen, bei denen Nacktheit, Fesselung und Erniedrigung → unverzichtbar seien.

Die → Qualitätsjournalisten des angeführten → Qualitätsmediums, etwa ein Matthias Drobinski („Abgründe gibt es nur bei den anderen", 16. August 2017) oder eine Constanze von Bullion („Gift der Diktatur", 23. November 2011), gehen prinzipiell nicht der Frage nach, warum Scheinerschießungen, Leib- und Seelenschändung, Rekrutenfolter bis zur Rekrutenliquidierung, dunkeldeutsche Traditionskabinette und Gedenkfeste zwar in Calw, dagegen kaum in Eggesin normal sein mögen. Als R.e siedeln derlei Riten mehrheitsmedial in einer moralischen Sonderzone. Der prinzipielle, ja systemtypische Charakter des merkwürdigen Brauchtums ihrer Landsleute, sobald diese sich der → bürgerlichen Kulturfessel ledig glauben, scheint den Qualitätsschreibern unfraglich. Wären derlei R.e in ostdeutschen Kasernen, gar auf Befehl dortiger Offiziere nachweisbar, würden unfehlbar die klassischen Erklärungen (→ autoritär, → totalitär, → Unrechtsstaat usw.) → greifen, zu schweigen von der beträchtlichen Ekelerbrechungs- und Empörungspotenz der Edelfedern. Angesichts der Ubiquität → menschenverachtender R.e bei den Armierten Westelbiens sei hier nicht mit gleichem Kaliber zurückgeschossen; es genüge der Hinweis auf die zivilisatorischen Defizite des Landes.

→ Detmold, → die DDR, → Krieg in den Familien, → Modernisierungsrückstand, → Unwerte.

robust In Verbindung mit Einsatz, Mandat u. ä. die klassische Artikulationsform freiheitlich-demokratischen Rechtsbewußtseins: „Es darf geschossen werden."

Rote Armee „Letztlich kämpft Poroschenko gegen die Rote Armee." (Jürgen Hardt, Koordinator im Auswärtigen Amt für die transatlantische Zusammenarbeit, im *Inforadio*, 6. September 2014) Der gemeine wie der gehobene Westdeutsche glauben mehrheitlich, daß der Rote (= Schöne) Platz in Moskau ein Werk → sowjetkommunistischer Einfärbung und daß jede russische Armee eine rote sein müsse. Zugegeben: Erst vor historisch kurzem (1946) ward die Rote Armee in Sowjetarmee umbenannt, vor noch kürzerem die Sowjetarmee in nationale Streitkräfte aufgelöst. Der Kenner der russischen Seele jedoch → weiß um ihre Stimmungsfarbe: „Russland ist ein großes und bedeutendes Land. Aber viele Russen leiden heute daran, daß es früher noch wesentlich mächtiger war." (Marc Heinrich, „Zar Alexander Owetschkin und seine Rote Armee", in: *FAZ* vom 13. Februar 2014)

→ Antiorientalismus, → der Russe, → Rußland, → Satire.

rüberbringen → Jovialsprech aus → der Politik, wenn sie → den Menschen was überhelfen will, damit sie endlich → ankommen.

→ (he)rüberbringen.

Rückabwicklung Der Ausdruck aus dem Bereicherungsrecht, einem Teilgebiet des Zivilrechts, bezeichnet dort aufzuhebende ‚rechtsgrundlose Vermögensverschiebungen'. Er steht symmetrisch und konträr zu → ‚Abwicklung'. Im → medialdemokratischen → Diskurs der → Entlarvung ist die Symmetrie aufhoben. Während ‚Abwicklung' zur Basis oder zum Beweis von progressiver Ökologie wurde (→ blühende Landschaften), bleibt der Wertakzent bei ‚R.' negativ. „Das Ziel – die Rückabwicklung der Moderne" ist in der → Aufklärungs- und Entlarvungsfibel von Liane Bednarz und Christoph Giesa ein Kapitel überschrieben (*Gefährliche Bürger. Die Neue Rechte greift nach der Mitte*, München 2015, S. 39ff.). Abgewickelt wird letzteren zufolge seit der sog. Konservativen Revolution – im Aufweis von Denk- und Begriffsanalogien zwischen den Rechten der 2010er und der 1920er Jahre („Wir wollen sie entlarven", S. 9) erschöpft sich die Aufklärungstat des Buches. Die Rückabwickler seien ein „immer noch loses Netzwerk aus Einzelpersonen, Gruppen, Instituten und Schulungszentren" (S. 39). Einleitend hieß es noch: „Eine gut vernetzte, immer besser organisierte, strategisch geschulte Gruppe von stramm rechten Intellektuellen bemüht sich, unsere → offene Gesellschaft nach rechts zu ziehen." (S. 9)

Die übermächtige Freude an Metaphern des Fädenziehens (→ Netzwerk) hat bei den Mitteschützern (→ die Mitte der Gesellschaft) nur eine Konkurrentin: die Freude an virologischen Metaphern. Von ‚Infiltrieren', ‚Einsickern', ‚Eindringen', ‚Hineingeraten' und ‚Übergreifen' ist bei Bednarz/Giesa häufig die Rede. Durch die → Erzählung vom Schmutz, den es ins reine Herz der ‚bürgerlichen Mitte' drängt, dürften sie mit ihren Gegnern → auf Augenhöhe angelangt sein; fachmännisch dazu Botho Strauß' „Warum wir so rein sind": → Bürgertum, bürgerlich. → Purismus.

Rückbau Im älteren Nachwende-Westdeutsch für ‚Abriß', wenn er nicht in Westberlin stattfinden sollte; Musterfall: dem asbestverseuchten ICC (Berlin West) drohte zeitweilig der Abriß, dem asbestbereinigten Palast der Republik (Berlin Ost) geschah der Rückbau. Im jüngeren Westdeutsch finden sich auch deutlicher exterminatorische Synonyme. So referierte etwa ein → Qualitätsjournalist kulturamtliche Pläne, wonach „nicht nur dem von der DDR abgerissenen → Schloss, sondern auch dem von der Bundesrepublik beseitigten Palast der Republik eine angemessene Form der Erinnerung im neuen Schloss eingeräumt werden solle." (Harry Nutt, „Preußischer Weltgeist", in: *Berliner Zeitung* vom 22. März 2018, S. 1) → Wider dem Vergessen, → gedenken.

(rückblickende) Rückerinnerung Im → Bekennersprech eine gesteigerte Form der Rückwärtsgewandtheit, teils auch der → Unterwürfigkeit gegenüber ausgewählten Erinnerungsgrößen. „Die USA bleiben unser Fundament", versicherte der Historiker Arnulf Baring (→ verhunzt und verzwergt), dessen nähere Begründung für diese Basisthese wie folgt lautete: „Die durch unsere Emigranten vermittelte Beziehung zu den Vereinigten Staaten, das Kennenlernen Amerikas auf dem → Hintergrund deutscher Rückerinnerungen an die Weimarer Republik, das Eintauchen in die liberale Welt → des Westens war eine einschneidende Erfahrung für mich." (*Deutschland gehört nicht nur den Deutschen. Rückblick und Ausblick*, Stuttgart-Leipzig 2007, S. 307) Zum Einschneiden generell: → Grosser Stil.

ruhen können im → Schönsprech → der Politik nicht nur Mitgliedschaften, sondern auch akademische Titel, insbesondere Doktortitel; eine Gunst, die seitens unberufener Titelträger ihrer allzuschweren Titellast öfter zuteil wird. Der Zumutungscharakter des Titels ist passiv ausgedrückt, normalerweise durch Beifügung des Verbums ‚lassen'.

Zu Doktordarstellungsversuchen aus → der Mitte der Gesellschaft mit anschließenden Ruhephasen: → Existenz(en), bürgerliche, → inklusiver Populismus.

ründen Hochdeutsch: runden; wahrscheinlich Singulärbildung des frankophonen Frankophilen (‚Superfranzosen' hätte Tucholsky gesagt) Fritz Joachim Raddatz, welche diesem nicht allein im Dezember 2010 aus der Feder und in die *Tagebücher 2002–2012* floß: „Nun ründet sich das Jahr ..." (S. 567; vgl. S. 156)

Rundum-sorglos-Paket Gewöhnliche Reiseversicherungen bieten Unterstützung im Krankheits- und Schadensfall, rundum außergewöhnliche versprechen Rundumsorglosigkeit, inklusive Überführung im Todesfall, in Paket- oder anderer luftfrachttauglicher Form.

Russenfreund Eine Vielzahl von Westdeutschen ist überzeugt, daß → ‚die Alliierten' (gemeint: die Westmächte) 1944 Hitler den Krieg erklärt hätten, um durch den Sieg über den Diktator → die Demokratie nach Europa bringen und die BRD gründen zu können; unter den westdeutschen → Intellektuellen sind → dem Vernehmen nach die allermeisten dieser Meinung (→ Gewissen, → jazzen). Die Empörung darüber, daß nicht nur Amerika & Co., sondern auch andere Mächte an Europas Geschicken interessiert sind, etwa an denen der Ukraine, ist bei solcher Überzeugungslage groß. → Abscheu vor ‚Rußlandverstehern' steigert sich leicht zu Haß auf → vermeintliche Russenfreunde. Als ein frühes Opfer solchen Hasses darf der sogenannte Kremlflieger Mathias Rust gelten, von Denkart und Habitus eigentlich der klassische Western Hero (technische Bestausstattung, geistige Selbstbescheidung). Noch ehe Rust das Messer gegen eine Schwesternschülerin gezückt hatte, die seine Bedeutung als Völkervermittler und Menschenversöhner nicht erkennen wollte, hatten wackere Westfalen den Autoreifen der Familie Rust messerscharf zugesetzt: Nach der verdächtig frühzeitigen Entlassung aus dem Russenknast 1988 galt nämlich nicht nur Mathias, sondern seine gesamte Sippe den Nachbarn im Wohnort Wedel als russenfreundlich oder eben als R.e. Dies wurde den Rusts durch freimütige Beschimpfungen wiederholt versichert (vgl. Stefan Locke, „Der lange Flug der Friedenstaube", in: *FAZ* vom 12. Mai 2012; Belege zum R. als Nachfahren des Marxisten, dessen Wege bekanntlich stets nach Moskau führen, bieten in Fülle → Qualitätszeitungen aus dem Hause Springer, der *WAZ*-Gruppe sowie *DER SPIEGEL*).

Russenhitler – russische Seele Die substantivische *Bild*-Prägung einerseits, die in gehobenem Denk- und Redegut noch heute vorkommende Gefühlsduselei andererseits sind die verbalen Extreme im westdeutschen Rußland-Verhältnis. Wie so häufig in milieuverengter Weltwahrnehmung, fehlt eine *Erwachsene Mitte* (P. Gosse) auch hier.
Jahrzehntelang hatte es → aufgeklärte Westdeutsche erstaunt, wie resistent der deutsche Osten gegenüber der Versuchung geblieben war, sich innerlich auf die Seite ‚seiner' Siegermacht zu schlagen. Eine sprachliche und kulturelle Anverwandlung an Rußland fand in SBZ und DDR 1945ff. nur im kleinsten Kreise statt. Das hängt mit der doppelten Erfahrung einer Niederlage ab, die dem deutschen Westen erspart blieb: Der Osten Deutschlands mußte moralisch und materiell für die Schäden in einem politisch weiterhin gepeinigten Siegerland haften. Der deutsche Westen hatte sich durch das Versprechen antibolschewistischer Verläßlichkeit der westlichen Siegermacht abermals als Bollwerk andienen können (→ ANTIORIENTALISMUS, → Unterwürfigkeit). Offensichtlich empfand die Mehrheit der ostdeutschen → Bevölkerung → die Russen als Besatzer, jedoch als geschlagene Besatzer und als Teil eines nationalen Schuld-und-Buße-Zusammenhangs. Das schloß die rein gehässige oder rein sentimentale Haltung gegenüber Rußland aus, wie sie Westdeutschland, auch hier in kollektivseelisch verläßlicher Bipolarität, im Rußlandverhältnis erkennen ließ. Erst → Populisten aus den sog. → Volksparteien SPD oder CSU (Schröder! Stoiber!) suchten – zumindest der bundesdeutschen Wirtschaft – einen pragmatischen Mittelweg zwischen Konsalikromanen und raketenbewehrter Russenangst zu bahnen. Mit der AfD hat sich endgültig eine Partei gebildet, in der man zumindest dem russischen Präsidenten auch in Deutschland nahe sein kann, z. B. in Stuttgart (→ AfD-Land, → so isches).

Rußland In → der alten Bundesrepublik ein Synonym für ‚Sowjetunion' und somit Ausdruck eines wohl meist unschuldigen oder → unbewußten Stellvertreterchauvinismus, im jüngeren Westdeutsch → der Politik und → der Medien hingegen für russisches Gebiet vor der Regentschaft Katharinas der Großen; semantisches Oppositum von → ‚Europa'.

S

Sachsen In jüngeren politischen und medialen Dialekten des → DÜNKELDEUTSCHEN ein Synonym für → Dunkeldeutschland; seit den 1990er Jahren vernehmbar in → links-progressiver Frustrations→kommunikation über das → reaktionäre Wahlverhalten der → Angeschlossenen, in jüngster Zeit ein Ausdruck → gesamtheitlich liberaler → Empörsamkeit angesichts von Wahlerfolgen westdeutscher → Randparteien, gedeutet als Indiz ostdeutschen → Ressentiments und → Abgehängtseins.
Allerdings ist S. das → gut-, genauer: bestbürgerliche der östlichen Bundesländer, was den → MEHRHEITSDEUTSCH behaupteten Zusammenhang von → Verwahrlosung im Moralischen und → Proletarisierung im Sozialen zweifelhaft macht. Die sächsischen Pegidisten sind weder Abgehängte wie ihre westdeutschen Pendants auf den Straßen von Duisburg und Nürnberg noch in mehrheitsdeutsche Parteien von NPD über PRO bis AfD integriert wie ihre → bürgerlichen Klassenbrüder in den Nord- und Südwestländern. Vielen → Qualitätsjournalisten fällt immer noch die Einsicht schwer, daß fast 30 Jahre Kapitalismus auch am sog. Tal der Ahnungslosen nicht spurlos vorübergehen können: Wo Bürgerlichkeit und Besitz gedeihen, da blühen auch bürgerliche Sorgen um deren Erhalt, was das sächsische Besitzbürgertum (Pegida 2015: mehr als 70% überdurchschnittlich Verdienende) eindrucksvoll zu Gehör bringt. Man darf trotzdem annehmen, daß diese Feierabendbeschäftigung sächsischer → Wutbürger von weitaus weniger ideologischem Nebel umwallt ist als die partei→pluralistisch → sortierte Empörungsbereitschaft ihrer westdeutschen Gemütsverwandten. In S. läßt man Dampf ab, ohne diesen für den heiligen Geist der abendländischen Demokratie zu halten.
→ das Abendland, → Gratis-Mut, → Dumpfbacke.

Sachsensumpf Nebelwort für das von zugezogenen Bajuwaren und Rhenanen zwischen 1993 und 2003 in Dresden unterhaltene Bestechungsgeflecht zwischen Justiz, Wirtschaft, Politik und Prostitution; vom → qualitäts- wie quantitätsmedial organisierten → Dünkeldeutschland als Indiz ostdeutscher → Verwahrlosung massiv ins → MEHRHEITSDEUTSCHE Bewußtsein gedrückt.
→ Netzwerk, → Prostitutionslandschaft.

Sachzwänge Aus dem Wörterbuch des politischen → ANIMISMUS, im weiteren eines Philisteriums, das → tiefsitzenden Unterwerfungsdrang gern mit → realismusgesättigtem Entschlossenheitsgehabe verbindet: Was man bedenkenlos tue, hätten einem nicht Menschen oder die eigene Feigheit diktiert, sondern furchtlos bejahte S. (Sartre: „eine Strahlung aus der Welt"). Anders gesagt: In Diktaturen erzwingen Personen moralische Regelverstöße, in Demokratien erledigen das die Sachen und ihre Walter.
→ GROSSER STIL, → MAULHELDISCHES.

(S)agbar/es Die Bedeutungen von Sagenkönnen und Sagendürfen sind, sobald dieses Wort im → MEDIALDEMOKRATISCHEN → WÄCHTERSPRECH erscheint, auf ‚treuherzig-verlogene' (F. Nietzsche) Weise vermischt. Zu zeitweilig hoher Prominenz und substantivischer Größe gekommen ist das Attribut durch Buchtitel und -texte und -interviews Carolin Emckes (‚weil es sagbar ist', ‚es sagbar machen', ‚das Sagbare sagen', ‚die Grenzen des Sagbaren überschreiten' usw. usf.), einer → Autorin, welche die Inbrunst Margot Käßmanns in das Idiom Jacques Derridas zu gießen trachtet. Die dadurch gepflanzten, den frömmelnden Ursprungskontext (→ TUTZING) hoch überwuchernden Blumen des → BETROFFENHEITLICHEN duften ähnlich bei Christian Schüle (→ HEIMATLITERATUR, → ich, → permanent).
→ KÄSSMANNDEUTSCH, → DEKONSTRUKTIVISTISCHES.

Sagen wir/mir/mer/mr mal (regional: sammamal, samma) Rhetorischer Zwitter aus Unbelehrbarkeitsverkündung und Denkanspruchsermäßigung, zusammen mit ‚Ich sag mal', → ‚Ich denk mal', ‚Ich meine mal/mein ich mal' und ‚Ich denke' zunächst medienpolitisch und politpublizistisch → massiv vernehmbar während der Schröder-Ära, insbesondere in Deutungen von Wirtschaftsstatistiken, Wahlergebnissen u. ä. Meinungsmaterial, bald auch gängig in Westelbiens → intellektuellen Kreisen, zuletzt in → breiten Schichten der Bevölkerung.

Am allerbreitesten, → zumal in der Lautformung, ertönt die Formel bei Sibylle Lewitscharoff (→ auffangsam, → habhaft, → hochmögend). Die Verfasserin paratheologischer → Selbstverständigungstexte erklimmt gern → SPREIZSPRACHLICHE Höhen, um sich von dort → JOVIALSPRACHLICH zum Lesevolk herniederlassen zu können. Als Klassikerin der → HOCHSCHREIBE und -REDE ist sie folglich schon jetzt „nicht mehr aus unserer Literatur wegzudenken" (Ursula März). Geistesgeschichte, insbesondere Religionsgeschichte, als Bildungsgeschwäbel und Literaturhausliteratur: Im *Literarischen Colloquium Berlin* hatte Lewitscharoff den Roman *Das Pfingstwunder* (2016) vorgestellt und ihren sekundärkreativen Übergriff auf Dantes *Inferno* wie folgt begründet: „Die → Verwerfungen an Körper und Geist" seien hier einfach „am härtesten". Freilich, die „höllischen Leibgreuel auszustellen und sich, samma mal, im Schmutz des Menschen zu suhlen, ist eine, ich finde auch literarisch eine, → 'ne na samma → relativ einfache Übung." Das *Paradiso* hingegen verleite literarische Nachnutzer zur Verkitschung. Erhabene Himmelshöhen? Die Tücken des Erhabenen! „Und auch äh äh sowieso in moderner Zeit weil es ja keinen Glauben daran gibt wirklich und äh äh und was an die Stelle getreten sind, ist, sind so komische Werbeaufnahmen also samma die Glücksversprechen, die lächerlich sind, ja? aber das Paradies sich vorzustellen als etwas von einer fundamentalen Loslösung des Menschen von von von samma mal von schwierigen muffigen aggressiven äh äh tumultuarischen Begierden und da in eine ganz andere Form der Freiheit zu kommen, des isch schwer zu glauben und des isch sehr schwer zu schreiben." Schwer fallen sollte das Schreiben wirklich nicht! Zudem, ergänzte die Gesprächsleiterin Katharina Teutsch, finde in der Hölle „keine wirkliche Kommunikation statt". Genau, Literatur sei → Kommunikation, stimmte Lewitscharoff heftig zu. „Stellen Sie sich doch heute mal 'nen Autor vor, der fähig ist samma europäische Verhältnisse → abzubilden. Das ist 'ne unerhörte Leistung." Immerhin, warf Lewitscharoff-Interpretin Kristina Maidt-Zinke ein, ähnele Lewitscharoff in mancher Hinsicht Dante: „Bei Dante gibt es eine unglaubliche Sprachgewalt, und die verbindet Sibylle Lewitscharoff natürlich ganz stark mit diesem Dichter." Besonders mit seiner Natürlichkeit! Lewitscharoff widersprach: „Ich kann mich jetzt aber nicht, so gern ich es täte, so in die Reihen der Großen stellen, so gern ich es täte, und da munter mit rumkaschpern." Vielmehr, schob die Frau aus Stuttgart-Degerloch nach, drücke sie das Gewissen: „Ist es eigentlich redlich, als ein → wirklich → ungleich schwächerer Schriftsteller, sich an einem großen Namen zu mästen?" Publikumsstaunen. Lewitscharoff: „Ja, das ist ja in dem Falle auch der Fall." Publikumsraunen. „Ich habe deshalb Wert darauf gelegt, es nicht einen reinen Dante-Roman werden zu lassen, sondern eine andere Form der Exaltation *hinaihn*zubringen, weil es mir doch" – hier ward ein kühler Luftzug zwischen gekräuselten Lippen vernehmbar – „*pahin*lich war. Aber ich will net diese Reihe fortsetzen, also ich schwör Ihnen, ich schreib jetzt net über Homer oder sonst noch jemanden, desch muß auch aihn Ende finden, hä-hä-hä."

Die Kritik habe Lewitscharoff, mußte Teutsch einräumen, für derlei Bildungsbeweistexte nicht nur gelobt. Sei denn Lektürepräsentation bereits Romanproduktion? „Es sind natürlich Romansprengsel sind drin des des äh samma so das Grosch tut immer wieder aus der Romanfassung hinaus in eine eine ja auch Geistesverfassung über Dante hinein. Aber ich würde Ihnen wirklich gern ne Stelle lesen, die wirklich nur Roman ist und sonscht gar nichts. Nämlich eine Stelle wo der Hauptdarsteller sich → massiv betrinkt." (Folgt Abbildungsdelirium.) Karlheinz Stierle: „Sie hat sich eben sehr → intensiv → wirklich mit Dante → beschäftigt." (Folgt Kritikgestotter.) Katharina Teutsch: „Frau Lewitscharoff, Sie polemisieren ja auch immer ein bißchen gegen das dem → Realismus verhaftete Schreiben. Warum eigentlich?" Sibylle Lewitscharoff: „Na also nicht generell. Es gibt ja → schonnn dem Realismus stark verhaftete Bücher, die auch → exzellent sind. Des betrifft jetzt nicht alles. Es war nur jetzt nur ein bißchen sagen mr mal in der deutschen Nachkriegsliteratur sehr ausschließlich teilweise; nicht teilweise, es war → relativ ausschließlich anzutreffen über → ne lange Strecke. Ich fand des als junger Mensch relativ öde, um es klar zu sagen." („Studio LCB", *Deutschlandfunk*, 24. September 2016)

Säkularisation Im Bohrerdeutschen (→ GROSSER STIL, → jazzen) inflationär und dort Synonym für ‚Säkularisierung'; eigentlich und ursprünglich die Einziehung der Kirchengüter gemäß dem Reichsdeputationshauptschluß von 1803, heute Universalbegriff für alles, was nicht mehr ganz schwarz ist.
→ Atheisten, → Ersatzheilige.

Salonkatholizismus Im linksliberalen Feuilleton aufgekommenes Schmähwort für rechtskonservative Glaubensgecken, mittlerweile in → Qualitätszeitungen als Begriff für einen soziokulturellen Stil geläufig. Dieser besteht hauptsächlich im oder durch ein → Wissen um sich selbst. Salonkatholische Literatur etwa zeigt den Versuch, einen Stil aus dem Wissen zu erzeugen, daß man Stil habe, wie man ja auch dreiteilige Anzüge, einen Weinkeller oder eben einen apart-bizarren Glauben haben kann (→ besitzen, → FROMMSPRECH). So gespreizt wie westdeutsche Salonkatholiken ihren Glauben tragen nur noch westdeutsche → Freidenker ihren Unglauben vor sich her (→ Leitkultur). Das vereinsgebundene Freidenkertum ist ein Provinzphänomen, der Salonkatholizismus hingegen in Metropolen daheim (→ Frankfurt), denn hier drängt sich distinktionsbedürftiges Kleinbürgertum besonders dicht. Dieses liest ‚angeblich wunderbare Romane' – und bringt außer der Semantik auch die Syntax ins Schlingern: „Martin Mosebach, der Romancier, ist katholisch, ich auch. Er wird gerne als erzkatholisch bezeichnet, was als Verschlimmerung gedacht ist, ich auch. In erster Linie ist er aber angeblich ein wunderbarer Romancier, man muß schon sagen Erz-Romancier, Büchner-Preisträger, unzählige andere Auszeichnungen, tatsächlich ein Erzbulle der Gegenwartsliteratur." (Matthias Matussek, „Von wegen Erzkatholik. Erz-Romancier", in: *DIE WELT* vom 3. Februar 2014) Kurz, Matussek (→ zunehmend mehr) sagt, was *man* sagt oder gar nur ‚angeblich sagt', möchte es aber auch gemeint haben. Natürlich nur, wenn *man* es nicht nur ‚angeblich' meint. Matussek preist Mosebachs Jovialität. Tatsächlich kann ihr jeder Leser in Mosebachs Essays begegnen. Im Gegensatz zu seiner Poseursschwester Lewitscharoff (→ hochmögend), die gewiß ganz arglos und ehrlich an ihre ‚poetische Prominenz' glaubt (→ habhaft), verfügt Mosebach offenkundig über → eine Art von Komödiantenschlauheit, die ihn seiner intellektuellen Unschuld innewerden ließ. Fast zwanzig Jahre hatte „der orthodox katholische Frankfurter" (Sabine Vogel, in: *Berliner Zeitung* vom 29. August 2016, S. 24) Romane nur für ‚Frankfurt' oder → ‚nahe von Frankfurt' geschrieben. So war es ein gelungener PR-Streich, sich durch Anrufung finsterer Mächte als gefährlichen Denker und waghalsigen Schreiber ins republikweite Gespräch zu bringen (→ Wehrlose). „Es wird das soziale Klima fördern, wenn Blasphemie wieder gefährlich wird." Zur Gratisaufgeklärtheit der e. V.-Freidenker, die Gottes Tod immer noch für eine Nachricht halten, gesellte sich so als feindlicher Zwilling die salonkatholische Umschnöselung blut-, kot- und schmutztriefenden Götzendienstes (*Häresie der Formlosigkeit. Die römische Liturgie und ihr Feind*, 2002; *Der Ultramontane. Alle Wege führen nach Rom*, 2012). Ein erster Platz unter den zweitrangigen

Schriftstellern wäre Mosebach sicher gewesen, wenn er darauf verzichtet hätte, in Reden und Essays eine – westlich der Elbe verständlicherweise beeindruckende – Dreiviertelbildung auszustellen. Doch selbst wenn der Erzbulle das Denken F. H. Jacobis mit dem des Thomas Aquinas verwechselt (*Häresie der Formlosigkeit*, 1. Kapitel) oder Voltaires Deismus mit Diderots Atheismus („Vom Wert des Verbietens", in: *Berliner Zeitung* vom 18. Juni 2012) oder König Friedrichs Frivolitäten mit dem staatssozialistischen → Atheismus (ebd.), vermag er das Feuilleton fast aller → Qualitätszeitungen überzeugen. (Wir gebrauchten zuletzt den nicht-erweiterten Infinitiv von → vermögen im → eleganten Deutsch!)

Satire ist im ewigen Westdeutschland ein Genre des unfreiwilligen → Humors, worin Unterhaltungskünstler als Widerstandskämpfer posieren (in Staaten mit intakter Humortradition pflegt es umgekehrt zu sein). Dem intellektuell → anspruchsmäßig → aufgestellten → MEHRHEITSDEUTSCHEN bedeutet ‚S.' zumeist die theoriegestützte Anleitung zu → kritisch-aufgeklärtem Gelächter sowie → emanzipatorisch-freiheitlichem Gegröle über → reaktionäre Minderheiten (→ Sachsen, Steuerzahler mit einer → Lufthoheit über dem Stammtisch usw.). Sie bildet somit das ideologische Komplementärgenre zur sog. → Comedy.

S. wird oft mit Sozialdemokratie verwechselt, beispielsweise durch Henning Venske. Der Ehemalige von der Münchner Lach- und Schießgesellschaft trauert den Zeiten nach, als SPD-Mitgliedschaft und regelmäßiger Kabarettbesuch genügten, um sich enorm – dies sein Ausdruck – ‚subversiv' zu fühlen. Jenseits der vergrämten Einsicht, daß die Zeiten didaktisch unterfütterten Humors verflossen seien, gelang Venske ein wertvoller Beitrag zur westdeutschen → HEIMATLITERATUR. *Satire ist nur ein Affe im Hirn* erschien 2015 im heimatliterarisch umtriebigen → Frankfurter Westend-Verlag. Auf 160 Seiten erläutert Venske unter üppiger Tucholsky-, Kästner- und Kraus-Beschwörung, was Satire darf, nämlich alles. Nachdem man auf S. 11 das tollkühne Bekenntnis las: „Niemand hat das Recht, der Satire Vorschriften zu machen", begegnet man bereits auf S. 14 der so weltkennerischen wie → weinerlichkeitsnahen Einsicht: „aber es geht immer so weiter mit der Rüstung, mit dem Sozialabbau, den Kürzungen im Kulturhaushalt, der Kündigung [wahrscheinlich gemeint: Aufkündigung] der Solidargemeinschaft und der Fremdenfeindlichkeit". Das Thema „Kürzungen im Kulturhaushalt" und „Subventionen" liegt Venske am Herzen, mehr noch auf der Seele (→ Ressentiment). Subventionen erhielt nämlich das DDR-Kabarett, das neben Staatsnähe einen anderen Humor, gar Theaternähe und -niveau pflegte (S. 69f.). „Andererseits: Wenn Ostkabarettisten in den Westen kommen und einem Westpublikum den Kapitalismus erklären, in dem dieses Publikum ja aufgewachsen ist, hält sich das Amüsement auch in Grenzen." (S. 70)

Wer wollte Venske da widersprechen? Einen derart → verzwergten Gegner wie → den Kapitalismus verspottet ein sozialdemokratischer Humorist nicht. Vielmehr pflegt der mehrheitsdeutsche, zumindest mehrheitssozialdemokratische Satiriker fünf „Feindbilder" (S. 76ff.): 1. Autorität, 2. Uniform, 3. Behörden, 4. Berufspolitiker, 5. Banker, die hinsichtlich „Raffgier, Rücksichtslosigkeit und Bedenkenlosigkeit" übertreiben und als solcherart lose Gesellen dafür gesorgt haben, daß der Kapitalismus auch nicht mehr das ist, was er zu SPD/FDP-Zeiten mal war (S. 80). Mögen die → Comedians der sog. → Comedy dazu beitragen, daß Menschen ihr Lachen nicht mehr „sehr differenziert einsetzen" (S. 53). „Das politisch-literarische Kabarett hingegen analysiert den Zustand und die Entwicklung der Gesellschaft und nennt die Namen der Verantwortlichen." (S. 71) Venskes Helden sind jene – die ‚Verantwortlichen' hart bedrängenden – ‚Satiriker' von *ARD, ZDF* u. a. gebührenfinanzierten → Qualitätsmedien, die etwaige Rückwirkungen ihres → Gratis-Muts mit gebührenfinanzierten Anwälten abzuwehren wissen (S. 48f.).

Geist ist für Venske soviel wie Gesinnung, Satire ohnehin kaum zu scheiden von Satiretheorie, welche die eingestreuten Proben von → Witzischkeit und → Empörsamkeit über-

zeugungswarm umhüllt. Ein rhetorisches Gipfeltreffen von → HABERMASDEUTSCH, → BE-SORGLICHEM, → GRÜN- und → WÄCHTERSPRECH; auch das Vokabular der → westlichen Werte fehlt nicht: „Über Religion ist, da es sich um einen Glauben handelt, ein Gespräch im Sinne von Verständigung → nicht wirklich möglich." „Islamische Glaubenskonzepte stehen den von der Satire vertretenen → Werten genauso inakzeptabel gegenüber wie die christlichen." (S. 147) So „inakzeptabel gegenüber" wie auch andere Sorten von Orient. Ein satirisch-kontrafaktisches Zukunftsszenario Venskes sieht wie folgt aus: „Der Gipfel von Quedlinburg bringt den freiwilligen Anschluss Deutschlands an die Russische Föderation und die Umbenennung in ‚Westukraine'. Das führt umgehend zu einer Invasion von Kirgisen, Kaukasiern und Kasachen, Deutschland wird besetzt von Millionen schwulen Rumänen, geigenden Zigeunern, bulgarischen Taschendieben und rauschgiftsüchtigen Usbeken." [Genitivverweigerung im Original!] „Die sich nach Westen wälzenden Asiaten und Osteuropäer verstopfen alle Straßen und Schienen", „noch nicht ganz entkräftete Deutsche" retten sich „mit den Köln-Düsseldorfer Rheindampfern" (S. 90f.), hö-hö-hö. Doch „wir Deutschen", wie Venske in so berechtigtem wie behaglichem → Wir-Gefühl immer wieder sagt, bewältigen das: „1989 mussten wir 16 Millionen Wirtschaftsflüchtlinge integrieren. Auch das haben wir geschafft." (S. 104)
→ ANTIORIENTALISMUS, → Integration, → Kulturkritik, → rheinisch-katholisch, → Wir im Westen; zu weiteren Klemmformen des westdeutschen Chauvinismus: → das Abendland, → BITTERMANNLINKE, → Kreuzberg.

satte Mehrheiten benötigt der Westelbier nicht allein, wenn er regieren oder → durchregieren, sondern vor allem, wenn er lachen will. Da der West-, also → MEHRHEITSDEUTSCHE über ein ausgeprägtes → Wir-Gefühl verfügt, wie seine Soziologen versichern, ist Lachen und anderes Tun aus einer → Minderheitsposition für ihn ebenso undenkbar wie eine Entwicklung der dazugehörigen Intelligenz, Finesse, Ironie. Europäischer Humor erhebt sich über Dummheiten, westdeutscher über Minderheiten.
→ Comedy, → TÜRKENWITZE, → Witzischkeit.

Saustaat Semantischer Vorläufer von → ‚Schweinesystem' und → ‚Scheißland'; möglicherweise bajuwarischer Herkunft, im gesprochen Westdeutsch der Politik inzwischen selten, im Schriftwestdeutschen nahezu ausgestorben. Dennoch bleibt ‚S.' als → diskursgeschichtliches Erinnerungsgut wertvoll. Es → verweist auf die Großfamilie der zusammengesetzten Quengelwörter (‚Dreckgesellschaft', ‚Mistkerl' usw.), welche kindgemäßes Anklagen oder Angreinen gegen eine als übermächtig halluzinierte → Autorität → signalisieren und somit ins unmittelbare historische → Vorfeld des modernen → Opferdiskurses gehören.

sauwohl Das Brachial-Behagliche scheint dem unerfahrenen Westdeutschenbeobachter zunächst ein ausschließlich bajuwarisches Phänomen (das bewundernd gemeinte ‚Saukerl', ‚Sauerei'). Doch wäre darin die echt kleinbürgerliche Massentypik der westdeutschen Seele verkannt, die leibhaftige Seele stets nur in Masse, Mehrzahl, warm wimmelndem Gewühl sein kann. Animalität als Wahrheit der Kulturalität! Nichts da also von angeborener oder wenigstens anerzogener Distanz, die ein nuanciertes Näherkommen ermöglichte. Ebenso wie in seiner sozialen → Performanz, die zwischen privat und öffentlich keinen Unterschied kennen will, zeigt sich der westdeutsche Mehrheitsmensch auch seelisch am liebsten unmittelbar in dem, was er für sein Innerstes hält, in seiner sozialen Tiernatur. Doch nicht jedes Schwein beißt. Anders also, als es das Raunen von den → prolligen FKK-Nackerten an der Ostsee- oder Ost-Seeküste nahelegt (→ Eroskiller), ist das unvermittelte Fallenlassen aller seelischen und sozialen Hüllen hauptsächlich eine Spezialität Westelbiens. Ob lallend, ob

lehrend: Im Osten bekennt der westdeutsche Schlagersänger Roland Kaiser (Publikumsansprache im Friedrichstadtpalast 1987) ebenso sein Sauwohlbefinden wie der westdeutsche Rentenbezieher Rainer Michel, der nach → Sachsen ging, „um sich um den Aufbau des Religionsunterrichts zu kümmern". Und auch, weil „es dort etwas billiger ist und man umgerechnet mehr von der Rente hat". „Er vermißt Köln nicht sehr" und „infizierte sich lebenslänglich. ‚Ich fühle mich sauwohl hier', sagt er." (Bernhard Honnigfort, „Geh doch rüber. Seit 1990 sind 1200 Rentner aus Westdeutschland nach Görlitz gezogen" usw., in: *Berliner Zeitung* vom 21./22. Mai 2016, S. 4)
→ Herkunftsheimat, → Köln, → Kotzhügel, → Wir im Westen.

schader und schader Der Zwilling bezeugt die westdeutsche → KOMPARATIVSTÖRUNG auf → eindrückliche Weise und fand sich häufig bei Fritz J. Raddatz, der einmal beinahe Verlagsleiter geworden wäre und eingedenk dessen noch ein halbes Jahrhundert später notierte: „Kein Tag vergeht, ohne daß ich das falsche Deutsch in Zeitungen anstreichen oder im TV mitschreiben müßte" (13. Juni 2011, in: *Tagebücher 2002–2012*, Reinbek 2014, S. 594). Oder: „(D)ie Verkommenheit, Verschmutzung der Sprache durch die politische Kaste, die dürf(t)e ich, dessen einziges Instrument die Sprache sei, wohl rügen, gar attackieren" (7. Dezember 2011, S. 632). Oder: „DAS – die totale Verwüstung der Sprache – nimmt mich vielleicht am stärksten mit ..." (10. Juni, S. 658) Oder: „Herr Steinfeld ... (s)ollte besser das falsche Deutsch in dem von ihm geleiteten Feuilleton redigieren ..." (19. August 2012, S. 771f.) Noch widriger drängte die nicht-gedruckte Realität FJR entgegen: In Hotels, auf Schiffdecks, unter Freunden wie unter Fremden und ihren Frauen – ein ästhetisches Fiasko nach dem anderen: „je dicker die Wampe, desto auser ziehen sie sich" (S. 605); „je hänger der Busen, desto außer die Blusen" (S. 629).

schaffen Der Bedeutungsunterschied zwischen ‚erschaffen' und ‚leisten' wird im gehobenen Westdeutsch gern vernachlässigt. Eine in diesem Dialekt verfaßte Bibel müßte demnach beginnen: „Am Anfang schaffte Gott Himmel und Erde." Allzeit bereit zu derlei sprachlicher → Innovation ist der Pontopreisträger sowie „Katholik und Schriftsteller" (Verlagswerbung) Martin Mosebach: „Ivanovichs kommunistische Phase schaffte eine gewisse Entspannung zwischen Vater und Sohn." (*Ruppertshain. Roman*, München ³2004, S. 52) Nicht nur im Kleinweltroman ist ‚schaffen' für ‚erschaffen' mittlerweile gang und gebe – zum größeren Zusammenhang: → FROMMSPRECH, → vermögen, → Salonkatholizismus.

Schauspielerfilm ist gewöhnlich das Werk eines → Schauspielerregisseurs.

Schauspielerregisseur Erzeuger von → Schauspielerfilmen, → Schauspielertheater und wahrscheinlich auch Schauspielerschauspielern. Der S. greift in der Regel auf → Ausnahmekünstler zurück.

Schauspielertheater Durch → Ausnahmeregisseure mitunter als Gegenbegriff zu → ‚Regietheater' verwendet, wenigstens dann, wenn → Ausnahmeschauspieler im Spiel sind.

scheinbar Bedeutung im Hochdeutschen: allein dem Anschein nach, nicht wirklich, Bedeutung im Westdeutschen: wie es scheint, augenscheinlich. „Das ergab sich scheinbar natürlich, war aber Stil." (Karl Heinz Bohrer, *Jetzt. Geschichte meines Abenteuers mit der Phantasie*, Berlin 2017, S. 83) Oder: „Es ist hier nicht der Raum, ideengeschichtlich detailliert auszubreiten, in welcher Weise die Prinzipien des freiheitlichen Rechtsstaates, der die Bundesrepublik sein will, aus den Geboten des Christentums und in Auseinandersetzung

mit ihnen auch da hervorgegangen sind, wo sie sich in scheinbarem Gegensatz zum Christentum befinden wollen [?!]." (Martin Mosebach, „Vom Wert des Verbietens", in: *Berliner Zeitung* vom 18. Juni 2012) Der mündige Leser, d. h. der Leser, der weiß, was der → Autor sagen wollte, auch wenn dieser es nicht zu sagen → vermochte, ist der ideale Leser des eben zitierten „Katholiken und Schriftstellers" (Verlagswerbung). Das zeigt bereits der Beginn seines Verbotsersuchens: „Abgesehen vom Propheten Mohammed, ist Gotteslästerliches in der Kunst nicht umstritten – teilweise gar salonfähig" ... doch beginnen wir erst gar nicht damit.
→ Mosebachdeutsch, → Salonkatholizismus, → Subjektwechsel, → Wehrlose.

Scheißland Populärpolitischer wie → qualitätsmedialer → Fäkalsprech für das national → Andere, zuweilen für → das Fremde überhaupt, in der westdeutschen Regel jedoch ein Synonym für die → ehemalige DDR. Um eine diesbezügliche, strikt → fremdenfeindlich-jammerwestliche Eingrenzung des Bedeutungsumfangs bemühte sich besonders intensiv Wolfgang Herles, ein in Mainz tätiger → Qualitätsjournalist mit abgeschlossenem Germanistikstudium.
→ Anderland, → Ausland, → Billiarden, → die gute alte Bundesrepublik, → Traumschiff, → Qualitätszeitungen.

Schicksalsgemeinschaft signalisiert im Unterschied zu Ehegemeinschaft, Kampfgemeinschaft, Volksgemeinschaft u. ä. keine Demütigung der Eingemeindeten unter das mit dem ersten Begriffsteil Bezeichnete, sondern ihre Gleichrangigkeit: Wer das Schicksal anruft, macht mit ihm gemeinsame Sache. Wie etwa Wolfgang Schäuble: „Der Westen als Schicksalsgemeinschaft" (*Scheitert der Westen? Deutschland und die neue Weltordnung*, München 2003, S. 193ff.).
→ (sich) erschließen.

Schild (Plural nicht: Schilder) In der jüngeren Belletristik und Sachliteratur Westelbiens → zunehmend sächlich, was die Duden-Redakteure gewiß zu neuen Regelleistungen inspirieren wird. „Hector verharrt oft viele Sekunden lang hinter seinem großen gewölbten Schild, das ihn bei gebeugter Haltung frontal fast komplett verdeckt. Invictus hingegen bewegt sich viel dynamischer. ... Nachdem beide eine ganze Weile lauern, prescht Invictus plötzlich nach vorne, holt weit aus und schlägt mit voller Wucht sein Schwert auf Hectors Schild. Der *thraex* versucht, das feindliche Schild herunterzureißen und gleichzeitig den dahinter versteckten, nackten Oberkörper seines Gegners zu treffen. Die Zuschauer springen auf und johlen, glauben für eine Sekunde zu wissen, wer siegen wird. Doch Hector reagiert sofort, stößt sein Schild nach oben mit einer solchen Kraft, dass Invictus' Arm samt Schwert nach hinten geschleudert wird. Der Angriff ist gescheitert, Invictus weicht in einen sicheren Abstand zurück. Hector beläßt es nicht bei der Abwehr: Er verfolgt Invictus und rammt sein Schild gegen dessen Schild – es kracht und dröhnt, kleine Holzsplitter fliegen in alle Richtungen. Beide Gladiatoren stemmen sich mit vollem Körpereinsatz gegen ihre Schilde." (Leoni Hellmayr, *Gladiatoren. 100 Seiten*, Ditzingen 2018, S. 51)

Schiller Theater In einem von der Geschichte verwöhnten Land darf jede Kleinstadt ihr eigenes Theater haben, hier also Schill am Neckar. Doch soll es auch ein Schillertheater in Berlin (West) geben, das sich ‚Schiller Theater' schreibt. Damit huldigen die kulturschaffenden Ex-Frontstädter offenkundig → den Alliierten, namentlich den anglophonen, die ihrerseits nicht nur weithin auf Stadtteiltheater, sondern auch auf den Bindestrich verzichten. Die sprachlich aus eigener Kraft Umerzogenen glänzen hierbei durch Übereifer. Nicht nur der Bindestrich wird fortgelassen, so daß aus einem Wort zwei entstehen, nein, die Freude an solchen Wortvereinzelungen ist ihnen auch die Zerreißung bis dato intakter Wörter wert. Darauf einen Humpen Schwarz Bier in dem Welt berühmten Künstler Lokal der Restaurant Kette gleich neben an! Später ab ins → Humboldt Forum.

Schlaf-Kompetenzzentrum Im Osten produzieren lassen, im Westen Steuern zahlen, dies ist nicht nur die Devise eines → Holzkompetenzzentrums, das in Ostthüringen mit Zweidrittelwestlöhnen reüssierte, sondern auch die Sehnsucht der Möbelcenter Biller GmbH (Hof). Das Unternehmen mit der Losung „Biller ... macht glücklich" wirbt für seine Errungenschaften wie folgt: „In unserem SCHLAF-KOMPETENZZENTRUM haben Sie alle Möglichkeiten, ein → Matratzensystem, genau nach Ihren Anforderungen auszuwählen. Entdecken Sie neu geschaffene → Themenbereiche wie z. B.: – Matratzen mit Gel-Einlage – Matratzen mit Abwehrkräften – Matratzen für schwereloses Liegen." Die „Matratzen mit Abwehrkräften" zeigen das in Hof gepflegte Weltniveau oder zumindest Abendlandsniveau, wurden sie doch „von europäischen Schlafwissenschaftlern entwickelt". Sollten die Europamüden bei keinem der vermutlich im Schichtsystem schlafenden Wissenschaftler einen Termin bekommen, können sie sich im Matratzencomfortfoyer an „von Ärzten geprüfte Schlafberater" wenden, die „das Wissen über moderne Schlafkultur" hüten und „die optimale Matratze für Sie finden helfen".
→ Kompetenz.

Schlapphüte Schleimfeuchter Kulturfunk- und Zeitungssprech für die Hauptamtlichen des Westens, gebräuchlich vor allem für Mitarbeiter des Bundesnachrichtendienstes. Zu dessen selbst in der *taz* legerem Ruf → legendäre Gründungsfiguren wie der Gestapochef von Lyon Klaus Barbie, Adolf Eichmanns Mitarbeiter Aloys Brunner und der Erfinder der mobilen Gaskammer Walther Rauff beigetragen haben dürften, allesamt berufen durch Reinhard Gehlen, den „legendären Chef des BND" (Thomas Kröter, „Hunger nach Aufklärung", in: *Berliner Zeitung* vom 1. April 2016, S. 2).
→ ANBIEDERUNGSDEUTSCH, → lässig, → unaufgeregt.

Schlitzohren und Schlitzaugen In den → Qualitätsmedien rasch populär gewordene Wortprägung aus dem Fundus schwäbischer → Weltoffenheit. Popularisator war Günther Oettinger, der hierdurch die asiatische Wirtschaftskonkurrenz hinreichend charakterisiert fand; eine, so der damalige EU-Kommissar selbstkritisch, „etwas saloppe Äußerung, die → in keinster Weise respektlos gegenüber China gemeint war" (zit. nach: *FOCUS online* vom 30. Oktober 2016). Ebenso, wie ein in China → pöbelnder und prügelnder Daimler-Manager „in keinster Weise die Ansichten des Unternehmens widerspiegele" (Vollzitat: → Rassismus).

Schloßneubau Bußleistung für Palast→rückbau.

SCHLUCKAUFWÖRTER Ausschließlich im gesprochenen Westdeutsch, dort am häufigsten: eh, halt, eben halt, halt eben. Sie dienen der Abschwächung oder Beschwichtigung und verbergen – wie der *homo Germaniae occidentalis* überhaupt – die Härte des Wollens hinter der Schlaffheit des Wortes: „Ist eh nicht so wichtig halt."
→ ahm, → halt eben.

schlußendlich Komparativ von ‚letztendlich', entnommen dem Wörterbuch des → SUPERLATIVISTEN, dem es ja generell schwerfällt, ein Ende zu machen. Das → BLÄHWORT ist in → der Politik und in → den Medien seit den 2010er Jahren → zunehmend beliebt. → Im Hintergrund steht ein Wissen um dasjenige, was → spätestens → eben gerade jetzt an der Zeit ist.

Schmähsprech Dialekt und Stilmittel vor allem im → Publizistendeutsch. Ein Schmähsprecher findet seine Größe an dem, was er kleingemacht hat; S. läßt kein Substantiv ohne Adjektiv ins Freie. → Insofern ist S. ein klassisches Vehikel von → IDEOLOGIEKRITIK (→ aufklären, → entlarven). → Nichtsdestotrotz ist es → strukturell verwandt mit diversen Formen des → eleganten Deutsch. In all diesen → altwestdeutschen Ausdrucksweisen beherrscht ein lebhaft ausmalender (umschreibender, beschreibender, benotender) Stil eine hierfür statisch eingerichtete Welt.
→ Humor, → Ironie; → Minderwertigkeit.

schmal Ein Hochwertwort aus dem → SPREIZSPRACHLICHEN; mündlich sinnadäquat nur artikulierbar mit gespitztem Mündchen oder mindestens einem zugekniffenen Nasenloch. Es erscheint in → wertorientierenden → Zusammenhängen, als Adjektiv häufig vor ‚Band', ‚Buch', ‚Werk'/‚Oeuvre', signalisiert edle Bedürfnisreduktion angesichts minderwertiger Überfülle, wobei die Grenzen zwischen Hoch- und Minderwert verschwimmen. Ein lebensnahes Beispiel für die Beliebtheit des Schmalworts bei Elitesimulanten: → Aphorismen („meine schmale, elitäre Medienauswahl").

Schnäppchen (mündlich oft: Schnäppschen) Im Hause des Satten spricht man nicht vom Hunger: Ekel vor den unbefriedigten Konsumbedürfnissen der → Zonis gehörte während der frühen → Anschlußzeit zum Gefühlsstandard des linksradikalen wie des linksbürgerlichen Mehrheitsdeutschtums (→ abgreifen, → Banane, → Zonengaby). Den künftigen Niedriglohnlandleuten ward ein Hang zum Billigen nachgesagt; Volkskundler wie Christian Pfeiffer, Wolfgang Herles und Jörg Schönbohm diagnostizierten eine fundamentale → Proletenhaftigkeit der → kaufschwachen Gebiete und entsprechend ungehobelte Begehrlichkeiten (→ LESERBRIEFE, → Töpfchenthese).
Der westdeutsche Blick auf die heimischen → Vorteilsritter (B. Strauß) ist hingegen von Milde, ja Gerührtheit bestimmt. Das im hochdeutschen Sprachgebiet bis zum → Anschluß unübliche Wörtchen ‚S.' vereint das Heimelige mit dem Niedlichen, verklärt die kleine Begierde zur liebenswürdigen Ureinwohnerschaft im Dinguniversum. Eine zärtliche Selbstverzauberung, ob der eingeborenen, possierlich-unbeholfenen Vorteilsritterschaft, dünstet aus dem → JOVIALSPRACHWORT ‚Schnäppschenjäger'. So liebevoll regional spricht der Mehrheitsdeutsche namentlich des Mittelwestens nur noch von und mit seinem Landesherrn, wenn dieser bei Karnevalsvereinssitzungen dem Volke lächelt.
Die Etymologie von ‚S.', das seit 30 Jahren als mehrheitsdudentauglich gilt, führt auf die unverbildeten → Abgreifqualitäten des *homo Germaniae occidentalis*, kurz: auf sein → spürsicheres Zuschnappen. Das saisonale Glänzen der Augen und Hängen der Zungen in den Einkaufsmeilen von Düsseldorf und Köln erscheint so als Bekenntnis des geborenen Raubtiers zur eigenen Natur. Wie jedes menschliche Jasagen zum Instinkthaften wird es von einem trotzig-verschämten Lächeln begleitet.
→ Wenn's umsonst ist ..., → Zahlmoral; → Bei Bolle hat's gebrannt.

schnellmöglichst Noch nicht als Dudendeutsch kodifizierter, nach der Sprachlogik des Westdeutschen aber allzeit möglicher → SUPERLATIVISSIMUS des Schnellmöglichen und → Schnellstmöglichen; vgl. auch → baldmöglichst. Wird die Dudenkommission in Bälde ihr Möglichstes tun?

Schnittmenge Aus der Fachsprache der → Metzger, neuerdings Lieblingsausdruck intellektueller Würstchen. Fast immer gemeint: Schnittfläche. Zuweilen mit unerwarteter Tiefendimension (als Stichprobe und Wortquerschnitt: „Schnittmengen ausloten", Christine Dankbar, in: *Berliner Zeitung* vom 27. September 2016, S. 12), gar moralischer Abgründigkeit: „Ex-Justizminister Heiko Maas (SPD) und George Orwells ‚Big Brother' – zwischen den beiden tun sich jedenfalls Schnittmengen auf." (Josef Kraus (CDU), *50 Jahre Umerziehung. Die 68er und ihre Hinterlassenschaften*, Lüdinghausen-Berlin 2018, S. 51) Der letztzitierte Autor war immerhin Gymnasiallehrer und Präsident des Deutschen Lehrerverbandes. Bis heute weist er darauf hin, daß er durch Bayerns Kultusminister Ludwig Spaenle als „Titan der Bildungspolitik" und durch die *Stuttgarter Zeitung* als „Kraftmeier der Bildungspolitik" gefeiert worden sei. Kraus ward auch anderweitig sprachauffällig: → ob, → unverzichtbar; zu Kraus' Geschichtskenntnissen: → NVA.

Schnittstelle → WICHTIGSPRECH und Vagwort für ‚Kreuzung', ‚Berührung'.

SCHNÖSELSPRECH „Das Briefing zu Fragestellungen der kulturellen Emergenz von Sinnstiftung bleibt auf viertel nach acht angesetzt?" – „Exakt." Für einen Grundkurs in S. → unverzichtbar sind → erwählen, → vermögen, → GROSSER STIL; zum frauenspezifischen S.: → faszinierend. Ein nicht → gegenderter Dialekt des S.en ist → SPREIZSPRECH.

schokonussig Werbewestdeutsch aus diesmal rein mündlichen Schmier→zusammenhängen; eine der häufigen Sprachverstümmelungen, bei denen das Adjektiv den Aussagesatz vertritt (schokokremig, milchigkremig, schokoladig, limonig). Eine zweckverwandte Adjektivbildung: → ostig.

schon (gesprochen: schonnn) Gedankenschwere oder Erfahrungslast simulierendes → BLÄHWORT, von dem insbesondere die gendersprachbewegte Westelbierin schonnn gern Gebrauch macht, weil es → schon mal ganz wichtig ist, darauf jetzt schonnn mal drauf hinzuweisen, daß sie da schonnn → so → Probleme → mit hat.

schon immer In *ZEIT*- und *SPIEGEL*-Essays immer noch verwendetes, vulgarisiertes Philosophendeutsch (Heidegger, Gadamer); gaukelt Gewißheiten vor, die ‚je schon' oder ‚immer schon' bestanden und an die man sich nur noch erinnern müsse.

schon mal → JOVIALSPRACHLICHES Füllsel, dank welchem Autoren und Autorinnen der → verletzenden Verletzlichkeit, der → zerbrechlichen Zerbrochenheit und anderer → DISKURSE DER EMPFINDSAMKEIT verbalen Kurzurlaub von der eigenen Preziosität nehmen; seit ca. 20 Jahren in → der Politik eine → Pathosformel entschieden unpathetischen Sprechens. Sie signalisiert verbale Ermäßigung der eigenen und tagesüblichen Autorität: Grenzkontrollen etwa oder Transitzentren „haben mit den Werten unseres Landes nicht sehr viel zu tun", „das geht gar nicht". „Das hat nichts mit Ordnung und Sicherheit zu tun und mit Humanität erst recht schon mal gar nicht" (Grünenchefin Annalena Baerbock im *Inforadio*, 3. Juli 2018).

SCHÖNSPRECH „→ Förderunterricht für → Schulvermeider mit latenter → Alkoholkrankheit aus → benachteiligten Gebieten gesucht." (Zusammenschau aus *Berliner* und weiterer *Morgenpost*)

Schreibschulen In der DDR gab es schreibende Arbeiter, in der BRD gab und gibt es schriftstellernde Konsulsgattinnen und Gymnasialdirektoren (→ Aphorismen, → Begriffshütten). Es werden täglich mehr. Ein Teil davon fließt in die S. ab, die leider nicht gutes Deutsch oder auch nur korrektes Maschinenschreiben, sondern wahrhaftig die Kreativität des Schreibens lehren oder den Glauben ans eigene Schriftstellertum erwecken wollen. Bekommt man das bei Books on demand nicht billiger?

Schröderdeutsch Inzwischen in allen Dialekten der → Parteiendemokratie vernehmbares, nur noch schwach nach Zigarre müffelndes → Jovialdeutsch. Es ist auch für Fremdsprachler schnell erlernbar durch die Einleitungsfloskel, an die sich übergangslos ein Hauptsatz anschließen läßt, ohne daß darin die Wortstellung verändert werden müßte: → „Ich denke mal, ..."; „Es ist deutlich geworden ..."; „Ich denke, es ist deutlich geworden ..."; „Es ist mir wichtig gewesen ..."; „Der Blick zurück läßt mich fühlen, was mir immer wichtig war ..." (Stichproben aus: *Entscheidungen. Mein Leben in der Politik*, Hamburg 2006) Gedönsversion: → Kässmanndeutsch.

Schublade ist etwas, in das keiner, aber auch wirklich keiner von Hunderttausenden gelernter → Extremindividualisten gesteckt werden will. Wenngleich er natürlich hineinpassen täte. → tut.

Schulden, Schuld, schuld Die Großschreibung auch im prädikativen Wortgebrauch (,Ihr seid/habt selbst Schuld') mag der neuwestdeutschen Rechtschreibverwahrlosung → geschuldet sein, welcher sich selbst der sog. Duden – längst schuldig zu sprechen mannigfachen Sprachludentums – unterworfen hat. Doch west in solcher Neu- und Falschschreibung auch historisch Unbewältigtes. Die Konfusion von S., S., s. erinnert an den Initiallapsus → der alten Bundesrepublik, ihre nationalgeschichtliche Urschuld → sozusagen. Nach Abwerfen großdeutscher Kriegsschuld und Abschiebung fälliger Nachkriegsschulden auf die östliche Restnation, unfreundlich formuliert: nach Herauskauf aus der deutschen Geschichte dank bezeugter → Unterwürfigkeit im unverändert angesagten → Antiorientalismus, stand dem Spalterstaat der Weg in die historische Unschuld offen. Er wurde als → Sonderweg flugs beschritten. Doch sollte der Mangel realgeschichtlicher Buße bald das nimmermüde Verwertungsbedürfnis erregen, und zwar als Verheißung medial- und moralbetrieblichen Profits. Die Rede ist vom postumen Büßertum der → Nazikindergeneration → des Westens. Für letztere ist das Wohlgefühl eigener Unschuld ebenso typisch wie das Wonnegrausen, aus schuldig-ungefalteten Händen gefüttert worden zu sein. Der Selbst- und Elternbeschuldigungseifer der sog. → Achtundsechziger (die dialektübergreifende Neigung zum → ‚Wir'-Sagen → schreibt sich → von daher!) wütete um so heftiger, als man sich politisch durch → die Alliierten und ökonomisch durch die → Zonis von Schuld und Schulden restlos freigestellt wußte. Derlei historisch wohl → einzigartige Unschuld bestimmt bis ins Detail das politische und persönliche Dasein in → der alten Bundesrepublik. Nicht nur wirken West-, also Mehrheitsdeutsche noch heute oftmals *intellektuell* exorbitant unschuldig (bei gleichzeitiger Rechenschläue im → Emotionalen!). Sie haben auch *moralisch* einen umfangreichen Apparat von Schuld(en)leugnungs-, Schuld(en)abschiebungs- und Schuld(en)aufbürdungstechniken, kurz: der mentalen wie verbalen → Projektion entwickelt. Ein Grundgefühl der → Verantwortungsfreiheit verleiht der westdeutschen Seele den kindlich-unbedarften Habitus, jene Unbefangenheit des Urteilens, die man anderswo schlicht ‚vorlaut' oder ‚altklug' nennen würde (→ Puerilstil). Hierin wiederum bezeugt sich die ökonomische Grund- und Alltagserfahrung Westdeutscher, daß Schuld(en)freiheit nur dem winkt, der in aller Unschuld weitere Schuld(en) häuft. Diverse sog. Großprojekte (Bahnhöfe, Flughäfen, Wohntürme, Stadtschlösser usw. usf.), die minder → fremdfinanzierungsgewohnte Nationen nach wenigen Wochen ruiniert hätten, machen jene von S.gefühl freie Wirtschaftsgesinnung evident (→ Zahlmoral, → Wenn's umsonst ist ...).
Mit welcher Schuldenlast Westdeutschland in die gesamtdeutsche Geschichte zurückkehrte, ist nur wenigen Wirtschaftsleuten bekannt. Das Schuldlosigkeitssyndrom dagegen hat sich

zur mehrheitskulturellen Mentalität entfaltet, deren intellektueller wie emotionaler Ausdruck der sprachliche → PURISMUS ist. Ihm zufolge sind es stets niedere Dämonen und fremde Mächte, welche die hochverschuldet-schuldunfähige westdeutsche Mehrheitsgesellschaft, in ihrem eigenen Dialekt: → die bürgerliche Mitte, in Schuld und Verschuldung hineinzureißen drohten.
→ DISKURS DER ENTSCHULDIGUNG, → ostdeutsche Männerpisse, → Unwerte, östliche, → Verwundungen, Verletzungen, Empfindungen.

Schuldenkultur „Weg von der Schuldenkultur, hin zur → Stabilitätskultur!" Das fordert immer wieder der sprachsensibelste und stabilitätsbedürftigste aller Freidemokraten, Alexander v. Lambsdorff. Beispielsweise im *Inforadio* am 16. Juli 2014, wo wenige Minuten zuvor Ex-US-Botschafter und NSA-Spitzelversteher John Kornblum sich über die bundesdeutsche ‚Empörungskultur' empört hatte.
→ -kultur.

schuldistanziert → KLEMMWORT und → SCHÖNSPRECH. Drückt ebenso wie ‚bildungsdistanziert' die Souveränität der Entscheidung aus, aufgrund derer jemand staatlichen → Bildungsangeboten fernbleibt. Nicht zu verwechseln mit vulgärem Schulschwänzen.
→ bildungsfern.

Schulvermeider „‚Schüler können nur dann lernen, wenn sie das, was sie lernen sollen, auch lernen wollen', sagt Marc McCaig, Gründer von ‚Fairhaven', einer überaus erfolgreichen Schule für Schulvermeider in den USA." (Peter Struck, „Lernen durch Verwirrung. Die heutige Schule paßt nicht zur digitalen Welt. Kinder brauchen Emotionen und Herausforderungen", in: *Berliner Zeitung* vom 8. Januar 2013, S. 12) Bedenken hiergegen äußerte Genforscher Thilo Sarrazin (→ Veralterung).
→ schuldistanziert, → Problemschüler.

Schutzmacht Anbiederungssprech, bis 1990 auf Westberlin beschränkt. Mit seiner geschichtsvergessenen Anspielung auf die ‚Schutzgebiete' des Deutschen Kaiserreichs drückt westzonales Reden von den ‚Schutzmächten', sprich: → den Alliierten, am bündigsten den Wunsch nach politisch-historischer Bevormundung aus.
→ BABYTALK, → Unterwürfigkeit.

schwang/en Präteritum Singular/Plural von ‚schwanken': Nicht nur beim Erdbeben in Chile vom September 2015 glaubten Korrespondenten des → Kölner wie des Charlottenburger → Qualitätsradios gespürt zu haben, wie Hochhäuser „hin und her schwangen".

SCHWANSPRECH Begrifflicher Cocktail aus → ANTRAGS- und → SCHRÖDERDEUTSCH, → JOVIALSPRECH sowie dem → MEDIALDEMOKRATISCHEN, benannt nach der gleichnamigen Politologin und Mittelschichtversteherin. Näheres: → ganzheitlicher → Ansatz, → breite Kreise, → Diskrepanzen, → implementieren, → Interdependenz, → Kontext, → positive Zukunft, → Themenfeld.

Schwarmintelligenz → SCHÖNSPRECH für ‚Herdentrieb'.

Schweinesystem ist das, wogegen der „ganz kleine Pinscher" (Ludwig Erhard) ungestraft ankläffen darf, ehe er → Totalitarismusforscher oder Außenminister wird.
→ System.

schwere Wasser Im Hochdeutschen Fachausdruck aus der mal mehr, mal minder friedlichen Nutzung der Kernenergie, im Westdeutschen Synonym für hohe See.
→ Naturkindereien.

Schwerpunkt Ein im politpublizistischen wie ministerialoffiziellen Westdeutsch vom Aussterben bedrohtes Substantiv. Geradezu erdrückt wird es seit 20 Jahren durch den → ungleich gewichtigeren → Hauptschwerpunkt. Der Vorgang offenbart eine der nicht seltenen Geistesverwandtschaften von freiheitlich-demokratischem und staatsparteilich-zentralistischem → Wichtigsprech.

Sconto Kulturelle → Provinz verbrüdert sich gern mit dem Ausland gegen die Zumutung, sich ihrerseits als Nation und somit als politische Provinz zu bekennen. → Vermeintlich → Fremdes, durch eigene Sentimentalität noch fremder gemacht und zugleich näher gebracht, rührt das eingeborene Weltbürgertum. Seine plumpvertrauliche Umarmungswut, gönnerhaft und gewissensstolz, beschränkt sich keineswegs auf → ‚jüdisches Leben' oder den ‚→ zuverlässigen Thai'. ‚Beim Italiener' fallen Bildungsweltkleinbürger durch die Lautstärke auf, mit der sie Bestellungen auf italienisch aufgeben oder in dem, was sie für Italienisch halten. Bereits für die → Leckerheit der aufgetragenen Speisen fehlen ihnen freilich oft originalsprachliche Lobesworte. Aufsehen erregen die Auslandsanschleimer, die gern über ‚zugezogene Neureiche in der Toscana' stöhnen, bei anstehender Bezahlung. Mitunter verlangen sie ‚sconto' statt ‚il conto'; eine Verwechslung, die vielleicht auch einem bekannten → Anbieter von Wohnsperrholz lukrativ erschien.

Sebnitz Ort in Südsachsen, Schauplatz eines Badeunglücks und Ausgangspunkt → mehrheitsdeutscher Mentalitätsanalysen; Synonym für Theorien über → das Sächsische auf poröser Datenbasis. Zum Großenganzen: → gefühlte Kriminalitätstemperatur und → Töpfchenthese, auch → Leserbriefe.

Seele (I) Beginnen Westdeutsche von S. zu reden, drohen Steuererhöhungen. Hiervon macht auch das Kriegsvolk der Westdeutschen keine Ausnahme. „Die Seele der Bundeswehr ist beschädigt", klagt ein Oberstleutnant André Wüstner, Vorsitzender des Bundeswehrverbandes (Gespräch mit Thomas Kröter, in: *Berliner Zeitung* vom 27./28. Dezember 2014, S. 6). Bei seinen Forderungen an das Mitgefühl und den Geldbeutel der Steuerzahler nimmt der einstige Dozent am Zentrum für Innere Führung („Sein Schwerpunkt lautete Menschenführung, Betreuung und Fürsorge") beherzt sprachliche → Kollateralschäden in Kauf: Man beachte die Angriffsgemeinschaft aus → Superlativissimus und → Psychosprech! Frage: „Herr Wüstner, seit einem Jahr amtiert die erste Verteidigungsministerin in der Geschichte der Bundesrepublik. Wie lautet Ihre Bilanz?" Antwort: „Sie hat bisher unter Beweis gestellt, dass sie sich im vielschichtigsten [?] Ministerium der Regierung und einer Bundeswehr, die sich in der komplexesten Reform in ihrer Geschichte befindet, trotz zusätzlicher → Herausforderungen im ersten Jahr – Rüstung, Ukraine, ISIS – gut zurechtfindet. Jetzt muss sie sich noch mehr auf die Besonderheiten des Soldatenberufs und der Mechanismen innerhalb von Streitkräften → einlassen." Frage: „Tut → die Politik genug für die Soldatinnen und Soldaten, die bereits in der Truppe sind?" Antwort: „Innerhalb der Bundeswehr hat Frau von der Leyen eine → längst überfällige Attraktivitätsagenda angestoßen [?], wobei das spürsame Wirksamwerden [!] noch etwas andauern [?] wird. Das ab Januar im Parlament zu beratende Gesetz zur Steigerung der Attraktivität ist ein großer und wichtiger Wurf, bleibt aber aufgrund der Befürchtung des Bundesinnenministeriums, ähnliche Verbesserungen beispielsweise auch für die Polizei umsetzen zu müssen, hinter dem ursprünglichen Anspruch zurück. Daher hoffe ich, dass die Parlamentarier noch nach[?]steuern." Nach dieser Antwort konnte es bis zur nächsten Frage nicht lange ‚andauern': „Ist die Truppe nach Ihrer Wahrnehmung in ein ruhigeres Fahrwasser gekommen oder leidet sie immer noch unter dem Stress einander überlagernder Reformprozesse?" Antwort: „Natürlich leiden → die Menschen und ihre Familien [!] vor allem an der noch → mindestens bis 2017 laufenden Reform. Neben Umzügen samt Verlust des sozialen → Netzwerks kommen weitere Einsatzszenarien dazu. Wir sind in 16 Einsätzen, sollen aufgrund der Nato-Beschlüsse 2014 unsere Übungstätigkeit in den nächsten Jahren weiter erhöhen und neue Aufgaben übernehmen, ich nenne die Seuchenbekämpfung in Punkto [!] Ebola, für die wir kein Personal und Material vorgehalten hatten." Frage: „Es sind nicht einmal mehr halb so viel Soldaten in internationalen Einsätzen wie in den Hoch-Zeiten. Wird die Truppe dennoch bis an ihre Grenzen beansprucht, wie manche behaupten?" Antwort: „Bei uns sind das die meist unvorhersehbaren Einsatzerfordernisse aufgrund → zunehmender Krisen und Konflikte. → Definitiv fährt ein Teil der Bundeswehr im roten [?] Drehzahlbereich [?], und das ist auf Dauer nicht gut." Frage: „Mal abgesehen von großen Rüstungsprojekten – reicht der Verteidigungsetat aus, um die Bundeswehr als konkurrenzfähigen → Arbeitgeber zu etablieren?" Antwort: „Man kann Material und Personal nicht getrennt voneinander betrachten. Beides zusammen ergibt eine attraktive und einsatzbereite Bundeswehr, die eine wehrhafte Demokratie mehr denn je benötigt. → Und ja – das kostet mehr Geld ..." Frage: „Was hat sich durch die Abschaffung der Wehrpflicht für den Bundeswehrverband als ‚Soldatengewerkschaft' geändert?" Antwort: „Inhaltlich nichts. Jedoch ist das Rechtsberatungs- und Schutzaufkommen [?] im Bundeswehrverband in der laufenden Reform enorm angestiegen. ... Die Seele der Bundeswehr ist beschädigt, und unsere Regierung muss nun alles daran setzen, dass schnellstmöglich ein Heilungsprozess einsetzt."

→ beschädigt, → nachhaltig, → im Defence-Bereich, → Selbstmitleid, → Weinerlichkeit.

Seele (II) Aus dem Wörterbuch → volksparteilicher → Jammerwessis. Als → das Merkel der westdeutschen CDU zu politischer → Buntheit verholfen und sie dadurch zu einer wieder gut funktionierenden Versorgungsmaschine jenseits des → Leistungsprinzips gemacht hatte, waren die also Versorgten und → Geholfenen wenig geneigt, hierfür → Dankbarkeit zu zeigen. Merkel habe der CDU die S. geraubt, maulten sie an dunklen Herrenabenden, muckten sie in bierschweißdunstigen Hinterzimmern bayrisch-fränkischer Hinterwälder. Die mutigsten Mucker verließen die Partei, gründeten eine eigene, um derart unbelangbar dem Merkel endlich die Meinung zu sagen. Und dessen Programm von 2004 auch 2014ff. als Politik fortzusetzen.

→ Diskurs der Empfindsamkeit, → Selbstmitleid, → Weinerlichkeit.

seelische Regungen → die westliche Seele.

Segment Fast immer gemeint: Sektor; Abfallwort der → Werbewirtschaft, auch der geistigen Selbstbewerbung. Wir zitieren aus einem Milieu, in dem man den Ausdruck nicht unbedingt erwartet hätte, nämlich → Neuschnöselsprech aus dem → Umfeld des Westberliner „Jungen Salons": „In seinem Buch entwickelt Malte Oppermann in 376 konzentrierten Segmenten und → Aphorismen eine Philosophie des Augenblicks, die von der Unteilbarkeit des Wirklichen → ausgeht", ein Buch über „das Geheimnis der → zeitlichen Dauer, ein subtiler Paukenschlag, beeinflußt unter anderem von Kierkegaard und Nicolás Gómez Dávila", „mit einem Epilog von Martin Mosebach" (Malte Oppermann, *Die Schöne Philosophie*, 2014). Zumindest die Wahl des literarischen Segensspenders kann kaum jemanden verwundern, der obige Kostprobe erlitten hat. Zur neuschnöselsprachlichen Fähigkeit, auf engstem Raum eine

Fülle von schlechtem Deutsch darzubieten, im Kontext: → elegantes Deutsch, → NEONARZISSMUS, → SALONKATHOLISCHES, → Wider dem Vergessen.

sehr konkret gehen Anna Damm und Antje „Lann" Hornscheidt das → Aufbrechen → verkrusteter Strukturen wie etwa der → Zweigenderung an: „Wir bieten in unserem Leitfaden [*Was tun? Sprachhandeln – aber wie? W_ortungen statt Tatenlosigkeit! Anregungen zum [...] antidiskriminierenden Sprachhandeln,* Berlin 2014] verschiedene Formen an, das war uns immer wichtig", erklärt Anna Damm gegenüber der *taz* („Es gibt mehr als Frauen und Männer", 17. Mai 2014). Damms → Professix Antje „Lann" Hornscheidt fügt an: „Es ist → total wichtig, sehr konkret zu gucken." Dann, so wiederum Damm, zeige sich: Die Endung mit ‚x' ist „im Moment die Form, die Zweigeschlechtlichkeit am besten → aufbricht". Das Detail erklärt abermals → Professix Hornscheidt: „Die x-Form berücksichtigt Leute, die sich gar nicht zu Frau-sein und Mann-sein verhalten möchten." Denn für das → Professix ist es Norm wie Tatsache: „Sprache muß sich → weiterverändern."
Bereits in einem anderen Interview für die diskriminierungsdiskriminierende *taz* hatte Lann Hornscheidt, 1965 (natürlich in Westdeutschland) geboren als Antje Hornscheidt, von → total vielen (zwölf) Studentix berichtet, die sich, als Herr oder Frau angesprochen, total → diskriminiert fühlten und deshalb → Widerstand leisten wollten (28. November 2013, vgl. *SPIEGEL online,* 24. April 2014). Hornscheidt erkannte: „Es ist immer die Frage, wen – oder wex – ich als Norm setze." Und Anna Damm setzt hinzu: „Das sind Handlungen, das sind Veränderungen." Hornscheidt „würde es noch mal anders formulieren: Ich finde den Alltag schwer anzuwenden für mich. Ich komme, wenn ich mich nicht mit Zweigenderung identifiziere, bisher in allen öffentlichen Räumen nicht vor. Für mich ist es → total schwierig, welchen Roman auch immer zu lesen, auf welche Toilette und in welche Sportgruppe auch immer zu gehen. ... Für mich ist der Versuch, Sprachformen zu finden, der Versuch, eine Anwesenheit in Welt zu gewinnen. Das sind natürlich kleine Kontexte, kleine Communities, aber das ist hundertmal mehr, als ich bisher hatte." Anna Damm ergänzt: „Es sind Sprachformen, wo klar wird: Mich gibt's!" (*taz* vom 17. Mai 2014)
Stichwörter, wo weiterführen: → antidiskriminierende Sprachhandlungen, → soziale Konstrukte, → Widerstand leisten.

Selbstbedienungsmentalität Dem Denk-, Sprach- und Verhaltensumkreis des → Anspruchsdenkens polemisch zugeordneter Dominobegriff, den → die Medien, → die Politik und → die Menschen außerhalb erstgenannter Bedienformen einander zuschieben, bis es paßt. → Bedienmentalität.

Selbstbestimmung, selbstbestimmt Ich-mach-mir-Mut-Westdeutsch, ursprünglich wohl → Frauencafé-Argot.
Wer bestimmen kann, der kann es selbst, wer selbst bestimmen will, muß dem zustimmen, was ihm bestimmt ist. Das klingt nicht nur philosophisch, das ist auch philosophisch! Der Fachmann bestätigt es: „Unsere Erziehung bringt selbstbewusste Kinder hervor, die schon mit zwei Jahren gefragt werden, ob sie lieber Vanille- oder Schokoladenpudding haben möchten. Diese Möglichkeit zur Selbstbestimmung wollen sie später als Jugendliche und Erwachsene nicht mehr abgeben." („Bestsellerautor Richard David Precht über Respektlosigkeit und seine erste TV-Show", in: *Berliner Zeitung* vom 13. August 2012)

Selbstbewußtsein, selbstbewußt Dem geistig-kulturellen Überbau der Mehrheitsgesellschaft zugehörige Selbstattributionen; als Propagandasprache der verunsicherten Seele sowohl in einer aktiv-aggressiven (1.) als auch einer trotzig-emanzipatorischen Variante (2.) vernehmbar.

1. In der europäischen Philosophiegeschichte eröffnet ‚Selbstbewußtsein' eine andere Erkenntnisdimension als Gegenstandsbewußtsein, weil ein Bewußtsein von sich selbst unendlich teilungsfähig wäre. Vor allem als Gestalt einer grenzenlosen (Selbst)Reflexion ist von ‚Selbstbewußtsein' jedoch unter Westelbiern, in deutlicher Abweichung von der → abendländischen Geistestradition, fast niemals die Rede. Der gemeine West-, mithin Mehrheitsdeutsche versteht unter ‚selbstbewußt' vielmehr eine dinghafte Verhärtung der Seele, die es erlaubt, von sich selbst genau das zu wissen und zu sagen, was auch andere wissen könnten und anderen sagbar wäre. Es bleibt kein metaphysischer Rest, kein seelisches Surplus. Vollständige → Selbstdarstellung ist aufgrund dieser Quasi-Dinglichkeit der westdeutschen Seele prinzipiell möglich und wird in der innerwestdeutschen → Mitbewerber-Konkurrenz auch angestrebt. So entsteht der verstörende Eindruck, daß gerade die sich ‚selbstbewußt' nennenden Darsteller ihrer selbst kein Anzeichen von Bewußtsein, Reflexion, Nuance, geistigem Spiel- und innerem Freiraum aufweisen. Mit Sartre: ‚Selbstbewußtsein' → meint die Angst des westdeutschen Bewußtseins vor seiner eigenen Freiheit, die in der Begegnung mit einem anderen Bewußtsein läge, → zumal einem Bewußtsein anderen Typs. Der (publizistische, kulturelle) → Vertreter Westdeutschlands *weiß* abstrakt um die → Herausforderung eines anderen Bewußtseins, will sie aber nicht *erfahren* (→ darum/davon wissen). Er spürt die bereits in einer reicheren historischen Erfahrung und in der beobachteten Systemdifferenz begründete seelische Vollständigkeit des ostdeutschen Bewußtseins, sprich: dessen ganz und gar nicht → behagliche oder gar nutzbringende Privilegiertheit zu Selbst- *und* Fremderkenntnis. Das hieraus begreifliche, wenngleich ebenfalls abstrakt bleibende → Minderwertigkeitsgefühl von explizit westdeutschen → Intellektuellen erlöst sich in der landestypischen Gehässigkeit, auch Humorlosigkeit. Das mehrheitsdeutsche S. beweist kognitive, nicht seelische Unschuld; ein → INFANTILISMUS somit ohne kindliche Grazie. Sprachlich-intellektuell dominiert der Phänotypus böser, ältlicher und zugleich ewig vorlauter Kinder, die naturgemäß über sich selbst nicht lachen können. Einen westdeutschen Humor in souveränem Sinne kann es daher nicht geben: Humor setzt Selbstbewußtsein voraus, eine Reflexion seiner selbst und Distanz zu sich selbst. Die schuld- oder schicksalhafte Abwehr dieser Möglichkeit läßt die westdeutsche *anima* in einer opaken, dingfesten Abgeschlossenheit verharren; ein Verhältnis zu sich, eine Freiheit von sich kann sie nicht gewinnen. Das Verhältnis zu anderen findet sie einzig in der Masse ihresgleichen, im → Wir-Gefühl auch ihres Humors. Dieser ist zwangsläufig Häme, Heruntermachenwollen; Versuch eines Lachens von oben nach unten. Nicht also die intellektuelle und moralische Überlegenheit des politisch Schwächeren lacht (wie im Humor ganz Alteuropas als auch der nicht-westdeutschen Welthälfte), sondern es grölt und johlt die politisch, jüngst auch konfessionell wattierte Übermacht des ökonomisch Stärkeren (→ Comédienne). Ein Phänomen, das nicht auf die geistige Unterwelt der sog. → Comedy beschränkt ist! Gerade an den → intellektuellen Kreisen Westdeutschlands, an der → gutbürgerlichen Gesellschaft somit, fällt die Vorliebe für Haß- und Lachobjekte aus der sog. → Unterschicht auf: Wenn beispielsweise ein westdeutscher Eigenheimbesitzer mit höherem Bildungsabschluß sich einem uckermärkischen Landarbeiter überlegen fühlt, weil der womöglich Homer nicht gelesen hat oder zumindest nicht wie Botho Strauß weiß, daß ein Landarbeiter bei Homer ‚Hirte' heißt (→ Atheismus), dann bestätigt das die Besitzförmigkeit und -fixiertheit des westdeutschen ‚Selbstbewußtseins'. Was unter Kulturvölkern als Pöbelei gilt, nennt der Westdeutsche nicht selten → Satire, einen → Humor, den er aus seinem ‚Selbstbewußtsein' und dessen natürlicher Unbefangenheit ableitet. Besagtes Selbstbewußtsein jedoch, da ohne seelisch-kulturelle Binnengliederung – stumpf-dumpfe Homogenität! –, ohne Vermögen der Nuance und Distanz, ist strenggenommen kein *Sein*. Es weist sich ja, als undurchdringliches Ding, einzig durch seine Akzidenzien aus, durch seine *Habe*: die ihm angehängten Attribute von Kapital, Gesinnung usw., kurz: von → Herkunft. Weil der Mehrheitsdeutsche die richtige oder überhaupt eine Konfession, ein höheres

Einkommen, eine längere Konsumgeschichte hat (→ Banane), kann er weniger → habhaftes Dasein gerade ob dessen unverständlicher Fülle wie Vollständigkeit zugleich verachten und hassen. So formiert sich das westdeutsche Selbstbewußtsein, am grellsten in den Ersatzformen des Humors (→ Comedy), als pure Quantität im Mehrheitsgelächter. Quantifizierbar aber ist nur das Gleichartige, Uniforme. Gegenüber Ostdeutschland spricht (johlt, grölt, pöbelt) der deutsche Westen mit *einer* Stimme. Der deutsche Osten → müßte sich deshalb sagen lassen, daß er durch Rückführung Westdeutschlands in die gesamtdeutsche Geschichte diese zu reflexivem Kümmerwuchs verurteilt habe.

2. Eine Verstrickung in erkenntnistheoretische Fragespiralen – Ist Selbstbewußtsein ein Bewußtsein vom Bewußtsein? Ist es ein Bewußtsein von mir selbst? Bin ich selbst nur (als) Bewußtsein? – muß im → FEMINISPRACHLICHEN → Feld nicht befürchtet werden. Wie die oft sinnverwandt gebrauchten Ausdrücke → ‚Selbstbestimmung' und ‚selbstbestimmt' sind ‚S.' und ‚s.' fest im Griff der → emanzipatorischen Sprachmilieus. Deren philosophisch argloser → Umgang mit ‚S.' liest sich dann z. B. so: „Buchbare Angebote: Stadt – Frau – Erfolg: Lernen Sie 20 couragierte Frauen kennen, die selbstbestimmt ihren eigenen Weg gegangen sind, als dies → scheinbar noch unmöglich war. Wie haben sie ihre Ziele erreicht? Wo kamen sie her und woher erhielten sie Unterstützung? Die Frauen im Mittelpunkt der Ausstellung stehen für Unangepasstheit, Selbstbewusstsein und Abenteuerlust." (Programm der Stiftung Stadtmuseum Berlin, *Berlin. Stadt der Frauen. 20 Biografien erzählen Geschichte*, 2016) Selbstbewußtsein als Ersatz für Selbstsicherheit und für Sprachbewußtsein – das führt tatsächlich ins Genre der wortreich gestikulierenden → Unterprivilegiertheit von, wie richtig vermutet, ausschließlich mehrheitsdeutschen Damen: Keine Frau aus Deutschlands Osten kann mit ihren Erfahrungen die westdeutschen Schwestern verschüchtern und deren westdeutsche Brüder verängstigen. Woraus sich westdeutsches Frauenselbstbewußtsein rekrutiert, offenbart ein → zentrales Zitat in Programmheft und Ausstellung: „Tu was, dann wird dir besser." Emanzipation als Handlungs-, Berufstätigkeit als Sinnersatz, wie seit 50 Jahren in West-, seit 30 Jahren → zunehmend in Ostelbien gehabt. Zur Selbsttüchtigung wurde eine Diskussionsreihe → „Starke Frauen" zur Selbsttüchtigung geboten („Sigrid Löffler, renommierte österreichische Publizistin, Kulturkorrespondentin und Literaturkritikerin, bekannt durch ihre mutigen Auftritte, vor allem im ‚Literarischen Quartett'").
→ Angebot, → Heimatschachtel, → Minderwertigkeitskomplex.

Selbstdarstellung → Ich-Stärke, → Selbstbewußtsein, → Selbstbestimmung; → Performanz, → Präsenz.

selbsternannt → angeblich, selbsternannt, vermeintlich usw.

Selbstfindung › Individualisierungsform, die normalerweise mit der → Selbstbestimmung beginnt und sich in der → Selbstverwirklichung vollendet, zuweilen aber auch mit beiden identisch ist. Im Idiom des neueren → Anspruchsdenkens ist der Gebrauch des Ausdrucks eng verbunden mit der gleichfalls bekundeten Erwartung oder gar Forderung von ‚Räumen', die – ein Abbild synthetischer Erzeugung von Subjektivität in der BRD-Gesellschaft insgesamt – entsprechende → Subjektivierungsprozesse befördern. Martin Delius, erst Pirat, dann Linker, klagte der → Qualitätspresse sein Leid: „Das Studieren ist sehr vertaktet. Freiheit nur gegen Scheine, lautet die Devise. Da bleibt wenig → Freiraum für Selbstfindung und politisches Engagement." Wenig verwunderlich also die Forderung des Westelbiers, auch die Tätigkeit außerhalb des Studiums „in die leistungsbezogene Finanzierung einzubeziehen" („Wenig Freiraum für Selbstfindung", Interview: Julian Daum und Martin Klesmann, in: *Berliner Zeitung* vom 12. Oktober 2016, S. 10).

Selbstgerechtigkeit, selbstgerecht → Mehrheitsdeutscher → Schmähsprech für die Fähigkeit deutschsprachiger Minderheiten, die eigene Stellung, aber auch jene hermeneutisch – ob historisch eingeschränkten Erfahrungshorizonts – Minderbegabter faktisch und moralisch richtig, also gerecht, zu beurteilen. Daneben existiert eine zwar nicht semantisch, aber performativ verdrehte Wortvariante in Dialekten der → Projektion.

Selbstheilungskräfte Kräfte zur → Selbsthilfe, die laut Esoschaumschule jeder hat und die ihrerseits endlich mal zu Kräften kommen müssen, tatkräftig unterstützt durch einen kräftigen Griff ins Portemonnaie: „Selbstheilen durch Selbstheilungskräfte", Wochenendseminar München, ÜF im DZ 1250 Euro.

Selbsthilfe Verwahrlosung zweiter Stufe: Hilfe, die ihrerseits hilfsbedürftig ist, daher ‚Hilfe zur Selbsthilfe'.

Selbstmitleid, selbstmitleidig Von ‚Mitleid' (‚Mitgefühl') ist im gehobenen Westdeutsch seltener die Rede als von ‚S.'. Man könnte dies einer regionalen → Prägung → Mehrheitsdeutschen Gefühlslebens zuschreiben: → Die alte Bundesrepublik als eine → Bundesrepublik Adenauer wäre → leitkulturell demnach praktizierter → rheinischer Katholizismus; die sprichwörtliche Erbarmungslosigkeit der Catholica zugleich Kulturideal und Verhaltensnorm. Spekulationen über eine ‚Unfähigkeit zu trauern' (Mitscherlich/Mitscherlich) hingegen führen ins Bodenlose und ganz gewiß in die Irre, wenn man die hochentwickelte westdeutsche Fähigkeit zum S. begreifen möchte. Ein Kompensationsphänomen?
Immerhin zeugt die ostentative, nicht selten sogar penetrant propagierte Verweigerung von Mitgefühl weit über den → Salonkatholizismus hinaus (→ Halbtrockenes, → Maulheldisches, → Neuschnöselsprech) von einer bestimmten Ethik emotionalen Wirtschaftens, einer → Zahl- qua Sparmoral: Gefühl, das man ausgibt, ist hiernach verloren. Ebenso, wie der eigentlich früh-, wenn nicht → vormoderne Monetarismus im staatsökonomischen Denken (→ unser Geld, → westliches Geld), der von ‚linksliberal' bis ‚rechtskonservativ' das Welt- und Wirtschaftsbild heutigen Westdeutschlands bestimmt, zeigt sich auch in kulturöffentlicher wie privater Gefühlssprache eine klare Sparorientierung. → Emotionen werden investiert, stehen also nicht am Beginn seelischer Bewegtheit (→ Beziehung, → Psychosprech). Sie werden als Mehrwert aus richtigem Denken und erfolgreichem Handeln eingestrichen; zweifellos ein hollywoodeskes Muster („Ihr Vater wäre jetzt sehr stolz auf Sie!" – Träne). Das bedeutet aber auch, daß sich der alltägliche Reichtum des Gefühlslebens lediglich privat, also reaktiv und indirekt entfalten kann: Im → *Wissen* um den eigenen Gefühlsreichtum, auch: in seiner gezielten Investition in ausgewählte → Minderheiten, kurz, im Selbstgefühl dank listig → konstruierter Weltreferenz. Seine natürliche wie → ganz konkrete Ausdrucks- und Verständigungsform ist die selbstmitleidige Selbstbestimmung. „Ich werde nie vergessen, von wo ich gekommen bin, nämlich von euch!" Der ausländische Beobachter findet das selbstbestimmte S. beim schluchzend zu seiner Klasse findenden Kanzler Schröder (von der Regierung zurück und vor Gewerkschafter getreten, 2009) ebenso wie in jeder → Qualitätsradiosendung, darin ein → Regietheatermann oder eine → Ausnahmeschauspielerin gerührt erzittern, wenn sie einer → unterprivilegierten → Minderheit → projektkünstlerisch → gedenken.
Nicht zufällig ist das Hervorlocken öffentlichen Wundenleckens eine → qualitätsmediale Königsdisziplin. Als Stephan Detjen die Wissenschaftssimulantin Annette Schavan nach den → „Verwundungen und Verletzungen" durch → Entlarvung ihres Promotionsbetrugs fragte, antwortete die moralisch sensible „rheinische Katholikin", daß sie sich „ziemlich schnell Selbstmitleid zu vermeiden und es als eine *geistliche* Aufgabe anzunehmen" verordnet

habe (*Deutschlandfunk*, 27. Oktober 2016). Anlaß zum S., wenn nicht gar ein Recht darauf hätte also bestanden! Schavans Fall verdeutlicht → paradigmatisch den → Kontext von Unverfrorenheit und Sentimentalität in der mehrheitsdeutschen Gefühlskultur. Unvergessen ist Schavans TV-öffentliches Grienen, als sie → dem Merkel den Sturz des Betrugskommilitonen T. zu Guttenberg melden durfte. Gehässigkeit als oftmals einzige Möglichkeit, die Selbstverstümmelung des Typs ‚ich habe mein Gefühlsleben für einen abstrakten Vorteil geopfert' direkt zu artikulieren!

Der indirekte Ausdruck dieser regulär gefühlskapitalistischen, aber im amerikaimitativen Westdeutschland → exorbitant → verklemmten und verdrucksten Selbstdeformation ist ein doppelter. Neben der öffentlich bekundeten Verweigerung, ein berechtigtes Mitleid für sich selbst zu empfinden, trat schon früh die Fremdzuschreibung. Nicht zufällig waren es die empfindsamsten, weil am heftigsten dem S. zugeneigten → Vertreter der westdeutschen Mehrheitsgesellschaft, die beispielsweise die → Zonis pauschal der Weinerlichkeit, der Jammerseligkeit, des S.s ziehen (→ Bittermannlinke), während zugleich vor dem ostzonalen Selbstausbeutertypus als vor einer gefühllos-willensharten → Avantgarde „des neuen Amerikanismus" (H. Bude) gewarnt wurde.

Was der → Ideologiekritiker pauschal, in solcher Pauschalität aber dem westlichen Seelensimplizismus angemessen → ‚falsches Bewußtsein' nennt, findet sich auch im enger gefühlshaften Seelen→segment. Als gefühlvoll (→ Klemmsprachlich: → emotional) gilt unter Westelbiern, wer seinem eigenen Gefühl → zugewandt erscheint, indem er – nach gewissen Schaukämpfen zögernden Anstands – davon Worte macht. Tatsächlich sind diese Worte nicht falsch, wie es unvermeidbar bei einem entfalteten, deshalb aber nicht restlos kontrollierbaren und also verbalisierbaren Gefühlsleben der Fall wäre. Der Mehrheitsdeutsche, im weiteren: der Mehranteilsinhaber überhaupt, → besitzt ein positives, präzises → Wissen um seine Empfindungen, denn er weiß schließlich, welche Empfindungen jeweils (innere, unsere, geltende) → Werte verbürgen. Deshalb bedarf es oft nur geringen Frageaufwands, ja, nur eines winzigen Wortstichs, um ihm die Zunge zu lösen und die Drüse zu öffnen: Auch das westdeutsche S. ist stets bloßer → Nachvollzug einer vorgängigen → Selbstbestimmung, ist emotionale → Präsentation desjenigen, was der souveräne Besitzer seines Fühlens und Wollens → immer schon von sich wußte.

Man darf sich also nicht wundern, wenn im westdeutschen → Diskurs der Empfindsamkeit so wenig von brachliegender Liebe und so viel von Verletzungen und → Verletzlichkeit die Rede ist. Der Mehrheitsdeutsche ist der berufene Hüter ihm angetanen Leids, seine Täterschaft hingegen bleibt gefühllos. Von der emotional aseptischen → Knäkentenstimme bis zur triumphierenden Schadenfreude spricht der westdeutsche, oft als frigide verschriene Mehrheitstypus mit *einer* Stimme, die gepreßt ist von begründetem Mitgefühl für ihn selbst. → die Sprache der Seele, → Heimatschachtel, → Jammerwessi, → Projektion, → Schweinesystem.

Selbstverordneter Philosemitismus ist das von → intellektuellen Kreisen seit den 1990er Jahren mitunter so benannte Komplementärphänomen zum staatlich → verordneten Antifaschismus in der → Ehemaligen. Tatsächlich wagte sich der in Westdeutschland mental → tiefsitzende, verbal jedoch → verdruckste und klemmte Antisemitismus jahrzehntelang einzig in dieser Mimikry ans Licht (ehe er sich 1990ff. auch massenmedial als Osthaß entladen konnte). S. P. sorgt sich in ultraaufdringlichem → Jovialsprech um → jüdisches Leben, was zuweilen wiederum Haßausbrüche in der Generation Kriegsverlierer-Nachkriegsgewinnler provoziert: Wer einmal in einer Freiluftgaststätte im Taunus Geschäftsleute aus → Frankfurt über „die Kommerz- und Bankjuden" schwadronieren hörte, die einander zum Schaden des christgermanischen Mittelstands protegieren, hat von der Trizone mehr begriffen als jede historische Gesamtdarstellung aus der Bielefelder Schule.

→ Antisemitismus, → Auschwitz ist nun mal passiert, → Einzigartigkeit, → Geschichtsbruch, → Jude/n, → Minderheiten, → Opferkonkurrenz, → Singularität.

Selbstverständigung Hauptgenre und -strömung der älteren westdeutschen → Heimatliteratur, die sich der Herstellung eines gehobenen → Selbstverständnisses widmete; nach 1990 mächtiger Generator einer neuwestdeutschen Kulturnation. Zunächst herablassend-hämisch (z. B. im *MERKUR*) für die bundesdeutschen Innerlichkeitsromane und -filme der 1970er Jahre, bald aber neutral-deskriptiv verwendet (z. B. in *TEXT UND KRITIK*), steht der Ausdruck ‚S.stexte' längst nicht mehr nur für künstlerische Nabelbeschau, -pflege und -verzierung im engeren, übertragenen und erweiterten Sinne. Ihr → Themenfeld ist heute der → Mehrheitsdeutsche → Diskurs → der Politik und → der Medien überhaupt, sobald diese dem → Ostdeutschsein zugewandt sind. Prämisse wie Konklusion der mehrheitsdeutschen S.sliteratur ist stets: Wir sind nicht sie, zugleich sind wir mehr als sie; eine bereits durch Adolf v. Trendelenburgs und Paul Barths Hegel-Deutungen als paralogisch kritisierte Denkfigur, deren Semantik nach gründlicher *taz*- und *TAGESSPIEGEL*information über Ostdeutsches ein für allemal Klaus Bittermann formuliert hat: „Die Ossis legen Wert darauf, nicht als ‚Deutsche', sondern als ‚Ostdeutsche' verstanden zu werden" (*Geisterfahrer der Einheit*, Berlin 1995, S. 32; vgl. hingegen ebenda, andernorts und immer wieder Bittermanns Kritik am provozierend unbeschädigten Deutschtum der → Zonis).
→ die Deutschen, → Wir im Westen, → Wir-Gefühl.

Selbstverständnis (I) Im jüngeren Westdeutsch von → Qualitätsmedien und Subventionskunst häufig gleichbedeutend mit der hochdeutschen ‚Selbstverständlichkeit', etwa in dieser „Andruck"-Eloge: „Der Autor, selbst kundiger Kenner der deutschen Geschichte, zitiert die *FAZ* mit dem gleichen Selbstverständnis wie zahllose französische und englische Quellen." (Jochen Trum, „Der Philosophen-Präsident Emmanuel Macron", *Deutschlandfunk*, 29. Januar 2018)

Selbstverständnis (II) „Das Selbstverständnis unseres Selbst gebietet es, die zu bleiben, die wir sind, damit wir Künftigen ein Vorbild sein können", erklärte Volker Gerhardt, Ethikrat der 2000er Jahre, zum Ende eines „Philosophischen Gesprächs" im *ZDF/PHOENIX* über Klonereien (→ mit dem Leben produktiv umgehen). Man soll also doch nicht so viel an den Genen herummachen, sonst könnten Philosophieprofessoren glatt zu verständlich redenden Menschen mutieren? Deutlicher weiß sich Bernd Scherer, Chef des „Hauses der Kulturen der Welt" (Berlin), auszudrücken. Er hatte für 2013 das → Anthropozän ausgerufen, annoncierte erhöhten → Redebedarf über unser aller ‚Weltproduktion' und wußte sich dabei auch von → ‚der Politik' beobachtet und gefördert. Kurz: Es flossen Bundesmittel. Was kennzeichnet das durch ‚hochkarätige Diskutanten' ausgerufene Zeitalter des Menschen? Zunächst einmal „→ ne neue Bescheidenheit, die jetzt angesagt ist", „weil, das Selbstverständnis unseres Selbst war bislang immer nur auf Produktion gerichtet." „→ Von daher" sei es notwendig, daß wir „→ erst mal das Selbstverständnis verstehen", was uns dorthin geführt hat. Natürlich kann es nicht ausbleiben, daß „wir da → n → Projekt für die Zukunft entwickeln, wie wir unser Selbst künftig verstehen wollen". „Ne ganz spannende Diskussion" stehe da jedenfalls ins Haus, auch weil „die Politik unser Projekt aufmerksam begleitet". „Ne Änderung von unserm Selbstverständnis" ist praktisch unvermeidlich und die Erde noch zu retten. („Radiofeuilleton", *Deutschlandradio Kultur*, 10. Januar 2013) Vgl. 'ne Doppelzeile weiter: → Selbstverwirklichung.

Selbstverwirklichung hat es noch nicht in die geschriebene, längst aber in die seelische Verfassung des → Mehrheitsdeutschen geschafft. Zur nationalpsychologischen → Verortung hilft ein Blick aus dem Ausland: „Ich besitze eine ziemlich umfangreiche Erfahrung: unter den sogenannten nicht verwirklichten Menschen habe ich die interessantesten Exemplare gefunden, während die anderen, die in den Augen des Durchschnittsmenschen erfolgreich sind, durch und durch unbedeutend waren. Gerade denjenigen, die sich ‚verwirklicht' hatten, mangelte es an ‚Wirklichkeit'." (E. M. Cioran, *Cahiers* [Paris 1997], Frankfurt/M. 2001, S. 118)

In der Vokabel S. wirkt ein metaphysischer Rest nach, der auf altertümliche → Autonomievorstellungen verweist. Man denke an des Aristoteles Lehre von der Seele oder an Spinozas *Ethik*, derzufolge Freiheit ein Handelnkönnen gemäß der eigenen Natur ist. Diese Freiheit wird prekär, sobald auch nämliche Natur zur → Disposition steht, etwa deshalb, weil man weder Natur noch Charakter noch Schicksal hat und aushilfsweise zur → Selbstbestimmung greifen muß. Auf den feinen Unterschied zwischen Selbstbestimmung und -verwirklichung hat der Medienforscher Frank Böckelmann aufmerksam gemacht. Nach seiner Beobachtung begann seit „den siebziger Jahren das Pathos der Selbstbestimmung das Pochen auf Emanzipation und Selbstverwirklichung zu übertönen" (*Jargon der Weltoffenheit. Was sind unsere Werte noch wert?* Waltrop-Leipzig 2014, S. 110). Solange ‚das Selbst' sich noch verwirklichen muß, akzeptiert es Reste an objektiver, widerständiger Realität, kurz: → ‚das Andere' der Kulturwissenschaftsseminare und Kulturamtsleiteransprachen. S. ist demnach Arbeit. Der Selbstbestimmte hingegen wäre anders als der Selbstverwirklicher → immer schon am Ziel und damit jener Glückspilz des → Anspruchsdenkens, dem seine Rechte zufallen, sobald sie formuliert sind.

Selbstwertgefühl → Minderwertigkeitskomplex, → Pfirsichmarmelade.

Senioren → Werbewirtschaftswestdeutsch: Greise, die des Gebrauchs von Seniorentelefonen, Seniorentischen, Seniorenreisen, Seniorenkonten, Seniorenwärmedecken, Seniorentickets, Seniorenbetten, Seniorenzimmern und natürlich Seniorendomizilen würdig und tauglich scheinen.

sensualistisch → Issismischer Hochkulturfasel und Rezensentenseim; zumeist gemeint: ‚sensuell', sprich: ‚sinnlich'. Tonprobe: „Welch unaufgeregte Transzendenz" in dieser „sensualistischen Beschreibung des südlichen Ortes", → gleichsam „eine Art ‚Porträt des jungen Künstlers als ausgewogenerer junger Mann'!" (Marko Martin über Simon Strauß' *Römische Tage*, → *Deutschlandfunk*, 25. Juni 2019)
→ Mon chérie, → unaufgeregt, → Wichtigsprech.

serielle Fertigung → Klemmwort für → ‚Platte' (‚Plattenbau', ‚Plattenbauweise'), sofern nachwendegefertigt; vgl. Ingrid Bäumer, „Günstig soll in Serie gehen. Es besteht akuter Bedarf an günstigem Wohnraum und Sozialwohnungen in Berlin. Serielle Fertigung ist ein Ansatz zur Problemlösung" (*Wirtschaft Berlin Spezial. Immobilien und Projektentwicklung* vom 4. Juli 2017, S. 14f.).

seriöse Zukunft → Blähwörtlich für Verkommenheitsrückgang. Als eine im Sommer 2013 veröffentlichte Studie der Humboldt-Universität zu Berlin zeigen konnte, daß das Doping im DDR-Leistungssport fast das Niveau des Dopings im BRD-Leistungssport seit den 1970ern erreicht hatte, formulierte *WELT*-Kolumnist Jens Hengemann in springertypischer Pointenverkehrung: „→ Spätestens jetzt muss sie endgültig ad acta gelegt werden, die naive Theorie, staatlich gefördertes Doping habe es zu Zeiten des Kalten Kriegs nur im → Sozialismus gegeben, nicht aber in West-Deutschland." Hengemann schien die eher moralische, weil auf persönliche Initiative gegründete → Verwahrlosung des BRD-Sports → anvisiert zu haben, als er auf dem nicht-systemimmanenten Charakter des westdeutschen Dopens bestand. Die → Einzigartigkeit und Beispiellosigkeit des DDR-Dopens liege in ihrer verschwörerischen (‚konspirativen'), also nicht – wie im Westen – täglich durch *WELT*, *Bild* & Co. transparent gemachten Praxis. Mit recht sportlicher Logik argumentierte der *WELT*mann: „Ein konspiratives, per Verfügung von der Regierung in den Leistungssport hinab befehligtes Doping-*System* wie in der DDR bleibt zwar beispiellos. Das macht es aber nicht besser. Und es darf schon gar nicht zu dem Ruf nach Schlussstrichen führen. Denn nur wer die Vergangenheit → aufarbeitet, kann eine seriöse Zukunft gestalten. ... Wer jetzt einwirft: ‚Die im Westen waren ja genauso schlimm', verhöhnt alle Dopingopfer, hüben wie drüben." (*DIE WELT online* vom 4. August 2013)

Sexarbeit Unvollständige Form der → bürgerlichen Selbstverwertung, bei der nicht die gesamte Person, sondern nur ein Teil davon gegen Entgelt zur Verfügung gestellt wird durch selbstredend → selbstbestimmte, sprachbewußte Subjekte. Über „Sexarbeit, die früher abwertend als Prostitution bezeichnet wurde", klärte Patrick Schirmer Sastre von der *Berliner Zeitung* auf („Sexarbeiter sind keine Opfer", 21./22. Februar 2015, S. 24).
→ Ansatz, → Prostitutionslandschaft, → Zusammenhänge.

sich Wer den gehobenen Stil scheut, mag gelegentlich das reziproke Pronomen ‚sich' an die Stelle von ‚einander' setzen. Schon bei Sätzen wie „Sie taten sich Gutes" wird die Sache allerdings zweideutig. Frei von allem Gefühl für solche Zweideutigkeiten schreibt, wer ausschließlich ‚sich' verwendet. „Heilloser Streit sich widersprechender Weltbilder. Mit Sensibilität und Sachkenntnis: Chaim Nolls Roman über die Zeit von Kaiser Nero", betitelt Manuel Karasek, Preisträger der Jürgen-Ponto-Stiftung, seine Rezension (*Berliner Zeitung* vom 23. April 2009). Sie ist so sprachsensibel wie sachkennerhaft gehalten und beginnt: „Einen historischen Roman vor sich zu haben, der 800 Seiten lang ist, weckt sofort den Verdacht, es mit einer Kostümschnulze zu tun zu haben." Nach diesem syntaktischen Kunststück ist sprachliche Lockerung angesagt: „Noll diskriminiert allerdings den Imperator [Nero] nicht als geistig durch geknallten Idioten, der Rom anzündet ..." Rasch wird es wieder anspruchsvoll: „Er stellt seine Figur eher in ein kompliziertes Geflecht von Wechselbeziehungen, der einen hysterischen Hunger nach Hedonismus und Jugend in der römischen Gesellschaft befriedigt und an seinen selbst zerstörerischen Impulsen zugrunde geht." Ja, der Geflecht kann einem selbst zerstörerisch schon zusetzen! Freilich kann es noch schlimmer kommen: „Erzählt wird dies aus der Perspektive des namenlosen Ich-Erzählers ..., der Zutritt an Neros Hof hat und in eine gefährliche politische Intrige gerät, die in einem grausamen Krieg zwischen Rom und Jerusalem mündet." Man bekommt Sehnsucht nach sensiblen Kriegen, in deren Gefolge der Akkusativ wieder Zutritt zum Hofe des Kritikers erhält. „Statt den üblichen Kitsch vom dekadenten Rom zu wiederholen, das christliche Märtyrer an Löwen verfuttert, zeigt Noll aufregend und anschaulich den Moment, wo sich das Abendland für den Monotheismus zu interessieren begann." Der wo Städte anzündeln tat, hat freilich auch Märtyrer verfuttern können. „'Der Kitharaspieler' ist ein sehr langes Buch – das auch einen Leser mit langem Atem braucht." Poesie des Adjektivs! Doch zurück in die Prosa und ins Detail: „Vordergründig erkennt man erstmal die kunstvolle Machart." Gemeint ist „die atemberaubend psychologische Präzision bei der Zeichnung der Protagonisten. Aber die eigentlich bemerkenswerten Strukturelemente verstecken sich in der abenteuerlichen Handlung." Haben sie das nötig? Nein! „Nolls Roman behandelt virulente Fragen unserer heutigen Zeit. ... Aber hauptsächlich geht es in dem ‚Kitharaspieler' um Figuren, die in einen heillosen Streit aus sich widersprechenden Weltbildern geraten; und die aus ihren Sinnkrisen religiöser Natur nicht einen einzigen Vorteil herausschlagen können." Da lobt man

sich die virulenten → Vorteilsritter von heute! Ist ein Wohnsitz am *locus genii* nicht auch von Vorteil? „Noll, der auf Deutsch schreibt, lebt seit mehr als 20 Jahren in Israel. Man kann es nicht anders sagen: Er weiß, wovon er spricht."
→ elegantes Deutsch, → weiches Deutsch; → HOCHSCHREIBE.

sich annehmen Das im Hochdeutschen unauffällige Verb ‚annehmen' hat im Reflexivgebrauch sowohl durch den → PSYCHOSPRECH als auch durch die westdeutsche → DATIVSCHWÄCHE (→ Herr werden) einige Prominenz erlangen können. 1. Im psychosprachlichen Gebrauch bezeichnet das s. A. die endgültige Versöhnung des Menschen mit seinem therapeutisch → aufgezeigten Ich. Ein Mindestmaß an Ich-Gläubigkeit sowie Gläubigkeit gegenüber der Macht des Therapeuten, die unter allerlei → Konstrukten verschüttete → Identität jenes Ichs → herauszuarbeiten, ist hierfür → unverzichtbar. 2. Eine Zuwendung zu abstrakten oder unbelebten Objekten bezeichnet hingegen das s. A. mit nachfolgendem Dativ. Das „Wochenendjournal" des Westdeutschlandfunks beispielsweise fand heraus, daß Menschen sich mundartlich „gebunden mit ihrer Heimat" fühlen, und „nimmt sich deshalb den Mundarten an" (→ *Deutschlandfunk*, 17. November 2018). Im sozialpädagogischen und kulturbetrieblichen → BETREUUNGSSPRECH nimmt man sich generell ‚dem Thema', spezieller ‚den Nöten' oder ‚den Problemen' → der Menschen an. Wo dies nicht mehr möglich ist, → gedenkt man ihnen.

sich aufregen Aus dem Alltagsvokabular → MEDIALDEMOKRATISCHER → Empörsamkeit; Substantivbildung unregelmäßig und zumeist nicht-reflexiv (‚Aufreger'). Während in den mündlichen, auch medienmündlichen Dialekten ein „Da könnte ich mich immer darüber aufregen ..." bevorzugt wird, bekundet sich der Selbstgenuß guter Gesinnung in → Qualitätszeitungen und überhaupt in Schriftdialekten des Westdeutschen sublimer. Beispielsweise haben sich → Publizisten wie Harry Nutt, Bernhard Honnigfort, Liane Bednarz, Christoph Giesa, Albert Funk [bitte aus *FAZ, taz, ZEIT* ergänzen] jahrzehnte-, wenn nicht lebenslang niemals darüber aufgeregt, daß ihre Landsleute unermüdlich → ‚rechtspopulistische', -konservative oder -radikale Parteien gründeten, wie sie sich auch niemals über die zugehörige, dies zulassende → freiheitlich-demokratische Verfassungswirklichkeit aufgeregt hatten. Werden besagte Parteien jedoch, wie z. B. seit 1964 die NPD oder seit 2014 die AfD, in regionale Volksvertretungen und nicht mehr allein von Westdeutschen gewählt, dann mobilisiert der Medienmehrheitsdeutsche Erregung, etwa einheitsfesttägliche: „Ich blieb [in Sachsen-Anhalt] – und ich blieb gern. Es gab Krisen, das schon. 1998 etwa, als die rechtsextreme Deutsche Volksunion mit 12,9 Prozent in den Magdeburger Landtag einzog und mich mehr noch als das Wahlergebnis selbst der Umstand erschütterte, dass niemand sich darüber aufzuregen schien." Der generös denkende Autor blieb dann bei der *Berliner Zeitung* (Markus Decker, „Zwei Länder in einem", 1./15./3. [sic!] Oktober 2016, S. 3).
→ Aufarbeitung, → Keiner spricht über ..., → multikulturell.

sich aufstellen Teilvorgang im → spätkapitalistischen Niedergang des Menschen, Ziel: gut → aufgestellt sein.
→ Familienaufstellung.

sich beschäftigen *Kulturradio*-Westdeutsch für die Hauptbeschäftigung von → Ausnahmekünstlern, z. B. Pianisten oder Dirigenten. Diese spielen oder dirigieren nicht einfach Beethovens, Liszts, Chopins und anderer Komponisten Werke, sondern haben ‚sich damit beschäftigt', in der Regel → ‚intensiv'.
Die Formel ist verbreitet nicht nur als Rezensions- und Interpretations-, sondern auch als Selbstinterpretations→SCHNÖSELSPRECH. Im Unterschied zu Beschäftigten, an deren

Fähigkeit zur Selbstbeschäftigung gezweifelt werden darf, sind die sich Beschäftigenden vorwiegend da tätig, wo es kreativ, künstlerisch oder wenigstens künstlich zugeht. Wer sich beschäftigen darf im Kunstsektor, der singt oder spielt z. B. einen Komponisten oder Autor nicht, sondern der beschäftigt sich mit ihm. Hörbeispiel unter Hunderten: „Die sizilianische Sängerin ... beschäftigt sich auf ihrer neuesten CD mit ..." (*Deutschlandradio Kultur*, 27. November 2013, 10.05 Uhr) Im Kulturfunk ist mitunter von Konzerten zu vernehmen, bei denen sich der Dirigent mit diesem oder jenem Komponisten ‚beschäftigt' habe. Souveräne Distanz zum → Themenfeld einer Beschäftigung bekunden vollends → Autoren, die nicht über es schreiben, sondern sich ‚mit ihm beschäftigt haben', in der Regel jahrelang.

sich besorgt zeigen Wo man fürs eigene Tun und Vertun Wähler verantwortlich machen darf, kann man unmöglich besorgt *sein*, denn in vier oder fünf Jahren ist sowieso alles vorbei. Um so mehr ist es angebracht, daß man ‚sich besorgt zeigt'. Und dies durch seine Pressesprecherin mitteilen läßt.

sich einbringen 1. Auch ohne Reflexivpronomen: Ankündigung von Leuten, die fest an den Geschenkcharakter ihrer Anwesenheit glauben. Ursprünglich Verbalzüchtung aus dem grünlila Phrasengärtlein, blühte das ‚s. e.' bald in allen politischen Farben, sogar in gelb: „Er [Robert Stadler] hat sich für die liberale Sache eingebracht." (Sabine Leutheusser-Schnarrenberger, *Deutschlandfunk*, Mai 2013) 2. Seltener: Endstufe einer Arbeitsbiographie, etwa einer militärischen. So sprachen die *Stuttgarter Nachrichten* vom 31. Januar 2019 von Soldaten, „die in 17 Einsätzen von Europa über Asien bis nach Afrika täglich ihr Leben in den Dienst für Deutschland einbringen"; zweifellos ein Extrembeispiel für → qualitätsmedialen → SCHÖNSPRECH, jedoch normal im → DISKURS DER EMPFINDSAMKEIT.
→ sich öffnen, → PSYCHOSPRECH; → einbringen.

sich einlassen (auf etwas) Zeitgemäße, das Odium der Illegalität ausdünstende Variante des psychotherapiebedürftigen und psychogruppenbeflissenen ‚sich einbringen' aus westdeutschen Psychomiefsiebzigern; in → willkommenskulturellen → Zusammenhängen mitunter gebräuchlich für eine gesteigerte Form des → sich Öffnens.
→ PSYCHOSPRECH, → Seele (I).

sich einmischen Superlativ von → ‚sich einlassen' und Komparativ von → ‚sich einbringen'; meist in Gedenksprüchen, -reden, -sendungen und anderen Formen saisonal abrufbarer Rührung (*Deutschlandfunk*, 16. Juni 2019: „Jürgen Habermas, ein politischer Intellektueller, der sich einmischt").

Sicherheitsrisiko → BLÄHSPRACHLICH für ‚Gefahr', ‚Gefährdung'. Die ursprünglich amts- und papierdeutsche Floskel fand Eingang in fundamentalkatholische Osterpredigten: → Menschen ohne Ostern.

sich erzählen Aus dem Diktionär des → NEONARZISSMUS: autoerotische Variante des → Erzählens. In der → identitäts→präsentierenden → Narration ein etabliertes Verfahren; vgl. Marcel Beyer über die Art, wie „der Westen sich immer noch als der Westen erzählt": → Köln, → Ich fühle mich als Europäer.

sich fragen/sagen lassen müssen regelmäßig die → Entscheidungsträger etwas, meist von Entscheidungskommentatoren an → Frankfurter Schreibtischen.

sich gestalten → Blähwort und → Wichtigsprech, meistens für Dinge, die sich ohne weiteres gestalten lassen, etwa Schwierigkeiten.

sich lohnen Im → Leistungsträgerdeutsch häufig mit ‚wieder'; eine verbale Musterleistung des → Anspruchsdenkens. Was ‚sich [wieder] lohnen' soll, hat augenscheinlich keinen Wert an sich; da heult der *homo oeconomicus* nicht mehr bloß innerlich auf. Oder auch der Doktor der Ökonomie Walter Krämer, Stabschef der Kriegsverlierertruppe „Verein Deutsche Sprache", der plakatieren und propagieren läßt: „Deutsch muß sich lohnen" (*Informationsbrief* vom 12. Mai 2010).
→ aufsteigen, → Girl's Day.

sich öffnen Der psychoanalytische Glaube, daß im endlich enthüllten Verborgenen auch Wahrheit und Gesundung lägen, ist von den Sofas (M. Mosebach: Sophas) der oberen Mittelklasse bis in die Niederungen des → Frauencafé-, Männergruppen- und Sitzmattenwesens und von dort in die leeren Weiten der westdeutschen Alltagssprache vorgedrungen. Welches die Schlüssel zur Öffnung seien, bleibt umstritten.
→ Psychosprech, → sich einlassen.

sich schwierig gestalten Geflügeltes → Spreizwort und zugleich Euphemismus für ‚Pech haben bei …'.
→ Anlaufschwierigkeiten.

sich stellen → Bekenntnisse zu einer → Schuld, die man keineswegs zu büßen gedenkt und die man dadurch in ein so wertneutrales wie unverrückliches Faktum verwandelt, charakterisieren die → mehrheitsdeutsche Sprache → der Politik (→ Ich lasse mich beim Wort nehmen./Ich stelle mich … usw.). Im Mehrheitsdeutsch der → Kultur sind höherstufige → Paradigmen der Hypokrisie, vielleicht aber auch einer intellektuell besonders unschuldigen Verlogenheit nachweisbar. Exemplarisch hierfür war der Aufbau einer → Schloßattrappe aus purem → Ressentiment gegen alles (politisch wie kulturell) → Fremde, in diesem Fall also gegen den Palast der Republik in Berlin. Den Abriß eines → real existierenden Geschichtsmonuments rechtfertigte Hermann Parzinger, Präsident der Stiftung Preußischer Kulturbesitz, nachträglich wie folgt: „Die Entscheidung, das Schloss wieder aufzubauen, war ja keine einfache. Für mich stellt es keine Verherrlichung vergangener Zeiten dar. Es ist vielmehr ein Bekenntnis zur deutschen Geschichte mit all ihren schwierigen Etappen, die man nicht verschweigt, sondern denen man sich stellt." („Es geht um eine neue Haltung zur Welt. H. P. im Gespräch über die jüngste Kritik am künftigen Humboldt-Forum", Gespräch mit Harry Nutt, in: *Berliner Zeitung* vom 28. Juli 2017, S. 21) Die Frage, ob es sich in einer wiederaufgebauten Reichskanzlei nicht noch trefflicher über deutsche Geschichte diskutieren ließe, stellte der → Qualitätsjournalist nicht, als er auf die „dringlichsten Aufgaben für die Zukunft" zu sprechen kam, die das → „Humboldt Forum" (!) zu bewältigen habe.

Sichtbarkeiten gehört wie ‚Blindheiten', ‚Zeitlichkeiten' und andere preziöse Plurale zur westdeutschen Imponierfeuilletonistik, in Kombinationen wie der hier zitierten üppig gestreut auch bei zugezogenen Österreicherinnen, u. a., „weil es Dolmetscher braucht und Sicherheitsmenschen, Geisterfiguren, die nicht tatsächlich da sind und doch anwesend", „weil eben nicht alle gleichermaßen sprechen, es sind nicht alle gleichermaßen handlungsbevollmächtigt, wir haben längst begonnen, Unterscheidungen diesbezüglich zu treffen beziehungsweise die Sichtbarkeiten neu einzuteilen." (Kathrin Röggla, „Zwischengeschichten. Im Zeitalter von Populismus, Postfaktischem und Politikberatung", *Deutschlandfunk*, 5.

März 2017) Ein klarer Fall von → Ausgrenzung oder → Abgrenzung oder → Abschottung! Da heißt es → Differenzen → aufzeigen!
→ diskriminieren, → es brauchen, → Fiktion, → Narration; → Pluralisierung.

sichtlich Im Hochdeutschen nur adverbial, im Westdeutschen → zunehmend prädikativ gebraucht, mag es Sprachfühlige auch noch so sehr schmerzen: „Aber auch dieser Schmerz legt sich, Fortschritte, im wahrsten Sinne des Wortes, sind sichtlich." (Björn Wirth, „Anderswo ist es auch nicht besser", in: *Berliner Zeitung* vom 22. Juli 2014, S. 23) Als Adjektiv ist ‚s.' im Westdeutschen bedeutungsgleich mit ‚sichtbar' (visuell wahrnehmbar, erkennbar). Dessen Verwendungshäufigkeit nimmt zugunsten von ‚s.' ab, wofür nicht erneuertes Sprachgefühl, sondern der Siegeszug eines → emotionalen → Spreizsprechs verantwortlich ist (eine Analogie zum penetranten → ‚eindrücklich' im Edelfaselfeuilleton). Namentlich im → Diskurs der Empfindsamkeit und hier wiederum speziell in einer → achtsam betriebenen Politik, sofern → qualitätsmedial begleitet, ist die Rede von ‚s.en' Gefühlen inflationär geworden. Da ‚s.' durch Westelbier weiterhin meist in der Bedeutung von ‚sichtbar' verwendet wird und da man von den Gefühlen eines anderen nur dank ihrer Sichtbarkeit erfährt, könnte man im Sichtlichkeitsgerede eine harmlose rhetorische Verstärkung vermuten. Freilich verkünden mittlerweile auch Pressesprecher, daß Chefin oder Chef ‚sichtlich erregt' (berührt, betroffen, empört, verärgert usw.) seien. Wenn das Rouge oder Blanc der jeweils → avisierten → Emotionen derart sichtbarlich aufgetragen und von der versammelten Qualitätspresse mit notorischer → Unterwürfigkeit kolportiert wird, dann darf man von einem eigenständigen Phänomen → ausgehen. Trivial, weil nationalphysiognomisch wenig ertragreich wäre dessen Auslegung als Indiz → struktureller Heuchelei, d. h. der Prätention anderer, womöglich den ‚s.' gemachten entgegengesetzter Gefühle, wie es beispielsweise viele Annoncen ‚sichtlicher Betroffenheit' bei Helmut Kohls Tod im Juni 2017 nahelegten. Dergleichen Bigotterie ist fraglos ein früh appliziertes Muster seelischer Kollektivierung. Doch geht ihm eben deswegen auch alle moralische Spezifik ab; man findet darin nur wieder die berühmt-berüchtigte Unschuld des mehrheitsdeutschen → falschen Bewußtseins. Hermeneutisch ertragreicher gerät der Sichtlichkeitsjargon, wenn man ihn einer der ältesten westlichen, nicht allein westdeutschen Utopien zuordnet, nämlich der Ersetzung des Realen durchs Zeigbare (‚Gegebene', ‚Positive'). Dieser emotionale Alltagspositivismus ist in → der Wirtschaft, → den Medien, → der Politik ein unmittelbarer Wachstumsfaktor, erlaubt er es doch einem aller Real- und Sozialverbindlichkeiten ledigen *Willen*, erwünschte Affekte → gleichsam aus dem emotionalen Nichts zu produzieren. Die in purer Verbalität realisierte Sichtlichkeit verbürgt somit den Reingewinn einer von Investitionszwängen freien → Emotionalität: Aus Behauptungen werden Tatsachen, die sich keineswegs in dem Kredit erschöpfen, den Zeugen und Betrachter ihnen gewähren. Immerhin sind die mit Absicht und Entschlossenheit ‚s.' gemachten Realitäten des Gefühls ohne andere → Referenz als den Sichtbarkeitsverkünder selbst. Sie begründen dessen Anspruch nicht allein auf → Glaubwürdigkeit, sondern auf (politische, ökonomische, moralische) → Präsenz. Nationalpsychische Traditionen tragen das Ihre zum gesteigerten → Performanzcharakter des verbalen Sichtverkehrs bei. Die Feierlichkeit und Ernsthaftigkeit, mit welcher → Alt(bundes)deutsche von ihren Gefühlen sprechen, indiziert eine veritable Innerlichkeit, jene intime Selbstbeleuchtung nämlich, die besagte Gefühlsvorzeiger und Sichtlichkeitsfühligen angesichts ungeahnter emotionaler → Eigengüter erstrahlen läßt.
→ Seele, → die Sprache der Seele, → die westliche Seele.

Signal setzen → Bekennersprachliches Synonym für ‚Position beziehen'; es konkurriert seit einigen Jahren mit → ‚Flagge zeigen'.

Sind Sie aus dem Osten oder aus dem Westen? Ausdruck → asymmetrischer → Kommunikation, durch die sich Westdeutsche seit Jahrzehnten ungefragt zu erkennen geben und von der hauptsächlich Berliner zu seufzen wissen; Interrogativform von → „Ich erkenne keine Unterschiede mehr zwischen Ost und West!" Hier ist jede Antwort möglich; am besten wäre eine, die dem Fragesteller seine Ängste nimmt. Das ist gewiß nicht einfach: Ostdeutsche sind Marsmenschen, die aussehen wie normale, d. h. westdeutsche Menschen. Sie können unerkannt überall eindringen, was die Unversehrtheit westdeutschen → Wir-Gefühls bedroht. Zu dessen Beschaffenheit: → Wir (Deutschen) im Westen, → Kenntlichmachung, → Kotzhügel, → das Abendland.

singulär Das numerische, quantifizierende Prädikat ‚singulär' wird im → Opfer- und → Gedenkdiskurs gern mit dem qualifizierenden Prädikat → ‚einzigartig' verwechselt; die Entlastung vom Nachdenken und Begreifen ist jedoch dieselbe: „die eine singuläre, völlig unbegreifliche NS-Geschichte" (Antje Vollmer, „Am 20. Juli ging es *nicht* um ein Attentat", in: *Berliner Zeitung* vom 20./21. Juli 2013, „Magazin", S. 11).

Sinn machen Amerikanismus, der vom → ‚gesunden Selbstvertrauen in die eigenen Kräfte' zeugt.

Sinnstifter kann praktisch jeder für jeden sein, der alles hat und dem nichts fehlt außer dem Einen, dem Sinn, der sich aber leicht → zustiften läßt.

Sinnstiftung Sprachliche → Schnittmenge von → TUTZING, → HABERMASDEUTSCH und → FROMMSPRECH; drückt vermutlich unfreiwillig aus, was hier oft stiften geht. Seit 1990 haben Sinnstiftungsphantasien → durchaus handgreifliche Gestalt angenommen, zumindest in den → Qualitätsmedien. Publizistische Begleitmusik für Abrisse oder → Rückbauten der sozialistischen Architekturmoderne klingt beispielsweise so: „Das Heutige weiß noch nicht, was es werden will. Freie Flächen warten auf neue Sinnstiftung, historische Bauten stehen ohne → Zusammenhang da. Es heißt: vom Schloss her denken." („Blicke von oben auf die Wunden der Stadt? Wo ist die alte Mitte" usw., in: *Berliner Zeitung* vom 9. Mai 2016, S. 14) → das Schloß, → Frankfurter Straße, → unser demokratisches Deutschland.

Situation Das einst in → SPREIZSPRACHLICHEN Dialekten prominente Wort lebt unauffällig im popularisierten → PSYCHOSPRECH fort; seine philosophische Reichweite war ohnehin auf den Umkreis des Sartreschen Existentialismus, seine kulturanalytische Kraft auf einzelne → Vertreter des Edelfeuilletons (→ BILDUNGSBEKENNERSPRECH) beschränkt. Augenfällig ist seine heutige Geläufigkeit im → qualitätsmedialen → WICHTIGSPRECH, überhaupt in der → publizistisch-journalistischen Kompetenzsimulation (→ Wir haben jetzt die Situation …). So scheint S. ein typischer Camouflage-Ausdruck aus dem Diktionär des → falschen Bewußtseins, denn gerade das Problematische im westdeutschen → Umgang mit S.en bleibt darin unerfaßt. Es betrifft die sog. → Kommunikationskultur und hier wiederum das Verhältnis von öffentlichem und nicht-öffentlichem → Diskurs. Über die Grenzen und Reichweiten beider besteht im → Abendland traditionell ein mehr oder minder sicheres, kaum explikationsbedürftiges Wissen. Die kommunikationskulturellen Gebräuche der West- und damit Mehrheitsdeutschen jedoch zeigen zwei auf den ersten Blick einander widersprechende, erst auf den zweiten Blick komplementäre Besonderheiten. Im öffentlichen, lautstark-verlautbarungstüchtigen Sprechen der Alt-BRDler nämlich finden sich überreichlich Floskeln privaten Empfindens, man denke etwa der skandal- oder jubiläumspünktlich eingereichten Bekundungen von → Empörsamkeit, → Abscheu, Genugtuung, Vor- und Schadenfreude;

eine offenkundig zerebral und → ideologisch angeleitete Erregung, häufig dargeboten in flapsigem → JOVIAL- oder sogar → FÄKALSPRECH. Im privaten, der Entspannung, Erholung, Einkehr usw. reservierten Gesprächsraum hingegen redet der Mehrheitsdeutsche verhältnismäßig ‚offiziell' (bedeutungsschwer, belehrungseifrig); Wortfuchteleien einer → gleichsam an objektive → Strukturen der → Bedeutsamkeit geklammerten schwachen → Individualität. Hält man privatisierende Plumpvertraulichkeit im Öffentlichen und offiziell tuende Gestelztheit im Privaten nebeneinander, so ergibt sich fast immer der Eindruck, hier verkenne eine ganze Bevölkerungsgruppe oder zumindest Gesellschaftsklasse die kommunikative S.; ein Phänomen, das auch auf weit entfernten → Feldern wie etwa in der westdeutschen Empörungsfaszination durch ostdeutsche Nacktbader zu beobachten ist (→ Eroskiller, → verdruckst und verklemmt). Ein Mangel an Sinn fürs Delikate, fürs Schickliche von Zeit und Ort? Eine kulturspezifische Unfähigkeit, S.en zu erkennen? Offenkundig ist der Mehrheitsdeutsche niemals *in situ*, was wohl die Nuancenarmut in seinem Denken sowie den geringeren Umfang seines umgangssprachlichen Wortschatzes erklärt. Die Situationsneutralität mehrheitsdeutscher → Diskurse entspricht einem subjektiv anverwandelten objektiven Zwang, einer → autonomen → Unterwürfigkeit gegenüber dem → performativen → Leistungsprinzip, kurz: einem Dasein, das nur so lange andauert wie seine → Darstellung. In dieser kann es weder Sonn- noch Feiertage, weder Hemmnisse öffentlicher Exhibition noch die Feinheiten privater Konfession geben. Der Mehrheitsdeutsche muß, um innere und äußere Mehrheit bleiben zu können, von *sich* sprechen, er darf sich nicht einer S. ausliefern. ‚S.' steht nicht für das Objektive (Sachliche), sondern für das Unverfügbare, den absoluten → Ernstfall fügsamer Selbstverfüger schlechthin.

Eben daraus ergibt sich jene Melange von Situationsangst und Belehrungseifer, welche die geschlossenen Parallelwelten situationslosen Daseins → schafft. Ob → BEKENNERSPRECH, → HOCHSCHREIBE, → LEHRAMTSSPRECH oder → MEDIALDEMOKRATISCHES, ihnen allen haftet ein gewisser Sozialidiotismus an, für den nichts so typisch ist wie der zugleich inbrünstige und mechanische Eifer des Aufsagens und Herbetens. Die Naturreichtümer von Denken und Erfahrung sind hiervon gleichermaßen ausgeschlossen. Die situationsbefreite Souveränität der Selbstpräsentation bedarf gerade des Unpersönlich-Anverwandelten: aufgelesene Innereien in hierzu heterogener Form, die nach draußen wollen. Statt aus solchem Vermengen privater und öffentlicher Sprechsituationen schlichtweg auf kulturellen Spaltsinn zu schließen, sollte man die unbeirrbare Monotonie würdigen, mit welcher der Mehrheitsdeutsche zu jeder Zeit und an jedem Ort *sich selbst* vorträgt, d. h. dasjenige, womit er sich zuvor bis zum Rand füllte. Nicht länger werden dann das → Verklemmte und das → Lässige, die Pedanterie im Privaten und die Sentimentalität im Offiziellen als Gegensätze erscheinen. Vielmehr zeichnet sich vom wilhelminischen Bildungsphilister bis zum → Alt-, Spät- und Nie-wieder-Achtundsechziger eine nationale Tradition geglückter S.sfreiheit ab.

→ Achtundsechziger, → DISKURS DER EMPFINDSAMKEIT, → DUZTERROR, → GRÜNSPRECH, → Gesprächskultur, → WÄCHTERSPRECH, → Wenn's umsonst ist ...

skeptisch nennt sich mittlerweile fast jeder → MEHRHEITSDEUTSCHE, der etwas nicht genau weiß oder wissen will oder kann, zugleich aber eine → Performanz von → Kompetenz anstrebt, von kritischem Bewußtsein ohnehin. Dialog an einer → Metrobushaltestelle: „Ob der heute noch mal kommt?" – „Ich bin da auch skeptisch!" Heute hochbeliebt im politischen und publizistischen Bedenkenträgermilieu, hat die Würde dieses Wortes eine deprimierende → Abwärtsspirale durchlaufen müssen: von Pyrrhon aus Elis (360–270 v. Chr.) bis Claudia Roth (im Querschnitt: „ich bleib da wirklich skeptisch und hab da ganz große Bauchschmerzen").

Smartness-Bedarf → Bedarf, → Generation Berlin.

so 1. Gewisse Zeitungsmeldungen: Die Frage, warum Steuerbetrug, Bestechung, Begünstigung, Unterschlagung, Falschaussagen unter Eid, Fälschungen von Doktorarbeiten und Lebensläufen zu fast 100 % durch westdeutsche → Menschen, sprich: → Leistungsträger in der Wirtschaft oder deren → Vertreter in → der Politik begangen werden, führt in die Untiefen moralphilosophischer, wenn nicht gar geschichtsmetaphysischer Spekulation. Leichter fällt die Antwort darauf, warum es den west- und damit mehrheitsdeutschen Delinquenten so schwer falle, → Verantwortung zu übernehmen: Ihr Staat und ihre Kultur sind Erzeugnisse einer pauschal gewährten Entschuldung. Für letztere war die Gleichzeitigkeit von Reparationserlaß und *re-education* prägend, d. h. politisch-moralische → Bekenntnis→kultur bei materieller Daseinswattierung. Vor diesem → Hintergrund wird die Ubiquität von → DISKURSEN DER ENTSCHULDIGUNG verständlich. Der mehrheitsdeutsche Tätertyp ist → gleichsam organisch haftungsunfähig. Er konnte, aus realgeschichtlicher Verantwortung früh entlassen, keine → Kultur der Selbstkritik, ja auch nur Selbstreflexion ausbilden. Als seelisch und historisch veränderungsloses Wesen kann er Schuld stets nur verbal umdeuten, niemals real übernehmen. Wichtigstes Füllwort im → Diskurs der Sprach-, Gedächtnis- und Gewissenslückenreichen ist das obengenannte Adverb. „Das habe ich so nie gesagt/gemeint/getan", unterstellt zwar nur böswillige Verzerrung von → Zusammenhängen, ist in seiner Verantwortungsabwehr aber selbst meist eine Falschaussage. Der Westberliner König der Schimmel-, Rost- und Kältepaläste für Flüchtlinge, ob → menschenverachtender Äußerungen seiner Mitarbeiter zur Rede gestellt, verlautbarte dem gegen ihn ermittelnden → Qualitätsradio, daß all dies so nie gesagt worden sei; Näheres: → aufgestellt sein.
2. Der Gebrauch des Adverbs als Demonstrativpronomensubstitut ist ein beliebtes Stilmittel im → JOVIALSPRECH, durch das schwerbegreifliche → Zusammenhänge für die → Qualitätsmedien vereinfacht werden. Im → *Deutschlandfunk* erforschte Andreas Dewald unter dem Titel „Es dreht sich um Musik. Die Renaissance der Vinylkultur" die kulturpsychologische Bedeutung des Plattenhortens: „Über das Sammeln von Vinylschallplatten machen sich auch Wissenschaftler Gedanken, so auch der Leiter des Studiengangs Populäre Musik und Medien an der Universität Paderborn, Prof. Dr. Christoph Jacke." Der Mann aus Westfalen → verwies in seiner Wortmeldung auf den religiösen Kontext: „Also, es hat so eine komische → Wertigkeit. Ich wäre → da jetzt ganz vorsichtig, aber in den → Diskursen darüber schwingt so eine Heiligkeit auch mit, so ein Fetischcharakter. Das ist jetzt → total unbewiesen, aber es wäre für mich → spannend, ob es nicht auch damit zu tun hat, weil so wenig heilig ist mittlerweile. Daß man sich so kleine, unverbindliche Heiligkeiten sucht man sich ganz gerne zusammen [sic!]. Das andere ist dann der Fußballverein und dann das Kochen und die Technik, die man in der Küche hat oder im Wohnzimmer. Ersatz ist zu stark formuliert. Aber das sind so kleine Heiligtümer, die so ein bißchen kompensieren. Daß man nicht mehr in der Kirche ist." (1. Mai 2016, „Rock et cetera") Das sind so Sachen so ...

sogenannt → angeblich, selbsternannt, vermeintlich usw.

so isches Ein starker Drang zur vorauseilenden Affirmation (→ Gummihals) charakterisiert sämtliche politischen und kulturellen Milieus der Alt-BRD. Wo der Einzelne durch keine äußere und zentrale, ihm rituelle Verbeugungen abzwingende Macht genötigt ist, eine innere Distanz, Selbstreflexion, gar Selbstironie zu entwickeln, existiert der Affirmationsdrang nur in seiner rohesten Form: als → Wir-Gefühl. Das west- und damit mehrheitsdeutsche Wir zeigt „die freie Wahl des Herrn, dem man sich unterwirft" (N. G. Dávila), wobei besagter Herr keineswegs symbolische Insignien von Herrschaft, geschweige Herrlichkeit aufweisen

muß. In der Regel ist es der lokal vorfindliche (Kehrgemeinschaft, Kirchensprengel). Dem Insassen der Einparteidiktatur war die Grenze von außen und von oben gezogen, der Insasse des Mehrparteiensystems zieht sie sich von innen und von selbst, vor allem: durch seine Meinung von sich selbst. *FAZ* und *SPIEGEL* berichteten 2016 vom AfD-Kongreß im baden-württembergischen Geislingen an der Steige. Eine aus dem Norden angereiste Führungspersönlichkeit hatte dort verlautbart: „'Die Deutschen haben die Nase voll von Meinungs- und Mediensozialismus. Wir fordern Presse- und Meinungsfreiheit.' Höcke bekommt wieder viel Applaus. ‚So isches, so isches', wird immer wieder gerufen. Niemand fragt, was das überhaupt sein soll, ‚Meinungssozialismus'." (zit. nach: *DER SPIEGEL* vom 5. März 2016, S. 138; dort weitere Detailschilderungen von einem politisch milieuübergreifenden Affirmationsbedürfnis)
→ Leserbriefe, → Sozialismus, → Unterwürfigkeit.

Solidarbeitrag, Soli Politpopulistisch für → Solidaritätszuschlag. Ein Terminus technicus für die eher symbolische denn tatsächliche Wiedergutmachung der Nachteile, die den Deutschen im Osten nach Adenauers Furcht vor Deutschlands Freiheit durch Einheit entstanden waren. Da aber auch die Einwohner jener → benachteiligten Gebiete den S. zu entrichten haben, um die in Westdeutschland bereits vor 1990 aufgetürmten Schulden sowie angerichteten Schäden aus jahrzehntelanger → Bedienmentalität und Mißwirtschaft (einsturzgefährdete → Mehrzweckhallen in Niedersachsen! schlaglöchrige Straßen in Nordwestfalen!) auszubessern, handelt es sich um ein reines Blendwort. Bei Westdeutschen, ob eingeboren oder eingewandert, ob *ZEIT*schreiber oder *ZEIT*leser, ist allerdings selbst zwei Jahrzehnte nach DDR-Kollaps noch die Meinung gängig, allein sie hätten einen S. zu entrichten: „Die einen erhielten Begrüßungsgeld, die anderen zahlten Solidaritätszuschlag." (Ijoma Mangold, „Seid stolz auf eure Vorurteile. Der Reichtum des vereinten Deutschlands sind die Unterschiede zwischen Ost und West. Aus ihnen ist längst etwas Neues entstanden", in: *DIE ZEIT online* vom 13. Juli 2009)
→ ostdeutsche Männerpisse, → Selbstmitleid, → Zahlmoral.

Solidaritäten Ein Dialog aus der → Qualitätspresse: „Horizontale Solidaritäten sind nicht die Regel, sondern die Ausnahme?" – „Für ganz kurze Zeit gab es das einmal im frühen Griechenland bei der Herausbildung der Demokratie. Dann wohl erst wieder im Europa des 18. und 19. Jahrhunderts. Damals begannen sich solche Solidaritäten langfristig herauszubilden. Wohl einmalig in der Weltgeschichte." („Millionen Arbeiter, aber keine Arbeiterklasse", Arno Widmann befragt Herfried Münkler, in: *Berliner Zeitung* vom 24./25. März 2018, „Magazin", S. 9)
→ Bedarf, → Begrifflichkeiten, → Pluralisierung; → mittelfristig.

Solidaritätszuschlag Entgegen dem sprachlichen Anschein nicht ein Trinkgeld für solidarische Menschen, sondern ein Quell schwerer Mißverständnisse zwischen Deutschen und Westdeutschen. Auch zwischen Berlinern und Westberlinern. Das Prinzip Solidarität brachte eine empörte Charlottenburgerin (= Berlin-West) auf den Begriff, als sie Abriß des Palastes der Republik und geplanten Betonschloßbau wie folgt kommentierte: „Erst reißen die Ossis ihren Palast ab, und denn wollense mit unsam Jeld noch Schloß baun."
→ Humboldt Forum, → das Schloß, → unser Geld.

sondern Eine gestörte → Beziehung zur grammatischen Kongruenz bei sog. entgegenstellenden Konjunktionen ist im jüngeren Westdeutsch aller Kulturbereiche → zunehmend zu beobachten. Wir zitieren aus den *Denkwürdigkeiten* eines Autors, der sprachlicher Gedankenlosigkeit unverdächtig sein sollte: „Ähnlich wie dem Böll die meist → eh → eher eingebildeten Schmähungen der Restnation eher nutzten als schadeten, sondern zum Firmenschild des ‚Gewissens der Nation' beisteuerten, ja es begründeten: So waren auch die bis heute tradierten und weiterwirkenden Verfolgungen von Willy Brandt und Herbert Wehner überwiegend → ja mehr eingebildete oder auch bewußt gesteuerte und gepflegte. Vor allem von Wehner, den wegen seiner kommunistischen Vergangenheit und sozialdemokratischen Wende → spätestens seit 1960 kaum einer mehr attackierte und verhöhnte, kaum noch hin und wieder gnädigerweise Strauß. Sondern → in Wahrheit breitete sich eine richtig pietätvoll-weihesatte Stimmung über den Wirrschädel und Krachmacher ..." (Eckhard Henscheid, *Aus meinem Leben 1941–2011*, Frankfurt/M. 2013, S. 194) Ist es ein Zufall, daß dieses und andere Stilmittel des → MOSEBACHDEUTSCHEN sich → massivst bei einem Humorprofessionellen finden, der seine Hohnespflicht gegenüber jenem Hauptvertreter des → SCHNÖSELSPRECHS → nahe von Frankfurt niemals erfüllte? „Das hatte der damals noch nötig und saugte nur zu gern an diesem Nektar." (S. 359) *Das* nun ist schon reinster Mosebach und somit → elegantes Deutsch! Mosebach → freilich hatte, wessen Henscheid stolz und treu gedenkt (S. 267), dem → Frankfurt-Mitsassen einst einen Literaturpreis zukommen lassen. Ob da der gehäufte Gebrauch von → SPREIZSPRECH (‚meinen' für ‚bedeuten', ‚zeitgleich' für ‚gleichzeitig' sowie ‚spätestens', ‚unverzichtbar' usw.) in Henscheids Selbstbesichtigung durchweg (Henscheid: ‚durchwegs') dem höheren Humorzweck dient oder doch nur aus den nämlichen Sprachsümpfen herauf→wabert?

Sonderweg → Projektionsausdruck aus dem Diktionär westdeutschen Glaubens an eine historische Normalbiographie und somit an Nationen, die nicht auf S.en → unterwegs sind; weitgehend autochthon gebildeter Terminus der bundesrepublikanischen → Emotionalität, d. h. einer nationaltypischen Normfrömmigkeit und → Anpassungsbedürftigkeit.
Der inzwischen fast vergessene Biophilosoph und Kanzlergehilfe Volker Gerhardt entfaltete im sogenannten Nationalen Ethikrat um 2000 sein forschungsfreundliches Wirken. Etwaige Bedenken gegen eugenische Experimente beispielsweise → entlarvte der Professor als „Verlängerung des deutschen Sonderweges", die Deutschland von den „großen Forschernationen wie den USA, England oder Frankreich" isolieren könnte (*Der Mensch wird geboren. Kleine Apologie der Humanität*, München 2001, S. 70–72). Und die eugenische Unheilstradition? Unvergeßlich Gerhardts Argument: „Schlimmer als die Vergangenheit war, kann die Zukunft kaum werden." (S. 148) So zukunftsfromm schwärmte von endlich verlassenen Sonderwegen nur noch ein Hof- und Heilsgeschichtsschreiber der Schröder-Ära (*Der lange Weg nach Westen* o. ä.).
Die politikoffiziellen wie alltagskulturellen Schwierigkeiten Westdeutschlands, seinen Platz unter den Staaten Europas zu finden, sind nach wie vor notorisch. Verschafft den Sonderdeutschen doch die Autosuggestion, sie seien nunmehr und fürderhin ‚Westen', jene transhistorische → Verortung, deren ein historisch labiles → Selbstbewußtsein bedarf. Es ist Normalbewußtsein und Sonderwegsunterbewußtsein zugleich. Jedes Graben nach den Wurzeln des westdeutschen Sonderwegs muß daher bei der exklusiv westdeutschen, exzessiven Verwendung des Ausdrucks ‚S.' und seiner Äquivalente (‚Sonderentwicklung', ‚Abweichung', ‚Deviation') ansetzen.
Zweifellos gibt es ein analoges Selbstbewußtsein historischer „Normal Null"-Position (K. S. Roth) auch bei ideologischen → Vertretern → der Alliierten, weit gedacht und vage gesagt: bei ‚den alten Nationen' → des Westens. Doch fehlen hier einerseits die politikphilosophische und geschichtsmetaphysische Kodifikation und andererseits das Schüler-, Streber-, ja Schleimerhafte der Verkündigung, nunmehr auf einem besonderen, weil richtigen, also nicht mehr sonderbaren historischen Wege zu sein. Versuche von französischer, britischer

oder US-amerikanischer Seite, ein einheitliches westliches Normalbewußtsein zu fingieren, blieben jedenfalls randständig oder partikular, nicht zuletzt aufgrund nationalideologischer → Markenkerne. Von diesen will das meinungsmachende Westdeutschland wenig wissen. Somit führt das wunderliche Gebilde in seinen avanciertesten Geistern (s. o.) die deutsche S.sidee einer konstruierbaren, beispielsweise kulturellen oder ‚verfassungspatriotischen' Nation an sein Extrem. Nicht grundlos glaubt sich der bundesdeutsche Westen speziell aufgrund seiner nationalcharakterlichen Wesenlosigkeit berechtigt, als Musterschüler der reinen Westlichkeit und als Lehrmeister der Völker zu agieren, zuvörderst der Orientalen jenseits der Elbe. Ein Mangel an historischer Erfahrung, mithin an politischer Phantasie trägt das Seine dazu bei, eine pure Zähl- und Meßgröße wie Westlichkeit und ihre Wachstümer (→ Freiheit und Wohlstand) als eigenständige Qualität zu halluzinieren. So bleibt der größte der deutschsprachigen Staaten zugleich der → provinziellste, denn was ist → Provinz anderes denn ein Land, dem die Welt nur verschiedene Quantitäten seiner selbst bedeutet? Die dadurch bedingten nationalpathologischen Züge, etwa das → extrem irritierbare → Selbstbewußtsein und die ubiquitäre → Weinerlichkeit des Sonderdeutschen angesichts ausbleibender Vatergunst (NSA-Affäre, Trump-Wahl u. ä. m.), können hier nur in groben Zügen umrissen werden: → Diskurs der Empfindsamkeit, → Selbstmitleid; → Antiantiamerikanismus, → Unterwürfigkeit, → der Westen, → Werte, → Weltoffenheit, → Provinz.

Songlandschaften → Spreizsprachliche Sonderbegriffsbildung (→ Begrifflichkeiten), als Singulärterminus nachgewiesen beim Pophermeneuten Markus Schneider, der hier nicht zum ersten Mal Weltbewegendes in Nabelanalysen entdeckt: „Die Songlandschaften des Albums → verhandelten den Zustand von Soul, Körper und Familie, herzzerreißend, voll Düsternis und Schluchten aus Gefühlen, mit zerfetzten Streichern und abstraktester, neuer digitaler Musik, deren Beats wie mit Eigenleben unkontrolliert wuchsen und wucherten." (Markus Schneider über Björk Guðmundsdóttirs „Vulnicura", in: *Berliner Zeitung* vom 24. November 2017, S. 23)
→ eindrücklich, → -landschaften, → sich beschäftigen.

(s)orge(n) Ähnlich wie beim → Warnen gerät Zeit-, Sprach- und Kulturkritikern auch beim Sorgen oft manches durcheinander, namentlich Meta- und Objektsprache, Fälle und Präpositionen. Nicht zum ersten Mal ist hier der „Verein Deutsche Sprache" auffällig geworden. „Schluss mit dem Gender-Unfug!" betitelte er im März 2019 und in Reformschrieb einen Text, der wie folgt beginnt: „Aus Sorge um die zunehmenden, durch das Bestreben nach mehr Geschlechtergerechtigkeit motivierten zerstörerischen Eingriffe in die deutsche Sprache wenden sich Monika Maron, Wolf Schneider, Walter Krämer und Josef Kraus mit diesem Aufruf an die Öffentlichkeit" usw. usf.
Gemeint ist offensichtlich „besorgt angesichts der zunehmenden Eingriffe" oder „aus Angst vor den zunehmenden Angriffen" oder „aus Sorge um die deutsche Sprache". Das gewiß löbliche Ansinnen, die Sprache der Deutschen nicht für die Emanzipationsdefizite westdeutscher FrauInnen büßen zu lassen, gerät dadurch in ähnlich schiefes Licht wie andere, ältere Wächtertaten; dazu näherhin: → Girl's Day, → sich lohnen, → Sprachkritik.

(gut) sortiert Edelkonsumentensprech, Überblick und somit hochschwebende Distanz markierend; eine nicht mehr ganz taufrische Attribution aus dem Schnösel-, Kenner- und Möchtegerngenießerdeutsch der bücherkaufenden Klasse. Das Be- und Vermerken von Sortiertheit gehört zu den zahllosen Versuchen mehrheitsdeutscher → Provinzialität, sich durch Connaisseursgetue aus eben jener Provinzialität herauszuziehen. „Die französische

Hauptstadt Paris ist, im Vergleich zu Berlin, eine ziemlich gut sortierte Stadt." (Lena Schneider, „Parisisch. Nadia und die Ordnungsverhältnisse", in: *Berliner Zeitung* vom 6. Juni 2016, S. 21)

Das zum Dummverb mutierte Partizip wäre kaum weiterer Erörterung wert, wenn es nicht zu den Codewörtern gehörte, durch die sich das Geheimnis einer ganzen Kulturmentalität mit grellem Quietschen selbst entschlüsselte. Die notorische Konflikt- und Kompromißunfähigkeit des → Mehrheitsdeutschen, seine doppelt von Sachlichkeitsscheu (→ Kommunikationskultur) und Personifizierungssucht (→ Präsenz) → geprägte Ausdrucksweise entspricht dem festen Vertrauen auf eine vorgeordnete, sprich: *sortierte* Realität. Dieser Glaube erklärt auch, warum man im Westen, der als Ganzes außerhalb einer Befragbarkeit nach Sinn und Wert steht, so leichtfertig den Plural der → Werte anruft: Hier ist einzig dasjenige → real, was zu Auswahl und Zugriff bereitliegt. Politisch wie privat bewegt sich der *homo Germaniae occidentalis* somit in einer s.en Welt. Sein → Individualismus wie sein → Pluralismus machen sich abhängig davon, daß präexistiert, was nur mehr anzueignen und alsdann zu → repräsentieren (‚performen') ist, kurz: daß man ihm → Angebote macht. Das gilt auch für die Selbstwahl, von der einst Existentialisten raunten. Sie bezeugt sich im → Bekenntnis zu einer → Herkunft aus (oder Geburt in) → der offenen Gesellschaft. Den Kollektivismus des westlichen → Freiheitsversprechens als auch des → Individualitäts-, → Pluralitäts- und → Werteglaubens umschreiben die Gläubigen selbst mit dem Ausdruck → Wir-Gefühl. Es sind die mündigen Konsumenten, die sich an heimisch produzierte Sorten halten.

→ mon chérie.

Sowjetisierung → Wie wir Amerikaner wurden.

Sowjets (‚Zoffjets') Im Westdeutschen nie wortgetreu oder sinngemäß (‚Räte'), sondern stets sinnbildlich verwendet für asiatische Horden jenseits des Urals oder schon östlich der Elbe. Ein- und Niederreißen ist ihr Hauptpläsier, wovon der Architekturkritiker Stefan Diebitz zu berichten weiß. Der überaus seßhafte → Autor aus Lübeck, der, wie er schreibt, dort „als Philosoph lebt und arbeitet", versichert uns fast 60 Jahre nach Adenauers Rußlandreise: „Ähnlich wie die aufgeklärten Franzosen verhielten sich die Sowjets in Königsberg. Wer sich heute mit einem alten Stadtplan in der Hand in dieser Stadt zu orientieren versucht, wird sein blaues Wunder erleben, denn es wurden Straßen nicht allein verlegt oder Häuser abgerissen, sondern der Plan der Stadt weicht gänzlich von dem des alten Königsberg ab, das es tatsächlich überhaupt nicht mehr gibt." Ob das Wunder wirklich blau sei und die Satzarchitektur formschön, bleibe dahingestellt. Das „alte Königsberg" jedenfalls gab es schon nach dem britischen Bombardement von 1944 nicht mehr, aber lesen wir weiter: „Das Problem der Sowjets war ihr abgrundtiefer Nihilismus – ihre Ideologie gab ihnen keinen Plan in die Hand, mit dem sie eine wirkliche Stadt hätten errichten können. Sie konnten nur zerstören." Königsberg gehöre seitdem zu jenen Städten, „die fast zwangsläufig zu einer Brutstätte von Gewalt und Kriminalität wurden, weil sie ihren Bewohnern keine Gelegenheit mehr boten und bieten, sich in ihnen zu orientieren." (*Leonardos Entdeckung. Eine Philosophie des Ausdrucks*, Ettlingen 2012, S. 240f.)

→ Antiorientalismus, → die Russen, → wirklich.

sozialadäquat Der → Mehrheitsdeutsche, in der Regel → Extremindividualist, existiert bereits vor und außerhalb der Gesellschaft, die ihn seine → Professex als → soziales Konstrukt zu durchschauen lehrten. Die Einfügung ins Sozial- und Miteinanderleben fordert ihm eine eigene Leistung ab, den sogenannten Sozialadäquations- oder schlicht → Anpassungsprozeß.

sozial benachteiligt Massenmedialer → Schön-, → Spreiz- und → Blähsprech für ‚arm'.

soziale Andersartigkeit Was geschieht mit einem mäßig Begabten und übermäßig Behüteten, der ein ganzes Leben im selben politischen System und davon wieder Jahrzehnte im selben medialen Subsystem verbringen durfte? So einer entwickelt nicht selten 1. eine hohe Empfindlichkeit gegenüber allem → Fremden und → lernt 2., daß man dieses, ob von links, rechts, unten, oben her schreibend, ohne persönliches Risiko in allerlei Worttunke tauchen darf. Um diese aufzuschäumen, genügt die Nachricht, daß noch anderes Leben als das eigene auf dem Planeten sei (→ das Andere). Sogleich ist es zum andersartigen ernannt. Die Andersartigkeit → des Ostens ist ein Dauerthema bei → Deutern deutscher Befindlichkeiten sowie in der → Mehrheitsdeutschen → Empörsamkeitspublizistik. Die nach dem gleichnamigen → Kreuzbergbewohner benannte → Bittermannlinke hatte dieser Andersartigkeit bereits in den frühen neunziger Jahren zahlreiche, orthographisch auffällige Publikationen gewidmet (→ Zonenmob, → Publikationsliste). *SPIEGEL*-Kolumnist Jan Fleischhauer (*Unter Linken. Von einem, der aus Versehen konservativ wurde*, 2009) hat besagte Andersartigkeit bereits im 25. Jubiläumsjahr der deutschen Einheit registriert. „Ich bin gerne in den neuen Bundesländern, einige meiner besten Freunde kommen von dort. Aber seit ein paar Wochen frage ich mich, ob die → Wiedervereinigung nicht doch ein Riesenfehler war." Denn nicht nur die ostdeutsche, sondern auch die östliche (orientalische) Andersartigkeit überhaupt komme einem nun über den Hals. Unangemessen sei das explizite Unbehagen am → Zustrom letzterer, kurz: → Populismus. Der ist im Westen nicht neu, aber im Osten ganz anders: „Die Wahrheit ist: Wir haben keinen neuen Rechtspopulismus in Deutschland – wir haben einen spezifischen Rechtspopulismus in Ostdeutschland." Er finde sich dort in dumpfer „Homogenität" über alle Parteigrenzen hinweg, denn Ostdeutschland zeichne sich nun einmal durch heftiges Homogenitätsbedürfnis aus (vgl. dagegen Heinz Bude: → Wir-Gefühl). „Was ist von einem Landesteil zu halten, in dem jeder dritte Wähler Parteien gut findet, die ein Problem mit Unterschieden haben?" Auch → Menschen im Osten, d. h. → Menschen ohne Ostern, wählten nun von Westdeutschen gegründete und geführte radikale Parteien, die eines verbinde: Haß auf → Individualität: „Um die 20 Prozent der Leute dort votieren für die Linkspartei, die eine Nivellierung sozialer Andersartigkeit verspricht. Weitere 16 Prozent sind den Umfragen zufolge für die AfD ..." Eine Entartung, die mit der ostdeutschen Ahnungslosigkeit bezüglich gottgewollter Klassenunterschiede, kurz: dem → Atheismus der Ostdeutschen zu tun habe. „Im Osten gebe es eine andere politische Kultur, heißt es." Im Osten jedoch verweigert man nicht nur Chefs und Kanzlern, sondern auch Göttern den Respekt. „Der → entscheidende Unterschied für mich ist die Abwesenheit jedes christlichen Bewusstseins außerhalb des Kirchenmilieus. Man kann nicht einmal von Heidentum reden, die Heiden hatten ihre eigenen Götter. In weiten Teilen Ostdeutschlands hingegen ist sogar die Erinnerung erloschen, was mit dem Glauben verlorenen gegangen ist." Fleischhauers Glaube, daß historisch unverdiente Vorteile wie Kapital- und Grundbesitz, Medienmacht usw. nicht von schäbigem → Vorteilsrittertum oder Nationalverrat, sondern von erwählter Menschenart künden würden, ist auch angesichts kultivierter Menschenexemplare kaum zu erschüttern. Es können nur ganz wenige sein, denn außer Fleischhauer kennt niemand sie: „Gibt es Ostdeutsche, die weltoffen sind, gebildet, freundlich, dem Neuen aufgeschlossen? Natürlich gibt es die, ich kenne viele, die so sind. Es gibt sie genauso, wie es eine große Zahl an Muslimen gibt, die tolerant, weltoffen und Freunde der Demokratie sind." („War die Wiedervereinigung ein Fehler?" in: *SPIEGEL online* vom 15. Dezember 2015)
→ Einige meiner besten Freunde ...; Antiorientalismus, → der Ostdeutsche, → Ostdeutsch-Sein.

soziale Konstrukte werden von Außenstehenden oftmals nicht als solche erkannt und dann z. B. für leibhaftige Männer oder Frauen gehalten. So bilden sich leicht → verkrustete Strukturen, weshalb s. K. schleunigst → dekonstruiert werden sollten. Eine Sprachreform, die das grammatische Geschlecht von Artikeln und Substantiven in der Endung -x verschwinden läßt, ist hierfür → unverzichtbar. → Professix Antje „Lann" Hornscheidt berichtet von → Studierenden, die für Männer oder Frauen gehalten, auch so angeredet, dadurch jedoch in ihrem → Selbstverständnis empfindlich → beschädigt wurden. *SPIEGEL online:* „Aber es gibt doch Frauen und Männer." Professix Hornscheidt: „Natürlich, in vielen → Zusammenhängen ist es wichtig, sich darauf zu beziehen, daß es Frauen und Männer gibt." Man denke an die Quotierung von Professorenstellen strikt nach biologischem Geschlecht. „Das sind wirkungsmächtige soziale Kategorien. Es brächte überhaupt nichts, alle Texte in x-Form zu schreiben. Dann würden wir Machtverhältnisse wieder unsichtbar machen." *SPIEGEL online:* „Was ist mit den biologischen Unterschieden zwischen Frauen und Männern?" Professix Hornscheidt: „Auch in der Biologie können Sie keinen eindeutigen Schnitt machen. Bei welcher körperlichen Ausprägung fängt die Frau an? Wo ein Mann? Das sind immer soziale Konstrukte. Aber um es ganz klar zu sagen: Es ist vollkommen in Ordnung, wenn Personen sich als Männer oder Frauen begreifen." *SPIEGEL online:* „Ich habe es noch nicht ganz verstanden: Wann benutze ich die x-Form?" Professix Hornscheidt: „Wenn sich Personen z. B. nicht als männlich oder weiblich verstehen und durch die tradierte Sprache nicht angesprochen fühlen. In meine Sprechstunde kommen zum Beispiel Studierx, die nicht mehr in Lehrveranstaltungen gehen, weil sie immer als Herr oder Frau Sowieso angesprochen werden und sich → diskriminiert fühlen." *SPIEGEL online:* „Sind das nicht nur Einzelfälle?" Professix Hornscheidt: „Nein, allein im letzten Semester haben sich zwölf Personen bei mir gemeldet, die sich diskriminiert fühlten. Es würde schon viel helfen, wenn zu Semesterbeginn gefragt würde, wie Personen angesprochen werden wollen – und dies dann respektiert und nicht → hinterfragt würde." *SPIEGEL online:* „Ich finde die x-Form kompliziert und in Texten schwer lesbar." Professix Hornscheidt: „Ich würde es immer wie -ix lesen, also ‚Professix' sprechen. Natürlich irritieren solche Formen, darum geht es ja. Überlieferte Normen in Frage zu stellen, das eigene Sprachhandeln zu → hinterfragen und Sprache kreativer zu benutzen. Es ist der Versuch, etwas auszudrücken, das vorher nicht ausdrückbar war. Für Communitys, die sich nicht in der Zweier-Genderung wiederfinden, bedeuten solche Sprachformen eine große Erleichterung." („Gerechte Sprache an der Uni: Professix im Geschlechterkampf. Ein Interview von Oliver Treukamp", in: *SPIEGEL online* vom 24. April 2014)

soziales Kapital → BLÄHSPRACHLICH für eine Form des → Humankapitals. Man bringt es aus der Heimat mit und sollte es im Gastland möglichst gewinnbringend anlegen. Nach einer Recherche von Hedwig Richter verfügten die italienischen → Fremdarbeiter der 1960er Jahre über deutlich weniger s. K. als ihre griechischen und spanischen Kollegen. Und das trotz einer ausgeprägten → Willkommenskultur: „Nicht nur Wolfsburg, sondern ganz Deutschland zeigte sich offen"! Die Sozialforscherin zitiert in ihrem Gastbeitrag für die *FAZ* hierfür den *Bild*-Befund über die Italiener: „Sie sind oft fleißiger als ihre deutschen Kollegen" und resümiert: „Der Fall Volkswagen zeigt, dass selbst die besten staatlichen, kommunalen und unternehmerischen → Rahmenbedingungen keine Garantie für → Integration bieten. Es kommt wesentlich auf die Einwanderinnen [sic!] und Einwanderer an, auf ihr s. K. und ihren Willen, sich auf das neue Land einzulassen." („Mythen über die ersten ‚Gastarbeiter'", in: *FAZ* vom 30. September 2015, N. 3)
→ Keine Italiener! → Sconto, → sich einlassen, → Weltoffenheit; → Leiharbeiter.

Sozialismus Lange Zeit nur → reaktionär und → primitivbürgerlich, inzwischen auch → qualitätsmedial übliches → SCHMÄHWORT für eine Gesundheits- oder Bildungspolitik, hinter der das Vorbild der → Ehemaligen vermutet wird (→ Finnland); als Name des Gesellschaftssystems der Ostblockstaaten seit längerem durch → KLEMMWÖRTER wie → ‚Kommunismus' oder → ‚Totalitarismus' ersetzt.

sozial schwach Durch Vernachlässigung individueller Interessen und Übergröße des sozialen Sinns nicht mehr gesellschaftsfähig.

sozusagen Wie zahlreiche Adverbien im modernen Westdeutsch auch adjektivisch in Gebrauch, etwa bei Jutta Speidel oder – um ein Beispiel vom oberen Ende der Kulturpyramide zu zitieren – bei Fritz J. Raddatz: Dieser erinnerte sich dankbar an ein Interview, „erstaunlich gut geführt von dem ansonsten Großmaul und Angeber Wickert" (*Tagebücher 2002–2012*, Reinbek 2014, S. 583), empfand aber Unbehagen an der nasenplatten Bewunderung Marcel Prousts für eine Oberschicht, deren Ausdünstungen jener „mit offenbarem Wohlbehagen" (S. 629) verarbeitete. „Und daß ich das hier so ausführlich fixiere, zeigt die inzwischen Sinnlosigkeit des Tagebuchs wie die eigene Leere an." (25. Januar 2010) Worauf noch zweihundert allerdings Seiten folgten.

(ganz, total, wahnsinnig) spannend Das Schicksal verbaler Inflationierung und semantischer Erschöpfung hat ‚s.' wie wohl alle Wertwörter aus dem Diktionär der Affektsimulation ereilt. Auf bundesdeutsch typische Weise mischt sich in ihm Prätention des Beurteilers mit Jovialität gegenüber dem Beurteilten: „Das ist ne ganz spannende Frage, die Sie da gestellt haben!"
Laut Karl Heinz Bohrer ist ‚s.' präeinheitsdeutschen Ursprungs: „Er fand das, was ich machte, spannend – ein Modewort, das damals [1984] aufkam und das ich nicht benutzte. Aber er meinte das Richtige." (*Jetzt. Geschichte meines Abenteuers mit der Phantasie*, Berlin 2017, S. 273)
→ HOCHSCHREIBE, → JOVIALSPRECH, → LEHRAMTSSPRECH.

Spannungsfeld Ein solches wird normalerweise in den Ankündigungen eher spannungsarmer Texte verheißen. Von Stromstärke und Widerstand keine Rede.
→ NATURKINDEREIEN.

Spaßbad drückt präzise, wenngleich gewiß unfreiwillig aus, was hier badengeht.

Spasss Ausschließlich im gesprochenen Westdeutsch; Kernbegriff der professionell mit → Witzischkeit befaßten → Werbewirtschaft, des zugehörigen → Anspruchsdenkens sowie des s.bezogenen → BEKENNERSPRECHS. Für die korrekte Aussprache ist erhöhter Luftausstoß zwischen schmalen, nur leicht geöffneten Lippen unabdingbar (→ Knäkentenstimme). In die Länge gezogen wird der A-Vokal hingegen in der spätadornitisch-kulturkritischen Rede von ‚Spaßkultur'.

spätbürgerlich Von der → achtundsechziger → Westlinken noch rechtzeitig vorm Ende der Geschichte gefundene Bezeichnung für ihre eigene Epoche. Wahrscheinlich in Analogie zu ‚frühantik' gebildet.
→ Bürgerlichkeit, → Spätmoderne.

spätestens „Spätestens ab 1990, im Kern schon ab 1965 oder 1970, war es im Theater-/Opernfach immer so" usw. usf. bei Eckhard Henscheid, *Aus meinem Leben 1941–2011*,

Frankfurt/M. 2013, S. 275. Spätestens an dieser Stelle wird jedem klar, was der Gelegenheitsnutzer dieses Wortes → mindestens ahnte: Die verspätete Nation kommt auch verbal häufig → posthum daher. So konnte ‚s.' zu einem der beliebtesten → BLÄHWÖRTER jener werden, die es zuerst oder → immer schon gewußt hatten.

Während jedoch das Adverb in → HEIMATLITERARISCHEN → Selbstverständigungstexten zumeist nur deskriptiv, ja introspektiv gebraucht wird, entfaltet es in der → intellektuellen → Öffnung zu Welt und Geschichte seine normative Kraft. Eine → durchaus → aufklärungstypische Dialektik von Belehrung und Entmündigung des Publikums umweht die Nachricht, was ‚spätestens', ‚mindestens', ‚allerspätestens' oder gar → ‚zumindestens' sowohl *der Fall* als auch *an der Zeit* sei. Diese klassisch geschichtsphilosophische Ambivalenz einer beschreibend-befehlenden Rede pflegte im publizierenden Westdeutschland jahrzehntelang niemand eifriger als der Sport-, Rechts-, Kunst-, Staats- und zuletzt auch Biophilosoph Volker Gerhardt (→ Biopolitik, → mit dem Leben produktiv umgehen).

Gerhardts massenmediale Prominenz konnte seine metaphysische Potenz bislang nur fragmentarisch → abbilden. Immerhin hat der überaus produktive Nietzschedeuter (*Studien zur Philosophie Friedrich Nietzsches*, 1988; *Friedrich Nietzsche*, 1992; *Vom Willen zur Macht*, 1996; *Bildung – Humanitas – Zukunft bei Nietzsche*, 2005; *Friedrich Nietzsche – zwischen Musik, Philosophie und Ressentiment*, 2006; *Nietzsche im Film*, 2009; *Neuere Aufsätze zu Nietzsches Philosophie der Zukunft*, 2011 u. a. m.) vor einigen Jahren auch *Das Prinzip der Politik* entdeckt. Deshalb aus dem gleichnamigen Werk einige Proben adverbial aufgerüsteter, anthropologisch hochgerüsteter Argumentation, die, wie immer bei V. G. (*Individualität. Das Element der Welt*, 2000), beim Individuum beginnt: „Was das Ich umfaßt, ist nicht auf den Augenblick beschränkt, und was Mensch und Menschheit bedeuten, entdeckt sich uns nur mit Blick auf das ganze Feld der uns zugänglichen Kultur. So ist es auch mit → der Politik, deren Anfänge bis in das 5. vorchristliche Jahrtausend zurückreichen und die spätestens seit dem Aufbruch zur Demokratie im klassischen Athen ihr Fundament in der Eigenständigkeit des Individuums gesucht hat." (S. 19; vgl. S. 232: „Spätestens mit dem sechsten vorchristlichen Jahrhundert behauptet sich die Politik als eigenständiger Handlungsraum und tritt zugleich in eine erste Phase partizipativer Verbindlichkeiten.") „Individuen sind von unendlich vielen internen und externen Faktoren abhängig. Stets bleiben sie zahllosen Konditionen unterworfen. Aber sie können, wenn sie denn wollen, alles auf ihre eigene Einsicht gründen – und sich spätestens darin als Einheit → *präsentieren*." (S. 31) Der Mensch „muss → nachvollziehbar planen, Versprechen geben und Versprechen halten können. Spätestens mit dem Eintritt in die Politik kann man ihn als rechtsfähig ansehen" (S. 66). „Ein Perspektivenwechsel bietet, wie wir spätestens seit Nietzsche wissen, die Chance zu neuen Erkenntnissen." (S. 84) „Spätestens die Einrichtung → der Demokratie hatte erwiesen, dass der Mensch seine Verhältnisse gestalten kann." (S. 95) „Der Menschheit kann nur ein Staat angemessen sein, der alle Menschen unabhängig von den Zufällen ihrer Geburt umfaßt. Spätestens bei [Zenons] Schüler Chrysipp findet sich auch der → unüberbietbare Name *Kosmopolis* für die politische Einheit der menschlichen Gattung" (S. 107f.). „Wann immer Menschen den Versuch gemacht haben, ihrem Dasein eine eigene Form und eine → selbstbestimmte Verfassung zu geben – und dies ist spätestens mit dem Aufbau politischer Gemeinschaften der Fall – haben sie auch ‚Geschichte' zu machen versucht." (S. 151) „Spätestens in der Täuschung der Feinde tritt der intellektuelle Aufwand als solcher hervor." (S. 159) „Es muß [die Fähigkeit des Menschen, zwischen Zweck und Mittel zu unterscheiden,] spätestens mit der gezielten Produktion eigener Werkzeuge gegeben haben, denn Werkzeuge *(tools)* sind, anders als die von Tieren benutzten Hilfsmittel *(implements)*, zureichend erkannte Mittel zu zureichend erkannten Zwecken." (S. 206) „Spätestens dann, wenn einer etwas Bestimmtes zu erreichen oder zu vermeiden gedenkt, wenn er eine Zudringlichkeit abwehren, den Anschluss nicht verpassen oder ein Versprechen halten möchte, muss er das, worum es ihm geht – *wollen*." (S. 247) „Spätestens mit der Erfindung der auf Begriffen basierenden Sprache, die alles mit allem vermittelt und komplexeste Sachverhalte auf eine Kombination von Zeichen reduziert, gibt der Mensch zu erkennen, dass er die bereits in der Natur angelegte, in Technik und Arbeitsteilung aufgenommene Selbstvermittlung auch für sich als *Person* akzeptiert." (S. 275) „Die Sphäre öffentlicher Verständigung, die spätestens mit der Politik entsteht, ist das *Forum der Gründe*." (S. 298) „Spätestens mit den ersten Staaten gibt es das Recht im strengen Sinn." (S. 307) „Die spätestens seit Platon bestehende Erwartung ist, dass dies *freiwillig* geschieht." (S. 328) „Sollte der Mensch wirklich ein ‚Mängelwesen' sein (Gehlen 1993), so ist es gleichwohl die Natur, die es ihm ermöglicht, seine Schwächen grandios zu überspielen – wenigstens bis zum jetzigen Stand der Geschichte. Und spätestens mit dieser Leistung, die aus der konstitutionellen Schwäche eine kompetitive Stärke macht, wären wir erneut bei der Herleitung des Rechts aus der bloßen Übermacht." (S. 449) „Spätestens dann ist offenkundig, dass nicht nur das Handeln, sondern auch das Wissen von der zugrunde liegenden Freiheit nicht zu trennen ist." (S. 454) (Seitennachweise nach: *Partizipation. Das Prinzip der Politik*, München 2007)

Mit der vorstehend komprimierten „Einsicht ergeben sich wesentliche Vereinfachungen" gegenüber „geläufigen" Darstellungen, „deren Didaktik wir schätzen, die in der Sache aber nichts lehren, was man nicht schon verstanden haben muss" (S. 476). Kann es angesichts der Standardalternative falsch/trivial überhaupt abweichende Meinungen geben? Es wird, ja, es muß sie geben! „Selbst wenn es die abweichende Meinung nicht schon vorher gegeben haben sollte, tritt sie spätestens in der Reaktion auf eine sich machtvoll präsentierende Behauptung hervor." (S. 420)

→ die Moderne, → Gattungsbruch, → mindestens, → sondern, → zunehmend enttäuscht.

Spätgebärende Schmäh- und Spottwort, mittlerweile schon für unter 55jährige Erstgebärende üblich; häufig in Texten von Spätzeugenden nachweisbar, die sich mit dem einst berlinischen Stadtbezirk Prenzlauer Berg → beschäftigen.
→ Kinderfaschismus, → Projektkind, → Stillbeauftragte.

spätkapitalistisch Während bei einer Spätverkaufsstelle jedermann wissen kann, wann da wirklich Schluß ist (→ schlußendlich), ist das beim Kapitalismus nur wenigen vergönnt. Diese wenigen wissen es freilich schon seit längerem, → spätestens seit sie aus diversen K-Gruppen zu *taz*-Grünen und damit waschechten → MEDIALDEMOKRATEN mutierten.
→ Kapitalismus, → Schweinesystem, → Spätmoderne.

Spätmoderne Verbaler Verdinglichungsversuch an verfließender Zeit; soziologischer und historischer → ANIMISMUS. „Heute ist die Liebe – und nicht länger ökonomische Sicherheit oder gesellschaftliche Norm – der maßgebliche Grund für eine partnerschaftliche Bindung, mit dem Ergebnis hoch individualisierter Lebens- und Gemeinschaftsformen. Das klingt nach Freiheit, nach einem Zugewinn in einer schönen, bunten, pluralen Welt. Doch diese Freiheit bricht sich an den Lebens- und Arbeitsbedingungen der Spätmoderne." (Ingeborg Breuer, „Schwerpunktthema: Im Umbruch. Wie Soziologen die Familie der Zukunft sehen", *Deutschlandfunk*, 8. August 2013) Gebrochener Frieden allerorten: Familie werde nicht mehr → gelebt, sondern ersetzt durch → Konstruktion, das ‚doing family'. „Erstaunlich allerdings ist, daß dieses spätmoderne ‚doing family' eben doch stark an traditionelle Geschlechterrollen gebunden bleibt." Anscheinend ist es selbst in → der Moderne noch nicht zu spät hierfür.
→ Gestaltungskoordinierungsaufwand, → soziale Konstrukte.

Spende Christlich-karitativen Ursprungs und daher populär bei christlichen → Volksparteien; im Gegensatz zur S. im vorwestdeutschen Wortgebrauch allerdings etwas, das man nicht ohne weiteres annehmen darf, wenn man weiterhin mit seiner → Glaubwürdigkeit wirtschaften will. In der Sprache → der Politik bezeichnet S. heute eine Wohltat, die man zu gleichen Teilen sich selbst wie dem Spendenempfänger erweist; ein → Zusammenhang, den der oft gröblich mißverstandene Spendensammler Helmut Kohl mehr als einmal → deutlich gemacht hatte. Wir zitieren aus einem Interview, das der Einheitskanzler einst dem auch moralisch investigativen → Qualitätsmedium *ZDF* (→ Traumschiff) gab: „Und mit der Spende, das will ich ja mal gleich sagen, weil mir das sehr wichtig ist, diese Spende haben wir gesteckt in die Arbeit der neuen Länder. Und in den neuen Ländern standen wir in jener Zeit mit dem Rücken an der Wand. ... Mit dem Rücken an der Wand, das ist Ihnen nicht klar. Wir standen gegenüber der PDS, die ungeheures Geld hatte, wir standen [da]gegen ... Wir standen mit dem Rücken zur Wand und mir ging es darum, unseren Leuten → vor Ort zu helfen. ... Damit habe ich den → Fehler gemacht, den *räume* ich ja *ein*, das → bedaure ich auch." („Was nun, Herr Kohl?", 16. Dezember 1999)
→ Diskurs der Entschuldigung.

Spendenparty Der ungewöhnlich kalte Januar 2013 ließ auch die jungen → Kreativen im Berliner Stadtbezirk Prenzlauer Berg enger zusammenrücken. Auf einer Pressekonferenz rückten manche von ihnen mit sozialer Wärme sogar den notorisch Unkreativen auf die Pelle. „Spendenaktion für Obdachlose über Facebook. Junge Kreative entdecken das Soziale im → Netzwerk", war in der *Berliner Zeitung* vom 16. Januar 2013 (S. 17) zu lesen. Der Text endete mit der Ankündigung: „Am Freitag gibt es im Bi Nuu im Bahnhof Schlesisches Tor ab 22 Uhr die Spendenparty ‚Das Leben ist kein U-Bahnhof'. Mit dabei sind auch Unterstützer wie der Rapper McFitti. ‚Ich häng ja viel rum und kenne auch viele Obdachlose', sagt er. ‚Der Hype kann auch schnell vorbei sein. Dann rutscht man selber ab.'"

Spiegelsprache Schriftdialekt des Westdeutschen, leicht zu erkennen an der umstandslosen Übernahme englischen Satzbaus; dem Lakonismus angloamerikanischen Magazinstils jedoch unterlegen durch seinen Erziehungseifer. Hiervon zeugt u. a. die überreiche Verwendung von lesergängelnden Attributen (‚klapperndes Begriffsbesteck') und drolligen Superlativismen (→ zunehmend mehr Frauen).

Spielplatzbeauftragte/r → Spätestens für das erste Jahrzehnt des 21. Jahrhunderts nachweisbarer Terminus aus dem Idiom der Bezirksämter: Ein S. prüft im kommunalen Auftrag die technische Sicherheit und Sozialverträglichkeit von Spielplätzen. Bereits im zweiten Jahrzehnt des 21. Jahrhunderts ist ‚S.' aus einem Terminus technicus zu einer Vokabel des → Anspruchsdenkens, ja der ‚Anspruchsunverschämtheit' (B. Strauß) geworden. Berichten der Berliner Lokalpresse zufolge fordern immer mehr Zugezogene aus südwestdeutschen → Spätgebärendenkreisen für ihr Wohn→umfeld → einen demokratisch gewählten ‚S.n', um die allfälligen Konflikte zwischen Gloria-Sophie und Finn-Maxim zu schlichten, im weiteren wohl auch, um einem Eindringen von → sozialer Andersartigkeit ins ‚Spielumfeld' vorzubeugen.
→ neinfreie Erziehung, → Stillkommission/beauftragte; → Anspruchsgesellschaft.

Spiritualität ist wie → Identität etwas, mit dem der → Besitzbürger sich unter Leuten zeigt; daher das im neufrommen Neureichenbezirk Berlin-Prenzlauer Berg häufig vernehmbare ‚ich und meine Schbiridualität'. ‚S.' ist reinster, weil → rein gar nicht erbetener → Bekennersprech. Zugleich ist S. für alle da und deswegen eher ein Subdialekt des → Medialdemokratischen denn des → Frommsprechs. Das verdeutlichen hier und da aufgeschnappte Hör- und Lesebeispiele: „Wenn man sich mal die Zeit nimmt, sich auf was einzulassen wie Gott und so, dann ist da schon was …" „Ich war eigentlich schon immer spirituell, das ist mir jetzt klar geworden …" „Ich glaub, ich bin spirituell, weil da mehr ist …" „Da ist doch mehr als die Vierzigstundenwoche…" „Da ist doch nicht nur ein alter Mann mit weißem Bart …" „Da kommt doch noch was …" „Da kommt doch was in mich rein …" „Da will doch was aus mir raus …" „Da fühlt sich doch was Höheres an …" „Da will mich doch was leiten …" „Da will mich doch was ergreifen …" „Ich bin da ganz offen …" „Ich laß mich auf so was Unbekanntes gern drauf ein …" „Das war 'ne ganz wichtige Erfahrung für mich …"

Die praktizierte S. der S.-Bekenner bezeugt sich durch weitere Bekenntnisse, und zwar auf nicht-spirituellen → Themenfeldern: „Ich hab die Rolle/die Stelle/den Start-up-Preis gekriegt, ich fühl mich da so beschenkt …" „Ich selbst mußte gar nichts tun, ich hab nur tun müssen, was mir gesagt wurde, ich war da ganz offen …" „Ich weiß nicht, wo das ganze Geld jetzt herkommt, ich nehm das einfach hin …" „Man muß auch mal hinnehmen können …" „Man muß auch mal annehmen können …" „Man kann sich da ruhig mal beschenkt fühlen mit sich selbst …" „Für mich ist jeder Tag ein Geschenk …" „Seitdem ich da ganz offen bin, ist mein Leben wie ein Geschenk für mich."

Dogmatisch ist S. gleichfalls ganz offen. Sie bleibt → authentisch und „'ne ganz wichtige Erfahrung für einen", ganz gleich, ob man es „mit den Dogmen nicht so hat, → weil, das sind so → verkrustete Strukturen" oder ob man „ganz weit offen ist für alles, was im Glauben gelebt, gedacht, gefühlt" wurde (Küng/Sölle/Suhrkamp-Verlag der Weltreligionen).

Notorisch ist der → salonkatholische Hochmut gegenüber der S., denn bei Papstens darf nicht jeder mitmachen: Mit Recht schmeicheln sich Mosebach & Co., die bizarreren Dogmen und die komplizierteren Institutionen zu → besitzen. Was alle Formen mehrheitsdeutscher Spiritualität eint, ist das stolze Bewußtsein, religiöse → Werte zu haben, die nicht jeder hat.

→ sich einlassen, → sich öffnen, → n/ne, → Psychosprech, → Tutzing.

Sprachkritik → meint unter → Alt(west)deutschen zumeist → Kulturkritik und als solche wiederum kulturkleinbürgerliches → Dünkeldeutschtum von nicht selten zweifelhafter Deutsch→kompetenz. Regelmäßig verblüfft die sprachlich-stilistische → Abgehängtheit gerade jener Besserdeutschen, die ausdrücklich als S.er auftreten. Man denke nur an → selbsternannte Deutschpfleger und Sprachwächter wie Hans-Martin Gauger oder Walter Krämer! Als exemplarisch für dergleichen Merkwürdigkeiten sowie für den häufig verdoppelten → Provinzialismus bei der sprachkritischen Anglizismenabwehr sei aus einer → *Deutschlandfunk*-Diskussion zitiert. Mit den Fragen „Befindet sich die deutsche Sprache auf einem absteigenden Gleis?" und „Was meint das?" hatte Redakteur Andreas Stopp das Gespräch eröffnet („Diagnose Sprachverfall. Wer spricht noch korrektes Deutsch", 24. November 2017). Der fränkische Sprachkritiker Andreas Hock, einst Pressesprecher einer christlichen Partei und nunmehr Sprachmoralist in einem bayerischen Verlag, wollte „die → Herausforderungen" sprachlicher Amerikanisierung → „dahingehend" beantwortet wissen: „Diese ganze Müllsprache braucht es einfach nicht." Man werde zugemüllt mit „Begrifflichkeiten". Und wenn man bedenke, daß „wir ohnehin ja nur ein Viertel der gesamten deutschen Begrifflichkeiten verwenden"! Er frage sich jedenfalls „immer, warum wir gewisse Begrifflichkeiten auf englisch verwenden, warum Werbe-Slogans uns um die Ohren gehaut werden?" Gewiß, dergleichen sei „marketing-" oder „email→geschuldet", „im Marketing und im PR-Bereich werden die englischen Begrifflichkeiten immer mehr", doch „ich würde mich auch dagegen → verwehren" und wiederholen: „Diese Albernheiten braucht es nicht."

→ es brauchen, → Girl's Day, → Konsens, → meinen, → nerven, → Pluralisierung, → Potemkin, → Publikationsliste, → sich lohnen, → tut.

Spreizsprech Binnendialekt und zugleich sprachhistorischer Untergrund des → Schnösel- sowie des → Neuschnöselsprachlichen. Seine poetologische Formel: „Sprache soll man verdunkeln wie einst die Häuser unter Luftangriff." (Botho Strauß, *Vom Aufenthalt*, München 2009, S. 13)
→ hinterfragen, → vermögen.

Spunt Hochdeutsch: Spund, Bedeutung: 1. Hölzerner Stöpsel, Zapfen zum Verschließen eines S.lochs. 2. Jemand, der aufgrund seiner Jugend als unerfahren oder inkompetent angesehen wird. → Zweitere Bedeutung ist in t-Schreibung vereinzelt im Westdeutsch von → Qualitätszeitungen, noch nicht jedoch im Duden → angekommen. So berichtet der germanistische Gastprofessor und zeitweilige *ZEIT*-Feuilletonchef Ulrich Greiner von einem Kritikerempfang des Suhrkamp-Verlages, bei dem er Fritz J. Raddatz (→ Apostrophismus) vorgestellt wurde: „Dass ich, der junge Spunt, an diesem Treffen großmächtiger Autoren und Kritiker teilnehmen durfte, ging auf eine Intervention meines Chefs zurück: Marcel Reich-Ranicki, verantwortlich für Literatur in der FAZ." („Gratulation, lieber Herr Raddatz!", in: *DIE ZEIT online* vom 1. September 2011)

spürsicher Ein westdeutscher → Heimatliterat, vor bundesdeutscher Wehrpflicht glücklich an einen Westberliner Schreibtisch geflohen, liebte es, dort mitunter blut- und erd- und instinkthaft zu rascheln. „Spürsicher, ohne jede Anleitung entschied sich [mein] Kind für das Pathos der Ehre und des Dienstes und gegen die mutlosen Befangenheiten des ‚zivilen Ungehorsams', der einzigen sittlichen Tradition, die unsere Republik betulich pflegt." (Botho Strauß, *Vom Aufenthalt*, München 2009, S. 161) Auf gut berlinisch: Der arme Kleene jing zum Barras von alleene.
→ Halbtrocken, → Maulheldisch, → Spreizsprech.

Staatschef → Medialdemokratisch für ‚Präsident': Donald Trump ist Präsident, Wladimir Putin hingegen (meist) nur Staatschef, denn sein Volk hat ihn so vielstimmig gewählt, daß das nicht mit demokratischen Dingen zugegangen sein kann.

Staatsknete In subventionsprogressiven Milieus lange gebräuchliches Jovialwort für empfangene Wohltaten, inzwischen auch intern ersetzt durch ‚Förderung'.
→ Parasitenstolz, → Projektkultur.

Stabilitätskultur Es gelte, endlich die „Stabilitätskultur in Europa umzusetzen", ermahnt Steffen Kampeter (CDU), parlamentarischer Staatssekretär im Finanzministerium, die Radiohörerschaft (*Inforadio*, 22. Oktober 2012, 8.30 Uhr). Bereits auf der Fachkonferenz „Perspektiven einer gemeinsamen Stabilitätskultur in Europa" der Konrad-Adenauer-Stiftung (27. Februar 2012) hatte der Kulturumsetzer seine wortschöpferische Umtriebigkeit bewiesen. Eine Kultur der Schuldenbremsen und der Strukturreformen sei vonnöten, ebenso eine Wettbewerbs-, Finanzausgleichs- und Nachhaltigkeitskultur. Zur den sinnerweiternden Möglichkeiten einer Kultursprache näherhin: → -kultur, → Schuldenkultur.

-stämmig Teiladjektiv oder Adjektivteil zur Bezeichnung fremder, oft physisch-moralisch rustikaler Stämme: → deutsch-stämmig, → migrantisch-stämmig, → türkisch-stämmig.

Stammtisch Real: mittelpunktbildende Parzelle mehrheitsdeutschen → Wir-Gefühls, verbal: Ausdruck linksbürgerlichen Ekelempfindens. Der S. ist heutzutage ausschließlich den Randständigen reserviert, die kaum noch daran sitzen, vielmehr darüber schweben oder die → Lufthoheit ausüben wollen. Also immer den anderen.
→ Elite(n)dialoge, → Primitivbürger, → Ränder.

starke Frauen Sexistische Schwächeunterstellung oder Gewichtsuntertreibung, verbreitet im → MEDIALDEMOKRATISCHEN → FEMINISPRECH. 2016 bewarb die Stiftung Stadtmuseum Berlin per Flugblatt Stadtführungen „Stadt – Frau – Erfolg" und Diskussionen „Starke Frauen". Die zugehörige, monatelang gezeigte Ausstellung „Berlin – Stadt der Frauen" präsentierte keine einzige Gegenwartsfrau, die nicht aus Westdeutschland oder Westberlin stammte, was wieder einmal aufs → gegenderte Großeganze der BRD verwies: Der verständliche Stolz der westdeutschen Frau darauf, daß sie seit historisch kurzem ohne Gatteneinwilligung einen Beruf ergreifen und ein Konto führen dürfe, daß sie nicht jeglichen Gattenwunsch erfüllen müsse usw., hat eine zwar variantenarm, jedoch → intensiv blühende Sprachflora erzeugt. Kein → Qualitätsmedium, in dem nicht irgendwann (westdeutsche) Frauen irgend etwas täten, was auch Männer tun und was sie also zu ‚s.n F.' erhöbe. In der knapp vierstündigen Himmelfahrtstagssendung 2016 „Musik im Gespräch" stellte ein westdeutscher Radiomann „Die starken Frauen im Chanson" vor. Seiner französischen Gesprächspartnerin Pascale Hugues klagte Jürgen Liebing, daß die starken Frauen im Chanson immer noch benachteiligt seien. Hugues: ? Liebing: Immerhin hätten Männer deren Chansons geschrieben! Hugues: ? Liebing: Also er meine jetzt, → im Vordergrund seien zwar die Frauen, die singen, aber → im Hintergrund seien doch immer noch mächtige Männer mit ihren → Netzwerken. Auch fast alle Opern seien doch von Männern geschrieben worden, so daß Frauen in der Musikszene immer noch beiseite gedrängt scheinen. Kurz, in der Musikszene übten Männer Macht aus wie noch zu Mozarts Zeiten. Hugues: Er sei ein vom amerikanischen Feminismus gut erzogener Deutscher! („Je suis comme je suis", *Deutschlandradio Kultur*, 5. Mai 2016) Westdeutscher, s'il vous-plaîtes!

starke Hinweise → WICHTIGSPRECH; → die Politik.

statt Im → qualitätsmedialen Westdeutsch → zunehmend mit nachfolgendem Dativ (Stichproben aus den 2010er Jahren in → Frankfurter Zeitungen: ‚statt ihm', ‚statt dem' usw.). → DATIVSCHWÄCHE.

Stätte/Stättetag (nur mündlich) In korrektem Deutsch ‚Städte' (sprich: Stäh-te). Jüngere Linguisten tolerieren den westzonal entstandenen Aussprachefehler als regionale Eigentümlichkeit. Erst die kultursoziologisch unterstützte Feldforschung hat ergeben, daß bei vielen Westdeutschen, bedingt durch die Bausünden der Nachkriegszeit und die seither datierende Geschmacksschwäche in Architekturfragen, nur unklare Vorstellungen über das Wesen einer Stadt bestehen. Diese wird häufig allein als Ort von Handel und Verkehr, d. h. lediglich als ‚Stätte' wahrgenommen, deren Beschaffenheit unterhalb jedes ästhetischen Minimums liegen darf. Zu historischen Alternativen: → Brache, → Platte, → Sowjets.

Stellenwert Spreizsprachlich für ‚Stelle' als auch für ‚Wert'. → Empörsamkeit.

-stellung Blähwortteil, der im → MEDIALDEMOKRATISCHEN → WICHTIGSPRECH, aber auch im → Werbewirtschaftsdeutsch mittlerweile → unverzichtbar geworden ist: Seit Jahrzehnten halten dort Aufgaben-, Hilfe-, Themen- und Zielstellung die Stellung.

Stichwortgeber Verbale Schwundstufe des Humanen in öffentlichen Anhörungen, Talkshows, Besuchsstunden von Ministerien, Kanzlerämtern usw.

stiften Ein Fachausdruck aus dem Diktionär des Machbarkeitsglaubens, denn s. geht vieles, wo erst einmal Stifter am Werke sind. Die häufigsten Stiftungsakte in der späten Bundes-

republik gelten → Sinn, → Identität und → Werten; als prominenteste Sinnstifterin → der Politik durfte jahrelang Ursula von der Leyen gelten. Die Ministerin im Merkel-Kabinett hat immer wieder die identitäts-, wert- und sinnstiftende Kraft bewaffneter Tätigkeit hervorgehoben. Als kaum 70 Jahre nach Gründung der Bundeswehr ihre Loyalität gegenüber alten Kämpfern zum → Thema wurde, nannte von der Leyen Ex-Wehrmachtshauptmann Helmut Schmidt, sofern „nicht in Wehrmachtsuniform" abgebildet, „sinnstiftend und damit auch traditionsgebend für die heutige Bundeswehr" (zit. nach: *Berliner Zeitung* vom 17. Mai 2017, S. 6).
→ Dokumentenlandschaft, → Gestaltungskoordinierungsaufwand, → identitär; → die westliche Seele.

Stillbeauftragte, Stillkommission Wenn es ums öffentliche Stillen geht, wird es im → MEHRHEITSDEUTSCHEN → Diskurs rasch laut. Anfang 2016 bestand eine (selbstredend westdeutsche) → Projektkindesmutter aus dem → Spätgebärendenmilieu darauf, nicht nur beim Stillen ihren Kaffee trinken zu dürfen, sondern auch dabei gesehen zu werden. Als ihr dies vom Cafébetreiber verwehrt wurde – er bat sie, vom Schaufensterplatz ins Lokalinnere zu wechseln –, reichte die Kaffeetrinkerin bei der Bundesregierung eine Petition ein: „Schutz für stillende Mütter in der Öffentlichkeit". Die Bundesfamilienministerin gab das Schutz- und Antidiskriminierungsersuchen an die zuständige Beauftragte weiter, welche per Kommissionserlaß umgehend das Grundrecht der Stillenden auf Wahrnehmbarkeit durch Passanten feststellte. Bei dieser Gelegenheit wurden 1. beauftragten- wie mediensprachlich durchweg die obengenannten Ausdrücke verwendet, 2. die wahren Probleme der Bundesrepublik Deutschland zu Beginn des 21. Jahrhunderts ins öffentliche Bewußtsein gerückt.

Stimme seiner/ihrer Generation ist eine Formel, die → einmal mehr die Masse- und Milieubedürftigkeit der mehrheitsdeutschen → Individualität → eindrücklich belegt. Als S. s./i. G. spricht – nach Klappentexthäufigkeit zu urteilen – etwa ein Drittel der westdeutschen → HEIMATLITERATEN.
→ Generation, → Wir im Westen.

STOTTERWÖRTER Einzigartig unter den indoeuropäischen Sprachen ist im Westdeutschen die Funktion der → Stotterwörter, einer inzwischen weithin akzeptierten Form des sog. Hesitationsphänomens. → Ahm, ähm, ahem, du ähm, ahm du ähm, eben, eh, halt, halt eben, genau, genau du usw. stauen sich zwar als Füllwörter im Hörkanal, halten aber den Sprachfluß des gemeinen Westdeutschen am → Laufen.

Strafe, (be)strafen In der → MAULHELDISCHEN Variante des → MEDIALDEMOKRATISCH-moralaristokratischen → WÄCHTERSPRECHS werden ‚S.'/‚s.' in entschiedenem Gegensatz zur Politik- und Ethiktradition → des Abendlands gebraucht. Eine Strafe ist demnach eine Straftat, die man straffrei begehen kann und soll, wenn ein anderer sich die Mittel für Straftaten zu verschaffen sucht.
Ein professoralpastoraler Begleiter diverser Angriffskriege → zeigte pragmatische Möglichkeiten der solcherart reformierten Semantik auf: „Dort aber, wo die Gegner das Gebot des friedlichen Ausgleichs missachten, hat → die Politik die Pflicht, das Recht auch mit Gewalt zu verteidigen. Das gilt nicht nur gegenüber einzelnen Personen. Staaten, die von den Gepflogenheiten des internationalen Rechts profitieren, aber sich dennoch nicht an sie halten, müssen durch Strafmaßnahmen zur Verantwortung gezogen werden können. Und wenn sie Waffensysteme aufbauen, die andere Völker mit Vernichtung bedrohen, ist die Rechtsgemeinschaft schon aus Gründen der Selbsterhaltung genötigt, die Produktion und Proliferation der Ver-

nichtungswaffen notfalls auch militärisch zu unterbinden ..." (Volker Gerhardt, *Partizipation. Das Prinzip der Politik*, München 2007, S. 420; vgl. weiterhin Gerhardts ungedinte *Aufsätze im Merkur* 2003ff., gesammelt als: *Exemplarisches Denken*, 2009).
→ Anbiederungsdeutsch, → die Alliierten, → Antiamerikanismus, → Unterwürfigkeit.

Strahlkraft Er sei hier in Teheran, bei der künftigen Atommacht, verkündete einst Verkehrsminister Ramsauer, „um Bayerns Wirtschaft, aber auch die Strahlkraft unserer Kultur in aller Welt zu vertreten" (2008). Keine Frage – was nicht von selbst strahlt, kann man nur noch vertreten. Und zwar → in der Fläche.

Strapazenfalle Diesen wahrscheinlich nur ein einziges Mal verwendeten Ausdruck bezeugt unser Korrespondent Uwe Schönherr (Austin/Texas), der es auch im echten Westen nicht lassen kann, Westfernsehen zu konsumieren.

Streßtest Ein Wort von rätselhafter Bedeutung. Wahrscheinlich stammt es aus dem Wörterbuch des → Animismus: Geplagte Atomkraftwerke stoßen radioaktive Hormone aus, die ihrer Umwelt nicht guttun. Die Bedeutung von ‚Streßtest' im → Publizistenwestdeutsch bleibt so unbegreiflich wie die von ‚Nagelprobe' unbegriffen.

Struktur- Westdeutsches Stückwort für das hochdeutsche ‚Elementar-', ‚Grund-', ‚Wesens-'; ein → unverzichtbarer Bestandteil des → Habermasdeutschen, der es von dort in andere → bläh- und spreizsprachliche Dialekte schaffte. Eine Auswertung der seit *Strukturwandel der Öffentlichkeit* (1981) erschienenen ca. 660 Habermasaufsätze, Habermaseinlassungen und Habermasvorträge ergab: S.wandel ist das nach → ‚Kommunikation' meistgebrauchte Habermashalbwort, dicht gefolgt von ‚S.analyse', ‚S.schwäche' und ‚S.schwierigkeiten'. Zur Melancholie des kommunikativen Handelns: → der große alte Mann.

strukturschwach erinnert ein wenig an → ‚sozial schwach', bedeutet aber anscheinend das Gegenteil: Schwach durch Struktur. Oder an Struktur? Oder von Struktur?

Studierende Wie auch Lesende, Vortragende oder Diskutierende fast immer weiblichen Geschlechts, das nichts anderes → tut, als zu studieren, im Unterschied zum Studenten, der zwischendurch auch mal schlafen oder essen oder arbeiten muß.

Studierendenvertreter Sexistisches Ersatzwort, verbreitet im Hochschulmilieu. Die Studierendenvertretenden der Universität Konschtanz (Konschtantsch?) wünschen mehr ökonomische und politische Mitspracherechte für ihre Klientel, die Studierenden, auf daß Verbesserungen im universitätsnahen Verkehr (für die Verkehrsmittelbenutzenden), in der Mensa (für die Essenden), in der Universitätsbibliothek (für die Lesenden), im Erfrischungs- und Sanitärbereich (für die Aufnehmenden und Ausscheidenden) einträten. Diese berechtigten Wünsche könnte nur eines diskreditieren: die ungerührt sexistische Ausdrucksweise des Studierendenratssprechenden, der von ‚S.n' spricht statt von ‚Studierendenvertretenden' (*Deutschlandfunk*, „Campus und Karriere", 8. November 2012).
Eine rühmliche, zumindest → emanzipatorisch → elitäre Ausnahme von der sexismussprachlichen Regel bietet die → Selbstdarstellung der Alice-Salomon-Hochschule (im Original ohne Koppelungsstriche) in Berlin. Die Bildungseinrichtung war 2017 prominent geworden durch ihren Kampf gegen Belästigungen, denen sich im Student_Innenausschusses versammelte Student_Innen durch → migrantisch-stämmige Frauenangaffer ausgesetzt sahen. Im Verein mit dem einst vom Migranten Eugen Gomringer (Schweiz/

Bolivien) der ASH verehrten Minimalpoem „Avenidas" an der eigenen Hauswand ergab sich der Befund einer → permanenten → Diskriminierung und Benachteiligung. Sprach „Avenidas" doch von „Straßen", „Blumen" und „Frauen" im persönlichkeitsmindernden Plural, während ihrem Bewunderer („un admirador") das Privileg eines zugleich individuellen und voyeuristisch-sexualisierenden Blicks gewährt ward. Eine Tilgung der Gafferphantasie war unabdingbar, da eine Ermahnung der → real existierenden, aber unbelangbaren Gaffer rassistisch mißdeutbar schien. „Dieses Gedicht dabei anzuschauen, wirkt wie eine Farce und eine Erinnerung daran, dass objektivierende und potentiell → übergriffige und → sexualisierende Blicke überall sein können." Den siegreichen Kampf gegen das Wandpoem führten nach eigener → Darstellung die „Vertreter_Innen der Studierenden" (Presseerklärung vom Dezember 2017).
→ Emanzipation, emanzipatorisch, → FEMINISPRECH, → Frauenfeinde, → Frauisierung, → verkrustete Strukturen, → Widerstand leisten, → Zweigenderung.

Studierendenwerk Was ‚Student' bedeutet, wußte einst der Lateiner, nicht aber der Berliner Senat. Er benannte zum Preis von 800 000 Euro das Berliner Studentenwerk in S. um, „damit auch Frauen mitgemeint sind". Das berichtete *DER TAGESSPIEGEL* vom 25. Januar 2016. Gleichlautende Umbenennungen zur → Diskriminierungsvermeidung hatten bereits in Nordrhein-Westfalen, Baden-Württemberg, Hamburg und Rheinland-Pfalz stattgefunden.
→ Diskriminierung, → Flaniermeile, → Widersprech, → Zweigenderung.

Subjektpositionen Nach Jahrtausenden der Objektnegationen gibt es einiges nachzuholen. Die Kultursoziologin Martina Kessel vermählt → SCHNÖSELSPRACHliches mit → FEMINISPRECH und AkademikerInnenvolgare wie folgt: „Als dritte Facette im → Aushandeln von Subjektpositionen gaben Frauen den Begriffen von Zeit und Zukunft geschlechterübergreifende Bedeutung: im Glauben der bürgerlichen Frauenbewegung an den Fortschritt, in den → Überschriften ihrer → Erzählungen und in einem offensiv und ironisch gebrauchten Fortschrittsbegriff, der die Definition von weiblicher Zeit als zirkulär, nicht-kontinuierlich oder rückschrittlich zurückwies." (*Langeweile. Zum Umgang mit Zeit und Gefühlen in Deutschland vom späten 18. bis zum frühen 20. Jahrhundert*, Göttingen 2001, S. 303) Ja, es ging schon erstaunlich ironisch zu beim ‚Überschreiben von Lebenserzählungen' in ‚weiblicher Zeit'. Erstaunlicher dies: „Gerade Ärzte peilten ihre Karrierechancen nicht immer nur mit dem Ziel der sogenannten objektiven Wissenschaft an." (S. 186) Doch galt schon in den 1860er Jahren: „Als niederer [!] Charge in der Provinz hängenzubleiben, würde eine zeit- und kostenintensive Ausbildung ohne die angepeilte Belohnung bleiben lassen …" (S. 198) Da schüttelte es sogar den publikations→intensiven Hans-Ulrich Wehler (→ ungleich größer) in seiner Kessel-Rezension für *DIE ZEIT*.
Doch ist das Verbaldelirium nur ein Beispiel unter Tausenden. Im Falle Kessels zeigt sich lediglich Schwäche des Ausdrucks, kein Stilkonzept. Als solches ist die Mischung aus Gespreiztheit und plumper Jovialität, aus hohem Ton und Kumpelei jedoch typisch für die westdeutsche *écriture féminine* der akademischen und literarischen → Förderbereiche. Sie findet sich von Barbara Vinken bis zu Sibylle Lewitscharoff, in → DEKONSTRUKTIVISTISCHEN nicht minder als in → NEUSCHNÖSELSPRACHLICHEN → Zusammenhängen. Zu stilistischen und semantischen Details: → altdeutsch, → auffangsam, → Ausnahmetalent, → enden, → hochmögend, → Sagen mer mal; zur Dialektik von Ermächtigung und Herablassung: → HOCHSCHREIBE, → JOVIALSPRECH.

SUBJEKTWECHSEL Grammatische Besonderheit des → SCHNÖSELSPRACHlichen. Zunächst zwei Beispiele aus den *Tagebüchern 2002–2012* von Fritz J. Raddatz: „Rafik Schami, dessen neues Buch ich wunderbar gelungen fand und eine entspr. Rezension für die ZEIT geschrieben hatte" (S. 212); „der Spruch, den ich kürzlich auf Bitten der Deutschen Botschaft ... angab und den sie nun dort anbringen ließ – mir aber keinen Wagen ans Schiff schickte, worum ich gebeten hatte" (S. 602). Im → eleganten Deutsch, speziell im → MOSEBACHDEUTSCHEN, ist der S. Legion, wofür ausnahmsweise einmal nicht der Meister selbst, sondern einer seiner Bewunderer herangezogen sei: „Was die 89er wollten, wird schon deshalb nicht auf Anhieb klar, weil hier offenbar genau jene um 1970 herum geborenen Jugendlichen gemeint waren, welcher [!] der ‚Spiegel' viel später erst als inzwischen gut 30jährige der wissenschaftlichen Analyse unterzieht und zu ganz anderen Ergebnissen kommt." (Eckhard Henscheid, *Die Nackten und die Doofen*, Springe 2003, S. 156) Selbst in höherwertige Romanliteratur, abgefaßt etwa von einem Professor des Deutschen Literaturinstituts, hat der S. inzwischen Eingang und dadurch gewiß auch weitere Verbreitung gefunden. Hier allerdings in der milderen Variante bloßen Fallwechsels: „Was ich ihr auch sagte, mir aber prompt eine Abfuhr einhandelte." (Hans- Ulrich Treichel, *Frühe Störung, Roman*, Berlin 2014, S. 110; vgl. S. 151: „Letzteres hatte ich bereits bei meinem Einzug vorhabt, aber dann doch den Aufwand gescheut.")

Insgesamt überwiegt beim S. die soeben zitierte Variante, die den grammatischen Suizid einschließt; hierfür ein letztes, für → DENUNZIANTENDEUTSCHEN Vielsagedrang typisches Beispiel. Alliterationsfreudig, → entlarvungseifrig, wenngleich nicht ganz metaphernsicher schreibt der bekannte Stipendienreisende Hans Christoph Buch: „Die Ketten und Knebel, mit denen der totalitäre Staat die Künstler an die Kandare nahm, hatten diese selbst geschmiedet und empfanden diebische Freude dabei." („Bagatellen zum Massaker oder: Der Schriftsteller ist zu größerer Verworfenheit fähig als andere Menschen", in: *Sinn und Form*, Heft 3/2017, S. 387–397, hier: S. 389) Vom publizistischen Massenphänomen der gesinnungsethischen gelangt man direkt auf dasjenige einer grammatischen → FALLPAUSCHALEN.

Sucharbeitslose(r) Bis Redaktionsschluß nicht nachweisbare, jedoch naheliegende Ableitung aus ‚Sucharbeitslosigkeit', ein Terminus, den der Konjunkturwettermann Frank-Jürgen Weise zweimal jährlich verlauten läßt: „Eine gewisse Sucharbeitslosigkeit läßt sich nie vermeiden." (Januar 2013, zit. nach: *Rheinische Post online* vom 1. Februar 2013) Deshalb noch einmal: „Eine gewisse Sucharbeitslosigkeit ist nie zu vermeiden, gerade bei den Auszubildenden" (*Deutschlandfunk*, 31. Juli 2013), die, entgegen dem begrifflichen Anschein (→ Studierende), eine Ausbildung nicht absolvieren, sondern suchen. *Die große Enzyklopädie der Wirtschaft* definiert die Sucharbeitslosigkeit als „Form freiwilliger Arbeitslosigkeit", *Gablers Wirtschaftslexikon* hingegen als „Form unfreiwilliger Arbeitslosigkeit" beim (freiwilligen? unfreiwilligen?) „Übergang von einer Arbeitsstelle zur anderen".

SUPERLATIVISSIMUS Selbst der Superlativismus ist noch → einmal mehr zu steigern.

sympathetisch → SPREIZSPRECH für 1. sympathisch, 2. mitfühlend. Eine Münchner Kunsthistorikerin, deren Name aus Zartgefühl ungenannt bleiben soll, schreibt in ihrem Aufsatz „Eine ‚Cultur der Renaissance' in Frankreich?" (*Die Kunst der Geschichte. Historiographie, Ästhetik, Erzählung*, hrsg. von Martin Baumeister u. a., Göttingen 2009, S. 83) über den Stil des Kulturhistorikers Jacob Burckhardt: „Die allzu große sympathetische Einfühlung im Mit-Leiden wird bisweilen durch Sarkasmus ob der unleugbaren menschlichen Miserabilität kaschiert." Was auf hochdeutsch lauten würde: „Das allzu große mitfühlende Mitgefühl in der Einfühlung" usw.

Sympathisant Im → westlinken Erinnerungs- und Erbauungs→diskurs nach wie vor gängiger, gegenüber seinen europäischen Sprachverwandten in → singulär → sentimentaler Weise gebrauchter Terminus aus der Sphäre → der Politik und Politiksimulation.

In einer Nation aus der Retorte muß auch nationalkulturellen Großereignissen ein Geruch von Erkünsteltem anhaften. Oft sogar bleibt es bei einem einzigen Ereignis, etwa jenem → Deutschen Herbst, der sich psychohistorisch als ein einziger Schrei nach Wirklichkeit → darstellt. Deren Absenz hatten Meinhof, Baader, Raspe, Ensslin u. a. verstörte Bürgerkinder → durchaus richtig empfunden. Der Versuch, inmitten der Plastiknation BRD ins Reale und damit → vermeintlich Blutvoll-Bluttriefende zurückzufinden, machte jedoch → spätestens durch seine Sprachform deutlich: Der Deutsche Herbst war nicht die Alternative zur bundesdeutschen → Nischengesellschaft, sondern das Konzentrat ihrer Weltferne und Geschichtsvergessenheit. Der von anderen Klassen, Ländern, Epochen entlehnte (pseudo)-marxistische Jargon der Flugblätter und Entführungsbotschaften zeugte unverkennbar von westdeutschlandtypischer Parallelweltlichkeit, d. h. der intellektuell wie existentiell notorischen Sauerstoffarmut. Auch der Anspruch der Volks→vertretung, mithin einer → Performanz durch → Repräsentanz, bekräftigte den urwestdeutsch-pädagogischen Charakter dieses Terrorismus: Kein *acte gratuite*, worin der Einzelne für sich und seine Tat steht, sondern mit wissenschaftlichem Lehrauftrag fürs Volk versehene Volksvertreter, die Exvölkische ins → Volksgefängnis steckten.

Das repräsentationspolitische Muster blieb dem Land auf Jahrzehnte erhalten: sich aus dem toten Winkel der Geschichte heraus mit dem Elend der Welt verbünden, sich stellvertretend als → Opfer imaginieren; Postprodukte bürgerlich-christlicher Sentimentalität. Das Gefühl, nicht fürs eigene Unbehagen, sondern für fremdes, welthaltig-überlebensgroßes Leiden zu sprechen, entblößte die westdeutschen Terroristen nicht als Exzentriker, sondern als Extremfälle der westdeutschen Normalität. Der marktschreierische → Opferdiskurs der RAF-Anwälte (O. Schily über ‚Foltergefängnisse', ‚Folterhaft' usw.!) ebenso wie die Bevormundung der Unterdrückten aller Erdteile folgten der Norm bundesdeutscher Polit→provinzialität.

Im medial und diskursiv umtriebigen Typus des S.tums erhielt sich das Repräsentationsmodell noch jahrzehntelang. Das Bezeugen mußte hier das Bewirken ersetzen, hämisches Gaffen die selbstvollbrachte Schreckenstat; ein Ausweis → MAULHELDISCHER Realitätsumkreisung. Man denke an die Koketterien K. H. Bohrers mit seinen Terroristenbekanntschaften (*Jetzt*, 2017). Das Schwärmen von den wilden Zeiten und der aufrührerischen Jugend bleibt die BRD-typisch verklemmte Form politischen Affektlebens, dies bedeutet im Normalfall: ein Ausdruck seiner Transformation in die materielle → Anspruchsgesellschaft und die ihr kulturell zugehörige → Parteiendemokratie. Die Liebe zur Phrase und der Haß auf den Nächsten, der sich nur in jener ans mediale Tageslicht traut, sind den S.en von einst als Realsubstanz geblieben, zeigen sie doch die unauflösliche Dualität der → Bürgerlichkeit überhaupt. Was der Jungbürger in K-Gruppen erlernte, kann die → bürgerliche Mitte mit moralischem Gewinn im → WÄCHTERSPRECH und in anderen Idiomen des → DENUNZIANTENDEUTSCHEN anwenden.

Allerdings ist nicht zu verkennen, daß mit dem S.entum das „moralische Versagen" (W. Pohrt) der westdeutschen Linken bereits zu Kampf-, Revolte- und Widerstandszeiten besiegelt war. Weder den Kapitalismus noch – wenigstens nachträglich – den Nazismus hatten sie besiegen können; folgerichtig endeten sie als fügsame „Rottenschließer des Amerikanismus" (P. Kondylis). Der Titel ‚S.', mit stolzer Opfermiene als politisch-moralisches → SCHMÄHWORT ertragen und hernach als Selbstzuschreibung üblich, bekundet den mittlerweile vollständig akzeptierten Farce- und Schaucharakter der → westlinken Nachkriegsrevolte. ‚S.' taugt dazu weit besser als die einheimischen Vokabeln ‚Anhänger' oder ‚Parteigänger'. Im angloamerikanisch, nunmehr repatriierten Bedeutungsakzent ist der (un-

entschlossen, untätig) *Mit*fühlende, sich im imaginierten Leiden verfolgter Terroristen selbst Bemitleidende erfaßt. Der S. ist der stets kollektivsüchtige milieufromme Mitläufer, der die linksbürgerliche Jugend wie kaum eine andere Figur charakterisiert. Brachte sie es doch meist nur zu verdrucktem Frohlocken angesichts in- und auswärtig vollbrachter Gewalttat, selten hingegen zum revolutionären Steinwurf oder gar zum Selbstopfer. In brennenden Pkws flackern heute das Kaufhausbrandstiftertum und sein politökonomischer Kindsgeist fort; Befeuerungen der kapitalistischen Produktionsmaschine mit Papas Zündhölzern. Um so → massiver wütet jene Erinnerungsbelletristik, mit welcher der Polit→jammerwessi seiner frühen Jahre und der alten Zeiten gedenkt.
→ Bittermannlinke, → Faschismus, → Revolte, → Widerstand.

Syrer oder Araber Eine im Jahre 2016 dank der → dekonstruktiven Völkerkundlerin Barbara Vinken (→ altdeutsch, → Frauenkult, → Männermangel) monatelang medien- und netzwerkakute, konjunktivisch gemeinte Disjunktion. Über das problematische Verhältnis → Mehrheitsdeutscher zur formalen Ethnologik weiterhin: → Juden und Deutsche.

System Der Grund und Untergrund aller → mehrheitsdeutschen Behaglichkeiten, vulgo: der geistig-materielle Koben, in dem der Kleinstbürger aus Westfalen oder Westberlin sich vergnügt wälzt, auch wenn er sich zuweilen verbal unflätig dort hinein entleert (→ Schweinesystem). Wenn es gegen ‚sein' S. zu gehen scheint, versteht der bourgeoise Neumensch → der alten Bundesrepublik keinen Spaß, dann nennt er sogar den → Kapitalismus nicht mehr Westen, Industriegesellschaft oder moderne Welt, sondern ganz ernst und feierlich und angstschlotternd – Kapitalismus. Unter allen Völkern des Westens fürchtet keines so sehr wie das in → Westberlin versammelte westdeutsche, daß ihm bedürftige Fremdvölker den Kapitalismus wegnehmen könnten. Im Dialekt der → Projektion: „Auch der Kapitalismus paßt dem Zonen-Bewohner nicht mehr, seit es aus dem Geldhahn nicht mehr so munter plätschert wie am Anfang der Beziehung." (Klaus Bittermann, *It's a Zoni, Unter Zonis* u. a. m.) Ressentimentriese Bittermann bestätigt dem westzonalen Alternativspießer, was dieser schon immer geahnt und gefürchtet hatte: Die da drüben sind wie Ausländer. Sie nehmen uns unsere Arbeitsplätze, unsere Wohnungen, unsere Stammkneipen samt Stammplätzen an → Stammtischen weg: „Gegen die Ossis muß man sogar den Kapitalismus verteidigen." (*Unter Zonis*, Berlin 2009, S. 111.)
→ Ausländerfeinde, → Bittermannlinke, → Leserbriefe, → Parasitenstolz; → am coolsten.

T

Tabuthemen müssen schleunigst → besetzt oder, wo das noch nicht geht, zumindest gesetzt werden.

Teil Im Westdeutschen zumeist sächlich (exemplarisch eine Rückübersetzung des Heisenberg-Titels: *Das Teil und das Ganze*); ein möglicherweise in Analogie zu → ‚das Akku' gebildetes Universalsachwort, so daß auch ein Gebäude oder Ort je als ‚das Teil' bezeichnet werden. Vgl. aber → Verdienst.

Teilhabe Der zumeist mit feierlichem Tremolo und ohne Nennung des T.objekts hergesagte Terminus gehört seit knapp drei Jahrzehnten zum politischen → FROMMSPRECH (vgl. Volker Gerhardt, *Partizipation. Das Prinzip der Politik*, 2007), wobei derlei verbalisierte Teilhabsucht zufolge → ganzheitlich gesinnter Kritik von grenzenloser → ‚Anspruchsunverschämtheit' künde (vgl. Botho Strauß, *Anschwellender Bocksgesang*, 1993).
T.denken und -reden reiften im Umkreis mentalen → Achtundsechzigertums, sind mithin Spätfolgen einer historischen → Situation, in der materieller, insbesondere sozialstaatlicher Komfort zu konsumutopischem Übermut verleitet hatte. Der Rückzug sog. → Altachtundsechziger von der Weltbefreiungsidee auf den Eigenheimerwerb, d. h. auf Sicherung, Umzäunung und Lobpreisung → des Eigenen, ist notorisch; die ‚T.'-Rhetorik drückt hier gleichermaßen Verengung und Verhärtung subventionssicheren → Anspruchsdenkens aus. Nicht zufällig stammen die schrillsten Bekundungen von Teilhabsucht aus dem lange ummauerten Utopieidyll → Westberlin mit seinen milieugewärmten → HEIMATLITERATEN, → Kleinkunstkämpfern und → BITTERMANNLINKEN.
Dennoch korreliert der sprachpragmatische Übergang vom befreiungsrhetorischen zum → anspruchsgesellschaftlichen Denken und Sprechen keineswegs einer Erschöpfung utopistischer Gefühlsreserven. Der Rückzug explizit → emanzipatorischer Milieus vom → *Widerstand* gegen → verkrustete Strukturen zugunsten einer *Teilhabe* an deren Leistungen und Sicherheiten geht vielmehr mit gesteigertem Fordern gegenüber der Gesellschaft, dem Staat, der Zukunft u. ä. Sinngaranten westdeutschen Denkens und Daseins einher, kurz: mit individueller Horizontbeschränkung zugunsten gesteigerter Habseligkeitserwartung. Den Akzent legen die T.anmelder unüberhörbar auf den zweiten Wortteil. Da T. im neueren deutschen Westen mit einer → Idee von Vorteilsmehrung zusammenhängt, die nicht auf Kosten anderer, sondern höchstens Dritter gehen soll, erweist sie sich als semantische Verwandte von ‚Unterprivilegiertheit' und ähnlich bizarren Vokabeln aus dem Diktionär → emanzipatorisch → verdruckster Individualegoismen. Im Wunschkosmos des T.beanspruchers gibt es nur Garanten, keine Geschädigten universell ausschwärmender → Vorteilsritterschaft. So wird endlich „mehr kulturelle Teilhabe für alle" möglich („Was ist die grüne → Erzählung?" Tagungsprogramm der Heinrich-Böll-Stiftung für den 14./15. Juni 2019).

Teilsegment Wörtlich ‚Partialabschnitt', zumeist wohl gemeint: ‚Teilsektor'. Ein → qualitätsmedial, → werbewirtschaftlich und überhaupt geistesplattdeutsch häufiges Synonym für ‚Teilbereich', vielleicht aber auch nur für ‚Bereich/Sektor'.
→ Segment.

tendenziell → SPREIZSPRACHLICH für ‚meistens', ‚überwiegend', ‚mehrheitlich'. Als Füllwort → unverzichtbar, als Lückenbüßer unübersetzbar.
→ BLÄHWÖRTLICHES.

Testversuch Die Liebe sprachlicher Halbstärke zum Doppelmoppel ist unbezähmbar. Und scheitert doch oft, wie die Liebe im richtigen Leben. Von der Suche danach berichtet Anna Berger im „Magazin" der *Berliner Zeitung* vom 6./7. Oktober 2012: „Ossis aus ganz Berlin – meldet euch! Seid ihr wirklich die netteren Männer? Frau startet Testversuch. Jetzt. Die Anzeige erscheint online auf der Seite eines Stadtmagazins, eine Viertelstunde später antwortet dort jemand mit einer Gegen-Anzeige: die Schwabenbraut, die diesen Text verzapft hat, solle sich nach Hause scheren, und die Ossis auf keinen Fall antworten! Finde das lustig. Ich bin echte West-Berlinerin und darf so was." („Marktplatz der Eitelkeiten: Ist denn keiner hier, für den ich nicht nur ein Restposten bin? Eine Frau von 48 Jahren sucht in den unendlichen Weiten des Internets nach dem richtigen Mann" ... hier endet der Untertitel unvermutet.)

teure Preise versprechen wie teure Mieten ob kostspieliger Kosten sozial bald besonders heiße Temperaturen.

theatral Wichtigtuerwestdeutsch sowohl für ‚theatralisch' als auch für ‚mit dem Theater zusammenhängend' (,theatrale Inszenierung' = Theaterinszenierung).
→ familial; → Ausnahmeschauspieler; → eindrücklich.

Themenbeauftragter Weit entfernt davon, nur → Themenbereiche abzustecken und → Themenfelder zu beackern, ist ein T. im Rahmen seiner Themenkompetenz befähigt, Thementransparenz zu schaffen, etwa durch „Einführung eines Transparenzgesetzes" oder wenigstens durch ein „irgendwie → angedachtes Vorstufenmodell" dazu (*Deutschlandfunk*, 10. Mai 2013). Was soeben zu vernehmen war, entblubberte einem der sprachlich → Wehrlosen, wie sie sich Anfang der 2010er Jahre vor allem in der sogenannten Piratenpartei tummelten.
→ abbilden, → Ich würde mir wünschen.

Themenbereich umfaßt viel mehr als ein Thema, nämlich zum Beispiel eine Matratze mit Abwehrkräften, ja ein ganzes Matratzensystem. Über Einzelheiten informiert das „Möbelcenter Biller".
→ Schlaf-Kompetenzzentrum.

Themenfelder (seltener: Themengebiete) → SPREIZ- und → WICHTIGSPRECH für → Aufgabenbereiche: „Wowereit werde ab sofort als Botschafter für die Wirtschaft agieren und auf T.n wie wachsende Stadt oder Kulturmetropole Impulse geben, teilte der Verein Berliner Kaufleute und Industrieller" einer bis dato impulsverschonten Öffentlichkeit mit („Gutes tun", in: *Berliner Zeitung* vom 15. Januar 2015, S. 1). T. sind die Grundlage für Themenparks, Themenräume und Themenwochen und als solche jedermann zugänglich, der zu einem Mindestmaß von thematischer → Ausgrenzung bereit ist.

Thüringen 1. Von → MEHRHEITSDEUTSCHEN → Comedians wie Rainald Grebe zuweilen mit Brandenburg verwechselt; Synonym für → strukturschwache → Landschaft. 2. Von mehrheitsdeutschen → Publizisten wie Matthias Matussek erfolglos vorgeschlagener Ersatzbegriff für einstmals Nicht-Deutsches: „Ich bin froh, daß Thüringen jetzt zu → Deutschland gehört." (Tagung der Deutschen Gesellschaft in der Landesvertretung Thüringen, 5. November 2014); Synonym für Hinterwald.
→ Humor, → Provinzialität, → Wir-Gefühl, → Witzischkeit.

ticken Metaphern von Mechanik und Apparatur sind Sprachmittel → MEHRHEITS-DEUTSCHER → Selbstverständigung. Sie gelten vielen noch immer als typisch → konser-

vative Kultur-, genauer: Zivilisationskritik nach dem Muster ‚Maschine vs. Organismus'. Allerdings raunt es nicht mehr nur aus sog. → reaktionären, sondern auch aus progressiven → Verbitterungsmilieus (→ BITTERMANNLINKE) vom animalisch-ungestalten Einwuchern → des Fremden ins gut geölte Räderwerk des Freiheits-, Rechts- und Wohlfahrtsstaates.
Bei mechanischen Metaphern für Nicht-Westliches dürfte es sich um eine klassische → Projektion handeln: die fremden Länder und Völker als Apparate, deren anonyme, aber verläßliche, weil unveränderliche → Struktur rational zu durchdringen sei. Frühes Zeugnis dessen war die Sprache der → Buschzulagenempfänger und anderer weststaatlich geförderter → Vorteilsritter in der östlichen Industrie→brache. Die politikfeuilletonistische Frage danach, ‚wie sie [die Ostelbischen] eigentlich ticken', gestellt von → Deutern deutscher → Befindlichkeiten wie Bude, Biller, Bittermann usw., ist unverkennbar → totalitarismus-, ja absolutismus-, wenn nicht gar barockzeitlich imprägniert. Die mehrheitsdeutsche Selbstverständigung über östliche Fremdvölker → vermag diese einzig als tickende Uhrwerke oder Zeitbomben, die → Ostler als Lebendapparaturen analog zur Mechanik einstiger Partei- und Staatsmaschinerie zu deuten; die vorwendische Dialektik von struktureller Feinmechanik und individuellem Wildwuchs bleibt dem durchschnittswestdeutschen → Deuter deutscher → Befindlichkeiten unzugänglich. Nicht nur sein *Denken* ist normalerweise mechanistisch, von simplem Kausalitätsvertrauen betreffs der Oben/unten-, Teil/Ganzes-, Schein/Sein-Verhältnisse charakterisiert (→ Entlarvung). Auch seine Lebensform lautet auf individuell gewollte Strukturtreue, die Analogie von Milieunorm und Individualverhalten im Zeichen einer nationaltypischen → Unterwürfigkeit.
Die mehrheitsdeutsche Rede von tickenden Menschen, Völkern, Regierungen, Gesellschaften, Zivilisationen ist folglich ein → unverzichtbares Element → westlichen Werte→diskurses und somit → falschen Bewußtseins. Der innige Wunsch, die Mächte des Bösen mögen berechenbar sein, auf daß durch richtige Drehung des Schlüssels die östliche Teufelsmaschine den erhofften Profit abwerfe, bleibt die in kalten Kriegszeiten eingeübte Denk- und Verhaltenstechnik. Damals hatte → der Westen zu glauben gelernt, daß die Mechanik der politischen → Individualität (präsidiale Mikrofonproben, militärische Machtproben und Machtsprüche) keinen Automatismus der Vergeltung auslösen werde, kurz: daß das östliche Machtzentrum rational genug sei, um auch noch die Irrationalismen seiner aggressionslüsternen → Ränder mit zu → denken. Somit bleibt die Mechanismusmetaphorik im westlichen Deuten, Reden und Meinen politischem → INFANTILISMUS verhaftet.

tiefempfindend/tiefempfunden (attr.) Tiefempfunden kann neben Beileid auch ein Roman sein, der von einem tiefempfindenden Romanleser empfohlen wird. Maxim „Rostnagel" Biller (→ Identität) teilt in „Ichzeit. Über die Epoche, in der wir schreiben" (*FAS* vom 1. Oktober 2011) mit, in welcher besten aller literarischen Zeiten → wir leben: „Wir – Leser, Schriftsteller, Kritiker – leben, lesen und schreiben schon lange in einer literarischen Epoche und wissen es nicht." Obwohl ‚wir' schon in der Epoche einer literarischen ‚Weltklasse' (M. Biller über M. Maron) leben, brauchen wir noch mehr Literatur, die so ist wie, nun ja: M. B. „Die Literatur braucht wieder ein starkes, glaubhaftes, mitreißendes, suggestives Erzähler-Ich". So entsteht erst ein Roman wie etwa Jörg Fausers *Rohstoff*, der „schön und tief empfunden ist. Und genau das ist er auch." Empfunden ist eben empfunden und ist ist eben ist! „Viele der besten, wichtigsten Bücher der letzten zweieinhalb Jahrzehnte wären ohne den → extremen persönlichen Einsatz ihrer Verfasser undenkbar gewesen." Wer hätte das gedacht: Literatur fordert persönlichen Einsatz. Einsatz des Ichs eben. Was macht so ein Ich, wenn es Literatur macht? Es läßt sich nichts vormachen, ist nicht über den Tisch zu ziehen, weiß sich zu behaupten, ist hart, böse, schlau, optimistisch, mit einem Wort: → extrem → individualistisch. Kein Wunder, ist es doch – mit seinesgleichen – ganz allein, in einer

schönen neuen Welt der Geschichtsleere und Ichwichtigkeit: Denn es „räumt auf" („mit dem neuen Wilhelminismus"), „erledigt" („fünfzig [!] Jahre DDR"), „beendet" („die längst hohle Herrschaft der literarischen Post- und Pseudo-Avantgardisten"). So bekommt das Ich endlich ein Gefühl für sich selbst und nichts sonst. Denn „Literatur ist die Stimme eines tief fühlenden Menschen, der in wunderbaren Sätzen zu uns darüber spricht, wie es ihm geht."
→ Diskurs der Empfindsamkeit.

Tiefenschichten → unwillkürlich/unbewußt.

Tiefen-Schichten des westdeutschen Common-Sense → multikulturell.

tiefsitzend Das Wort sitzt bei → Mehrheitsdeutschen Gesinnungswarten lose. T. sind ‚Tabus', ‚Vorurteile' und → ‚Ressentiments', von denen man vermuten muß, daß sie nicht umgehen, sondern lieber ‚in den Köpfen' platzgenommen, sprich: es sich gemütlich gemacht haben.

Töpfchenthese Wissenschaftsjournalistischer Ausdruck für die These eines westdeutschen Kriminologen, wonach → alt(bundes)deutsche → Individualität von natürlichem, d. h. physiologisch verifizierbarem, somit auch Defäkationsvorgänge einschließendem Charakter sei. Wie stark dieser durch den → Anschluß der → ehemaligen DDR gefährdet ist, offenbarte auf unverdächtige Weise ein Artikel in der Wochenzeitschrift *Das Parlament*, die der Deutsche Bundestag herausgibt. Die Autorin Katja Wilke berichtet darin, daß viele junge Eltern „für ihren Nachwuchs händeringend nach freien Plätze [sic!] in Kindertagesstätten" suchten („Platz für die Kleinen", Nr. 46/47, S. 6). Dem Artikel ist ein Foto beigegeben, das einen mit Fliesen ausgekleideten Raum zeigt. Kinder sitzen in Dreiergruppen auf Töpfen, die wiederum auf Bänken montiert sind, welche sogar vier Plätze für ausscheidende Individualisten vorsehen. Die fotoaktuell defäkierenden Parlamentarierkinder schauen uniform zum Betrachter.
Das Motiv fand sich ebenso auf einem elf Jahre zuvor erschienenen Foto im → Qualitätsmedium *DER SPIEGEL*. Die Bildunterschrift lautete hier: „Krippen-Kinder in der DDR: Emotional nicht satt geworden", der zugehörige Artikel ist überschrieben: „Anleitung zum Haß. Der Kriminologe Christian Pfeiffer über das Erziehungssystem der DDR und die Folgen" (Heft 12/1999, S. 60–66). Die eher Beschaulichkeit, Körpervertrauen und → Gelassenheit vermittelnde Defäkationsszene → entlarvte der Fachmann aus Hannover als Vorgang, bei welchem die Indoktrination der Kleinsten beginne: „Die vom Partei- und Staatsapparat der DDR gesteuerte Erziehung hat Einflußfaktoren gesetzt, die bei vielen Kindern und Jugendlichen Folgen haben: eine starke Verunsicherung des Individuums, hohe Anpassungsbereitschaft an Gruppen sowie ausgeprägte → Ausländerfeindlichkeit." (S. 60f.) Verstopfung ward so zum → Widerstand. Dennoch deutet das Ideal → selbstbestimmten Einnässens eher auf einen europäischen Sonderfall Westdeutschland, der hier → einmal mehr zum freiwillig gewählten → Sonderweg umgedeutet wird. Frankreich, Finnland, Schweden, Norwegen, Dänemark, die Schweiz und andere europäische Länder westlich-kapitalistischen Typs pflegen immerhin ähnliche, zum Teil von der → Ehemaligen übernommene Praktiken der Kleinkinderbetreuung; vgl. dazu den Forschungsessay „Die Kinderkrippe" der Schweizer Historikerin Sandrine Kott (in: *Erinnerungsorte der DDR*, hrsg. von Martin Sabrow, München 2009, S. 281–290).

Top-Preise Nicht genug damit, daß der Osten Deutschlands fürs abgespaltene Bruderland West beinahe sämtliche Kosten des Krieges gegen die Sowjetunion (→ Sowjets) übernehmen mußte. Nach deren Auflösung wurden seine Steuerzahler auch für Jahrzehnte westdeutscher → Schuldenkultur haftbar gemacht. Wo der im Osten gezahlte Solidarzuschlag bleibt, hat als eines unter vielen das Beispiel Karstadt („Seit 1881") gezeigt: Mißwirtschaft mit anschließender Alimentierung auf Steuerzahlerkosten. Hat man bei K. aus dem Debakel gelernt? Den Sommerschlußverkauf kündigt K. so an: „Top-Marken. Top-Preise". Spitzenpreise für Restwaren? Mit Monika Zydeck (→ Leserbriefe) zu sprechen: „Die haben es immer noch nicht kapiert."

total „Ich liebe unsere Sprache total." (Bodo Wartke, vor wenigen Jahren in Hamburg geborener Klavierkabarettist, in: „Querköpfe. Von Reinkulturen und Klaviersdelikten", *Deutschlandfunk*, 13. November 2013) Was wiederum die ebenfalls in Westelbien geborene und in Berlin zur → Professix gereifte „Lann" Hornscheidt alles ‚total wichtig' und ‚total schwierig' findet, findet man unter: → sehr konkret, → antidiskriminierende Sprachhandlungen, → Zweigenderung.

Totalitarismus Älteres → Denunziantendeutsch in → der Politik und den vergangenheitsverarbeitenden Industrien, seit der Jahrtausendwende wieder mit deutlich → antiorientalischem Akzent.
Die sog. Totalitarismusdoktrin (Totalitarismusthese) in ihrer antibolschewistischen Variante war und ist das bevorzugte Gleitmittel → alt(west)deutscher → Selbstverständigung, zudem Bindemittel zwischen der Entnazifiziertengeneration und einer Nazikindergeneration (→ Achtundsechziger), die einst ausgezogen war, Nazismus und → Kapitalismus zu besiegen oder zumindest deren überbaulichem → Schweinesystem mal richtig die → Meinung zu sagen. Oder zumindest auf der → Autonomie des → Eigenguts Körper, Leib, Bauch usw. gegenüber dem totalitären → Zusammenhang zu bestehen.

Totalitarismusforscher Pensionsberechtigter → Ideologiekritiker, der sich sofort nach deren Untergang mit → Unrechtsstaaten befaßt, sich dabei auf Hannah Arendt beruft und in der Regel das längste Kapitel ihres einschlägigen Buches („Imperialismus") für ein → antiamerikanisches Gerücht hält.

Touri/s Als Stilist eher kleinwüchsig (→ Grosser Stil), lief der Bielefelder Literaturemeritus Karl Heinz Bohrer zu großer Form auf, wenn er den Phänotypus seines, also des westdeutschen Volkes in großstädtischer Fremde schilderte: „Sie kommen in ihren Turnanzügen, Windjacken und Adidas-Schuhen durchweg aus der reinlich reichen Provinz in die unsaubere arme Metropole und legen besonders auffällig ein darob [?] offenbar blödes Verhalten an den Tag: so als ob sie sich gegen die ungewöhnliche Befremdung der Metropole mit lautstarkem Gruppenverhalten wehren müßten. Sie werden von den Metropolenbewohnern sofort als eine andere humane Spezies erkannt und erduldet: als die neuen Barbaren, die sich jedoch nicht mehr wie die früheren anverwandeln lassen." (*Provinzialismus. Ein physiognomisches Panorama*, München-Wien 2000, S. 93) Diese adverbienreiche Reportage über Horden junger Westdeutscher, die sich seit eh und je Touris nennen, stammt von 1991 und galt deren Einfällen in London und Paris. Die Einwohnerschaft Berlins muß die gleiche Erfahrung seit mehr als einem Vierteljahrhundert machen. Dennoch ist das Phänomen berlintouristischen Barbarentums innerlich keineswegs homogen, sondern vom typischen Spaltsinn der westdeutschen Mehrheitskultur. In dieser verbindet sich autochthoner → Provinzialismus auf charakteristische, wenn nicht gar → singuläre Weise mit dem Begehr nach → Weltoffenheit. Zwar trifft es zu, daß westdeutsche Sauf-, Rauf-, Gröl- und Pinkeltouristen der mittleren und jüngeren Jahrgänge die Stadt Berlin zum → Ballermann Europas machen konnten. Doch bilden sie hierin → durchaus die → Avantgarde eines allwestlichen → Schnäppchenjägertums im Reisewesen. Dem Ansturm von Massen, die in ihren Reiseführern lasen, an welchen angesagten → *locations* sie ihresgleichen treffen könnten, korreliert wiederum die Transformation der vormaligen Hauptstadt zur westdeutschen Kleinstadt. Nicht nur ist Berlin nach dem → Anschluß zum Sammelort westelbischer Politik- und Kultur→provinz, sondern auch zum Opfer von deren → Weltläufigkeitsvorstellungen geworden. Beinahe unmöglich beispielsweise, in den Disneyländern der → MEHRHEITSDEUTSCHEN (Friedrichshain, Prenzlauer Berg) einen Kaffee in deutscher Sprache zu bestellen oder nicht mit einem T. zusammenzustoßen, der andächtig-feierlichen Angesichts seinen Pappbecher *Coffee Americano* vor sich her trägt.

traditional/traditionell In der westdeutschen Sozialwissenschaft sowie in westdeutschen → Qualitätsmedien gängiger Ausdruck für alles, was vor Westdeutschland war.
→ in der Geschichte, → Unrechtsstaat.

trägergestützt Kein architektonischer Doppelmoppel, sondern eher eine kulturelle Paradoxie: Wer → was mit Kunst oder → was mit Menschen machen will, braucht Staatsknete.
→ Kreativhaus, → Projekte (→ machen).

tragweite Entscheidung Als solche kommentierte der *ARD*-Korrespondent in der Türkei ein überaus autoritätsfreudiges Abstimmungsergebnis („Tagesschau", 16. April 2017). Zu Tragweite und → Kontext der hierin → deutlich gemachten grammatikalischen → Prägung:
→ insgeheime Kandidaten, → lauthalse Forderungen, → sozusagenes Debüt.

Tram → LESERBRIEFE gehören zu den wichtigsten Medien, durch die Deutsche aus → dem Westen die ostdeutsche Bevölkerung über deren Leben in der → Ehemaligen informieren. Das geht mitunter bis ins technische, z. B. verkehrstechnische Detail. Nachdem sich im August 2016 ein Berliner Journalist über den westdeutschen Versuch mokiert hatte, durch Umbenennung der Berliner Straßenbahn in ‚Tram' → Weltoffenheit zu simulieren, erhielt er Protestpost aus dem Taunus. Der – hier aus Gründen des Zartgefühls anonymisierte – Leserbriefschreiber beschied den Zeitungsmann, bei der bespöttelten ‚Tramisierung' der Straßenbahn habe jener „wohl an die neue süd- und westdeutsche Ausdrucksweise gedacht, aber offenbar verkannt, dass jahrzehntelang halb Berlin (das östliche) Tram gesagt hat, und zwar nicht aus München entlehnt, sondern vom russischen Tramwaj." (zit. nach: Torsten Harmsen, „Öffentlich nah verkehrt", in: *Berliner Zeitung* vom 29. August 2016, S. 9)
In ihrer Mixtur aus Halbbildung und Anmaßung repräsentiert diese Intervention westdeutschen → LEHRAMTSSPRECH geradezu → prototypisch. → In Wahrheit hat kein Bewohner einer ostdeutschen Stadt je die Straßenbahn ‚Tram(waj)' genannt. Der Ausdruck ist → durchaus westliches, da aus dem Englischen ins Russische gekommenes → Eigengut. Welch geringen Einfluß die → Sowjets auf die Züchtung sprachlicher → Russenfreunde hatten, ließe sich an einem anderen Umbenennungsakt diskutieren, und zwar an der Taufe einiger Berliner Buslinien auf den Namen → Metro.
Zum Ausmaß, das der westzonale → Weltläufigkeitsdrang bei der Suche nach begrifflicher Erleichterung inzwischen angenommen hat, vgl. die → Themenfelder: → City Toilette, → Ersatzheilige, → Fußläufigkeit.

Tränenpalast Nachwendisches Westberlinisch, bald auch Westdeutsch, das rasch von der → WERBEWIRTSCHAFT aufgegriffen und in den → DISKURS DER EMPFINDSAMKEIT eingespeist wurde. Gemeint ist ein klassisches Bauwerk der sozialistischen Moderne, der seinerzeit so genannte ‚Tränenpavillon'. In ihm wurden vor 1989 die Ein- und Ausreise, vor ihm der Abschied und sein Schmerz → abgewickelt.

Tränenreiche Im nachwendischen, haupt- und teilstadtspezifischen Fremdenverkehr kurzzeitig vernehmbarer Titel für Frotteure, die sich → emotional am Mauerspalt wundscheuerten und so affektökonomisch Mehrwert → generierten. Aus der einschlägigen Memoirenliteratur ist insbesondere von → Kreuzberger → Westlinken (→ BITTERMANNLINKE, → Altachtundsechziger) überliefert, daß und wie sie ihren Gefühlsstau 1989ff. kurzzeitig lösen konnten. Etwa, nachdem sie die Stadtbezirksgrenze in → den Osten überschritten hatten. Exemplarisch hierfür Michael Rutschky, in dessen *Aufzeichnungen 1988–1992* es nur so wimmelt von Gefühlsanwallungsnotaten: „den ganzen Tag geheult angesichts der Fernsehbilder", „rot geränderte Lider", „mit den Tränen zu kämpfen", „Befriedigung, weil R. sie, als sie [durchs Brandenburger Tor] gingen, nicht fragte, ob sie weinen möchte" (ds., *In die neue Zeit*, Berlin, S. 96, S. 115 u. ö.). Phänomen und Begriff wurden in der Sprache der naturgemäß unsentimentalen Westbesuchsopfer rasch verdrängt durch ‚Heulwessi' und ‚Heul-doch-Wessi!', bis ihr semantischer Gehalt generell in den → ‚Jammerwessi' überging.
→ die Menschen in der DDR, → DISKURS DER EMPFINDSAMKEIT; → Verbotskultur.

transmissionsmedial Ein Wort, das selten allein auftritt: „transmissionsmediale kommunikative Transmissionsriemen" betitelte Peter Ramsauer mit echt bayerischer Feinsinnspräzision Journalisten. Und vielleicht auch Ingenieure der Seele.

Trauerkultur Der strikte Kollektivismus der west- und somit mehrheitsdeutschen → Emotionalität, sprich: die Verwiesenheit der Gefühls→kultur auf → Paradigmen der → Performanz, der → Repräsentanz und der → Präsenz, wurde nach dem Attentat auf einen Berliner Weihnachtsmarkt im Dezember 2016 → einmal mehr → deutlich. Nicht wenige → Vertreter → der Politik sowie der → Qualitätsmedien vermißten eine entfaltete T., welche die nunmehr → angesagten → Emotionen auch massenmedial → rüberzubringen erlaubte. „Kein Wir, kein ‚Ich bin Weihnachtsmarkt', nirgends", klagte eine zugereiste → Publizistin über die „spezifische Berliner Verdrucktstheit" (Deike Diening, „Ein Brandenburger Dorf trauert um Sebastian J.", in: *DER TAGESSPIEGEL* vom 16. Januar 2017). Andere → Qualitätsjournalisten wollten → Gelassenheit und steife Oberlippe nach britischem Vorbild erkannt haben; rollte der Berliner Verkehr nicht so geruhsam wie eh und je durch die Straßen?
‚T.' gehört offensichtlich ebenso wie → ‚Erinnerungs-' und ‚Vertrauenskultur' ins Diktionär jenes → Bonns in den Seelen, von dem einst Jürgen Fuchs beredt zu schweigen wußte. Eine umfangreiche Brevierliteratur kündet vom publizistisch geregelten Trauerbedarf; als Titelquerschnitt: *Schwester Tod: Weibliche Trauerkultur* (2010), *Trauerrede in postmoderner Trauerkultur* (2011), *Wandlungen der Trauerkultur in Deutschland* (2013), *Trauerkultur – einfühlsam und professionell* (2015), *Ein letzter Gruß: Neue Formen der Bestattungs- und Trauerkultur* (2016).
Zu den Spezifika kollektivseelischen → Ideologie→bedarfs: → PSYCHOSPRECH; → anspruchsmäßig, → verklemmt und verdrucst.

Traumschiff Fernsehserie, deren Name zur Metapher für die westdeutsche Weigerung wurde, in der deutschen Gegenwart → anzukommen.
Das *ZDF* ist ein Sender, der jahrzehntelang die Grundversorgung Deutschlands mit Hochkulturgut wie genanntem „Traumschiff", „Der Bergdoktor", „Das Erbe der Guldenburgs", Rosamunde-Pilcher-Verfilmungen und diversen „Volksmusik"imitaten sicherte. Um seinen durch niemanden erteilten Volksverblödungsauftrag weiterhin wahrnehmen zu können,

schreckte der Sender aus der Kulturmetropole Mainz nicht vor der Erhebung einer Zwangsabgabe zurück. Steuerliche Atzung und geistige Stickluft – es ist das Milieu, in dem sich der Leiter des Bonner *ZDF*-Studios Wolfgang Herles viele Jahre pudelwohl gefühlt hat. Nur eines stört den → MEDIALDEMOKRATEN aus Bonn: „die → Ostler", die sich erfrechen, andere TV-Sendungen anzuschauen und andere Zeitungen zu lesen als die im und vom Westen angesagten (*Wir sind kein Volk*, München ³2004, S. 36f.), ja, die sogar anders wählen (S. 30). Es fehlt ihnen offenkundig an → Werten, und zwar an den richtigen (S. 29). Was hat W. H. außer → tiefsitzendem Preußen- und Berlinhaß noch zu bieten? Den inbrünstigen Glauben daran, daß „der gute alte, aus Bonn importierte Bundespresseball" einen „Höhepunkt" kultureller Ausdruckskraft darstellt (S. 187)! Wer wollte ihm da einen Korb geben?
→ Jammerwessi, → östliche Unwerte, → Scheißland.

trockenlegen kann man längst nicht mehr nur Sümpfe.
→ gegensteuern.

Türken raus! Der Ruf erschallte bis 1989 unter den sog. Hertha-Fröschen, fußballbegeisterten Skinhead-Gruppierungen mit Namen wie „Endsieg", „Werwölfe" und „Wannsee-Front" (vgl. Andreas Förster, „IM ,Meister' belauscht die Hertha-Frösche", in: *Berliner Zeitung* vom 30. Mai 2016, S. 14). Er ist das sprechchorische Äquivalent der westdeutsch-westberlinischen 1980er Jahre zur ebenso ausdrucksstarken Türinschrift „→ Keine Italiener!" der bundesdeutschen 1960er Jahre; in beiden Fällen ein Realeffekt mißlungener Ghettoisierung. Die unbehagliche Vorstellung, in Deutschland nicht allein zu leben, wußten die West- und somit Mehrheitsdeutschen zunächst durch sog. → Volksparteien zu bändigen, ehe sie ihren Gefühlsstau dank einer anderen Minderheit nach allen Regeln → politischer Korrektheit lösen konnten. Zugleich war mit dem → Beitritt die westdeutsche Türkenangst zugunsten einer pauschalen Angst vor Orientalischem (→ Islamkritik, → ANTIORIENTALISMUS) zeitweilig zurückgetreten, wovon nunmehr wohlmeinende → TÜRKENWITZE von → Altbundesdeutschen zeugten. Zur Physiognomie des westdeutsch tradierten Fremdenhasses sei aus dem auffällig sprachmodernistisch (,Zuzug' für ,Einwanderung') wirkenden Werk eines inzwischen verstorbenen → HEIMATLITERATEN zitiert: „In der Bundesrepublik wächst der → Widerstand gegen den Zuzug von Ausländern und äußert sich immer häufiger aggressiv. Oft liest man in den Städten das Graffito ,Türken raus' – in Hamburg überfielen Neonazis, mit Gaspistolen und Baseballschlägern bewaffnet, ein türkisches Jugendzentrum, und in Dortmund verwüstete ein Sprengsatz vier türkische Geschäfte in einer Ladenpassage. ... In Gummersbach beschweren sich Einwohner über das Bürgertelefon, ,die Ausländer fahren dauernd im Mercedes herum, statt zu arbeiten.' Der Deutsche Hotel- und Gaststättenverband moniert, dass so viele Ausländer Schankkonzessionen erhalten. Verschiedene Demoskopie-Institute ermittelten, dass unterdessen 68 Prozent der Einheimischen wünschen, dass die → Gastarbeiter in ihre Heimat zurückkehren." (Notiz vom Mai 1982, in: Michael Rutschky, *Mitgeschrieben. Die Sensationen des Gewöhnlichen*, Berlin 2015, S. 137)

TÜRKENWITZE erzählt der Westelbier aus begreiflichen Gründen („Isch disch machen Krankenhaus!") nur milieugeschützt und in politisch korrekter Version, d. h. über Minderheiten, die nach seiner Meinung noch unter oder hinter der → türkisch-stämmigen stehen: „Warten zwei DDRler bei Aldi 20 Meter vor der Kasse. Mosert der eine: ,Das ist ja wie früher bei uns. Zum Schlangestehen sind wir nun wirklich nicht rübergekommen.' Dreht sich vor ihnen ein Türke um und sagt streng: ,Wir euch nix gerufen'." (Wolfgang Pohrt, „Haß gegen den Rest der Welt", in: Klaus Bittermann (Hrsg.), *Unter Zonis*, Berlin 2009, S. 32–42, hier: S. 42) Der zitierte Jokus mag stellvertretend für eine besonders → massive

→ Verklemmtheit und Verdruckstheit stehen, wie sie der → Haßwitz→kultur → westlinker → Altachtundsechziger eignet. Diese legitimieren ihre kleinbürgerlichen Abstiegs- und Überfremdungsängste notfalls durch Berufung aufs Volk: „Die Ossis, sagt der westliche Volksmund, sind sogar schlimmer als die Türken, gehören auf den allerletzten Platz der Sozialskala" (ebd.).
→ Ostdeutsche/Ostjuden.

türkisch-stämmig Aus dem Bürokraten- ins Zeitungswestdeutsch gewandertes Klemmwort, womit zunächst der salatessende Yuppie sein Unbehagen angesichts übergewichtiger Halbstarker aus Anatolien artikulierte (nicht zu verwechseln mit dem hochdeutschen ‚türkischstämmig'!); inzwischen sinnidentisch mit dem neuerdings in Umlauf → gelangenen → ‚migrantisch-stämmig'. „Sie sind die erste türkisch-stämmige Senatorin in Berlin. Haben Sie damit noch immer einen Sonderstatus?" fragte einst Andrea Beyerlein im Interview Dilek Kolat (*Berliner Zeitung* vom 20. September 2012), die inzwischen ihrerseits zwischen „Muslimen und deutsch-stämmigen Menschen" unterscheidet (*Inforadio*, 11. September 2018).

tut Strukturbedingter Defekt der westdeutschen Umgangssprache, auch der gedruckten. Da der Westelbier normalerweise mit erhöhter Stimme spricht (→ WICHTIGSPRECH), kann er einzelne Wörter oder Satzteile nur um den Preis sprachlicher → Hinzuaddition betonen, was dann dem Hochdeutschbenutzer auffallen und ihn → „nerven tut". Doch nicht nur schriftstellernde Hochschullehrer wie der soeben zitierte Romanist Hans-Martin Gauger, auch der hier aus Pietätsgründen anonymisierte Vorsitzende der Gesellschaft für deutsche Sprache tut und tat es gern, beispielsweise, als er sich im *Deutschlandradio* zum Vordringen des Englischen äußern sollte. Sein erster Satz: „Verändern tut sich die Sprache ständig." Der nächste: „Das muß nicht zwangsweise eine Verdrängung bedeuten." Zuletzt: „Das Englische dringt nur in den Lücken ein, die das Deutsche läßt." Hätte unseren Sprachpflegern ein Lektor helfen können? Ein Blick in die *Tagebücher 1982–2001* des Ex-„Volk-und-Welt"-Lektors F. J. Raddatz belehrt eines anderen: „aber malen tut der!"; „MACHEN tu ich gerne alles"; ‚'gehen tun sie beide nicht', sagt der Klassiker"; „GEBEN tun sie mir → eh nix." (S. 591, S. 606, S. 831, S. 867) Wie schon ein Sprachwart in den 1920er Jahren sagen tat: „Wer so schlecht schreibt, spricht auch schlecht und denkt noch schlechter."

TUTZING Urdialekt des → BETROFFENHEITLICHEN, mittelbar auch des Alternativ- und → GRÜNSPRECHS; benannt nach der dort ansässigen Evangelischen Akademie.
→ die Utopie, → die Menschen, → Menschen, → sich einlassen, → sich öffnen, → verletzend und verletzlich.

typisch (ostdeutsch) Wer tages- oder jahresaktuelle Phänomene als ‚typisch' klassifiziert, leidet nicht an übermäßigem Distinktionsdrang. Auch deswegen behaupten die professionellen → Ostdeutschenbeobachter hinsichtlich intellektueller Rot- und Pausbackigkeit nach wie vor Spitzenpositionen. Einer von ihnen, aus dem Münsterland nach Thüringen und dann nach Berlin vorgedrungen, entdeckt im Osten zuhauf für den Osten Typisches, z. B. Schläger, Arbeitslose, Mangel an Spiritualität sowie eine Partei, die fast zu 100 % durch Westdeutsche geführt wird und von deren Parteitag ein anderer Ostdeutschenbeobachter schreibt: ‚'Willkommen in → AfD-Land', begrüßt der Baden-Württemberger das Parteivolk in Stuttgart. 806 000 Stimmen bei der Landtagswahl im März, so viele wie in allen anderen Bundesländern zusammen." (Bernhard Honnigfort, „Eine Wagenburg gegen die Welt da draußen", in: *Berliner Zeitung* vom 2. Mai 2016, S. 3; vgl. zwei Wochen zuvor Markus Decker über die – im Unterschied zu den Grünen – „typische Ost-Partei" AfD). Stuttgart, Stadt

der → Weltoffenheit wie des fortschrittlichen Wutbürgertums, verdient zudem Erwähnung als Hauptstadt der westdeutschen → Leserbriefschreiber.
→ so isches, → das Ostdeutsche, → Dunkeldeutschland.

U

überall In der → MEHRHEITSDEUTSCHEN Qualitätspresse das adverbiale Gegenstück zu → ‚typisch ostdeutsch', ‚vor allem im Osten', ‚mehrheitlich in den ostdeutschen Bundesländern', wenn es um → ausländer-, fremden-, juden-, mädchen- oder → minderheitenfeindliche Straftaten in → gutbürgerlicher Umgebung geht. Etwa in → Eliteschulen und anderen Instituten der → Weltoffenheit: „Solche Vorfälle finden an allen Schulformen und überall in Deutschland statt", war im Juni 2018 → qualitätsmedial zu hören und zu lesen, nachdem ein adipöser, homosexueller, jüdischer und palästinenserfreundlicher Schüler an der John-F.-Kennedy-Schule in Berlin-Zehlendorf → massiv beleidigt und belästigt worden war.

überbersten (von) → vor.

Überflieger Ein Lehrerehepaar aus Maryland, des Hochdeutschen, nicht aber des Westdeutschen mächtig, bekundete dem Herausgeber dieses Wörterbuchs seine Irritation über das Wort. In geselligem Beisammensein ward es mitunter vernommen aus Mündern westdeutscher Austauschakademiker. Bedeutung: für die Amerikaner unklar angesichts des bewundernden bis begeisterten Tons, in dem die Westdeutschen von solchen ‚Ü.n' wie von ‚Senkrechtstartern' sprachen. Ein amerikanischer *fly over* ist ein Provinzler, bei dem niemand freiwillig landen würde; der westdeutsche Ü. offenbar eine der ahnungslosen Anpassereien, mit denen sich ganze Stilfibeln füllen ließen.

übergreifend Das Wort zehrt von der philosophischen Reputation des durch evangelische Akademien seliggesprochenen Karl Jaspers (*Wohin treibt die Bundesrepublik*, 1966), bezeichnet heute aber nur noch das Ungenügen an rechtschaffener Beschränkung aufs eigene Fach. Somit ist der Fachmann mit ‚(fach)übergreifendem Interesse' fast immer einer, der über sein eigenes Fach hinausgeht, ohne in einem anderen je → anzukommen; ein Wanderer zwischen den Fächern und somit ein klarer Fall von → interdisziplinärem Gebaren.

übergriffig Wer seinen Schreibgriffel zur Erschaffung solches Sprachgebildes ergriff, hat mindestens Abitur. Und braucht dann in keinem Lebensalter mehr auf seine Verbalaggression zu verzichten: „Die Täter seien nicht durchweg männlich. ‚Auch junge Frauen und Mädchen können ein übergriffiges Verhalten an den Tag legen', bestätigt durchweg [?] Petra Brzank, Soziologin an der Hochschule Fulda." (zit. nach: Katja Irle, „Erste Liebe mit schlimmen Folgen", in: *Archiv Berliner Zeitung* vom 10. August 2012) Wenig verwunderlich, daß solche Übergriffigkeit um sich greift. „In Berlin ist ein Erzieher suspendiert worden, weil er offenbar gegenüber verhaltensauffälligen Kindern übergriffig geworden ist. Der Vorfall ereignete sich in der Lerngruppe Lindenhof in Zehlendorf." (Martin Klesmann, „GEW fordert 1000 neue Stellen für die Inklusion", in: *Berliner Zeitung* vom 21. November 2014, S. 15) Möglicherweise eine Manifestation des Großen und Ganzen ü.er Verhältnisse! „In neuerer Zeit zeigt sich auch die Tendenz, Menschengruppen nach Kriterien der Effizienz, Verwertbarkeit und Nützlichkeit zu bewerten. ... Der → Kapitalismus ist übergriffig geworden." (Wilhelm Heitmeyer gegenüber Arno Widmann, in: „Eine Frage der Anerkennung", in: *Berliner Zeitung* vom 22./23. Oktober 2016, „Magazin", S. 9)
→ aus gutem Hause/aus besten Kreisen, → Problemschüler; → durchwegs.

Überlappung Paul Nolte, Schüler des Historikers Hans-Ulrich Wehler und nach dessen wiederholter Auskunft der einzige Junghistoriker, der „gegenwärtig im öffentlichen Diskurs noch Akzente setzen kann", vermeidet → diskurstypisch die → marxismusbelasteten

Substantive ‚Dialektik' und ‚Wechselbeziehung' zugunsten von Zusammensetzungen mit ‚Ü.': „Die Rede von der → Bürgergesellschaft hat auf gar nicht einmal unähnliche Weise den Überlappungsraum von Politik, Feuilleton und Wissenschaft → geprägt." (*Religion und Bürgergesellschaft*, Berlin 2009, S. 8) „Aber die Überlappungszonen von Religion und moderner Gesellschaft reichen noch tiefer in den Kern der westlichen Gesellschaften hinein." (S. 10) Nolte will „die verschiedenen Dimensionen der Überlappung von Religion und Bürgergesellschaft in der Moderne erfassen" (S. 13). Da werden sich, man ahnt es, jede Menge → „Schnittmengen" zeigen (passim). Und die Antwort auf die Frage des Buchuntertitels *Brauchen wir einen religionsfreundlichen Staat?* „muß in der Rechnung bestehen, die noch immer zu selten aufgemacht wird: in der Erkenntnis jenes bürgerschaftlichen Nutzens von Religion, von dem auch die Nicht-Religiösen immer wieder profitieren." (S. 12) Wahrlich, ich sage euch: Wer zum christlichen Glauben findet, wird den bürgerlichen Nutzen haben ...
→ Atheisten, → Salonkatholizismus; → das Abendland.

übernachgefragt Participium superlativissimum von ‚nachgefragt' und Superlativ von ‚begehrt'. Ein Qualitätsmedium differenzierte wie folgt: „Begehrteste Integrierte Sekundarschulen" – „Übernachgefragteste Gymnasien" (Martin Klesmann, „An vielen Oberschulen wird es sehr eng", in: *Berliner Zeitung* vom 5. März 2019, S. 9).
→ überbersten.

Überschriften (von Erzählungen) Begriffliche → Extremstform → diskursanalytisch gezimmerter Lebensfremdheit, welcher die Welt gerade einmal → gut genug ist als Stichwort für ein weltüberschreitendes → Erzählen. Gemeint ist: die Welt als ein Universum von → Erzählungen, denen der Diskursanalytiker gewisse Überschriften aufsetzt und gelegentlich wieder herunterreißt.
Nachdem der Zenit der poststrukturalistischen Sprachmode in universitären → Zusammenhängen bereits überschritten, das Reden vom → Narrationscharakter des In-der-Welt-Seins aus einer Mode zu einer Norm geworden war, konnte das Idiom der Konstruktentlarver und Strukturaufbrecher in die weiten Flachländer medialer Alltagssprache sickern. Multiplikatoren aus der hybriden → Gemengelage zwischen Wissenschaft, Politik und → Qualitätspresse leisteten das Ihre zur Narrativisierung erstarrter Verhältnisse sowie → verkrusteter Strukturen. Der Politikprofessor Claus Leggewie beispielsweise sieht schon seit Jahrzehnten allerorten Ü. und Verheißungen flackern, denen man nur endlich die richtigen „Erzählungen entgegensetzen" müsse, nämlich solche, die auch → „dem Anderen" gerecht würden (vgl. passim und permanent in: ds., *Anti-Europäer*, 2016). Wissenschaftsfernere → Qualitätsjournalisten und -journalistinnen machen sich anheischig, umlaufenden Erzählungen die passenden Ü. aufzusetzen, wobei einige Termini als Ü. zu entlarvungswürdigen Erzählungen → durchaus zu → *hinter*fragen seien. Nach dem Terroranschlag auf einen Berliner Weihnachtsmarkt schrieb Brigitte Fehrle: „Von den nächsten Wochen wird viel abhängen. Sie werden zeigen, ob aus dem Zusammenstehen der ersten Tage etwas Dauerhaftes werden kann. Sie werden auch zeigen, ob hinter den Überschriften über die Sicherheit und unser freies Leben eine gemeinsame Haltung steht." Wer derart Zeit (‚Wochen') zu Sein (‚Dauerhaftes') zu verdinglichen weiß, dem muß eigentlich vor nichts mehr bange sein. Doch bleibt das → Wir-Gefühl aus der → Mitte der Gesellschaft fragil und Bangen und Zittern und noch festeres Zusammenstehen angezeigt. „Wir werden womöglich erleben, dass unter den schönen Überschriften über Sicherheit und freiheitliches Leben je nach Partei Gegenteiliges steht." („Was ist? Was hilft?", in: *Berliner Zeitung* vom 23. Dezember 2016, S. 8)
→ Narrativ.

Übersprung(s)handlung Gedankengänge aus Arnold Gehlens Anthropologie und Sigmund Freuds Psychoanalyse verrührender → Psychosprech; in der Regel: ein Auseinanderfallen von Sinn- und Handlungskontinuum.

überwabern Komparativ von → ‚wabern'; im jüngeren Westdeutsch möglich und gebräuchlich dank der semantischen Verschiebung von ‚flackern' zu ‚wallen', ‚schweben', ‚sich wälzen'. Während das Wabern jedoch den Waberer-Laberer selbst erfassen oder ‚umwabern' kann, verspricht das Ü. eine übergeordnete Instanz wie beispielsweise → das (alles ü.e) Merkel: „Bei Merkel wurden die Neuorientierungen zur Taktik auf dem Weg zu einer großen, alles überwabernden Gesamt-Partei." (Daniela Vates, „Vom Mädchen zur Kanzlerin. 60 Jahre Angela Merkel – an diesem Donnerstag feiert die Regierungschefin" usw., in: *Berliner Zeitung* vom 17. Juli 2014, S. 6)

Überwachungsstaat Zunächst ein Synonym für ‚Polizeistaat', zusehends jedoch ein Arbeitsbegriff für die denunziatorischen Bedürfnisse → breiter Kreise der Bevölkerung in → ganzheitlich-freiheitlichen Konkurrenz→kulturen. Die Überwachung des Konkurrenten geht seiner politischen, moralischen oder ähnlichen Denunziation voraus; zugleich entsteht das Konkurrenz→feld überhaupt erst als eine Denunziationsgesellschaft einander überwachender Anzeiger.
Im → posthumen Kampf von → Totalitarismuskritikern gegen die → Ehemalige war ‚Ü.' häufig gleichbedeutend für die → real existierten Sozialismen → des Ostens gebraucht worden, ehe sich, davon abgeleitet, der heute übliche → Projektionsbegriff für die westdeutsche Gesellschaft selbst herausbildete. Der → Prozeß, durch den aus der → totalitarismuskritischen Vokabel ‚Ü.' eine unfreiwillige Selbstbezeichnung wurde, war ein schleichender. → Im Hintergrund stand anfänglich die Enttäuschung → antiautoritär-linksemanzipatorischer Milieus über Lücken in der → avisierten totalen Autoritäts- und Verantwortungsenthobenheit (→ Projektekultur, → Spasssgesellschaft). Später war von ‚Ü.' auch aus weltanschaulichen Komplementärmilieus zu hören, etwa als Denunziationsterm von → rechten → Rändern für den → P. C.-typischen Universalargwohn. Im Unterschied zu → Mehrheitsdeutschen Projektionsbegriffen aus eigenen antiöstlichen Ressentiments wie → ‚Weinerlichkeit', → ‚Selbstmitleid', → ‚Ressentiment' usw. → verdankt sich der gegenwärtige Wortgebrauch von ‚Ü.' nicht purer Verkehrung, mithin dem einschlägigen → falschen Bewußtsein aus der → Verdrucksheit und → Verklemmtheit (kleinst)bürgerlicher Selbstverhältnisse. Vielmehr dämmern in der Rede vom drohenden oder nahenden ‚Ü.' milieuübergreifend Ahnungen von der mentalen Verfaßtheit des Mehrheitsdeutschtums überhaupt.
Freilich ist ihre Artikulation einzig → vor dem Hintergrund kontrastierender Gesellschaftsbilder zugelassen. In → autoritär regierten Ländern konnte der Staat gesellschaftsbildend wirken, sofern seiner Umhegung und Umsorgung niemand entkam. Dort hatte die weltanschauliche Kontrolle der Umhegten und Umsorgten symbolischen Charakter; Akte eines Souveräns, der mit seinem menschlichen Besitz auch selbst geschwunden wäre. In den → freiheitlichen Ländern hingegen, wo Staat und Gesellschaft → definitiv voneinander geschieden sind, findet Überwachung → gleichsam auf einer horizontalen, eben: der sozialen Ebene statt; die Denunziation wird individuelles Bedürfnis. In der westdeutschen Mehrheitskultur war und ist das z. B. offenkundig durch den allgemeinen Ehrgeiz politideologischer Milieus, einander → totalitäre Neigungen oder → faschistoide Herkünfte nachzuweisen. Diesbezügliches Niederreden des Konkurrenten im Politik- oder Kulturbetrieb durch infamierende Gesinnungsanzeigen hat historisch leicht erkennbare Gründe, nämlich den westdeutschen → Sonderweg aus der deutschen Geschichte mittels gesteigerter Gesinnungs- wie Geschäftsfrömmigkeit, ihrer → provinztyischen Erhebung zur nationalen Norm.

Der mentale Humus der Denunziationslust und des hierfür entwickelten Idioms
(→ Denunziantendeutsch) liegt allerdings tiefer. In Westdeutschland fand niemals ein
Bruch mit der Tradition → autoritärer Bevormundung des Nebenmenschen statt; lediglich
→ Werte und Ziele, nicht Stile und Motive der → Ansage wechselten. Westdeutschen ist es
durchaus nicht peinlich, auch in der Öffentlichkeit belehrend, überwachend, denunzierend, ehrabschneidend aufzutreten; vielmehr sind Selbstaufwertung und Fremdabwertung
unlösbar miteinander verbunden. Idiome wie → Wächter- oder → Lehramtssprech
dürfen daher als seelische Basalzellschicht des Denunziantentums gelten. Der Belehrungseifer als Vorstufe des Anzeigeeifers ist im deutschen Westen, anders als in totalitär und
zentral gelenkten *Staaten*, allverbreitet als → ganz persönliches und innerstes → menschliches Bedürfnis, weshalb sachgerechter von Überwachungs*gesellschaft* die Rede sein müßte.
Westdeutschlandtypisch ist ihre hohe Formalisiertheit. Die Sprecher (Ansager, Vorführer,
Niederredner) definieren sich beinahe ausschließlich durch Hinweise auf Fehler oder Schwächen ihrer Antagonisten, mithin durch „wertenden Vergleich" (Wolf Wagner); das gilt in
der politideologischen → Selbstverständigung ebenso wie im → konkurrenzökonomischen
Animalalltag. Man ist hier in jedem Fall durch die Stelle definiert, die man (politisch,
ideologisch, ökonomisch) einnimmt und → der andere eben nicht. Die Auffälligkeit des
Nebenmenschen begleitet die eigene Auffälligkeit wie ein Schatten; die eigene Exposition
ist gelebte Denunziation des anderen.

Nicht zuletzt deswegen mutet die eine oder andere Westdeutschengemeinschaft → den Fremden wie ein Ensemble gegeneinander ausgestreckter Zeigefinger an. Die heftige Indikations- und Denunziationsambition bei dürftigem seelischen Eigenleben und schwachem Sachbezug sollte man nicht vorschnell dem allgemeinen Abstraktions- und Quantifikationstrend einer sog. ‚westlichen → Moderne' zuzuschreiben; sie ist ein urwestdeutsches Spezifikum. Transatlantische wie innerwestdeutsche Beobachter haben es gleichermaßen registriert. Man vergleiche hierzu nochmals Beobachtungen des BRD-, USA- und anschlußgebietserfahrenen Soziologen Wagner betreffs der BRD-deutsch fortlebenden „spezifisch deutschen Auffassung von Intelligenz" als Einfaltsnachweis am Mitgeschöpf, betreffs der notorischen Schwierigkeiten bereits junger Westdeutscher, Dinge „sachlich zu beschreiben", statt Konkurrenten „moralisch zu beurteilen", ihrer Schwierigkeiten daher auch mit einer „unbefangeneren und offeneren Diskussionsweise" wie bei → Ostlern u. a. m. (*Uni-Angst und Uni-Bluff*, Berlin 1992, S. 31, S. 35).

Zur Genese *ideologischer Milieus* durch Erfindung, Überwachung und Denunziation anderer Milieus exemplarisch: → Antiorientalismus, → Bittermannlinke, → ganzheitlicher Liberalismus, → nachverfolgen; zum → Netzwerk mentalitätsgeschichtlicher → Verwerfungen: → Meinung, → Überzeugung.

überzeugt (adj.) Im → Umgang mit westdeutschen → Verantwortungsträgern, → Vertretern und Verkäufern aller Sachen und Sorten bestätigt sich der Verdacht: → Überzeugungen sind austauschbar und mitunter kurierbar, der Eifer des Überzeugtseins hingegen kaum. Dieser Eifer ist die auch verbal stark bewegte Oberfläche ansonsten → verkrusteter Strukturen, innerhalb welcher das → Individuum stets ganz genau weiß, was es zu fühlen hat. So trägt es nicht nur seine → Überzeugungen (→ Meinungen, → Gesinnungen) vor sich her, sondern auch seinen Überzeugungseifer dick auf. Wovon aber kann das meist heftig wort- und halszuckende Überzeugungsbündel (→ Gummihals) so heftig überzeugt sein? Vor allem davon, am richtigen Platz zu sein. Seit den frühen 1990ern haben sie es ihren Vorgesetzten in Ministerien oder auch ihren Wählern im Lande immer wieder versichert: „Ich bin ein ü.er Berliner." Aber auch ein überzeugter Europäer, Weltbürger, Radfahrer, Autofahrer, Tofuesser, Anhänger oder Anleger von diesem und jenem.

Obwohl ausgesprochen populär in → MEDIALDEMOKRATISCHEN Idiomen, im politischen und kulturbetrieblichen → WÄCHTERSPRECH wie überhaupt in der → freiheitlich-demokratischen → Mitte der Gesellschaft, ist die adjektivtüchtige Form des Überzeugtseins antiargumentativ. Die überzeugten Berliner, Bonner, Bamberger, Demokraten, Parlamentarier, Europäer, → Ganzheitlich-Freiheitlichen usw. lassen keinen Zweifel daran, daß ihre → Performanz als Überzeugungsträger gerade nicht das Resultat eines Überzeugungs→prozesses sei. Der Wert des Überzeugtseins hängt keineswegs von der Wahrheit einer Einsicht oder Eingebung ab, sondern von der Entschlossenheit, für diese einzustehen. → Insofern besteht hier eine direkte Verwandtschaft zum Topos des Überzeugungsträgers (Gesinnungstäters) und zum → DISKURS DER ENTSCHULDIGUNG, in dem sich der überführte, aber überzeugte Straftäter besten Gewissens als → Opfer seiner Leidenschaften, seiner leidenschaftlichen Überzeugtheit von sich selbst geben darf.
→ Ich fühle mich als Europäer.

umändern „Wir müssen das mal umändern, was wir da angedacht haben" – so hört man nahverkehrsöffentlich fast täglich Typen ins Telefon krähen, die einem gut und gerne weggestohlen bleiben können.

umdefinieren (→ **neu definieren**) Dem → dekonstruktiven Dialekt entsprungenes Machtwort, das im → MEDIALDEMOKRATISCHEN prominent wurde. Dort gilt die stetig gespannte Aufmerksamkeit jenen → Menschen, die gerade die Definitionsmacht oder → Deutungshoheit behaupten, welche gegebenenfalls zu dekonstruieren, zu → entlarven oder zu → hinterfragen ist.

Umerziehung, umerzogen Substantiv und Adjektiv bezeichnen in → Qualitätsmedien und → Aufarbeitungskultur zumeist den Moral-, Geistes- und Gemütszustand → ehemaliger Nazis, die – aus wackeren Antibolschewisten zu wackeren Antitotalitaristen geworden – erfolgreich die sog. *re-education* absolvierten. Der amerikanische Terminus wird von den Nachkriegs- und Teilungsgewinnlergenerationen Westdeutschlands allgemein bevorzugt, wahrscheinlich aufgrund → latenten Schamgefühls ob der manifesten Abhängigkeit von den → Aufbauleistungen der Umerzogenen. Offen und polemisch ist von U./u. am → rechten Rand die Rede, wenn es eine gewisse → Unterwürfigkeit der Nachkriegswestdeutschen gegenüber → den Alliierten zu charakterisieren gilt.
→ Aufarbeitung, → bis tief in die Familien, → die Demokratie; → ANTIORIENTALISMUS.

Umfeld Hybrid aus → Umland und → Vorfeld. Das U. von Asylbewerberheimen (→ KLEMMSPRACHLICH zuweilen ‚Geflüchtetenheimen', seltener ‚Flüchtigenheimen') ist ein Ort, an dem ein deutsches Jungmädel – etwa nach Meinung eines JUSO-Veteranen – nichts zu suchen hat, will es nicht zum Flüchtlingsopfer oder gar zur Flüchtlingsfeindin (→ Fremdenfeind, → Ausländerfeind) werden. Nach dem Mordfall Susanna in Wiesbaden ließ der Qualitätspublizist Werner Kolhoff etliche → Qualitätszeitungen wissen: „Ein pubertierendes Mädchen treibt sich im Umfeld von Heimen mit Jungs herum – so etwas geht nicht immer gut. Die Tat, so abscheulich sie ist, hat nichts mit der Nationalität von Opfer und Tätern zu tun. Die hätte auch umgekehrt verteilt sein können." Überhaupt wäre dies nicht so sehr ein Fall von Opfer und Täter als vielmehr von „Behörden", die – man ahnt es – willkommenskulturell „schlecht organisiert" seien („Wieder ein Fall wie Kandel", zuerst in: *Süddeutsche Zeitung*, zit. nach: *Lausitzer Rundschau online* vom 7. Juni 2018).
→ Buntheit/das Bunte, → echt, → -kultur, → Willkommenskultur.

Umfragen verweisen in der Regel auf das engere → Umfeld der Frager, wenn sie beispielsweise zwecks → Deutung deutscher Zustände vom → Kölner → Qualitätssender → *Deutschlandfunk* durchgeführt werden: „Wir haben uns zu dieser Frage einmal in Köln umgehört ..."

Umgang, umgehen mit Verb wie Substantiv besagen im Westdeutschen selten den direkten und → ganz konkreten *Umgang mit Menschen* (Adolf von Knigge, 1788), sondern eher mit den → Problemen, die sie bereiten. „Mit Repressalien umgehen zu können", fordert beispielsweise Ursula Sarrazin von Junglehrerinnen (*Hexenjagd. Mein Schuldienst in Berlin*, München ²2012, S. 7). ‚U.' deutet mithin auf einen Freudschen Dauerversprecher dort, wo man gleichermaßen entschlossen und drückebergerisch vorzugehen gedenkt; das Wort ist aus der Psychoszene in die Niederungen alltäglichen Gefasels herabgestiegen unter Umgehung jeglichen Zartgefühls (vgl. Martina Kessel, *Langeweile. Zum Umgang mit Zeit und Gefühlen in Deutschland vom späten 18. bis zum frühen 20. Jahrhundert*, Göttingen 2001, S. 7 und öfter).
Nicht mit Menschen, sondern nur mit ihrem Leben produktiv umgehen wollte einst Kanzler Schröders Ethikrat Volker Gerhardt (→ mit dem Leben produktiv umgehen). Professor Gerhardt war auch Teilnehmer an jener unvergeßlichen *Deutschlandradio*-Sendung vom 25. Oktober 2005 zum Thema „Philosophie nach Auschwitz. Eine Neubestimmung von Moral in Politik und Gesellschaft", in der ein Professor Zimmermann abschließend erklärte, daß Menschenvernichtung kein akzeptabler Umgang mit Menschen sei. Man lese hierzu sein jüngst erschienenes Buch! „Deshalb title ich auch, daß es nicht um die Frage nach dem guten Leben geht, in unserer Zeit, sondern daß die Moral wesentlich die Aufgabe hat, in den Vordergrund das zu rücken, was wir auf gar keinen Fall wollen, was auf gar keinen Fall akzeptabel ist, so wie man auf gar keinen Fall mit Menschen umgehen darf oder soll, um dann in Verbindung mit historischen Erfahrungen, von Auschwitz zu der positiven inhaltlichen Füllung unserer Moral zu kommen: Achte jeden Menschen als gleichberechtigt an! Achte seine Grundrechte!"
→ Betreuliches, → Psychosprech, → Wächtersprech.

Umkreis des 20. Juli Bundesrepublikanischer Widerstandskreis von stetig wachsendem Umfang. Bereits bis zum 2. Oktober 1990 nahezu identisch mit dem Umkreis der → politischen Klasse der BRD, denn an besagtem Widerstandsakt waren nach der *ZEIT*-Herausgeberin bald alle adligen, militärischen und → konservativen → Eliten des III. Reiches umkreisend beteiligt. Das konnten Oberleutnant Schmidt und Gräfin Dönhoff, berittener Flüchtling vor dem → Totalitarismus, beispielsweise Hans Magnus Enzensberger glaubhaft machen (*Hammerstein oder Der Eigensinn: Eine deutsche Geschichte*, Frankfurt/M. 2008). Dem es wiederum die Vollmerantje überzeugend nachsprach (→ singulär).

Umland Neologismus vermutlich aus dem Westberliner Bürokratendeutsch, mithin aus einem Provinzialdialekt. Der Provinzler betrachtet bereits die *Umgebung* einer Stadt als *Ausland*, er mußte an beidem wohl heftig schlucken, um endlich herauszuwürgen das eine Wort: *Umland*.

umorientieren Gibt es einen Osten jenseits der Himmelsrichtung? Ist Umorientierung das erste Indiz einer → Hinorientierung verängstigten → Bürgertums auf einen siegreichen Islam? Fragen eines verängstigten Okzidentalen.

umsonst Häufig als Synonym der hochdeutschen Adjektive ‚kostenlos' als auch ‚vergebens' gebraucht, könnte das ansonsten unauffällige Adverb → einmal mehr vom wirtschafts-

ethischen → Sonderweg → der alten Bundesrepublik, insbesondere einer charakteristischen Synthesis von → Versorgungsmentalität und → Zahlmoral zeugen.
→ Wenn's umsonst ist ...

Unabhängig. Unverzichtbar Für kulturlinguistische Anschauungszwecke ist diese Adjektivdoppelung unschätzbar. Sie → verdankt sich nicht etwa einer der zahlreichen sog. *Unabhängigen Zeitungen* Westdeutschlands, sondern – im Gegenteil – dem zwangsgebührenabhängigen → *Deutschlandfunk*, der sich neuerdings schamhaft-pauschal *Deutschlandradio* nennt. Über allen Namenswandel hinweg sind die Verdienste dieses Senders um die Popularisierung westdeutscher Hochsprachworte wie ‚relativ', ‚beziehungsweise', ‚gefühlt' und eben ‚unverzichtbar' unbestreitbar. Zeit also, dessen (beziehungsweise auf westdeutsch: dem) mit einer „Bundesweiten Imagekampagne" zu gedenken. Seit 2018 bewirbt der → Kölner Heimatsender sich selbst und sein Existenzsicherungsmodell so: „Unabhängig. Unverzichtbar. Für 50 Cent Ihres Rundfunkbeitrags". Ein – wie man in Köln wohl sagen würde – ‚Erfolgsmodell', nach den in Köln eintreffenden Hörerbriefen (→ Leserbriefe) zu urteilen: „Ich freue mich sehr, dass mir Ihre Kampagne ‚Unverzichtbar' den Anlass bietet, Ihnen nun endlich meine schon lange und immer wieder empfundene Liebe kundzutun. Sie nehmen mir mit dem Begriff ‚unverzichtbar' die Worte aus dem Mund. Immer, wenn ich Deutschlandfunk Kultur höre (...), wallen in mir so starke Gefühle auf, dass ich gern nicht nur Empfängerin sein würde, sondern das Bedürfnis habe, direkt etwas zurückzusenden, auch etwas zu geben." (Renate Schule, in: „Hörerforum", *Deutschlandfunk Programm* Juli 2018, S. 90)
Zum → Qualitätssenderdeutsch allgemein und stichprobenartig: → Akkusativ-Dativ-Liaison, → Permanenz, → Präsenz, → annerven, → meinen, → Gestaltungskoordinierungsaufwand u. v. a. m.

unaufgeregt → Jovialsprech, vor allem als Kulturredakteursdeutsch; leicht gönnerhafte Belobigung. Wo andere aufgeregt wären, sind der Gelobte und natürlich man selbst ‚u.'. Als Ersatzwort für → ‚cool' und ähnliche Besatzungszonenkinderworte promeniert ‚u.' im Experimentalmusikfeuilleton und in Tanztheaterrezensionen. Doch auch aus dem politik- und kulturdeutenden Großfeuilleton ist das Wort nicht mehr fortzudenken. Die seit mehr als 20 Jahren → zunehmende Penetranz der Unaufgeregtheit ist wahrscheinlich einer mißglückten Linearübertragung des → ungleich weniger prominenten ‚unexcited' → geschuldet. Sie gehört ins Subgenre des emotionalen → Bekennersprechs, bleibt jedoch semantisch rätselhaft. Was bewegt Westelbiens Politiker und Publizisten, von unaufgeregten Gedenkstunden, Debatten, Klaviersonaten, Inszenierungen, Regierungsansprachen, Stilbrüchen, Weinabenden (Pressequerschnitt 2003–2018) zu schwadronieren? Vielleicht eine ferne Kunde von jener Mondänität des Gefühls, die seit je in der *ZEIT* residierte, mag es in der *WELT* zugehen, wie es wolle: „Drei Grundsätze für eine unaufgeregte Flüchtlingspolitik" (7. Juni 2016). Selbst wenn man Fritz J. Raddatz' Schmähungen übers *ZEIT*-Feuilleton nach seiner Entfernung aus selbigem nicht gelesen haben sollte, weiß man doch sofort, wer allein das nur geschrieben haben kann: Theo Sommer.
→ Gelassenheit.

unbefragbar, Unbefragbarkeit Wohlbekannt und penetrant ist das ‚unhinterfragbar' der → westlinken → Betroffenheitler. Um Anerkennung hingegen hat die unbetroffenheitliche Fortbildung dieses Edelschmerzworts zu ringen. Ein Hauch erst halb überwundener Verletztheit und Verletzlichkeit (→ verletzende Verletzlichkeit) emanzipativer Epoche weht einen dennoch aus Texten von Botho Strauß an, den heute nichts so sehr entzückt wie

Borniertheit aus Väterglauben: „Man mag es zusehends spüren, welche Anziehungskraft von einem Denken ausgeht, das in seinem dichtesten Kern aus Unbefragbarkeit und aus Frommheit besteht." (zu: Nicolás Gómez Dávila, *Das Leben ist die Guillotine der Wahrheiten*, Frankfurt/M. 2006, S. 315f.) ‚Ein fester Klassenstandpunkt' hieß das beim totalitären Seelenzwilling.

Unbequeme Der U. ist den Tonangebern nicht einfach und nebenbei unbequem geworden, sondern er wollte es sein, ganz wie er es in Festreden für Alterswilde und → Querdenker gehört hat. Wer soviel Unbequemlichkeiten auf sich nimmt, findet sich schon mal im Bundespräsidialamt wieder oder zumindest als Straßenname.

unchristlich geprägt Die Prädikation von ‚Prägungen' verrät häufig mehr über den Prädikator als über den durch ihn Beglückten. In einem Land, da Denken und Dasein von klein auf in Milieus (‚Prägungen') stattfinden, kann sich die Mehrheit (→ MEHRHEITSDEUTSCHE) eine von ‚Prägungen' freie Denktätigkeit kaum vorstellen, ebensowenig wie eine von ‚Prägungen' freie Gläubigkeit. Die weltanschauliche Unversehrtheit der → ehemaligen DDR-Bewohnerschaft wird von westdeutschen → Ostdeutschenbeobachtern daher regelmäßig als Gegenprägung mißdeutet: Wo man den Namen Gottes nicht allzu oft und also auch nicht allzu unnützlich im Munde führt, da müsse man doch wohl → ‚atheistisch' oder wenigstens ‚nicht christlich *geprägt*' sein. Eine verbale Schwachsinnsprägung, die Herrn oder Frau Gerrit-Jan Kleinjan in der *Berliner Zeitung* vom 2. Mai 2016 zu der Untertitelzeile verführte: „Vom Leben, Glauben und Arbeiten der Pfarrerin Susanne Brusch in einem recht unchristlich geprägten Land wie Brandenburg" („Ich versuche, mich einzuschleichen", S. 15). → geprägt.

uncool Als elitäre Form der massenmedial angesagten Coolness (→ am coolsten) darf eine Selbstattribution von Uncoolness gelten. Sie erfolgt nicht zuletzt aus dem (richtigen) Gefühl, daß die Uncoolness von heute die Coolness von morgen sein könnte. Westdeutschlands → HEIMATLITERATUR und Zeitgeistschreibe konvergieren in derlei Uncoolness-Bekenntnissen. Am heftigsten verlauten sie seit Mitte der 2000er Jahre aus dem → MEDIALDEMOKRATISCHEN Milieu um die → Publizistin Juli Zeh. Auch nach Veröffentlichung ihres ziegelsteindicken Landromans aus dem Brandenburgischen (Zeh im *Deutschlandfunk*: „Ich kenne die Geschichte der Leute dort nicht.") *Unterleuten*, an dem die Autorin, wie sie gegenüber Presse und Funk immer wieder betonte, mehr als zehn Jahre gearbeitet haben will, hagelte es Kritik ob der hohen → Meinungs- und Gesinnungsmitteilungsdichte. Speziell nach der Zeitgemäßheit von → Gesinnungsliteratur wurde bei Zehs Buchpräsentation auch Eva Menasse gefragt. Zeh antwortete stellvertretend: „Ich glaube, man wundert sich in erster Linie deswegen über Eva und mich oder Leute wie uns nicht nur, weil wir Frauen sind, sondern auch, weil wir Autoren sind und weil diese Figur des politisch aktiven Autors tatsächlich uncool geworden ist, das hat Eva ja → eben gerade erklärt, daß das → sozusagen auch zeithistorische Zyklen sind. Ansonsten halt ich – sag ich mal – das Grundmodell des politisch engagierten Bürgers für nach wie vor völlig normal, gängig und auch nicht aus der Mode. Wenn irgendwas aus der Mode gekommen ist, würde ich eher sagen, es ist die Coolness. Also ich war in den 80ern jung und Anfang der 90er: Wir waren cool, also dachten wir, und wir wußten auch noch, was wir damit meinen. Jetzt, 2015, 2016, das sind für mich die uncoolsten Jahre, die ich überhaupt je erlebt hab, also so vom ganzen → Zeitgefühl her. Nicht die politisch Engagierten sind aufgeregt, sondern im Gegenteil, der → Diskurs ist abartig aufgeregt ..." („Aus dem Literarischen Colloquium Berlin", *Deutschlandfunk*, 26. März 2016)

→ abartig/einzigartig, → annerven, → Bekennersprech, → ich sag mal/sag ich mal, → Gelassenheit, → schon mal, → unaufgeregt, → wahnsinnig wichtig.

Und am Satzanfang bezeugt eine Priorität des Mörtels gegenüber der Bausubstanz; ein typisches Merkmal literarisch dilettierender Publizistik, speziell der → Bübchenbelletristik. Man findet es freilich geschlechts- und altersübergreifend, bei den → Qualitätsjournalisten der *FAZ* (Simon Strauß) nicht weniger als bei denen der *taz*. Selbst ein bejahrter Ex-*taz*ler stellt sich seinem Verlagspublikum immer noch wie folgt vor: „Arno Widmann ist ein Meister seines Fachs. Und einer der letzten. Seit langer Zeit, seit mehr als 15 Jahren schreibt Widmann Glossen, Kritiken, Rezensionen für die taz" und weitere → Qualitätsmedien (zit. nach: Website *fotoTapeta*, 2018; zu *taz*typischen Denk- und Schreibauffälligkeiten näherhin: → lässig, → entspannt, → unaufgeregt, → Abkapselung). Als Konjunktionsvirtuosin nicht zu vergessen die *SPIEGEL*-Undine Elke Schmitter (→ grau, → unbewußt)!
→ Jovialsprech.

und ja/und nein Jovial gemeinter Satzeinleitungsersatz, dem französischen ‚et oui ...' nachgebildet; einer der westdeutschen Weltläufigkeitsversuche.
→ mon chérie, → Sconto, → Weltoffenheit.

undsoweiter Im massenmedial→affinen → Frommsprech häufig ein Bekenntnisabschlußterminus; prototypisch die Antwort eines mentalen Muskelpakets auf die Frage nach seinem Glauben: Die Schönheit seiner Tochter, daß Dinge und Menschen da sind und was da überhaupt so alles durchströmt. „Das ist für mich Gott. Die Unendlichkeit des Alls undsoweiter." (Ben Becker, in: *Inforadio*, 29. Oktober 2017)
→ Evolution, sich entwickelnde, → Bekennersprech.

Unerlöstheit → das Unerlöste.

unerträglich Empörungsformel hauptsächlich des linksbürgerlichen Politikfeuilletons, im gesprochenen Westdeutsch mit verzögertem Anlaut und leicht nasalem Auslaut. U. findet die westdeutsche Empörungspublizistik z. B., daß die NPD nicht mehr nur, wie seit den 1960er Jahren, in westdeutschen, sondern nun auch in ostdeutschen Landtagen vertreten ist oder daß überhaupt Parteien, die vom demokratischen Rechtsstaat zugelassen sind, bei demokratischen Wahlen Zulauf erhalten. ‚U.' ist ein naher Verwandter von ‚unglaublich', ‚nie dagewesen', ‚einzigartig' und ‚das geht ja nun gar nicht'. Er läßt ein besonderes Verhältnis zwischen benannter und gefühlter Unerträglichkeit erkennen: Die geruhsameren Verkünder und Ankläger von Unerträglichem sind sich selbst noch erträglich, anders als der ehrgeizigere → Mehrheitsdeutsche (Biller, Bittermann, Bohrer, Bude). Dieser erträgt sich nur, wenn er eine Minderheit ausfindig gemacht hat, deren Sein, Tun oder Denken er ‚u.' finden kann, doch verwendet er den Ausdruck selten. Statt dessen begnügt er sich mit ‚keine Menschen', ‚Mob', ‚Mischpoke' u. ä. m.
→ abartig, → am coolsten, → Bittermannlinke, → Identität, → Pack, → Wir, → Zoni, → Zonenmob.

ungleich (größer, wichtiger usw.) Vermutlich aus ‚unvergleichlich' herabgewuchert. Falls nicht als Gegenteil von ‚gleich (größer usw.)' verwendet, ein typischer Doppelmoppel; → Blähwort und → Bedeutsamkeitssprech. Hans-Ulrich Wehler, in den 1970er Jahren als Sozialhistoriker noch → total im Trend, strebte 2012 zur geistigen Mehrheitsgesellschaft, die → zuverlässig vom *ZDF* versorgt wird (→ Traumschiff). Wehler war „die Art, wie deutsche

Geschichte bei uns präsentiert wird, willkommen. Und daß diese Filme vom Publikum → angenommen werden, zeigen die Einschaltquoten. Die Dokumentationen von Guido Knopp und die Filme von Nico Hofmann sind der Versuch, die Deutschen mit ihrer Vergangenheit bekannt zu machen. Das kann ich als Historiker nur begrüßen." Aber führen Bekanntmachungssendungen wie „Hitlers Herrenrunde", „Hitlers Hausmädchen", „Hitlers Hund" oder „Hitlers Hochzeit" nicht zu einer unzulässigen Emotionalisierung? „Wie soll man es sonst machen? Es geht nicht ohne die Mobilisierung von → Emotionen. Sonst klinkt sich das Publikum aus. Und es ist ja gar keine Frage, dass die Mobilisierung von Interesse über Bilder ungleich größer ist als über Texte." („'Es läuft ja nicht auf Verklärung hinaus'. Hans-Ulrich Wehler über Rommel und Hitler im TV", in: *Berliner Zeitung* vom 6. November 2012, S. 27)
→ Komparativstörung.

unheimliche Mischung Im Gegensatz zur → bunten Mischung jeder Preislage nicht stückweise erwerblich. Näheres: → Ostgesicht.

unheimlich wichtig Wie die DDR ihre FDJ hatte, so hat die BRD ihre Berufsjugendlichen, vor allem in den sinnvermittelnden Berufen. Was hier getan wird, versteht sich nicht immer von selbst, daher auf Nachfrage → gleichsam das Erstaunen der Befragten über die Wichtigkeit ihres eigenen Tuns. Man halte einem → Projektkulturschaffenden, einer Denkfabrikarbeiterin, einem Stadtteilförderpädagogen nur einmal ein Mikrophon vor die Nase und frage danach! „Ich find das unheimlich wichtig, daß da mal → hingeguckt wird, was da so am → Laufen gehalten wird, → weil, wir sind jetzt schon drei Jahre ohne Fördermittel" usw. usf. Die Formel reüssierte in freier Forschung (→ sehr konkret) und freier Presse (→ Medialdemokratisch).

unhinterfragbar → unbefragbar, Unbefragbarkeit.

unhinterfragt sind in der Regel → soziale Konstrukte, der klassische Gegenstand des → Hinterfragens, → Aufzeigens und → Entlarvens.

unnationalistisch Haupteigenschaft der einmal die Woche ‚beim Italiener' äsenden Altbundesrepublik; Wortschöpfung und Wehmutsformel des → Mehrheitsdeutschen → Jammerwessis M. R. Biller.
→ am coolsten, → Kein Zutritt für Italiener, → Leckerheit, → Sconto, → Weltoffenheit, → Wir Deutschen im Westen.

unrealistisch Ein bei der verbalen Beschreibung und Berechnung von → Zukunften beliebter → Animismus. „Trotz allem hofft er ein wenig auf unrealistische Nachrichten." (Kristine Bilkau, *Die Glücklichen. Roman*, München 2015, S. 120)
→ realistisch, → sensualistisch.

Unrechtsparagraph(en), seltener: Unrechtsgesetz(e) Insbesondere nach dem → Anschluß beliebte Fachausdrücke aus dem Diktionär der → Totalitarismuskritik, die sich jedoch in typischen → Entlarvungs→zusammenhängen heute → zunehmend weniger finden. Es ist nicht auszuschließen, daß diese Termini ihre Karrieren als frauenemanzipatorische → Ausdrücke für → frauenfeindliche Paragraphen des → Bürgerlichen Gesetzbuches in der → ‚Bundesrepublik Adenauer' (S. Detjen) begannen (gattenabhängige Kontoführung! lustneutrale Begattungsduldung!), ehe sie die antitotalitaristisch gewendeten Antifaschisten der Alt-BRD (→ Westlinke) als → Projektionsbegriffe entdeckten. In → Qualitätsmedien der

bundesdeutschen Mehrheitsgesellschaft steht ‚Unrechtsgesetze' inzwischen ausschließlich für → parteiprivilegierende Gesetze des → Unrechtsstaats, während selbst Leitmedien der westdeutschen Frauenbefreiung nicht mehr von den ‚Unrechtsparagraphen' in → der alten Bundesrepublik und den dadurch zementierten Modernisierungsdefiziten sprechen.
→ Deutschland, → Emanzipation, emanzipiert, → Modernisierungsrückstand, → starke Frauen, → Versorgungsehe.

Unrechtsstaat Staat, der wie beispielsweise das Wilhelminische Kaiserreich (→ das Schloß), das Amerika McCarthys und fast die gesamte Weltgeschichte bis zum 23. Mai 1949 nicht den moralisch-juristischen Standards entspricht, welche die Bundesrepublik Deutschland setzte (Recht der Frau auf eigenes Bankkonto ohne Gattengenehmigung: seit 1962, Geschäftsfähigkeit der Frau ohne Gattengenehmigung: seit 1969, Inkrafttreten des schulischen Prügelverbots: außerhalb Bayerns seit 1976, Berufsfreiheit der Frau ohne Gattengenehmigung: seit 1977, Straffreiheit homosexueller Beziehungen: seit 1994, rechtliche Gleichstellung unehelich geborener Kinder: seit 2009).

Unruhestifter Titel, den sich bürgerliche Erfolgsexistenzen auf dem Gipfel ihrer künstlerischen, politischen oder intellektuellen Harmlosigkeit gern selbst verleihen, oftmals sinnidentisch mit → Sinnstifter; wenn nicht selbstattributiv gebraucht, dann strikt milieugebunden: „Der intellektuelle Unruhestifter" (Klaus Bittermann über Wolfgang Pohrt; in Varianten Wolfgang Pohrt über Klaus Bittermann).
→ BITTERMANNLINKE, → Heimatliteratur, → Kleinkunst, → Kreuzberg.

unser demokratisches Deutschland benötigt Abrisse des → Architekturstalinismus und befördert eine Füllbautenkunst, welche Springbrunnen durch → weltoffenheitsoffene Büro- und Geschäftsbauten mit mittelalterlichen Fassaden ersetzt, argumentiert ein → Vertreter → breiter Kreise aus Berlin-Reinickendorf; bitte weiterlesen unter: → intellektuelle Kreise.

unsere Werte Christ sein und Geld haben. Wertmaßstabsspezialisten: Jakob Augstein, Arnulf Baring, Wolfgang Herles, Paul Nolte, Thilo Sarrazin. Zum Detail: → Atheisten, → die bürgerliche Mitte, → Überlappung, → Unrechtsstaat, → Wir im Westen.

Unsere wunderbaren Jahre Titel eines Heimatromans von Peter Prange (geb. 1955 in Westfalen), Synonym des altwestdeutschen Heimatgefühls sowie der westdeutschen → HEIMATLITERATUR überhaupt, worin man sich vornehmlich an die Zeit → zurückerinnert, als man sich in Westfalen oder anderem Westelbien mit sich selbst, mit der Deutschen Mark und mit seinen → Weltoffenheitsphantasien noch ganz unter seinesgleichen wußte. *Der große Deutschland-Roman* (Werbetitel) ist verfaßt in urdeutschem Nominalstil und läßt die altdeutschen Helden gelegentlich fremden Völkern begegnen: Türken, wie man sie kennt (rachsüchtig), Spanier, wie man sie kennt (erotoman), DDR-Bürger, wie man sie kennt (besitzgierig), kurz: er bekundet solides westdeutsches → Wir-Gefühl. In der Westdeutschlandfunk-Sendung → „Denk ich an Deutschland" bewarb Prange sein Nostalgicum näherhin so: Der Roman erzähle von all den schönen Dingen, die man sich für die DM, insbesondere für die intitial verabreichten 40 DM kaufen konnte, sei überhaupt die → Erzählung von einer Zeit, „die mit der DM begann und endete" und insbesondere das westfälische Daseinsempfinden bis heute auszeichne. „Was für ein doch weltoffenes Land wir geworden sind", schloß Prange: „Ich würde sage, daß wir uns da sehr toll entwickelt haben." (→ *Deutschlandfunk*, 6. Mai 2018) Doch zeigt die aus Alleinbesitz der DM und Suspension von Nationalgeschichte gefertigte Daseinskapsel erste Sprünge: „Das schöne Deutschland, das weltoffene Deutschland, das neugierig ist auf → das Fremde, auf → das Andere, das sich bereichern möchte mit anderen Gedanken, mit anderen Ideen, mit anderen Lebensweisen, prallt auf ein Deutschland, das auf einmal wieder in geradezu entsetzlicher Weise an Dinge denken läßt, die weit hinter uns zu liegen scheinen, von → Fremdenfeindlichkeit, von Abgeschlossenheit, von Vorurteilsbesessenheit, auch von fürchterlicher Ängstlichkeit, die sich dann spiegelverkehrt in äußerster Aggressivität wieder äußert."

In der ausdrücklichen *Weltoffenheit* des schönen Deutschlands erkennt man unschwer das kleinbürgerlich-kleinweltliche Gefühlssubstitut für → *Weltläufigkeit*: Die Welt ist hier die Summe aller Objekte, die man kaufen oder als → das ganz Andere anstaunen kann. Sie ist nicht mehr ein Ort der Erkundung und Erfahrung (wie noch *le monde* einer alteuropäischen → Metropole für den → Provinzler), sondern wird in Ding- oder Menschengestalt geliefert ins heimelige Heim.

→ Abkapselung, → Bamberg, → Detmold, → Göttingen, → Köln, → Kreuzberg; → Wir im Westen.

unser Geld Ein Ausdruck, dessen systematischer Gebrauch eine wirtschaftsethische Verhaftung im frühmodernen Monetarismus, mithin eine geschäftsgeistige Regression anzeigt. Synonym wie wörtlich gängig bei → MEHRHEITSDEUTSCHEN, die nach dem → Beitritt im Osten nicht Beute fassen konnten oder mit dem Ergriffenen, wie so häufig, unzufrieden sind (J. Augstein, M. R. Biller, K. H. Bohrer, P. Sloterdijk, B. Strauß); ein schroff → ANTIORIENTALISCHER → SCHMÄHSPRECH: „Sie hassen uns Wessis, sagen uns das aber nicht, weil sie unser Geld wollen." (zit. nach: Regine Sylvester, „So, das fürs Erste", in: *Berliner Zeitung* vom 27. Oktober 2016, S. 8) Die mehrheitsdeutsche → Mitte der Gesellschaft gibt mit der Rede von ‚u.em G.' zu verstehen, daß dieses ihr persönlich anhafte, mithin Seelennähe verbürge, zumindest aber Kultursubstitut sein könne. Keine Kultur, kein Humor, kein Esprit: Es bleibt die „erstaunliche Empörung" (N. Lammert) jener, die außer Geld nichts → besitzen und somit auch nicht zu geben haben.

→ Gratis-Mut, → PUERILSTIL, → westliches Geld.

unter der Woche Nicht zu verwechseln mit ‚unter Tage' oder → vor Ort. Die Tage drücken von allen Seiten (oder doch nur von oben?), wo die Arbeit als Entfremdung erlebt, aber nicht als solche benannt wird. → Falsches Bewußtsein hätten das die *taz*ler genannt, als sie noch Vollbärte trugen, Hörsäle bevölkerten und Marxisten sein wollten. Hier soll es genügen, von einem gestörten Raum-Zeit-Gefühl zu sprechen.

→ zeitlich befristet.

unterklassig Aus dem Diktionär des → WESTLINKEN Alternativbourgeois (Bittermann, Schmitter usw.), der als Spätberufener des → Kapitalismus auf keinen Fall mit einem → Proll verwechselt werden möchte. Näheres: → Bürgerlichkeit, → Kleinkunst, → Zoni.

Untermensch, ostdeutscher → der ostdeutsche Untermensch, → östliche Unwerte, → PURISMUS.

unterprivilegiert Interlinearübersetzung: unterbevorrechtet; eines der populärsten Dummwörter aus → antidiskriminierendem Beauftragtensprech, verbreitet auch in der → qualitätsmedialen Alltagsunmutsprache.

Unterschicht (seltener: **Unterklasse**) Ein → KLEMMWORT des gemeinen Mittelkläßlers für 1. arme Leute, 2. Arbeiterklasse.

→ Proll.

unterwegs sein Dynamisches Pendant zum → Aufgestelltsein, dessen Statik in → der Politik wie → der Wirtschaft freilich Angriff und Ausfallschritt vorbereitet. Zuweilen wird die bildliche auf physische Realdynamik → heruntergebrochen, wie etwa in dieser „Information am Morgen": „Läuferisch war er unheimlich schnell unterwegs" (*Deutschlandfunk*, 13. Januar 2016).

Unterwürfigkeit Eine noch vor die Gründung der BRD zurückreichende Tradition von U. reklamiert immer wieder ein Westberliner Klein- und Selbstverleger: „Schon nach Ende des Zweiten Weltkriegs, bzw. schon lange vorher fing die Misere der → Zonis an. Als Saul K. Padover in der Abteilung Psychologische Kriegsführung direkt hinter der amerikanischen Front Deutsche interviewte, um sich ein Bild von → den Menschen zu machen, von denen niemand wußte, wie sie eigentlich → ticken, da wurde er mit Eigenschaften konfrontiert, die in der → Zone überlebt haben, wie z. B. ‚Hartherzigkeit' und daß sie ‚ständig klagten und jammerten und einander denunzierten. Anteilnahme war ihnen fremd'. Abgesehen jedoch von dieser in der geschlossenen Anstalt DDR überlebenden psychischen → Disposition der Zonis, war damals schon ein Unterschied festzustellen. Im Westen wurden die Amerikaner als Befreier gefeiert, in Mitteldeutschland jedoch, dem späteren Osten und der damaligen Nazihochburg, ‚ging es anders zu als im Rheinland. Die Leute waren ausgesprochen feindselig. Überall starrten sie uns kalt und haßerfüllt an.'" (Klaus Bittermann, „Die Rache der Zonen-Zombies", in: ds. (Hrsg.), *Unter Zonis*, Berlin 2009 u. ö., S. 90–111, hier: S. 110f., Kommasetzung unberichtigt)
→ In Wahrheit hatte Padover in *Lügendetektor* (1946, deutsch: 1999, ²2016) vom frühen Eifer der rheinländischen und bayerischen ‚Mussnazis' berichtet, den Nazismus als Sonderphänomen Ostelbiens zu deuten und sich aus der gemeinsamen Schuld(en)geschichte fortzustehlen: „Haß auf die Russen, Schmeicheleien für die Amerikaner" sei die „Methode" der Westelbier. „Ihre einzige Hoffnung sind die Amerikaner. Indem sie einen Keil zwischen die Alliierten treiben, hoffen sie, ihrer Bestrafung zu entgehen." (²2016, S. 87) Die moralische Zeigefingerarthrose Westelbiens ist hier → gleichsam in ihrer Geburtsstunde zu bestaunen. Die historische Urschuld Ostelbiens allerdings, von der falschen Militärmacht besetzt worden zu sein und daher keine → Dankbarkeit gegenüber den → alliierten Nachzüglern entwickelt zu haben, ward vom Zoni-Hasser Bittermann treffend benannt. Bittermanns Deutschlandkenntnis beschränkt sich auf seine → Herkunftsheimat → nahe von Nürnberg (Padover: „ein Heiligtum der Nazis") und auf seine Wahlheimat Berlin-Kreuzberg. Die Weich- und Warmherzigkeit der Führerstadt Nürnberg bleibe dahingestellt. Liegt aber Kreuzberg nicht selbst im → angeblich seit je nazistischen, reaktionären, befreier- und → ausländerfeindlichen Ostteil Deutschlands?
Das → durchaus → paradigmataugliche Textbeispiel sollte weniger die → singuläre Verlogenheit westdeutscher → Vergangenheitsbewältigung als vielmehr diejenige → gutbürgerlichen, → denunziantendeutschen → Ranwanzens generell illustrieren. Tatsächlich gehört die westdeutsche U. gegenüber Besatzern, Arbeitgebern, Vorgesetzten, Geld- und Machthabern aller Art zu den Primärerlebnissen Ostdeutscher unmittelbar nach dem → Anschluß. Bereits nach der ersten Begehung Westberlins berichteten viele Berliner und Brandenburger vom drückenden Dunst der Apathie, Ängstlichkeit, Angepaßtheit; poetisch Ambitionierte sprachen gar von den ‚toten Augen' und ‚zusammengepreßten Lippen' der Frontstädter, unter denen 1989 einige immerhin durch Begrüßungsfrohsinn (‚Hallo, Nachbarn!') ihren Gefühlsstau für kurze Zeit lösen konnten. Zweifellos waren besagte Physiognomien auch schon durch eine Ahnung um dräuenden Abschied von frontstädtisch genossener Weltgeschütztheit und → Versorgungsmentalität gezeichnet. Gescheiterte und Gekränkte der Marktwirtschaft begegneten den Härteres Gewohnten, zur Heiterkeit Geneigten aus dem Osten rasch mit blanken

Abstiegsängsten. Die Publikationen einiger Westberliner → Verbitterungsmilieus haben diese Ängste als → Ressentiments formuliert und diese Ressentiments wiederum einem hierfür erfundenen Feindvolk angeheftet. Unter → Bittermannlinken ist seit 1993 (*Der rasende Mob, Geisterfahrer der Einheit, It's a Zoni, Unter Zonis* u. ä. m.) regelmäßig von der ‚Unterwürfigkeit', zugleich aber von der ‚Undankbarkeit' der Ostdeutschen zu lesen, überhaupt von deren mangelhafter Anpassung an westdeutsche Mehrheiten, wie sie sich im volkstümlichen und -typischen ‚Meckern' bekunde. Auch → Qualitätsmedien wie *DER SPIEGEL* kolportierten bereits 1989/90 gleichermaßen westdeutsche Verachtung für die materielle Anspruchslosigkeit und westdeutschen Haß auf die ‚Strebsamkeit' (auch: ‚Ellenbogenmentalität') ostdeutscher Flüchtlinge; eine Urteilsverwirrung, die sich später im → Konstrukt einer ostdeutschen „Speerspitze des neuen Amerikanismus" (H. Bude) verdichten sollte.

Den widersprüchlichen → Umgang der → Mehrheitsdeutschen mit dem → Themenfeld ‚U.' kann eine Erinnerung an den grundsätzlich dispositiven, nicht nur akut reaktiven Stil westelbischen und insbesondere westberlinischen Gefühlslebens klären. Die stupende Dauerbereitschaft zur Selbstunterwerfung resultiert aus dem fraglosen Wissen des Mehrheitsdeutschen, daß die Welt voll, jeder Weltbürger also einer zuviel sei. Man weiß sich nicht als persönlichen Besitz einer Macht, sondern sucht ein solcher überhaupt erst zu werden. Ein Dasein in → permanenter Habachtstellung ist die Folge; Abrufbarkeit des Affektiven wird zur Verhaltenskondition, die sämtliche Lebensbereiche regelt. Das *Gefühl aus Kalkül* solcher nicht schicksalhaft Unterworfenen (vgl. Eva Illouz, *Gefühle in Zeiten des Kapitalismus*, 2006), sondern allem Schicksal vorauseilend sich Unterwerfenden → kreiert aber auch den positiven, herzhaft ja-und-amen-sagenden Charakter der mehrheitsdeutschen U.s→kultur. → Gummihals, Leuchtblick und Zähneblecken, bei Frauen der berühmte → ‚Knäkententon' (M. Goldt) zeigen vielleicht die historische Endstufe, gewiß aber Höchstform eines Untertanentypus, der dank seiner Freiheit von Selbstachtung wohl zu den ewigen Siegern auf Erden gehört. Sogenannte soziale Verlierer (auch: → ‚sozial Schwache'), wie etwa die in Wohnghettos und auf Baustellen verwahrten → ‚Gastarbeiter', sind dem Mehrheitsdeutschen bloß verächtlich. Vermutete Verweigerer einer habituellen U. jedoch wie die Minderheitsdeutschen im Osten sind ihm verhaßt (→ Haß und Verachtung).

Einer westsystembeschränkten Welterfahrung muß der wache Blick der Unterworfenen ganz unverständlich sein. Er spürt darin wohl die alteuropäisch tradierte, nunmehr bloß noch östlich oder gar ostdeutsch wirkende Technik einer ironisch-reflexiven Distanzierung von vorgefundener Lage, Rolle, Situation, kurz: reflexive Auflehnung als „Vornehmheit des Sklaven" (F. Nietzsche). Der Mehrheitsdeutsche ist nicht *vornehm* und will es nicht sein. Er hofft und strebt, daß man ihn weiterhin *vorziehe*, wie's ihm durch sein Besatzungsschicksal geschah; er will nur sein, was er immer schon war: Einzel-, vielleicht Hätschel-, jedenfalls Lieblingskind. Ein solches lebt seit je in machtgeschütztem und mehrheitsherrscherlich gereiftem → Wir-Gefühl. Obwohl von zweifellos puerilter Politikmentalität (→ Puerilstil, Infantilstil), strebt der Liebling der Geschichte aus dem Ennui des Verzogenseins zum Stolz der Verantwortung: Er gebärdet sich als das ältere Geschwisterkind, das dem jüngeren die Wünsche und → Werte der Eltern → vermittelt, von unten herauf zu den Erwachsenen nach Beifall schielend. Dem Mehrheitsdeutschen ist es unmöglich, Selbstbewußtsein mit Selbstreflektiertheit zu verbinden. Die prinzipielle U., die ewige Suche nach Chefs, die ihm seine Anstelligkeit beim Ausscheren aus allen → Sonderwegen attestieren, garantiert ihm unter Europas Völkern eine → singuläre → Identität.

→ Anbiederei, → Dankbarkeit, → Humor, → Haßwitze, → Minderwertigkeit, → Parasitenstolz.

unüberbietbar → Superlativissimus im westdeutschen → Gedenk→diskurs und enger semantischer Verwandter von → ‚einzigartig', → ‚singulär' und ähnlichem Imponiersprech;

unverhohlener Ausdruck historischen Rekorddenkens und zur Zeit wahrscheinlich der unüberbietbare Gipfel sprachlicher Geschmacksbefreitheit; vgl. die Beispiele und Synonyme bei V. Gerhardt, S. Lewitscharoff, A. Reschke, E. Schmitter: → Gattungsbruch, → in der Geschichte, → unbewußt/unwillkürlich, → einzigartige Abartigkeit.

unverkrampft Superlativ von → ‚lässig'/‚gelassen' und kleiner, mit erotischen Befreiungsphantasien umkränzter Prädikatbruder von ‚unverklemmt'; ein Hochwertwort des westelbischen → Weltläufigkeits→diskurses. Um dessen mentalen und verbalen → Hintergrund schlaglichtartig zu erhellen, sei zitiert, was ein Qualitätsorgan mit dem anspruchsvollen Namen *DIE WELT* durch Chefredakteursmund verlautbarte: „,Cookies' war eine unmögliche Angelegenheit. Es war ein Ideal vom Nachtleben, wie es in Hochkulturen selten vorkommt. Die Orgien im alten Rom, die Partys von Marie Antoinette, ‚Studio 54' zum Beispiel. Und dann kam das ‚Cookies' in den frühen Nullerjahren. Der lange, zähe, durstige und → durchwegs → verklemmte Weg der Nachkriegsdeutschen zu einem unverkrampften Umgang mit ihren Neigungen und Lüsten fand im ‚Cookies' eine Bühne. Es war das aufregendste Nachtleben, das es damals zu genießen gab. Und weil → die Deutschen ihren eigenen Einschätzungen selten trauten, wurden die Hymnen auf den Berliner Clubkosmos und das ‚Cookies' insbesondere gern zitiert. Ja, so spürten es die Stammgäste, wir waren Zeugen eines besonderen Moments." Kurz: „Die New Yorker: sprachlos." (Ulf Poschardt, „Ein heterosexueller Ort: Nach 20 Jahren macht der Berliner Club ‚Cookies' zu. Damit endet eine Nachtleben-Ära, in der die Hauptstadt zu sich selbst fand und der Deutsche zu freier Liebe und Coolness", in: *WELT online* vom 16. Juli 2014)

unverzichtbar Politik-, wirtschafts- und kulturbetrieblicher → WICHTIGSPRECH.
Das Wort kündet gleichermaßen von der Todverfallenheit der deutschen Grammatik wie von der intellektuellen Lebenstüchtigkeit des Wortverwenders. Über „Wissenschaft im Interesse des Menschen" räsoniert ein Menschenkenner aus dem Nationalen Ethikrat wie folgt: „Die Fortschritte in Genforschung und Biotechnologie haben die öffentliche Aufmerksamkeit wie von selbst auf Fragen gelenkt, um die es der Philosophie von Anfang an geht. Denn jetzt geht es offensichtlich um etwas, auf das es wirklich ankommt. Man fragt, was geschieht, was daraus nach menschlichem Ermessen folgt und wie man sich dazu verhalten soll. Und dieses Problem stellt sich, nach allem, was wir wissen, nur bei Menschen ein." (Volker Gerhardt, *Der Mensch wird geboren. Kleine Apologie der Humanität*, München 2001, S. 106f.) Forschung braucht Phantasie, wird ein Abenteuer, lebt durch Hoffnungen, daher „(d)ie Unverzichtbarkeit der Illusion" (S. 110f.). Aber auch „(d)er Anspruch auf Wahrheit ist unverzichtbar'" (S. 114). Und somit „die Unverzichtbarkeit von Überprüfbarkeit und Kritik" (S. 119). Und „die Einsicht in die Unverzichtbarkeit der eigenen Zuständigkeit des Menschen" (S. 136). Und letztlich die Unverzichtbarkeit der „Skizze eines neuen Systems der menschlichen Welterfahrung" (Rücktitel).
Schauphilosophisch vielleicht unvermeidliche Verbalblähungen! Erschütternd ist es, wenn vielgefeierte Bildungspolitiker und → vermeintliche Sprachwahrer das U.-Unwort im Munde führen: In Josef Kraus' Abrechnung mit den → Achtundsechzigern wird ‚u.' an Häufigkeit nur noch durch → ‚beziehungsweise' übertroffen, in Kraus' Diktion: ‚getoppt' (*50 Jahre Umerziehung. Die 68er und ihre Hinterlassenschaften*, Lüdinghausen-Berlin 2018). Krauses Deutsch weiterhin: → austesten, → ob, → Hilfestellung, → Schnittmenge.

Unwerte, östliche „→ In Wahrheit", schrieb der Völkerkundler und *Freitag*-Herausgeber Jakob Augstein Anfang 2016, kurz nachdem im westlichen Nachbarland Marine Le Pen rauschende Wahlerfolge gefeiert hatte, „ist zwischen Ost und West ein Kulturkampf im

Gange. Und es ist Zeit für eine bittere Erkenntnis: den westlichen Werten Liberalismus, Toleranz, Gleichberechtigung stehen östliche Unwerte gegenüber – Rassismus, Ignoranz, Engstirnigkeit." Wer also zwar verfassungskonform, aber politisch falsch wähle wie etwa die Polen („Osteuropa wird Russland immer ähnlicher"!) oder neuerdings die Ostdeutschen, der sollte keinen Platz mehr in der EU haben. „Die Polen halten es da jedoch wie mancher gelernte DDR-Bürger: Sie nehmen zwar gerne westliches Geld, wollen aber bitte von den westlichen Werten verschont bleiben." Zeige doch die → Flüchtlingsproblematik, daß es „am gesellschaftlichen → Modernisierungsrückstand weiter Teile der östlichen Landeshälfte keinen Zweifel mehr geben" könne (*SPIEGEL online* vom 4. Januar 2016). Das hätten Jan Fleischhauer, Klaus Bittermann und Maxim R. Biller nicht präziser formulieren können; vgl. zu den Genannten und weiteren Vordenkern und Nachtretern des Westens: → soziale Andersartigkeit, → Frieden und Freiheit, → Identität, → Ostdeutsche, die weltoffen sind ..., → westliche Werte, → Zonenmob.

unwillkürlich/unbewußt Unwillkürlich wird vieles getan und unbewußt vieles gedacht, was → spätestens ein Entlarvungstalent wie die Ex-*taz*lerin und *SPIEGEL*-Kolumnistin Elke Schmitter aufzudecken → vermag. „Ist Martin Walser ein Antisemit?" fragte die → Autorin angesichts des Ernstfalls *Tod eines Kritikers* (2002) verstört, um mit tiefenpsychologischer Wucht sogleich zu antworten: „Und das eben, nämlich von antisemitischen Grundmustern bestimmt, ist Martin Walsers Roman: aus tiefstem Grund, aus jenen Tiefenschichten des Bewußtseins, deren Unwillkürlichkeit vielleicht der Nachsicht bedarf." (*DER SPIEGEL* vom 3. Juni 2002) Was der Trägerin des Niederrheinischen Literaturpreises von 2001 (Selbstanzeige Goethe-Institut) die unwillkürlichen Tiefenschichten, das ist dem Leser vielleicht der unwillkürliche Würgreflex bei Schmitterromanlektüren: „'So ein Scheiß', sagte sie unwillkürlich in ihr Gähnen hinein ..." (*Leichte Verfehlungen*, München 2013, S. 266) Der „talentierten Frau Schmitter" (J. Vahland) ist ‚unwillkürlich' (neben ‚Scheiße') dasjenige, was der nicht minder talentierten Frau Lewitscharoff das → ‚hochmögend', nämlich Leidenschafts- und Dutzendwort zugleich. Die Ästhetik unwillkürlichen Wortabgangs formuliert Frau Schmitter (abermals: Selbstanzeige Goethe-Institut) wie folgt: „Lyrik ist Kunst und Unwillkürlichkeit, der Essay ein gnädiger Blitz, Prosa ist Subtilität: so will ich es als Leserin, und, wenn's denn geht, als → Autorin."
→ Denunziantendeutsch, → Fäkalsprech, → Entlarvung, entlarven.

Unwuchten Auf S. 11 der Gebrauchsanleitung für den Bauknecht-Waschautomaten WAT Plus 512 D1 ist zu lesen: „Das Gerät verfügt über ein Unwuchterkennungs- und -korrektursystem. Nach Beladen mit schweren Einzelstücken (z. B. mit einem Bademantel) reduziert das System zur Schonung der Waschmaschine automatisch die Schleuderdrehzahl oder unterbricht den Schleudergang."
Nachdem die Gebrauchsanleitung anscheinend in Behörden und Redaktionen gelangt war, konnte der Unwuchterkennung kein Halten mehr sein. „Devise: Aufklärung!" war in der *Berliner Zeitung* vom 11. Februar 2013 ein Beitrag überschrieben (S. 30). Darin informierte „SWR-Justitiar Hermann Eicher über die Unwuchten des neuen Rundfunkbeitrags". Auf die Geschäftsschädlichkeit der Zwangsabgabe fürs ungenutzte Volksbetreuungsmedium TV angesprochen – Rossmann und Co. hatten bereits Klage eingereicht –, gab der Justitiar die Antwort: „Ich habe → der Politik dazu keine Ratschläge zu geben. Aber die Rundfunkanstalten analysieren nun sehr rasch, welche Ursachen die Kritik hat und wo möglicherweise tatsächlich Unwuchten bestehen, auf die man reagieren sollte." Was den *BLZ*-Redakteur Daniel Bouhs zur folgsamen Nachfrage veranlaßte: „Wann werden Sie wieder Ruhe haben – und wo werden womöglich weitere Unwuchten auftauchen, wie

Sie es nennen?" Justitiar Eicher: „Ich lasse mich überhaupt nicht aus der Ruhe bringen. Gerade auch → vor dem Hintergrund, dass unter den Negativ-Schlagzeilen auch viele falsche Behauptungen sind, die wir mittlerweile richtigstellen konnten." Der Posten eines Entwicklers „zur Finanzierung des neuen Modells zur Finanzierung des Rundfunkbeitrags" ist nun einmal kein Schleudersitz.

Ebensowenig wie der eines Beauftragten in Sachen katholischer Sexualkultur: „Wir haben große Ungleichgewichtigkeiten im Mißbrauch." – „Woher die Unwuchten im System?" (*Inforadio*, 24. Februar 2019)

→ Bezahlsender, → Pluralisierung.

Urszene Nach der nabelbeschaulichen → Selbstverständigungsliteratur der westdeutschen 1970er → zwischenzeitlich abgeflaut, erlebte der Psychojargon seit dem → Anschluß einen → ideologiekritischen, → entlarvungspublizistischen Aufschwung. Dessen Dynamik wirkt auch über den semantischen Bezirk von → Psychosprech hinaus. Als Beispiel unter vielen sei hierfür das Schicksal des Wortes ‚U.' angeführt, das aus befreiungstherapeutischen Schreigruppen in die sog. Popmusikkritik gelangte (→ gelang), etwa in die eines Jens Balzer. Der aus westelbischer → Landschaft in die deutsche Hauptstadt geratene → Qualitätsjournalist geht nach Selbstauskünften in *Berliner Zeitung* und *Frankfurter Rundschau* dort gern → mal tanzen, sofern er hierbei in eine → Masse eintauchen darf und strikt → selbstbefreiungsförderliche, das → meint für Balzer: angloamerikanisch genormte Hauptstrompopulärmusik → aufgelegt wird. Der isoliert im Tanzkollektiv treibende, den Mund keineswegs zum Urschrei oder zum Mitsingen, sondern zum unauffälligen Speichelabfluß halbgeöffnet haltende → Partymacher in → angesagten → *locations* gehört in die Urszene massentauglicher → Selbstbestimmtheit.

Balzer kennt aber auch eine antiemanzipatorische Urszene: ein → Rammstein-Konzert. Ihr natürlicher → Ort ist Frank Castorfs Volksbühne, in der bekanntlich nationalgesinnte Damen aus Balzers → Herkunftsheimat wie Beatrix von Storch und Tatjana Festerling ein und aus gehen. Zur Premiere von „Rammstein: Paris" im Ex-Castorf-Haus nämlich schrieb Balzer: „Da hilft auch nicht, dass [Rammstein] aus Ostberlin kommen. In der deutschen Geschichte war ja nicht alles schlecht, oder wenn es schlecht war, dann war es doch faszinierend. Die Rammstein-Ästhetik ist die Urszene der Das-wird-man-ja-wohl-man[sic!]-noch-mal-sagen-dürfen-Einstellung, von der die Björn Höckes des Landes bis heute zehren. Rammstein sind die Urszene von Pegida und AfD – und daran ändert auch nichts, dass sie aus Ostberlin und der Punkszene kommen und sich auf Nachfrage als Linke bezeichnen." Der Qualitätsjournalist läßt offen, ob er selbst nachgefragt habe, um durch → Gesinnungsprüfung vielleicht doch den fatal politästhetischen Eindruck zu korrigieren, und fährt fort: „Rammstein an der Volksbühne: Das ist der komplette Konkurs einer einstmals → emanzipatorischen Institution, die sich zu ihrem Ende aus falsch [?] verstandenem Trotz gegen den als ‚neoliberal' diskreditierten Internationalismus des ungeliebten Castorf-Nachfolgers Chris Dercon nun willenlos in die Arme des deutschnationalen Mainstreams wirft." (*SPIEGEL online* vom 16. März 2017)

Dumpfdeutscher Haß auf alles, was künstlerisch → innovativ und kommerziell erfolgreich ist, jedoch nicht aus einer westdeutschen Kleinstadt kommt, findet sich nicht allein in Jens Balzers Popmusik-Kritik. Auch in Klaus Bittermanns → Kreuzberg-Nostalgien hat er beträchtliche Hitze entwickelt; die → Zoni-Bücher aus dem → Westberliner Heimatverlag TIAMAT zeigen das „schöpferisch gewordene Ressentiment" im Sinne Nietzsches. Näheres: → abgreifen, → brutaldeutsch, → emanzipatorisch, → identitär, → Selbstmitleid, → Weinerlichkeit; zum westelbischen Glauben an Institutionalisierbarkeit von → Emanzipation: → verkrustete Strukturen, → Widerstand.

Utopien erscheinen in oberaufgeklärter Rede meist zusammen mit → ‚Ideologien', stets im Plural und heute hauptsächlich als Gegenstand von Utopiekritik (→ entlarven). Letztere mag 1967, 1968 oder auch noch 1969 → durchaus mutig gewesen sein, in den nachfolgenden fünf Jahrzehnten freilich → zunehmend weniger.
→ Totalitarismuskritik, → Gratis-Mut.

V

vandalieren Im süddeutschen wie österreichischen → SPREIZSPRECH häufiger ‚vandalisieren' („Jede Reiteration dieser Narration wäre hier absolut redundant, jedoch: Das Haus ist völlig zerstört, ist völlig vandalisiert", hatte weiland Sigrid Löffler – sinngemäß – in einem ihrer Literarischen Soli geäußert); im Dialekt mancher → Qualitätsmedien und der ihnen zuarbeitenden Journalisten jedoch → spätestens seit den westdeutschen 1980ern auch so: „Ein Jugendlicher, tagsüber artiger Gymnasiast, wollte sich beweisen, dass er nachts → nichtsdestotrotz zum Punk taugt [wohl gemeint: tauge], der zu vandalieren → vermag ..." (Michael Rutschky, Heinrich-Mann-Preisträger der Akademie der Künste 1997, in: *Mitgeschrieben. Die Sensationen des Gewöhnlichen*, Berlin 2015, S. 11)
→ Narrativ/Narration.

Vaterlandsverräter/in Trotz der unter → MEHRHEITSDEUTSCHEN beliebten Verdächtigung → des Ostens, über Gebühr → deutsch zu sein oder zu denken, ist der Ausdruck ‚V.' ebensowenig ostdeutsches → Eigengut wie das Phänomen des → Wutbürgers. In beiden Fällen überwiegt die regionalsprachliche Bedeutung: Der Vaterlandsverräter ist zugleich ein Ländle-, Landes- oder Landesvaterverräter. Helmut Kohl, nach Leo Kirchs Geldzuflüssen und ihrer → ganz konkreten Bestimmung befragt, antwortete dem Journalisten Stephan Suchlik vom → Qualitätssender *ARD*: „Das kann ich Ihnen sagen. Die Gelder sammle ich, um das nötige Geld zu haben, um jetzt eine große Untersuchung anzustellen über die Vaterlandsverräter und Leugner der Deutschen Einheit. Etwa bei bestimmten Machenschaften der ARD." Wie bitte? „Natürlich werfe ich → Teilen von Ihnen Landesverrat vor." Und die Gelder? „Die brauchen wir, um den Landesverrat Ihrer Gesinnungsgenossen aufzuzeichnen." Als da wären? „Die Vaterlandsverräter von der ARD!" („Panorama", 9. Mai 2003) Den mit leidenschaftlichem Schnaufen hervorgestoßenen Titel ‚V.' hatte Kohl hier nicht etwa der volksschädlichen Gebühren→politik des Senders, sondern der ungebührlichen Neugier gegenüber einer westdeutschen Erfolgsbiographie angeheftet. Zu erneuter, → MEDIALDEMOKRATISCH vielfach dokumentierter Prominenz gelangte ‚V.' durch die Schreie einer sächsischen Wutbürgerin im August 2015, die → dem Merkel und seiner → verfehlten Asylpolitik galten.

Verachtung und Haß „Sie hassen uns, weil sie spüren, daß wir sie verachten. Würden sie begreifen, warum wir sie verachten, müßten sie sich hassen." (Anonymus)
→ Haß und Verachtung.

Veralterung Bürokratensprech; Wortwechselbalg à la ‚aufoktroyieren', ‚austesten', ‚mitkonkurrieren'. „Häufig ist zu hören, Kinder müßten ‚das Lernen lernen' und nicht Wissensstoff anhäufen, denn die Veralterung des Wissens schreite immer schneller voran, so daß viel Wissen auch viel Ballast bedeute. Das ist sowohl richtig als auch falsch, aber in seiner Mißverständlichkeit eher falsch als richtig." (Thilo Sarrazin, *Deutschland schafft sich ab. Wie wir unser Land aufs Spiel setzen*, München ⁶2010, S. 198) Nicht logisch mißverständlich ist, was V. im Falle dieses → Autors selbst bedeutet: „Als ich im Februar 1955 die Aufnahmeprüfung am Gymnasium Petrinum in meiner Heimatstadt Recklinghausen ablegte, konnte ich fließend lesen (und zwar mit höherem Lesetempo als heute), hatte eine vollständig sichere Rechtschreibung" usw. (ebd., S. 192) Eingerechnet die Fehler der Zeichensetzung, finden sich in *Deutschland schafft sich ab* – ungeachtet Verlagslektorats und Neuauflage in der *Deutschen Verlagsanstalt* – nicht weniger als drei Dutzend Rechtschreibverstöße.
→ Kopftuchmädchen, → Verproletarisierung.

Verantwortung Im majoritätsdeutschen → Lehramtssprech, im → Wächtersprech, im → Betreulichen, → Besorglichen und anderen Formen vormundschaftlicher Rede zumeist verbunden mit den Verben ‚übernehmen' und ‚lernen', insbesondere im westdeutschen → Narrativ über → die Menschen in einem (lokalen, nationalen, globalen) → Osten; nicht selten mit semantisch-performativen Paradoxien. Exemplarisch diese Hörerinnerung aus dem *Inforadio*: „Niemand hat den ehemaligen Sowjetbürgern gezeigt, wie man Verantwortung übernimmt", deshalb „müssen sie bis heute improvisieren und sehen, wie sie selbst zurechtkommen." („100 Jahre Oktoberrevolution", 5. November 2017)

Eine ideenhistorische Analyse würde zunächst → aufzeigen können, daß es sich bei → Ansagen wie ‚die Menschen in der → ehemaligen DDR/Sowjetunion/Ostwelthälfte haben nie gelernt, V. zu übernehmen' um eine Version der Tellerwäscherfabel handelt. Oft erscheint sie im Wortgemenge mit ‚Vorsprung des Westens immer noch nicht eingeholt' oder ‚hängt immer noch zurück' oder ‚ist bald endgültig abgehängt'. Die → latente oder offene Anmutung gegenüber diversen Ostvölkern, sich in Kollektive von → selbstbestimmten Aufschneidern und Abzockern zu verwandeln, die lediglich ‚Verantwortung fürs eigene Leben' übernehmen und somit ‚das Wirtschaftsganze voranbringen', gehört ins Repertoire → Mehrheitsdeutscher → Infantilismen, genauer: der Zeugnisse nicht einer moralischen, sondern intellektuellen Naivität (Nietzsche: „unschuldig-verlogen").

Für die Frage nach dem weltanschaulichen → Ticken → der alten Bundesrepublik ist der → Projektions- und Interpolationscharakter der V.-Rede brisant. Besagte Alt-BRD hatte ihren Insassen ein Dasein im historisch verantwortungsfreien Raum ermöglicht, dessen Erhalt das → menschlich verständliche Bemühen aller sozialen und medialen Schichten des → Sonderwegsgebildes gilt. In der → Ideologie der V.sübernahme arbeitet → bürgerlich → falsches Bewußtsein auf bewährte Weise: Metaphysische oder metaphorische, hier etwa philosophisch-existentiale Kategorien (→ Individualität, → Freiheit, → Selbstbewußtsein, → Selbstbestimmung) werden auf die Ebene → ganz konkreten Politik- und Lebensalltags projiziert. So gehört ‚V.' (wie ‚Freiheit' und andere Hochwertwörter) zu jenem weltzerschneidenden → Meinen, das zwischen Gesellschaften mit und Gesellschaften ohne Autorschaft fürs eigene Leben unterscheidet. Der Glaube an eine staatlich-politische *Installierbarkeit* von V. (→ Selbstbestimmung, Freiheit, Individualität usw.) als sozialer Daseinskondition fügt sich harmonisch zum Glauben an ein Anrecht auf historisch kontingenzbefreites Dasein; garantierte Freiheit versus Freiheiten, die man sich nimmt (erkämpft, erlistet).

Die intellektuelle Selbstentmündigung des Menschen in der → freiheitlichen Gesellschaft erklärt zum einen diese → Projektion philosophischer Fundamentalkategorien aufs Politisch-Faktische und davon abgeleitet aufs Persönliche, zum anderen die alltäglich verbalisierte Unfähigkeit, V. zu übernehmen. In einem Volk von → Vorteilsrittern wird dies oft damit gerechtfertigt, daß jeder ausschließlich für sich selbst verantwortlich sei. Aus dieser Überzeugung spricht unüberhörbar der (klein)bürgerliche Ernst, der sich selbst heilig, weil unheilbar unteilbar und daher geschützt weiß gegen jeden Riß der Reflexion, mithin auch gegen alle moralische Selbstreflexion. Geht doch in der Praxis von → Verantwortungsträgern → des Westens gerade die Selbstverantwortungsideologie mit völliger Selbstverdinglichung und -verhärtung (→ einer Art Verschlossenheit gegenüber moralischen Verantwortlichkeiten) einher; Ich-Atome, die für ihr unkalkulierbares Strahlen in Raum und Zeit schwerlich in V. zu nehmen sind. Aufgrund solchen Ausgriffs ins Unabsehbar-Offene kann es in der → offenen Gesellschaft weder beschränkte noch gar unbeschränkte Verantwortlichkeit geben. Das zeigt der kulturtypische → Diskurs der Entschuldigung. Hier übernehmen → Vertreter dieser oder jener Sache keineswegs V.; sie bekunden vielmehr, eine ‚V. nicht länger tragen' zu können. Die V. wird von ihnen genommen, ohne daß sie dadurch leichter, freier, beweglicher, mit einem Wort: menschenähnlicher geworden wären.

→ Ich stelle mich, → Verantwortung übernehmen.

Verantwortung, historische → Leitkultur, deutsche.

Verantwortungselite Seit Anfang des dritten Jahrtausends nicht mehr allein – laut Selbstdarstellung – in der „Schule Schloß Salem" gezüchtetes Pflänzchen, dessen Hochmutsblütenpracht jene der → Leistungseliten mühelos übertrifft. Den Unterschied beider Elitenplurale erklären Elitenforscher Dieter Frey und Co-Autoren so: „Der Beurteilung einer Leistungselite liegt die erbrachte Leistung bzw. das Potential für Leistung zugrunde. Bei der Verantwortungselite geht es darum, ob Verantwortung für sich, für andere, für die Zukunft und für die Gesellschaft übernommen und (vor-)gelebt wird." („Eliteförderung und Elitebildung innerhalb und außerhalb der Universität", in: Kurt Heller/Albert Ziegler (Hrsg.), *Begabt sein in Deutschland*, Berlin 2007, S. 339–362, hier: S. 341) Wofür es gewiß hilfreich ist, wenn man sich – anders als die sog. → sozial Schwachen – reichlich selbst → Zukunft gibt oder ein gewisses „Potential für Leistung" durch frühzeitige Schulwahl bescheinigen läßt.
Zehn Jahre später gaben mehrere Bildungsforschungsinstitute bekannt, daß jedes siebente Kind aus der → guten Gesellschaft zur Hebung seiner Begabung → Förderunterricht benötige. → Avantgarde, → Meinungseliten, → Zulassungsbedingungen.

Verantwortungsträger → Leistungsträger, → Verantwortungselite.

Verantwortung übernehmen Synonym von → ‚gestalten', meist zu hören von gestellten Gestalten (→ Ich stelle mich). Wollen Regierungsmitglieder V. ü., so hoffen sie in der Regel, alles wiedergutmachen, d. h. weiterregieren zu können.
› DISKURS DER ENTSCHULDIGUNG, → durchregieren, → Fehlerkultur.

Verbalisierungskompetenz besaß nach Auskunft von → Parteifreunden und → Mitbewerbern in hohem Maß FDP-Chef Christian Lindner. Sie entspricht an Intensität der durch Wolfgang Schäuble (CDU) bewiesenen → Personalführungskompetenz.

Verbitterungsmilieu Aus dem → Entlarvungs- und Entwertungsmilieu stammender Ausdruck, dessen Bedeutung sich im → Diskurs westdeutscher → Ostdeutschenbeobachter → erschließt. Im Gespräch mit *Frankfurter Rundschau* und *Berliner Zeitung* bewarb Heinz Bude seine Broschüre *Das Gefühl der Welt. Über die Macht von Stimmungen* (2016) mit folgenden Worten: „Wenn mein Eindruck richtig ist, dass das Gefühl der verbauten Zukunft vor allem ein Ausdruck von Stimmungen ist, dann führen Argumente nicht weiter." Frage: „Wie kommt man dagegen an?" Antwort: „Stimmungen lassen sich nicht durch Argumente, sondern nur durch Stimmungen verändern." Frage: „Was folgt daraus für → die Politik?" Antwort: „→ Die Politik wird versuchen müssen, sich über sich selbst klar zu werden." Frage: „Wie kann man sich angesichts eines erstarkenden → Populismus ... die etablierte Politik neu → aufstellen?" Antwort: „→ Die Politik darf den Kontakt zu den Verbitterungsmilieus → in der Mitte unserer Gesellschaft nicht verlieren ..." („Wir erleben eine Revanche an der Politik. Der Soziologe H. B. im Gespräch [mit Harry Nutt] über politische Stimmungen und gesellschaftliche Gereiztheit", 11. März 2016, S. 21)

Verbotskultur Eines der frühesten und → eindrücklichsten Zeugnisse des westelbischen Kulturkomplexes findet sich beim – inzwischen verstorbenen – Qualitätspublizisten Michael Rutschky. Der Gatte einer berühmten Westberliner Hundehalterin berichtete von ihrem Ausflug über die Grenzen der Teilstadt hinaus, zum Dessauer Bauhaus. In dessen Café waren herumstrolchende und -hechelnde Animalwestler nicht gern gesehen. „Sie möge den

Hund draußen anleinen. – Auf gar keinen Fall. – Aber Hunde im Lokal, ,das haben wir hier nicht so gern'. So postuliert es die DDR-Identität, ... die Verbotskultur, die sie im Bann hält. Das kann man ihnen unmöglich zumuten, dass sie auf dieses Stück ihrer Identität verzichten unter dem Ansturm des Westens, des Liberalismus." (ds., *In die neue Zeit. Aufzeichnungen 1988–1992*, Berlin 2017, S. 201f. – 10. Oktober 1991) Zwei Jahrzehnte später fragte der Historiker Burkhard Müller-Ullrich mit Blick auf → rechte Randphänome und ihre geschichtspolitischen → Positionsnahmen: „Verbotskultur für alle?" (*Deutschlandfunk*, „Politisches Feuilleton", 23. Januar 2007) Inzwischen haben → ganzheitlich-freiheitliche, → liberal- sowie nationalkonservative Fleischesser und Autofahrer den Terminus fast vollständig in ihr sprachliches → Eigengut verwandeln können, wie die Rede von ,grüner V.', ,linker V.' und ,veganer V.' bezeugt.

→ antiautoritär, → freiheitlich, → liberal; → identitär, → Identität; → Kultur, → -kultur.

Verdrängungskultur muß von Zeit zu Zeit gepflegt werden, auf daß → Aufdeckungs- und → Erinnerungskultur erblühen können.
→ -kultur, → anspruchsmäßig.

verdruckst → MEHRHEITSDEUTSCH für ,dezent', ,höflich'.

verdruckste Rasse Paradigmatauglische Singulärprägung eines Herrenneumenschen, der ähnlich wie → Ernstfalldenker Karl Heinz Bohrer und → Extremindividualist Maxim → Ichzeit Biller an jeweils allen anderen Mitgliedern der westdeutschen Kleinbürgerklasse den → GROSSEN STIL vermißt. An zwei soeben freigelassenen → Opfern einer mehrwöchigen Geiselnahme notierte Botho Strauß diverse → Verhunzt-, Verdruckst- und Verzwergtheitsindizien: „Da gab ich den Entführten die Hand und sah nichts als verschlossene deutsche Männer vor mir, sehr hochgewachsen, beide in Trenchcoats mit Achselklappen, der eine trug eine dicke Hornbrille. Diese Männer, dachte ich, wie wenig habe ich doch mit ihnen gemein, mochten sie nun Entführte oder in andere Abenteuer Verstrickte sein!" (*Die Fehler des Kopisten,* München 1997, S. 111) Zur Unverzwergtheit dank Unverstricktheit näherhin: „Ich dachte: was ist das für eine schale, verdruckste, leblose Rasse! Niemals erfreute ich mich unbefangener meiner Unvernunft, meines hüpfend mannweiblichen Herzens, meiner verwirrten, doch immer regsamen persona, meines Kindkönigtums an Erfahrung, denn ich, der gar nichts erlebt hatte, verglichen mit jenen, die fast erloschen die härteste Prüfung ihres Lebens bestanden hatten, ich war innerlich ein Alexander der Große!" (S. 112)

verdruckst und verklemmt Eine Phrase, die zunächst an das Gebaren westdeutscher Touristen an ostdeutschen Nacktbadestränden denken läßt (erst gaffen, dann geifern; zum anhängenden Selbst- und Sittenbild: → Eroskiller), jedoch eine → durchaus originäre → Prägung aus dem völkerkundlich ambitionierten Westdeutsch → darstellt. So hatte die in Berlin-Kreuzberg um Klaus Bittermann versammelte → Weltläufigkeit aus Franken, Hessen und Bayern bereits 2009 zum großen Schlag gegen die ostdeutsche Verdrucktstheit (dezentes Sprechen, gepflegte Kleidung, zurückhaltendes Auftreten usw.) ausgeholt. Diesmal mittels vergilbter Texte aus der sog. Nachwendezeit *(It's a Zoni)*, für deren Neuabdruck unter dem Titel *Unter Zonis* eine abermalige Bedrohung aus dem Osten ausgerufen ward: „Der Ossi, ein verdruckster Typ, der immer frecher sein häßliches Haupt erhebt." (Rücktitel) Erfolglos versuchten damals hochdeutschsprachige Rezensenten, jenen Komparativ des Haupthebens sprachlogisch → nachzuvollziehen. Auch in einer → Frankfurter Zeitung meldete sich jemand kritisch zu Wort: Peter Richter wollte bei den um Bittermann zusammengedrängten „Veteranen des Westdeutschen" deutlich „Extremformen der Verdruckstheit" erkannt haben, da das Abreagieren chauvinistischer Aggressionen per ironiegeschützter „Ossibeschimpfung ja nun wirklich das unriskanteste Gebiet" der Publizistik sei („Zwanzig Jahre Mauerfall – Wer soll das bitte alles lesen?", in: *FAS* vom 11. Oktober 2009, S. 27). Woraufhin wiederum der schwer beleidigte und → nachhaltig verbitterte Pamphletist → insistierte, daß seine Pöbeleien selbstverständlich als *Literatur* gemeint und als solche zu würdigen seien (Klaus Bittermann, „So geht Literaturkritik", in: *taz* vom 14. Dezember 2009) ...

Dank seines Variantenreichtums (,verklemmt und verdruckst', ,verdruckst und verkümmert', ,verklemmt und verschroben', ,verdruckst und verhunzt', ,verhunzt und verzwergt' u. ä. m.) bald medienalltagstauglich geworden, artikuliert der Ausdruck bis heute westdeutsche Phantasien über die gefühls- wie gesamtkulturellen → Befindlichkeiten Ostelbiens. Bei Phantasien muß es bleiben, weil das gewöhnliche wie das geisteskulturelle Westdeutschland sich im Zirkel → provinzieller → Projektion bewegen: Man ist aus dem Käfig der → offenen Gesellschaft niemals herausgekommen, hat demzufolge nicht das stets prekäre Gleichgewicht von Selbst- und Fremdreflexion entwickeln können und auch das Bewußtsein dieses Mangels nicht zugelassen. Das westdeutsche Fremdbild gerät zwangsläufig zum Selbstporträt. Die Unsicherheit gerade von etablierten Intellektuellen des Westens gegenüber Ex-DDR-Bewohnern, selbst solchen aus den sog. → bildungsfernen Schichten, ist sachlich berechtigt, bleibt jedoch aus genannten Gründen → ,latent': Der Mehrheitsdeutsche spürt die andere Qualität, → vermag sie aber nicht als solche oder eben nur als geminderte eigene, d. h. als Quantität zu → denken. Kommunizierter Ausdruck dieser Denkangst ist die → Herkunftsabfrage.

Näheres zu Detail und Kontext: → BITTERMANNLINKE; → Beitrittsphantasma, → cool, → das Ostdeutsche, → Herkunftsdiskurs, → identitär, → Sind Sie aus dem Osten oder aus dem Westen? → Ostdeutsche, die weltoffen sind ..., → Ossifizierung, → Ostdeutschsein, → Pöbeln, → unnationalistisch, → verklemmt und verdruckst, → Verbitterungsmilieu, → Weltoffenheit.

vereinigungsbedingt sind Alimente, → Solidaritätszuschläge und andere → Mehrkosten.

verfehlte Asylpolitik Seit ca. 2010 verbaler Passepartout des Parteienstreits in → der Politik von schwarz bis grün; 2015 bereichert um ,gescheiterte Asylpolitik'.
→ Asylant(zu)strom, → Flüchtlingskrise, → Zustrom.

(Ansatz) verfolgen Semantisches Gegenstück zum → Nachverfolgen; Euphemismus für eine Lenkung des Wollens durch → Ideen, selten eigene.

Im wissenschafts- und kunstbetrieblichen Westdeutsch ist das ,Verfolgen von Ansätzen' häufig vernehmbarer → KLEMMSPRECH für jene außerwissenschaftlichen und -künstlerischen Absichten, zu denen sich der Verfolger nicht direkt bekennen → mag. Zum einen bezeugt diese Substitution von ,Absicht' durch ,Ansatz' den volkstypischen → Ideologiebedarf. Er läßt → MEHRHEITSDEUTSCHE immer wieder nach Transformation individueller Ansprüche ins → vermeintlich sachlich-objektiv Begründbare verlangen. Zum anderen → verweist die sprachliche Verfremdung auf → Strukturprobleme mehrheitsdeutscher → Emotionalität im → Konkurrenzkapitalismus. Wo nämlich blanke Gier und nackte Zahl regieren, wird das Theoretische (Ideelle, Ideologische) zum Passionsersatz. Die Leidenschaft, die der kalte Verfolger seiner eigenen → banalen Absichten nicht zu fühlen wagt, ersetzt er durch → Meinung, → Überzeugung, → Gesinnung, im Fachjargon: durch einen ,Ansatz'. Der solcherart erworbene, → scheinbar überpersönliche Stoff füllt die hohle Form einer → Individualität, die dann so fügsam wie feierlich ihre Ansätze vor sich her trägt. Dem → falschen Bewußtsein erblüht die → Unterwürfigkeit, mit welcher es der → Ansage der gerade angesagten Ansätze folgt, zur trügerischen → Ich-Stärke. Von der

Ärmlichkeit → der westlichen Seele kündet dem Beobachter zuverlässig die Wortpracht sie umhüllender Ansätze. Die Verlagsassistentin beim Verlagsfest: „Unsere Verlegerin hat unheimliche Probleme mit solchen Gedanken, → weil, sie verfolgt mehr feministische und emanzipatorische Ansätze."
→ Anspruchsdenken, → Projekt, → Publikationsliste.

Vergangenheitsbewältigung Sie darf als begrifflich stärkerer Ausdruck der → ‚Vergangenheits→aufarbeitung' gelten und ist → zwischenzeitlich durch diese Variante verdrängt worden. Beide Formen jedoch zeugen vom ungebrochenen Vertrauen der → MEHRHEITSDEUTSCHEN darauf, Faktisches postum korrigieren zu können, hauptsächlich durch → repräsentative Artikulation geschichtstaxierender → Gesinnung, → Meinung, → Überzeugung, d. h. durch → ideologische → Performanz. Die semantische Differenz zwischen ‚Aufarbeitung' und ‚Bewältigung' mag geringfügig erscheinen und daher etymologischem Vermuten anheimgestellt sein: Der erstere Ausdruck suggeriert → gleichsam die verschönernde, somit relativ freie → Gestaltung einer zur heutigen → Identität passenden Vergangenheit, der → zweitere die Abwehr, günstigenfalls Überwältigung einer homogenen, bedrohlich andrängenden Faktenmasse. Während medial das ‚Aufarbeiten' vorherrscht mit seiner Suggestion von Handwerksfleiß und Detailgenauigkeit, regiert mental unverkennbar die ‚Bewältigung', ein nicht → durchwegs gewaltsames, jedoch beherztes Sich-vom-Halse-Schaffen nationaler → Schulden. Beiden gemeinsam ist das Vertrauen auf die Macht des nachträglich wertenden Wortes, auf die Beherrschbarkeit des Tatsächlichen durch seine Bewertung. Abwehr und Abwendung liegen dem → Selbstverständnis des deutschen Westens näher als Arbeit im geschichtlichen → Feld. Zu bearbeiten wären mindestens drei → erinnerungskulturelle → Problemfelder: 1. die politökonomischen Delikte der sog. Nachwendejahre, 2. die frühe Entscheidung gegen Deutschlands Einheit seitens der → Bundesrepublik Adenauer und schließlich 3. deren personelle und strukturelle Kontinuität zum NS-Staat. Institute westdeutscher V. existieren jedoch nicht, ein Vergangenheitsbewußtsein (M. Walser: ‚Geschichtsgefühl') ist unter → Alt(bundes)deutschen nur geringfügig ausgeprägt. Die historische Bildung beschränkt sich hauptsächlich auf die → Bildung des Bewußtseins, Teil eines ewigen Westens zu sein, d. h. auf → Wert(e)orientierung.
So konnte ‚V.' zum Synonym für den westdeutschen → Sonderweg aus der realen Geschichte der Fakten in eine imaginäre Geschichte der ‚Werte' werden; ein → Projekt, für welches *Geschichte des Westens* zum berühmt-berüchtigten Synonym wurde. Nicht jedoch der hierfür einschlägig bekannte und oft als Hofhistoriker der Schröder-Ära belächelte Heinrich August Winkler, sondern der Doyen sozialhistorisch → konstruierter Westlichkeit → präsentierte die am meisten wertschöpferische V. Im fünften und letzten Band seines Hauptwerks *Deutsche Gesellschaftsgeschichte* (München 2008) bemühte Hans-Ulrich Wehler einen schwer wertgesättigten Begriff des Westens unter üppiger Verwendung von Vokabeln wie ‚Wertehimmel', ‚Wertekanon', ‚Leitwerte' und eines durch sie bewirkten ‚Wertewandels' in der BRD (S. 291–293). Die Sonderwegsthese führte Wehler wie folgt ein: Deutschland sei „zwischen 1914 und 1945 [...] aus seinem Kulturkreis ausgeschieden". Gegenüber Winklers These vom „langen Weg nach Westen" insistierte Wehler darauf, dass die „im Westen → angekommene bundesrepublikanische Gesellschaft" immer schon „ein Teil → des Westens gewesen" sei. Nunmehr ginge es darum, „auf der Linie der eigenen Normen und Werte" „die Verwirklichung einer westlichen Gesellschaft, die sich auf der Höhe der Zeit bewegt, in der Bundesrepublik weiter voranzutreiben." (S. 246, S. 437f.)

(sich) vergegenwärtigen Im → Deutschlandfunk-Deutsch → zunehmend ein Substitut für ‚gewärtig sein'; Mustersatz: X ist (sich) der Gefahr einer Invasion von Y vergegenwärtigt.

Vergewaltigungskultur Eine der weltweit, zumindest westweltweit bewegenden → Herausforderungen des 21. Jahrhunderts ist die ungenügende, mithin → frauenfeindliche Entlohnung von Hollywood-Starlets. In diesem → Kontext hat die westdeutschlandtypische Gleichsetzung von Zivilisation, Kultur, Kulturkonsum und Konsumsphäre dank fortdauernder → Unterwürfigkeit gegenüber angloamerikanischen → Kommunikationsgewohnheiten die Begriffsbizarrerie ‚V.' → generiert. ‚V.' als Synonym für eine Gesellschaft von Vergewaltigern und Vergewaltigung wurde durch Jutta Brückner, kunst- und weltkommentierende „Filmemacherin, → Autorin und promovierte Politologin" (Selbstauskunft *Berliner Zeitung* vom 6./7. Januar 2018, S. 24), → massiv in den → emanzipatorischen → Diskurs → eingebracht. „Wenn wir für unsere sexualisierte Gesellschaft, und daran zweifelt niemand, dass sie es ist, den Begriff rape culture gebrauchen, klingt das in manchen Ohren übertrieben. Trotzdem ist es richtig. ... Das Wort → meint ein gesellschaftliches Klima, das durchdrungen ist von sexualisierter Macht." Es gibt Bereiche der „pornographisierten Gewaltkultur"; auch „dem Diktat der sexualisierten Spaßgesellschaft" insgesamt „können wir nicht entrinnen." Hier „müssen Frauen ständig mit der Möglichkeit von → massiven körperlichen Attacken rechnen". Nicht nur das. „Unter diesen Umständen ist es → extrem schwer, zu einem → Selbstbewusstsein zu kommen, das nicht gestört oder defizitär ist." („Unter dem Diktat der Bilder. Die Filmemacherin Jutta Brückner über die Vergewaltigungskultur unserer Gesellschaft und künstlerische Freiheit", ebd.)
Zu den Störungen und Defiziten geschlechtergerechten Zusammenlebens im Detail: → Diskriminierung, → ganz konkret, → gläserne Decke, → Konstruktion, → -kultur, → total wichtig, → verkrustete Strukturen, → Widerstand.

vergleichen Die Bedeutung des an sich unverfänglichen Verbums wird im → MEDIALDEMOKRATISCHEN → WÄCHTERSPRECH oft leichtfertig gleichgesetzt mit der von ‚gleichsetzen'. Zumeist geht es um die sog. → Opferkonkurrenz, um → Einzigartigkeit von Leid und Verlust sowie weitere Wundstellen bundesdeutscher → Erinnerungskultur. Der Eifer der medialen → Empörungskultur muß um so heftiger ausfallen, als es die Defizite der juristischen → Aufarbeitungs→kultur namentlich der 1950er und 1960er Jahre zu kompensieren gilt. Das Verbot, etwas gleichzusetzen, ergeht hierbei als Ermahnung, X und Y nicht zu vergleichen. Stillschweigend setzt es den Vergleich voraus, der eben die Unvergleichbarkeit erbringe. Gern geriert sich der Vergleichsverbieter als → Vertreter der → Opfer und eines streng qualitativen Leidensbegriffs, der aber → in Wahrheit (jedes historische Ereignis ist → einzigartig!) gerade deswegen trivial wäre. Durchweg steht ein quantitativer, dem Rekorddenken entsprungener und geschmacklos rechenwütiger Leidensvergleich → im Hintergrund. Das berüchtigte ‚Leichenzählen' (P. Ricœur) der → qualitätsmedialen Opferanwälte (→ harmlos, → unbewußt) verfährt dabei so naiv wie frivol. Wer den semantischen Nebel fortzublasen versucht wie einst der Althistoriker Egon Flaig („Das Unvergleichliche, hier wird's Ereignis", in: *MERKUR* 701 (Oktober 2007), S. 978–981), erregt den Zorn der Denk- und Leseverweigerer.
Das Vergleichsverbot gilt nicht nur rückwirkend und rechtsrandfühlig: Als die Linkspartei-Linke Sahra Wagenknecht zum Jahresende 2015 auf die Tausenden von zivilen Toten durch → alliierte → humanitäre Einsätze in Nahost hinzuweisen wagte, wurde sie des „Vergleichs von Unvergleichbarem" – Terrortote im Okzident, Bombentote im Orient – geziehen (Markus Decker, „Linke vergleicht Luftangriffe mit IS-Terror", in: *Berliner Zeitung* vom 29. Dezember 2015, S. 4). Gemeint war offensichtlich, daß man kleinasiatisches und westeuropäisches Sterben nicht gleichsetzen könne – was die Vergleichsverbieter aber gerade taten, um die Unvergleichlichkeit westlich-wertegeborenen Tötens zu bekräftigen.
→ Flugkörper, → Flüchtlingsfeind, → Kollateralschaden.

verhandeln → SPREIZSPRACHLICH für ‚behandeln', ‚erörtern'. „Das Leben hängt von großen Worten ab und wird meist unter Wert verhandelt." Nach diesem Hochwortspiel von Botho Strauß (*Die Fehler des Kopisten*, München 1997, S. 75) hinab in die Niederungen alltäglichen Geredes! Über eine anstehende Behandlung des → Qualitätsmediums *ZDF* war in der *Berliner Zeitung* vom 23. August 2013 zu lesen: „Oliver Kalkofe und Georg Diez von *SPIEGEL Online* verhandeln über das Fernsehen an sich." (Klaudia Wick, „Alt und lahm, aber nicht blöd", S. 25) Der eigentliche → Ort des Verhandelns ist freilich die buchgewordene Bildungsbeweisarbeit. Oft bietet sie für den Verhandlungszweck eigens gefertigte → Konstrukte auf. Beispielhaft hierfür ist ein Werk wie *Konstruktion und Vermittlung des Begehrens*. Die Verfasserin Ute Hartmann, nach eigener Auskunft Diplomsozialpädagogin, Erzieherin, Theaterpädagogin, Regisseurin, Malerin, bewirbt es mit folgendem, verhandelnssprachlich typischem Text: „Die bildungswissenschaftliche Studie thematisiert das geschlechtsidentifizierte heterosexuelle → Begehren als Problem, welches die weiblich bzw. männlich identifizierten Subjekte in die Auseinandersetzung mit ihrem Subjektsein zwingt. Unter der Annahme, dass Frauen und Männer in ihrem ‚Welt-, Anderen- und Selbstverständnis' Unterschiede hinsichtlich ihres Begehrens und in der Bewältigung dieses Begehrens aufweisen, erfolgt die Analyse von Subjektivations→prozessen exemplarisch anhand der Dramaturgie des ‚Sommernachtstraums' von William Shakespeare, welche das Begehren als immanentes Thema auf verschiedenen Ebenen verhandelt. Unter Anwendung gendertheoretischer Denkkonstrukte Butlers und Bourdieus sowie machttheoretischer bzw. diskursanalytischer Entwürfe Foucaults als auch gesellschaftstheoretischer bzw. -historischer Analysen Luhmanns entfaltet sich schließlich eine bildungswissenschaftlich intendierte Meta-Erzählung, welche verschiedene Aspekte der → Konstruktion als auch der Vermittlung des Begehrens → herausarbeitet. Die Studie spannt einen Bogen von der machtdiskursiv erzeugten Intelligibilität der Geschlechts→identitäten bis zur ‚Entzogenheit der Subjektivität' und damit zu den Zusammenhängen von Begehren und Imagination, welche die bildungsphilosophisch relevante *Transformation des Welt- und Selbstverständnisses* mittels der Sprache und → Narration → fokussiert." (Verlag Königshausen & Neumann, *Neuerscheinungen* 2/2015, S. 33) Dr. phil. Dipl.-soz. Hartmann ist „seit 1995 tätig in der Aus- und Fortbildung von pädagogischen Fachkräften u. a. im → Themengebiet Geschlechtssensible Pädagogik, Sexualpädagogik, Theaterpädagogik, Krippenpädagogik, Kunsterziehung sowie in der Beratung von Kita-Teams."
→ dekonstruieren, → Kuschelecke, → Selbstverständnis, → was mit Menschen machen.

verhunzt und verzwergt Geflügeltes Wort, das wahrscheinlich erstmals der Zeithistoriker und Freizeitanthropologe Arnulf Baring im Gespräch mit Wolf Jobst Siedler steigen ließ: „Die heutige Lage in der → ehemaligen DDR ist in der Tat vollkommen anders als die bei uns nach 1945. Das Regime hat fast ein halbes Jahrhundert → die Menschen verzwergt, ihre Erziehung, ihre Ausbildung verhunzt. Wir können den politisch und charakterlich Belasteten ihre Sünden vergeben, alles verzeihen und vergessen. Es wird nichts nützen, denn viele Menschen sind wegen ihrer fehlenden Fachkenntnisse nicht weiter verwendbar." (*Deutschland, was nun?* Berlin 1991, S. 59) Kaum ein Jahr später nannte Baring freilich auch → die Menschen im Westen v. u. v. Im Mai 1992 erklärte er gegenüber dem *Deutschen Fernsehfunk*, der ihn dafür nach Berlin-Adlershof geladen hatte: „Die Leute drüben" (Baring sprach in diesem Moment aus Ostberlin in die bis dahin freie Welt, mithin zwergfreie Zone) „sind durch den → Kommunismus verhunzt und verzwergt." Ob „Arzt oder Ingenieur, das ist völlig egal: Sein Wissen ist auf weite Strecken unbrauchbar." Die eifrige Leserin von Baring- und anderen Geschichtsbüchern Ursula Glas wiederum sollte am 21. November 2013 im → Qualitätsmedium *ZDF* dem Widerspruch von Baring II widersprechen und Baring I zustimmen, als sie drüben „wirklich nicht gut qualifizierte Menschen" konstatierte.

verklemmt und verdruckst Doppelgeflügeltes Wort aus dem Diktionär westdeutscher → Weltoffenheit (Biller, Bittermann usw.) für deren kontradiktorisch ermittelbare Ergänzung.
→ Frankfurt, → Kreuzberg.

verkrustete Strukturen Durch evangelische Akademien (→ Tutzing) und engagierte Akademiker inzwischen fast völlig aufgeweicht dank → Betroffenheitssprech. Eine Aufweichung v.r S. selbst dort, wo man den → Kapitalismus am härtesten glaubt, zeigte → zwischenzeitlich das *Handelsblatt*, das die Formel ca. 14täglich und manchmal noch häufiger verwendete: Wo Gewinn fließen soll, dürfen Investitionen nicht in den Sand gesetzt werden, vor allem aber nicht in v. S., weshalb einsichtige Potentaten diese ‚reformieren' oder ‚aufbrechen' (Stichproben vom 22. und 23. August 2013).
→ strukturell, → gewachsene Strukturen.

verletzend und verletzlich Edelschmerzformel, → Betroffenheitssprech; tief aus → adornitischen Sechzigern heraufgurgelnd.
Verletzend und verletzlich muß man sein, wenn man von verletzlich-verletzenden Epochenbesichtigern erwähnt werden will. Der verletzliche Verletzer lebt – wie sein Diagnostiker – in einer → Ichzeit (Maxim „Rostnagel" Biller, „Ichzeit. Über die Epoche, in der wir schreiben", *FAS* vom 1. Oktober 2011) und verhält sich seit 30 Jahren wie weiland Rainald Goetz in Klagenfurt: „Er stellt seine ganze verletzliche Person stolz ins grelle öffentliche Licht." Damit kommt er – soviel historischer Materialismus muß sein! – einer objektiven Notwendigkeit entgegen, denn: „Die Literatur braucht ... die tief empfindenden Dichter und Denker" (→ brauchen). Was literarisch hierbei entsteht, ist unzweifelhaft: „Weltklasseleistung" wie Monika Marons *Stille Zeile Sechs* (ebd.). Kein Wunder, denn auch höhere Töchter der SED-Funktionärsschicht wurden früh auf Weltniveau getrimmt. Eines jedenfalls vermeiden „publizistische → Extremindividualisten automatisch": „jede Form von Gruppenzwang, Massenidiotie und Ideologie". Ausgenommen natürlich die Massenideologie des → Extremindividualismus.

vermeintlich Bereits der Ausdruck kündet vom Meinungsüberschuß, wie er die westdeutschen Idiome der → Entlarvung charakterisiert.
→ angeblich, selbsternannt.

vermitteln Milieu- und genreübergreifender → Lehramtssprech, gebräuchlich mit fakten- (1.) oder normenbezogenem Akzent (2).
Das V. ist 1. die Haupttätigkeit von → Qualitätsjournalisten. Während traditionelle oder konventionelle Medien lediglich Tatsachen übermitteln, ist es → qualitätsmedialer Anspruch, zwischen den Tatsachen und → den Menschen zu vermitteln, d. h. → Haltung zu zeigen, → Position zu beziehen oder → Gesinnung zu bekunden.
Daneben ist das V. 2. der Hauptwunsch von → Autorinnen, → Publizisten, Schriftstellerinnen usw., die sich in → Qualitätsmedien äußern. Das Verbum wird hier umstandslos transitiv gebraucht; zu v. sind hauptsächlich → Werte.
→ Betreuliches, → Medialdemokratisch.

vermögen Das an sich harmlose Hilfsverb stellt den Ungeübten vor ähnliche → Herausforderungen wie die Wahl des richtigen Artikels bei → ‚Verdienst': Zu heftig drängt sich dem Sprachlaien die Flause Reichtum = Potenz auf. Wer etwas vermag und eben nicht bloß kann, der hat's, und wer hat, der ist. Wenigstens etwas. „Magst du nach Hause kommen", fragen → wertorientierte → Projektkindesmütter, im Karree um den Buddelkasten mit Ostsee-Öko-Sand aufgereiht, ihren darin wühlenden Nachwuchs namens Titus, Hektor oder Merlin. Gewiß, auch ein Ruf wie „Elektra, du Dreckschwein, wenn du nicht rauskommst, mag ich nicht mehr mit dir nach Hause gehen", ward am Berliner Kollwitzplatz kürzlich vernommen. Aber ‚mögen' mag sagen, wer da will, es vermag doch leichter zu gebrauchen sein als ‚vermögen'. Dieses Lieblingshilfsverb aller Romanautoren, die *wie* große Schriftsteller schreiben wollen (worunter sie sich vorstellen: ‚prächtig', ‚reich', ‚elegant'), hat seine Tücken, denn es verlangt den erweiterten Infinitiv. Der für seine Sprachschwächen bekannte Pontopreisträger Martin Mosebach – „in seinen Romanen verbindet sich urwüchsige Eleganz mit stilistischer Pracht" (so oder ähnlich: Jens Jessen, *DIE ZEIT*) – mochte wohl davon zu berichten wissen. Er mag es erlesen, ausgesucht, vornehm, glanzvoll, prächtig und – ein wenig kühl. „Wirkliche Kälte hat etwas mit vollständiger Gerechtigkeit gemeinsam. Sie vermag sogar als Stärke erscheinen und dämpft auch die Empörung der anderen." (*Der Mond und das Mädchen. Roman*, München 2007, S. 8) Stellen wie diese vermögen zeigen, warum M. M. manche sich → erwählen. Zu den größeren Zusammenhängen: → Salonkatholizismus, → FROMMSPRECH, → SCHNÖSELSPRECH; → BLÄHWÖRTER.

verordneter Antifaschismus Schmähwort (natürlich für die → Ehemalige); zugleich ein Lieblingswort ehemals engagiert-enragierter Antifaschisten aus der → Westlinken, die sich nach 1989 flugs in Antitotalitaristen verwandelt hatten. Es bleibt die Frage: Kann ein Volk, das sich einst mehrheitlich den Faschismus verordnet hatte, sich danach den Antifaschismus aus eigenen Kräften verordnen?

Verortung Substantiviertes Verb in Entsprechung zum → SPREIZ- und → SCHNÖSELSPRACHLICHEN → Ort; beliebter Ausdruck der literaturnachahmenden Literaturkritik und ihrer Komplizierungsmaßnahmen. „Nimmt man das Geschlechtliche als Verortung der Liebe, so müssen es ganz allgemein die Frauen sein, die C.s Existenz bestimmen …" Wir zitierten aus einem Nachwort Julia Francks, das Wolfgang Hilbigs Roman *Das Provisorium* und dessen Hauptfigur C. galt. Zur V. des Textes selbst schreibt Franck: „Ständig steht in diesem Text die Verfassung des Protagonisten C. zur → Disposition. Zwischen Nürnberg, Leipzig und Berlin, manchmal auch München oder Hanau wird in Zeitsprüngen sein emotionaler und ebenso sein körperlicher und geistiger Zustand erfasst, verloren und verfasst. Gewebe und Material dieses Textes → erwirken die Frage nach der für Hilbig und seinen C. unermesslichen Existenz eines zeitlichen und räumlichen Kontinuums. In unterschiedlichen Sequenzen erfährt C. die Unmöglichkeit einer Entscheidung für seinen Ort, auch scheint jeglicher Ort ihm nur in Bruchstücken erfahrbar. So wenig er sich für seinen Ort entscheiden kann, so unmöglich erscheint auch die Bestimmung einer Liebe. Ja, die Liebe selbst und C.s Fähigkeit zu lieben sind ihm höchst zweifelhaft. Lässt sich die Wahrheit des Kontinuums von Zeit und Raum ermitteln? Und sollte ein solches Kontinuum existieren, wie wäre es C. erfahrbar?" An seinem Ort wahrscheinlich, der auch die Liebe sein kann: „Emotional ist ein Ich vielleicht in der Liebe – liebend – verankert." („Ein Nachwort", Frankfurt/M. 2013, S. 319, S. 299f.)
→ Emotionalität, → erfahrbar (machen).

Veröstlichung Gehobenes Westdeutsch für → ‚Ossifizierung'; vgl. etwa Peter Schneider: „Überspitzt gesagt, entspricht der Verwestlichung der Lebensverhältnisse im Osten eine Veröstlichung des Lebensgefühls im Westen. Eine Anfang 2005 durchgeführte Umfrage … stellte fest, dass sich die Unzufriedenheit der Ost- und der Westdeutschen mit → der Demokratie verblüffend angenähert hat." („Wie der Osten gewann", in: *DER SPIEGEL* 48/2005, S. 174–176, hier: S. 176) Lange nicht mehr im Lande gewesen ...

→ Anderland, → DISKURS DER EMPFINDSAMKEIT, → Jammerwessi, → nähren, → PURISMUS, → Selbstmitleid, → Verostung.

Verostung Asien beginnt in Berlin-Mitte. Die Frontstädter haben es immer gewußt, und Westdeutschlands Champagnerlinke haben es seit 1989 zu fürchten gelernt: „Statt auf eine Verwestlichung des Ostens zu setzen, fürchteten sie eine Verostung des Westens und in deren Folge einen Rückfall in einen überwunden geglaubten deutschen Nationalismus." (Heinrich August Winkler, *Auf ewig in Hitlers Schatten? Über die Deutschen und ihre Geschichte*, München 2007, S. 172) Wer aber einmal pro Woche ‚beim → zuverlässigen Thai' seine Weltläufigkeit beweist und das ganze Jahr von sich sagen kann ‚Mein Geld und ich, wir sind überall zu Hause, außer in Deutschland', der hat den Nationalismus für immer hinter sich. Das bestätigt ihnen der Verfasser von *Der lange Weg der Welt nach Westen* (oder so ähnlich): „Eine Verostung des Westens hat im wiedervereinigten Deutschland nicht stattgefunden, aber die Verwestlichung des Ostens nimmt sehr viel mehr Zeit in Anspruch, als die Optimisten 1990 gemeint hatten." (S. 173)

Tatsächlich war ‚V.' seit den 1990er Jahren als Sammelbegriff für alle Formen der → Verwahrlosung, → Proletarisierung und → Entchristlichung gängig, die von einem heidnischen, orthodoxen, atheistischen oder anderweitig anti-→abendländischen Osten auf → die alte Bundesrepublik überzugreifen drohten. ‚V.' blieb als → Projektionsbegriff der westdeutschen → Meinungselite für die im Ost-West-Vergleich augenfälligen → Modernisierungsrückstände des deutschen Westens un-→hinterfragt, erschien freilich nach der Jahrtausendwende auch → zunehmend im → Diskurs ostdeutscher → Leistungseliten, wenn es das → anschlußbedingt gesunkene intellektuelle, moralische und ästhetische Milieu im → Beitrittsgebiet zu umschreiben galt.

→ am coolsten, → ANTIORIENTALISMUS, → der Osten, → Ossifizierung, → PURISMUS; → Anderland, → Finnland, → Scheißland.

Verproletarisierung Ein Ausdruck herrenrassiger → HALBTROCKENHEIT. Von „Verpöbelung und Verproletarisierung" als Beschleuniger für Geschmack- und Gefühllosigkeit sprach Arnold Gehlen bereits in *Die Seele des technischen Zeitalters* (Hamburg 1957, S. 84). In ähnlicher Bedeutung begegnete der Ausdruck beim Generalleutnant a. D. und Teilvolkskundler Jörg Schönbohm. Der brandenburgische Innenminister benutzte den Ausdruck 2005 bei der Deutung von Kindesmorden, deren Opfer in Blumentöpfen auf → Plattenbaubalkonen versteckt wurden; vielleicht der → Ansatz zu einer vergleichenden Studie zur etwa → zeitgleich in Schwaben beobachteten Sitte heimlichen Einzementierens von toten Säuglingen. Unbefangen neubürgerlich-wertebewußt äußert sich auch Ex-Klassenkämpfer Klaus Schroeder: „Die alte Bundesrepublik war sozial und kulturell eine mittelschichtdominierte, die DDR eine verproletarisierte Gesellschaft." (*Das Neue Deutschland. Wächst zusammen, was zusammengehört?* Berlin 2010, S. 12)

→ Proletarisierung, → Verwahrlosung und Gewaltbereitschaft; vgl. dagegen → Primitivbürger und → Wutbürger.

Verrichtungsboxen Eine notorische Gefühlsangst spricht aus allen Idiomen → MEHRHEITS-DEUTSCHER → Bürgerlichkeit. Die Isolierung von Leib- und Seelenhälfte gegeneinander ist die unverändert gültige Produktionsformel → bürgerlicher → Identität. Deren Sicherung erfordert zwingend die Transformation des Leiblich-Sinnlichen ins Körperlich-Dinghafte, kurz: in Objekte mechanischer Verrichtung. Kopulation sinkt hierdurch nicht zufällig

auf die Stufe von Defäkation. Zugleich jedoch steigt ihre kapitalistisch regulierte Form zum einklagbaren Bürger- oder wenigstens Menschenrecht auf (→ Anspruchsdenken). In die bundesdeutsche → Prostitutionslandschaft sind V. gestellt, in welchen → die gute Gesellschaft ungestört von moralischer Zeugenschaft und herkömmlicher → Zahlmoral ihre Ausscheidungsbedürfnisse verrichten kann. → Köln, Bonn, Duisburg, Essen und andere Metropolen der → rheinisch-katholischen → Wertewelt waren → Avantgarde bei der Schaffung blühender Verrichtungslandschaften im Wortsinne: Hier wurden ganze Landstriche außerhalb der Innenstädte dem Straßenstrich übereignet. Hingegen verweigert man sich in Rostock, Halle, Berlin und weiteren Kernlandschaften des → Atheismus bislang der → gutbürgerlichen Segregation.
→ Ausgrenzung, → Eroskiller, → Sexarbeit; → nachbürgerliche Entwicklung erotischer Verfänglichkeit.

verschärfte Befragung Als Lehnwort aus dem Nordamerikanischen ins Westdeutsche gekommen; gemeint: Folter nach → freiheitlich-demokratischen Standards.

Verschlankung → SCHÖNSPRECH für ‚Auszehrung'. Als substantiviertes Verb die westdeutsche Übertragung des angloamerikanischen ‚lean production'; hochdeutsche Bedeutung: Abwicklung, Einschränkung, Verkleinerung unter Ausschluß des Abwicklers, Einschränkers, Verkleinerers selbst.

Verschlossenheit, verschlossen Wer alltagskommunikativ auf die Frage „Wie geht's denn so?" nicht mit „Ausgezeichnet!" oder einer Variante von „Mein Haus, mein Job, mein Auto ..." antwortet, gilt Westelbiern leicht als ‚v.'. Das Prädikat ist der kleine Bruder von → ‚verdruckst'. In einen größeren Zusammenhang ordnete Ex-*FR*-Redakteur Harald Jähner das landestypische Stereotyp (westdeutsch für ‚Vorurteil') von der ostdeutschen V. ein. Hierbei ging der → Qualitätsjournalist recht verdruckst vor: Jähner bietet Aussagen über eine V., die man „den Ostdeutschen nachsagt", will seinerseits also nichts gesagt haben.
Sind sie nun oder sind sie nicht? Für die in westdeutscher Nachrede angesagte, den Ostdeutschen nachgesagte V. des Jahres 2019 sind laut Jähner nicht Erfahrungen mit der Treuhand, nachwendischen Drückerkolonnen, smarten Patentdieben oder vorlauten Qualitätspreßlern, sondern das Verhalten der sowjetischen Soldaten 1945ff. verantwortlich. Während nämlich Vergewaltigungen in den Westzonen nur selten brutal angebahnt, oft sogar feinfühlig vergolten wurden (Kaugummi, Schokolade, Zigaretten), ging es im Osten anders zu. Der → Kölner → *Deutschlandfunk* referierte: „Jähner berichtet von der hohen Anziehungskraft amerikanischer Soldaten auf die sexuell ausgehungerten deutschen Frauen. Auch die Erfahrungen der Frauen im Osten Deutschlands, die in wesentlich höherem Maße von brutalsten Vergewaltigungen russischer Soldaten betroffen waren, läßt Harald Jähner nicht aus. ‚Nun haben die GI's der US-Arme und die Briten auch vergewaltigt, aber bei weitem nicht in diesem Maße. So daß da schon eine fundamental andere Fremdheitserfahrung vorliegt zwischen Ost und West. Und ich bin fest davon überzeugt, daß das größere Mißtrauen, was die Ostdeutschen nun mal Fremden gegenüber hegen, also diese größere Verschlossenheit, die man ihnen nachsagt – ohne ihnen irgendwas Böses zu wollen, das ist ja nicht gleich Rechtsradikalismus – hat natürlich auch etwas mit den Erfahrungen von '45 zu tun ...'." Summa: „Auch wenn viele Erkenntnisse nicht neu sind: ‚Wolfszeit' ist eine höchst lesenswerte, fesselnde und vielfältig bebilderte Mentalitätsgeschichte der Nachkriegszeit." (Melanie Longerich, „Andruck", 8. April 2019)
Geringere Vergewaltigungsquote in den Westzonen, vornehmerer Kriegsführungsstil der Westalliierten, westzonal frühzeitig lässiges Verhältnis ‚zum Fremden', westdeutsche Vor-

urteilslosigkeit gegenüber → Rußland: die Kinder- und Hausmärchen der BRD präsentierten 2019 in Fülle auch andere, pünktlich zum 70. Jubiläum der Staatsgründung erschienene Nostalgica. Zum Genre der post-, anti- oder alternativfaktischen → Selbstverständigung näherhin: → Heimatliteratur.

Verschwörungstheorien Im jüngeren, insbesondere → qualitätsmedialen → Denunziantendeutsch häufig ein Synonym für „Denken in Zusammenhängen" (G. Krone-Schmalz). Linksemanzipatorisches, früher meist k-gruppengeprägtes Kulturbürgertum deutet widerständige Wirklichkeit wie Wirklichkeitsanalyse – oft unter Zuhilfenahme der Totalitarismustheorie und ähnlicher Verschwörungserklärungstheorien – bevorzugt als Weltverschwörung von Verschwörungstheoretikern.
Auffällig ist die → anstandslose Verwendung des *Plurals* – vielleicht, um das Weltbild des Verschwörungstheoretikers als Kompositum von V. zu diskreditieren. Das Gegenstück zu den V. der V.entlarver dürfte in einer Fiktion von Globalzusammenhängen (‚Globalisierung') zu finden sein, denen Steuer- und Regelbarkeit eignen soll.

versickern → Empörsamkeitsverbum aus dem Diktionär des wirtschaftsethischen → Jammerwessitums; Indikator, aber auch Faktor → falschen Bewußtseins und mangelhaft durchschauter Inkontinenz des Kapitals, mithin der chronischen Erleichterungsbedürfnisse einer ihm unterworfenen Ökonomie. Von ‚v.' ist regelmäßig und ausschließlich dann die Rede, wenn westdeutsche → Verantwortungseliten nicht mehr nur in ihrer mehrheitsdeutschen → Herkunftsheimat tätig sind, sondern in wirtschaftlichen Trockenzonen: „Millionen versickerten im Märkischen Sand" ist eine Formel aus den → Qualitätsmedien (hier: *ARD*-„Kontraste" vom 4. Dezember 2003), deren ungezählte Varianten sogar in die westdeutsche → Heimatliteratur (Botho Strauß, *Vom Aufenthalt*, 2009) sowie Regionalmetaphysik (Peter Sloterdijk, *Zeilen und Tage*, 2014) Eingang fanden.
→ Integration.

Verslumung Nicht einmal → Westberliner Neonazis (also jene, die dafür kämpfen, daß man sie nicht mehr → Nazis nennen darf, sondern daß sie sich dereinst wieder selbst Nazis nennen dürfen) wissen sich 100%ig national zu artikulieren. Zur Nationalen Aprildemonstration 2014 riefen sie wie folgt auf: „Kreuzberg muß befreit werden – sicher, sauber, ordentlich! Weg mit Multikulti – Kriminalität – Verslumung!" Nach der sicheren, sauberen und ordentlichen Befreiung fand eine Nationale Maidemonstration unter dem unmißverständlichen Motto „Unser Volk zuerst – Ausländerstopp jetzt!" statt, mit welchem anglizistisch formulierten Selbsteinreiseverbotsverlangen wohl ein Höhepunkt → deutschen Selbsthasses erreicht war.
→ Hertha-Frösche, → Türken raus!

Versorger-Ehe (Versorgerehe) Durch Verballhornung aus einem juristischen Fachterminus entstanden (im Sozialgesetzbuch heißt es ‚Versorgungsehe'), ist ‚V.' inzwischen ein Kernbegriff gesellschaftlichen → Modernisierungsrückstands → der alten Bundesrepublik; in der mündlichen Form oft mit dem Beiklang gekränkter Westehemännlichkeit. Die V. als Sozialrealität ist jedoch vor allem eine Urzelle des → Feminisprechs und überhaupt der Hybriddialekte von → Opferhaltung und → Anspruchsdenken; vielleicht sogar ein Urmodell bundesdeutscher → Unterwürfigkeit überhaupt, in der sich ja Selbstverdinglichung und Selbstermächtigung in historisch → einzigartiger Weise verbinden. Der landestypisch bevormundend-belehrende Verbalstil des westdeutschen Mannes – „Ich versorge die Welt mit Wissen über die Welt!" (Anonymus) – dürfte hier ebenso seinen mentalitätsgeschichtlichen Ursprung haben wie der halb greinende, halb fordernde Tonfall der lila Schwestern. Sie

mußten den in der V. erlernten Denk-, Sprach- und Lebensstil nur aufs Großeganze der Gesellschaft anwenden, um dessen schweigend-schaffendem → Rand ein schwer kurierbares Gefühl von → Bringeschuld und Versorgungspflicht einzuflößen.
→ Unterprivilegiertheit, → zunehmend weniger (oder mehr).

Versorgungsmentalität → Anspruchsdenken, mit dem eine durch Einheitsverzicht und Marshallplan zusammengekaufte Nation dem Staat zu begegnen lernte und das sie durch ihre Wiedereingliederung in die deutsche Geschichte → zunehmend bedroht sieht. In der genannten Bedeutung ist ‚V.' ein oft zwischen neukonservativ und neuliberal vibrierender Denunziationsausdruck, der einiger Präzisierung bedarf.
Als Selbstzeugnis der V. sei zunächst ein → paradigmatisches Beispiel jüngeren → Jammerwessitums zitiert: „Früher, als ‚wir' und ‚sie' noch in getrennten Staaten lebten, erwarteten wir Westdeutschen sehr viel von den Politikern – und wann immer wir von deren Lügen, Machtsucht und Durchschnittlichkeit enttäuscht wurden, versuchten wir, unsere Wut auf sie in langwierigen Politikverdrossenheitsdebatten wegzudiskutieren. ‚Sie', die Ostdeutschen, waren aber schon immer der Meinung, dass alle Politiker Gangster sind und bleiben, und da *sie* seit 1933 nur von Leuten wie Hitler, Dönitz, Ulbricht und Honecker regiert wurden, kann man das fast verstehen. Was man nicht verstehen kann, ist die tatsächlich ziemlich gangstermäßige → Lässigkeit, mit der unsere Politiker seit 1989 dafür gesorgt haben, dass der Osten Osten bleiben und unsere einst so libertäre, offene unnationalistische Gesellschaft mit seiner Osthaftigkeit vergiften durfte. Niemand hat uns gesagt, daß der Osten Osten bleibt" usw. usf. (Maxim Biller, „Die Ossifizierung des Westens – Deutsche deprimierte Republik", in: *Frankfurter Allgemeine Sonntagszeitung* vom 22. März 2009) Bereits in diesen wenigen Zeilen ist der → Markenkern jammerwestdeutscher V. erkennbar: die greinende Anspruchshaltung, die Sündenbocksuche, wenn der Kinderparadiesverbleib scheiterte, die politische → Bedienmentalität und schließlich die Anklage fremder, illusionsresistenterer Völker, die nicht als Boten der Realität akzeptiert, sondern als Bringer des Bösen denunziert werden.
Ältere Ostdeutsche haben erfahren müssen und wissen noch: wie wenig der Staat für einen tun kann, ein Staat, für den man selbst allzu vieles tun mußte. Die Fähigkeit, sich selbst zu helfen, hat sich vielfach in die deutsche Einheitszeit retten können, wenn ihr nicht gerade → Demokratie-, Entwicklungs- und andere Helfershelfer dazwischenkamen. Man mag diese Ungläubigkeit betreffs Hilfe von oben und diesen Zweifel am Recht einer Versorgung durch andere heidnisch, profan, → ‚atheistisch' schmähen. Sie bleibt jedoch der schroffe Gegensatz zur Staats-, Ideologie-, Meinungs-, Führungs- und vor allem Parteienbedürftigkeit des Westens. Die Selbstentmündigung durch Selbsteinordnung in materielle und ideelle Versorgungsinstitute, vorbildlich hierfür der Cliquenpluralismus und das wählerschaftlich jahrzehntelang quengelnde Hin und Her zwischen SPD und CDU, illustriert die alle westdeutschen Lebenssphären beherrschende V. Eine europäische Extremform verleugneter Gewißheit, daß man im → Kapitalismus lebe; das Parlando von → Demokratie, → Parteienpluralität usw. an sich und als solcher nicht als taktische Lüge, sondern als handfester Selbstbetrug. Der → Puerilstil im Politischen ist die staatsoffizielle Bekränzung der V.
Unterentwickelt bleibt beim → Alt(bundes)deutschen die Fähigkeit, privates Unglück zu ertragen, ohne sogleich ein Bekenntnisbuch darüber zu schreiben oder eine Verschwörung dahinter zu wittern oder eine Partei (Pro, Pro Deutschland, Die Freiheit, Alternative für Deutschland usw.) oder ein Larmoyanzkartell (‚Selbsthilfegruppe', Fördergruppe, Frauenhilfswerk, Burschennetzwerk) zu gründen. Ubiquitär deshalb das mehrheitsdeutsche Maulen über → Diskriminierung, das jedoch zuallermeist keineswegs dem Nachteil-Erleiden, sondern dem Nicht-Wahrgenommenwerden gilt, was wiederum entweder zu so unverhohlenem wie rüpelhaftem Trotzen oder zur Selbstorganisation in weltbildfesten Anspruchsklüngeln führt.

Man erkennt leicht, daß der → Jammerwessi in seiner seelischen Substanz durchaus → Eigengut → der alten Bundesrepublik gewesen ist, zum weltanschaulichen Subjekt und psychologischen Objekt freilich erst durch Begegnungen mit einer strenger erzogenen Minderheit werden konnte. Pikanterweise machen Vertreter der → altbundesdeutschen Mehrheit die → neudeutsche(n) Minderheit(en) nicht selten für das mindere → Selbstbewußtsein eben jener Mehrheit verantwortlich. Dies bei weitem nicht nur in der einheitsfesttäglich vorgelegten → Haß-und-Verachtungs-, also → HEIMATLITERATUR. Der Mehrheitsdeutsche denkt, fühlt und fordert als Anspruchsgruppe, gibt sich gern als benachteiligte Minderheit bis ins Kleinste und Kleinlichste des Alltags hinein. Er kann nicht Rad fahren oder ein veganes Schnitzel essen, ohne sich als – potentiell verfolgte – Kirche der Radfahrer oder Schnitzelesser, zumindest als schutzwürdige Glaubensgemeinschaft aufzuführen und allerlei Trost- und Fördermittel → einzuklagen. Eine Geist- und Würdelosigkeit, deren immer noch geringere Ausgeprägtheit im deutschen Osten die autochthon → Beschädigten mitunter als → Modernisierungsdefizit schmähen.

Die allgegenwärtige Unzufriedenheit und → Weinerlichkeit, die grämliche Neidverkniffenheit in → alt(bundes)deutschen Antlitzen taten dem östlichen (und bei weitem nicht nur ostdeutschen!) Beobachter bereits zu früher historischer Stunde kund, welch defizitäre Humanität das → Schweinesystem als Mehrheitstypus begünstigt hatte. Deshalb darf, wer von der altbundesdeutschen V. sprechen will, vom alt(bundes)deutschen → Selbstmitleid nicht schweigen. Hier soll es bei einem Streiflicht aus der jüngeren Vergangenheit bleiben: Flaneuren in der Leipziger Straße (Berlin-Mitte) wurde jahrelang ein Video, installiert in der Außenwand des Finanzministeriums, mit Interviews westdeutscher Beamter und Beamtengattinnen geboten; es lief in Endlosschleife. Unvergeßlich ein tränenerstickter Gattinnenbericht, daß der Gatte beamtenpflichtig für einige Tage → Buschzulage nach Ostberlin oder die Familie ob Gattenpflicht gar für immer ‚dorthin' gehen mußte: „Man hatte sich ja was aufgebaut, unser Haus und Grundstück, ob man das auch im Brandenburgischen so finden würde ..." (Bild- und Hörzitat)

Nicht nur angesichts solcher Stichproben erweist sich Westdeutschland für den deutschen Osten als genau dasjenige, was Westberlin schon lange für den deutschen Westen war: als „ein Faß ohne Boden" (H. Witzel). Landschaftskulturell gesehen: Hier wächst nichts mehr, hier muß immer nur begossen werden, was durch jahrzehntelange V. längst verkümmerte. Als Originalzeugnis zuletzt eine Stimme aus der Mitte dieser maßlos verwöhnten Provinz, aus Berlin-Kreuzberg: „Westberlin hatte einen ganz besonderen Status. Es war ein echtes Biotop, eine Insel der Glückseligkeit, abgeschirmt von der sonstigen Unbill der Welt hielten → die Alliierten ihre schützende Hand über die Stadt, die durch eine → einzigartige historische Konstellation zustande gekommen war, und sie hatte eine echte Attraktion zu bieten." (echt nur aus der sich groß schreibenden EDITION TIAMAT: Klaus Bittermann, *Unter Zonis [...] Ein Rückblick*, Berlin 2009, S. 8)

→ Weinerlichkeit derart satzsprengenden Ausmaßes findet man sonst nur bei überführten Knabenschändern oder Promotionsbetrügern aus dem → rheinisch-katholischen → Kulturkreis; dazu näherhin: → Verwundungen, Verletzungen, Empfindungen. Zu den medialen Folgen gestörten Spießerglücks in Kreuzberg und anderswo: → HEIMATLITERATUR, → Kleinkunst, → Satire.

Verständnis Die Einheit von Verstehen und Einverständnis wiederherzustellen, war die → Zielstellung von Hans-Georg Gadamers Hermeneutik, einer philosophischen Fundamentaldisziplin. Sie sollte den Universalismus der *ratio* wie den Relativismus des *tout comprendre* überwinden. Das profane, ja triviale Pendant zum hohen und oft ‚frommen Ton' (H. White) der Gadamerschen ‚hermeneutischen Ontologie' findet sich im allgemeinen

Ersuchen um V. Es ist eine → durchaus → singuläre Schöpfung der westdeutschen Alltagskultur. Medial ohrenfällig wird sie im → Diskurs der Entschuldigung. V. erflehen oder gebieten nicht nur ertappte Verschwender, Veruntreuer, Vorteilnehmer u. a. → Vorteilsritter des deutschen Westens, sondern auch die Anonymen der Lautsprecherdurchsagen. Gemeinsam ist allen V.bitten die mangelhafte Begründung des Schadenseffekts, oftmals sogar ihr völliges Ausbleiben. In der Substitution von → Erklären durch Verstehen scheint somit ein → typisch → alt(bundes)deutsches → Anspruchsdenken virulent: Die V.forderung gilt demjenigen, was sich von selbst versteht. Der quengelnde Ton, in welchem sie häufig vorgetragen wird, → entlarvt sie als einen Ausdruck von zivilisatorischem → Provinzialismus. Ein solcher fordert per se die → Anpassung an etwas, das sich nicht erklären oder gar rechtfertigen, sondern nur verstehen läßt, ans Selbstverständliche mithin. Bereits vor dem → Anschluß zeichneten viele Heimatkünstler, -literaten und -publizisten der BRD diese als ein Land, das von der Welt V., Einsicht, Nachsicht, Rücksicht, vielleicht auch → Dankbarkeit erwarten dürfe (zur Kontinuität solcher → Selbstverständigungsliteratur über die Jahrzehne vgl. Elisabeth Noelle-Neumann, *Die verletzte Nation. Über den Versuch der Deutschen, ihren Charakter zu ändern*, München 1993, Wolfgang Herles, *Wir sind kein Volk. Eine Polemik*, München ³2004, sowie die Publikationen der → Bittermannlinken vor und nach 2009). → Mehrheitsdeutsche → Qualitätsmedien wie *DER SPIEGEL* bemühten seit dem ersten Einheitsjahr, in landestypischer → Ideologisierung ökonomischer Realitäten, → massiv den V.dialekt. Eine Imago Westdeutschlands als des Landes der durch Undankbare Unverstandenen begann sich abzuzeichnen; vgl. als musterhaft für diesen → Diskurs das Heft 39/1990 „Vereint aber fremd. Die ungleichen Deutschen", in dem „schieres Unverständnis" der Zonis für die freiheitliche Marktgesellschaft sowie „das falsche Verständnis von Arbeit als notwendigem Übel" beklagt wurden (S. 54f.; Originalgrammatik und -interpunktion). Vergleichbare V.aufforderungen wie „Ostdeutsche müssen Demokratie lernen" (1999) vernahm man von westdeutschen Parteipolitikern wie Otto Schily und sogar aus → intellektuellen Kreisen. Der Anlaß waren oftmals mehrheitsgesellschaftlich mißliebige Wahlergebnisse. Seit der Expansion westdeutscher Parteigründungen wie DVU, NPD, AfD usw. in den deutschen Osten gilt dieser vollends als → Ort des Unverständnisses bezüglich → der Demokratie. Mentalitätsgeschichtlich → nachhaltiger könnte ein etwa seit den 2000er Jahren vernehmbarer → Diskurs der Empfindsamkeit wirken, worin ein adäquates V. der → ‚westlichen Seele' nur dieser allein zugesprochen, mithin V. mit Selbstverständigung gleichgesetzt ist. Beispielhaft hierfür das Wort von den „fein ausgesponnen [sic!] seelischen Regungen der bürgerlichen Hochkultur", die in ihrer Kompliziertheit und → Verletzbarkeit kaum Ostkünstlern, ja, kaum sich selbst verständlich sei (Näheres: → die Sprache der Seele).

Wo V. ein Synonym für Verstehen geworden ist, da herrscht das Unerklärliche, vielleicht aber auch nur das Unartikulierbare. In verblüffender Schlichtheit scheint H.-G. Gadamers Verlangen nach Abschaffung des distanzierten, objektivierenden ‚Sinnverstehens' zugunsten einer normativen Hermeneutik → eingelöst. „Wir bitten um Ihr Verständnis" und „Wir erwarten euer Verständnis" sind → sozusagen → Pathosformeln eines Menschen- und Kulturtyps, der kein objektives V. von sich selbst gewinnen kann, weil er sich selbst noch niemals objektivieren (distanzieren, relativieren) mußte. Die ersatzlose Streichung des Indikativs zugunsten von Imperativen des V.ses bekundet freilich nicht allein eine → provinzielle, sondern auch eine puerile Geistesverfassung (→ Puerilstil). Der mangelnde → Zugang zu fremden Menschen und Völkern gerät zur → selbstbewußten Forderung an sie, sich dem eigenen, zwangsläufig engeren ‚Horizont des Verstehens' (Gadamer) einzufügen.

Zur maßstabsgetreuen Verkleinerung komplexerer Größen aufs Eigene und Einfachere: → Heimatliteratur, → Selbstverständigung.

verstetigen sollte man stets das, was → einzuwerben gelang.

Vertragsarbeiter In → MEHRHEITSDEUTSCHEN → Qualitätsmedien zumeist als ostdeutsches Gegenstück der westdeutschen → ‚Gastarbeiter', gar der 2015ff. verstärkt beanspruchten → Leiharbeiter gedeutet und bedauert. Nicht selten halten Westelbier alle Ausländer, die in der → Ehemaligen arbeiteten, lernten, studierten und gratis Gesellen-, Meister- oder Ingenieursabschlüsse machen konnten, für ehemalige V.
Die Verträge der V. im engeren Sinne sahen eine Unterbringung auf dem Niveau einheimischer Montagearbeiter (‚Vollkomfort'), mithin oftmals über dem Wohnstandard der einheimischen Bevölkerung vor. In den Westen fahren und Westdevisen → besitzen durften die V. je nach → Herkunftsheimat auch. Was ihnen der ostdeutsche → Mob eventuell bis heute nicht verzeihen kann? Begriffs- und Deutungskühnheiten wie im nachfolgend angekündigten Beitrag des → *Deutschlandfunks* sind qualitätsmedial keine Seltenheit: „Wer ist das Volk? Ein Feature über Fremdenfeindlichkeit im Osten. Auch in der DDR gab es Ausländer. Vertragsarbeiter wurden sie genannt. Sie kamen aus Vietnam, Mosambik, Angola und anderen Bruderländern. Doch von sozialistischer Solidarität war nicht viel zu spüren, von den DDR-Bürgern wurden die Migranten sorgsam → abgeschottet. Kam es dennoch zu Begegnungen, gab es Vorbehalte, → Diskriminierungen und Konflikte. Liegen hier die Ursachen für eine besondere Form von → Fremdenfeindlichkeit, die sich durch enttäuschte Hoffnungen nach der Wende noch verstärkt hat? Führt hier ein direkter Weg zur Pegida-Bewegung?" (Programm *Deutschlandradio Kultur* [S. 11], 17. Februar 2016)
→ Abschottung, → Dumpfbacken, → Fidschis, → Keine Italiener! → Türken raus!

Vertreter Der autochthone und in der Arztpraxis wie im Parlamentsfoyer anzutreffende Typus des → MEHRHEITSDEUTSCHEN, des Menschen also, der stets für etwas anderes steht, seltener: dafür einsteht (→ Ich stehe dazu).
Neben dem Massenexemplar des Produktvertreters, welchem das → Anschlußgebiet seine erste Erfahrung mit dem BRD-repräsentativen Menschenschlag verdankt, ist die kulturelle Form von Vertreterschaft notorisch: die → Repräsentation. Wie alle symbolische Artikulation aus Westelbien ist sie strikt links-rechts-gestrickt und -geteilt. Die neubürgerliche Geisteslinke geniert sich → zwischenzeitlich, durch eigenes Sein oder Tun etwas zu vertreten, wovon eine üppige Literatur zur Obsoletheit von ‚Repräsentation' zeugt (→ dekonstruieren). Lieber spricht sie davon, daß Minderheiten oder → Unterprivilegierte für sich selbst sprechen müßten. Die geschmacksbürgerliche Neurechte hingegen hat die Rolle des Repräsentanten, insbesondere des repräsentativen Schriftstellers, wieder für sich entdeckt: Sofa mit ‚ph' schreiben, Dreiteiler tragen, Weinkeller halten, angeblich Proust gelesen haben. Repräsentatives Westdeutsch nähert sich so einem verqueren → Realismus an, einem dingfixierten Reden und Schreiben von all jenen Realien, die aufgrund ihrer prachtvollen Unbeweglichkeit hohe Realitätskennerschaft ermöglichen. „Er schritt zum Kleiderständer, wo im Halter die Auslese javanischer Reitgerten hing … Auf der Kommode, zwischen den hohen altchinesischen Vasen lagen Bücher größern Formats, die Histoire des Peuples de l'Orient von Maspero, eine englische Ausgabe des Rubajat und die Reise ins Land der vierten Dimension …"
Man vernahm soeben nicht den Mosebachdeutschen auf Besuch bei Konsuls, sondern einen vergessenen Autor aus Kurt Tucholskys *Der Bär tanzt* (1928). Repräsentantentum gestern wie heute ist gelebte oder beschriebene Unberufenheit. Die Sozialsphäre oder die Gegenstandswelt, von der die repräsentationsbeflissenen Schreiber künden, ruft von sich aus → durchaus nicht nach nochmaliger Repräsentation. Sie repräsentiert sich selbst und zeigt die kalte Schulter gerade jenen, die es nach „wirklicher Kälte" als dem Siegel sozialer Stärke verlangt (Martin Mosebach, *Der Mond und das Mädchen. Roman*, München 2007,

S. 8). Movens des repräsentativen Stils bleibt soziokulturelles Streber-, ja Stramplertum. Nicht zufällig kommen die Hauptvertreter des → eleganten Deutsch, des → Spreiz- und Schnöselsprachlichen nicht nur aus seelisch, sondern auch sozial kleinen Verhältnissen, genauer: aus kleinbürgerlichen. Es ist der Bürger als Edelmann, der Kulturkleinbürger als Edelgroßkonsument, der im heutigen Westdeutschland den repräsentativen Stil → ‚prägt'. Das schreibt sich hoch und wanzt sich ran, → verweist auf seine Trink-, Hör-, Lese- und Reiseerlebnisse, weist überhaupt stets von sich selbst fort und vom Aufgewiesenen riesengroß auf sich selbst zurück.

Doch gilt es auch den intellektuellen → Hintergrund zu sehen, vor dem Halbkönnerschaft und Dreiviertelbildung penetrant sich spreizen: die schicksal-, später schuldhafte Selbstprovinzialisierung der deutschen Westzone zur amerikanischen Pop-Provinz, die schulische → Verwahrlosung und → Bildungskatastrophe → breiter Kreise. Dergleichen läßt den Drall ins Enge mit all seinem Vorzeigerwesen und Bildungsvertretertum als kulturrettende Tat erscheinen, als Repräsentation ansonsten schwindender → Präsenz.

→ Anbiederungsdeutsch, → Heimatliteratur, → Hochschreibe, → Mosebachdeutsch, → Neuschnöselsprech, → Ranwanz; → sortiert.

Verwahrlosung und Gewaltbereitschaft sind, wie Generalleutnant a. D. Jörg Schönbohm wohl als erster entdeckt hatte, typische Wirkungen der ostdeutschen → Verproletarisierung, im weiteren auch des Mangels an einer → Leitkultur. Diese sei in → Deutschland christlich und bürgerlich (vgl. Schönbohms Erklärung in der *taz* vom 27. Januar 2007). Schönbohm deckte auch den Zusammenhang zwischen Berufstätigkeit der Frau, Singledasein und Mehrfachmorden an Neugeborenen auf. Kulturanalytisch und sprachschöpferisch benutzte der Lannngjediente hierfür zunächst den Ausdruck ‚Verproletarisierung', später vereinfacht zu ‚Proletarisierung'. Hinsichtlich letzterer erwies sich Schönbohm, nach Zurechtweisung durch Bundeskanzler Schröder, als ebenso sprachflexibel wie → meinungsstark: „Ich würde heute den Begriff ‚Proletarisierung' nicht mehr verwenden. Aber es ist eine Tatsache, dass in der DDR eine → Entbürgerlichung und Entchristlichung stattgefunden hat. Das wirkt bis heute nach. In der DDR wurden schon zu Beginn die zehn Gebote Gottes durch Ulbrichts zehn Gebote der sozialistischen Moral ersetzt. Mit den Gottesdiensten ist auch eine Kulturtechnik des Miteinanders verloren gegangen." („In Ostdeutschland wird noch viel tabuisiert", Jörg Schönbohm im Interview mit Frank Jansen und Thomas Metzner, in: *DER TAGESSPIEGEL* vom 1. März 2008) Die wahrscheinlich aus jahrelanger *TAGESSPIEGEL*lektüre gewonnene Überzeugung, in der DDR hätten die zehn Gebote des Gottesstellvertreters Ulbricht geherrscht, wiederholte die bis 2011 nur durch Rechtgläubigkeit aufgefallene Religionswissenschaftlerin Dr. Hanna-Barbara Gerl-Falkovitz. Auf der Priestertagung von St. Pölten beklagte sie die → „Austrocknung christlicher Lebenswelten", deren Reliquien ja nun in Balkonblumentöpfen zu besichtigen seien (www.schwarzwaldmaedle.de 2012). Tatsächlich hatte Walter Ulbricht, 1. Sekretär des SED-Zentralkomitees, die Übernahme solcher zehn Gebote für den sozialistischen Menschen ins Parteiprogramm durchsetzen können, freilich nur für die Jahre 1963 bis 1976, also nicht gerade „von Beginn" (Schönbohm) oder gar „zunehmend" (Gerl-Falkovitz).

verwehren Hochdeutsch: verwahren. „Ich [bitte einsetzen: zu Guttenberg, Koch-Mehrin, Schavan] verwehre mich gegen die Vorwürfe, ich hätte ein Plagiat" usw. usf. Wie → ‚gelang/gelangte' ein Ergebnis der großen westdeutschen Lautverschiebung.

Für die debilsprachliche → Strahlkraft des Verbums sei ein Zitat angeführt, in dem grammatisch so gar nichts stimmt, positiv gewendet: in dem nichts von dem fehlt, was → publizistischen → Wächtersprech linguistisch auszeichnet. Jan Rübel, für *Cicero*, *DIE ZEIT* und weitere → Qualitätsmedien tätiger → Qualitätsjournalist, 2015 ausgezeichnet mit dem Karl-Kübel-Medienpreis, schrieb über Erschröckliches aus der → bürgerlichen → Mitte der Gesellschaft: „Nicolaus Fest, Sohn Joachim Fests, des konservativen Verlegers der ‚FAZ' und Enkel Johannes Fests, einem sich 1923 den Nazis verwehrenden Politiker der Zentrumspartei. Eine Familie aus dem Bürgertumsadel, sozusagen." („Nicolaus Fest & AfD: So wird das nichts mit der bürgerlichen Fassade", in: *Yahoo Nachrichten* vom 7. Oktober 2016) → elegantes Deutsch, → GENITIV-DATIV-MESALLIANCE, → sozusagen, → SUBJEKTWECHSEL, → Verwundungen, Verletzungen, Empfindungen.

verweisen Hochwertverbum aus Oberseminaren in Beinahe-Eliteuniversitäten, das mittlerweile ‚hindeuten' ersetzt hat. Exemplarische Details: → dynamischer Unterstrich.

Verwerfungen Immer im Plural; ursprünglich geologischer Fachbegriff für eine Zerreiß- oder Bruchstelle im Gestein, mittlerweile fachschnöselndes Zeitungswestdeutsch für ‚Interessenkonflikte' als auch kritik- oder poesiesimulativer → SPREIZSPRECH mit erweitertem Bedeutungsumfang: „Paula Rosolen lässt im Frankfurter Monsonturm die Verwerfungen des Punk ertanzen." (Magnus Rust, *Frankfurter Rundschau* vom 4. Juli 2018, S. 30) „Die Verwerfungen an Körper und Geist sind in der Hölle härter." (Sibylle Lewitscharoff beim Versuch, ihre Romanfassung von Dantes *Inferno* zu rechtfertigen, in: „Studio LCB. Aus dem Literarischen Colloquium Berlin", *Deutschlandfunk*, 24. September 2016)

Verwundungen, Verletzungen, Empfindungen Frage: Was haben Andreas Scheuer (CSU), Karl-Theodor zu Guttenberg (CSU), Silvana Koch-Mehrin (FDP), Matthias Pröfrock (CDU) und Annette Schavan (CDU) gemeinsam, abgesehen davon, daß sie → durchwegs 1. Westdeutsche, 2. Wissenschaftssimulanten, 3. aus dem katholischen → Kulturkreis sind? Antwort: eine erhöhte menschliche, aber auch moralische Sensibilität, welche sich im einschlägigen → DISKURS DER ENTSCHULDIGUNG bekundet. Die ertappten Schummler, zu Rücktritten genötigt, finden sich – im Adjektivquerschnitt – ‚verletzt', ‚bedrängt', ‚getroffen', bekunden mithin jene → verletzend-verletzte Verletzlichkeit, die Heilungs- und Pflegezuschüsse → MEHRHEITSDEUTSCHER → Qualitätsmedien rechtfertigt.
Namentlich der → Kölner → Westdeutschlandfunk verfügt über einen reichbestückten Wortverbandskasten für die Empfindsamen → der Politik. Unter unzimperlichem Einsatz von Erik Saties *Petite ouverture à danser* lud Stephan Detjen die überführte, aber unbußfertige Fälscherin und „gläubige Katholikin" Annette Schavan zum Eiertanz („DLF – Zeitzeugen im Gespräch", 27. Oktober 2016): „Frau Schavan, Sie sind die zweite deutsche Spitzenpolitikerin, die nach einem Rücktritt von einem hohen Amt in der Bundesrepublik deutsche Botschafterin beim Heiligen Stuhl wird, hier in Rom. Vor Ihnen war das der, ebenfalls Bundesminister, Bundestagspräsident Philipp Jenninger. Ist dies hier, diese schöne Residenz in Rom, in der wir hier gerade sitzen, ein Ort, an dem alte Verwundungen, Verletzungen gut ausheilen können?"
Schavan: „Rom und dieses Amt und die damit verbundenen Aufgaben sind sehr geeignet, Abstand zu finden, neue Lebensphasen zu beginnen, gleichzeitig *Erfahrung* → einzubringen. Ich glaube, dies ist hier ein Amt, in dem politische Erfahrung, → ähm, in dem überhaupt Erfahrung mit dem, was an Entwicklung sich über Jahrzehnte ereignet, jedenfalls wertvoll ist."
Detjen: „Sie sind hier Botschafterin, weil Sie nach Plagiatsvorwürfen gegen Ihre Dissertationsschrift zurückgetreten sind, darüber reden wir vielleicht noch später. Aber lassen Sie uns jetzt noch einmal die Zeit ein ganzes Stück zurückgehen. Als diese Vorwürfe Ende 2012 laut wurden, haben Sie sich noch einmal in diese frühe Dissertationsschrift aus dem Jahre 1980 vertieft, Sie haben, das haben Sie erzählt, alte Notizen, Zettelkästen wieder

herausgekramt, das war ja auch eine Wiederbegegnung mit einer jungen Annette Schavan im Jahre 1980, einer damals 25jährigen Doktorantin [sic!], was haben Sie damals über sich selber wiederentdeckt?"

Schavan: „Ich habe nachlesen können, wie mich schon damals Fragen interessiert haben, die mich ein ganzes berufliches Leben begleitet haben. Die Frage nach der → Gewissenhaftigkeit und die Frage, wie Erziehung zur Gewissenhaftigkeit oder Begleitung junger Menschen möglich ist, so daß sie *aufmerksam* für die *Fähigkeit* ihres → Gewissens werden, auch die Frage, wie Menschen ihre → Freiheit wahrnehmen, Freiheit mit Verantwortungsbewußtsein verbinden. ... Ich habe viel → *Kontinuität* entdeckt. Auch wenn ich das damals anders formuliert habe, aber es hat für mich immer eine Rolle gespielt, wie ist das möglich, daß Menschen das, was in ihnen steckt, daß Menschen ihre Talente, ihre Kräfte entdecken, damit verantwortungsbewußt umgehen und sich orientieren an einem inneren Kompaß, den wir Gewissen nennen."

Detjen: „Diese → Prägungen haben vermutlich etwas mit Ihrer Heimat zu tun. Sie sind in Neuss geboren und aufgewachsen, das ist die Region, die man mit dem Begriff des rheinischen Katholizismus in Verbindung bringt. Und man kann diese Bundesrepublik, die alte Bundesrepublik, wahrscheinlich gar nicht verstehen, wenn man nicht versteht, was dieser rheinische Katholizismus, der am Anfang der Bundesrepublik Adenauer [sic!] so prägend war, was dieser rheinische Katholizismus ist. ... Frau Schavan, Sie beten regelmäßig. Hat Ihnen dieses Gebet in → der Politik geholfen?"

Schavan: „Ich bin Teil einer weltweiten Gemeinschaft von glaubenden Menschen, die in einer Tradition stehen und diese Tradition auch zum Ausdruck bringen."

Detjen: „Als Ihnen 2013, Frau Schavan, der Doktortitel von Ihrer Universität, Ihrer Alma mater aberkannt worden ist, da haben Sie den Vorwurf, der damit verbunden war, Sie hätten getäuscht, vehement zurückgewiesen. Sie haben das Ministeramt aufgegeben, um gegen Ihre Universität klagen zu können. Was haben Sie damals empfunden?"

Schavan: „Das ist der einzige Satz, den ich zu diesem Thema sage: Ich habe in meinem Leben niemanden getäuscht, und *warum* hätte ich meinen Doktorvater und meine Fakultät täuschen sollen? *Was* wäre denn das Motiv gewesen? Zumal wenn es um einen Text und meine Arbeit und meine drei- und mehrjährige Beschäftigung mit dem Gewissen geht."

Detjen: „Mir geht es eigentlich nicht um die Arbeit, sondern um diesen wichtigen, spektakulären, dramatischen Moment, diese Zäsur in Ihrem Leben, 2013, dieses Gefühl, das Sie da zum Ausdruck gebracht haben, ungerecht behandelt worden [sic!]: Das kann Menschen völlig aus der Bahn werfen. Was ist Ihnen in dieser Zeit wichtig gewesen und was ist Ihnen vielleicht wichtiger geworden, als es vorher war?"

Schavan: „Ich habe über meine innere Verfassung ja nie öffentlich gesprochen, und das werde ich auch in Zukunft nicht tun. Das kann sich jeder so vorstellen. Das muß sich jeder einfach fragen: Wie, wie würde ich mich eigentlich in einer solchen Situation fühlen? Ich habe versucht, ziemlich schnell Selbstmitleid zu vermeiden und es als eine *geistliche* Aufgabe anzunehmen. Nie und nirgends steht geschrieben, daß es immer einem gerecht widerfährt, und ähm es hat ja auch anscheinend diejenigen gegeben, die fanden, das ist richtig und gerecht."

Detjen: „Sie haben damals geklagt. Sie haben den Prozeß in der ersten Instanz vor dem Verwaltungsgericht verloren. Sie hätten weitergehen können, Sie hätten in Berufung gehen können. Viele hätten das getan. Warum haben Sie es nicht getan?"

Schavan: „Weil ich mich nicht noch fünf Jahre mit dem Thema beschäftigen wollte und ähm ja auch alle sagen: Dieser juristische Weg ist auch nicht tauglich dafür, das ist eine wissenschafts-äh-interne Geschichte. Nein, ich fand: Es, es ist jetzt gut."

(Schavans Anfechtungsklage gegen die Heinrich-Heine-Universität war vom Verwaltungsgericht Düsseldorf 2014 abgewiesen, Berufung nicht zugelassen worden.)

Vielfalt Ein mittelklassiges Kulturkleinbürgertum gab und gibt der Bundesrepublik Deutschland das ästhetische, meist auch das politische Gepräge. Nichts charakterisiert diesen Kleinbürgertypus deutlicher als seine philiströs verschwitzte → Weltoffenheit, paradox pointiert: *das Spießertum der Weltläufigkeit*. Mit → dem Schloß, wie es → zunehmend weniger verschämt genannt wird, hat sich die westdeutsche Seelenprovinz in Berlins Mitte ein architektonisches Denkmal gesetzt. Die hohle Attrappe soll durch kulturelle Beutestücke aus aller Welt gefüllt werden. Melange aus Heimatverlangen und Weltläufigkeitsbegehr: dem Herostratentum der Palastzerstörer ging von Anbeginn der → alt(bundes)deutsch notorische → Diskurs der V. zur Seite. Unter ‚V.', insbesondere unter ‚kultureller V.', versteht der → Mehrheitsdeutsche all das, was sich aus seinen → Zusammenhängen lösen, was sich sammeln und → präsentieren läßt; die Welt der Objekte. Das Museum als Chiffre für die Welt, die kulturelle → Besitzbürgerlichkeit als Agens → pluralistischer Politik, mit einem Wort: „Humboldts Kosmos – unsere Welt." Der Titel ist der Ausgabe Nr. 1 von *Humboldt Forum* (Juni 2017, S. 2) entnommen, das den Jargon der V. zum Exzeß führt: „→ Menschen aus aller Welt leben [in Berlin], nehmen teil am hiesigen urbanen Leben, bereichern und diversifizieren es mit ihren Kulturen, Lebensweisen und Forschungen. ... Dieses Magazin möchte exemplarisch und assoziativ von dieser Vielfalt erzählen. Von dem Reichtum der Sammlungen, die künftig im Humboldt Forum zu sehen sein werden, von der Vielfalt der forschenden → Fragestellungen, die sich an sie knüpfen lassen. Und von der Vielfalt der Perspektiven, die möglich sind, wenn man sich mit den Objekten und ihrer Geschichte befasst. Es möchte die Neugier wecken auf Diskussionen, die künftig im → Humboldt Forum geführt werden dürfen ... Anreiz zu lebendigen [!] Wissen" usw. usf.

Woher jene ängstliche Beflissenheit, V. zu demonstrieren, Neugier, Kritik, Pluralität, Divergenz zu *installieren*? Man stößt bei dieser Frage unweigerlich auf den urwestdeutschen Horror vor → **dem** Anderen, das außerhalb → gut sortierter Pluralität begegnen könnte. In Berlin hatte sich dieser Horror westelbischer → Provinz insbesondere vor der sog. sozialistischen Moderne zu dumpfem → Haß und spießigem → Ressentiment gesteigert. Für die Sicherung des mehrheitsdeutschen → Wir-Gefühls durch eine → Herkunftsheimat aus der historischen Halluzinationsretorte waren die zuständigen → Verantwortungseliten bereit, nicht nur soeben sanierte Bauwerke der Architekturmoderne, sondern ebenso des preußischen Architekturerbes zu zerstören (Friedrichwerdersche Kirche).

Das Bedürfnis nach einer selbstgewählten Vergangenheit (sei diese auch ein barockes Disneyland) fügt sich → durchaus harmonisch zur Weltläufigkeitspose. Deren ängstlicher Eifer spricht von einer Nation, die sich aus aller realen Geschichte in den hohlen Innenraum einer Beton-Identität geflüchtet hat. Im solcherart → Konstruierten läßt sich Beliebiges versammeln: Noch ehe Mehrheitsdeutschland wußte, was es überhaupt mit → dem Schloß anfangen wollte, hatte es schon architektonische Realgeschichte beseitigt und alsbald ein → verdrucktes und verklemmtes Schweigen darübergebreitet. Nicht an die Stelle des Palastes der Republik, sondern einer → Brache ist nach majoritätsdeutscher → Darstellung ‚das Schloß' getreten.

Als ‚Symbol der Diktatur' hatte seinerzeit CDU-Fraktionschef Friedbert Pflüger den Palast der Republik bezeichnet. Tatsächlich war dieses Haus ein Symbol dafür, daß und wie man sich auch in einer Diktatur amüsieren kann; eine Ambivalenz, die auszuhalten Pflüger u. v. a. → Vertreter → der alten Bundesrepublik verständlicherweise als intellektuelle Überforderung empfanden.

→ kritisches Wissen, → unser demokratisches Deutschland.

vielleicht ... ja Starke Seelen erproben sich in Zweifeln und Ungewißheiten, ja, sie „erholen sich in den Extremen" der Skepsis (Chamfort). Wie fremd dem → Mehrheitsdeutschen die skeptische Distanz, das Ertragen normativer und faktischer → Grautöne ist, bekundet sich

in vielen verbalen Winzigkeiten. Dazu gehört die → Verdruckstheit, den eigenen Gewißheiten nur per Pseudorelativierung das Ja-Wort geben zu wollen. Dutzendbeispiel aus der → Qualitätspresse: „Aber vielleicht irrt sich ja auch Knopps kameragleiches Auge ... Vielleicht ist Sprache, Literatur ja doch authentischer als die nur scheinbar dokumentarische Fotografie. ... Vielleicht lässt sich mit der Geschichte der Tränen ja tatsächlich eine Archäologie des 20. Jahrhunderts betreiben." (Markus Schwering über Marcel Beyers *Das blindgeweinte Jahrhundert*, „Angespitzte Erzählung", in: *Berliner Zeitung* vom 24./25. Juni 2017, „Magazin", S. 8)
→ Bekennersprech, → Köln.

Visionen werden von Opportunisten des Zeitgeistes immer noch verlacht, was bestenfalls zu Zeiten von Willy Wolke-Brandt und Erhart Eppler und einer SPD mit staatsutopisch geröteten Wangen originell gewesen wäre.
→ Utopien.

vitale Bedürfnisse Vorerst noch interner Außenamtssprech für Bedürfnisse, die über ein friedliches Leben hinausdrängen.

vitales Leben Jahrzehntelang war die Partei mit der Sonnenblume Westdeutschlands produktivste Sprachmüllfabrik innerhalb und außerhalb des Parlaments – oben hochdeutsche Wörter hinein, unten verbalen Grünschrot oder -schimmel heraus. Doch bei all ihrer Dauerbereitschaft zur sprachlichen Idiotie → generierten die sogenannten Grünen seit der Jahrtausendwende nur noch sporadisch Sondersprachmüll. Unterdessen zirkulierten das durch sie geförderte → Jovialdeutsch und das → Betroffenheitliche in den anderen Parteien. Die Sprachverachtung von Roth & Co. konnten → zwischenzeitlich die sogenannten Piraten beerben, eine Politikergeneration, die ihr Deutsch offenbar an Internet-Übersetzungsmaschinen gelernt hat.
Der Sprecher der „Piraten" setzt sich im *Deutschlandfunk* (13. Juli 2013) für das allein durch privaten Datenexhibitionismus und staatlichen Datensammelverzicht garantierbare ‚vitale Leben' der Demokratie ein. Johannes Ponader, politischer Geschäftsführer der „Piraten" vom April 2012 bis zum Mai 2013, beherrscht wie die Grünen perfekt das → ‚Ich denke mal' und das ‚Ich find das ganz spannend' und gibt über sein → emanzipatorisches Sein und Werden wie folgt Auskunft: „Ich finde es spannend, daß sich an meiner Person die Debatte entzündet, wofür Sozialleistungen eigentlich da sind." Sicherlich, es sei ganz wichtig, daß da mal ein → Diskurs stattfindet. → Weil: „Ich habe ganz viele Leute im Wissenschaftsbetrieb gefragt: Seid ihr glücklich?" Und die hätten mit ‚Ja, aber' geantwortet. Deshalb ließ Ponader rechtzeitig sein Mathematikstudium zugunsten von Theaterwissenschaften und Pädagogik sausen: „Ich habe dabei sehr viel über mich gelernt, ich habe die → theatralen Prozesse an mir selbst erlebt und die Befreiung dadurch." Warum ist er kein Grüner geworden? Weil, da mißfiel ihm „das niedrige Niveau des sozialen Umgangs". Anstelle der postparlamentarischen Rentenaussicht wählte Ponader das politische Ganztagsgeschäft bei gleichzeitigem Bezug von Sozialhilfe. Die Arbeitsagentur erweise sich hierbei als recht kleinlich: „Ich werde vom Sozialsystem heftig → hinterfragt, weil ich mich politisch engagiere und trotzdem Sozialleistungen beziehe. Das ist eine → extreme Entartung des gesamten → Systems." (Merlind Theile, „Im Zeichen der Sandale", in: *DER SPIEGEL*, Heft 26 (25. Juni) 2012) Gemeint ist natürlich das System der Hinterfragung.

Vitalismus Linksbürgerlich eher rhetorisch, rechtsbürgerlich eher weltanschaulich tendierende Artikulationsform; in beiden Fällen ein Mittel gezielt affektbekundender → Performanz.

Westdeutschland ist europaweit bekanntgeworden als Zone gestörten Ausdrucksverhaltens. Ganz gleich, ob in Kunst, Politik, Erotik, Medien- oder Moral→segment, unverkennbar ist stets die nationaltypische Scheidung von Expression und → Emotion. Ausdruck ist in Westdeutschland stärker als in anderen ‚westlichen' Ländern eine Leistung (Arbeit, Mühe) denn ein Bedürfnis, mithin von den einschlägigen Versagensängsten umgeben. Eine fischblütige Grundhaltung zum Dasein erzwingt und erleichtert → MEHRHEITSDEUTSCHEN die → Meinung, daß sich das Gefühls-, also Ausdruckshafte beherrschen und benutzen ließe. Mentalitätsgeschichtlich ist dies gewiß der → ‚werte'ideologischen Auflading des puren → Kapitalismus zum Beweis erreichter Kultur- oder Zivilisationsnormalität 1949ff. → geschuldet (→ Anbiederei, → Sonderweg, → Unterwürfigkeit). Lebendigkeit, selbst nur Lebhaftigkeit aller Art (politische, intellektuelle, erotische) muß dadurch ihrerseits zum bewußt ausgeführten → Darstellungsakt, ja zur → CHARAKTERDARSTELLUNG werden; Leichname, die Lebendige spielen. Das Klassikerwort „ein totes Land mit einem toten Gedächtnis" (H. Müller) → verweist auf die Genealogie eines Fischvolkstums mit forciertem Affekteifer und -blubbern.

Sie kann mittlerweile spezifiziert werden. Der rhetorische wie der weltanschauliche V. artikuliert sich heute, ob von → links, ob von → rechts, als Idiom des Exotismus. ‚Vital' führt – wenn nicht dem Wortlaut, so doch dem Bedeutungsgehalt nach – die Reihe der Adjektive aus dem Kulturamtssprech und der admirativen → Kritik an. Die Erste Welt verbündet sich hierbei → zunehmend mit der Dritten Welt gegen das Phantom einer Zweiten, die in die erstgenannte einzudringen und die dort geisteskulturell einfachen Verhältnisse aufzulösen droht. Der V. verehrt und begehrt deshalb nie das Halbfremde/Halbverwandte, sondern das vollends Fremde (Ferne), das auch bei → scheinbar vollkommener → Integration seinen beglückend-bereichernd-befruchtenden Charakter unverbrauchten Exotentums bewahrt. Die erfolgreiche → Abschottung der bundesdeutschen Mehrheitsgesellschaft gegen ihre → Gast- und → Leiharbeiter hatte zweifellos diesen ihren Glauben genährt, kulturell Exotisches für immer aus garantierter sozialer Distanz anstaunen, anrempeln oder anbeten zu können. Schien und scheint es doch geradezu eingesperrt im Ghetto seiner mal beglückenden, mal beängstigenden, stets aber verschwenderischen Irrationalität; kurz, in all jenem, das erstweltlich-aufgeklärte Reife sich versagen muß.

Obgleich ein vornehmlich bekenntnispolitisches Phänomen, ist der V. realer, somit mehrheitskulturell gelebter Leblosigkeitsglaube. Die aufdringlich bekundete Liebe zu ausgesuchten Minderheiten, soweit sie nicht deutsch sprechen, ist aus dem → parteiendemokratischen, → projektkulturellen und → qualitätsmedialen → Diskurs kaum mehr wegzudenken; von Geschmacksextremen wie etwa dem andächtig-aufdringlichen Schwadronieren über → ‚jüdisches Leben' zu schweigen. Das V.-Syndrom vereint rechts- und linksbürgerliches Bundesdeutschtum. Was dem Botho Strauß „die Würde der bettelnden Zigeunerin" im Gegensatz zur „→ Anspruchsunverschämtheit meines Landsmanns" (*Anschwellender Bocksgesang*, 1993), ist dem Klaus Bittermann die „türkische Familienmutter", die nur aus bitterer Lebensnot im ALDI einkauft, während es den → Zonen-Zombie aus purer Habsucht dorthin treibe (*Unter Zonis*, 1999). Durchgängig wird (oft feuchten Auges und Mundes) → das Fremde als das auch moralisch Gesunde angestaunt, als das Lebendige, von dessen Lebendigkeit, Lebenskraft, Lebensfreude, auch: Herzlichkeit, Spontaneität, Putzmunterkeit im Lebenskampf usw. → wir (→ Alt- und Mehrheitsdeutschen) uns etwas abschauen mögen. Eine zeitlang bat der gefühlsstarr-lebenssüchtige Mehrheitsdeutsche gar: „Ausländer, laßt uns mit d[ies]en Deutschen nicht allein!" → Im Hintergrund stand das sichere Bewußtsein ökonomisch-staatlicher Superiorität über allerlei Drittwelten.

Unsicher ist das westdeutsche → Selbstbewußtsein gegenüber einer manifest ausdrucks- und lebenstüchtigen *Zweiten* Welt von der Elbe bis zum Ural, kurz, gegenüber den → Ehemaligen. Ist diese → Landschaft aus rumorenden → Unterschichten sowie → kaufschwachen Gebieten a) ein Totenreich, b) ein Kontinent von Untoten, c) ein → Hort falscher Vitalität? Es sind dies die drei Möglichkeiten, welche die westdeutsche Ostdeutschendeutung (→ Deuter deutscher Befindlichkeiten) durchlaufen hat. In ihrer Spätformation ward der → Zoni, zunächst als totengleiches oder eingesargtes Wesen („Eiserner Vorhang"!), dann als Untoter (→ Zonen-Zombie) diffamiert, schließlich zum reinen Affekt- und Ausdrucksbündel degradiert, → der Demokratie wie sich selbst eine Gefahr. → Vertreter der politisch-medialen Mehrheitsgesellschaft bescheinigen ihm höchste, allerdings destruktive Vitalität (→ Ressentiment, → Wutbürger, → Haßwitze). Das Vokabular von Springer bis Dumont ist hierbei mit Partikeln aus dem Wörterbuch des Anti(jüdao)bolschewismus gespickt (Stichproben: → der ostdeutsche Untermensch, → Jude/n, → Ostjuden/Ostdeutsche). So werden politische, sprachliche, erotische, künstlerische → Verklemmtheit → des Westens unversehens zum Ausweis und zur Stimme der Vernunft, die sich nur mehr ein gefühlsbetontes Ausdrucksrepertoire zulegen muß, um → den Menschen (da draußen, da drüben) dies und jenes erklären zu können (→ abholen). Die Entfremdung vom eigenen Gefühls- und Ausdrucksleben steigt zum → freiheitlich-demokratischen Ehrentitel als auch zum Beweis allzu frühen Heldentodes für die reine, d. h. westlich-affektbefreite Rationalität auf. Als Untote des Affekts rufen namentlich → MEDIALDEMOKRATEN dazu auf, die Idee, das Argument, die Vernunft, den Wettbewerb, die Freiheit, das Recht, den Pluralismus, kurz: → die Demokratie ‚mit Leben zu erfüllen'. Eine Frage der → Positionsnahme, → Signalsetzung, Farbbekennerschaft also: „Wir brauchen Magazine und Online-Medien, Salons und Bürgerinitiativen, die sich bekennen. Lassen Sie uns gemeinsam unsere kleinen → Netzwerke zu einem großen verweben. Und lassen Sie uns das mit Überzeugung, mit feurigem Herzen und kühlem Verstand tun. Dann sind wir unbesiegbar." (Liane Bednarz/Christoph Giesa, *Gefährliche Bürger*, München 2015, S. 221)

Die → Wirkmächtigkeit des V. auch in der westdeutschen → Selbstverständigungs-, besonders in der → HEIMATLITERATUR, ist notorisch. Gesteigerte Lebens- dank Leidensintensität war ein frühzeitig genutztes, aus wohl berechtigtem → Minderwertigkeitsgefühl bald ausgemustertes Interpretament in der westdeutschen Ost-West-Vergleichskunde. Es leitet jedoch nach wie vor den Blick der Ersten auf die Dritte Welt. Als Beispiel nur sei die leidverarbeitende Reiseschriftstellerei genannt, in welcher – abermals ein Bündnis der Ersten mit einer Dritten Welt! – die Autochthonen der Erlebnisleere sich mit dem Elend der Welt verbünden, ja, schließlich als dessen Ankläger und → Vertreter gegenüber der erlebens- und affektbefreiten → Herkunftsheimat auftreten (C. Emcke, H. C. Buch). Auch hier häufig und nicht zufällig ein überproportional ausgeprägter Groll gegenüber allem nicht rein schicksalhaften, sondern halb erlittenen, halb erwirkten Elend jener Zweiten Welt oder gegenüber dem, was von ihr noch übrig ist! ‚Diktatur', eine unentwirrbare Mischung von Quälen und Gequältwerden, ist ihr Synonym. Das Reich der → Ehemaligen irritiert das Schwarz-Weiß-Seherpersonal durch unklare Subjekt-Objekt-, → Opfer-Täter-Verhältnisse; ein kräftiger Wille zur Selbstverletzung scheint im Weltosten am Werke, wie er traditionell allzu seelenstarken, allzu lebensfrechen Völkern zugeschrieben wird. Das Grau-in-Grau der Diktaturen (→ grau, → blaß) fügt sich nicht ins klassisch bürgerliche Schema rational-tatkräftiger Subjektivität und mißhandelbarer Natur- oder Geschichtsobjekte. Über den west- und also mehrheitsdeutschen Wunsch nach geistig-moralisch klaren Verhältnissen detailliert: → Haß und Verachtung, → Verachtung und Haß, → Ressentimentpolitik; → SELBSTVERORDNETER PHILOSEMITISMUS.

Volksgefängnis Von westdeutschen Bürgerkindern eingerichtete Verwahranstalt für westdeutsche Wirtschaftsführer mit großdeutscher Vergangenheit. Steht seit 40 Jahren leer, wird

aber in der Erinnerung älterer *taz*-Redakteure und jüngerer *ARD*-Dokumentaristen immer wieder mit Leben erfüllt.
→ Kinderladen, → RAF, → Sympathisant, → Widerstand, → verkrustete Strukturen.

Volksparteien Parteien, über die auch nach 70 Jahren ihres Bestehens nichts weiter zu erfahren ist, als daß sie vom Volk finanziert werden. Im Idealfall sind es weniger als drei: „→ Die Demokratie braucht eigentlich den Wettbewerb von zwei Volksparteien, die → auf Augenhöhe sind." (Detlef Esslinger, „Die Wucht des Leberhakens", in: *Süddeutsche Zeitung* vom 23. Mai 2017, S. 4)

Volksverräter Volkstümlich für → ‚Vaterlandsverräter'.

Volkswille Im → Qualitätsradio (→ *Deutschlandfunk*) gern einem eher → fremdenfeindlichen → Dunkeldeutschland zugeschrieben, ist V. → zwischenzeitlich ein Lieblingswort aus der → Mitte der Gesellschaft. Etwa jener → gutbürgerlichen Gesellschaft, die es sich im Westberliner Bezirk Tempelhof rund um den stillgelegten Flughafen gemütlich gemacht hatte und die deshalb in zahlreichen Aktionen 2015/16 forderte, diese → erlebbare Mitte des Wohlgefühls rein und frei von Bebauung zu halten. Zum Beispiel, um darauf auch weiterhin Drachen steigen lassen und Rollschuh fahren und Hunde ausführen zu können. Das Tempelhofer Feld mit Unterkünften für Flüchtlingsmassen zu bebauen, sei nicht nur → ‚menschenverachtend', weil dem tiefempfundenen → Individualismus der Anwohner widersprechend und der → Integration nicht förderlich. Es sei auch ein klarer Verstoß gegen den per Volksentscheid ermittelten V.n, wie die überwiegend biobürgerlichen → Wutbürger auf Pappschildern und Spruchbändern in aller gebotenen → Empörsamkeit bekundeten.

vollfinanziert Offenbar im Vollrausch → kreiertes Angeberwort für ‚finanziert'.

Vollheit → SCHÖNSPRECH für das hochdeutsche ‚Überfüllung': „Das ist unser Hauptproblem, daß in den Flüchtlingsheimen Vollheit herrscht und → die Menschen nicht wissen, wo sie hinsollen. Jetzt heißt die Aufgabe: → Integration, Integration, Integration." (Carsten Sieling, Bürgermeister von Bremen, im *Inforadio*, 8. Oktober 2015)

Vollwertkost Archaisierender Neologismus (→ Ganzheitsmedizin), aus dem geistigen → Umland der Anthroposophie, also z. B. Otto Schilys (→ Banane). Voller Wertkost? Oder Kost vollen Werts? Oder voll des Werts? Fragen eines lesenden Essers.

von daher Semantischer Dopplereffekt der → MEHRHEITSDEUTSCHEN Unfähigkeit, zwischen Lokalität und Kausalität zu unterscheiden. Aufzulösen in ‚von da' oder ‚daher'.
→ GROSSER STIL.

von dem her Hochdeutsch: daher; Synonym des → QUALITÄTSMEDIALEN → ‚von daher'.

vor Hochdeutsch: von. Ein → Kölner → Qualitätssender über den Pariser Qualitätsdramatiker Cyrano de Bergerac: „Zurück in Paris [= back in Paris] brachte der mit einer prominenten Nase ausgestattete Schriftsteller Theaterstücke heraus wie die vor Sprachwitz übersberstende Komödie ‚Der getäuschte Patient' ..." (Maike Albath, „Kalenderblatt", *Deutschlandfunk*, 6. März 2019)

Vorausahnung → GROSSER STIL, → Vorerwartung, → Rückerinnerung.

vorbürgerlich Oftmals sinnidentisch mit ‚vormodern' gebrauchte Nonsenseformel, die ihren Verwender als Reifeprodukt der bundesdeutschen, wenn nicht gar der Weltgeschichte ausweist. → Bürgerlichkeit ist deren Telos; ein → Bürgertum freilich → MEHRHEITSDEUTSCHEN, d. h. kleinbürgerlich-milieuseligen Zuschnitts ihre soziale Trägerschicht. So → bildet die Rede von Vorbürgerlichem (auch: Vormodernem, Vorzivilgesellschaftlichem u. ä. m.) das → Begehren einstiger → Achtundsechziger ab, endlich in → der Mitte der Gesellschaft → angekommen zu sein, im Unterschied zu allem, was aus → dem Osten kalt und feindlich ins komfortzonale Plüschgebirge pfeift.

Ein früher Beleg dieser Denk- und Deutungsweise findet sich in den Werken von Thomas Schmid. Der einstige → Frankfurter Innenkader des „Revolutionären Kampfes" gegen das → Schweinesystem und heutige *WELT*-Gewaltige meinte kurz nach dem → Anschluß: Die ostdeutschen Montagsdemonstranten und sonstigen DDR-Revolutionäre hätten sich leider *nicht* revolutionär zu den Staatsfuttertrögen aufgemacht. In Schmids eigener Schreibe: sie hätten sich „nicht zum Nahkampf in die zerklüfteten Institutionen des Staates begeben"; das Volk sei „vielmehr einfach in seiner Körperlichkeit auf der Straße zusammengelaufen" (*Staatsbegräbnis. Von ziviler Gesellschaft*, Berlin 1990, S. 21f.). Das zähe Verhandeln der Leipziger Demonstranten mit der Staatsmacht um unblutige Lösungen freilich war ebensowenig nach Schmids Geschmack. Solches Verhandeln sei ein „altmodisches Begehren nach Freiheit *und* Verantwortung"; ihm fehlte die verantwortungsbefreite Freiheitslust des BRD-Bürgerkindes, eben jenes revolutionär Krawallige, das der ausgewachsene *petit bourgeois* hernach als herrliche Flegeljahre belächelt. Umgestaltung statt Umsturz, kurz: „Kaum eine Spur von neuen demokratischen Impulsen – dafür viel Vordemokratisches, viel Vorbürgerliches." (*Berlin. Der kapitale Irrtum*, Frankfurt/M. 1991, S. 150)

vor dem Hintergrund Hochdeutsch: angesichts der Tatsache, die hierbei als Vorder- oder Untergrund fungiert. „Vor dem Hintergrund ihrer Biographie mag dies auf den ersten Blick unverständlich sein." (Kölner Kultursender im Dezember 2012) „Auf dem Hintergrund von den heutigen Schneefällen ist mit erschwerten Verkehrsbedingungen zu rechnen." (Charlottenburger Lokalsender im Januar 2013)
→ im Vordergrund.

vordemokratisch → vorbürgerlich.

vordemonstrieren Eine besonders engagierte Praxis des → Aufzeigens, die über bloßes Demonstrieren oder Vormachen weit hinausgeht.

Vorerwartung Hier ist zweifellos mehr zu erwarten als bei einer bloßen Erwartung, sehr viel mehr: Es ist zu gewärtigen schon vor aller Erwartung.
→ Vorahnung, → GROSSER STIL.

vormalige → Publizisten-, Beamten- und Historikerwestdeutsch, wenn in Zusammensetzung mit: DDR, Sowjetunion, Ministerium für dies und das usw. zu hören. Sogar auf dem Rücktitel von Eckhard Henscheids *Dummdeutsch* (Ditzingen 1993/2009) gesichtet: „Infiltrate aus der vormaligen DDR".
→ ehemalige DDR.

VORNAMENSINITIAL → Spätestens dann, wenn man auch geographisch in → den Westen übergesiedelt ist, wird das → identitätsstiftende und → individualitätssichernde V. → unverzichtbar. Es gehört zur sozialen Grundausstattung des besseren westdeutschen Mannes wie der doppelte Nachname zu jener der gehobenen westdeutschen Frau. Neben dem einfachen V. hat sich, namentlich in → intellektuellen Kreisen, das doppelte V. durchgesetzt. Es verbürgt verdoppelte → Einzigartigkeit, zumindest Unverwechselbarkeit, wenn nicht gar Unersetzbarkeit. So kann es nicht verwundern, daß beispielsweise ein Initialdoppler wie der Hamburger Journalist Michael O. R. Kröher (*1956) seinen 1982er Text über die 1972er DDR doppelt verlegen läßt. Unter anderem bei einem dank Doppelohrring doppelt individualisierten → Kreuzberger Verleger (*1951); Näheres: → BITTERMANNLINKE, → Haßwitze, → Krieg in den Familien.

vor Ort Hochdeutsch: zur Stelle, am Ort; aus der Arbeit untertage kommender, in lichtloses Journalistenwestdeutsch versetzter Terminus technicus.

vorprogrammiert Es möglichst vor dem Nebenmenschen gewußt zu haben, um diesen dann mit Kompetenzgesicht ins Bild setzen zu können, ist einer der Antriebe von → LEHRAMTSSPRECH, volkstümlich: Besserwisserei und Besserwessitum. Der → SPREIZSPRACHLICHE Anklang solcher Erstwisserschaft, der ähnlich in ‚prädestiniert' zu vernehmen ist, trat in ‚v.' zugunsten IT-deutschen Sachlichkeitsstils zurück.
Den größeren → diskursiven → Kontext bildet die → avisierte Umkränzung des → vermeintlich Schicksalhaften mit dem Wortflitter heroischen Ergreifens und Ertragens (→ kaltblütig, → MAULHELDISCH); eine Geistesverwandtschaft von Gemütskonservatismus und Hochtechnologie, auf welche schon vor einem halben Jahrhundert die Philosophen der → Betroffenheit, der → Verletzlichkeit und des → beschädigten Lebens → verwiesen haben.
→ Vorerwartung, → Vorwarnung.

Vorteilsritter Wahrscheinlich Singulärprägung von Botho Strauß: Kämpfer im Lebensdschungel, welcher sich leider in eine „Schule der Verwöhnungen" (*Die Fehler des Kopisten*, München 1997) und eine „Gesellschaft von durchtrainierten Angebern, Blendern, Vorteilsrittern, Gesinnungsgewinnlern und Gemeinplatzbewachern" (*Die Unbeholfenen. Bewußtseinsnovelle*, München 2007) und damit in eine → Vorteilswelt verwandelt habe. Zum Straußstil näherhin: → darum/davon wissen, → Eroskiller, → spürsicher, → verdruckste Rasse.

Vorteilswelt Vornehmlich von → Vorteilsrittern und ihren Schildträgern bevölkerte Welt. An erster Stelle hier zu nennen: „Die dbb Vorteilswelt – Exklusiv für dbb-Mitglieder und deren Angehörige". Nicht nur deutschbündischen Beamten, sondern jedermann steht hingegen die V. der Wühltischschleuder *Weltbild*, der Telefoneppgruppe *tele 2*, der Niedrigzinsgesellschaft *Hanseatic Bank*, des Hochpreisstromlieferanten *Vattenfall*, der Buntblattholding *Gruner + Jahr* sowie einer obskuren *Lottogesellschaft Vorteilswelt* offen, die laut Netzklage von lamagoes (13. Juli 2009) vorteilsträge Vorteilsnehmer mit ‚Terroranrufen' von ihren Vorteilsmöglichkeiten zu überzeugen trachtet.

Vorwarnung Sie könnte als verbales Dauersignalleuchten ebenso wie → Rückerinnerung und → Vorausahnung exklusiv dem → GROSSEN STIL Karl Heinz Bohrers entstammen, fand sich mit genannten Doppelmoppelbrüdern jedoch noch häufiger beim philosophischen → Portalöffner und → Mittelbarkeitsspezialisten Robert Zimmer („Wer normal lesen will, sei gleich vorgewarnt ...", *Denksport Philosophie*, München 2015, S. 9) und am häufigsten bei Fritz J. Raddatz, den der Verlag „Volk und Welt" (Berlin) einst nicht mehr als Lektor hatte beschäftigen wollen. So wenig wie *DIE ZEIT* F. J. R. als Kolumnisten. Der wußte das einzuordnen: „Ohne Vorwarnung (jedenfalls nach außen wahrnehmbare) hat der Herr von Holtzbrinck den Chefredakteur Roger de Weck gefeuert, die Alt-Herausgeber Dönhoff &

Schmidt nicht mal INFORMIERT, geschweige denn sich mit ihnen beraten – was beide ohne Murren hinnehmen, mit ihren dürren Preußenärschen an ihren Sesseln sich festklammernd, weil's ja so angenehm, Büro, Sekretärin und Reisespesen ohne Obergrenze zu haben: Die Dönhoff begründet ihre Charakterlosigkeit gar damit, ‚daß man von innen Schlimmeres verhüten kann' – was eigentlich noch Schlimmeres? Das Lied haben wir doch schon mal gehört?" (*Tagebücher 1982–2001*, Reinbek ⁴2010, S. 837) Wehret den Anfängen!

wabern ist ein Lieblingswort derer, die gern stilvoll labern. Waberlaberer verkehren mitunter die Bedeutung eines Ausdrucks, um sie zu verstärken. Inzwischen haben sie damit sogar den Duden, seit 2006 Leitmedium des sprachlichen Opportunismus, okkupieren können. Flammen flackern = wabern (,Waberlohe'), Nebel ziehen schwer durchs Gemüt und verschleiern den Blick jener, die sprachlich um keinen Preis durchsehen wollen. Doch soll Menschliches nun ebenfalls w. können. So liest und hört man außerhalb des hochdeutschen Sprachgebietes von ,waberndem Dunst', ,wabernder Stimmung', ,wabernden Gerüchten' usw. Der ansonsten hochdeutschfähige Westfale Malte Welding gibt auf die Leserinnenfrage „Wieso finde ich meinen perfekten Mann nicht perfekt?" folgende Antwort: „Das Problem des Alters kennen Arbeitslose und Kinder vermutlich ganz gut: Zeit wabert. ... Erleben Sie das Wabern der Zeit, lassen Sie Langeweile zu, lassen Sie sich inspirieren von der Ziellosigkeit." (*Berliner Zeitung* vom 2./3. März 2013, „Magazin", S. 12) Der beschränkt hochdeutschfähige Geistesfrontstädter Klaus Bittermann (→ Kreuzberg) will gegen das „vor [!] Bedeutsamkeit wabernde ,Echte'" antreten (*Das Wörterbuch des Gutmenschen*, München 1998, S. 23). Für den → Frankfurter Jungkritiker Frédéric Jaeger sind die Filmbilder eines SF-Klassikers grau, „und aus ihnen trieft eine sich ständig wandelnde, faszinierend wabernde Gülle" („Kopfüber in den Schlamm", in: *Berliner Zeitung* vom 3. September 2015, „Kulturkalender", S. 3). Bei einer hessischen Heimatschriftstellerin ist gar zu lesen: „Das Fett des mürben, mehlwurmfarbenen Hinterns waberte über einen mit Straßsteinen versehenen Gürtel ..." (Anna Katharina Fröhlich, *Kream Korner. Roman*, Berlin 2010, S. 119)

Waberzirkus Eine der vielen Zusammensetzungen mit → ,wabern', bei denen man mehr wissen muß als der westdeutsch schreibende → Autor, hier: Ulrich Seidler, um zu ahnen, was er meint: „Bei der Premiere verließen zwar nur ein paar Leute vorzeitig den zweistündigen Waberzirkus, und es wurde auch wieder Gorki-typisch gejubelt" usw. usf. („Zurück zum Fisch", in: *Berliner Zeitung* vom 7. April 2014, S. 24)

WÄCHTERSPRECH Inbegriff → MEDIALDEMOKRATISCHER Dialekte der → Entlarvung im Sprachgebiet des → BETREULICHEN und des → BESORGLICHEN. Diskurshistorisch ist W. als eine → qualitätsmedial entstandene Spätform des → DENUNZIANTENDEUTSCHEN zu betrachten.

wahnsinnig (wichtig, dringend, interessant usw.) Je leichenblasser das Geistesleben einer Gesellschaft, desto erregungsbeflissener ihr mediales Ausdrucksgebaren. ,Wahnsinn' oder ,wahnsinnig' blökt und schnattert es in Hochfrequenz. Als professionell Dauererregte unter Westdeutschlands → MEDIALDEMOKRATINNEN ist die Publizistin Juli Zeh zu Ruhm gekommen: ,Absolut wahr'. ,Relativ richtig'. ,Massiv bedrohlich'. ,Total gefährlich'. ,Extrem spannend'. Und natürlich ,wahnsinnig wichtig'. All dies und noch viel mehr ist das geistig-moralische Leben der von ihr überwachten neuen deutschen Republik. In diese paßte jahrelang nur eines nicht: das → permanent → unaufgeregte → Merkel. Zur Uraufführung ihres Stückes „Mutti" erklärte Zeh gegenüber der *Rheinischen Post* (23. Mai 2014): „Angela Merkel spricht immer von ,den Menschen in unserem Land'. Das ist eine arrogante Formulierung, denn Frau Merkel ist auch ein Mensch in diesem Land." Frage an Zeh: „In Ihrem Stück scheint aber auch Bewunderung mitzuschwingen – zumindest für die Zähigkeit einer Politikerin." Zeh: „Ja, ich bewundere Angela Merkel → menschlich für viele Dinge. Ich glaube, daß sie sehr schlau ist, sehr intelligent, eine starke Frau. Anders als viele [andere Menschen in diesem Land] achte ich Politiker und bewundere

Menschen, die in der Lage sind, das politische Spiel über lange Zeit mitzuspielen. Die leisten harte Arbeit, werden dafür nicht gut bezahlt und Angela Merkel ist ganz bestimmt eine Person, die ihre Aufgaben mit vollem Einsatz angeht und wirklich versucht, die beste Lösung für Probleme zu finden. Aber sie versteht nicht, daß Demokratie kein Verfahren zur Ermittlung bester Lösungen ist und daß vor allem sie nicht die Person ist, die immer weiß, was das beste ist." Das sollte Merkel, gibt Zeh zu verstehen, → den Menschen sagen. Was nämlich Zeh versteht und Merkel nicht: „Sie ist eine wahnsinnig bequeme Regierungschefin." Während Zeh natürlich „wahnsinnig unbequem" ist und es sich in dieser wahnsinnigen Unbequemlichkeit gern gemütlich macht, sofern das ihr Heißluft→bedarf zuläßt: „Ich habe nach dem 11. September das Gefühl bekommen, daß ich aufgerufen bin, mich einzumischen." Zuvor neigte Zeh dazu, sich hauptsächlich im → Heimatliteratur- und Literaturhausbetrieb → einzubringen und einzumischen. Noch auf Leipziger Buchmessen der frühen 2000er Jahre: „Wahnsinnig wichtig" nun die von ihr empfohlenen Themen, „wahnsinnig interessant" die von ihr gelesenen Bücher. Nicht zu sprechen von all den Themen, über die sie selbst „wahnsinnig gern" Bücher schreiben würde. „Wahnsinnig spannend" aber auch die Entwicklungen im Medien- und damit Ereigniserzeugungs- oder Betriebsbetrieb insgesamt: „Das Social-Media-Echo, das jedes Ereignis hat, breitet sich wahnsinnig schnell aus!" (*Deutschlandfunk*, 28. Juli 2012) Ihre eigene schriftstellerische Karriere? „Ach, es gäbe so wahnsinnig viel zu erwarten." (*Deutschlandfunk*, 9. September 2013) Gilt das für alle Gebiete ihres Lebens? „Absolut." „Exakt." „Genau." Woher diese Fähigkeit und Bedürftigkeit, sich einzubringen und einzumischen? „Ich wurde als [offensichtlich gemeint: zur] Demokratin erzogen. Und dazu stehe ich." (*Deutschlandfunk*, 28. Juli 2012)
→ Ich stehe dazu, → starke Frauen, → uncool; → Wächtersprech; → genau.

Wahrheitsbedarf Das → Anspruchsdenken in → der Politik wie der ihr zuarbeitenden Bewußtseinswirtschaft begeht seit der → Wiedervereinigung auch sprachlich neue Wege. Der Wortteil ‚-bedarf' erlaubt eine wahrscheinlich → singuläre Verbindung von Feierlichkeit und Jovialität. Bedürftigkeit läßt sich sodurch mit Herrenhausgestik und Elitenweisheit verbinden. Einer, der es wissen muß: „Vielleicht ist der Wahrheitsbedarf nirgends größer als in der Politik ..." (Volker Gerhardt, *Partizipation. Das Prinzip der Politik*, München 2007, S. 78)
→ Bedarf, → Investitionsbedarfe, → Partizipationslandschaften, → Smartness-Bedarf.

Waise Im Hochdeutschen nur feminin, in westdeutschen → Qualitätsmedien auch maskulin; vgl. etwa *Badische Zeitung* vom 19. Oktober 2011, *Rhein-Neckar-Zeitung* vom 17. März 2016 oder *Deutschlandfunk* am 25. Oktober 2016 („Kalenderblatt").

Wärmestübchen (Wärmestube) Mehrheitsmedial populär gewordenes, politisch bald unspezifisch gebrauchtes → Schmähwort aus dem Diktionär kalter Krieger, Kriegsheimkehrer und Kriegsnostalgiker; gemäß der → superlativistischen Steigerungslogik heute fast → durchwegs im Plural und im Diminutiv gebräuchlich.
Die Rede von auszuräuchernden, wegzufegenden, einzuebnenden ‚W.' ist ein klassischer Ausdruck → falschen, d. h. denunziatorisch verdrehten Bewußtseins. Nicht zufällig gebrauchten ihn gerade die Extremisten einer ökonomisch dauerbeheizten → Nischenexistenz, wie sie sich bis zum → Anschluß zahlreich in den Westberliner Versorgungsmilieus drängten. Deren Transformation in politideologische → Verbitterungsmilieus ist oft beobachtet, selten analysiert worden. Klaus Landowsky, → spätestens 2001 durch bankenskandalöses Tun auch bundesweit zu Ansehen gelangt, hatte das ‚W.' ins Wörterbuch besagter Verbitterungsmilieus

→ eingebracht. Bei seiner Forderung, Arme, Alte, Arbeitslose, Stadtstreicher, Landstreicher, Links- und also Falschwählende sowie sonstigen „Abschaum" (auch: „Ratten", „Gesindel") aus der Stadt zu entfernen, hatte Landowsky selbst noch numerische Mäßigung bewiesen. Es sei nunmehr „mit eisernem Besen in mancher sozialistischen Wärmestube" zu fegen, lautete es 1996 beim Reinlichkeitsfreund. Kaum ein halbes Jahrzehnt später war in den → Qualitätsmedien nur mehr von diktaturnostalgischen ‚Wärmestuben', zuletzt ‚Wärmestübchen' die Rede.

In allen Varianten erweist sich ‚W.' als klein(stadt)bürgerlicher → Projektionsbegriff, und zwar aufgrund seiner ethnisch-sozialen Doppelkonnotation. Abstiegsängste mischen sich mit Überfremdungsfurcht. Im glasigen Auge des professionellen → Haßdiskursführers verschwimmen wärmesuchende → Prolls mit einem → Osten, der keine oder die falschen → Volksparteien wählt. Das Verlangen nach Gemütlichkeit, Geschlossenheit, Geheiztheit aus windgeschütztem → Wir-Gefühl artikulierten folgerichtig → Vertreter des alten Berliner Westens wie Landowsky oder Sarrazin, publizistisch kräftig unterstützt von der → Kreuzberger → Kleinkunstszene (→ BITTERMANNLINKE).

→ ostdeutsche Milieus, → Versorgungsmentalität, → Westberlin, → Wir im Westen.

warnen Von Hochdeutschen transitiv, von Westdeutschen oft intransitiv gebrauchtes Verb, sofern letztere → mit etwas frustriert oder nicht glücklich sind. Im → MEDIALDEMOKRATISCHEN → WÄCHTERSPRECH ist diese syntaktische Sonderbarkeit des W.s inzwischen etabliert. Sie betrifft auch seine semantischen Verwandten ‚mahnen', ‚erinnern', ‚betonen'. Die Warnung hat weder Absender noch Adressaten. Sätze vom Typ „X. warnte, daß eine weitere Steigerung von Y. den Zustand von Z. verschlechtern könne" sind außer in den → Qualitätsmedien heutzutage auch in → der Politik ein Alltagsphänomen. Die Ersetzung des Praktikablen durch Prophezeiungen → verweist auf die bereits in → der alten Bundesrepublik gewachsene Hybridsprache aus → Performanzeifer und → Verantwortungsscheu. Ungeachtet des zumeist dystopischen Tonfalls ist das subjekt- und objektbefreite Warnen kein Idiom der Verkündigung (→ Ansage), sondern eines der vorauseilenden Entschuldigung. Darin ist – gemäß der Binnenlogik des → falschen Bewußtseins – die Beziehung von Aktion und Report verkehrt: Fast alle → MEHRHEITSDEUTSCHEN Politiker, die vor etwas w., gerieren sich dadurch als verantwortungsbefreite Reporter des Künftigen. Der Warner abstrahiert von persönlicher Aktivität und sieht sich demzufolge nicht von individuell erzeugten Effekten, sondern von anonymen Ereignissen umstellt. Die Zukunft erscheint als zwar gegenwärtig verursachtes, aber nichts Gegenwärtigem zuschreibbares, daher in sich geschlossenes Gefüge. So → vermag es der Warner, sich gerade durch Exilierung aus jedem Handlungs→zusammenhang in maximaler → Ich-Stärke zu → präsentieren; → gleichsam ein Signifikant, der seinem Signifikat zur Konkurrenz wurde.

Der linguistischen Vollständigkeit halber sei zuletzt das Komplementärphänomen solch depersonalisierten Warnens erwähnt. Es handelt sich um ein grammatisch hyperkonstruktives Warnen nicht vor Gefahren, sondern vor dem Hinweis auf solche: „Behörden warnen davor, daß es lebensgefährlich sein kann, sich draußen aufzuhalten." (*Inforadio*, 31. Januar 2019) Doch bezeugen beide Warnformen denselben Wunsch der urteilenden Instanz, sich aus dem beurteilten Sachverhalt zurückzuziehen.

→ DISKURS DER ENTSCHULDIGUNG, → MAULHELDISCH; → KONJUNKTIVSTÖRUNG.

Warum wir so rein sind, erfaßte und erklärt → spürsicher Botho Strauß: → Bürgerlichkeit; vgl. auch → PURISMUS, → Wir im Westen.

Was macht das mit mir/dir/Ihnen usw. → Debatten, → machen, → PSYCHOSPRECH.

Was mir wichtig ist ... In Frage- wie Aussageform belegbarer → WICHTIGSPRECH, der sich aus dem → SCHRÖDERDEUTSCHEN (→ Ich denke mal) zu einer Allerweltsfloskel und Bedeutsamkeitsverheißungsattitüde entwickelt hat; leicht frömmelnder Beiklang und angenehmes Erschaudern vor der eigenen Sensibilität oft inklusive. Näheres verrät ein Interview: → Verwundungen, Verletzungen, Empfindungen.

was mit Kunst machen Alternativ- und Laberdeutsch der sogenannten → kreativen Klasse, Unterstufe.

was mit Menschen machen Alternativ- und Laberdeutsch der S(wie Sonder)-Klasse. „Irgendwas mit Menschen studieren. Oft beginnt die Studienfachwahl mit einer vagen Vorstellung", beginnt Sabrina Ebitsch ihrerseits in der *ZEIT* vom 10. Januar 2012, sie fährt fort: „Wir stellen Alternativen zu Massenstudiengängen vor. Heute: Studiengänge mit Menschen." Das rührend vage Anmenscheln der Leserschaft läßt kaum Zweifel darüber, wer hier angesprochen ist, nämlich → Extremindividualisten mit Spezialbegabungen. Folgende Fächer werden denen, die w. m. M. m. wollen, angeboten: Diakonik – Elementarpädagogik – Ernährungswissenschaften – Freizeitwissenschaften – Kosmetologie.

Wasserträger Ursprünglich: Helfer beim Brandlöschen, im Westdeutschen der Parteiapparatschiks: Zuflüsterer, Zuarbeiter, Aktenmappenträger (→ Personalführungskompetenz). Der W. hat eine → Ochsentour vor sich, auf der er sich bereitwillig die Hammelbeine langziehen lassen wird.
→ Parteiendemokratie, → Unterwürfigkeit.

wau (nur mündlich) Das → tiefsitzende Unterwerfungsbedürfnis einer *re-educated nation* wagt sich selten unverhüllt, d. h. muttersprachlich auszudrücken; die Hundenatur derer, die gern vor etwas auf dem Bauch liegen und mit dem Schwanz wedeln, bevorzugt das Importwort. Wow!
→ Anbiederei, → Unterwürfigkeit, → Wie wir Amerikaner wurden.

Wehrlose Im → MOSEBACHDEUTSCHEN jene Glaubensbekenner, deren Überzeugungskraft keine Gottheit, Inquisition oder Klerikaldiktatur mehr beispringen kann. Mit neidvollem Blick auf Fatwa und Dschihad bemerkt der „Katholik und Schriftsteller" (Verlagswerbung): „Es ist wahrscheinlich hoffnungslos [wohl gemeint: aussichtslos], in der Gegenwart an den Geschmack von Künstlern zu appellieren [wohl gemeint: auf den Geschmack von Künstlern zu hoffen], die es nach Blasphemie gelüstet: an die instinktive Abneigung, Wehrlose zu verletzen ... In diesem Zusammenhang will ich nicht verhehlen, dass ich unfähig bin, mich zu empören, wenn in ihrem Glauben beleidigte Muslime blasphemischen Künstlern – wenn wir sie einmal so nennen wollen – einen gewaltigen Schrecken einjagen." („Vom Wert des Verbietens", in: *Berliner Zeitung/Frankfurter Rundschau* vom 18. Juni 2012) Die instinktiven Abneigungen sind offenkundig auch nicht mehr das, was sie einmal waren. Im Frontverlauf „Atheisten vs. Christen" ist für Mosebach die Stellung der Kunst leicht auffindbar: bei Rousseau und all jenen den Frommen, die schon ein Voltaire mit frevlem Spott verletzte. Überhaupt ließe sich fragen: „Ist die Drohung [wohl gemeint: Androhung] von Zensur und Strafe im Fall der Blasphemie eine Bedrohung der Kunst?" Die Vermählung von Brutalität und Sentimentalität, von Kaltschnäuzenglanz und Kitschverlangen dürfte für den → Salonkatholizismus insgesamt typisch sein, die grammatikalischen Eigenheiten nur für → SCHNÖSELSPRECH, die Verwechslung von Deismus und Atheismus allein für Mosebachs → elegantes Deutsch.

weibliche Schriftstellerinnen trifft man jetzt ebenso häufig wie weibliche Politikerinnen, jedoch → definitiv seltener als weibliche Schwarzfahrerinnen.
→ antidiskriminierende Sprachhandlungen, → Feminisprech, → Zweigenderung.

weibliches Schreiben (écriture féminine) gibt es im Wortsinne ebensowenig wie eine mathematische Logik. Gemeint ist jeweils eine auf die Mathematik angewandte Logik, ein das Thema Weiblichkeit umkreisendes Schreiben. Dort bezeichnet w. S. einen Großbetrieb der theoriebewehrten → Kleinkunst sowie den publizistischen → Widerstand gegen noch nicht gänzlich → neue Männer.
→ Frauenfeind, → Frauisierung, → Männermangel, → Wir Frauen, → Zweigenderung.

weiches Deutsch „Maxim Biller schreibt Deutsch. Ein so klares, weiches, schönes und präzises Deutsch wie kaum ein zweiter lebender Schriftsteller." (Volker Weidermann, *Lichtjahre. Eine kurze Geschichte der deutschen Literatur von 1945 bis heute*, Köln ⁴2006, S. 283) Wie sein Gegenstück, das Mosebachsche → elegante Deutsch, darf das w. D. als typische Artikulationsform mittelklassiger → Schwierigkeiten mit dem seelisch-sozialen → Selbstwertgefühl gelten. Hier allerdings sollen sie nicht per Imitation → vermeintlicher Höherklassigkeit, sondern durch Anleihen bei Unterklasse-Idiomen (→ Anduzen, → Proll, → Fäkalsprech) sowie → provokatorische → Bildungsverweigererattitüde gelöst werden.
→ Mehrheitsdeutsch; → am coolsten, → Identität, → verletzend und verletzlich.

weil → Egalheit, totale, → Konjunktionsschwäche.

Weinerlichkeit, weinerlich Gehoben zuweilen: ‚Larmoyanz', ‚larmoyant'; → Attributionen, die jahrelang im → qualitätsmedialen → Diskurs über Ostdeutschland, zuweilen aber auch in der direkten → Ansprache und hierin mit unüberhörbarem Sprach- oder Gefühlsverbotston vernehmbar waren. Mit statistischen Recherchen über die Situation nicht-westdeutscher → Bevölkerungsteile besteht zuweilen ein loser → Zusammenhang: Umfrageergebnisse über sozioökonomisch Offenkundiges werden von → Vertretern → mehrheitsdeutscher Qualitätsmedien, aber auch der älteren → Heimatliteratur gern als Kommentare, Klagen, Vorwürfe und ähnliches interpretiert, d. h. ideologisiert (→ Mauer in den Köpfen, → Beitrittsphantasma). Die forcierte → Unterwürfigkeit Westdeutschlands gegenüber transatlantischen Konventionsregeln erklärt zudem die Erwartung, daß auf Fragen nach dem Befinden prinzipiell die Unwahrheit zu sagen sei („I'm doing fine!"). Dagegen halten es Ost- und Restdeutsche eher mit der → Gesprächskultur des älteren Okzidents, das Gegenüber nicht durch verbal ausgestelltes Wohlbefinden zu verletzen, gar noch mit Erinnerungsresten aus der ungeschmälerten Lebenslust inmitten einer Knappheitsdiktatur.
Die Entkoppelung von Sprache und Realität wie auch von Fühlen und Denken in West- und also Mehrheitsdeutschland ist der hermeneutische Schlüssel zum prima facie rätselhaften Phänomen eines tränenlosen, mithin abstrakt-gefühlstrockenen → Selbstmitleids. Auf dessen strukturelle Verwandtschaft mit gekränktem Größenwahn, zunächst jenem der großdeutschen Kriegsverlierer, hat Georg Stefan Troller hingewiesen. Er deutet genannte Psychophänomene als zwei Seiten derselben Seele (→ „Denk ich an Deutschland …", *Deutschlandfunk*, 4. Dezember 2016). NS-Megalomanie konnte friedlich in BRD-Singularitätswahn hinüberwachsen dank besatzungspolitischer Sonderbehandlung, sprich: dank westmächtig liebevoller Betreuung der großen und kleinen Nazis einschlägiger Zonen. Mit der Formel Größenwahn/Selbstmitleid hatte der Österreicher Troller beiläufig eine der psychohistorisch → nachhaltigsten Deformationen westzonalen und nachmals bundesrepublikanischen Daseins auf den Begriff gebracht.

Selbstmitleid entsteht durch Mangel an erfahrenem Mitleid, aber auch Mangel an Zwang zur Selbstkonfrontation, in summa: durch geschichtliche Verwöhntheit. Während die Bewohner der → Zone durch → die Russen kollektiv, zudem auch noch für die westdeutschen Brüder und Schwestern in Haftung genommen wurden, konnten letztere, befreit von Reparationszahlung und Bußpflicht sowie per Fragebogen aus der gesamtdeutschen Schuldgeschichte herausgeraschelt, eine – wenngleich verklemmte – Zuwendung zum eigenen Leid entwickeln. Die westdeutsche Buchproduktion und Filmkunst seit den 1950ern liefert überreichlich Zeugnisse für Tränen, die z. B. erst Filmförsterfrauen, dann sog. Autorenfilmer substitutiv fürs → verdruckste Sentiment fließen ließen. Unter dem Übermaß abstrakten Bedauerns zerschmilzt jedes konkrete Gefühl: Ein bitterer Blick auf zurückgehaltenen eigenen Kummer wie aufs vermeintliche oder tatsächliche Glück der anderen bezeugt die nationaltypisch neidschielende Weltsicht (→ Banane, → Faulheit); eine psychoenergetische Dialektik aus Mimosentum und Roheit, welche schon in frühester Westzonenzeit US-Offiziere für Psychologische Kriegsführung registrierten (→ Anbiederei, → Unterwürfigkeit).
Die → exorbitante Weinerlichkeit konnte sich durch die sozialstaatliche Überformung im sog. → rheinischen Kapitalismus (oder Katholizismus?) nur mehr verfestigen. Der ausländische Beobachter vernimmt quer durch alle sozialen und ökonomischen Milieus Westdeutschlands den markanten Klang von Fordern und Schmollen, ein geradezu gebieterisches Greinen. Es vibriert als psychosozialer Oberton in Tarifverhandlungen ebenso wie im → Einklagen von → Minderheitenschutz. Der Bundesdeutsche, von klein auf trainiert, sich als Objekt mit Wiedergutmachungsanspruch oder als → Opfer von → Unterprivilegiertheit darzubieten, → präsentiert seine Bedürftigkeit; er steht → emotional → gleichsam neben sich. Da er seiner → Individualität ausschließlich in souveräner Selbstverdinglichung inne wird, sein Fühlen also seinem Wollen geopfert hat, kommt es zu einer Gefühligkeit zweiter Stufe, zu der paradoxen Sehnsucht danach, Tränen zu weinen, die er nicht mehr hat. Das kann zu einem → qualitätsmedialen und kulturbetrieblichen → Ranwanzen ans Elend der Welt führen, jedoch ebensogut und wahrscheinlich öfter zur → Projektion von ‚Larmoyanz', ‚Weinerlichkeit', ‚Selbstmitleid' usw. auf Völker und Klassen, die solche Gefühlslagen nach Meinung des Mehrheitsdeutschen aufgrund ihrer objektiven Lage entwickeln müßten. Wie kann jemand für einen Zweidrittellohn und bei üppig verlängerter Arbeitszeit → schaffen, ohne sich zu bemitleiden? Indem insbesondere der → qualitätsmediale Mehrheitsdeutsche stellvertretend das fällige Mitleid sozialer und ökonomischer → Unterschichtler artikuliert (und zugleich oftmals perhorresziert!), ist 100%iger Tränenabfluß nach innen garantiert; ein Aufschluchzen über das, was er sich selbst antat. Die eben beschriebene, kaum verhüllte Larmoyanz → etwa bei provokatorisch unsentimental (U. Greiner: ‚herrlich kaltschnäuzig') schreibenden → Publizisten wie Bohrer, Biller, Bittermann enthüllt sich ungeniert in deren ichfrommer Nebenproduktion. Nie fehlen dort die autobiographischen Schluchzer nach Zeiten, in denen das Weinen noch geholfen hätte, weil man, wenn nicht der Eltern Einzel-, so doch → der Alliierten Lieblingskind war.
So war bereits kurz nach dem → Anschluß in Westdeutschland ein → Wir-Gefühl entstanden, von dessen autochthoner und doch zugleich verleugneter W. der → massive Gebrauch des Kollektivpronomens und – wen wundert's – Possessivpronomens zeugte: Was wird aus ‚unsereinem', barmte es in Texten von Bohrer und Baring nicht minder als bald darauf in denen von Biller und Bittermann. Die ungeweinte Träne ist das Leitmedium mehrheitsdeutscher → Selbstfindung. Larmoyanz bleibt das untote Relikt gemordeten Gefühlslebens. In ihrer kollektivbildenden Macht bezeugt sie → einmal mehr die halb verwirklichten und halb verleugneten Sehnsüchte westdeutscher Seelen→provinz.
→ Anspruchsdenken, → HEIMATLITERATUR, → Humor, → Ironie, → Opferdiskurs, → Stillbeauftragte; → die Sprache der Seele.

Weiterung Auf Lakonie machender → SCHNÖSELSPRECH für ‚Erweiterung', ‚Ausweitung', ‚Ausdehnung'.

weiterverändern muß sich Sprache, findet → Professix Antje „Lann" Hornscheidt; alles weitere: → sehr konkret.

weitgehender Noch weiter geht nur der Superlativ ‚weitgehendste', am schwerstwiegendsten allerdings der → qualitätsmedial häufige Super-Superlativissimus ‚weitestgehendste'.

weltgefährlich fand der ungediente → Ernstfalldenker Karl Heinz Bohrer schon 1991 die irakische Führung (*Provinzialismus. Ein physiognomisches Panorama*, München-Wien 2000, S. 34).
→ GROSSER STIL, → HALBTROCKEN, → MAULHELDISCH.

Weltläufigkeit → Weltoffenheit.

Weltoffenheit Neuerdings Hohnesformel der intellektuellen Rechten (vgl. Frank Böckelmann, *Jargon der Weltoffenheit*, 2014), seit längerem schon Hätschelwort der bürgerlichen Linken für eine Identität (→ PLURALISIERUNG), die sich vor allem → Identitären geschützt weiß, weil ihr ‚Welt' der Inbegriff des so Geläufigen wie Gleichgültigen ist; Selbstattribution der → BITTERMANNLINKEN sowie der → MEDIALDEMOKRATISCHEN und → ANTIANTI-AMERIKANISCHEN Meinungsmilieus.
Die penetrante Spießigkeit des westdeutschen Weltläufigkeitsverlangens ist europaweit notorisch. Sie darf als wichtigstes Importgut der mittlerweile in Berlin versammelten Kultur-, Politik- und Medienprovinz Westelbiens gelten. Mit all ihren sicherlich gerechtfertigten → Minderwertigkeitsgefühlen hat diese auch ein spezifisches Idiom der → Provinzialismusverleugnung popularisiert. Der Eifer, sich Welt*offenheit* zuzuschreiben, → verweist psychologisch auf eine Verwechslung von Gemütsleere mit Welthaltigkeit und bedeutungsgeschichtlich auf ein Veralten des Ausdrucks ‚Welt*läufigkeit*'. ‚Weltläufigkeit' jedoch ist zweifellos *gemeint*, wenn sich Westdeutsche wie z. B. einige Textzuträger von Klaus Bittermanns *It's a Zoni* (1999) im biobibliographischen Anhang W. attestieren, als Gegenbild zu den → Zonis selbstverständlich oder überhaupt zu östlichen Völkern.
Zum Beweis werden hier wie andernorts zumeist Studienjahre oder -monate an überseeischen Universitäten genannt, in rührender Absenz jeglicher Ahnung davon, daß die nordamerikanische → Provinz das Original, die westdeutsche die Kopie sein könnte und dank solch sekundärkultureller Abgeblaßtheit ihre Bewohnerschaft → durchaus weniger provinzialisiert und uniformiert haben dürfte. Überhaupt ist die Uniformität der in den *humanities* sozialisierten → Publizisten diesseits und jenseits des Atlantiks beinahe sprichwörtlich. Ihnen wie auch den meisten westdeutschen → HEIMATLITERATEN merkt man mit Ertönen des ersten Nasallauts (→ ahm) an, in welcherart Räumen sie atmen und denken lernten.
Dergleichen Unterschiebung von ‚Weltläufigkeit', wo bestenfalls von ‚Welt-' oder ‚Grenzoffenheit' die Rede sein kann, erlaubt zuletzt einen kulturanalytischen Ausblick: Während die seelische wie die soziale Welterfahrenheit auch noch des → bildungsfernsten Ex-Ostblockbewohners sich einem Weltzeit-, genauer: Geschichtsdurchlauf → verdankt, ist die westliche ‚Weltoffenheit' hierzu komplementär die Mentalität jener räumlich Weitgereisten, die intellektuell daheim bleiben durften, weil sich in Zeiten der → Modernisierung, Globalisierung, Rationalisierung, Individualisierung usw. ohnehin alle Welt gleicht. Zumal die Welt, die *Auf dem Weg nach Westen* ist (→ Sonderweg). Wer also verkündet, daß er für die Welt offen

sei, hat damit lediglich bekundet, daß ihm diese Welt geistig nichts anhaben könne, weil die bei ihm eintreffende Welt nur die ihm seit je bekannte sein könne – eben jene, die seit je zu ihm unterwegs sei ...
→ am coolsten, → Ostdeutsche, die weltoffen sind ..., → Provinzialismus, → Sconto.

Weltphilosophie gehört wie Weltpolitik, Weltkultur, Weltethos und manches andere mehr zum schier unüberschaubaren Schatz der listig ausgerufenen und sogleich abgearbeiteten → Desiderate, ist also ein Begriff aus der intellektuellen → Werbewirtschaft. Anzeige aus *Information Philosophie* 3/2016: „Weltphilosophie. Desiderat im 21. Jahrhundert – Weltphilosophie. Ein Entwurf von Prof. Dr. Harald Seubert. Wir leben in einer Welt. Doch überall existieren Konflikte." (Folgt das Versprechen von Sekundärliteraturerzeugung) „Abschließend werden die Grundlinien einer noch ausstehenden Weltphilosophie skizziert." Eine Skizze, die gewiß schon jetzt durch → humanitäre Missionen hinreichend ausgemalt ist.

WENDEDEUTSCH Beschämender, jedoch → singulärer Fall einer sprachlichen → Anpassung des Hochdeutschen ans Westdeutsche, genauer, an dessen alternativ- und grünsprachliche Dialekte. Bürgerrechtliches → Anspruchsdenken, das die → Einlösung zahlreicher Andeutungen, Hoffnungen, Versprechungen, was auch immer, → anmahnte, → einforderte, anforderte usw. Durch eine historische Ironie erster Klasse ist derlei Küng-, Sölle-, Jens-inspirierter Edelschmerzdialekt zur Lingua franca der Linkspartei geworden.
→ Diskurs der Empfindsamkeit, → Betroffenheitliches, → Besorgliches, → Tutzing.

Wenn es die deutsche Einheit nicht gegeben hätte ... Klage-, mitunter auch anklagesatzeröffnende Formel des → Jammerwestdeutschen; eine mildere Variante markiert → Dankbarkeit. Aus Zehntausenden von Beispielen zitieren wir einen soldatischen → Deuter deutscher Befindlichkeiten: „Wenn es die deutsche Einheit nicht gegeben hätte, hätte ich meine Karriere wahrscheinlich als Nato-Oberbefehlshaber Europa-Mitte beendet. In einem Wasserschlösschen in Holland. Oder als Generalinspekteur der Bundeswehr. Die Einheit hat für mich alles geändert." (zit. nach: Matthias Lohre, „Der Gestrige", in: *taz* vom 27. Januar 2007) In diesem Fall kennt man die Kosten der Einheit: Schönbohm ward zum brandenburgischen Innenminister degradiert.
→ Proletarisierung, → Verwahrlosung und Gewaltbereitschaft; → Weinerlichkeit, weinerlich.

Wenn's umsonst ist ... Eine in den proletarischen und stehkragenproletarischen Milieus des alten Ostens zuweilen bemühte selbstironische → Ansage, wenn zu reichgedeckter Tafel geladen ward; das → gutbürgerliche West-Pendant mag eine Anekdote aus dem Erinnerungsschatz des Herausgebers illustrieren. Dieser vernahm die Formel bei einem konferenzkrönenden Abschiedsmahl im südlicheren Europa, allerdings erst nach Tisch. Die Hauptgänge waren absolviert, die meisten der versammelten Geistesschaffenden schon ins Gespräch vertieft; nur ein Professor aus Süddeutschland hatte weit über seine gastrischen Verhältnisse hinaus bestellt. Flugs begann seine rheinländische Assistentin, von der Seite her den Teller des Chefs zu leeren – während dieser, mit schwächerem Eifer, weiter würgte. Die schon ihre Desserts löffelnden Zeugen erstarrten vor dem penetranten Doppelklappern. Endlich war das unappetitliche Schauspiel beendet; die Rechnung wurde verlangt und präsentiert. Obwohl des Professors Assistentin fließend die Landessprache beherrschte, wies sie zwar ihren darob feixenden Chef, nicht aber die übermüdete Kellnerin auf einen Rechnungsfehler hin, der zugunsten der Westdeutschen ausfiel. Unter Aufsagen des Umsonst-Spruchs und in gehobener Stimmung verließen die beiden Akademiker das Restaurant.

Und bei Tisch? Ging es um Gemeinsamkeiten zwischen bayerischem und → rheinischem Katholizismus sowie ums → Anspruchsdenken brandenburgischer → Neubundesbürger.
→ Bei Bolle hat's gebrannt, → Zahlmoral.

werben Hans-Jochen Vogel „wirbt um Verständnis" für die Presseplatzlotterie beim NSU-Prozeß (3. Mai 2013). Christian Thomsen, Professor für Festkörperphysik und Präsident der TU Berlin, „schwebt vor", daß seine Hochschule von geeigneten Flüchtlingen besucht werde, nämlich von „bildungsinteressierten Personen": „Wir wollen in Asylbewerberheimen für uns werben" (*Berliner Zeitung* vom 22./23. August 2015, S. 2). Andernorts hat das Werben bereits das schnöde Hoffen, Bitten und Fordern ersetzt. BUND-Mitarbeiter „werben für Pflanzen und Tiere", Fahrgastverbände für eine pünktliche Ankunft von Linienbussen. Fachmänner wie Fachfrauen für Weltverbesserung und Wohlfühlgesinnung „werben dafür, Europa neu zu → denken" (Ulrike Guérot in „Essay und Diskurs", *Deutschlandfunk* vom 7. August 2016). In der altwestdeutschen → Anspruchsgesellschaft ist das Werben ohnehin endemisch: Zwar seien jährlich 33 000 Dienstreisen zwischen Berlin und Bonn recht teuer, muß auch Gerda Hasselfeldt (CSU) zugeben. „Aber ich werbe auch um → Verständnis für die, die in Bonn arbeiten und dort bleiben wollen." („Unterschätzen Sie nicht die Mädchen aus dem Bayerischen Wald!", in: *Berliner Zeitung* vom 19./20. August 2017, „Magazin", S. 2) Weit über den Bayerischen Wald hinaus führten die Wege des Saarländers Heiko Maas. Der Außenminister, verlautbarte am 7. Juni 2019 seine Sprecherin, sei im Iran unterwegs, um dort „für Ruhe" in der Krisenregion „zu werben" *(Inforadio).*
Westelbiens Politiker, Ökonomen, Wissenschaftler sind → zunehmend weniger Fachleute als vielmehr Repräsentanten ihres Fachs, das sie bewerben. Nicht einstehen muß man, sondern werben kann man für Projekte und Modernisierung und Moderneprojekte. „Ich möchte werben für eine Radikalisierung → der Moderne." (Johannes Rohbeck, Geschichtsphilosophieprofessor aus Bad Godesberg an der TU Dresden) Hierfür heißt es → einwerben, → einwerben, → einwerben.

Werbewirtschaft Wirtschaftsform, worin sich die Wirtschaft selbst bewirbt.

wertbeständig Beständig wie ein Wert. Oder von beständigem Wert?

Werte (I) Immer im Plural! Man hat welche. Man hat überhaupt alles oder doch fast alles. Jetzt muß man nur noch Werte haben. Dann wäre man was.

Werte (II) Als der Schriftsteller Martin Ahrends den Aufsatz „Ach, ihr süßen Wessis" (*Sonntag* vom 1. Juli 1990) publizierte, hätte er sich gewiß nicht träumen lassen, daß er damit den publizistischen Mehrheitstypus Westdeutschlands noch für Jahrzehnte gültig charakterisiert haben würde. Sachlich unterversorgten, moralisch überambitionierten Urteilseifer aus geschichtlich → gewachsener Unschuld hatte Ahrends im sog. deutsch-deutschen Literaturstreit (→ Gesinnungsästhetik) als Kern geistigen Mehrheitsdeutschtums identifiziert, ganz ähnlich wie → zeitgleich Heiner Müller die innere Westzone seiner Interviewpartner von *SPIEGEL* & Co. (*Gespräche* 2, hrsg. von Frank Hörnigk, Frankfurt/M. 2008, S. 720). Die Unschuld des Glaubens an systemgarantierte moralische Überlegenheit, des Glaubens an die eigene Unschuld, in jüngerer Vergangenheit auch sichtbar in der Unschuld des Glaubens an die eigene Gläubigkeit (→ Atheismus, → Entchristlichung, → Wehrlose), trennt den geschichtsbefreiten vom geschichtsgeprüften Teil Deutschlands. Zugleich ist der Unschulds→diskurs offenkundig ein Tribut gegenüber dem nordamerikanischen Politikgeschmack, den Westdeutschland für seinen Freikauf aus der gesamtdeutschen Vergangenheit gern gezollt hatte.

‚Westliche Wertegemeinschaft': Man will handeln wie alle Welt, doch mit besserem Gewissen.

Die mehrheitsdeutsche Publizistik der → Qualitätsmedien bringt es bis auf den heutigen Tag fertig, sich über das ‚interessegeleitete Handeln' anderer, natürlich → antiamerikanischer Weltmächte zu empören, das gegen ein ‚wertegeleitetes' gerichtet sei. Nach der Zerstörung nahöstlicher Staaten durch wertorientierte Luftschläge und Einmärsche zwischen 2010 und 2015 mehrten sich die Forderungen nach ‚wertegeleitetem Handeln' in der Krisenregion. Besonders *Deutschlandfunk*-Kommentatoren legten hierfür ungezählte → Konzepte vor. Doch ist das → MEDIALDEMOKRATISCHE Wertkriegertum nur die scharf aufragende Spitze eines Berges aus verbalen Wertnaivitäten. An einem einzigen Tag des Jahres 2015 konnte der deutschsprachige Ausländer in Print- und Internetmedien des ganzen → DÜNKELDEUTSCHEN ‚Wertekanons' ansichtig werden: von ‚wertegeleiteter' Außenpolitik (*Walsroder Zeitung* vom 16. Oktober) oder ‚Wertepolitik (Konrad-Adenauer-Stiftung 6/2015) bis hinab zur ‚wertesensiblen Väterarbeit' innerhalb der *Wertebildung in Familien* (Annegret Erbes, Bundesministerium für Familie, Senioren, Frauen und Jugend 2010ff.).
→ PURISMUS, → Wertegemeinschaft, → Unwerte.

Werte, gemeinsame Aus dem Diktionär westzonaler → Unterwürfigkeit und des trumpepochal erlittenen Zurückweisungsschmerzes, welcher allerlei possierliche Beschwörungen → der Staaten und ihrer → Werte generiert. Buchenswert als humoristisches Hörerlebnis: „Wir sind doch → der Westen! ... Wir benutzen alle i-Phone und hören amerikanische Musik. Deshalb müssen wir zurückfinden zu unseren gemeinsamen Werten. Dann werden wir die Probleme der Welt besser lösen als bisher." (Karl-Georg Wellmann, CDU, Mitglied des Bundestages, in: „Kontrovers", *Deutschlandfunk*, 6. Februar 2017)
→ die Alliierten, → Freundschaft; → KOMPARATIVSTÖRUNG.

Wertegemeinschaft → Werte sind weder objektiv gegebene Tatsachen noch subjektiv wählbare Normen, sind weder Gewußtes noch Gewolltes, sondern eine eigentümliche Verbindung beider: Werte gibt es allein dort, wo ein Subjekt sich auf ein Objekt, wo ein Ich sich auf die Welt bezieht. Diese Beziehung wird affektiv, nicht willkürlich sein. Wer Werte also entweder als Normen oder als Tatsachen behandelt, betreibt entweder Moral- oder Vernunftvernebelung. Nirgends zeigt sich dies deutlicher als in der Rede von → westlichen Werten. Werte sind → im Westen grundsätzlich Dinge, die an keine Person oder Seele gebunden sind; diese Unverbindlichkeit begründet erst → BEKENNERSPRECH von westlichen Werten. Wert als Mehrzahl verheißt Billigangebote; der geistig-moralische → Schnäppchenjäger bevorzugt überall den Plural. In seinen Überzeugungen, öfter: seinen Meinungen zählt das, was in Masse vorrätig, nicht unmittelbar zu gebrauchen und daher jederzeit auszutauschen ist. Die Rede von der W. vernebelt und → entlarvt diese Unverbindlichkeit westlicher Werte mit einem Wort. Der → MEHRHEITSDEUTSCHE ist weder der Einzelne, dessen Seele weit genug wäre für eine Fülle widerstreitender Wertungen, noch das Gemeinschaftswesen, das sich mit seinesgleichen vor oder hinter einer Idee zu versammeln wagte. Die W. ist jene Kumulation, worin zwischen den ‚Werten' ebenso wenig eine Verbindung besteht wie eine Verbindlichkeit zwischen ihren Bekennern.
→ PLURALISIERUNG, → wertorientiert, → Unwerte, östliche.

wertig In Analogie zu Adjektivbildungen aus der → Werbewirtschaft (schokoladig, haselnussig) entstandenes Eigenschaftswort, das auch in höherstufigen → Diskursen → zunehmend häufiger Verwendung findet; semantisch ein Hybrid aus ‚wertförmig' oder ‚auf Werte bezogen' und ‚wertvoll'.

Wertigkeit → JOVIAL- und zugleich → BLÄHSPRACHLICH für ‚Wert', → ‚Werte' („Das hat → eben → halt → so → 'ne Wertigkeit für mich jetzt" usw.).

wertkonservativ Verwerten wollen, ohne sich noch rühren zu müssen; zunächst verbaler Schwarzgrünschimmel (Ökologisch-Demokratische Partei), später mehrheitstauglicher und zuletzt machtrepräsentativer Dialekt der besitzenden Klasse (→ Eigengut, → Besitzbürgertum). Zu den semantischen Zu- und Abflüssen näherhin: → konservativ, → unsere Werte.

Wertmaßstäbe muß es, neben den Maßstäben für Wertloses, auch und im → Plural geben.

wertorientiert ist man zwar nicht geographisch, jedoch biographisch als Leser von *ZEIT*- oder *FAZ*-Feuilleton jederzeit.
→ DÜNKELDEUTSCH, → umorientieren, → Wertegemeinschaft.

Westbindung Der unklare Genitiv bezeichnet präzise die westdeutsche Überzeugung, → spätestens seit Jalta 1945 an der Seite der → Alliierten, sprich: der Westalliierten, Europa vom → Faschismus und vom → Kommunismus befreit zu haben (→ Antiamerikanismus), um einer deutschen Demokratie in des Kontinents Mitte vorzuarbeiten. Eine Variation dessen bietet Alexander Kluge, der den Titel seiner Anthologie *30. April 1945* im Untertitel so präzisiert: *Der Tag, an dem Hitler sich erschoß und die Westbindung der Deutschen begann* (2014).
Vorbildlich für alles Reden von W. war und ist jedoch der Habermassatz von 1986: „Wer den Deutschen die Schamröte über Auschwitz austreiben will, zerstört die einzig verläßliche Basis unserer Bindung an den Westen." Schamröte über Auschwitz (oder gar dieses selbst) ist also → mindestens → gut für die W.: Das hatte Martin Walser mit seiner Paulskirchenrede 1998 ignoriert.
Seinen Verrohungsgipfel erreicht der → freiheitlich-demokratische → BEKENNERSPRECH in der → Einzigartigkeitsdoktrin und dem Pathos der höheren Zahl (→ Opferkonkurrenz, → singulär, → vergleichen). Hier ist die Bindung an den → westlichen Wert einer Quantifikation aller Qualitäten geglückt und vollendet.
→ die Deutschen, → Gedenkkultur.

Westdeutschland Mitunter von → Publizisten der → Qualitätsmedien verwendeter Ausdruck für jenes Gebiet, in dem es auch nach 1990 nur ein → Frankfurt gibt.

Westdeutschlandfunk → Deutschlandfunk.

Westfernsehen Dem Kulturanalytiker, Völkerkundler und Landespolitiker Volker Bouffier zufolge jenes Medium, in welchem Ausländer erscheinen; Näheres: → Dumpfbacke.

westliches Geld „nehmen die Polen gern", wie Jakob Augstein beobachtet hat (*SPIEGEL online* vom 4. Januar 2016). Zugleich bewiesen sie eine Resistenz gegen die von westlichen → Qualitätsmedien verkündeten politischen → Werte. Mit diesem Verhalten zeigten sich „die Polen" den gleichen → Unwerten verpflichtet wie die Ostdeutschen. Um „unser Geld" sorgt sich auch Maxim R. Biller (→ am coolsten). Mit Gleichfühlenden artikuliert er die Entwertungsängste → MEHRHEITSDEUTSCHlands seit den frühen 1990er Jahren. Werte-Hüter wie Augstein, Biller, Bittermann, Herles frönen einem → extrem monetaristischen Verständnis von Geld. Dieses ist ihnen keineswegs ein gesellschaftliches Verhältnis oder dessen symbolischer Ausdruck, sondern der Inbegriff in sich werthaltiger Dinglichkeit. Kurz,

Augstein und Co. glauben an einen unveränderlichen Goldstandard der → westlichen Werte. → unser Geld, → Zahlmoral.

westliche Werte unterliegen → im Defence-Bereich weder Ausfuhr- noch Ausverkaufsbeschränkungen. Sie bilden dadurch, wie der Völkerkundler Jakob Augstein → aufgezeigt hat, das genaue Gegenteil der östlichen → Unwerte, für welche ein Mangel an Flexibilität und Expansionslust typisch ist.
Als Elementarbegriff neueren → falschen Bewußtseins konnte ‚w. W.' ähnlich intendierte, aber inhaltsärmere Ausdrücke wie ‚Verfassungspatriotismus' oder ‚freiheitlich-demokratische Gesinnung/Grundordnung/Gesinnungsordnung' usw. mediensprachlich in den → Hintergrund drängen. Neben der oben zitierten polemischen Funktion hat der Ausdruck inzwischen eine sentimentale erlangt: Mit der Ermahnung, der Gemeinschaft ‚w.r W.' nicht zu entfliehen, appellieren → die politische Klasse wie die → Meinungselite Westdeutschlands seit Trumps Wahlsieg an → ‚die Staaten', → das Abendland und dessen Herzland nicht der Souveränität zu überlassen; ein Begehren nach der gewohnten und geschätzten Unmündigkeit mithin. Possenhafte, auch bizarre Züge am elitenwestdeutschen Sehnen und Seufzen nach → Permanenz und Persistenz vermeinter Musterschülerschaft sind nicht zu leugnen, wird diese doch nun immer häufiger im Oberlehrerton artikuliert (→ LEHRAMTSSPRECH). Die zugleich unterwürfige und anmaßende Rede Westdeutscher von ‚w.n W.n' wurzelt im landestypischen Begehr, sich auf der Seite historischer Sieger zu wissen und hierfür nicht länger National-, sondern pure Moralgemeinschaft zu sein, → ‚Wertegemeinschaft'. Derlei politische Selbstentmündigung einer Nation, die nicht Politik, sondern nur Geschäfte machen will, haben → MAULHELDISCHE wie K. H. Bohrer zuweilen als ‚winselnde Harmlosigkeit' und ‚neue Händlergesinnung' denunziert, denen allein durch → selbstbewußtes Auftreten als ihrerseits westliche Wert- und Schwertmacht zu entrinnen sei. Im unbefangen nationalistischen *originären* Westen, von Westdeutschen vertraulich → ‚die Alliierten' genannt, spricht man deutlich sparsamer von ‚Western values' oder ‚valeurs occidentales'.
→ der Westen, → Nation, → Wir (im Westen), → Wir-Gefühl.

Westlichkeit Quintessenz westlichen → Wir-Gefühls; seit ca. zwanzig Jahren ein auch linksbürgerlich und → qualitätsmedial etabliertes Hochwertwort, dessen Gemeintes räumlich wie politisch → zunehmend in Oasen zu finden ist.
Der Romanpublizist, Essayromancier und Goethebeamte Stephan Wackwitz berichtet aus einem Leben weltoffener W. Gelernt hat der Schwabe sie in → den Staaten: Es gebe eben Länder, zu denen „wir aufschauen, wie zum Beispiel die USA". Also eigentlich nur gewisse Städte dort. Also eigentlich nur eine Stadt, New York. „Gerade in → Kreuzberg, wo ich wohne, leben Menschen mit den verschiedensten Migrationshintergründen in einer geradezu newyorkerischen Entspanntheit und Freundlichkeit zusammen. Das ist sehr wohltuend und beruhigend." Gewiß, je weiter man in → den Osten der Welt vordringe, „desto mehr stößt man auf arme Regionen. Aber es gibt auch Oasen der Westlichkeit, wie zum Beispiel Georgien oder Armenien" oder andere NATO-Kandidaten. Dort fühlt man sich überall wie in „Berlin-Mitte. Die Leute sind sehr selbstbewusst und überaus freundlich, klug und westorientiert."
Frage: „Sie sind nun nach langer Abwesenheit nach Berlin gekommen. Warum Berlin?" S. W.: „Es ist die einzige deutsche Stadt, die ich genauer kenne." („Ich brauche Auslauf wie ein großer Hund", Interview mit Harry Nutt, in: *Berliner Zeitung* vom 15./16. September 2018, S. 26/27)
→ Bürgerlichkeit, → Gelassenheit, → Großstadt, → Lässigkeit, → Unaufgeregtheit, → Weltoffenheit, → Wir im Westen, → Wie wir Amerikaner wurden; → Abkapselung, → Abschottung.

Westlinke Denunziationsformel verhärmter Westlinker für jene wohlgenährten Westlinken, die endlich in der transatlantischen → Wohlfühloase → angekommen sind – für jene Ewigmorgigen also, denen von 1968 bis 1988 das Wort → ‚die Utopie' so leicht über die Lippen ging wie anderen das Wort → Totalitarismus. Und die dann doch dem DDR-Volk 1989 grollten, daß es „nicht noch eine Runde Sozialismus dranhängen wollte" (M. Walser). Die W. hat heute mit sog. → Konservativen zur Entente cordiale des → Antiorientalismus gefunden und widmet sich, gemeinsam mit deren Parteien und Institutionen, der → posthumen → Aufklärung über den linken → Totalitarismus sowie über die ihm unterworfenen Bevölkerungen.

Bereits in den 1980er Jahren hatte die W. ihren Frieden mit dem → Schweinesystem gemacht. Poetischer ausgedrückt: Sie hatte in den Schoß des → Kapitalismus zurückgefunden, aus dessen nachkriegsordentlicher Polsterung sie einst vorwitzig gekrabbelt war. Seit der deutschen Einheit wagt die W. gegen den Kapitalismus wenigstens dann zu mucken, wenn sich seine ästhetisch-moralischen Symptome auch anderswo, etwa im Osten Deutschlands, Europas oder der Welt zeigen. Hierin stimmt sie mit der → Mehrheitsdeutschen Meinungsmasse überein. Diese erlebt den Zusammenbruch ihrer → ganzheitlich-freiheitlichen Existenzmythen als Einbruch fremder Mächte, welche die ihr eigene Reinheit bedrohen (→ Purismus). Die vom → rechten Rand mitunter monierte schwarz-rot-grüne Meinungsuniformität der neueren BRD existiert tatsächlich. Nur wurzelt sie nicht im Meinen, wie sämtliche → Meinungseliten → des Westens meinen, sondern in einem → System, von dem man meinen kann, was man will.

Gerade aus der politischen Defensive hat die W. geist- sowie sprachprägend gewirkt und hierdurch ein → gleichsam gespenstisches Nachleben entfaltet. Das erklärt u. a. ihre notorisch ‚zombie'haft-leblosen und doch von lebhaften → Ressentiments verzerrten Züge. Die oft beobachtete, selten analysierte → Fremdenfeindlichkeit der W.n vermochte inzwischen die westdeutsche Mehrheitsgesellschaft nicht allein zu → infiltrieren, sondern sie als → antiorientalische Volksgemeinschaft zu konstituieren. Die Zähigkeit westlinksvölkischen Hasses gegen jedwede Östlichkeit folgt aus seinem abstrakt-grundsätzlichen Charakter: W.e Fremdenfeindlichkeit ist eine → Ausländerfeindlichkeit zweiten Grades. Sie legitimiert sich durch die → Ansage, daß man es bei den → Zonis mit Ausländerfeinden zu tun habe, gegenüber welchen zivilisatorische Sprech- und Handlungsschranken fallen dürften. In der w.n → Avantgarde der → Zoni-Hasser (→ Bittermannlinke, → Medialdemokraten, → die gesellschaftliche Mitte) wirken unverkennbar die in K-Gruppen erlernten, stets auf die Reinheit einer Idee (d. h. einer abstrakten Schrulle) und damit auf maximale Welt- und Erfahrungsferne gerichteten Fanatismen nach. Sie unterscheiden sich idiomatisch von der älteren, heute zumeist als → ‚unterklassig' denunzierten westdeutschen Fremdenangst und -feindlichkeit, die leibhaftigen Stereotypen wie → dem Ali, → dem Russen, → den Fidschis usw. galt (vgl. näherhin: → Keine Italiener! → Türken raus!). Im philosophischen Jargon ausgedrückt: Der w. Fremdenhaß agiert nicht naturalistisch, sondern kulturalistisch. Auf nur → scheinbar wundersame Weise konnte er sich mit dem Zonenekel der → Abendlandsretter verbinden; zweifellos ein Indiz kultureller Konvergenz. Westlinke sind → zwischendurch auf ihre Ministrantenjahre oft ebenso stolz wie Weihnachtschristen auf ihre Toleranz (Näheres: → irgendwie, → Entchristlichung, → Verwahrlosung).

Zu Schreibstil und Denkstrukturen der W.n allgemein: → Amerikafeinde, → Denunziantendeutsch, → linksintellektuell, → östliche Unwerte, → Selbstmitleid.

Wettbewerber Neuwestdeutsch für Konkurrenten oder sonstige Subjekte, die man am liebsten über den Jordan schicken würde. Stichwort Naher Osten: Nach geheimen Rüstungsexporten in Krisengebiete befragt, stellte Verteidigungsminister Thomas de Maizière klar:

„Die Rüstungsfirmen haben ein Recht auf Vertraulichkeit, damit ihre Wettbewerber nicht hellhörig werden. Ich ärgere mich deshalb, wenn diese Geheimhaltung gebrochen wird." („'Aus gutem Grund geheim'. Verteidigungsminister de Maizière über Rüstungsexporte und die Ethik von Waffen", in: *Berliner Zeitung* vom 15./16. September 2012) Was gewiß auch ungediente Ernstfallentschlossene wie Biller, Bohrer oder Bittermann verärgern würde.
→ Ernstfall, → humanitärer Einsatz, → nichtapokalyptischer Krieg.

Wichtiges Journalistisches Not- und Nötigungswort, das es in die oft von Journalisten verfaßte Romanliteratur der → Ichzeit geschafft hat. „Er spürte, daß gerade etwas Wichtiges geschehen war, und Graziela spürte es auch, denn sein Gesicht hatte sich geöffnet, während er sie unverwandt angeschaut hatte. Sie lächelte." (Iris Hanika, *Das Eigentliche. Roman*, Graz 2010, S. 123)
→ fuck, → Heimatliteratur, → Provinzialität, → sich öffnen, → tiefempfindend/tiefempfunden, → wichtigst.

Wichtigkeiten → Pluralisierung.

Wichtigsprech Kommunikationsattitüde von hoher Spreizungsvielfalt; stark verbreitet in den → Mehrheitsdeutschen → Qualitätsmedien als auch in ihren Sonderdialekten, etwa dem Bohrerschen → Grossen Stil oder dem → Habermasdeutschen sowie in der Sprache kulturpflegender Akademien. Auffällig ist die Neigung von W.erinnen und W.ern zu worthäufender Insistenz. Eine vorbildgebende W.erin beschreibt ihr Tun und Wollen so: „→ Nichtsdestotrotz halte ich es auch für eine literarische Aufgabe, der Heterogenität der Menschen Raum zu geben, → Repräsentationsfragen zu thematisieren, aber auch einem gewissen → Realismus gerecht zu werden." (Kathrin Röggla, Vizepräsidentin der Akademie der Künste, „Wie halten Sie es mit dem Gender?", in: *ZEIT online* vom 6. August 2018) Typische W.erei sind weiterhin Blähadjektive: ‚realistisch' statt ‚real', ‚sensualistisch' statt ‚sensuell', ‚psychologisch' statt ‚psychisch' usw. Dergleichen mag dem volkstypisch → falschen Bewußtsein entspringen, d. h. einer Totalideologisierung von Wirklichkeit. Diese wimmelt dann nicht von Menschen oder Dingen, sondern von -Ismen, willkommenen Anlässen für → ideologiekritische → Entlarvung.
→ spätestens, → unverzichtbar, → wichtigst; → Issismus → Spreizsprech.

Wider dem Vergessen → Pathosformel, deren hohler Klang gleichermaßen aus linksliberalen und rechtskonservativen Meinungsräumen zittern kann – aus dem *Deutschlandfunk*-Feuilleton (Niels Beintker am 18. Oktober 2010) ebenso wie aus dem → neonarzisstischen Wolff Verlag in Berlin-Wilmersdorf: „Wider dem Vergessen der Philosophie" (Verlagsprogramm 2016). Einer der Löwen des verlagsassoziierten „Jungen Salons" brachte die Malaise von Gegenwartsekel und Vergangenheitslosigkeit in philosophisch arglosem Gebrüll auf den Punkt: „Ich sehne mich nach der Vergangenheit. Nach der Geschichte als Lebensmacht." Und natürlich auch „nach Wirklichkeit" (Simon Strauß, „Ich sehne mich nach Streit", in: *FAS* vom 14. Dezember 2014). Details zum heftigen Begehr nach Höherem bei sprachlich ungesicherter Basis: → Dativschwäche, → Akkusativ-Nominativ-Inversion, → Neuschnöselsprech; zum Gesamtkontext: → Mosebachdeutsch.

Widersprüche unserer Zeit Ursprünglich eine parteikommunistisch, später staatssozialistisch gängige Theorieformel, die auch im Edelfaselfeuilleton der BRD ihren Platz fand. Obwohl die W. u. Z. selbst dort noch → eine Art von Realdialektik bezeichnen, ist diese zumeist als platte Gegensätzlichkeit gedeutet.

Der → Heimatautor Peter Prange beispielsweise, Verfasser eines Romans über → die gute alte Bundesrepublik vom ersten bis zum letzten Tag der D-Mark, benennt die W. u. Z. wie folgt: „Das schöne Deutschland, das weltoffene Deutschland, das neugierig ist auf → das Fremde, auf → das Andere, das sich bereichern möchte mit anderen Gedanken, mit anderen Ideen, mit anderen Lebensweisen, prallt auf ein Deutschland, das auf einmal wieder in geradezu entsetzlicher Weise an Dinge denken läßt, die weit hinter uns zu liegen scheinen, von → Fremdenfeindlichkeit, von Abgeschlossenheit, von Vorurteilsbesessenheit, auch von fürchterlicher Ängstlichkeit, die sich dann spiegelverkehrt in äußerster Aggressivität wieder äußert." (→ „Denk ich an Deutschland", → *Deutschlandfunk*, 6. Mai 2018) Solche Widersprüche waren in der → unnationalistischen BRD von einst, verkapselt in Alleinbesitzerschaft von Deutschmark und → Weltoffenheit, auf beglückende Weise gebändigt. → *Unsere wunderbaren Jahre. Der große Deutschland-Roman* (2017), den sein Verfasser im *Deutschlandfunk* vorstellen darf, erzählt „die Geschichte der Bundesrepublik vom ersten bis zum letzten Tag der DM". „Der große Gründungsmythos der Bundesrepublik" ist dieser: „Jeder → definiert sich durch das, wofür er diese 40 Mark ausgibt, für sein gesamtes weiteres Leben", „und diese Lebensgeschichte habe ich verfolgt bis zur Einführung des Euro, so daß ich eine Geschichte der Bundesrepublik schreibe damit." Dank Deutschmark und Weltluft läßt sich sagen, „daß wir Deutschen uns da sehr toll entwickelt haben, wenn wir überlegen, wie wir noch so vor 100 Jahren gewesen sind und was für ein doch weltoffenes Volk wir doch geworden sind" (ebd.).
→ Abkapselung, → Abschottung, → Ausgrenzung, → D-Mark-Nationalismus, → Nationalbewußtsein, → Wir im Westen; → HEIMATLITERATUR, → mal wieder.

Widerstand Buchpreisbindung, → Parteiendemokratie und → Gratismut-Individualismus (→ Ich und meine Identität, → tiefempfunden) erzeugen jenes Gefühl von Daseinswattiertheit, das nach Widerständen verlangen läßt, gerade weil sie nirgends spürbar sind. Die erste Generation der → MEHRHEITSDEUTSCHEN lebte in einem politischen Phantomgebilde, abgeschnitten von deutscher Nationalgeschichte, Kollektivhaftung und Reparationslast; den nachfolgenden Generationen der Mehrheitsdeutschen war es aufgetragen, ihren Kummer über diese „Schule der Verwöhnungen" (laut → Vorteilsritter B. Strauß) in politischen Phantomhandlungen zu artikulieren (→ Anduzen, ‚sexuelle Revolution', → ‚Hallo' statt ‚Guten Tag' sagen, auf Bürgersteigen rad- oder rollerfahren usw.). Was lag näher, als derlei Herumtollen im Kulturpark BRD zum elterlich versäumten, endlich nachgeholten W. zu deklarieren? Und so leisten die mehrheitsdeutschen → Betroffenheitler, → Unruhestifter und sonstigen → Querdenker seit bald 50 Jahren W.: einst gegen die repressive Toleranz, heute gegen die → Zweigenderung der Sprache. „Soziale Veränderungen sind immer mit Widerstand verbunden, mit Abwehr von Leuten, die die sozialen Veränderungen nicht haben wollen", erklärt etwa „Lann" Hornscheidt, → Professix für Gender Studies und Sprachanalyse am Zentrum für transdisziplinäre Geschlechterstudien der Humboldt-Universität zu Berlin. Wichtigste Widerstandsformen der 1965 als Antje Hornscheidt Geborenen sind nach wie vor das → Aufzeigen, → Entlarven, → Hinterfragen und natürlich → Aufbrechen von → verkrusteten Strukturen. Dies geschieht Professix Hornscheidt zufolge am besten durch Einführung des → antidiskriminierenden ‚x'. Ihre Assistentin Anna Damm erklärt dazu dem Fachblatt dex Antidiskriminierix *taz*: „Wir bieten in unserem Leitfaden [*Was tun? Sprachhandeln – aber wie? W_ortungen statt Tatenlosigkeit! Anregungen zum [...] antidiskriminierenden Sprachhandeln,* Berlin 2014] verschiedene Formen an, das war uns immer wichtig. Das ist unter anderem die x-Form, aber auch der → dynamische Unterstrich, das Binnen-I, der statische Unterstrich, auch eine Zwei-Nennung. Es ist also ein → Angebot für die jeweilige Situation. Je nachdem, was ich benennen oder → aufzeigen will, können verschiedene Sprachformen benutzt werden." *taz:* „Die x-Form ist die weitestgehende davon: Statt einer geschlechtlich irgendwie zuordenbaren Endung steht nur noch ein x." Anna Damm: „Sie ist für uns im Moment die Form, die Zweigeschlechtlichkeit am besten → aufbricht." *taz:* „Soll jetzt alles ge-xt werden?" Lann Hornscheidt: „Nein, → definitiv nicht. Es ist → total wichtig, → sehr konkret zu → gucken, worum geht es eigentlich genau, und dann spezifische Formen zu wählen." Anna Damm: „Durch verschiedene Sprachformen können Machtverhältnisse klargemacht werden. Es geht nicht, wenn es nur männliche, weiße Präsidenten gab, das mit einer x-Form → aufzubrechen: Ich würde sexistische Machtverhältnisse dadurch negieren und unsichtbar machen. Ich muß also immer genau → [mal] schauen und überlegen, was ich mit den jeweilgen Formen mache. Genau diese Spannungsverhältnisse wollen wir mit diesem Leitfaden → aufzeigen." Wie der Leitfaden, so das Leben. Damm ergänzt: „Alle sollen merken: Mensch, ich kann handeln durch Sprache! Ich bin nicht einem Sprachsystem ausgesetzt. Das ist nicht einfach da, sondern ich kann → mitgestalten. Ich kann mein soziales Leben → mitgestalten, indem ich andere Sprachformen benutze und dadurch anderen Personen eine Anwesenheit geben kann." („Geschlechtergerechte Sprache. ‚Es gibt mehr als Frauen und Männer'. Anna Damm und Lann Hornscheidt über die Häme der Medien [...] und warum Veränderungen immer mit Widerstand verbunden sind", Gespräch mit Malte Göbel, in: *taz* vom 17. Mai 2014)

wie Im österreichischen Deutsch zulässige Konjunktion des Vergleichs, im Westdeutschen und vor allem im Westberlinischen ein zuverlässiger Indikator für sprachlichen Sonderwuchs. Auch in bayerischem Sprachgeräusch (→ Christbaum) ist das ‚w.' häufig vernehmbar, hier selbst seitens gehobener Kulturkräfte, beispielsweise nachfolgend zitierter Schauspielerin (Debüt: „Die Lümmel von der ersten Bank"): „Hallo, ich bin die Jutta Speidel ... Das ist mein → sozusagenes Debüt im Radio ... Ich habe einen Italiener an meiner Seite, das ist noch mal ein ganz anderes Temperament wie meins ... Ganz was Spannendes, → weil ich mache zum ersten Mal eine Moderation ... Wahnsinn ... → Wau." („Klassik – Pop – etcetera", *Deutschlandfunk*, 5. Juli 2014)
Auch im gedruckten Westdeutsch ist das ‚w.' Legion: „Der Sinn für gute Geschäfte erweist sich in Deutschland immer wieder als stärker wie der für moralische Kategorien." („Rufschädigend", gez. apz, in: *DER TAGESSPIEGEL* vom 19. September 2013)
Das letzte Wort habe der → Westberliner Zwergverleger und Vorurteilsriese Klaus Bittermann: „In kaum einer Stadt wurde mehr in sozialarbeiterischen Aktionismus investiert wie in Magdeburg." (*It's a Zoni: Zehn Jahre Wiedervereinigung. Die Ossis als Belastung und Belästigung*, Berlin ²1999, S. 16) Die im genannten Komplexkompendium kolportierte Behauptung, jenseits von → Kreuzberger → Wärmestübchen lebten „die echteren Deutschen" (S. 55), kann von allen → Autoren am besten der → Westlinke und → Wutkleinbürger Klaus Bittermann verifizieren, nämlich durch das Deutsch, das er schreibt (ebd.): Der Ossi sei „auf die Partizipation gesellschaftlichen Reichtums hin orientiert" (wahrscheinlich gemeint: auf Partizipation an gesellschaftlichem Reichtum ausgerichtet), führe einen „Wettbewerb für die abstoßendste Zonenstadt" (wahrscheinlich gemeint: „Wettbewerb um den Titel der am meisten abstoßenden Zonenstadt"), habe „Phobie vor Ausländern" (wahrscheinlich gemeint: Angst vor Westdeutschen) – nein, wir können hier keine volle → Förderstunde für → ‚verhunzte und verzwergte' (A. Baring) Sprachteilnehmer geben.
→ ANTIORIENTALISMUS, → Haßwitze, → Wiedervereinigung, → Wir-Gefühl, → unser Geld.

Wiedervereinigung In → MEHRHEITSDEUTSCHEN Milieus medienoffizieller Ausdruck für → Anschluß oder den regierungsoffiziellen ‚Beitritt'.

Wie fühlt sich das für dich/mich an? Gefühlte, gedachte oder gesprochene Formel aus dem → DISKURS DER EMPFINDSAMKEIT, gleichermaßen verbreitet in Unterredung wie Selbstunterredung der Empfindsamen, interrogative Vulgärform: „Du, ist das OK für dich, du?" Die anglizistischen Anklänge signalisieren, daß es dem Formelnutzer um Hohes und Höchstes geht, nämlich um sich selbst, denn die landestypische → Verdruckstheit wechselt in Selbstgefühls→diskursen → durchwegs ins Nicht-Deutsche.
Oft wird solch nabelzentrierte Gefühlserörterung polemisch dem Sonderidiom kunstbewegter Bürgerkinder aus der Subventionssubversionsszene zugeordnet; eine Pflege von Empfindlichkeit und Überempfindlichkeit in P. C.-gerechter Form: „Wer bin ich? Was will ich? Wie fühle ich mich gerade – und wie kann ich mein Fühlen noch entwickeln? Es geht um Fragen nach der eigenen Befindlichkeit und so gut wie gar nicht um Fragen nach den Bedingungen der Existenz." (Bernd Stegemann, zit. nach: Thomas Wagner, *Die Angstmacher. 1968 und die Neuen Rechten*, Berlin 2017, S. 275) Die klassische Basis-Überbau-Linke des Westens erblickt in solcher verbalen Selbstbefingerung eine Form → falschen Bewußtseins, ja eine beinahe „neoliberale Aufforderung zu ständiger Selbstoptimierung" (ebd., S. 274), die intellektuelle Rechte hingegen ein linksverursachtes und entsprechend ‚-versifftes' Dekadenzphänomen von Infantilisierung und Feminisierung der Gesellschaft (vgl. etwa Thomas Hoof, Nachwort zu: Helen Smith, *Männerstreik*, Lüdinghausen-Berlin 2017, S. 297ff.). Doch ist der Deutungsrahmen wohl noch weiter zu spannen. Im Empfindlichkeitsidiom verdichten sich jahrzehntealte Traditionen der Selbstpflege und Weltflucht, die sich sprachlich heute ebenso in der → MOSEBACHDEUTSCH inspirierten → BÜBCHENBELLETRISTIK wie im frauenschaftlichen → WÄCHTERSPRECH widerspiegeln. Fortgeschrittene in der „Schule der Verwöhnungen" (Botho Strauß) wähnen sich, basis- und wirtschafts- und geschichtsvergessen, in einem ‚postmaterialistischen' Erlebnisraum angekommen, der durch nabelpflegerische Weltvermeidung gleichermaßen ausgebaut wird und einsturzgefährdet anmutet. Der Soziologe Gerhard Schulze sprach angesichts der emotionalen Selbstabtaster von einem ‚außengeleiteten' – d. h. konsumtiv auf sein inneres Erleben, nicht kreativ auf die äußere Welt – gerichteten Typus (*Die Erlebnisgesellschaft. Kultursoziologie der Gegenwart*, 1992). Ein Lauscher mithin auf die jeweilige → Ansage des politisch-moralisch-ästhetisch Angesagten, ein Besprecher und Beschwörer diskursbevölkerter Innenwelt.
→ anfühlen, → antidiskriminierende Sprachhandlungen, → du, → Emotion, emotional, Emotionalität, → Netzwerk, → PSYCHOSPRECH, → Stillkommission, → Studierendenvertreter, → Widerstand.

Wie wir Amerikaner wurden So ungewitzter wie ungeschützter Titel diverser → SELBSTVERSTÄNDIGUNGSbücher, in denen → MEHRHEITSDEUTSCHES → Wir-Gefühl die gelungene Transformation von westdeutscher → Provinz in weltweiten → Provinzialismus dank kultureller Selbst→integration in nordamerikanische → Provinzialität beteuert. Wir zitieren aus dem Werbetext für einen der zuletzt erschienenen Titel zum Thema, erstellt von einem Verlag mit dem schönen Namen Europa: „Da konnten die Bewohner der Sowjetischen Besatzungszone nur neidisch über die innerdeutsche Grenze blicken; eine der Amerikanisierung des Westens entsprechende ‚Sowjetisierung' hat es dort nie gegeben. Im Gegenteil: Die Bedrohung durch den Osten erfüllte den Zweck, die Identifizierung mit der westlichen Schutzmacht zu steigern." (Hellmuth Karasek, *Nach dem Krieg,* 2016) Von ähnlicher Sprachschönheit und Schlußflinkheit sind auch andere mehrheitsdeutsche Einlassungen zu → Amerikafeinden, den → Sowjets, → den Staaten, → den Alliierten und dem → Westen überhaupt. Nicht von allen aber läßt sich behaupten, was der Europa Verlag dem angeführten Werk westdeutscher → HEIMATLITERATUR nachsagt: „Hellmuth Karasek

entwirft ein differenziertes Bild dieser aufregenden Zeit deutscher Geschichte und lässt sie in seinem so persönlichen wie geistreichen Buch lebendig werden wie selten zuvor."
Geist anreichern und Persönlichkeit werden: Die Schwierigkeiten der Westelbier, ihren Platz unter Europas Völkern zu finden, waren mit der deutschen Einheit keineswegs ausgeräumt. Die massenhafte, nunmehr in der Gewißheit eigenen → MEHRHEITSDEUTSCHtums produzierte Nostalgie- und → HEIMATLITERATUR über → die alte Bundesrepublik zeugte vom Drüsenfieber des frischgemolkenen → Wir-Gefühls. Wie schon bei seinem → alt(bundes)deutschen Vorläufer, erklärt sich auch die Unsicherheit des neuwestdeutschen → Selbstbewußtseins aus seinem → durchwegs abgeleiteten Charakter. Wenn nämlich, wie ein Dichter sprach, Amerika die Karikatur Europas ist, dann ist Westdeutschland die Karikatur Nordamerikas, to put it mildly: seine Parodie. Vieles konnte es sich dort abschauen, nur nicht den trockenen Ton weltmächtiger Arroganz, für die rechtsrheinisch ein machtfrommes Weltläufigkeitswimmern einsprang: Wenn sich ein Westelbier → Weltoffenheit attestieren will, dann wird er unvermeidlich mit dem Zeugnis eines → alliierten Freundes wedeln. Sicheres Indiz des westdeutschen Provinzialismus! Für diesen sind → die Deutschen immer die anderen: „Im Westen wurden die Amerikaner als Befreier gefeiert in Mitteldeutschland jedoch, dem späteren Osten und der damaligen Nazihochburg, ‚ging es anders zu als im Rheinland'", zitiert freudezitternd der → nahe von Nürnberg geborene, mithin in einer schwarzbraunen → Wohlfühloase und Führerstadt sozialisierte Kleinverleger Klaus Bittermann einen US-amerikanischen Besatzerreport („Die Rache der Zonen-Zombies", in: ds. (Hrsg.), *Unter Zonis*, Berlin 2009, S. 110).
Charakteristisch bleibt auch nach 1990 die Unfestgestelltheit der nationalen Gesten Westdeutschlands, das Hin und Her zwischen verfassungspatriotischer Demutssimulation und mehrheitskulturellem Konsumstolz, zwischen gesinnungsethischer Formstarre und alltagsästhetischem Formenschwund (→ Duzterror, → BEKENNERSPRECH, → Zahlmoral). Zwischen den Extremismen von → Herkunftsbehagen einerseits und → Weltoffenheitspose andererseits klafft unübersehbar der Mangel nationalkultureller Mitte. Eine solche, sozial mehrheitstaugliche Mitte (durch Breitenbildung, Facharbeiterschaft, alltagstaugliche Denk- und Verhaltenssicherheit) bildet den Humus, aus dem – gelegentlich – Kunst- und Geistesblütenpracht sprießen. Der westdeutsche → Provinzialismus ist ein Boden, aus dem nichts wächst. Er verdorrt keineswegs, wie → publizistische → Landschaftspfleger mitunter meinten, an seiner Mittelmäßigkeit, etwa am Mangel → GROSSEN STILS, sondern – im Gegenteil – an der Maßlosigkeit seines Mittelmaßes. Dessen Stil ist ein Extremismus der Stilbeflissenheit, ganz gleich, ob es die Nachahmung überseeischer Sprachvorbilder oder die Simulation von Realgeschichte in Emanzipation, Revolte, Terrorismus (→ Deutscher Herbst) gilt.
→ Bundesrepublik Adenauer, → der große alte Mann, → rheinischer Katholizismus, → Wir Deutschen im Westen; → Provinz.

Willkommenskultur Eine der zahlreichen → -kulturen, die man nicht hat, sondern in die man sich bewegt, was deren Selbstbewegung fördert: „Ist die vielbeschworene Willkommenskultur nun → angekommen in Deutschland?" (*Deutschlandfunk*, „Kommentar", 10. Juli 2015)

wir Linguistisch: Pluralis nonmodestiae oder Plural der Unbescheidenheit; Lieblingspronomen des westdeutschen Majoritätsverlangens, das → mehr und mehr ins Warme, Dumpfe, Eingemachte einer Mir-san-mir-Masse strebt. Im Wir-Sagen-Wollen bekundet sich die performative Paradoxie des mehrheitsdeutschen → Extremindividualismus, denn ‚w.' sagt der Mehrheitsdeutsche gern da, wo es ‚ich' heißen müßte. Einige Belege aus der B-Reihe der mehrheitsdeutschen Publizistik: „Wir sind doch alle mediengeil." (Heinz Bude) „Wir wollen keine Heuchler und keine Langweiler mehr sein." (Maxim Biller) „Wir wollen nicht

erlauben, was das implizierte." (Karl Heinz Bohrer) „Wir wollen reden." (Maxim Biller) „Wir reden von einem Europa, das es gar nicht gibt." (Arnulf Baring) „Daß wir kein Geld haben, ist ganz richtig." (Karl Heinz Bohrer) „Wir Deutschen." (Arnulf Baring) „Was sich in Deutschland bewährt hat, wollen wir auch." (Heinz Bude) „Seitdem wissen wir, wie wir mit uns dran sind." (Karl Heinz Bohrer) „Wir Westdeutschen!" (Maxim Biller) „Wir haben auf den russischen Imperialismus keine Antwort." (Arnulf Baring) „Wir Juden!" (Maxim Biller) „Welche Zuwanderer wollen wir?" (Arnulf Baring) „Wir im Westen." (Karl Heinz Bohrer) „Wir wollen natürlich, daß es unseren Kindern zumindest nicht schlechter geht." (Heinz Bude) „Wir Westdeutschen." (Karl Heinz Bohrer) „Was wir an unserer alten Bundesrepublik hatten!" (Heinz Bude) „Wir Deutschen sind die Opfer unserer eigenen Gutmütigkeit." (Arnulf Baring)
Und die anderen? „Sie wollten unser Geld." (Maxim Biller) Vgl. → Jammerwessi; zu den kollektivpsychologischen Details: → am coolsten, → Qualitätszeitungen, → Weinerlichkeit, → Wir-Gefühl.

(Was) Wir brauchen ... Meist im Quengelton gehaltener → WICHTIGSPRECH aus dem politischen → Anspruchsdenken; im weiteren Initialformel einer Nation, der nichts leichter fällt als ökonomisches und intellektuelles Schuldenmachen.
→ Konzepte, → zunehmend enttäuscht.

Wir Deutschen → Witzischkeit.

Wir Frauen → FEMINISPRECH, Formel biologisch fundierten → Wir-Gefühls, die ebenso wie → ‚Wir Westdeutschen', ‚Wir Deutschen im Westen', ‚Wir im Westen', ‚Wir in Bayern' usw. → einmal mehr → deutlich macht: Ostdeutschland ist ein Lebensort von Individuen, Westdeutschland bleibt die Provinz der Milieumenschen. Die sich nur in Massen oder → Netzwerken in den öffentlichen Raum wagen. Wenn im deutschen Osten von solch dumpfem Aneinanderdrängen und schwüler Vermassungsinbrunst – hörte man je ‚Wir ostdeutschen Männer' sagen? – wenig zu finden ist, so gilt dies → MEHRHEITSDEUTSCHEN Beobachtern keineswegs als Ausweis höherer Selbständigkeit, gar stärkerer Persönlichkeiten, sondern: einer „fragmentierten Gesellschaft" („Vom ostdeutschen Glauben, mehr zu wissen. Die alte Heimat ist weg, der Komplex bleibt, meint Heinz Bude. Er beobachtet Ostdeutsche, ihre Anpassung und ihren Willen, Deutschland zu ändern", in: *DIE ZEIT online* vom 4. August 2011).
→ Wir, → Ostdeutschsein.

Wir-Gefühl Grundbefindlichkeit einer zwergbürgerlichen Masse, die sich zitternd um ihre Besitztümer zusammendrängt. Verbreitet unter den → Extremindividualisten im Westen Deutschlands (Wolfgang Herles: „Die Westdeutschen leben heute, gemessen an dem, was sie hatten, in einer beschädigten Republik ..."), im deutschen Osten dagegen kaum mehr zu finden, wie der Soziologe Heinz Bude versichert: „Mit dem hoch gelobten ostdeutschen Wir-Gefühl ist es nicht weit her!" (*Märkische Oderzeitung*, 25. März 2013)
→ Abgehängte, → Jammerwessi, → Verbitterungsmilieu.

Wir haben gelernt ... Man wird diese Phrase – anders als das „Wir haben verstanden" einer berühmten Meeresverschmutzerfirma – zumeist in gönnerhaftem Tonfall vernehmen. Er ist selbst in der Schriftform spürbar, dort freilich als eher beiläufige Form sprachlicher → Anbiederei ans Englische (‚Amerikanische'). Mehr denn ein unbedarfter Anglizismus ist das für ‚erfahren' eingesetzte ‚lernen' ein Beleg → tiefsitzender didaktischer Neigungen, die den kulturkleinbürgerlichen Rahmen von → HOCHSCHREIBE oder → BILDUNGSBEKENNERTUM überschreiten. Im lernend-belehrenden Stil artikuliert sich eine geistig-moralische Mittelklasse, die ihre seit je gefährdete soziale Mittellage zur nationalen → Selbstbestimmung verfestigt hat.

Helmuth Plessners Wort von der verspäteten Nation bleibt gültig für die Westdeutschen. Nur sind sie es aus eigener Schuld. Kaum in der deutschen Einheit angekommen, immer noch auf dem → Sonderweg nach Westen und gerade dadurch ewiger Spätling der westlichen Welt, zeigen sie alle Unsicherheiten in Sprache und Verhalten, die den Nachläufer seit je charakterisierten. Als eher anpassungs- denn veränderungswillige Nation mußten sie sich selbst auffällig werden und doch unbekannt bleiben. Der → gleichsam über sich selbst erstaunte Parvenü, der es nie so recht gelernt hat, wie man sich in Alltag und Geschichte zu benehmen hat, neigt zur Übertreibung. So nimmt es nicht wunder, daß gewisse Nationaltraditionen hier in ihrem Extrem zu besichtigen sind. Das Plumpe, Grelle, Maßlose insbesondere der didaktischen Neigungen → entlarvt Mehrheitsdeutsche auf allen sozialen und kulturellen Ebenen. Musterschüler des Westens, die sich als Oberlehrer gebärden, finden sich unter → BITTERMANNLINKEN nicht weniger als unter → Salonkatholiken, unter → Vertretern des → eleganten Deutsch nicht weniger als unter → MEDIALDEMOKRATEN. Die Homogenität des Mehrheitsdeutschtums erweist sich gerade im → scheinbar nicht-offiziellen, privaten Sprechen. Ob sie die Vorzüge der → Parteiendemokratie darlegen oder das diesjährig gelesene Buch referieren, immer tendieren Mehrheitsdeutsche zum monologischen Auf- und Her- und Weitersagen.
→ LEHRAMTSSPRECH.

Wir haben jetzt die Situation … Mundgerecht zubereitetes Papierwestdeutsch; Einleitungsfloskel, in der Regel fortgesetzt durch Wechsel der grammatischen Person („Lassen Sie mich das an folgendem Beispiel deutlich machen …") und oftmals beendet durch das versöhnlich klingende, unverkennbar → SCHRÖDERDEUTSCHE „→ Ich denke, es ist deutlich geworden …"
→ deutlich machen, → Situation.

Wir (Deutschen) im Westen → Pathosformel des → MEHRHEITSDEUTSCHEN Feuilletons; Höchstform des Wir-Sagens als auch westelbischen → Wir-Gefühls. Sie bringt die urwestdeutsche Sehnsucht auf den Begriff, ökonomisch über unendliche Weiten gebieten und dennoch geistig daheim bleiben zu dürfen.
→ Eroskiller.

wirklich Zumeist mit Verneinung und in dieser Form schon von Ludwig Wittgenstein während seines Englandaufenthalts als Sprachseuche (‚not really') erlitten. Heutzutage: gehobenes oder der Hebung dienendes Westdeutsch mit bedeutungsblähender Tendenz; üppig gestreut zuletzt bei Karl Heinz Bohrer, *Granatsplitter* („keine wirkliche Spur", „keine wirklich richtigen Kostüme", „nicht wirklich mit dem Thema beschäftigt", „ja überhaupt nicht wirklich genau gelesen" usw.).
→ GROSSER STIL, → HALBTROCKEN, → eindrücklich, → extrem.

Wirklichwerdung Ein Hochwertwort aus dem Diktionär der → Selbstverwirklichung, das semantisch-syntaktisch vor ähnliche → Probleme stellt wie → ‚Kenntlichmachung'. Die → Sinnfelder von Sein und Werden, Bewirken und Erklagen sind darin auf eigentümliche Weise vermischt. „Eine schmallippige, postklimakterielle, feministische, vegetarische Lesbe, die stramm auf die 70 zugeht, kriegt eine eigene Sendung in der ARD, macht Scherze, die politisch inkorrekt und patriarchatskritisch sind – ich danke für die Wirk-

lichwerdung einer Utopie", feierte 2017 die → Comédienne Maren Kroymann sich selbst und ihren widerständigen Mut, der mit dem Deutschen Fernsehpreis belohnt worden war (zit. nach: Cornelia Geißler, „Kaum ohne Ironie zu haben", in: *Berliner Zeitung* vom 19. Juli 2019, S. 23).
→ die Utopie, → Ironie, → P. C., → starke Frauen, → Widerstand, → verkrustete Strukturen.

wirkmächtig (seltener: wirkungsmächtig) Im Westdeutsch der → Qualitätsmedien, zum Teil auch schon → der Politik → angekommenes → BLÄHWORT, entstanden als Hybrid aus ‚wirksam' und ‚mächtig'. Die zugehörigen Substantive ‚Wirkmacht', ‚Wirkmächtigkeit' und ‚Wirkungsmächtigkeit' sind gegenwärtig nur selten zu vernehmen und bezeugen somit erhöhte → Exzellenz der Verwendungsmacht.

Wirkungsort Wahrscheinlich dasselbe wie Wirkort, nur wirkmächtiger.

Wir müssen reden Im mündlichen → DISKURS DER EMPFINDSAMKEIT sowie im alltagsnahen → PSYCHOSPRECH häufig mit Kommapause und ‚laß uns ins Kino gehen' fortgesetzt; von größerer geistesverwirrend-gemütsverstörender Wirkung jedoch in der erstgenannten Elementarform. Sie figuriert in der → MEDIALDEMOKRATISCHEN → Qualitätspresse immer wieder einmal als Überschrift von Besinnungs- und Bekenntnisaufsätzen stark ermäßigten Informationsgehaltes; seit dem letzten Jahrzehnt führend hierin: *Frankfurter Rundschau/ Berliner Zeitung* (M. Decker, S. Vogel, B. Fehrle). Der habituelle Verzicht aufs Satzzeichen verstärkt das sicherlich beabsichtigte Gefühl, daß man es mit einer anonymen Drohung zu tun habe (wer lädt/stellt hier wen zur Rede?).

Wir sind auch nur Menschen. Urworte → gutbürgerlichen Weltgefühls, zugleich klassische Formel des → DISKURSES DER ENTSCHULDIGUNG, wörtlich so vom → brutalstmöglichen Aufklärer in der CDU-Parteispendenaffäre, Hessens Ministerpräsident Roland Koch, zur → Entschuldigung seiner Falschdarstellungen vorgetragene Exkulpation, abschließend ergänzt durch „Ich bin jetzt mit mir im Reinen." (zit. nach: *AP* vom 10. Februar 2000)

Wirtschaftsweiser Merke: Der Weise enthält sich der Weissagung!

wissensintensiv waren ab Mitte der bundesdeutschen 1970er Jahre zunächst nur Branchen, ab Ende der 1980er auch Dienstleistungen, Industrien, Geschäftsprozesse, Produktionssektoren. In → SPREIZSPRACHLICHEN Dialekten dehnte sich der Verwendungsbereich von → der Wirtschaft auf die Wissenschaft oder eine sich wirtschaftstauglich stellende Forschung aus. Im → ANTRAGSDEUTSCHEN kann heute fast alles ‚w.' sein, beispielsweise ‚Forschungsprozesse', ‚Erkundungsprozesse', schließlich ‚Test- und Erkundungsverfahren' und ‚Wissensprozesse' selbst.
→ kostenintensiv, → preisintensiv.

Witzischkeit Wenn sie lachen, dann so, wie sie neiden: von oben nach unten. Die Verwechslung von → Pöbelei mit → Humor ist in Deutschlands Westprovinz intellektueller Alltag (→ am coolsten). Da ein anderer dem → MEHRHEITSDEUTSCHEN unzugänglich ist, sucht er seine Provinzverhaftung häufig als reflexiv gebrochene, sprich: ironische Selbstbejahung darzustellen. Aus der vergeblich angestrebten Witzigkeit wird so die – vornehmlich rheinländische – Witzischkeit westdeutscher Humorprofessioneller. Der → Comedian Georg Schramm kolportierte nach dem Tsunamiunglück in Japan gewisse Zweifel an der deutschen

Spenderethik: „→ Die Deutschen haben ja nur deswegen so viel Geld gespendet, weil sie ihre Urlaubsparadiese in Fernost gesehen haben, die waren kaputt, die wollten sie wieder aufgebaut haben." Alles Schwindel, → weil: „Sie haben bestimmt auch die Flutkatastrophe in Ostdeutschland in Erinnerung. Da haben → wir auch Geld gespendet, und niemand von uns will da Urlaub machen." (*Thomas Bernhard hätte geschossen. Ein Kabarett-Solo*, NRW-Vertrieb 2006) Das begeisterte Grölen von Schramms Landsleuten bestätigte → einmal mehr, daß der Mehrheitsdeutsche auch humoristisch in einer Parallelwelt lebt. Was er lustig finden soll, darf mit Realität nur wenig zu tun haben: Selbst wo Mehrheitsdeutsche ganze Stadtteile und Landschaften aufgekauft haben, fühlen sie sich noch bedroht, weil nicht gänzlich unter ihresgleichen. Näheres und Weiteres: → Comedy, → Gruppen des Ostens, → satte Mehrheiten, → Soli, → Thüringen, → Wir-Gefühl.

wo Im südlichen Westdeutsch als Relativpronomen, im überregionalen Westdeutsch als Konjunktionsersatz für ‚während' üblich. Die zweite Verwendungsform dringt → zunehmend in einstmals hochdeutschsprachige Gebiete vor; hierfür ein jüngeres Beispiel. Nachdem das Studiotheater der Hochschule für Schauspiel „Ernst Busch" (Berlin) wiedereröffnet worden war, konnte man in einem grammatisch kongenialen Bericht darüber lesen: „'Wo anderswo geredet wird, wurde hier gehandelt!' gipfelt der froh gestimmte Hochschulkanzler Kai Schlegel seine launige Rede." (*Berliner Zeitung* vom 2. Juni 2017, S. 22)
→ gut gelaunt.

Wohlfühloasen fände Adolf Hitler in Baden-Württemberg, Nordrhein-Westfalen, Rheinland-Pfalz, Bayern, Hessen, Niedersachsen und nicht zu vergessen in Schleswig-Holstein, dem grünen Land mit dem braunen Herzen (→ in Wahrheit). In all diesen Ländern dürfte der → Einzigartige aus Braunau nämlich noch die öffentlichen Verkehrsmittel gratis nutzen, seiner Ehrenbürgerschaft in ihren schmucken Städtchen wegen. Mit Einschränkungen freilich: Schon 68 Jahre nach dem Ende des Zweiten Weltkriegs hat die schleswig-holsteinische Kleinstadt Nortorf A. H. die Ehrenbürgerwürde entzogen. Dort traf es auch den bis dato unbescholtenen Gauleiter Hinrich Lohse.

wohlstandskonservativ → wertkonservativ.

wohl wahr (Leidenschaftskomparativ: wahrlich!) → SPREIZSPRECH aus dem ‚transzendenten Dauerglühen' *(FAZ)* der Sibylle Lewitscharoff. Die Inflation der Phrasen ‚w. w.' und ‚wahrlich' im Erzählwerk (wahrlich am schlimmsten: *Apostoloff*, 2009) der Plaudermaultasche läßt nur eine Frage offen: Hat Lewitscharoff keine beste Freundin? Oder nicht wenigstens eine Lektorin?
→ FROMMSPRECH; → enden, → gleichsam, → hochmögend.

Wohnlandschaft Parvenüdeutsches Ersatzwort für ‚Wohnung'. Die W. lädt zum → Gestalten und → Mitgestalten und schließlich zu Begehungen ein, wofern man zu oder → aus gutem Hause kommt.

Wohnprojekt Zumeist → autonomer Versuch, es dank Papas Pension mit dem Wohnen zu versuchen.

Wortergreifungsstrategie Eine ministerielle → Hilfestellung für → die Menschen in den → strukturschwachen Gebieten. „Ich will, daß du mir zuhörst", hieß das auf Plakaten zwanzig Jahre zuvor. Nähere Auskunft erteilen → Demokratieberater.

Wutbürger → Medialdemokratischer, zunächst ironisch gebrauchter Ausdruck für eine randalierende Menge aus der → guten Gesellschaft (Stuttgart), sodann ironiefrei für sächsisches → Pack (Heidenau).
→ Bürger, → die Mitte der Gesellschaft, → Vaterlandsverräter.

Z

Zahlmoral Durch Silbenschrumpfung aus ‚Zahlungsmoral' entstanden. Der drollige Lautdoppler bezeichnet umgangssprachlich, was im gehobenen Westdeutsch, namentlich im politökonomischen und sozialhistorischen → Spreizsprech, als ‚Wirtschaftsmentalität' figuriert.
Wenn jemand der Friseurin, der Kellnerin, der Garderobiere ein Trinkgeld verweigert, dem Stadtführer oder Busfahrer oder Kirchenaufschließer die erbrachte Leistung mit wortreichem Dank statt mit klingender Münze lohnt, wenn er bei Ebay oder Booklooker bestellte Ware erst nach Mahnung bezahlt und so Zinsen im Zehntausendstelbereich heimst, dann weiß man in der Regel, in welcher Hälfte Deutschlands der Knicker wirtschaftsethisch reifte. Man würde jedoch die westdeutsche Z. mißverstehen, wenn man sie nur nach besagter Kleinlichkeit in allem Kleinen beurteilen wollte. Zwar ist der Geiz namentlich des bundesdeutschen Billigtouristen unter (Süd)Europas und (Nord)Afrikas Völkern → legendär, wie in Ostelbien die Gier des westelbischen → Schnäppchenjägers nach Grund und Boden und Häuserbesitz. Der seelische Zwilling der Knickerei im Kleinen ist Verschwendung im Großen, sprich: die Megalomanie der → Projekte (im Berlin-Brandenburgischen: U-Bahn-linien, Flughäfen, Opern, Schloßbauten), eine Zerstörungs- und Veränderungswut meist aus dumpfem Groll gegen das Bestehende, → zumal gegen das östlich Überlieferte. Mit östlicherseits kaum einholbarer Pro-Kopf-Verschuldung ging der Westdeutsche in die Einheit, aus dem bis 1990 ungebrochenen Vertrauen darauf, daß für seine Schuld andere zahlen würden. Für das moralische Sonderwesen der mehrheitsdeutschen Z. gilt somit unverändert, was Blaise Pascal (1623–62) über menschliche Pervertiertheit generell bemerkte: „Es ist etwas Ungeheuerliches zu sehen, daß es in demselben Herzen und zu derselben Zeit dieses Empfindungsvermögen für die kleinsten Dinge und diese sonderbare Unempfindlichkeit für die größten gibt. Das ist ein unbegreiflicher Zauber und zugleich eine übernatürliche Betäubung, die eine allmächtige, sie verursachende Kraft bezeugen. Es muß eine sonderbare Umkehrung in der Natur des Menschen geben, daß man sich dieses Zustandes rühmen kann, von dem es unglaublich scheint, daß ein einziger Mensch darin verharren könnte." (*Gedanken*, Fragment No. 427)
→ Schnäppchen, → Wenn's umsonst ist …

Zeichen setzen → Bekennersprech, → in der Nachbarschaft Zeichen setzen.

Zeitablauf → Zeitdauer.

Zeitdauer Westdeutsche Entsprechung zur hochdeutschen ‚Zeit' oder ‚Dauer', semantisch mehrwertheckende Synthese à la → ‚ab und wann', → ‚Katz und Igel'; Pleonasmus, der in allen Varianten des → Blähsprechs → unverzichtbar ist.

Zeitgefühl ist → intensiv ausgeprägt bei zeitgeistverpflichteten → Heimatliteraten. Diese wissen jederzeit, wann es → am coolsten ist, sich → uncool zu zeigen.

zeitgleich Zugehöriges Substantiv: die Zeitgleiche.

zeitlich befristet Wie ‚räumlich verortet' ein Sahnetörtchen aus der Verbalschwachsinnskonditorei, das in den letzten Jahren den Mündern diverser Großkoalitionsanwärter entfiel, etwa beim Versprechen von „zeitlich befristeten Abgaben" oder „Steuern" (*Inforadio*, 27. April 2013).

Zeitlichkeiten → Pluralisierung, → zerbrechlich.

Zeitmoment Logisch dem Genre von → Zeitdauer und Raumort zugehörig; drückt im gesprochenen wie im geschriebenen Westdeutsch einen besonders inbrünstigen Präzisionsdrang aus. „Während des Interviews, eigenartiger Zeitmoment, fiel mir mein ‚dumpf gewordenes Salz' ein ..." (Fritz J. Raddatz, *Tagebücher 2002–2012*, Reinbek 2014, S. 192) Der trotz jahrelanger Betreuung durch – dies sein Wort – einen ‚Pfaffen' immer noch nicht bibelfeste FJR meinte hier offensichtlich ein dumm gewordenes Salz.

zeitnah Geniestreich zeitgenössischen Schwachsinns, übertroffen nur noch durch → ‚zeitgleich'.

zeit- und kostenintensiv → Subjektpositionen.

Zeitverzögerung, zeitverzögert Die öffentliche Wahrnehmung der Mohammed-Karikaturen erfolgte „um einige Wochen zeitverzögert" (*Deutschlandfunk*, „Europa heute", 17. September 2012), ein → Qualitätsmedium registrierte zur Kanzlerkandidatur von Martin Schulz: „Zeitverzögerte Begeisterung" (*Berliner Zeitung* vom 26. Januar 2017, S. 3). Freilich erscheint ‚zeitverzögert' als ganz und gar korrekte Analogiebildung zu ‚raumverzögert'. Vielleicht auch zu ‚raumverlagert'?

zeitweise Im Kompetenzperformanzsprech gern adjektivisch gebrauchtes Adverb, Beispiel: ‚zeitweise Anstellung'.
→ lauthalse Forderungen, → sozusagen.

zensurieren Im jüngeren Westdeutsch der kritischen wie der → kreativen Klasse gleichbedeutend mit dem hochdeutschen ‚zensieren'. Gegen das ‚Z.' von Texten und für die eigene Hölderlin-Ausgabe votierte der Verleger K.-D. Wolff („Hölderlin ist einer von uns!") im → *Deutschlandfunk* („DLF Kultur – Im Gespräch", 14. Februar 2018).
→ editieren, → intervenieren, → protektionieren, → selektionieren.

zentral In einer → freiheitlichen Gesellschaft prinzipiell im Plural (Hör- und Sichtbefunde: ‚zentrale Aufgaben', ‚zentrale Werke', ‚zentrale Planungen', ‚zentrale Mittelpunkte'). → Unverzichtbar ist ‚z.' im → Wichtigsprech von politischer und wissenschaftlicher Publizistik, namentlich im Kulturwissenschaftlerwestdeutsch. Dort verlangt es die Voranstellung des unbestimmten Artikels. Führend bei der Zentralitätsinflationierung sind die Germanisten, wofür wiederum die literarhistorische Synopsis Heribert Tommeks als Beispiel stehen kann: von welcher These dort auch die Rede ist, sie bildet jedesmal „einen zentralen Ausgangspunkt für die folgenden Studien" (*Der lange Weg in die Gegenwartsliteratur*, Berlin 2015, S. 39 u. ö.).
→ Feld, → Öffnung, → Portal.

Zentrum → Zwischenzeitlich fast vollständig ersetzt durch ‚Center' oder ‚Anlaufstelle'.

zerbrechlich Ein Renommieren mit der eigenen Gebrechlichkeit ist für den spätzeitlichen Okzident generell typisch. In Westelbien speziell dient aufdringlich bekundete Fragilität als moralisches Winkelement, wenn es gleichermaßen Selbstzugewandtheit und Mitgefühl zu signalisieren gilt. Noch spezieller westelbisch ist die Ersetzung von Sensibilität durch Sentimentalität und die Aufblähung von minderem Denken zu einer *teoria povera*. Beides

charakterisiert die → SPREIZSPRACHLICHEN Dialekte insbesondere der Benjamin-Epigonen, zudem einen poetologischen → DISKURS DER EMPFINDSAMKEIT überhaupt. Wenn dort nicht gerade von der → ‚Verletzungen', ‚Verletztheit' oder ‚Verletzlichkeit' die Rede ist, die das vom Leben gekränkte Subjekt nun seinerseits → verletzend werden ließ, dann doch von der Zerbrechlichkeit als der Epochensignatur eines orientierungsschwachen, aber meinungstüchtigen Gemüts. Wie es beispielsweise die Vizepräsidentin der Akademie der Künste (Berlin) ihr eigen nennt: „Wie könnte also eine Zwischengeschichte, die das Recht thematisiert, aussehen, frage ich mich? Vermutlich bedarf es etwas Fragilerem [sic!]. Handlung im Zeitalter der Angst kann → schon mal nur eine Bewegung durch räumliche Konstellationen sein, die zerbrechlich sind. Durch ein → permanentes Außen, das das panisch aufrechterhaltene Innen konterkariert und bedroht. In meinem Schreiben waren dafür beispielsweise der Konjunktiv oder Stellvertreterfiguren hilfreich, verschobene → Zeitlichkeiten und → Referenzen auf abwesende Figuren." (Kathrin Röggla, „Zwischengeschichten. Im Zeitalter von Populismus, Postfaktischem und Politikberatung", *Deutschlandfunk*, 5. März 2017) Kurz: Damit einen → das Andere nicht länger ängstige, sollte man sich ihm → öffnen.
Zu den Superlativen und Superstrukturen einer → robusten Verquastheit näherhin: → Konstrukte, → Narrative, → Sichtbarkeiten; → PLURALISIERUNG.

zielführend Zugehöriger Beruf: Zielführer. Denkt stets ein wenig weiter als die Leute, die zum Ziel kommen wollen: Dort → angekommen, gilt es weiterzugehen – eben das Ziel zu führen. Im Politprofi- und PR-Deutsch steht ‚z.' für die Schwierigkeit, ein Ziel und jene, die an es glauben, dauerhaft an der Nase herumzuführen.

zielgenau (seltener: punktgenau) Zunächst im rotgrünen → SCHÖNSPRECH, insbesondere in der luftschlagsbegleitenden → Ansage, zumeist adverbial gebrauchtes Adjektiv. Die wortgeschichtlichen Anfänge im ‚ganz genau' liegen der humanmilitärisch beflügelten Wandlung zum moralischen Fachbegriff voraus. Hermeneutisch hilfreich dieser Hörfund von 1999: „Und auf einmal sprachen wir über den Krieg, / und sie fanden ihn plötzlich gerecht. / Und nun müsse man stark sein, / wie schön es doch sei, / daß die Bomben ganz genau träfen." (Hans-Eckardt Wenzel, „Am Lagerfeuer", in: ds., *Schöner lügen*) Inzwischen ist ‚z.' ein Schönwort auch für non-militärischen → Sachzwängen → geschuldete → Anpassungsprozesse.
→ chirurgisch, → Flugkörper, → humanitärer Einsatz, → Kollateralschaden.

Zielgruppe Aus der Sprache des Militärs. Den Sperrholzkollektiven in Schießständen verhalf die → Werbewirtschaft zu Fleisch und Blut und → Bedürfnisindizes.

Zielstellung Hochdeutsch: Ziel, Aufgabe; im Westdeutschen der → Qualitätszeitungen und → Projektprojekte synonym mit Zielsetzung, Aufgabensetzung, Aufgabenstellung. Eine Z. → verweist auf → Themenfelder, → Aufgabenbereiche und → Problemstellungen, deren Lösung allein von den richtigen → Fragestellungen abhängt.

Zivilgesellschaft läßt die Frage aufkommen, was der Rest der Gesellschaft sei oder ob dieser Rest überhaupt eine Gesellschaft sei. Darf er wenigstens → Rand heißen? Die Zivilgesellschaftsengagementanmahner lassen es hoffen, mahnen sie doch aus der → gesellschaftlichen Mitte.
→ Bürgergesellschaft.

Zivilisationsbruch → Gattungsbruch, → Geschichtsbruch.

Zone(n) Ursprünglich Bezeichnung für die historischen Sondergebilde, die in Deutschland und Berlin durch westalliierten → Sonderwegsbeschluß entstanden waren; später Hämewort für den deutschen Reststaat. Der Begriff bündelt auch nach 1990 alle westdeutschen Überfremdungs- und Versagensängste gegenüber dem bis 1989 militärisch gesicherten Bereich, worin korrektes Deutsch gelehrt, gefordert und – sofern man wollte – gesprochen wurde.

Zonengaby Name für eine Wormserin mit Gurkengesicht; bekanntgeworden als xenophobe Metapher für eine Deutsche mit Konsumrückstand (Südfrüchte! Westautos!), erfunden vom katholischen Internatszögling und einstigen *Titanic*-Redakteur Martin Sonneborn. Das ist der Mann, der beim Aufstehen sein Sakko aufknöpft und es beim Hinsetzen zuknöpft („Krömer – Die internationale Show, 26. September 2010"), jedoch stolz sein darf auf seines Volkes 40jährigen Vorsprung im Bananenverzehr.
→ Banane, → Haßwitze, → Humor, → Ironie, → Minderwertigkeit, → Ressentiment, → Satire, → Witzschigkeit.

Zonenmob Haß-, Neid- und Schmähwort für jene, die zu korrektem Deutschsprechen zumindest befähigt, wenngleich gegenüber sprachlich → verwahrlosten Vettern ‚von drüben' nicht immer aufgelegt sind. Gehört zum Elementarwortschatz trizonalen, insbesondere westberlinischen → Wir-Gefühls, um das sich seit Jahrzehnten der → Publizist Klaus Bittermann (*It's a Zoni, Unter Zonis* u. ä. m.) verdient macht.
→ Bittermannlinke, → Haß und Verachtung, → ostig, → Unterwürfigkeit.

Zonenrandgebiet Begriffliches Vexierbild. Gemeint war der westliche Anrainerstaat der → ehemaligen DDR in jenen Zonen der Alt-BRD, die am meisten → förderwürdig erschienen.

Zonenwachtel Schmähwort für → das Merkel, laut dessen medienoffizieller Auskunft vom Oktober 2014 vorübergehend gebräuchlich in der Partei der falschen Doktoren (→ Promotionshelfer) oder der → inklusiven Populisten, später ersetzt durch ‚Angie', ‚Mutti', ‚die Kanzlerin', ‚unsere große Vorsitzende'.

Zonen-Zombie(s) Halbanglizismus aus dem → Weltläufigkeitsbegehren → westlinker → Flüchtlings-, bald → Fremdenfeinde überhaupt (1993, 1999, 2009 und immer wieder: Klaus Bittermann, *Die Rache der Zonen-Zombies*); eine auch für den → Mehrheitsdeutschen → Haß→diskurs insgesamt typische Koppelung, Diminutiv- sowie Pluralbildung; vgl. → Zoni.

Zoni Wer zu jung, zu dumm, zu satt, zu faul oder zu feige war, die braunen Gründerväter heimischer Wohlstandslangeweile anzuklagen, hatte → spätestens seit 1990 Gelegenheit, dies an einem ihm bislang unbekannten Volk nachzuholen. Die Gelegenheit ergriffen dankbar → ehemalige Westzonenbewohner, die auch fürderhin nie über die Grenzen der „selbständigen politischen Einheit Berlin (West)" hinauskommen wollten. *It's a Zoni* (1999) und *Unter Zonis* (2009, beide hrsg. von Klaus Bittermann) heißen Produkte der Mühen, über die eigene Herkunft aus dem Volk Hans Filbingers, Annette Schavans, Dieter Bohlens und gleichartiger moralischer, intellektueller und ästhetischer → Erbteile hinwegzukommen. Darin wird nachgewiesen, daß „der Rechtsextremismus im Osten die dominierende Jugendkultur", näherhin: eines → unterklassigen „Zonenmobs" voller „primitiver → Ressentiments" sei (*It's a Zoni*, S. 14f.) ... während doch jeder weiß, daß Fremdenfurcht und Armenhaß nur *einen* erstklassigen und angemessenen Platz haben, nämlich die subtilen Ressentiments der → gesellschaftlichen Mitte.
→ Bittermannlinke, → Flüchtlingsfeind, → gutbürgerlich.

zugewandt (ohne Dativobjekt) Wahrscheinlich aus einem Übersetzungsversuch an ‚appealing' entstanden, seit etwa anderthalb Jahrzehnten in → Selbstbestimmungs-, Selbsterforschungs- und Selbstertüchtigungsseminaren als → PSYCHOSPRECH gebräuchlich, seit kurzem auch im Schnöselfaselsprech diverser → Qualitätsmedien. Etwa bei Judith von Sternburg: „Da sich Literatur nicht im luftleeren Raum bewegt, wie auch an diesem Abend mehrfach betont wurde, hat die Verleihung des Deutschen Buchpreises an Robert Menasse und seinen so bösen wie zugewandten Brüssel-Roman ‚Die Hauptstadt' (Suhrkamp) eine bezwingende Logik." So bezwingend wie → eindrücklich: ‚'Die Hauptstadt' als Roman, der so böse wie zugewandt ist", „fordert den Interpreten innerhalb und außerhalb des Buches heraus" (→ Herausforderung). Alles andere als luftleer (s. o.) auch diese Mitteilung der Rezensentin: „Menasse, der in Brüssel gelebt und sich auch sehr ernsthaft orientiert hat, erklärte, er sei in der Brüsseler Beamtenschaft Menschen begegnet, mit allen Abgründen und überhaupt allem Guten und Schlechten, was das gemeinhein zur Folge habe." („Was unser Leben prägen wird", in: *Berliner Zeitung* vom 10. Oktober 2017, S. 19) Ein orientierter Roman käme kaum überraschend; zu luftiger Fülle weiterhin: → Heimatliteratur, → Weltoffenheit.

Zugewandtheit Die substantivische Form hat über ihre (adjektivische) Herkunft aus dem psychosomatischen → Feld inzwischen in den Selbstbeschreibungs-→diskurs → der Politik gefunden; gemeint ist offensichtlich ein → definitiv offenes Ohr für die Nöte → der Menschen.

Zukunften Bislang nur gelegentlich vernehmbarer Pluralgenitiv von ‚Zukunft'; an prominenter Stelle belegt durch den Nachruf von Torsten Krauel auf *FAZ*-Herausgeber Frank Schirrmacher: „Es wird stiller werden. Deuter der vielen Vergangenheiten, Denker möglicher Zukunften: Frank Schirrmacher verführte uns zu Debatten ..." usw., der Untertitel endet in der übernächsten Zeile (*DIE WELT* vom 13. Juni 2014). Überhaupt hat es der Nachrufschreiber mit Singular-Plural-Metamorphosen: „Der 54-jährige stand in der Reihe der großen deutschen öffentlichen Intellektuellen; er war die Göttinger Sieben in einer Person vereint, er war ein Alfred Kerr, ein Theodor Wolff ..." Pietät gegen den → Autor verbietet hier vollständiges Zitieren.
→ PLURALISIERUNG.

Zukunftsfähigkeit Eine der Eigenschaften, die man angesichts der → Herausforderungen der Gegenwart → priorisieren sollte und die man als → Zukunftsgegner ein für allemal verspielt.

Zukunftsgegner Atomkraftgegner sind ‚graugrüne Zukunftsgegner', fand im *Focus*, Zentralorgan der Zukunftsfreunde, eine nachnamenfreie Lisa (Online-Ausgabe vom 14. Mai 2011). Am 21. August desselben Jahres verriet am selben Ort ein „Gerd mit Pferd", wie dem zukunftsfeindlichen Vaterland zu entkommen sei: „Man läßt sich von der Firma ins Ausland versetzen. Es gibt mehr als genug Länder, in denen Leistung anerkannt wird. Und wenn ich weg bin, dann können die S 21 und weiß ich nicht wer noch Zukunftsgegner am neu geschaffenen Agrardeutschland erfreuen. Ich werde eine gute Reise haben." Eine deregulierte Zukunft der Sprache scheint immerhin gesichert.

Zukunftskrieg Normalerweise einem technomanen Dialekt des → MAULHELDISCHEN zugehöriger Begriff; möglicherweise als Reminiszenz bellizistischer Literatur der 1920er Jahre gebildeter, 1982 → vor dem Hintergrund des Falklandkonflikts von Karl Heinz Bohrer gebrauchter Ausdruck, der hier jedoch nur → SPREIZSPRACHLICH einen „zukünftigen Krieg" umschreibt („Falkland und die Deutschen", in: ds., *Provinzialismus*, München 2000, S. 15).

Zukunftsperspektive hat man selten, wenn man sich vor jedem Atomkraftwerk oder Bahnhofsneubau unter die → Zukunftsgegner mischt.

Zulassungsbedingungen Gelegentlich ein Synonym für Bedingungslosigkeit. Die → Verschlankung der Ansprüche gegenüber Hochschulanfängern seit dem → Beitritt hat wohl jeder der dort weiterbeschäftigten Dozenten aus der → Ehemaligen beobachten können. Ein Niedergang hat → eben stets seine Geschichte, die beim westdeutschen Kampf gegen die → Grundschrift beginnt und beim Notendurchschnitt von 3,6 als ausgewiesener Studienreife noch lange nicht endet. Der Ausdruck ‚Z.' ist somit reiner → SCHÖNSPRECH. Ja, die Zulassung zur gymnasialen Oberstufe auch bei einer Fünf in Deutsch, Mathematik oder Englisch läßt eher an eine Beförderung als an eine Bedingung denken (vgl. Martin Klesmann, „Auf dem Weg zum Abi abhandengekommen. Brandbrief von Lehrern: Nur ein Drittel der Schüler schaffen einen Abschluss", in: *Berliner Zeitung* vom 23. Mai 2016, S. 9). Eine → Generation von → Hallo-Sagern, deren klein- oder kiezbürgerliche Eltern unter der Zwangsvorstellung „Mein Kind muß Abitur machen/ein Studium aufnehmen" leiden, offenbart allen wachen Geistern das Wesen mehrheitsdeutscher → Eliten: Es sind nicht die Besten, die als erlesener Rest übriggeblieben sind, sondern die Massen derer, die sich selbst ausgelesen haben. Man versteht, warum im kulturellen Flachland Europas heute Figuren von geistes- wie sprachschöpferisch mittlerer Statur als Riesen oder zumindest Riesenzwerge aufragen können und entsprechend verehrt werden; Näheres: → diese Kreise, → elegantes Deutsch, → hochmögend, → sich erwählen; → ob.

zumal Füllsel in den Weiten und Wüsten älterer Habermastexte, dort fast immer am Satz- oder Teilsatzende anzutreffen; von → HABERMAS und anderen → MEHRHEITSDEUTSCHEN → massiv für Edel-, Spreiz- und → WICHTIGSPRECH verwendet.

zumindestens Zumindest bleibt hier auf → eindrückliche Weise ein Mindestmaß am Mindesten gewahrt.

zum Niederknien (schön) Literaturkritikwestdeutsch sowohl für ‚passabel' als auch für ‚beinahe unlesbar'.

zunehmend hat im Medienwestdeutsch als Füll- und Blähwort → zwischenzeitlich das anfänglich wohl noch gemeinte ‚zusehends' ersetzt.

zunehmend enttäuscht Beim Blättern in einer vergilbten Studentenzeitung stießen wir auf ein Interview mit Professor Volker Gerhardt, der – nach Lehrjahren an den → Eliteuniversitäten Münster und Hagen – beitrittsbedingt von der Sporthochschule in Köln an die Humboldt-Universität zu Berlin berufen worden war. Besagtes Interview dürfte eines der frühesten und zugleich → eindrücklichsten Zeugnisse von → Jammerwessitum sein, weshalb es einen Teilabdruck verdient. Frage: „Herr Gerhardt, Sie sind jetzt seit anderthalb Jahren an der Humboldt-Universität. Wie fühlen Sie sich?" Antwort: „Zunehmend enttäuscht! Ich bin mit größten Erwartungen hierhergekommen, habe die Veröden meines Privatlebens, die Verschiebung meiner Forschungsvorhaben und empfindliche finanzielle Einbußen in Kauf genommen, weil ich meinte, daß der Aufbau des Instituts für Philosophie an Deutschlands → bedeutendster Universität nicht länger verzögert werden durfte. Dazu habe ich mich bereitwillig auf eine geradezu groteske Arbeitssituation eingelassen. Aber gelohnt hat sich die Mühe nicht." Was müsse seitens → der Politik unternommen werden, um den Berufenen zu besänftigen, zu befördern und zu beflügeln? „Wir brauchen → Ideen und Ideale, wenn wir erfolgreich politisch handeln wollen. Und wir benötigen Programme und → konkrete Pläne, die angeben, wie wir den Weg in eine stets ungewisse Zukunft bewältigen wollen." Lediglich der „Tagtraum lähmt die politischen Kräfte und birgt die Gefahr, die Gegenwart einem Phantom zu opfern. Wohin das führen kann, hat uns der real existierte [!] → Sozialismus gelehrt." („Unsere Chance liegt in der Erneuerung", in: *UnAufgefordert* Nr. 55 (1994), S. 14f.) Selten ist der Komparativ von ‚z. e.'. Er fand sich in einem Klassiker, dessen professoraler Autor von Kollegenklagen „über die zunehmend enttäuschenderen neuen Studentengenerationen" zu berichten weiß (*Uni-Angst und Uni-Bluff. Wie studieren und sich nicht verlieren*, Berlin 1992, S. 52).

→ Anspruchsdenken, → Buschzulage, → Partizipbildungsdefizit, → Was wir brauchen ..., → Wichtigsprech.

zunehmend mehr (oder weniger) Erschröckliches aus der bürgerlich-christlichen Welt in ihrer rotgrünen Abenddämmerung hatte einst Matthias Matussek vom → Qualitätsmedium *DER SPIEGEL* zu vermelden: „Immer weniger Männer werden einsehen, daß sie sich kaputtschuften sollen, damit ihren getrennt lebenden Frauen die Kinder zugesprochen werden und diese mit ihrem Geld eine ruhige Kugel schieben. Sie beginnen, den Spieß umzudrehen." Auch sprachlich gilt es, den Spieß umzudrehen, nämlich von ‚immer weniger' auf ‚zunehmend mehr'. Auf einer einzigen Buchseite: „Zunehmend weichen solche Männer, die ihren Kindern ohnehin nicht mehr Vater sein dürfen, aus in den schwarzen Arbeitsmarkt ..." „So weigern sich zunehmend mehr Männer, den familiären Zerstörungskrieg der Scheidungsgesellschaft zu finanzieren." „Männer lernen zunehmend, unbequem zu sein." (*Die vaterlose Gesellschaft. Eine Polemik gegen die Abschaffung der Familie*, Frankfurt/M. 2006, S. 145f.) Allzu lange wollten feministisch geschulte Ministerinnen und Jugendämter den auf Abstand gehaltenen Familienfinanzier als „endlos leidensfähigen, absurd sanften, selbstverleugnenden Zahler, der selbst Mißbrauch, Rache, Willkür still duldend erträgt. Sicher, den gibt es. Aber es gibt ihn – ein positives Zeichen – zunehmend weniger." (S. 143) „Sicher, es gibt zunehmend mehr Frauen, denen der feministische Diskurs auf den Wecker geht ..." (S. XII) „Und zunehmend mehr Frauen reden ihren Geschlechtsgenossinnen ins Gewissen ..." (S. 108) Noch freilich erntet das bourgeoise Scheidungsweibchen, was die lila Schwestern drei Jahrzehnte zuvor gesät: „Da die Dämme gebrochen sind, da sich zunehmend mehr Frauen ‚im Zustand des Hasses' und im Schutze von Behörden, Medien und Gesetzen einspruchsfrei austoben, müssen Männer selber beginnen, neue Grenzen zu ziehen." (S. 108f.) Und weichen dann zunehmend mehr oder weniger auf den schwarzen Arbeitsmarkt aus, s. oben.

zunehmend weniger (oder mehr) „Zunehmend nimmt die Bereitschaft ab, der Abnahme der Sprachkundigkeit entgegenzusteuern." Doch halten wir uns an offiziell Verlautbartes: „Zunehmend weniger Menschen in der Ersten Welt kontrollieren einen immer größeren Teil des weltweit erwirtschafteten Bruttosozialprodukts." (Wolfgang Schäuble, *Scheitert der Westen? Deutschland und die neue Weltordnung*, München 2003, S. 208) Dabei könnten sie doch gut und gerne von dem leben, was sie in ihren → Schubladen finden, jeder in der seinen: Immerhin erkannte Fritz J. Raddatz schon am 1. Oktober 1986: „Alles wird zunehmend monologisch." (*Tagebücher 1982–2001*, Reinbek ⁴2010, S. 145) Wirklich alles? „Der zunehmende Mensch, den mein Kind birgt in seinen dünnen, durchscheinenden Adern, verlangt nach mehr Spiel, dann Träume, dann Sprache, dann Morgen, viel mehr Morgen ... Was wird aus einem Jungen ohne junge Zeit?" (Botho Strauß, *Die Fehler des Kopisten*, München-Wien 1997, S. 175) Oder mit Peter Sloterdijk gefragt: „Was heißt es, in einer Welt zu leben, in der man eigene und fremde Angelegenheiten zunehmend weniger

trennen kann?" (*Zeilen und Tage. Notizen 2008–2011*, Frankfurt/M. ²2012, S. 375)
→ zunehmend mehr (oder weniger).

zur Geisel nehmen Fundorte: *Berliner Zeitung, Frankfurter Rundschau, DIE ZEIT.* Klingt irgendwie hochzeitlich. Dennoch: Schön, daß man hier nicht ‚Geißel' lesen muß!
→ Geisel.

zusammenaddieren Komplementärrechenart: wegsubtrahieren.
→ hinzuaddieren.

Zusammenhänge Linksbourgeoise Entsprechung zu den eher → rechts- und → gutbürgerlichen → ‚Lebenswelten'; gehobener Ausdruck aus dem moralisch-kulturellen Alternativmilieu. „Sicherlich bin ich privilegiert, aber in vielerlei Hinsicht. Ich bin weiß, gehöre zum Bildungsbürgertum, sehe gut aus. Das ist ungerecht, aber wahr", erklärt Kristina Marlen, die jetzt als → Sexarbeiterin tätig ist und natürlich Sozial- und Kulturwissenschaften studiert hat („Meine Vision ist die Ausweitung der Prostitution", in: *Berliner Zeitung* vom 14. November 2013, S. 18). „Körperarbeit ist meine Berufung. Das ist der Grund, warum ich mich aus der Geisteswissenschaft verabschiedet habe. Ich bin auch Performerin und habe Auftritte", erklärt Kristina auf die Frage nach dem angebotenen Behandlungsspektrum. Nie würde sie für einen Zuhälter arbeiten. „Ich konnte noch nie in Zusammenhängen leben, wo andere Menschen meine Arbeitsbedingungen bestimmen."

zusammensammeln Dem doppelmoppelnahen Verbum versucht der Duden per Handgreiflichkeit einen passablen Sinn unterzuschieben: etwas (z. B. vom Boden) auflesen, einsammeln, aufsammeln. Ein Blick in → heimatliterarische und → qualitätsmediale Sprachpraxis zeigt oft jedoch schlichte Sinngleichheit mit ‚sammeln'. Das Verbum für den Urakt der Akkumulation ist so → gleichsam auf seine verwertungsökonomische, mithin kapitalselige Stufe gehoben (→ die westliche Seele, → die Sprache der Seele); elementarem Tun ward sprachlicher Mehrwert abgepreßt.
→ zusammenaddieren, → auseinanderdividieren.

Zustrom Semantischer Hybrid aus ‚Zugang' und ‚Zufluß', der suggeriert, daß auch in → der Mitte alles fließt. Kann sich auf Asylsuchende und Zuwanderer, aber auch auf Geld- und → Humankapital beziehen.
Die zweideutige Stellung des Z.s zwischen Gewinnversprechen und Kontrollproblem bekundet sich → massiv im → Alternativ- und im CSU-Deutsch. Billige Arbeitskräfte oder schlafende Attentäter? Angesichts der → Flüchtlingsströme, -wellen und -krisen schlagen in des → Bürgers Brust zwei Herzen, von denen schwer zu sagen ist, welches das kalte sei. Bernd Fabritius, christsoziales MdB, Mitglied im Auswärtigen Ausschuß und Vorsitzender des Bundes der Vertriebenen, bekundete im → *Deutschlandfunk* → durchaus → bürgergesellschaftliche Sehnsucht danach, „wieder Herr der Zuströme in Deutschland zu werden" („Kontrovers", 2. Januar 2017).
→ Herr werden.

zuverlässig Die soziale Allgegenwart des → Darstellungs- und → Leistungsdarstellungsprinzips in → der alten Bundesrepublik ist der Ausbildung seelischer (moralischer, geistiger) Nuancen nicht günstig gewesen; sie hat über die Jahrzehnte hinweg Varianten eines mentalen Simplizismus befördert. Dies ist bereits auf alltagsstatistischer Ebene manifest in der Entschiedenheit, mit welcher der → MEHRHEITSDEUTSCHE sich beispielsweise *entweder* als

Produzent *oder* als Konsument, *entweder* als → landschaftszugewandter *oder* als → weltoffener Provinzler geriert. Die zumeist als Zweckmäßigkeit empfundene Eindimensionalität der inneren Selbstzurichtung → generiert im Privaten wie auch im Politischen regelmäßig die Extreme von → Verwahrlosung und Verkrampftheit, von → lässigem Gehabe und bedingungslosem → Anpassungswillen, kurz: den Mangel an seelischer Mitte. All diesen → Dispositionen ist die Ablösung von realweltlichen, d. h. objektiven, sachlich-gegenständlichen Anlässen gemeinsam; daher die den Ausländer oft frappierende *prinzipielle*, ja *dogmatische* Dauerlässigkeit *oder* -verspanntheit der Mehrheitsdeutschen.

Der Wille zu seelisch-sozialer Energieersparnis verlangt nach Erfahrungsreduktion und erzeugt sprachlich einen Überreichtum einstelliger Wertprädikate wie → ‚bedeutend', → ‚präsent', → ‚fokussiert', → ‚zugewandt' u. ä. m. zur raschen Realitätsabfertigung. Auch das nach Analogie des eigenen Seelensimplizismus gebildet Lobeswort ‚z.' gehört hierher. Die Dauerbereitschaft zur Selbstzurichtung, -unterwerfung, -darstellung (→ Gummihals) geht dabei → gleichsam fließend von der Arbeits- in die Freizeitsphäre über, wo sich die Knechtssemantik flugs in Herrensprache verwandelt. Die forciert kennerhafte und → HALBTROCKENE Rede etwa vom ‚zuverlässigen Thai', ‚zuverlässigen Haus', ‚zuverlässigen Wagen', ‚zuverlässigen Arzt' gilt gerade nicht deren jeweils ‚inhaltlichen', erst in näherer Erfahrung → erschließbaren Qualitäten, sondern → meint den formalen Charakter der Dienstbarkeit. In klassischer Weise ist so die eigene Geducktheits- in eine → Erwartungshaltung gegenüber dem anderen, ist → Unterwürfigkeit in → Anspruchsdenken verkehrt; klassisch, weil → durchwegs dem → Projektionsprinzip einer weltlosen → Weltläufigkeit gemäß. Dieser radikale Binarismus von Rede- wie Realverhalten hat Westdeutsche über die Landesgrenzen hinaus berühmt wie auch zu Objekten satirischer Heimatfilme gemacht, z. B. als jenes Volk, das im Restaurant entweder die Gunst des Kellners erbettelt oder seine Würde beleidigt („Rossini").

→ Keine Italiener! → Sconto, → Wenn's umsonst ist ...

Zweigenderung (Betonung auf der ersten Silbe, Trennung vor dem ersten ‚g') ist eine → diskriminierende Sprachhandlung besonders an Universitäten: „Substantive Singular: Studentin und Student, Substantive Plural: Studentinnen und Studenten, Personalpronomen: sie/er, Possessivpronomen: ihre/seine, Fragepronomen: Welche? Wer?" Als Vorschlag „zur Änderung von Sprachhandlungen" nennt die von → Professix „Lann" Hornscheidt geleitete Arbeitsgemeinschaft Feministisch Sprachhandeln der Humboldt-Universität zu Berlin die x-Form: „Substantive Singular: Studierx, Substantive Plural: Studierxs, Personalpronomen: x, Possessivpronomen: xs, Fragepronomen: Wex?" (*Was tun? Sprachhandeln – aber wie? W_ortungen statt Tatenlosigkeit! Anregungen zum [...] antidiskriminierenden Sprachhandeln*, Berlin 2014, S. 13)

→ soziale Konstrukte, → Widerstand.

Zweiteres ist ebenso wie ‚dritteres', ‚vierteres' usw. ein westdeutscher Komparativ, hier der zugehörigen Ordinalzahlen, und Pendant zu ‚ersteres', wie man bei Gudrun Fey, „einer der Pionierinnen der deutschen Rhetorikbranche", lernen kann: „Man muss sich als Erstes Gedanken über sein Publikum machen. Sind die Leute aus eigenem Interesse gekommen? Oder besuchen sie zum Beispiel einen Pflichtvortrag zum Thema Brandschutz. Ist Zweiteres der Fall, muss man die Zuhörer → abholen. Und ganz am Anfang einer Rede braucht man natürlich einen Ohrenöffner." („Der eine schwitzt, der andere schwätzt. Gudrun Fey kämpft seit 40 Jahren für die gute Rhetorik", Interview: Franziska Walser, in: *Berliner Zeitung* vom 18./19. Januar 2014, „Magazin" S. 12)

→ KOMPARATIVSTÖRUNG, → KARDINALZAHLSCHWÄCHE.

zwischendurch Der gewiß zu Unrecht vergessene Historiker Wilhelm Maurenbrecher (1838–1892) hat einen vielleicht zu Unrecht vergessenen Urenkel, den Liedermacher Manfred Maurenbrecher (geb. 1950), der in den 1980er Jahren folgendes zum Vortrage brachte: „Tina ist schon lange nicht mehr siebzehn Jahr, / zwischendurch hat sie graues Haar." Hier artikuliert sich unüberhörbar eine Hoffnung auf graue Haare, die auch wieder verschwinden können, und dies keineswegs durch Färbung oder Verlust! Die Generation der Enkel Manfred Maurenbrechers kennt inzwischen kaum anderes mehr als → ‚zwischenzeitlich', wenn sie – ja, was eigentlich sagen will? In *Deutsch für junge Profis* (Berlin 2010, S. 72) nennt Wolf Schneider ‚zwischenzeitlich' ein „modisches Unwort für *inzwischen* oder *zwischendurch*". ‚Zwischendurch' käme dem signalisierten Sinn des Unworts wohl näher. Die Verwendung im Sinne von ‚inzwischen' dominiert jedoch. Inzwischen hört man von zwischenzeitlich pensionierten Vorsitzenden oder zwischenzeitlich verstorbenen Stars.

zwischenzeitlich Fast immer gemeint: ‚inzwischen'. Doch läßt die Rede von ‚zwischenzeitlich Verstorbenen' auf Wiedergeburt hoffen.

Danksagung

Ein Wörtchen mitzureden hatten: Andrea Ceschi, Edward James Gay VI, Gisela Große, Jean-Baptiste Joly, Katja Kamp, Franz Kozerski, Annette Merker, Uwe Schönherr, Silke Scholz, Ulrich Sichardt, Peter Streitwolf, Martin Widmer. Ihnen allen mein Dank! Bedanken möchte ich mich auch bei den vielen Landsleuten und Zeitgenossinnen, die mir durch unfreiwillige Sprachspenden halfen.

Personenregister

Ackrill, U. 243
Adam, K. 281
Adenauer, K. 11, 15, 23, 39f., 62, 70, 85, 109, 114, 120, 144, 150, 168, 184, 216, 236, 261, 276, 287, 304, 312f., 318, 326f., 340, 344, 348, 356, 363, 365, 380, 435, 447, 450, 485, 499, 513, 531, 539
Adorno, T. W. 9, 18, 45, 67, 70, 73, 99, 103, 105f., 130, 153, 159, 161, 192, 194, 203, 244, 251, 256, 272, 397f., 453, 502
Agamben, G. 375
Ahrends, M. 390, 530
Akduzyun, F. 60
Albath, M. 518
Alexander der Große 130, 408, 497
Algermissen, H. J. 329
Alt, F. 299
Altenbockum, J. von 264
Aly, G. 12, 15, 96, 243, 370, 392
Ambs, R. 233
Antonioni, M. 167
Arendt, H. 30, 62, 470
Arndt, E. M. 350f.
Arntz, J. 55, 373
Arouet, F.-M. *siehe* Voltaire
Artaud, A. 329, 408
Assheuer, T. 275
Augstein, J. 108, 116, 122, 266, 324, 378, 412, 486f., 490, 532f.
Aulich, U. 208

Baader, A. 464
Bachmann, I. 347
Baerbock, A. 120, 427
Bahro, R. 385
Bakunin, M. 118
Balthus 246
Balzer, J. 84, 156f., 255f., 323, 352, 396, 492
Bannas, G. 376
Barbie, K. 425
Bardot, B. 406
Bargel, C. 102, 368
Baring, A. 110, 162, 378, 415, 486, 501, 527, 537, 540
Bärlösius, E. 289
Barth, P. 437
Bastin, S. 287

Bastin, T. 287f.
Baum, G. 336
Baumann, A. 232
Baumeister, M. 463
Bäumer, I. 438
Bebel, A. 165
Beck, M. 254, 321, 324
Becker, B. 484
Beckett, S. 145, 245
Beckmann, A. 89
Bednarz, L. 28, 50, 59, 64, 86f., 104f., 125f., 129, 138–140, 213, 217, 312, 328, 333, 340, 346, 388, 401, 415, 440, 517
Beermann, H. 233
Beethoven, L. van 440
Beintker, N. 535
Bellan, M. 330
Ben Ali, Z. el-Abidine 113
Benedikt XVI. *siehe* Ratzinger, J.
Benjamin, W. 66f., 95, 174, 203, 547
Benz, W. 345
Berben, I. 32
Berger, A. 467
Bergfleth, G. 119
Bernau, N. 165, 170f., 264, 388
Berndl, K. 114
Bernhard, T. 543
Bersarin, N. E. 168
Beuys, J. 17
Beyer, M. 251, 286, 441, 515
Beyerlein, A. 474
Biedenkopf, K. 36
Bilkau, K. 72, 485
Biller, M. 19, 22f., 30, 57, 63, 72, 75, 80, 82, 93, 110, 112, 114, 128, 150, 152, 162, 174, 220, 225, 239, 253, 256, 274, 277, 299, 308, 319, 322, 331, 365, 369, 378, 468, 484f., 487, 491, 497, 502, 507, 526f., 532, 535, 539f.
Billhardt, T. 149
Bismarck, O. von 154, 281
Bittermann, K. 12, 16f., 30, 32, 35, 41, 45, 57, 62–64, 72, 79–81, 88f., 93, 95, 97, 100, 110f., 114, 117f., 129, 145, 158, 175, 178f., 185, 189, 197, 213, 216, 220, 229, 235f., 239, 248f., 258, 271, 274, 284, 286, 291, 296, 299, 308, 312f., 319, 325, 331–334, 365, 369, 371, 377f., 381, 384, 392f., 395, 399f., 406, 409,

422, 436f., 451, 465f., 468, 472f., 479, 484, 486–489, 491f., 497f., 502, 508f., 516, 520, 522, 524, 527f., 532, 534f., 537, 539, 541, 548

Björk *siehe* Guðmundsdóttir, B.

Blankennagel, J. 208

Blom, R. 264

Blumenberg, H. 224, 320

Boateng, J. 69

Bockelmann, U. J. *siehe* Jürgens, U.

Böckelmann, F. 438, 528

Boddien, W. von 102

Boeselager, M. 327

Bohlen, D. 548

Bohlken, E. 153, 404

Böhnhardt, U. 117

Bohr, F. 85

Bohrer, K. H. 17, 30, 56f., 61f., 75f., 82, 89, 97, 110, 113, 115, 118–120, 138, 140, 151, 155, 157, 162–164, 167, 174, 198, 200, 214, 216–218, 221, 225f., 230f., 242, 260, 262, 268, 275, 281, 289, 303, 305, 308, 320f., 330, 339f., 352, 357–359, 366, 373, 378, 380f., 395–397, 403, 407, 412, 420, 423, 453, 464, 470, 484, 487, 497, 520, 527f., 533, 535, 540f., 549

Böll, H. 169, 228, 448, 466

Bollmann, R. 310, 336

Bolz, N. 230, 412

Bommarius, C. 48

Bossong, N. 119

Böttiger, H. 211

Bouffier, V. 142f., 532

Bouhs, D. 491

Bourdieu, P. 501

Bovelet, J. 219

Brahms, R. 289

Brandt, W. 168, 215, 448, 515

Brecht, B. 69, 167, 329f., 408

Brembeck, R. J. 195

Brentano, C. 57

Brentano, F. 267

Breuer, I. 455

Brock, (J. J. H.) B. 70, 231

Broder, H. 97, 333

Broeckers, M. 51

Brückner, J. 500

Brüderle, R. 227

Brunner, A. 425

Brusch, S. 483

Brzank, P. 476

Bsirske, F. 403

Buch, H. C. 112, 349, 463, 517

Büchner, G. 22, 41, 52, 169, 230, 251, 273, 282, 420

Bude, H. 20, 24, 30, 58, 64, 68, 87, 93, 95, 102, 106, 117, 122f., 127, 143, 157, 162, 170, 178, 193, 205, 207, 213, 217, 228, 263, 266, 281f., 299, 308, 319, 355, 357, 368, 378, 407, 436, 451, 468, 484, 489, 496, 539f.

Buhl, D. 91

Buhre, J. 406

Bullion, C. von 117, 226, 414

Bülow, V. von *siehe* Loriot

Burckhardt, J. 341, 463

Burkhardt, A. 222f., 252

Busch, E. 543

Busche, J. 225, 321

Buschheuer, E. 83, 558

Bush, G. W. 97, 142

Butler, J. 501

Campino 277

Canetti, E. 57

Canisius, P. 50

Carius, N. 352

Carroux, M. 275

Cassirer, E. 281

Castorf, F. 156, 352, 492

Chamfort, N. 156, 514

Chirac, J. 318

Chodorkowsky, P. 195

Chopin, F. 440

Chrysippos 454

Cioran, E. M. 155, 438

Clinton, B. 91

Coelho, P. 367

Cohen, H. 67

Cohn-Bendit, D. 351

Comte, A. 190

Croce, B. 107

Cyrano de Bergerac, S. 518

Daams, A. 367

Dachy, M. 395

Dagen, S. 214f., 409

Damm, A. 135, 432, 536f.

Dankbar, C. 356, 426f.

Dante Alighieri 245, 419f., 512

Daum, J. 434
Dávila, N. G. 86, 431, 446, 483
Debionne, P. 205
Decker, M. 29, 38, 50, 127, 172–174, 192, 197, 200, 267, 270, 316, 328, 342, 348, 371, 403, 440, 474, 500, 542
Delius, F. C. 282
Delius, M. 434
Dercon, C. 156, 492
Dessuant, P. 392
Deter, I. 317
Detjen, S. 85, 435, 485, 512f.
Deutz-Schroeder, M. 107
Dewald, A. 446
Diderot, D. 421
Diebitz, S. 450
Diekmann, N. 351
Dienel, C. 240
Diening, E. 472
Diez, G. 501
Dilthey, W. 307
Dittmar, N. 232
Dobrindt, A. 210
Doemens, K. 309
Dohmen, D. 344
Dohnanyi, K. von 24
Dönhoff, M. von 214, 481, 520f.
Dönitz, K. 507
Dörfler, K. 81, 127
Dorn, T. 268, 321
Dörrie, D. 273
Drobinski, M. 85, 120, 270, 414
Droit, R.-P. 96
DuMont, A. N. 305
Dutschke, R. 121, 240, 393
Dyba, J. 329

Eberhardt, R. 84, 356
Eberth, M. 16, 129f., 132f., 206
Ebitsch, S. 525
Eckermann, J. P. 149
Eicher, H. 491f.
Eichmann, A. 62, 425
Einhart 77
Emcke, C. 160, 418, 517
Endlich, L. 124
Engl, J. 288, 290
Ensslin, G. 464
Enzensberger, H. M. 181, 378, 381, 481

Eppler, E. 252, 515
Erasmus 104
Erbes, A. 531
Erhard, L. 36, 168, 313, 429
Ernst, M. *siehe* Goldt, M.
Esslinger, D. 518

Fabritius, B. 552
Fahimi, Y. 264
Fauser, J. 468
Feddersen, J. 267, 301
Fehrle, B. 122, 360, 477, 542
Ferber, F. 283
Fest, Joachim 512
Fest, Johannes 512
Fest, N. 512
Festerling, T. 319, 492
Fey, G. 553
Feyerabend, P. 271
Fil 69
Filbinger, H. 93, 548
Finck, J. B. *siehe* Zeh, J.
Fischer, C. 64
Fischer, H. 156, 255, 291
Fischer, J. 115
Fischer, S. 358
Flaig, E. 500
Flaubert, G. 21, 246, 317
Fleming, A. 288, 290
Flügge, M. 344
Fontane, T. 51, 159
Förster, A. 50, 106, 473
Foucault, M. 137, 501
Franck, J. 503
Fras, D. 27, 81, 127
Frege, A. *siehe* Campino
Frei, T. 15
Freiwald, M. 49, 83
Freud, S. 152, 155, 187, 392, 478, 481
Frey, D. 496
Fricke, K. W. 50
Fried, J. 77
Friedrich der Weise 367
Friedrich II. 263, 394, 421
Friedrich Wilhelm III. 298
Friegelj, K. 411
Frings, M. S. 280
Frings, M. 237
Frisch, M. 375

Frisé, A. 271
Fritzl, J. 386f.
Fröhlich, A. K. 522
Frommer, J. 140, 155, 192, 316
Fuchs, J. 81, 296, 472
Funk, A. 185, 440
Fussell, P. 8, 224, 231

Gabriel, M. 181
Gabriel, S. 155, 170, 264, 309, 370
Gadamer, H.-G. 389, 427, 508f.
Gaddafi, M. al 113
Gärtner, R. 406
Gauck, J. 53, 123, 133, 140, 143f., 367
Gauger, H.-M. 208, 223, 292, 324, 355, 385, 406, 457, 474
Gauland, A. 26, 393
Gauß, K. M. 347
Gay, E. J. 74
Gehlen, A. 160, 312, 385, 455, 478, 504
Gehlen, M. 128
Gehlen, R. 50, 215, 425
Geisel, A. 180
Geisel, E. 152
Gerd mit Pferd 549
Gerhardt, V. 38, 41, 65, 126f., 142, 152, 219, 230, 248, 266, 298, 335, 337f., 343, 386, 437, 448, 454, 461, 466, 481, 490, 523, 550
Gerl-Falkovitz, H.-B. 306, 511
Geyer, S. 216
Gibbons, B. 396
Gienow-Hecht, J. 135
Giesa, C. 28, 50, 59, 64, 86f., 105f., 125f., 129, 138–140, 211, 213, 217, 312, 328, 333, 340, 388, 401, 415, 440, 517
Glas, U. 44, 501
Gleißner, S. 37, 253
Glier, M. 232
Globke, H. 93, 215
Gneisenau, N. von 351
Göbel, M. 135, 537
Goebbels, J. 22, 399
Goethe, J. W. 149, 159, 184, 187, 226, 231, 261, 274, 343, 374, 491, 533
Goetz, R. 502
Goldt, M. 67, 208, 217, 285, 489
Gombrowicz, W. 332, 334
Gomringer, E. 461
Gomringer, N. 61

Gorbatschow, M. 97
Göring-Eckardt, K. 352
Gorki, M. 522
Gorzolla, E. *siehe* Kopp, H.
Gosse, P. 416
Göttert, K.-H. 256
Gould, G. 265
Grashof, C. 132
Grebe, R. 467
Greenwald, G. 367
Gremliza, H. L. 118
Grjasnowa, O. 153
Grönemeyer, H. 396
Gropius, W. 19
Großmann, H. 92
Grunberger, B. 392
Grütters, M. 141, 172
Guðmundsdóttir, B. 352, 449
Guérot, U. 530
Gumbrecht, H.-U. 230, 305, 412
Gunske, V. 41f.
Günther, E. 212
Gurlitt, C. 153
Güth, G. 367
Guttenberg, K. T. zu 17, 97, 137, 143, 157, 173, 263, 436, 511f.

Habeck, R. 120, 228
Habermas, J. 9, 18, 27, 31, 40, 110, 112, 137, 142, 162, 213, 230, 243f., 287, 289, 292, 313, 344, 381, 385, 398, 422, 441, 444, 461, 532, 535, 550
Haccius, M. 291
Hacke, J. 312
Hackenberger, F. 34
Hacks, P. 237, 332
Hagens, G. von 17
Halweg, K. 288
Hamm-Brücher, H. 378
Hanika, I. 74, 194, 296, 397, 535
Häntzschel, J. 153
Hardenberg, F. von *siehe* Novalis
Hardt, J. 414
Harich, W. 348
Harms, R. 413
Hartmann, U. 501
Harvey, D. 152
Hasselfeldt, G. 81, 127, 530
Hawes, J. 326f.

Hechelhammer, B. 50
Hegel, G. W. F. 52, 97, 168, 386, 437
Hegemann, C. 395
Hegemann, H. 395
Heidegger, M. 25, 127, 248, 326, 334, 427
Heil, H. 409
Hein, C. 41
Heine, H. 221, 224, 513
Heinemann, C. 350
Heinrich, M. 414
Heisenberg, W. 166, 466
Heitmeyer, W. 476
Heller, K. 496
Hellmayr, L. 424
Hendricks, B. 104
Hengemann, J. 438
Henke, K.-D. 219
Hennig von Lange, A. 300
Henrich, D. 25
Henscheid, E. 103, 145, 239, 300, 448, 453, 463, 519
Hensel, K. 42
Herles, W. 26, 70, 78, 123, 240, 260, 274, 365, 369, 394, 404, 424, 426, 473, 486, 509, 532, 540
Herold, F. 337
Herrhausen, A. 97
Herzog, R. 299
Hesekiel 223
Hesse, M. 87
Heuss, T. („Papa") 25, 60, 94, 361, 370, 560
Heuß, T. *siehe* Heuss, T.
Heye, U. K. 409
Hilbig, W. 46, 503
Hildesheimer, W. 152
Hirschfelder, G. 264
Hitler, A. 38, 120, 221, 261, 366, 416, 485, 504, 507, 532, 543
Hock, A. 457
Höcke, B. 375, 389, 447, 492
Hoeneß, U. 253, 305
Hoffmann, R. 99
Hofmann, G. 358
Hofmann, N. 485
Hofreiter, A. 228
Högl, E. 180
Höhler, G. 26, 36, 123
Hölderlin, F. 25, 546
Höllerer, F. 54

Hollmann, M. 168
Holtzbrinck, G. 520
Homer 274, 419, 433
Honecker, E. 311f., 373, 381, 399, 507
Honnigfort, B. 413, 423, 440, 474
Hoof, T. 538
Hörnigk, F. 408, 530
Hornscheidt, A. „L." 134f., 146, 201, 244, 391, 432, 452, 470, 528, 536f., 553
Houellebecq, M. 166
Hübsch, P.-G. „A." 238
Hugues, P. 459
Humboldt, A. von 39, 102, 127, 134, 146, 201, 248f., 294, 297f., 338, 386, 389, 391, 425, 438, 442, 447, 514, 536, 550, 553
Humboldt, W. von 39, 127, 134, 146, 201, 248, 297f., 338, 341, 386, 391, 438, 536, 550, 553
Husserl, E. 267, 306

Illner, M. 282
Irle, K. 476
Iser, W. 240
Isabella I. 100

Jacke, C. 446
Jacobi, C. 21
Jacobi, F. H. 421
Jaeger, F. 522
Jaenicke, H. 176
Jahn, C. 335
Jähner, H. 81f., 238, 505
Jahraus, O. 374
Jansen, F. 511
Jaspers, K. 476
Jauch, G. 123
Jauffret, R. 386f.
Jelinek, E. 181
Jenninger, P. 512
Jens, W. 529
Jessen, J. 154, 503
Jirgl, R. 181
Joas, H. 153
Johannes Paul II. *siehe* Wojtyła, K.
John, B. 355
Johnson, U. 224
Joly, J.-B. 54, 225
Joyce, J. 159
Juncker, J.-C. 363f.
Jünger, E. 230, 311, 320, 357

Jurczyk, K. 218f.
Jürgens, U. 291

Kabat-Zinn, J. 17
Kafka, F. 57, 159, 223, 245, 247, 271
Kahane, A. „V." 94, 321
Kahrs, J. 220
Kaiser, J. 23
Kaiser, R. 423
Kalkofe, O. 501
Kampeter, S. 458
Kant, I. 126f., 311, 331
Kanther, M. 115
Karasek, H. 258, 538
Karasek, M. 439
Karl der Große 77f., 154
Käßmann, M. 123, 188, 243, 251, 253, 279, 321, 418, 428
Kästner, E. 421
Katharina II., die Große 417
Katzen, E. M. *siehe* Vilar, E.
Kaufmann, H. 361
Kawabata, Y. 167
Keck, T. 28
Keiler, R. *siehe* Kaiser, R.
Kennedy, J. F. 14, 135, 261, 476
Kerner, G. S. *siehe* Nena
Kerr, A. 549
Kertész, I. 358
Kessel, M. 43, 116, 244, 398, 462, 481
Kierkegaard, S. A. 431
Kirch, L. 494
Kirsch, S. 29
Kissler, A. 125
Kittsteiner, H.-D. 204
Kiyak, M. 175, 328
Klein, G. 286
Kleinjan, G.-J. 483
Kleist, H. von 322, 350
Klesmann, M. 200, 434, 476f., 500
Kling, T. 181, 305
Klonovsky, M. 71, 146, 265
Kłossowski de Rola, B. *siehe* Balthus
Kluge, A. 532
Knigge, A. von 481
Knoepffler, N. 153
Knoll, S. *siehe* Buschheuer, E.
Knopp, G. 485, 515
Knuf, T. 104

Koch, R. 84, 142, 212, 542
Koch-Mehrin, S. 511f.
Koenen, G. 173, 279
Kohl, H. 26, 54, 81, 100, 114f., 168, 179, 184, 223, 226, 235, 274, 277, 303, 366, 381, 443, 456, 494
Kohse, P. 222, 395
Kolat, D. 474
Kolhoff, W. 480
Kollberger, H.-E. 150
Kondylis, P. 33, 65, 464
Koneffke, J. 347
Königsdorf, H. 42
Konrad, G. 209
Konsalik, H. 416
Kopietz, A. 56, 180, 196
Kopp, H. 67, 174, 203, 309
Korkowsky, B. 410
Kormbaki, M. 72
Kornblum, J. 429
Körner, T. 350
Kotsch, R. 74
Kott, S. 469
Kramer, W. 221, 442, 449, 457
Kramer, D. 269
Kramp-Karrenbauer, A. 282, 315
Krauel, T. 266, 549
Kraus, J. 50, 58, 360f., 427, 449, 490
Kraus, K. 421
Krenz, E. 173, 279
Kröher, M. O. R. 79, 81, 236, 249, 258, 296, 334, 520
Krömer, K. 548
Krone-Schmalz, G. 506
Kröter, T. 425, 430
Kroymann, M. 542
Krupp, K. 388
Kübel, K. 512
Kubjuweit, D. 32
Kühl, C. 364
Kuhn, E. W. 289
Kuhn, T. 370
Künast, R. 244, 254
Küng, H. 457, 529
Kuntz, E. S. 360
Kunzmann, P. 153
Küppersbusch, F. 43, 122, 171, 360
Kürschner, J. 104

La Bruyère, J. de 307
Lacan, J. 66
Lafontaine, O. 174
Lagarde, P. de 41
lamagoes 520
Lambsdorff, A. von 429
Lammert, N. 137, 225f., 400, 487
Landers, P. 258
Landowsky, K.-R. 399, 523f.
Langbehn, J. 41
Langhans, R. 13, 218
Langhoff, T. 132
La Rochefoucauld, F. de 129
Laschet, A. 310, 411
Lattner, M. 391
Laufer, H. 328
Lawson, L. *siehe* Twiggy
Lebert, S. 123
Ledig-Rowohlt *siehe* Rowohlt, H.
Leggewie, C. 477
Lehmann-Brauns, U. 168
Lehming, M. 69
Leiner, M. 153
Leitlein, H. 329
Lemling, M. 214, 409
Lengfeld, H. 294f.
Lengsfeld, V. 182
Lenz, S. 56
Leonardo da Vinci 310, 450
Le Pen, M. 490
Letz, S. 19
Leutheusser-Schnarrenberger, S. 441
Lewitscharoff, S. 15, 22, 44, 52, 57, 71, 76, 145, 149, 159f., 190, 198, 223, 230, 245, 247f., 261, 269, 289, 346, 358, 401, 410f., 419f., 462
Leyendecker, H. 153
Lichtenberg, G. C. 246
Liebchen, G. G. *siehe* Hagens, G. von
Liebing, J. 459
Liebknecht, K. 352
Ligne, C.-J. de 203
Lindemann, T. 84, 156, 352
Lindner, C. 254, 496
Lisa 549
Liszt, F. 440
Lobo, S. 210
Locke, S. 416
Löffler, S. 434, 494
Lohre, M. 529

Lohse, H. 543
Longerich, M. 505
Lorch, C. 153
Lorenz, C. 84
Lorenz, K. 69
Lorenz, M. N. 153, 345
Loriot 267
Lothar, S. 175
Lotter, M. 253
Lottmann, J. 109, 119, 239
Luetzow, G. 207
Luhmann, N. 347, 501
Luig, J. 314
Lukács, G. 132, 408
Luther, M. 142, 174, 188, 263, 293, 367, 394
Lützenkirchen, C. 291
Luxemburg, R. 352

Maas, H. 186, 200, 277, 309, 427, 530
Maaz, H.-J. 26
Macchiavelli, N. 347
Macron, E. 437
Mädler, J. 342
Maechtel, A. 391
Maidt-Zinke, K. 419
Maier, A. 239
Maischberger, S. 282
Maizière, T. de 124, 310, 315, 534f.
Mangold, I. 164, 230, 242, 447
Mann, H. 494
Mann, T. 159, 271, 302, 390
Mao Zedong 238, 342, 351, 405
Marchazin, K. 328
Marcuse, H. 52
Marie Antoinette 490
Marlen, K. 552
Maron, M. 449, 468, 502
Marquard, O. 43
Marquardt, W. 388
Marshall, G. C. 42, 113, 252, 507
Martin, M. 438
Marx, K. 19, 23, 42, 52, 74, 113, 152, 161, 168, 187, 216, 257, 291f., 318f., 331, 355, 402, 406, 416, 464, 476, 487
März, U. 22, 52, 230, 358, 410, 419
Maspero, G. 510
Matthes, U. 267, 403
Matthies, B. 159
Matussek, M. 338, 411, 420, 467, 551

Maurenbrecher, M. 554
Maurenbrecher, W. 554
M'Barek, E. 149
McAllister, D. 284
McCaig, M. 429
McCarthy, J. 486
McFitti 456
Mehdorn, H. 53
Meinhof, U. 202, 464
Meinong, A. 267
Meir, G. 100
Meisner, J. 22
Meiwes, A. 45, 405
Melanchthon, P. 367
Menasse, E. 483
Menasse, R. 549
Mendling, G. *siehe* Endlich, L.
Merkel, A. 22, 26, 47, 74, 76, 80, 84, 92, 99f., 112, 122f., 127, 184, 207, 209, 225, 227, 240, 254, 281f., 294, 312, 336f., 354, 361, 366f., 370, 431, 436, 460, 478, 494, 522f., 548
Metzner, T. 511
Meuthen, J. 18
Mey, R. 80
Meyer-Gosau, F. 246
Michel, R. 423
Mickel, K. 368
Midding, G. 71
Mihalic, I. 180
Milbradt, G. 24
Mitscherlich, A. 435
Mitscherlich, M. 435
Mitterrand, F. 115, 223, 352
Moeller van den Bruck, A. 41f.
Mohammed 111, 424, 546
Mommsen, T. 113, 197
Mönninger, M. 187
Mosebach, M. 12, 18, 44, 48, 62, 71, 76, 84, 88, 91, 101, 103, 113, 121, 138, 145, 150f., 154, 169, 175, 184, 187, 190, 194, 198, 203, 212, 216, 220, 239, 241, 245f., 259, 262f., 270, 281f., 289, 292f., 325, 329f., 340f., 345f., 350, 354, 356, 377, 381, 385, 389, 394, 401, 405, 411, 420f., 423f., 431, 442, 448, 457, 463, 503, 510f., 525f., 535, 538
Mozart, W. A. 459
Müller, F. 290
Müller, H. 32, 89, 112f., 190, 197, 306, 329f., 408, 516, 530

Müller, L. 60, 112, 253
Müller-Ullrich, B. 497
Mumford, L. 385
Mundlos, U. 117
Münkler, H. 47, 338f., 447
Murakami, H. 224
Muschg, A. 203
Musil, R. 49, 271
Mussolini, B. 177

Nahles, A. 309, 397
Napoleon I. 225, 350f.
Neckermann, J. 81, 296
Nehm, K. 409, 457
Neigel, J. 28
Neiß, M. 267
Nero 439
Neske, G. 334
Netrebko, A. 195
Neudecker, C. 119
Neugebauer, G. 371
Neuhof, J.-M. 233
Nida-Rümelin, J. 300, 331
Niedermayer, O. 318
Niekisch, E. 327
Nies, V. 358
Nietzsche, F. 127, 142, 189, 220, 228, 231, 235, 271, 330, 335, 337, 366, 378, 381, 398, 412, 418, 454, 489, 492, 495
Nilges, H.-W. 353
Noelle-Neumann, E. 509
Noll, H. (C.) 439f.
Nolte, E. 177
Nolte, H.-H. 289
Nolte, P. 106, 476f., 486
Novalis 322
Nutt, H. 87, 346, 348, 407, 415, 440, 442, 496, 533

Obama, B. 367
Offer, M. 203, 375
O'Malley, M. 153
Omer, N. H. 351
Ophüls, M. 32
Oppermann, M. 84f., 101, 103, 356, 431
Oppermann, T. 213
Ortega y Gasset, J. 207
Osang, A. 69, 351
Oswald, B. 162

Ottmüller, U. 289
Otto I. 259f.
Owetschkin, A. 414
Özdemir, C. 87

Padover, S. K. 25, 353, 488
Paeschke, H. 240
Pape, K. 223, 252
Papenfuß, B. 42
Parzinger, H. 442
Pascal, B. 545
Pauer, N. 123
Penz, H. 53
Perdoni, S. 290
Perlinger, S. 93
Peter, T. 97
Petry, F. 351
Pfaller, R. 222, 382
Pfeiffer, C. 201, 262, 364, 381, 426, 469
Pflüger, F. 514
Picht, G. 77
Pilcher, R. 472
Pippin III. 77
Pistorius, O. 57
Platon 127f., 248, 383, 455
Plessner, H. 541
Pohrt, W. 89, 158, 236, 258, 331, 334, 392, 464, 473, 486
Poitras, L. 367
Ponader, J. 515
Ponto, J. 169, 423, 439, 503
Pop, R. 228
Poppenreiter, P. 34
Popper, K. R. 126, 212
Poroschenko, P. 414
Poschardt, U. 80, 151, 186, 490
Poulet, R. 275
Prange, P. 349, 486, 536
Precht, R. D. 148, 400, 432
Preußner, A. 36
Pröfrock, M. 512
Proust, M. 341, 453, 510
Pusch, L. F. 188
Putin, W. 97, 129, 131, 139, 195, 290, 324, 337, 339, 388, 458
Pyrrhon 445

Quintilianus, M. F. 91

Raddatz, C. 251
Raddatz, F. J. 42, 48, 114, 141, 164, 169, 208, 214, 221, 289, 291, 294, 302f., 368, 403, 412, 415, 423, 453, 458, 462, 474, 482, 520, 546, 551
Radisch, I. 358
Ramelow, B. 29, 150, 306, 328
Ramsauer, P. 54, 258, 285, 314, 354, 461, 472
Ramsey, F. 117
Raspe, J.-C. 464
Ratzinger, J. 293
Rau, J. 137
Raue, S. 324
Rauff, W. 425
Raulff, U. 239
Rawls, J. 383
Reemtsma, J. P. 412
Reents, E. 266
Reich, A. 20
Reich-Ranicki, M. 313, 352, 458
Reichwein, M. 201
Reiher, R. 232
Reim, D. 259
Rennefanz, S. 89
Reschke, A. 55, 154
Rest, J. 60
Rettig, T. 312
Richter, H. 452
Richter, P. 41, 497
Ricœur, P. 500
Riemann, K. 132
Rigow, M. 315
Ritter, J. 312
Roche, C. 239
Roethe, T. 381
Röggla, K. 183, 265, 273, 347, 442, 535, 547
Rohbeck, J. 530
Röhl, B. 392
Rohmer, E. 167
Röhrich, L. 236
Rolland, R. 270
Rommel, E. 485
Rönne, R. von 406
Rosegger, P. 102
Rosh, L. 333
Rosolen, P. 512
Rossmann, D. 491
Rößner, T. 244

Roth, C. 22, 80, 99, 123, 231, 244, 321, 390, 445, 515
Roth, K. S. 144, 448
Rothe, S. 19
Rousseau, J.-J. 525
Rowohlt, H. 258, 285
Rübel, J. 511
Ruch, P. 389
Rukwied, J. 72
Rust, Magnus 512
Rust, Mathias 416
Rutschky, K. 100, 496
Rutschky, M. 23, 25, 177, 230, 240, 366, 472f., 494, 496

Sabrow, M. 469
Salomon, A. 461
Sarrazin, T. 214, 263, 328, 429, 486, 494, 524
Sarrazin, U. 65, 198, 291, 362, 481
Sartre, J.-P. 88, 169, 386, 418, 433, 444
Sastre, P. S. 34, 386, 439
Satie, E. 512
Sauer, S. 336
Schami, R. 462
Scharping, R. 163, 166
Schäuble, W. 34, 44, 115, 168, 204, 364, 375f., 424, 496, 551
Schavan, A. 137, 173, 221, 394, 400, 435f., 511–513, 548
Scheel, W. 18
Scheeres, S. 275
Scheler, M. 280
Schelsky, H. 176, 361, 380
Scherer, B. 437
Scherer, C. *siehe* Dorn, T.
Schernikau, R. M. 28, 237
Scheuer, A. 512
Schiewe, J. 236
Schiller, F. 249, 294, 322, 424
Schily, O. 63, 106, 226, 464, 509, 518
Schirrmacher, F. 266, 301, 373, 549
Schlegel, K. 543
Schlegel, M. 359
Schleiermacher, F. 350
Schlieter, K. 264
Schlopath, E. 103
Schlosser, H. D. 144
Schmale, H. 46, 53, 107, 193, 348
Schmidt, B. 112

Schmidt, H. 27, 222, 231, 274, 460, 481, 521
Schmidt-Salomon, M. 311
Schmitt, C. 142, 312
Schmitter, E. 80, 226, 484, 487, 490f.
Schmolke, N. 364
Schmoll, H. 309
Schneider, C. 364
Schneider, L. 450
Schneider, M. 142, 306, 449
Schneider, P. 349, 503
Schneider, W. 263, 449, 554
Schneiders, T. G. 163
Schoeler, A. von 168
Scholl, H. 343
Scholl, J. 404
Scholl, S. 343
Schönbohm, J. 41, 160, 300, 393, 426, 504, 511, 529
Schönherr, U. 461
Schönhuber, F. 299
Schopenhauer, A. 152, 262
Schramm, G. 542
Schreyer, P. 51
Schroder, A.-K. 369
Schröder, D. 21
Schröder, G. 9, 38, 69, 100, 117, 142, 145, 183, 204, 207, 213, 223, 251f., 284, 300, 316, 321, 331, 337, 416, 419, 428f., 435, 448, 481, 499, 511, 525
Schröder, K. 297
Schroeder, K. 107, 129, 161, 381, 402, 409, 504
Schrott, R. 181
Schüle, C. 239, 251, 289, 374f.
Schule, R. 482
Schulz, M. 372
Schulze, G. 538
Schulze, I. 253
Schuster, A. 15
Schütz, A. 306
Schütze, E. 141, 172
Schwägerl, C. 37
Schwan, G. 133f., 225, 259, 268, 292, 314, 378, 384, 429
Schwanitz, D. 177
Schwarz, A. 213
Schwarzbach, O. 382
Schwarzer, A. 268, 321
Schweiger, T. 132
Schwering, M. 515

Schwesig, M. 46
Schwilk, H. 63
Seckendorf, U. 106
Seehofer, H. 33, 121
Seibert, S. 376
Seibt, G. 283
Seidler, U. 522
Sellering, E. 413
Semper, J. G. 225
Sennett, R. 347
Sensburg, P. 280
Setz, C. 29
Seubert, H. 529
Shakespeare, W. 347, 501
Sick, B. 154
Sido 255
Siedler, W. J. 501
Sieling, C. 518
Sinn, H.-W. 254
Skubowsky, M. 12
Sloterdijk, P. 36, 231, 266, 300, 412, 487, 506, 551
Smith, H. 538
Snowden, E. 366f.
Soboczynski, A. 160, 234
Sölle, D. 457, 529
Sommer, T. 482
Sonneborn, M. 548
Sorel, G. 67
Spaenle, L. 427
Speidel, J. 453, 537
Spengler, O. 327
Spicker, F. 30
Spiegel, H. 154
Spiegelman, A. 323
Spies, P. 388f.
Spitzer, M. 228
Springer, A. C. 48, 55, 96, 114, 121, 161, 203, 205, 235, 328, 393, 401, 416, 438, 517
Stadler, R. 441
Staeck, K. 165
Staiger, M. 390
Stalin, J. W. 23, 62, 107, 304, 331, 408, 486
Staud, T. 402
Steffel, F. 141, 172
Stegner, R. 264
Steiger, W. 168
Steinbach, E. 327
Steinbrück, P. 254

Steinfeld, T. 154, 169, 423
Steinke, M. 219
Steinmeier, F.-W. 254, 309, 339
Stephan, C. 358
Stermann, D. 365
Stern, F. 187, 274
Sternberger, D. 95, 391
Sternburg, J. von 405, 549
Sterzing, L. 103
Stierle, K. 420
Stiller-Meierhofer, L.-F. 153
Stinner, R. 364
Stirner, K. *siehe* Zevi, M.
Stoiber, E. 121, 399, 416
Stokowski, M. 385
Stolte, D. 404
Stopp, A. 457
Storch, B. von 492
Stoschek, J. 373
Strauß, B. 18, 37, 45, 47f., 61, 64, 81, 88f., 95f., 101f., 113, 121, 129f., 132f., 146, 167, 190, 197, 205, 220, 239, 241, 281, 295, 301, 321, 324, 326, 329f., 341, 344, 349f., 354, 379, 387, 401, 408, 415, 426, 433, 456, 458, 466, 482, 487, 497, 501, 506, 516, 520, 524, 536, 538, 551
Strauß, F.-J. 121, 292, 448
Strauss, R. 265
Strauß, S. 18, 28, 84f., 113, 165, 184, 190, 197, 207, 243, 281, 330, 354, 356, 373, 408, 438, 484, 535
Streisand, L. 19
Ströbele, C. 108
Struck, P. 429
Suchlik, S. 494
Sudmann, U. 103

Tägert, P. *siehe* Fil
Tawada, Y. 114
Teitur 142
Teutsch, K. 419f.
Thadeusz, J. 290
Thatcher, M. 100, 189
Theile, M. 515
Thierse, W. 89, 159, 200, 372
Thomä, D. 337
Thomas Aquinas 421
Thomas, C. 259, 350
Thomsen, C. 530

Thurmaier, F. 288, 290
Tichomirowa, K. 324
Tietz, F. 95
Tkalec, M. 67
Todenhöfer, J. 125
Todorov, Z. 63
Toller, E. 67
Tommek, H. 181, 260, 305, 362, 374, 384, 546
Tönnies, F. 41
Töpfer, K. 27
Treichel, H.-U. 37, 212, 463
Trendelenburg, A. von 437
Treukamp, O. 201, 452
Trittin, J. 74, 244
Trotta, M. von 12
Trum, J. 437
Trump, D. 37, 95, 160, 449, 458, 533
Tschaikowsky, P. 196
Tucholsky, K. 21, 42, 415, 421, 510
Tugendhat, E. 34
Turner, S. 318
Twiggy 247, 562
Tyrock, A. 166

Ulbricht, W. 123, 281, 507, 511
Ullman, M. 165
Unseld, S. 323

Vahland, J. 491, 567
Vahland, K. 153
Vates, D. 76, 100, 143, 258, 282
Venske, H. 40, 421f.
Vester, M. 290
Vieth-Entus, S. 376
Vilar, E. 176, 380
Vinken, B. 21, 97, 188, 317, 346, 462, 465
Vogel, H.-J. 530
Vogel, S. 167, 203, 243, 358, 420, 542
Vollmer, A. 26, 254, 366f., 381, 444, 481
Voltaire 412, 421, 525
Von der Leyen, U. 43f., 141, 430, 460
Voss, C. 34, 36

Wackwitz, S. 533
Wagemann, I. 183f.
Wagenknecht, S. 173f., 197, 500
Wagner, D. 239, 273
Wagner, T. 538
Wagner, W. 295, 479

Walser, F. 553
Walser, M. 26, 108, 117, 153, 224, 240, 325, 345, 491
Wartke, B. 470
Weber, H. 19
Weber, M. 163
Weber, R. 60
Weck, R. de 520
Wehland, H. 232
Wehler, H.-U. 45, 224, 300, 351, 393, 462, 476, 484f., 499
Wehner, H. 448
Weibler, J. 328
Weidermann, V. 29, 149, 258, 407, 526
Weinfurter, S. 77
Weininger, O. 137, 216
Weisband, M. 254
Weise, F.-J. 123, 463
Weiss, P. 181
Weizsäcker, B. von 178
Welding, M. 27, 522
Wendt, R. 180
Wenzel, H.-E. 547
Weyh, F. F. 309, 366
White, H. 508
Wick, K. 501
Wickert, U. 453
Widmann, A. 13f., 43, 252, 287, 305, 339, 447, 476, 484
Wiegelmann, L. 48, 220, 270
Wieland, W. 244
Wienen, M. 144
Wiener, S. 202
Wilde, O. 7
Wildenhain, M. 163
Wilke, K. 469
Wille, J. 104
Wilmersdoerffer, E. 107
Winkler, H. A. 378, 499, 504
Wirth, B. 443
Witek, D. siehe McFitti
Wittgenstein, L. 541
Witzel, F. 119
Witzel, H. 15, 117, 228, 508
Wojtyła, K. 214, 292f.
Wolf, C. 224
Wolf, J. 328
Wolff, K.-D. 546
Wolff, T. 549

Wolffsohn, M. 306, 364
Wöll, B. 202
Wolz, W. 243
Wondratschek, W. 337
Wowereit, K. 467
Wulff, C. 251
Würdig, P. H. *siehe* Sido
Wüstner, A. 430

Yücel, D. 151

Zahn, P. von 207
Zeh, J. 22, 33, 103, 189f., 225, 268, 321, 343, 346, 407, 483, 522f.
Zenon von Kition 454
Zentel, K.-O. 232
Zevi, M. *siehe* Gorzolla, E.
Ziegler, A. 496
Zimmer, D. E. 378
Zimmer, H. 245
Zimmer, R. 262, 338, 383, 520
Zimmermann, R. 481
Zwingli, H. 367
Zydeck, M. 38, 311, 319, 470

Biobibliographische Notiz

Jürgen Große, geb. 1963 in Berlin, ist promovierter Historiker und habilitierter Philosoph. Er erforscht die jüngere Geistesgeschichte Europas, Schwerpunkt: Sonderwege und Sackgassen.

Bisherige Veröffentlichungen: *Der beglückte Mann. Posterotische Meditationen* (2015), *Erlaubte Zweifel. Cioran und die Philosophie* (2014), *Die Arbeit des Geistes* (2013), *Grundwissen Lebensphilosophie* (2010), *Ernstfall Nietzsche. Debatten vor und nach 1989* (2010), *Philosophie der Langeweile* (2008), *Der Tod im Leben. Philosophische Deutungen von der Romantik zu den ‚life sciences'* (2008, ²2017), *Kritik der Geschichte. Probleme und Formen seit 1800* (2006).